$ 59.99

latin trading corp   ][libreria latino americana
539 h st. chula vista, ca. 91910. usa
p. 619.427.7867 | 1.800.257.7248   f. 619.476.1817
latintradingbooks.com
info@latintradingbooks.com
una ventana al conocimiento • an open window to knowledge

Diccionario de DUDAS y dificultades de la lengua española

Manuel Seco
de la Real Academia Española

Diccionario de **DUDAS** y dificultades de la lengua española

Manuel Seco
de la Real Academia Española

Prólogo de **Salvador Fernández Ramírez**

10.ª edición, revisada y puesta al día

ESPASA

Director Editorial
Víctor Marsá

Diseño de cubierta
Juan Pablo Rada

Décima edición, mayo de 1998
Primera reimpresión, con correciones, octubre de 2000
Tercera reimpresión, agosto de 2001
Cuarta reimpresión, junio de 2002
Quinta reimpresión, junio de 2003
Sexta reimpresión, enero de 2004
Séptima reimpresión, noviembre de 2004
Octava reimpresión, marzo de 2005

Depósito legal: M. 8.690-2005
ISBN: 84-239-9425-2

Impreso en España / Printed in Spain
Impresión: Huertas, S. A.

Editorial Espasa Calpe, S. A.
Complejo Ática - Edificio 4
Vía de las Dos Castillas, 33
28224 Pozuelo de Alarcón (Madrid)

ÍNDICE

A   CARMEN

NOTA PARA LA DÉCIMA EDICIÓN

En esta nueva edición el Diccionario ha sido objeto de una revisión general, se ha actualizado en numerosos puntos y se ha incrementado con bastantes artículos nuevos. Aparte de todo ello, presenta alguna modificación en su estructura. Una parte del material de los Apéndices contenidos en la edición anterior ha sido incorporada al cuerpo alfabético del Diccionario: el uso de los signos ortográficos, las listas de numerales cardinales y ordinales, las formaciones de plural y de femenino, la lista de abreviaturas, se encuentran ahora, para mayor facilidad de consulta, en los lugares alfabéticos correspondientes. Se mantienen como apéndices «Conjugación de los verbos» y «Vocabulario ortográfico». Desaparece, en cambio, el apéndice «Resumen de gramática», cuya consulta puede suplirse ventajosamente con mi *Gramática esencial del español,* publicada por esta misma editorial.

Entre las nuevas entradas ahora añadidas figuran unas pocas dedicadas a topónimos españoles que hoy podrían plantear alguna duda a los hispanohablantes, ante la presencia, al lado de los nombres tradicionales en el español común, de los nombres correspondientes en las lenguas cooficiales de algunas Autonomías. Parece lógico que, si una ciudad, comarca o país, con nombre *propio* en su lengua autonómica, tiene en otra lengua (la común de todos los españoles) históricamente acuñado otro nombre, los hablantes de esta última, *cuando en ella se expresen,* no tengan por qué renunciar a ese nombre tradicional. Aquí recordamos a los hispanohablantes parte de esos nombres castellanos que algunos medios de comunicación cuyo vehículo de expresión es el español tienen propensión a olvidar. La validez de tales denominaciones subsiste incluso en aquellos contados casos en que los organismos del Estado hayan establecido oficialmente para todo el territorio español una determinada forma vernácula, ya que en estos supuestos la obligatoriedad se refiere a los usos oficiales y administrativos y no al intercambio personal y cotidiano.

*

Se mantienen en esta obra los principios que hasta ahora la han inspirado y los objetivos que en ella me propuse. Están explicados con precisión en la Advertencia que precedía a la edición anterior y que se reproduce a continuación de esta Nota. *El usuario del libro hará muy bien en leer con atención esa Advertencia si desea entender cabalmente el* Diccionario *y obtener de su consulta el mejor rendimiento.*

Amplío ahora en un punto lo allí dicho. Algunas personas, ante cualquier duda de lenguaje, esperan siempre una respuesta tajante. Muchas veces la hay; pero muchas otras la solución ha de ser matizada: o bien, sin condenar ninguna salida, se aconseja una *mejor* que otra, o bien se dan como *igualmente aceptables* una y otra. Nadie debería sorprenderse por ello. Por naturaleza, la lengua, que es de todos, no puede por menos de ser más tolerante que cada uno de nosotros. El consenso del uso culto es quien define en ella la norma; y esa norma, debido a la perpetua movilidad del idioma, no puede ser inmutable —por fuerza evoluciona con el tiempo—, ni, por lo mismo, siempre rígida, ni siquiera, en muchos casos, absolutamente precisa, sobre todo si se trata de usos nacientes o de usos declinantes.

Acabo de decir que es el uso culto quien define la norma de la lengua. Muchos piensan que esa norma está plasmada en el *Diccionario* de la Academia, y que lo que en él no conste no es «correcto». De acuerdo con esa creencia, se extrañan de que en este libro yo no secunde siempre el dictamen académico. Ignoran que la Academia, institución humana y no divina, no gobierna la lengua, sino que trata de registrarla; y que, como decía Larra hace más de siglo y medio, su *Diccionario* «tiene la misma autoridad que todo el que tiene razón, cuando él la tiene». Tampoco debe a nadie llamarle la atención que un miembro de la propia Corporación opine con libertad respecto a los puntos de vista de ella: en la Academia no hay disciplina de voto, y, sin perder un átomo del profundo respeto hacia la Casa a la cual se honran en pertenecer, cada uno de sus miembros puede exponer bajo su propia responsabilidad lo que su personal conocimiento, documentación y sentido común le dicten respecto a cualquier acuerdo publicado por la Academia referente a cuestiones del idioma.

*

Mucho ha cambiado el panorama de la crítica del lenguaje al cual se refería Salvador Fernández Ramírez en el Prólogo que escribió para la primera edición de este Diccionario (y que aquí también va reproducido). Frente al «enfriamiento del interés por los problemas normativos de la lengua» que en 1961 señalaba el inolvidable maestro, hoy se cuentan por docenas los libros que se disputan la honra de enseñar buenos modales lingüísticos a los hablantes de español. En medio de tan venturosa floración, este libro sigue abriéndose camino con bastante fortuna. Dato expresivo es el hecho de que de su última edición aparecida (1986) se hayan efectuado trece reimpresiones en once años.

A esta buena aceptación contribuyó no poco la colaboración espontánea de las personas que nombraba al final de la Advertencia preliminar de la edición anterior. Ahora, en esta décima, es justo reconocer igualmente lo que muchas otras han aportado a ella.

Agradezco vivamente los comentarios publicados sobre la anterior edición de los cuales me ha llegado noticia: Rafael Lapesa, en *Ínsula,* febrero 1987, 3; Emilio Lorenzo, en *Saber/Leer,* junio-julio 1988, 3; Jacques de Bruyne, en *Linguistica Antverpensia,* 21 (1987), 20-28; Joaquín Amado, en *Abc Literario,* 3 enero 1987, x, y Andrés Berlanga, en *Cambio 16,* 16 febrero 1987, 121. A mi querido amigo Manuel Guerrero, que fue tan buen lector de este libro y que puso a mi disposición su valioso fichero de léxico español moderno, solo póstumamente puedo darle las gracias. Y a muchas otras personas debo gratitud. Ante todo menciono a Pedro Álvarez de Miranda, David L. Gold, Guillermo Kenning Voss, Luis Felipe Carrer y J. Hernández Álvarez, que me enviaron muy útiles listas de comentarios e informaciones; a Florentino Trapero, que me proporcionó materiales procedentes de la prensa, así como algunos apuntes personales de interés; a Félix Rodríguez, que me permitió la consulta en pruebas de su *Nuevo diccionario de anglicismos,* aún no publicado en el momento de redactar esta Nota; y a José Polo, siempre generoso, alentador incansable y competente comentador de este libro. También me han ayudado con sus observaciones más breves, pero no menos apreciadas —citaré por orden alfabético—: Olimpia Andrés, Néstor E. Baguer, Carlos Domínguez Cintas, Luis Esbert Soler, Valentín García Yebra, Pere Gimferrer, Fernando González Ollé, Günther Haensch, José Antonio Herrero Cachán, José Martínez de Sousa, Mariano Mataix, Ángel José Riesgo Martínez, Marta Sansigre Vidal, J. Smeets y Antonio Zubiaurre. No quiero omitir a los traductores españoles del Servicio de Traducción de la Comisión Europea (Bruselas y Luxemburgo), especialmente a Luis González y Xavier Valeri. Ni mucho menos olvido la ayuda de mi mujer Carmen. Aunque no siempre, por razones muy diversas, haya seguido las sugerencias ofrecidas, quiero que conste mi profundo reconocimiento a todas las personas nombradas y a muchas involuntariamente no nombradas.

Merecen una mención especial la editorial Espasa Calpe, en particular Juan González Álvaro y Marisol Palés, por su generosa paciencia y por la ayuda prestada para la realización de la obra. Y no menos especial, Elena Hernández, colaboradora eficaz e inteligente en la preparación final del texto y a quien este trabajo debe valiosas aportaciones.

M. S.
Madrid, 1997

PRÓLOGO

*D*ESDE *hace algunos decenios hemos asistido en España a un extraño enfriamiento del interés por los problemas normativos de la lengua. A la última importante compilación, acaso la de Juan Mir y Noguera, episodio final de una larga historia antigalicista, y a las belicosas y divertidas escaramuzas que fueron un día los artículos periodísticos de Mariano de Cavia y Julio Casares, ha sucedido un silencio de muerte. ¿Es que los censores se han cansado de predicar en desierto? ¿Se llenaron de escepticismo, o de ilimitada confianza? ¿O no será que la lengua española ha llegado a «la cumbre de toda buena fortuna»? ¿Qué dirán por su parte los censurados? ¿Qué dice el espectador neutral?*

Pero ese enfriamiento no es un fenómeno aislado. No dejamos de pensar que se halla en cierta correlación de signo cultural con el adelgazamiento o enrarecimiento que en los últimos años ha experimentado la crítica en el escenario de la vida literaria española. Diríamos que la crítica literaria y la crítica lingüística se contraen, se congelan, en una época, por otra parte, en que las disciplinas científicas correlativas, las filológicas y las lingüísticas, se hallan en plena forma, o gozan por lo menos de buena salud. Sería también cosa de averiguar si existe o no existe relación de sentido entre lo uno y lo otro, si la seguridad que proporciona un método riguroso para la empresa científica a largo plazo no será la que debilita el entusiasmo por el «cuerpo a cuerpo» de la crítica y la censura efímeras.

Lo que nos preguntamos es si la vida literaria de un país es normal sin este cuerpo a cuerpo, sobre todo sin que este orden de cuestiones se ventile públicamente. Porque nadie duda de que la acción crítica y censoria existe. Pero hoy es clandestina y privada. Salta desde el gabinete de trabajo a las tertulias y cenáculos. No es menos viva y virulenta que en la época de nuestros desmelenados abuelos. Nunca en España se ha oído decir más reiteradamente, con razón o sin ella, que nuestros escritores escriben mal, que la mercancía literaria no es buena, etc. Pero el que así vocifera, al entrar en la Redacción se pone guante blanco y alza hasta las nubes, si llega el caso, al último premio literario.

Tal vez hemos practicado con exceso la crítica de la crítica. En el caso de la lingüística normativa, no siempre sin razón. Pero empezábamos a temer que este género de literatura pereciese o acabase estancándose definitivamente en un monopolio de nuestros hermanos de América. El librito [1] *que motiva estas líneas,* DICCIONARIO DE DUDAS Y DIFICULTADES DE LA LENGUA ESPAÑOLA, *hace renacer nuestras esperanzas. Manuel Seco probó ya sus fuerzas completando y remozando el conocido* Manual de gramática española, *que Rafael Seco había publicado en 1930, tres años antes de morir, cuando no podía pensar en esta colaboración póstuma con su propio hijo. Hoy nos ofrece Manuel Seco en su* DICCIONARIO *una obra de más grandes alientos, bien meditada y cuidadosamente elaborada, con abundantes citas de primera mano, sin ninguna clase de rigor preceptista. Comparecen en ella a juicio o nos dictan su autoridad escritores españoles y americanos. Con esta obra se rehabilita un género casi olvidado hoy en España. Renace bien equipado, movido por un generoso espíritu de tolerancia. Esperemos que anime a los apáticos, para que nunca falten en España estas guerrillas de salvación, tan ingratas a muchos, pero tan necesarias en una república de las letras agitada, combativa y digna de tal nombre.*

S. FERNÁNDEZ RAMÍREZ
(1961)

---

[1] [La primera edición de este libro, para la que se escribió el presente prólogo, apareció en formato de bolsillo.]

DE LA ADVERTENCIA PRELIMINAR
DE LA NOVENA EDICIÓN

¿Tiene o no tiene el hombre como individuo, el hombre en comunidad, la sociedad, deberes inexcusables, mandatorios en todo momento, con su idioma? ¿Es lícito adoptar en ningún país, en ningún instante de su historia, una posición de indiferencia o de inhibición ante su habla? ¿Quedarnos, como quien dice, a la orilla del vivir del idioma, mirándolo correr, claro o turbio, como si nos fuese ajeno? O, por el contrario, ¿se nos impone, por una razón de moral, una atención, una voluntad interventora del hombre hacia el habla? Tremenda frivolidad es no hacerse esa pregunta. Pueblo que no la haga vive en el olvido de su propia dignidad espiritual, en estado de deficiencia humana. Porque la contestación entraña consecuencias incalculables. Para mí la respuesta es muy clara: no es permisible a una comunidad civilizada dejar su lengua, desarbolada, flotar a la deriva, al garete, sin velas, sin capitanes, sin rumbo.

PEDRO SALINAS: *Aprecio y defensa del lenguaje.*

YA hace muchos siglos que un hombre del caído Imperio Romano escribió una obrita en que censuraba las formas de hablar descuidadas que con más frecuencia había observado en el vulgo que le rodeaba. «Decid *calida,* no *calda...* Decid *vetulus,* no *veclus...* Decid *auris,* no *oricla...*» La lengua latina se corrompía en torno suyo, por ignorancia, por abandono, y él quería luchar contra la descomposición del glorioso idioma con las armas que estaban en su mano: la enseñanza gramatical.

El propósito del autor del *Appendix Probi,* el hombre solo afrontando a la multitud, no se pudo realizar. La «corrupción» del latín siguió adelante, y las lenguas

—italiano, español, portugués...— que hoy se hablan en el antiguo Imperio no son sino la fase actual del proceso iniciado mucho antes y continuado por aquellos bárbaros que suscitaban la protesta del buen gramático. Porque la verdad es que los gramáticos no hacen las lenguas, ni las reforman, ni son capaces de detener su evolución. Y es natural que así sea: una lengua es patrimonio de una comunidad, y quien la hace y la altera y la deshace es la masa, la mayoría, contra cuyo ímpetu nada puede la voz aislada de un sabio.

Sin embargo, así como en unas elecciones el voto de la mayoría puede ser efecto de una campaña hábilmente dirigida por unos pocos hombres, también en esta actividad humana del lenguaje —la más democrática de todas— el ejemplo de una minoría egregia, si es suficientemente difundido, puede orientar y encauzar la decisión lingüística de la muchedumbre. «¿No es patente —dice Amado Alonso— el influjo que la prosa personal de Ortega ha ejercido en la lengua escrita de España y de América, especialmente en la de muchos escritores que están a caballo entre el periodismo y la literatura? ¿No es seguro que la lengua escrita impone su sello en la lengua oral de las ciudades, influyendo en su fisonomía? ¿No es cierto que el habla de las ciudades ejerce un poder de imitación en las hablas provinciales y rurales, especialmente en épocas de auge cultural? La intervención que un individuo de empuje personal tiene en los destinos de su lengua es proporcionada a su potencia de proselitismo idiomático»[1].

El lenguaje, pues, no está sometido a leyes ciegas. Es un hecho humano, y, como tal, sometido a la voluntad humana; no solo la voluntad del que *propone* un uso, sino la del que *decide* seguirlo. Por consiguiente, cabe hablar de una dirección impuesta a una lengua. Dirección que está en manos de los escritores más leídos —entre ellos, hoy, los periodistas—, y tal vez de los gramáticos, si es que ocurre —raro fenómeno— que la enseñanza gramatical ha adquirido gran preponderancia en el país.

Las personas que ajustan su decir, hablado o escrito, al ejemplo de los buenos escritores[2] de su época o la norma de los buenos gramáticos, se dice que hablan o escriben *bien*. El lenguaje correcto goza de una consideración social sobre la que no es necesario insistir aquí. No cabe duda de que la corrección en el lenguaje es un adorno, un factor de distinción en la persona que la posea. Pero no es precisamente esto lo que uno debe buscar cuando trata de depurar su expresión lingüística: hablar bien no es lo mismo que ir bien peinado o llevar los zapatos relucientes. El hablante debe aspirar a la perfección de su habla porque esta es un instrumento de importancia vital para su convivencia dentro de una nación. Y su habla solo será perfecta si se ajusta al máximo al modo de decir de sus compatriotas.

---

[1] *El problema de la lengua en América*. Madrid 1935.
[2] No será inoportuno aclarar que por *buenos escritores* no entiendo los que se caracterizan por el uso impecable del idioma, sino los que crean obras de calidad literaria o intelectual.

Y es aquí donde debe intervenir el gramático. Hablando con más precisión: el gramático normativo. El papel del gramático no es el de enseñar a hacer análisis morfológicos o sintácticos, ni el de enseñarnos a hablar y a escribir igual que Cervantes o Ricardo León, sino el de orientar nuestra lengua de hoy en un sentido de unidad entre todos los que la hablan. El gramático tiene que decirnos qué regionalismos, qué particularismos locales debemos desterrar de nuestro uso para acomodarnos a lo general, en nuestro propio beneficio; tiene que enseñarnos a seleccionar, entre las varias formas que circulan, las que son preferibles por adaptarse mejor al espíritu del idioma; tiene que darnos a conocer, o recordarnos, los usos que son normales y corrientes en nuestra lengua y que nosotros, por la razón que sea, no hemos sabido poner en práctica.

Hay que abandonar el prejuicio de que los gramáticos pretenden que hablemos como los libros. «La lengua escrita —dice Vendryes— es la capa de hielo formada sobre el río; el agua que continúa corriendo bajo el hielo que la oprime es la lengua popular y natural. El frío que produce el hielo y que querría retener al río es el esfuerzo de los gramáticos y pedagogos.» [3] Sin duda, nuestra conversación no puede ser, no podrá ser nunca, igual que nuestra redacción. Pero sí es cierto que en la lengua hablada culta gravita constantemente, con mayor o menor conciencia, el ideal de la lengua literaria. Como dice Amado Alonso, «hay una aristocracia idiomática formada por los mejores poetas [esto es, escritores] de la comunidad lingüística, que hereda la lengua de los mejores poetas pasados y la trasmite a los mejores que suceden... En sus manos creadoras y en su gusto de selección está la dirección de la lengua, y los demás hablantes empujamos nuestra habla real hacia el perfil ideal forjado con el modelo literario» [4]. Por eso los gramáticos no pueden sino apelar constantemente al uso de los escritores. Pero ello no implica en modo alguno condenación de todo lo que no esté refrendado por la literatura. La misma literatura moriría de inanición si no se nutriese constantemente del habla viva y cotidiana.

Otro error corriente es el de pensar que el gramático tiene por misión prohibir la entrada en la lengua a todo uso o vocablo nuevo o extranjero. Si así lo hiciese —y en otros tiempos, equivocadamente, lo hacía— no lograría más que empobrecer el idioma. El extranjerismo y el neologismo no son, en sí, un mal para el idioma. Lo que hace falta es que estas importaciones sean, ante todo, necesarias, y que se acomoden bien al «genio del idioma», como diría Cuervo; esto es, que se amolden a las estructuras formales de nuestra lengua. Y sobre todo hay que evitar que esta introducción de extranjerismos y neologismos ocurra anárquicamente: que`cada país o cada región escoja un término distinto para denominar un mismo objeto nuevo. El gramático tiene que llevar a cabo en este terreno una delicada labor de policía lingüística: encauzar dentro de los moldes de nuestra lengua —que no son nada es-

---

[3] *El lenguaje.* Trad. de M. de Montoliu y J. M. Casas. México 1958, p. 292.
[4] *El ideal artístico de la lengua y la dicción en el teatro.* En *Materia y forma en poesía.* Madrid 1955, p. 67.

trechos— las nuevas adquisiciones y creaciones, siempre guiado por la prudencia y por el ideal de la unidad idiomática de los países hispánicos. Los extranjerismos desaforados, los neologismos caprichosos, ya los eliminará la propia lengua tarde o temprano. «Todo idioma —dice Américo Castro— tiene suficiente vitalidad para asimilar o expulsar elementos extraños, y cuando esto no ocurre, es que está a punto de dejar de existir, y entonces casi no vale la pena ocuparse de él.» [5] El arte del gramático ha de estar en olfatear lo que la robusta naturaleza del idioma acabará por asimilar o por repudiar, y en colaborar con la conciencia lingüística de los hablantes en la eliminación de los brotes excesivos.

Por las líneas que preceden, el lector habrá comprendido cuál es el propósito de este libro, y también cuáles son los problemas con que se ha enfrentado el autor y hasta qué punto habrá podido resolverlos. La lengua es un ente en constante evolución, y el pretender trazar límites entre lo que en ella es «correcto» o «incorrecto» solo puede hacerse referido a un determinado momento histórico. ¡Cuántos modos de hablar que a un Meléndez Valdés o a un Jovellanos hubieran escandalizado son hoy usados con toda tranquilidad por los escritores más apreciados! Lo que hoy nos parece vicioso mañana puede ser perfectamente normal. Por ello este libro no es un código de la circulación lingüística. La intención que lo anima es la de orientar y aconsejar, señalar lo preferible y deseable, no decretar ni condenar. Su propósito es ayudar al sentido lingüístico de cada hablante para que trabaje en el perfeccionamiento de su propio lenguaje individual, dentro del ideal de la unidad idiomática de los países que hablan el español.

Recordemos palabras de Pedro Salinas: «Me parece una incongruencia mental, cuando la humanidad ha lanzado la facultad crítica a todos los rincones de la vida humana, aspirando a su mejoría, que renuncie a aplicar la inteligencia a la marcha y destinos de la lengua. La lengua, como el hombre, del que es preciosa parte, se puede y se debe gobernar; gobernar, que no es violentar ni desnaturalizar, sino muy al contrario, dar ocasión a las actividades de lo gobernado para su desarrollo armónico y pleno. *Debe gobernarse la lengua desde dentro de cada hombre;* para hacerlo no valen instituciones o cuerpos legislativos externos y son vanas las coacciones. El impulso al bien hablar es menester que brote de la convicción de la persona misma, de la sin par importancia que para su vida total tiene el buen estado del idioma... Lo que llamo educar lingüísticamente al hombre es despertar su sensibilidad para su idioma, abrirle los ojos a las potencialidades que lleva dentro, persuadiéndole, por el estudio ejemplar, de que será más hombre y mejor hombre si usa con mayor exactitud y finura ese prodigioso instrumento de expresar su ser y convivir con sus prójimos» [6].

*

---

[5] *Los galicismos.* En *Lengua, enseñanza y literatura.* Madrid 1924, p. 107.
[6] *La responsabilidad del escritor.* Barcelona 1961, p. 56-57. El subrayado es mío.

Las páginas que anteceden constituían —con muy leves variantes— la entrada a las primeras ediciones de este libro. Su permanencia al frente de esta nueva, revisada y puesta al día, autoriza a entender que siguen siendo válidas para ella.

Algo ha cambiado, sin embargo, el paisaje desde que un editor me encomendó el plan y la realización de un diccionario «gramatical». Aunque mi proyecto no respondió muy de cerca al encargo, la buena acogida que el libro encontró en seguida, reclamando reediciones y reimpresiones con intervalos de dos o tres años, no ha dado respiro sino para introducir correcciones y apéndices de urgencia, insuficientes para ajustar la obra al compás del tiempo. La publicación, en 1979, de una versión condensada y remozada —*Diccionario breve de dudas de la lengua española*— no fue muy operante en este sentido, pues, al tratarse de una edición no venal producida por el Ministerio de Cultura, su difusión fue desigual y limitada. Un paréntesis de tiempo hurtado a tareas de mayor tonelaje ha permitido ahora llevar a cabo una revisión general del libro aparecido por primera vez hace veinticinco años.

En este lapso, naturalmente, la lengua ha continuado su evolución sin pausa, y si es cierto que muchos de los aspectos que en esta obra se comentaban no han cambiado de modo perceptible, otros han dejado de existir como problemas, ya porque tomaron un camino decidido, ya porque, sencillamente, se desvanecieron, mientras que otros nuevos han venido a ocupar la atención o la preocupación de los hablantes. Algunos puntos hay, por otra parte, que, siendo viejos, presentan un sesgo que reclama nueva consideración. Es importante insistir en lo dicho antes: la lengua no es un ente inmutable, como no lo son sus usuarios ni ningún otro ser, viviente o inerte, de este planeta.

La presente edición procura, por tanto, hacerse cargo de algunas de las dificultades que al hablante de hoy puede presentarle la lengua de hoy. Y no será malo repetir también algo que queda dicho antes: este libro no trata de inculcar al lector la «pureza» de la lengua, sino ofrecerle una orientación acerca de la norma culta del español actual, con vistas al mantenimiento de su unidad [7]. Entendemos por norma el conjunto de preferencias vigentes en una comunidad hablante entre las posibilidades que el sistema lingüístico tiene a disposición de ella. «No se trata —dice Coseriu— de la *norma* en el sentido corriente, establecida o impuesta según criterios de corrección y de valoración subjetiva de lo expresado, sino de la norma objetiva comprobable en una lengua, la norma que seguimos necesariamente para ser miembros de una comunidad lingüística, y no aquella según la cual se reconoce que 'hablamos bien' o de manera ejemplar, en la misma comunidad. Al comprobar la norma a que nos referimos, se comprueba *cómo se dice* y no se indica *cómo se debe*

---

[7]   «La lucha por la 'pureza' del idioma pudo ser el santo y seña del siglo XIX, pero .. hoy ya no puede ser nuestro principal objetivo .. 'Unidad idiomática': esa debe ser nuestra principal preocupación.» (Dámaso Alonso, *Defensa de la lengua castellana* [1956]. En *Del Siglo de Oro a este siglo de siglas*. Madrid 1962, p. 260.)

decir: los conceptos que, con respecto a ella, se oponen son *normal* y *anormal,* y no *correcto* o *incorrecto.*» [8] (Claro está que, si yo le explico a mi lector «cómo se dice», le estoy sugiriendo «cómo debe decir» para que su expresión no sea anormal; y, por otra parte, la oposición «correcto»/«incorrecto», aunque ciertamente desacreditada hoy entre los lingüistas, podría mantenerse siempre que se conviniera en referirla a la adecuación a la norma lingüística.)

No es fácil exponer sin más «la norma», porque cada hablante se encuentra situado en una encrucijada de normas. Si su educación y el lugar y el medio en que vive lo confinan en el sometimiento a una norma determinada por el *nivel de lengua* que esas coordenadas le asignan, las circunstancias cambiantes de sus actos de comunicación —a quién habla, dónde habla, si habla o escribe, etc.— llevan consigo la acomodación al *nivel de habla* que tales factores exigen en cada momento [9]. En las indicaciones sobre la norma ofrecidas en muchos de los artículos de este DICCIONARIO es necesario tener en cuenta que se refieren al uso culto «formal» y que pueden diferir de lo que sería aceptable en el nivel coloquial. Dice Ambrosio Rabanales: «Es sabido que una persona se comporta correctamente cuando lo hace obedeciendo a normas preestablecidas, e incorrectamente cuando actúa contraviniéndolas. Ahora bien, todo hablante, hasta el más iletrado, se expresa de acuerdo con determinadas normas que, en conjunto, constituyen su mayor o menor grado de competencia lingüística y de competencia de la comunicación, pero solo lo hace 'correctamente' cuando utiliza en una determinada situación la norma exigida socialmente para ella. Decir [en Chile], por ejemplo: *Oye, ¿tení una luca que me prestí?,* no es intrínsecamente 'incorrecto'; solo lo es cuando ello ocurre fuera de una situación de familiaridad y confianza» [10].

¿Por qué proponer el uso culto, y no el popular, el de la calle? Porque, aunque toda forma de expresión lingüística, por el hecho de existir y de servir a la comunicación, es en sí perfecta y respetable, las formas populares, por su propia naturaleza, son de ámbito limitado y de vida efímera. La norma que este libro trata de presentar es la norma culta porque el nivel de lengua culto es el único que ofrece las condiciones intrínsecas suficientes para servir a la unidad de la lengua en todos los territorios en que se habla.

El hecho de que el nivel de lengua culto sea el ideal que guía la lengua escrita y sobre todo la lengua literaria (que no es solo la de la literatura, sino la de la filosofía y la de la ciencia) ha motivado que a veces se hayan usado como sinónimos len-

---

[8]   Eugenio Coseriu, *Sistema, norma y habla.* En *Teoría del lenguaje y lingüística general.* Madrid 1962, p. 90.
[9]   Sobre los niveles de lengua y los niveles de habla, véase mi *Gramática esencial del español.* Madrid 1972, § 16.2.
[10]   *¿Qué es hablar correctamente?* En *Revista de Educación* (Santiago de Chile), núm 1 19 (1984), 53.

gua culta y lengua literaria. Claro está que no lo son, aunque la segunda es sin duda la plasmación más perfecta de la primera y la que más directamente apunta a la meta de la unidad, porque, como dice Rosenblat, «al contar como interlocutor, no a una o a pocas personas, sino al público anónimo de las más diversas regiones de la lengua y de los más heterogéneos estratos sociales, el escritor tiene que atenerse en general a las formas expresivas de mayor alcance» [11]. La lengua literaria se despoja instintivamente de lo local, de lo dialectal (a no ser que desee expresar *eso* precisamente), y en esa selección está —en palabras de Fernández Ramírez— «el signo o estrella que acompaña a toda lengua escrita, a toda lengua que se adelanta animada por la voluntad de convertirse en lengua común: el signo de universalidad» [12].

La norma que a lo largo de este libro se procura presentar, en los casos tratados, es, por tanto, la de la lengua general culta o, como prefieren decir los lingüistas, el español estándar. Ahora bien, en no pocos aspectos y puntos concretos la norma del español de España no concuerda con la del español de América o con la de uno o más países hispanohablantes. Todas ellas son enteramente válidas en sus respectivas áreas, y cuando se dan esas discrepancias no ha de prevalecer la norma de España sobre la vigente en el país en cuestión. Tanto como el *vos* de Buenos Aires no es aceptable en el español de Madrid, el *tú* de España es anormal en el español del Río de la Plata. En muchas ocasiones he procurado dar constancia de tales divergencias; pero debe tenerse presente que este libro, si bien aspira a servir a todo el mundo hispanohablante, tiene de manera natural e ineludible como destinatario primero al hablante español.

Se observará que en el tratamiento de las cuestiones estudiadas en este libro rehúyo en general el tono dogmático. Hay casos, naturalmente, en que la norma es tajante: la lengua estándar rechaza *satisfació* y solo admite *satisfizo*. Pero hay muchos casos en que es fluctuante («no todo es maniqueamente blanco o negro en español», dice Rabanales), y entonces procuro exponer al lector los datos que le puedan orientar en su elección. Las citas que con frecuencia ilustran los diversos usos unas veces confirman la norma; otras, en cambio, su transgresión. En ningún caso deben interpretarse en un sentido de censura (sería pueril poner a nadie en la picota por un quítame allá esa preposición), sino como pruebas de la existencia de formas divergentes de la registrada como normal. Formas que, no lo olvidemos, más de una vez podrían llegar a ser, andando el tiempo, precisamente las normales.

*

[11] Ángel Rosenblat, *El criterio de corrección lingüística: unidad o pluralidad de normas en el español de España y América.* En *El Simposio de Indiana.* Bogotá 1967, p. 16 de la separata.
[12] Salvador Fernández Ramírez, *Lengua literaria y norma lingüística.* Discurso de ingreso en la Real Academia Española. Madrid 1960, p. 33.

Son innumerables las personas de las que esta obra es deudora. Arturo del Hoyo, instigador o responsable de que yo fuese autor de ella, es quien debe ser mencionado en primer lugar. Me han aportado muchos materiales y observaciones de interés Florentino Trapero (Madrid), José Polo (Universidad Autónoma de Madrid), Fernando Huarte (Biblioteca de la Universidad Complutense), Olimpia Andrés (Seminario de Lexicografía de la Real Academia Española), Joaquín Arce † (Universidad Complutense), Manuel Guerrero (Madrid), Antonio Gómez Galán (Escuela Universitaria Pablo Montesino, Madrid), Fernando González Ollé (Universidad de Navarra) y María Reymundo (Madrid).

Me han sido muy útiles las recensiones de Jesús Alonso Montero, en *El Progreso* (Lugo), 1-3-1962, 3; Rafael Sánchez Mariño, en *Filología Moderna,* 3 (1962), 160; J. W. Schweitzer, en *Hispania,* 45 (1962), 819-20; Constantino García, en *Archiv für das Studium der Neueren Sprachen und Literaturen,* 115 (1963), 73-74; José Montero Padilla, en *Arbor,* 56 (1963), 249-50; H. Felipe Emilio, en *Después* (Madrid), núm. 55 (1963), 11-12; J. Škultéty, en *Philologica Pragensia,* 8 (1965), 102-3, e *ibídem,* 9 (1966), 103; J. M. Domínguez, en *Idioma* (Múnich), 6 (1966), 311-12; y muy particularmente las de Emilio Lorenzo, en *Filología Moderna,* 4 (1965), 255-61; Manuel Fernández Galiano, en *Atlántida,* 3 (1965), 428-32, y José Polo, en *Revista de Filología Española,* 51 (1968), 243-65.

No quiero dejar de mencionar las numerosas cartas recibidas a propósito de las ediciones anteriores de este libro —muchas de ellas con interesantes listas de cuestiones, observaciones, noticias y consultas—, como las de Camilo Alonso-Vega (Nueva Delhi, India), Martín Balboa (Sarria, Lugo), Fernando Calleja (Madrid), Aníbal Cañón Presa (Segovia), Luis Felipe Carrer (París), José Caso González (Universidad de Oviedo), Arrigo Castellani (Accademia della Crusca, Florencia), Marichu Cruz de Castro (Madrid), Amelia Díaz Muñoz (Alcalá de Henares, Madrid), Héctor Domínguez (Upsala, Suecia), Marco Aurelio Ferrell Ramírez (Lima), P. Germán (Burgo de Osma, Soria), David L. Gold (Universidad de Haifa, Israel), Marcos Hernández Aróstegui (Madrid), Theodora J. M. van Lottum (Guatemala), José Martínez de Sousa (Madrid), José Mejía (Alcorcón, Madrid), José Muñoz Pérez (Universidad de Sevilla), Gerardo H. Pagés (Buenos Aires), T. M. van Schaick (Maastrich, Países Bajos), J. Smeets (Barcelona), Humberto Soto (Boston, Estados Unidos), Fermín Velasco (Miami, Florida, Estados Unidos), José F. Zambrana Castillo (Getafe, Madrid) y otras que lamento no recordar.

A todos, mi gratitud más sincera.

M. S.
(1986)

ABREVIATURAS Y SIGNOS EMPLEADOS EN ESTE DICCIONARIO

adj.	adjetivo.
adv.	adverbio.
ant.	anticuado o antiguo.
apoc.	apocopado.
cf.	confer (compárese, confróntese).
cit.	citado por o citado en.
comp.	compuesto.
ed.	edición.
f.	femenino.
fr.	francés.
frec.	frecuente(mente).
fut.	futuro.
ger.	gerundio.
ibíd.	ibídem (en el mismo lugar).
imperat.	imperativo.
impers.	impersonal.
impf.	imperfecto.
ind.	indicativo.

indef.	indefinido.
inf.	infinitivo.
ing.	inglés.
m.	masculino.
n.	nota.
part.	participio.
pers.	persona.
pf.	perfecto.
pl.	plural.
port.	portugués.
pot.	potencial.
ppf.	pluscuamperfecto.
pres.	presente.
pret.	pretérito.
sing.	singular.
subj.	subjuntivo.
supl.	suplemento.
s. v.	sub voce (en el artículo).
trad.	traducción de.

→	significa véase.
/ /	encierra la transcripción fonológica de una letra o una palabra: vivir, /bibír/.
' '	encierra el significado de una palabra o de una frase: laborar, 'trabajar'; o representa unas comillas dentro de un texto que ya va entre comillas.
>	entre dos palabras, significa que la segunda viene de la primera: latín amaveram > español amara.
<	entre dos palabras, significa que la primera viene de la segunda: español amara < latín amaveram.
§	párrafo o parágrafo.
..	supresión de una o más palabras en un texto citado, para abreviar la cita.

ADVERTENCIAS

1. Los artículos que van encabezados por un lema en negrita minúscula (por ejemplo, **acaso**) estudian una palabra concreta. Los que se encabezan en negrita mayúscula (por ejemplo, **FEMENINO**) estudian un tema general.

2. Los títulos de libros y periódicos que se citan abreviadamente en los ejemplos están todos desarrollados en la Bibliografía que figura al final de la obra (págs. 573 y siguientes).

3. El número entre corchetes que aparece en la indicación sobre la conjugación de un verbo remite al modelo correspondiente que figura en el Apéndice «Conjugación de los verbos».

DICCIONARIO

a

a¹. **1.** Primera letra del alfabeto. El nombre de esta letra es femenino, *la a*, y su plural es *aes* (aunque sea frecuente oír *as*). **2.** Corresponde al fonema vocal /a/, en cuya realización el punto de articulación está situado entre la parte anterior y la parte posterior de la cavidad bucal. El ápice de la lengua toca la cara interior de los incisivos inferiores, y su dorso se eleva suavemente hacia el punto en que termina el paladar duro y comienza el velo del paladar. Los labios se abren más que para cualquiera de las demás vocales.

Se adelanta levemente la articulación hacia el paladar cuando el sonido /a/ precede a un sonido palatal (/ch, ll, ñ, y, i/). En este caso se habla de /a/ *palatal*. En cambio, se retrasa ligeramente hacia el velo del paladar cuando precede a un sonido velar (/j, g, u, o/), o a /l/ en sílaba trabada (es decir, /l/ en final de sílaba, como en *caldo, animal*). La /a/ en este caso recibe el nombre de /a/ *velar*. Pero su velarización nunca es tan marcada como la que se da en catalán, portugués, inglés y otras lenguas.

a². **1.** Preposición. Se pronuncia siempre átona (*a casa*, /akása/; *a comer*, /akomér/), a pesar de que hasta entrado el segundo decenio de este siglo se escribió con acento ortográfico. **2.** He aquí sus principales usos: **2.1.** Expresa movimiento en general: *Voy a Madrid; Miré al suelo* (dirección); *Llegó a Madrid; Cayó al suelo* (término del movimiento). (Sobre *entrar* A, → ENTRAR.)

2.2. Las ideas de finalidad y término indirecto derivan de esta idea fundamental: *¿A qué me llamas?; Traigo a Juan un regalo.* También la idea de proximidad: *Se sentaron a la lumbre.* **2.3.** Precede a los infinitivos que son complementos de verbo de movimiento: *Viene a trabajar;* y a veces a los que son complementos de verbos de movimiento o tendencia espirituales: *Aprende a hablar; Aspiramos a mejorar* (pero *Quiere hablar; Deseamos mejorar).*

Precede a un infinitivo en oraciones que expresan mandato, en las que está sobrentendido el verbo *vas, vamos, vais,* etc.: *¡A callar!; ¡A sentarse!; ¡A comer!* **2.4.** Indica lugar en donde, con respecto a otro punto: *Se sentó a la puerta de la casa; Se encuentra a la derecha de la catedral; Vivo a cuatro kilómetros de aquí; «A las verjas del Jardín Botánico, el viajero siente —a veces le pasa— un repentino escalofrío»* (Cela, *Alcarria,* 18); *«Pasa el tren a las tapias del cementerio»* (ibíd., 23). El punto de referencia puede ir implícito: *Se sentó a la puerta; Vivo a cuatro kilómetros.* Un uso antiguo es el de *a* para denotar lugar determinado de un texto (hoy diríamos *en): «De Toledo sería el bonetillo colorado y grasiento del ventero, que se menciona al capítulo 35 de la primera parte»* (Clemencín [1833-39], cit. Cuervo, *Diccionario).* Este uso se mantiene en el lenguaje administrativo: *Registrado al libro 240, folio 31.* Y alguna rara vez en el literario: *«El trabajo de José Barrio Gutiérrez .., donde se discuten las diferentes* *tesis a las páginas 18-19»* (Caro Baroja, *Género biográfico*, 39).

2.5. Expresa tiempo: *Se levantaba a las ocho; A la noche te lo diré; Al día siguiente se marcharon.* Representa también el tiempo contado a partir de un determinado momento: *al año de salir; a los tres días de la entrevista.* La expresión de tiempo es muy frecuente con un infinitivo precedido de artículo: *al ir, al entrar, al apearse, al saludar,* etc. ('cuando voy, cuando iba, cuando vaya'; o 'cuando vas, cuando ibas, cuando vayas', etc.).

2.6. *a)* Significa manera: *Se despidió a la francesa; Yo lo hago a mi manera; Despáchate a tu gusto.* Con este valor entra a formar parte de numerosas locuciones adverbiales: *a menudo, a veces, a diario, al fin, al fin y al cabo, al fin y a la postre, al azar, a pie, a caballo, a diestro y siniestro, a bocajarro, a traición, a puñados, a palos, a empujones, a patadas,* etc. Un grupo de estas locuciones adverbiales de modo es el de las formadas por la preposición *a* y un adjetivo o participio —a veces un sustantivo— en femenino plural: *a escondidas, a hurtadillas, a gatas, a ciegas, a tontas y a locas, a tientas, a derechas, a medias, a oscuras.*

b) Abundan las locuciones adverbiales de valor modal que tienen la estructura *a la* + adjetivo en forma femenina. En ellas está implícito el término «usanza» o «manera», aludido por el adjetivo, el cual a menudo es gentilicio: *«Se largó a la francesa»* (Cela, *Viaje andaluz,* 269); *Va vestido a la española; Vivimos a la antigua; Hicieron el camino a la inversa.* Es frecuente que, por unirse a nombres, se conviertan en locuciones adjetivas: *callos a la madrileña; tortilla a la francesa; bacalao a la vizcaína; «Un coleto a la leonesa»* (Rivas, *Castellano*); *«Una fiesta a la española»* (Benavente, *Cigarras,* 117).

Del uso anterior deriva *a la* + nombre: *«Un levitón a la Berryer»* (Baroja, *Románticos,* 122).

c) La locución adverbial *a lo* + nombre se emplea especialmente para caracterizar un estilo: *«papelillos doblados a lo boticario»* (Galdós, cit. Fernández Ramírez); *«Yo he vivido siempre a mi manera, a lo señor, a lo negociante»* (Benavente, *íbíd.*). La locución adverbial se convierte en locución adjetiva cuando se une a un nombre: *«el bigote a lo Espartero»* (Galdós, *íbíd.*). El nombre puede ir, en la locución, acompañado de adjetivo:

«uno de esos saludos a lo antiguo régimen» (Baroja, *Románticos,* 93).

2.7. Del significado expuesto (en 2.6, *a*), a veces confundiéndose con él, derivan los de medio e instrumento: *Caminamos a pie; A fuerza de puños consiguió imponerse.* (→ 9, *a.*)

2.8. Indica precio por unidad: *Se venden a cien pesetas.*

2.9. Indica causa: *A petición del interesado.*

2.10. Tiene valor condicional en algunas construcciones fijas en que precede a un infinitivo sin artículo: *A no ser por mí, el negocio hubiera fracasado; A decir verdad, me tiene sin cuidado; A juzgar por lo que dicen, es una mujer terrible; «A no asegurarme Colmenar que usted es persona desinteresada y de ánimo generoso, no me decidiera nunca»* (Pardo Bazán, *Viaje,* 90). No es normal el uso con artículo que se da en algunas regiones de América; ejemplos citados por Kany, 27: *«Pensaba que al venir a solicitar su mano un príncipe y un jovencito estudiante, ella preferiría al jovencito»* (D'Halmar, Chile); *«Al ser pulmonía no hubiera durado tres días»* (García Muñoz, Ecuador).

2.11. Limitación o parte. En este uso propio de la lengua coloquial, la preposición precede a un adjetivo calificativo, y equivale a *en cuanto a, en el aspecto de: «A bueno y honrado no hay quien lo aventaje»* (García Álvarez y Muñoz Seca, cit. Beinhauer).

2.12. Tiene sentido distributivo en el tiempo: *tres veces al día, dos días a la semana, una vez al año.* Con referencia a velocidad se prefiere, sin embargo, el uso de *por,* sin artículo: *noventa kilómetros por hora* (mejor que *a la hora), treinta y tres revoluciones por minuto.*

3. El complemento directo de verbo se construye con la preposición *a* cuando es nombre de persona, o de animal o cosa personificados: *Vi a Luis; Vi a tu padre; Vi a «Sultán»; Llamaba a la muerte; «Tienen por Dios al vientre»* (Puente, cit. Academia). También lleva preposición en los casos en que haya que evitar ambigüedad: *Todos le temen como al fuego; Sostiene a la voluntad la esperanza.*

4. No lleva preposición el complemento directo en los casos no incluidos en el párrafo anterior y, además, en los particulares siguientes:

a) Los nombres propios usados como comunes: *«Plutarco os dará mil Alejandros»* ('héroes') (Cervantes, *Quijote*, cit. Academia).

b) Los nombres comunes de persona cuando tienen un sentido de indeterminación: *Busco una secretaria* ('busco a alguna mujer —cualquier mujer— que trabaje como secretaria'). *(Busco a una secretaria* indicaría que busco a una determinada secretaria, ya conocida por mí.)

c) El complemento directo que necesita distinguirse de otro complemento que lleva *a: Prefiero el hermano mayor al pequeño; Encomendó su hija a unos vecinos.*

d) El complemento directo del verbo *haber* usado como impersonal: *No hay nadie; Había pocas personas.*

5. La Academia *(Gramática,* § 241*b)* establecía como obligatorio el uso de *a* ante complementos directos que sean nombres propios geográficos sin artículo: *«Abandoné a Sevilla»* (Bécquer, *Venta,* 321); *«Un ejército inglés sitia a San Sebastián»* (Azorín, *Dicho,* 39); *«Hacía veintitrés años que no visitaba a Alemania .. Mi viaje no se proponía ver a Alemania»* (Ortega, *Viajes,* 147); *«Visitó a Madrid»* (Marañón, *Vida,* 153). Consideraba censurable galicismo el no usarla: *He visitado Sevilla.* Pero esta regla es hoy poco respetada, y la propia Academia *(Esbozo,* § 3.4.5*b)* reconoce ahora que el uso sin preposición existe ya en el *Poema del Cid* y que en nuestros días es «frecuente». En realidad, puede decirse que es lo normal.

6. Además de los usos mencionados, la preposición *a* forma parte de diversas locuciones verbales: *ir a* + infinitivo, *empezar a* + infinitivo, etc. (→ IR, EMPEZAR, etc.).

7. *Nombre* + A + *infinitivo: Tarea* A REALIZAR. La preposición *a* detrás de un sustantivo y delante de un infinitivo *(tarea a realizar)* expresa que el sustantivo ha de recibir la acción enunciada por el infinitivo ('tarea que ha de ser realizada'). Es un uso tomado del francés y que tiene ya una tradición bastante larga en nuestro idioma. El *Dicc. histórico* de la Academia registra ejemplos desde 1833. Sin embargo, un ejemplo precoz, al parecer aislado, se encuentra ya en un libro de Ambrosio de Salazar, *Las clavellinas de recreación* (1614), obra bilingüe destinada a los estudiantes franceses de español. En él (p. 136) la frase francesa *deux estats desirables en ce monde* se traduce *«dos estados a desear en este mundo».* El uso de *a* + infinitivo va ob-

teniendo notable difusión, favorecida, desde luego, por la creciente influencia del inglés, idioma en que existe una construcción idéntica (cf. Alfaro): *«Tengo un asunto urgente a ventilar»* (Camba, *Rana,* 28); *«El problema a resolver consistirá .. en llegar a la sencillez austera»* (Azorín, *Dicho,* 131); *«Otra figura a señalar dentro de la poesía místico-ascética es la de Fray Pedro Malón de Chaide»* (Díaz-Plaja, *Lírica,* 135); *«Libros y trabajos a consultar»* (González-Ruano, *Baudelaire,* 262); *«El turno a consumir va a girar solamente alrededor de unas determinadas puntualizaciones»* (García Nieto, *Abc,* 16.12.1958, 3); *«Sería otro punto a examinar»* (Pemán, *Abc,* 1.1.1959, 3); *«Me espera, como próxima lectura literaria, una serie de pruebas a corregir»* (Zunzunegui, *Ínsula,* núm. 134, 1958, 5); *«Hasta en Garcilaso .. halla Herrera palabras y expresiones vulgares a reprochar»* (Cernuda, *Estudios,* 17); *«Este aspecto de estudio sería el principal a considerar en los conceptos»* (Carreras, *Introd. filosofía,* 45); *«Irán precedidos de un solemne acto a celebrar el próximo lunes santo»* (*Vanguardia,* 29.3.1958, 21). La construcción abunda especialmente en el estilo periodístico, y está muy extendida por América, sobre todo en la zona del Río de la Plata (cf. Kany, 342).

El éxito de esta construcción se debe, sin duda, a su brevedad, frente a la relativa pesadez, en ocasiones, de sus equivalentes castizas *(Esta es la tarea que hay que realizar,* o *que ha de realizarse; Hay una tarea que realizar).* Mucho más ágil, pero de escaso uso, es la construcción QUE + infinitivo: *«Era la confianza, el orden: un trazado que reconocer como propio, un saber dónde encontrar los objetos»* (Donoso, *Domingo,* 11). Hay otra fórmula que los puristas dan como equivalente y que no lo es: *tarea por realizar.* Expresa un matiz particular: es, exactamente, 'la tarea que queda *todavía* por realizar'. Véase este ejemplo: *«Radio Verdad, una incógnita por despejar de la Guerra Civil»* (V. Talón, *Correo Español,* 12.8.1984, 23).

Otra ventaja de la construcción con *a* sobre sus correspondientes hispanas es su facultad de funcionar con sustantivo implícito: *A deducir: 23,50 ptas.* (sobrentendido: *cantidad* a deducir).

Es probable que no tarde en ser acogida esta fórmula por todos, no solo como consecuencia de su creciente auge, sino de la relativa necesidad que nuestra lengua siente de tal construcción. Pero, por ahora, los escritores cuidadosos eluden su empleo, que ciertamente suena mal en muchas ocasiones (v. Casares, *Cosas del lenguaje,* 223-26). Hay que evitar que la frase con *a* llegue a eliminar a las otras, más expresivas. Lo recomendable es utilizar los giros españoles siempre que sea posible, sin rechazar el extraño cuando la comodidad y la rapidez lo pidan y el buen gusto no se resienta por ello. La postura de la Academia *(Esbozo,* § 3.11.5) es de tolerancia en usos bancarios, comerciales y administrativos, como *total a pagar, efectos a cobrar, cantidades a deducir, asuntos a tratar;* pero «no se dice, en cambio —advierte—, *terrenos a vender, pisos a alquilar, personas a convocar, oraciones a rezar,* etc.». Y añade que «todos los Congresos de Academias de la Lengua Española han acordado censurar [tales construcciones] como exóticas y recomendar que se las combata en la enseñanza. En lugar de ellas deben emplearse, según los casos: *Tengo terrenos que vender* o *para vender; pisos para alquilar; asuntos que tratar, por tratar,* o *para tratar; personas que convocar,* etc.».

8. *Verbo + A + infinitivo: a) Continuar* A HACER *una cosa.* El uso de infinitivo precedido de *a,* en lugar del gerundio *(continuar haciendo),* se ha dado alguna vez en nuestro idioma, pero hoy es extraño y debe evitarse: *«Lo que continúa a decir ahí Chicharro coincide con lo que nosotros afirmamos en nuestro libro»* (E. Suárez-Galbán, *Ínsula,* 11.1982, 14). Seguramente el ejemplo que sigue se explica por italianismo: *«Continuemos, pues, a querernos bien, mirándonos y tomando todo lo que nos une»* (J. Cortés-Cavanillas, crónica de Roma —traduce palabras de Juan XXIII—, *Abc,* 13.10.1962, 37).

b) Llenar a rebosar, 'llenar de manera que rebosa', es, en cambio, uso generalmente aceptado, no solo en construcción con el verbo *llenar,* sino con el adjetivo *lleno (Estaba lleno a rebosar)* y con el nombre *lleno (La comedia obtuvo un lleno a rebosar;* en este ejemplo el sujeto, no mencionado, de *rebosar* será «el teatro»). También se usa *a rebosar* sin depender de ninguna de estas palabras, con función adverbial, equivalente al gerundio *rebosando: «La discoteca .. estaba a rebosar»* (Marina, 24.6.73, 30).

9. *Nombre + A + otro nombre: a) Avión* A *reacción.* El uso de la preposición *a* para

indicar instrumento o medio es normal tratándose de complementos de verbo: *El carretero consiguió a latigazos que la mula se levantase* (→ 2.7). Pero cuando, con ese mismo sentido, precede a un nombre complemento de otro nombre, la preposición *a* está ocupando el puesto de la preposición *de.* Así, construcciones tan frecuentes como *avión* A *reacción, aparato* A *pilas, cocina* A *gas, vehículos* A *motor,* deben ser, según el sistema normal de nuestra lengua, *avión* DE *reacción, aparato* DE *pilas, cocina* DE *gas, vehículos* DE *motor: «Un avión de reacción surcaba el cielo»* (Goytisolo, *Resaca,* 1); *«Proyecto de Ley de Uso y Circulación de Vehículos de Motor»* (*Abc,* 16.12.1962, 88).

Hay, no obstante, casos en que el uso de los españoles ha consagrado la construcción con *a: olla* A *presión (olla* DE *presión* no se oye nunca). Estos casos son más abundantes en América, especialmente en la región rioplatense y en Chile: *«Preparo mis tazas de café en el anafe* A *gas»* (Edwards, *Máscaras,* 37); *«Se sentó a la mesa, de espaldas a la cocina* A *leña»* (Puig, *Boquitas,* 54). Cf. Kany, 336.

b) Enfermedades A *virus; crema* A LA *glicerina.* Similares al caso anterior son las construcciones en que el complemento con *a* designa causa: *enfermedades* A *virus* (son, en español normal, *enfermedades* POR *virus).* O aquellas en que el complemento designa ingrediente: *«crema Famos* A LA *glicerina»* (anuncio, 1960). Como se ve en el ejemplo, es frecuente en este sentido la presencia del artículo. En español normal es CON *glicerina.* Esta construcción *a* + artículo + nombre, calcada del francés, es totalmente usual y general en gastronomía.

10. *A por.* La Academia, en su *Gramática* de 1931 (§ 263), tachaba de incorrecta la combinación de las preposiciones *a* y *por;* y todavía en su *Esbozo* de 1973 (§ 3.11.2), aunque reconoce que el empleo de esta locución ha progresado incluso en la literatura, señala que «la conversación culta .. suele sentirla como vulgar y procura evitarla». No hay, sin embargo, razón seria para censurar este uso, tan legítimo como otras combinaciones de preposiciones *(de entre, por entre, para con,* etc.) nunca repudiadas por los gramáticos. *A por* ya fue defendido por Unamuno y Benavente, y también por Casares *(Nuevo concepto,* 56-61), a pesar de las reservas de muchos escritores y hablantes:

Galdós subrayaba el *a por* para marcar su distanciamiento respecto al uso coloquial de sus personajes: «*Fabiana Jaime hacía también su escapadita 'a por' un abrigo de última novedad*» (*España trágica*, 966); Torrente refleja irónicamente la opinión de los «celosos del lenguaje»: «*¡Y esos dos 'a por', de esa manera reiterados, como si uno solo no bastase! Los castrofortinos, tan celosos de su lenguaje, uno de los pocos lugares donde se habla bien el castellano, no sabían entonces qué les ofendía más: si la calumnia a la familia Aguiar .. o el solecismo repetido e insolente*» (*Saga*, 254). El uso es frecuente en España (no en América): «*Una vieja que todas las mañanas salía a por vino con un jarrico*» (Azorín, *Castilla*, 63); «*Entre los rastrojos y la jara, a por liebres*» (Martín-Santos, *Tiempo*, 234); y se encuentra más en la lengua hablada que en la escrita. Es evidente la ventaja expresiva que posee *a por*: *Fui por ella* es ambiguo, pues podría ser 'fui a causa de ella' o 'fui a buscarla'; *Fui a por ella* es solamente 'fui a buscarla'.

11. *A estudio, a examen, a debate.* Estas construcciones adverbiales, frecuentes en oraciones nominales formando titulares periodísticos, son resultantes de elipsis de formas verbales como «se somete(n)» o «sometido»: «*Mallorca: la contaminación del Mediterráneo, a estudio*» (*Informaciones*, 19.5.1972, 40); «*Los serenos, a debate. Un problema de política social que estuvo resuelto en 1834 y no lo está en 1972*» (*Abc*, 2.12.1972, 35).

12. *A en rótulos*: «*Al Monigote de Papel*» (título de una colección de libros); «*Al Pollo Dorado*» (nombre de un restaurante madrileño). La preposición *a*, encabezando un rótulo, es copia de la costumbre de otros idiomas, que no es necesario imitar.

13. *A* + complemento de lugar en donde: *Estuve* A *casa de F.* Es construcción frecuente (aunque no exclusivamente) entre los catalanes. Dígase en este caso *en*. (→ 2.4.)

14. Otras construcciones y locuciones en que entra la preposición *a* se comentan en los artículos correspondientes a las palabras que la acompañan: *a acá, a allá, a aquí, a allí, a abajo, a arriba* → ACÁ, ALLÁ, etc.; *a base de* → BASE; *a esta condición* → CONDICIÓN; *a grosso modo* → GROSSO MODO; *a la mayor brevedad* → BREVEDAD; *a la satisfacción* → SATISFACCIÓN; *al centro* → CENTRO; *al extremo de, a tal extremo* → EXTREMO; *al ob-* *jeto de* → OBJETO; *al punto de* → PUNTO; *a más* → MÁS; *a pretexto de* → PRETEXTO; *a seguida* → SEGUIDA; *dolor a los oídos* → DOLOR; *fotografías a color* → COLOR; *ir a compras* → IR; *limpieza a seco* → SECO; *rayar a lo sublime* → RAYAR; *vencer a los puntos* → PUNTO.

a-. **1.** Prefijo sin significación precisa que sirve para formar parasintéticos: *agrupar* (de *grupo*), *asustar* (de *susto*), *adocenar* (de *docena*). **2.** Prefijo que expresa negación o privación: *asimétrico*, 'no simétrico'; *anormal*, 'no normal'; *amoral*, 'sin moral'. Cuando antepone a palabra que empieza por vocal, toma la forma *an-*: *analfabeto*, 'sin facultad de leer'; *anemia*, 'falta de sangre'.

-a. Terminación átona de sustantivos postverbales, con el sentido de 'acción' o 'resultado de la acción' del verbo: *capea* (de *capear*), *cata* (de *catar*), *monda* (de *mondar*), *toma* (de *tomar*), *costa* (de *costar*), *paga* (de *pagar*), *tala* (de *talar*), *contienda* (de *contender*).

Aachen → AQUISGRÁN.

ab-. Prefijo que expresa en general separación y origen: *abjurar*, 'jurar retractándose'; *absorber*, 'sorber de algo'; *aborigen*, 'poblador primitivo'.

abajo. **1.** Este adverbio, como otros adverbios de lugar, puede ir precedido de diversas preposiciones que denotan primariamente movimiento o aproximación: *de abajo, desde abajo, hasta abajo.* De estas preposiciones se exceptúa *a;* no se dice *Llegó a abajo,* sino *Llegó abajo; «Rajarlo de arriba a abajo con el cuchillo»* (Cela, *Mazurca,* 33) debería ser *de arriba abajo.* **2.** Pospuesto a un nombre, significa 'en dirección a la parte más baja (de la cosa nombrada)': «*A la derecha, Tajuña abajo, el [camino] de Archilla o el de Budia*» (Cela, *Alcarria,* 55). Este uso deriva seguramente del empleo de *abajo* como modificador de un complemento con preposición, empleo que todavía se conserva: «*Retiróse a su domicilio echando suspiros por la escalera abajo*» (Galdós, *Torquemada,* II, 13); «*El viajero mira andar a las mulas, tirante el aparejo en la cuesta arriba, flojo y como descansado en la cuesta abajo*» (Cela, *Alcarria,* 33). **3.** Diferencia entre *abajo* y *debajo.* El sentido fundamental de *abajo* es 'a lugar o puesto inferior'. el de *debajo*, 'en lugar o parte inferior'. Por tanto, el primero es normalmente complemento de verbos que significan movimiento, y el segundo, de verbos que significan situación. Pero hay casos en que para este último significado es posible utilizar uno u otro adverbio: *Mi despacho está abajo* y *Mi despacho está debajo*. En estos casos, *abajo* tiene un sentido más abstracto y absoluto, y *debajo*, un sentido más concreto y relativo. *Abajo* es 'en la parte baja', en general; *debajo*, 'en lugar más o menos inmediatamente inferior (a alguien o algo)'. Por esto es frecuente que *debajo* lleve un complemento especificador *(Mi despacho está debajo* DE ESTE), mientras que es raro que lo lleve *abajo*.

   4. En muchos países hispanoamericanos hay tendencia a usar *abajo* indistintamente para los dos valores que he diferenciado en *abajo/debajo* según el uso normal en España. Así, donde Cortázar, *Rayuela,* 484, escribe: «*Me echaron .. con el gato* ABAJO *del brazo*», un español diría DEBAJO *del brazo.*

   5. La construcción *abajo de,* usada como locución prepositiva, no suele llevar en España idea de lugar, como en América (→ 4, ejemplo de Cortázar), sino de cantidad, equivaliendo a 'menos de': *No vale abajo de un millón.*

abalanzarse. Construcción: *abalanzarse* A *los peligros; se abalanzó* SOBRE *su contrincante.*

abandonar. Construcción: *abandonarse* A *la suerte; abandonarse* EN *manos de la suerte.*

abarrotar. 'Atestar o llenar (un sitio)'. Es frecuente el uso de este verbo en participio: *La plaza estaba abarrotada.* Debe evitarse el error de usar *abigarrar* por *abarrotar:* «*La calle Toledo empezaba a abigarrarse*» (Zunzunegui, *Vida,* 656).

abarse. Verbo defectivo, muy poco usado, 'quitarse del paso'. Según la Academia, se usa «casi únicamente» en el infinitivo y en el imperativo *(ábate).*

abasí. Adjetivo y nombre con que se designa una dinastía árabe. Esta forma es mejor que *abasida,* también usada. No debe usarse la forma *abásida.* Tampoco es necesario escribir *abbasí.*

abastecer. Verbo irregular. Se conjuga como *agradecer* [11].

abasto. *No dar abasto,* 'no tener posibilidad de tregua en una actividad'. No son normales las formas *no dar a basto, no dar a abasto* y *no darse abasto.*

abbasí → ABASÍ.

abceso → ABSCESO.

abertura. No debe confundirse con *apertura. Abertura* es 'algo que está abierto': *Se metió por una abertura de la pared. Apertura* es 'inauguración', 'comienzo', 'acción de abrir': *la apertura de las Cortes; apertura de una partida de ajedrez.* La 'cualidad de abierto' puede ser *abertura* (como escribe Laín, *Marañón,* 202: «*La apariencia física de Marañón irradió siempre un aura de .. sencillez no afectada y cordial abertura*») o, más frecuentemente, *apertura.*

Abidos. El nombre de esta ciudad antigua (en Tróade) es llano; evítese, pues, la pronunciación /ábidos/. También puede usarse la forma *Abido.*

Abigaíl. Se acentúa la *i;* deben evitarse, por tanto, la pronunciación trisílaba /abigáil/ y la grafía sin tilde, *Abigail.*

abigarrar. Confusión con *abarrotar:* → ABARROTAR. Confusión de *abigarrado* con *nutrido* o *denso:* → NUTRIDO.

-able → -BLE.

abocado. 'Expuesto o amenazado'. Construcción: *se vio abocado* A *la ruina.*

abochornar. Construcción: *estas cosas me abochornan; me abochorno* POR *estas cosas; me abochorno* DE *lo que he dicho.*

abogado. El femenino de este nombre es *abogada,* 'mujer legalmente autorizada para ejercer la abogacía'. No hay razón que justifique decir *la abogado* (o *la mujer abogado),* aunque sea esta la denominación que prefieren muchas profesionales.

abogar. Construcción: *abogar* POR *alguien.*

abolir. Verbo defectivo. (Véase cuadro.) Aunque en presente solo es normal el uso de las formas de primera y segunda personas del plural, no faltan quienes emplean la forma *abole* para tercera del singular: «*Pena que no*

CONJUGACIÓN DEL VERBO «ABOLIR» EN TODAS SUS FORMAS

INDICATIVO

Pres. abolimos, abolís. *Las demás personas no se usan.*
Pret. impf. abolía, abolías, abolía, abolíamos, abolíais, abolían.
Pret. indef. abolí, aboliste, abolió, abolimos, abolisteis, abolieron.
Fut. impf. aboliré, abolirás, abolirá, aboliremos, aboliréis, abolirán.
Pot. simple aboliría, abolirías, aboliría, aboliríamos, aboliríais, abolirían.
Pret. pf. he abolido, etc.
Pret. ppf. había abolido, etc.
Pret. ant. hube abolido, etc.
Fut. pf. habré abolido, etc.
Pot. comp. habría abolido, etc.

SUBJUNTIVO

Pres. No se usa.
Pret. impf. aboliera o aboliese, abolieras o -ses, aboliera o -se, aboliéramos o -semos, abolierais o -seis, abolieran o -sen.
Fut. impf. aboliere, abolieres, aboliere, aboliéremos, aboliereis, abolieren.
Pret. pf. haya abolido, etc.
Pret. ppf. hubiera o hubiese abolido, etc.
Fut. pf. hubiere abolido, etc.

IMPERATIVO

abolid. *Las demás personas no se usan.*

FORMAS NO PERSONALES

Inf. abolir.   *Inf. comp.* haber abolido.
Ger. aboliendo.   *Ger. comp.* habiendo abolido.
Part. abolido.

---

se abole con ningún indulto» (A. Gala, *Sábado,* 6.8.1977, 5); *«Modifica y abole las leyes monásticas»* (J. Jiménez Lozano, *País,* 17.5.1980, 7); *«Un golpe de narradores ¿abole la tradición?»* (R. Bellveser, *Pueblo,* Supl., 17.5.1980, 2).

abominar. 'Condenar o maldecir'. Es verbo transitivo, según la Academia; pero hoy lo más general es usarlo como intransitivo, con un complemento introducido por *de: Abomina de quienes le engañaron.*

aborigen. 'Primitivo poblador de un país'. La forma rara *aborígena* se explica por influjo de *indígena* y de *alienígena.* La usó, entre otros, Menéndez Pelayo: *«Prácticas supersticiosas de los aborígenas y alienígenas peninsulares»* (*Heterodoxos,* I, 218).

aborrecer. Verbo irregular. Se conjuga como *agradecer* [11].

aborrecible. Construcción: *aborrecible* A o PARA *todos.*

abrasar. Construcción: *abrasarse* EN *las llamas; abrasarse* DE *amor; abrasarse* EN *deseos.*

abreviar. Se conjuga, en cuanto al acento, como *cambiar* [1 a].

ABREVIATURA. Es la representación gráfica de una palabra (o de un grupo de palabras) por medio de solo una letra o algunas de las letras que constituyen su escritura completa. La finalidad de esta forma de representación es ahorrar tiempo y espacio en el escrito. Hay dos maneras de usar las abreviaturas:

ABREVIATURAS USUALES [1]

a	área	*cta.*	cuenta
(a)	alias	*cte.*	corriente
a/c.	a cuenta	*Cte.*	comandante
a. C.	antes de Cristo	*cts.*	céntimos
a. de J. C.	antes de Jesucristo	*c/u*	cada uno
a D. g.	a Dios gracias	*CV*	caballos de vapor
admón.	administración		
a/f.	a favor	*D.*	don
afmo., afma.		*D.ª*	doña
(raro *affmo.,*		*d. C.*	después de Cristo
affma.)	afectísimo -ma	*dcha.*	derecha
a. J. C.	antes de Jesucristo	*D. E. P.*	descanse en paz
a. m.	*ante meridiem* (= antes del	*depto.*	departamento
	mediodía)	*d/f., d/fha.*	días fecha
ap.	aparte	*dg*	decigramos
art.	artículo	*Dg*	decagramos
A. T.	Antiguo Testamento	*d. J. C.*	después de Jesucristo
Av., Avda.	avenida	*dl*	decilitros
		Dl	decalitros
Barna.	Barcelona	*D. L.*	depósito legal
Bco.	banco	*dm*	decímetros
B. L. M.	besa la mano	*Dm*	decámetros
Bs. As.	Buenos Aires	*D. m.*	Dios mediante
Bto., Bta.	beato -ta	*DM*	*Deutsche Mark* (= marcos alemanes)
c.	capítulo	*DNI, D. N. I.*	Documento Nacional de
c/	cargo; cuenta; calle		Identidad
C	Celsius (grados Celsius o	*doc.*	documento; docena
	centígrados)	*D. P.*	distrito postal
C.ª	compañía	*Dr., Dra.*	doctor -ra
cal	calorías	*dto.*	descuento
cap.	capítulo	*dupdo.*	duplicado
c/c.	cuenta corriente	*d/v.*	días vista
cent., cents.	centavo(s)		
cént., cénts.	céntimo(s)	*e/*	envío
cf.	*confer* (= compárese)	*E*	este (punto cardinal)
C. F.	Club de Fútbol	*ed.*	edición; editor; editorial
cfr.	*confer* (= compárese)	*EE. UU.*	Estados Unidos
cg	centigramos	*ej.*	ejemplo; ejemplar
ch/	cheque	*Em.ª*	Eminencia
Cía.	compañía	*Emmo.*	eminentísimo
cje.	corretaje	*ENE*	estenordeste
cl	centilitros	*entlo.*	entresuelo
cm	centímetros	*E. P. D.*	en paz descanse
cm³ (mejor		*E. P. M.*	en propia mano
que *c. c.*)	centímetros cúbicos	*ESE*	estesudeste
col.	columna; colección	*et al.*	*et alii* (= y otros)
C. P.	código postal	*etc.*	etcétera

[1] Se incluyen entre las abreviaturas algunos símbolos usuales, como los de determinadas unidades de medida, aunque no sean estrictamente abreviaturas. No se recoge ninguna forma constituida por caracteres que no sean puramente latinos.

Exc.ª	Excelencia
Excmo.,	
Excma.	excelentísimo -ma
F	Fahrenheit (grados); faradio
F.	francos
f.ª	factura
fasc.	fascículo
F. C.	ferrocarril; Fútbol Club
F. de T.	Fulano de Tal
Fdez.	Fernández
fec.	*fecit* (= lo hizo)
FF. CC.	ferrocarriles
f.º, fol.	folio
Fr.	fray
fr., frs.	franco(s)
fra.	factura
g (mejor que *grs.*)	gramos
g/	giro
G.ª	García
Glez.	González
g. p., g/p.	giro postal
gral.	general
g. v.	gran velocidad
h	horas
H.	hermano (en orden religiosa)
ha (mejor que *Ha*)	hectáreas
Hdez.	Hernández
hg (mejor que *Hg*)	hectogramos
hl (mejor que *Hl*)	hectolitros
hm (mejor que *Hm*)	hectómetros
hnos.	hermanos
HP	*horse power* (= caballos de vapor)
Hz	hertz o herzios
ibíd., ib.	*ibídem* (= en el mismo lugar)
íd.	*ídem* (= lo mismo)
i. e.	*id est* (= esto es)
Ilmo., Ilma.	ilustrísimo -ma
imp.	imprenta
ít.	*ítem* (= también)
izq., izqda.	izquierda
J. C.	Jesucristo

kg (mejor que *Kg*)	kilogramos
kgm	kilográmetros
kHz	kilohertz o kiloherzios
kl (mejor que *Kl*)	kilolitros
km (mejor que *Km*)	kilómetros
km/h (mejor que *Km/h*)	kilómetros por hora
kW (mejor que *Kw, kw*)	kilovatios
kW/h	kilovatios-hora
l	litros
l.	libro
L.	liras; Linneo (en nomenclatura botánica y zoológica)
L/	letra
l. c.	*loco citato* (= en el lugar citado)
Ldo., Lda.	licenciado -da
lib.	libro; libra
Lic.	licenciado -da
loc. cit.	*loco citato* (= en el lugar citado)
Ltda.	limitada (sociedad)
m	metros
m/	mi
M.	madre (en orden religiosa)
M.ª	María
mb	milibar
m/c.	mi cuenta
Mc	megaciclos
m/cta.	mi cuenta
m/f.	mi favor
m/fcha.	meses fecha
m/g.	mi giro
mg	miligramos
MHz	megahertz o megaherzios
min	minutos
M. I. Sr.	Muy Ilustre Señor
m/L.	mi letra
ml	mililitros
mm	milímetros
MM.	madres (en orden religiosa)
m/n	motonave; moneda nacional
m/o.	mi orden
Mons.	monseñor
ms., mss. (o *MS., MSS.*)	manuscrito(s)
Mtro.	maestro
m/v.	meses vista

n.	nota	*P. O.*	por orden
n/	nuestro -tra	*pp.*	páginas
N	Norte	*PP.*	padres (en orden religiosa)
N.ª S.ª	Nuestra Señora	*P. P., p. p.*	por poder
N. B.	*nota bene* (= obsérvese)	*ppdo.*	próximo pasado
n/c.	nuestro cargo; nuestra cuenta	*pral.*	principal
		Prof., Prof.ª	profesor -ra
n/cta.	nuestra cuenta	*pról.*	prólogo
NE	nordeste	*prov.*	provincia; provisional
n/f.	nuestro favor	*P. S.*	*post scriptum* (= posdata)
n/g.	nuestro giro	*pta., ptas.*	peseta(s)
n/L.	nuestra letra	*p. v.*	pequeña velocidad
NNE	nornordeste	*P. V. P.*	precio de venta al público
NNW (mejor que *NNO*)	nornoroeste	*q. b. s. m.*	que besa su mano
n.º	número	*q. b. s. p.*	que besa sus pies
n/o.	nuestra orden	*q. D. g.,*	
NO	noroeste	*Q. D. G.*	que Dios guarde
N. S.	Nuestro Señor	*q. e. g. e.*	que en gloria esté
N. T.	Nuevo Testamento	*q. e. p. d.*	que en paz descanse
ntro., ntra.	nuestro -tra	*q. e. s. m.*	que estrecha su mano
núm., núms.	número(s)	*qq* (mejor que *Qm*)	quintales métricos
NW (mejor que *NO*)	noroeste	*q. s. g. h.*	que santa gloria haya
o/	orden	*R.*	reverendo -da
O (se prefiere *W*)	oeste	*R. D.*	Real Decreto
		Reg.	registro
ob. cit.	obra citada	*Revdo.*	reverendo
ONO (se prefiere *WNW*)	oesnoroeste	*R. I. P.*	*requiescat in pace* (= descanse en paz)
op.	*opus* (= obra, en música)	*Rmo., Rma.*	reverendísimo -ma
op. cit.	*opere citato* (= en la obra citada)	*R. O.*	Real Orden
		r. p. m.	revoluciones por minuto
OSO (se prefiere *WSW*)	oessudoeste	*Rte.*	remitente
p.	página	*s*	segundos
P.	padre (en orden religiosa)	*s.*	siguiente; siglo
p.ª	para	*s/*	su
p. a., P. A.	por autorización; por ausencia	*S*	sur
		S.	san
pag.	pagaré	*s. a.*	sin año
pág., págs.	página(s)	*S. A.*	Sociedad Anónima; Su Alteza
párr.	párrafo	*S. A. I.*	Su Alteza Imperial
Pat.	patente	*S. A. I. C.*	Santa Apostólica Iglesia Catedral
pbro.	presbítero		
p/cta.	por cuenta	*S. A. R.*	Su Alteza Real
P. D.	posdata	*S. A. S.*	Su Alteza Serenísima
pdo.	pasado	*s/c.*	su casa; su cuenta; su cargo
p. ej.	por ejemplo	*s/cta.*	su cuenta
p. m.	*post meridiem* (= después del mediodía)	*Sdad.*	sociedad
		S. D. M.	Su Divina Majestad
		SE	sudeste
		S. E.	Su Excelencia

S. en C.	Sociedad en Comandita	*T.*	tara
s. e. u o.	salvo error u omisión	*tel., teléf.*	teléfono
s. f.	sin fecha	*tít.*	título
s/f.	su favor	*Tm*	toneladas métricas
S. I. C.	Santa Iglesia Catedral	*trad.*	traducción
sig., sigs.	siguiente(s)	*TV*	televisión
s. l.	sin lugar; sus labores		
s/L.	su letra	*Ud., Uds.*	usted(es)
S. L.	Sociedad Limitada		
S. M.	Su Majestad	*v.*	véase; verso
S. M. C.	Su Majestad Católica	*v/*	visto
S. M. I.	Su Majestad Imperial	*V*	voltios
Smo.	Santísimo	*V.*	usted; véase
s/n.	sin número	*V. A.*	Vuestra Alteza
s/o.	su orden	*Vd., Vds.*	usted(es)
SO (se		*Vda.*	viuda
prefiere *SW*)	sudoeste	*V. E.*	Vuestra Excelencia
Sr., Sra.	señor -ra	*v. gr., v. g.*	verbigracia
S. R. C.	se ruega contestación	*V. I.*	Vuestra Señoría (o Usía)
Sres., Srs.	señores		Ilustrísima
S. R. M.	Su Real Majestad	*vid.*	*vide* (= ve, véase)
Srta.	señorita	*V. M.*	Vuestra Majestad
s. s.	seguro servidor	*V.º B.º*	visto bueno
S. S.	Su Señoría; Su Santidad	*vol.*	volumen
ss.	siguientes	*V. P.*	Vuestra Paternidad
SS. AA.	Sus Altezas	*V. R.*	Vuestra Reverencia
SSE	sudsudeste	*V. S.*	Vuestra Señoría (o Usía)
SS. MM.	Sus Majestades	*vto., vta.*	vuelto -ta
s. s. s.	su seguro servidor		
SSW (mejor		*W* (mejor	
que *SSO*)	sudsudoeste	que *O*)	
Sto., Sta.	santo, santa	oeste	vatios
s. v.	*sub voce* (= bajo la voz, en	*W. C.*	*water closet* (= retrete)
	el artículo de diccionario)	*WNW* (mejor	
SW (mejor		que *ONO*)	oesnoroeste
que *SO*)	sudoeste	*WSW* (mejor	
		que *OSO*)	oessudoeste
t	toneladas		
t.	tomo	*Xto.*	Cristo

convencional y personal. Son abreviaturas *convencionales* las que se emplean en la comunicación general; son *personales* las que cada uno crea o improvisa en sus notas o borradores particulares. Estas últimas, naturalmente, no están sometidas a ninguna norma que no sea la conveniencia del usuario en cada momento. En cambio, las convencionales se suelen someter en su uso a determinadas condiciones.

Conviene distinguir, sin embargo, entre las convencionales *de uso general,* establecidas por la costumbre, y las que en situaciones determinadas —por ejemplo, en actividades especiales, en libros de ciertas materias— son adoptadas por los especialistas o por los autores concretos de los libros. En este último caso es preciso que en la obra se exponga una lista de todas las abreviaturas especiales que en ella se utilizan. Así se hace, sobre todo, en los diccionarios.

Aquí nos referimos solo a las *abreviaturas convencionales de uso general.* He aquí las condiciones a que normalmente están sometidas:

1.ª Su empleo es limitado: no deben aparecer en cualquier lugar del texto. Se puede escribir, por ejemplo, *Sr. González,* o *Sr. Ministro,* pero no *Este Sr. está ausente* (las palabras que sirven de tratamiento solo se pueden usar en abreviatura ante nombre propio o nombre de cargo o dignidad). Se puede escribir *pág.* 24, pero no *He leído la novela de la primera a la última pág.* Se puede escribir *300 km,* pero no *trescientos km* (determinadas abreviaturas solo se usan si acompañan a números escritos en cifras). Se puede escribir *M.ª Teresa,* pero no *doña M.ª* (la abreviatura de «María» solo debe emplearse ante un segundo nombre de pila).

2.ª Toman formas fijas, aunque en algunos casos sea posible escoger entre más de una. La abreviatura admitida para «señora» es *Sra.,* no *S.ª* ni *Señ.ª*. La abreviatura normal para «teléfono» es *tel.* o *teléf.,* no *tno.*

3.ª Pueden estar formadas por la letra inicial de la palabra abreviada *(D.,* «don»), o por las primeras letras *(cap.,* «capítulo»), o por alguna(s) letra(s) del principio y alguna(s) del final *(Sr.,* «señor»; *Sra.,* «señora»; *Excmo.,* «excelentísimo»), incluyendo a veces alguna interior *(Srta.,* «señorita»).

4.ª Es normal que, cuando la abreviatura se forma solo con las primeras letras, estas no constituyan por sí solas una sílaba, sino que incluyan la consonante o grupo consonántico del comienzo de la siguiente: *prov.,* «provincia»; no *pro.* ni *provi.; etc.,* no *et.*

Generalmente las abreviaturas, como se ve en los ejemplos precedentes, terminan en punto. En este caso, la función de este signo es exclusivamente la de indicar el valor de abreviatura de la letra o letras que preceden; no la de marcar el final de la oración.

Sin embargo, hoy es habitual —y obligatorio en textos técnicos— no escribir punto detrás de abreviaturas de unidades de medida, como *m* (metro), *km* (kilómetro), *mg* (miligramo), *MHz* (megaherzio); ni detrás de las abreviaturas de los puntos del horizonte: *N, NE, E, SW* (norte, nordeste, este, sudoeste).

Importante: no deben confundirse las *abreviaturas* con las *siglas* (→ SIGLA) ni con los *acrónimos* (→ ACRÓNIMO).

abrigar. Construcción: *abrigarse* DEL o CONTRA *el frío.*

abrir. 1. Su participio es irregular: *abierto.*
2. Construcción: *la exposición se abrirá* AL *público el martes.*
3. *Abrir una cuenta en un banco,* se dice; no *aperturar: «El Director del Banco Popular Español, Sucursal Urbana núm. 17,*

saluda a .. agradeciéndole/s la deferencia con que nos ha/n distinguido al aperturar su estimada cuenta en estas Oficinas» (Circular, 4.4.1977).

absceso. 'Acumulación de pus en un tejido orgánico'. En la pronunciación de este nombre no debe omitirse la /s/ que sigue a /ab/; la pronunciación /abzéso/ es errónea, como la grafía *abceso.*

absolver. 1. Verbo irregular. Se conjuga como *volver* [35].
2. Construcción: *le absolvió* DE *toda culpa.*

absorber. 1. La semejanza fonética de *absorber* con *absolver* induce a algunas personas a confundir las conjugaciones de estos verbos. *Absorber* es regular; *absolver,* irregular (→ ABSOLVER).
2. Evítese también la confusión con *adsorber,* que significa, en física, «atraer un cuerpo y retener en su superficie moléculas o iones de otro cuerpo» (Academia).

absorto. Construcción: *absorto* EN *sus pensamientos.*

abstenerse. 1. Verbo irregular. Se conjuga como *tener* [31].
2. Construcción: *abstenerse* DE *lo vedado.* Debe evitarse la construcción con *a,* que se ve en este ejemplo: *«La decisión estadounidense .. de abstenerse* A *entregar 23 millones de dólares»* (Diario 16, 25.2.1985, 32).

abstraer. 1. Verbo irregular. Se conjuga como *traer* [32].
2. Construcción: *abstraerse uno* DE *lo que le rodea.*

abundante. Construcción: *zona abundante* EN *bosques.*

abundar. Construcción: *abundar* EN *la misma opinión; el libro abunda* EN *errores.*

aburrir. Construcción: *aburrir a alguien* CON *algo; me aburro* CON *ella; me aburro* DE *esta vida.*

abusar. Construcción: *abusar* DE *la amistad.* No es aconsejable el empleo —calcado del inglés— de este verbo como transitivo: *«El oficio de poeta está siendo abusado»* (Neruda, *Confieso,* 369).

acá. 1. Adverbio de lugar que significa

CONJUGACIÓN DEL VERBO «ACAECER»

(tiempos simples)

INDICATIVO

Pres. acaece.
Pret. impf. acaecía.
Pret. indef. acaeció.
Fut. impf. acaecerá.
Pot. simple acaecería.

SUBJUNTIVO

Pres. acaezca.
Pret. impf. acaeciera o acaeciese.
Fut. impf. acaeciere.

FORMAS NO PERSONALES

Inf. acaecer.   *Ger.* acaeciendo.   *Part.* acaecido.

'en lugar cercano a la persona que habla'; 'en el sitio donde estoy yo'. Puede ser también adverbio de tiempo, significando 'ahora', y representa el término de un transcurso de tiempo iniciado en el pasado: *Del lunes acá no he cambiado de opinión.*

Igual que otros adverbios, *acá* puede ir precedido de diversas preposiciones que denotan movimiento o aproximación: *de acá, desde acá, hacia acá, hasta acá, para acá, por acá.* De estas preposiciones, se exceptúa *a;* no se dice *de entonces A acá,* sino *de entonces acá,* a pesar de que algunos lo escriban así, con grafía ultracorrecta: *«Tan feliz debió de ser su visión que de entonces a acá nadie la ha rectificado»* (Ortega, *Viajes,* 4); *«De entonces a acá la educación ha cambiado mucho»* (F. Nieva, *Abc,* 15.5.1983, 3).
   2.   Diferencia entre *acá* y *aquí:* → AQUÍ. En varias zonas americanas, especialmente en el Río de la Plata, tal diferencia se borra, asumiendo *acá* los sentidos de los dos adverbios: *«¿Es de acá usté?»* (Güiraldes, *Don Segundo,* 127). Como consecuencia, *acá* aparece usado, en el mismo ámbito, con el valor pronominal —'este (señor)', 'esta (señora)'— que en el resto de los dominios del español, en el nivel popular, presenta *aquí: Acá tiene razón* (cf. Kany, 269).

acabar.   1.   Construcción: *acabar* CON *su hacienda* ('destruirla'), CON *sus enemigos* ('aniquilarlos'); *acabar* POR *negarse* ('negarse al final'); *acabar* DE *trabajar* ('terminar el trabajo').
   2.   *Acabar de* + infinitivo constituye una

locución verbal de sentido perfectivo: *acabo de recibir carta de mi primo,* 'ahora mismo he recibido carta de mi primo'; *«—¿Va usted a Cifuentes? —No sé; acababa de echar a andar»* (Cela, *Alcarria,* 57), 'justamente ahora había empezado a andar'.

académico.   Como nombre, igual que como adjetivo, su femenino es *académica.* No hay por qué decir, como muchos periodistas han dicho, *la primera mujer académico.*

acaecer.   Verbo irregular. Se conjuga como *agradecer* [11]. Es unipersonal. (Véase cuadro.)

acalorar.   Construcción: *acalorarse* EN, CON O POR *la disputa.*

acampada, acampador → CAMPING.

acápite.   En muchos países de América se emplea esta palabra (o *punto acápite),* con el sentido de *punto y aparte;* también significa *párrafo.* Cuervo la censuró en sus *Apuntaciones* (§ 1002). Igualmente lo desaprobaba, entre otros, Rosenblat *(Palabras,* II, 58). No obstante, la Academia lo ha incluido ya en su *Diccionario* desde 1984 como uso americano, con el sentido de «párrafo, especialmente en textos legales».

acariciar.   Se conjuga, en cuanto al acento, como *cambiar* [1 a].

acaso.   1.   Adverbio de duda, equivalente a *quizá* o *tal vez: Acaso no esté usted enterado de todo el asunto.* En oraciones independientes suele ir con verbo en subjuntivo; cuando va con indicativo es porque la duda es casi una certeza.

2. Adverbio de modo, equivalente a *por casualidad*. Este empleo está hoy anticuado: «*En un muladar un día / cierta vieja sevillana, / buscando trapos y lana, / .. / acaso vino a hallarse / un pedazo de un espejo*» (Baltasar del Alcázar, *Poesías*, 303).

3. Un resto del uso anterior se conserva en oraciones interrogativas con cierto matiz sarcástico que convierte tales oraciones en afirmaciones rotundas (interrogaciones retóricas): *¿Acaso no sabe usted que no se puede pasar por aquí?*, equivale a decir: «Usted sabe muy bien que no se puede pasar por aquí».

4. En la lengua coloquial de Chile y Perú se usa como conjunción, con el valor de 'si': «*Podría que .. me encarguen novelitas, pero acaso pagan adelantado*» (Vargas Llosa, *Ciudad*, 17).

5. *Si acaso.* La conjunción condicional *si* recibe un refuerzo en su valor hipotético cuando va seguida por el adverbio *acaso*, que entonces significa 'por casualidad': *Si acaso quieres llamarme, ya sabes dónde estoy;* «*Que si acaso volvía cuando la señora estuviera levantada, dijese que venía de misa*» (Pérez de Ayala, *Troteras*, 257). Pero la reunión de las dos palabras también puede funcionar como locución adverbial y entonces significa 'en todo caso' o 'a lo sumo': *Habrá seis o siete, si acaso;* o *Si acaso, habrá seis o siete.*

6. *Por si acaso.* La locución conjuntiva *por si* puede ser reforzada en su valor hipotético por el mismo adverbio *acaso* con el sentido de 'por casualidad': *Te lo diré, por si acaso no lo sabes.* Pero el grupo *por si acaso* puede funcionar también como locución adverbial, con el significado de 'por precaución': *No vayas de noche, por si acaso.*

acceder. Construcción: *han accedido A nuestra petición* ('han consentido en satisfacerla'); *puede acceder A los estudios superiores* ('puede pasar a ellos').

accesible. **1.** No deben confundirse *accesible* y *asequible*. *Accesible* significa 'que tiene posible acceso o entrada' *(La ventana es accesible)* o 'que es de fácil trato' *(Es una persona muy accesible)*. *Asequible* es 'que se puede conseguir o alcanzar' *(Este coche no es asequible para nosotros)*.

2. Construcción: *accesible A todo el mundo.*

accésit. Su plural, según la Academia, es *accésit*, y así aparece también en la lengua hablada. Sin embargo, se ve con frecuencia escrito en los periódicos *accésits*: «*Se establece un premio de 500 pesetas y cinco accésits*» *(Gaceta*, 21.6.1958, 63); «*En sustitución del primer premio, desierto, se concedieron cuatro accésits*» *(Abc*, 24.11.1962, 64). No faltan, naturalmente, ejemplos escritos de plural *accésit*: «*Premios: 1 de 300.000 pts. y tres accésit de 100.000 cada uno*» *(Abc*, 18.9.1984, 100). Su género es masculino: *el accésit.*

acechanza → ASECHANZA.

acefalia. 'Cualidad de acéfalo'. La forma *acefalía*, única que recoge la Academia, no es la usual hoy (→ -CEFALIA).

aceite. Es masculino *(el aceite)* en la lengua general, aunque en el habla de algunas regiones sea femenino *(la aceite)*.

acento [1]. La palabra inglesa *stress* significa al mismo tiempo 'acento tónico' e 'importancia, consideración'; *to lay great stress upon* significa 'dar mucha importancia a, hacer hincapié en'. En español están muy extendidas las expresiones *poner el acento* y *cargar el acento en* o *sobre* una cosa, que significan exactamente lo mismo que la frase inglesa citada: «*Estos éxitos .. fueron más bien teatrales que efectivos, pues no hicieron sino cargar el acento, hasta el paroxismo, sobre las viejas razzias de castigo*» (García Gómez, *España musulmana*, XXX); «*Malcom de Chazal pone el acento sobre esta etapa temporal de la poesía*» (Fernández Moreno, *Introducción*, 10); «*La respuesta alemana, con buen sentido de las realidades, carga el acento en las ofertas económicas*» (B. Mostaza, *Ya*, 23.2.1962, 3); «*Es en las fotografías, en el papel, en los titulares y los recursos tipográficos, en el 'efecto', donde se pone el acento*» (Aranguren, *Juventud*, 200). La extensión de este uso de origen inglés (que también ha pasado al francés y al italiano) está favorecida porque en nuestro idioma resulta una metáfora fácil ('mayor intensidad de voz' > 'mayor peso o importancia en general'). Compárese con el verbo *acentuar*, que no solo significa 'poner acento prosódico u ortográfico', sino, metafóricamente, 'recalcar, realzar, resaltar'. Este uso de *acento*, reconocido ya por la Academia, debemos considerarlo, pues, perfectamente admisible. Únicamente no es recomendable su uso excesivo y monótono, con olvido de las construcciones alternativas *poner de relieve, hacer hincapié en, destacar, resaltar*.

ACENTO [2]. **1.** *Acento fonético* es la mayor intensidad con que se pronuncia una sílaba respecto a las que la acompañan en el enunciado. En la frase *Estamos esperando*, la sílaba /ta/ en la primera palabra y la sílaba /ran/ en la segunda llevan acento fonético: se emiten con mayor intensidad que las que las preceden y siguen. La sílaba que lleva acento fonético se llama *sílaba tónica;* la que no lo lleva, *sílaba átona*. (En este libro, cuando representamos, poniéndola entre barras oblicuas, la pronunciación de una palabra o una frase, marcamos en ella el acento fonético colocando una tilde sobre la vocal de la sílaba tónica. Así pues, representamos la pronunciación del ejemplo citado, en esta forma: /estámos esperándo/.)

Regularmente, cada palabra tiene una sílaba tónica; incluso las que tienen una sola sílaba (monosílabas), porque su mayor intensidad se mide con relación a las sílabas próximas, aunque estas sílabas pertenezcan a otras palabras. Así, en la frase *Este pan está duro*, la única sílaba de la palabra *pan* es tónica, ya que se pronuncia con mayor intensidad que la anterior y la posterior. La pronunciación de la frase se transcribe así: /éste pán está dúro/.

Pero hay una serie ilimitada de palabras que tienen siempre dos acentos. Son los adverbios terminados en *-mente*, como *honradamente, eternamente, tenazmente, vilmente*, etc. Uno de los acentos recae en la segunda parte constante de estas palabras: *-mente*, en su sílaba /men/. El otro, en la primera parte, que originariamente es un adjetivo, en aquella sílaba que lo lleva en el adjetivo primitivo. Así, *honradamente* se pronuncia /onráda-ménte/, con acento en /ra/ como el adjetivo *honrado;* de igual manera *eternamente*, /etérna-ménte/; *tenazmente*, /tenáz-ménte/; *vilmente*, /bíl-ménte/.

Por otra parte, existe una serie limitada de palabras que no tienen acento. Estas palabras, como las sílabas sin acento, se llaman *átonas*. Del mismo modo, las palabras que tienen acento —que son la mayoría— se llaman *tónicas*. A efectos de pronunciación, la palabra átona se agrupa con la palabra tónica que sigue o con la que precede. En el primer caso, el más frecuente, la palabra átona es *proclítica;* en el segundo, *enclítica*.

En una lista no exhaustiva, son átonos los artículos definidos (o determinados): *el, la, lo, los, las;* los adjetivos posesivos que preceden al nombre: *mi, tu, su, mis, tus, sus,* etc.; los pronombres personales *me, te, se, le, lo, la, nos, os, les, los, las;* los pronombres y adjetivos relativos *que, quien, cuanto, cuyo;* algunos adverbios no relativos, como *casi* y *medio;* los adverbios relativos y conjunciones *donde, cuando, como, y, ni, o, pero, sino, que, pues, si, aunque, porque,* etc., y todas las preposiciones (exceptuando *según*). Ejemplos: *Las amigas de mi mujer vienen a verla casi todos los días, aunque a ella no siempre le convenga*: /las amígas de mi mujér biénen a bérla kasi tódos los días aunke a élla nó siémpre le kombénga/. Las palabras que ponemos en cursiva son las átonas. Como se puede ver, a veces se suceden dos palabras átonas: *de mi, aunque a;* en estos casos, el acento de intensidad con que se agrupan es el de la primera palabra tónica que sigue. También se observa, en el caso *verla*, que el pronombre personal enclítico (átono que sigue a su verbo) se escribe formando con él una sola palabra gráfica.

2. *Acento gráfico* o *acento ortográfico:* → TILDE.

ACENTUACIÓN. *Acentuación fonética:* → ACENTO[2]. *Acentuación ortográfica:* → TILDE.

acentuar. **1.** Se conjuga, en cuanto al acento, como *actuar* [1 d].
2. *Acentuar*, 'realzar': → ACENTO.

-áceo. Sufijo de adjetivos que indican pertenencia o semejanza: *arenáceo, coriáceo, acantáceo.*

acera. **1.** 'Calzada lateral de una calle, para peatones'. Es de nivel popular la forma *cera.*
2. La grafía *hacera*, aunque registrada por la Academia, es anticuada y hoy no se admite.

acerbo. Evítese la confusión gráfica entre el adjetivo *acerbo*, 'cruel o amargo', y el nombre *acervo*, 'montón': *dolor acerbo; el acervo de conocimientos*. Las dos palabras son de uso principalmente literario.

acerca. *Acerca de* es locución prepositiva que denota la materia o asunto de que se trata: *¿Qué opinas acerca de lo que nos acaban de contar?* Reducir esta locución a la forma *acerca (acerca lo dicho)* no es normal (→ DE, 2).

acercar. 1. El uso coloquial moderno de *acercar* con el significado de 'llevar en coche a algún sitio' —*Voy a acercaros a vuestra casa*— (cf. Lovett, 739) está relacionado directamente con el de *acercarse* en el sentido de 'venir' o 'ir': *Ya me acercaré yo mismo a recogerlo; «—¿Va usted a Cifuentes? —No sé... ¿Usted sí? —Sí, allá me acercaré»* (Cela, *Alcarria*, 57). Lovett registra ambos usos como propios del español coloquial de hoy; pero al menos el segundo no es nuevo, pues ya lo censuraba, a principios de siglo, Oliver *(Prontuario*, 28). En uno y otro se emplea el recurso estilístico de la atenuación, que no tiene nada de reprobable, pero del que no conviene abusar en este caso, ya que borra una distinción —la de 'aproximar', 'aproximarse', respecto a 'llevar' e 'ir'— que dispone en el idioma de términos claramente diferenciados.

2. Construcción: *acercar el papel* A *los ojos; acercarse* A *la casa*.

acérrimo. Aunque los diccionarios dicen que *acérrimo* es superlativo del adjetivo *acre* —y así es, en su origen—, lo cierto es que hoy siempre se usa como adjetivo positivo (no superlativo), y por ello es posible, y de hecho frecuente, que vaya acompañado del adverbio *más: «Forner fue, como filósofo, el adversario más acérrimo de las ideas del siglo XVIII»* (Menéndez Pelayo, *Ideas*, 91). Esta construcción con *más* no sería posible con un verdadero superlativo (p. ej., *el adversario más activísimo).* El siguiente ejemplo de *acérrimo* como superlativo de *acre*, 'áspero, desabrido', es excepcional: *«Un gesto despreciativo, acérrimo, se le esboza a Sole en la faz»* (Zunzunegui, *Camino*, 275).

acertar. 1. Verbo irregular. Se conjuga como *cerrar* [6].

2. Construcción: *no acertar* CON *la llave* ('no encontrarla'); *no acertar* A *responder* ('no hallar la forma de responder'); *acertar* EN *el* (o AL) *blanco* ('dar el golpe exactamente en él').

acervo → ACERBO.

aceto-, acet-. Formas prefijas del latín *acetum,* 'vinagre': *acetímetro, acetomiel, acetoso.*

-achal → -AL.

-achín → -ÍN.

-acho. Sufijo despectivo de nombres y adjetivos: *hombracho, ricacho.* Combinado con *-ar* toma la forma *-aracho: dicharacho.*

-achón → -ÓN.

-achuelo → -UELO.

acimut. Término de astronomía. Es nombre masculino y se pronuncia /azimút/. Su plural es *acimutes;* así se lee, por ejemplo, en el *Anuario Observatorio 1963*, 180 y 186. Sin embargo, *Vox* (1953) daba como plural *acimuts,* que no es normal, aunque alguna vez aparezca usado: *«Los acimuts por los que el Pentágono planea lanzar sus cohetes»* (M. Benedetti, *País*, 6.8.1984, 7). La grafía *azimut* también figura en los diccionarios, pero no es usual.

-ación → -CIÓN.

aclarar. Sobre la construcción viciosa *le aclaró* DE *que esto no era así,* → DE, 4.

acmé. 'Período de mayor intensidad de una enfermedad'. La acentuación *acmé* es la académica, aunque también existe una pronunciación grave, *acme,* menos prestigiada. El género de este nombre es femenino: *la acmé,* aunque no sea raro el uso como masculino: *«Un esquizofrénico en el acmé de su demencia»* (López Ibor, *Lenguaje subterráneo,* 5). La Academia reconoce como válido el empleo en los dos géneros.

acné. 'Inflamación crónica de las glándulas sebáceas, especialmente en la cara'. El género de este nombre es femenino *(la acné)* o masculino *(«el acné tozudo»,* Zamora, *Traque,* 20; *«del acné juvenil»,* Torrente, *Saga,* 170). Existe también una forma con acentuación grave, *acne.* La Academia da por buenas las dos acentuaciones, *acné* y *acne.* En cuanto al género, reconoce como válidos tanto el masculino como el femenino.

-aco. Sufijo de nombres y de adjetivos. Unas veces es despectivo: *libraco;* otras, gentilicio: *polaco;* otras, de relación en general: *policíaco* (→ -ÍACO).

acoger. Construcción: *acogerse* A *los be-*

CONJUGACIÓN DEL VERBO «ACORDAR»

(tiempos irregulares)

INDICATIVO

Pres. acuerdo, acuerdas, acuerda, acordamos, acordáis, acuerdan.

SUBJUNTIVO

Pres. acuerde, acuerdes, acuerde, acordemos, acordéis, acuerden.

IMPERATIVO

acuerda, acuerde, acordad, acuerden.

---

neficios del seguro; acoger a alguien EN *su casa.*

acomodar. Construcción: *nos acomodaron* EN *un palco; me acomodé* EN *un sillón; me acomodo* A *lo que proponéis.*

acompañar. Construcción: *acompañar un escrito* CON *o* DE *pruebas; acompañarse* CON *el piano, o* AL *piano.*

aconsejar. Sobre la construcción viciosa *le aconsejó* DE *que no lo hiciese,* → DE, 4.

acontecer. Verbo irregular. Se conjuga como *agradecer* [11]. Solo se usa en las terceras personas de singular y plural; por esta razón, el único tiempo irregular es el presente de subjuntivo: *acontezca, acontezcan.*

acopiar. Se conjuga, en cuanto al acento, como *cambiar* [1 a].

acordar. 1. Verbo irregular. (Véase cuadro.)
2. El uso de *acordar* con el sentido de 'conceder', aunque es normal en América, no lo es en España. He aquí algunos ejemplos americanos: *«Acordó en su gobierno demasiada influencia a los jesuitas»* (Palma, *Tradiciones,* I, 66); *«La intimidad acordábale fueros especiales»* (Larreta, *Don Ramiro,* 110); *«La dueña trata de ayudar .. Procura acordar la cooperación del consejo»* (Benedetto, *Caballo,* 88). No es uso exclusivamente americano, ni muy moderno: *«Ya iba a sus pies a arrojarme, / y, confundida, aterrada, / mi proyecto a revelarle, / y a morir, ansiando solo / que su perdón me acordase»* (Rivas, *Don Álvaro,* 32); *«Su grande*

alma ha recibido la recompensa acordada a los justos» (Galdós, *Juan Martín,* 1020); *«La excesiva valoración que nosotros, como los demás hombres, hemos acordado a los técnicos»* (Marañón, *Raíz,* 41).
3. No es normal la expresión *acordar consigo,* usada por Palacio Valdés en el sentido de 'darse cuenta': *«Me enredé en una partida de brisca con ellos de tal modo que cuando acordé conmigo eran las ocho»* (*Novela,* 42).
4. *Acordarse* DE *lo pasado.* El verbo *acordarse* exige la preposición *de* delante de su complemento, sea este sustantivo o proposición: *Me acuerdo de la cara que puso; Me acuerdo de lo enfadado que se puso; Me acuerdo de que se puso muy enfadado; «No me acuerdo de cuántas eran»* (Cortázar, *Rayuela,* 126). Es frecuente, sin embargo, la omisión de la preposición en la lengua hablada, y a veces en la escrita, sobre todo cuando refleja el nivel coloquial o adopta el estilo de este: *«Acuérdate que tú fuiste / el que fijó tu destino»* (Espronceda, *Diablo,* 211); *«¿Te acuerdas, Libradita, que teníamos miedo al pavo del Hontanar?»* (Miró, *Cercado,* 38); *«Me acuerdo que un día una sirena verde...»* (Aleixandre, *Espadas,* 83); *«¿Te acuerdas que mañana cumplo treinta y cuatro años?»* (Cela, *Colmena,* 97); *«El Pensador se acuerda que es carne de la huesa»* (Mistral, *Desolación,* 13); *«Me acuerdo que desperté una noche y mi padre estaba en el dormitorio»* (Edwards, *Máscaras,* 188); *«Me acuerdo haber visitado .. el colegio de Azorín en Yecla»* (Tovar, *Gaceta,* 7.9.1975, 9); *«¿Te acuerdas que querías envenenar a Miss Hart?»* (Pombo, *Héroe,* 122). El uso de

acordarse con complemento directo y sin preposición está registrado abundantemente desde el siglo XIII *(Dicc. histórico*, I, 514*a)*. 5. *Acordársele a uno algo*, 'venirle a la memoria', uso también muy antiguo (desde el siglo XV), hoy es raro, quizá más vivo en América que en España: *«Acuérdaseme ahora que he venido a oír contar leyendas»* (Asturias, *Leyendas*, 27).

acordeón. 'Instrumento musical'. Es nombre masculino, *el acordeón*, aunque circule un uso femenino popular, *la acordeón*.

acornar. Verbo irregular. Se conjuga como *acordar* [4].

acostar. 1. Verbo irregular, con el sentido de 'tender en la cama'. Se conjuga como *acordar* [4]. Es regular con el sentido marítimo de 'aproximar a la costa'. **2.** *Acostarse el sol*, por *ponerse*, no se puede decir en español más que metafóricamente. Cuando aparece en una traducción del francés, es un galicismo que deforma el verdadero sentido del texto original, como en este ejemplo: *«Los parisienses, en cohortes, van a ver acostarse el Sol»* (Borrás, trad. Giraudoux, *Escuela*, 23).

acostumbrar. 1. La construcción clásica del verbo *acostumbrar*, en el sentido de 'soler', es sin ninguna preposición: *«Una taza de caldo que su hermano acostumbraba tomar a aquella hora»* (Galdós, *Torquemada*, II, 34); *«Por las tardes, acostumbraba recluirme en mi aposento»* (Pérez de Ayala, *Prometeo*, 104); *«Dejó la mula donde acostumbraba hacerlo»* (Torrente, *Vuelta*, 76). Esta construcción sin *a* es hoy más usual en América: *«Un periodista que acostumbra contar cosas»* (Benedetto, *Caballo*, 64). Pero la más general en nuestros días, sobre todo en España, es con *a*: *«El pez .. acude algunas veces al oír la voz del amo, con el fin de recibir la comida que le acostumbran a dar»* (Baroja, *Aventuras Paradox*, 69); *«Acostumbrábamos a refugiarnos en un 'dancing' del puerto»* (Mallea, *Cuentos*, 112); *«A la primera parte se la acostumbra a llamar lógica elemental»* (Carreras, *Introd. filosofía*, 22). **2.** Cuando es transitivo lleva siempre la preposición *a* delante del verbo complemento y del complemento de persona: *Acostumbró al niño a acostarse temprano*. **3.** *Acostumbrarse*. Construcción: *me he acostumbrado* A *esta vida*.

acre. Sobre el superlativo de este adjetivo, *acérrimo*, → ACÉRRIMO.

acrecentar. Verbo irregular. Se conjuga como *cerrar* [6].

acrecer. Verbo irregular. Se conjuga como *agradecer* [11].

acreditar. Construcción: *este comportamiento le acredita* DE *tonto; te acreditas* DE *sabio; se acreditó* COMO *buen organizador.*

acreedor. Construcción: *acreedor* A *la confianza; los acreedores* DE *la empresa.*

acro-. Forma prefija del griego *ákros*, 'situado en el punto extremo o más alto': *acrocéfalo, acrocarpo.*

acrobacia. La pronunciación normal de este nombre es /akrobázia/, no /akrobazía/, como dicen algunos locutores de radio y televisión.

ACRÓNIMO. En general, *acrónimo* es sinónimo de *sigla*. La Academia (1992) define *acrónimo* como «palabra formada por las iniciales, y a veces por más letras, de otras palabras: RE(*d*) N(*acional*) (*de*) F(*errocarriles*) E(*spañoles*)». Esta definición, como se ve, coincide en su sentido con lo que en este libro decimos de *sigla* (→ SIGLA). Sin embargo, algunos prefieren reservar propiamente el nombre de *sigla* a aquellas abreviaciones formadas solo por la letra inicial de cada palabra de las que constituyen el grupo que se abrevia; por ejemplo, *ONU*, «Organización de las Naciones Unidas»; empleando, en cambio, la denominación de *acrónimo* en aquellos casos en que la abreviación incluye alguna letra además de la inicial, como ocurre en el *RENFE* citado por la Academia, o en *sonar*, del inglés SO(*und*) NA(*vigation*) R(*anging*). Dentro de los acrónimos se incluye también un tipo de formación en que se toman letras que no son del principio, sino del final de alguno de los componentes originales: *telemática* está formado sobre TELE(*comunicación*) (*infor*)MÁTICA. Este último tipo ya queda fuera del concepto normal de sigla.

acrópolis. Es femenino: *la acrópolis*. No es normal, por tanto, el uso que vemos en esta frase: *«En el viejo acrópolis semiderruido por los persas»* (Velarde, *Arquitectura*, 43). Su plural es igual que el singular: *las acrópolis*.

CONJUGACIÓN DEL VERBO «ACTUAR»

(tiempos simples)

Pres. actúo, actúas, actúa, actuamos, actuáis, actúan /ak.tú.o, ak.tú.as, ak.tú.a, ak.tu.á.mos, ak.tu.áis, ak.tú.an/.
Pret. impf. actuaba, actuabas, actuaba, actuábamos, actuabais, actuaban /ak.tu.á.ba, ak.tu.á.bas, ak.tu.á.ba/, etc.
Pret. indef. actué, actuaste, actuó, actuamos, actuasteis, actuaron /ak.tu.é, ak.tu.ás.te, ak.tu.ó/, etc.
Fut. impf. actuaré, actuarás, actuará, actuaremos, actuaréis, actuarán /ak.tu.a.ré, ak.tu.a.rás, ak.tu.a.rá/, etc.
Pot. simple actuaría, actuarías, actuaría, actuaríamos, actuaríais, actuarían /ak.tu.a.rí.a, ak.tu.a.rí.as/, etc.

SUBJUNTIVO

Pres. actúe, actúes, actúe, actuemos, actuéis, actúen /ak.tú.e, ak.tú.es, ak.tú.e, ak.tu.é.mos, ak.tu.éis, ak.tú.en/.
Pret impf. actuara o -se, actuaras o -ses, actuara o -se, etc. /ak.tu.á.ra, ak.tu.á.se, ak.tu.á.ras, ak.tu.á.ses, ak.tu.á.ra, ak.tu.á.se/, etc.
Fut. impf. actuare, actuare, actuare, etc. /ak.tu.á.re, ak.tu.á.res, ak.tu.á.re/, etc.

IMPERATIVO

actúa, actúe, actuad, actúen /ak.tú.a, ak.tú.e, ak.tu.ád, ak.tú.en/.

FORMAS NO PERSONALES

Inf. actuar /ak.tu.ár/.   *Ger.* actuando /ak.tu.án.do/.   *Part.* actuado /ak.tu.á.do/.

---

acrótera. En arquitectura, 'remate de un frontispicio'. La Academia, basándose en la etimología de la palabra, señala como única pronunciación correcta *acrotera* (llana). Pero los tratadistas de arte suelen usar la forma esdrújula *acrótera* (p. ej., Angulo, *Arte,* I, 79); hay testimonios de esta forma desde el último cuarto del siglo XVIII (Academia, *Dicc. histórico*).

acsequible → ASEQUIBLE.

actino-. Forma prefija del griego *aktís,* 'rayo de luz': *actinógrafo, actinomórfico.*

actor. En el sentido de 'artista que representa un papel en teatro o cine', su femenino es *actriz*. En el sentido de 'demandante o acusador ante los tribunales', su femenino es *actora*.

actuar. En la conjugación de este verbo tónica la *u* de la base *(actu-)* cuando el formante es átono: *actúo, actúas, actúa, actúan; actúe, actúes, actúe, actúen* (y no /áktuo/,

/áktuas/...). En todas las restantes formas, en que *u* no es tónica, se pronuncia sin formar diptongo con la vocal que sigue: *actuamos* /aktu-ámos/, *actuaba* /aktu-ába/, *actué* /aktu- -é/, etc. (Véase cuadro.)

La Academia establece, como norma general, que todos los verbos terminados en *-uar* en que esta terminación vaya precedida de una consonante que no sea *c* o *g* han de conjugarse como *actuar.* Los demás, o sea, los terminados en *-guar* o *-cuar,* se conjugan como *averiguar.*

acuario. La palabra latina *aquarium* tiene su correspondiente exacta en la española *acuario.* No hay motivo para usar la forma latina, y menos aún con la grafía *acuárium,* ni latina ni española.

acuatizaje, acuatizar → AMARAR.

acuciar. Se conjuga, en cuanto al acento, como *cambiar* [1 a].

acudir. Construcción: *acudir* A *su trabajo;*

acudir A *ellos en demanda de ayuda; acudir* A *remediarlo.*

acuerdo. **1.** Construcción: *estoy de acuerdo* CON *vosotros* EN *que no es así; nos pondremos de acuerdo* PARA *actuar; no hubo acuerdo* ENTRE *las partes.* **2.** *De acuerdo con,* locución prepositiva, 'conforme a'. Probablemente por anglicismo (ing. *according to),* se dice en algunos países americanos, y más recientemente en España, *de acuerdo a,* en lugar de la forma normal *de acuerdo con: «Fue un admirable inventor de mundos fabulosos construidos de acuerdo a leyes precisas»* (Anderson, *Lit. hispanoamericana,* II, 299); *«Se prohibió en 1934 que la Banca estuviera organizada de acuerdo a los principios de la Banca mixta»* (Prados, *Sistema,* 214). Pero la lengua culta, en general, sigue prefiriendo *de acuerdo con: «Nunca pudo obrar derechamente de acuerdo con un pensamiento único»* (Uslar Pietri, *Lanzas,* 35); *«El hombre fue atendido como persona de calidad, de acuerdo con su cuidada indumentaria»* (Silva Valdés, *Cuentos,* 22); *«De acuerdo con esta teoría una apendicitis produciría excelente prosa»* (Neruda, *Confieso,* 366). **3.** *Acuerdo,* 'convenio': → ENTENTE y CONCERTACIÓN.

acullá. Adverbio de lugar que significa 'lejos del que habla'. Solo se usa en contraposición con otros adverbios de lugar: *acá y acullá; aquí, allá y acullá.* Siempre figura como último término de la serie. Aparece solamente en lenguaje literario.

acumin-, acumini-. Formas prefijas del latín *acumen,* 'punta, filo, corte': *hoja acuminada.*

acusar. Construcción: *acusar a uno* DE *un delito; me acuso* DE *haber sido negligente; acusamos recibo* DE *su escrito.*

acuti-, acut-. Formas prefijas del latín *acutus,* 'agudo': *acutángulo, acutirrostro.*

ad-. Prefijo que denota dirección, tendencia, cercanía, contacto: *adjunto, admirar, adyacente.* Ante ciertas consonantes no se emplea la forma *ad-,* sino *a-: anexo.*

-ada → -DA.

adaptar. **1.** Evítense las pronunciaciones vulgares /adaztár/ y /adaktár/. **2.** Construcción: *adaptar el edificio* A *las nuevas necesidades; adaptarse* A *las circunstancias.*

3. Sobre la confusión entre *adaptar* y *adoptar,* → ADOPTAR.

addenda. Esta palabra es en su origen un adjetivo latino sustantivado en neutro plural, que significa literalmente 'las cosas que han de ser añadidas'. Su uso en español —que puede perfectamente valerse de la grafía adaptada *adenda* que registra la Academia— solo se da en ambientes cultos. Sin embargo, se ha olvidado la noción de plural; a lo sumo, se le considera sustantivo colectivo. Por su terminación *-a* se le asigna ordinariamente el género femenino, *una addenda* o *adenda;* a pesar de lo cual, Vox dice que es masculino, y no falta quien lo use así: *«Quiero cerrar la lista con un addenda» (Informaciones,* 19.10.1977, 19).

adecuado. Construcción: *adecuado* AL *asunto.*

adecuar. **1.** Se conjuga, en cuanto al acento, como *averiguar* [1 b]. Sin embargo, está bastante extendida la acentuación como *actuar* [1 d]: *«El traductor adecúa la forma al fonetismo español»* (Alvar, *Variedad,* 201). **2.** Construcción: *hay que adecuar los medios* A *los fines.*

adefagia. 'Voracidad'. No debe usarse la forma *adefagía.*

adelante. **1.** Adverbio de lugar. Se usa con verbos (explícitos o implícitos) de movimiento, y significa 'más allá', 'hacia la parte que está delante del sujeto': *Siguieron adelante.* Puede ir reforzado o matizado por preposiciones que indiquen movimiento: *Mira hacia adelante; Se volvió para adelante.* También es adverbio de tiempo, llevando antepuesta alguna preposición o siguiendo inmediatamente a algún adverbio de esta clase. Denota tiempo futuro: *en adelante, para en adelante, para más adelante, de hoy en adelante, de aquí en adelante, de aquí adelante.* **2.** Pospuesto a un nombre, significa 'en dirección a la parte de más allá de un objeto': *caminito adelante.* El sustantivo y el adverbio forman en este caso una construcción de valor adverbial. A veces lleva preposición el sustantivo: *«Retiróse a su domicilio echando suspiros por la escalera abajo y por la calle adelante»* (Galdós, *Torquemada,* II, 13). **3.** No deben confundirse los adverbios *adelante* y *delante.* El primero supone la existencia de un movimiento, real o figurado *(seguir adelante);* el segundo indica mera situación *(estar delante, ponerse delante).* Siguiendo a las preposiciones *hacia* o *para* es más lógico (y más frecuente en España) decir y escribir *delante,* pues ya esas preposiciones denotan la idea de movimiento que está en el prefijo *a-* de *adelante.*

4. La distinción señalada (→ 3) entre *adelante* y *delante* es normal en el español de España, pero en los países hispanoamericanos tiende a neutralizarse en favor de *adelante* para los dos valores: *«El cogote blanco de Linares en el banco de adelante»* (Donoso, *Domingo,* 56). Igualmente suele decirse allí *adelante de* en lugar de *delante de,* y *adelante mío, adelante suyo,* paralelamente al vulgarismo español *delante mío, delante suyo* (→ DELANTE).

5. La forma *alante,* por *adelante,* es popular: *«Un ingeniero echándose alante, operarios y labriegos detrás»* (T. Borrás, *Español,* 19.7.1953, 18); *«La mejor manera que tendría una Iglesia —católica o budista— de no dar marcha atrás sería no haber dado marcha alante»* (A. Gala, *Sábado,* 10.8.1974, 5).

-adelfo. Forma sufija del griego *adelphós,* 'hermano'. Indica en botánica el número de fascículos en que están unidos los estambres: *monadelfo, diadelfo.*

adelo-. Forma prefija del griego *ádelos,* 'invisible': *adelópodo.*

además. **1.** Adverbio que expresa la idea de agregación: *Trabaja en un Ministerio y además es acomodador de cine.*

2. Seguido por *de,* forma la locución prepositiva *además de: Además de ser caro es malo.*

3. Sobre el uso de *a más* por *además,* → MÁS.

adenda → ADDENDA.

adeno-. Forma prefija del griego *adén,* 'glándula': *adenopatía, adenoma.*

adentro. **1.** Este adverbio significa preferentemente 'hacia lo interior' y se usa acompañando a verbos (u otros términos) que expresan movimiento: *Se retiraron adentro para descansar.* También se usa en el sentido de 'en lo interior' *(la parte de adentro),* si bien se prefiere en este caso *dentro.* Precedido de las preposiciones *hacia* y

para, y sobre todo *por,* se prefiere también la forma *dentro.* A nunca se antepone a *adentro,* puesto que ya está incluida en la composición y el significado de esta palabra.

2. *Adentro* puede ir pospuesto a un sustantivo, significando 'hacia la parte interior del objeto designado por este': *mar adentro, tierra adentro.*

3. La distinción señalada (→ 1) entre *adentro* y *dentro* es normal en España, pero tiende a borrarse, en favor de un uso generalizado de *adentro,* en Hispanoamérica: *«Se abría la chaqueta y dejaba ver una pistola en el bolsillo de adentro»* (Edwards, *Máscaras,* 60). Igualmente suele decirse allí *adentro de* en lugar de *dentro de: «Se llega a simbolizar un poco de lo invisible que el hombre lleva adentro del alma»* (Reyes, *Experiencia,* 13); y *adentro suyo,* como paralelo del vulgarismo español *dentro suyo: «¿Vos no sentís a veces como si adentro tuyo tuvieras un inquilino que te dice cosas?»* (Quino, *Mafalda,* 56). (→ DENTRO.)

adepto. Construcción: *adepto* A (o DE) *la doctrina.*

adestrar. Verbo irregular. Se conjuga como *cerrar* [6]. Hoy raro, suele sustituirse por su sinónimo *adiestrar,* que es regular.

adherir. **1.** Verbo irregular. Se conjuga como *sentir* [60].

2. Construcción: *adherir el sello* AL *sobre; adherirse* A *la propuesta.*

3. En las formas de este verbo, así como en sus derivados *adhesión, adherente, adhesivo,* es viciosa la pronunciación /azderír/, /azdesión/, etc., de algunos locutores; se dice /aderír/, /adesión/, etc.

ad hoc. Locución latina que significa 'para el caso'. Se pronuncia /adók/ (no /azók/), y puede funcionar como adjetivo: *Inventó una hipótesis ad hoc;* o como adverbio: *Papel fabricado ad hoc.*

adiar. Se conjuga, en cuanto al acento, como *desviar* [1 c].

adicción. Debe evitarse la confusión fonética y ortográfica entre *adición,* /adizión/, 'suma, operación aritmética', y *adicción,* /adikzión/, 'condición de adicto a una droga'.

adicto. Construcción: *adicto* AL *juego.*

adiós. **1.** Interjección de despedida (a veces, de sorpresa desagradable). La grafía en dos palabras, *a Dios,* aún registrada por la Academia *(Diccionario,* s. v. *Dios),* está totalmente anticuada.

2. Se usa como nombre masculino, *el adiós,* con el sentido de 'la despedida'. El uso de este nombre en plural con sentido singular, si no tiene intención expresiva, es galicismo innecesario (cf. fr. *les adieux):* «*Cuenta el poeta los adioses [del Cid y Jimena]*» (Salinas, *Ensayos,* 45).

adipo-, adip-. Formas prefijas del latín *adeps,* 'grasa': *adiposo.*

adjuntar. Construcción: *adjuntar un documento* AL *expediente.*

adjunto. 1. En las cartas comerciales es frecuente el empleo de *adjunto* como palabra invariable, con valor adverbial: *Adjunto nos complacemos en remitirle lista...; Adjunto le envío catálogos...* Lo normal parece usarlo como adjetivo haciéndolo concertar con el complemento: *Nos complacemos en remitirle adjunta la lista...; Le envío adjuntos los catálogos...* No obstante, el uso adverbial debe admitirse como correcto, ya que la adverbialización del adjetivo no es un proceso anómalo en nuestro idioma.
2. *El adjunto,* 'el que acompaña a otro para entender en un trabajo', es en femenino *la adjunta,* y no *la adjunto.*
3. Construcción: *adjunto* A *la dirección; adjunto* A *la cátedra de Historia; adjunto* DE *Historia.*

adlátere. Este término es un nombre que significa 'adjunto', 'acompañante', tal vez con un matiz despectivo: «*Dos oficiales franceses, de los que decía ser adláteres puestos por el Gobierno a Madame Du Gast*» (Ortega, *Viajes,* 28); «—*Pero, oye, ¿de qué te sirve ese novio que has pescado? Mira si tiene suerte —agregó Travesedo, dirigiéndose a Alberto—. No ha debutado aún y ya le ha salido un adlátere*» (Pérez de Ayala, *Troteras,* 159). Se ha rechazado esta palabra, que ya aparece usada por Larra en 1832 (cf. Academia, *Dicc. histórico),* por ser «una deformación bárbara» de *a látere.* El *legado a látere* es, según la Academia, el cardenal enviado extraordinario por el Papa con amplias atribuciones. El paso de la eclesiástica locución adjetiva *a látere* al actual nombre profano *adlátere* parece haber tenido, a la vista de los datos que ofrece el *Dicc. histórico,* un momento inicial en el uso caricaturesco de la

primera, que vemos ejemplificado en Rojas Zorrilla en 1635: «*¡Que el cielo me haya librado / de aqueste demonio 'a látere'!*». A partir de 1800, y hasta principios del siglo XX, ya aparece con frecuencia *alátere,* en una sola palabra y en función sustantiva, con el mismo sentido del actual *adlátere.* Todavía hay de *alátere* ejemplos esporádicos más recientes: «*En el 'onceno tomo' de que hablo hay alusiones a tomos ulteriores y precedentes. Néstor Ibarra .. ha negado que existan esos aláteres*» (Borges, *Ficciones,* 19).

Adlátere, aunque por su forma provenga del eclesiástico *a látere,* ha perdido ya todo contacto con esta locución latina, por su significado —totalmente distinto— y por su categoría gramatical —una tiene valor adjetivo y la otra valor sustantivo—. No hay inconveniente en que se separe también de su forma. El *Diccionario* de la Academia ya recoge *adlátere,* como nombre masculino y femenino.

admirar. Construcción: *admiro tu inocencia; me admira tu inocencia* ('me causa admiración'); *me admiro* DE *tu inocencia; me admiré* DE *encontrarlo allí.*

-ado → -DO. Sobre la pronunciación coloquial y popular de los participios en *-ado* como */-áo/,* → D, 3.

adolecer. 1. Verbo irregular. Se conjuga como *agradecer* [11].
2. Construcción: *el proyecto adolece* DE *graves defectos.*
3. Evítese el error de emplear este verbo con el sentido de 'carecer': «*Las comunicaciones telefónicas de Barajas con el extranjero adolecen de los servicios necesarios*» *(País,* 30.8.1981, 17). El verdadero significado de este verbo es 'padecer'. La frase anterior hubiera sido normal en esta otra forma: *carecen de los servicios necesarios,* o *adolecen de falta de los servicios necesarios.*

adonde. 1. Adverbio relativo de lugar formado por la preposición *a* y el adverbio *donde.* Es siempre átono, a diferencia del interrogativo *adónde,* tónico.
2. Se escribe en una sola palabra *(adonde)* cuando el antecedente está expreso: *Aquella es la casa adonde vamos;* en dos palabras (a *donde),* cuando el antecedente está callado: *Venían a donde yo estaba.*
3. Tanto en un caso como en otro *(adonde, a donde),* este adverbio expresa la

---

CONJUGACIÓN DEL VERBO «ADQUIRIR»
(tiempos irregulares)

INDICATIVO

Pres. adquiero, adquieres, adquiere, adquirimos, adquirís, adquieren.

SUBJUNTIVO

Pres. adquiera, adquieras, adquiera, adquiramos, adquiráis, adquieran.

IMPERATIVO

adquiere, adquiera, adquirid, adquieran.

---

dirección del movimiento significado por el verbo principal. El uso de *adonde* con verbos de reposo, tal como se ve en este ejemplo: «*Íñigo de la Hoz y su hija Guiomar se establecieron en Ávila, el año de 1570, viniendo de Valsaín, junto a Segovia, adonde tenían su heredad*» (Larreta, *Don Ramiro*, 15), se conserva algo en América, pero en la lengua general está anticuado.

4. Sobre el uso de *a donde* por *a casa de*, → DONDE, 2.

adónde. Adverbio interrogativo de lugar. Solo se debe usar con verbos de movimiento: *¿Adónde me lleváis?* Es popular usarlo con otros: *¿Adónde estamos?* A diferencia del *adonde* no interrogativo, es tónico; por ello, se escribe con tilde en la *o*.

Para *adónde* no existe la opción de escribirla en una o dos palabras, como ocurre con *adonde*. Se escribe siempre en una sola palabra.

adondequiera. Adverbio indefinido de lugar: 'a cualquier parte'. Suele ir seguido del relativo *que,* formando un adverbio relativo-indefinido: «*Adondequiera que fuese, la mujer caminaba tras él*» (Goytisolo, *Resaca*, 19).

adoptar. **1.** Construcción: *adoptar* POR *hijo a uno.*

2. Es frecuente la confusión entre *adoptar* y *adaptar. Adoptar,* aparte de 'prohijar', significa 'tomar o abrazar como propia (una opinión o doctrina)' y 'tomar (una resolución o acuerdo)'. *Adaptar* es 'acomodar o ajustar (una cosa a otra)'. Así, *adaptar un libro* sería acomodarlo a una determinada utilidad,

mientras que *adoptarlo* sería tomarlo como guía o «texto» para un curso.

-ador → -DOR.

adorar. Es verbo transitivo: *adorar a los dioses, adorar a una mujer, adorar el lujo.* Pero en la lengua clásica, referido a persona, se usaba como intransitivo con *en,* construcción que se ha mantenido modernamente algo en la lengua literaria: «*No tiene sino esa niña y adora en ella*» (Pardo Bazán, *Viaje,* 86); «*La Güeya adoraba en Mini*» (Pérez de Ayala, *Curandero,* 197).

adormecer. Verbo irregular. Se conjuga como *agradecer* [11].

adormir. Verbo irregular. Se conjuga como *dormir* [44].

adornar. Construcción: *adornar* CON o DE *tapices.*

adquirir. **1.** Verbo irregular. (Véase cuadro.)

2. Construcción: *adquirir algo* DE *alguien* o A *alguien.*

adscribir. Su participio es irregular: *adscrito* (como *escribir* [46]). Es muy rara hoy la grafía *adscripto.*

adsorber. Confusión con *absorber:* → ABSORBER, 2.

aducir. Verbo irregular. Se conjuga como *conducir* [41].

adueñarse. Construcción: *el terror se adueñó* DE *ellos.*

-adura → -DURA.

advenir. Verbo irregular. Se conjuga como *venir* [61].

adversión → AVERSIÓN.

adverso. Construcción: *se mostró adverso* A *nuestro proyecto.*

advertir. **1.** Verbo irregular. Se conjuga como *sentir* [60]. **2.** Construcción: *le advirtió* DE *la presencia de la señora* ('le hizo advertir, esto es, notar, la presencia de la señora'). Cuando *advertir* significa simplemente 'notar u observar', se construye sin preposición: *Advirtió la presencia de la señora.* Igualmente cuando significa 'amonestar': *Le advirtió que no lo hiciese;* no debe decirse, por tanto, *Le advirtió* DE *que no lo hiciese* (→ DE, 4).

aedo. Nombre masculino: 'cantor épico de la antigua Grecia'. Es más frecuente decir *el aeda,* con una terminación *-a* poco justificada. Por ser una voz de uso exclusivamente culto, es menos aceptable que en otros casos el error, y más fácil imponer la corrección.

aero-, aeri-. Formas prefijas del latín *aer,* 'aire': *aerobio, aeropuerto, aerícola.* Entra como formante de muchos neologismos relacionados con la aviación.

aeróbic. **1.** Como adaptación del inglés *aerobics,* 'ejercicio gimnástico destinado a incrementar la cantidad de oxígeno en el organismo', se usa en español *aeróbic* (también, más raramente, *aerobic*). En los países del Río de la Plata (cf. Lorenzo, *Anglicismos,* 112; *Nuevo dicc. uruguayismos*) han adaptado la voz en la forma *aeróbica,* mucho más acertada que la usada en España, pues está apoyada por la existencia de un adjetivo *aeróbico* en el español general: *actividad física aeróbica.* **2.** Existe en América, al menos en Argentina, Uruguay y Chile, un *aerobismo* que no debe confundirse con *aeróbic* o *aeróbica,* ya que su significado es el de los nombres *jogging* o *footing,* de uso más extendido (cf. Morales, *Dicc. chilenismos; Nuevo dicc. argentinismos,* y *Nuevo dicc. uruguayismos*).

aerobús. 'Gran avión de transporte de pasajeros'. No es necesario usar la forma inglesa y francesa *airbus.*

aeródromo. Es voz esdrújula. No tiene justificación la pronunciación grave, /aero-

dromo/, más corriente en otro tiempo que ahora. En un poema de 1919 escribió Gerardo Diego, con acentuación grave, en rima con *cómo:* «*Sin saber cómo / me hallé a las puertas del aerodromo*» *(Primera antología,* 42).

aerofagia. 'Deglución patológica de aire'. Se pronuncia /aerofájia/, no /aerofajía/.

aeromancia → -MANCIA.

aeropagita, Aerópago → AREÓPAGO.

aeropuerto. El adjetivo derivado de este nombre es *aeroportuario,* no *aeropuertario,* como *portuario* de *puerto* (en *Abc,* 4.10.1996, 40, se lee: «*Deberán pagar una tasa de 150 pesetas por seguridad aeropuertaria*»).

aeróstato. 'Globo aerostático'. La acentuación etimológica es esdrújula, *aeróstato;* pero la grave, *aerostato,* también se considera válida y es la más usual, si bien la Academia da preferencia a la primera.

afanar. Construcción: *afanarse* EN *el trabajo; afanarse* POR *triunfar.*

afección. *Afección a los nervios:* → DOLOR.

afectar. **1.** En el sentido de 'atañer (a alguien o algo)' o 'tener algún efecto (en alguien o algo)', este verbo se construye en el español de España siempre con *a,* aunque el complemento directo sea de cosa: *el problema afecta a muchas familias; el tabaco afecta a la salud.* En el español americano, con complemento directo de cosa, no se usa generalmente la preposición: *el contenido afecta la expresión.* Ahora bien, con el sentido de 'fingir', el uso en todas partes es sin preposición: *afectar indiferencia, afectar sordera.* **2.** *Afectar forma* de algo: «*Otras [barcas] afectan, todavía más que las góndolas, la forma de una media luna*» (Camba, *Peseta,* 141). Este uso de *afectar* (calco del francés *affecter)* corresponde en el español normal a *tomar* o *recibir.*

afecto. Construcción: Como adjetivo ('adicto o adscrito'), hoy poco frecuente: *ayudante afecto* A *la cátedra; es muy afecto* AL *ministro.* Como sustantivo ('amor o cariño'): *el afecto* A, HACIA O POR *los amigos.*

aferrar. **1.** Este verbo se usó en la época clásica unas veces como regular, otras como

irregular. En este último caso seguía la conjugación de *cerrar* [6]. Hoy es regular siempre.
2. Construcción: *se aferró* A *la reja; aferrado* A *sus creencias; «Imposible aferrarse* DE *algo sólido»* (Edwards, *Máscaras*, 51).

affaire → CASO, 4.

affiche → CARTEL, 1.

Afganistán. No debe usarse en español, para nombrar este país asiático, la grafía *Afghanistán*. El adjetivo derivado es *afgano* (no *afghano*).

afiche → CARTEL, 1.

aficionado → AMATEUR.

aficionar. Construcción: *aficionarse* A (anticuado: DE) *alguna cosa; aficionarse* A *bailar.*

afiliación. Confusión con *filiación*: → FILIACIÓN.

afiliar. 1. Hay desacuerdo entre los preceptistas acerca de la acentuación de este verbo. Pero la mayoría se inclina por la acentuación como *cambiar* [1 a].
2. Construcción: *afiliarse* A *un partido.*

afirmar. Construcción: *afirmarse* EN *lo dicho.* Sobre la construcción viciosa *afirmó* DE *que eso no era así,* → DE, 4.

afluir. 1. Verbo irregular. Se conjuga como *huir* [48].
2. Construcción: *el dinero afluye* AL *mercado.*

aforar. Es irregular cuando tiene el sentido de 'otorgar fueros', y se conjuga entonces como *acordar* [4].

África. Cuando se enuncia con artículo, el que se usa es *el: el África septentrional.*

afrikáner. No deben confundirse las palabras *afrikáner* y *afrikaans*. La primera designa una persona; la segunda, una lengua. El *afrikáner* (en plural, *afrikáners*) es el ciudadano blanco de Sudáfrica cuya lengua materna es el *afrikaans*. Y el *afrikaans* es la lengua, derivada del neerlandés, introducida en aquella tierra africana por los antiguos colonos procedentes de Holanda, los *bóers*.

afro-. Forma prefija del latín *afer,* 'africano': *afroasiático.*

afrodisíaco. Son igualmente válidas las formas *afrodisíaco,* /-íako/, y *afrodisiaco,* /-iáko/, si bien la Academia da preferencia a la primera.

afuera. 1. Este adverbio significa preferentemente 'hacia lo exterior' y se usa acompañando a verbos (u otros términos) que expresan movimiento: *Vámonos afuera.* También se usa en el sentido de 'en lo exterior' *(Afuera hay un árbol);* pero en este caso se prefiere *fuera.* Precedido de las preposiciones *hacia* y *para,* y sobre todo *por,* se prefiere también la forma *fuera.* La preposición *a* nunca se antepone a *afuera,* puesto que ya está incluida en la composición y el significado de esta palabra.
2. La distinción señalada entre *afuera* y *fuera* es normal en España, pero en Hispanoamérica tiende a neutralizarse en favor de un uso generalizado de *afuera: «Sentí la desgracia .. como si la llevara adentro .. Ahora la veo afuera»* (Onetti, *Astillero,* 87); *«Vagando por afuera de la vida»* (Storni, *Antología,* 59).

-aga. Sufijo átono de origen prerromano. Hoy no forma derivados nuevos, pero se halla en varios sustantivos, como *luciérnaga, ciénaga.*

agá. Título honorífico en algunos países del próximo Oriente: *el agá Khan* (mejor sería *el agá Jan).* Debe decirse y escribirse *agá,* no *aga.*

Agamemnón. Nombre de un personaje de la guerra de Troya. También puede decirse, y es más frecuente hoy, *Agamenón.*

agarrar. 1. Construcción: *agarrar a alguien* DE O POR *un brazo; agarrarse* AL *asiento* (también, aunque raro, *agarrarse* DE).
2. En la Argentina y en otros países americanos se emplea la locución verbal *agarrar y* + otro verbo, equivalente a la usada en España *coger y* + verbo (→ COGER, 3): *Me cuentan lo que sucedía, y entonces agarro y salgo a la calle.* El uso es exclusivamente coloquial.

ágata. Es palabra esdrújula, tanto si se usa como nombre propio como si es común. Cuando es nombre común, femenino, lleva el artículo *el* o *un: el ágata.*

Agatocles. Este nombre de un antiguo rey de Sicilia se pronuncia con preferencia como grave.

CONJUGACIÓN DEL VERBO «AGRADECER»

(tiempos irregulares)

INDICATIVO

Pres. agradezco, agradeces, agradece, agradecemos, agradecéis, agradecen.

SUBJUNTIVO

Pres. agradezca, agradezcas, agradezca, agradezcamos, agradezcáis, agradezcan.

IMPERATIVO

agradece, agradezca, agradeced, agradezcan.

---

agave. 'Pita, planta'. Es palabra llana /agábe/. Puede usarse como masculino *(el agave)* o como femenino *(la agave).*

agenciar. Se conjuga, en cuanto al acento, como *cambiar* [1 a].

agenda. En el sentido de 'orden del día', → ORDEN, 3.

agente. El femenino de *agente* es igual que el masculino: *las agentes municipales.*

aggiornamento → PUESTA.

-ago. Sufijo átono de origen prerromano: *relámpago, muérdago.*

agobiar. Se conjuga, en cuanto al acento, como *cambiar* [1 a].

-agogia, -agogía. Formas sufijas del griego *agogé,* 'conducción, dirección': *demagogia, pedagogía.*

-agogo. Forma sufija del griego *agogós,* 'el que conduce': *pedagogo, demagogo.*

agraciar. Se conjuga, en cuanto al acento, como *cambiar* [1 a].

agradable. Construcción: *agradable* A o PARA *el gusto; agradable* CON o PARA CON *todos.*

agradecer. Verbo irregular. (Véase cuadro.)

agrado. *Tener el agrado* es fórmula de cortesía, usada en algunos países americanos, equivalente a *tener el gusto* o *tener el placer:* «*Tengo el agrado de comunicar a usted que en la Asamblea celebrada anoche...*» (cit. Carriegos, *Minucias,* 213). Aunque es per-

fectamente correcta, su uso en España no es de aceptación general.

agrafe. Nombre —masculino— que dan los médicos a las grapas usadas en las suturas. Aunque esta palabra, tomada del francés, podría sustituirse perfectamente por *grapa* («*El Rey de Bastos descerrajaba el golpe sobre su cabeza .. Si cruento en ocasiones, el juego .. se resolvía en el peor de los casos en el Hospital Don Abdón con una docena de grapas*», Delibes, *Parábola,* 90), su uso está ya bastante extendido. El *Dicc. ciencias médicas* escribe *ágrafe* y le da género femenino.

agravante. Usado como sustantivo, es frecuente la vacilación en cuanto a su género. Debe emplearse como femenino, ya que en la sustantivación de *agravante* queda omitido el término femenino *circunstancia:* «*Con la agravante de que ellos no tienen conciencia del juego*» (Unamuno, *Visiones,* 133); «*la agravante*» *(Ya,* 12.4.1958, 2).

agraviar. Se conjuga, en cuanto al acento, como *cambiar* [1 a].

agredir. Verbo defectivo. Solo se usa en las formas que tienen en su desinencia la vocal *i.* (Véase cuadro.) Sin embargo, no es raro encontrar otras formas en los periódicos: «*El indio Fernández agrede a tiros a los periodistas*» *(Ya,* 28.5.1959, 6); «*Los diputados que exhiban armas o agredan a otro podrán ser expulsados*» *(Informaciones,* 10.8.1977, 3). También, aunque menos frecuentes, hay ejemplos literarios: «*Y un minúsculo macho milenario que agrede*» (Celaya, *Poesía urgente,* 64); «*Se unen, o se besan, o se agre-*

CONJUGACIÓN COMPLETA DE «AGREDIR»

INDICATIVO

Pres. agredimos, agredís.
Pret. impf. agredía, agredías, agredía, agredíamos, agredíais, agredían.
Pret. indef. agredí, agrediste, agredió, agredimos, agredisteis, agredieron.
Fut. impf. agrediré, agredirás, agredirá, agrediremos, agrediréis, agredirán.
Pot. simple agrediría, agredirías, agrediría, agrediríamos, agrediríais, agredirían.

SUBJUNTIVO

Pres. No se usa.
Pret. impf. agrediera o agrediese, agredieras o -ses, agrediera o -se, agrediéramos o -semos, agredierais o -seis, agredieran o -sen.
Fut. impf. agrediere, agredieres, agrediere, agrediéremos, agrediereis, agredieren.

IMPERATIVO

agredid.

FORMAS NO PERSONALES

Inf. agredir.   *Ger.* agrediendo.   *Part.* agredido.

Los *tiempos compuestos* tienen conjugación completa; p. ej.: *Pret. pf. de Ind.* he agredido, has agredido, ha agredido, etc.

---

den el océano y el lago» (Neruda, *Confieso,* 35). Cf. también Rodríguez Herrera, *Gramática,* 23, que cita periódicos cubanos. Al lado de las formas como las citadas, con *-e-* en la base, se dan casos muy aislados de *-i- (agride,* en un ejemplo de 1958 citado en Academia, *Esbozo,* p. 312 nota) y de *-ie- (agriede,* en Villalonga, *Bearn,* 247, y Soler, *Muertos,* 12 y 26).

agregación. El nombre que designa el puesto de agregado es *agregación* (como de *diputado, diputación;* de *delegado, delegación);* no *agregaduría,* como con frecuencia se oye, referido a los profesores *agregados.* Es verdad que el cargo de *agregado* diplomático se denomina oficialmente, por error inveterado, *agregaduría.* Pero el sufijo *-duría* corresponde a los nombres en *-dor:* de *contador, contaduría;* de *procurador, procuraduría;* de *tenedor, teneduría.*

agregado. El nombre *agregado,* tanto en la enseñanza como en la diplomacia, tiene la forma femenina *agregada.*

agregaduría → AGREGACIÓN.

agregar. Construcción: *agregar una cosa* A *otra; agregarse* AL *grupo.*

agremiar. Se conjuga, en cuanto al acento, como *cambiar* [1 a].

agresivo. El usar en nuestro idioma, por anglicismo, el adjetivo *agresivo* con el valor de *activo, dinámico* o *emprendedor (Empresa de primer orden precisa vendedores agresivos)* no es recomendable. *Agresivo* es 'que ofende, provoca o ataca', y no hay por qué causar confusión atribuyendo a este adjetivo sentidos que son propios de los otros tres citados. Lo mismo hay que decir del nombre *agresividad.* En una oferta de empleo se requieren «*título superior, imaginación, interés en ordenadores .., ambición, agresividad*» (*Vanguardia,* 6.2.1972, 78). El uso también existe en América (Alfaro).

agri-, agr-. Formas prefijas del latín *ager,* 'campo': *agrícola, agrimensura, agrario.*

agriar. Los preceptistas no están de acuerdo sobre la acentuación de este verbo. Entre las personas cultas parece que predominan las formas *agrio, agrias, agria,* etc.

(conjugación como *cambiar*): «*El pinar verde se agria*» (Jiménez, *Platero*, 70); pero no es rara la acentuación como *desviar*: «*No se corta ni se agría*» *(Abc*, 20.7.1958, 26); «*Se agría lo de Chipre*» *(Ya*, 31.10.1958, 1).

agricultural. Anglicismo innecesario usado a veces en América por *agrícola* o por *agrario* (Alfaro).

agrio. Construcción: *agrio* AL *gusto*.

agro-. Forma prefija del griego *agrós*, 'campo': *agrónomo*.

agua. **1.** *Hacer agua* una embarcación es 'recibirla por alguna grieta'; en sentido figurado se dice que un asunto *hace agua* cuando empieza a no marchar bien. Evítese el error de confundir esta locución con *hacer aguas*, que significa 'orinar': «*Ya no está el general Franco para cohesionar a un sistema que, progresivamente, hace aguas por todas partes*» (E. Sopena, *Diario de Barcelona*, Supl., 28.3.1976, 5).
   2. *Agua fuerte:* → AGUAFUERTE.
   3. *Agua nieve:* → AGUANIEVE.

aguachirle. 'Especie de aguapié', 'líquido sin sustancia', 'cosa insustancial'. Es femenino: *una aguachirle asquerosa*. (Academia.) Pero está muy extendido el uso como masculino: «*Yo la he leído .. y es puro aguachirle*» (Pérez de Ayala, *Luna*, 126).

aguada. 'Pintura con color disuelto en agua de goma, miel o hiel de vaca'. Es preferible usar este nombre al francés *gouache*. Sin embargo, este último se encuentra tan difundido, frecuentemente con la pronunciación españolizada /guáche/, que ya hay quienes escriben *guache*, y con esta forma figura ya en el *Diccionario* de la Academia.

aguafuerte. Es femenino en el sentido de 'ácido nítrico'; lleva, no obstante, el artículo *el: el aguafuerte*. Es masculino cuando designa la estampa obtenida por el grabado al aguafuerte: *los aguafuertes de Goya*. En el primer sentido puede escribirse separado, siendo su plural *aguas fuertes*. En el segundo sentido se escribe ahora siempre junto, y su plural es *aguafuertes*, como se ve en el ejemplo anterior. En 1884, tituló todavía Palacio Valdés *Aguas fuertes* a uno de sus libros, y Azorín escribía, en 1902, «*aguas fuertes de Goya*» *(Voluntad,* 184). Frente a esto, Emilia Pardo Bazán, «*los aguafuertes*», en *La qui-*

mera (1905); «*los aguafuertes de Goya*» (D'Ors, *Museo*, 169); «*aguafuertes .. prohibidos*», «*estos aguafuertes*», «*los aguafuertes*», etc. (Santos Torroella, trad. Wright, *Goya, passim).* En el título de un libro del argentino Roberto Arlt aparece la palabra como femenina: *Aguafuertes porteñas,* igual que en las *Aguafuertes ibéricas* del madrileño Eugenio Noel. También en Jorge Luis Borges: «*aguafuertes alabadas*», «*la masculina aguafuerte*». (Cf. Rosenblat, *Compuestos,* 95.)
   La Academia recoge la grafía en dos palabras, *agua fuerte,* para los dos sentidos, con género femenino. Registra además *aguafuerte,* pero solamente para el 'grabado', dando esta forma como preferida y señalándole género «ambiguo», esto es, masculino o femenino.

aguafuertista. Este es el único nombre que recoge el *Diccionario* de la Academia para designar al que graba al aguafuerte; pero también puede usarse la forma *aguafortista,* igualmente correcta: «*Aguafortista en esto de escribir, / trabajo con sombría lobreguez*», escribió R. Gómez de la Serna hacia 1910 *(Ínsula,* núm. 196, 1963, 3).

aguagoma. Es nombre femenino, pero se usa en singular con el artículo *el: el aguagoma.*

aguamanos. Aunque era nombre femenino en la lengua clásica, hoy es masculino: *el aguamanos.*

aguamarina. En el sentido de 'piedra preciosa' se escribe en una sola palabra. Lleva el artículo *la* o *una,* aunque, al igual que *aguanieve* y otros nombres semejantes, se usen a veces *el* o *un («un aguamarina»,* Sampedro, *Octubre,* 39).

aguamiel. Aunque en Méjico y Venezuela se usa como masculino, es femenino en la lengua general.

aguanieve. Puede escribirse también separado: *agua nieve;* pero es más frecuente escribirlo en una palabra. El plural es *aguanieves.* Es femenino: «*El puerto de la Peña Negra, en la que nos llovió la aguanieve que escapaba de Gredos*» (Cela, *Miño,* 7). A causa del primer elemento, *agua,* es frecuente que lleve la forma *el* del artículo *(el aguanieve);* pero esto no significa que el nombre deje de ser femenino (→ EL, 2). Oca-

---

CONJUGACIÓN DEL VERBO DEFECTIVO «AGUERRIR»

(tiempos simples)

INDICATIVO

Pres. aguerrimos, aguerrís.
Pret. impf. aguerría, aguerrías, aguerría, aguerríamos, aguerríais, aguerrían.
Pret. indef. aguerrí, aguerriste, aguerrió, aguerrimos, aguerristeis, aguerrieron.
Fut. impf. aguerriré, aguerrirás, aguerrirá, aguerriremos, agurriréis, aguerrirán.
Pot. simple aguerriría, aguerrirías, aguerriría, aguerriríamos, aguerriríais, aguerrirían.

SUBJUNTIVO

Pres. No se usa.
Pret. impf. aguerriera o aguerriese, aguerrieras o -ses, aguerriera o -se, aguerriéramos o
-semos, aguerrierais o -seis, aguerrieran o -sen.
Fut. impf. aguerriere, aguerrieres, aguerriere, aguerriéremos, aguerriereis, aguerrieren.

IMPERATIVO

aguerrid.

FORMAS NO PERSONALES

Inf. aguerrir.   *Ger.* aguerriendo.   *Part.* aguerrido.

---

sionalmente, sin embargo, llega a hacerse masculino: *«un punzante aguanieve»* (Delibes, *Ratas,* 57).

aguar. Se conjuga, en cuanto al acento, como *averiguar* [1 b].

aguardar. Construcción: *aguardar* A *otro día.*

aguardiente. Es nombre masculino: *el aguardiente, los aguardientes.*

aguarrás. Es nombre masculino: *el aguarrás.* Su plural es *aguarrases.*

Águeda. Sobre el uso de artículo ante este nombre de mujer, → EL, 2.

aguerrir. Verbo defectivo. Según los gramáticos, solo se usa en las formas que tienen en su desinencia la vocal *i.* En la práctica apenas se usa, fuera del infinitivo y del participio. (Véase cuadro.)

aguzanieves. 'Cierto pájaro', que también se ha llamado *aguzanieve.* Es nombre femenino, *la aguzanieves: «De un pequeño sauce venía el maravilloso canto de la aguzanieves»* (Corral, trad. Munthe, *S. Michele,* 103). Sin embargo, puede encontrarse también

usado como masculino: *«Pica el aguzanieve tras del arado»* (Salvador Rueda, hacia 1883, cit. *Dicc. histórico); «Los aguzanieves se concentran en esos árboles»* (Sampedro, *Octubre,* 55).

ah. Interjección. En el *Diccionario* de la Academia se registra también la grafía *ha,* pero no se advierte que tal grafía es anticuada y hoy no se admite.

ahí. **1.** Adverbio demostrativo de lugar que significa 'en ese lugar', cuando encierra idea de reposo: *Quédate ahí, donde estás;* o 'a ese lugar', cuando implica movimiento: *Ahí es adonde vamos.* Puede ir precedido de diversas preposiciones que denotan primariamente movimiento o aproximación: *Siéntate por ahí; Desde ahí no se ve bien; De ahí vengo yo; Se arrastró hasta ahí.* De estas preposiciones se exceptúa *a;* no se dice *Ve a ahí,* sino *Ve ahí.*

La significación de este adverbio es en ocasiones muy concreta: 'en el sitio en que tú te encuentras', 'junto a ti': *¿Qué llevas ahí?;* o 'relativamente cerca, ante nuestros ojos': *Ese que va por ahí es mi contrincante.* Pero otras veces puede ser vaga: 'por esos mundos', 'en cualquier sitio'; esto ocurre especialmente cuando va precedido de la preposición *por: No sé dónde está, andará por ahí; Tiene por ahí no sé qué negocios; «Por ahí nos llaman 'la gente mala', ya ve usted»* (Cela, *Alcarria*, 78). En este caso *ahí*, en la lengua coloquial, se pronuncia /ái/, con traslación de acento. Pero esto no ocurre siempre que *por ahí* se usa con ese sentido de vaguedad; así en el soneto de Góngora: *«Mira que dice por ahí la gente / que no eres río para media puente» (Antología,* 217).

Designa lugar en sentido figurado, significando 'en eso': *Ahí es donde conviene insistir;* precedido de preposición, equivale a 'eso': *De ahí se deduce la utilidad de este aparato; Hasta ahí han llegado nuestros esfuerzos.* La locución conjuntiva *de ahí que* procede de este uso: *de ahí [resulta] que.*

Puede tener un uso temporal, designando el tiempo pasado o futuro de que se acaba de hablar: *De ahí a poco se olvidó todo el asunto; Me encargaré yo del negocio hasta el día 30, y de ahí en adelante se encargará él.*

En algunas regiones de América (especialmente Central) hay otro uso temporal de *ahí,* con el valor de 'pronto', 'en seguida': *Ahí vengo* ('en seguida vengo'); *«Los platos que nos trajeron estaban negros y eran las moscas, las espantabas y ahí mismo volvían y se te metían por los ojos y por la boca»* (Vargas Llosa, *Pantaleón,* 73).

Tiene un valor al parecer expletivo en algunos giros del habla popular colombiana (pronunciado /ái/): *Es un tipo chiquito ahi, feo; —¿Cómo está? —Ahi será regular* (Flórez, *Lengua,* 223).

2. Diferencia entre *ahí* y *allí. Ahí* designa el lugar próximo a la persona «tú», y equivale a 'en ese lugar'. *Allí* designa un lugar lejos de «ti» y de «mí», y equivale a 'en aquel lugar'. Pero la distinción no siempre es neta, ya que al lado de estas nociones referidas a las personas «yo» y «tú» se presenta la referencia exclusiva a la persona «yo» (o «nosotros»); entonces el adverbio *aquí* representa el lugar próximo a mí; *ahí,* el lugar algo alejado; *allí,* el lugar bastante alejado. Pero téngase en cuenta que estas designaciones solo son correctas cuando no hay referencia simultánea a un «yo» y a un «tú»; por eso no diremos *Está* ALLÍ, *a tu lado,* sino AHÍ, *a tu lado.*

3. En el español americano es frecuente que *ahí* invada el lugar de *allí: «Todas las ve-*

getaciones que ahí crecían tenían filos, dardos, púas» (Carpentier, *Reino,* 88). Por contraste, la confusión se produce a veces en sentido inverso: *«Allí le incluyo ese giro»* (J. Álvarez Garzón, cit. *Dicc. histórico);* también en la locución de valor consecutivo *de allí: «Para Russell no hay moral individual separada de las relaciones sociales .. De allí la importancia, en sus escritos, de la noción de 'poder'»* (Villoro, *Russell,* 12). En español general se diría *de ahí.*

ahijar. Se conjuga como *enraizar* [1 f].

ahilar. Se conjuga como *enraizar* [1 f].

ahincar. Se conjuga como *enraizar* [1 f].

ahitar. Se conjuga como *enraizar* [1 f].

ahora. 1. Adverbio de tiempo que significa 'en el momento presente' —dando a esta idea una amplitud más o menos grande—: *Ahora no hace frío; Ahora mismo he recibido un telegrama; Ahora iré.* En el primer ejemplo, *ahora* equivale a 'en este momento'; en el segundo, a 'hace unos minutos'; en el tercero, a 'inmediatamente'. Los tres conceptos caben dentro de un presente amplio. Este adverbio tiene como forma enfática *ahora mismo,* o, en América, *ahorita,* y también *ahorita mismo* y *ahoritita (ahoritica* en Venezuela; cf. en Colombia *horitica).* Puede ir precedido de preposiciones: *por ahora, desde ahora, hasta ahora,* etc. (no de la preposición *a:* no se dice *de entonces a ahora,* sino *de entonces ahora).*

2. Adverbio de sentido adversativo; equivale a *ahora bien: «Las vidas humanas no valen sino por lo que resulta de su sacrificio, como los granos de incienso. Ahora, si se quieren remedios más suaves, también los hallaremos en la Escritura»* (Larreta, *Don Ramiro,* 56). Puede ir seguida de *que,* a veces tras una pausa corta: *«—¿Entonces he desayunado ya? —Sí, señora. —¿Qué tomé, Gutiérrez? —Lo de todos los días; un tazón de chocolate con doce picatostes. —¡Ya! —Ahora, que si la señora desea tomar algo, es distinto»* (García Álvarez y Muñoz Seca, cit. Beinhauer).

3. Conjunción distributiva: *Ahora en verso, ahora en prosa, siempre está escribiendo.* Este uso está anticuado.

4. *Ahora bien.* Adverbio de sentido adversativo. Equivale a 'esto supuesto', 'esto sentado': *Ya sé todo lo que habéis planeado; ahora bien, ¿qué es lo que buscáis?*

5. *Por lo de ahora,* en el castellano de Galicia (García, *Temas,* 122), corresponde al uso normal *por ahora.*

ahorcar. Construcción: *ahorcarse* EN *un árbol.*

ahuchar. Se conjuga como *aullar* [1 f].

ahumar. Se conjuga como *aullar* [1 f].

ahusar. Se conjuga como *aullar* [1 f].

Aiala → AYALA.

-aico. Sufijo de adjetivos que expresa cualidad o condición: *mosaico, hebraico, algebraico.*

-aino. Sufijo de significación varia, usada preferentemente en la forma femenina *-aina: azotaina, chanzaina.* Puede formar no solo sustantivos, sino adjetivos: *dulzaino, tontaina.* No tienen relación con este sufijo casos como *alcalaíno,* de *Alcalá,* y *bilbaíno,* de *Bilbao,* en los que se trata de un sufijo diferente, *-ino.*

airar. Se conjuga como *enraizar* [1 f].

airbus → AEROBÚS.

aire-acondicionado. 1. En algunas zonas de América se habla de locales *aire--acondicionados* para traducir el participio--adjetivo inglés *air-conditioned* ('dotados de aire acondicionado'). La forma prefija que corresponde a *aire* es *aero-;* habría que decir, pues, *aeroacondicionados.* Pero es preferible, por su mayor brevedad, *climatizados,* que significa lo mismo.
2. *Aire acondicionado* es perfectamente correcto como sustantivo (sin guión intermedio). Designa el dispositivo para conseguir temperatura y humedad adecuadas en un local cerrado, y más propiamente la atmósfera sometida a ese tratamiento, que también se llama *clima artificial.*

aislar. Se conjuga como *enraizar* [1 f].

Aix-la-Chapelle → AQUISGRÁN.

-ajar. Combinación del formante verbal *-ar* con el sufijo *-ajo: estirajar.*

-aje. Sufijo que se une a verbos y a nombres para formar nombres. Unido a verbos expresa acción: *abordaje;* lugar: *hospedaje;* derechos que se pagan: *almacenaje.* Unido a nombres expresa conjunto: *ramaje;* acción:

barcaje; tiempo: *aprendizaje;* derechos que se pagan, o lugar: *pupilaje.*

ajeno. Construcción: *ajeno* A *su carácter; ajeno* A *lo que se tramaba.*

-ajo. Sufijo diminutivo y despectivo que se une a nombres o verbos para formar nombres y adjetivos: *migaja, colgajo, pequeñajo.* Se combina con *-ar* y *-arro: espumarajo, pintarrajo.* A veces toma la forma *-strajo: bebistrajo.*

-ajón → -ÓN.

ajuar. 'Conjunto de piezas de ropa que lleva la mujer al matrimonio'. Se usa como sinónimo *equipo,* y tanto uno como otro nombre llevan con frecuencia el complemento *de novia.* No es necesario el empleo del francés *trousseau.*

ajuntament → AYUNTAMIENTO.

ajustar. Construcción: *ajustar una pieza* A, EN, o CON *otra; ajustarse* A *lo establecido.*

ajusticiar. Se conjuga, en cuanto al acento, como *cambiar* [1 a].

al → EL, 4.

-al. Sufijo que se une a un adjetivo o nombre para formar otro adjetivo o nombre:
a) En los adjetivos denota generalmente relación o pertenencia: *arbitral.*
b) En los sustantivos denota el lugar en que abunda el primitivo: *cerezal, peñascal.* Se combina con *-acho, -azo, -edo, -izo, -orro: lodazal, barrizal, matorral.*
Los adjetivos y nombres *editorial* y *manantial* tienen *-ial,* quizá por analogía con *abundancial, material, social,* etc.

alabar. Construcción: *alabar* DE *discreto.*

Alacant → ALICANTE.

alante → ADELANTE, 5.

a látere, alátere → ADLÁTERE.

alauí. Adjetivo invariable en cuanto al género: 'de la dinastía reinante en Marruecos'. Es preferible esta forma a *alauita.* En plural es *alauíes.*

Álava. La provincia vasca que en vascuence tiene el nombre de *Araba* se denomina en castellano *Álava,* y es esta la forma que debe usarse cuando se habla o escribe en español.

Albania. Estado de los Balcanes. El adjetivo derivado es *albanés*. También figura en los diccionarios una forma *albano*, poco usada: conozco un ejemplo de Lope de Vega de 1603, citado en *Dicc. histórico*, y uno moderno de *Voz Galicia*, 5.7.1990, 4: «*Fuerzas de seguridad rodean las embajadas de Tirana donde se han refugiado unos 400 albanos*».

Albocácer. La ciudad castellonense que en catalán y valenciano tiene el nombre de *Albocàsser* se denomina en castellano *Albocácer*, y es esta la forma que debe usarse cuando se habla o escribe en español.

albriciar. Se conjuga, en cuanto al acento, como *cambiar* [1 a].

albricias. Como nombre, era 'regalo que se da al que trae una buena noticia'. Hoy se usa como interjección de júbilo que acompaña a la buena noticia que se trae. No significa 'felicidades' o 'enhorabuena', como algunos creen.

albufera. Es equivocada la pronunciación esdrújula /albúfera/; dígase /albuféra/.

álbum. **1.** 'Libro de hojas en blanco destinado a recoger recuerdos o coleccionar determinados objetos, especialmente fotografías'. Debe evitarse la pronunciación con /n/ final, /álbun/. El plural es *álbumes*, consagrado desde hace más de un siglo, según el *Dicc. histórico* (no *álbums* ni *álbunes*).
2. Hay otros dos sentidos modernos que circulan normalmente: 'carpeta en forma de libro destinada a guardar discos' y 'carpeta o estuche que contiene dos o más discos que se venden juntos'. No es adecuado llamar *álbum* a un disco de larga duración o *elepé*.

albumino-, albumini-, albumin-. Formas prefijas del latín *albumen*, 'clara de huevo': *albuminoide*.

Alcácer. La ciudad valenciana que en catalán y valenciano tiene el nombre de *Alcàsser* se denomina en castellano *Alcácer*, y es esta la forma que debe usarse cuando se habla o escribe en español.

Alcalá de Chivert. La ciudad castellonense que en catalán y valenciano tiene el nombre de *Alcalà de Xivert* se denomina en castellano *Alcalá de Chivert*, y es esta la forma que debe usarse cuando se habla o escribe en español.

alcalde. El femenino de este nombre es *alcaldesa*, no *alcalde*, como se ha dicho algunas veces.

álcali. Es errónea la pronunciación aguda; dígase *álcali* (plural, *álcalis*).

alcali-, alcal-. Formas prefijas de *álcali*: *alcalescencia, alcalímetro, alcaloide*.

alcanzar. Construcción: *alcanzar* A *verle*.

Alcàsser → ALCÁCER.

Alcibíades. Nombre de un famoso político de la antigua Atenas. La pronunciación más correcta es la esdrújula, con acento en la segunda *i: Alcibíades*.

Alcínoo. El personaje de la *Odisea*, rey de los feacios y padre de Nausícaa, es *Alcínoo*, con acento en la *i*. Puede escribirse también *Alcino*. Sin embargo, según Fernández Galiano, «la forma acentualmente ortodoxa sería *Álcino*».

Alcira. La ciudad valenciana que en catalán y valenciano se escribe con la grafía *Alzira* tiene en castellano la forma *Alcira*, y es esta la que debe usarse cuando se escribe en español.

Alcmene. Nombre de la madre de Hércules, en la mitología clásica. Es preferible la forma *Alcmena* a *Alcmene* (Fernández Galiano).

alcoho-, alcoholi-, alcoholo-. Formas prefijas de *alcohol: alcohometría, alcoholificación, alcoholoscopia*.

alcohólico → EBRIO.

alcoholímetro. El aparato que sirve para apreciar la graduación alcohólica de un líquido o un gas se llama *alcoholímetro*, si bien la Academia acoge también *alcohómetro*.

Alcoy. La ciudad alicantina que en catalán y valenciano se escribe con la grafía *Alcoi* tiene en castellano la forma *Alcoy*, y es esta la que debe usarse cuando se escribe en español.

alegar → ARGUMENTAR.

alegrar. Construcción: *alegrarse* DE *saberlo; alegrarse* DE (O CON, O POR) la *noticia; me alegro* DE *que sea así*. Aunque se da por bueno en la lengua coloquial, no debe omitirse la preposición *de* ante infinitivo (*Me* *alegro verte bueno)* o ante *que («Vaya, me alegro que lo pases bien, hija»,* Pardo Bazán, *Viaje,* 190), excepto en el caso en que el sujeto de *alegrar* sea lo que sigue, y en este caso va el verbo necesariamente en 3.ª persona: *Me alegra recibir estas noticias; Me alegra que sea así.* En este caso lo inadecuado sería precisamente el empleo de la preposición.

alegre. El superlativo de este adjetivo es *alegrísimo («Era espontáneamente distinguida, alegrísima»,* Marías, *Vida,* I, 30).

alejar. Construcción: *alejar a alguien* DE *un sitio,* DE *una persona,* DE *un vicio; alejarse* DE *todo.*

alelí → ALHELÍ.

alentar. Verbo irregular. Se conjuga como *cerrar* [6].

alergeno. 'Sustancia que, al introducirse en el organismo, lo sensibiliza para la aparición de los fenómenos de la alergia'. La acentuación preferida por la Academia y por los diccionarios médicos es grave, /alerjéno/; pero no es raro ver y oír *alérgeno,* también registrada por la Academia.

alerta. **1.** Puede ser adverbio, 'con vigilancia y atención'; adjetivo, 'vigilante'; o nombre, 'llamada a la vigilancia' o 'aviso de prevención para el combate'. Como adjetivo, se ha empleado sin variación de género ni número *(«Los siempre alerta fusiles rifeños»,* Ortega, *Viajes,* 19); o con terminación masculina en *-o* y femenina en *-a,* con variación también de número *(«Con oído alerto escuchó lo que dél trataban»,* Cervantes, *Quijote,* II, 1031; *«Ya están los centinelas alertos»,* Machado, *Abel,* 68; *«Hay que estarse alertos para separar lo que es oro fino de lo que es simple ganga»,* Nicolás Guillén, *Alerta,* 11.8.1984, 13); o solo con variación de número, que es el uso más frecuente hoy *(«Algunos, los más alertas, lo están haciendo ya»,* Marías, *Aquí,* 15; *«Tenso, todos sus sentidos alertas, Alberto permanece mudo»,* Vargas Llosa, *Ciudad,* 18). **2.** En cuanto nombre, se usa como masculino *(«Un débil eco cantaba, como un alerta de campana»,* Uslar Pietri, *Lanzas,* 172), y así lo recoge la Academia; pero también se usa como femenino *(«La intención del autor es dar la alerta al gran público»,* J. Corrales Egea, *Ínsula,* núm. 210, 1964, 3).

-ales. Sufijo coloquial que forma algunos adjetivos de matiz humorístico: *frescales, vivales, rubiales, mochales.*

alevín. 'Cría de pez utilizada para repoblar ríos o lagos'; también 'joven principiante en alguna actividad'. Existe también *alevino,* forma más antigua, solo registrada en la primera acepción, y hoy poco usada.

alfanje. 'Especie de sable corto y curvo'. Es nombre masculino, *el alfanje.* No es correcta la grafía *alfange.*

alfil. 'Pieza del ajedrez'. No es normal la pronunciación /álfil/, que a veces se oye.

alfiler. Es popular y regional el uso de este nombre como femenino. Es masculino en el español general: *un alfiler.*

alfoz. Es sustantivo ambiguo. Menéndez Pidal lo usa como femenino: *«la alfoz de Lara» (Godos,* 234); Pérez de Urbel, como masculino: *«el alfoz de Lara» (Fernán González,* 36). Pero es este último uso el que predomina hoy.

algarada. En la Edad Media, 'incursión militar'; actualmente, 'motín de escasa importancia'. No debe confundirse con *algazara,* 'gritería alegre', como ocurre en este texto: *«El estudiante, en presencia de todos sus compañeros de estudios, chicos y chicas, se desnudó y subió al pequeño monumento para recoger el billete entre la general algarada estudiantil» (Ya,* 16.3.1974, 22). La confusión no es nueva: véase *Dicc. histórico,* s. v.

Alghero → ALGUER.

-algia. Forma sufija del griego *algós,* 'dolor': *neuralgia, cefalalgia.*

álgido. Aunque el sentido etimológico de este adjetivo es 'acompañado de frío glacial' *(fiebre álgida; período álgido de una enfermedad; «La cautela o la álgida apatía de los bárbaros»,* Azaña, *Jardín,* 33), la frecuencia de un desplazamiento de sentido, en frases como *La guerra se halla en su período álgido, La discusión estaba en el punto álgido,* ha hecho que la Academia dé por buena y registre esta acepción: *«dícese del momento o período crítico o culminante de algunos procesos orgánicos, físicos, políticos, sociales, etc.».*

algo. **1.** Pronombre indefinido. Es neutro

y carece de plural. El adjetivo —como ocurre con otras palabras neutras— concierta con él en la forma masculina singular; el verbo, en singular: *Algo malo ha ocurrido.* Sirve para designar un objeto indeterminado que puede ser único o colectivo, simple o complejo, o para designar una acción. Con nombres abstractos y de sustancia, *algo de* indica una cantidad o intensidad reducida: *algo de dinero, algo de repugnancia.*

2. Puede ser también adverbio de cantidad, expresando, igualmente, una intensidad reducida: *Voy a trabajar algo; Están algo cansados.*

Alguer. El nombre español de la ciudad italiana, sarda, de *Alghero* (pronunciado /alguéro/) —donde se habla un dialecto del catalán, el *alguerés*— es *Alguer.*

alguien. 1. Pronombre indefinido. Es siempre masculino y no tiene plural; las palabras que con este pronombre conciertan van, pues, en la forma masculina y singular. Designa una persona (de cualquier sexo) indeterminada, de una manera más vaga que *alguno, alguna.*

2. Bello, Cuervo y la Academia censuraron como incorrecto el uso de *alguien* seguido de un complemento partitivo con *de: alguien de los soldados, alguien de los presentes.* El indefinido de persona seguido de complemento partitivo habría de ser adjetivo y no sustantivo; por ello debería decirse *alguno* (Bello, § 196). En realidad, el uso no es rechazable: hay casos en que la intención de no determinar el sexo impone el uso de *alguien:* «*—¡Qué por cierto nos habla mucho de esta casa! —¡Y particularmente de alguien de esta casa!*» (Álvarez Quintero); «*Nos sacó de apuro un viejo grabado que alguien de la familia había traído de París*» (D'Ors, cit. Fernández Ramírez).

3. La acentuación /alguién/ se oye a veces, por influjo del gallego, en el castellano de Galicia (García, *Temas,* 121).

alguno. 1. Adjetivo y pronombre indefinido. Toma, como adjetivo masculino singular, la forma apocopada *algún,* aun en el caso de que entre adjetivo y nombre se interponga otro adjetivo: *algún contratiempo; algún desagradable contratiempo.* La apócope es potestativa cuando se trata de la locución adjetiva *algun(o) que otro:* «*Alguno que otro vagabundo*» (Baroja, *Románticos,* 70); «*Al-*

gún que otro germen» (Ortega, cit. Fernández Ramírez, § 190); pero es más frecuente la forma apocopada. El empleo de *algún* ante nombre femenino iniciado por el fonema /a/ tónico *(algún arma, algún aula)* se produce, a veces, por influjo del uso de *un* en el mismo caso (→ UN, 3); pero en la lengua cuidada suele evitarse.

2. Como adjetivo o como pronombre, designa un individuo indeterminado: «*De algún derrumbadero quizá les sube [a los cuervos] el husmo de una carroña*» (Miró, *Años,* 69); «*Alguna de esas princesas de teatro*» (Benavente, *Rosas,* 384).

3. Otras veces expresa una cantidad imprecisa, pero no muy abundante: en singular, cuando es adjetivo de un nombre abstracto o de sustancia: «*Poner en su educación alguna más severidad*» (Galdós, *Torquemada,* IV, 55); «*A ver si Fuco puede llevarnos algún carbón*» (Fernández Flórez, *Bosque,* 66); en plural, en todos los demás casos: «*Junto al acebo se han reunido algunos animales*» (*ibíd.,* 94).

4. Como adjetivo, tiene valor negativo cuando sigue al nombre: *en modo alguno; en parte alguna.* La agrupación nombre + *alguno,* fuera de estas locuciones, tiene lugar habitualmente detrás del verbo en forma negativa: *No he visto a hombre alguno;* y es especialmente propia de la lengua literaria.

alhelí. 'Planta de adorno'. También puede escribirse *alelí.* Su plural es *alhelíes* o *alelíes.*

alia → ALII.

aliar. 1. Se conjuga, en cuanto al acento, como *desviar* [1 c].

2. Construcción: *aliar una cosa* CON *otra; aliarse* CON *los ingleses.*

alias. Adverbio latino que en español se utiliza con el significado de 'por otro nombre': «*El primero que toreó corridas durante la Cuaresma fue Ricardo Torres, alias Bombita*» (Pérez de Ayala, *Política,* 178). También se emplea como nombre, significando 'apodo': «*Y otro, seguramente el más listo, / me pondrá un alias definitivo*» (Gerardo Diego, *Primera antología,* 72).

Alicante. La ciudad y la provincia que en catalán y valenciano tienen el nombre de *Alacant* se denominan en castellano *Alicante,* y es esta la forma que debe usarse cuando se habla o escribe en español.

alicates. Aunque existe, y está registrado por la Academia al lado del plural, un uso en singular, *el alicate*, está mucho más extendido y tiene más prestigio el uso en plural, *los alicates.*

aliciente. Construcción: *aliciente* A, DE O PARA *las grandes acciones.*

alii. En referencias bibliográficas se usa a veces la abreviatura *et al.*, a continuación de un nombre de persona, para indicar que la obra está escrita además por otras personas. La abreviatura *et al.* está por el latín *et alii,* 'y otros'; no *et alia,* como algunos erróneamente interpretan: *«El más que regular volumen de Jorge de Esteban* et alia, *'Desarrollo político y Constitución española'»* (Amando de Miguel, *Informaciones,* 8.12.1973, 14); o *et aliter,* como creen otros: *«Luis venía a casa a hablar de Thomas Mann* et aliter*»* (Benet, *Otoño,* 115). *Et alia* significa literalmente 'y otras cosas'; *et aliter* significa 'y de otro modo'.

alimentar. Construcción: *alimentarse* CON O DE *hierbas.*

alimenticio. Significa 'que alimenta o tiene la propiedad de alimentar'. Pero muy frecuentemente se usa con el significado de 'relativo a los alimentos', que es el que corresponde propiamente al adjetivo *alimentario.*

alinear. En el habla popular, el presente de indicativo es *alíneo, alíneas, alínea, alineamos, alineáis, alínean* (a menudo pronunciado /alínio, alínias..., alínian/). El presente de subjuntivo se hace *alinie, alinies,* etc. La influencia del sustantivo *línea* es evidente. Esta pronunciación viciosa ha ganado a muchos periodistas y locutores, especialmente de deportes. Pero ya en 1917 escribió Antonio Machado: *«Alínea los vasares, los lienzos alcanfora»* (*Poesías,* 157; las ediciones traen impreso *alinea,* pero la medida del verso exige *í*). En el fonetista Tomás Navarro se lee: *«Cinco tercetos que se alínean tipográficamente bajo diversas formas simétricas»* (*Métrica,* 475). Tal vez aquí sea errata. La pronunciación correcta deja siempre átona la *i: alineo* /alinéo/, *alineas* /alinéas/, *alinea* /alinéa/, *alinean* /alinéan/; *alinee* /alinée/, *alinees* /alinées/, etc. Lo dicho sobre *alinear* puede aplicarse igualmente a *delinear,* aunque en este verbo, cuyo ámbito de uso es más culto, es menos frecuente el cambio acentual.

aliquebrar. Verbo irregular. Se conjuga como *cerrar* [6].

aliter → ALII.

aliviar. Se conjuga, en cuanto al acento, como *cambiar* [1 a].

-alla. Sufijo despectivo de significación colectiva: *canalla, morralla, clerigalla, gentualla.*

allá. **1.** Adverbio demostrativo de lugar. Indica lugar alejado del que habla, pero menos determinado y preciso que el que se denota con *allí.* → ALLÍ, 2.

2. Este adverbio, como otros adverbios de lugar, puede ir precedido de diversas preposiciones que denotan movimiento o aproximación: *de allá, desde allá, hacia allá, hasta allá, para allá, por allá.* De estas preposiciones se exceptúa *a:* no se dice *Fue a allá,* sino *Fue allá.*

3. *Allá abajo* es calco inútil del francés *là-bas* o quizá, a veces, del inglés *down there,* que equivalen simplemente a *allá: «—¿Ama usted a su país? —Es el único grande. ¿No lo saben ustedes allá abajo [en Norteamérica]?»* (Borrás, trad. Giraudoux, *Escuela,* 53); *«Polly Bergen, al regresar a Hollywood tras de un viaje a Gran Bretaña .., ha declarado: Me pregunto qué he ido a hacer allá abajo» (Ya,* 26.1.1963, 27).

allanar. Construcción: *allanarse* A *las exigencias.*

allende. **1.** Preposición que significa 'en (o a) la parte de allá de': *allende los Pirineos; «el pregón de alguna noticia traída de allende las aguas»* (Mallea, *Cuentos,* 58); o 'además de': *«La imaginación .. es, allende la percepción y el pensamiento, la actividad más radicalmente humana del hombre»* (Laín, *Gaceta,* 11.8.1962, 25). Su uso es exclusivamente literario.

2. *Allende de,* locución prepositiva, también significa 'además de': *allende de lo dicho.* Se usa hoy muy poco, y solo en la lengua literaria.

allí. **1.** Adverbio demostrativo de lugar que designa un punto alejado de la persona que habla y también de aquella a quien se habla, y que significa, por tanto, 'en aquel lugar'. Cuando va acompañado de la idea de movimiento, significa 'a aquel lugar'. Puede funcionar como adverbio de tiempo

—significando 'entonces'— en el que a veces se conserva un resto de la idea de lugar —significando, pues, 'allí y entonces'—: *Allí fue Troya; Allí será el llanto y el rechinar de dientes.*

Puede ir precedido de diversas preposiciones que denotan primariamente movimiento o aproximación: *de allí, desde allí, hacia allí, hasta allí, por allí.* De estas preposiciones se exceptúa *a;* no se dice *Ve a allí,* sino *Ve allí.*

2. Diferencia entre *allí* y *allá. a)* Los dos adverbios designan lugar que está lejos de donde «yo» y «tú» estamos; pero el primero lo designa con más precisión que el segundo. *Allí* se presta más al acompañamiento del gesto señalador con el dedo índice: *Siéntate allí;* por eso, a veces, *allá* denota una distancia mayor: *Allá lejos, en Australia.* En una dimensión temporal, *allá* tiene la misma vaguedad e indeterminación: *Allá en mi juventud;* en cambio, *allí* señala una ocasión determinada: *Allí fue la rechifla general. b)* Sintácticamente, *allá* se presta a ir acompañado de modificadores cuantitativos: *Eso está más allá, muy allá; Ponla lo más allá posible.* Tales construcciones no son normales con *allí.*

3. Diferencia entre *allí* y *ahí:* → AHÍ, 2.

-allón. Sufijo aumentativo *(-alla + -ón): mozallón.* (→ -ÓN.)

alma. 1. En singular, exige las formas del artículo *el* y *un: el alma, un alma.* Esta regla no se aplica cuando *alma* es adjetivo *(almo:* 'criador, alimentador, vivificador').

2. *Alma mater:* → ALMA MATER.

alma mater. 1. Locución latina que significa literalmente 'madre nutricia' y que literariamente se usa para referirse a una universidad: *«Pasó solo seis meses en la Universidad de Harvard, pero presume de ella como si fuera su verdadera 'alma mater'»* (A. Hernández, *Diario 16,* 4.7.1985, 4). En esta locución, *alma* es adjetivo ('nutricia') y no tiene ninguna relación con el español *alma,* como creen algunos: *«Un joven médico de 30 años, 'alma mater' del Consello da Saúde»* (*País,* 23.7.1984, 21).

2. El género de esta locución sustantiva es femenino: *la alma mater.* El artículo no toma la forma *el,* como ocurre con el nombre español *alma,* porque el latín *alma* es adjetivo.

Almazora. La ciudad castellonense que en catalán y valenciano tiene el nombre de *Almassora* se denomina en castellano *Almazora,* y es esta la forma que debe usarse cuando se habla o escribe en español.

almirez. 'Mortero de metal'. Es nombre masculino, *el almirez.* Raramente, en uso popular o regional, lo encontramos como femenino: *«Almireces talladas o lisas»* (Moreno, *Galería,* 154).

almorávid. Es errónea la pronunciación aguda de esta palabra, /almorabíd/; dígase *almorávid* (plural *almorávides*).

almorzar. Verbo irregular. Se conjuga como *acordar* [4].

almud. 'Medida de áridos'. Es nombre masculino: *el almud, un almud.* Es excepcional el uso como femenino: *«La puso dentro de la almud»* (Sender, *Crónica,* II, 185).

almuerzo → COMIDA.

Almusafes. La ciudad valenciana que en catalán y valenciano se escribe con la grafía *Almussafes* tiene en castellano la forma *Almusafes,* y es esta la que debe usarse cuando se escribe en español.

alo-. Forma prefija del griego *allós,* 'otro': *alotropía, alopatía.*

alongar. Verbo irregular. Se conjuga como *acordar* [4].

alquilar. 1. Este verbo transitivo tiene un significado «reversible». Por una parte es 'ceder (a otro) el derecho de usar (algo propio) por tiempo y precio convenidos': *Agustín alquila habitaciones a viajeros; Esta empresa alquila autobuses a colegios.* Por otra parte es 'obtener (de otro) el derecho a usar (algo suyo) por tiempo y precio convenidos': *Los viajeros han alquilado dos habitaciones a Agustín; Alquilaremos un coche para ir a Portugal.*

2. ¿Hay alguna diferencia entre *alquilar* y *arrendar? Arrendar* significa en principio lo mismo que *alquilar;* pero el que toma algo arrendado es para obtener provecho de ello, y se trata normalmente de una tierra.

alrededor. 1. Adverbio, 'en lugar circundante': *Empezó a hablar el maestro, y todos se colocaron alrededor.*

A mi (tu, su, etc.) alrededor es una construcción adverbial, equivalente de *alrededor* _de_ (→ 2) + nombre o pronombre de la persona o cosa aludida por el posesivo: _Siéntense a mi alrededor_ ('alrededor de mí'); _En el centro de la sala, una mesa, y a su alrededor, media docena de sillas_ ('alrededor de ella, de la mesa').

2. _Alrededor de._ Locución prepositiva que significa 'rodeando a'. Puede usarse en sentido recto —_viaje alrededor del mundo_— o en sentido figurado, denotando aproximación: _alrededor del día 5 llegaremos; alrededor de seis kilómetros._ Según la Academia, puede también escribirse _alrededor_ en dos palabras _(al rededor);_ pero es grafía anticuada que ya no debe usarse.

En lugar de _alrededor de_ + pronombre personal _(alrededor de ella, de nosotros,_ etc.) puede aparecer _alrededor_ + posesivo _(alrededor suyo, alrededor nuestro,_ etc.).

3. _Alrededor_ puede ser también nombre masculino, usado preferentemente en plural, _los alrededores,_ 'espacio en torno', 'lugares próximos'.

alta. **1.** 'Hecho de declarar oficialmente curado a un enfermo', 'inscripción en una sociedad u otro colectivo', o 'documento que acredita la entrada o el reingreso en el servicio activo'. Como nombre femenino, en singular, exige las formas del artículo _el_ y _un: el alta, un alta._ Pero cuando es adjetivo, no se aplica esta norma. El siguiente uso de Ortega y Gasset: _«al alta mar» (Espíritu,_ 15), se explica porque _alta mar_ es concebido como una sola palabra; pero debió escribirse _a la alta mar._

2. El empleo de _alta,_ nombre femenino, con los artículos _el_ o _un,_ induce a algunos a atribuir a este nombre género masculino: _el alta médico._

Altái → ALTAY.

altavoz. Es masculino: _el altavoz._ Plural, _los altavoces._

Altay. Sistema montañoso de Asia central. El _Diccionario_ de la Academia, s. v. _altaico,_ escribe _Altay,_ pero los geógrafos y cartógrafos escriben _Altai._ En uno y otro caso la pronunciación es la misma: /altái/. La grafía académica es correcta, de acuerdo con el sistema ortográfico del español, según el cual el sonido /i/ se escribe _y_ cuando, precedido de vocal, termina palabra: _estay, Bombay, Uruguay_ (Academia, _Ortografía,_ § 24). Si, a pesar de ello, se decide acomodarse al uso ge-

neral de los geógrafos, habrá que escribir _Altái,_ con tilde en la segunda _a,_ como corresponde a la pronunciación aguda de una palabra terminada en letra vocal.

alternativa. Este nombre femenino se usa, según la Academia, entre otros, en dos sentidos parecidos pero distintos: 1.º, 'opción entre dos o más cosas': _«Puesta una sociedad en la alternativa de optar entre la anarquía y la dictadura, opta siempre por la dictadura»_ (Castelar, _Discursos_ [1874], 35); 2.º, 'cada una de las cosas entre las cuales se opta': _«En materia de lenguaje hay que escoger entre dos alternativas: o crearse de arriba abajo su expresión .., o bien usar, en parte al menos, los procedimientos que ofrece la lengua de todos»_ (Alonso, trad. Bally, _Lenguaje y vida,_ 99); _«Vivir es un constante determinarse entre distintas alternativas»_ (Delibes, _Año,_ 92). Pero hay además un tercero, que es un matiz especial del segundo: 'cosa que se elige o puede elegir por eliminación de otras': _«Desgraciadamente, todo aquello por lo que merece la pena vivir procede del artificio y, según parece, atenta contra la salud. Pero todavía es peor la alternativa: morir viejo sin haber vivido»_ (J. Cueto, _País,_ 10.8.1983). El primer sentido sería equivalente aproximado de _disyuntiva._ El segundo, de _posibilidad._ El tercero, de _la otra posibilidad._ Los tres son válidos. De ellos, los más vivos hoy son los dos últimos, aunque no sean los más clásicos.

alti-. Forma prefija del latín _altus,_ 'alto': _altimetría, altiplanicie._

alto. **1.** Como adjetivo de dos terminaciones _(alto, alta),_ tiene una forma comparativa _superior_ que solo se usa para algunos sentidos de _alto:_ 'situado (por) encima' y 'notable o de mucha entidad'. Para otras acepciones —como 'de gran estatura'— se usa exclusivamente la construcción _más alto._ Se dice, pues, _el piso superior_ (también _el piso más alto), la calidad es superior_ (o _más alta);_ pero _Su hermano es más alto_ (decir, en este caso, _superior_ significaría que está cualitativamente por encima).

Más alto se construye con _que: Es más alto_ QUE _su hermano;_ en cambio, _superior_ se construye con _a: La calidad de esta obra es superior_ A _la de la otra._ Cuando va modificado por el adverbio _mucho,_ este toma la forma _muy: muy superior_ (frente al caso de

otros comparativos en *-or: mucho mayor, mucho menor, mucho mejor, mucho peor).*
Es vulgarismo usar la forma *superior* precedida del adverbio *más: La calidad es más superior.* Sin embargo, es normal el empleo simplemente «positivo» de *superior* como 'magnífico o estupendo': *Has hecho un trabajo superior.* En este sentido genera a veces un superlativo *superiorísimo: «Gentes que todos estamos acordes en calificar y adornar con cuantos laureles proceda otorgar en un examen de cultura superior y hasta superiorísima»* (Gaya Nuño, *Conflicto,* 7); *«Badajoz le había colocado [al novillo] un superiorísimo par» (Pueblo,* 8.10.1962, 6).
2. El superlativo del adjetivo *alto* es *altísimo* para todos los sentidos. Existe también una forma latinizante *supremo* solo para los sentidos en que se puede usar el comparativo *superior* (→ 1); es forma principalmente culta y tiene un significado especial: 'el más alto de todos'.
3. *En alto,* 'en voz alta' *(Dímelo en alto),* es locución popular resultante del cruce del adverbio *alto (Dímelo alto)* y la construcción adverbial *en voz alta (Dímelo en voz alta).* Pero conviene advertir que *alto* y *en voz alta* no significan lo mismo: *hablar alto* es 'hablar con voz potente'; *hablar en voz alta* es 'hablar no susurrando'. *En alto,* como equivalente de *en voz alta,* ya está en Pardo Bazán: *«Las mismas cosas, dichas en alto, serían indiferentes y sencillas por demás» (Viaje,* 99).

altoparlante → HABLANTE.

alunizar. Con motivo de la llegada del primer cohete a la Luna, los periodistas se plantearon la duda de si habría que decir *alunar* o *alunizar* para designar la acción de 'posarse sobre la superficie de la Luna'. La misma pregunta alcanzaba a los sustantivos para nombrar la acción: *alunaje, alunizaje.* Ninguno de los dos neologismos es necesario. Debe usarse *aterrizar,* ya que, si esta palabra significa 'posarse en tierra', *tierra* se toma en el sentido de 'suelo' y no de 'planeta terrestre', como todo el mundo sabe. Piénsese en la inútil (y ridícula) atomización léxica que supondrá crear un verbo distinto para cada astro, incluso para cada satélite artificial o estación espacial, en que pueda posarse una astronave.

alvéolo. La Academia registra también la forma *alveolo* /albeólo/ e incluso le da preferencia; pero en el nivel culto, que es el ámbito propio de esta voz, se sigue optando por la forma esdrújula *alvéolo.*

alza. 'Aumento de precio, valor o cantidad'. Como con frecuencia se usa en contraposición con *baja (el alza y la baja),* a veces se le antepone el artículo *la: «No viene la que antecede para situar, a la alza o a la baja, el voluminoso resultado de las 'Actas' del congreso madrileño»* (J. M. Díaz Borque, *País,* Supl., 9.9.1984, 4). Como a todos los nombres femeninos que comienzan por /a/ tónica, la forma de artículo que le corresponde en singular es *el.*

alzacuello. 'Pieza del traje eclesiástico consistente en una tira de tela rígida ceñida al cuello'. Es *alzacuello,* no *alzacuellos.* Esta segunda forma es solo plural.

Alzira → ALCIRA.

amable. Construcción: *amable* A, CON, PARA, PARA CON *todos.*

amainar. Se conjuga como *bailar* [1 e].

amanecer. Verbo irregular. Se conjuga como *agradecer* [11]. En su sentido propio, o sea 'apuntar el día', es unipersonal (solo se conjuga en 3.ª persona de singular). En el sentido de 'estar en un paraje o condición determinados al apuntar el día', es personal: *Amanecimos, muy cansados, en León.*

amarar. **1.** 'Posarse en el agua' (un hidroavión, o una nave espacial). Este verbo, perfectamente formado sobre *mar,* existe en nuestro idioma desde hace más de medio siglo. Hoy se usa poco, al ser frecuentemente ocupado su lugar por *amarizar,* formado también sobre *mar,* pero con el *-izar* analógico de *aterrizar.* En América se prefiere *acuatizar,* correctamente formado sobre el latín *aqua,* 'agua'. Tanto *amarar* como *amarizar* y *acuatizar* son voces válidas. Es menos aconsejable, en cambio, el verbo *amerizar,* que algunos usan, cuya *e* delata una mala adaptación del francés (en francés el verbo es *amerrir* y el nombre correspondiente es *amerrissage).* No obstante, *amerizar* está ya incluido en el *Diccionario* académico.
2. Todo lo dicho sobre los verbos *amarar, amarizar, acuatizar* y *amerizar* es aplicable a los nombres de acción correspondientes: *amaraje, amarizaje* y *acuatizaje* son

normales, y no lo es tanto la forma *amerizaje* (incluida, sin embargo, en el *Diccionario* de la Academia).

amargo. Construcción: *amargo* AL *gusto*.

amargura. Es normal distinguir entre *amargor* y *amargura*. *Amargor* es 'sabor amargo'; *amargura*, 'sentimiento amargo': *el amargor de la medicina, la amargura de su corazón*.

amarillecer. Verbo irregular. Se conjuga como *agradecer* [11].

amarizaje, amarizar → AMARAR.

amarrar. Construcción: *amarrar* A *un tronco*.

amateur. **1.** Su pronunciación corriente es /amatér/; su plural normal, *amateurs* (pronunciación, /amatérs/). Es palabra francesa usada en el ámbito deportivo en el sentido de 'no profesional': *«Los jugadores australianos .. han recibido una oferta .. a fin de que permanezcan siendo jugadores 'amateurs'»* (*Abc*, 5.10.1962, 55). También se emplea en otras actividades: *«III Certamen Nacional de Cine Amateur»* (*Arriba*, 14.10.1962, 23). Es término de frecuente uso que debe admitirse en deportes, pero que en los demás casos puede sustituirse por *aficionado*. **2.** Sobre *amateur* han formado los periodistas el sustantivo *amateurismo*. Fuera del ámbito deportivo, Pérez de Ayala creó, para suplir esta voz, *aficionadismo: «Compete .. a la ciencia auténtica y responsable, que no al deleitantismo y superficial aficionadismo»* (*Vida sexual*, 19); otro ejemplo del mismo autor se cita en el *Dicc. histórico*, I, 880c. Pero no parece haber encontrado eco.

ambages. 'Rodeos o circunloquios'. Normalmente en la locución *sin ambages*. Es nombre masculino y solo se usa en plural.

Amberes. La ciudad belga de *Antwerpen* se llama en español *Amberes*, y este es el nombre que debe usarse al hablar en nuestro idioma, en lugar del francés *Anvers* o del inglés *Antwerp*.

ambiente. *Medio, ambiente* y *medio ambiente:* → MEDIO, 4.

ambigú. Su plural es *ambigús*, más frecuente que *ambigúes*.

ambli-. Forma prefija del griego *amblys,* 'obtuso, romo': *triángulo ambligonio*.

ambos. **1.** Adjetivo y pronombre solo usado en plural. Tiene variación de género: *ambos, ambas*. Significa 'los dos', 'uno y otro'. El uso de esta palabra se reduce hoy a la lengua culta, especialmente escrita. Es regional —y por tanto no se admite en la lengua normal— el empleo del adjetivo *ambos* seguido del artículo *los: «Le cerró ambos los ojos»* (Unamuno, *Espejo*, 30). Tampoco es normal que vaya precedido de artículo: *«Ninguno de los ambos propósitos anida en mi ánimo»* (Cela, *Abc*, 6.5.1979, 9). **2.** Puede presentarse en la forma *ambos a dos*, puramente literaria, de la que son variantes erróneas *ambos dos (*«Vamos a explicar ambas dos interrogantes fundamentales»*, J. L. Cebrián, *País*, 14.2.1982, 1) y *ambos dos a dos*. En cuanto a la variante *ambos tres*, oída por la radio (*«El ministro de A, el de B y el de C .. Ambos tres se dirigieron...»*, Radio Madrid, 7.4.1983), no es preciso ningún comentario.

-ambre. Sufijo de nombres de cosas: *estambre, fiambre, cochambre, raigambre, enjambre, calambre*.

amedrentar. 'Atemorizar' (no 'amenazar', como algunos creen). Deben evitarse formas erróneas como *amedrantar* y *amedentrar*. La primera de estas formas, *amedrantar*, consta también en el *Diccionario* de la Academia, pero, si bien tuvo uso literario en los siglos XVI y XVII (cf. *Dicc. histórico)*, hoy se considera puramente regional y popular.

ameliorar. 'Mejorar'. Es galicismo (francés *améliorer)*. No es, en realidad, palabra rechazable, pues está formada correctamente; pero su uso es muy reducido y no muy necesario, ya que el español *mejorar* tiene exactamente el mismo valor.

-amen. Sufijo de palabras tomadas del latín: *examen, certamen*. En palabras derivadas españolas tiene sentido colectivo: *maderamen, botamen, pelamen*.

amén. *Amén de*. Locución prepositiva equivalente a *aparte de*, en sus dos sentidos: de agregación ('además de': *amén de lo dicho)* y de exclusión ('excepto': *Amén de tu padre, nadie había llegado a tiempo)*. Es de uso literario y raro, sobre todo en la segunda acepción.

amenazar. Construcción: *amenazar* DE *muerte; amenazar* CON *matarle; amenazar* CON *el escándalo; la casa amenaza ruina;* «*Los acacios* .. *amenazaban caer sobre los transeúntes*» (Donoso, *Domingo*, 11).

amenguar. Se conjuga, en cuanto al acento, como *averiguar* [1 b].

amenudo → MENUDO.

América. 1. «En las traducciones del inglés debe tenerse siempre presente que entre los escritores de esa lengua es corriente usar el nombre *América* para referirse a los *Estados Unidos* y no al nuevo mundo» (Alfaro). Algo similar hay que decir respecto al adjetivo y nombre *americano*, empleado por *norteamericano* o *estadounidense* (→ ESTADOUNIDENSE). **2.** Sobre la validez de las denominaciones *América Española, América Hispana, América Latina, Hispanoamérica, Latinoamérica,* → HISPANOAMÉRICA.

americanidad. 'Carácter americano'. Está erróneamente formada la voz *americaneidad,* puesta en boca del rey Juan Carlos: «*La ocasión que ahora celebramos nos viene a recordar nuestra esencial americaneidad*» (*Abc,* 13.10.1984, 27). (→ -DAD, 3.)

americano → ESTADOUNIDENSE.

amerizaje, amerizar → AMARAR.

amical. «*El paseo, en conversación amical o en meditación solitaria, constituía un elemento imprescindible*» (Aranguren, *Juventud,* 117). Este adjetivo ('amistoso') podría considerarse latinismo, pues en latín existe *amicalis;* pero, sin duda, su uso en español —solo literario— es de origen francés. Puede darse por bueno como variante literaria de *amistoso,* aunque algunos lo hayan censurado y aunque no esté recogido en el *Diccionario* de la Academia.

amicísimo → AMIGO.

-amiento → -MENTO.

amigdalo-, amigdal-. Formas prefijas del griego *amygdále,* 'almendra': *amigdalitis.*

amigo. Como adjetivo, el superlativo de esta palabra es *amicísimo,* aunque también se usa, sobre todo, en la lengua coloquial, *amiguísimo:* «*No solo contemporáneos, sino amigos y hasta amiguísimos*» (Gaya Nuño, *Conflicto,* 24).

amilo-, amili-, amil-. Formas prefijas del griego *ámylon,* 'almidón': *amilasa, amiloformo.*

amino-. Forma prefija de *amina: aminoácido.*

Aminta. Título de una fábula pastoril de Torcuato Tasso. Como quien da nombre al poema es un hombre, se equivocan los que escriben *la Aminta,* que son muchos. A los ejemplos que cita Cuervo (*Apuntaciones,* § 223) podemos añadir: Montoliu (*Literatura,* I, 343), Valbuena (*Literatura,* 1, 521), Cossío (*Fábulas,* 401 y 402), Navarro (*Métrica,* 241). Encontramos la forma correcta, *el Aminta,* en trad. Fitzmaurice-Kelly (*Literatura,* 250), Hurtado-G. Palencia (*Literatura,* 529), Lapesa (*Introducción,* 128), García López (*Literatura,* 254).

amnios. 'Membrana que envuelve la parte dorsal del embrión de los reptiles, aves y mamíferos'. Este nombre es masculino tiene la misma forma en singular que en plural.

amnistía. Es 'disposición general con que el Estado renuncia a aplicar la pena correspondiente a determinados delitos que se darán por extinguidos'. Al ser 'general', no debe usarse este nombre para la 'condonación total o parcial de una pena a un condenado': «*Ford concede amnistía total a Nixon*» (*Informaciones,* 9.9.1974, 3). En este caso el nombre que corresponde es *indulto.*

amnistiar. Se conjuga, en cuanto al acento, como *desviar* [1 c].

amoblar. Verbo irregular. Se conjuga como *acordar* [4]. Este verbo solo se usa en algunos países hispanoamericanos (véanse ejemplos en el *Dicc. histórico*). Normalmente se emplea el regular *amueblar.*

amodorrecer. Verbo irregular. Se conjuga como *agradecer* [11].

amohecer. Verbo irregular. Se conjuga como *agradecer* [11].

amohinar. Este verbo se conjuga como *enraizar* [1 f].

amolar. Verbo irregular. Se conjuga como *acordar* [4].

amoníaco. Son igualmente válidas las formas *amoníaco* /amoníako/ y *amoniaco* /-iáko/. Las dos son recogidas por la Academia, con preferencia para la primera, aunque

Fernández Galiano considera mejor formada la segunda.

amor. Construcción: *amor* A *la vida; amor* DE *Dios* O A *Dios.* La construcción con *de,* con valor objetivo *(amor de Dios,* 'amor a Dios'), es poco frecuente por la anfibología que encierra.

amortecer. Verbo irregular. Se conjuga como *agradecer* [11].

amortiguar. Se conjuga, en cuanto al acento, como *averiguar* [1 b].

amparar. 1. Construcción: *amparar* DE (O CONTRA) *un peligro; ampararse* EN *su situación privilegiada.*

2. Es galicismo ya anticuado el empleo de *ampararse* por *apoderarse* (fr. *s'emparer*): «*Un dulce sueño que de él se amparó*» (Galdós, *Doña Perfecta,* 41).

ampliar. Se conjuga, en cuanto al acento, como *desviar* [1 c].

Ampurdán. La comarca gerundense que en catalán tiene el nombre de *l'Empordà* se denomina en castellano el *Ampurdán,* y es esta la forma que debe usarse cuando se habla o escribe en español.

Ampurias. La antigua colonia griega de *Emporion,* en el golfo de Rosas (Gerona), que tiene en catalán el nombre de *Empúries,* se denomina en castellano *Ampurias,* y es esta la forma que debe usarse cuando se habla o escribe en español.

Ámsterdam. Capital de los Países Bajos. También se admite la grafía *Amsterdán,* pero ya no se usa. En cuanto a la pronunciación, la normal hoy es la esdrújula, /ámsterdam/, por lo que debe escribirse con tilde en la *a* inicial.

amustiar. Se conjuga, en cuanto al acento, como *cambiar* [1 a].

an- → A-, 2.

-án. Sufijo de nombres y adjetivos, procedente del latín: *sacristán, gavilán.* Algunos nombres y adjetivos formados con *-ano* se apocoparon en *-án* por influencia de este prefijo: *capellán, capitán, holgazán.* Gentilicios: *catalán, alemán.* El femenino es *-ana: sacristana, capitana, alemana.*
En *holgazán* están combinados los sufijos *-azo* y *-án.*

Ana. Sobre el uso de artículo ante este nombre, → EL, 2.

ana-. Prefijo procedente de la preposición griega *aná,* 'hacia arriba, en alto': *anatema;* 'contra': *anacrónico;* 'hacia atrás': *anapesto;* 'de nuevo': *anabaptista;* 'conforme': *analogía.*

Anábasis. Título de la obra del historiador griego Jenofonte (siglo IV a.c.) también llamada en español *La retirada de los diez mil.* El nombre griego se suele citar con artículo, y, como ese nombre tiene género femenino, el mismo género es el del artículo: *la Anábasis.* No está justificado *el Anábasis,* como a veces se escribe.

ánade. En el uso actual es sustantivo masculino *(el ánade, los ánades),* aunque la Academia lo da todavía como ambiguo. Está anticuado el uso femenino que se ve en este ejemplo: «—*Que tengo, entre otras cosillas, / un ánade hermosa. —¡Guapo! / ¡Qué buena está con arroz!*» (Cruz, *Mercader,* 5).

anaerobio. Adjetivo, '(microorganismo) que se desarrolla en un medio desprovisto de oxígeno'. No debe decirse *anerobio,* formado probablemente por analogía con *aneroide* (adjetivo que se aplica al barómetro constituido esencialmente por una caja metálica en que se ha hecho el vacío), palabra de etimología muy distinta: mientras esta procede del griego *a-* privativo + *nerós,* 'húmedo', *anaerobio* está formado por el griego *an-* privativo + *aér,* 'aire' + *bíos,* 'vida'.

Anáhuac. Nombre de la meseta central mejicana. Es palabra llana, /anáuak/, y debe escribirse con tilde en la segunda sílaba. No importa que Valle-Inclán haya escrito: «*Cacao en lengua del Anahuác* [sic] */ es pan de dioses, o Cacahuác*» (*Claves,* 256).

anales. Nombre: 'relación de sucesos por años'; figuradamente, 'crónica': *los anales del crimen.* No tiene singular. Su género es masculino.

analfabeto. 'Que no sabe leer ni escribir'. La forma femenina es *analfabeta.* Es frecuente en algunos países de América el empleo de *analfabeta* como masculino: *este hombre es un analfabeta.* Es un caso de ultracorrección, como el de *autodidacta* (→ AUTODIDACTO): hay personas que creen que la terminación *-a* es la que mejor cuadra a estos términos cultos, tomando como modelos *poeta, exégeta, suicida,* etc. De esta forma se han impuesto en la lengua general muchas absurdas *aes* como terminaciones de cultismos, que, etimológicamente, habían de ser *oes: autómata, hermafrodita, rapsoda, estratega, psiquiatra, pediatra,* etcétera. (→ POLÍGLOTO.) No hay que olvidar otra posible causa: la introducción de algunos de estos cultismos a través del francés, a manos de traductores ignorantes. El francés, en efecto, transcribe invariablemente como *-e* las desinencias griegas *-os* y *-a, -e, -as, -es,* y el traductor poco preparado tiende a adaptar sistemáticamente esa *-e* francesa como *-a* española.

Autómata, etc., ya están implantadas en el uso y admitidas por la Academia, pero no deben admitirse *analfabeta* y *autodidacta,* cuyo uso se limita a algunas regiones y a un sector de personas. Dígase, pues, *el analfabeto, el autodidacto,* reservando las formas en *-a* para el femenino.

análogo. Construcción: *análogo* AL *anterior.*

Anam. Región del Vietnam. Es preferible en español la grafía simplificada *Anam* a *Annam.* El adjetivo derivado es *anamita.*

ananás. 'Piña, planta americana', y también su fruto. Existe asimismo la forma *ananá.* (En España se dice comúnmente *piña.*) Es nombre masculino, *el ananás* (o *ananá),* aunque también se ha usado como femenino. Igualmente se han dado las formas *ananas* y *anana,* con acentuación grave. El plural actual es *ananás.*

anatemizar. Es italianismo *(anatemizzare): «¿Será frecuente el 'anathema sit'? Esta fórmula, tan dura, de anatemizar, y tan antigua, será rara»* (J. Cortés-Cavanillas, crónica de Roma, *Abc,* 6.10.1962, 52). En español es *anatematizar.*

Anaxímenes. Nombre de un filósofo jónico de los siglos VI-V a. C. Es palabra esdrújula, no llana.

ancestro. 'Antepasado'. La Academia registra ya este nombre masculino, tras larga resistencia. Es más usado en América que en España; sin embargo, no faltan ejemplos españoles: *«Una vocación .. que incluso se remonta hasta los ancestros, como producto de una tradición familiar»* (F. Lara, *Triunfo,*

24.8.1974, 50). En realidad no era fácil mantener el veto, pues el adjetivo *ancestral* ya se había introducido en el *Diccionario* de 1970. Este adjetivo tenía ya bastante uso, no solo en América *(«Peso ancestral»,* Storni, *Antología,* 38), sino en España *(«La comunidad nativa, previa, ancestral»,* Ortega, *España,* 27; *«El alma infantil y la del hombre ancestral»,* Marañón, *Vida,* 24; ya fue usado por Pardo Bazán en 1888, según el *Dicc. histórico).*

-anchín → -ÍN.

-ancho → -ONCHO.

-anchón → -ÓN.

-ancia. Sufijo que indica acción y sirve para formar sustantivos abstractos: *discrepancia, estancia, ambulancia, vagancia.*

-anco. Sufijo de sustantivos con significación generalmente despectiva: *ojanco, potranca.*

-ancón → -ÓN.

Ándalus. Nombre árabe de la España musulmana, no de Andalucía, como creen muchos. Se dice siempre *el Ándalus,* con artículo y con pronunciación esdrújula.

andar. **1.** Verbo irregular. (Véase cuadro.) Son populares o regionales las formas *andé, andaste, andó..., andara o andase...* (por *anduve, anduviste, anduvo..., anduviera o anduviese).* Esas formas regulares están atestiguadas en la Edad Media desde el siglo XII, al lado de las irregulares, más frecuentes, que han prevalecido, de manera que, modernamente, aquellas siempre se rechazan en el uso normal. A pesar de ello, se oyen con frecuencia en la radio, no son raras en los periódicos y a veces incluso saltan a la literatura. El uso es más abundante en las áreas gallega y catalana. Alas *(Obras,* 1103) censuraba un *andó* de Emilia Pardo Bazán. He aquí algunos ejemplos modernos: *«El vagabundo, otra vez solo, como siempre andara»* (Cela, *Miño,* 235); *«Con un leve balanceo de la cabeza, .. como si andara graciosamente desnucado»* (Marsé, *Tardes,* 107); *«Por nuestros caminos andaron múltiples civilizaciones»* (M.ª Aurelia Capmany, *Diario 16,* 9.4.1981, 3). Hay que advertir que no siempre la responsabilidad de la forma indebida corresponde al firmante del escrito. Véase el testimonio de un traductor (A. Pa-

---

CONJUGACIÓN DEL VERBO «ANDAR»

(tiempos irregulares)

INDICATIVO

Pret. indef. anduve, anduviste, anduvo, anduvimos, aduvisteis, aduvieron.

SUBJUNTIVO

Pret. impf. anduviera o anduviese, anduvieras o -ses, anduviera o -se, anduviéramos o -semos, anduvierais o -seis, anduvieran o -sen.

Fut. impf. anduviere, anduvieres, anduviere, anduviéremos, anduviereis, anduvieren.

---

reja, *Independiente,* 16.8.1990, 11): «En una novela que traduje hace unos meses utilicé la palabra 'anduviese'. Pues bien, al corrector de la editorial en cuestión .. no le debió de gustar la palabra, y me la cambió por la más sonora y expresiva de 'andara' (!). Y así se ha publicado la novela. Con mi nombre como autor del desaguisado».

2. Construcción: *andar* EN *los trámites; andar* EN *mis papeles* ('tocarlos, moverlos'); *andar* CON *cierta gente* ('mezclarse con ella').

3. *Andar* + gerundio es una locución verbal que expresa movimiento (real o figurado) sin dirección fija: *Anda diciendo la buenaventura; Ando escribiendo un libro.*

Andes. Aunque propiamente el nombre de esta cordillera no tiene singular, en la poesía y en la prosa poética se usa *el Ande:* «*¡Oh, raza antigua y misteriosa, /.. / eres augusta como el Ande, / el Grande Océano y el sol!*» (Chocano, *Poesías,* 60); «*Crecen en sus versos las flores enfermas del Ande y se oye el rumor de sus valles desolados*» (Scorza, *Acto,* 16).

-ando → -NDO.

-andria. Forma sufija del griego *anér,* 'varón': *poliandria.*

andro-. Forma prefija del griego *anér,* 'varón': *androceo, androfobia.*

-andro. Forma sufija de adjetivo del griego *anér,* 'varón': *monandro.*

Androcles. Nombre del personaje legendario al que un león perdonó la vida. Es palabra llana (Fernández Galiano): /andrókles/, no /ándrokles/.

anea. 'Planta cuyas hojas se emplean para hacer, entre otras cosas, asientos de sillas'. También es válido el nombre *enea,* aunque no es el preferido.

anejar, anejo → ANEXO.

anemo-. Forma prefija del griego *ánemos,* 'viento': *anemómetro.*

anémona. 'Cierta planta y su flor'. Son válidas las formas *anémona, anemona* y *anemone,* pero la primera es la preferida en el uso común.

-áneo. Sufijo de adjetivos que expresa pertenencia: *coetáneo, instantáneo.* Los nombres abstractos correspondientes a estos adjetivos en *-áneo* tienen la terminación *-aneidad,* no *-anidad:* → -DAD.

anerobio, aneroide → ANAEROBIO.

anestesiar. Se conjuga, en cuanto al acento, como *cambiar* [1 a].

anexar. 1. La Academia define *anexar,* verbo transitivo, como «unir o agregar una cosa a otra con dependencia de ella». Recoge también el verbo *anexionar* como sinónimo de *anexar,* pero advirtiendo que se usa principalmente «hablando de la incorporación de un territorio a otro». En realidad, en todos los sentidos es hoy más frecuente *anexionar.* Pero *anexar* tiene uno particular, no muy corriente: 'enviar (algo) anexo'.

2. Sobre *anexar* y *anejar,* → ANEXO.

anexionamiento. La acción de anexionar se llama *anexión;* por tanto no debe usarse una palabra tan larga e innecesaria.

anexo. La Academia da como totalmente equivalentes *anejo* y *anexo* cuando son adjetivos. En cambio, cuando son nombres distribuye sus sentidos de la siguiente manera: *anejo*, 'iglesia sujeta a otra' y 'grupo de población rural incorporado a otro u otros'; *anexo*, en plural, 'órganos y tejidos que rodean el útero'. Con el sentido de 'persona o cosa unida o agregada a otra', son indistintas las formas *anejo* y *anexo*. En cuanto a los verbos *anejar* y *anexar,* son equivalentes en todos sus sentidos.

anfi-.   Prefijo de origen griego que significa 'alrededor de': *anfiteatro;* 'a ambos lados': *anfipróstilo;* 'doble': *anfibio.*

Anfitrite.   Nombre de la diosa griega del mar. Es palabra llana, /anfitríte/; no esdrújula, /anfítrite/.

Ángela.   Sobre el uso de artículo ante este nombre de mujer, → EL, 2.

anglo-.   Forma prefija del latín *Angli,* 'anglos', pueblo germánico que se estableció en Inglaterra en la alta Edad Media. Se usa generalmente con el sentido de 'inglés': *anglohablante.*

-ango.   Sufijo de sustantivos, con sentido despectivo a veces: *caballerango, bullanga.*

Angola.   El adjetivo correspondiente a *Angola* es *angoleño.*

Angora.   Este nombre solo se usa hoy en el sintagma *gato de Angora.* Para designar la capital de Turquía se dice siempre *Ankara* (→ ANKARA).

angustiar.   Se conjuga, en cuanto al acento, como *cambiar* [1 a].

anhelo.   Construcción: *el anhelo* DE *vivir* (no A *vivir).*

anhídrido.   La pronunciación de este nombre es esdrújula, /aní́drido/, no grave, /anidrído/, como se oye con frecuencia.

animar.   Construcción: *animar a uno* A *presentarse; animarse uno* A *hacerlo.*

ánimo → FUERZA.

aniso-.   Forma prefija de *ánisos,* 'desigual': *anisómero, anisótropo.*

Ankara.   El nombre de la capital de Turquía —que en español clásico fue *Angora*— se pronuncia en nuestro idioma con acentuación grave, /ankára/.

Annam → ANAM.

-ano.   **1.**   Sufijo que se une a sustantivos, adjetivos o adverbios para formar: *a)* adjetivos de origen o pertenencia: *alcoyano, aldeano, lejano, luterano, copernicano; b)* sustantivos que expresan pertenencia: *escribano, solana.* A veces toma las formas *-iano (isidoriano)* o *-tano (ansotano).*
2.   En los derivados de nombres de persona lo habitual es la forma *-iano:* de Herrera, *herreriano;* de Machado, *machadiano;* de Claret, *claretiano;* de Galdós, *galdosiano;* de Calderón, *calderoniano;* de Guillén, *guilleniano;* de Rubén, *rubeniano.* También en nombres extranjeros: de Wagner, *wagneriano;* de Nietzsche, *nietzschiano;* de Verlaine, *verlainiano;* de Shakespeare, *shakespeariano;* de Saussure, *saussuriano;* de Sartre, *sartriano.* Los derivados de nombres en *-e,* tanto españoles como de otras lenguas —como se ve en los ejemplos anteriores—, no conservan la *-e* (de la misma manera que los en *-o* tampoco conservan su *-o*), pese a que algunos escriban *nietzscheano, verlaineano, saussureano.*

anoche → AYER, 2.

anochecer.   Verbo irregular. Se conjuga como *agradecer* [11]. En su sentido propio ('hacerse de noche') es unipersonal (solo se conjuga en 3.ª persona de singular). En el sentido de 'estar (en un lugar o condición determinados) al llegar la noche', tiene conjugación completa: *Anochecimos en Talavera.*

anofeles.   Adjetivo y nombre masculino '(mosquito) transmisor de las fiebres palúdicas'. Aunque etimológicamente debe ser *anófeles* (esdrújulo), la Academia y el uso general solo reconocen la acentuación grave, /anoféles/. No falta, sin embargo, la forma esdrújula: *«Las quebradas donde es monarca y señorea el anófeles palúdico»* (Vargas Llosa, *Pantaleón,* 253). En otras lenguas la vocal tónica es /o/: catalán *anòfel,* italiano *anòfele.*

anomo-, anom-.   Formas prefijas del griego *ánomos,* 'irregular': *anomocarpo.*

anorak.   Nombre masculino, 'prenda de vestir deportiva, impermeable y con capucha'. Se pronuncia /anorák/. Su plural es *anoraks.*

anotador.   En cine, 'ayudante del director, que se encarga de anotar durante el rodaje to-

dos los pormenores de cada escena'. Su femenino es *anotadora*. Esta palabra es la propuesta por la Academia, aunque poco usada
aún, para traducir el inglés *script* (o, tratándose de mujer, *script-girl*).

anquilosar. 'Disminuir o imposibilitar el
movimiento (en una articulación)'. Debe evitarse la forma errónea *enquilosar.*

ansiar. Se conjuga, en cuanto al acento,
como *desviar* [1 c].

ansioso. Construcción: *ansioso* DEL *triunfo; ansioso* POR *la comida; ansioso* DE o POR
comer.

antagonismo → AVERSIÓN.

Ántares. Nombre de una estrella. La Academia, en el *Diccionario* de 1984 (último en
que lo registró), lo da como palabra llana,
pero es preferible la acentuación esdrújula
(F. Galiano).

ante. 1. Preposición que expresa situación delante: *Compareció ante el juez; Ante
mí pasó.* Puede ir con verbos de reposo o de
movimiento.
 En sentido figurado significa antelación o
preferencia: *ante todo, ante todas las cosas;*
o 'respecto de': *No puede opinar ante este
asunto.*
 2. Algunos censuran como galicismo el
uso de *ante* con el significado de 'en presencia de', delante de nombres de cosa: «*Ante
los atropellos de semejantes gobiernos, sería
funesto y antipatriótico guardar silencio*».
Pero no hay verdadero motivo para censurar
este uso.

ante-, ant-. Prefijo que denota anterioridad
en el tiempo o en el espacio: *anteayer, ante-
cámara, antaño.*

-ante → -NTE.

antecocina. 'Pieza o habitación aneja a la
cocina, en la que se dispone todo lo relativo
al servicio de la mesa'. Está muy extendido,
para designar esta pieza, el nombre francés
office (que en su idioma es femenino y que
los españoles usan como masculino). La pronunciación de esta palabra es /ofís/, pero es
más usual, por creer que es inglés, decir
/ófís/. Hay quienes usan la palabra *oficio*
(«*Vendo magnífico chalet .. Comedor, salón,
biblioteca, vestíbulo, sauna, cocina, oficio*»,
Abc, 1.12.1984, 26), que no carece de ante-

cedentes en este sentido dentro de nuestro
idioma; pero el nombre que parece más recomendable hoy es *antecocina.*

ANTECOPRETÉRITO → PRETÉRITO
PLUSCUAMPERFECTO.

Antecristo → ANTICRISTO.

antedecir. Verbo irregular. Se conjuga
como *decir* [42]. Se usa generalmente solo el
participio, *antedicho.*

antediluviano. 'Anterior al Diluvio'. Se
usa frecuentemente con intención hiperbó-
lica: 'antiquísimo'. Es posible que haya influido el propio adjetivo *antiquísimo* en la
creación de *antidiluviano* (que ya aparece en
el siglo XVIII [cf. *Dicc. histórico*], y que en
realidad significaría 'contrario al Diluvio'):
«*monstruo antidiluviano*» (Baroja, *Aventuras Paradox*, 17).

ANTEFUTURO → FUTURO, 3.

-antemo. Forma sufija de adjetivos del
griego *ánthemon*, 'flor': *poliantemo.*

Antenor. La pronunciación etimológica es
llana: *Anténor.* Pero es aconsejable seguir la
acentuación aguda, *Antenor*, que es la más
generalizada.

anteponer. 1. Se conjuga como *poner*
[21].
 2. Construcción: *anteponer la obligación* AL *gusto.*

ANTEPOSPRETÉRITO → POTENCIAL.

ANTEPRESENTE → PRETÉRITO PERFECTO.

ANTEPRETÉRITO → PRETÉRITO ANTE-
RIOR.

anterior. 1. Adjetivo comparativo que
carece de forma positiva. Significa 'que está
delante' o 'que está antes' con relación a
otro. Su opuesto es *posterior.* El nombre de
comparativo que se le aplica no es del todo
adecuado, ya que su funcionamiento sintáctico no es el propio de los comparativos; en
efecto, su complemento va precedido de la
preposición *a*: *anterior al año 20.*
 Con frecuencia no lleva explícito el complemento: *fachada anterior; músculo tibial
anterior.*
 2. Este adjetivo, como el adverbio *antes*
(→ ANTES, 6) puede ir precedido de cuantitativos como *muy* (no *mucho*), *bastante,
poco*; pero no de *más*, como se lee en este

texto: «*Su primer editor .. indicó otra [fecha] mucho más anterior*» (Martínez Loza, trad. Smith, *Poema Cid*, 54). Debe ser, simplemente, *muy anterior.*

anteriormente. Adverbio, 'antes'. La locución prepositiva *anteriormente a*, usada con frecuencia por los periodistas, puede sustituirse con ventaja por *antes de*. En este ejemplo: «*Anteriormente a que la productora 'Frontera Films' lo alquilara para su película, el barco fue empleado en tareas de pesca*» (J. L. Vicuña, *Correo Español*, 8.8.1983, 8), pudo muy bien decirse *antes de que la productora...*

antero-. Forma prefija de *anterior: anteroposterior;* o del griego *antherós*, 'florido': *anterógeno.*

antes. 1. Adverbio de tiempo, de lugar o de orden, que denota prioridad. Unido a la preposición *de* forma la locución prepositiva *antes de*, y unido a la conjunción *que* (precedida o no de la misma preposición), las locuciones conjuntivas *antes que* y *antes de que* (→ 2 y 3).

Con frecuencia sigue a un sustantivo que designa una división de tiempo: *años antes; una hora antes;* «*menos alborotado que el día antes*» (Valera, *Juanita*, 241). Usar en este caso la forma *de antes* es un vulgarismo que debe evitarse: *Había venido el día de antes.*

2. *Antes de.* Locución prepositiva que denota anterioridad o prioridad en el tiempo: *He venido antes de las nueve.* No puede sustituirse por *antes a:* «*Unos años antes a la publicación del libro*» (Cunqueiro, *Sábado*, 27.8.1977, 31); «*La documentación estará a disposición de los señores socios siete días antes a la celebración de dicha Junta*» (Circular del Ateneo de Madrid, 25.11.1983). El complemento introducido por *antes de* es con frecuencia un infinitivo: *Antes de entrar, dejen salir;* puede ser también una proposición iniciada con *que*, y en este caso se forma la locución conjuntiva *antes de que*. (→ 3.)

Cuando denota prioridad en el espacio, es con una perspectiva temporal o dinámica, a diferencia de *delante de*, que denota la misma relación, pero con una perspectiva puramente espacial o estática: *La tienda de muebles está antes del cruce con la avenida* (esto es: se llega *antes* a la tienda de muebles).

3. Con la conjunción *que* (precedida o

no de la misma preposición *de*), forma las locuciones conjuntivas *antes que* y *antes de que: Antes que te cases, mira lo que haces; Antes de que vinieran, lo había escondido.* Las dos son igualmente válidas, si bien la segunda ha sido censurada en otro tiempo por los gramáticos. Hay que advertir que, en construcciones que expresan preferencia, solo *antes que* es posible: *Antes que consentir semejante cosa, me marcho.*

4. *Antes no*, en lugar de *antes que* o *antes de que*, es catalanismo: «*Antes el amor no hable, ¡qué hervor de vida en todas las ramas del sentido!*» ('antes de que el amor hable'; Maragall, *Elogios*, 43); «*Antes no lleguen ustedes a Oviedo tendrán que aguantar más de un chubasco*» (García Ortiz, trad. Borrow, *Biblia*, 353).

5. *Antes de ayer* y *antes de anoche*, pronunciados /antesdeayér/ y /antesdeanóche/ (pero que no deben escribirse *antesdeayer, antesdeanoche*), equivalen a *anteayer* y *anteanoche*, respectivamente. Aunque son todos igualmente válidos, es más recomendable la última pareja, por su brevedad.

6. Como adverbio, *antes* puede ir precedido de los cuantitativos *mucho, bastante, algo, poco;* pero no de *más*, pues el valor de este adverbio está ya incluido en el significado de *antes* ('más temprano, más pronto'). *Más antes* es redundancia del habla popular de algunas regiones.

anti-. Prefijo que significa 'en lugar de' o 'contra': *Anticristo, antialcohólico, antisecuestro.*

anticipar. Construcción: *anticipar una cosa* A *otra; anticiparse* AL *enemigo.*

anticonceptivo. '(Procedimiento) destinado a evitar el embarazo'. Se prefiere el uso de esta palabra al de *anticoncepcional* y sobre todo al de *contraceptivo*. Igualmente, *anticoncepción* es preferible a *contracepción.*

Anticristo. Aunque está admitida la forma *Antecristo* de este nombre, es anticuada; la normal es *Anticristo*. En realidad, *Antecristo* no es una deformación disparatada. Empezó a usarse en el latín medieval, y su creación con el prefijo *ante-* se explica por el mismo significado de anterioridad que lleva el concepto del Anticristo: 'ser maligno que *antecederá* a la segunda venida de Cristo'. En castellano, según el *Dicc. histórico*, ya se documenta en 1200 (mientras que *Anticristo* no se registra hasta finales del siglo XV), y ha tenido a lo largo de los siglos un uso bastante nutrido, alternando con *Anticristo*. Escritores como Lope de Vega, Quevedo y Feijoo utilizaron indistintamente las dos formas. Hoy solo se considera aceptable la forma *Anti-*, coincidente con la griega y latina primitiva.

anticuar. Se conjuga, en cuanto al acento, como *averiguar* [1 b]: *se anticua*. Sin embargo, es frecuente la conjugación como *actuar* [1 d]: *se anticúa*.

antidiluviano → ANTEDILUVIANO.

antidoping → DOPAR.

antifebrífugo. *Febrífugo* es el medicamento destinado a reducir la fiebre (hoy es más corriente *antipirético); no debe decirse antifebrífugo*, pues con el prefijo *anti-* significará lo contrario. No obstante, parece haber tenido cierta vigencia, explicable seguramente por cruce de *antifebril* con *febrífugo*: *«Una ligera medicación antifebrífuga»* (Galdós, *Torquemada*, II, 193); *«Las hojas y la corteza [del amargoso] son de sabor muy amargo y sirven en la preparación de una bebida antifebrífuga»* (Pittier, *Plantas*, 110); *«No está absolutamente probado que la quina fuera ya usada con carácter general como antifebrífugo»* (Ballesteros, *América precolombina*, 507). La confusión es comparable a la de los *remedios antivermífugos* que criticaba Cuervo *(Apuntaciones, § 699)*, producto probable de un cruce entre *antivermínoso* y *vermífugo*.

antiguo. Su superlativo es *antiquísimo*. En nivel coloquial es frecuente *antigüísimo: «Ya nadie se acuerda de por qué eran santos, dijo la vecina, de tan antigüísimos como eran»* (Antolín, *Gata*, 45).

antinomia. 'Contradicción'. No es normal la acentuación /antinomía/, que a veces se oye por la radio.

Antínoo. Nombre de un favorito del emperador Adriano. La pronunciación correcta es *Antínoo*, con acento en la *i*, no *Antinoo* /antinó/. También puede decirse *Antino*. Sin embargo, según Fernández Galiano, la forma más acertada, por etimológica, sería *Ántino*.

Antíoco. Nombre de varios reyes seléucidas. La mejor pronunciación y grafía es *Antíoco*. Fernández Galiano admite como igualmente correcta la forma *Antioco*, /antióko/.

Antioquía. Hay una *Antioquía*, con acento en la *i*, en Asia Menor, y una *Antioquia*, con acento fonético en la *o*, en Colombia. El adjetivo correspondiente a la *Antioquía* asiática es *antioqueno;* el de la *Antioquia* americana, *antioqueño*.

antípoda. Adjetivo, 'que habita en un lugar de la Tierra diametralmente opuesto (al de la persona en cuestión)'; en sentido figurado, 'que se contrapone totalmente (a la persona o cosa en cuestión)'. Se usa frecuentemente como nombre masculino: *No sé quiénes son nuestros antípodas*. También como nombre, generalmente en plural, significa 'lugar de la Tierra diametralmente opuesto (al lugar en cuestión)' o, figuradamente, 'posición o actitud radicalmente opuesta (a la de la persona en cuestión)'. En estos dos últimos sentidos, el género es también masculino: *«¡Qué Sol, que allá en los antípodas / escuros valles aclara!»* (Cervantes, *Gitanilla*, 31); *«Vida sutil, que .. / .. se desliza, al mismo tiempo / aquí y en los antípodas»* (Salinas, *Todo*, 39). Sin embargo, también aparece con frecuencia el uso femenino: *Vivo en las antípodas; «Bally se sitúa en las antípodas de otro lingüista no menos eminente»* (F. Lázaro, *Bol. March*, 4.1982, 36). Este uso femenino, cuyo primer testimonio, según el *Dicc. histórico*, se remonta a 1865, lo tengo registrado en numerosos escritores de renombre, entre ellos Galdós, José María Pemán, Julián Marías, Víctor García de la Concha, Luis Goytisolo, Juan García Hortelano, José Antonio Millán, Almudena Grandes. La terminación *-a* y la posible analogía con *la Antártida o la Atlántida* explicarían este paso al femenino, tan bien apadrinado que sin duda merece plena aceptación.

Antístenes. Nombre de un filósofo griego. La pronunciación es esdrújula: /antístenes/; no grave, /antisténes/.

antítesis. Su plural es *antítesis*, sin variación alguna.

antivermífugo → ANTIFEBRÍFUGO.

antojarse. Verbo reflexivo unipersonal. Solo se usa con alguno de los pronombres *me, te, le, nos, os, les: se me antoja, se te antojaba, se les antojó*, etc.

antra-, antrac-, antraco-. Formas prefijas del griego *ánthrax*, 'carbón': *antracosis*.

ántrax. Es masculino; en plural es invariable: *ántrax*.

antropo-. Forma prefija del griego *ánthropos*, 'hombre': *antropófago*.

-ántropo. Forma sufija del griego *ánthropos*, 'hombre': *pitecántropo*.

antropofagia. 'Condición de antropófago'. La Academia ya no admite como correcta la forma *antropofagía*, que era la única que figuraba en su *Diccionario* hasta 1947.

Antwerp, Antwerpen → AMBERES.

anunciar. Se conjuga, en cuanto al acento, como *cambiar* [1 a].

Anvers → AMBERES.

-anza. Sufijo de sustantivos derivados de verbos. Expresa acción y efecto: *confianza, enseñanza;* o persona o cosa mediante la cual se realiza la acción: *ordenanza, libranza.*

añadir. Construcción: *añadir algo* A *lo expuesto.*

añicos. 'Fragmentos de algo que se ha roto'. No tiene singular.

añil. Usado como adjetivo, no solo es invariable en cuanto al género, sino también, normálmente, en cuanto al número: *un cielo añil; los cielos añil.* → COLORES.

-año. Sufijo de nombres o adjetivos, sin significación precisa: *a)* derivados de nombres: *paredaño, ermitaño, espadaña; b)* derivados de verbos: *travesaño, abrigaño.*

AÑOS. Hay varias maneras posibles de nombrar un decenio: 1.ª, la más obvia: *el decenio 1930-40;* 2.ª, la más corriente hoy: *los años treinta; «En los años veinte se experimentó un fracaso estrepitoso del constitucionalismo, y en los años treinta los regímenes totalitarios tuvieron un estallido cruento»* (R. Calvo Serer, *Abc,* 18.11.1962); 3.ª, *la década de los treinta,* también muy usada hoy, más larga y más afectada que la anterior; 4.ª, *los treintas;* esta última, la menos usada, es de origen inglés; 5.ª, *los años treintas:* combinación de las formas 2.ª y 4.ª: *«Empieza a surgir en España, hacia los años veintes, un pensamiento católico liberal y actual»* (Aranguren, *Juventud,* 82). Al igual que la precedente, tiene poco uso.

Cuando se quiere situar vagamente un año en un determinado decenio, suele decirse *el año treinta y tantos* o *el año treinta y pico* (→ PICO).

Los períodos de diez años se llaman *década* y *decenio;* pero no son nombres enteramente sinónimos: → DÉCADA.

apacentar. Verbo irregular. Se conjuga como *cerrar* [6].

apaciguar. Se conjuga, en cuanto al acento, como *averiguar* [1 b].

aparcamiento. 'Espacio acotado para aparcar automóviles'; también, 'acción de aparcar'. No hay necesidad de usar el término inglés *parking,* como hacen algunos para el primero de los sentidos expuestos. Existe también en español *aparcadero,* menos usado que *aparcamiento.* En América lo más empleado es *parqueadero,* que corresponde al verbo *parquear,* equivalente allí del *aparcar* de España.

aparecer. Verbo irregular. Se conjuga como *agradecer* [11].

aparejar. Construcción: *aparejarse* PARA *el trabajo.*

aparellaje → EQUIPO, 1.

aparente. Este adjetivo significa, fundamentalmente, 'que parece y no es': *Su enfermedad es solo aparente.* El uso por *evidente* o *notorio* es anglicismo que debe evitarse: *«La validez de este principio es aparente tanto con respecto a los poderes psíquicos como a los poderes físicos»* (Morck-Fuente, trad. Fromm, *Ética,* 219). Lo mismo hay que decir respecto al empleo de *aparentemente* por *evidentemente.*

apartado → ITEM.

apartamento. 'Vivienda, especialmente la de reducidas dimensiones, dentro de una casa de pisos': *«Matrimonio precisa piso pequeño o apartamento confortable debidamente amueblados»* (Abc, 9.8.1962, 41); *«El 'apartamento' —así dice la gente fina para justificar la pequeñez de un piso— se componía de la alcoba monda y la cocina lironda»* (Laiglesia, *Tontos,* 10). En España es *apartamento* el único nombre normalmente utilizado, frente a *apartamiento* y *departamento,* que se dan en algunos países americanos.

apartar. Construcción: *apartar* DE *sí; apartar* A *un lado; apartar el mueble* DE *la puerta; apartarse* DE *la gente.*

aparte. 1. Además de adverbio *(Pon este libro aparte),* esta palabra puede ser adjetivo invariable *(Tú eres un caso aparte; De esta obra se ha hecho una tirada aparte).* **2.** Como adverbio, puede usarse pospuesto a un nombre, formando una construcción adverbial con el valor de 'dejando aparte lo designado por el sustantivo': *Bromas aparte; Modestia aparte; «Doña Celia, negocio aparte, es una mujer que coge cariño a las gentes»* (Cela, *Colmena,* 190). **3.** El adjetivo aparece rara vez sustantivado. Menéndez Pidal lo usa como nombre masculino como 'tirada aparte' o 'separata': *«Página 14 del aparte» (España,* 138). Pero la sustantivación del adverbio es normal: 'reflexión dicha por un personaje teatral suponiendo que no le oyen los otros' y 'conversación entre dos al margen de una reunión' *(Hicieron un aparte para comentar la situación).* **4.** Puede ser también preposición, significando 'con omisión o preterición de': *Aparte lo dicho;* pero es más frecuente usar la locución prepositiva *aparte de: Aparte de lo dicho; «—Yo le aseguro que tiene usted grandes condiciones .. —Aparte de las condiciones, es que lo considero tiempo perdido»* (Pérez de Ayala, *Troteras,* 138). **5.** En los usos mencionados nunca debe escribirse *a parte,* en dos palabras. Naturalmente, sí son dos palabras cuando se trata de la preposición *a* y el nombre *parte: Solo dejaron pasar a parte de los socios.*

apartheid. 'Segregación racial'. Es palabra afrikaans, y su pronunciación correcta es /apártheit/, con [h] aspirada, aunque la usual en España es /apartjéid/. Su género es masculino.

apasionar. Construcción: *apasionarse* POR *una persona* o POR *una cosa.*

apear. Construcción: *apearse* DEL *autobús.*

apechugar. Construcción: *apechugar* CON *todo.*

apegarse. Construcción: *apegarse* A *alguna cosa.*

apelar. Construcción: *apelar* A *otro medio; apelar* CONTRA (o DE) *la sentencia.*

APELLIDOS. *Plural de los apellidos.* Para formar el plural de los apellidos se aplican las mismas reglas que rigen para los nombres comunes, si tales apellidos están usados en un sentido genérico: *el siglo de los Cervantes, de los Quevedos, de los Gracianes.* Se exceptúan los apellidos terminados en *-az, -anz, -ez, -enz, -iz, -inz,* que son siempre invariables: *los Velázquez, los Istúriz, los Díaz, los Herranz.* Pero si con el apellido en plural se trata, como es lo más corriente, de designar a una familia, el uso vacila entre la forma común del plural, que es la más tradicional —*los Borbones, los Pinzones, los Monteros*— y la forma invariable, censurada por los puristas, pero muy extendida hoy: *los Madrazo, los Quintero, los Argensola.* «Creo —dice Fernández Ramírez, § 96, n.— que en el habla familiar suele ser más frecuente el uso de los plurales. Pero la lengua literaria tiende desde época reciente a suprimirlos.» Cuando el apellido va precedido de la palabra *hermanos,* es desde luego invariable: *los hermanos Bécquer, las hermanas Fleta.* Igual ocurre cuando el apellido es compuesto: nadie diría, por ejemplo, *las Pardos Bazanes.*

apenas. 1. Adverbio de negación, 'casi no': *Apenas hay quien se atreva.* **2.** Adverbio de cantidad, 'tan solo': *Apenas tengo dos o tres pesetas.* **3.** Adverbio de tiempo, 'inmediatamente antes', que se usa en correlación con la conjunción *cuando: Apenas había llegado, cuando ya estaba deseando volverse.* **4.** Conjunción, 'tan pronto como': *Apenas llegó, cogió el teléfono; «Apenas retrocede a Alaska y toma contacto con la civilización, cae enfermo»* (Ortega, *Viajes,* 100). **5.** *Apenas si* se usa mucho, especialmente en la lengua literaria, con los valores 1 y 2: *«Apenas si quedan un par de días»* (Pemán, *Abc,* 1.1.1959, 3); *«Una pequeña época de murria, en la que apenas si hablaba»* (Cela, *Retablo,* 16).

apéndice. El género de este nombre es masculino: *el apéndice, los apéndices.* Es popular el usarlo como femenino.

apendicitis. 'Inflamación del apéndice vermicular'. No es masculino *(«ningún apendicitis inoportuno», Informaciones,* 9.5.1983, 15), sino femenino, *la apendicitis.*

apercibir. Construcción: *apercibirse* DE *su presencia* ('darse cuenta'); *apercibirse* CONTRA *posibles ataques* ('prepararse').

apertura → ABERTURA.

aperturar → ABRIR, 3.

apetecer. 1. Verbo irregular. Se conjuga como *agradecer* [11].

2. El uso transitivo de este verbo, 'tener deseo (de algo)', es hoy raro y solamente literario: *Tenían todo cuanto apetecían.* El usual es el intransitivo, con el sentido de 'suscitar la gana o el deseo': *No me apetece el queso; Les apetecía quedarse en casa.* Como en este caso el sujeto es la palabra o sintagma que designa 'aquello que suscita la gana o el deseo', el verbo irá en singular o plural, de acuerdo con ese sujeto: *Me apetecen las cerezas* (no «Me *apetece* las cerezas»).

apetecible. Construcción: *apetecible* AL *gusto.*

apiadarse. Construcción: *apiadarse* DE *los pobres.*

aplicabilidad. 'Condición de aplicable', 'posibilidad de ser aplicado'. Este es el nombre que corresponde al adjetivo *aplicable;* no *aplicatividad* (que sería de *aplicativo): «Plan de marketing. Su elaboración y aplicatividad práctica» (Vanguardia,* 1.7.1973, 12).

aplicar. Construcción: *aplicar una cerilla* A *la leña; aplicarse* EN *el estudio.*

aplicatividad → APLICABILIDAD.

apneo-, apne-. Formas prefijas del griego *ápnoia,* 'asfixia': *apneología.*

apo-. Prefijo griego que significa 'lejos de', 'separado de': *aponeurosis.*

Apocalipsis. Como título de un libro del Nuevo Testamento, y también como nombre común con el sentido de 'fin del mundo' (con frecuencia usado hiperbólicamente), el género de esta palabra es masculino *(el Apocalipsis),* a pesar de que, fuera del valor de 'libro', abundan los ejemplos literarios de uso como femenino: *«La evitación de la Apocalipsis atómica»* (J. M. Pemán, *Gaceta,* 21.7.1962, 25); *«Es el final, el fin. La apocalipsis»* (Otero, *Ángel,* 134); *«La Apocalipsis o Revelación de la compleja y en puridad incalculable personalidad de Jota Be»* (Torrente, *Saga,* 200); *«Una apocalipsis revolucionaria»* (Aranguren, *Marxismo,* 26).

apócope. 'Supresión de algún sonido al final de una palabra'. El género de este nombre es femenino, *la apócope,* a pesar de que algunos —incluso profesores— digan *el apócope: «Telmo Zarraonandía, famoso a escala mundial por el apócope de su apellido»* (Vizcaíno, *Posguerra,* 218); *«Aquí se nos ofrece un apócope metafórico del devenir de la religión»* (F. Savater, *País,* 20.9.1985, 60).

apoderado → MANAGER.

apoderar. Construcción: *apoderar* A *alguien* ('darle poder para representarle a uno'); *apoderarse* DE *una cosa* ('adueñarse de ella').

apófisis. 'Parte saliente de un hueso'. Es nombre femenino: *la apófisis.* Su plural es *apófisis,* sin variación alguna.

apologista. 'Persona que hace apología o defensa verbal de algo o de alguien'. Es nombre masculino y femenino que también puede usarse como adjetivo: *apologista del catolicismo, apologista del acusado, apologista de la violencia.* No es exactamente lo mismo que *apologeta,* que tiene un sentido más restringido: 'defensor de un credo religioso'.

APOSICIÓN. 1. Construcción que consiste en aclarar o determinar el sentido de un sustantivo por medio de otro sustantivo yuxtapuesto: *el profeta rey; Madrid, la capital.* En estos dos ejemplos, *profeta* y *rey, Madrid* y *capital* son sustantivos en aposición.

En un sentido más amplio, aposición es toda yuxtaposición de dos palabras, de una palabra y una frase o de dos frases, de idéntica categoría gramatical. Así, no solo hay una aposición de sustantivos —como en los ejemplos anteriores—, sino también de adverbios *(aquí cerca),* de adjetivos *(un color azul pálido),* de sustantivo y locución sustantiva *(Madrid, capital de España),* etc.

2. Hay dos clases de aposición: en la *explicativa,* el segundo miembro no añade nada al concepto que ya teníamos del objeto designado por el primer miembro *(Madrid, capital de España);* en la *especificativa,* el segundo miembro desempeña con relación al primero una función definidora, distinguiéndolo de otros objetos semejantes *(el profeta rey).*

3. *Aposición en cuanto al sentido.* Hay

otro género de aposición, constituida por un nombre precedido de un *de* expletivo, y que no debe confundirse con el complemento de posesión: *la provincia de Burgos; el teatro de Apolo; el año de 1550; el mes de marzo; el golfo de Lepanto; el Instituto de San Isidro.* Hay, sin embargo, evidente tendencia a suprimir la preposición en muchos de estos casos, uniformando estas construcciones con la aposición yuxtapuesta: *el año 1928; el Instituto Ramiro de Maeztu; el edificio España; el teatro Lope de Vega.* En Venezuela se dice *el Estado Falcón, el Estado Trujillo, el Distrito Urdaneta.* La supresión se extiende a casos en que el nombre propio es realmente un complemento de pertenencia: *«una fauna Ritz»* (Ortega, *Viajes,* 108); *«Entraron los nueve de la comitiva Paradox en el cuarto pequeño»* (Baroja, *Aventuras Paradox,* 135).

Esta corriente simplificadora va ganando terreno, en parte por influencia extranjera, en parte por el deseo de distinguir de la posesión (expresada normalmente por *de*) el mero título, y en parte también —en algunos casos— por influjo del habla popular, con su pronunciación muy relajada de la /d/ intervocálica, que da lugar frecuentemente a su caída. Esto ocurre especialmente en los nombres de calles y plazas: *calle Toledo, plaza Santa Cruz,* frente a las formas tradicionales y cultas *calle de Toledo, plaza de Santa Cruz* (→ CALLE).

4. La influencia extranjera (inglesa) es particularmente visible en las aposiciones invertidas: *Monumental Cinema, Real Madrid Club de Fútbol, «Pedis» Instituto, Conferencia Club, Real Automóvil Club.*

aposta. Adverbio, 'a propósito o intencionadamente'. El *Diccionario* de la Academia recoge también *a posta,* escrito en dos palabras, pero es grafía que ya no se acepta. Tampoco es normal *apostas* (o *a postas: «Ha sido a postas, con mala intención»,* Vázquez Montalbán, *Delantero,* 70).

apostar. 1. Existen dos verbos homónimos *apostar:* el primero significa 'hacer una apuesta'; el segundo, 'poner a alguien en un paraje' *(Apostó dos vigilantes en la entrada).* **2.** Conjugación: el primero es irregular (conjugación 4, como *acordar);* el segundo es regular. **3.** Construcción del primero: *Te apuesto veinte duros contra diez* A *que no viene.*

apostatar. Construcción: *apostatar* DE *su religión.*

apóstrofe. 1. Género: se puede usar como masculino o como femenino *(el* o *la apóstrofe),* pero se usa generalmente como masculino. **2.** Confusión con *apóstrofo:* → APÓSTROFO.

apóstrofo. Evítese la confusión entre *apóstrofo* y *apóstrofe. Apóstrofo* es el nombre de un signo ortográfico (') que no se usa en español actual, pero sí en otros idiomas, para indicar elisión de algún sonido (p. ej., francés *l'argent = l(e) argent). Apóstrofe* se usa frecuentemente con el sentido de 'dicterio', aunque tiene otro más clásico: 'interrupción del discurso para dirigir la palabra con vehemencia a una o varias personas o cosas personificadas'.

apotema. Término de geometría. Es sustantivo femenino: *la apotema.*

apoteósico. El adjetivo derivado de *apoteosis* es *apoteósico* o *apoteótico.* La primera forma es la preferida en el uso general, aunque ambas son igualmente válidas.

apoteosis. 'Divinización de un héroe' y 'culminación espectacular'. Es nombre femenino, *la apoteosis.* No debe usarse, por tanto, como masculino: *«La guerra en Europa conoció en 1940 el apoteosis de los ejércitos alemanes»* (Vizcaíno, *Posguerra,* 75); *«Los mismos plumeros de vistosos colores siguen adornando las anatomías de las 'esculturales chicas' en los inevitables apoteosis finales»* (R. Alpuente, *País,* 11.7.1976, 30).

apoteótico → APOTEÓSICO.

apoyar. 1. Construcción: *apoyar el codo* EN (o SOBRE) *la mesa; se apoyó* EN *la pared; se apoya* EN *argumentos sólidos.* **2.** *Apoyar,* 'respaldar': → ENDOSAR.

apreciar. Se conjuga, en cuanto al acento, como *cambiar* [1 a].

apremiar. Se conjuga, en cuanto al acento, como *cambiar* [1 a].

aprender. Construcción: *aprender un idioma; aprender* A *escribir; aprender algo* DE *alguien.* En algunas regiones de América se dice *aprender algo* A *alguien: «esos ojos de corsario que le aprendió al rubio Ce-*

peda» (Lynch); *«aprende a Lorenzo»* (Rómulo Gallegos). (Cf. Kany, 337.)

aprendiz. 1. El femenino de este nombre es *aprendiza.* **2.** Construcción: *aprendiz* DE *redentor* (no A *redentor*).

apresurar. Construcción: *apresurar el paso; apresurarse* A *salir; apresurarse* EN *la respuesta.*

apretar. 1. Verbo irregular. Se conjuga como *cerrar* [6]. En el habla popular suele conjugarse como regular; pocas veces pasa este uso a la lengua escrita, como en este ejemplo: *«Los calores .. este año apretan como nunca» (Ya,* 31.8.1962, 3). **2.** Construcción: *apretar* A *correr.*

aprobar. Verbo irregular. Se conjuga como *acordar* [4].

apropiado. Construcción: *apropiado* A *las circunstancias.*

apropiar. 1. Se conjuga, en cuanto al acento, como *cambiar* [1 a]. **2.** Construcción: *apropiar la voz* AL *gesto; apropiarse* DE *algo* o *apropiarse algo: «Era justo que se apropiase el dinero»* (Pérez de Ayala, *Troteras,* 133).

apropincuar. 1. Significa 'acercar'; por su semejanza con *apropiar,* se usa humorísticamente *apropincuarse* en el sentido de 'apropiarse (de algo)': *«Una especie de 'maître d'hotel' les trinchaba a los reyes los asados con un cuchillo de caza, y, como gentilhombre de boca que era, podía apropincuarse alguna tajada de cuando en cuando»* (Camba, *Lúculo,* 100). **2.** Se conjuga, en cuanto al acento, como *averiguar* [1 b].

apropósito. Como nombre masculino, 'breve pieza teatral de circunstancias', se escribe en una sola palabra: *Se representó un apropósito. A propósito,* locución adverbial, se escribe en dos palabras: *Hemos cambiado la fecha a propósito* (→ PROPÓSITO).

aprovechar. Construcción: *aprovechar la ocasión; aprovechar* EN *los estudios; aprovecharse* DE *la ocasión; aprovecharse* DE *otra persona. Aprovechar* (sin *se) de la ocasión* no es construcción española, sino francesa: *«Le expliqué quiénes eran y aproveché de su sorpresa para esquivarme»* (Goytisolo, *Fin,* 18).

aproximar. Construcción: *aproximar la silla* A *la pared; aproximarse* A *los cincuenta años.*

apto. Construcción: *apto* PARA *el puesto; apto* PARA *trabajar.*

apud. Preposición latina utilizada en el sentido de 'en la obra de'. Solo se emplea en citas bibliográficas y se escribe en cursiva: *«apud* Menéndez Pelayo». Se pronuncia átona.

apunte. *Apunte* es la traducción aproximada del inglés *sketch,* con que se suele designar un género dramático menor, escena cómica o historieta escenificada, que se presenta en teatro, cine, televisión o radio. *Apunte* tiene algún uso, pero por el momento está en desventaja con respecto a *sketch,* cuya pronunciación corriente es /eskéch/.

apuranieves. 'Aguzanieves, pájaro'. Su género es femenino.

aquarium → ACUARIO.

aquejar. Construcción: *aquejar una enfermedad* A *alguien* (complemento indirecto); *aquejar un dolor* A *una parte del cuerpo; estar aquejado* DE *gripe.*

aquel. 1. Adjetivo y pronombre demostrativo. Tiene en singular y plural formas masculinas y femeninas *(aquel, aquellos; aquella, aquellas);* como pronombre tiene, además, una forma «neutra», sin plural *(aquello).* **2.** Como adjetivo —igual que los otros demostrativos—, su posición normal es antepuesto al nombre: *aquel día;* pero puede ir pospuesto si precede al nombre el artículo *el (la,* etc.): *el día aquel, la niña aquella.* Esta última construcción comporta a veces un matiz despectivo. **3.** También como los otros demostrativos, el adjetivo *aquel* es siempre tónico: *aquel día,* /akél-día/ (no /akeldía/). **4.** La forma *aquel,* por *aquella,* ante nombre femenino que comienza por /a/ tónica *(aquel agua, aquel arma),* no se admite en el uso normal; se dice *aquella arma, aquella agua.* El uso de *aquel* por *aquella* se debe sin duda a analogía con la presencia de *el,* y no *la,* ante nombres femeninos que comienzan por /a/ tónica *(el aula,* etc.). No es nuevo este uso de *aquel:* Salvá *(Gramática,* 350) citaba ejemplos de Sigüenza *(«aquel* alma»), Iriarte («aquel agua») y Lista («aquel alma divina»).

5. Como pronombres, tradicionalmente se escriben con tilde las formas masculinas y femeninas: *Eligió aquélla; Que venga aquél.* Pero esta acentuación gráfica, que no tiene justificación fonética ni semántica en cuanto forma de diferenciación respecto al adjetivo, y sí estrictamente gramatical, es innecesaria y ha dejado de ser obligatoria. En cuanto a la forma «neutra» *(aquello),* en ningún caso se ha de escribir con tilde. Siempre que el pronombre *aquel* o *aquella* va, sin coma, como antecedente de un relativo, aunque no vaya inmediatamente unido a él, se escribe sin acento: *«Yo soy aquel que ayer no más decía»* (Darío, *Cantos,* 627); *aquellas de las que hablaban.*

6. No admite el español el uso —debido a anglicismo o galicismo— de *aquel (aquella,* etc.), sin idea de situación, seguido de un complemento sustantivo con la preposición *de,* si se ha enunciado ya el antecedente de dicho pronombre. En estos casos nuestro idioma emplea normalmente las palabras *el, la,* etc. Así, en este ejemplo: *«Los problemas de estos países son diferentes de* AQUELLOS *de Europa»* (cit. Alfaro), habría que haber dicho *diferentes de* LOS *de Europa.*

7. Diferencia de sentido entre *aquel, este* y *ese:* → ESTE, 6.

8. Aparte de su empleo como demostrativo, *aquel* se usa, en estilo familiar, como sustantivo masculino «para expresar una cualidad que no se quiere o no se acierta a decir; lleva siempre antepuesto el artículo *el* o *un* o algún adjetivo» (Academia, *Diccionario): Juan tiene mucho aquel.* Pero más exacto sería decir que es un nombre comodín, de amplísima comprensión, que solo se podría definir como 'cosa': *«Cada uno, por el aquel de no sufrir, se emborracha con lo que puede»* (Galdós, *Misericordia,* 55). En este uso se escribe siempre sin acento.

aquerenciarse. Se conjuga, en cuanto a acento, como *cambiar* [1 a].

aquí. 1. Adverbio de lugar, que significa 'en este lugar', 'en el lugar en que estoy', o bien 'a este lugar, al lugar en que estoy'; es decir, puede denotar reposo o movimiento: *Aquí vivo; Tenéis que venir aquí.* Puede ir precedido de diversas preposiciones que denotan o implican primariamente movimiento o aproximación: *de aquí, desde aquí, hacia aquí, hasta*

aquí, por aquí. De estas preposiciones se exceptúa *a:* no se dice *Ven a aquí,* sino *Ven aquí.* Al significar el lugar en que «yo» estoy, es obvio que no debe usarse *aquí* para el lugar en que «tú» estás, que corresponde a *ahí.* La confusión se da a menudo en el castellano hablado por catalanes. Un personaje de Vázquez Montalbán dice por teléfono: *«Oiga, ¿es aquí una agencia de detectives, un señor que se llama Carvalho?»* (*Pájaros,* 136); debió decir: *«¿es ahí...?».*

2. También como adverbio de lugar, pero en sentido figurado, significa 'en este punto' o 'a este punto': *¡El dinero!: aquí es donde está la verdadera dificultad.* Admite un complemento preposicional: *«Aquí llegaba del soliloquio, cuando entraron en la taberna tres muchachos»* (Galdós, *Miau,* 251).

3. Adverbio de tiempo, que significa 'ahora' o 'entonces': *Hasta aquí nos hemos mantenido con la renta; Aquí ya no pude más y le interrumpí.*

4. En el lenguaje popular se usa como pronombre demostrativo: *Aquí* ('este señor, esta señora') *tiene razón; Voy a explicárselo aquí* ('a este señor'); *«Ya me dijo aquí que iba a venir usted»* (Cela, *Alcarria,* 117); *«—Tú no me la pegas. —Aquí sabe mucho»* (Valle-Inclán, *Reina,* 188); *«Si sacan foto de aquí les rompo la máquina .. A mi dama no la retrata nadie más que yo»* (J. L. Castillo-Puche, *Ya,* 22.7.1962).

5. Con valor distributivo, se usa en correlación con otros adverbios de lugar, significando entonces un lugar indeterminado: *«Aquí sospira un pastor, allí se queja otro; acullá se oyen amorosas canciones, acá desesperadas endechas»* (Cervantes, *Quijote,* I, 124). Es uso exclusivamente literario.

6. Diferencia entre *aquí, ahí* y *allí.* Los adverbios de lugar *aquí, ahí* y *allí* forman una serie que se corresponde con la serie de los pronombres demostrativos *este, ese, aquel. Aquí* es 'el sitio donde estoy yo'; *ahí,* 'el sitio donde estás tú'; *allí,* 'el sitio que está lejos de ti y de mí'. (→ AHÍ, ALLÍ.)

7. Diferencia entre *aquí* y *acá: a)* Los dos adverbios designan el lugar donde «yo» estoy; pero el primero lo hace con más precisión que el segundo: *Ven aquí* significa 'ven a este mismo punto donde yo estoy, ven a mi lado'; *Ven acá* significa 'ven a esta parte, aproxímate'. En su valor temporal, *acá* se presenta como término de una ac-

ción iniciada en el pasado: *Del año 40 acá han cambiado las cosas;* mientras que *aquí* se usa como punto de partida de una acción futura: *De aquí a ocho días.* Pero *aquí* también puede significar, en general, 'ahora' o 'entonces' (→ 3).

b) Sintácticamente, *acá* se puede usar en construcción comparativa: *No está tan acá como creías; Ponlo más acá.* Estas construcciones son excepcionales con *aquí.*

Aquisgrán. La ciudad alemana de *Aachen* se llama en español *Aquisgrán,* nombre que debe usarse en lugar del alemán —o del francés *Aix-la-Chapelle*— al hablar en nuestro idioma. No está justificado el uso que vemos en los siguientes textos: *«El obispo de Aachen .. ha dirigido en castellano una carta pastoral a los trabajadores españoles»* (*Ya,* 21.2.1963, 27); *«Ha sido coronado rey de Roma y emperador electo, como sus predecesores, en Aix-la-Chapelle»* (Muñoz, trad. Lewis, *Carlos de Europa,* 100).

-ar. 1. Formante de infinitivo verbal. Todos los verbos que tienen este formante pertenecen a la primera conjugación, cuyo modelo es *cantar* [1].

2. Sufijo de adjetivos y sustantivos. Indica condición o pertenencia: *muscular, familiar;* o lugar en que abunda una cosa: *malvar, yesar.*

ara. En *aras de,* locución prepositiva, 'en beneficio de o en interés de': *Se suprimió la celebración en aras de la paz general.* No es normal la forma *en aras a,* que aparece a veces: *«La perversión y dispersión de una conducta en aras a la perfección de una obra»* (Benet, *Viaje,* 261).

Araba → ÁLAVA.

Arabia. *Arabia Saudí, Arabia Saudita:* → SAUDÍ.

-aracho → -ACHO.

-arada → -DA.

-arajo → -AJO.

-araz → AZ.

árbitro. No es palabra invariable en cuanto al género, como a veces aparece usada (p. ej., Pérez de Ayala, *Urbano,* 46: *«Ella sola, árbitro y responsable de las consecuencias»*). Su femenino es *árbitra.*

arborecer. Verbo irregular. Se conjuga como *agradecer* [11].

arbori-, arbor-. Formas prefijas del latín *arbor,* 'árbol': *arboricultura.*

-arca. Sufijo de sustantivos, del griego *árcho,* 'mandar': *jerarca, monarca.* Designa personas. Para adjetivos se usa el sufijo *-árquico,* y para sustantivos abstractos, *-arquía.*

árcades. Los habitantes de Arcadia se llaman *árcades;* es equivocada la pronunciación (y grafía) *arcades.*

arcaizar. Se conjuga igual que *enraizar* [1 f].

archi-. Prefijo griego que significa preeminencia: *archiduque.* Se utiliza en el lenguaje familiar con valor de 'muy': *archisuperior.* Puede tomar la forma *arci-: arcipreste;* o *arz-: arzobispo;* o *arce-: arcediano;* o *arqui-: arquitecto.*

archivolta → ARQUIVOLTA.

arci- → ARCHI-.

arder. Construcción: *arder DE cólera; arder EN deseos.*

-ardo. Sufijo de significación aumentativa o despectiva: *goliardo, moscarda.* Se combina con *-ón* en *moscardón.*

Areópago. Nombre de un famoso tribunal de la antigua Atenas. Evítese la forma equivocada *Aerópago,* influida por la forma prefija *aero-.* El adjetivo y nombre derivado es *areopagita* (no *aeropagita*).

Areúsa. El nombre de este personaje de *La Celestina,* que tradicionalmente es nombrado *Areusa,* pronunciado /aréusa/, debe leerse y escribirse *Areúsa,* según ha demostrado Lida (*Celestina,* 20).

Argelia. Conviene no confundir el nombre del país, *Argelia,* con el de su capital, *Argel.* El adjetivo derivado de los dos es, sin embargo, el mismo: *argelino.*

argiro-. Forma prefija del griego *árgyros,* 'plata': *argirocéfalo.*

argo-. Forma prefija del griego *argós,* 'brillante', 'blanco': *argófilo.*

Argólida. Región de Grecia. Es más exacta, aunque menos frecuente, la transcripción *Argólide.*

argot. Se pronuncia generalmente /argó/; su plural es *argots* /argós/.

argüir. Aunque es galicismo, debe admitirse su uso —que es ya general— en nuestro idioma, ya que no equivale exactamente a los términos que se dan como sinónimos suyos: *jerga, jerigonza, germanía.* Tiene dos sentidos: 'jerga de maleantes' y 'lenguaje especial entre personas de un mismo oficio'.

argüir. **1.** Verbo irregular. Se conjuga como *huir* [48]. **2.** Construcción: *argüir* DE *falso.*

argumentar. **1.** 'Exponer argumentos contra una opinión'. Construcción: *argumentar* CONTRA *la propuesta.* **2.** No debe confundirse con *alegar,* como ocurre en este ejemplo: *«Las razones que argumentan los socialistas españoles» (País,* 18.8.1979, 1).

aridecer. Verbo irregular. Se conjuga como *agradecer* [11].

-arín → -ÍN.

-ario. Sufijo que se aplica a nombres para formar adjetivos o nombres. En los adjetivos significa pertenencia: *disciplinario, fraccionario.* En los nombres significa profesión *(bibliotecario),* persona a quien se da algo *(beneficiario)* o lugar *(campanario, planetario).*

Arístides. Nombre de un político ateniense del siglo v a. C. La pronunciación general es *Arístides,* esdrújula. Pero la transcripción exacta sería *Aristides,* llana, que es la forma latina y griega, y también la española del Siglo de Oro: *«Porque Catón y Aristides / en la equidad no le igualan»* (Lope de Vega, *Peribáñez,* 135); *«Émulo de Platón y de Aristides, / no salgas de ti mismo ni te olvides...»* (B. L. de Argensola).

Aristipo. Filósofo griego de la antigüedad. La pronunciación más acertada es *Aristipo,* llana, no *Arístipo,* esdrújula (Fernández Galiano).

aristo-. Forma prefija del griego *aristós,* 'el mejor': *aristocracia.*

Aristóbulo. En la pronunciación general este nombre es esdrújulo; pero la pronunciación correcta sería *Aristobulo,* grave (Fernández Galiano).

aritmo-. Forma prefija del griego *arithmós,* 'número': *aritmomanía, aritmómetro.*

armar. Construcción: *armar* CON *fusiles; armarse* DE *paciencia.*

armazón. Antes, la Academia daba este nombre como femenino en los sentidos de 'armadura sobre la que se monta algo' y 'conjunto de piezas convenientemente enlazadas para algún fin'; y como masculino en el sentido de 'esqueleto'. Ahora da el nombre como ambiguo en cuanto al género, en todos los sentidos: *el armazón* o *la armazón.* Esta calificación está, efectivamente, de acuerdo con el uso común (cf. Fernández Ramírez, § 91). El uso más general se inclina por el género masculino. No obstante, si tenemos en cuenta la etimología, sería preferible el género femenino *(la armazón),* pues el sufijo *-zón* que aparece en esta voz es variante de *-ción,* con el que se forman nombres femeninos *(oración, acción, función).*

armonía. 'Combinación agradable de sonidos' y 'concordia'. En esta palabra y en todas sus derivadas *(armónico, armonioso, armonizar,* etc.), la Academia registra también como normales las grafías con *h* inicial: *harmonía,* etc. Pero en realidad estas grafías están totalmente fuera de uso.

armonio. 'Instrumento músico de teclado, especie de órgano'. La forma *armonio* es preferible a *armónium* (aunque esta acaso esté más extendida). El plural de la segunda es *armóniums* o —invariable— *armónium;* el de la primera, *armonios.*

aroma. En el *Diccionario* de la Academia figura este nombre como femenino en la acepción de 'flor del aromo', y como masculino en las de 'perfume' y 'goma, bálsamo, leño o hierba de mucha fragancia'. No es normal el uso femenino en el sentido de 'perfume': *«El poleo, cuya aroma transmina»* (Halcón, *Campo,* 19).

arpa. 'Instrumento musical'. Aunque se admite como correcta también la grafía *harpa,* hoy está en completo desuso.

arpía. En los sentidos de 'mujer fea' o 'mujer perversa', se escribe siempre *arpía,* aunque la Academia admita todavía la posibilidad de una grafía *harpía.* En el sentido de 'ave mitológica con rostro de mujer', se suelen usar indistintamente las dos formas —y con inicial mayúscula—, si bien Fernández Galiano se inclina por *Harpía.*

arqueo-. Forma prefija del griego *ar-chaíos*, 'antiguo': *arqueología*.

arqui- → ARCHI-.

-arquía. Forma sufija del griego *árcho*, 'mandar', que sirve para sustantivos abstractos: *anarquía*.

Arquímedes. Nombre del famoso físico griego. La pronunciación general es *Arquímedes*, esdrújula. Pero en la lengua clásica se decía, más acertadamente, *Arquimedes*, con acentuación llana, igual que en latín.

arquitecto. El femenino de *arquitecto* es *arquitecta*.

arquivolta. La Academia recoge en su *Diccionario* tanto *archivolta* como *arquivolta* ('conjunto de molduras que decoran un arco en su paramento exterior'); pero da preferencia a esta segunda forma, que es la única usada hoy por los especialistas de arte.

-arrada → -DA.

arraigar. 1. Se conjuga como *bailar* [1 e]. 2. Construcción: *arraigar* EN *una tierra*.

-arrajo → -AJO.

arrancar. Construcción: *arrancar un clavo* DE *la pared* (en lenguaje literario, también, *arrancar la presa* A *las garras de la fiera*); *arrancar una confesión* A *alguien*.

-arrar. Sufijo compuesto de *-arro* y *-ar: despatarrar*.

arras. 'Monedas que en la ceremonia del matrimonio entrega el desposado a la desposada'. Este nombre femenino se usa solo en plural, aunque Sender lo haya usado en singular: «*Las siete onzas .. eran la mitad justa de las catorce que el padre de la señora Paula y su abuelo pusieron en la bandeja del arra nupcial cuando se casaron*» (*Crónica*, II, 186).

arrasar. Construcción: transitivo, 'destruir': *la langosta arrasa todo a su paso;* absoluto, 'vencer de modo aplastante': *los laboristas arrasaron en las elecciones;* intransitivo con preposición *con*, 'acabar con': «*Algún alcalde menos realista .. arrasó en una noche* CON *los rosales*» (García Márquez, *Amor*, 319); «*¿Sabe usted lo que van a conseguir? .. Pues lo más sencillo del mundo: arrasar* CON *lo poco decente que va quedando*» (Caballero Bonald, *Noche*, 169); in-transitivo pronominal con preposición *en*, en la locución *arrasarse los ojos* EN *lágrimas*.

arrascar. Es vulgarismo usar este verbo por *rascar*, aunque lo haya usado el Conde de Cheste: «*Con uña arráscase merdosa*» (trad. Dante, *Comedia*, 237), y aunque figure sin ninguna calificación en el *Diccionario* de la Academia.

arrastras → RASTRAS.

arreate → ARRIATE.

arrebañar. A pesar de figurar sin ninguna calificación en el *Diccionario* de la Academia, el uso de este verbo por *rebañar* es vulgarismo.

arrebatar. Construcción: *arrebatar* A *uno algo* DE o DE ENTRE *las manos*.

arreciar. Se conjuga, en cuanto al acento, como *cambiar* [1 a].

arrecirse. Verbo defectivo. Solo se usa en las formas que tienen en su desinencia la vocal *i*. Se conjuga como *aguerrir*.

arreglo. 1. *Con arreglo a*. Locución prepositiva que equivale a *según, conforme a, de acuerdo con*, precediendo a sustantivo de cosa: *con arreglo a la ley*. 2. → COMPROMISO.

arrellanarse. 'Extenderse con comodidad en el asiento'. Este verbo viene de *rellano;* no de *relleno*, como piensan quienes dicen *arrellenarse:* «*Los espectadores, ocupados en tomar posiciones, en arrellenarse cómodamente en sus butacas*» (Medio, *Andrés*, 40).

arremeter. Construcción: *arremeter* CONTRA *el enemigo*, CONTRA *los críticos*.

arrendar. 1. Verbo irregular. Se conjuga como *cerrar* [6]. 2. Diferencia entre *arrendar* y *alquilar:* → ALQUILAR.

arrepentirse. 1. Verbo irregular. Se conjuga como *sentir* [60]. 2. Construcción: *arrepentirse* DE *sus culpas*.

arriar. Se conjuga, en cuanto al acento, como *desviar* [1 c].

arriate. 'Parte acotada en un jardín para plantar flores'. El género de este nombre es masculino. La forma *arreate* es regional: «*Los arreates de grama y de geranios se* *achicharraban bajo el sol»* (Grosso, *Capirote*, 80). Como andalucismo lo registra Alcalá Venceslada.

arriba. 1. Este adverbio, como otros adverbios de lugar, puede ir precedido de diversas preposiciones que denotan primariamente movimiento o aproximación: *de arriba, hacia arriba, por arriba,* etc. De estas preposiciones se exceptúa *a;* no se dice *Llegó a arriba, De abajo a arriba,* sino *Llegó arriba, De abajo arriba.* **2.** Pospuesto a un nombre, significa 'en dirección a la parte más alta' (de la cosa nombrada): *«Huyó escaleras arriba»* (Baroja, *Románticos,* 11). **3.** *Arriba de,* en sentido figurado, 'más allá de': *«No hubiese podido llenar arriba de unas veinte páginas»* (Camba, *Rana,* 49). **4.** Diferencia entre *arriba* y *encima.* El sentido fundamental de *arriba* es 'a lugar o puesto superior'; el de *encima,* 'en lugar o puesto superior'. Por tanto, el primero es normalmente complemento de verbos que significan movimiento, y el segundo, de verbos que significan situación. Pero hay casos en que para este último significado es posible utilizar uno u otro adverbio; se puede decir, p. ej., *Yo vivo arriba* o *Yo vivo encima.* En estos casos, *arriba* tiene un sentido más abstracto y absoluto, mientras que *encima* tiene un sentido más concreto y relativo. *Arriba* viene a ser 'en la parte alta'; *encima,* 'en lugar más o menos inmediatamente superior' (a alguien o algo). Por ello es frecuente que *encima* lleve un complemento especificador *(Vivo encima* DE SU CASA), y en cambio es raro que lo lleve *arriba.* **5.** La distinción entre *arriba* y *encima* se neutraliza habitualmente en el uso de muchos países hispanoamericanos, asumiendo *arriba* los valores de uno y otro: *«La gente del mentado Matías venía .. temblando arriba de las bestias»* (Uslar Pietri, *Lanzas,* 7).

arribar. Construcción: *arribar* A *Cádiz.*

arribista. 'Persona ambiciosa y sin escrúpulos, que está dispuesta a triunfar a toda costa'. Aunque es adaptación del francés *arriviste,* no debe escribirse *arrivista,* pues en nuestro idioma se integra perfectamente en la familia de *arribar.*

arriesgar. Construcción: *arriesgar su porvenir; arriesgarse* A *salir; arriesgarse* EN *la empresa.*

arrimar. Construcción: *arrimar la silla* A *la pared; arrimarse* A *los poderosos.*

arrinconar. Construcción: *arrinconarse* EN *casa.*

arrivista → ARRIBISTA.

-arro → -RRO.

arrogar. Evítese la confusión entre *arrogar* e *irrogar. Arrogarse* es 'atribuirse o apropiarse (un derecho)': *El alcalde se ha arrogado una autoridad que no le corresponde. Irrogar* es 'causar (un daño)': *Evitaremos irrogar perjuicios a los usuarios.*

arrojar. Construcción: *arrojar a alguien* DE *casa; arrojarse* DESDE o POR *la ventana; arrojarse* AL o EN *el estanque.*

-arrón → -ÓN.

arroz. Este nombre es masculino; solo vulgarmente usado como femenino: *una arroz muy rica.*

arruinar. Es impropiedad, debida a anglicismo, usar este verbo por *eliminar* o por *estropear* (Alfaro). Ejemplo del primer uso: *«El rechazo soviético ha arruinado todas las esperanzas»* (cit. Alfaro); ejemplo del segundo: *«Mirando con asombro a su expresión feroz y su pelo enmarañado, a su cuello y camisa arruinados»* (Novás, trad. Faulkner, *Santuario,* 35). No obstante, conviene advertir que la Academia recoge para este verbo una acepción figurada, «destruir, ocasionar grave daño», que coincide en parte con el uso anglicista denunciado por Alfaro.

arte. Sustantivo ambiguo. En singular se usa normalmente como masculino: *el arte egipcio;* en plural, normalmente como femenino: *las artes plásticas.* Véase este texto de Miró, en que aparece usada la palabra en singular y en plural: *«En arte padecía celosa intransigencia. La música era el más supremo y alado. Las demás artes necesitaban medios de expresión más humanos o terrenos»* (Cercado, 111).

Sin embargo, no son raras las excepciones —correctas— a la norma enunciada; por ejemplo, se dice siempre, desde muy antiguo, *el «Arte poética»* de Horacio (en latín *Ars poetica).* Ejemplos modernos: *a)* En singular: *«El estudio de la historia del cine .. nos permitirá mostrar cómo se ha formado esta nueva arte»* (Arreola, trad. Sadoul,

Cine, 8); «*La Escultura es el Arte más rigurosa, más limitada, más estrecha*» (Gerardo Diego, *Abc,* 1.12.1961, 43). *b)* En plural (corrientemente en el sentido concreto de 'aparejo de pesca'): «*Las tripulaciones fueron sometidas a interrogatorio por la vigilancia, y se les retuvo algunos artes de pesca, valorados cada uno en 700.000 pesetas*» (*Ya,* 20.9.1962, 10).

Artemisa.   Esta es la transcripción general en nuestro idioma del nombre griego de la diosa llamada *Diana* en latín; pero, según Fernández Galiano, sería más acertado decir *Ártemis* o *Artémide.*

arterio-, arteri-.   Formas prefijas de *arteria: arteriosclerosis, arteriectopia.*

arteriosclerosis.   'Endurecimiento de las arterias'. La Academia considera igualmente normales las formas *arterioesclerosis* y *arteriosclerosis,* aunque da preferencia a la segunda.

arteriosclerótico.   El adjetivo derivado de *arteriosclerosis* (o *arterioesclerosis*) puede ser *arteriosclerótico* (o *arterioesclerótico*) o *arteriosclerósico* (o *arterioesclerósico*). Las dos formas, con *-t-* y con *-s-,* son reconocidas por la Academia, aunque da preferencia a la primera.

artro-, artr-.   Formas prefijas del griego *árthron,* 'articulación': *artropatía, artralgia.*

arz- → ARCHI-.

asá.   Variante de *así* que solo se usa en contraposición con este adverbio, significando 'de (esta) otra manera': *así o asá, así que asá,* 'de una manera o de otra'; «*Debe regarse así y no asá*» (Jiménez, *Antología para niños,* 174).

asalariar.   Se conjuga, en cuanto al acento, como *cambiar* [1 a].

asalto.   En boxeo, 'parte de las que constituyen un combate'. Es el nombre que corresponde exactamente al inglés *round.*

asar.   Construcción: *asar A la lumbre; asar EN la parrilla.*

asaz.   Adverbio, 'bastante'. Su uso es exclusivamente literario, y ya era anticuado en el siglo XVI (Valdés, *Diálogo,* 105), aunque la Academia parece considerarlo vigente todavía. Algunas veces se ha usado en la construcción *asaz de* + nombre o adjetivo, que solo por voluntario arcaísmo se ha utilizado en época moderna: «*Se le antojaban asaz de feos y extravagantes*» (Pardo Bazán, *Viaje,* 226).

ascendencia.   El uso de *ascendencia* como 'influencia o predominio moral' es impropio; este sentido corresponde al nombre masculino *ascendiente.* El verdadero sentido de *ascendencia* es 'serie de ascendientes o antecesores'.

ascender.   1.   Verbo irregular. Se conjuga como *entender* [14].
    2.   Construcción: *ascendieron A la séptima planta; he ascendido A jefe de negociado* (usos intransitivos); *me han ascendido A jefe de negociado* (uso transitivo).

ascendiente.   1.   Construcción: *tener ascendiente* SOBRE *los jóvenes.*
    2.   Ascendencia, por *ascendiente:* → ASCENDENCIA.

Asclepíades.   Nombre de un poeta y un médico griegos de los siglos III y I a. C., respectivamente. Puede decirse también *Asclepiades.*

asco.   *Dar asco:* → DAR, 3.

-asco → -SCO.

asechanza.   La Academia registra en su *Diccionario* tanto *acechanza* (que define «acecho, espionaje, persecución cautelosa») como *asechanza* (definido «engaño o artificio para hacer daño a otro»). A pesar de que las dos palabras tienen igual origen, no deben confundirse en su pronunciación (a no ser, naturalmente, en zonas de seseo) ni en su grafía, pues su significación es distinta. En realidad, una de ellas, *acechanza,* está en desuso en el sentido indicado, y solo aparece como forma escrita, en hablantes de seseo, con el significado de *asechanza.*

asediar.   Se conjuga, en cuanto al acento, como *cambiar* [1 a].

asegurar.   Construcción: *asegurar* ('afirmar') *que es verdad* (no DE *que es verdad:* → DE, 4); *asegurar una cosa* CONTRA *un riesgo; asegurarse* ('cerciorarse') DE *que es verdad.*

asentar.   Verbo irregular. Se conjuga como *cerrar* [6].

asentir.   1.   Verbo irregular. Se conjuga como *sentir* [60].

2. Construcción: *asentir* A *lo dicho.*

asequible. 1. Evítese la pronunciación /aksekíble/; el segundo fonema de esta palabra es una simple /s/.

2. Diferencia con *accesible:* → ACCESIBLE.

3. Construcción: *asequible* A *mis fuerzas; asequible* PARA *nosotros.*

aserrar. Verbo irregular. Se conjuga como *cerrar* [6].

asfixiar. 1. Evítese la pronunciación /aksfisiár/ y, naturalmente, la grafía *axfisiar.*

2. Se conjuga, en cuanto al acento, como *cambiar* [1 a].

ashkenazi → ASQUENAZÍ.

así. 1. Adverbio de modo, que significa 'de esta manera'. Es con frecuencia antecedente de la conjunción *como,* si esta conjunción introduce una proposición comparativa de cualidad: *Lo hizo así como se lo habían mandado.* Pero no se debe usar *así como* antecedente de un *como* que introduzca una comparativa de cantidad: *«Que, en una carretera así desierta como la española, nuestro país ofrezca .. el índice más alto de mortalidad» (Gaceta,* 20.9.1958, 34). En este caso debió escribirse *tan desierta.*

Con frecuencia, en la conversación va acompañado de gesto. Puede llevar complemento con *de: «He mandado pintar dos cartelones con letras así de gordas que dicen: 'Viva el señor Calvo'»* (Vital Aza). También puede presentarse sin gesto, y entonces tiene un sentido consecutivo: *«¡Pobre Segundo! Las calaveradas se pagan. Así está él de flaco. Casi se le podría llamar calavera y esqueleto»* ('está tan flaco que...') (García Álvarez y Muñoz Seca). (Ejemplos citados por Beinhauer, 359.)

Repetido, *así así,* este adverbio de modo pierde su sentido propio ('de esta manera') para significar 'no muy bien': *—¿Cómo te encuentras? —Así, así.*

2. Expresa deseo, acompañando a un verbo en subjuntivo: *Así Dios te ayude; Así te mueras.*

3. Conjunción concesiva, equivalente a *aunque,* con verbo en subjuntivo: *«Yo creo que, así estuviera en la parte más lejana del mundo, una hora u otra tendría señal de lo que por amor de ella sucede»* (Maragall, *Elogios,* 28). Este uso conjuntivo es poco frecuente en España, pero no en América:

Así no vayas, siempre tienes que pagar; Sí, te llevaré, así el mundo se desplome; «Una viuda de sus apellidos no podía escuchar música de ninguna clase sin ofender la memoria del muerto, así fuera en la intimidad» (García Márquez, *Amor,* 460) (cf. Kany, 378; Steel, *Dicc. americanismos).*

4. Adjetivo calificativo, invariable en género y número ('de este talante'): *Con gente así no se puede vivir.*

5. *Así como* se emplea como expresión de adición: *Todos los hermanos, así como algunos vecinos, salieron en su busca.* Menos frecuente es su uso con valor temporal, 'tan pronto como': *«¿Y no se os alcanza también que, así como fijen ese alevoso pasquín que leyeron, serán uno y otro degollados?»* (Larreta, *Don Ramiro,* 127). En este caso suele preferirse *así que.* Otro uso de *así como* expresa una vaga semejanza, con el valor de 'algo así como', 'algo parecido a': *«A mí me parecía que el 'Viaje a la Alcarria' era así como el cuaderno de bitácora de un hombre»* (Cela, *Alcarria,* 8).

6. *Así que* puede tener valor temporal, 'tan pronto como': *«Reanudóse la representación así que se ausentaron los cinco espectadores jocosos»* (Pérez de Ayala, *Política,* 276). Es uso literario. Es general, en cambio, el sentido 'por tanto': *No te voy a dar nada, así que márchate.* Es más bien popular la forma *así es que,* con este sentido.

7. *Así pues* significa 'por consiguiente': *El tablado estaba en pie; así pues, nada faltaba ya.* Tanto por su significado como por su función (adverbial), constituye una unidad; por ello no está justificado escribir una coma intermedia *(así, pues).*

8. *Así mismo* tiene dos sentidos: 'del mismo modo' y 'también'. La Academia registra como equivalente la grafía *asimismo,* si bien da preferencia a la primera. El uso más general, no obstante, prefiere la grafía *así mismo* para el primer sentido: *«No creo que el señor Aixelà quiera verme, le dijo a la guardesa, pero si se aviene a recibirme, solo le entretendré un minuto. —Así mismo se lo diré, hermana, respondió la guardesa»* (Mendoza, *Año,* 29), y *asimismo* para el segundo: *«Había fundado las principales fábricas de 'recuerdos' que funcionaban en el territorio nacional .. Se cuidaba asimismo de fijar los precios mínimos a todas las mercancías»* (Laiglesia, *Tachado,* 50). En cualquier caso, la pronunciación es /así-mísmo/.

CONJUGACIÓN DEL VERBO «ASIR»

(Tiempos irregulares)

INDICATIVO

Pres. asgo, ases, ase, asimos, asís, asen.

SUBJUNTIVO

Pres. asga, asgas, asga, asgamos, asgáis, asgan.

IMPERATIVO

ase, asga, asid, asgan.

Asia. Aunque es nombre femenino, cuando lleva artículo se dice *el Asia* (→ EL, 2): *el Asia meridional.*

asimilar. Construcción: *asimilar una cosa* A *otra.*

asimismo → ASÍ, 8.

asíndeton. En gramática, 'omisión de conjunciones'. El género de este nombre es masculino *(el asíndeton)*, a pesar de que algunos gramáticos lo hayan empleado como femenino.

asir. **1.** Verbo irregular. (Véase cuadro.) **2.** Construcción: *asir* DE *la ropa; asir* POR *los cabellos; asirse* A *las ramas.*

-asis → -IASIS.

asistenta. **1.** 'Sirvienta externa que trabaja por horas'. El nombre *asistenta* es el usado en el español general; otras denominaciones, como *interina, mandadera, demandadera, mujer de* (o *que hace) faenas,* son regionales. **2.** La mujer que trabaja en la asistencia social no suele llamarse *asistenta social* (aunque es denominación perfectamente legítima y aparece en textos oficiales), sino *asistente social.*

asistir. Construcción: *asistir* A *la reunión; asistir* A *los enfermos.*

asma. 'Enfermedad de los bronquios, con dificultad de respiración'. El género de este nombre tiende por analogía, por su terminación *-a,* a ser femenino (como *rama, cama, llama, suma,* etc.), y así, como femenino, lo

registran el *Diccionario* de la Academia y los que la siguen, incluidos los diccionarios médicos. Sin embargo, por su origen griego y latino *(asthma,* neutro), le corresponde ser masculino, como en el caso de otras palabras del mismo origen terminadas en *-ma* (como *drama, programa* y todos los compuestos con *-grama; panorama, tema, poema, problema, lema, dilema* y muchos más), y esto justifica que exista este uso entre los médicos *(«Aquellos asmas producidos por alergenos endógenos»,* Fernández-Cruz, *Salud,* 211); uso que también ha sido recogido por algún diccionario, como *Larousse* 1996. En francés, *asthme* tiene género masculino, y en italiano *asma* puede ser masculino o femenino. Quizá lo más conveniente sea reconocer también para el español *asma* esta doble posibilidad.

asociar. **1.** Se conjuga, en cuanto al acento, como *cambiar* [1 a]. **2.** Construcción: *asociarse* A o CON *otro; asociar una cosa* A o CON *otra.*

asolar. Hay dos verbos *asolar:* uno, formado sobre el nombre *sol,* que significa 'echar a perder' (el calor o la sequía, una cosecha); otro, formado sobre el nombre *suelo,* que significa 'poner por el suelo, destruir, arrasar'. El primer verbo es regular; el segundo puede ser irregular (conjugación 4, como *acordar).* Sin embargo, el uso actual prefiere emplear los dos verbos como regulares. Cf. Rosenblat, *Palabras,* III, 311.

asomar. Construcción: *asomar la cabeza* A o POR *la ventanilla; asomarse* A o POR *la ventanilla.*

CONJUGACIÓN DEL VERBO «ATAÑER»
(tiempos simples)

INDICATIVO

Pres. atañe, atañen.
Pret. impf. atañía, atañían.
Pret. indef. atañó, atañeron.
Fut. impf. atañerá, atañerán.
Pot. simple atañería, atañerían.

SUBJUNTIVO

Pres. ataña, atañan.
Pres. impf. atañera o atañese, atañeran o atañesen.
Fut. impf. atañere, atañeren.

IMPERATIVO

No tiene.

FORMAS NO PERSONALES

Inf. atañer.   *Ger.* atañendo.   *Part.* atañido.

---

asombrar. Construcción: *asombrarse* CON o DE *lo que ocurre.*

áspero. 1. El superlativo absoluto de este adjetivo es *aspérrimo;* pero se va extendiendo el coloquial *asperísimo,* mientras queda relegado el primero al uso culto y literario. **2.** Construcción: *áspero* AL *tacto.*

áspid. 'Cierta serpiente venenosa'. Es nombre masculino: *el áspid, los áspides.*

aspirar. Construcción: *aspirar* A *mayor categoría; aspirar* A *hacerlo.*

asquenazí. 'Judío oriundo de Alemania o de la Europa oriental'. Es preferible esta forma a *ashkenazi.*

-astenia. Forma sufija del griego *asthéneia,* 'debilidad': *neurastenia.*

astil. 'Mango de hacha o de pico'. Es palabra aguda; debe desecharse, pues, la pronunciación *ástil.*

astro-. Forma prefija de *astro: astronomía, astrología, astrofísico.* Con ella se forman también compuestos relativos al espacio sideral: *astronave, astronauta, astronáutica.* Sería preferible, para este segundo sentido, emplear la forma prefija *cosmo-;* pero *astro-* está muy generalizado y figura hasta en denominaciones de entidades oficiales.

-astro. Sufijo de sustantivos con valor despectivo: *hijastro, camastro, pilastra.* Alguna vez toma la forma *-astre: pillastre.*

asunto → CASO, 4; PROBLEMA, 2, y TEMA, 2.

asustar. Construcción: *asustar a los demás* CON *sus palabras; asustarse* DE, CON, POR *un ruido.*

-ata. 1. Sufijo de nombres que expresan acción *(caminata,* etc.): → -ATO, 1. **2.** Sufijo de la lengua popular que se usa en deformaciones humorísticas de nombres: *bocata,* 'bocadillo'; *tocata,* 'tocadiscos'; *cubata,* 'cuba libre'. Los nombres nuevos formados son masculinos. Cf. Casado, *Léxico,* 71.

atajo. En el uso normal, se escribe sin *h* cuando significa 'camino que acorta' *(El atajo nos ahorra cinco kilómetros);* con *h,* cuando significa, respectivamente, 'grupo' *(Son un hatajo de sinvergüenzas)* o 'pequeño rebaño'. No obstante, la Academia admite las dos posibilidades para estos dos últimos casos.

Atalía. Nombre de una reina de Judá. Según la acentuación etimológica, es *Atalia* /atália/; pero está bastante más extendida la forma *Atalía,* que leemos en Ortega *(Meditaciones,* 155), en las *Biblias* Nácar-Colunga, Cantera-Iglesias, Alonso Schökel-Mateos y *Jerusalén* (2 Reyes, 11,1 y ss.) y en *Trad. Dicc. Bompiani* (XI, 95).

atañer. Verbo irregular y defectivo. Solo se usa en las terceras personas del singular y del plural. (Véase cuadro.)

atar. Construcción: *atar el caballo* A *un tronco.*

atardecer. Verbo unipersonal irregular. Se conjuga como *agradecer* [11].

atarear. Construcción: *atarearse* CON O EN *los negocios.*

-atario. Sufijo de sustantivos que designa a la persona en cuyo favor se realiza la acción: *destinatario, arrendatario.* Se une a verbos de la primera conjugación.

atascar. Construcción: *atascarse* EN *el barro.*

Ataúlfo. Este nombre tiene cuatro sílabas, /a.ta.úl.fo/; debe llevar tilde en la *u,* a pesar de que muchos escriban *Ataulfo.*

ataviar. Se conjuga, en cuanto al acento, como *desviar* [1 c].

-ate. Sufijo equivalente a *-ado,* que solo se presenta en algunas palabras: *avenate, piñonate.* No tiene relación con la terminación *-ate* de algunos nombres de origen americano: *chocolate, tomate.*

atemorizar. Construcción: *atemorizar a otros* CON *algo; atemorizarse* DE, CON O POR *algo.*

atender. 1. Verbo irregular. Se conjuga como *entender* [14].
2. Construcción: *atender* AL *enfermo; atender* A *la conversación,* AL *teléfono,* A *los detalles; atender un pedido.*

atenerse. 1. Verbo irregular. Se conjuga como *tener* [31].
2. Construcción: *atenerse* A *las instrucciones.*

atentado. Construcción: *atentado* CONTRA *una persona; atentado* CONTRA *las leyes.*

atentar. 1. Es irregular, y se conjuga como *cerrar* [6], cuando significa 'tentar' o 'ir con tiento'; en este último caso es además reflexivo: *atentarse.* Cuando significa 'intentar un delito, cometer atentado' —que es el uso más corriente de este verbo— es regular.
2. Construcción: *atentar* CONTRA *la propiedad; atentar* CONTRA *una persona.*

atento. Construcción: *atento* A *la explicación; atento* CON *los mayores.*

atenuante. Empleado como sustantivo, es femenino, pues designa una *circunstancia*

(cf. AGRAVANTE): «*El tribunal que preside el magistrado señor Zumin ha concedido todas las atenuantes posibles*» *(Ya,* 22.11.1962).

atenuar. Se conjuga, en cuanto al acento, como *actuar* [1 d].

aterirse. Verbo defectivo. Solo se usa en infinitivo y en participio. Sin embargo, según la *Gramática* de la Academia (§ 161 *g*), se conjuga también en otras formas que tienen en sus desinencias la vocal *i,* igual que ocurre con el verbo *abolir.*

aterrar. En el sentido de 'causar terror' es regular. En los de 'derribar', 'cubrir con tierra', 'llegar a tierra', bastante raros, es irregular y se conjuga como *cerrar* [6].

atestar. Significa 'llenar a presión' y 'testimoniar'. En ambos sentidos se usa como regular; pero en el primero también se ha usado como irregular, conjugándose como *cerrar* [6].

atestiguar. Se conjuga, en cuanto al acento, como *averiguar* [1 b].

Ática. Región de Grecia. Suele usarse con artículo, *el Ática* (artículo *el* y no *la,* por ser nombre femenino que comienza por /a/ tónica). La grafía *Attica* («*las Fuerzas Armadas de la zona de Attica, en los alrededores de Atenas*», *Abc,* 3.6.1973, 19) no es española.

-ático. Sufijo que significa pertenencia y sirve para formar adjetivos o sustantivos: *fanático, acuático, catedrático.*

Atila. Nombre del rey de los hunos (siglo V), llamado «el azote de Dios». En latín era *Attila,* /áttila/, en italiano es *Áttila.* Este nombre, esdrújulo en latín, se ha hecho grave al pasar a nuestra lengua. Abundan los ejemplos clásicos de tal acentuación (v. Toro, *Ortología,* 60-61). Pero en nuestros días algunos restablecen la pronunciación etimológica: *Átila* (por ejemplo, Menéndez Pidal, *Godos,* 37, 43 y 45).

atinar. Construcción: *atinar* AL *blanco; atinar* CON *la casa; atinar* A *explicárselo.*

-ativo → -IVO.

atmido-. Forma prefija del griego *atmís,* 'vapor': *atmidómetro.*

atmo-. Forma prefija del griego *atmós,* 'vapor': *atmósfera.*

-ato. **1.** Sufijo que en sustantivos, en su forma masculina, significa dignidad u oficio: *decanato, bachillerato;* en su forma femenina, acción: *perorata, cabalgata, caminata.* En adjetivos denota cualidad: *pacato, pazguato.* **2.** Aplicado a nombres de animales, designa la cría: *ballenato, jabato, chivato.*

ÁTONO → ACENTO².

atorar. Es irregular cuando significa 'partir (leña) en tueros'; se conjuga como *acordar* [4]. Cuando significa 'atascar', es regular.

-atorio → -TORIO.

atrabilis. 'Mal genio'. Es sustantivo femenino: *la atrabilis.* La pronunciación *atrábilis* es errónea.

atracar. Construcción: *atracar* A *un viandante; atracar (el barco)* EN *el puerto; atracarse* DE *higos.*

atraer. **1.** Verbo irregular. Se conjuga como *traer* [32]. Deben evitarse formas vulgares como *atrayó, atrayeron, atrayera* (por *atrajo, atrajeron, atrajera): «Amaba [mi madre] .. las coplas y romances del Sur, que a mí solo me transmitía quizá por ser el único de la casa que le atrayeran sus cultos y aficiones»* (Alberti, *Arboleda,* 20). **2.** Construcción: *atraer a otro* A *su bando.*

atragantar. Construcción: *atragantarse* CON *una espina.*

atraillar. Se conjuga igual que *enraizar* [1 f].

atrás. **1.** Adverbio de lugar que significa 'hacia la parte que está a las espaldas de uno': *dar un paso atrás.* Puede usarse en sentido figurado: *volver atrás en sus propósitos.* Se construye con verbos de movimiento, aunque a veces la idea de movimiento está implícita: *se ha quedado atrás.* Admite preposiciones diversas que denotan primariamente movimiento o aproximación: *de atrás, hacia atrás, para atrás,* etc. De estas preposiciones se exceptúa *a,* que ya es componente de la palabra; se dice *Marcho atrás,* y no *a atrás.* **2.** Como adverbio de tiempo significa 'antes', 'hace tiempo': *Estos acontecimientos vienen de muy atrás.*

3. Con idea de tiempo, puede ir pospuesto a un nombre (generalmente en plural) que signifique unidad temporal: *días atrás, años atrás.* Con idea de lugar, va pospuesto, como adjetivo, a los nombres *marcha* y *cuenta: marcha atrás, cuenta atrás.* **4.** Diferencia entre *atrás* y *detrás.* El primero supone la existencia de un movimiento real o figurado *(volverse atrás);* el segundo indica mera situación *(estar detrás).* Normalmente, *atrás* no va seguido de complemento especificador, mientras que *detrás* sí puede llevarlo: *Está detrás de la puerta.* **5.** La distinción entre *atrás* y *detrás,* expuesta en el punto anterior, es normal en el español peninsular; pero suele neutralizarse en el uso de muchos países hispanoamericanos: *«Mi cuerpo se ha quedado atrás de mí»* (Cortázar, *Rayuela,* 562); *«¿No sientes que atrás de tus pasos se quiebran las hojas?»* (Storni, *Antología,* 26).

atravesar. Verbo irregular. Se conjuga como *cerrar* [6].

atreverse. Construcción: *atreverse* A *cosas grandes; atreverse* A *hacerlo; atreverse* CON *todos.*

atrezo. 'Conjunto de útiles que se usan en un escenario o un plató'. Esta es la forma españolizada del italiano *attrezzo.* La Academia, además de *atrezo,* incluye *atrezzo,* que no es ni italiana ni española.

atribuir. **1.** Verbo irregular. Se conjuga como *huir* [48]. **2.** Construcción: *atribuir algo* A *otro.* El complemento directo no puede ser el sustantivo de persona, como se ve en este ejemplo: *«El diputado radical, agotado y afónico, se vio atribuido del título de 'primer charlatán de Italia'»* (Abc, 3.2.1980, 13). **3.** → REIVINDICAR.

atribular. Construcción: *atribularse* EN, CON o POR *las penalidades.*

Atrida. Nombre genérico de los descendientes de Atreo, rey legendario de la antigua Micenas. Es palabra llana: se pronuncia /atrída/, no /átrida/.

atrincherar. Construcción: *atrincherarse* EN *un repecho; atrincherarse* EN *sus ideas.*

atrofiar. Se conjuga, en cuanto al acento, como *cambiar* [1 a].

atronar 66 aunque

atronar. Verbo irregular. Se conjuga como *acordar* [4]. Con cierta frecuencia aparece usado, por descuido, como si fuese regular: «*La aviación de combate a reacción .. atronan los cielos del territorio*» (M. Prieto, *Informaciones*, 16.9.1974, 17); «*Liturgias [de la campaña electoral] que empapelan los muros, atronan las ondas*» (J. Cueto, *País*, 23.4.1983, 56).

Átropos. Nombre de una de las Parcas. Es esdrújulo: /átropos/. Es preferible decir *Átropo*, sin *s*.

attrezzo → ATREZO.

audiencia → PÚBLICO.

audífono. 'Aparato para mejorar la audición'. Aunque la Academia registra esta forma, *audífono*, da preferencia a *audiófono*, forma que aún no he visto usada.

auditorio. 1. La Academia registra para este nombre una acepción, 'sala destinada a conciertos, recitales, conferencias, coloquios, lecturas públicas, etc.', que corresponde exactamente al sentido con que se usa la voz *auditórium*. Es preferible abandonar esta forma latina y, de acuerdo con el criterio académico, decir *auditorio*.
2. *Auditorio*, 'público': → PÚBLICO.

Áulide. El nombre del puerto de Beocia donde, según la leyenda griega, fue sacrificada Ifigenia aparece escrito de varias formas: *Aulida, Áulide, Aulis*. En las dos primeras la acentuación es dudosa para muchos: *Aulida, Áulida, Aulide, Áulide;* pero de estas cuatro formas, solo las esdrújulas son acertadas (aunque haya ejemplos antiguos de acentuación llana). Las formas preferidas hoy por los helenistas son *Aulis* y *Áulide*.

aullar. En la conjugación de este verbo las vocales *a* y *u* forman hiato, y, cuando el radical es tónico, el acento recae sobre la *u* (conjugación 1 f). Así, el presente de indicativo es: *aúllo, aúllas, aúlla, aullamos, aulláis, aúllan.*

aun. 1. Según las normas de la Academia de 1959, se escribe con tilde (acento gráfico) cuando significa 'todavía': *Aún no han llegado;* sin tilde, cuando significa 'incluso': *Aun los tontos lo saben.* Esta norma ortográfica se corresponde con otra de carácter ortológico: la palabra *aun* se pronuncia como bisílaba /a-ún/ cuando equivale a 'todavía': *Aún está enfermo; Está enfermo aún.* Se pro-

nuncia como monosílaba /áun/ en todos los demás casos, es decir, con el significado de 'hasta, también, inclusive' (o 'siquiera', con negación): *Aun los sordos han de oírme; Ni hizo nada por él ni aun lo intentó (Nuevas normas,* § 17; *Esbozo,* §§ 1.5.4a y 1.6.9b).
Esta norma, aunque muy clara, no responde exactamente a la pronunciación real. La sinéresis /áun/ es general cuando la palabra va delante de aquellas a las que afecta o modifica *(Aún no ha venido);* solo a veces se usa el hiato /a-ún/ en esta posición cuando la pronunciación es lenta o se desea reforzar la significación del adverbio. Detrás de la palabra a que se refiere, el adverbio se pronuncia corrientemente con hiato, /a-ún/: *No salen aún de clase.* (Navarro, *Pronunciación,* § 147.) En ninguno de estos casos interviene la significación del adverbio.
En América, o al menos en algunos de sus países (Argentina, Colombia; cf. Alonso, *Problema,* 81; Flórez, *Lengua,* 218), se pronuncian indebidamente iguales el *aun* 'incluso' y el *aún* 'todavía', tanto si van delante como si van detrás de las palabras modificadas por ellos.
2. *Aun cuando.* (Se pronuncia átono *cuando.*) Conjunción concesiva. Se emplea introduciendo una proposición adverbial concesiva del tipo irreal: *Aun cuando quisiera, no podría hacerlo.*

aunar. 1. Se conjuga igual que *aullar* [1 f].
2. Construcción: *aunarse CON otro.*

aunque. 1. Conjunción concesiva. Cuando la proposición introducida por *aunque* enuncia un hecho que el hablante considera un obstáculo real para el hecho enunciado en la parte principal, el verbo de aquella va en un tiempo del modo indicativo: *Aunque es viejo, trabaja muy bien.* Si ese obstáculo, aunque real, es considerado como una mera objeción del que escucha, entonces se emplea el presente de subjuntivo: *Aunque sea viejo, trabaja muy bien.* Si el obstáculo es puramente hipotético, el tiempo verbal usado es el imperfecto de subjuntivo (si la hipótesis se refiere al presente) o el pluscuamperfecto de subjuntivo (si la hipótesis se refiere al pasado); en estos casos, el verbo principal va en potencial o en otra forma equivalente: *Aunque fuera viejo, trabajaría muy bien; Aunque hubiera sido viejo, hubiera trabajado muy bien.*

En el lenguaje popular suele omitirse la parte principal de la oración: *«¡Mia que montar yo esta maquinaria! ¡Aunque me dieran cinco duros!»* ('[no montaría] aunque me dieran cinco duros') (Vital Aza). Puede ir reforzado *aunque* por *ni: «[El reloj] no anda ni aunque le den un empujón»* (García Álvarez y Muñoz Seca). (Ejemplos citados por Beinhauer.)

2. Conjunción adversativa restrictiva. En la práctica se distingue del *aunque* concesivo en la pausa que le precede, que aquí es mayor y va acompañada de un ligero descenso en la entonación del grupo fónico anterior: *«Es menester que todos vivan, aunque maldita la falta que hace a los demás la existencia de algunos»* (Hartzenbusch). Además, el *aunque* adversativo equivale, aproximadamente, a *pero.* Esta equivalencia no existe si es concesivo.

aupar. Se conjuga como *aullar* [1 f].

auri-, auro-. Formas prefijas del latín *aurum,* 'oro': *aurífero.*

auriga. 'Cochero'. Es palabra grave, /au-ríga/. Debe desecharse, por tanto, la pronunciación /áuriga/.

ausentarse. Construcción: *ausentarse* DE *la ciudad.*

Ausias. El nombre de pila del poeta valenciano Ausias March (muerto en 1459) ha sido objeto de discusión en lo relativo a su acentuación. Unos defienden la forma *Ausías* (y hay que incluir aquí a los que, redactando en catalán o siguiendo la grafía catalana, escriben *Ausias,* que en esta lengua se lee /au-sías/). Otros sostienen que la forma correcta es *Ausías* (en catalán escrito *Ausiàs).* Y no faltan quienes admiten la posibilidad de una pronunciación /áusias/. Parece demostrado que es la forma aguda, *Ausiàs* o *Ausiás,* la acertada (cf. Colón, *Llengua,* II, 53 y ss.), sin que se pueda negar, sin embargo, la existencia histórica también de la forma *Ausías* (ibíd., 95). Importa saber que la pronunciación del nombre entre los castellanohablantes nunca ha sido segura, y que por tanto no se puede dar una orientación en este punto, como no sea basándose en la norma catalana.

auspiciar. Se conjuga, en cuanto al acento, como *cambiar* [1 a].

Austria. Cuando se nombra con artículo (cosa que raras veces se hace), el que se usa es *el: el Austria.*

austriaco. Son igualmente válidas las formas *austriaco,* /-iáko/, y *austríaco,* /-íako/, si bien la Academia da preferencia a la primera.

austro-. Forma prefija de *austriaco: austrohúngaro.*

auto-. **1.** Prefijo griego que significa 'el mismo': *automóvil, autógrafo.* Es prefijo muy fecundo, del cual, sin embargo, conviene usar con prudencia para no incurrir en ridículas redundancias: *«El trigo se autofecunda a sí mismo»* (Cuevas, *Finca,* 145); *«El almirante Carrero Blanco .. hizo a continuación una auto-radiografía política de sí mismo»* (A. J. González Muñiz, *Ya,* 21.7.1973, 17); *«Los accidentes de tráfico son pequeños o grandes autosuicidios» (País,* 9.7.1976, 32). Esta última palabra, *autosuicidio,* junto con el verbo *autosuicidarse,* aparece con cierta frecuencia en la prensa.

2. Se usa también como elemento prefijo en numerosos compuestos relativos al *automóvil: autobús, autocamión, autocarril, autovía, autódromo, autopista, autobarredora, autorregadora,* etc.

autobastidor → BASTIDOR.

autocine. 'Cinematógrafo al aire libre en el que se puede asistir a la proyección sin salir del automóvil'. Nombre propuesto por la Academia para traducir el inglés *drive-in.*

autoclave. 'Aparato para la esterilización por vapor a presión'. La Academia lo da como femenino, *la autoclave.* Sin embargo, algunos diccionarios modernos (p. ej., Moliner) le señalan género masculino, y no faltan ejemplos que lo apoyen: *«Tengo a mi cargo un hervidor y un autoclave»* (Canellada, *Penal,* 130); *«Estalla un autoclave en la Facultad de Químicas» (Informaciones,* 30.4.1976, 32). Quizá lo más acertado sea aceptar el carácter de ambiguo en cuanto al género —es decir, la posibilidad de uso como masculino o femenino—, tal como hacen *Planeta, Santillana* y *Larousse* 1996.

autodidacto. Mejor que *autodidacta* como palabra invariable en género es usar la forma masculina *autodidacto,* y *autodidacta* como forma femenina. Véanse estos ejemplos: *«Soy hombre aplicado, trabajador y, en gran parte, autodidacto»* (Baroja, *Susana,* 10);

«El autodidacto Arana-Goiri no era un espíritu científico» (Tovar, *Mitología lengua vasca,* 166); *«Lo corriente es que se trate de autodidactos formados en el apremio de un vivir sin espera»* (Castro, *De la España,* II, 286); *«Era un autodidacto»* (Anderson, *Lit. hispanoamericana,* I, 30). (→ ANALFABETO.)

autoestop, autoestopista → AUTO-STOP.

autografiar. Se conjuga, en cuanto al acento, como *desviar* [1 c].

automática. 'Ciencia que estudia la automatización': *«Impacto creciente de la automática en el mundo actual. Conferencia del profesor Santesmases en la inauguración del Curso de Automática»* *(Ya,* 4.5.1962, 29). No debe usarse el nombre *automación,* mala adaptación española del inglés *automation;* tampoco debe emplearse en lugar de *automatización.*

automotor. Como adjetivo, significa 'de tracción mecánica', dicho de un vehículo, o 'relativo a la tracción mecánica o a la automoción'. Su femenino es *automotora* o *automotriz.* Es un error, naturalmente, utilizar esta última forma con nombre masculino: *«Sector automotriz»* (Abc, 1.12.1978); *«Seguro Automotriz» (Mercurio,* 3.1.1982, A 1).

automovilista. Es sustantivo y se aplica a personas. No debe decirse, pues, *carrera* o *prueba automovilista,* sino *automovilística.*

auto-radio → RADIO.

autorizar. Construcción: *autorizar algo* CON *su firma; autorizar a alguien* PARA *tomar una decisión.*

autorradio → RADIO.

autoservicio. 'Sistema de venta en que el cliente toma por sí mismo los artículos y los paga a la salida del local', o también el mismo establecimiento. No es necesario usar, como no sea con fines turísticos, el nombre inglés *self-service* (o su abreviación *self,* corriente en Francia, referida concretamente a restaurantes).

auto-stop. 'Sistema de viajar haciéndose llevar gratis por coches a los que se para en la carretera'. Puede escribirse también *autostop.* Su derivado es *autostopista.* Son preferibles estas grafías, recogidas por la Academia, a las que algunos periódicos emplean, *autoestop* y *autoestopista,* ya que la formación se ha hecho sobre la voz *stop,* que todos conocen y escriben con *s* inicial.

autosuicidarse, autosuicidio → AUTO-, 1.

Auvernia. Nombre español de la región francesa que en francés se llama *Auvergne.* No debe mantenerse sin traducir la forma original, como ocurre en este caso: *«Los periódicos de Auvergne me insultarían»* (Lamana, trad. Sartre, *Palabras,* 122). El adjetivo derivado es *auvernés.*

auxiliar. La conjugación de este verbo es regular, pero los gramáticos no están de acuerdo en cuanto a su acentuación. La más general hoy es la acentuación como *cambiar* [1 a]: *auxilio, auxilias, auxilia* (y no *auxilío, auxilías, auxilía).*

avaluar. Se conjuga, en cuanto al acento, como *actuar* [1 d].

avance. 'Proyección, con fin publicitario, de secuencias sueltas de un filme'. No es necesario el empleo del inglés *trailer.*

avanzar. Como intransitivo, significa 'ir adelante' o 'progresar'. Como transitivo, 'mover hacia adelante' o 'anticipar'. Es catalanismo usarlo por *adelantar,* 'pasar delante (de alguien)'. Al pie de una fotografía que presenta una señal de tráfico de prohibido adelantar, se lee: *«Si tienes prisa, respétalo y no lo avances»* (Correo Catalán, Supl., 25.7.1971, 16).

avaro. Construcción: *avaro* DE *sus bienes.*

avecindar. Construcción: *avecindarse* EN *un pueblo.*

avemaría. 1. Este nombre es femenino; pero en singular, cuando lleva artículo, exige la forma *el* o *un: el Avemaría de Gounod.* Puede escribirse también en dos palabras: *un Ave María.* Sin embargo, en plural es *las avemarías.*
2. Como exclamación, se escribe en dos palabras: *¡ave María!*

avenida. Forma yuxtapuesta en las denominaciones de avenidas, etc.: → CALLE.

avenir. 1. Verbo irregular. Se conjuga como *venir* [61].
2. Construcción: *avenirse* A *un convenio; avenirse* A *ceder; avenirse* CON *cualquiera.*

aventajar. Construcción: *aventajar a alguien* EN *algo.*

aventar. Verbo irregular. Se conjuga como *cerrar* [6].

CONJUGACIÓN DEL VERBO «AVERIGUAR»

(tiempos simples)

INDICATIVO

Pres. averiguo, averiguas, averigua, averiguamos, averiguáis, averiguan /a.be.rí.guo, a.be.rí.guas, a.be.rí.gua, a.be.ri.guá.mos, a.be.ri.guáis, a.be.rí.guan/.
Pret. impf. averiguaba, averiguabas, averiguaba, etc. /a.be.ri.guá.ba, a.be.ri.guá.bas, a.be.ri.guá.ba/, etc.
Pret. indef. averigüé, averiguaste, averiguó, etc. /a.be.ri.güé, a.be.ri.guás.te, a.be.ri.guó/, etc.
Fut. impf. averiguaré, averiguarás, averiguará, etc. /a.be.ri.gua.ré, a.be.ri.gua.rás, a.be.ri.gua.rá/, etc.
Pot. simple averiguaría, averiguarías, averiguaría, etc. /a.be.ri.gua.rí.a, a.be.ri.gua.rí.as, a.be.ri.gua.rí.a/, etc.

SUBJUNTIVO

Pres. averigüe, averigües, averigüe, etc. /a.be.rí.güe, a.be.rí.gües, a.be.rí.güe/, etc.
Pret. impf. averiguara o -se, averiguaras o -ses, averiguara o -se, etc. /a.be.ri.guá.ra, a.be.ri.guá.se; a.be.ri.guá.ras, a.be.ri.guá.ses/, etc.
Fut. impf. averiguare, averiguares, averiguare, etc. /a.be.ri.guá.re, a.be.ri.guá.res/, etcétera.

IMPERATIVO

averigua, averigüe, averiguad, averigüen /a.be.rí.gua, a.be.rí.güe, a.be.ri.guád, a.be.rí.güen/.

FORMAS NO PERSONALES

Inf. averiguar /a.be.ri.guár/.
Ger. averiguando /a.be.ri.guán.do/.
Part. averiguado /a.be.ri.guá.do/.

avergonzar. **1.** Verbo irregular. Se conjuga como *acordar* [4].
2. Construcción: *avergonzarse* DE *pedir; avergonzarse* DE *sus acciones.*

averiar. Se conjuga, en cuanto al acento, como *desviar* [1 c].

averiguar. En cuanto al acento, se conjuga quedando siempre átona la *u;* así: *averiguo, averiguas, averigua, averiguamos, averiguáis, averiguan; averigüé, averiguaste,* etc.; *averigüe, averigües, averigüe,* etc. (Véase cuadro.) Igual que este verbo se conjugan, normalmente, todos aquellos cuyo infinitivo termina en *-cuar* o *-guar.*

aversión. Este nombre significa 'antipatía o repugnancia'. No tiene relación con la idea de 'adverso o contrario', como parecen entender quienes pronuncian o escriben *adversión.* La cualidad de adverso o contrario se llama *oposición* o *antagonismo.*

avestruz. Este nombre es masculino: *el avestruz, los avestruces.* No es raro, sin embargo, encontrarlo usado como femenino: *«La avestruz respondona»* (*Gaceta,* 2.11.1975, 78). Como femenino lo usó también Ortega (*Amor,* 193).

avezar. Construcción: *avezarse* A *los peligros.*

aviar. Se conjuga como *desviar* [1 c].

Aviñón. La ciudad francesa de *Avignon* tiene en español el nombre de *Aviñón.*

avión. *Avión* A *reacción:* → A², 9.

aviso. Sobre *aviso,* locución adverbial, 'alerta ante un suceso o una eventualidad de los que se tiene aviso'. No se debe escribir *sobreaviso.* La Academia registra también una forma *sobre el aviso,* que hoy no se usa.

avizor. Según la Academia, es un sustantivo que significa 'el que avizora', o un adjetivo que solo se usa siguiendo al sustantivo *ojo* y formando con él una locución adverbial que significa 'alerta'. Hay en esto una inexactitud. *Avizor,* adjetivo, no solo existe en esa locución adverbial, sino que tiene un uso normal de adjetivo. Así, Ortega lo usa con el sustantivo *ojo* precedido de preposición: «*Investiga con ojo avizor*» *(Viajes,* 139); Azorín lo une al sustantivo *ojos,* concertando en plural con él: «*Con los ojos del deseo —los más avizores de todos*» *(Doña Inés,* 167); Ortega lo aplica a otro sustantivo masculino: «*Un día y otro, en curva ruta, valiente, avizor, temerón, [el barco] hacía camino a lo largo de la costa*» *(Viajes,* 21); el mismo Ortega utiliza la forma femenina: «*Sus pupilas intensas y avizoras .. quedan sorprendidas*» *(España,* 43); también Cernuda: «*Tenía astucia avizora*» *(Estudios,* 106). Se llega incluso a convertir la palabra *avizor* en adverbio, como hace Dámaso Alonso en este pasaje: «*Estarán avizor para sorprender las nuevas necesidades*» *(Idioma,* 288). (En otras ediciones de este texto aparece sustituida la palabra *avizor* por *alerta.*)

-avo. Sufijo que se une a un numeral cardinal para indicar el número de partes en que se divide la unidad, de las cuales se nombra una: *un doceavo, la dieciochava parte.* Los matemáticos emplean a veces este sufijo para formar ordinales: *el término veintidosavo,* 'el término vigesimosegundo'. Pero no se considera aceptable en la lengua general esta formación de ordinales con *-avo,* como en estos ejemplos: «*Ahora hacen su catorceavo viaje de novios*» (García Hortelano, *Tormenta,* 67); «*Onceavo libro de versos de este peculiar poeta*» *(Abc,* 21.9.1972, 52); «*El quinceavo aniversario del museo que lleva su nombre*» (D. Giralt-Miracle, *País,* 13.4.1978, 25); «*El onceavo de los álbumes en el que Neil Young ha participado*» *(Abc,* 23.4.1978); «*Habiéndose completado la formación de los arcos vertebrales alrededor de la onceava semana de la vida fetal*» (F. J. Villarejo, *Abc,*

17.2.1985, 45). Los ordinales correspondientes a *once, catorce* y *quince* son, respectivamente, *undécimo, decimocuarto* y *decimoquinto.* (Véase la lista de ordinales en el artículo ORDINALES.)

axfisiar → ASFIXIAR.

ay. 1. Construcción: *¡ay* DE *mí!; ¡ay* DE *los vencidos!* **2.** Usado como nombre, su plural es *ayes.*

Ayala. La ciudad alavesa que en vascuence se escribe con la grafía *Aiala* tiene en castellano la forma *Ayala,* y es esta la que debe usarse cuando se escribe en español.

ayatolá. 'Dirigente religioso chiita, en el Irán'. La forma *ayatolá,* adoptada por la Academia, es buena transcripción española del persa *ayatollah.* Como plural se usa *ayatolás.*

Áyax. Nombre de dos héroes de la guerra de Troya. Lleva acento en la primera sílaba; no es *Ayax,* /ayáks/.

ayer. 1. *Ayer mañana, ayer tarde* son construcciones frecuentes en el lenguaje periodístico en las que la concisión —al abreviar los sintagmas *ayer por la mañana* y *ayer por la tarde*— ha convertido en adverbios los nombres *mañana* y *tarde,* dándoles el valor (no recogido en los diccionarios) de 'por la mañana' y 'por la tarde'. Ambas construcciones (de origen francés: *hier matin, hier soir)* parecen útiles y deben darse por buenas. Por otra parte, no son nuevas: «*No guardas rencor / por la broma que gasté / ayer mañana, ¿verdad?*» (Bretón, *Editor responsable,* 165); «*ayer mañana hizo ocho días que caímos mi borrico y yo en poder de unos ladrones*» (Alarcón, *Historietas,* 130); «*Ayer tarde la vi otra vez*» (Galdós, *Incógnita,* 201). **2.** En cambio, *ayer noche,* creada a imagen de las anteriores, sustituye sin ventaja, y con la desventaja de la mayor longitud, al adverbio *anoche.* Tampoco es uso reciente: «*—Otro igual tenía ayer la sueca. —¿Ayer noche? —preguntó Pilar*» (Pardo Bazán, *Viaje,* 202).

ayudante. 'Persona que realiza trabajos auxiliares'. El femenino es igual que el masculino, *la ayudante;* salvo cuando se trata de oficios manuales, en que es *la ayudanta:*

«*Cortefiel precisa oficialas y ayudantas mo-distas*» *(Abc, 13.1.1963, 63).*

ayudar. Construcción: *ayudar a alguien* EN *un trabajo; ayudar a alguien* A *hacerlo.*

ayuntamiento. El nombre gallego *concello* y el catalán y valenciano *ajuntament* son en castellano *ayuntamiento,* y es esta la forma que debe usarse cuando se habla o escribe en español. (Existe también la palabra tradicional *concejo,* hoy poco usada.) En los periódicos de las respectivas comunidades autónomas publicados en castellano se encuentran con frecuencia las citadas formas en textos redactados en esta lengua *(«El Concello hizo un llamamiento...», Voz,* 6.10.1996, 48). Son nombres comunes y tienen traducción exacta.

-az. Sufijo de adjetivos que denota cualidad: *voraz, fugaz, rapaz;* va con nombre en *agraz.* Combinado con *-ario (-ar-)* da el sufijo *-araz: lenguaraz, montaraz.*

azarar. En el *Diccionario* de la Academia, los verbos *azarar* y *azorar* son parcialmente sinónimos, pues coinciden en el sentido de 'conturbar, sobresaltar'. *Azarar* tiene los sentidos específicos de 'avergonzar' y —en la forma pronominal, *azararse*— 'ruborizarse, sonrojarse'. El sentido particular de *azorar* —'irritar, encender, infundir ánimo'— no está en uso hoy. Las mismas coincidencias y diferencias que hay entre los dos verbos existen entre los nombres de acción correspondientes, *azaramiento* y *azoramiento,* así como en los adjetivos *azarante* y *azorante.*

Azorar se usa casi exclusivamente en la lengua literaria, mientras la lengua general prefiere *azarar:* «*¿Hay algo más azarante, más molesto, más prosaico, que el turista?*» (Unamuno, *Andanzas,* 37); «*La chica está azarada*» (Cela, *Alcarria,* 112).

Azcoitia. La ciudad guipuzcoana que en vascuence se escribe con la grafía *Azkoitia* tiene en castellano la forma *Azcoitia,* y es esta la que debe usarse cuando se escribe en español.

Azerbaiyán. Estado del Cáucaso. Es preferible esta grafía a las de *Azerbaidján* y *Azerbaiján.* Como adjetivos derivados se usan *azerbaiyano* y *azerí.*

Debe advertirse que la *z* que aparece en las adaptaciones españolas de muchos nombres rusos *(Azerbaiyán, Kazakstán / Kazajstán / Kazajistán, Kirguizistán, Uzbekistán,* etc.), y

en los derivados de ellos, es transcripción errónea de un sonido [s] sonora, y que la forma más adecuada sería por tanto *s (Aserbaiyán, Kasakstán / Kasajstán / Kasajistán, Kirguisistán, Usbekistán,* etc.). Recordemos que la traducción directa del ruso al español hecha por Cansinos Assens de la novela que tradicionalmente conocemos como *Los hermanos Karamazov* se titula *Los hermanos Karamásovi.*

Sin embargo, lo más conveniente, por razones prácticas, es atenerse en general al uso más extendido y aceptar la *z* en todas esas palabras.

-azgo. Sufijo de sustantivos. En derivados de nombres significa cargo o estado: *almirantazgo, noviazgo;* o tributo: *portazgo.* En derivados de verbos significa acción: *hallazgo.*

azimut → ACIMUT.

Azkoitia → AZCOITIA.

azo-. Forma prefija de *ázoe: azobenceno.*

-azo. Sufijo de nombres y adjetivos, cuya forma femenina es *-aza.* Tiene significado aumentativo: *hombrazo;* despectivo: *sangraza;* aumentativo y despectivo: *animalazo;* significa golpe: *trompazo, garrotazo;* significa origen: *linaza.*

Combinado con *-ón,* da *-onazo: aguzonazo;* con *-ote,* da *-otazo: picotazo.*

-azón → -ÓN.

azoramiento, azorante, azorar → AZARAR.

azúcar. Puede ser masculino o femenino, *el azúcar, la azúcar.* Es más general usarlo como masculino: *azúcar refinado, azúcar moreno;* «*El azúcar lo traía en un papel*» (Baroja, *Románticos,* 83). Un ejemplo de uso femenino: «*La azúcar del malvavisco, / la menta del mar sereno, / y el humo azul del benjuí*» (Alberti, *Antología,* 43).

En plural es, casi sin excepción, de género masculino: *los azúcares finos.*

Curiosamente, es muy frecuente que en singular vaya acompañado a la vez de artículo masculino y adjetivo femenino: «*Con lo cara que está el azúcar*» (Zamora, *Traque,* 13); «*No vamos a obtener el azúcar necesaria*» (J. M. de Bedoya, *Pueblo,* 14.12.1964, 3); «*El precio del pan común subirá un 6,40%, y el del azúcar blanquilla un 7,7%*» *(País,* 18.7.1984, 49). Cf. Fernández Ramírez, § 91.

Otra anomalía gramatical de este nombre es la formación de su diminutivo. Frente a la formación lexicalizada *azucarillo*, 'masa de almíbar con clara de huevo y zumo de limón', y a la forma venezolana *azucarita* citada por Rosenblat *(Palabras,* II, 133) —construidas ambas regularmente—, el diminutivo corriente es *azuquítar,* junto a un diminutivo regional *azuquita.*

azumbre. 'Medida de capacidad'. Puede usarse como femenino, *la azumbre;* o como masculino: *«Qué era un azumbre»* (Zamora, *Traque,* 315).

b

b. **1.** Segunda letra del alfabeto. Corresponde al fonema consonante /b/, que tiene dos realizaciones: fricativa y oclusiva. En la fricativa, los labios se aproximan mucho sin llegar a tocarse, dejando pasar el aire sin interrupción. Mientras dura esta articulación, hay vibración de las cuerdas vocales. Es, pues, una consonante bilabial sonora.

2. La articulación oclusiva se produce cuando el fonema va en posición inicial de frase (después de pausa) o bien detrás de una consonante /m/ o /n/: los labios llegan a juntarse igual que en la /p/, sin que por ello deje de existir la misma sonoridad (vibración) que en la articulación fricativa. Únicamente en las circunstancias indicadas se articula /b/ de forma oclusiva; en todos los demás casos es anormal tal pronunciación, y choca al oído de cualquier hispanohablante nativo. Precisamente la pronunciación fricativa de /b/ —como la de /d/ y /g/— es una de las peculiaridades fonéticas del español.

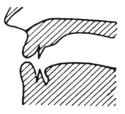

Articulación de /b/
fricativa

3. La /b/ seguida de /s/ y otra consonante presenta una marcada tendencia a desapare-

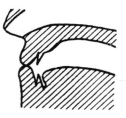

Articulación de /b/
oclusiva

cer, como lo refleja la ortografía: *suscripción, sustancia, sustantivo* se escriben hoy con mucha más frecuencia que *subscripción, substancia, substantivo. Oscuro* ya nunca se escribe *obscuro.* Sin embargo, no se admite la supresión en muchos otros casos: *obstáculo, obstruir, obsceno, abstracto, abstruso, absceso, abscisa, abstemio, abstener.*

4. El fonema /b/ se representa en la escritura por *b* o *v: caballo, robo, libro, vida, servir, leve.* Es un error todavía extendido suponer que estas dos letras responden, como en otros idiomas, a dos fonemas diferentes: según algunos, la letra *v* tendría una pronunciación labiodental, o sea, producida por el paso del aire rozando entre el labio inferior y los dientes superiores. Esta pronunciación (semejante a la de /f/, pero con vibración de las cuerdas vocales) no se da espontáneamente, dentro del dominio del español, más que en algunas zonas de la región levantina, debido a la influencia de la lengua regional. (→ v.)

5. Ortografía del fonema /b/. El fonema /b/ se representa por la letra *b* en los siguientes casos:

a) Los verbos terminados en *-bir: escribir, recibir, subir.* Excepciones: *hervir, servir, vivir.*

b) Los verbos terminados en *-aber: caber, saber.* Excepción: *precaver.*

c) Los verbos terminados en *-buir: atribuir, imbuir.*

d) Las terminaciones de pretérito imperfecto del indicativo de los verbos de la primera conjugación *(-ar): cantaba, estábamos.*

e) El pretérito imperfecto de indicativo del verbo *ir: iba, ibas,* etc.

f) Las palabras que comienzan por el prefijo *bi-, bis-, biz-* ('dos veces'): *bifocal, bifurcación, bisabuelo.*

g) Las palabras compuestas cuyo primer elemento es *bien* o su forma latina *bene: benefactor, bienaventuranza.*

h) Las palabras que empiezan por *bibl-,* o por las sílabas *bu-, bur-, bus-: biblioteca, burla, busto.*

i) Los adjetivos terminados en *-bundo, -bunda,* y los sustantivos en *-bilidad: vagabundo, debilidad.* Excepciones: *movilidad, civilidad.*

j) El fonema /b/ en final de sílaba o de palabra, o antes de otra consonante: *absurdo, obtuso, baobab, ablativo.* Hay que poner *b,* y no *v,* detrás de la letra *m: cambio.* Para la grafía *v,* → v.

6. El nombre de la letra *b* es *be* (femenino). Su plural es *bes.* Sobre el nombre *be larga,* → v.

babel. Como nombre común, con el significado de 'desorden y confusión', puede ser masculino o femenino: *un babel* o *una babel.*

baby. En España se usa esta palabra inglesa, pronunciándola /bábi/, en lugar del clásico *delantal* o bata de tela lavable que usan los niños para proteger la ropa. La Academia registra esta voz con la grafía *babi.*

bacarrá. 'Juego de naipes, de azar'. La Academia recoge las formas *bacará* y *bacarrá,* dando preferencia a la primera; la segunda, sin embargo, es la más usual. No es

necesario emplear la grafía francesa *baccara.* Y debe rechazarse *baccarat,* que carece de justificación.

Bach. El nombre del célebre músico alemán se pronuncia /baj/; no /bach/ ni /bak/, como dicen algunos locutores, incluso en programas de música clásica.

bacili-. Forma prefija del latín *bacillus,* 'bastón': *baciliforme.*

bacterio-, bacteri-. Formas prefijas de *bacteria: bacteriólogo, bactericida.*

Bahamas. Como adjetivos derivados de este topónimo pueden utilizarse *bahamés* o *bahameño.*

Bahráin. Estado del Golfo Pérsico. Esta forma, con vocal *a* en la segunda sílaba, es la que usa el arabista Julio Cortés *(Dicc. árabe,* xv). Algunos proponen *Bahrein,* forma también aceptable si se escribe con tilde, *Bahréin,* como corresponde a su pronunciación aguda. Deben, pues, considerarse válidas las dos formas, *Bahráin* y *Bahréin.* Sus adjetivos derivados son *bahrainí* y *bahreiní.*

bailar. 1. Conjugación: la segunda vocal del grupo /ai/ siempre se combina formando diptongo con la vocal precedente, es decir, articulándose ambas dentro de una sola sílaba. (Véase cuadro.)
2. Construcción: *bailar* CON *Juana.*

Baiona → BAYONA.

bajá. 1. En Turquía, antiguamente, 'hombre que tenía un mando superior'; modernamente es título honorífico. La Academia acoge hoy también la forma *pachá,* tomada del francés. Es preferible, sin embargo, utilizar la forma tradicional, excepto en la locución *vivir como un pachá,* 'vivir con regalo y opulencia'. A veces aparece una forma *pasha,* que es inglesa: «*Sinan Pasha*» (Muñoz, trad. Lewis, *Carlos de Europa,* 146), y que debe ser sustituida por la española.
2. El plural de *bajá* es *bajaes.* Sin embargo, la Academia *(Esbozo,* § 2.3.3) dice que es más frecuente *bajás.*

bajamar. 'Nivel inferior que alcanza el mar al final del reflujo'. El género de este nombre es femenino: *la bajamar* (→ MAR).

bajar. Construcción: *bajar* A *la cueva; bajar* DE *la torre; bajar* POR *la escalera.*

CONJUGACIÓN DEL VERBO «BAILAR»

(tiempos simples)

INDICATIVO

Pres. bailo, bailas, baila, bailamos, bailáis, bailan /bái.lo, bái.las, bái.la, bai.lá.mos, bai.láis, bái.lan/.
Pret. impf. bailaba, bailabas, bailaba, etc. /bai.lá.ba, bai.lá.bas, bai.lá.ba/, etc.
Pret. indef. bailé, bailaste, bailó, etc. /bai.lé, bai.lás.te, bai.ló/, etc.
Fut. impf. bailaré, bailarás, bailará, etc. /bai.la.ré, bai.la.rás, bai.la.rá/, etc.
Pot. simple bailaría, bailarías, bailaría, etc. /bai.la.rí.a, bai.la.rí.as, bai.la.rí.a/, etc.

SUBJUNTIVO

Pres. baile, bailes, baile, bailemos, bailéis, bailen /bái.le, bái.les, bái.le, bai.lé.mos, bai.léis, bái.len/.
Pret. bailara o -se, bailaras o -ses, bailara o -se, etc. /bai.lá.ra, bai.lá.se; bai.lá.ras, bai.lá.ses; bai.lá.ra, bai.lá.se/, etc.
Fut. impf. bailare, bailares, bailare, etc. /bai.lá.re, bai.lá.res, bai.lá.res/, etc.

IMPERATIVO

baila, baile, bailad, bailen /bái.la, bái.le, bai.lád, bái.len/.

FORMAS NO PERSONALES

Inf. bailar /bai.lár/.　　　　*Ger.* bailando /bai.lán.do/.　　　　*Part.* bailado /bai.lá.do/.

bajo. 1. Como adjetivo de dos terminaciones *(bajo, baja)* tiene una forma comparativa *inferior* que solo se usa para algunos de los sentidos de *bajo:* 'situado debajo' y 'escaso o de poca entidad'. Para otras acepciones —como 'de poca estatura'— se usa exclusivamente la construcción *más bajo.* Se dice, pues, *el piso inferior* (también podría ser *el piso más bajo), la calidad es inferior* (o *más baja); pero El otro hermano es más bajo* (decir, en este caso, *inferior* significaría que está por debajo cualitativamente con respecto a sus hermanos). *Más bajo* se construye con *que: Es más bajo* QUE *su hermano;* pero *inferior* se construye con *a: La calidad de este zapato es inferior* A *la de aquel.* (Enteramente anormales son ejemplos como este: *«La propensión media a ahorrar es sin duda inferior en España* QUE *en otros países europeos»,* Prados, *Sistema,* 205.) Es popularismo usar la forma *inferior* precedida del adverbio *más: La calidad es más inferior.* **2.** El superlativo del adjetivo *bajo* es *bajísimo,* para todos los sentidos. Existe también una forma latinizante *ínfimo,* exclusiva-

mente para los sentidos en que se puede usar *inferior* (→ 1): *Unos zapatos de calidad ínfima.* Esta forma es principalmente culta y tiene un significado enfático especial: 'extremadamente bajo'. El predominio del valor expresivo sobre la noción superlativa lleva en ocasiones a la anteposición de *más: «Amén de otros muchos de orden más ínfimo, tres bailes dominaban en Madrid»* (Díaz-Cañabate, *Taberna,* 211); *«¿Tienen también alma los elementos más ínfimos, como los microbios?»* (Ya, 8.11.1962, 12). Pero no es uso recomendable.

3. Aparte de adjetivo, esta palabra puede ser adverbio y preposición. Como adverbio, su uso actual más frecuente es con el sentido de 'en voz baja': *Habla más bajo.* Es rústico (a veces literario) el sentido 'abajo': *Vive allí bajo; «La oía un momento, allí bajo»* (Azorín, *Confesiones,* 132).

4. Como preposición (con pronunciación átona), denota posición inferior con respecto a lo designado en el nombre que sigue. En sentido figurado significa 'sometiéndose a': *Lo hizo bajo ciertas condiciones;* o

CONJUGACIÓN DEL VERBO «BALBUCIR»

(tiempos simples)

INDICATIVO

Pres. balbuces, balbuce, balbucimos, balbucís, balbucen.
Pret. impf. balbucía, balbucías, etc.
Pret. indef. balbucí, balbuciste, balbució, etc.
Fut. impf. balbuciré, balbucirás, etc.
Pot. simple balbuciría, balbucirías, etc.

SUBJUNTIVO

Pres. Carece.
Pret. impf. balbuciera o balbuciese, balbucieras o -ses, etc.
Fut. impf. balbuciere, balbucieres, etc.

IMPERATIVO

balbuce, balbucid.

FORMAS NO PERSONALES

Inf. balbucir.   *Ger.* balbuciendo.   *Part.* balbucido.

'en la época de': *España bajo los Borbones.* En la lengua literaria se usa también —solo con el primer sentido— la locución prepositiva *bajo de: «Y he venido a vivir mis días / aquí, bajo de tus pies blancos»* (Mistral, *Desolación*, 33).

5. *Bajo la base de* es evidente confusión; debe decirse *sobre la base de*.

6. *Bajo el punto de vista* no es construcción tan descabellada como algunos creen (la usaba como normal el ilustre gramático Andrés Bello: *«Clasificaremos, pues, los verbos bajo otro punto de vista»,* Gramática, § 770); pero la norma actual prefiere *desde el punto de vista.*

7. *Bajo demanda, bajo encargo,* fórmulas usadas por algunos comerciantes *(«Extenso programa de modelos normalizados. Tipos especiales bajo demanda»,* Guía telef., 20), son calco del francés; en español se dice *a petición* y *por encargo.*

8. *Bajo el prisma de:* → PRISMA.

9. Alfaro cita algunos usos inadecuados, en el español de América, por influjo del inglés, de la preposición *bajo* en lugar de *conforme a, con arreglo a, al amparo de,* según los casos: *«El infractor debe sufrir prisión bajo el artículo 251 del Código Penal»; «El*

demandante reclamaba sus derechos bajo su patente de invención»; «Bajo el artículo 21 del Pacto, el alcance legal internacional de la Doctrina Monroe se extendió».

bajorrelieve. 'Obra esculpida cuyas figuras resaltan poco del plano'. Aunque es más usual *bajorrelieve* (plural *bajorrelieves)* que *bajo relieve* (plural *bajos relieves),* no por ello debe rechazarse esta segunda forma. Las dos figuran en el *Diccionario* académico (si bien la Academia prefiere todavía *bajo relieve).*

Bakio → BAQUIO.

baladí. 'Trivial'. Su plural es *baladíes.*

baladronada. 'Fanfarronada'. Es vulgarismo la forma *balandronada,* que a veces ha pasado a textos literarios.

balaustre. La Academia admite las dos acentuaciones *balaustre* /baláustre/ y *balaústre;* pero es preferible la primera, a pesar de este ejemplo de Gerardo Diego: *«Azules en las maderas, / cuarterones, balaústres / de parroquias, jambas, ménsulas» (Segunda antología,* 24).

balbucir. Verbo defectivo. (Véase cuadro.) No se usa en la primera persona del singular del presente de indicativo ni en el presente de subjuntivo. Todas estas formas se suplen con las del verbo *balbucear,* que significa lo mismo y es hoy mucho más usado.

balde. No deben confundirse las locuciones *de balde* y *en balde,* aunque la Academia admita la equivalencia. *De balde* significa 'gratis'; en la construcción *estar de balde* equivale a 'de más, ocioso'. *En balde* significa 'en vano, inútilmente'.

Bâle → BASILEA.

Baleares. Aunque se haya declarado como nombre oficial para la comunidad autónoma de las Islas Baleares su denominación catalano-mallorquina *Illes Balears,* debe emplearse, siempre que se hable en español, el nombre de *Islas Baleares.*

ballet. Este nombre francés, masculino, se pronuncia /balé/; en plural es *ballets,* /balés/. Como no tiene sustituto en español y es palabra necesaria y de uso normal, hay que darla por buena. En 1992 la Academia la incluyó en su *Diccionario,* aunque sin advertir nada sobre la pronunciación.

balompié. Este nombre se creó alrededor de 1920 para sustituir al inglés *football;* pero, impuesto este en la forma *fútbol* (→ FÚTBOL), *balompié* ha quedado reducido a un uso «literario», como mera variante estilística de *fútbol.* Lo mismo ocurre con el adjetivo derivado *balompédico* frente al usual *futbolístico.*

baloncesto. Este es el nombre español del deporte que en inglés se llama *basket-ball* (o *basketball).* En algunos países americanos se prefiere el nombre inglés, a veces someramente españolizado con la grafía *basquetbol.* También en España, en un nivel coloquial, se usa el nombre *basket* y se llama *basquetista* al jugador (que, de acuerdo con el sistema de la lengua, es *baloncestista).*

balonmano. Este es el nombre español del deporte llamado en inglés *handball.*

balonvolea. Este es el nombre que se ha dado en español (escrito sin guión en medio y sin tilde en la primera *o)* al deporte cuyo nombre inglés es *volley-ball.* Pero también existe, registrado por la Academia, *voleibol.*

bambú. Su plural es, según la norma general, *bambúes;* pero existe la forma *bambús,*

que aparece en Miró (cit. Fernández Ramírez, § 93) y que es registrada por la Academia al lado de la anterior *(Esbozo,* § 2.3.3). La primera forma es la preferida en el uso culto.

banda. En cine se distingue entre *banda sonora,* o *de sonido,* 'la que contiene registrados todos los acompañamientos sonoros de las imágenes: música, diálogos, efectos sonoros', y *banda internacional,* 'banda de sonido sin diálogos utilizada en el posterior doblaje del filme a diferentes lenguas' (Cebrián). Esta última denominación corresponde, a pesar de la apariencia, al inglés *sound track.*

bandolina. 'Instrumento musical de cuerda'. También se usa la forma *mandolina.*

Bangladesh. Estado de Asia, antes llamado Pakistán Oriental. No debe usarse la grafía en dos palabras, *Bangla Desh.* El adjetivo derivado es *bangladeshí.* En algunos periódicos se usa como adjetivo *bangladesí,* que sería perfecto si previamente se hubiese convenido en una españolización —a la que no se ha llegado, pero que sin duda sería muy plausible— del nombre propio en la forma *Bangladés.*

banjo. «*Sobre la mesa hay un instrumento musical, algo así como un banjo, hecho con una cacerola de hierro cruzada por tres cuerdas*» (Mallea, *Cuentos,* 14). Es frecuente pronunciar el nombre de este instrumento de jazz más o menos como en inglés: /bányo/. Puede muy bien españolizarse diciendo *banjo,* con la *j* nuestra, o *banyo,* reflejando la pronunciación habitual. La Academia recoge las dos formas.

bantú. 'De un grupo de pueblos africanos'. Es palabra aguda; evítese, pues, la pronunciación /bántu/. El plural normal es *bantúes,* aunque la Academia *(Esbozo,* § 2.3.3) también recoge la forma *bantús.*

banyo → BANJO.

Banyoles → BAÑOLAS.

baño. Calentar al *baño de María* o al *baño María* son expresiones igualmente admitidas. Hoy parece más corriente la segunda forma —que ya se encuentra registrada en la primera mitad del siglo XVII (cf. Corominas)—, si bien la otra es la más antigua y la más próxima a la probable etimología: *Ma-*

ría, hermana de Moisés, a la que se atribuían obras de alquimia.

Bañolas. La ciudad gerundense que en catalán tiene el nombre de *Banyoles* se denomina en castellano *Bañolas*, y es esta la forma que debe usarse cuando se habla o escribe en español.

baobab. 'Cierto árbol tropical'. Su plural es *baobabs*.

Baquio. La ciudad vizcaína que en vascuence se escribe con la grafía *Bakio* tiene en castellano la forma *Baquio*, y es esta la que debe usarse cuando se escribe en español.

Baracaldo. La ciudad vizcaína que en vascuence se escribe con la grafía *Barakaldo* tiene en castellano la forma *Baracaldo*, y es esta la que debe usarse cuando se escribe en español.

barajar. Aparte del sentido propio de 'mezclar entre sí (las cartas de la baraja) antes de repartirlas', existe un uso figurado, 'manejar (diversas cifras, datos, nombres, posibilidades) en un estudio o una exposición': *Los nombres que se barajan para la Dirección General.* Se ve claramente la metáfora en que los nombres, los datos, etc., son sentidos como naipes que se mezclan unos con otros antes de entrar en el juego y empezar a ser seleccionados por el jugador. Por eso resulta desacertado utilizar el verbo *barajar* simplemente como 'considerar', referido a un solo objeto, como en estos ejemplos: *«Los bancos acreedores de UCD barajan la hipótesis de la autodisolución del partido» (País,* 21.11.1982, 1); *«Se baraja .. el hecho de que en la Costa del Sol .. haya cada día más residentes vascos» (Diario 16,* 3.6.1983, 48).

Barakaldo. → BARACALDO.

bari-. Forma prefija del griego *barys,* 'pesado': *barisfera, barítono.*

barman. 'Encargado o empleado de un bar'; en sentido más restringido, 'especialista en hacer cócteles'. El plural más frecuente en España es *barmans,* aunque también se usa a veces el plural inglés *barmen.* Si la palabra se considera todavía extranjerismo no arraigado, debería emplearse su plural auténtico, *barmen.* Si se considera necesaria en español y se adopta como normal, debería emplearse la forma española de plural, que sería *bármanes.*

baro-. Forma prefija del griego *báros,* 'peso': *barómetro.*

base. 1. No conviene usar este nombre por *basa,* término de arquitectura: 'asiento sobre el que se pone la columna o la estatua', a pesar de que el uso esté registrado por la Academia.
2. *A base de,* locución prepositiva que denota elemento constitutivo principal: *«Su fe es una fe a base de incertidumbre»* (Unamuno, *Sentimiento,* 820). Es popular, aunque a veces pase a la lengua común, el uso de construcciones en que la locución se antepone, no a un nombre, sino a un adverbio: *a base de bien;* o a un adjetivo: *Quiero una cosa a base de barato.*
3. *En base a,* locución prepositiva, 'basándose en': *«En base a estos hechos, la acusación pública .. estimó que aquellos eran constitutivos de un delito de parricidio» (Ya,* 25.10.1962, 13). Aunque es usual en el lenguaje forense, del cual ha pasado a otros ámbitos (ejemplo: *«La diferenciación de juegos y juguetes en base al sexo»,* B. Carrasco, *País,* 10.5.1978, 28), lo normal es decir *sobre la base de* o *basándose en.*
4. *Bajo la base de:* → BAJO, 5.

baseball → BÉISBOL y PELOTA.

Basilea. La ciudad suiza de *Basel* (en alemán) o *Bâle* (en francés) se llama en español *Basilea.*

Basílides. 1. Nombre de un filósofo alejandrino del siglo II. Aunque esta es la forma generalizada, debería ser palabra llana, *Basílides* (Fernández Galiano).

basket, basketball, basquetbol, basquetista → BALONCESTO.

bastar. Construcción: *bastar* PARA (O A) *contenerlos; basta* CON *eso; basta* DE *discusiones.*

bastidor. (También *autobastidor.*) 'Conjunto formado por el armazón que soporta la caja y por el motor y las ruedas de un vehículo automóvil'. Es el nombre español que corresponde al inglés *chassis* y al francés *châssis.* Por también se usa el nombre *chasis* (masculino) que, además de *bastidor,* figura en el *Diccionario* de la Academia.

Basutolandia. Nombre antiguo de Lesoto, estado de África. El adjetivo derivado es *basuto.*

batallar. Construcción: *batallar* CON *los enemigos; batallar* POR *conseguirlo.*

batir. *Batir el récord:* → MARCA.

Bayona. La ciudad pontevedresa que en gallego se escribe con la grafía *Baiona* tiene en castellano la forma *Bayona,* y es esta la que debe usarse cuando se escribe en español.

bayonesa → MAYONESA.

Bayreuth. El nombre de esta ciudad alemana se pronuncia /báiroit/; no /báirut/, /báiruz/ ni /béirut/, como se oye no pocas veces en las emisoras de radio, con posible confusión, para el oyente, con *Beirut,* /beirút/, capital del Líbano.

Bearne. Región francesa. Se nombra siempre con artículo: *el Bearne.*

beber. Construcción: *beber* A *la salud de los presentes; beber* DE o EN *una fuente.*

bechamel → BESAMEL.

Bechuanalandia, bechuano → BOTSUANA.

begonia. 'Cierta planta de origen americano'. Es equivocada la forma *begoña* que algunos usan, sin duda influidos por el nombre propio *Begoña:* «Olía ya a begoñas, a pinos, a azahar» (García Hortelano, *Tormenta,* 15).

behaviorismo → CONDUCTISMO.

beige. Adjetivo aplicado generalmente a ropas y tejidos: 'de color café con leche o castaño claro'. Es palabra francesa muy usada en español, casi siempre con la pronunciación /béis/. La Academia registra la palabra en su grafía francesa, *beige,* y en la españolizada *beis,* dando preferencia a la primera. Es invariable en género y número: *pantalón beige* (o *beis*), *camisa beige* (o *beis*), *prendas beige* (o *beis*).

Beijing → PEKÍN.

Beirut. El nombre de la capital del Líbano se pronuncia en español /beirút/. No debe emplearse la grafía francesa *Beyrouth.*

beis → BEIGE.

béisbol. El deporte llamado en inglés *baseball* se llama en español con el nombre *béisbol* —que en algunos países de América alterna con *beisbol,* agudo—. Se intentó traducirlo, con poco éxito, como *pelota base* (→ PELOTA).

beldar. Verbo irregular. Se conjuga como *cerrar* [6].

Belice. El estado de América Central —antigua Honduras Británica— que en inglés se llama *Belize* tiene en español el nombre *Belice.* El adjetivo derivado es *beliceño.*

Belmez. Nombre de una población de la provincia de Córdoba. Es palabra aguda; por tanto, se pronuncia /belméz/, no /bélmez/. Un texto del siglo XV *(Cancionero de Baena,* 149c), en que este nombre aparece rimando con *axedrez,* atestigua ya la pronunciación aguda.

bendecido. *Bendecido* y *bendito: Bendecido* se utiliza como participio en la formación de los tiempos compuestos y de la pasiva de *bendecir: he bendecido, fue bendecido. Bendito* se usa exclusivamente como adjetivo: *agua bendita, el bendito niño.*

bendecir. Verbo irregular. Se conjuga como *decir,* salvo en futuro imperfecto, potencial simple, imperativo y participio. (Véase cuadro.) Sobre el participio, → BENDECIDO.

bendito → BENDECIDO.

beneficiar. **1.** Se conjuga, en cuanto al acento, como *cambiar* [1 a]. **2.** Construcción: *beneficiar una mina; beneficiarse* DE *la situación.*

benéfico. El superlativo —poco usado— de este adjetivo es *beneficentísimo.*

benemérito. Construcción: *benemérito* DE *la patria.*

benévolo. Su superlativo es *benevolentísimo* (que también lo es de *benevolente*).

Benicásim. La ciudad castellonense que en catalán y valenciano se escribe con la grafía *Benicàssim* tiene en castellano la forma *Benicásim,* y es esta la que debe usarse cuando se escribe en español.

Benín. Estado de África occidental, antes llamado Dahomey. Algunos lo llaman *Benin;* ignoro el fundamento de esta acentuación grave, pues incluso en inglés este nombre se pronuncia con acento en la última sílaba. El adjetivo derivado es *beninés.*

benjuí. 'Bálsamo aromático'. Su plural es *benjuís.*

CONJUGACIÓN DEL VERBO «BENDECIR»

(tiempos simples)

INDICATIVO

Pres. bendigo, bendices, bendice, bendecimos, bendecís, bendicen.
Pret. impf. bendecía, bendecías, bendecía, bendecíamos, bendecíais, bendecían.
Pret. indef. bendije, bendijiste, bendijo, bendijimos, bendijisteis, bendijeron.
Fut. impf. bendeciré, bendecirás, bendecirá, bendeciremos, bendeciréis, bendecirán.
Pot. simple bendeciría, bendecirías, bendeciría, bendeciríamos, bendeciríais, bendecirían.

SUBJUNTIVO

Pres. bendiga, bendigas, bendiga, bendigamos, bendigáis, bendigan.
Pret. impf. bendijera o bendijese, bendijeras o -ses, bendijera o -se, bendijéramos o -semos, bendijerais o -seis, bendijeran o -sen.
Fut. impf. bendijere, bendijeres, bendijere, bendijéremos, bendijereis, bendijeren.

IMPERATIVO

bendice, bendiga, bendecid, bendigan.

FORMAS NO PERSONALES

Inf. bendecir.   *Ger.* bendiciendo.   *Part.* bendecido.

---

berbiquí. Su plural es *berbiquíes,* aunque existe la forma popular *berbiquís,* usada por Azorín (cit. Fernández Ramírez).

beréber. 'De Berbería'. La Academia registra las formas *beréber, bereber* y *berebere,* pero señala que es preferible la primera. El plural de esta es *beréberes;* de las otras dos, *bereberes.*

Bergara → VERGARA.

besamel. La salsa blanca cremosa llamada *bechamel* (nombre francés) se llama en español *besamel* o *besamela,* y también *bechamel* pronunciado a la española: /bechamél/. El género es siempre femenino.

besar. Construcción: *besar* EN *la frente.*

best-seller. 'Libro de gran venta'. También escrito *best seller* (la grafía *bestseller* no se usa en inglés). Es voz inglesa difundida en todo el mundo, y que en España se suele pronunciar /bes-séler/. Su plural es *best-sellers* (o *best sellers*). Como traducción española, Emilio Lorenzo propuso *éxito editorial (Español,* 171). Otros proponen *superventas* (término ya arraigado con referencia a los discos) o *éxito de ventas.* Las listas de estos

best-sellers publicadas en los periódicos los llaman *libros de mayor venta,* y esta parece, para el plural, la solución más práctica. La Academia ha optado por introducir en su *Diccionario* la forma cruda, *best-séller,* sin más indicación sobre su pronunciación que la tilde de la segunda sílaba.

Beyrouth → BEIRUT.

Bhután → BUTÁN.

bi-. Prefijo latino que significa 'dos': *bifocal, bifronte.* También aparece en las formas *bis-* y *biz-: bisojo, biznieto.*

bibelot. 'Figurilla'. Pronunciación corriente /bibeló/; plural, *bibelots,* /bibelós/. Es palabra francesa (nombre masculino) que no suele traducirse, aunque puede muy bien decirse *figurilla.*

biblio-. Forma prefija del griego *biblíon,* 'libro': *biblioteca, bibliografía.*

bicefalia. 'Cualidad de bicéfalo'. No es *bicefalía* (→ -CEFALIA).

bidé. 'Aparato del cuarto de baño, para higiene íntima'. La Academia incluye en su *Diccionario,* bajo la forma *bidé* (nombre masculino; plural, *bidés*), la palabra francesa *bidet*, que con su grafía original —pronunciación /bidé/— se usaba corrientemente. Es preferible utilizar la forma propuesta por la Academia.

biempensante. Adjetivo que frecuentemente se sustantiva, 'conformista o conservador'. Como adaptación española del francés *bien-pensant* se emplea bastante y puede considerarse aceptable. Pero no debe escribirse *bien pensante* ni *bienpensante* (la ortografía española no admite *n*, sino *m*, ante la letra *p*).

bien. 1. Adverbio de modo: *Todo ha salido bien.* Su comparativo de superioridad es *mejor* (no *más bien*): *Todo ha salido mejor de lo que esperábamos.* El superlativo relativo es *lo mejor: Hazlo lo mejor que puedas;* el absoluto es *muy bien* u *óptimamente,* pero esta última forma es de uso exclusivamente literario y poco frecuente.

El adverbio comparativo *mejor,* como todos los adverbios, es invariable. Ejemplos como estos: *«Los nuevos montajes de sismógrafos .. sitúan estos observatorios entre los mejores dotados de Europa» (Alcázar,* 17.9.1962); *«Sus fuerzas armadas siguen siendo las mejores adiestradas del Oriente Medio» (Abc,* 11.10.1973, 25), son anormales; en ellos quiso decirse *los mejor dotados* y *las mejor adiestradas,* respectivamente.

Más mejor es redundancia vulgar por *mejor,* simplemente.

2. Adverbio de cantidad: *Ha cazado unas perdices bien hermosas.* Con este valor, *bien* equivale a *mucho,* pero posee un énfasis de que este carece. No se usa en forma comparativa ni superlativa.

3. Conjunción distributiva. También puede llamarse conjunción disyuntiva, porque su repetición delante de dos oraciones coordinadas distributivas denota una relación de disyunción: *Bien por mí mismo, bien por mi familia, no dejaré de hacer el encargo.* Puede precederle, para subrayar su carácter disyuntivo, la conjunción *o (bien... o bien...; o bien... o bien...).*

4. Adjetivo invariable: *niño bien, gente bien.*

5. *Bien que* y *si bien* son conjunciones de sentido concesivo ('aunque') y de uso exclusivamente literario: *«La marquesa, bien que no hubiera entendido, aprobó con vehemencia»* (Pérez de Ayala, *Prometeo,* 40); *Consiguieron la victoria, si bien las bajas*

fueron sensibles. Se pronuncia tónico el elemento *bien:* /bién-ke/, /si-bién/.

6. *Tener a bien,* 'estimar conveniente', lleva complemento sin preposición: *Tuvo a bien asistir al acto* (no «tuvo a bien *de*» ni «tuvo a bien *en*»).

7. *Bien entendido:* → ENTENDIDO, 1.

8. *Pues bien:* → PUES, 3.

bienpensante → BIEMPENSANTE.

bienquerer. Verbo irregular. Se conjuga como *querer* [23].

bienvenido. Como exclamación de saludo, suele escribirse en una sola palabra, aunque puede ponerse en dos, *bien venido.* Pero el nombre femenino *bienvenida,* 'recibimiento amable', solo se puede escribir en una palabra.

bife, biftec → BISTÉ.

bigudí. 'Utensilio para rizar el cabello'. Su plural es *bigudíes* o *bigudís* (Academia, *Esbozo,* § 2.3.3). La segunda forma es más usual: *«Ni bigudís ni nada»* (Martín Gaite, *Retahílas,* 143).

bikini. 'Conjunto femenino de baño'. La Academia acoge las grafías *bikini* y *biquini,* dando preferencia a la segunda, aunque la primera es la más usual, tanto en España como en América.

bilbaíno. Se pronuncia con acento en la /i/ última. La pronunciación /bilbáino/ es regional.

Bilbao. La capital de Vizcaya, que en vascuence tiene el nombre de *Bilbo,* se denomina en castellano *Bilbao,* y es esta la forma que debe usarse cuando se habla o escribe en español.

billón. 1. 'Un millón de millones'. Los traductores deben cuidar de no usar esta palabra para trasladar el inglés americano *billion,* que significa solo 'mil millones'.

2. Construcción: la misma que *millón* (→ MILLÓN).

3. Sobre la distinta naturaleza gramatical de *billón* frente a los numerales propiamente dichos, → NUMERALES, 3, y COLECTIVOS.

bimano. 'Que tiene dos manos'. La Academia registra las formas *bimano* y *bímano,* pero la más usual es la primera.

bimensual. Este adjetivo significa 'que se repite dos veces al mes'. No debe confundirse con *bimestral,* 'que se repite cada dos meses' o 'que dura dos meses'.

bio-, -bio. Formas prefija y sufija del griego *bíos,* 'vida': *biología, anfibio.*

biografiar. Se conjuga, en cuanto al acento, como *desviar* [1 c].

biquini → BIKINI.

Birmania. El Estado del sudeste de Asia que hoy se denomina oficialmente *Myanmar* y que en inglés se llama *Burma* tiene en español el nombre de *Birmania.*

bis- → BI-.

bisectriz. 'Recta que divide un ángulo en otros dos iguales'. Es nombre femenino, pero puede aparecer como adjetivo cuando se dice *recta bisectriz.* No puede usarse, sin embargo, como adjetivo masculino *(«Plano axial, que es el plano bisectriz del ángulo formado por los flancos»,* Bustinza-Mascaró, *Ciencias,* 375), pues la forma que le corresponde es *bisector.*

bisté. La Academia registra *bistec* y *bisté* como formas españolas del inglés *beefsteak* (en América, *biftec* y *bife).* Considera preferible la primera forma, cuyo plural es *bistecs* (*bisteques* se ha usado raramente; está, p. ej., en Pardo Bazán, *Viaje,* 158). El plural de la segunda forma es *bistés* (atestiguada, p. ej., en Camba, *Peseta,* 23, y Torrente, *Señor,* 298).

bisturí. 'Instrumento de cirugía para hacer incisiones'. Su plural normal es *bisturíes;* sin embargo, la Academia *(Esbozo,* § 2.3.3) dice que se usa *bisturís* «de modo casi exclusivo».

bíter. La Academia españoliza el inglés *bitter* en la forma *bíter* para designar el aperitivo amargo obtenido macerando diversas sustancias en ginebra.

biz- → BI-.

bizarro. El francés *bizarre* no equivale exactamente a *bizarro,* sino a *extravagante.* El significado tradicional del español *bizarro* es 'valiente'. Véase este texto de Pla: «*Una gran parte de los intelectuales argentinos .. lo calificaron [a Borges] de bizarro (en el sentido francés de la palabra), de extrava-*

gante, de marginal y separado» (Destino, 6.1.1973, 7). A veces encontramos también *bizarría* por *extravagancia:* «*El fervor genealogista conducía a bizarrías que no se pueden arrostrar»* (Lázaro, *Crónica,* 47).

Bizkaia → VIZCAYA.

blandir. Verbo defectivo. Se conjuga como *abolir.*

blanquecer. Verbo irregular. Se conjuga como *agradecer* [11].

blasfemar. Construcción: *blasfemar* CONTRA *Dios.*

blasonar. Construcción: *blasonar* DE *valiente.*

blasto-. Forma prefija del griego *blástos,* 'germen': *blastodermo.*

-ble. Sufijo de adjetivos derivados de verbos. Significa capacidad o aptitud para recibir la acción del verbo. Toma la forma *-able* cuando se aplica a verbos de la primera conjugación; *-ible,* cuando se aplica a verbos de la segunda o tercera: *recuperable, temible.*

blefaro-, blefar-. Formas prefijas del griego *blépharon,* 'párpado': *blefaritis.*

bleno-, blena-, blen-. Formas prefijas del griego *blénnos,* 'mucosidad': *blenorragia.*

blíster. 'Envase cerrado de plástico transparente y cartón'. Es *blíster* lo que se usa, no *blister,* como aparece en el *Diccionario* de la Academia. A pesar de ser voz de origen inglés, debe usarse en plural la forma española *blísteres.*

bloc. 'Cuaderno cuyas hojas se pueden desprender fácilmente'. La Academia le da el nombre de *bloque,* pero el uso general prefiere *bloc* (plural *blocs).* No debe emplearse la grafía *block.*

blof, blofeador, blofear, blofero, blofista → BLUFF.

blondo. Significa solamente 'rubio'. Es antiguo el error (ya aparece en Meléndez Valdés) de atribuirle el sentido de 'rizado, ondulado', tal, vez, como anota Cuervo *(Apuntaciones,* § 693), por influjo de *blonda,* 'encaje de seda', o de *onda.*

bloque → BLOC.

blue-jeans → VAQUERO, 2.

bluff. 'Ficción, falsa apariencia'; lo que en el lenguaje popular español se llamaría en muchos casos *farol.* En plural, *bluffs.* En nuestra pronunciación de este nombre inglés se vacila entre /bláf/ y la forma más españolizada /blúf/. Como la voz tiene cierta difusión y es breve y expresiva, no hay por qué oponerse a su uso. Parece preferible (a semejanza del caso de *club,* palabra adoptada ya hace dos siglos) decidirse por la segunda pronunciación. En algunos países americanos la españolización se ha hecho en la forma *blof* (cuyo plural será *blofes),* lo que ha permitido la formación de los derivados *blofear, blofeador, blofero* y *blofista* (cf. Alfaro).

boa. 'Serpiente americana'. Aunque la Academia da este sustantivo como femenino, también se usa (especialmente en América) como masculino. Los dos usos cuentan en su apoyo con testimonios de buenos escritores, y deben considerarse igualmente correctos. Parece preferible, sin embargo, el femenino, por ser el más acorde con la terminación (cf. Rodríguez Herrera, *Género,* § 361); es también el más antiguo.
En el sentido de 'prenda de piel o de pluma que usan las mujeres para adorno del cuello', es sustantivo masculino.

boca. *Boca arriba,* 'en posición de tendido de espaldas', y *boca abajo,* 'en posición de tendido sobre la cara ventral del cuerpo', son locuciones adverbiales referidas a personas y también, figuradamente, a cosas. Ambas se escriben en dos palabras. Existen también las grafías *bocarriba* y *bocabajo,* usadas a veces en América, pero que en España no son normales. Sin embargo, la Academia en su *Diccionario* incluye *bocabajo* (cosa que no hace con *bocarriba).*

bocadillo → SÁNDWICH.

Bocairente. La ciudad valenciana que en catalán y valenciano tiene el nombre de *Bocairent* se denomina en castellano *Bocairente,* y es esta la forma que debe usarse cuando se habla o escribe en español.

bocarriba → BOCA.

bock → JARRA.

bocoy. 'Barril grande'. Su plural es *bocoyes.*

bóer. 'Persona de origen holandés, habitante del África austral'. Su plural es *bóers.*

No obstante, he encontrado algún ejemplo de *bóeres,* forma sin duda más acorde con la fonología española: «*Los bóeres eran unos magníficos tiradores*» (Fernández de la Reguera-March, *Fin,* 196).

bohardilla → BUHARDILLA.

boicot. Es voz aguda: /boikót/. Su plural es *boicots.* La Academia registra este nombre, pero prefiere *boicoteo,* que presenta una fonología más española, sobre todo en el plural, si bien tiene la desventaja de que el uso, hasta ahora, no le da gran acogida, salvo en algunos periódicos. Sí es usual, en cambio, el verbo *boicotear.*

boina. La única forma aceptada por la Academia para este nombre es *boina,* /bóina/. Sin embargo, *boína,* con acento en la *í,* también existe en algunas regiones españolas, como Andalucía, y es normal en varios países americanos.

boîte. 'Sala pública de baile'. Es nombre femenino y se pronuncia /buát/; su plural es *boîtes* (pronunciación corriente, /buát/ o /buáts/). De no españolizarse la grafía de esta voz francesa, debe respetarse el acento circunflejo de la *i.*

Bolonia. *Bolonia* es el nombre español de la ciudad italiana de *Bologna.* No debe usarse la forma italiana, aunque lo haya hecho Ortega: «*En 1500 Copérnico estudia en Bologna*» *(Galileo,* 193).

bonísimo → BUENO.

bonobús. 'Tarjeta de abono a cierto número de viajes en autobús'. Es nombre masculino, se pronuncia /bonobús/ y su plural es *bonobuses* (como de *autobús, autobuses).*

bonsái. Nombre masculino, 'árbol enano obtenido por una técnica especial'. Como esta palabra de origen japonés es aguda en español, no debe escribirse sin tilde en la *a.* El plural es *bonsáis* (no *bonsái).*

boom. 'Auge súbito, prosperidad repentina'. «*El 'boom' del turismo sobre las tierras cálidas y amables de España*» *(Gaceta,* 25.8.1962, 23). Es voz inglesa, pronunciada /bum/ (plural *booms).* El éxito de esta palabra, que ya fue usada por Blasco Ibáñez en 1925 *(Vuelta al mundo,* 601), se ve favorecido por su brevedad y su expresividad, pero muchas veces se puede evitar el incurrir en el tópico de usarla, empleando sinónimos como *auge* o *apogeo* (o, con matiz peyorativo, *furor* o *moda*). No ha faltado algún ensayo de adaptación española en la forma *bum*: «*Señoras cuyos maridos se enriquecieron .. desbaratando el bum turístico*» *(Codorniz,* 30.4.1972, 5).

boomerang → BUMERÁN.

borceguí. 'Bota que se ajusta con cordones'. Su plural es *borceguíes.*

borda. *Fuera de borda, fuera borda:* → FUERA, 2.

bordar. Construcción: *bordar* CON O EN *plata; bordar* EN O SOBRE *cañamazo.*

Bordeaux → BURDEOS.

bordo. *Fuera de bordo, fuera bordo:* → FUERA, 2.

bóreas. 'Viento norte'. Este nombre masculino, de uso exclusivamente literario, es palabra esdrújula, /bóreas/; no debe, pues, pronunciarse /boréas/.

borracho. Construcción: *borracho* DE *aguardiente; borracho* DE *alegría.*

borrar. Construcción: *borrar* DE *la lista.*

Borriana → BURRIANA.

Bosnia-Herzegovina. La *República de Bosnia y Herzegovina* (nombre oficial) se llama corrientemente en español *Bosnia-Herzegovina.* El adjetivo derivado es *bosnio-herzegovino* (femenino, *bosnio-herzegovina;* plural, *bosnio-herzegovinos, bosnio-herzegovinas),* aunque por brevedad suele decirse —impropiamente— *bosnio* o, raras veces, *bosniaco.* En lugar de *Herzegovina* es preferible en español (aunque muy poco usada) la grafía *Hercegovina,* que ya existe en la propia lengua serbocroata del país.

Botsuana. La antigua *Bechuanalandia* se llama hoy *Botswana,* nombre que se españoliza en la forma *Botsuana.* El adjetivo correspondiente es *botsuano. (Bechuano* es el que corresponde a *Bechuanalandia.)*

Bougie → BUGÍA.

boulevard → BULEVAR.

bouquet. Pronunciación, /buké/. Galicismo generalmente admitido por *aroma* del vino. A veces (no con frecuencia) se españoliza la grafía: *buqué.*

boutade → SALIDA.

boutique. Aunque este nombre francés significa 'tienda' en general, los españoles lo usan como 'tienda de modas, especialmente selecta' y, por metáfora, como 'tienda selecta' de cualquier género *(boutique del mueble, boutique del automóvil).* Se pronuncia /butík/; su plural es *boutiques,* /butíks/.

Brandemburgo. Región de Alemania dentro de la que se encuentra Berlín. Su nombre es conocido en todas partes por la Puerta de Brandemburgo, de Berlín, y por los *Conciertos de Brandemburgo* de Juan Sebastián Bach. El nombre alemán de esta región es *Brandenburg.* En español, aunque se ve con cierta frecuencia *Brandeburgo* (tal vez a semejanza del francés *Brandebourg),* es preferible la más adecuada y quizá más frecuente *Brandemburgo* (mejor que *Brandenburgo,* por exigencia ortográfica de nuestro idioma).

brandy → COÑAC.

braqui-, braquio-. Formas prefijas del griego *brachys,* 'corto': *braquicéfalo, braquiópodo.*

braquicefalia. 'Cualidad de braquicéfalo'. No es *braquicefalía* (→ -CEFALIA).

bregar. Construcción: *bregar* CON *alguien.*

Bresláu. *Breslau* es el nombre alemán de la ciudad polaca de *Wroclaw,* y el que tradicionalmente se le ha dado en español (con acento: *Bresláu).* Es preferible usar el nombre clásico, de fácil fonética, /bresláu/ (aunque en alemán es /bréslau/), y no el polaco, cuya pronunciación, /vrótsuaf/, es complicada para nuestros hablantes, quienes siempre dicen, disparatadamente, /brokláb/. En italiano no es *Breslavia,* forma que también se encuentra ocasionalmente en español *(Abc,* 5.2.1982, 1; Radio Madrid y Radio Nacional de España, 4.2.1982).

breve. *En breve:* → BREVEMENTE.

brevedad. *A la mayor brevedad.* Este giro ha llegado a imponerse en el lenguaje comercial y administrativo; pero la forma adecuada en español es *con la mayor brevedad.*

brevemente. 'De manera breve': *Se expresó brevemente y con exactitud.* No es adecuado el empleo de este adverbio, por influencia del francés, en el sentido de 'en una palabra, en suma': «*Puede también el oftal-*

mólogo diagnosticar tumores cerebrales y averiguar algunas anormalidades de nuestro sistema nervioso .. Brevemente .., el especialista saca conclusiones precisas y variadas sobre el conjunto de nuestro estado de salud» (Ya, 26.7.1959). Otros traducen el francés *bref* por *en breve,* lo cual es también inexacto: «*En breve: pienso que la literatura es una 'rama' de la Historia»* (J. Rodríguez Puértolas, *Ínsula,* 9.1972, 14). La locución española *en breve* significa 'dentro de poco tiempo, muy pronto'.

bricolaje. El nombre francés *bricolage* designa el 'conjunto de pequeños trabajos manuales, hechos en casa, de reparación o construcción de diversos objetos'. Se ha intentado traducir al español con el nombre *chapuza* —que no es equivalente, porque lleva una carga despectiva que no está en el francés— o con la locución sustantivada *hágalo usted mismo.* Este nombre no es desacertado, pero el uso impone, por su mayor brevedad, la forma *bricolaje* (ya en el *Diccionario* académico), adaptación de la palabra francesa.

bridge. Como nombre de un juego de naipes, esta voz inglesa es intraducible (aunque su sentido literal es 'puente'), y se acepta en español con su grafía propia y con la pronunciación corriente /brich/.

brindar. Construcción: *brindar* A *la salud de alguno; brindar* POR *el amigo ausente; brindar (el torero)* AL *público.*

Brindis. La ciudad italiana de *Brindisi,* /bríndisi/, se llama en español *Brindis.*

brio-. Forma prefija del griego *bryon,* 'musgo': *briofita.*

Budapest. La pronunciación del nombre de la capital de Hungría es fácil: /budapést/ (en forma relajada se oye /budapés/). No es /budapéts/, como dicen algunos locutores.

budín. La palabra inglesa *pudding,* 'especie de pastel', está adaptada al español en las formas *budín* y *pudín,* registradas por la Academia; y, no registrada por esta, pero bastante usual, *pudin* (con acentuación grave: /púdin/).

bueno. 1. Como adjetivo, su forma masculina singular sufre apócope, convirtiéndose en *buen,* cuando precede inmediatamente al sustantivo a que se refiere: *un buen día; su buen proceder.* Como apócope de la forma femenina, *buen* solo aparece por excepción en la

locución arcaizante *en buen hora* y en el refrán *A buen hambre no hay pan duro.*

2. El comparativo de este adjetivo es *mejor.* La forma perifrástica *más bueno* es solo coloquial y de nivel generalmente popular. Es vulgarismo, frecuente en algunas regiones, usar la forma *mejor* precedida del adverbio *más: Este vino es más mejor. Mejor* se construye con *que* (no con *a): La propuesta de nuestro partido es indudablemente mejor* QUE *la de los otros.*

3. El superlativo, según los diccionarios y la mayoría de las gramáticas, es *bonísimo;* pero esta forma se usa raras veces, y solo en la lengua escrita. El uso común dice *buenísimo.* En cuanto a la forma latinizante *óptimo,* pertenece exclusivamente a la lengua culta y tiene un significado enfático especial: 'de la máxima bondad'. También se usa como nombre masculino: *Conseguir un óptimo de rentabilidad.*

El adjetivo *óptimo,* por su propia significación, no admite modificadores cuantitativos. En este ejemplo: «*No estamos muy seguros de que esta sea la forma más óptima de protestar» (Triunfo,* 25.5.1974, 8), debió omitirse el adverbio *más.* En este otro: «*Te mostrarás bastante satisfecho por el desarrollo cotidiano del trabajo, que tenderá en líneas generales a ser bastante óptimo» (Diario 16,* Supl., 17.7.1983, 37), debió decirse *bastante bueno.*

4. Como interjección, *bueno* denota aprobación o sorpresa, o equivale a 'basta' o a 'pues bien'. En la lengua hablada es frecuente como palabra de relleno, sin significado alguno; conviene evitar el abuso de esta muletilla.

5. *Buena fe:* → FE.
6. *Buena voluntad:* → VOLUNTAD.

buey. Su plural es *bueyes.*

bufé. La Academia acoge la voz *bufé* como adaptación española del francés *buffet,* con estos tres sentidos: 1.º, 'comida, por lo regular nocturna, compuesta de platos calientes y fríos, con que se cubre de una vez la mesa'; 2.º, 'local de un edificio destinado para reuniones o espectáculos públicos, en el cual se sirven estos platos'; y 3.º, 'local para tomar refacción ligera en estaciones de ferrocarriles y otros sitios'.

buganvilla. 'Arbusto trepador'. El nombre de esta planta viene del de un navegante francés, Bougainville. No es normal la forma *buganvilia*.

Bugía.　Este es el nombre español de la ciudad argelina llamada en francés *Bougie*.

buhardilla.　*Buhardilla, bohardilla* y *guardilla* son tres formas de una misma palabra cuyos significados son 'ventana que se levanta por encima del tejado y que sirve para dar luz a los desvanes' y 'desván'. De las tres formas, la más usual es la primera.

building.　No es necesario el uso de este nombre inglés en lugar de su equivalente español *edificio*. Los que lo emplean parecen añadir con ello la connotación de 'grande y moderno', que no tiene la palabra inglesa.

bulbi-, bulbo-.　Formas prefijas del latín *bulbus*, 'bulbo': *bulbiforme*.

bulevar.　'Paseo con andén central'. Su plural es *bulevares*. No debe emplearse la grafía francesa, ya en desuso entre nosotros, *boulevard*.

bulldog.　Como es nombre usado internacionalmente de una raza de perros, no tiene traducción. Los españoles solemos pronunciarlo /buldóg/, y *buldog* escribe Goytisolo: *«Permaneció unos instantes en la orilla, sacudiéndose lo mismo que un buldog»* (*Fin*, 26).

bullente.　'Que bulle'. No es *bulliente*.

bullir.　Verbo irregular. Se conjuga como *mullir* [53].

bumerán.　'Proyectil de madera, de trayectoria irregular, que vuelve al punto de partida'. Es nombre masculino, recogido por la Academia, españolización del inglés *boomerang*. Debe preferirse la forma española (también mejor que *bumerang*), cuyo plural es *bumeranes*.

-bundo.　Sufijo de adjetivos derivados de verbos; expresa intensidad: *vagabundo, meditabundo*.

bungalow.　Este nombre inglés se usa en España en algunas zonas turísticas con el sentido de 'chalé de un solo piso'. La adaptación fonética más aproximada al inglés original sería *bóngalo*, como se dice en algunos países americanos (con el sentido de 'chabola'); pero en España parece prevalecer la pronunciación /bungaló/ o /bungalób/. La Academia da *bungaló* en su *Diccionario*,

forma que ya había usado, entre otros, Laiglesia: *«Viviremos en uno de esos chalecitos con jardín que los extranjeros llaman 'bungalós'»* (*Fulana*, 61).

búnker.　'Fortín', 'refugio subterráneo' y, por metáfora, 'conjunto de los elementos inmovilistas instalados en el poder'. A veces aparece en la forma *búnquer*, que es también perfectamente aceptable. En plural es *búnkeres* (o *búnqueres*).

buqué → BOUQUET.

Burdeos.　La ciudad francesa de *Bordeaux* tiene en español el nombre de *Burdeos*.

burilar.　Construcción: *burilar* EN *cobre*.

Burjasot.　La ciudad valenciana que en catalán y valenciano se escribe con la grafía *Burjassot* tiene en castellano la forma *Burjasot*, y es esta la que debe usarse cuando se escribe en español.

Burkina Faso.　Estado de África occidental, antes llamado Alto Volta. No debe escribirse *Burkina Fasso*. El adjetivo derivado es *burkinés*.

burlar.　Construcción: *burlar a los perseguidores; burlarse* DE *alguien* o DE *algo*.

Burma → BIRMANIA.

buró.　'Escritorio' (mueble). Es preferible decir *escritorio*. Se acepta más la palabra en su uso político: 'conjunto de personas que constituyen la dirección de un organismo'. En plural es *burós*.

Burriana.　La ciudad castellonense que en catalán y valenciano tiene el nombre de *Borriana* se denomina en castellano *Burriana*, y es esta la forma que debe usarse cuando se habla o escribe en español.

Burundi.　Estado de África central. El adjetivo correspondiente es *burundés*.

bus.　'Autobús'. La Academia recoge esta voz como «familiar». También se usa, por su brevedad, en señales de tráfico. En plural es *buses*.

busca.　**1.**　Construcción: *ir en busca* DE *alguien* o DE *algo*.
　　2.　Se dice *orden de busca y captura*, no *de búsqueda y captura*.

Bután.　Estado de Asia. En español el nombre es *Bután*, no *Bhután*. El adjetivo derivado es *butanés*.

C

c. 1. Tercera letra del alfabeto. Su nombre es *ce,* plural *ces.*
2. Pronunciación. *a)* Se pronuncia /z/ siempre que precede a las vocales /e, i/: *peces, medicina, cifra.* (Sobre el fonema /z/, → 3.) Esto es lo normal en España; pero, dentro de este país, en algunas zonas (Andalucía, Canarias) esa pronunciación se identifica con la de /s/. Lo mismo ocurre en todos los países americanos. En cada uno de esos territorios, la pronunciación /s/ por /z/ —llamada *seseo*— se considera correcta.
b) En todos los casos en que no precede a las vocales /e, i/ se pronuncia /k/, tanto en España como en América. Es vulgarismo, en la Península, pronunciar /z/ por /k/ ante otra consonante o en posición final de palabra: /ázto/ *(acto),* /bibáz/ *(vivac).* (Sobre el fonema /k/, → 4.)
3. *a)* El fonema /z/ (→ 2, a) —que no solo se puede representar por la letra *c,* sino también por la letra *z*— es interdental fricativo sordo. Se articula intercalando el ápice de la lengua entre los bordes de los dientes incisivos superiores e inferiores. El aire escapa por los resquicios que dejan entre sí dientes y lengua, tanto por la parte superior de esta como por la inferior. No hay vibración de las cuerdas vocales; sin embargo, cuando el fonema se encuentra en contacto con una consonante sonora, se hace sonoro a su vez: *juzgar.*
En zonas muy extensas del idioma este fonema no existe, ya que (como hemos dicho en 2, a) se asimila totalmente al fonema /s/. A pesar de la gran extensión y creciente aceptación de este fenómeno, es de mucho interés para los extranjeros aprender desde el primer momento la distinción entre los sonidos /z/ y /s/, ya que con ella no solo se evitan abundantes confusiones semánticas *(caso- -cazo, siervo-ciervo, casa-caza, rosa-roza, masa-maza, serrar-cerrar, ase-hace, pase- -pace,* etc.), sino también numerosísimas dudas ortográficas.

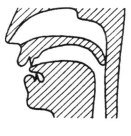

Articulación del/
fonema /z/

b) Ortografía del fonema /z/. El fonema /z/ se representa ortográficamente por medio de dos letras: *c* y *z.* Se emplea la *c* cuando sigue una vocal *e* o *i: cesto, cien;* y la *z* cuando sigue una vocal *a, o, u (zanahoria, rezo, azúcar),* o una consonante *(bizco, Vázquez),* o cuando va en final de palabra *(pez, luz).*
Excepcionalmente se usa *z* ante *e* o *i* en *¡zis, zas!, zigzag, zipizape, zendo, zéjel* y en algunos términos científicos, como *zigoto, zigomorfo, enzima* (fermento), así como en

algunos nombres propios, como *Zita, Ezequiel, Zenón, Zebedeo, Zelanda, Zeus, Zegrí, Zeuxis, Zenobia.*

Algunas palabras admiten la doble grafía, con *z* o *c: zinc / cinc, zeugma / ceugma, ázimo / ácimo, azimut / acimut, zeda / ceda.*

4. *a)* El fonema /k/ (→ 2, b) —que no solo aparece representado por medio de la letra *c*, sino también por la *q* y la *k*— es velar oclusivo sordo. En su articulación se forma una barrera que cierra durante un instante el paso del aire por la boca hacia el exterior. Esa barrera se forma en la región posterior de la cavidad bucal, poniéndose en contacto el postdorso de la lengua con el velo del paladar.

En posición final de sílaba ante un sonido /t/, la pronunciación inculta sustituye el so-

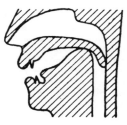

Articulación del
fonema /k/

nido /k/ por /z/: /ázto/ por *acto*, /rézto/ por *recto*, /doztrína/ por *doctrina*. Otro tipo de pronunciación considerada incorrecta —frecuente en Galicia por influjo del sustrato gallego— es la supresión del sonido /k/, diciendo /áto/, /réto/, /dotrína/. Esta pérdida también se produce con mucha frecuencia ante el sonido /z/: /satisfazión/, /produzión/, por *satisfacción, producción;* y ante el sonido /s/: /esámen/ por *examen*, /ésito/ por *éxito*. El lenguaje culto solo admite la pérdida del sonido /k/ cuando va seguido de /s/ y otra consonante: *extraño* /estráño/ (no /ekstráño/), *experto* /espérto/, *extensión* /estensión/, *excelente* /eszelénte/.

En posición final de palabra, el lenguaje culto admite la pérdida en *cinc* /zin/. El lenguaje popular la extiende prácticamente a todos los casos: *frac* /fra/, *coñac* /koñá/, *cok* /ko/, etc.

b) Ortografía del fonema /k/. Este fonema se representa por la letra *c*, ante vocal

a, o, u, o ante otra consonante: *casa, cobro, cuento, creo, acto, infección;* por la letra *q* agrupada con *u*, cuando sigue vocal *e* o *i: que, quiero;* y, raras veces, por la letra *k*, en cualquier posición: *kilómetro, kan, cok.* Cuando al fonema le sigue el fonema *s*, se emplea una letra *x*, que representa la suma de los dos: *examen, éxito,* /eksámen/, /éksito/.

5. La sucesión de las letras *c* y *h* (octava del alfabeto) representa un fonema distinto, /ch/, por lo que en el alfabeto español la secuencia de estas dos letras, *c* y *h*, ha sido considerada hasta 1994 como una letra independiente (→ CH).

ca. Interjección que tiene el sentido del adverbio oracional de negación *no*. Se usa solo en el lenguaje familiar: «*Pero ¿no se cansa usted de hablar? —¡Ca!, al revés, me encuentro mucho mejor*» (Baroja, *Románticos,* 54).

caballo. El femenino de este nombre es *yegua.*

cabalmente → MISMO, 4.

cabaret → SALA.

cabe. Como preposición, es voz átona y significa 'junto a' o 'cerca de'. Su uso es exclusivamente literario, y aun en este ámbito es raro: «*[El verdadero Alicante no es] el que está cabe los aledaños de Valencia*» (Azorín, *Confesiones,* 11); «*Templaba sus manos cabe el hogar*» (Mallea, *Cuentos,* 30). Algunos escriben erradamente *cabe a* (sin duda por influjo de *junto a*): «*Nosotros suponemos a su elector cejijunto cabe a las urnas*» (A. Álvarez Solís, *Destino,* 1.9.1973, 19).

caber. 1. Verbo irregular. (Véase cuadro.)

2. Uno de los sentidos de *caber*, que se da con frecuencia cuando a este verbo sigue un infinitivo, es 'ser posible': «*En la obra monumental de Gregorio Marañón cabe distinguir tres capítulos*» (Laín, *Marañón,* 75). Se da a menudo entre catalanes, al expresarse en castellano, la confusión de este verbo *caber*, 'ser posible', con el verbo catalán *caldre*, 'ser preciso': «*Las inscripciones .. finalizarán el próximo día 20 de julio .. Cabe hacer notar la conveniencia de no esperar a pasada la fecha tope*» (*Vanguardia,* 15.7.1973, 33).

3. Por deslizamiento del sentido 'ser posible' encontramos a veces un uso anormal

CONJUGACIÓN DEL VERBO «CABER»

(tiempos irregulares)

INDICATIVO

Pres. quepo, cabes, cabe, cabemos, cabéis, caben.
Pret. indef. cupe, cupiste, cupo, cupimos, cupisteis, cupieron.
Fut. impf. cabré, cabrás, cabrá, cabremos, cabréis, cabrán.
Pot. simple cabría, cabrías, cabría, cabríamos, cabríais, cabrían.

SUBJUNTIVO

Pres. quepa, quepas, quepa, quepamos, quepáis, quepan.
Pret. impf. cupiera o cupiese, cupieras o -ses, cupiera o -se, cupiéramos o -semos, cupierais o -seis, cupieran o -sen.
Fut. impf. cupiere, cupieres, cupiere, cupiéremos, cupiereis, cupieren.

IMPERATIVO

cabe, quepa, cabed, quepan.

---

de *caber* como 'poder': «*Existen otras variedades dramáticas .. Caben citarse: El paso, entremés o sainete .. El auto sacramental*» (Baquero-Polo-D. Revenga, *Literatura española*, 64); «*Los campesinos que cabrían ser considerados como el objeto de investigación antropológica más ajustado a ciertos cánones*» (Caro Baroja, *Género biográfico*, 22).

cabila. 'Tribu de beréberes o de beduinos'. Es palabra llana; por tanto, es errónea la acentuación /kábila/. Aunque existe también la grafía *kabila*, es preferible la forma *cabila*.

cablegrafiar. Se conjuga, en cuanto al acento, como *desviar* [1 c].

Cabo. *El Cabo:* → CIUDAD DEL CABO.

cacahuete. 'Cierta planta de semilla comestible', y también su semilla. Recibe asimismo los nombres de *cacahuate* (en América, especialmente en Méjico), *cacahué* (popular, pero registrado por la Academia), *cacahuet, cacahués* (como singular; su plural, *cacahueses*) y *alcahués* (plural *alcahueses*). Estas tres últimas formas —*cacahuet, cacahués, alcahués*— no deben usarse: la primera es una simple grafía semiculta para *cacahué*, y las otras dos son populares. La forma normal en España es *cacahuete*.

cachemir. Nombre masculino, 'tejido de pelo de cabra, a veces mezclado con lana'. La Academia registra, además de este nombre, el femenino *cachemira* y el masculino *casimir*, menos usados. Otras formas que aparecen impresas, como *cashimir, cashemer*, no son aconsejables.

Cachemira. 1. El estado indio que en inglés se llama *Kashmir* tiene en español el nombre de *Cachemira*. El adjetivo correspondiente es *cachemirí* o *cachemiro*, no *cachemir*, como algunos han escrito. Esta última palabra es únicamente el nombre que designa un tejido (→ CACHEMIR).
2. *Cachemira*, tejido: → CACHEMIR.

cacique. El femenino de este nombre es *cacica*: «*Conforme Enrique Limón iba envejeciendo, Fernanda se convertía en la verdadera cacica*» (Pérez de Ayala, *Prometeo*, 116).

cacto. Nombre genérico de diversas plantas espinosas. Aunque está mucho más extendida la forma *cactus* (con plural invariable), es preferible *cacto* (plural *cactos*): Dámaso Alonso escribe: «*Aquel cacto recordaba los gestos / desesperados de las estatuas*» (*Cultura Brasileña*, núm. 2, 1962, 98); «*Sus eriales de cactos y chicharras*» (Carpentier, *Reino*, 78). Tanto *cacto* como *cactus* están registrados en el *Diccionario* de la Academia.

cada. **1.** Adjetivo de sentido distributivo. Es invariable en cuanto al género y al número. Se usa antepuesto a un sustantivo en singular o en plural (en este último caso, solo cuando se interpone un numeral o un cuantitativo). En el nivel coloquial puede aparecer también con función sustantiva en construcciones de carácter elíptico como *cien pesetas cada* ('cien pesetas cada uno'). En la pronunciación, este adjetivo puede ser tónico o átono. El uso tónico parece ser el más general, excepto cuando a *cada* sigue un numeral o un cuantitativo *(cada tres meses, cada pocos meses);* en este caso es siempre átono.

2. Dentro del sentido general distributivo, *cada* puede tener un valor de progresión: *«Cada nuevo amigo .. nos perfecciona y enriquece»* (Unamuno, cit. Fernández Ramírez, § 203); de correlación y correspondencia: *Cada cosa a su tiempo,* o de generalización: *«¿No es cada alcoba .. una antesala del sepulcro?»* (Pardo Bazán, cit. Fernández Ramírez). Pero el uso de *cada* con idea pura de generalización, olvidando el sentido fundamental distributivo, es catalanismo: *«Mara va cada semana con Dora»* (Goytisolo, *Fin,* 140) ('va todas las semanas'); *«¿Tú vienes cada día?»* (Marsé, *Tardes,* 152) ('¿vienes todos los días?'). No debe incurrirse, sin embargo, en el abuso opuesto que se da en *«todos los + numeral»* en lugar de *«cada + numeral»:* → TODO, 3.

3. En el nivel coloquial puede emplearse *cada* con intención enfática, equivaliendo a 'tanto' o 'tan grande': *Arma cada alboroto que asusta a los vecinos; ¡Arma cada alboroto!*

4. *Cada cual* equivale a *cada uno,* pero referido normalmente solo a personas. Además, a diferencia de *cada uno,* no es normal usarlo con complemento partitivo *(cada uno de nosotros;* pero, raro, *cada cual de nosotros).* Es siempre singular y no tiene variación de género. Designa al individuo separado de los demás que forman grupo con él: *«Cada cual —individuo o pequeño grupo— ocupaba un sitio, tal vez el suyo, en el campo, en la aldea, en la villa»* (Ortega, *Rebelión,* 43).

5. *Cada quien,* por *cada cual,* no es habitual en el español europeo, pero sí en el americano *(«Los funcionarios .. debemos celebrar la liberación del territorio, cada quien dentro de la esfera de sus influencias»,*

Torres Bodet, *Balzac,* 152), de donde está penetrando en aquel.

6. *A cada cual más* es forma errónea de *a cual más* (→ CUÁL, 5).

7. *Cada quisque:* → QUISQUE.

8. *Cada que,* locución conjuntiva, equivalente a *siempre que,* conservada en la lengua popular y rústica de algunas regiones de España y sobre todo de Hispanoamérica: *«Cada que llegaba Sandoval, la encontraba vestida con blanca tela vaporosa»* (Gil Gilbert, Ecuador, cit. Kany).

9. *Cada y cuando,* locución conjuntiva equivalente a *cada vez que* o a *siempre que.* Aunque se usó en la lengua clásica —y por ello figura en el *Diccionario* académico—, hoy no existe más que como arcaísmo en la lengua popular de algunas regiones hispanoamericanas: *«Dende entonce el toro salía a cumplir la misión .. cada y cuando sentía que las vacas reclamaban su servicio»* (Guzmán Maturana, cit. Kany). A veces toma la forma *cada y cuando que,* que encontramos ya en Santa Teresa: *«Que lo tuviese un capellán que dijese algunas misas cada semana, y que cada y cuando que fuese al monasterio, no se tuviese obligación de decir las misas»* (*Fundaciones,* 250); y en Cervantes: *«¿No tengo yo poder para prenderte y soltarte cada y cuando que quisiere?»* (cit. Academia, *Gramática,* § 412).

cadi. En el golf, 'muchacho que lleva los instrumentos del juego'. Es la adaptación propuesta por la Academia para el nombre inglés *caddie* o *caddy,* que se pronuncia precisamente /kádi/.

cadí. 'Juez árabe o turco'. Su plural es *cadíes.*

caer. **1.** Verbo irregular. (Véase cuadro.)
2. Construcción: *caer* A o HACIA *tal parte; caer* CON *otro; caer* DE *lo alto; caer* EN *tierra; caer* POR *Pascua; caer* SOBRE *los enemigos; caer* POR *el balcón* A *la calle.*
3. El uso de este verbo como transitivo con el sentido de 'tirar', 'hacer caer' o 'dejar caer' *(¡No lo caigas!),* es vulgar y debe evitarse. Lo emplea Juan Ramón Jiménez, sin duda por popularismo: *«Asustada de su propio susto, salta corriendo de sí misma, cae sillas, tira cacharros»* (*Antología para niños,* 156).
4. *Caer en la cuenta (de) que:* → CUENTA.

CONJUGACIÓN DEL VERBO «CAER»

(tiempos simples)

INDICATIVO

Pres. caigo, caes, cae, caemos, caéis, caen.
Pret. impf. caía, caías, caía, caíamos, caíais, caían.
Pret. indef. caí, caíste, cayó, caímos, caísteis, cayeron.
Fut. impf. caeré, caerás, caerá, caeremos, caeréis, caerán.
Pot. simple caería, caerías, caería, caeríamos, caeríais, caerían.

SUBJUNTIVO

Pres. caiga, caigas, caiga, caigamos, caigáis, caigan.
Pret. impf. cayera o cayese, cayeras o cayeses, cayera o cayese, etc.
Fut. impf. cayeres, cayeres, cayere, cayéremos, cayereis, cayeren.

IMPERATIVO

cae, caiga, caed, caigan.

FORMAS NO PERSONALES

Inf. caer.   *Ger.* cayendo.   *Part.* caído.

---

café. **1.** Su plural es *cafés.* Es popular el plural *cafeses.* Como diminutivo más general figura *cafetito; cafelito* es popular. **2.** *Café negro,* por *café solo* («Hablamos un poco de libros y de periódicos ante dos tazas de café negro»*,* M. Calvo Hernando, *Ya,* 6.9.1958, 7), uso tomado del francés *(café noir),* puede aceptarse en la lengua literaria, pero no es normal.

Cagliari → CÁLLER.

Cairo. **1.** El nombre de la capital egipcia va precedido siempre, en nuestro idioma, del artículo *el: El Cairo.* Por anglicismo omiten este artículo a veces los periodistas: «*Radio Cairo» (Ya,* 4.9.1958, 1 y 2). **2.** El adjetivo correspondiente a El Cairo es *cairota.* La Academia recoge también un adjetivo *cairino,* de cuyo uso no tengo constancia.

cal. 'Óxido de calcio'. Es nombre femenino. En el castellano de Galicia se oye a veces como masculino (García, *Temas,* 121).

calambre. 'Contracción espasmódica y dolorosa de un músculo'. Es nombre masculino. El uso como femenino es propio del castellano hablado en Galicia (García, *Temas,* 121).

calambur. Grafía española del francés *calembour,* que según los diccionarios bilingües equivale a *retruécano* o *juego de palabras.* Sin embargo, para Lázaro *(Términos),* el *calambur* es algo diferente del *retruécano* o del *juego de palabras. Calambur* es el «fenómeno que se produce cuando las sílabas de una o más palabras, agrupadas de otro modo, producen o sugieren un sentido radicalmente diverso». Ejemplo: «*A este Lopico, lo pico*» (Góngora). Mientras que *juego de palabras* es, según el mismo Lázaro, el «uso de dos palabras homófonas en un mismo enunciado con significación diversa»: «*Cruzados hacen cruzados, / escudos pintan escudos*» (Góngora). Y *retruécano,* según G. Bleiberg *(Dicc. literatura),* es un «juego de palabras que consiste en invertir los términos de una proposición en otra subsiguiente, para que el sentido de esta última forme contraste o antítesis con la anterior»: «*¿ Siempre se ha de sentir lo que se dice? / ¿Nunca se ha de decir lo que se siente?*» (Quevedo). Si admitimos esta distinción, es forzoso aceptar la palabra *calambur.*
    Unamuno ya usó el término *calambur* en 1905, diferenciándolo del *juego de palabras:* «*Odio los calambures y juegos de palabras*» *(Vida,* 1207).

calami-, calamo-. Formas prefijas del latín *calamus,* 'cálamo, caña': *calamiforme.*

calar. Construcción: *calarse* DE *agua; calarse* HASTA *los huesos.*

calcamonía → CALCOMANÍA.

calceta, calcetar → TRICOT.

calci-. Forma prefija del latín *calx,* 'cal': *calcificar, calcímetro.*

calco-. Forma prefija del griego *chalkós,* 'cobre, bronce': *calcografía, calcopirita.*

calcografiar. Se conjuga, en cuanto al acento, como *desviar* [1 c].

calcomanía. 'Imagen que se pasa por contacto de un papel a otra superficie'. Debe evitarse la forma vulgar *calcamonía: «Se pone una multa a un turismo porque en su matrícula llevaba una calcamonía» (Informaciones,* 27.8.1973, 12); *«Lumbres y calcamonías del pensamiento» (Cuadernos,* Extra, 8.1974, 3).

caleidoscopio → CALIDOSCOPIO.

calentar. 1. Verbo irregular. Se conjuga como *cerrar* [6].
2. Construcción: *calentarse* A *la lumbre; calentarse* CON *el ejercicio.*

Cali. Nombre de una ciudad de Colombia. Es palabra llana, /káli/; no aguda, /kalí/, como alguna vez dicen los locutores españoles.

calici-. Forma prefija del latín *calix,* 'cáliz': *caliciflora.*

calicó. 'Tela de algodón'. Su plural es *calicós.*

Calícrates. Nombre de un arquitecto ateniense. Es palabra esdrújula, no llana.

calidoscopio. 'Tubo a través del cual se ven imágenes multiplicadas simétricamente y que varían al hacerlo girar'. Aunque está muy extendida la forma *caleidoscopio,* es preferible *calidoscopio.* La Academia registra las dos, dando preferencia a la segunda.

calientapiernas. 'Especie de calcetines que solo cubren las piernas'. Es nombre masculino que no varía en plural.

calientapiés. 'Calentador de pies'. Es nombre masculino. Su plural es *calientapiés.*

calientaplatos. 'Aparato para calentar los platos'. Es nombre masculino que no varía en plural.

caliente. El superlativo de este adjetivo es *calentísimo.*

calificar. Construcción: *calificar* DE *sabio; calificar* CON *sobresaliente.*

caliginoso. Evítese la confusión, no rara, entre *caliginoso,* 'denso, oscuro, nebuloso', y *caluroso.*

caligrafiar. Se conjuga, en cuanto al acento, como *desviar* [1 c].

Calíope. Nombre de la musa de la poesía épica. También puede decirse *Caliope.*

calle. La forma yuxtapuesta en las denominaciones de calles y plazas *(calle Toledo, paseo Recoletos, plaza España)* se extiende paulatinamente, sustituyendo a la forma tradicional con *de (calle* DE *Toledo; paseo* DE *Recoletos; plaza* DE *España).* Es frecuente, en el nivel popular, como consecuencia de la pronunciación relajada de la preposición *de;* y en los anuncios de periódico, por razones de economía. También aparece a veces en la prosa periodística —escrita y hablada—, por influjo de los dos factores anteriores. No hay que olvidar como otro posible factor de este desarrollo el extranjerismo. La omisión de la preposición *de* solo es normal (y necesaria) cuando el nombre de la calle o plaza es originariamente un adjetivo: *calle Real, plaza Mayor, avenida Donostiarra.*

callejear. 'Pasear sin rumbo por las calles'. Algunos usan sin necesidad el galicismo *flanear* (francés *flâner),* con su derivado *flaneo.*

callejón. *Callejón sin salida:* → IMPASSE.

Cáller. El nombre italiano de la ciudad sarda de *Cagliari* (pronunciado /kállari/) es el usado habitualmente en español para designarla. Conviene, sin embargo, no olvidar la posibilidad de emplear el nombre clásico de esta ciudad en nuestro idioma: *Cáller: «Pedro Magnias, de Cáller, [trabajaba] en el retablo de San Juan de las Abadesas»* (Gaya Nuño, *Arte,* 180). También *Cáller* en una crónica de Roma de J. L. Gotor, *País,* 16.5.1976, 17.

callicida. 'Remedio para extirpar callos'. Aunque la Academia dice que este nombre puede ser masculino o femenino, el uso corriente lo considera masculino: *un callicida.*

CONJUGACIÓN DEL VERBO «CAMBIAR»

(tiempos simples)

INDICATIVO

Pres. cambio, cambias, cambia, cambiamos, cambiáis, cambian.
Pret. impf. cambiaba, etc.
Pret. indef. cambié, etc.
Fut. impf. cambiaré, etc.
Pot. simple cambiaría, etc.

SUBJUNTIVO

Pres. cambie, cambies, cambie, cambiemos, cambiéis, cambien.
Pret. impf. cambiara o cambiase, etc.
Fut. impf. cambiare, etc.

IMPERATIVO

cambia, cambie, cambiad, cambien.

FORMAS NO PERSONALES

Inf. cambiar.   *Ger.* cambiando.   *Part.* cambiado.

calofriarse. Se conjuga, en cuanto al acento, como *desviar* [1 c].

calor. En el uso normal actual, este sustantivo es siempre masculino. El empleo como femenino es rústico o arcaico, y solo con la intención de dar a su estilo uno de estos dos caracteres lo usan alguna vez los escritores de nuestro siglo.

Calpe. La ciudad alicantina que en catalán y valenciano tiene el nombre de *Calp* se denomina en castellano *Calpe,* y es esta la forma que debe usarse cuando se habla o escribe en español.

calumniar. Se conjuga, en cuanto al acento, como *cambiar* [1 a].

caluroso → CALIGINOSO.

calzón, calzoncillo → SLIP.

cama. La omisión del artículo en construcciones como *Voy a cama, Estoy en cama* (por *Voy a la cama, Estoy en la cama)* es propia del castellano hablado en Galicia (García, *Temas,* 123). En el uso general, *estar en cama* significa 'estar en la cama por enfermedad'.

cámara. 'Persona que maneja la cámara en la filmación de una película'. Se dice *el cá-*

mara o *la cámara,* según se trate de hombre o mujer. El uso con artículo femenino tiene el inconveniente de la posible confusión con *la cámara,* 'instrumento para filmar'. Este inconveniente se salva cuando se utiliza *camarógrafo, camarógrafa* (usuales en América) u *operador, operadora.* Cualquiera de estas tres palabras es preferible a *cameraman* (palabra inglesa que entre nosotros suele pronunciarse /kameráman/).

Camarón, Camarones → CAMERÚN.

Camberra. El nombre de la capital de Australia, *Canberra,* tiene en español una forma tradicional, *Camberra.*

cambiar. **1.** En su conjugación, pertenece al primer tipo de los verbos en *-iar;* es decir, se conjuga dejando en todo caso átona la *i,* que funciona siempre como semiconsonante (constituyendo diptongo con la vocal que la sigue). (Véase cuadro.)
2. Construcción: *cambiar alguna cosa* POR O CON *otra; cambiar un duro* EN *pesetas; cambiar* DE *traje; cambiarse la risa* EN *llanto.*

cambio. **1.** *En cambio,* confundido con *sin embargo:* → EMBARGO, 1.

2. *A cambio de*, locución prepositiva: *Lo daría todo a cambio de la libertad.* No es usual *en cambio de*, aunque lo recoja la Academia.

Camboya. El nombre del estado asiático situado entre Vietnam y Tailandia es en español *Camboya*, no *Cambodia* ni *Cambodge.* Tampoco hay fundamento serio para usar el nombre indígena *Kampuchea.* Lo mismo hay que decir en cuanto a los adjetivos derivados: debe utilizarse solo *camboyano.*

cameraman → CÁMARA.

Camerún. País africano situado en el golfo de Guinea. En español se ha llamado *Camarón, Camarones, Camerón* y *Camerún.* Los dos primeros nombres son los más clásicos; el último es el más usado hoy. El adjetivo correspondiente es *camerunés.*

camicace. *Kamikaze* era el avión japonés que se lanzaba en forma suicida sobre un objetivo enemigo durante la segunda Guerra Mundial. También se aplicó la palabra, como nombre y más como adjetivo, al piloto del avión. Actualmente se usa a menudo en sentido figurado. La Academia propone escribirla en la forma *camicace*, aunque la grafía usual sigue siendo la originaria, *kamikaze.*

camilla. *Mesa camilla, mesa de camilla:* → MESA.

camino. Construcción: *marchar camino* DEL *destierro. Camino de* constituye una locución prepositiva que significa 'hacia' o 'en marcha hacia': *«Cuando la Luna se pasea por el paisaje nevado parece la novia de larga cola camino del altar»* (Gómez de la Serna, *Greguerías,* 65). En la región del Río de la Plata y Chile se emplea *camino a* en lugar de *camino de: «La nación entera va camino a su perdición»* (Larreta, *Don Ramiro,* 219); *«Por los campos verdes / de Jerusalem / va un niñito rubio / camino a Belem»* (Ibarbourou, *Poemas,* 34); *«Es soltero, camino a solterón»* (Edwards, *Máscaras,* 45). La construcción con *a* (y no con *de*) se explica por el sentido de dirección. Pero está al margen del uso de la lengua general.

camioneta. En el uso regional y rústico, *camioneta* es el *autocar*, el *coche de línea* o el *autobús.* En el uso normal, *camioneta* es, propiamente, un camión pequeño.

camión-tienda. En plural se dice *camiones-tienda.*

camiseta. En las pruebas ciclistas se habla con frecuencia de *maillot.* La palabra española correspondiente es *camiseta.*

campamento → CÁMPING.

campar. Construcción: *campar* POR *sus respetos.*

cámping. **1.** 'Lugar al aire libre, acondicionado para que en él acampen viajeros, turistas, etc., mediante un pago establecido'. Esta voz inglesa es de uso universal y está en español ya muy arraigada como nombre masculino (plural *cámpings*). La Academia propone utilizar en su lugar *acampada* o *campamento*; pero hasta ahora no parece haber obtenido eco. *Acampada* se usa normalmente como 'acción y efecto de acampar'; y *campamento*, como 'terreno donde está instalado un conjunto de tiendas de campaña'. Según me informó el académico cubano Néstor E. Baguer (1987), en Cuba el *cámping* (actividad) se llama *campismo (Yo hago campismo)*, y el *cámping* (lugar), *base de campismo.* **2.** El usuario de un cámping se llama *campista.*

campo. **1.** *A campo traviesa*, locución adverbial, 'cruzando el campo, sin seguir la carretera o camino': *«Artegui a veces se echaba a campo traviesa, sin gran respeto de la ajena propiedad»* (Pardo Bazán, *Viaje,* 147); *«Huir tranquilamente a campo traviesa»* (Roa, *Hijo,* 125). Al lado de esta forma, única que registra el *Diccionario* académico y que es la más usada, circulan otras que también son aceptables:

a) *A campo través: «Eché a andar a campo través en dirección a unas montañas azules»* (Sender, *Crónica,* I, 62); *«Comenzaron a escalar el castro a campo través»* (Delibes, *Tesoro,* 69).

b) *Campo a traviesa: «Discutiendo están dos mozos / si a la fiesta del lugar / irán por la carretera / o campo a traviesa irán»* (Machado, *Poesías* [ed. 1936], 218); *«Se ha ido de caza .. también a la tierra de nadie, campo a traviesa»* (Ortega, *Caza,* 10); *«Huye [el jabalí] campo a traviesa»* (Calvo-Sotelo, *Abc,* 22.11.1986, 50).

c) *Campo a través: «Llevo diez días huyendo campo a través»* (Landero, *Juegos,* 365).

Menos recomendable parece otra variante —resultante del cruce de *a campo través* y *campo a través*—: *a campo a través*: «*La carrera a campo a través y la gimnasia de origen sueco*» (R. Abella, en *Siglo XX*, I, 43). **2.** *Campo a través* (deporte): → CROSS.

campus. El plural de *campus*, 'recinto universitario', es igual que el singular: *los campus*; no *los campuses*, como encontramos en A. de Miguel *(Informaciones*, 25.11.1972, 17) y en J. L. Varela *(Abc*, 16.9.1984, 28).

canal. Según la Academia, este nombre es ambiguo (esto es, masculino o femenino) en todos sus sentidos, excepto en el de 'estrecho marítimo, a veces obra de la industria humana', en que es solo masculino.

De acuerdo con mis materiales, es *masculino* en las siguientes acepciones: *a)* 'cauce artificial para la conducción de agua'; *b)* 'estrecho marítimo, natural o artificial, cuyos límites navegables son visibles'; *c)* 'conducto anatómico'; *d)* 'banda de frecuencias en que emite una estación de televisión'. Es *femenino* en estas otras: *e)* 'concavidad longitudinal', p. ej., de una teja, del pecho; *f)* 'estrecho marítimo natural cuyos límites navegables no son visibles'; *g)* 'res abierta en canal'.

canalón → CANELÓN.

Canberra → CAMBERRA.

canciller. 'Funcionario de embajada'; en algunos lugares, 'rector de universidad'; en muchos países americanos, 'ministro de Asuntos Exteriores'. La Academia solo registra esta voz con género masculino. Pero conviene recordar que se refiere a funciones que pueden desempeñar las mujeres. El femenino de *canciller* puede ser invariable: *la canciller* («*La ex canciller colombiana*», *Ya*, 26.8.1995, 13; «*La princesa Margarita .. le impone a su madre —que a su vez es canciller de la Universidad de Londres— el birrete de 'doctora honoris causa'*», *Abc*, Supl., 11.12.1965, 90); o puede tomar la terminación femenina normal *-a: la cancillera* («*¿Y qué relación hay entre la amistad del canciller y la de la cancillera?*», Calvo-Sotelo, *Muchachita*, 280; «*A la cancillera [de la Embajada] Amparo Lastagaray y la auxiliar Susana Reyes .. se les estaba revocando la autorización de salida*», Torbado, *Independiente*, 4.9.1990, 9). Las dos formas tienen precedentes que las apoyan: la primera,

el bachiller y *la bachiller;* la segunda, *el mercader* y *la mercadera.*

candidato. **1.** El femenino de este nombre es *candidata*, no *candidato*, a pesar de que algunos hayan usado esta forma («*Un recurso presentado por una señora candidato a las últimas elecciones municipales*», L. Carandell, *Triunfo*, 16.2.1974, 12). **2.** Proponer como candidato: → NOMINAR.

candidatura → NOMINAR.

canelón. 'Rollo de pasta de harina relleno de carne, pescado, etc.'; también 'la pasta preparada para hacerlo'. Este nombre suele aparecer usado en plural: *los canelones*. En esta forma —*canelón*, plural *canelones*— figura la voz en el *Diccionario* de la Academia. Como es palabra de origen italiano *(cannelloni*, plural, pronunciado corrientemente /kanelóni/), muchos dicen y escriben *los caneloni*, e incluso, con doble marca de plural, *los canelonis*. Esta última forma no es aceptable. Existe también *canalones*, pero no disfruta de gran acogida.

canesú. 'Pieza superior de la camisa'. Su plural normal es *canesús*.

cangrena, cangrenarse → GANGRENA.

cannabis. El cáñamo índico, del que se obtiene el hachís, tiene el nombre científico de *Cannabis indica*, que se ha vulgarizado en la forma *cannabis*. La pronunciación de esta palabra es /kánabis/, no /kanábis/. De todos modos, no hay razón para no usar el nombre español, *cáñamo índico*.

Canova. El nombre del escultor italiano Antonio Canova (muerto en 1822) se pronuncia llano, /kanóva/, no esdrújulo. No debe confundirse con el apellido español *Cánovas*.

cansar. **1.** Construcción: *me cansa* CON *sus impertinencias; me canso* DE (O CON) *sus impertinencias; me canso* DE *escribir*. **2.** Es regional el uso de *cansar* como intransitivo, en lugar de *cansarse*: «*La temporada no está muy avanzada. No es posible cansar tan pronto*» (crónica de Oviedo, *Marca*, 29.11.1959).

cantiga. 'Composición poética medieval destinada al canto'. Las dos formas, *cántiga* y *cantiga*, esdrújula y llana, están registradas por la Academia. Parece la más antigua *cantiga*, y también la más aceptada hoy.

Cantón. La ciudad china de Cantón tiene en la transcripción «pinyin» el nombre *Guangzhou*, que algunos manuales periodísticos tratan de imponer. El nombre español de esa ciudad sigue siendo *Cantón*.

canturriar. Se conjuga, en cuanto al acento, como *cambiar* [1 a].

cáñamo → CANNABIS.

cañí. 'Gitano'. Su plural es *cañís*.

Cápac. Nombre de varios incas del Perú. Es incorrecta la pronunciación aguda /kapák/; debe pronunciarse y escribirse *Cápac*.

caparazón. Es del género masculino (Academia). Etimológicamente es un aumentativo de *capa* formado por la agregación de varios sufijos *(-ara + -azo + -ón)*, y el género que le corresponde es el masculino, lo mismo que ocurre en *camaranchón, corpachón, caserón* (→ -ÓN). Pero la terminación *-azón* se encuentra en una serie de sustantivos femeninos: *sazón, hinchazón, picazón, quemazón*, y esta analogía ha hecho que en España y en la mayor parte de América predomine el uso femenino de *caparazón*, o al menos alterne con el uso masculino (cf. Rosenblat, *Palabras*, II, 149). Véanse algunos ejemplos españoles de esta dualidad: «*un caparazón*» (Pérez de Ayala, *Troteras*, 79); «*el caparazón*» (Azorín, *Voluntad*, 106, 124); «*el caparazón*» (Camba, *Ciudad*, 20); «*una caparazón como la de la langosta*» (Camba, *Lúculo*, 70); «*una caparazón*» (Cela, *Colmena*, 52).

capaz. 1. Construcción: *capaz* PARA *el cargo* ('que tiene cualidades suficientes'); *capaz* DE *una locura* ('que podría cometerla'); *capaz* DE *hacer bien el trabajo* ('que puede hacerlo bien').
2. Confusión entre *capaz* y *susceptible:* → SUSCEPTIBLE, 2.
3. En algunos países de América se usa en la lengua coloquial *es capaz*, o simplemente *capaz*, por *es posible:* «*Si Laurita, después, se casa con un agricultor, capaz que saquen adelante el fundo*» (Edwards, *Máscaras*, 176); «*—¿Cuándo le vino el mal? —Un poco después de nacer. —Capaz entonces que le viene del padre*» (Roa, *Hijo*, 73). Cf. Wagner, 38; Kany, 421.

Cape Town → CIUDAD DEL CABO.

capitular. Construcción: *capitular* CON (o ANTE) *el enemigo*.

capó. 'Tapa del motor del automóvil'. Es preferible esta forma, adoptada por la Academia, a la francesa *capot* (pronunciada /kapó/). Su plural es *capós* (en francés, *capots*).

caquexia. 'Desnutrición grave del organismo'. El adjetivo derivado no es *caquéxico* («*La idiotez de una burguesía caquéxica*», Azorín, *Voluntad*, 20), sino *caquéctico*.

caqui. Como nombre, 'árbol que produce una fruta dulce'; también la misma fruta. Como adjetivo, 'de color intermedio entre amarillo y verde grisáceo'. No se admite la grafía *kaki*.

cara. 1. *Cara*, como preposición, con el sentido de 'hacia', era comentado así por Valdés en el siglo XVI: «*Cara por hazia* usan algunos, pero yo no lo usaré jamás» (*Diálogo*, 108). Efectivamente, la preposición, empleada todavía por Juan del Encina («*Vámonos cara el ganado*», cit. Cejador, *Voc. medieval*), estaba ya anticuada. Corominas (I, 841) dice que es contracción de *cara a*. Esta locución prepositiva sí está perfectamente viva hoy, aunque con un sentido distinto, 'mirando a': «*Reluciría cara al mar el bronce de las figuras conmemorativas*» (Pombo, *Héroe*, 21). Ejemplo de uso figurado de este sentido: «*Dejó la sotana, ciñó la espada y abandonó las aulas, cara a las ambiciones del poder civil, para las que estaba, sin duda, singularmente dotado*» (Marañón, *Olivares*, 26). El uso figurado evoluciona hacia un nuevo sentido, 'con vistas a' o 'ante': «*Maura y Canalejas .. trataron de articular la sucesión de Cánovas cara a los problemas desbordados del siglo XX*» (R. de la Cierva, *Historia y Vida*, 1.1975, 20). Este uso ha adquirido gran desarrollo, y más aún la variante *de cara a*, cuyo abuso actual constituye uno de los amaneramientos típicos del lenguaje periodístico y tecnocrático: «*Para el presidente de Banesto, las dos industrias se encuentran en buena situación de cara al futuro*» (*Diario Montañés*, 15.8.1984, 1). Conviene no olvidar la posibilidad de expresarse por medio de *ante* y *con vistas a*.
2. *Cara dura:* → CARADURA.

carabiniere. 'Agente de policía italiano'.

Conviene no traducir como *carabinero*, pues este nombre tiene un sentido distinto en español (salvo en Chile, donde significa también 'agente de policía'). Su plural italiano es *carabinieri* (no *carabinieris*: «Esta tarde se hará pública una declaración por parte de los 'carabinieris'»*, M. F. Ruiz, *Pueblo*, 2.5.1966, 6).

Caracalla. Es curioso que, haciendo ya muchos años que nuestra ortografía ha reducido a *l* la *ll* de los nombres latinos como *Gallia, Hellesponto, Marcello*, etc. (pronunciada siempre *l*), haya quedado este resto único, *Caracalla*, escrito todavía así en la mayoría de los libros de historia. Debe escribirse y pronunciarse siempre *Caracala*.

carácter. Su plural es *caracteres*, con desplazamiento del acento. Evítese la forma *carácteres*.

caradura. 1. *Cara dura* o *caradura*, escrito en dos palabras o en una (pronunciado /kára-dúra/ o /karadúra/), nombre femenino, significa 'atrevimiento u osadía': *Tuvo la cara dura de decir que no la había visto nunca*. Admite la intercalación de un adverbio: *Tiene una cara bastante dura* (en este caso, lógicamente, es inevitable la grafía separada). Pero también admite la compañía de un adjetivo: *¡Menuda caradura tiene!; Tiene la caradura suficiente para decirlo* (en este caso parece más natural la grafía unida).
2. *Caradura*, en una sola palabra (pronunciado /karadúra/), es también nombre masculino o femenino que significa 'persona atrevida u osada': *Es un caradura que se cuela en todas partes;* puede usarse también como adjetivo: *Esos parientes tan caraduras*.
3. Tanto en el sentido primero como en el segundo, la palabra es de nivel coloquial —en el que hoy se dice más frecuentemente *cara* o *carota*—. Nótese que la grafía *cara dura* solo es válida para el primer sentido, aunque se la Academia se la atribuye erróneamente al segundo (sin recoger el primero).

Carcagente. La ciudad valenciana que en catalán y valenciano tiene el nombre de *Carcaixent* se denomina en castellano *Carcagente*, y es esta la forma que debe usarse cuando se habla o escribe en español.

carcaj. Es masculino. Puede tener también la forma *carcax* —desusada—, pero el plural es siempre *carcajes*.

card-, cardio-. Formas prefijas del griego *kardía*, 'corazón': *carditis, cardiograma.*

-cardia. Forma sufija del griego *kardía*, 'corazón': *taquicardia.*

cardíaco. 'Del corazón'. La Academia admite también actualmente la forma *cardiaco*, aunque da preferencia a *cardíaco*.

CARDINALES. *Numerales cardinales:* → NUMERALES.

carear → CARIAR.

carecer. 1. Verbo irregular. Se conjuga como *agradecer* [11].
2. Construcción: *carecer* DE *medios.*
3. Uso de *faltar* por *carecer:* → FALTAR.

carey. 'Tortuga de mar' y 'materia córnea obtenida de ella'. Su plural es *careyes*, pero también se usa *careys*.

cargar. Construcción: *cargar* A *flete; cargar* A o EN *hombros* (→ HOMBRO); *cargar* CON *todo; cargar* DE *trigo; cargar* SOBRE *el enemigo.*

cariar. 1. 'Producir caries (a un diente)'. Es erróneo *carear* («Tres muelas careadas», González, *Antología*, 165), cuyo sentido verdadero es 'poner a dos personas cara a cara para averiguar la verdad'.
2. Se conjuga, en cuanto al acento, como *cambiar* [1 a].

caries. Es nombre femenino, *la caries*, y no varía en plural. No debe usarse la forma *carie*.

carillón. 'Juego de campanas dispuesto para que suenen formando una melodía'. No debe decirse *carrillón*.

cario-. Forma prefija del griego *káryon*, 'nuez, núcleo': *cariocinesis, cariópside.*

caritativo. Construcción: *caritativo* CON, PARA, PARA CON *los pobres.*

carmesí. Su plural es *carmesíes*. Usado como adjetivo calificativo, muchas veces es invariable en número: *unas flores carmesí.* → COLORES.

carmín. Cuando esta palabra se usa como adjetivo calificativo, es invariable en cuanto al género y normalmente también en cuanto al número: *flores carmín.* → COLORES.

Carmina Burana. La famosa cantata del

compositor alemán Carl Orff se oye con frecuencia nombrar en las emisoras de radio /karmína burána/. La palabra *carmina* es nombre latino que significa 'poemas' y ha de pronunciarse /kármina/. Sobre otra obra del mismo compositor, *Catulli carmina,* → CATULO.

carne. *Carne de gallina,* 'aspecto que toma la piel, haciéndose semejante a la de la gallina, por efecto del frío, del miedo o el horror'. En catalán se llama *pell de gallina,* por lo cual los hablantes de esa lengua, cuando se expresan en castellano, suelen decir *piel de gallina: «El viajero .. siente que la piel se le hace de gallina .. El caminante .., a la par de sentir piel de gallina .., experimenta apetitos de atraso»* (Ferrer-Vidal, *Duero,* 176). No es uso censurable, pero no es la forma propiamente castellana.

carné. 'Documento o tarjeta de identidad'. Es nombre masculino con plural regular, *carnés.* Es preferible usar esta forma en lugar de la muy extendida *carnet* (plural *carnets),* que en realidad se pronuncia igual que la otra: /karné, karnés/. De todos modos, las dos grafías tienen aceptación, si bien solo *carné* está registrada en el *Diccionario* de la Academia.

carnecería → CARNICERÍA.

carnet → CARNÉ.

carni-, carn-. Formas prefijas del latín *caro,* 'carne': *carnificarse.*

carnicería. 1. 'Tienda donde se expende carne'. Es vulgarismo la forma *carnecería.*
2. 'Matanza': → MATANZA.

carpintero. Aunque el oficio de carpintero ha sido hasta ahora normalmente solo de hombres, cuando aparece una mujer que se dedica a él debe llamarse *carpintera,* no *carpintero («la única mujer carpintero que ejerce sus funciones como tal en España», Informaciones,* 14.11.1972, 23).

carpo-. Forma prefija del griego *karpós,* 'fruto': *carpología.*

-carpo, -carpio. Formas sufijas del griego *karpós,* 'fruto': *pericarpio.*

Carranza. La ciudad vizcaína que en vascuence tiene el nombre de *Karrantza* se denomina en castellano *Carranza,* y es esta la forma que debe usarse cuando se habla o escribe en español.

carrillón → CARILLÓN.

carrusel. 'Especie de tiovivo'. No debe usarse la grafía francesa *carrousel,* ni *carrusell,* que no es ni francesa ni española.

cartel. 1. 'Anuncio que se pega en sitio público'. A veces se usa, en lugar de *cartel,* la voz francesa *affiche,* la cual, al ser usada por hispanohablantes, ha pasado de su género femenino originario al masculino, así como también ha perdido su pronunciación propia, pues se dice siempre /afíche/. Incluso con frecuencia adopta ya una grafía españolizada, *afiche.* Se usa bastante en Hispanoamérica *(«Se echa una silla, un atado de hamacas y un rollo de afiches a la espalda»,* Vargas Llosa, *Pantaleón,* 291; cf. Flórez, *Temas,* 269, y Morínigo) y algo en España *(«He aquí uno de los afiches, editado por el Ministerio de Información»,* Gaceta, 28.9.1958, 10), y la Academia lo registra en su *Diccionario.*
2. 'Convenio entre varias empresas similares para evitar la mutua competencia y regular la producción y los precios'. Existe la forma *cártel,* con acentuación grave (cuyo plural es *cárteles,* no *cártels).* La Academia registra las dos formas, pero prefiere la aguda.

carto-. Forma prefija de *carta: cartomancia, cartografía.*

cartomancia. 'Adivinación por los naipes'. La Academia registra también *cartomancía.*

casa. 1. *Ir en casa de alguno,* por *ir a casa de alguno,* es un uso muy antiguo que se conserva en el nivel popular y rústico, pero ha sido desechado de la lengua normal.
2. *Casa-cuartel.* El género de este nombre compuesto es femenino, y su plural es *casas-cuarteles.*

casar. Construcción: *casar una cosa* CON *otra; casar(se)* EN *segundas nupcias; casarse* CON *su prima; casarse* POR *poderes.*

caseta → PABELLÓN.

casete. 1. Como forma española del francés e inglés *cassette,* 'cajita de plástico que contiene una cinta magnetofónica', la Academia ha adoptado *casete.* Se usa preferentemente como femenino (igual que en francés) con el sentido expuesto, y como masculino, *el casete,* con el sentido de 'magnetófono de casetes' (que también se llama *casetera* y *grabadora*). La lengua corriente usa con frecuencia *cassette*, pronunciando /kasét/ y, en nivel popular, /kasé/. **2.** La radio dotada de *casete* reproductor-grabador se llama *radiocasete* (mejor que *radiocassette*, /radiokasét/). Hay alguna vacilación en cuanto al género de este nombre; por ejemplo, en dos páginas consecutivas, Vázquez Montalbán escribe *el radiocasete* y *la radiocasete (Pianista,* 19 y 20). Pero el uso más frecuente prefiere el masculino. **3.** En cuanto al nombre del aparato que graba imágenes y sonidos con cinta magnética, *videocasete* (preferible a *videocassette,* /bideokasét/), el género con que se usa es siempre masculino.

casi. Adverbio de cantidad que equivale a *poco menos que, aproximadamente: Es casi imposible.* Suele preceder a la palabra modificada. Repetido, acentúa la aproximación: *«¡Es casi casi tan grande como mi muñeca!»* (Baroja, *Aventuras Paradox,* 15). Es popular el empleo de este adverbio seguido de *que: «Casi que no me atrevía a mirar a Leonor»* (Fernández de la Reguera-March, *Dictadura,* I, 330). Sin embargo, lo usa expresivamente Ortega: *«Oímos y casi que vemos correr suelto el ladrido» (Caza,* 63).

casimir → CACHEMIR.

caso. 1. *En caso de,* o *en el caso de,* seguido de nombre, es construcción normal: *en caso de fallecimiento del titular.* También se usa ante infinitivo: *en caso de fallecer;* y ante proposición con *que: en caso de que fallezca.* No se debe omitir nunca la palabra *de (en caso que fallezca).* **2.** *Caso de* es construcción equivalente a la anterior, aunque de un nivel coloquial y, por tanto, menos usual en la lengua culta: *«Garantizamos absoluta reserva y devolución de documentos, caso de no interesar»* (*Pueblo,* 8.10.1962, 2). **3.** *En tal caso* significa 'en ese caso', y es impropiedad usarlo por *en todo caso: «—¿Queréis que intentemos huir cuando lleguemos a ella? —No, nos cogerían en seguida. En tal caso, a la vuelta. Tendremos ya armas y nos podremos defender»* (Baroja, *Paradox rey,* 114). **4.** A veces el nombre *caso* es suplantado por el francés *affaire* (pronunciado /afér/). Este nombre tiene en su idioma género feme-

nino, pero los hispanohablantes lo usamos como masculino: *«Ganó por primera vez notoriedad con ocasión de un escandaloso 'affaire' de espionaje» (Gaceta,* 22.9.1962, 34). Se emplea sobre todo con referencia a casos judiciales, a asuntos que promueven revuelo o escándalo. Es un galicismo innecesario; debe decirse *caso* o —fuera del ámbito judicial— *asunto.*

cassette → CASETE.

castaño → MARRÓN.

castellano. Nombre de la lengua oficial de España y de las Repúblicas hispanoamericanas: → ESPAÑOL.

castellanohablante, castellanoparlante → HABLANTE.

castigo. En deportes: → PENALTY.

castor. El nombre propio de persona *Cástor* es grave y hay que escribirlo con tilde. El nombre común *castor,* que designa un animal apreciado por su piel, es agudo.

cata-. Prefijo griego que significa 'hacia abajo': *cataclismo, catálisis.*

catalanohablante, catalanoparlante → HABLANTE.

Cataluña. Escribiendo en castellano, debe usarse siempre la grafía *Cataluña,* no *Catalunya.*

Catar → QATAR.

catavino. No debe confundirse con *catavinos.* El *catavino* es una taza para probar el vino; el *catavinos* es el hombre que cata los vinos.

catedral → DOMO.

catedrático. Su femenino es *catedrática: «La condesa es catedrática»* (Bravo-Villasante, *Pardo Bazán,* 294); no *catedrático,* como muchos dicen (*«La catedrático de Latín del Instituto»,* Torrente, *Saga,* 61).

categoría → STANDING.

catequizar. Construcción: *catequizar* A alguno PARA *un fin particular.*

Catulo. El nombre del poeta latino *Catulo* es grave; no debe, pues, pronunciarse /kátulo/, ni menos escribirse con tilde en la *a.* El título de la composición de Carl Orff *Catulli carmina* (que significa 'poemas de Catulo')

CONJUGACIÓN DEL VERBO «CAUSAR»

(tiempos simples)

INDICATIVO

Pres. causo, causas, causa, causamos, causáis, causan /káu.so, káu.sas, káu-sa, kau.sá.mos, kau.sáis, káu.san/.

Pret. impf. causaba, causabas, causaba, causábamos, causabais, causaban /kau.sá.ba, kau.sá.bas, kau.sá.ba/, etc.

Pret. indef. causé, causaste, causó, causamos, causasteis, causaron /kau.sé, kau.sás.te, kau.só/, etc.

Fut. impf. causaré, causarás, causará, etc. /kau.sa.ré, kau.sa.rás, kau.sa.rá/, etc.

Pot. simple causaría, causarías, causaría, etc. /kau.sa.rí.a, kau.sa.rí.as, kau.sa.rí.a/, etc.

SUBJUNTIVO

Pres. cause, causes, cause, causemos, causéis, causen /káu.se, káu.ses, káu.se, kau.sé.mos, kau.séis, káu.sen/.

Pret. impf. causara o -se, causaras o -ses, causara o -se, etc. /kau.sá.ra, kau.sá.se; kau.sá.ras, kau.sá.ses; kau.sá.ra, kau.sá.se/, etc.

Fut. impf. causare, causares, causare, etc. (kau.sá.re, kau.sá.res, kau.sá.re/, etc.

IMPERATIVO

causa, cause, causad, causen /káu.sa, káu.se, kau.sád, káu.sen/.

FORMAS NO PERSONALES

Inf. causar /kau.sár/.   *Ger.* causando /kau.sán.do/.   *Part.* causado /kau.sá.do/.

---

debe leerse /katúli kármina/ —y no, como desgraciadamente dicen algunos locutores, /kátuli karmína/—. Sobre la pronunciación del latín *carmina,* → CARMINA BURANA.

caudimano. 'Que tiene cola prensil'. La Academia admite también la forma *caudímano.*

caule-, caulo-, cauli-. Formas prefijas del griego *kaulós,* 'tallo': *cauliforme.*

causa. *A causa de,* locución prepositiva que expresa, con más precisión, el sentido causal de la preposición *por.* Equivale a ella, aunque es menos frecuente, *por causa de.*

causar. En la conjugación de este verbo, la segunda vocal del grupo /au/ siempre se combina formando diptongo con la vocal precedente, es decir, articulándose ambas en una sola sílaba. (Véase cuadro.)

Cayo Hueso. El puerto de *Key West,* en Florida (Estados Unidos), se llama en español *Cayo Hueso.*

cebar. Construcción: *cebarse* EN *la matanza.*

ceda → Z.

ceder. Construcción: *ceder* A *la autoridad; ceder* DE *su derecho; ceder* EN *un punto.*

-cefalia. Forma sufija del griego *kephalé,* 'cabeza'. Las palabras en que se encuentra se pronuncian con el acento en la *a: acefalia, bicefalia, braquicefalia, dolicocefalia,* etc. La Academia, en su *Diccionario,* dedica una entrada a este elemento *-cefalia,* con la penúltima sílaba tónica, y de la misma forma cita allí varios de sus compuestos. Pero excepcionalmente trae un artículo que encabeza *acefalía,* con acento en la *i,* sin duda por razones históricas, pero de espaldas al uso hoy normal.

cefalo-, cefal-. Formas prefijas del griego *kephalé,* 'cabeza': *cefalópodo, cefalalgia.* Las formas sufijas son *-céfalo: dolicocéfalo,* y *-cefalia* (→ -CEFALIA).

Cefiso. El nombre de este río de Grecia es llano, no esdrújulo.

cegar. 1. Verbo irregular. Se conjuga como *cerrar* [6]. **2.** Construcción: *cegarse* DE *cólera.*

Ceilán. Nombre antiguo de *Sri Lanka* (→ SRI LANKA). A pesar de no ser el reconocido hoy oficialmente, no hay motivo para dejar de usar el nombre antiguo, que tiene la virtud de ser más fácil de pronunciar. El adjetivo derivado de *Ceilán* es *ceilanés;* no *ceilandés,* como algunos han propuesto, ya que en el nombre propio no hay ningún elemento *-land* (como el que dio origen a *irlandés, islandés, holandés, tailandés,* etc.). Tampoco debe usarse *cingalés,* que es el adjetivo y nombre que corresponde a una de las dos etnias principales de la isla de Ceilán (la otra es la *tamil*).

-cele. Forma sufija del griego *kéle,* 'tumor': *hidrocele.*

célebre. El superlativo de este adjetivo es *celebérrimo.*

celo-, cel-. Formas prefijas del griego *koílos,* 'vacío': *celoma, celentéreo.*

celt-, celto-. Formas prefijas de *celta: celtíbero* o *celtíbero, celtohispánico.*

celtíbero. Puede también decirse *celtibero,* con acentuación grave; e incluso sería preferible esta forma por estar acorde con la pronunciación grave de *íbero.* Pero el uso más general dice *celtíbero,* y así lo prefiere también la Academia.

cena → COMIDA.

cenit. 'Punto del hemisferio celeste que corresponde verticalmente a un lugar de la Tierra'. Es frecuente el uso de este nombre en sentido figurado. Puede escribirse también *zenit,* aunque es más raro. Aunque muy extendida, es errónea la acentuación grave *cénit* o *zénit: «Tras de tanto buscarlo en lo profundo / me lo encontré en el cénit: mi inocente»* (Salinas, *Todo,* 32).

cenotafio. Es 'monumento funerario en el cual no se guarda el cadáver de la persona a quien se dedica'. Es impropiedad, por tanto, usar esta palabra en lugar de *panteón* o *sepulcro: «El cenotafio que contendrá ya definitivamente el cuerpo del que fue gran duque*

de Alba» (M. M. Rosell, *País,* 26.3.1983, 30).

censura → DEPLORACIÓN.

censurar. Construcción: *censurar algo* A o EN *alguno.*

centi-. 1. Forma prefija que en el sistema métrico decimal significa 'centésima parte'. Se pronuncia tónica la *i* en *centímetro;* es átona, en cambio, en *centigramo* y *centilitro* (el acento recae en la sílaba siguiente). **2.** En otros casos significa 'cien': *centígrado.*

centimano. 'Que tiene cien manos', dicho de algunos gigantes mitológicos. La Academia registra también la forma *centímano,* si bien dando preferencia a la primera.

centro. *Al centro,* en lugar de *en el centro,* se dice, por galicismo, en algunos países americanos: *«Las parejas movían las piernas para allá, para acá .., y ella, la Chepa, al centro, vestida de rojo»* (Donoso, *Domingo,* 69). Cf. Kany, 340.

céntuplo → MULTIPLICATIVOS.

ceñir. 1. Verbo irregular. Se conjuga como *reñir* [58]. **2.** Construcción: *ceñirse* A *lo justo.*

cequí. 'Moneda antigua de oro'. Su plural es *cequíes.*

-cer → -ECER.

cera. 'Acera': → ACERA.

cera-, cerat-, cerato-. Formas prefijas del griego *kéras,* 'cuerno': *ceratodóntido.*

ceraunomancia. 'Adivinación por medio de las tempestades'. La Academia admite también la forma *ceraunomancía.*

cerca. 1. Adverbio de lugar que expresa proximidad. Puede ir precedido de las preposiciones *de, desde.* **2.** Construcción: *vive cerca* DE *mi casa* ('en lugar próximo a mi casa'), *cerca* DE *mil personas* ('en cantidad que casi llega a mil personas'). El uso normal no admite que *cerca* vaya seguido de un posesivo *(cerca mío, cerca suyo,* por *cerca de mí, cerca de él): «Muy cerca suyo»* (Salvador, *Cuerda,* 436); *«Se quedaba cerca tuyo»* (Edwards, *Máscaras,* 192). En algunos países de América se usa *cerca a* en lugar de *cerca de,* probablemente por confusión con formas afines,

---

CONJUGACIÓN DEL VERBO «CERRAR»

(tiempos irregulares)

INDICATIVO

Pres. cierro, cierras, cierra, cerramos, cerráis, cierran.

SUBJUNTIVO

Pres. cierre, cierres, cierre, cerremos, cerréis, cierren.

IMPERATIVO

cierra, cierre, cerrad, cierren.

---

como *junto a, cercano a, próximo a* (cf. Kany, 338).

3. Sobre el uso de *cerca* por *cerca de (cerca mi casa,* por *cerca* DE *mi casa),* → DE, 2.

4. El adverbio *cerca* tiene un superlativo, *cerquísima.*

cercano. 1. Construcción: *cercano* A *su fin.* No es usual la construcción con *de (cercano* DE *su fin).*

2. El uso normal no admite decir *cercano nuestro* por *cercano a nosotros: «Es probable que hoy sintamos estas cosas más cercanas nuestras»* (D'Ors, cit. Fernández Ramírez).

cerciorarse. Construcción: *cerciorarse* DE *un suceso; cerciorarse* DE *que es imposible.* No debe omitirse el *de,* como en estos ejemplos: *«Se ha cerciorado que un taxi está libre»* (N. Luján, *Destino,* 23.12.1972, 20); *«Busca entre los cachivaches hasta encontrar una linterna. Se cerciora si luce»* (Romano-Sanz, *Alcudia,* 54).

Cerdaña. La comarca franco-catalana que en francés tiene el nombre de *Cerdagne* y en catalán el de *Cerdanya* se denomina en castellano *la Cerdaña,* y es esta la forma que debe usarse cuando se habla o escribe en español.

céreo → CERÚLEO.

cerner. 'Separar con cedazo las partes gruesas (de una cosa pulverizada)'; *cernerse,* 'mantenerse (las aves) casi inmóviles en el aire' y 'amenazar (un peligro)'. Se conjuga como *entender* [14]. No debe confundirse

con *cernir,* del mismo significado pero de distinta conjugación (→ CERNIR).

cernir. Verbo irregular. Se conjuga como *discernir* [43]. No debe confundirse, en su conjugación, con su sinónimo *cerner* (→ CERNER), ni con los verbos del grupo 60 (como *pedir);* es erróneo un pretérito *cirnió, cirnieron.*

cero. 1. Nombre del número que representa la ausencia de unidades de un orden cualquiera: *el cero.*

2. Adjetivo numeral cardinal que expresa una cantidad nula de objetos: *Son las cero horas; Cero kilómetros setecientos metros.* El sustantivo determinado —como se ve en los ejemplos— va en plural.

cero-. Forma prefija del griego *kerós,* 'cera': *ceroleína.*

ceromancia. 'Adivinación por la cera derretida'. La Academia admite también *ceromancía.*

cerrar. Verbo irregular. (Véase cuadro.)

cerúleo. 'De color cielo', esto es, 'azulado'. Es error frecuente —motivado por la pura semejanza fonética— atribuir a *cerúleo* el sentido 'de color cera': *«La aceitosa, pecosa, amarillenta y cerúlea piel tirante de su frente»* (J. L. Castillo-Puche, *Abc,* 9.1.1960); *«Dejar el dinero .. sobre la cerúlea y endurecida mano de Rosita Pascual»* (Fraile, *A la luz,* 24); *«Doscientos rostros con la cerúlea palidez del papel se alzan»* (Delibes, *Parábola,* 22). El adjetivo que corresponde a este sentido es *céreo.*

cesar. **1.** Construcción: *cesar* DE *correr; cesar* EN *el cargo.*

2. Debe evitarse el uso, hoy bastante frecuente entre políticos y periodistas, de *cesar* como transitivo: «*Que se hablase de la necesidad de cesarlo de la Secretaría particular*» (Calvo, *Franco,* 24). En América ya existe desde hace mucho: en 1942 escribía Santamaría *(Americanismos,* s.v. *albazo)*: «*A Pedro le dieron un albazo, cesándolo en su empleo*». En estos casos ha de emplearse *destituir, deponer* o, si se desea un término más suave, *relevar.*

Cesarea. Nombre de varias ciudades de la antigüedad, entre ellas algunas citadas en el Nuevo Testamento. A diferencia del adjetivo *cesárea* (femenino de *cesáreo)* y del nombre *cesárea,* 'operación de obstetricia', este nombre propio se pronuncia haciendo tónica la última *e: /*zesaréa/.

Cestona. La ciudad guipuzcoana que en vascuence tiene el nombre de *Zestoa* se denomina en castellano *Cestona,* y es esta la forma que debe usarse cuando se habla o escribe en español.

ch. **1.** Hasta 1994, la combinación *ch* (con el nombre *che,* en plural *ches)* ha figurado como cuarta letra, entre la *c* y la *d,* en el alfabeto español. En él figuraba como tal desde 1803, en que la Academia decidió considerar como letras independientes las combinaciones *c* + *h* y *l* + *l* (→ LL), basándose en el hecho de que estas combinaciones representan sonidos simples diferentes de los propios de cada una de sus letras componentes.

Como consecuencia de esta decisión, el alfabeto español difería del universal en poseer tres letras más: la *ñ,* creada por medio de una *n* con una tilde sobrepuesta, y los dos dígrafos (unidades formadas por dos letras simples) *ch* y *ll.* Pero, así como la *ñ* existía ya desde la Edad Media —es decir, antes de la consolidación del español moderno— y constituía una perfecta unidad tipográfica, las otras dos recibieron rango de «letras» en época mucho más avanzada y sin perder su condición tipográfica de sumas de dos caracteres.

Por otra parte, el criterio foneticista que inspiró el «invento» de esas dos nuevas letras no actuó de manera muy coherente: Rufino José Cuervo, apoyándose en el mismo principio, preguntaba en 1874 por qué la combinación *rr* no era considerada también letra independiente, puesto que su sonido era tan distinto del de la *r* simple como el de *ll* respecto a *l.* (La sugerencia de Cuervo todavía fue asumida por Ragucci en 1956: *Memoria del II Congreso de Academias,* 286.)

Un alfabeto es el inventario de los signos gráficos (letras o grafemas) que sirven para representar los fonemas con que se construye la comunicación lingüística oral. Pretender que cada fonema tenga un representante en el alfabeto es una aspiración utópica, resultante de la creencia ingenua en una correspondencia puntual entre el sistema fonológico y el sistema gráfico. Hay que aceptar la evidencia de que entre el alfabeto de que se sirve una lengua y el sistema fonológico de la misma hay bastantes desajustes (por razones históricas ineludibles que no se pueden resumir aquí). Sin salir del español, recordemos los distintos valores fónicos que tiene cada una de las letras *c, g, r* e *y,* y las distintas posibilidades gráficas que se presentan, por ejemplo, para los fonemas /k/ *(cama, queso, kilo),* /z/ *(cerro, pieza),* /j/ *(jarra, gesto),* /g(u)/ *(guerra, gala).* Esto por no hablar de lo que ocurre en idiomas como el inglés, donde la complejidad de la relación entre el sistema fónico y el sistema gráfico es infinitamente mayor que en nuestra lengua.

La conveniencia de que nuestro alfabeto se uniformase con el de las demás lenguas cultas, volviendo al sistema que la propia Academia Española tenía adoptado desde su fundación (1713) hasta 1803, fue por primera vez señalada por Ramón Menéndez Pidal en 1945: «El apartarse de un uso universalmente respetado es siempre embarazoso, creando una práctica aparte de la seguida por todos, lo cual trae vacilaciones y tropiezos en el uso promiscuo de diccionarios extranjeros y nacionales». Y formulaba claramente una propuesta que los académicos han tardado medio siglo en escuchar: «Sería de desear que la Academia Española, cuyo Diccionario sirve de norma a todos los demás, modificase el orden alfabético que actualmente emplea y volviese al que usó en su comienzo, en el gran Diccionario de Autoridades y en las primeras ediciones del Diccionario vulgar. En esas primeras ediciones académicas se seguía el orden estrictamente alfabético, que es el internacional» (Prólogo a la primera edición del *Diccionario Vox,* reproducido en todas las posteriores).

Después, Fernando Huarte, en una reseña del *Diccionario* de Corominas (*Clavileño*, 3/4.1955, 75), lamentaba que este autor no hubiera alfabetizado la *ch* entre *ce* y *ci*, pues «sin duda en obras dirigidas a especialistas se ha de empezar, si se quiere extender [esta práctica] a los diccionarios (y catálogos) de la generalidad».

En este mismo *Diccionario de dudas*, yo he venido abogando desde 1964 (ediciones segunda a novena) en favor de la propuesta de Menéndez Pidal y Huarte. Y a partir de 1966 ya fueron apareciendo diccionarios alfabetizados con arreglo al sistema universal, comenzando por el *Diccionario de uso* de María Moliner (1966-67) y el *Diccionario secreto* de Camilo José Cela (1968-71).

Por fin, en 1994, el X Congreso de Academias de la Lengua Española acordó la supresión en el alfabeto español de las «letras» *ch* y *ll*, devolviéndoles su condición de meras combinaciones de letras y situándolas, por tanto, en todos los diccionarios y en todas las listas alfabéticas, dentro de la *c* (entre *-cg-* y *-ci-*) y dentro de la *l* (entre *-lk-* y *-lm-*).

2. Pronunciación. El fonema /ch/ representado por la grafía *ch* es palatal africado sordo. Se articula, en su primera fase, tocando con la lengua el paladar, en un amplio contacto que impide toda salida del aire; y, en la segunda fase, separándose levemente del prepaladar el predorso de la lengua, con lo que el aire escapa por un estrecho canal, por el centro de la cavidad bucal. Las dos fases se desarrollan en el tiempo de una sola consonante; de manera que no puede considerarse la /ch/ como una consonante compuesta. Durante su articulación no vibran las cuerdas vocales; por tanto, es consonante sorda.

Articulación del fonema /ch/

Es regional (andaluza) la pronunciación fricativa de la /ch/ (semejante a *sh* inglesa).

cha-. Prefijo fósil, del latín *sub-*, 'bajo': *chapodar, chapuzar.*

chacó. 'Morrión'. Su plural es *chacós.*

chacolí. 'Vino ligero propio del País Vasco'. Su plural es *chacolís* («*Este pez-vestigio [el bacalao] .. suele triunfar en los chacolís bilbaínos sobre las sabrosas merluzas*», Camba, *Lúculo*, 33). Escribiendo en castellano, no debe usarse la grafía vasca *txakolí.*

Chad. La República que en francés se llama del *Tchad* tiene en español el nombre de República del *Chad*. El adjetivo correspondiente es *chadiano.*

Chaikovski. Esta es, en español, la grafía más recomendable para el nombre del célebre compositor ruso. *Tchaïkovski, Tchaikovski, Tchaikovsky, Tschaikowsky*, etc., son transcripciones propias de otros idiomas, más o menos difundidas entre nosotros, pero innecesariamente complicadas para usarlas en el nuestro.

chalé. 'Edificio de pequeñas dimensiones, con jardín'. Aunque es frecuente todavía escribir esta palabra en su forma original francesa *(chalet*, plural *chalets)*, es preferible hacerlo en la forma españolizada *chalé* (pl. *chalés)*. Como diminutivo se emplea normalmente *chalecito.*

champán. 'Cierto vino espumoso'. Como españolización del francés *champagne* existen dos formas, *champán* y *champaña;* la primera es la más usual. Son todos nombres masculinos.

Champaña. 1. El nombre español de la región francesa de *Champagne* es *Champaña.*

2. *Champaña*, 'vino espumoso': → CHAMPÁN.

champú. 'Líquido para el lavado de cabeza'. No es necesaria la forma inglesa *shampoo*. El plural de *champú* es *champús* o, más raro, *champúes.*

chance. Es palabra inglesa que unos pronuncian /chans/ y otros /chánce/. Usado unas veces como masculino y otras (quizá más) como femenino, está más extendido en América que en España. No está muy justificado su uso en español; es mejor *oportunidad* o *suerte*, que son sus equivalentes.

chándal. 'Jersey, o conjunto de jersey y pantalón, para entrenamiento deportivo'. Este nombre masculino viene del francés *chandail*, y, etimológicamente, su acentuación sería aguda, /chandál/. Sin embargo, la general es grave, /chándal/, y, de acuerdo con esto, la palabra debe escribirse con tilde en la primera sílaba.

chantillí. 'Crema hecha de nata batida'. Debe usarse esta grafía, adoptada por la Academia, y no la francesa *chantilly*.

chaqué. 'Cierta prenda de vestir'. Debe preferirse la forma *chaqué* (pl. *chaqués*) a *chaquet* (pl. *chaquets*), adaptaciones ambas del francés *jaquette*. El género español es masculino, a pesar de ser femenino en francés.

charcutería → SALCHICHERÍA.

chartreuse. 'Cierto licor'. La pronunciación corriente de esta palabra francesa es /chartrés/. Es nombre masculino.

chasis → BASTIDOR.

chauvinismo, chauvinista → CHOVINISMO.

Chechenia. República de la Federación de Rusia. El adjetivo derivado es *checheno* (femenino *chechena*), mejor que *chechén* (con femenino invariable, y plural *chechenes*).

checo. 'Habitante de la República Checa' y 'lengua de los checos'. Antes de la división de Checoslovaquia en dos Estados (1993), se solía usar *checo* como abreviación de *checoslovaco* (aparte de su sentido propio de 'habitante de Bohemia y Moravia'). Ahora es conveniente evitar ese uso de *checo* por 'checoslovaco', para evitar confusiones.

Checoslovaquia. Puede decirse igualmente *Checoslovaquia* y *Checoeslovaquia*, así como *checoslovaco* y *checoeslovaco*. La Academia y el uso general prefieren las formas *-cos-*.

chef. El jefe de cocina en un restaurante se denomina corrientemente con la palabra francesa *chef,* que pronunciamos con /ch/ española. El nombre oficial en español es el citado, *jefe de cocina*: «*El jefe de cocina preside la mesa de sus cocineros .. En otra mesa, los pinches y los marmitones*» (Palomino, *Torremolinos*, 132). Pero se usa poco.

Chelva. La ciudad valenciana que en catalán y valenciano tiene el nombre de *Xelva* se denomina en castellano *Chelva*, y es esta la forma que debe usarse cuando se habla o escribe en español.

chequeo. 'Reconocimiento médico general'. A pesar del rechazo de algunos frente a esta palabra, que es un anglicismo (del inglés *check),* la Academia la registra ya, haciéndose eco de un uso muy extendido. En algunos países hispanoamericanos (Puerto Rico, Colombia, Venezuela, etc.), los anglicismos *chequeo* y *chequear* son mucho más frecuentes que en España y sirven para muchos más sentidos.

He aquí las principales acepciones en que se usa el verbo *chequear,* según Alfaro:

a) 'Vigilar': *Lo tengo bien chequeado..*

b) 'Cotejar, confrontar, verificar': *Chequear una copia.*

c) 'Contar, comprobar el número de cosas'.

d) 'Expedir, consignar, facturar': *Chequear equipajes.*

e) 'Refrenar, reprimir': *El gobierno está tomando medidas para chequear las actividades subversivas.*

f) 'Revisar, examinar, inspeccionar': *Hay que chequear el aceite, la batería y las llantas.*

Las que Flórez *(Lengua,* 208), señala para el sustantivo *chequeo* en Colombia son 'examen, inspección, revisión, prueba, comprobación, verificación, cotejo, confrontación': *El médico le hizo un chequeo; Vamos a hacerle un chequeo general al automóvil.*

Chequia. **1.** Los dos Estados en que quedó dividida la antigua Checoslovaquia el 1 de enero de 1993 son *Eslovaquia* y la *República Checa*. Estas son las denominaciones oficiales. En nuestra lengua, fuera del uso oficial, algunos emplean, para el segundo país, el nombre de *Chequia* (p. ej., *El Mundo,* 11.5.1995, 23: «*Confusión en Chequia por la celebración del fin de la II Guerra»),* que también aparece registrado, después del nombre oficial, en *Larousse* 1996. Una práctica análoga se da en otras lenguas: italiano *Cecchia,* francés *Tchéquie*. La palabra, formalmente, es irreprochable: ha creado por analogía, no solo con *Eslovaquia,* sino con *Francia, Alemania, Suecia,* etc. Sin embargo, no hay que olvidar que la denominación oficial es *República Checa*.

2. → CHECO.

Cheste. La ciudad valenciana que en catalán y valenciano tiene el nombre de *Xest* se denomina en castellano *Cheste*, y es esta la forma que debe usarse cuando se habla o escribe en español.

cheviot. 'Lana de cordero de Escocia' y 'tejido hecho con ella'. Es nombre masculino; su pronunciación corriente, /chebió/ o /chebiót/; su plural, *cheviots*, pronunciado /chebiós/ o /chebióts/. La Academia registra también la forma —no usual— *chevió*, cuyo plural es *cheviós*.

chicle. 'Goma de mascar'. La acentuación de esta palabra es grave, /chíkle/, no aguda, como se hace en algunas regiones, donde incluso aparece escrito *chiclé* y *chiclet: «El chiclé .. pega y apelota las hojas sin posible arreglo» (Vanguardia,* 27.2.1972, 1).

chiffonnier. 'Mueble, especie de cómoda pequeña'. Este nombre francés, de género masculino, se suele pronunciar en España /sifonié/; pero muchas personas, incluidos algunos mueblistas, dicen /sinfonié/, tal vez por influjo fonético de *sinfonía.*

chiismo. **1.** 'Doctrina islámica predominante en el Irán'. Aunque en el *Diccionario* académico, por inadvertencia, aparece escrito con tilde en la segunda *i,* debe escribirse sin ella. Lo mismo hay que decir del adjetivo y nombre *chiita.* La propia Academia *(Esbozo,* § 1.4.12) ha escrito *diita* (de *día*) y *liito* (de *lío*), del mismo modo que se hace con *loor* y *leer.* Los grupos de dos vocales iguales en hiato, de las cuales la segunda es tónica, no tienen que llevar tilde. Caso distinto es aquel en que a esa segunda vocal la afecta alguna regla general de la tilde; así, hay que escribir *chií* —sinónimo de *chiita*—, porque es voz aguda terminada en *i* tónica (como *reí* o *rubí*). **2.** Como adjetivos derivados pueden usarse indistintamente *chiita* y *chií* (plural de este último, *chiíes); no es recomendable *shií.*

chinche. **1.** En los sentidos de 'insecto' y de 'clavo corto de cabeza muy ancha' tiene siempre género femenino. El uso como masculino es popular y regional; como masculino usó *chinche,* 'insecto', Unamuno *(Raza,* 162), y, según Steel *(Americanismos,* 192), circula por América el uso masculino para *chinche,* 'chincheta'. También algunos diccionarios editados en Barcelona, por influjo

local, dan el género masculino. Conviene recordar, no obstante, que en la lengua clásica existió el uso masculino: *«Pluguiera a Dios que el amancebado y el adúltero no se estuvieran en el lecho como el chinche»* (Gracián, *Criticón,* III, 164). **2.** En el sentido coloquial de 'persona poco tratable', es masculino y femenino: *Este hombre es un chinche; Esta mujer es una chinche.* También puede usarse como adjetivo: *No seas tan chinche.* **3.** En el sentido citado de 'clavo corto', el nombre *chinche* alterna con *chincheta.* Aunque el primero es más tradicional, los dos son igualmente válidos.

Chindasvinto. Así escriben tradicionalmente los historiadores el nombre del rey visigodo. Es preferible la transcripción *Quindasvinto* —mejor que el *Khindasvinto* que usa Menéndez Pidal *(Universalismo,* 222, etc.)—, o bien *Cindasvinto,* forma usada en la época clásica (Quevedo, *Memorial,* 503; Ambrosio de Morales escribió *Cindasvindo: Corónica,* folio 134, etc., aunque alternando con *Chindasvindo).*

Chirivella. La ciudad valenciana que en catalán y valenciano tiene el nombre de *Xirivella* se denomina en castellano *Chirivella,* y es esta la forma que debe usarse cuando se habla o escribe en español.

chirriar. Se conjuga, en cuanto al acento, como *desviar* [1 c].

chisgarabís. 'Mequetrefe'. Su plural es *chisgarabises.* La Academia *(Esbozo,* § 2.3.3) censura como incorrecto el singular *chisgarabí,* pl. *chisgarabís.*

chistu. 'Instrumento músico vasco'. La Academia registra este nombre masculino, así como *chistulari,* que designa al instrumentista. Escribiendo en castellano, no hay motivo para emplear la grafía vascuence *txistu, txistulari.*

Chiva. La ciudad valenciana que en catalán y valenciano tiene el nombre de *Xiva* se denomina en castellano *Chiva,* y es esta la forma que debe usarse cuando se habla o escribe en español.

choc → CHOQUE.

chocar. Construcción: *chocar* A *los presentes; chocar* CON *los vecinos; chocar* CON o CONTRA *un árbol.* En América, refiriéndose a vehículos, se usa frecuentemente como transitivo: «*Cómo va a pensar el maquinista que aquí está parada una zorra. Si no la ve, la choca*» (Benedetto, *Caballo*, 189).

chófer. 1. 'Conductor profesional de automóviles'. Su plural es *chóferes*. Aunque la acentuación grave es antietimológica (la voz viene del francés *chauffeur*), es la única que se oye en España. En América, en cambio, prevalece la acentuación aguda. La Academia reconoce como igualmente válidas ambas formas.

2. El femenino *choferesa* ya está registrado por Rosenblat (*Palabras*, I, 30) y ha sido usado por Cela: «*Este nuevo viaje lo haré en Rolls, con una choferesa negra de buen ver y mejor palpar*» (*Diario 16*, 23.12.1984, 33).

choque. Como españolización del término médico inglés *shock*, 'síndrome consecutivo a la disminución prolongada del volumen de sangre circulante', la Academia propone la forma *choque;* otros prefieren adaptarlo en la forma *choc* (pl. *chocs),* que tiene sobre la anterior la ventaja de evitar la homonimia. Las mismas adaptaciones son aplicables al compuesto *electroshock: electrochoque* (patrocinado por la Academia) y *electrochoc;* las dos formas se ven usadas. No obstante, muchos médicos siguen prefiriendo los términos ingleses.

Chostakóvich. El nombre del ilustre compositor ruso es difícil de transcribir al español. El sonido inicial es igual a *sh* del inglés, lo que justifica la forma *Shostakóvich* que se ve con frecuencia. Pero si queremos representarlo sin recurrir a formas gráficas no españolas, es más adecuado *Chostakóvich,* tal como escribieron, por ejemplo, Prado (trad. Wild, *Música,* 160) y Ramón Barce (*Ya,* 1.8.1972, 37). Cualquiera de las dos formas es aceptable.

chotis. 'Cierto baile popular'. Su plural es *chotis,* sin variación. La acentuación aguda *chotís* (que tiene un plural *chotises)* es popular y anticuada. Están en desuso, igualmente, la grafía alemana *schottisch* y sus variantes *(schottis, schotis,* etc.).

chovinismo. Aunque, según los diccionarios, el francés *chauvinisme* equivale al español *patriotería,* en español hacemos una distinción entre *patriotería,* 'alarde excesivo de patriotismo', y *chovinismo* (grafía preferible

a *chauvinismo),* 'exaltación exclusivista de lo nacional frente a lo extranjero'. Además, lo más frecuente es atribuirlo a los franceses. Una distinción paralela hay que hacer entre *patriotero* y *chovinista.*

Christian Science → CIENCIA.

christmas → CRISMA, 2.

chulo → RUFIÁN.

chupa. *Poner como chupa de dómine* e alguien es 'reprenderle o injuriarle duramente'. La forma popular *poner como chupa y dómine* («*Nuestra prensa puso como chupa y dómine a los marinos rojos*», García Serrano, *Macuto,* 678) no es aceptable.

ciar. Se conjuga, en cuanto al acento, como *desviar* [1 c].

cicatrizal. El adjetivo derivado de *cicatriz* puede ser indistintamente *cicatrizal* o *cicatricial,* aunque parece más frecuente entre los médicos la segunda forma.

cicerone. 'Guía (persona) de la visita a un museo, monumento o ciudad'. Al ser palabra de origen italiano, algunos pronuncian /chicheróne/, pero ya está aclimatada la palabra en nuestro idioma y generalizada su pronunciación a la española. Es invariable en cuanto al género: *el cicerone, la cicerone.* El plural es *cicerones.*

Cícladas. El archipiélago griego se puede llamar también islas *Cíclades.*

Cíclope. 'Gigante mitológico, con un solo ojo en la frente'. La Academia admite igualmente la pronunciación esdrújula (*Cíclope)* y la llana (*Ciclope);* la segunda es la etimológica, pero apenas se usa.

-cico → -ITO.

-cida, -cidio. Formas sufijas del latín *caedo,* 'matar'. La primera es de nombre de agente: *suicida;* la segunda, de nombre abstracto de acción: *suicidio.*

cielo. *Cielo raso,* 'techo de superficie plana'. Se escribe en dos palabras (no *cielorraso).* Su plural es *cielos rasos.*

ciego. El superlativo de este adjetivo es *cieguísimo.*

ciempiés. 'Cierto miriápodo'; también, 'obra desatinada e incoherente'. Su plural es *ciempiés.*

cien → CIENTO.

ciencia. *Ciencia Cristiana* es el nombre español de la corriente religiosa cuyo nombre original inglés es *Christian Science.* Sus seguidores, en inglés *Christian Scientists,* deben llamarse en español *científico-cristianos.*

ciencia-ficción. «*Toda la 'ciencia-ficción' .. novelística, cinematográfica, periodística, gráfica .., movida por una fantasía exacerbada, con sus visiones anticipadoras, sus monstruos, sus viajes planetarios»* (Villegas, *Arte,* 176); «*Hasta 1950 las películas de ciencia-ficción aún no habían aparecido en gran escala»* (I. Iturbe, *Ya,* 3.8.1962). Es un calco del inglés *science-fiction;* sería mejor decir *ficción científica,* y aun preferible *fantasía científica.* Hay quienes dicen *fantaciencia,* copiando el italiano *fantascienza: «No solo es cine de fantaciencia el de viajes interplanetarios y visitas siderales .., sino también el que transcurre en laboratorios atómicos modernísimos»* (C. Fernández-Cuenca, *Ya,* 8.2.1963, 26). *Fantaciencia* tiene la ventaja de permitir la formación fácil de un adjetivo derivado, *fantacientífico: «Los mejores cuentos de ciencia-ficción .. Pienso que debe ser un extracto concentradísimo de los más puros alcaloides fantacientíficos del mundo»* (R. Llopis, *País,* 11.7.1976, 23). En todo caso, *ciencia-ficción* está lo suficientemente arraigado para que lo demos por bueno. La Academia lo registra en su *Diccionario,* aunque sin guión intermedio.

cientificismo. 'Tendencia a dar excesivo valor a las nociones científicas'. A este nombre corresponde el adjetivo (y también nombre) *cientificista.* Estas dos formas, *cientificismo, cientificista,* son las únicas que registra la Academia: «*El cientificismo mediocre de aquel siglo darwiniano»* (Jarnés, *Castelar,* 15); «*Marañón, tan devoto del saber científico como enemigo de la jactancia cientificista»* (Laín, *Marañón,* 104). También se usan los términos *cientifismo* y *cientifista,* que, aunque son más breves y fáciles de pronunciar, no están formados normalmente. Y existen, por último, menos usados, *ciencismo* y *ciencista,* bien construidos, no sobre *científico,* sino sobre *ciencia,* y a los que nada hay que objetar en cuanto a su manejabilidad: «*Esta actitud es muy diferente del ciencismo del siglo XIX»* (Aranguren, *Juventud,* 56).

científico-cristiano → CIENCIA.

cientifismo, cientifista → CIENTIFICISMO.

ciento. 1. El numeral *ciento* se apocopa en la forma *cien* cuando va delante de un nombre masculino o femenino: *cien habitantes, cien casas* (incluso con adjetivo intercalado: *cien miserables casas).* También se apocopa cuando precede inmediatamente a otra expresión numérica multiplicándola: *cien mil personas, cien millones de pesetas.* Pero no se apocopa cuando se le suma: *ciento dos, ciento veinte, ciento diez mil personas.*

2. Se mantiene la apócope en los casos, muy frecuentes, en que el nombre que la motiva está claramente sobrentendido: *Una moneda de cien* [pesetas]; *Los muertos pasaron de cien* [muertos]; «*A mí se me ponía el corazón a cien* [kilómetros por hora]» (Delibes, *Cinco horas,* 104). Por la misma razón se usa la forma *cien* al contar, si se cuentan unidades concretas: *noventa y ocho, noventa y nueve, cien* [cuartillas]. Se dice *ciento* o *cien* si se hace la simple lista de los números.

3. En los porcentajes, se dice *cuatro por ciento, diez por ciento, noventa por ciento* (no *por cien:* «*El 78,9 por cien de los miembros del Gobierno son funcionarios»,* Vida Nueva, 21.10.1972, 23). En cambio, se usa *cien* en la locución figurada *cien por cien,* 'totalmente o absolutamente': *Soy español cien por cien* (aunque también existe, más raro, *ciento por ciento:* «*Ya es usted un americano ciento por ciento»,* Camba, *Ciudad,* 21).

4. *El x por ciento de personas,* en lugar de *el x por ciento de* LAS *personas:* → MAYORÍA.

cierne. *En cierne* o *en ciernes,* locución adverbial o adjetiva, 'en los principios' o 'aún sin madurar'. La primera forma es la más clásica; la segunda es la usual desde hace muchos años.

cierre. *Cierre patronal* es la mejor traducción española para el inglés *lock-out* (pronunciación corriente, /lokáut/), 'cierre de una fábrica por la dirección negando el trabajo a los obreros para obligarles a aceptar determinadas condiciones'.

cierto. 1. Construcción: *está cierto* ('seguro') DE *lo que dice.*

2. El superlativo de *cierto* ('seguro' o

'verdadero') puede ser *certísimo* y *ciertísimo:* «*Era .. certísimo lo de la ruina*» (Pérez de Ayala, *Luna*, 41); «*—¿Es o no cierto? .. —Es ciertísimo*» (Galdós, *Torquemada*, II, 87). La primera es la forma más culta; la segunda, la más generalizada.

3. *Ser cierto* (un hecho): → SER, 2.

cifrar. Construcción: *cifrar su dicha* EN el *dinero.*

cili-, ciliati-. Formas prefijas del latín *cilium*, 'pestaña': *ciliforme.*

-cillo → -ITO.

cimentar. Verbo irregular. Se conjuga como *cerrar* [6]. Hoy es más frecuente, sin embargo, el empleo como regular.

cimo-. Forma prefija del griego *kyma*, 'ola': *cimómetro;* o del griego *zyme*, 'fermento': *cimógeno.*

cinc. 'Cierto metal'. Pronunciación, /zink/. El plural es *cines* (no *cincs*, *cinces* ni *cinques*, formas inusitadas). También puede escribirse *zinc*, pl. *zines.*

Cindasvindo, Cindasvinto → CHINDAS-VINTO.

cine-. 1. Forma prefija de *cinematógrafo: cinéfilo, cinecomedia, cineclub.*
2. Variante de *cino-:* → CINO-.

cineasta. 'Persona que desarrolla una actividad creadora o técnica en la producción de cine, particularmente en la dirección'. Se emplea especialmente para designar al director de cine. También usan algunos la palabra *cineísta*, que, aunque no figure en los diccionarios, es perfectamente admisible: «*Se proyectaron las películas .. de los cineístas valenses Valero Llussá, Juan Ventura y Pedro Serra*» (*Vanguardia*, 11.1.1963, 21); «*El cineísta no parece tener unos sentimientos religiosos*» (J. F. Aranda, *Ínsula*, núm. 196, 1963, 16).

cinema-, cinemato-. 1. Formas prefijas del griego *kínema*, 'movimiento': *cinemática, cinematógrafo.*
2. *Cinema-* es también forma prefija de *cinematógrafo* (→ CINE-): *cinemateca.*

cingalés → CEILÁN.

cinia → ZINNIA.

cino-, cine-. Formas prefijas del griego *kyon*, 'perro': *cinocéfalo, cinegético.*

cinta. 1. → FILME.
2. *En cinta:* → ENCINTA.

-ción. Sufijo de nombres derivados de verbos. Significa acción. Algunos sustantivos procedentes directamente del latín llevan el sufijo *-ción* puro, no precedido de vocal: *función, punción, acción, producción.* Los creados dentro del español llevan siempre la forma *-ación* si derivan de un verbo de la primera conjugación (*liquidación*), e *-ición*, si derivan de uno de la tercera (*prohibición*). Para los derivados de la segunda, si no existe forma latina (*cocción*, de *cocer; lección*, de *leer; tensión*, de *tender*), se utiliza otro sufijo: *-miento, -dura*, etc.

circuir. Verbo irregular. Se conjuga como *huir* [48].

circun-, circum-. Prefijo latino que significa 'alrededor'. La forma *circum-* se usa solo ante *b, m, p*, y a veces *n.* Ejemplos: *circumpolar, circuncisión, circunstancia.*

circunscribir. 1. Verbo irregular. Se conjuga como *escribir* [48]. Su participio, *circunscrito*, tiene una forma menos corriente, *circunscripto.* El sustantivo *circunscripción* tiene siempre *p.*
2. Construcción: *circunscribirse* A *una cosa.*

circunvolar. Verbo irregular. Se conjuga como *acordar* [4].

Ciriaco. Nombre de persona. Es errónea la acentuación *Ciríaco.*

cirro-, cirri-. Formas prefijas del latín *cirrus*, 'fleco': *cirriforme, cirrópodo. Cirro-* también corresponde al griego *kirrós*, 'amarillento': *cirrocéfalo.*

cis-. Prefijo latino que significa 'de la parte de acá': *cismontano, cisalpino.*

-císimo → -ÍSIMO.

cisma. 'Separación de un grupo respecto a una comunidad'. Es nombre masculino: *el cisma.* Pero en la lengua clásica se usó como femenino: *La cisma de Ingalaterra* es el título de un drama de Calderón de la Barca (1627).

cist-, cisti-, cisto-. Formas prefijas del griego *kystis*, 'vejiga': *cistitis, cistotomía.* La forma sufija es *-cisto: macrocisto.*

Cister. Nombre de una orden religiosa. Aunque la pronunciación más extendida dice /zíster/, la pronunciación etimológica, registrada por la Academia, es aguda, /zistér/.

citadino → URBANO.

Citerea. No debe confundirse *Citerea*, sobrenombre de la diosa Venus, con *Citera*, nombre de una isla (Fernández Galiano). Por consiguiente, el famoso cuadro de Watteau deberá llamarse en español *El embarque para Citera*, y no *para Citerea*, como corrientemente se le cita.

-cito → -ITO.

citra-. Prefijo latino que significa 'de la parte de acá': *citramontano*.

Ciudad del Cabo. Este nombre, o simplemente *El Cabo* (pero no *Ciudad de El Cabo*), es el que corresponde en español a la capital legislativa de Sudáfrica, *Cape Town*.

Ciudadela. La ciudad de Menorca que en catalán y mallorquín tiene el nombre de *Ciutadella* se denomina en castellano *Ciudadela*, y es esta la forma que debe usarse cuando se habla o escribe en español.

CIUDADES. *Género de los nombres de ciudades.* Los nombres de ciudades siguen, por lo común, el género de su terminación: los terminados en *-o*, masculinos; los terminados en *-a*, femeninos. Los que por sus terminaciones pudieran corresponder a cualquiera de los dos géneros, como *Madrid, Calatayud, Jerez* y otros muchos, son, por lo regular, masculinos. Hay pueblos que por su terminación habrían de ser claramente masculinos o femeninos, y que no obstante se usan como del género opuesto: *la gran Toledo, todo Málaga* (Academia); «*El otro Pamplona*», se titula un artículo de Manuel Iribarren *(Ya,* 18.9.1960); «*No es verdad que Bilbao sea fea, torcida, negra*», escribe Ángeles Villarta *(Ya,* 21.7.1963).

Dámaso Alonso *(Abc,* 27.7.1961, 40) recuerda que en español antiguo abundaba la concordancia en femenino de los nombres de ciudades, aunque no terminaran en *-a: la misma Madrid*. Una parte de las excepciones del párrafo anterior podrían explicarse como reminiscencia de esta costumbre.

Por otra parte, con *todo, medio, un, propio* y *mismo*, es frecuente usar la concordancia masculina, aunque el nombre de la población

termine en *-a* (ya hemos visto el caso de *todo Málaga*; «*Aprendí en el mismo Valencia*», García Hortelano, *Tormenta,* 140). Existe, pues, en el género gramatical de ciudades, «cierta vacilación, cierto titubeo, o para decirlo con más exactitud, cierta flexibilidad en el uso. Ello hace posible que aun en los mejores hablistas se puedan encontrar ejemplos contradictorios» (D. Alonso).

Ciutadella → CIUDADELA.

clac. En un teatro, 'conjunto de personas que tienen la misión de aplaudir'. Es nombre femenino: *la clac*. También existe, poco usada, la forma *claque*: «*El hombre de la claque tiene mano de piedra*» (R. Gómez de la Serna, *Abc,* 30.9.1962, 7).

clamar. Construcción: *clamar* A *Dios; clamar* POR *dinero*.

claque → CLAC.

clarecer. Verbo irregular. Se conjuga como *agradecer* [11].

clarividencia. 1. 'Penetración, perspicacia'. Es errónea la forma *clarevidencia*. Lo mismo hay que decir de *clarevidente* frente a *clarividente*.

2. A veces parece haber alguna confusión entre *clarividencia* (y su familia léxica) y *claridad* (y la suya), quizá interpretando *clarividencia* como una suma de *claridad* y *evidencia*: «*Había catalogado una abundante iconografía .. capaz de aportar pruebas de histórica clarividencia en torno a sus particulares teorías amatorias*» (Caballero Bonald, *Noche,* 139); «*Una serie de razonamientos .. quedaron clarividentemente explicados en el ruego de los señores procuradores*» *(Hoy,* 20.10.1976, 7).

claro. Adverbio oracional de afirmación. Equivale a *sí, naturalmente, desde luego:* «*Católico literario, a lo Chateaubriand, ¡claro!*» (Unamuno, *Visiones,* 83). Es propio del habla conversacional.

claror. 'Resplandor o claridad'. En el uso normal es nombre masculino; pero en la lengua literaria, por arcaísmo, es frecuente encontrarlo como femenino. En Azorín, siempre: «*La claror*» *(Doña Inés,* 23); «*La pálida claror del alba*» *(Confesiones,* 51); «*La lechosa claror del horizonte*» *(Voluntad,* 9), etc.

clasificado. 1. *Materia clasificada* es anglicismo innecesario y confuso por *materia reservada.* Es acertado este ejemplo: *«El Consejo de Gobierno .. acuerda calificar como materia reservada las siguientes informaciones» (Abc,* 15.9.1984, 34). Cf. Lorenzo, *Anglicismos,* 43.
2. Otro uso de origen inglés es *anuncios clasificados,* para designar los *anuncios por palabras* (cf. Lorenzo, *Anglicismos,* 100).

clavar. Construcción: *clavar* A O EN *la pared.*

clave. 1. Es nombre femenino en los sentidos de 'explicación', 'piedra con que se cierra el arco' y 'signo musical'. Es masculino en el sentido de 'clavicémbalo, instrumento musical'.
2. Cuando va en aposición —*hombre clave, punto clave, momento clave*—, lo más frecuente es mantenerlo invariable para el uso en plural: *hombres clave, puntos clave, momentos clave;* aunque no es raro hallarlo en forma plural: *hombres claves,* etc.

claxon. 'Dispositivo de señales acústicas del automóvil'. Es palabra grave, /klákson/. Su plural es *cláxones,* no *cláxons: «El atronar de los cláxones»* (L. Romero, *Gaceta,* 3.10.1962, 52).

Clazómenas. En los manuales de historia de la filosofía se habla de Anaxágoras de *Clazomene, Clazomena, Clazomenes* o *Clazomenas.* Cualquiera de estas formas es mejor como esdrújula; pero la preferible es *Clazómenas* (Fernández Galiano).

Cleobulo. 'Nombre de uno de los siete Sabios de Grecia'. La verdadera acentuación no es *Cleóbulo,* sino *Cleobulo* (Fernández Galiano).

clepto-. Forma prefija del griego *kleptés,* 'ladrón': *cleptomanía.*

cliché. 'Plancha con que se reproduce una composición de imprenta, un dibujo o una fotografía'. Aunque existe también la forma *clisé,* es más usada, y preferible, *cliché.* En el traslado del sonido francés de *ch* al español (como es este caso: adopción de la voz francesa *cliché)* lo normal ha sido el empleo de *ch* y no *s: cuché* (no *cusé), vichy* o *vichí* (no *visí), chalet* o *chalé* (no *salé), champán* (no *sampán), echarpe* (no *esarpe),* etc. Lo mismo ha ocurrido en los préstamos del inglés (con *sh)* y del alemán (con *sch).*

cliente. El femenino de este nombre es *clienta.*

clima. *Clima artificial:* → AIRE-ACONDICIONADO.

climatizado → AIRE-ACONDICIONADO.

climato-, clima-. Formas prefijas del griego *klíma,* 'inclinación', 'clima': *climatológico.*

climatología. 'Estudio del clima'. No debe usarse como sinónimo de *clima,* y menos como sinónimo de *tiempo* o de *condiciones atmosféricas: Hoy la climatología complica la circulación por todas las carreteras.*

clímax. 1. 'Gradación retórica ascendente', y también 'punto más alto o culminante'. El plural de este nombre masculino es igual que el singular: *los clímax.*
2. Evítese el error de usar *clímax* por *clima: «El 'clímax' era tenso en la localidad como nunca se había visto desde las ya lejanas luchas entre militantes anarcosindicalistas y fuerzas adictas al Movimiento Nacional»* (J. Barbé y R. Pelleja, *Sábado,* 24.8.1974, 14); *«El día de su regreso podía haber sido una fiesta de concordia nacional, como lo habría sido para cualquier país con clímax honesto» (País,* 1.2.1978, 26).

clipe. 'Pequeño instrumento de metal para sujetar papeles'. Este nombre masculino es la adaptación española que la Academia propone para el inglés *clip* (pl. *clips),* de uso muy extendido. El plural de *clipe* es *clipes.* De todos modos, el uso general en España todavía es *clip.*

clisé → CLICHÉ.

Clitemnestra. Aunque este es el nombre tradicionalmente asignado en la literatura a la esposa de Agamenón, Fernández Galiano advierte que es «muy preferible» la forma *Clitemestra.*

clocar. Verbo irregular. Se conjuga como *acordar* [4].

clon → PAYASO.

clorofila. 'Pigmento verde de los vegetales'. Es palabra llana. Evítese la pronunciación esdrújula *clorófila.*

closet. En Colombia (Flórez, *Lengua,* 207, y *Nuevo dicc. colombianismos)* usan la palabra inglesa *closet,* pronunciada vulgarmente

---

CONJUGACIÓN DEL VERBO «COCER»

(tiempos irregulares)

INDICATIVO

Pres. cuezo, cueces, cuece, cocemos, cocéis, cuecen.

SUBJUNTIVO

Pres. cueza, cuezas, cueza, cozamos, cozáis, cuezan.

IMPERATIVO

cuece, cueza, coced, cuezan.

---

clóser, con un plural *clóseres*, para designar lo que en España se denomina *armario empotrado* (Flórez propone *alacena* o *ropero*).

clown → PAYASO.

club. La palabra *club*, que existe en nuestro idioma (siempre pronunciado /klub/ o, popularmente, /klu/) desde hace dos siglos, tiene un plural *clubs* (en pronunciación popular, /klus/: «*En las boleras, en los clus*», Zamora, *Traque*, 231). La Academia recomienda ahora que, a imitación del uso americano, se emplee como plural la forma *clubes*. Además, sin descartar la forma tradicional *club*, sugiere que en singular se diga *clube*, más acorde con la fonología del español. El ejemplo más antiguo que conozco del plural *clubes* es de 1870: «*Si usted no se decide a sacarlo de los clubs...*» (Galdós, *Fontana*, 283). Y es interesante el comentario del mismo novelista: «Advertimos, para que el lector no extrañe la singularidad de este plural, que la dama, para explicarla, aseguraba que no decía 'clubs' por lo mismo que no decía 'candils' ni 'fusils', en lo cual no andaba del todo descaminada».

co-. Prefijo latino que significa unión o compañía: *coligarse, coadyuvar, coautor.*

coaligarse. Construcción: *un partido se coaligó* CON *otros.*

cobayo. El mamífero roedor especialmente conocido por su utilización en fisiología y patología experimental se llama en español *cobayo* (nombre masculino) o *conejillo de Indias;* también *cobaya* (masculino o femenino). La Academia en su *Diccionario* solo recoge esta última forma, pero en el *Diccionario manual* de 1983 y de 1989 incluye las dos.

Coblenza. La ciudad alemana de *Koblenz* se llama en español *Coblenza.*

cobrar. Construcción: *cobrar* DE *los deudores; cobrar* EN *papel; cobrar mil pesetas* POR *la gestión.*

cóccix. 'Hueso de la columna vertebral'. Es nombre masculino y su plural es invariable: *cóccix.* Es tal vez más frecuente, por tener pronunciación más fácil, la forma *coxis* (plural, también *coxis*), que es igualmente válida. Los adjetivos derivados respectivos son *coccígeo* y *coxígeo.*

cocer. 1. Verbo irregular. Se conjuga como *mover* [18]. Son erradas las formas *cuezco, cuezca*, etc.
2. Construcción: *cocer* A *la lumbre; cocer* CON *lumbre.*

cochambre. 'Suciedad'. Aunque la Academia da a este nombre como «ambiguo» (*el cochambre* o *la cochambre*), el uso corriente es solo el femenino: «*Con la cochambre y exudaciones sebáceas*» (Pérez de Ayala, *AMDG*, 234); «*La cochambre de la golfería*» (Cela, *Alcarria*, 17).

coche-cama. 'Vagón de ferrocarril con asientos convertibles en camas'. Es nombre masculino. Su plural es *coches-cama;* también, más raro, *coches-camas.* (Conviene advertir que, aunque la forma singular *coche-cama* es la usual y la recogida por la Academia, el lenguaje ferroviario dice *coche-camas*, pl. *coches-camas*.)

cocktail → CÓCTEL.

cocreta → CROQUETA.

cóctel. Como españolización del inglés *cocktail* se usa la forma *cóctel* (con preferencia a *coctel*, que también registra la Academia). Su plural es *cócteles* (no *cóctels*). El nombre se emplea en dos acepciones: 'bebida compuesta de varios licores' (y en este sentido tiene como sinónimos *combinado* y —poco usado— *combinación*) y 'fiesta social en que se sirven refrescos' (y en este sentido tiene como sinónimo *copetín*, en Argentina, Uruguay y Perú).

codiciar. Se conjuga, en cuanto al acento, como *cambiar* [1 a].

codicioso. Construcción: *codicioso* DE *dinero.*

codo. La locución adverbial *codo a codo* significa 'al lado uno de otro', generalmente en el sentido figurado de 'en estrecha cooperación'. También existe la variante *codo con codo* («*Trabajaba codo con codo con Ellacuría*», M. Bayón, *País*, 7.9.1996, 17); pero esta forma tiene además otro sentido, más tradicional, referido al modo de trasladar a un detenido o a un prisionero: 'con los brazos atados a la espalda'. Para el primer sentido se prefiere *codo a codo.*

coetáneo. Construcción: *coetáneo* DE *César.*

coexistir. Construcción: *coexistir* CON *otra situación.*

cofrade. 'Miembro de una cofradía o hermandad'. Es nombre masculino y femenino: *el cofrade, la cofrade.* La pronunciación esdrújula, /kófrade/, es vulgarismo: «*La muerte de la Brasileña se debió a cófrades de esa secta religiosa*» (en un supuesto texto de periódico, Vargas Llosa, *Pantaleón*, 250).

cogedor. 'Utensilio para recoger la basura o coger carbón'. Es regional el nombre *recogedor.*

coger. 1. Es popular o rústico emplear este verbo con el sentido de 'caber': *Esto no coge aquí; Solo cogen dos.* Benavente presenta en una escena a tres personas que quieren pasar a la vez por una puerta, y una de ellas, un hombre de pueblo, comenta: «*Los tres no cogemos*» (*Al natural*, 213). Es verdad que la Academia incluye este uso en su

Diccionario; pero la lengua general no lo admite. **2.** En varios países americanos se evita el uso de este verbo porque ha pasado a tener el sentido, en la lengua popular, de 'realizar el acto sexual'. Se sustituye habitualmente por *tomar* o *agarrar.*

cognac → COÑAC.

cohesión. 1. 'Fuerza que une las moléculas de un cuerpo'; 'unión'. La grafía de esta voz y del verbo *cohesionar* es con *s,* y su pronunciación es por tanto /koesión, koesionár/. La pronunciación /koeksión, koeksionár/, que se oye con cierta frecuencia en radio y televisión, y que hasta se refleja por escrito («*La familia de clase media también estuvo coexionada*», M. Vicent, *País*, 11.9.1984, 52), no es admisible. **2.** En sentido no físico, conviene no confundir *cohesión* y *coherencia. Cohesión* es la unión entre los elementos de un todo: *la cohesión social, la cohesión entre los españoles, la cohesión en el trabajo de los departamentos. Coherencia* es la relación lógica, la falta de contradicción: *coherencia en la evolución de su pensamiento;* o el hecho de ser consecuente consigo mismo o con sus principios: *actuar con coherencia.*

cohibir. En la conjugación de este verbo, las formas a las que corresponde ir acentuadas en la base (p. ej., 1.ª, 2.ª y 3.ª personas de singular y 3.ª de plural del presente de indicativo) se pronuncian separando en dos sílabas los fonemas /o.i/, el segundo de los cuales lleva el acento de la palabra: *cohíbo, cohíbes, cohíbe, cohíben:* /ko.íbo, ko.íbes, ko.íbe, ko.íben/. Lo mismo hay que decir de verbos semejantes, como *prohibir: prohíbo, prohíbes, prohíbe, prohíben.*

Coímbra. Aunque el nombre de la ciudad portuguesa de *Coimbra* se escribe siempre sin tilde, se pronuncia /koímbra/, y debe, por tanto, ponérsele: *Coímbra.* Los adjetivos derivados son *conimbricense, coimbricense* —literarios— y *coimbrano* («*¡Polonio era una celebridad coimbricense! —o mejor, coimbrana—*», Unamuno, *Andanzas*, 93; «*Hay lugares deliciosos en Coímbra, y los coimbranos han bautizado cada uno de ellos con un nombre de gran espectáculo*», Camba, *Peseta*, 134).

cojear. Construcción: *cojear* DEL *pie derecho.*

cok. 'Sustancia carbonosa resultante de la calcinación de la hulla'. También puede decirse *coque*. Para cualquiera de las dos formas, el plural es *coques*.

-cola. Sufijo que significa 'el que vive en': *agrícola, terrícola*.

colaboración. Construcción: *colaboración* CON *el Gobierno; colaboración* EN *una tarea; lo hizo con la colaboración* DE *su ayudante; lo hizo en colaboración* CON *su maestro.*

colaborar. Construcción: *colabora* CON *nosotros; colabora* EN *un periódico,* EN *la radio,* EN *un trabajo.*

colar. Verbo irregular. Se conjuga como *acordar* [4].

cole-. Forma prefija del griego *cholé,* 'bilis': *colédoco, colesterina.*

COLECTIVOS. 1. *Nombres colectivos indefinidos.* Hay una serie de nombres cuyo significado corresponde a una pluralidad de seres en número indeterminado: *el conjunto, la muchedumbre, la multitud, la chiquillería, el gentío, la gente, la masa, la manada, la caravana, la orquesta, la tropa, el batallón, el ejército, el clero, el grupo, la colectividad, el colectivo, la familia, la tribu, la sociedad, el equipo, la junta, la asamblea, el comité* y muchos otros. Muchos de ellos tienen este valor colectivo entre otras acepciones no colectivas; tal es el caso de *masa* y *junta,* o el de *presidencia, dirección, gobierno, jefatura, episcopado, abogacía, judicatura, clase, sección, departamento,* etc. En muchos casos el nombre colectivo va seguido de un complemento especificador: *un puñado de amigos, cantidad de cartas, un equipo de investigadores, una manada de ciervos.*
2. *Nombres colectivos numerales.* Son los que expresan, con carácter sustantivo, el hecho de ser un número determinado: *la unidad, el par, la pareja, el dúo, el trío, el terceto, el cuarteto, el quinteto, el sexteto, el septeto, el octeto, la decena, la docena, la quincena, la veintena, la treintena, la centena, el centenar, el millar, varios cientos, muchos miles, un millón, un billón, un trillón.* Muchos de estos colectivos se usan preferente o exclusivamente referidos a una especie determinada de objetos: *la quincena* suele entenderse 'de días'; *la treintena, la cincuentena,* etc., 'de años de edad'; *el ter-*ceto, 'de versos'; *el trío, el cuarteto, el quinteto, el sexteto,* 'de instrumentos musicales'. Cuando el colectivo numeral tiene un sentido poco o nada especializado, es normal que lleve un complemento especificador: *una docena de tomates, un par de minutos, un centenar de manifestantes.* Nótese que muchos de estos colectivos denotan el número solamente por aproximación: *un par de minutos* no es en rigor 'dos minutos', sino 'unos pocos minutos', y *un centenar de manifestantes* no quiere decir 'cien manifestantes', sino 'una cantidad en torno a los cien manifestantes'.

colega. Es nombre masculino y femenino: *el colega, la colega.* La pronunciación /kólega/ es vulgar en España y América (cf. Rosenblat, *Palabras,* I, 112).

colegiar. Se conjuga, en cuanto al acento, como *cambiar* [1 a].

colegir. 1. Verbo irregular. Se conjuga como *vestir* [62].
2. Construcción: *se colige una cosa* DE *otra.*

cólera. Es nombre femenino cuando significa 'irritación'; es masculino cuando significa 'enfermedad epidémica'.

colgar. 1. Verbo irregular. Se conjuga como *acordar* [4].
2. Construcción: *colgar* DE *un clavo; colgar* EN *la percha.*

Colibre → COLLIURE.

colicuar. Se conjuga, en cuanto al acento, como *licuar* (→ LICUAR).

coliflor. 'Planta comestible'. Se usa indebidamente como masculino en el habla popular de algunos países americanos. El género que le corresponde es el femenino: *la coliflor.*

coligarse. Construcción: *coligarse* CON *algunos.*

colindante. Construcción: *colindante* CON *el parque.*

Colliure. El nombre español del puerto francés de *Collioure,* en el Rosellón, es *Colliure.* En la lengua clásica era *Colibre* (Toro, *Ortología*).

colmado → TIENDA.

colmar. Construcción: *colmar* DE *honores.*

colocar. Construcción: *colocar* POR, EN o CON *orden; colocar a alguien* EN *una oficina.*

Colonia. El nombre español de la ciudad alemana de *Köln* es *Colonia.* No debe usarse la forma alemana, ni la francesa e inglesa *Cologne.*

Colono. Nombre de la aldea griega en que nació Sófocles. Es tradicional llamarla *Colona,* especialmente en el título de la tragedia de este dramaturgo nombrada por casi todos los manuales de literatura *Edipo en Colona* (así en Echauri, trad. Nestle, *Lit. griega,* 128; Valbuena, *Literatura,* III, 158, escribe *Colonna,* por confusión con el célebre apellido italiano). Es *Colono* la recta transcripción española del nombre griego *Kolonós* (cf. Cuervo, *Apuntaciones,* § 1008; Fernández Galiano, § 193). Escribe correctamente *Colono* Reyes (trad. Bowra, *Lit. griega,* 83 y 84).

color. 1. La Academia asigna a este nombre dos géneros, pero el uso normal de hoy es solo masculino. El uso del femenino es rústico, y también literario: *«La color del semblante»* (Pardo Bazán, *Viaje,* 100); *«La color blanca, dorada al sol»* (Galdós, *España sin rey,* 853); *«Colores que no son tuyas»* (Diego, *Primera antología,* 120); *«La arrebatada color de sus mejillas»* (Miró, *Cercado,* 29); *«De lozana color»* (Cela, *Lazarillo,* 27); *«Aldán ponderó la fuerza del aguardiente y la hermosa color con que las yerbas lo teñían»* (Torrente, *Señor,* 85). 2. Se dice *reportaje, ilustraciones, fotografías* A TODO *color;* pero no *reportaje a color, ilustraciones a color,* sino EN *color.*

COLORES. En las palabras que designan colores hay que distinguir dos grupos: el de aquellas cuyo sentido propio es precisamente el de 'color' —*blanco, amarillo, verde,* etc.— y el de aquellas que son originariamente nombres de cosas (flores, minerales, etc.).

Las del primer grupo son adjetivos calificativos sin ninguna particularidad: su concordancia con el sustantivo es normal: *piedras rojas, ojos grises, camisa blanca;* pueden sustantivarse con el artículo neutro *lo: «Entre lo rojo, lo verde»* (Góngora). Aparte de esto, pueden ser sustantivos masculinos: *«Una pincelada de azul intenso cie-*

rra la lejanía» (Azorín), cosa que ocurre menos cuando se trata de adjetivos formados por sufijación, como *amarillento, azulenco, verdoso, grisáceo, sonrosado, dorado, anaranjado.* Un caso especial es cuando al adjetivo de color se le agrega otro adjetivo calificativo: en este caso, la concordancia no es lo normal: *«Ojos azul claro»* (R. Gómez de la Serna), *«Ojos azul verdosos»* (Rosa Chacel), *«Pantalones azul marino»* (Goytisolo, *Fin,* 159).

Las del segundo grupo, aunque funcionen como adjetivos calificativos, suelen conservar su significación concreta; por ello no conciertan en género y muchas veces tampoco en número, sobre todo cuando —como en el caso citado antes— al adjetivo de color se agrega otro adjetivo calificativo, concertado o no: *«Paisajes malvas»* (J. R. Jiménez), *«Luces violeta»* (F. de Cossío). Si el agregado es un sustantivo, se vacila entre la yuxtaposición —*«Sombrero gris perla»* (Agustí)— y el enlace preposicional —*«Negro de melocotón»* (D'Ors).

La claridad exige a veces emplear la fórmula *de color de: «Las murallas de un color de miel»* (Baroja); pero esta fórmula no es necesaria cuando el objeto descrito pide por su naturaleza un adjetivo de color: *«Rubor amaranto»* (Miguel Hernández).

Fórmula muy extendida, tanto en la lengua escrita como en la hablada, es *(de) color* + nombre de color: *«Hebras de pelo color cerveza blonda»* (E. Pardo Bazán); *«Una falda de color malva»* (Azorín); *«La nieve antaño blanca es hoy de color violeta»* (Diego, *Primera antología,* 107); *«Un pueblo color amarillo»* (Cela, *Alcarria,* 86); *«Llevaba siempre un jersey de punto color beige»* (íd., *Colmena,* 18).

Véase Fernández Ramírez, § 75, de quien procede la mayoría de los ejemplos citados.

colorir. Verbo defectivo. Se conjuga como *abolir.*

columpiar. Se conjuga, en cuanto al acento, como *cambiar* [1 a].

com- → CON-.

coma¹. Hay dos palabras *coma* de distinta etimología: una, femenina, designa un 'signo ortográfico'; otra, masculina, 'estado de sopor profundo'.

COMA². 1. Signo ortográfico: → PUNTUACIÓN, V.

2. La coma, además de signo ortográfico, es signo matemático que indica la separación entre unidades y decimales: 24,5 (leído *veinticuatro coma cinco*) significa 'veinticuatro unidades y cinco décimas'. En los países de lengua inglesa se usa con esta función el punto. Es, pues, calco del inglés decir en nuestra lengua, con este sentido, *punto* en lugar de *coma: Veinticuatro punto cinco* (→ PUNTUACIÓN, I: PUNTO, 3.2).

combatir. Construcción: *combatir* CON o CONTRA *el enemigo; combatir* POR *un ideal.*

combinación, combinado → CÓCTEL.

combinar. Construcción: *combinar una cosa* CON *otra.*

comediante. Su femenino es *comedianta.*

comedirse. 1. Verbo irregular. Se conjuga como *vestir* [62].
2. Construcción: *comedirse* EN *las palabras.*

comentar. 'Explicar (una cosa) o exponer opiniones (sobre ella)'. Es impropio el uso que coloquialmente se hace de este verbo dándole el sentido de 'contar (un hecho o una noticia)': *No comentes nada de lo que has visto; «Un taxista le había comentado que yo estaba en la cárcel» (Informaciones,* 11.8.1973, 24). En el nombre *comentario* se produce el mismo abuso: *«Es un comentario que corre, pero no sabemos nada oficialmente» (Informaciones,* 2.3.1974, 1).

comenzar. 1. Verbo irregular. Se conjuga como *cerrar* [6].
2. Construcción: *comenzar* A *decir; comenzar* POR *reñir.*

comerciar. Se conjuga, en cuanto al acento, como *cambiar* [1 a].

cometa. Es masculino cuando designa un cuerpo celeste, y femenino cuando designa un juguete de papel.

comezón. 'Picazón' o 'desazón'. El género de este nombre es femenino; decir *el comezón* es popular, aunque lo usara Unamuno: *«Siente el comezón del hambre» (Raza,* 193).

COMIDAS. Las comidas que se toman durante el día se denominan, según el uso tradicional del castellano, *desayuno* (al levantarse, por la mañana), *comida* (a mediodía), *merienda* (al atardecer) y *cena* (por la noche). Las comidas principales, *comida* y

cena, reciben en varias regiones y países los nombres respectivos de *almuerzo* y *comida;* en España, este uso aparece con cierta frecuencia en la prensa, la radio y la televisión, a veces en la literatura y siempre en las listas oficiales de precios de los hoteles. Escritores españoles que atestiguan el uso son, entre otros, Baroja *(Románticos,* 64), Jiménez *(Antología para niños,* 144), Ortega *(Viajes,* 24), López Rubio *(Celos,* 60). Por otra parte, en algunos países, al parecer, la palabra *cena* está socialmente devaluada: escribe Sábato que en Buenos Aires es «palabra que la gente de clase alta no emplea jamás y cuyo uso delata instantáneamente el origen plebeyo» *(Abaddón,* 476; cf. Steel, *Dicc. americanismos).* Sería de desear, a pesar de todo, que, al menos en España, se mantuviera, para evitar confusiones, la terminología clásica.

COMILLAS → PUNTUACIÓN.

Commonwealth. Esta palabra inglesa significa 'comunidad' (se pronuncia /kómonuelz/). En textos españoles se usa como nombre femenino con el significado concreto de *Comunidad Británica de Naciones.* En gracia a la brevedad, puede darse por bueno el uso del término inglés.

como. Partícula átona que desempeña muy distintas funciones:
1. Adverbio relativo de modo —o conjunción modal o comparativa—. Sirve para introducir proposiciones adverbiales de modo: *Lo ha hecho como es debido.* Puede llevar en la parte principal de la oración un antecedente, que suele ser un adverbio de modo *(tal): Lo ha hecho tal como lo prometió;* pero también puede ser el sustantivo *modo* o *manera: «Los modos como actúa»* (Marañón, *Vida,* 33). En este caso, es habitual en América hacer tónico el *como,* incluso reflejándolo gráficamente *(cómo): «Las diversas fases del pensamiento lingüístico de Cuervo, que van influyendo en la manera cómo concibe y trata el tema»* (Guitarte, *Cuervo,* 246). También introduce proposiciones adverbiales comparativas: *Esta tinta es tan negra como la pez.*
2. Adverbio relativo de tiempo —o conjunción temporal—. Introduce proposiciones adverbiales de tiempo, unas veces solo *(Como llegamos a la posada, se dispuso la cena,* 'luego que llegamos'), y otras precedido de los antecedentes *así, tan luego* o *tan pronto (Así como entró en la venta, conoció*

a don Quijote; Tan luego como la verdad se propagó, fueron aproximándose la Iglesia y el Estado; Tan pronto como lo supo, emprendió la marcha). Excepto la última, estas construcciones son literarias, y la primera, anticuada.

3. Adverbio de modo o de cantidad que denota semejanza o aproximación (*«como»* atenuativo, lo llama Alonso, *«Como que»*, 137): *Juan salió como en defensa de Andrés; «Como a la mitad de esta alameda deliciosa .., se levanta .. una cruz de mármol»* (Bécquer, *Celda*, 518). Da a entender que la palabra o frase a que precede no se han de tomar por el objeto o concepto que estrictamente significan, sino por uno que se les asemeja (Cuervo, *Diccionario*). Es frecuente ante adjetivos calificativos, numerales, adverbios y gerundios. Hoy se abusa, en el estilo coloquial, de este *como,* ya más expletivo que atenuativo: *«Que no sé lo que quiere decir, pero que aquí hace muy bonito y como muy culto»* (García Serrano, *Macuto*, p. XVII); *«Es que a mí me da como un cargo de conciencia que la gente gaste mucho en ropa .. Que sí, que siento como un apuro, porque una también tuvo en su día así como ideas socialistoides»* (A. Ruiz de la Prada, *Abc*, Supl., 24.2.1985, 24). Este uso ya fue registrado por Flórez en Colombia en 1946 (cf. Kany, 292).

4. Preposición que significa 'en calidad de', 'en concepto de': *Lo dieron como fianza;* o 'alrededor de': *Había como veinte personas.* Debe evitarse el uso anormal de *como* por *en el papel de: «Sean Connery como James Bond»* (*Abc*, 27.9.1964). Es superfluo en español, por otra parte, el uso, calcado del inglés, de *como* en oraciones con *elegir, nombrar, denominar* o *considerar* (cf. Lorenzo, *Anglicismos*, 488): *Le nombraron como alcalde; Le considera como su salvador; «El compositor .. Tomás Marco, de 51 años, fue elegido ayer por la noche como académico» (Diario 16,* 18.5.1993, 46); *«Elegido Madero como presidente del país, Zapata terminó no reconociendo su presidencia» (País,* 3.1.1994, 3). El elemento que sigue al verbo es un predicativo y no necesita ningún nexo: *le nombraron alcalde; le considera su salvador; fue elegido académico; elegido presidente.*

5. Conjunción causal, que introduce proposiciones causales que se antepone al verbo principal: *Como no lo sabía, iba muy tranquilo.*

6. Conjunción final, que introduce proposiciones finales (uso anticuado): *«Él le daría lugar y tiempo como a sus solas pudiese hablar a Camila»* (Cervantes, cit. Academia, *Gramática*, § 396).

7. Conjunción condicional, que introduce proposiciones condicionales: *Como no me pagues, te llevo a la cárcel.*

8. Conjunción anunciativa, que introduce proposiciones sustantivas complemento directo: *«El Presidente dice que cualquier medida radical que le proponga se la firmará. Pero ya veremos como no se la propone»* (Azaña, *Memorias*, I, 13); *«Estaba sumergida en una especie de agonía desde que vio como se marchaba Antonio»* (Laforet, *Mujer*, 117). *«En lugar de que —dice la Academia (Gramática,* § 280)— se emplea a veces *como,* con lo cual parece que enunciamos, más bien que el hecho, el modo o manera de su realización.»* Pero cita ejemplos como estos: *Sabrás como hemos llegado buenos; Me dijo como no podía pagarme; «Dentro de pocas horas se supo como estaban alojados seis millas dellos»* (Moncada). En ellos parece poco plausible la interpretación de que se enuncie «más bien que el hecho, el modo o manera de su realización». Se trata aquí escuetamente del hecho. Es verdad que en otros casos no hay que excluir la idea de modo, pero secundaria a la de pura subordinación, propia de *que: «Vos veréis como yo no me quedo atrás en hacer vuestro mandamiento»* (Cervantes, cit. Academia). Y lo mismo en los ejemplos de Azaña y Laforet que cito más arriba. Por eso parece más acertada que la académica la aséptica explicación de Cuervo *(Diccionario,* II, 241): «Del uso interrogativo [de *cómo*] nace el emplearse por *que,* para anunciar una oración subordinada». La pronunciación de este *como* es átona, según la Academia, y así lo confirman, al parecer, los dos ejemplos del comienzo. Sin embargo, es muy frecuente la pronunciación tónica, que certifica Cuervo escribiendo con tilde todos los numerosos ejemplos clásicos que cita, incluyendo los dos mencionados de Cervantes y Moncada, y que en el uso moderno se atestigua corrientemente en la pronunciación y en la escritura: *«—¿No saben ustedes? .. La Irene ha metido esta noche un hombre en casa. —¿Sí? —Yo misma he oído cómo hablaba con él»* (Baroja, *Busca*, 25); *«Siguió mirando cómo el ramo se extinguía»* (Fernández Santos, cit. Alarcos, § 388).

9. *Como que.* *a)* Conjunción anunciativa que implica probabilidad: *Oyó como que lloraban* (no se afirma que lloraban, sino que se da como probable); o semejanza: *Hace como que llora* (finge que llora); «*Querría que ahora te retirases en tu aposento, como que vas a buscar alguna cosa necesaria para el camino, y te dieses .. azotes*» (Cervantes); «*Hice como que me lo creía*» (Cela, *Lazarillo*, 53); o ademán expresivo: «*Haciendo una profunda reverencia a los duques, como que les pedía licencia para hablar, con voz reposada dijo*» (Cervantes). Cf. Alonso, «*Como que*», 133.

b) Adverbio de modo o de cantidad que expresa semejanza: *La distancia como que embellece los objetos.* Este uso es más frecuente en América que en España, especialmente en Colombia, Venezuela y parte de Méjico, no solo en el nivel popular (cf. Kany, 383), sino en el culto: «*Los versos que repiten los epítetos de su repertorio como que facilitan la atención*» (Reyes, trad. Bowra, *Lit. griega*, 18); «*El sol como que invitaba a salir*» (León Rey, *Nidito*, 29). Antes del siglo XIX era simplemente *como:* «*El sollozo, cuando se habla sollozando, menoscaba lo que se habla, y como lo sorbe y demedia*» (Fray Luis de León).

c) Conjunción causal, que expresa que la oración introducida por ella es explicación lógica de la anterior: «*Los [cabezales] de la rapaza eran ásperos, morenos, llenos de .. remiendos, como que los hiló la madre para su casamiento*» (Miró, *Cercado*, 51). Esta conjunción con frecuencia encabeza frases enfáticas: «—*Debe estudiarse por principio y practicarse con seriedad. —¡Como que debiera ser parte principal de la educación!*» (Galdós, *Torquemada*, II, 31); «—*La tía que va a estrellar el mejor día. —¡Claro! Como que es muy difícil el andar en esas maquinarias*» (Vital Aza, cit. Beinhauer).

10. No debe emplearse el *como que* causal encabezando una proposición antepuesta al verbo principal. La conjunción, en este caso, expresa la causa real, y no la lógica, como ocurría en el uso explicado antes (9, c). Este uso es propio del castellano hablado en Cataluña y se ha extendido, en parte, a las regiones vecinas, como Aragón. Ejemplos: «*Como que esta actividad puramente formal no colmaba las ambiciones de su espíritu, se entregó al cultivo de las matemáticas*» (Carreras, *Hist. filosofía*, 114);

«*Como que en el resto de nuestra obra nos ocupamos solo de lingüística interna, vamos a analizar ahora algunos de los llamados elementos externos de la lingüística*» (Roca, *Gramática*, I, 82). Lo normal, en estos casos, es decir *como.*

11. *Como quiera* (o *comoquiera*). Adverbio de modo que significa 'de cualquier manera'. Se suele usar detrás de un verbo en subjuntivo, formando con él una proposición absoluta equivalente a la construcción *como quiera que* + subjuntivo (→ 12): «*Llámense como quiera, es el caso que este espectáculo .. ha hecho en Yuste la misma impresión .. que si se hubiese asomado al umbrío huerto*» (Azorín, *Voluntad*, 107; 'como quiera que se llamen' o 'de cualquier modo que se llamen'); «*Sea comoquiera, la huella del Arcipreste se halla fuertemente impresa en la tradición que legó a Íñigo López el gusto por las canciones de serrana*» (Lapesa, *Santillana*, 49; 'como quiera que sea' o 'de cualquier modo que sea').

12. *Como quiera que* (o *comoquiera que*). *a)* Conjunción que significa 'de cualquier modo que': *Como quiera que sea, lo hecho no merece disculpa.*

b) Conjunción causal, equivalente a *dado que,* o *como.* La proposición introducida por esta conjunción precede al verbo principal: «*Como quiera que los Estados Unidos no parecen estar dispuestos a aceptar por su parte un Munich, todo endurecimiento ruso .. podría provocar, a su juicio, un conflicto mundial*» (Arriba, 8.2.1959, 15).

13. *Como si.* Esta locución conjuntiva introduce un tipo especial de proposiciones comparativas con el verbo en subjuntivo: *No nos saludamos, como si no nos conociésemos.* Es uno de los frecuentísimos casos de comparativas elípticas («no nos saludamos, como [no nos saludaríamos] si no nos conociésemos»), en las que los elementos sobrentendidos son los comunes con la parte principal de la oración. Como se ve, la comparativa está constituida por un período condicional irreal, y por eso recibe el nombre de comparativa irreal. Es un uso que ofrece grandes posibilidades expresivas, como lo confirma el abundante empleo que de él hacen en la lengua hablada y la literatura (cf. Fernández Ramírez, «*Como si*», 372).

Formas elípticas de las oraciones de *como si* son las frases *como si tal cosa, como si nada, como si no:* «*Toda una enciclopedia de mentiras le conté, pero como si no»* (Gutiérrez Roig-Ríos, cit. Beinhauer); *«No vaya a parecer que uno empieza a sentirse mal, entre tanta gente que viaja como si tal cosa»* (Agustí, *Mariona,* 45).

14. *Como ser.* Construcción peculiar de la Argentina, Chile y algún otro país, que ocupa el lugar de los normales *como es* o *como son: «Nuestras mejores prendas familiares, como ser el extremado amor al hijo.., constituyen rasgos peculiares del tipo gaucho»* (Lugones, *Payador,* 1133); *«La fabulosa proliferación de símbolos gráficos puramente secundarios, como ser los alfabéticos»* (Steenks, trad. Bram, *Lenguaje,* 15); *«Las comodidades más exigentes y codiciables en su local del río Itaya como ser, por ejemplo, aire acondicionado»* (Vargas Llosa, *Pantaleón,* 189). Cf. Kany, 257.

15. *Como sea,* 'como quiera que sea': → SER, 10.

16. *Como un todo,* 'en conjunto': → TODO, 6.

17. *Yo como usted,* 'yo que usted': → YO, 6.

cómo. **1.** Adverbio interrogativo de modo. Se pronuncia siempre tónico, y se escribe con acento en la primera sílaba para evitar la confusión con *como* átono (adverbio relativo de modo): *¿Cómo lo has hecho?; No sé cómo lo has hecho.*

2. Puede preguntar por la causa, equivaliendo a *por qué: ¿Cómo no viniste ayer?*

3. Tiene frecuente uso exclamativo, para expresar encarecimiento: *¡Cómo llueve!* En el español general se emplea referido a verbos (así en el ejemplo citado); pero en América aparece también referido a adjetivos: *«¡Cómo anda ligero un caballo al paso!»* (Uslar Pietri, *Lanzas,* 206). En el uso general sería *¡qué ligero anda!* Cf. Kany, 290.

4. Interjección, que denota extrañeza o enfado: *¡Cómo! ¿No lo sabes?*

5. Se sustantiva, con el significado de 'modo': *El cómo y el porqué de un acontecimiento.*

6. *Cómo que.* Las oraciones introducidas por el adverbio interrogativo *cómo* seguido de la conjunción *que* expresan variados matices de disconformidad: negación, réplica, extrañeza, declaración de absurdo: *«—Yo nunca he visto a la señora Dulcinea. —¿Cómo que no la has visto, traidor blasfemo?»* (Cervantes). En estas oraciones va

implícito un verbo *decir: «¿Cómo* [dices] que no la has visto?» (Alonso, *«Como que»,* 152).

7. *Cómo no. a)* Expresión adverbial que equivale a '¿cómo podría ser de otro modo?': *Mañana partiré, y ¿cómo no, si lo he prometido?* (Academia).

b) Expresión adverbial, usada en América, que significa 'sí', 'claro'. Frecuentemente se escribe sin signos de interrogación (cf. Kany, 412; Zamora, *Dialectología,* 440; Steel, *Dicc. americanismos).* No tanto como en América, también se usa en España: *«—Pistache, ¿tiene usted la bondad de acompañarme? —¡Cómo no! Encantado, Fernanda»* (Gutiérrez Roig-Ríos, cit. Beinhauer).

8. Sobre el uso de *cómo* en calidad de conjunción anunciativa, introduciendo una proposición sustantiva con función de complemento directo, → COMO, 8.

comoquiera → COMO, 11 y 12.

Comores. Archipiélago que constituye un Estado del océano Índico. Este archipiélago recibe los nombres de *Comores* y *Comoras.* Esta última forma, de uso raro, hoy es propuesta por algunos «libros de estilo» periodísticos como única correcta en español. No hay razón alguna para esa exclusividad; y si se quiere elegir una sola forma, es preferible *Comores,* mucho más extendida en el uso de geógrafos y cartógrafos de nuestra lengua a lo largo de este siglo. Los adjetivos derivados son *comorano* y *comorense.*

compadecer. **1.** Verbo irregular. Se conjuga como *agradecer* [11].

2. Construcción: *esto no se compadece* CON *aquello* ('no es congruente con aquello'); *compadecerse* DEL *infeliz.*

compañero. Construcción: *compañero* DE *fatigas* (o EN *las fatigas); compañero* DE *viaje.*

compañía. **1.** Construcción: *asistió en compañía* DE *sus hijos.*

2. Una de las acepciones de *compañía* es 'cuerpo de actores (de teatro, de circo)'. Debe evitarse, por innecesario, el empleo del nombre francés *troupe.*

comparación. Construcción: *es un genio en comparación* CON *su colega.* No es normal *en comparación* A: *«Se movía calmosamente, casi con lentitud, en comparación a la velocidad con que hablaba»* (Pombo, *Héroe,* 122), ni *a comparación* DE: «*La única posible bondad del producto: su bajo índice calórico a comparación del desdeñable jamón serrano*» (Vázquez Montalbán, *Balneario*, 36).

comparar. Construcción: *comparar un objeto* A o CON *otro.*

comparecencia. El sustantivo que designa la acción de comparecer no es *comparecimiento*, sino *comparecencia.*

comparecer. Verbo irregular. Se conjuga como *agradecer* [11].

comparecimiento → COMPARECENCIA.

compartimento. 1. En un recinto, 'división independiente'. Puede decirse *compartimento* o *compartimiento: compartimentos* (o *compartimientos) estancos; compartimento* (o *compartimiento) de un coche de ferrocarril.*

2. El plural de *compartimento* o *compartimiento estanco* es *compartimentos* o *compartimientos estancos* (no «*compartimientos-estanco*», Ortega, *Americanos*, 114).

compartir. Construcción: *compartir las penas* CON *otro; compartir* ENTRE *varios.*

compatible. Construcción: *compatible* CON *la justicia.*

compeler. Construcción: *compeler a otro* AL *pago.*

compendiar. Se conjuga, en cuanto al acento, como *cambiar* [1 a].

compensar. Construcción: *compensar una cosa* CON *otra.*

competer. Distíngase de *competir. Competer* es 'pertenecer, tocar o incumbir': *Este asunto a mí no me compete. Competir* es 'contender, rivalizar': *No puede competir en elegancia con su hermana.* De los dos verbos, el primero es regular, el segundo es irregular (→ COMPETIR). Al primero corresponde el adjetivo *competente;* al segundo, el adjetivo y sustantivo *competidor* y el sustantivo *competencia.* El sustantivo *competencia* corresponde a ambos.

competir. 1. Verbo irregular. Se conjuga como *vestir* [62].
2. Construcción: *competir* CON *alguno; competir* EN *calidad.*
3. Diferencia entre *competir* y *competer:* → COMPETER.

complacer. 1. Verbo irregular. Se conjuga como *agradecer* [11]. Su pretérito es *complació*, regular, y no *complugo*, como por analogía con *plugo* (del verbo *placer*) usaron Unamuno *(Espejo*, 125) y D'Ors (cit. Academia, *Esbozo*, § 2.12.4 nota 74).
2. Construcción: *complacerse* EN *hacerlo.*

complementariedad. El nombre derivado del adjetivo *complementario* es *complementariedad;* no *complementaridad* ni *complementareidad* (aunque algunos escritores distinguidos hayan usado la primera de estas dos formas: Alarcos, *Gram. estructural*, 29; Rof, *Complementaridad*). (→ -DAD.)

cómplice. Construcción: *cómplice* CON *otros; cómplice* DE *otro; cómplice* EN *el delito.*

complot. 'Conjura o confabulación'. Se pronuncia corrientemente /kompló/ o /komplót/. Su plural es *complots*, pronunciado /komplós/ o /komplóts/. La grafía *compló*, plural *complós*, que algunos periódicos usan, no cuenta con el refrendo de la Academia.

componente. Como nombre, es masculino en el sentido de 'ingrediente' o de 'elemento': *los componentes de un medicamento;* es femenino en el sentido de 'fuerza concurrente en un viento': *la componente Este.*

componer. 1. Verbo irregular. Se conjuga como *poner* [21].
2. Construcción: *componerse* CON *los deudores; componerse* DE *bueno y malo.*

comportar. El uso transitivo de este verbo con el sentido de 'implicar o llevar consigo' *(La operación comporta algunos riesgos)* es normal. Este verbo, junto con el verbo *conllevar* (cuyo empleo en el mismo sentido ya consta en la Academia), es censurado con exceso de celo por algunos puristas.

compra. *Ir a compras:* → IR, 2.

comprensible. Construcción: *comprensible* PARA *todos.*

comprobar. Verbo irregular. Se conjuga como *acordar* [4].

comprometer. Construcción: *comprometerse* A *pagar; comprometerse* CON *alguien; comprometerse* EN *una empresa.*

compromiso. Este nombre tiene dos sentidos tradicionales perfectamente vivos: 'situación dificultosa' *(Sus palabras imprudentes nos han puesto en un compromiso)* y 'obligación contraída' *(Existe el compromiso formal de devolver la suma íntegra)*. Este segundo sentido incluye el *compromiso* político (en francés *engagement),* con el que están en relación la literatura *comprometida* y el intelectual *comprometido* (en francés *engagé),* términos que estuvieron muy en boga en los años cincuenta y sesenta. Hay otro sentido, hoy raro, 'delegación que para elegir un cargo hacen los electores en un número reducido de personas para que decidan la designación' (ejemplo, el histórico *Compromiso de Caspe); derivado hoy bien conocido de este sentido es el nombre *compromisario.*

Un tercer sentido usual, 'acuerdo logrado mediante concesiones mutuas', es calco del francés *compromis* o del inglés *compromise.* El empleo en español de *compromiso* tanto para el sentido 'obligación' como para el sentido 'acuerdo' puede en ocasiones dar lugar a ambigüedad: *Es poco probable que acepten un* COMPROMISO *consistente en una declaración que implique el* COMPROMISO *de...* El Sr. J. Smeets, que me sugiere este ejemplo, propone que el sentido 'acuerdo logrado mediante concesiones mutuas' no se exprese nunca por medio de *compromiso* y se emplee en cambio *transacción.*

No obstante, en la lengua corriente *compromiso* como 'transacción' o 'arreglo' está bastante arraigado, especialmente en la construcción *solución de compromiso.* Por otra parte, el riesgo de ambigüedad se disipa en la mayoría de estos casos gracias al contexto. En una misma página (Cantera-Iglesias, *Biblia,* IX) encontramos esta frase: *«Se ha recurrido al compromiso o transacción, sacrificando, en la medida estrictamente necesaria, lo menos importante»;* y poco más abajo: *«Conscientes del enorme compromiso que con el público contraían al dar a luz esta nueva versión».* En la primera frase, el empleo de la sinonimia *o transacción* elimina toda duda; en la segunda, la colocación con el verbo *contraer* también decide con claridad la situación.

De todos modos, es conveniente, para mayor seguridad, utilizar para el sentido del francés *compromis* e inglés *compromise* los nombres *transacción* o *arreglo* y reservar *compromiso* para sus sentidos tradicionales.

computadora. El aparato llamado en España *ordenador* —palabra tomada del francés— recibe en los países americanos los nombres de *computadora* o *computador* —tomados del inglés—, que por otra parte tampoco son desconocidos en España. Las tres palabras son acogidas por la Academia.

En coherencia con sus respectivas lenguas fuentes, España prefiere *informática* —tomado del francés— para designar la técnica y el mundo de los ordenadores, mientras que América adopta *computación* —tomado del inglés—; así como los adjetivos *informático* (España) y *computacional* (América). Este último, aunque no recogido por la Academia, también circula en España. Y por otra parte tenemos dos verbos diferentes: *informatizar* y *computarizar.* En España se usan los dos; en América, al parecer, solo *computarizar.* (Sobre las variantes *computerizar, computadorizar,* → COMPUTARIZAR.)

computarizar. 'Someter datos al tratamiento de una computadora'. La Academia, antes de la edición 1992 de su *Diccionario,* propugnaba la forma *computadorizar,* sin éxito, pero que todavía mantiene como segunda propuesta. Con esta se intentaba ocupar el lugar de tres formas en circulación: *computerizar* (adaptación cruda del inglés *computerize); computarizar,* modificación de la anterior que se aproxima más, gracias a la *a* de la antepenúltima sílaba, al español *computador / computadora;* y *computorizar* (donde la sílaba *-tor-* parece contracción de *-tador-),* que tuvo algún uso a finales de los años setenta.

El verbo *computadorizar,* y sobre todo su derivado *computadorización,* están condenados al olvido por demasiado largos e incómodos de pronunciación. Hoy se usan *computerizar* y *computarizar,* parece que ganando terreno la segunda forma (la única que según mis datos se usa en América). Siguen la suerte de estos verbos sus derivados *computerización* y *computarización.*

común. Construcción: *común* A *todos.*

comunicar. Construcción: *comunicar un lago* CON *otro; comunicarse dos lagos* ENTRE *sí; comunicarse* POR *señas.*

Comunidad Valenciana. La denominación de la comunidad autónoma de Valencia es *Comunitat Valenciana* cuando se habla o escribe en valenciano o catalán; pero, hablando o escribiendo en español, es *Comunidad Valenciana.*

con. Preposición. Se pronuncia átona, como la mayoría de las preposiciones. Indica:

1. Compañía y concurrencia de personas o de cosas: *Vino con mi padre; Va con sus hijos; Café con leche.* Con verbo de movimiento puede significar dirección hacia una compañía: *Sus padres le enviaron con un tío suyo que vivía en León.*

2. Instrumento, medio o modo: *Se defendió con el puñal; Trabaja con celo; Come con ansia; Con la fe se alcanza la gloria; Con declarar, se eximió del tormento.*

3. Contenido o adherencia: *Un barco con víveres; Una granja con todas sus dependencias.*

4. Relación: *Se puso de acuerdo con los enemigos; Habla con ella.* De aquí dos nociones hoy desusadas: la de comparación: *«Su fuerza no es nada / con la que profeso yo»* (Lope de Vega, cit. Cuervo, *Diccionario);* y la de reciprocidad: *Ámense unos con otros* (cf. Cuervo, *Diccionario,* II, 302).

5. Concesión: *Con el crédito que tenía no supo mirar por sí; Con ser tan antiguo, le han postergado; «¿Qué es lo que hace llamativa y alegra a la calle de Alcalá? No son ciertamente sus torres ni sus adornos arquitectónicos, con ser de vez en cuando un alivio para los ojos»* (J. L. Castillo-Puche, *Ya,* 8.7.1962, 7).

6. Usos particulares:

a) Con, 'en casa de'. En América existe el empleo de *con* en el sentido de 'en (o a) casa de', 'en (o a) la tienda de': *«Se olvidaron de un asao que habían mandado hacer temprano con el pulpero»* (Lynch, Argentina); *«—¿Dónde compraste eso? —Con don Darío»* (Ramos Duarte, Méjico; ejemplos citados por Kany).

b) Con, 'a'. El empleo de *con* por *a* tras ciertos verbos —*presentar, recomendar, quejarse;* y también *ir, llegar, venir,* etc., con determinados complementos— es una extensión abusiva del sentido de dirección hacia una compañía (→ 1). Kany recoge varios ejemplos de Hispanoamérica: *«No nos has presentado con el señor»; «Lo voy a recomendar con Plácido»; «No te ha de gustar que te acuse con el profesor»; «Ve con un médico»; «Venían a hacerse cortar el pelo o*

la barba con él»; «Victoriano recurre siempre contigo». Este uso también se da esporádicamente en el nivel coloquial de la Península: *Recomiéndame con tu tío.*

7. *Con objeto de:* → OBJETO.

8. *Con relación a, en relación con:* → RELACIÓN.

9. *Con respecto a:* → RESPECTO.

10. *Con tal de, con tal (de) que:* → TAL, 2.

11. *Con todo, con todo y eso, con todo y con eso, con eso y con todo:* → TODO, 4.

12. *Con todo de, con todo y,* etc.: → TODO, 5.

con-. Prefijo latino que significa unión o compañía (→ CO-): *consocio, contestar, convenir.* Ante *b* o *p* se convierte en *com-: combinar, componer.*

concebir. Verbo irregular. Se conjuga como *vestir* [62].

concejal. 'Miembro de un ayuntamiento, que tiene a su cargo un departamento o sección'. Su femenino es *concejala* (Academia).

concello → AYUNTAMIENTO.

concentrar. Construcción: *concentrar el poder* EN *una sola mano; concentrarse* EN *el trabajo.*

conceptuar. **1.** Se conjuga, en cuanto al acento, como *actuar* [1 d].

2. Construcción: *conceptuar a uno* DE *inteligente; conceptuarlo* COMO *uno de los mejores.*

concernir. Verbo irregular. Se conjuga como *discernir* [43]. Además es defectivo: se emplea solo en las terceras personas de cada tiempo. Rara vez se halla usado en más tiempos que en los presentes de indicativo y de subjuntivo y en el pretérito imperfecto de indicativo. (Véase cuadro.)

concertación. *Concertación* figura en los diccionarios con un sentido anticuado de 'contienda, disputa'. Modernamente, adaptando el francés *concertation,* se usa como 'acción y efecto de concertarse o ponerse de acuerdo'. Para esta idea ya existen en español los nombres *concierto* y *acuerdo,* que no hay razón para abandonar.

concertar. **1.** Verbo irregular. Se conjuga como *cerrar* [6].

CONJUGACIÓN DEL VERBO «CONCERNIR»

INDICATIVO

Pres. concierne, conciernen.
Pret. impf. concernía, concernían.
Pret. indef. concernió, concernieron.
Fut. impf. concernirá, concernirán.
Pot. simple concerniría, concernirían.

SUBJUNTIVO

Pres. concierna, conciernan.
Pret. impf. concerniera o concerniese, concernieran o concerniesen.
Fut. impf. concerniere, concernieren.

FORMAS NO PERSONALES

Inf. concernir.   *Ger.* concerniendo.   *Part.* concernido.

---

2. Construcción: *concertar una cosa* CON *otra; concertar* EN *género y número; concertar las paces* ENTRE *dos contrarios.*

conciencia. 1. En sentido moral ('conocimiento interior del bien que se debe hacer y del mal que se debe evitar') solo se usa la forma *conciencia: Cada uno debe votar según su conciencia.* En sentido general ('conocimiento') pueden usarse *conciencia* y *consciencia: No tiene conciencia* (o *consciencia) de sus actos.* La primera forma es la normal en la lengua común; la segunda es más propia del lenguaje técnico de la psicología (y aun en él no es la más utilizada), y, por ello, su uso fuera de tal ámbito tiene un tinte de pedantería. En la derivación, dos palabras se basan en la forma sin *s: concienzudo, concienciar* —seguidas de sus propios derivados, *concienzudamente, concienciamiento* y el cacofónico *concienciación*—; una palabra se basa en la forma con *s: consciente* —con su adverbio, *conscientemente,* y los respectivos negativos, *inconsciente, inconscientemente*—. Han escrito *conciente, inconciente,* entre otros, Unamuno *(Raza,* 438 y 570), Pérez de Ayala *(Tigre,* 186 y 187) y Restrepo, *Semántica* (151 y 152). **2.** No deben usarse *concienzar* y *concienciar,* verbos mal formados, por *concienciar: «Los académicos no están concienzados con el tema» (Informaciones,* 3.7.1976, 17); ni los nombres derivados *concienzación* y *concientización,* por *concienciación* o

concienciamiento: «El proceso de individualización y de concientización de uno mismo y consigo mismo es un hito del alma» (Sábado, 3.8.1974, 35). **3.** *Mala conciencia* es calco del francés *mauvaise conscience,* que en español significa exactamente *remordimiento.* Sin embargo, el uso que se hace de *mala conciencia* implica sensación de culpabilidad en general, no necesariamente causada por una falta concreta cometida: *«Los artistas se han transformado en una 'mala conciencia' burguesa expiable a través del dinero»* (Castellet, *Marcuse,* 124). La locución, por tanto, es útil y aceptable.

concienciar. 1. Se conjuga, en cuanto al acento, como *cambiar* [1 a]. **2.** Sobre la formación de esta palabra, → CONCIENCIA.

conciente, concientemente; concientización, concientizar; concienzación, concienzar; concienzudamente, concienzudo → CONCIENCIA.

concierto → CONCERTACIÓN.

conciliar. 1. Se conjuga, en cuanto al acento, como *cambiar* [1 a]. **2.** Construcción: *conciliar una cosa* CON *otra.*

cónclave. 'Junta de cardenales para elegir papa'. *Conclave,* con acentuación /konklábe/, es la forma etimológica y la preferida por la Academia; pero, aunque aparezca impresa con alguna frecuencia, el lector suele acentuar /kónklabe/. La forma esdrújula, *cónclave*, también admitida por la Academia, es hoy sin duda la de uso general.

concluir. 1. Verbo irregular. Se conjuga como *huir* [48].

2. Construcción: *concluir* DE *hablar.*

CONCORDANCIA. Es la igualdad de accidentes gramaticales entre dos palabras. Hay dos clases de concordancia: *nominal* y *verbal.* La concordancia *nominal* es la igualdad de género y número. Se presenta entre un adjetivo o un artículo y el nombre al que se refieren: *Las gafas; Luz pálida; Este momento; El pan es sabroso.* También se da entre el pronombre relativo o demostrativo y su antecedente: *Aquellos tiempos lejanos, en los cuales tanto nos divertimos; Pasaron Luis y su mujer: esta, muy seria; aquel, muy alegre.* La concordancia *verbal* es la igualdad de número y persona. Se presenta entre el verbo y su correspondiente sujeto: *No lo sabes tú bien; Han brotado las rosas.*

Si la palabra concertada se refiere a varios nombres o sujetos, la concordancia es en plural: *El fuego y el aire son elementos.* Si hay varios géneros, domina el masculino: *Los puentes y las barcas estaban destrozados.* Si hay varias personas, domina la segunda sobre la tercera, y la primera sobre cualquier otra: *Tú y él erais buenos amigos; Tú y yo nos quedaremos.*

CASOS PARTICULARES EN LA CONCORDANCIA NOMINAL (ADJETIVO CON SUSTANTIVO):

1. Cuando hay discrepancia entre el sexo de la persona y el género gramatical del sustantivo con que se la designa, la concordancia se atiene al sexo: *Su Alteza está disgustado.* Pero los adjuntos fijos conciertan normalmente: *Su Majestad Católica; Vuestra Excelencia.*

2. Cuando la palabra concertada se refiere a un colectivo singular, se prefiere generalmente la concordancia en singular: *La multitud es necia.* Si el colectivo lleva un complemento especificador en plural, se prefiere la concordancia en plural y en el género que tenga ese complemento: *La mayoría de aquellos aldeanos eran analfabetos.*

3. El adjetivo pospuesto a dos o más nombres en singular puede ir en singular si esos nombres se sienten como una unidad, lo

cual ocurre, por ejemplo, cuando hay entre ellos algún parentesco semántico: *«Coherencia y claridad extraordinaria»* (Menéndez Pidal, *España,* 151). Si son de distinto género los sustantivos singulares, el adjetivo concierta con el más inmediato: *Talento y habilidad extremada;* o se pone en plural masculino: *Talento y habilidad extremados.* Si son sustantivos en plural de distinto género, el adjetivo, ateniéndose a la norma anterior, puede ir en masculino o —si el último sustantivo es femenino— en femenino; así, es posible decir: *Ciudades y pueblos destruidos; Pueblos y ciudades destruidas; Pueblos y ciudades destruidos.* Pero la última forma es la más perfecta por su claridad.

4. Es frecuente que el adjetivo antepuesto a dos o más sustantivos solo concierte con el primero: *Su extremada hermosura y talento.* El posesivo (incluyendo el relativo-posesivo *cuyo*), el demostrativo y el artículo han de ir forzosamente concertando en esta forma, o bien han de repetirse ante cada sustantivo: no se podría decir *Estos niño y niña; Los amor y confianza conyugales; Jesús, cuyos padre y madre todos conocemos; Sus casa y familia.* Pero si alguna de dichas palabras va seguida de un adjetivo, la concordancia en plural es normal: *Los mismos Antonio Pérez y hermanos; Las referidas madre e hija.* (Cf. Bello, §§ 839-841.)

CASOS PARTICULARES EN LA CONCORDANCIA VERBAL (VERBO CON SUJETO):

1. Los colectivos *(gente, muchedumbre,* etc.) pueden llevar el verbo en singular o en plural. Se presenta normalmente la concordancia en singular cuando los individuos componentes del colectivo son homogéneos (como ocurre con *enjambre, escuadra, clero): La escuadra, después de aquel combate, atravesó el estrecho;* o cuando el colectivo va acompañado por un adjetivo o complemento que refuerce su carácter de singular gramatical: *La muchedumbre enfervorizada aclamó al Jefe del Estado;* o cuando el verbo va muy cerca del sujeto: *La gente huyó.* Pero puede darse concordancia en plural: *«Este es un pueblo feliz; tienen muchos clérigos, tienen muchos militares, van a misa, creen en el demonio, pagan sus contribuciones, se acuestan a las ocho»* (Azorín, *Voluntad,* 156); *«El ganado, de los alimentos silvestres, preferían la grama, el trébol y la mielga»* (Mas, *Luna,* 148).

CONCORDANCIA

(Resumen)

I. CONCORDANCIA NOMINAL (igualdad de género y número):

    a) Entre adjetivo o artículo y el nombre o pronombre a que se refieren: *las gafas; la luz pálida; el pan es sabroso; ellas son buenas.*

    b) Entre pronombre relativo o demostrativo y su antecedente: *aquellos tiempos lejanos, en los cuales tanto nos divertimos; pasaron Luis y su mujer, más alegre esta que aquel.*

CASOS PARTICULARES:

    a) DISCREPANCIA ENTRE EL SEXO DE LA PERSONA Y EL GÉNERO GRAMATICAL DEL SUSTANTIVO QUE LA DESIGNA: la concordancia se atiene al sexo: *Su Alteza está disgustado.*

    b) NOMBRE COLECTIVO SINGULAR: concordancia normalmente en singular: *la multitud es necia.* (Pero: *la mayoría de aquellos aldeanos eran analfabetos.*)

    c) ADJETIVO DETRÁS DE DOS O MÁS SUSTANTIVOS SINGULARES: concordancia normalmente en plural (masculino si son de distintos géneros): *talento y habilidad extremados.* (Pero, a veces: *coherencia y claridad extraordinaria; talento y habilidad extremada.*)

    d) ADJETIVO CALIFICATIVO DELANTE DE DOS O MÁS SUSTANTIVOS SINGULARES puede ir en singular (concertando con el primer sustantivo) o en plural (concertando como en el caso *c): extremada hermosura y talento; extremados hermosura y talento.*

    e) ARTÍCULO O ADJETIVO DEMOSTRATIVO O POSESIVO DELANTE DE DOS O MÁS SUSTANTIVOS SINGULARES va en singular (normalmente, repetido ante cada sustantivo): *su padre y madre* o *su padre y su madre.*

II. CONCORDANCIA VERBAL (igualdad de número y persona):

    Entre el verbo y su correspondiente sujeto: *no lo sabes tú bien; han brotado las rosas.*

CASOS PARTICULARES:

    a) SUJETO COMPUESTO DE DISTINTAS PERSONAS GRAMATICALES: domina la 2.ª sobre la 3.ª, y la 1.ª sobre cualquier otra: *tú y él os quedáis; tú y yo nos quedamos.*

    b) NOMBRE COLECTIVO SINGULAR: concordancia normalmente en singular: *la escuadra, después de aquel combate, atravesó el estrecho.* (Pero: *este es un pueblo feliz: se acuestan a las ocho.*) Si el colectivo lleva complemento en plural, la concordancia suele ser en plural: *multitud de personas acudieron.*

    c) PREDICATIVO EN PLURAL: concordancia del verbo copulativo a veces en plural: *todo son molestias; esta gente son profesores.*

    d) SUJETO COMPUESTO DE VARIOS NOMBRES SINGULARES UNIDOS POR «Y»: concordancia en plural: *Francia y España firmaron la paz.* (Pero a veces en singular: *la compra y venta de estos objetos está prohibida.*)

    e) SUJETO COMPUESTO DE VARIOS NOMBRES SINGULARES UNIDOS POR «O»: concordancia en singular o plural: *la atraía (o atraían) la hermosura de la moza o la amenidad del lugar.*

2. Es más fácil la concordancia en plural cuando el colectivo lleva un complemento especificativo en plural: *Infinidad de personas ignoran esto; La mitad de los habitantes han emigrado; «Una patulea de arrapiezos gritaban y se empujaban»* (Goytisolo, *Resaca,* 117); o cuando el verbo se encuentra alejado del sujeto: *Amotinóse la gente, pero a la primera descarga de la tropa huyeron despavoridos* (Bello).

3. En las oraciones de predicado cualitativo el verbo va a veces en plural cuando el predicativo es plural; esto ocurre principalmente si el sujeto es colectivo o neutro: *Todo son molestias; Esta gente son profesores de idiomas.*

4. Varios sustantivos en singular unidos por *y,* y considerados por el hablante como una unidad, llevan verbo en singular: *La compra y venta de estos objetos está prohibida; El dar y el tener seso ha menester; «Mi heroísmo y firmeza .. me hacía superior a todas las mujeres»* (Miró, *Cercado,* 37).

5. Cuando el verbo precede a varios sujetos, con frecuencia solo concierta con el más próximo, especialmente en la lengua hablada: *«A todo esto se opone mi honestidad y los consejos continuos que mis padres me daban»* (Cervantes); *«No te igualó en ligereza el hipogrifo de Astolfo ni el nombrado Frontino»* (Cervantes). Pero el estilo cuidado, hoy, procura establecer la concordancia normal.

6. Hay construcciones que, sin ser copulativas, encierran un sentido casi copulativo: con *como* y *junto con,* principalmente. En estos casos se vacila entre la concordancia en singular o plural, aunque quizá se prefiera esta última: *Suecia, junto con Noruega, constituye* (o *constituyen*) *la Península Escandinava; «La novela picaresca, como el teatro, usan de estas malicias»* (Cossío, pról. Cela, *Lazarillo,* 11). En América —al menos en algunos países— es usual la concordancia en plural cuando el sujeto es singular y la acción se hace en cooperación (verbo seguido de *con*): *«Hemos trabajado meses con Valentín»* (Cortázar, *Rayuela,* 253) sería el equivalente del español europeo *«he trabajado meses con Valentín».* Cf. Kany, 265.

7. Si el verbo precede a dos sujetos unidos por *o,* puede ir en singular o en plural: *Le atraía la hermosura de la moza o la amenidad del lugar; Le atraían la hermosura de la moza o la amenidad del lugar.* En el primer caso —dice Gili Gaya, § 29—, se recalca la diferencia entre los dos atractivos, se hace visible la exclusión de uno de los dos términos; en el segundo caso, queda debilitada la fuerza disyuntiva de la conjunción, resultando indiferente que sea uno u otro el motivo de la atracción. Así parece confirmarlo este ejemplo de Galdós: *«Cruz o Fidela le peinaban todas las mañanas .., le sacaban cuidadosamente la raya .., le arreglaban la barba y bigote» (Torquemada,* II, 35).

concordar. 1. Verbo irregular. Se conjuga como *acordar* [4].

2. Construcción: *la copia concuerda* CON *el original; el adjetivo concuerda* CON *el nombre.*

concreción. 'Acumulación, formando masa, de varias partículas'. En la terminación de esta palabra hay una sola *c;* son erróneas, pues, la grafía *concreción* y la pronunciación /konkrekzión/.

concurrir. Construcción: *concurrir* A *algún fin; concurrir* A *un lugar; concurrir* CON *otros.*

condecir. Verbo irregular. Se conjuga como *decir* [42].

condenar. Construcción: *condenar a uno* A *prisión.*

condescender. 1. Verbo irregular. Se conjuga como *entender* [14].

2. Construcción: *condescender* A *los ruegos; condescender* CON *los demás.*

condición. Construcción: CON *la condición* DE *que trabajemos;* A *condición* DE *que trabajemos.* Aunque hay ejemplos de *a condición que* en la lengua clásica (cf. Keniston, *Syntax,* 356 y 399) y a veces en la moderna (*«Nuestra propia vida nos la concede [Dios] a condición que la hemos de ganar con el trabajo»,* Machado, *Mairena,* 24), es uso que no se admite en la lengua culta de hoy.

CONDICIONAL → POTENCIAL.

condolerse. 1. Verbo irregular. Se conjuga como *mover* [18].

2. Construcción: *condolerse* DE *los sufrimientos.*

cóndor. 'Cierta ave de rapiña'. Es palabra grave, /kóndor/; no aguda, /kondór/.

condrio-, condro-, condr-. Formas prefi-

CONJUGACIÓN DEL VERBO «CONDUCIR»

(tiempos irregulares)

INDICATIVO

Pres. conduzco, conduces, conduce, conducimos, conducís, conducen.
Pret. indef. conduje, condujiste, condujo, condujimos, condujisteis, condujeron.

SUBJUNTIVO

Pres. conduzca, conduzcas, conduzca, conduzcamos, conduzcáis, conduzcan.
Pret. impf. condujera o condujese, condujeras o -ses, condujera o -se, condujéramos o -semos, condujerais o -seis, condujeran o -sen.
Fut. impf. condujere, condujeres, condujere, condujéremos, condujereis, condujeren.

IMPERATIVO

conduce, conduzca, conducid, conduzcan.

---

jas del griego *chóndros,* 'grano' o 'cartílago': *condrología, condriosoma.*

conducir. 1. Verbo irregular. (Véase cuadro.) Es propio del habla inculta el indefinido *conducí, conduciste.* Es raro que pase a la lengua escrita: *«Cuán excelso te conduciste en la India»* (Castellano, trad. Ovidio, *Arte,* 14). **2.** Construcción: *conducir* A *la catástrofe; conducir* A *reducir precios.*

conductismo. 'Método de observación psicológica que estudia las relaciones entre el estímulo y el comportamiento'. Este es el nombre español —y no *behaviorismo*— con que se debe traducir el inglés *behaviourism* (de *behaviour,* 'conducta').

conejillo. *Conejillo de Indias:* → COBAYO.

confabular. Construcción: *confabularse* CON *los contrarios.*

confederar. Construcción: *confederarse* CON *otros.*

conferenciar. 1. Se conjuga, en cuanto al acento, como *cambiar* [1 a]. **2.** Construcción: *conferenciar* CON *los periodistas.*

conferir. Verbo irregular. Se conjuga como *sentir* [60].

confesar. 1. Verbo irregular. Se conjuga como *cerrar* [6]. **2.** Construcción: *confesar su crimen;*

confesarse A *Dios; confesarse* CON *su mujer,* CON *el cura; confesarse* DE *sus culpas.*

confeti. Aunque en italiano, lengua de origen, *confetti* es plural, la adaptación española, *confeti* (con una sola *t),* se usa como singular. Puede tener sentido colectivo ('conjunto de los trocitos de papel de colores que se arrojan unas personas a otras en determinadas fiestas') o individual ('cada uno de esos trocitos'). En este último sentido tiene plural, *confetis.*

confiar. 1. En cuanto a la acentuación, se conjuga como *desviar* [1 c]. **2.** Construcción: *confiar* EN *alguien; confiar* EN *que algo suceda* (no *confiar que,* sin preposición).

confinar. Construcción: *confinar a alguien* EN *un lugar; España confina* CON *Francia.*

confirmar. Construcción: *confirmar* EN *la fe; confirmar* POR *sabio; confirmar a alguien* EN *el cargo; confirmarse* EN *su opinión.*

confluir. 1. Verbo irregular. Se conjuga como *huir* [48]. **2.** Construcción: *confluir* EN *un punto.*

conformar. Construcción: *conformar su opinión* CON *la ajena; conformarse* CON *lo que hay.*

conforme. 1. Adjetivo. Construcción: *estoy conforme* CON *él; no están conformes* CON *el resultado.*

2. Conjunción. Equivale a 'según', con valor de modo: *Todo queda conforme estaba;* o de progresión paralela: «*Conforme Delfín se iba haciendo viejo, las barbas le encanecían*» (Pérez de Ayala, *Prometeo*, 123). Se pronuncia átona.

3. *Conforme a,* locución prepositiva, 'con arreglo a': *Conforme a lo acordado, hoy entra en vigor la tarifa.* Se pronuncia átona. No debe usarse como preposición la palabra *conforme* sola (*«Conforme otro itinerario»* (Delibes, *Año,* 93); «*Conforme instrucciones, se dividió a los 83 usuarios en seis grupos*», Vargas Llosa, *Pantaleón,* 151). Cuervo, que registraba el uso esporádico de *conforme* como preposición en la época clásica, creía que modernamente estaba olvidado *(Diccionario,* II, 372).

confort. 'Comodidad o bienestar'. Se pronuncia corrientemente /konfór/. Su plural es *conforts.* Algunos han tratado de adaptar a la fonología española esta palabra, importada del francés, dándole la forma *conforte: «La falta de conforte, de gusto, de limpieza, que hay en los pueblos españoles»* (Azorín, *Voluntad,* 241); «*En medio de aquella hospitalidad y conforte*» (Reyes, trad. Chesterton, *Hombre,* 151). En ninguna de las dos formas recoge el término la Academia *(conforte* sí, pero solo como 'confortación', desusado), pese a que *confort* es palabra muy admitida en el uso general y a que actúa en su apoyo el adjetivo *confortable,* este sí reconocido por la Academia.

confrontar. Construcción: *confrontar un texto* CON *otro.*

confundir. Construcción: *confundir una cosa* CON *otra; confundirse* DE (o EN *el) piso.*

congeniar. 1. Se conjuga, en cuanto al acento, como *cambiar* [1 a].
2. Construcción: *congeniar* CON *alguien.*

Congo. El adjetivo correspondiente a la República del *Congo* —o a las antiguas colonias europeas del mismo nombre— es *congoleño* o, más raro, *congolés.*

congraciar. 1. Se conjuga, en cuanto al acento, como *cambiar* [1 a].
2. Construcción: *congraciarse* CON *otro.*

congratularse. 1. Significa 'alegrarse' o 'mostrar alegría'; no 'congraciarse', como creen algunos: «*Su ofrecimiento solo estaba*

encaminado a congratularse con ella» (Castillo-Navarro, *Perros,* 193); «*Lo diría para congratularme contigo*» (Torrente, *Señor,* 442).
2. Construcción: *congratularse* CON *los suyos; congratularse* DE o POR *alguna cosa.*

congreso. 1. El miembro de un congreso es *congresista* (sobre la forma *congresante,* → 2). Lo relativo a un congreso puede ser *congresal* (que la Academia registra solo como uso americano equivalente de *congresista*) o *congresual.* No es recomendable la forma *congresional,* tomada del inglés *congressional.*
2. En Venezuela se usa *congresante* como 'congresista'. Rosenblat *(Palabras,* III, 72), por «razones de unidad hispánica y, sobre todo, de unidad hispanoamericana», recomienda que se diga *congresista.*

coni-. Forma prefija del latín *conus,* 'cono': *conífera.*

conllevar → COMPORTAR.

conmigo → YO, 3.

conmover. 1. Verbo irregular. Se conjuga como *mover* [18].
2. Construcción: *no conmoverse* CON *nada.*

conmutar. Construcción: *conmutar una cosa* CON o POR *otra; conmutar una pena* EN *otra.*

conocer. Verbo irregular. Se conjuga como *agradecer* [11].

conque. 1. Conjunción que anuncia una consecuencia natural de lo que acaba de decirse: *Está de muy mal humor, conque trátale con cuidado.* También se emplea introduciendo una frase interrogativa con la que se echa en cara al interlocutor una afirmación o promesa incumplida: *¿Conque ibas a venir a las seis?* Esta conjunción en todos los casos se pronuncia átona y ha de escribirse en una sola palabra.
2. No debe confundirse esta conjunción con la suma —también átona— de la preposición *con* y el relativo *que: Estos son los medios con que cuento.* Esta suma, *con que* (escrita en dos palabras), equivale a 'con el cual', 'con la cual', 'con lo cual', 'con los cuales' o 'con las cuales'. Tampoco debe confundirse la conjunción consecutiva *conque* con la preposición *con* precediendo a

una proposición introducida por la conjunción *que: Con que fuera como la otra hermana, nos conformaríamos* ('nos conformaríamos con el hecho de que fuera...').

3. Ni la conjunción *conque* ni la suma *con + que* (ambas átonas) han de confundirse con la suma de la preposición *con* y el interrogativo *qué* (tónico): *¿Con qué medios cuentas?; Dime con qué medios cuentas.*

conqui-, conquilio-. Formas prefijas del griego *konchylion,* 'concha': *conquiforme, conquiliólogo.*

consanguineidad. La 'condición de consanguíneo' es *consanguineidad,* de acuerdo con la norma vigente en estas derivaciones (de *espontáneo, espontaneidad;* de *contemporáneo, contemporaneidad).* Pero también existe una forma *consanguinidad* —la preferida por la Academia—, que tiene a su favor la etimología latina *consanguinitas.* Las dos formas deben considerarse válidas.

consciencia, conscientemente → CONCIENCIA.

consciente. 1. → CONCIENCIA.
2. Construcción: *consciente* DEL *peligro.*

consecuencia. 1. Construcción: *quedó cojo a* (o *como) consecuencia* DE *una caída.*
2. *De consecuencia,* en lugar de *por consiguiente,* no es aceptable. Sí es normal, en cambio, *en consecuencia.*

consecuente. Construcción: *consecuente* CONSIGO *mismo; consecuente* CON *sus ideas.*

conseguir. 1. Verbo irregular. Se conjuga como *vestir* [62].
2. Construcción: *conseguir algo* DE *alguien.*

consejería. En los periódicos de Galicia, Cataluña y Valencia publicados en castellano se encuentran con frecuencia los nombres *consellería* (gallego) y *conselleria* (catalán y valenciano), que corresponden al español *consejería.* Dentro de textos redactados en castellano, no está justificado poner en la otra lengua un nombre común que cuenta con traducción exacta en español. Lo mismo se puede decir de los nombres *conselleiro, conselleira* (gallego) y *conseller, consellera* (catalán y valenciano), usados profusamente en los periódicos de las mismas regiones publicados en castellano. Son nombres comunes cuyo equivalente exacto en español es *consejero, consejera.*

consensuar. Se conjuga, en cuanto al acento, como *actuar* [1 d].

consentir. 1. Verbo irregular. Se conjuga como *sentir* [60].
2. Construcción: *consentir* CON *los caprichos* (más frecuente sin preposición: *consentir los caprichos); consentir* EN *la venta; consentir* EN *hablar.* No es aceptable *consentir* A *(«Estados Unidos está presionando al Presidente survietnamita .. para que consienta a firmar un acuerdo»,* V. Salaner, *Informaciones,* 22.12.1972, 3).

considerar. 1. Construcción: *considerar una cuestión* EN (o BAJO) *todos sus aspectos; considerar* POR *todos lados.*
2. El verbo *considerar* se usa a veces por anglicismo en el sentido de 'pensar en la conveniencia de (algo)': *«Washington considera la venta de armas a Hassan II»* (Ya, 26.7.1979, 8). Es preferible *estudiar,* o *estudiar la posibilidad de.*

consigo → SÍ², 1.

consiguiente. 1. Adjetivo: 'que se deduce o sigue de algo'. Construcción: *la fatiga consiguiente* AL *esfuerzo.*
2. *Por consiguiente,* locución adverbial: 'como consecuencia de lo dicho'. Existe una variante *de consiguiente,* poco usual.

consistir. Construcción: *consistir* EN *una serie de cosas.* No es aceptable *consistir* A ni *consistir* DE *(«El retén consistía exactamente de tres policías»,* Cambio, 3.12.1978, 71).

consola. 'Cierto mueble'. La pronunciación esdrújula, /kónsola/, es de nivel popular. También la he registrado en el castellano de Cataluña.

consolar. 1. Verbo irregular. Se conjuga como *acordar* [4].
2. Construcción: *consolar a uno* DE *un sufrimiento; consolarle* EN *su desgracia.*

consomé. 'Caldo de carne'. Españolizado en esta forma el francés *consommé,* no hace falta usar la grafía del idioma originario.

consonar. Verbo irregular. Se conjuga como *acordar* [4].

conspirar. Construcción: *conspirar* A *un fin; conspirar* CON *otros; conspirar* CONTRA *alguien; conspirar* EN *un intento.*

constar. Construcción: *constar* DE *partes*

el todo; el hecho consta EN *los autos; me consta que es verdad* (no DE *que es verdad*).

constatar. 'Comprobar' o 'hacer constar'. La Academia, desde 1984, registra en su *Diccionario* este verbo, galicismo (francés *constater*) bastante usado hoy. Conviene hacer prudente empleo de él, ya que se presta a frecuentes ambigüedades. Lo mismo hay que decir de su derivado *constatación,* 'comprobación' o 'afirmación'.

constituir. 1. Verbo irregular. Se conjuga como *huir* [48].
2. Construcción: *estar constituido* POR *varios órganos; constituirse* EN *defensor.*

constreñir. Verbo irregular. Se conjuga como *reñir* [58].

construir. Verbo irregular. Se conjuga como *huir* [48].

cónsul. Su femenino ('mujer que desempeña el cargo de cónsul') es *consulesa: «Era secretario del Consulado de Chile en Madrid, cuando era consulesa Gabriela Mistral»* (Cela, *Triunfo,* 11.11.1972, 38). También se usa *cónsul,* sin variación de género. La Academia registra también *consulesa,* como *cónsula,* en el sentido de 'mujer del cónsul'.

consultar. Construcción: *consultar* CON *un perito; consultar* A *los afectados.*

consultoría. 'Actividad de consultor o asesor en asuntos profesionales'; también su despacho u oficina: *«Tea-Cegos, Empresa multinacional de Consultoría en Dirección y Organización de Empresas, .. precisa cubrir los siguientes puestos»* (*País,* 5.5.1977, 5). No hay necesidad de usar el término inglés *consulting.*

consumir. Construcción: *consumirse* CON *la fiebre,* o DE *fiebre; consumirse* DE *fastidio.*

contactar. 'Establecer contacto o comunicación'. La Academia da este verbo como transitivo (*contactar* A *alguien),* pero en el uso normal es casi siempre intransitivo (*contactar* CON *alguien).*

contado. *Por de contado:* → DESCONTADO.

contagiar. 1. Se conjuga, en cuanto al acento, como *cambiar* [1 a].
2. Construcción: *contagiarse* CON, DEL, POR *el roce; contagiarse* DE *una enfermedad.*

container → CONTENEDOR.

contaminar. Construcción: *contaminar* CON *gases; contaminarse* DE *aquellas ideas.*

contar. 1. Verbo irregular. Se conjuga como *acordar* [4].
2. Construcción: *contar* CON *sus fuerzas; contar* CON *un amigo; contar sesenta años de edad* (referido a años, no se puede decir *contar* CON).

contemporizar. Construcción: *contemporizar* CON *alguno.*

contender. 1. Verbo irregular. Se conjuga como *entender* [14].
2. Construcción: *contender* CON *alguno; contender* EN *esplendidez; contender* SOBRE *alguna cosa.*

contenedor. 'Embalaje metálico grande y recuperable, de tipos y dimensiones normalizados internacionalmente y con dispositivos para facilitar su manejo'. Este es el nombre español, recogido por la Academia, con que se traduce el inglés *container.*

contener. 1. Verbo irregular. Se conjuga como *tener* [31].
2. Construcción: *contener algo* EN *su interior.*

contentar. Construcción: *contentarse* CON *su suerte.*

conterráneo. 'Natural de la misma tierra (que otro)'. Son igualmente correctas las formas *conterráneo* y *coterráneo.* La primera es la más antigua y la menos frecuente (la usa, sin embargo, Menéndez Pidal, *Cid,* 291). La segunda debe su predominio, según Corominas, a la influencia de *coetáneo.*

contestar. 1. Construcción: *contestar* A *la pregunta; contestar* A *su carta; contestar* CON *el declarante.* Sobre la construcción vulgar *contestó* DE *que eso no era así,* → DE, 4.
2. La Academia acoge también la acepción transitiva, de origen francés, de 'adoptar actitud polémica, a veces de oposición o protesta violenta' (contra algo establecido): *La autoridad paterna es contestada por los hijos.* De este uso de *contestar* derivan una nueva acepción de *contestación* ('acción de contestar' en el sentido expresado) y el adjetivo *contestatario.*

contexto. Son usos normales de este nombre el de 'conjunto del texto en que está inscrito un enunciado': *Depende del contexto en que se escribió esa frase;* y 'conjunto de circunstancias acompañantes': *Hay que juzgar este suceso dentro de su contexto.* Pero se abusa de la palabra cuando se emplea con el sentido de 'texto': *Deberá haber elecciones para que se renueve la Junta, de acuerdo con el contexto de los nuevos Estatutos;* o cuando se le da un vago sentido de 'ámbito' o 'situación': *En el contexto actual de las relaciones entre los dos partidos.* Muchas veces el término es completamente superfluo: *El Presidente hizo esta afirmación en el contexto de un acto celebrado en...* (aquí bastaba haber dicho: «hizo esta afirmación en un acto...»); *Estas son las noticias que configuran el contexto de la actualidad* (esto es, simplemente, «que configuran la actualidad»).

contextuar. Se conjuga, en cuanto al acento, como *actuar* [1 d].

contigo → TÚ, 3.

contiguo. Construcción: *contiguo* AL *jardín.*

continuar. Se conjuga, en cuanto al acento, como *actuar* [1 d].

continuo. Se usa como nombre masculino con el sentido de 'serie o conjunto en que ninguna parte es diferenciable de sus adyacentes': «*El tiempo, un continuo impreciso sin bordes definidos*» (Cortázar, *Rayuela,* 269). No es necesario usar la forma latina *continuum.*

contra. 1. Preposición (siempre átona) que denota oposición o contrariedad, en sentido recto o figurado; pugna o repugnancia entre personas o cosas: *Lo estrelló contra la pared; Luis va contra Antonio; La triaca es contra el veneno.* Significa también 'enfrente de' o 'mirando hacia'. *Esta habitación está contra el norte. Contra* con el sentido de 'junto a' es regional (Salamanca); también existe en la Argentina.
2. Usado como adverbio, con el valor de 'cuanto', es vulgarismo: *Contra más pobre, más soberbio.* Los dos textos que siguen están puestos en boca de personas incultas: «*Contra más estrambóticos más les gustan a las aldeanas*» (Pérez de Ayala, *Luna,* 82); «*Contra menos paren por casa, más desahogada y más tranquila se les ve la mujer*» (Sánchez Ferlosio, *Jarama,* 297).
3. *En contra,* locución adverbial, 'en

oposición': *Yo estoy en contra.* Generalmente lleva un complemento con *de: Estoy en contra del proyecto.* La omisión de la preposición *de,* en este caso, es vulgarismo: «*En contra lo acaecido en días anteriores, en aquella jornada los pueblos parecían alejarse*» (Salvador, *Cuerda,* 359).
4. *Por contra* es calco del francés *par contre:* «*Una emocionante noche de adulterio, librado a tres asaltos: el primero, precipitado, ardoroso y por tanto poco efectivo ..; por contra, los dos restantes han resultado mejor*» (F. Lázaro, *Gaceta,* 11.1.1976, 7). El uso no es nuevo: ya está, por lo menos, en Galdós, en 1899 (*Luchana,* 371): «*Hubo proporción de celebrar .. festines, de que participaban los guipuzcoanos, estimando estos como bocado exquisito el pan de trigo .. Y por contra, Aura gustaba con preferencia de los caldos de habas con cecina y de la borona*». Debe decirse *por el contrario* o *en cambio.*

contra-. Prefijo latino que significa oposición o contrariedad: *contraindicación;* refuerzo: *contraventana;* segundo lugar: *contramaestre.*

contraalmirante. 'Oficial de la armada, inmediatamente inferior al vicealmirante'. Puede escribirse *contraalmirante* o *contralmirante.* Las dos formas son acogidas por la Academia, aunque con preferencia de la primera.

contracepción, contraceptivo → ANTICONCEPTIVO.

contracorriente → CORRIENTE.

contradecir. Verbo irregular. Se conjuga como *decir* [42], salvo en la persona «tú» del imperativo, que es *contradice* (no *contradí);* el futuro imperfecto, que puede ser *contradiré, contradirás,* etc., o, más raro, *contradeciré, contradecirás,* etc.; y el potencial, que puede ser *contradiría, contradirías,* etc., o, más raro, *contradeciría, contradecirías,* etc.

contradicción. 'Hecho de contradecir o de contradecirse': *Hay una gran contradicción entre lo que dijo ayer y lo que dice hoy.* Algunos confunden *contradicción* y *contrariedad:* «*La cojera ha ido a más .. El torero tiene que desistir. Se le ve profundamente afectado por esta contradicción*» (A. Petit Caro, *Hoja Lunes Bilbao,* 25.8.1980, 23); «*Hizo una mueca de contradicción al saber* *que Induráin no había ganado»* (Radio Madrid, 7.9.1992).

contraer. 1. Verbo irregular. Se conjuga como *traer* [32].
2. Construcción: *contraer amistad* CON *alguno; contraer un compromiso* CON *los gobernados.*

contrahacer. Verbo irregular. Se conjuga como *hacer* [16].

contralmirante → CONTRAALMIRANTE.

contraluz. Según la Academia, es femenino: *la contraluz* (aunque ahora reconoce un mayor uso como masculino). Rosenblat *(Compuestos,* 96), que es de la misma opinión, cita como anormal *el contraluz,* usado por el argentino Poletti, quien además decía que «así lo ha visto siempre». También en España lo normal es precisamente oírlo como masculino —como lo usaba Poletti—, aunque etimológicamente le corresponda el género femenino.

contraponer. 1. Verbo irregular. Se conjuga como *poner* [21].
2. Construcción: *contraponer una cosa* A *otra.*

contrariar. Se conjuga, en cuanto al acento, como *desviar* [1 c].

contrariedad → CONTRADICCIÓN.

contrario. Construcción: *contrario* A O DE *muchos.*

contrarreembolso → REEMBOLSO.

contrarreloj, contrarrelojista → RELOJ.

contravenir. 1. Verbo irregular. Se conjuga como *venir* [61].
2. Construcción: *contravenir* A *la ley.* También transitivo: *contraviniendo las órdenes.*

contribuir. 1. Verbo irregular. Se conjuga como *huir* [48].
2. Construcción: *contribuir* A *una empresa; contribuir* CON *dinero; contribuir* A O PARA *la construcción de un monumento; contribuir* A *hacerlo.*

contrición. 'Arrepentimiento'. En la terminación de esta palabra hay una sola *c;* por tanto, es erróneo pronunciar /kontrikzión/ y escribir *contricción.*

control. La palabra *control* tiene dos sentidos registrados por la Academia: 'inspección, fiscalización, intervención' y 'dominio, mando': *El portero lleva el control de las personas que entran y salen; El ejército tiene el control de la situación.* Como hay contextos en que el sentido de *control* resulta ambiguo, es aconsejable sustituir este término, en su segundo sentido, por *dominio* o *mando,* pues en esta acepción no es tan necesario como en la primera el uso de *control: El ejército tiene el dominio de la situación.* La misma observación vale para el verbo *controlar: El ejército domina* (mejor que *controla) la situación.*

controvertir. Verbo irregular. Se conjuga como *sentir* [60].

convalecer. 1. Verbo irregular. Se conjuga como *agradecer* [11].
2. Construcción: *convalecer* DE *una enfermedad.*

convencer. Construcción: *convencer a alguien* DE *una verdad; convencerle* PARA *que cambie; estoy convencido* DE *que no lo sabe.* En este último caso, en que el complemento es una proposición con *que,* no debe omitirse el *de:* «*Estoy firmemente convencido que nadie explicará un hecho»* (Unamuno, *Raza,* 144).

convenir. 1. Verbo irregular. Se conjuga como *venir* [61].
2. Construcción: *convenir una cosa* AL *enfermo; convenir* CON *otro* EN *alguna cosa; convenir* EN *ir; conviene que se lleve a cabo* (no DE *que).*

convergir. 'Concurrir en un punto (dos o más cosas)'. Existe también, como sinónimo de este verbo, *converger.* Los dos son regulares, y por ello son erróneas formas como *convirgió, convirgieron, convirgiera* (por *convergió, convergieron, convergiera).*

conversar. Construcción: *conversar* CON *alguno; conversar* SOBRE *tal asunto.* En algunas partes de América, en lugar de CON *alguno,* se construye con complemento indirecto: «*Le conversaba con ternura y lo despedía con un beso en la boca»* (Edwards, *Máscaras,* 10).

convertir. 1. Verbo irregular. Se conjuga como *sentir* [60].
2. Construcción: *convertir el agua* EN *vino; convertirse* AL *catolicismo.*

convicción. 1. Esta palabra se pronuncia /kombikzión/. Pronunciaciones como /kombizión/ y, sobre todo, /kombinzión/ son vulgarismos.

2. Construcción: *tener la convicción* DE *un hecho;* DE *que ello es así* (no *en: «Después de haber manifestado repetidas veces su convicción en que Manuel Fraga no sería un buen gobernante», Diario 16,* 10.10.1985, 2).

convidar. Construcción: *convidar a alguno* A *comer,* A *vino,* CON *lo que se tiene.* En varios países de América se emplea como transitivo, al margen del uso general. Así se ve en estos ejemplos: *«Me convidaba un puro»* (Donoso, *Domingo,* 110); *«—¿Convidarán? .. —Plomo te van a convidar»* (Benedetto, *Caballo,* 195). Cf. Kany, 334.

convivial. Es adjetivo tomado del inglés y usado innecesariamente por *sociable: «El talante conservador de sus habitantes florece en una sociedad convivial con sus hábitos provincianos y su secreto bancario»* (L. Vadillo, *Ya,* Supl., 27.9.1981, 22). De modo paralelo, *convivialidad* ocupa indebidamente el lugar de *sociabilidad* o *convivencia: «El vino y la copa facilitan la convivialidad»* (X. Domingo, *Diario 16,* Supl., 5.6.1983, 40).

convocar. Construcción: *convocar* A *junta.*

convoy. El plural de este nombre es *convoyes* (no *convoys).*

cónyuge. 'Consorte'. Es nombre masculino y femenino: *el cónyuge* y *la cónyuge.* Es vulgarismo pronunciar «cónyugue», como se oye incluso en la radio y la televisión, con más frecuencia de la deseable.

coñac. 'Cierta bebida alcohólica'. Es nombre masculino. Su plural es *coñacs.* La pronunciación normal cuidada es /koñák/, plural /koñáks/; pero es muy común, sobre todo en nivel popular, /koñá/, /koñás/, y la misma Academia acoge hoy la forma *coñá* junto a *coñac.* Debe desecharse la grafía *cognac,* ya en desuso. En cuanto al nombre *brandy* con que a veces se designa la misma bebida, su uso debe limitarse a los casos en que lo exija la nomenclatura comercial internacional.

cooperar. Construcción: *cooperar* A O EN *alguna cosa; cooperar* CON *otro.*

copetín → CÓCTEL.

copia. 'Traslado o reproducción (de un escrito, etc.)'. Es impropiedad, debida a anglicismo, decir *copia* por *ejemplar* de una obra editada (libro, periódico, grabación): *«Cincuenta mil copias del libro vendidas en pocos días —un récord editorial sin precedentes en Portugal» (Informaciones,* 18.3.1974, 14).

copiadora → REPRODUCIR.

copiar. 1. Se conjuga, en cuanto al acento, como *cambiar* [1 a].

2. Construcción: *copiar* DEL *original.*

coque → COK.

coqueluche → TOS.

coral. Como nombre, es masculino tanto en el sentido de 'colonia de pólipos con que se hacen joyas' como en el de 'composición musical para cuatro voces'. Es femenino cuando es sustantivación de *agrupación coral* o *masa coral.* De acuerdo con esto, es inadecuado el uso que hallamos en Cunqueiro: *«El todo es una coral de Bach» (Historia 16,* 8.1977, 127).

corambre. 'Odre' o 'conjunto de cueros'. El género de este nombre es femenino, no masculino, como vemos en este ejemplo: *«Cargaban .. a sus mulos con los viejos corambres»* (Chamorro, *Sin raíces,* 205).

CORCHETES → PUNTUACIÓN, VIII.

cordi-. Forma prefija del latín *cor,* 'corazón': *cordimariano.*

-cordio. Forma sufija del latín *chorda,* 'cuerda': *clavicordio, monocordio.*

Corea. El adjetivo correspondiente a Corea del Norte es *norcoreano* (forma preferible, y preferida por la Academia), o también *nortecoreano* (→ NOR-). El correspondiente a Corea del Sur es *surcoreano* (forma preferida por la Academia), o también *sudcoreano* (→ SUD-).

córner. En fútbol, 'saque de esquina'. Aunque la palabra es inglesa, está completamente aclimatada en español, salvo en su plural, que es *córners.* Sería preferible, y no hay dificultad para ello, decir *córneres,* de la misma forma que decimos *chóferes, revólveres, líderes, dólares* como plurales de otras palabras de origen extranjero con igual terminación.

Cornualles. Nombre de una península y condado al sudoeste de Gran Bretaña. Corresponde al inglés *Cornwall*. En la Edad Media, con más acierto, el nombre español era *Cornualla*: «*El príncipe de Gales, duque de Guiana, señor de Cornualla*» (Díez Games, *Victorial*, 101).

cornúpeta. Este adjetivo, usado como nombre masculino, designa en lenguaje literario al toro de lidia. También se puede decir *cornúpeto*.

Cornwall → CORNUALLES.

coronar. Construcción: *coronar* CON O DE *flores; coronar* POR *monarca* (también sin preposición: *coronar monarca*).

corpore insepulto. Locución latina (pronunciada /kórpore insepúlto/) que significa literalmente 'con el cuerpo sin sepultar', es decir, cuando aún no se ha enterrado el cadáver. Se suele aplicar como adjetivo a los nombres *funeral* o *misa: Se celebró una misa* «*corpore insepulto*». No es *de corpore insepulto* (cf. Herrero, 105).

corporeizar. 1. 'Dar cuerpo' (a algo). Como derivado del adjetivo *corpóreo*, la forma de este verbo ha de ser *corporeizar*, y no, como algunos dicen, *corporizar* (aunque esta forma haya sido acogida por la Academia). Algo semejante hay que decir del nombre *corporeidad* (no *corporidad*).
2. En cuanto al acento, *corporeizar* se conjuga como *enraizar* [1 f].

corpus. Nombre masculino, 'conjunto ordenado de datos o textos destinado a una investigación'. Su plural es como el singular, *corpus*. La forma *córpora* (latín *corpora*, plural del nombre latino *corpus)* es usada frecuentemente por informáticos, debido a influencia del inglés, donde es normal usar como plurales de las palabras tomadas directamente del latín los propios plurales de su lengua originaria. Pero no es esto lo normal en español: los plurales de *cactus, humus, virus* son invariables. Por tanto, en nuestro idioma, el plural de *corpus* es *corpus*.

corregir. 1. Verbo irregular. Se conjuga como *pedir* [62].
2. Construcción: *corregirse* DE *una falta*.

correr. Construcción: *correr* A *caballo; correr* CON *los gastos; correr* EN *busca de*

otro; correr POR *mal camino; correr un velo* SOBRE *lo pasado.*

corresponder. Construcción: *corresponder* A *los beneficios; corresponder* CON *la gente.*

corriente. 1. Adjetivo, 'común o usual'. Su superlativo es *corrientísimo* (raramente *correntísimo).*
2. Nombre femenino, 'movimiento o marcha'. La locución adverbial *contra corriente* significa 'en sentido opuesto al curso del agua o a la marcha de la gente': *Nadar contra corriente; Pensar contra corriente.* No es raro hoy hallarla escrita en una sola palabra, *contracorriente*, lo cual no es correcto. En cuanto a la forma *a contracorriente* (probablemente creada por analogía con *a contrapelo*), es innecesaria si equivale del todo al normal *contra corriente.* Es útil, en cambio, si, seguida de la preposición *de*, forma una locución prepositiva: «*Los propios ilustrados, que luchan en este punto a contracorriente de la propia marea intelectual .. que les nutría de las luces*» (Gómez de la Serna, *Viajeros*, 94).

Corriente del Golfo. La corriente marítima que en inglés se llama *Gulf Stream* tiene en español el nombre de *Corriente del Golfo.*

corroer. Verbo irregular. Se conjuga como *roer* [25].

cortocircuito. 'Circuito que se establece cuando la corriente eléctrica pasa directamente de uno a otro polo del generador'. Se puede escribir también (aunque raramente se hace) *corto circuito.* Es errónea la forma *cortacircuito*: «*El fuego originó un cortacircuito*» (*El Mundo*, 22.11.1992, 23).

Coruña. La ciudad y la provincia que en gallego se llaman *A Coruña* tienen en español el nombre de *La Coruña*, y es esta forma la que debe emplearse al hablar y escribir en castellano.

cosa. 1. La palabra *cosa* se usa en todos los países hispánicos, en el habla coloquial, a manera de comodín verbal para suplir la palabra que no se recuerda o que no se quiere uno tomarse el trabajo de recordar o articular: *Déme la cosa; Esta cosa se ha estropeado; La cosa salió como yo esperaba.* Muchas veces se le da forma masculina: *el coso*, e incluso se deforma con sufijos grotescos, como en la *cosiata*, el *cosiánfiro*, la *cosiánfira*, de

Colombia (Flórez, *Lengua*, 227). *Cosiata* también se oye mucho en Venezuela (Rosenblat). Se llegan a formar verbos derivados *(cosiatar, cosianfirar,* cit. Flórez). **2.** *Cosa que.* En muchas regiones de Hispanoamérica es corriente *cosa que,* usado en el nivel coloquial como conjunción con el valor de *para que, de modo que: Vente temprano, cosa que no faltes a la reunión; Comamos aquí el sábado y allá el domingo, cosa que tengamos dos fiestas* (Kany, 384). **3.** *Cosa de,* locución prepositiva, se emplea en España precediendo a especificaciones de cantidad, con el sentido de 'alrededor de': *Dista del pueblo cosa de seis kilómetros.* En América, en el nivel coloquial equivale a *para* (→ 2): *«Después me dormí a pata suelta, cosa de olvidarme»* (Cortázar, *Rayuela,* 440).

cosmo-. Forma prefija del griego *kósmos,* 'mundo': *cosmología, cosmopolita.* Ahora se usa también para formar compuestos relativos al espacio sideral: *cosmonauta.*

cosmovisión. 'Concepción del universo'. Este nombre (o sintagmas como *visión del mundo, visión del universo,* etc.) es el equivalente que se emplea en español para el alemán *Weltanschauung: «Algo así como la concepción del universo, como la cosmovisión del poeta»* (Salinas, *Ensayos,* 178). Bousoño utiliza el adjetivo derivado *cosmovisionario,* igualmente bien formado: *«El núcleo cosmovisionario que .. centra y da sentido a mi poesía» (Versos,* 22).

Costa de Marfil. Estado de África occidental. El adjetivo correspondiente es *marfileño.*

costar. Verbo irregular. Se conjuga como *acordar* [4].

coste. 'Gasto necesario para la obtención o adquisición de algo'. Los comerciantes e industriales suelen usar este nombre en plural, *los costes.* Como sinónimo suyo se puede usar *costo,* pero esta voz es poco corriente en España.

cotejar. Construcción: *cotejar la copia* CON *el original.*

coterráneo → CONTERRÁNEO.

cotidianidad. 'Condición de cotidiano'. Este nombre, como derivado del adjetivo *cotidiano,* tiene como forma normal *cotidiani-*

dad *(«El vocabulario de Foix .. es aquí sobre todo cotidiano, y es en el uso insólito del repertorio de la cotidianidad .. donde revela el dominio del poeta»,* P. Gimferrer, *Destino,* 1.3.1975, 31); no *cotidianeidad* (que correspondería a «cotidiáneo»), frecuentemente usada por periodistas *(«Esa morosa y densa cotidianeidad carcelera»,* R. Montero, *País,* Supl., 10.9.1978, 4). (→ -DAD, 3.)

couché → CUCHÉ.

couplet → CUPLÉ.

cowboy → VAQUERO, 1.

coxígeo, coxis → CÓCCIX.

coxo-, cox-. Formas prefijas del latín *coxa,* 'cadera': *coxalgia, coxofemoral.*

-cracia. Forma sufija del griego *krátos,* 'fuerza, dominación': *democracia, teocracia.* Se usa para nombres abstractos.

-crata. Forma sufija del griego *krátos,* 'fuerza'. Sirve para sustantivos de persona: *demócrata.* Con la forma *-crático* se construyen adjetivos: *democrático.*

crear. En el uso actual, *criar* y *crear* no son sinónimos. *Crear* es 'producir algo de la nada' *(Dios creó el mundo);* 'hacer nacer, instituir' *(Crear una sociedad);* 'componer, producir (una obra)' *(Ha creado un héroe de novela);* 'elevar a una dignidad' *(Fue creado Papa). Criar* se usa, en cambio, para 'producir (seres vivos)' *(Esta tierra cría gusanos);* 'nutrir, alimentar' o 'cuidar' *(Este niño se cría muy bien).*

crecer. Verbo irregular. Se conjuga como *agradecer* [11].

creer. **1.** Se conjuga como *proveer* [22]. **2.** Construcción: *creer algo* DE *otro; creer* EN *Dios; creer a uno* SOBRE *su palabra; creer* EN *habladurías. Creer* EN *una persona* es tener fe en ella, confiar en sus cualidades; *creer* A *una persona* es darle crédito, tomar como veraz una afirmación suya. Sobre la construcción vulgar *creo* DE *que vamos a hacerlo,* → DE, 4. **3.** Evítese, al enunciar las formas *cree, creen,* acentuar la segunda *e* /kreé, kreén/ por el afán de evitar la reducción de la doble vocal a una sola, /kré, krén/. Es defecto en que incurren algunos americanos.

Cremona. El nombre de la ciudad del norte de Italia es voz llana, /kremóna/. *Cré-*

mona es erróneo (*«Bérgamo, Crémona, Lodi y Verona»,* Calvo, trad. Pirenne, *Ciudades,* 62).

Crevillente. La ciudad alicantina que en catalán y valenciano tiene el nombre de *Crevillent* se denomina en castellano *Crevillente,* y es esta la forma que debe usarse cuando se habla o escribe en español.

criar. 1. Se conjuga, en cuanto al acento, como *desviar* [1 c].
2. Diferencia entre *criar* y *crear:* → CREAR.

cricket → CRÍQUET.

crin. 'Conjunto de cerdas en la cerviz de un animal'. El género de este nombre es femenino, *la crin.* El uso como masculino es regional (Iribarren), y no está justificado en este ejemplo: *«A nosotros los del circo, el olor del crin de los animales .. puede llegar con el tiempo a ser una cosa familiar»* (*Informaciones,* 16.4.1970, 16).

crio-. Forma prefija del griego *kryos,* 'frío glacial': *crioscopia.*

cripto-. Forma prefija del griego *kryptós,* 'oculto': *criptografía.*

críquet. 'Cierto deporte inglés'. Este nombre masculino es la forma establecida en español para el inglés *cricket.* Es palabra grave, /kríket/.

crisma. 1. Es nombre masculino cuando significa 'óleo sagrado'; femenino, cuando, en lenguaje coloquial, se usa en el sentido de 'cabeza' (*romperse la crisma*). El uso de *crisma* como femenino en el primer sentido es anticuado (*«El sacerdote había puesto la crisma en la nuca de Paco»,* Sender, *Réquiem,* 14).
2. Del inglés *Christmas card,* 'tarjeta de Navidad', abreviado en español como *christmas* (pronunciado corrientemente /krísmas/), nombre masculino, ha surgido como forma popular *el crisma,* que va ganando terreno en el uso general, a pesar de que en la escritura se sigue prefiriendo *el christmas* (a veces se ve *el christma*).

criso-, cris-. Formas prefijas del griego *chrysós,* 'oro': *crisolito, crisantemo.*

crítico. Como nombre, designando a persona, igual que como adjetivo, su femenino es *crítica;* no *crítico,* como a veces se lee:

«Doña María Lluisa Borràs, crítico de arte» (*Informaciones,* 16.8.1974, 9).

croché, crochet → GANCHILLO.

croissant → CRUASÁN.

cromato-, cromat-, cromo-. Formas prefijas del griego *chróma,* 'color': *cromatóforo, cromolitografía.*

crono-. Forma prefija del griego *chrónos,* 'tiempo': *cronómetro.* La forma sufija también es *-crono: isócrono.*

croqueta. 'Fritura de forma ovalada'. Evítese la forma vulgar *cocreta.*

cross. El deporte cuyo nombre inglés es *cross-country* ha recibido en español el nombre de *campo a través,* no muy afortunado. Es preferible la denominación hoy más extendida, *cross,* nombre masculino que designa no solo el deporte, sino la competición. Esta forma figura en el *Diccionario* de la Academia. Pero hay quienes proponen una grafía españolizada *cros,* que, aunque no he visto usada aún (sí, en cambio, *motocrós:* → MOTOCROSS), merecería aceptarse.

cruasán. 'Bollo de forma semejante a una C'. El nombre francés es *croissant,* y a su pronunciación responde la adaptación española, cuyo plural es *cruasanes.* La forma escrita más frecuentemente entre nosotros sigue siendo la francesa. Y para el establecimiento especializado en estos bollos se usa exclusivamente la forma también francesa *croissanterie* (pronunciada /kruasanterí/), sin que haya aparecido ninguna adaptación, que fácilmente podría ser *cruasantería.*

cruci-. Forma prefija del latín *crux,* 'cruz': *crucífero, crucifixión.*

cruel. 1. Construcción: *cruel* CON, PARA o PARA CON *su esposa.*
2. El superlativo de este adjetivo es *crudelísimo* o *cruelísimo.* La primera forma es exclusivamente literaria; la segunda es la usada en la lengua hablada.

cruzar. Construcción: *cruzar una especie vegetal* CON *otra; cruzarse* DE *brazos; cruzarse* CON *otro por la calle.*

cuadrafónico. Dicho de sonido, o de equipo de sonido: 'de cuatro altavoces'. Palabra tomada del inglés (*quadraphonics, quadraphonic, quadraphony*), tiene apoyo en la analogía con la forma prefija *cuadra-* de *cuadra-gésimo* y *cuadragenario*.

Hubiera sido más adecuada una adaptación en la forma *cuadrifónico*, similar a la que se ha hecho en francés *(quadriphonie)* y en italiano *(quadrifonia, quadrifonico)*. *Cuadrofónico*, que alguna vez se usa en español, es la forma menos aceptable.

cuadrar. Construcción: *cuadrar* ('convenir') *algo* A *alguien; cuadrar* ('ser adecuado') *lo uno* CON *lo otro*.

cuadri-, cuadru-. Formas prefijas de *cuatro: cuadrisílabo, cuadrienio, cuadrúpedo*. También existe la forma *cuatri-: cuatrisílabo, cuatrimotor*.

cuadrienio. 'Período de cuatro años'. También se dice *cuatrienio*. El adjetivo derivado es *cuadrienal* o *cuatrienal* (no *cuadrienial* ni *cuatrienial*).

cuadriga. 'Carro tirado por cuatro caballos de frente'. Es palabra grave, /kuadríga/, no esdrújula.

cuadrilátero. En boxeo, el recinto en que se desarrolla el combate se suele llamar con su nombre inglés, *ring*. Los periodistas españoles usan, alternando con esta palabra, el nombre *cuadrilátero*, que parece bastante aceptable.

cuadripartito → CUATRIPARTITO.

cuadro → EMPLEADO.

cuadrofónico → CUADRAFÓNICO.

cuadrumano. 'De cierto orden de mamíferos'. Existe también la forma *cuadrúmano*, igualmente válida. La Academia da preferencia a la forma grave.

cuádruple. Adjetivo numeral multiplicativo: 'que contiene un número cuatro veces exactamente' o 'que contiene cuatro elementos'. Puede usarse también, aunque es rara, la forma *cuádruplo* (femenino *cuádrupla*) (→ MULTIPLICATIVOS). De este adjetivo deriva el verbo *cuadruplicar* (no debe decirse *cuatriplicar*, formado por analogía con *triplicar*).

cual. 1. Pronombre relativo. Hoy solo se usa (salvo en los casos que luego se exponen) precedido de *el, la, lo, los, las*, formando con este artículo un pronombre relativo compuesto, dotado —gracias al elemento aña-

dido— de los accidentes de género y número. Sus formas, pues, son *el cual, la cual, lo cual, los cuales* y *las cuales;* en ellas se pronuncian tónicos *cual, cuales*, en lo que se diferencia este relativo de los demás, que son átonos. No admite otro adjetivo acompañante que *todo:* «*Interrogó a un muchacho campesino de unos doce años, haciéndole varias preguntas intencionadas, a todas las cuales contestó el chicuelo con gran soltura*» (Joaquín Costa, cit. Fernández Ramírez, § 166).

El cual, la cual, etc., equivalen al relativo *que*, pero solo pueden sustituir a este en proposiciones explicativas: *Los abuelos, que nada sabían de aquello, quedaron asombrados (= los abuelos, los cuales...);* o cuando sigue a preposición: *Este es el asunto de que* (o *del que*, o *del cual*) *te hablé*. La lengua escrita y sobre todo la hablada prefieren en todos estos casos el pronombre *que*.

Lo cual que es vulgarismo español equivale a *y eso:* «*De ver canalladas sin fin, cada lunes y cada martes, paréceme que soy vieja, lo cual que no lo soy*» (Galdós, *O'Donnell*, 121); o a *y con eso, y por eso:* «*Hago así para contener el caballo, lo cual que el animal se espanta*» (Vega, *Verbena*, 257).

2. Adjetivo relativo. También tónico y precedido de artículo: «*Se instaló en el Cuzco, de la cual ciudad narra algunas escenas divertidas*» (Ortega, *Viajes*, 200). Su uso es solo literario y poco frecuente. Más acorde con lo habitual sería: «... el Cuzco, ciudad de la cual narra...»

3. Sobre el uso de *del cual, de la cual*, etc., con sentido posesivo, en lugar de *cuyo*, → CUYO.

4. Se usa sin artículo y se pronuncia átono el relativo *cual* en la fórmula *sea cual fuere*, o *sea cual sea*, que constituye una cláusula concesiva: «*Sean cuales fueren los motivos que a este penoso trance han conducido a los caballeros...*» (Palacio Valdés, cit. Fernández Ramírez). En estas construcciones, *cual* y *cuales* equivalen a *el que, los que* y con frecuencia son sustituidos por estos, sobre todo en la conversación. Téngase en cuenta que en *sea cual fuere* (o *sea cual sea*) el término *cual* no es invariable, y debe concertar en número con el sujeto de *fuere*, como en este pasaje: «*De cualquier forma, y sean cual fueren los hechos determinantes, la noticia ha causado gran conmoción*» (*Abc*, 18.5.1978, 1), había de decirse «sean *cuales* fueren».

5. Usado como correlativo, *cual* va sin artículo y se pronuncia átono. Su antecedente es el demostrativo *tal: «Hasta los más frioleros .. se muestran tales cuales son»* (Pérez de Ayala, *Urbano*, 80).

6. Conjunción de modo, equivalente a *como.* Este uso es anticuado y solo vive en la lengua literaria: *«Alza hasta el alto cielo remolinos, / con luz siniestra iluminando valles, /.. cual suelen encendidos los volcanes»* (Duque de Rivas, cit. Bello, § 405). No es raro, en cambio, si lleva *tal* por antecedente: *Lo hizo tal cual se lo habían mandado.* De todos modos, el uso corriente es *tal como* (→ TAL, 1). *Cual,* con esta función, es siempre palabra átona. En América es frecuente pronunciarla como tónica, confundiéndola fonéticamente con *cual* pronombre relativo y *cuál* interrogativo.

7. *Cada cual:* → CADA, 4.

8. *A cual más:* → CUÁL, 5.

cuál. 1. Pronombre interrogativo. Tiene variación de número (singular, *cuál;* plural, *cuáles).* Es siempre tónico y se escribe con tilde: *¿Cuál es el más loco de los dos?; No sé cuál es el más loco.* En el uso actual pregunta sobre las personas o cosas; está anticuado el uso en que pregunta o pondera las cualidades: *Si el criado es tan discreto, ¿cuál debe ser el amo?* En este sentido, puede usarse como exclamativo.

2. Puede ser adjetivo interrogativo: *¿Cuáles parientes dices?; «¿Cuál hacha le libró de la conforme / servidumbre selvática?»* (Salinas, *Todo,* 55). En España, con esta función se prefiere usar *qué («¿qué parientes?»).* Pero *cuál* es frecuente en América: *«¿Cuál damajuana, la del agua o la del vino?»* (Benedetto, *Caballo,* 182). Cf. Kany, 48, y Steel, *Dicc. americanismos.*

3. Adverbio interrogativo o exclamativo de modo —anticuado—: *«¡Cuál gritan esos malditos!»* (Zorrilla, *Tenorio,* 64).

4. Pronombre indefinido. Se usa en oraciones coordinadas distributivas: *Todos contribuyeron, cuál más, cuál menos, al buen resultado.*

5. *A cuál más* (frecuentemente escrito *a cual más)* es fórmula de valor adverbial y sentido ponderativo que se usa precediendo a un adjetivo. Aunque la ponderación versa sobre una pluralidad de seres que acaba de mencionarse, el adjetivo ha de ir en singular, puesto que sintácticamente va referido al in-

terrogativo *cuál,* que es singular: *Son tres hermanas a cuál más inteligente; «Fueron un par de jeroglíficos a cuál más enigmático e indescifrable»* (Galdós, *Torquemada,* II, 94). Por ello es erróneo poner el adjetivo en plural: *«Algunos sonetos que le dirigieron, a cuál más procaces»* (Entrambasaguas, *Vida,* 163). La confusión es antigua; he aquí un ejemplo de 1758: *«Innumerables ideas .., todas a cuál más confusas, a cuál más embrolladas, a cuál más extravagantes»* (Isla, *Gerundio,* I, 336). Evítese también la forma *a cada cual más,* resultante de la confusión de *a cuál más* con *cada cual: «Desde monseñor Guerra Campos hasta don Javier de Santiago hay una larga tradición de sotanas a cada cual más alejada de la realidad espiritual del país»* (J. Cueto, *País,* 29.5.1976, 22). Variante de *a cada cual más* es *cada cual más: «Un matrimonio con sus dos hijos, cada cual más obeso»* (*El Mundo,* 6.9.1995, 84).

cualquiera. 1. Pronombre o adjetivo indefinido de indiferencia: expresa la indistinción de una o varias cosas dentro de la serie, la idéntica manera de actuar el sujeto frente a unas y otras (Fernández Ramírez, § 197). En singular tiene la forma *cualquiera* (o *cualquier);* en plural, *cualesquiera.* Carece de variación genérica.

Como pronombre, designa persona indeterminada, a no ser que lleve complemento partitivo. En oraciones exclamativas puede expresar, irónicamente, negación: *«¡Cualquiera entiende a las mujeres!»* (Benavente).

Como adjetivo, puede acompañar a sustantivos de persona o de cosa, antepuesto —en la forma *cualquier—* bien pospuesto; en este caso, el nombre va precedido de algún determinante: *cualquier pretexto; un pretexto cualquiera.* También puede ir con algunos pronombres, como adjetivo pospuesto: *uno (una) cualquiera, otro (otra) cualquiera.*

Como antecedente de un pronombre relativo, el sentido de *cualquiera* es generalizador: *«Cualquiera que lo hubiera visto, de no conocerlo, se hubiera creído ante el mismísimo San Roque»* (Cela, cit. Fernández Ramírez, § 199).

2. Cuando va antepuesto al nombre, toma la forma apocopada *cualquier,* tanto si el nombre es masculino como femenino: *cualquier hombre; cualquier mujer.* Puede interponerse otro adjetivo entre *cualquier* y el nombre: *cualquier otro hombre; cualquier* *honrada mujer.* La forma plena *cualquiera* se presenta a veces, raramente, ante nombre femenino: *«Cualquiera decisión»* (Ortega, *Deshumanización,* 14). Mucho más insólito es ante nombre masculino: *«Cualquiera otro hombre»* (Castilla, *Alienación,* 43).

3. El plural de *cualquiera,* adjetivo o pronombre, es *cualesquiera: cualesquiera que sean las causas; cualesquiera bienes de los inventariados; unos mercenarios cualesquiera.* En la lengua hablada, y también en la escrita descuidada, es frecuente usar para el plural la misma forma de singular: *«Cualquiera que fueran los hechos, nuestros padres les oirían a ellos antes que a nosotros»* (Sender, *Crónica,* I, 183); *«Ellos no son unos mercenarios cualquiera»* (M. Alcántara, *Ya,* 15.3.1962, 23). Inversamente, por ultracorrección, incurren algunos en el uso de plural por singular: *«Tenemos que aspirar a la supresión de cualesquiera forma de alienación»* (Castilla, *Alienación,* 35). Este uso es también vulgar y está muy extendido en Hispanoamérica (cf. Fernández Ramírez, § 198; Rosenblat, *Notas,* 155, y Kany, 146).

4. *Cualquiera* (o *cualquier* + nombre) puede ir, naturalmente, seguido de una proposición adjetiva con *que: Cualquiera que lo vea se asustará.* Pero *cualquiera que,* seguido de verbo en subjuntivo, puede tener un uso especial, constituyendo una construcción de carácter concesivo: *Cualquiera que sea tu idea, tendrás que obedecer* ('sea cual sea...'). En esta construcción, la supresión del *que* (*«cualesquiera sean sus errores»,* Ortega, *Deshumanización,* 53) no es normal. Sin embargo, existe sin *que* la construcción, más rara, *sea cualquiera: «Todo hombre, sea cualquiera su posición social ..., es siempre un hombre»* (Maeztu, *Defensa,* 66).

5. *Cualquieras.* Cuando *cualquiera* es nombre común (*un cualquiera, una cualquiera*), su plural se forma añadiendo *-s* final, según la norma general de los sustantivos: *Son dos cualquieras.* Pero es anormal usar esta forma de plural para el pronombre *cualquiera: «Cualquieras sean las dificultades que se presenten, será necesario salvarlas»* (cit. Kany, 146).

cuan → CUANTO, 3.

cuán → CUÁNTO, 4.

cuando. Se pronuncia átono. No debe hacerse tónico, confundiéndolo fonéticamente

con el interrogativo *cuándo.* Esta pronunciación está muy extendida en Hispanoamérica.

1. Adverbio relativo (o conjunción) que introduce proposiciones que expresan tiempo: *La catástrofe ocurrió cuando intentaban desembarcar.* A veces la proposición tiene un antecedente, como *entonces, apenas, no bien, no, aún no: No bien hubo contestado, cuando ya estaban todos dentro; Apenas dejó de llover, cuando nos pusimos en camino.* Con antecedente nombre se usó alguna vez en la lengua clásica: *«Pasaron ya los tiempos / cuando lamiendo rosas / el céfiro bullía / y suspiraba aromas»* (Vega, *Poesías,* II, 137); hoy se usa el pronombre relativo: «pasaron ya los tiempos *en que...».* El empleo de *cuando* en estos casos es ahora un anglicismo que debe evitarse: *«En años cuando bien pocos hacían caso de los versos de este»* (Cernuda, *Estudios,* 99). Referido a hecho venidero, el verbo de la proposición introducida por *cuando* debe ir en subjuntivo: *Cuando venga, lo veremos.* En castellano usado por catalanes hay tendencia a poner el verbo en futuro de indicativo: *«Cuando llegará a lo alto de la montaña donde quiso quizá simbolizar un punto de teología, se le aparece el mar trémulo a lo lejos»* (Maragall, *Elogios,* 69).

Más raramente se usa esta conjunción con matiz condicional o causal: *Cuando él lo dice, será verdad.*

2. Conjunción concesiva: *«Cuando yo quisiese olvidarme de los garrotazos, no lo consentirían los cardenales»* (Cervantes). Este uso es anticuado; hoy se sustituye *cuando* por *aun cuando* o *aunque.*

3. Preposición que indica tiempo, equivale a *durante: «¿Conoces la iglesia de Santa María del Mar? .. Cuando la guerra, la quemaron»* (Laforet, *Nada,* 158). El mismo uso cobra calidad poética en este pasaje de Gabriela Mistral: *«Ya [el árbol] es mío / y le juro protección / cuando el viento, cuando el frío, / cuando el hombre matador»* (*Ternura,* 135).

4. *Cuando quiera,* locución adverbial, 'en cualquier tiempo'.

5. *Cuando quiera que,* locución conjuntiva, 'siempre que': *«Cuando quiera que en la vida española se ponen tensos los ánimos y la pasión hinche los pechos, se reproduce el mismo fenómeno»* (Pérez de Ayala, *Política,* 293).

6. *Cuando menos,* 'por lo menos', no debe ser sustituido por *cuanto menos,* como algunos dicen y escriben: *«Para otros enfoques de la morfología remitimos, cuanto menos, a Alarcos Llorach»* (Arias, *Morfosintaxis,* 26). De modo semejante, *cuando más,* 'a lo sumo', no debe ser *cuanto más: «Unos segundos —pocos: dos o tres, cuanto más— de alivio»* (Pinilla, *Hormigas,* 102).

cuándo. 1. Adverbio interrogativo (siempre tónico, por lo que se escribe con tilde para diferenciarlo de *cuando* átono). Significa 'en qué tiempo o momento': *¿Cuándo vas a venir?; Dime cuándo vas a venir.*

2. En la lengua literaria, se emplea, sin valor interrogativo, repetido al comienzo de dos o más sintagmas, significando 'unas veces... otras veces': *«Asilos .. que, no bien en ellos me había aposentado, me apresuraba a mudar, cuándo por caros, cuándo por feos, cuándo por sórdidos»* (Pérez de Ayala, *Prometeo,* 99). No debe omitirse la tilde de *cuándo* en este uso.

3. Nombre masculino: *«El porqué, el cómo y el cuándo de esta costumbre»* (Galdós, *Torquemada,* IV, 113). Se escribe también siempre con tilde en este uso.

cuanto. 1. Como pronombre o adjetivo relativo (siempre átono), tiene variaciones de género y número: *cuanto, cuanta, cuantos, cuantas.* Significa 'todo el que' (o, como pronombre singular «neutro», 'todo lo que'): *Anotaba cuantas novedades observaba* ('todas las novedades que observaba'); *Cuanto observaba lo anotaba* ('todo lo que observaba'). A veces lleva como antecedente *todo,* y en este caso su significado es simplemente 'el que' (o 'lo que'): *Le dio todo cuanto dinero tenía* ('todo el dinero que tenía'); *Le dio todo cuanto tenía* ('todo lo que tenía'). Sobre *cuanto más, cuanto menos* + nombre, → MÁS, MENOS.

2. Como adverbio relativo (también átono), carece, naturalmente, de variaciones de género y número. Significa 'todo lo que': *Trabajo cuanto puedo.* Puede llevar como antecedentes *todo* o *tanto: Trabajo todo* (o *tanto*) *cuanto puedo* ('trabajo todo lo que puedo'). Es frecuente que *cuanto* funcione como complemento de otro adverbio: *Cuanto más trabaja, más pierde.* Sobre *cuanto mayor, cuanto menor* + nombre, → MAYOR, MENOR.

3. El adverbio *cuanto* se apocopa en la forma *cuan* si le sigue inmediatamente un adjetivo o un adverbio: *Cayó cuan largo era; Rogó cuan encarecidamente podía.* Pero no se produce apócope ante las palabras *más, menos, mayor, menor, mejor, peor: Cuanto más insistas, menos conseguirás; Cuanto mayor sea el delito, mayor será la pena.*

4. *En cuanto,* locución conjuntiva, 'tan pronto como': *Iré en cuanto tenga tiempo.* Es popular *en cuanto que* (*Iré en cuanto que tenga tiempo; «El primer peligro le esperaba a pie de taxi, en cuanto que llegaran al hotel»* (Montero, *Reina,* 161).

5. *En cuanto* también puede ser locución prepositiva, 'en el aspecto o condición de': *«En cuanto persona individual y en cuanto miembro de esa generación, Marañón se sintió obligado a situarse al margen de la política imperante»* (Laín, *Marañón,* 42). Tampoco en este caso debe usarse la forma *en cuanto que: «¿Cómo .. ha llegado a estar el enfermo, en cuanto que sujeto pasivo o activo de esos síntomas y esas lesiones, en las historias clínicas de los médicos verdaderamente sabios y concienzudos?»* (Laín, *Informaciones,* 27.7.1978, 15). Y menos *en cuanto a: «Sí que lo tiene [valor, la anécdota] .. en cuanto a síntoma del abuso con que miembros concretos de la magistratura emplean los enormes márgenes de discrecionalidad que .. les conceden las leyes»* (P. J. Ramírez, *Diario 16,* 1.5.1985, 3); *«Ustedes, en cuanto a pueblo futurista, no ponen mal gesto a los paisajes espirituales exóticos»* (Mistral, *Prosa,* 75).

6. *En cuanto a,* locución prepositiva, 'por lo que toca a', 'por lo que se refiere a': *En cuanto al otro problema, tendremos que esperar.*

7. *Por cuanto,* locución conjuntiva, 'puesto que'. Es propia de la lengua literaria: *Es muy de agradecer su esfuerzo, por cuanto han sido muy grandes los sacrificios que ha realizado.* No debe decirse *por cuanto que: «La poesía épica española era en algún sentido más instructiva que la francesa, por cuanto que en España poema y acontecimiento histórico estaban mucho más próximos en el tiempo»* (Martínez Loza, trad. Smith, *Poema Cid,* 18).

8. *Cuanto* puede ser nombre masculino (naturalmente, tónico). Significa, en física, 'salto que experimenta la energía de un corpúsculo cuando absorbe o emite radiación': *«Nos basta que Charles Henry, entre otros,* deje enunciada la posibilidad de una explicación común para lo psíquico, lo biológico y lo físico, a base de 'cuantos' energéticos y conforme a las leyes de la radiación» (Reyes, *Experiencia*, 12). No debe usarse, con este sentido, la forma latina *quantum* (cuyo plural es *quanta),* usada en otros idiomas.

9. *Cuanto menos,* por *cuando menos; cuanto más,* por *cuando más:* → CUANDO, 6.

cuánto. 1. Puede ser pronombre o adjetivo interrogativo (siempre tónico, por lo que se escribe con tilde para diferenciarlo de *cuanto* átono). Tiene variaciones de género y número: *cuánto, cuánta, cuántos, cuántas;* como pronombre «neutro», solo se usa *cuánto: ¿Cuántos días faltan?; He olvidado cuánto dinero gané; ¿Cuánto quieres?*

2. Este mismo pronombre y adjetivo puede usarse exclamativamente: *¡Cuánto tiempo sin verte!; ¡Cuánto he gastado!*

3. *Cuánto* puede ser también adverbio interrogativo: *¿Cuánto has dormido?*

4. El mismo adverbio puede usarse exclamativamente: *¡Cuánto has dormido!* En este uso, se apocopa en la forma *cuán* si le sigue inmediatamente un adjetivo o un adverbio: *¡Cuán hermoso es el amanecer!; ¡Cuán despacio caminan!* Pero no se produce apócope ante las palabras *más, menos, mayor, menor, mejor, peor: ¡Cuánto mejor hubiera sido!* Por eso es erróneo el uso que hace Ortega en este ejemplo: *«Y si ser revolucionario es ya cosa grave, ¡cuán más serlo, paradójicamente, por tradición!» (Rebelión,* 33). Conviene advertir que el uso de *cuán* (no de *cuánto)* es exclusivamente literario; en los casos en que correspondería su presencia se emplea normalmente *qué: ¡Qué hermoso es el amanecer!, ¡Qué despacio caminan!*

cuark → QUARK.

cuarto. 1. *Cuarto* (o *sala) de estar,* 'pieza de la casa, distinta del comedor, destinada a la vida familiar'. No hay necesidad de usar la palabra *living,* abreviación del inglés *living-room* (que significa exactamente 'cuarto de estar').

2. *Cuarto kilo, cuarto litro* es vulgarismo por *cuarto de kilo* o *de litro: «Se bebió de un saque un cuarto litro de tinto»* (Cortázar, *Rayuela,* 361).

cuásar → QUÁSAR.

cuatri- → CUADRI-.

cuatrienal, cuatrienio → CUADRIENIO.

cuatrillizo → TRILLIZO.

cuatripartito. 'Constituido por cuatro partes'. No es usual la forma *cuadripartito,* aunque no hay motivo para rechazarla.

cuatriplicar → CUÁDRUPLE.

cuba libre. 'Mezcla de ron o ginebra con un refresco de cola'. También se escribe *cuba-libre* y *cubalibre.* Es masculino. Para el plural, se vacila entre *cubas libres* y *cuba-libres* o *cubalibres: «Me acerqué al bar a pedir dos cuba-libres de ginebra»* (Goytisolo, *Fin,* 37); *«Los cubalibres no, pero el vino debe saber igual en todas partes»* (Fernández Santos, *Catedrales,* 189).

cubrir. 1. Verbo irregular. Se conjuga como *abrir* [37].

2. Construcción: *cubrir* CON *una manta; cubrir* DE *honores.*

cuché. 'Cierto papel satinado'. Es preferible la forma españolizada *cuché* a la francesa *couché.*

cuenta. 1. Según la Academia, *a cuenta* significa 'sobre la fe y autoridad' (de uno) y (cantidad) 'que se da o se recibe sin finalizar la cuenta'; mientras que *por cuenta* de uno significa 'en su nombre o a su costa'.

2. *Cuenta atrás,* 'acción de contar de número mayor a menor' (usado frecuentemente en sentido figurado), también se puede llamar *retrocuenta* —término que prefiere la Academia—.

3. *Salir de cuenta* una mujer, 'haber cumplido el período de gestación'; no es normal decir *salir de cuentas: «Y tú, Purina, ¿cuándo sales de cuentas?»* (Suárez Solís, *Camino,* 54).

4. *Tener cuenta* una cosa, 'ser beneficiosa o útil'. No es normal, aunque se use en algunas zonas, *salir* o *resultar a cuenta: «El jurel está acabado... Pescar Harriers sale más a cuenta»* (Romeu, *País,* 13.6.1983); *Nos hubiera resultado más a cuenta venirnos a pie»* (Edwards, *Máscaras,* 9).

5. Construcción: *caer en la cuenta* DE *una cosa,* o DE *que ocurre una cosa,* 'llegar a percibirla o percibirlo'; *darse cuenta* DE *una cosa,* o DE *que ocurre una cosa,* 'captarla o captarlo' (la omisión de la preposición *de* es solo coloquial: *«Me gustaría .. que te dieras cuenta lo que siento por ti»,* Alonso Millán,

Marta, 225); *dar cuenta* DE *una cosa,* 'acabar con ella' (no *dar cuenta* A *una cosa: «Había dado cuenta a su ración de sardinas»,* Arce, *Testamento,* 25); *hacer,* o *hacer(se), cuenta* DE *que ocurre algo* (no *hacer(se) cuenta que: «Haz cuenta que estás hablando con tu hermano»,* Unamuno, *San Manuel,* 74; ni *hacer(se) de cuenta que: «Haga de cuenta que lo han destinado al Servicio de Inteligencia»,* Vargas Llosa, *Pantaleón,* 26); *habida cuenta* DE *lo dicho,* 'teniéndolo en cuenta'.
   6. *Darse de cuenta,* que se oye en Galicia (García, *Temas,* 123), ha de ser *darse cuenta.*

cuidado. Construcción: *cuidado* CON *el perro; tener cuidado* DE *la casa.*

cuidadoso. Construcción: *cuidadoso* CON, PARA, PARA CON *el enfermo.*

cuidar. Construcción: *cuidar* DE *alguno; no cuidarse* DEL *qué dirán.*

-culo. Sufijo átono de sustantivos y adjetivos. Suele tener valor diminutivo y solo se halla en latinismos: *tubérculo, molécula, cálculo, minúsculo;* rara vez en formaciones nuevas: *grupúsculo.*

culpar. Construcción: *culpar a alguien* DE *lo sucedido.*

-cultor, -cultura. Formas sufijas del latín *cultor,* 'cultivador', y *cultura,* 'cultivo': *agricultor, apicultura.* La primera forma sirve para sustantivos de personas, la segunda para sustantivos abstractos.

cúmel. 'Bebida alcohólica muy dulce'. Es nombre masculino. Al existir ya esta forma españolizada, no deben emplearse las grafías *kummel* y *kümmel.*

cum laude. Locución adjetiva latina, en calificación de tesis doctorales: 'con opción a premio extraordinario'. También *summa cum laude.* No es *cum laudem,* como algunos creen: *«El tribunal, presidido por Dámaso Alonso, le dio sobresaliente 'cum laudem'»* (M. Gordon, *Ya,* 20.1.1985, 27).

cumpleaños. 1. Es nombre singular, a pesar de la *s;* por tanto, no es normal decir según el uso popular, *Hoy son sus cumpleaños;* como tampoco el falso singular *cumpleaño.*
   2. Confusión entre *cumpleaños* y *onomástica:* → ONOMÁSTICA.

cumplir. Construcción: *cumplir* CON *alguno; cumplir* CON *su obligación* (también sin preposición: *cumplir su obligación).*

cuplé. 'Género de canción popular de comienzos de siglo'. Esta palabra es españolización arraigada del francés *couplet,* y por tanto no es necesario usar la grafía francesa.

cura. Es masculino cuando significa 'sacerdote'; femenino en los demás sentidos.

Curaçao, curaçao → CURAZAO.

curar. Construcción: *curarse* DE *una enfermedad.*

Curazao. 1. El nombre español de la isla antillana de *Curaçao* es *Curazao.* El adjetivo derivado de este nombre es *curazoleño.*
   2. El licor *curaçao* se llama en español *curasao.*

Curdistán, curdo → KURDISTÁN.

curioso. Construcción: *curioso* DE *noticias; curioso* POR *saber.*

currículum. *Currículum,* o, más exactamente, *currículum vitae,* es 'historial profesional' (de una persona). También puede decirse *currículo,* sin complemento; esta segunda forma significa también 'plan de estudios'. Tanto *currículum vitae* como *currículo* están registrados por la Academia. Como plural de *currículum* y de *currículo* debe usarse *currículos.* En cuanto al sintagma *currículum vitae,* puede elegirse entre el plural latino *currícula vitae* o mantener invariable la forma del singular.

cursar. Es impropiedad emplear este verbo en el sentido de 'correr' o 'regir': *El día 15 del que cursa.* Lo normal es *del corriente, del mes corriente* o *del mes en curso.*

cursi. 'Que presume de elegante y es ridículo'. Su diminutivo es *cursilito;* su aumentativo, *cursilón;* su superlativo, *cursilísimo.*

curtir. Construcción: *curtirse* AL, DEL o CON *el aire; curtirse* EN *los trabajos.*

custodiar. Se conjuga, en cuanto al acento, como *cambiar* [1 a].

cuyo. 1. Adjetivo relativo que expresa posesión: 'del cual'. Va siempre antepuesto al nombre, con el que concierta. Tiene, pues, variaciones de género y número: *cuyo, cuya, cuyos, cuyas: Los concursantes cuyas obras no sean premiadas podrán retirarlas en el plazo de un mes; Don Juan, cuya salud había empeorado, no pudo asistir.* El adjetivo *cuyo* es raro en la lengua hablada. En la conversación se suele sustituir por la combinación *que su*, en que aparecen repartidas entre dos palabras las funciones de relativo y posesivo que reunía *cuyo* en una sola: *Ese chico que su hermano es carpintero; «Mencionamos aquellos diccionarios o léxicos publicados en castellano y que su uso en el campo de la docencia es o ha sido generalizado»* (*Ánthropos*, 5/6.1984, 43). Esta construcción no se admite en la lengua oral cuidada ni en la lengua escrita.

2. Es exclusivamente literario el uso de *cuyo* como predicativo: *«El poeta cuyos son estos versos»* (Machado, *Mairena*, 251).

3. Es impropio el empleo de *cuyo* como puro relativo, sin sentido posesivo: *Hay que asumir la defensa de la sociedad, cuya defensa ha de ser firme* (aquí debió decirse: «defensa que ha de ser firme»); *«Le casó con doña Juana de Velasco .., de cuyo suceso se hablará en otro lugar de este libro»* (Marañón, *Olivares*, 90) (aquí debió decirse: «suceso del cual se hablará...»). Cf. Fernández Ramírez, § 171, y Rosenblat, *Notas*, 148.

4. En Nuevo Méjico se usa *cuyo* por *que: «Las leyes cuyas la comisión acaba de revisar»; «Sacaron de la mina mas de veinte cadáveres, cuyos no fue posible identificar»* (cit. Espinosa, *N. Méjico*, II, § 73).

5. Por mala traducción o por calco del francés *dont*, se escribe muchas veces *del cual, del que, de quien*, en lugar de *cuyo: «Decía tu madre, con una de esas frases hechas de las cuales Genoveva había heredado el secreto»* (Gutiérrez, trad. Mauriac, *Nudo*, 41); debió escribirse aquí: «una de esas frases hechas *cuyo secreto* había heredado Genoveva». Ejemplos de textos originales: *«Es un hombre que parece arrancado al poema de quien voy siguiendo las trazas»* (Ortega, *Notas*, 18), donde debió decirse: «el poema *cuyas trazas* voy siguiendo»; *«Un mundo con sus montañas, y sus valles, y sus ríos, de los que la vista puede seguir el curso hasta el mar»* (Camba, *Peseta*, 130), que habría de ser: «sus ríos, *cuyo curso* puede seguir la vista hasta el mar».

¿cúyo? Pronombre interrogativo anticuado. Equivale a *¿de quién?* Solo se ha usado normalmente con el verbo *ser: «—¿Qué es lo que dices? —Que miro / abrir aquel aposento. / —¿Cúyo es? —El de don Luisillo»* (Rojas Zorrilla, *Bobos*, 72). Todavía se oye hoy en algunos medios rústicos de Colombia: *¿Cúyo es este azadón?* (Flórez, *Lengua*, 243). También en otros lugares: cf. Rosenblat, *Notas*, 143. En España su uso actual es muy raro y exclusivamente literario: *«Nos tuvo a los augures todo un año trabajando en averiguar cómo vendría el vengador secreto, por cuál puerta, cúyo el largo de sus pasos»* (Cunqueiro, *Un hombre*, 42).

czar, czarina, czarevitz → ZAR.

d

d. **1.** Cuarta letra del alfabeto. Su nombre es *de* (femenino), plural *des*. Corresponde al fonema consonante /d/, que tiene dos realizaciones: fricativa y oclusiva. En la fricativa, el ápice de la lengua se coloca muy próximo al borde inferior de los dientes incisivos, sin llegar a ponerse en contacto con él, ni tampoco rebasarlo. Los incisivos inferiores, ligeramente retrasados, sirven de apoyo al ápice de la lengua. El aire sale por la estrecha ranura que dejan entre sí los dientes superiores y la lengua, y va acompañado de voz, es decir, de vibración de cuerdas vocales: es una consonante dental fricativa sonora. Ejemplos de esta articulación fricativa: *cada, lodo, padre.*

2. La articulación oclusiva se produce cuando el fonema va en posición inicial de tes superiores —como ocurre en /t/—. Ejemplos: *conde, caldo, manda.* El pronunciar /d/ oclusiva fuera de los casos expuestos es anormal en nuestro idioma. La variante fricativa de /d/ —como la de /b/ y /g/— es una de las peculiaridades fonéticas del español.

3. En la pronunciación coloquial, y muy especialmente en el nivel popular, la relajación en la articulación del fonema /d/, representado por esta letra, da lugar con frecuencia a su desaparición en la terminación *-ado* de participios o de nombres: *acabado, pasado, estado,* /akabáo, pasáo, estáo/; o en final de palabra: *Madrid, salud,* /madrí, salú/. La pronunciación culta, especialmente cuando se habla en público, debe evitar esta caída de /d/. En zonas dialectales el fenómeno se produce no solo en los casos citados, sino cuando /d/ se encuentra en posición intervocálica en general: *cada,* /ka/; *nada,* /na/; *moneda,* /monéa/; *perdido,* /perdío/; *cadena,* /kaéna/.

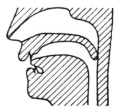

Articulación de /d/
fricativa

frase tras una pausa, o precedido de /l/ o /n/. La punta de la lengua se apoya, no contra el borde, sino contra la cara interior de los dien-

Articulación de /d/
oclusiva

4. En la pronunciación afectada de algunas personas, y en la común de algunas regiones, la /d/ final de sílaba o de palabra se hace /z/: *adquirir,* /azkirír/; *advertir,* /azbertír/; *verdad,* /berdáz/; *salud,* /salúz/. En otras regiones la variante enfática no es /z/, sino /t/, especialmente en posición final de palabra: *claridad,* /klaridát/. Estas pronunciaciones también deben evitarse.

5. La representación gráfica del fonema /d/ es siempre la letra *d*.

-da. Sufijo de nombres derivados de otros nombres o de verbos. Se presenta en dos variantes: *-ada* e *-ida*. La primera es la usual cuando la formación tiene una base correspondiente a un verbo en *-ar;* la segunda, cuando la base corresponde a un verbo en *-er* o *-ir*.

1. Variante *-ada*. Forma nombres que expresan conjunto *(torada, estacada)*, contenido *(carretada)*, duración *(otoñada)*, golpe *(cornada)*, acción *(alcaldada)*, abundancia *(riada)*. Los procedentes de verbos expresan acción y efecto *(llegada, punzada)*. Puede combinarse con otros sufijos, como *-arro (nubarrada), -ar (llamarada)*.

2. Variante *-ida*. Forma nombres que expresan fundamentalmente acción y efecto: *comida, bebida, vencida, salida, partida, amanecida, estampida*.

3. Sufijo *-da (-ada, -ida)*, femenino de *-do (-ado, -ido)*: → -DO.

dactilo-, dactili-. Formas prefijas del griego *dáktylos*, 'dedo': *dactilografía, dactiliforme*.

dactilografiar. Se conjuga, en cuanto al acento, como *desviar* [1 c].

-dad. **1.** Sufijo de nombres abstractos de cualidad derivados de adjetivos. Cuando el adjetivo primitivo es bisílabo, el prefijo suele tomar la forma *-edad: cortedad, levedad;* cuando el primitivo es de más de dos sílabas, el sufijo toma la forma *-idad: animalidad, generosidad*. Pero muchas veces se apocopa reduciéndose a *-dad: bondad, maldad*. Con adjetivos en *-ble* se forman derivados terminados en *-bilidad: amabilidad, debilidad*.

2. Confusión *-idad/-iedad*. Los adjetivos (y nombres) terminados en *-io* —a veces en *-ío*— forman su derivado en *-iedad: socio > sociedad, sucio > suciedad, vario > variedad, arbitrario > arbitrariedad, rancio > ranciedad, sobrio > sobriedad, obligatorio*

> *obligatoriedad, perentorio > perentoriedad, serio > seriedad, ebrio > ebriedad, contrario > contrariedad, vacío > vaciedad, pío > piedad, impío > impiedad*. La terminación *-idad* no es la que corresponde a estos adjetivos en *-io;* por ello, el derivado de *complementario* es *complementariedad* (no *complementaridad*). Es excepción *solidario*, que ha afianzado el derivado *solidaridad* en lugar de *solidariedad*.

3. La forma *-eidad* se usa en derivados de adjetivos terminados en *-eo:* de *contemporáneo, contemporaneidad;* de *espontáneo, espontaneidad*. Se exceptúa *consanguinidad*, no formado sobre el español *consanguíneo*, sino tomado directamente del latín *consanguinitas*. La terminación *-eidad* no debe usarse para formar derivados de adjetivos que no terminen en *-eo*. Por eso, el derivado de *estanco* no es *estanqueidad*, sino *estanquidad*, y el de *cotidiano* no es *cotidianeidad*, sino *cotidianidad* (de la misma manera que de *vano, vanidad*, y de *moderno, modernidad*).

dado. **1.** *Dado que*, locución conjuntiva, se usa hoy principalmente con sentido causal: *Será preciso esperar aún varios meses, dado que carecemos de bastantes datos*. Es errónea la forma *dado a que*, motivada por confusión con *debido a que*.

2. *Dado*, como adjetivo, esto es, con variación de género y número, forma proposición absoluta con un nombre con el cual concuerda, indicando causa: «*El gobierno hizo una declaración oficial en el sentido de que esa cantidad era inalcanzable, pura utopía, dada la estructura y la coyuntura económica portuguesa*» (G. L. Díaz-Plaja, *Triunfo*, 24.8.1974, 24: 'debido a la estructura...').

daguerrotipia. 'Modalidad de reproducción de imágenes por la luz, precursora de la fotografía'. La imagen así obtenida se llama *daguerrotipo*. El procedimiento debe su nombre a Jacques Daguerre, que lo inventó en 1838. Las formas expuestas son las registradas por la Academia, pero también se han usado, y no son menos legítimas, *daguerreotipia* y *daguerreotipo*.

daiquiri. 'Bebida de origen cubano, preparada con ron, limón y azúcar'. La forma cubana es *daiquirí*, con acentuación aguda, del nombre del lugar donde nació; pero en España entró a través del inglés, con la pronun-

CONJUGACIÓN DEL VERBO «DAR»
(tiempos simples)

INDICATIVO

Pres. doy, das, da, damos, dais, dan.
Pret. impf. daba, dabas, daba, dábamos, dabais, daban.
Pret. indef. di, diste, dio, dimos, disteis, dieron.
Fut. impf. daré, darás, dará, daremos, daréis, darán.
Pot. simple daría, darías, daría, daríamos, daríais, darían.

SUBJUNTIVO

Pres. dé, des, dé, demos, deis, den.
Pret. impf. diera o diese, dieras o dieses, diera o diese, diéramos o diésemos, dierais o dieseis, dieran o diesen.
Fut. impf. diere, dieres, diere, diéremos, diereis, dieren.

IMPERATIVO

da, dé, dad, den.

FORMAS NO PERSONALES

Inf. dar.   *Ger.* dando.   *Part.* dado.

---

ciación llana /daikíri/, y en esta forma, *daiquiri,* se registra en el *Diccionario* de la Academia.

Dánae. El nombre de la mitológica madre de Perseo se pronuncia como esdrújulo y se escribe con tilde en la primera *a: Dánae,* no *Danae: «Fue Dánae, fue Calixto, fue Diana»* (Alberti, *Pintura,* 50).

Dánao. El nombre de este personaje mitológico, rey de Egipto y de Argos, es esdrújulo: *Dánao,* no *Danao.*

dandy. 'Hombre que viste según la moda elegante'. Aunque la Academia escribe este nombre con la grafía *dandi,* el uso general prefiere escribir *dandy.* Sin embargo, el derivado *dandismo* aparece normalmente con *i,* no con *y: «Mi dandismo se consume en fuegos de miseria, en hirvientes aguas de impotencia»* (Mallea, *Cuentos,* 97).

Dante. Hay en España una larga tradición de anteponer al nombre de *Dante* el artículo *el.* Es preferible no hacerlo, ya que, si bien es cierto que a veces se pone artículo ante apellidos de escritores o artistas italianos, siguiendo una costumbre de la propia lengua italiana *(el Petrarca, el Tasso),* el uso no

está justificado en *Dante,* que es nombre de pila.

Dánzig. La ciudad polaca de *Gdansk,* que en francés se llama *Dantzig,* tiene en español el nombre de *Dánzig.* Evítese la pronunciación viciosa /dánzing/, frecuente entre los locutores.

dar. 1. Verbo irregular. (Véase cuadro.) **2.** Construcción: *dar una ventana* A *la calle; dar* CON *la carga* EN *el suelo; dar* CON *alguien; dar* CONTRA *un poste; dar* DE *sí* (→ 7); *dar* EN *coleccionar sellos; dar* POR *visto; dar* POR *hecho el trabajo; le da* POR *cantar; dar* EN *el blanco; dar* EN *el quid; dar ocasión* PARA *conocer; darse* A *la buena vida; darse* POR *vencido.* **3.** *Darle a uno vergüenza (pena, lástima, gusto, rabia, asco,* etc.) *hacer una cosa* es construcción que alterna con DE *hacer una cosa.* En el primer caso, *Me da vergüenza hacerlo,* el sujeto de *dar* ('causar') es *hacerlo.* En el segundo caso, *Me da vergüenza de hacerlo,* el sujeto de *dar* (que aquí significa 'entrar') es *vergüenza,* y *de hacerlo* es un complemento de causa; la frase significa en este caso, pues, 'me entra vergüenza por hacerlo'. Por tanto son, en principio, válidas las dos construcciones. Pero cuando a *ver-güenza*, etc., sigue una proposición con *que*, es normal no usar *de: Me da pena que hayan tirado la casa*. Lo mismo ocurre cuando a los nombres *rabia, asco, gusto, risa,* etc., sigue un sustantivo: *Me da rabia esta actitud; Me da asco todo esto; Me da risa su cara*. Pero con *lástima, pena, vergüenza,* seguidas de sustantivo, no es rara la presencia de la preposición *de: Me da lástima del niño; Me da vergüenza de lo que he hecho (= de mi acción).*

4. *Dar palabra:* → PALABRA.

5. *No dar abasto:* → ABASTO.

6. *Dar vuelta,* en América, 'volver': → VUELTA.

7. *Dar de sí* tiene dos sentidos: 'ensancharse, estirarse' (un tejido, una prenda) y 'rendir, producir' (una persona). En el primero, se usa solo en tercera persona, pues solo en ella puede estar su sujeto. En el segundo sentido, lo habitual es usar también solo la tercera persona *(El chico no da más de sí; Los chicos no dan más de sí).* En las restantes personas, la forma no puede ser *doy de sí, das de sí, damos de sí, dais de sí* (a pesar de este ejemplo de Delibes: «*A veces temo no dar más de sí*», *Año,* 141), puesto que *sí* es pronombre reflexivo únicamente de tercera persona; habría de ser *doy de mí, das de ti, damos de nosotros, dais de vosotros.* Pero, como en realidad estas formas son inusitadas, lo normal es evitar el uso de la locución fuera de la tercera persona. Una buena solución de recambio es la que vemos en este ejemplo de Bioy: «*En ese juego gana el de más aguante, y yo no doy más*» *(Cavar,* 198), uso que también se registra en Chile (Morales, *Dicc. chilenismos*).

dársena. 'Parte resguardada artificialmente, en aguas navegables, para surgidero o para la cómoda carga y descarga de embarcaciones'. No es necesario el empleo del nombre inglés *dock.*

de. 1. Preposición. Las relaciones que expresa se pueden clasificar en los siguientes grupos (cf. Gili Gaya, § 190):

a) Posesión y pertenencia: *El coche del director; El crimen de Cuenca.* Dentro de la relación de pertenencia (correspondencia o conexión) se encuentran los casos particulares de los complementos subjetivo y objetivo: *El amor de los padres; La venta del piso.*

b) Materia: *Una mesa de madera.* Por tropo atribuimos la materia contenida al objeto que la contiene, y decimos *Un vaso de agua.* La materia puede ser en sentido figurado: *Una lección de historia; Hablamos de lo divino y de lo humano.* Siguiendo a un adjetivo y precediendo a un sustantivo, indica el aspecto en que la cualidad del adjetivo es aplicable: *Una moza, pequeña de boca, pero recia de voz.* Lo mismo ocurre ante infinitivos: *Un libro grato de leer; Un problema fácil de resolver.*

c) Cualidad: *Hombre de carácter; Corazón de hiena; Le tildan de ignorante.* Puede incluirse junto a la cualidad la profesión u oficio: *Está de asesor jurídico en una empresa; Trabaja de botones; Fue de cónsul a Burdeos.* Una extensión regional de este sentido la vemos en este ejemplo de Miró: «*¿No os queréis de hermanos?*» (= como hermanos) *(Cercado,* 173).

d) Cantidad indeterminada: *Le dieron de puñaladas;* «*Tras el reparto hecho por Fernando I, hubo de todo eso*» (Menéndez Pidal, *Cid,* 27). Este uso, bastante limitado en España, está más extendido en Hispanoamérica: *Seguía pegando de gritos; Dando de vueltas por la ranchería; Me tuvo de ojeriza desde que me vio* (cit. Kany).

e) Parte: *Comed y bebed todos de él; Varios de los presentes; ¿Quién de vosotros?* De este uso deriva el de las comparaciones de cantidad: *más de cuatro, menos de la mitad.*

f) Origen o procedencia: *Vengo de casa; Procede de buena familia.* En el tiempo: *Data del año 1930;* equivalente a 'desde': «*De tan largo tiempo enmudecido*» (Unamuno, *Espejo,* 130). En sentido figurado: *De esto se deduce.* (Sobre giros del tipo *de mano en mano,* → EN.)

g) Causa (relación íntimamente ligada con la anterior): *Se muere de miedo; Rabia de impaciencia;* «*Del poco dormir y del mucho leer se le secó el celebro*» (Cervantes, *Quijote,* I, 35); «*Le abrasaban de secas .. sus pobres mejillas*» (Miró, *Cercado,* 35). → PURO.

h) Modo: *de frente, de espaldas, de corrido.* Muchas locuciones adverbiales están formadas con esta preposición.

i) Tiempo: *de día, de noche, de mañana.*

j) Agente de pasiva: *Muy querido de todos; Estimado de sus compañeros.* Es poco frecuente hoy.

k) Aposición: *La calle de Alcalá; El golfo de Lepanto.* (→ APOSICIÓN, 3.)

l) Realce de la cualidad (siguiendo a un adjetivo y precediendo a un sustantivo): *El idiota de Pedro; ¡Pobre de mí!* Esta construcción encierra siempre matiz despectivo o compasivo, tanto si el adjetivo es en sí de valoración negativa como si no lo es: *El gracioso de Pepito; El bueno de Juan.* El adjetivo desempeña en estos casos la función de epíteto (cf. Sobejano, *Epíteto,* 151). En lugar de adjetivo, puede depender de la interjección *ay: ¡Ay de ti!* La compasión, como se ve en este ejemplo, puede implicar amenaza.

m) Condición (ante un infinitivo): *«De retardarnos, hubiéramos perdido el chocolate»* (Azorín, *Confesiones,* 49); *«El viajero, de haber ido a pie, hubiera podido cruzar por el atajo de la Entrepeña»* (Cela, *Alcarria,* 126).

n) Además, la preposición *de* forma parte de locuciones verbales: *haber de* + infinitivo, *tener de* + infinitivo, *deber de* + infinitivo (→ HABER, TENER, DEBER).

2. Omisión indebida. Hay una serie de verbos, adjetivos y nombres que exigen complemento precedido de la preposición *de: acordarse* DEL *número; darse cuenta* DE *la situación; estar seguro* DE *ello; tener noticia* DE *lo sucedido,* etc. La misma exigencia se mantiene cuando el complemento está constituido por una proposición (iniciada por *que* o por otra conjunción): *Me alegro* DE *que sea así; Estaba seguro* DE *que ocurriría; No se dio cuenta* DE *que llegaban.* En la lengua coloquial, especialmente en el nivel popular, es frecuente en este caso la omisión de la preposición: *Me alegro que sea así; Estaba seguro que ocurriría; No se dio cuenta que llegaban.* La omisión de la preposición *de* también se produce, en el nivel popular, en locuciones prepositivas constituidas por adverbio + *de (dentro de, acerca de, cerca de, encima de, en medio de, delante de,* etc.): *dentro la casa, encima la mesa, en medio la calle,* etc.

3. Omisión de la preposición *de* en denominaciones de calles, plazas, paseos, etc.: → CALLE.

4. Uso innecesario. En el nivel popular, y sobre todo en algunas regiones, es frecuente el uso de la preposición *de* precediendo a proposiciones dependientes de verbos que no rigen ninguna preposición: *Lo he visto* DE *caer; No le importa* DE *reconocerlo; No le importa* DE *que le vean; «¡Estás deseando* DE *abrazarme!»* (Martín Recuerda,

Salvajes, 34); *«A la muy bruta no le importa* DE *pincharme»* (Urbina, *Carromato,* 84). Esto ocurre muy especialmente con verbos que significan en general 'decir' o 'pensar' *(aclarar, aconsejar, advertir, afirmar, asegurar, contestar, creer, decir, imaginar, negar, pensar, señalar, sospechar, suponer,* etc.): *Me dijeron* DE *que volviese; Te prohíbo* DE *que pises esta casa; Pienso* DE *que la orden no es justa.* El uso se ha extendido ampliamente en los últimos tiempos entre los hablantes semicultos, así en España como, sobre todo, en América. Cf. Kany, 352; García, *Temas,* 123; Náñez, *Dequeísmo;* Academia, *Esbozo,* § 3.19.9 nota.

5. Es catalanismo el empleo partitivo de la preposición *de* en casos como estos: *«Al parecer, todos sus compañeros le apreciaban mucho .. Teresa dijo: de prestigio tiene en todas partes»* (Goytisolo, *Recuento,* 164); *«No creo que mi acción tenga mayor importancia, y anónimamente deben proliferar de semejantes por esas playas durante el verano»* (Destino, 7.8.1971, 3).

6. En Argentina, *de* se usa a veces por *a* (*a casa de): Voy del médico; «¿Por qué no va de otra modista?»* (Cortázar, *Rayuela,* 413).

7. *De no.* Expresión condicional que equivale a la general *si no.* Se usa mucho en la lengua popular de varias regiones de América: *«Puedo trabajar otra vez en la olería. O de no, en nuestra kapuera»* (Roa, *Hijo,* 92). Cf. Kany, 298.

8. En varias zonas de América, especialmente en la lengua popular, se emplean diversas locuciones iniciadas con las preposiciones de *a,* y que corresponden, en la lengua general, a las formas que indico entre paréntesis: *de a buenas (por las buenas,* o *a buenas), de a malas (por las malas,* o *a malas), de a caballo (a caballo), de a balde (de balde),* o *de a veras* o *de de veras (de veras), de adrede (adrede), de a pie (a pie), de a poco (poco a poco), de a ratos (a ratos), de aprisa (con prisa).* También es frecuente la construcción distributiva de *a dos, de a tres,* etc., no desconocida en el uso español, en el que es más usual, sin embargo, *de dos en dos, de tres en tres,* etc.

9. *El día* DE *antes:* → ANTES, 1.

10. *Dar vergüenza, asco, gusto, lástima, pena,* etc., DE: → DAR, 3.

11. *Deber* DE + infinitivo, frente a *deber* + infinitivo: → DEBER, 2 y 3.

«DEBER» Y «DEBER DE» + INFINITIVO

(Resumen)

a) *«Deber»* + *infinitivo* significa obligación: *Pedro debe estar en el museo* = Pedro tiene obligación (legal o moral) de estar en el museo.

b) *«Deber de»* + *infinitivo* significa probabilidad: *Pedro debe de estar en el museo* = Pedro está probablemente en el museo; supongo que está en el museo.

Estos son los usos correctos, según la Academia. Sin embargo, es muy frecuente la confusión entre ambas construcciones, incluso en escritores importantes. Dentro de esta confusión, se observa en la lengua culta actual una preferencia por *deber* (sin *de*) en las dos significaciones.

---

12. *Yo* DE *ti, yo* DE *usted:* → YO, 6.
13. *De por sí:* → SÍ², 2.
14. *De que,* 'cuando': → QUE², 5.

de-. Prefijo latino que significa 'disociación' o 'dirección de arriba abajo'; aunque también puede ofrecer otros significados: *decadencia, destruir, detener, decolorar.*

Deba → DEVA.

debacle. El nombre francés *débâcle,* de género femenino, se usa frecuentemente en español con el sentido de 'desastre'. Los que quieren pronunciarlo en francés han de decir /debákl/, y los que desean escribirlo en ese idioma deben hacerlo con todos sus acentos: *débâcle.* Pero la palabra está tan difundida entre nosotros que se escribe y pronuncia habitualmente *debacle: El partido fue una auténtica debacle para el Atlético.* En esta forma figura ya en el *Diccionario* de la Academia.

debajo. 1. Construcción: *debajo* DE *la mesa.* No se admite como normal la construcción popular *debajo* + adjetivo posesivo *(debajo nuestro, debajo suyo).*
2. Diferencia entre *debajo* y *abajo:* → ABAJO.

debate. *A debate:* → A², 11.

deber. 1. *Deber + infinitivo.* Locución verbal que significa obligación: *Pedro debe estar en el museo* (= está obligado). No significa necesidad (= *tener que),* como ocurre en el español hablado por catalanes: *«Ricardo se endeuda y debe pedir prestado a todo el mundo»* (Goytisolo, *Fin,* 43).
2. *Deber de + infinitivo.* Locución ver-

bal que significa suposición: *Pedro debe de estar en el museo* (= probablemente está); *«Sí, la Alcarria. Debe de ser un buen sitio para andar»* (Cela, *Alcarria,* 12).
3. Es muy frecuente la confusión entre los usos de *deber de* y *deber* + infinitivo, facilitada, sin duda, por el hecho de que la suposición firme se suele expresar en forma de obligación: *Pedro tiene que estar en el museo* (= está, con toda probabilidad; está, sin duda). (Compárese el inglés *must* = 'debe' y 'debe de'.) Por esta razón es más frecuente el uso, no académico, de *deber* + infinitivo en el sentido de probabilidad, que el de *deber de* + infinitivo en el sentido de obligación. El primero, además, encierra la gran ventaja de ahorrar las numerosas cacofonías a que da lugar el uso de *deber de: debe de decir; debe de ver; debe de visitar; debe de haber; debe de dar,* etc.

He aquí algunos ejemplos de *deber* + infinitivo (probabilidad) en escritores españoles modernos: Valera: *«Casi sé que deben haberse vendido muchos ejemplares»* (*Correspondencia,* 137). Palacio Valdés: *«El agujero debía ser efectivamente muy gracioso porque mi madre y mi tía se retorcían contemplándolo»* (*Novela,* 62; otros ejemplos: 194, 198). Azorín: *«Debe estar en el despacho; voy a ver»* (*Voluntad,* 234). Baroja: *«Debe ser listo este perro»* (*Románticos,* 76; otros ejemplos: 140, 145). Ortega: *«Zetzner, pues, debió ser un pobre hombre»* (*Viajes,* 1; otros ejemplos: 3, 28). Miró: *«Si alguna avecita osaba rebullirse, debía hacerlo muy escondida .. porque su canción sonaba apagada y breve»* (*Cercado,* 63; otros ejemplos: 21, 40, 79, 88, 89, 132; *Vivir,* 128, 132). Menéndez

Pidal: «*De este tipo debe ser también la jarchya 7.ª*» *(España,* 97). Cela: «*Debía andar por los cinco años*» *(Colmena,* 18; otros ejemplos: *Retablo,* 10; *Alcarria,* 25, 38, 103, 106, 111). García Blanco: «*Estos años bilbaínos .. debieron ser para él de intenso trabajo*» *(Unamuno y lengua,* 13). Zamora: «*La patria chica ha debido suponer mucho en numerosas ocasiones*» *(Presencia,* 144). Amado Alonso: «*A su aparición ha debido contribuir la abundancia de casos sintácticos*» *(«Como que»,* 137).

Véanse, ahora, inversamente, ejemplos de *deber de* + infinitivo (obligación). Los autores en que los he encontrado son menos que en el caso anterior *(deber* + infinitivo, 'probabilidad') y la frecuencia también es menor: Palacio Valdés: «*Si las instituciones hubieran tenido algún instinto de conservación (que no lo tenían), Mamerto no debiera de andar suelto*» *(Novela,* 86; otro ejemplo: 113). Baroja: «*No debo de asustarme, sino estar muy satisfecho*» *(Aventuras Paradox,* 91; otro ejemplo: 93). Miró: «*Sabiendo que debían de volver a esta vida de bosque*» *(Cercado,* 68). Pemán: «*Velar el alma, mi amado, / que las mañanas de abril / galán que busca su dicha / no las debe de dormir*» *(Antología,* 21). López Rubio: «*Todos los días debe uno de reír un rato*» *(Celos,* 40). Criado: «'*Course to follow' [se traduce] 'procedimiento que debe de seguir'*» *(Morfología,* 152). Vicens: «*Representan .. una contribución singular e inteligente, por lo que debemos de estarles reconocidos*» *(Aproximación,* 22). Agustí: «*Ahora me explico .. la preocupación que tienen estos muchachos cuando me ven. En realidad, la preocupación debiera de ser mía*» *(Triunfo,* 18.7.1962, 7). J. Casares: «*Cuando debía de sonar el aplauso que estos les tributarían de buen grado, quedan en una posición desairada*» *(Abc,* 16.4.1963, 3). Muñoz: «*Según las férreas leyes de la herencia, Carlos hubiera debido de ser un neurótico semidemente*» (trad. Lewis, *Carlos de Europa,* 59). Diario *Excelsior:* «*Ordenó que todos registraran sus armas .. para lo cual debían de presentar cuatro cartas*» (11.4.1958, 7). Diario *Pueblo:* «*Las líneas de transporte, tanto de mercancías como de personas, deben de complementarse*» (30.10.1958, 3).

Lo más recomendable es mantener la distinción establecida por la Academia *(deber* + infinitivo = obligación; *deber de* + infinitivo = probabilidad). También se considera, en la práctica, admisible el uso de *deber* con el sentido de probabilidad; se considera vulgar, en cambio, el uso de *deber de* con el sentido de obligación. (Véase cuadro.)

4. *Deber,* nombre masculino. Construcción: *el deber* DEL *trabajo; el deber* DE *trabajar.*

debido. *Debido a,* locución prepositiva equivalente a 'a causa de', 'en virtud de': «*Debido a los apuros del señor, [la heredad] había ido mermando rápidamente*» (Larreta, *Don Ramiro,* 32).

debut. 'Presentación' (de un artista, un torero o un espectáculo). Suele pronunciarse /debú/ o /debút/. Su plural es *debuts,* /debús/ o /debúts/. Aunque es palabra francesa, está arraigada en español, donde no conserva su forma fónica ni gráfica original. (Algunos periódicos españoles usan la grafía *debú,* que no está reconocida por la Academia.) Se usan normalmente también los derivados *debutar,* 'presentarse', y *debutante,* 'que se presenta' —a veces con el sentido especial de '(muchacha) que se presenta en sociedad'—. Es frecuente el uso de *debutante* como 'principiante': «*Paso la cita a los autores de estrategias literarias .. o de consejos al debutante*» (Reyes, *Experiencia,* 95).

deca-. Forma prefija que en el sistema métrico decimal significa 'diez'. Se pronuncia tónica la /a/ en *decámetro,* pero es átona, recayendo el acento en la sílaba siguiente, en *decagramo* y *decalitro.*

década. 'Período de diez años'. Es sinónimo suyo *decenio,* y como tal lo registra el *Diccionario* académico. Hay, sin embargo, un matiz diferencial: el *decenio* es un conjunto de diez años seguidos cualesquiera *(el decenio de 1923 a 1933),* mientras que la *década* es el conjunto de los años que constituyen una decena dentro del siglo —es decir, a partir de un año con número de decena— *(la década de 1920,* o *de los 20).* La preferencia decidida por el uso de *década* para el segundo caso no se opone en rigor a poder servirse también aquí de la palabra *decenio.* (→ AÑOS.)

decaer. 1. Verbo irregular. Se conjuga como *caer* [13].

2. Construcción: *decaer* DE *su antiguo esplendor.*

decagramo, decalitro, decámetro → DECA-.

decantar. Este verbo transitivo significa 'depurar (un líquido) inclinando suavemente sobre otra la vasija que lo contiene, de manera que caiga aquel sin que salga el poso'. En uso pronominal, *decantarse*, será 'depurarse' el líquido por ese procedimiento. El uso metafórico de *decantar* como 'aclarar, poner en claro', y su forma pronominal *decantarse* como 'aclararse, ponerse en claro', no parece reprochable: *Es preciso que se decante la opinión del partido.* Es bastante reciente en el español general el uso de la forma pronominal como equivalente de *inclinarse* o *decidirse (La opinión se ha decantado a favor de X).* Conviene recordar que en el uso pronominal del catalán *decantar* existe desde antiguo el sentido de 'inclinarse, tender'; podría haber aquí una clave del empleo moderno castellano. Uso que, por otra parte, encuentro ya en 1647 en el aragonés Gracián: *«Hombre grande el que nunca se sujeta a peregrinas impresiones. Es lición de advertencia la reflexión sobre sí; un conocer su disposición actual, y prevenirla, y aun decantarse al otro extremo para hallar entre el natural y el arte el fiel de la sindéresis»* *(Oráculo,* 172). La Academia ha recogido por fin este sentido en 1992.

decenio → AÑOS y DÉCADA.

decepción. En español significa 'desengaño'; usar esta palabra en el sentido de 'embuste, falsedad' o 'engaño' (por anglicismo), es poco recomendable por la confusión que crea: *«Las decepciones de parte de la radio nazi reflejan sobre la Argentina»* (cit. Alfaro); *«Lo fatal del error de Mussolini en junio de 1940 no deriva de la decepción en cuanto a la capacidad bélica de la Italia fascista que lideraba»* *(Diario 16,* Supl., 19.3.1985, 60).

deci-. Forma prefija que en el sistema métrico decimal significa 'décima parte'. Se pronuncia tónica la /i/ en *decímetro;* es átona, en cambio, recayendo el acento en la sílaba siguiente, en *decigramo* y *decilitro.*

decidir. Construcción: *decidirse* A *viajar; decidirse* EN *favor de alguno; decidirse* POR *un sistema.*

decigramo, decilitro, decímetro → DECI-.

décimo.   1. Adjetivo ordinal correspon-

diente a *diez.* Referido a reyes o a siglos, alterna con *diez: Alfonso X,* «Alfonso *décimo»* o «Alfonso *diez»; siglo X,* «siglo *décimo»* o «siglo *diez».* Pero se considera preferible *décimo.*

2. *Décimo tercero, décimo cuarto,* etc.: → DECIMO-, 1.

decimo-.   1. Los ordinales que corresponden a los números del 13 al 19 son palabras compuestas con la forma prefija *decimo-* (escrita sin tilde) y el ordinal que corresponde a la unidad respectiva: *decimotercero, decimocuarto, decimoquinto, decimosexto, decimoséptimo, decimoctavo, decimonoveno.* Todas estas palabras son susceptibles de variaciones de género y número; así, *decimoquinto, decimoquinta, decimoquintos, decimoquintas.* En todos estos compuestos, el primer elemento es átono: /dezimoterzéro, dezimokuárto/, etc. Manteniendo la atonía del primer elemento, pero escribiéndolo con tilde y como palabra separada, existen también las formas *décimo tercero, décimo cuarto,* etc., caracterizadas porque el primer elemento sufre, como el segundo, variaciones de género y número: *décima tercera, décima cuarta,* etc.; pero estas formas son hoy raras. (→ ORDINALES.)

2. *Decimoprimero* y *decimosegundo:* → UNDÉCIMO y DUODÉCIMO.

3. *Decimotercero* también puede decirse *decimotercio,* aunque hoy es raro. La forma masculina singular *decimotercero* sufre apócope igual que *tercero:* → TERCERO.

4. *Decimoctavo* no debe escribirse *decimooctavo.*

5. *Decimonoveno* también puede decirse *decimonono,* aunque hoy es raro.

decir.   1. Verbo irregular. (Véase cuadro.)

2. Construcción: *decir algo* DE *alguno; decir algo* PARA *sí; esto no dice bien* CON *lo otro.*

3. *Decir de* + infinitivo, en lugar de *decir que* + subjuntivo, no es normal: *¿Quién ha dicho de invitarle?* (= ¿quién ha dicho que le invitemos?); *«Tanto oro dijo de pedir, que toda la sala parecía resplandecer maravillosamente»* (Miró, *Abuelo,* 168).

4. Sobre la construcción viciosa *dijo* DE *que lo haría,* → DE, 4.

5. *Ni que decir tiene:* → QUE[2], 4.

decisión. Construcción: *tomar la decisión* DE *hacer algo* (no A *hacer: «Una absoluta*

CONJUGACIÓN DEL VERBO «DECIR»
(tiempos simples)

INDICATIVO

Pres. digo, dices, dice, decimos, decís, dicen.
Pret. impf. decía, decías, decía, decíamos, decíais, decían.
Pret indef. dije, dijiste, dijo, dijimos, dijisteis, dijeron.
Fut. impf. diré, dirás, dirá, diremos, diréis, dirán.
Pot. simple diría, dirías, diría, diríamos, diríais, dirían.

SUBJUNTIVO

Pres. diga, digas, diga, digamos, digáis, digan.
Pret. impf. dijera o dijese, dijeras o -ses, dijera o -se, dijéramos o -semos, dijerais o -seis,
dijeran o -sen.
Fut. impf. dijere, dijeres, dijere, dijéremos, dijereis, dijeren.

IMPERATIVO

di, diga, decid, digan.

FORMAS NO PERSONALES

Inf. decir.   *Ger.* diciendo.   *Part.* dicho.

---

decisión a realizarme como persona», Destino, 1.3.1975, 5).

declarar. Construcción: *declararse* A *una mujer; declararse* POR *un partido.*

decodaje, decodificación, decodificar → DESCODIFICAR.

decrecer. Verbo irregular. Se conjuga como *agradecer* [11].

decreto-ley. El plural de este nombre es *decretos-leyes* (no *decretos-ley*).

décuplo → MULTIPLICATIVOS.

dedicación. *Dedicación exclusiva:* → TIEMPO.

dedicar. Construcción: *dedicarse* A *la medicina; dedicarse* A *estudiar.*

deducir. 1. Verbo irregular. Se conjuga como *conducir* [41].
 2. Construcción: *deducir* DE (O POR) *lo dicho; deducir una cantidad* DE *otra.*

defender. 1. Verbo irregular. Se conjuga como *entender* [14].
 2. Construcción: *defender a uno* DE *sus enemigos.*

defenestrar. 'Arrojar por una ventana'; figuradamente, 'destituir' (frecuentemente con la connotación 'de forma violenta o sorpresiva'). Evítese la forma *desfenestrar.* La misma advertencia vale para el nombre derivado *defenestración* (no *desfenestración).*

defensor. *Defensor del pueblo* es el alto funcionario designado para la defensa de los derechos fundamentales del ciudadano. Este nombre, utilizado en la Constitución española de l978, es el que conviene para ocupar en nuestro idioma el lugar del sueco *ombudsman,* que ha aparecido con alguna frecuencia en los periódicos.

deferir. Verbo irregular. Se conjuga como *sentir* [60]. No debe confundirse este verbo, que significa 'adherirse al parecer de uno', con *diferir,* 'aplazar' o 'diferenciarse', que tiene la misma irregularidad.

déficit. 'Cantidad que falta para cubrir el gasto'; también en sentido figurado. El plural preferido por la Academia es *los déficit,* sin variación, aunque en la lengua escrita no es raro encontrar *los déficits.*

deflación. Tanto en economía ('reducción

de la actividad económica') como en geología ('arrastre de partículas pétreas por la acción de la intemperie'), se dice y escribe *deflación,* no *deflacción.*

deforestación. 'Despojamiento de plantas forestales en un terreno'. El verbo correspondiente es *deforestar.* Aunque también existen las formas —igualmente legítimas— *desforestación* y *desforestar,* las generalmente preferidas son *deforestación* y *deforestar.*

deformar. 'Alterar la forma propia (de una cosa)'. Aunque la Academia registra como equivalentes de este verbo *desformar* y *disformar,* el uso normal los rechaza.

deforme. 'Que tiene forma desproporcionada e irregular'. Aunque puede usarse igualmente *disforme,* el uso general prefiere *deforme.*

degenerar. Construcción: *degenerar* EN *monstruo.*

degollar. Verbo irregular. Se conjuga como *acordar* [4].

dejar. 1. Construcción: *dejar* DE *escribir; dejar algo* EN *manos de alguien; dejar a alguien* POR *loco; dejarse* DE *rodeos.*
2. En los países de la zona del Caribe, *dejar saber* se dice, por calco del inglés *(let know),* en lugar de *informar* o *avisar: «Guárdese el cambio y cuando termine de fumarlo déjeme saberlo»* (Novás, trad. Faulkner, *Santuario,* 214).

del → EL, 4.

delante. 1. Adverbio de lugar que significa 'con prioridad de lugar, en la parte anterior, o en sitio detrás del cual está una persona o cosa' (Academia).
En la lengua antigua y clásica fue preposición: *«Había tan bien hablado delante aquel príncipe extranjero»* (Guevara, *Reloj,* 17), *«Ponerme delante los ojos»* (Montemayor, *Diana,* 15). Hoy es vulgar *Se sentó delante la casa* por *delante* DE *la casa* (→ DE, 2).
2. *Delante de,* locución prepositiva que significa 'en lugar anterior a': *Delante de nuestro coche iba un camión;* 'enfrente de': *Delante de nosotros se alzaba un soberbio edificio;* 'en presencia de': *Delante del jefe, no daba pie con bola.*
3. No se admite en la lengua normal la construcción popular *delante* + adjetivo posesivo *(delante mío, delante suyo),* aunque aparezcan ejemplos de ella en Unamuno, Agustí (cit. Fernández Ramírez, § 121) y otros escritores: *«El sinfín de trastos inútiles que era todo cuanto podía ver delante suyo»* (Garmendia, *Memorias,* 12). A veces el posesivo va en forma femenina *(«delante mía»,* Sastre, *Taberna,* 113; *«delante nuestra»,* Quiñones, *Viento,* 210). En algunos países americanos, como Perú, Bolivia y Ecuador, se oyen las formas *en su delante, por su delante,* igualmente rechazadas en el uso normal (Kany, 45): *«Que un hombre como Antonio Vilanova se turbara así en su delante»* (Vargas Llosa, *Guerra,* 180).
4. Sobre la diferencia entre *delante* y *adelante,* → ADELANTE.

delegado. El femenino de este nombre es *delegada* (no *delegado: «Doña Pilar Primo de Rivera, delegado nacional de la Sección Femenina»,* Vanguardia, 4.4.1973, 33).

deleitar. Construcción: *deleitarse* CON O EN *la contemplación.*

deleznable. Este adjetivo significa 'que se disgrega o deshace fácilmente', o bien 'inconsistente'. Se puede hablar, por ejemplo, de una casa construida con materiales *deleznables,* o de los argumentos *deleznables* manejados en una discusión: *«No tengo razones, sino algo tan deleznable como una intuición»* (Torrente, *Decano,* 96). No hay ningún fundamento para usar el adjetivo con el sentido de 'reprobable' o 'digno de repulsa': *«Le parecen insuficientes las penas impuestas a los culpables de crímenes que nos resultan horrísonos y deleznables»* (País, 1.8.1982, 8).

deliberar. Construcción: *deliberar* SOBRE *un asunto.*

delinear → ALINEAR.

delta. Es nombre masculino cuando designa la isla aproximadamente triangular que se forma en la desembocadura de un río: *el delta del Nilo.* Es femenino cuando designa la letra griega que equivale a *d* latina.

demanda. *Bajo demanda:* → BAJO, 7.

demandadera → ASISTENTA.

demandar. Construcción: *demandar* ANTE *el juez; demandar* DE *calumnia; demandar* EN *juicio.*

demás. **1.** Adjetivo indefinido invariable en cuanto al género y al número. Designa el resto, la parte no mencionada de un todo. Puede sustantivarse; en este caso, se usa precedido de los artículos *los* y *las* y casi siempre designa personas; con el artículo *lo* designa cosas. Usado como adjetivo, va siempre acompañando a nombres en plural —precediéndolos—, y en singular si son colectivos *(la demás gente)*. En el uso adjetivo le precede siempre el artículo determinado o un posesivo *(los demás amigos; mis demás asuntos)*. En el uso sustantivo y adjetivo puede ir sin artículo como término de una enumeración: *«En los días solemnes —santos, pascuas y demás—»; «Y demás camelos estúpidos con los que se llenan unas líneas en los periódicos»* (Díaz Cañabate, cit. Fernández Ramírez, § 206).
2. *Estar demás:* → MÁS, 10.

demasiado. Es vulgarismo intercalar *de* entre este adverbio y el adjetivo al que se refiere: *«Es usted demasiado de bueno para estos tiempos»* (Delibes, *Parábola*, 42). Este uso, sin embargo, era normal en la lengua clásica: *«'Beber por onzas', ser muy limitados y demasiado de reglados»* (Covarrubias, *Tesoro*, 135). Cf. Keniston, *Syntax*, 583.

Deméter. Nombre griego de la diosa Ceres. Puede decirse *Deméter* o *Demeter,* si bien es preferible la primera forma (Fernández Galiano), la que usa Machado: *«Deméter jadeante / pose a tu sombra, bajo el sol de estío»* (*Poesías,* 193).

demo-, dem-. **1.** Formas prefijas del griego *démos,* 'pueblo': *democracia, demagogia.* La forma sufija es *-demia: epidemia.*
2. *Demo-* es también forma prefija de *demócrata: democristiano, demoliberal.*

demoler. Verbo irregular. Se conjuga como *mover* [18].

demoníaco. Son igualmente válidas las formas *demoníaco* /-íako/ y *demoniaco* /-iáko/, si bien la Academia da preferencia a la primera.

demono-. Forma prefija de *demonio: demonomancia.*

demonomancia. 'Adivinación mediante la inspiración de los demonios'. La Academia registra también la forma *demonomancía.*

demostrar. Verbo irregular. Se conjuga como *acordar* [4].

dendro-, dendri-. Formas prefijas del griego *déndron,* 'árbol': *dendriforme, dendrómetro.*

denegar. Verbo irregular. Se conjuga como *cerrar* [6].

denegrir. Verbo defectivo. Se conjuga como *abolir.*

denostar. **1.** Verbo irregular. Se conjuga como *acordar* [4]. No es raro, sin embargo, verlo usado como regular: *«Se le denosta»* (Azorín, *Dicho,* 83); *«Unamuno denosta al rey»* (Serrano Poncela, *Unamuno,* 20).
2. Es verbo transitivo *(denostar a alguien);* no es normal *denostar* DE *alguien,* como se ve en este ejemplo: *«Se discuten sus procedimientos [del Premio Planeta] .. y se denosta del editor comerciante»* (F. Martínez Ruiz, *Abc,* 14.10.1978, 26).

dentar. Verbo irregular. Se conjuga como *cerrar* [6]. En este verbo, como en sus compuestos *endentar* y *desdentar,* hay tendencia a usar las formas con diptongo /-dient-/ en toda la flexión (Academia, *Esbozo,* § 2.12.3 nota 23).

denti-, dento-. Formas prefijas del latín *dens: dentífrico, dentolabial.*

dentífrico. Es vulgarismo la forma *dentrífico.*

dentro. **1.** Adverbio de lugar, que significa 'en la parte interior'. Puede ir precedido de diversas preposiciones que denotan primariamente movimiento o aproximación: *de dentro, desde dentro, hacia dentro, hasta dentro, por dentro.* Cuando se trata de la preposición *a,* se escribe *adentro,* como una sola palabra. Por otra parte, *adentro* tiene un valor propio como adverbio; sobre la diferencia entre *dentro* y *adentro,* → ADENTRO.
2. Construcción: *estaba dentro* DE *la cartera* ('en el interior de la cartera'); *terminaré mi novela dentro* DE *un año* ('al término del plazo de un año').
3. Sobre el uso vulgar de *dentro* por *dentro de (dentro la casa, por dentro* DE *la casa),* → DE, 2.
4. No se admite en la lengua normal la construcción *dentro* + adjetivo posesivo, que fue usada por Unamuno: *«El mundo todo, y nuestros prójimos .., están dentro nuestro»* (*Monodiálogos,* 23). Cf. Fernández Ramírez,

§ 121, y Kany, 45, que cita un ejemplo del argentino Güiraldes.

denunciar. Se conjuga, en cuanto al acento, como *cambiar* [1 a].

departamento → APARTAMENTO.

departir. Construcción: *departir* CON *el compañero; departir* DE o SOBRE *la guerra.*

dependencia. Construcción: *dependencia* DE o RESPECTO DE *otro.* Es anormal la construcción con *a: «La independencia del labrador vive de su dependencia a la tierra»* (Halcón, *Campo,* 11).

depender. Construcción: *depender* DE *alguno; depender* DE *las circunstancias.* No es normal *depender* EN *algo* (influjo del inglés *to depend on): «Este uso depende en ciertas similitudes de nuestra experiencia»* (Azúa, trad. Wilson, *Lenguaje,* 25).

dependiente. Como nombre, su femenino es *dependienta: Es dependienta en una joyería.* Como adjetivo, en cambio, es invariable en cuanto al género: *Esta cuestión es dependiente de la anterior.*

deploración. Por italianismo (italiano *deplorazione),* no es infrecuente que los periodistas españoles que trabajan en Italia digan indebidamente *deploración* por *reprobación* o *censura: «La Santa Sede .. ha intervenido varias veces para pedir informaciones y para expresar su deploración» (Vanguardia,* 12.7.1973, 17).

deponer. **1.** Verbo irregular. Se conjuga como *poner* [21].
2. Construcción: *deponer* CONTRA *el acusado; deponer a alguien* DE *su cargo.*

depositar. Construcción: *depositar el dinero* EN *el banco.* No es normal la construcción con *a: depositar confianza* A *alguien: «La confianza que estos le depositaron» (Independiente,* 7.5.1958, 9); o con la preposición *con: «Hemos depositado con dicha Legación esta cantidad»* (cit. Alfaro).

depreciar. Se conjuga, en cuanto al acento, como *cambiar* [1 a].

deque. 'Cuando': → QUE², 5.

derby. Se da este nombre inglés (que designa propiamente una carrera anual de caballos que se celebra en Epsom, Gran Bretaña) a algunas competiciones hípicas importantes.

Es palabra perfectamente admisible dentro del léxico de este deporte. Su género es masculino, *el derby,* y su plural, *derbys.* La Academia españoliza la palabra, en la forma *derbi* (plural *derbis),* para el sentido, también originariamente inglés, de 'encuentro entre dos equipos deportivos de la misma ciudad o de la misma región'.

derecho. **1.** Construcción: *derecho* DE *réplica; derecho* AL *trabajo; derecho* A *vivir* o DE *vivir («Niegan a Bertolai el derecho de haber vivido»,* Menéndez Pidal, *Godos,* 66; *«Tendréis el derecho de despreciarlas»,* Maragall, *Elogios,* 129); *no hay derecho* A *que nos hagan esto.*
2. Es vulgar la confusión entre *derecho* y *obligación: ¡Usted no tiene obligación a decirme eso!* Cf. Casares, *Nuevo concepto,* 250.

derivar. Construcción: *derivar* DE *lo expuesto; derivar* A *otras cuestiones.*

dermato-, dermat-, dermo-, derm-. Formas prefijas del griego *dérma,* 'piel': *dermatólogo, dermatitis, dermitis.* La forma sufija es *-dermo: paquidermo.*

dermis. 'Capa inferior de la piel', nombre técnico de anatomía, es femenino: *la dermis.*

-dero. Sufijo de sustantivos y adjetivos derivados de verbos. En un sustantivo significa 'instrumento', preferentemente en la forma femenina: *prendedero, regadera, lanzadera;* o 'lugar', preferentemente en la forma masculina: *vertedero, matadero.* En la forma femenina plural significa 'capacidad': *entendederas, despachaderas.*
En un adjetivo significa 'posibilidad': *hacedero;* o 'necesidad': *venidero.*

derramar. Construcción: *derramar* EN o POR *el suelo.*

derredor. **1.** *En derredor* equivale a *alrededor,* pero es forma propia de la lengua literaria.
2. Construcción: *en derredor* DE *la casa* (no A *la casa).*

derrengar. Antiguamente era irregular (conjugado como *cerrar* [6]), pero hoy se usa siempre como regular.

derretir. Verbo irregular. Se conjuga como *vestir* [62].

derribar. Construcción: *derribar* DE *la cumbre; derribar* EN o POR *tierra.*

derrocar. 1. Este verbo se usa hoy normalmente como regular, aunque a veces aparece empleado como irregular (conjugación 4, como *acordar*), que fue lo normal hasta el siglo XVII. Ejemplo del uso excepcional moderno de la forma irregular nos lo da Pérez de Ayala: «*El castillete de naipes .. no se derrueca tan presto*» *(Escritos,* 50).
2. Construcción: *derrocar* DE *la cumbre; derrocar* EN O POR *tierra.*

derruir. Verbo irregular. Se conjuga como *huir* [48].

des-. Prefijo que significa 'privación' o 'negación': *deshacer, destripar, desconfianza;* también puede significar 'exceso': *deslenguado, despavorido.*

desabastecer. Verbo irregular. Se conjuga como *agradecer* [11].

desacertar. Verbo irregular. Se conjuga como *cerrar* [6].

desafiar. Se conjuga, en cuanto al acento, como *desviar* [1 c].

desagradecer. Verbo irregular. Se conjuga como *agradecer* [11].

desagradecido. Construcción: *desagradecido* AL *favor; desagradecido* CON O PARA CON *su bienhechor.*

desagraviar. Se conjuga, en cuanto al acento, como *cambiar* [1 a].

desaguar. Se conjuga, en cuanto al acento, como *averiguar* [1 b].

desahogar. Construcción: *desahogarse* CON *alguno; desahogarse* DE *su pena.*

desahuciar. 1. Se conjuga como *cambiar* [1 a]. Por lo que se refiere al grupo /au/, sigue el modelo de *causar* [1 e]: /desáuzio, desáuzias/, etc. En la lengua clásica, sin embargo, se pronunciaba /desaúzio, desaúzias/, etc. (cf. Cuervo, *Diccionario*).
2. Conviene tener cuidado con la ortografía de este verbo y del nombre *desahucio.* Son bastante frecuentes en la prensa, incluso la más «respetable», las grafías *deshauciar, deshaucio* y, algo menos, *desauciar, desaucio.*

desalentar. Verbo irregular. Se conjuga como *cerrar* [6].

desalinear → ALINEAR.

desalojar. Construcción: *desalojar la sala; desalojar a alguno* DEL *puesto.*

desandar. Verbo irregular. Se conjuga como *andar* [5]. Por descuido se olvida a veces la irregularidad: *Desandaron el camino.*

desaparecer. Verbo irregular. Se conjuga como *agradecer* [11].

desapercibido. Pasar *desapercibido* es equivalente de *pasar inadvertido,* y se dice de la persona o cosa cuya presencia no llama la atención o no es observada por nadie: «*Joaquín y Ana procuraban pasar desapercibidos*» (Laforet, *Mujer,* 114); «*Miguel [Hernández] era entonces el autor de 'Perito en lunas', libro .. que había pasado desapercibido*» (Aleixandre, *Encuentros,* 1245); «*Cruzaron una mirada furtiva .. que pasó desapercibida*» (Mendoza, *Ciudad,* 360). Los ejemplos modernos que podría citar de la literatura son innumerables. El simple *desapercibido,* como 'inadvertido', estaba ya en Mesonero en 1862, y *pasar desapercibido,* en Bécquer en 1863. Unamuno, en 1898, escribía: «*Han pasado aquí desapercibidos*», para comentar inmediatamente, en son a la vez de desafío y de profecía: «Ya sé que lo castizo es *inadvertido,* pero me quedo con lo corriente de hoy, castizo de mañana» *(Raza,* 448).
A pesar de ser, como se ve, uso ya añejo y lo suficientemente extendido en la lengua culta para que podamos tenerlo por normal, y de estar además claramente reconocido en varios diccionarios modernos —empezando por Moliner—, todavía hay comentadores que, siguiendo una vieja tradición, lo tachan de incorrecto.
La Academia registra *desapercibido* con la definición «no apercibido», sin señalar a cuál de los sentidos de *apercibir* se refiere, quizá porque quiera referirse a todos en general. Ahora bien, la Academia presenta dos artículos *apercibir.* El primero tiene cuatro acepciones, todas transitivas: 1, «prevenir, disponer, preparar lo necesario para alguna cosa»; 2, «amonestar, advertir»; 3, en derecho, «hacer saber a la persona citada, emplazada o requerida las consecuencias que se seguirán de determinados actos u omisiones suyas»; y 4, en psicología, «percibir algo reconociéndolo o interpretándolo con referencia a lo ya conocido». El segundo artículo *apercibir* de la Academia tiene una única acepción que se da

como transitiva: «percibir, observar, caer en la cuenta», añadiendo que también se usa como pronominal *de*. A la vista de este panorama, se hace muy cuesta arriba pensar que el «no apercibido» con que la Academia define *desapercibido* se pueda referir a *todos* los sentidos que ella despliega para *apercibir.* El uso corriente de *pasar desapercibido* solo podría encajar con el segundo artículo de *apercibir,* el cual, para mayor confusión, precisamente apenas tiene uso actual en esa forma, y sí en la pronominal *apercibirse de.* Pero esta última construcción no es transitiva, y por tanto no puede tener un participio de sentido pasivo como sería el *apercibido* de la definición «no apercibido». En resumen: la postura de la Academia ante la locución *pasar desapercibido* es lo suficientemente imprecisa para que haya hoy críticos del lenguaje que sostengan opiniones opuestas entre sí basándose unos y otros en la misma Academia.

Como he dicho más arriba, la lengua culta ya tiene resuelta la cuestión: *pasar desapercibido* es tan normal como *pasar inadvertido.*

desaprobar. Verbo irregular. Se conjuga como *acordar* [4].

desarraigar. 1. Se conjuga, en cuanto al acento, como *bailar* [1 e].
2. Construcción: *desarraigar* DEL *suelo.*

desasir. 1. Verbo irregular. Se conjuga como *asir* [39].
2. Construcción: *desasirse* DE *las ligaduras.*

desasosegar. Verbo irregular. Se conjuga como *cerrar* [6].

desatar. Construcción: *desatarse* DE *todos los vínculos; desatarse* EN *improperios.*

desatender. Verbo irregular. Se conjuga como *entender* [14].

desauciar. → DESAHUCIAR.

desayunar. Este verbo puede funcionar como transitivo *(He desayunado un café con tostadas)* o como intransitivo *(Todavía no he desayunado).* Tanto transitivo como intransitivo, puede presentarse en forma pronominal: *Me he desayunado un café; Me he desayunado con un café; Todavía no me he desayunado.* Este uso pronominal (especialmente intransitivo) es raro en España; no lo es, en cambio, en América (Steel, *Americanismos,* 192).

El uso intransitivo —pronominal o no— puede expresar el objeto del desayuno por medio de un complemento con la preposición *con: «Desayuna con ajiaceite»* (Cela, *Mazurca,* 208); *«Se desayuna con un par de ajos»* (Berlanga, *Acá,* 29).

descalabrar. 'Herir en la cabeza'; figuradamente, 'causar grave perjuicio'. Puede decirse igualmente *descalabrar («La pedrea diluviaba sobre sus desprevenidas cabezas, obligándoles a correr o a tirarse por tierra para no morir descalabrados»,* Alberti, *Arboleda,* 41) o *escalabrar («¡Me ha escalabrado ese animal!»,* Arniches, *Diosa,* 1113); pero la segunda forma es de nivel más popular.

descambiar. 1. Se conjuga, en cuanto al acento, como *cambiar* [1 a].
2. Es impropiedad popular usarlo por *cambiar: Tengo que descambiar este billete. Descambiar* significa 'destrocar, deshacer el cambio'; es decir, lo contrario de *cambiar.*

descansar. Construcción: *descansar* DE *la fatiga; descansar el padre* EN *los hijos; la cúpula descansa* SOBRE *columnas.*

descargar. Construcción: *descargar su ira* SOBRE *alguien; descargarse* DE *un peso.*

descarriar. Se conjuga, en cuanto al acento, como *desviar* [1 c].

descender. 1. Verbo irregular. Se conjuga como *entender* [14].
2. Construcción: *descender* AL *valle; descender* DE *buen linaje; descender* EN *el favor del público; descender* DE *categoría.*

desceñir. Verbo irregular. Se conjuga como *reñir* [58].

descodificar. 'Aplicar inversamente a un mensaje codificado las reglas de su código para obtener la forma primitiva del mensaje'. Puede decirse también *decodificar.* Una y otra forma, que corresponden al francés *décoder* y al inglés *decode,* son registradas por la Academia. El nombre de acción es *descodificación* o *decodificación* (no *decodaje,* como dicen algunos lingüistas). También pueden usarse como verbo *descifrar* y como nombre *desciframiento.*

descolgar. 1. Verbo irregular. Se conjuga como *acordar* [4].

2. Construcción: *descolgarse* DEL *balcón; descolgarse* POR *la pared; descolgarse* CON *una noticia.*

descollar. 1. Verbo irregular. Se conjuga como *acordar* [4]. Hay cierta tendencia se-miculta a usar este verbo como regular: *«Umbral descolla por encima de su propia vanidad»* (P. J. Ramírez, *Diario 16,* 6.6.1988, 3); *«Esta ciudad .. descolla con fuerza propia»* (J. García Sánchez, *País,* 8.8.1991, 9).
2. Construcción: *descollar* ENTRE O SO-BRE *los otros.*

descomponer. Verbo irregular. Se conjuga como *poner* [21].

desconcertar. Verbo irregular. Se conjuga como *cerrar* [6].

desconfiar. Se conjuga, en cuanto al acento, como *desviar* [1 c].
2. Construcción: *desconfiar* DE *una persona* O DE *una cosa.*

desconocer. Verbo irregular. Se conjuga como *agradecer* [11].

desconsolar. Verbo irregular. Se conjuga como *acordar* [4].

descontado. *Por descontado,* locución adverbial, 'por supuesto, sin duda alguna'. También puede decirse *por de contado;* pero es mucho más usual la primera forma, pese a que la Academia durante largos años solo ha reconocido la segunda.

descontar. 1. Verbo irregular. Se conjuga como *acordar* [4].
2. Construcción: *descontar una cantidad* DE *otra.*

descontento. Construcción: *descontento* CON *su suerte; descontento* DE *sí mismo.*

descornar. Verbo irregular. Se conjuga como *acordar* [4]. También puede decirse *escornar,* en un nivel más popular, aunque no lo registre la Academia.

describir. Verbo irregular. Se conjuga como *escribir* [46].

descubrir. Verbo irregular. Se conjuga como *abrir* [37].

descuidar. Construcción: *descuidar su obligación; descuidarse* EN O DE *su obligación.*

desde. 1. Preposición que denota:
a) En el tiempo: punto en que ha de empezar a contar una cosa: *desde el mes pasado hasta hoy.*
b) En el espacio: punto en que se origina una distancia: *desde la plaza hasta mi casa.* Puede emplearse en sentido figurado: *desde el primero hasta el último.*
2. *Desde que. a)* Conjunción temporal que significa 'a partir del tiempo en que'.
b) En varios países de Hispanoamérica, sobre todo en la Argentina, se usa como conjunción causal, con el sentido de 'ya que', 'puesto que'. Puede deberse a portuguesismo (portugués *desde que,* 'desde que' y 'puesto que') o a galicismo (francés *dès que;* cf. inglés *since,* 'desde que' y 'puesto que'). Hasta en un purista argentino encontramos: *«Desde que será raro dar, en nuestra época, con escuela, colegio o universidad que no pueda ser franqueada por la mujer, ¿por qué negarle tan legítima designación?»* (Selva, *Guía,* 15). Como se trata de un uso poco extendido en la lengua culta y limitado a unas pocas regiones —principalmente en el Río de la Plata—, debe evitarse este *desde que* causal, empleando alguna de las conjunciones, nada escasas, que posee la lengua general: *ya que, puesto que, como, siendo así que, pues, pues que, si.*
3. *Desde ya:* → YA, 1.

desdecir. 1. Verbo irregular. Se conjuga como *decir* [42]. Pero el imperativo es *desdice* (no *desdí),* y en futuro y potencial, al lado de *desdiré, desdiría,* no es raro encontrar *desdeciré, desdeciría* (cf. Academia, *Esbozo,* § 2.12.5).
2. Construcción: *desdecirse* DE *su promesa.*

desdentar → DENTAR.

desdichado. Construcción: *desdichado* DE *mí,* DE *ti,* DEL *que nace con mala estrella.*

desear. *Desear de* + infinitivo: → DE, 4.

deseguida → SEGUIDA.

desembarazar. Construcción: *desembarazarse* DE *estorbos.*

desembarcar. Construcción: *desembarcar* DE *la nave; desembarcar* EN *el puerto.*

desembocar. Construcción: *desembocar* EN *el mar.*

desemejante. Construcción: *desemejante* DE *los otros.*

desempeñar → DETENTAR.

desengañar. Construcción: *desengañarse* DE *las amistades.*

desentenderse. **1.** Verbo irregular. Se conjuga como *entender* [14]. **2.** Construcción: *desentenderse* DE *la familia; desentenderse* DE *sus obligaciones.*

desenterrar. **1.** Verbo irregular. Se conjuga como *cerrar* [6]. **2.** Construcción: *desenterrar* DEL *polvo.*

desentumecer. Verbo irregular. Se conjuga como *agradecer* [11].

desenvolver. Verbo irregular. Se conjuga como *volver* [35].

desertar. Construcción: *desertar* AL *campo contrario; desertar* DE *sus banderas.*

desesperar. Construcción: *desesperar* DE *alcanzarlo.*

desestimiento → DESISTIMIENTO.

desfallecer. Verbo irregular. Se conjuga como *agradecer* [11].

desfenestración, desfenestrar → DEFENESTRAR.

desforestación, desforestar → DEFORESTACIÓN.

desformar → DEFORMAR.

desgaste. 'Consunción natural por el uso'. Es impropiedad de algunos médicos emplear, en lugar de esta palabra, *usura,* mala traducción del francés *usure* (Laín, *Lenguaje,* 41). Fuera de este ámbito utilizó *usura* por *desgaste* Ortega: *«Ha sido preciso que la música de Wagner deje de ser nueva .., que sus óperas se hayan convertido bajo la usura del tiempo en unos tristes pedagógicos paisajes de tratado de Geología» (Espectador,* III, 17). Más modernamente, Benet: *«Todas las ofensivas .. se traducirán, por deseo expreso del Mando, en batallas de usura, en ataques frontales con que desgastar los cuadros» (Volverás,* 65).

desgobernar. Verbo irregular. Se conjuga como *cerrar* [6].

desgraciar. Se conjuga, en cuanto al acento, como *cambiar* [1 c].

desguarnecer. Verbo irregular. Se conjuga como *agradecer* [11].

deshacer. **1.** Verbo irregular. Se conjuga como *hacer* [16]. **2.** Construcción: *deshacerse* DEL *enemigo; deshacerse* EN *llanto.*

deshauciar → DESAHUCIAR.

deshelar. Verbo irregular. Se conjuga como *cerrar* [6].

deshuesar → DESOSAR.

desiderata. **1.** 'Lista de objetos cuya adquisición se propone (especialmente libros en las bibliotecas)'. Es nombre femenino, *la desiderata.* **2.** Como plural de *desiderátum,* → DESIDERÁTUM.

desiderátum. Palabra latina que significa literalmente 'lo deseado'. Se usa como sinónimo de *aspiración* o *ideal.* El plural, poco usado, es el latino, *los desiderata: «Una vida standard, compuesta de* desiderata *comunes a todos»* (Ortega, *Rebelión,* 31); *«Lo contrario .. de los* desiderata *sociales son los jubilados»* (A. Gala, *País,* Supl., 8.10.1978). También, como dice la Academia *(Esbozo,* § 2.3.2), puede quedar invariable, *los desiderátum.*

desistimiento. La acción de desistir se llama *desistimiento;* no *desestimiento,* como con cierta frecuencia se lee y oye: *«Tampoco se admitirán los desestimientos de tomar parte en el concurso» (BOE,* 27.1.1973, 1538).

desistir. Construcción: *desistir* DEL *intento.*

desleal. Construcción: *desleal* A *su patria; desleal* CON O PARA CON *sus amigos.*

desleír. Verbo irregular. Se conjuga como *reír* [57].

deslenguar. Se conjuga, en cuanto al acento, como *averiguar* [1 b].

desliar. Se conjuga, en cuanto al acento, como *desviar* [1 c].

deslizar. Construcción: *deslizarse* AL O EN *el vicio; deslizarse* POR *la pendiente.*

deslucir. Verbo irregular. Se conjuga como *lucir* [51].

desmembrar. Verbo irregular. Se conjuga

como *cerrar* [6]. El uso de este verbo como regular (*«Una gran Paz que se desmembra»*, Manzano, trad. Eco, *Edad Media*, 13) era censurado por Cuervo (*Apuntaciones*, § 263); pero hoy se usa por lo menos tanto como el irregular.

desmentida. 'Acción y efecto de desmentir'. Con el mismo sentido pueden usarse *mentís* y *desmentido*, aunque este último sea de importación más reciente (francés *démenti*). Las tres palabras están recogidas por la Academia.

desmentir. Verbo irregular. Se conjuga como *sentir* [60].

desmerecer. Verbo irregular. Se conjuga como *agradecer* [11].

desobedecer. Verbo irregular. Se conjuga como *agradecer* [11].

desoír. Verbo irregular. Se conjuga como *oír* [54].

desolar. Verbo irregular. Se conjuga como *acordar* [4]. De este verbo se emplea casi exclusivamente el participio (cf. Academia, *Esbozo*, § 2.12.3).

desoldar. Verbo irregular. Se conjuga como *acordar* [4].

desollar. Verbo irregular. Se conjuga como *acordar* [4].

desosar. Verbo irregular. Se conjuga como *acordar* [4], poniendo *h* delante del diptongo *ue* cuando este se presenta; así, el presente de indicativo: *deshueso, deshuesas, deshuesa, desosamos, desosáis, deshuesan*. Existe también el verbo *deshuesar*, con el mismo significado y de uso mucho más frecuente.

despabilar. Los sentidos principales de este verbo son 'acabar de despertar (a alguien)' y 'quitar la torpeza o la excesiva ingenuidad'. Se usa con frecuencia en la forma pronominal, *despabilarse* ('terminar de despertarse' y 'despojarse de la torpeza o la ingenuidad'). Existe también *espabilar* (y *espabilarse)*, que, según la Academia, es sinónimo perfecto de *despabilar.* La lengua hablada tiende a usar más la forma con *e-*.

despacio. El sentido de este adverbio es 'poco a poco, lentamente'. Es vulgarismo usar *despacio* con el sentido de 'en voz baja': *No le oigo porque habla despacio;* o 'sin fuerza, sin violencia': *Cierre despacio.*

despavorir. Verbo defectivo. Solo se conjuga en aquellas personas cuyas desinencias comienzan por *i.* En realidad apenas se usa más que en participio.

despedir. 1. Verbo irregular. Se conjuga como *vestir* [62].
   2. Construcción: *despedirse* DE *los amigos.*

despegar. Construcción: *despegar una cosa* DE *otra.*

despensa. 'Provisión de comestibles' o 'habitación en que se guardan'. Es vulgarismo decir *dispensa* con ese sentido; *dispensa* es solo 'acción de dispensar o eximir'.

despeñar. Construcción: *despeñarse* AL o EN *el mar; despeñarse* DE *un vicio* EN *otro; despeñarse* POR *la cuesta.*

desperdiciar. Se conjuga, en cuanto al acento, como *cambiar* [1 a].

despertar. 1. Verbo irregular. Se conjuga como *cerrar* [6].
   2. Construcción: *despertar* DE *un sueño.*

despezar. Verbo irregular. Se conjuga como *cerrar* [6]. Es verbo de uso raro, desplazado casi siempre por el regular *despiezar,* sinónimo suyo.

despistaje. Adaptación innecesaria del francés *dépistage,* usada entre los médicos por *detección* (*«Las grandes campañas de despistaje del cáncer gástrico en Japón»*, M. G. Barón, *Abc*, 16.9.1984, 52). Cf. Laín, *Lenguaje*, 42.

desplacer. Verbo irregular. Se conjuga como *agradecer* [11].

desplegar. Verbo irregular. Se conjuga como *cerrar* [6]. Sin embargo, se usa también como regular (cf. Academia, *Esbozo*, § 2.12.3): *«El gusto y esmero especial que desplegan los franceses para obsequiar»* (Pardo Bazán, *Viaje*, 129); *«La paciencia que desplegan»* (F. Díaz-Plaja, *País*, 14.4.1978, 6).

despoblar. Verbo irregular. Se conjuga como *acordar* [4].

despojar. 1. Construcción: *despojar* DE *sus bienes a alguien.*
   2. En el sentido de 'examinar (textos) extrayendo noticias o datos', es un galicismo —del francés *dépouiller*— muy expresivo, y por tanto útil: *«En estos últimos años*

M. Charles H. Pouthas ha tomado sobre sí la fatigosa tarea de despojar los archivos de Guizot» (Ortega, *Rebelión,* 22).

desposeer. 1. Verbo irregular. Se conjuga como *leer* [17].
2. Construcción: *desposeer* DE *sus bienes.*

despreciar. Se conjuga, en cuanto al acento, como *cambiar* [1 a].

desprender. Construcción: *desprenderse* DEL *techo; desprenderse* DE *sus propiedades.*

desprestigiar. Se conjuga, en cuanto al acento, como *cambiar* [1 a].

desproveer. Verbo irregular. Se conjuga como *proveer* [22].

después. 1. Adverbio de tiempo, de lugar o de orden, que expresa posterioridad. Puede ir seguido de la preposición *de,* formando la locución prepositiva *después de: después de la fiesta, después de cenar.*
2. Con la conjunción *que* (precedida o no de la misma preposición *de),* forma las locuciones conjuntivas *después que* y *después de que: Después que supo la noticia, no volvió a escribirnos; Lo terminaré después de que todos se hayan marchado.* Las dos son igualmente válidas.
3. *Después de que* + subjuntivo, refiriéndose a hechos reales, es construcción calcada del inglés: *Cuatro personas resultaron heridas después de que estallara un artefacto explosivo.* En español se dice *después de* + infinitivo, o *cuando* + indicativo: *después de estallar,* o *cuando estalló.*
4. Correspondencia entre *después de* y *tras:* → TRAS.

desquiciar. Se conjuga, en cuanto al acento, como *cambiar* [1 a].

desquitar. Construcción: *desquitarse* DE *la pérdida.*

destacar. Construcción: *la chica destaca* SOBRE *todos sus compañeros; su figura destaca,* o *se destaca,* ENTRE *las de sus contemporáneos; el ciclista se destaca* DEL *pelotón.*

desteñir. Verbo irregular. Se conjuga como *reñir* [58].

desternillarse. 1. Construcción: *desternillarse* DE *risa.*
2. Es vulgarismo decir *destornillarse* de

risa. El que ríe, por muy fuerte que lo haga, no podría romperse los *tornillos,* que no forman parte del cuerpo humano, sino las *ternillas* o cartílagos.

desterrar. 1. Verbo irregular. Se conjuga como *cerrar* [6].
2. Construcción: *desterrar a uno* A *una isla; desterrar a uno* DE *su patria.*

destinar. Construcción: *destinar a uno* A *trabajar.*

destituir. 1. Verbo irregular. Se conjuga como *huir* [48].
2. Construcción: *destituir a alguien* DE *un cargo.*

destornillarse → DESTERNILLARSE.

destructor. Como nombre masculino, 'cierto buque de guerra'. No es necesario usar el nombre inglés *destroyer.*

destruir. Verbo irregular. Se conjuga como *huir* [48].

desvaír. Verbo defectivo. Se conjuga como *abolir.* En las formas a las que corresponden los formantes *-ió, -ieron, -iera, -iendo,* etc., la *i* se sustituye por *y* (como en *huir): desvayó, desvayendo.*

desvanecer. Verbo irregular. Se conjuga como *agradecer* [11].

desvariar. Se conjuga, en cuanto al acento, como *desviar* [1 c].

desvastar → DEVASTAR.

desvelador, desvelamiento, desvelar → DEVELAR.

desvergonzarse. 1. Verbo irregular. Se conjuga como *acordar* [4].
2. Construcción: *desvergonzarse* CON *alguno.*

desvestir. Verbo irregular. Se conjuga como *vestir* [62].

desviar. 1. En su conjugación, se acentúa la *i* en las siguientes formas: Modo indicativo: presente (todo el singular y tercera persona del plural). Modo subjuntivo: presente (todo el singular y tercera persona del plural). Imperativo (segunda persona del singular, tercera del singular y del plural). En todas las restantes formas, esa *i* es átona, pero no forma diptongo con la vocal que le sigue: *desviamos* /desbi-ámos/, *desviaba* /desbi-

---

CONJUGACIÓN DEL VERBO «DESVIAR»

(tiempos presentes)

INDICATIVO

Pres. desvío, desvías, desvía, desviamos, desviáis, desvían.

SUBJUNTIVO

Pres. desvíe, desvíes, desvíe, desviemos, desviéis, desvíen.

IMPERATIVO

desvía, desvíe, desviad, desvíen.

-*ába*/, *desviando* /desbi-ándo/, *desviéis* /desbi-éis/. (Véase cuadro.)
2. Construcción: *desviarse* DEL *camino*.

desvirtuar. Se conjuga, en cuanto al acento, como *actuar* [1 d].

desvivirse. Construcción: *desvivirse* POR *conseguir el puesto; se desvivieron* POR *atenderme; se desvivieron conmigo*.

detección → DESPISTAJE.

detener. 1. Verbo irregular. Se conjuga como *tener* [31].
2. Construcción: *detenerse* A *comer; detenerse* CON o EN *los obstáculos*.

detentar. 'Retener sin derecho' (una cosa). Es error grave usar este verbo por *tener en su poder* o *en sus manos, disponer de, ocupar* o *desempeñar*. Se puede decir que *un dictador detenta el poder*, pero no que *un boxeador detenta un título* ni que *los tribunales detentan la administración de la justicia*. Ya en 1893 censuraba Clarín este pasaje de Cánovas: «*Más que reprensible aún, sería innecesario .. que detentase hoy esa cátedra con fines personales de ningún género*» (Alas, *Palique*, 308).

détente → DISTENSIÓN.

determinar. Construcción: *determinarse* A *partir*. Pero *determinación* DE *partir*.

detraer. Verbo irregular. Se conjuga como *traer* [32].

detrás. 1. Adverbio de lugar que significa «en la parte posterior, o con posterioridad de lugar, o en sitio delante del cual está una persona o cosa» (Academia). En sentido figurado, puede referirse a tiempo. Seguido de la preposición *de*, forma la locución prepositiva *detrás de: Déjalo detrás de la puerta*; «*Tal como me sucedieron: unos detrás de los otros*» (Cela, *Lazarillo*, 23). No se admite como normal la construcción *detrás* + adjetivo posesivo: «*Quien las pronunció [las palabras] tiene detrás suyo un pasado*» (J. Tusell, *Abc*, 3.8.1978, 3); «*Dejamos detrás nuestras los dos tercios del puerto*» (Campión, *Narraciones*, 20).
2. Diferencia entre *detrás* y *atrás*: → ATRÁS, 4 y 5.
3. *Detrás de* y *tras*: → TRAS.

detrito. 'Resultado de la descomposición de una masa sólida en partículas'. Es preferible usar la forma *detrito* (cuyo plural es normal, *detritos*) a la latina *detritus* (que se usa, sin variación, también como plural). Usó bien *detrito* Unamuno: «*¡Nebulosidades! De ellas baja la lluvia fecundante, ellas llevan a que se sedimente en el valle el detrito de la roca*» (*Casticismo*, 36).

Detroit. El nombre de esta ciudad de Estados Unidos se pronuncia entre nosotros /detróit/. No debe imitarse a los locutores que piensan que debe pronunciarse como francés, /detruá/.

deudor. Construcción: *deudor* A o DE *la Hacienda; deudor* EN o POR *muchos miles*.

deutero-, deuter-, deuto-. Formas prefijas del griego *deúteros*, 'segundo': *Deuteronomio, deutóxido*.

Deva. La ciudad guipuzcoana que en vascuence se escribe con la grafía *Deba* tiene en castellano la forma *Deva,* y es esta la que debe usarse cuando se escribe en español.

devaluar. Se conjuga, en cuanto al acento, como *actuar* [1 d].

devastar. 'Destruir o arrasar'. Evítese la forma *desvastar.*

develar. 'Revelar' o 'descubrir, dejar ver'. Este verbo, de uso principalmente literario, y que es un galicismo (francés *dévoiler),* ha sido acogido por la Academia, así como el uso equivalente de *desvelar (desvelar una incógnita),* de aceptación mucho más amplia que *develar.* Ejemplos: *«Cuando la escritura devele el indefinido secreto de los tiempos prehistóricos»* (Romero, *Historia,* 19); *«Es entonces cuando el clásico nos devela su mejor armonía»* (Zamora, *Presencia,* 9); *«Trató de airear la imagen de España para desvelar tópicos y desarmar caricaturas»* (G. Gómez de la Serna, *Abc,* 19.10.1962, 3). Los derivados respectivos son *develador, develamiento* y *desvelador, desvelamiento.*

devenir. **1.** Verbo irregular. Se conjuga como *venir* [61].
2. La construcción normal de este verbo, que significa 'hacerse', es con predicativo y sin preposición: *«Sacudía temblorosamente la palabra madre, y los más helados corazones devenían incandescentes»* (Jarnés, *Castelar,* 20). Pero existe también una construcción con *en,* por analogía con el verbo *convertirse: «Muchos de mis recuerdos se han desdibujado al evocarlos, han devenido en polvo como un cristal irremediablemente herido»* (Neruda, *Confieso,* 9).

devolver. **1.** Verbo irregular. Se conjuga como *volver* [35].
2. Es uso americano *devolverse* por *volverse* o *volver: «Salieron algunas gentes .. y como no viesen nada, se devolvieron a sus lechos»* (Azócar, cit. Kany, 189).

devoto. Construcción: *devoto* DE *San Andrés.*

dexio-. Forma prefija del griego *dexiós,* 'diestro, derecho': *dexiocardia.*

dextro-. Forma prefija del latín *dexter,* 'diestro, derecho': *dextrógiro.*

di-. **1.** Prefijo latino que significa oposición o contrariedad: *disentir;* separación u origen: *dimanar, difundir.*

2. Prefijo griego que significa 'dos': *díptero.*
3. → DIA-.

día. **1.** *Los otros días.* Uso propio del Río de la Plata, que corresponde al normal general *el otro día: «Los otros días .. le dejé entrever la posibilidad de que tú vinieras a la capital»* (Bellán [Uruguay], cit. Kany, 12). También en la región caribe.
2. *Los medios días* se usa en Costa Rica frente al normal *el mediodía* (Kany, 12).
3. *Medio día:* → MEDIODÍA.

dia-, di-. Prefijo griego que significa separación: *diacrítico;* 'a través de', 'entre': *diálogo;* 'con': *dialtea.*

diabetes. 'Cierta enfermedad'. Es nombre femenino: *la diabetes.* Es errónea la forma *diabetis,* que ha tomado la terminación *-is* por analogía con otros nombres de enfermedades: *conjuntivitis, otitis, faringitis,* etc. Evítese también la acentuación *diábetes,* que se oye en Venezuela.

diablo. El femenino de este nombre es *diabla* o *diablesa: «poner en fuga a las diablesas malas»* (Darío, *Argentina,* 827).

diácono. El femenino de este nombre es *diaconisa.*

diali-. Forma prefija del griego *dialyo,* 'disolver': *dialipétalo.*

diálisis. En química, 'separación de los coloides y cristaloides cuando están juntamente disueltos'. Es nombre femenino, y su acentuación es esdrújula. Es errónea, pues, decir *dialisis.*

diario. En el habla popular de Bolivia, Colombia, Perú, América Central, Méjico, Puerto Rico y otros países se usa *diario* por *a diario: Ahí lo veo pasar diario; Diario va a la finca* (Kany, 274).

diástole. 'Movimiento de dilatación del corazón'. Es nombre femenino: *la diástole.*

dibujante. El femenino de este nombre es *dibujanta: «Dibujanta para catálogos, precisa Jerson, S. A.» (Vanguardia,* 5.9.1974, 69). Sin embargo, también se usa la forma *dibujante,* sin variación.

dico-. Forma prefija del griego *dícha,* 'en dos partes': *dicotomía.*

dictar. Sería conveniente evitar el uso, frecuente en algunos países americanos, de los cuales ha venido a España, del verbo *dictar* referido a *curso, clase, lección* o *conferencia.* *Dictar* es propiamente 'decir (algo) con las pausas necesarias para que otros lo escriban' o 'imponer (una ley o un precepto)'. El uso adecuado es *dar un curso, dar* o *explicar una clase, una lección,* y *dar* o *pronunciar una conferencia.*

dieci-. **1.** *Dieciséis, diecisiete, dieciocho, diecinueve* pueden escribirse también *diez y seis, diez y siete, diez y ocho, diez y nueve* (con igual pronunciación, es decir, manteniendo átono el elemento /diez/); pero esta grafía en tres palabras es hoy rara. (→ NUMERALES.) **2.** *Dieciocho* se pronuncia sin hacer diptongo /io/: /diezi.ócho/.

DIÉRESIS. **1.** La diéresis (¨) es un signo ortográfico que se escribe obligatoriamente sobre la letra *u* en las combinaciones *gue, gui* cuando en ellas tiene que pronunciarse dicha vocal; por ejemplo, en *vergüenza, pingüino, apacigüe.* **2.** En poesía, se suele escribir la diéresis, aunque no en forma obligatoria, sobre la primera vocal (cerrada) de un diptongo para indicar que este no debe leerse como tal, sino como hiato, con el fin de dar al verso una sílaba más; así, *fïel,* que se leerá /fi-él/; *süeño,* que se leerá /su-é-ño/.

diestro. **1.** Construcción: *diestro* EN *la esgrima.* **2.** El superlativo de este adjetivo puede ser *destrísimo* y *diestrísimo.* La primera es la forma más culta; la segunda, la más generalizada.

diez. **1.** *Diez y seis, diez y siete, diez y ocho, diez y nueve:* → DIECI-. **2.** *Diez,* usado como ordinal: → DÉCIMO.

difamar. 'Desacreditar'. La forma *disfamar* es vulgarismo, aunque figure en el *Diccionario* de la Academia. Lo mismo hay que decir de los derivados *disfamación, disfamador, disfamatorio,* rechazados por el uso normal en favor de las formas con *di-.*

diferencia. Construcción: *diferencia* DE *uno* A *otro* o ENTRE *uno y otro; a diferencia* DEL *año pasado* (no QUE *el año pasado).* Se dice *con la diferencia* DE *que,* no *con la diferencia que* («*Son visitantes los dos, el cura y él, con la diferencia que el otro, cuando ter-*

mine la novena, tendrá a dónde volver», Benedetto, *Caballo,* 33).

diferenciar. **1.** Se conjuga, en cuanto al acento, como *cambiar* [1 a]. **2.** Construcción: *diferenciarse uno* DE *otro; diferenciarse ambos* ENTRE *sí.*

diferente. Construcción: *diferente* DE *los demás* o A *los demás.* El uso de *a* es más raro en la lengua culta.

diferir. **1.** Verbo irregular. Se conjuga como *sentir* [60]. **2.** Construcción: *diferir algo* A o PARA *otro momento; diferir* DE *hoy* A *mañana; diferir* DE *Juan; diferir* EN *opiniones; diferir* ENTRE *sí.* **3.** Confusión con *deferir:* → DEFERIR.

difícil. Construcción: *difícil* DE *explicar.*

dificultad → PROBLEMA.

digerir. Verbo irregular. Se conjuga como *sentir* [60].

digiti-. Forma prefija del latín *digitus,* 'dedo': *digitígrado.*

dignarse. El uso normal de este verbo hoy es como transitivo, llevando como complemento un infinitivo: *No se dignó contestarnos.* No debe haber preposición intermedia: *dignarse* DE y *dignarse* A son anticuados (Cuervo, *Diccionario);* hoy son vulgarismos, lo mismo que *dignarse* EN: «*Si los hombres de formación estrictamente científica se dignaran en parar mientes en esas fantasmagorías»* (Unamuno, *Raza,* 360); «*La incuria del español no se digna siquiera a remozarla ni a protegerla* [la obra de arte]» (Ferrer-Vidal, *Duero,* 207).

digresión. 'Tema que se trata apartándose del hilo del discurso'. La forma *disgresión* es vulgarismo.

diletante. 'Persona que cultiva un arte o una ciencia careciendo de la preparación necesaria'. Es voz tomada del italiano *dilettante* (plural *dilettanti).* No debe usarse la forma italiana, sino su adaptación española, acogida por la Academia, y que tiene como plural *diletantes:* «*Un mal entendido esteticismo de diletantes —generalmente sin imaginación— hace algo peor todavía que los pedagogos profesionales»* (Bergamín, *Fronteras,* 27). Es nombre masculino y femenino *(el diletante* y *la diletante).* No es admisible el plural hispanoitaliano —ni italiano ni español— *diletantis,* que usó, por ejemplo, Baroja: *«Diletantis del asesinato» (Románticos,* 80), y que corresponde a un falso singular *diletanti.* Existe también el nombre abstracto *diletantismo* (en italiano, *dilettantismo).*

diligenciar. Se conjuga, en cuanto al acento, como *cambiar* [1 a].

diluir. Verbo irregular. Se conjuga como *huir* [48].

diluviar. Se conjuga, en cuanto al acento, como *cambiar* [1 a].

dimanar. Construcción: *dimanar una cosa* DE *otra.*

diminutivo. '(Palabra o sufijo) que expresa menor tamaño o cuantía'. Adjetivo, también nombre masculino. La forma *disminutivo* (hecha por influjo de *disminuir)* es vulgarismo.

dimitir. Construcción: *dimitir* DE *su cargo.* También se construye como transitivo: *dimitir el cargo.* Pero es anormal el uso, hoy bastante frecuente, del verbo *dimitir* con complemento directo de persona: *Le han dimitido; «A un empleado lo despiden; a un directivo lo dimiten»* (Perich, *Autopista,* 133). Debe decirse *Le han hecho dimitir* (a no ser que sea un eufemismo, como en el segundo ejemplo; en ese caso se quiere decir *Le han destituido).*

dinamo. 'Máquina que transforma la energía mecánica en eléctrica'. Se dan como igualmente válidas las formas *dinamo* (grave) y *dínamo* (esdrújula), pero el uso general y la Academia dan preferencia a la primera forma. El género es femenino: *la dinamo.* Sin embargo, *el dínamo* se oye en algunos países americanos, como Argentina y Cuba.

dino-. Forma prefija del griego *deinós* 'terrible': *dinosaurio, dinoterio.*

dintel → UMBRAL.

Diomedes. Nombre de dos personajes legendarios griegos. La forma correcta de acentuación no es esdrújula, /diómedes/, sino llana, /diomédes/.

Dionisos. La buena transcripción del nombre griego del dios Baco es *Dioniso* (Fernández Galiano).

dioptría. 'Unidad de medida usada por los oculistas'. Es errónea la pronunciación /diotría/.

Dios. *A Dios:* → ADIÓS.

Dioscuros. Los mitológicos Cástor y Pólux se llaman *Dioscuros* (palabra llana) o *Dióscuros* (palabra esdrújula). Es preferible la primera forma.

diplo-. Forma prefija del griego *diplóos,* 'doble': *diplopía.*

diplómata. Galicismo usado en algunos países americanos por *diplomático.* Ya era censurado por Cuervo *(Apuntaciones,* § 1003). Cf. Rosenblat, *Palabras,* III, 228. Con otro valor, el de *diplomatista* ('especialista en diplomática o estudio científico de diplomas y documentos'), lo usó en España Cossío, refiriéndose a un manuscrito del siglo X: *«Etimólogos y diplómatas pueden discutirla [su interpretación]» (Montaña,* 159).

dipso-. Forma prefija del griego *dípsa,* 'sed': *dipsomanía.*

diputado. **1.** Construcción: *diputado* AL o EN *el Congreso; diputado* POR *Burgos.* **2.** El femenino de este nombre es *diputada,* no *diputado* ni *mujer diputado.*

dirección. Construcción: *en dirección* AL *colegio; en la dirección* DE *la luz.*

directiva → DIRECTRIZ.

director. **1.** El femenino de *director* es *directora.* No tiene razón de ser el decir *la director de cine* ni *la director general.* **2.** *Director* también puede ser adjetivo: *principio director.* Su forma femenina es *directriz: norma directriz.* Esta forma femenina se usa como sustantivo, *la directriz,* en geometría y, fuera de ella, se emplea con el sentido de 'norma fundamental'. Algunos usan erróneamente *directriz* como adjetivo unido a un nombre masculino (por *director): «principio directriz»* (Gimbernat, trad. Henkel, *Derecho,* 543), *«contenido directriz» (ibíd.,* 581), *«punto directriz» (ibíd.,* 605).

directriz. **1.** En el lenguaje administrativo de la Comunidad Europea, en su versión española, se ha instalado oficialmente la voz *directiva* (tomada del francés, *directive),* con el sentido preciso de 'instrucción dirigida a los Estados miembros sobre un determinado asunto'. Fuera de este caso, en español se prefiere *directriz.* **2.** → DIRECTOR, 2.

dirigir. Construcción: *dirigir algo* A o HA-

CONJUGACIÓN DEL VERBO «DISCERNIR»

(tiempos irregulares)

INDICATIVO

Pres. discierno, disciernes, discierne, discernimos, discernís, disciernen.

SUBJUNTIVO

Pres. discierna, disciernas, discierna, discernamos, discernáis, disciernan.

IMPERATIVO

discierne, discierna, discernid, disciernan.

CIA *un sitio; dirigir a otro* EN *una actividad; dirigir* POR *un atajo; dirigirse* A *una persona; dirigirse* A *la casa.*

dis-. 1. Prefijo latino que significa negación o contrariedad: *discordancia, disculpar;* o separación: *distraer.* **2.** Prefijo griego que significa 'malo o difícil': *disfagia, disnea.*

discernir. 1. Verbo irregular. (Véase cuadro.) **2.** Construcción: *discernir una cosa* DE *otra.*

disc-jockey → PINCHADISCOS.

discordar. Verbo irregular. Se conjuga como *acordar* [4].

discreción. 'Sensatez, tacto'. En la terminación de esta palabra hay una sola *c;* por tanto, es erróneo pronunciar /diskrekzión/ y escribir *discrección.* La misma observación vale para el nombre *indiscreción,* 'falta de discreción', y para el adjetivo derivado *discrecional* (no *discreccional),* 'que se hace libre y prudencialmente'.

discrepar. Construcción: *discrepar* DE *una opinión; discrepar* DE *alguien* EN *un punto.*

disculpa. ¿*Pedir disculpas,* o *presentar* (u *ofrecer) disculpas?* Un personaje de Sampedro se expresa así: «*Le ruego acepte mis disculpas. Ahora se usa 'pedir disculpas' en vez de presentarlas; ¡estamos destrozando la lengua de nuestros mayores!*» (*Octubre,* 59). En realidad, las dos fórmulas, *pedir disculpas* y *presentar disculpas* son igualmente aceptables: el que *pide disculpas* desea

el otro *le disculpe;* el que *las presenta,* desea que se le acepte el hecho de *disculparse.* Lo mismo vale para *pedir excusas* y *presentar* (u *ofrecer) excusas.*

disculpar. Construcción: *disculpar a alguien* CON *su padre; disculpar,* o *disculparse,* DE *una falta; disculparse* CON *alguien; disculparse* DE (o POR) *haber llegado tarde.*

disentir. 1. Verbo irregular. Se conjuga como *sentir* [60]. **2.** Construcción: *disentir* DE *los otros; disentir* EN *política.*

disfagia. 'Dificultad o imposibilidad de tragar'. No se admite como normal la forma *disfagía.*

disfamación, disfamador, disfamar, disfamatorio → DIFAMAR.

disformar → DEFORMAR.

disforme → DEFORME.

disfrazar. Construcción: *disfrazarse* DE *moro; disfrazarse* CON O EN *traje humilde.*

disfrutar. Construcción: *disfrutar* DE *buena renta; disfrutar* CON *la televisión.*

disgresión → DIGRESIÓN.

disgustar. Construcción: *disgustarse* CON *uno; disgustarse* DE *algo; disgustarse* POR *una tontería.*

disminuir. Verbo irregular. Se conjuga como *huir* [48].

disminutivo → DIMINUTIVO.

disociar. Se conjuga, en cuanto al acento, como *cambiar* [1 a].

disolver. Verbo irregular. Se conjuga como *volver* [35].

disonar. Verbo irregular. Se conjuga como *acordar* [4].

dispensa → DESPENSA.

dispensar. Construcción: *dispensar* DE *una obligación; dispénseme* POR *haberle molestado.* Con el sentido de 'dar', el uso es transitivo: *dispensar favores.*

displacer. Verbo irregular. Se conjuga como *agradecer* [11].

disponer. 1. Verbo irregular. Se conjuga como *poner* [21].
2. Construcción: *disponer a alguien* A *bien morir; disponer* DE *los bienes; disponerse* A O PARA *salir.*
3. Uso de *detentar* por *disponer de:* → DETENTAR.

disputar. Construcción: *disputar* CON *alguien; disputar* DE, ACERCA DE O SOBRE *algo.*

distancia. Construcción: *a poca distancia* DE (no *a poca distancia suya: «Estalló una pelea a poca distancia suya»*, Edwards, *Máscaras,* 20).

distanciar. 1. Se conjuga, en cuanto al acento, como *cambiar* [1 a].
2. Construcción: *distanciarse* DE *alguien.*

distar. Construcción: *distar un pueblo* DE *otro.*

distender. Verbo irregular. Se conjuga como *entender* [14].

distensión. 'Reducción de una tensión'. No debe usarse el francés *détente,* pronunciado /detánt/ *(Se observa una «détente» en las relaciones, hasta ahora tirantes, entre los dos países).*

distinguir. Construcción: *distinguir una cosa* DE *otra; distinguirse* DE *otros; distinguirse* EN *las letras; distinguirse* ENTRE *todos.*

distinto. Construcción: *distinto* DE *otro* O A *otro* (no *distinto* QUE *otro).* La construcción con *a* es algo más rara en la lengua culta. Cuando el término que sigue a *distinto* es un complemento adverbial, la construcción es con *que: la pronunciación es distinta* QUE *en francés.*

distocia. En medicina, 'parto difícil'. Tiene una sola *c;* por tanto, no se pronuncia /distókzia/ ni se escribe *distoccia.* La misma

observación es aplicable al adjetivo derivado *distócico* (no *distóccico).*

distraer. 1. Verbo irregular. Se conjuga como *traer* [32].
2. Construcción: *distraer a alguien* DE *sus obligaciones.*

distribuir. 1. Verbo irregular. Se conjuga como *huir* [48].
2. Construcción: *distribuir* EN *porciones; distribuir algo* ENTRE *los compañeros.*

disuadir. Construcción: *disuadirle* DE *un propósito; disuadirle* DE *hacerlo.*

disyuntiva → ALTERNATIVA.

divergir. 'Irse apartando' o 'discrepar'. Es verbo regular: su pretérito es *divergió* (no *divirgió),* su presente de subjuntivo es *diverja* (no *divierja),* etc. No debe usarse la forma *diverger.*

divertir. 1. Verbo irregular. Se conjuga como *sentir* [60]. Evítese la forma, muy frecuente, *que os divertáis* (por *que os divirtáis),* así como el pretérito *divertió, divertieron,* y el pretérito de subjuntivo *divertiera, divertiéramos, divertiese, divertiésemos,* etc. (por *divirtió, divirtieron, divirtiera,* etc.): *«Sacaba fuerzas de flaqueza para hacer como si se divertiera»* (Martín-Santos, *Tiempo,* 229). (Véase cuadro.)
2. Construcción: *divertirse* CON *los amigos; divertirse* CON *una película; divertirse* EN *pintar* (más frecuente, *divertirse pintando).*

dividir. Construcción: *dividir* ENTRE *muchos; dividir* EN *partes; dividir* POR *la mitad; dividir* POR *cinco.*

DIVISIÓN SILÁBICA → GUIÓN.

divorciar. 1. Se conjuga, en cuanto al acento, como *cambiar* [1 a].
2. Construcción: *divorciarse* DE *su mujer.*

diz. *Diz que* (o *dizque),* 'se dice que', hoy raro y rústico en España, se mantiene muy vivo en muchas zonas de América, a veces alterado en variantes como *izque,* y *que, es que* (cf. Kany, 244): *«Dizque el sacerdote coadjutor .. tronó un día en el sermón de la iglesia contra la brujería»* (León Rey, *Nidito,* 84). Un ejemplo español —excepcional en la literatura moderna—: *«No es desde luego la grandeza que diz que estorbaba a Luis XIV»* (Madariaga, *A la orilla,* 5).

CONJUGACIÓN DEL VERBO «DIVERTIR»

(tiempos irregulares)

INDICATIVO

Pres. divierto, diviertes, divierte, divertimos, divertís, divierten.
Pret. indef. divertí, divertiste, divirtió, divertimos, divertisteis, divirtieron.

SUBJUNTIVO

Pres. divierta, diviertas, divierta, divirtamos, divirtáis, diviertan.
Pret. impf. divirtiera o divirtiese, divirtieras o -ses, divirtiera o -se, divirtiéramos o -semos, divirtierais o -seis, divirtieran o -sen.
Fut. impf. divirtiere, divirtieres, divirtiere, divirtiéremos, divirtiereis, divirtieren.

IMPERATIVO

divierte, divierta, divertid, diviertan.

FORMAS NO PERSONALES

Ger. divirtiendo.

Djibouti → YIBUTI.

do [1]. El plural de *do,* 'nota musical', es *dos.*

do [2]. Adverbio equivalente a *donde.* Su uso actual es muy raro y solo se consiente en poesía. Lo mismo hay que decir respecto de *dó,* que equivale al adverbio interrogativo *dónde.*

-do. Sufijo de adjetivos y nombres derivados de adjetivos y verbos. Se presenta en dos formas: *-ado* e *-ido.* La primera suele presentarse cuando se agrega a una base correspondiente a un verbo en *-ar;* la segunda, cuando se agrega a una base correspondiente a un verbo en *-er* o *-ir.*
1. Variante *-ado. a)* Forma adjetivos que indican posesión *(barbado)* o semejanza *(azafranado).* Algunos de ellos son originariamente participios.
b) Forma nombres que expresan empleo o dignidad *(doctorado, arzobispado),* tiempo *(reinado),* lugar *(noviciado),* acción *(afeitado),* colectividad *(alumnado).*
2. Variante *-ido. a)* Forma adjetivos de cualidad *(dolorido, descolorido).* Algunos de ellos son originariamente participios.
b) Forma nombres que designan sonidos: *chillido, ladrido, crujido.*
3. Nombres en *-da (-ada, -ida):* → -DA.

doble. 1. Adjetivo numeral multiplicativo correspondiente al número *dos.* Puede sustantivarse, precedido del artículo *el.* Puede funcionar también como adverbio, con o sin el artículo: *Hay que trabajar el doble.* (→ MULTIPLICATIVOS.)
2. Como adverbio, *doble* o *el doble,* 'doblemente', la limitación de cualidad se expresa con *de;* el término de comparación, con *que:* «*Y tías; las hay doble de guarras; doble que yo*» (Pombo, *Héroe,* 194). Construcción: *doble* DE con menos prestigio, *doble* A: «*[Huevos] muy blancos y de tamaño doble al de un huevo de pava*» (Mas, *Luna,* 155).

doblez. Es masculino cuando significa 'parte que se dobla o pliega de una cosa' o 'señal que queda de doblar'. En el sentido de 'mala fe', es ambiguo según la Academia, pero predomina el uso femenino: *la doblez* (un ejemplo en masculino: «*Una moral social que rechaza cada vez más el doblez*», P. Altares, *País,* 24.8.1984, 7).

doceavo → -AVO y DUODÉCIMO.

docientos → DOSCIENTOS.

dock → DÁRSENA.

doctor. 1. Construcción: *doctor* EN *Ciencias* POR *la Universidad de Madrid.*

2. El femenino de este nombre es *doctora*: «*Violeta Cela quiere ser médica. Violeta Cela quiere ser doctora cuando sea mayor*» *(Abc,* 1.11.1983, 76).

dodeca-. Forma prefija del griego *dódeka,* 'doce': *dodecaedro.*

dodécuplo → MULTIPLICATIVOS.

doler. **1.** Verbo irregular. Se conjuga como *mover* [18].
2. Construcción: *dolerse* DE *lo sucedido.*
3. *No dolerle prendas a uno:* → PRENDA.

dolico-. Forma prefija del griego *dolichós,* 'largo': *dolicocéfalo.*

dolicocefalia. 'Cualidad de dolicocéfalo'. No es *dolicocefalía* (→ -CEFALIA).

dolor. **1.** Construcción: *dolor* DE *cabeza; dolor* EN *la cabeza.* Se usa *de* cuando el complemento no lleva artículo *(dolor de cabeza, de pies, de oído, de muelas,* etc.*),* y *en* cuando sí lo lleva *(dolor en la rodilla, dolor en un pie,* etc.*).* Pero no son construcciones equivalentes: la primera significa 'dolor extenso (en el cráneo)'; la segunda, 'dolor localizado en un determinado punto (de la cabeza)'.
2. *Dolor a los oídos.* En las frases *ataque al corazón, ataque al hígado,* el uso de la preposición *a* está justificado por la significación fundamental del sustantivo *ataque,* que implica una idea de movimiento. Por influjo de esta construcción, y también, posiblemente, por galicismo (cf. francés *j'ai mal aux dents),* se ha extendido el uso de *a* a los complementos de *dolor, afección* y otros sustantivos similares: *afección a los nervios; Siento también unos dolores al hígado y al bazo; Murió con unos dolores a la barriga.* El uso parece más frecuente en América (cf. Kany, 337). En español normal se emplea el complemento con *de,* o a veces un adjetivo calificativo: *dolor de oídos, de estómago; afección de los nervios* (o *nerviosa), afección de corazón* (o *cardiaca),* etc.

doméstico. 'De casa'. Es impropiedad, debida a anglicismo, usar este adjetivo por *interior* o *nacional (un vuelo doméstico de las Líneas Aéreas Indias; injerirse en los asuntos domésticos del país vecino).*

domiciliar. Se conjuga, en cuanto al acento, como *cambiar* [1 a].

domínica. En liturgia, 'domingo'. La Academia prefiere esta forma esdrújula a la grave *dominica,* bastante difundida por influjo del nombre propio de mujer *Dominica,* o de *dominica,* 'monja de la orden de Santo Domingo'.

dominó. 'Juego'; también 'traje de baile de máscaras'. Su plural es *dominós: «los dominós traqueteados»* (Azorín, *Voluntad,* 70).

domo. 'Cúpula'. Debe evitarse el uso de esta voz para traducir el italiano *duomo,* que en español corresponde a *catedral: «Una nave lateral del domo de Florencia»* (Riba, trad. Gillet, *Dante,* 54).

donde. Es palabra átona. No debe pronunciarse tónica, confundiéndola fonéticamente con el *dónde* interrogativo. Esta confusión existe en algunos países americanos.
Desempeña las siguientes funciones:
1. Adverbio relativo o conjunción, cuyo papel en la frase es introducir una proposición adverbial de lugar: *La foto estaba donde yo te había dicho.* Puede ir precedido de un antecedente: *Allí donde no hay leyes impera el desorden; En esas tierras donde no crece la hierba; «La arena donde te tiendes»* (Salinas, *Voz,* 9). Para indicar las diversas relaciones de lugar (destino, origen, procedencia, tránsito, dirección, situación), este adverbio puede ir precedido de diversas preposiciones: *a, de, por, hacia, hasta, para, en: Voy a donde me mandan; La casa de donde vengo es extraordinaria; No señaló el sitio por donde había entrado en el jardín; Hasta aquel poste es hasta donde debéis correr.* La relación de destino puede estar expresada, aunque no muy frecuentemente, por *donde* sin preposición: *«Ese café donde van los señoritos»* (Baroja, *Aventuras Paradox,* 100).
2. Preposición usada en el nivel popular de algunas regiones de España y de América, con el valor de 'en casa de', o 'a casa de', 'en el sitio o al sitio de' o simplemente 'a' o 'en': *He estado donde Pedro; Ve donde la maestra; Lo compré donde los periódicos; «Espabílame rápido la conferencia, anda. Me la das aquí mismo, ¿eh?, donde la Aurelia, ya sabes»* (Sánchez Ferlosio, *Jarama,* 290). El uso no tiene aceptación en la lengua culta de España, Méjico, Argentina y otros países. En Chile, Bolivia, Perú, Ecuador, América Central y Antillas, en cambio, disfruta de plena vigencia: *«Acudió con sus preocupaciones*

CONJUGACIÓN DEL VERBO «DORMIR»
(tiempos irregulares)

INDICATIVO

Pres. duermo, duermes, duerme, dormimos, dormís, duermen.
Pret. indef. dormí, dormiste, durmió, dormimos, dormisteis, durmieron.

SUBJUNTIVO

Pres. duerma, duermas, duerma, durmamos, durmáis, duerman.
Pret. impf. durmiera o durmiese, durmieras o -ses, durmiera o -se, durmiéramos o -semos, durmierais o -seis, durmieran o -sen.
Fut. impf. durmiere, durmieres, durmiere, durmiéremos, durmiereis, durmieren.

IMPERATIVO

duerme, duerma, dormid, duerman.

FORMAS NO PERSONALES

Ger. durmiendo.

---

donde su ilustre y doctísimo amigo Federico Leopoldo, conde de Stolberg» (Palma, *Fernán Caballero,* 54); *«Había llegado .. con uno de los niños enfermo y quería llevarlo donde el médico»* (Donoso, *Domingo,* 102). Cf. Kany, 363.
3. Conjunción temporal, equivalente a *cuando.* Hoy solo se usa en la lengua popular y rústica, más en América que en España (cf. Kany, 390). Es insólito este ejemplo en un texto español escrito: *«Nubosidad variable, más importante al atardecer, donde se producirán chubascos»* (B. R. Mallol, *País,* 27.9.1982, 30).
4. Conjunción condicional, equivalente a *si,* y usada, como la anterior, solamente en el nivel rústico: *«Es mi hijo; donde le toques un pelo, te rajo»* (cit. Kany, 390). Puede tomar a veces la forma *adonde.*
5. *A donde* y *adonde.* Sobre la diferencia entre estas dos grafías, → ADONDE, 1.

dónde. Adverbio interrogativo, es siempre tónico, a diferencia de *donde,* adverbio relativo o conjunción (→ DONDE). Gráficamente se manifiesta esta diferencia escribiendo siempre con tilde el interrogativo *dónde.* Sin preposición, puede usarse con verbos de reposo: *¿Dónde estamos?; No sé dónde estamos;* o de movimiento: *¿Dónde me llevan?* En este último caso compite con *adónde* (→ ADÓNDE).

Con preposición, generalmente se usa con verbos de movimiento: *¿De dónde vienes?; ¿Por dónde pasamos?;* pero también en algunos casos, con verbos de reposo: *No sé por dónde vives; Dime en dónde lo has dejado.*

dondequiera. 'En cualquier sitio'. Es frecuente que este adverbio sea antecedente del relativo *que: Dondequiera que estés, recuérdalo.* No debe omitirse en estos casos el relativo *(dondequiera estés;* «*Me impiden encontrarle justificación dondequiera se presenta»,* Ortega, *Deshumanización,* 106); *«Decía la gente que dondequiera don Gaspar hallase un indio a solas, lo bajaba de un winchestazo sin más contemplaciones»* (Castellani, *Caso,* 104).

Donostia → SAN SEBASTIÁN.

dopar. En deportes, 'administrar un fármaco (a alguien) para aumentar el rendimiento físico'. El uso más frecuente de este verbo es como reflexivo, *doparse.* La acción de dopar o doparse se llama *dopaje,* mejor que *doping,* que es voz puramente inglesa. *Dopar* y *dopaje* son términos, por necesarios, muy implantados en el lenguaje deportivo. El control de esta práctica debe denominarse *control antidopaje,* no *antidoping.*

doquier. Este adverbio (también con la forma *doquiera)* equivale a *dondequiera.* Se diferencia de él en su uso más marcadamente literario y en que normalmente no va seguido del relativo *que*. Es frecuente que vaya precedido de la preposición *por: «Tupida y alta maleza crecía libremente por doquier»* (Larreta, *Don Ramiro*, 16).

-dor. Sufijo de sustantivos o adjetivos derivados de verbos. Significa agente: *luchador;* instrumento: *trituradora;* lugar: *comedor.* También puede formar derivados de sustantivos: *aguador.*

Dóride. Nombre de una región de la Grecia antigua. Es preferible esta forma a *Dórida* (Fernández Galiano).

dormir. Verbo irregular. (Véase cuadro.) Deben evitarse las formas vulgares *durmiste, durmimos, durmisteis* (por *dormiste, dormimos, dormisteis,* pretérito de indicativo) y *dormamos, dormáis* (por *durmamos, durmáis,* presente de subjuntivo).

dos. Cada *dos por tres,* locución adverbial coloquial, 'con frecuencia'. Puede decirse también *a cada dos por tres* (no *al dos por tres).*

doscientos. En zonas de seseo, algunas personas de ortografía insegura escriben *docientos,* y creen hacerlo correctamente basándose en que tal forma figura en el *Diccionario* de la Academia. Es cierto que figura, pero con la nota «desus.» (desusado), que quiere decir que no es válida en el español de nuestro tiempo. (→ TRESCIENTOS.)

dosificación. En medicina, 'determinación de la dosis de un medicamento'. Algunos usan sin necesidad la palabra *dosaje* (francés e inglés *dosage): «El dosaje exacto de las sales minerales»* (Cortázar, trad. Yourcenar, *Adriano,* 9); también en sentido figurado: *«Combinó [De Gaulle] presidencialismo y parlamento en un equilibrado dosaje de rodamientos institucionales»* (Areilza, *Abc,* 11.11.1970, 3).

dossier. 1. Esta palabra francesa —que corrientemente pronunciamos /dosiér/— está muy arraigada en el lenguaje periodístico con el sentido de 'informe o serie de informes y datos sobre una materia concreta'. El sentido literal del término francés es 'expediente', pero en español la palabra *expediente* evoca con demasiada fuerza el procedimiento administrativo. Parece, pues, útil

aceptar el galicismo (la Academia ya lo registra en su *Diccionario* desde 1992), aunque en muchas ocasiones se podría decir perfectamente *informe.* Fuera del periodismo, *dossier* se puede traducir *carpeta* o *expediente.* La forma *dossier* podría españolizarse fácilmente en *dosier.*

2. El plural francés de *dossier* es *dossiers.* En el uso español es más natural el plural *dossieres,* ya utilizado por algunos (que, en grafía españolizada, sería *dosieres).*

dotar. Construcción: *dotar a una hija* CON *bienes raíces; dotar* DE *vivienda.*

dote. Este nombre es ambiguo (masculino o femenino) en el sentido de 'caudal que lleva la mujer al matrimonio' o de 'patrimonio que lleva al convento la religiosa'. Valera, en una misma novela, dice una vez *«el dote [de monja] de Juanita»,* y otra vez *«la dote de su monjío»* (*Juanita,* 193 y 353). Pero el uso corriente actual suele ser femenino: *la dote.* Solo femenino, en plural, con el sentido de 'prenda, buena cualidad': *las dotes personales del nuevo ministro.*

dozavo → DUODÉCIMO.

dracma. 'Moneda griega'. Es nombre femenino: *una dracma.*

dramático. Este adjetivo significa 'del drama' *(los personajes dramáticos),* o 'de las obras de teatro' *(literatura dramática);* también 'que tiene caracteres de drama' *(Nos encontramos en una situación dramática).* El uso de *dramático* en textos como *Se ha registrado un crecimiento dramático en las exportaciones* —debido a un sentido que tiene la voz *dramatic* en inglés— es inadecuado; corresponde al español *espectacular.* Del mismo modo, el adverbio *dramáticamente* *(«Se reduce dramáticamente [en el televisor] la tasa de reflexión y se consigue un 33% más de contraste», País,* Supl., 22.9.1985) es en español *espectacularmente.*

Dresde. El nombre español de la ciudad alemana de *Dresden* es *Dresde.*

drive-in → AUTOCINE.

droguería. En algunos países americanos se usa, por anglicismo (inglés *drugstore),* el nombre de *droguería* en lugar de *farmacia.* También *droguista* por *farmacéutico* (Alfaro).

-dromo. Forma sufija del griego *drómos*, 'carrera': *velódromo*.

Dublín. El nombre en español de la capital de Irlanda es *Dublín*, con acentuación aguda.

ducho. Construcción: *ducho* EN *negocios*.

duda. Construcción: *duda* SOBRE O ACERCA DE *una cuestión; duda* ENTRE *dos caminos; no cabe duda* (o *no hay duda*) DE *que se han perdido. No cabe duda que*, o *no hay duda que*, sin preposición, es coloquial.

dudar. Construcción: *dudar* DE *su cariño; dudar* EN *salir; dudar* ENTRE *el sí y el no*, ENTRE *hacer esto o lo otro*, DE *que sea verdad* (o *que sea verdad*). En este último caso, en que el complemento es una proposición con *que*, el uso normal admite la construcción con preposición *de* o sin ella: *«Yo no dudo de que .. el funcionario español llegaría a ser lo que hoy es el alemán»* (Ortega, *Viajes*, 172); *«No dudo que lo siente»* (Galdós, *Torquemada*, IV, 85). Cuando la oración está suplida por un pronombre neutro *(ello, esto)*, se prefiere la ausencia de preposición: *No lo dudo; Yo no dudo esto* (más frecuente que *No dudo de ello; Yo no dudo de esto).*

duermevela. 'Sueño ligero en que se halla el que dormita'. El uso vacila en el género de esta palabra: *el* o *la duermevela*. Ejemplos en masculino *(el duermevela)* encontramos en Sender *(Crónica*, II, 33), Vázquez Montalbán *(Pájaros*, 265), Muñoz Molina *(Jinete*, 172) y Delibes *(He dicho*, 213). Ejemplos en femenino *(la duermevela)*, en el mismo Delibes *(Parábola*, 219), Zamora *(Traque*, 24) y Torrente *(Saga*, 232). Los dos usos son perfectamente válidos.

Duina. Nombre de dos ríos de Rusia. Es preferible el uso de esta forma españolizada al de la forma *Dvina* (y, sobre todo, al de *Dwina*, forma alemana que alguna vez se lee: *«El cónsul se había arrojado al Dwina»*, Espina, *Ganivet*, 141).

dulzor → DULZURA.

dulzura. Aunque los diccionarios dan como equivalentes *dulzor* y *dulzura*, pues ambos significan 'cualidad de dulce', el uso general suele distinguir entre un sentido material para *dulzor* y un sentido no material para *dulzura*. Así, se habla del *dulzor* de la miel y de la *dulzura* del carácter o de las palabras de una persona.

duodécimo. El ordinal correspondiente a *doce* es *duodécimo;* no *decimosegundo* ni *doceavo*, como creen muchos periodistas, locutores y otros.

Decimosegundo, por *duodécimo* (como *decimoprimero* por *undécimo),* tiene en su apoyo la analogía con *decimotercero, decimocuarto*, etc., que lo siguen en la serie. No es este el caso de *doceavo* (o el anticuado *dozavo),* que es un numeral fraccionario cuyo sentido verdadero es 'cada una de las doce partes en que se divide una unidad', y cuyo empleo como ordinal se basa solamente en que la serie de los fraccionarios coincide en un pequeño tramo (de *cuarto* a *décimo)* con la serie de los ordinales.

duodécuplo → MULTIPLICATIVOS.

dúplex. 'Vivienda constituida por dos pisos de un edificio de varios, unidos por una escalera interior'. El plural es invariable, *los dúplex.*

duplicadora, duplicar → REPRODUCIR.

duplo → MULTIPLICATIVOS.

-dura. Sufijo de sustantivos derivados de verbos. Significa acción o efecto: *dictadura, escocedura.*

durante. Preposición que denota tiempo: *durante todo el curso*. Muchas gramáticas y diccionarios no suelen incluirla todavía entre las preposiciones, a pesar de que ya Bello (§ 1189) señalaba su carácter prepositivo.

durar. Construcción: *durar* EN *el mismo estado; durar* POR *mucho tiempo* (también sin preposición: *durar mucho tiempo).*

Dvina, Dwina → DUINA.

e

e [1]. **1.** Quinta letra del alfabeto. El nombre de esta letra es femenino, y su plural es *es,* aunque la Academia haya dicho en otro tiempo *ees.* **2.** Corresponde al fonema vocal /e/, en cuya articulación el ápice de la lengua se apoya en los incisivos inferiores; el dorso se eleva hacia el paladar, dejando una abertura mayor que la de /i/; los labios se entreabren dejando también una abertura mayor.

La articulación de /e/ es más abierta en los siguientes casos: 1.º, cuando está antes de un sonido /rr/: *perro, sierra;* 2.º, cuando va detrás del sonido /rr/ y no forma sílaba trabada por los sonidos /d, m, n, s, z/: *reptil, recto;* 3.º, cuando precede al sonido /j/: *eje, viejo;* 4.º, en el diptongo /ei/: *veis, pleito;* 5.º, en sílaba trabada por una consonante que no sea alguno de los sonidos /d, m, n, s, z/: *cerdo, aséptico, perfecto, flexión.*

Tiende a cerrarse ligeramente cuando va seguida de vocal abierta, especialmente si esta es tónica. En el habla popular de Colombia y de otros países americanos se convierte en /i/, formando con la otra vocal un diptongo perfecto: /piór/ por *peor,* /golpió/ por *golpeo,* /pasié/ por *paseé,* /biatrís/ por *Beatriz;* etc. Como reacción contra este defecto, algunas personas semicultas incurren en el contrario: sustituyen por /e/ la /i/ de los grupos /io, ia/ diciendo *espúreo* por *espurio, vacear* por *vaciar, cambear* por *cambiar:* en general, *-ear,* por *-iar;* error que trae como consecuencia otro más grave: la creación de formas como *yo vaceo, yo cambeo,* etc. (cf. Flórez, *Lengua,* 217).

e [2]. Variante de la conjunción *y:* → Y [2].

-e. Terminación átona de sustantivos postverbales: *acuse* (de *acusar*)*, aguante* (de *aguantar*)*, embarque* (de *embarcar*)*, debate* (de *debatir*)*.*

-ear. 1. Sufijo de verbos derivados de nombres o de adjetivos. A veces tiene significación incoativa *(azulear)* o frecuentativa *(vocear);* pero, en general, significa 'tener o dar el objeto o la cualidad nombrada': *agujerear, apalear, pasear.* **2.** Sobre la pronunciación *-iar* por *-ear,* → E [1], 2.

ebrio. 'Embriagado'. La cualidad de *ebrio* —*ebriedad*— no es una condición permanente, sino un estado transitorio. Se puede decir que una persona *está ebria,* no que *es ebria.* Si tiene adicción a las bebidas alcohólicas se dice que *es alcohólica.*

Ecbátana. Nombre de la capital de la antigua Media, región de Asia. Es esdrújulo. Está bastante extendida, sin embargo, la pronunciación grave *Ecbatana.*

eccema. 'Afección de la piel'. Puede escribirse también *eczema,* aunque es preferible la primera grafía. El género de este nombre es masculino: *el eccema.*

-ececico, -ececillo, -ececito → -ITO.

-ecer. Sufijo de verbos derivados de nombres o de adjetivos. Su significación es generalmente incoativa: *envejecer, endurecer, entristecer, amanecer.* Pero esta significación no se da en muchos casos: *favorecer, parecer.*

-ecezuelo → -UELO.

echar. **1.** Construcción: *echar algo* POR, EN O A *tierra; echar a alguien* DE *casa; echar* DE *ver una cosa; echar* A *correr; echárselas* DE *fino; echar* DE *menos a alguien.*

Echar a + infinitivo es locución verbal de valor incoativo: *Echó a andar; Echaran a correr; Echaron a volar.* Su uso se limita a algunos verbos, especialmente de movimiento; no puede decirse, por ejemplo, *He echado a leer tu novela,* o *Hemos echado a trabajar en la fábrica.* Más vitalidad parece tener *echarse a* + infinitivo ('lanzarse a', 'tomar una decisión temeraria'): *«Se echó a discurrir barbaridades»* (Pérez de Ayala, *Luna,* 57).

2. *Echar de menos* a alguien o algo es 'notar o descubrir su ausencia' o 'sentir pena por su ausencia'. *Echar de menos* tiene una variante *echar menos.* Las dos formas tienen el mismo significado; pero la segunda, aunque no lo advierta la Academia, es anticuada.

Echar a faltar, por *echar de menos* o *echar en falta,* es catalanismo, aunque ha ampliado su extensión geográfica: *«Con mis hijos, he perdido / .. unos brazos de labriego / que ahora, viejo, echo a faltar»* (Celaya, *Poesía urgente,* 81); *«—¿Avisaron a la familia? —No; tampoco lo habrán echado a faltar»* (Cela, *Mazurca,* 240).

3. En la lengua popular de América, *echar,* seguido de un sustantivo verbal con el sufijo *-ada* o *-ida,* expresa acción terminada o «perfecta» (a diferencia del verbo simple, con el que se expresa acción continuada o «imperfecta»): *«Tengo ganas de echar una conversada larga contigo».* La expresión puede formarse con otros verbos, como *pegar(se)* o *dar(se): «Habría que pegarse unas escapadas de cuando en cuando»; «Hija, date una asomadita por la despensa»* (Kany, 15).

4. En la lengua popular, *echar* es un verbo comodín que la lengua culta tiende a no emplear, prefiriendo verbos de sentido más preciso (indico entre paréntesis las formas más aceptadas en el uso culto): *echar una película (poner una película); echar una instancia (presentar una instancia); echar un discurso (pronunciar un discurso); echar un responso (rezar un responso); echar la bendición (dar la bendición); echar a la lotería (jugar a la lotería).*

echarpe. 'Especie de chal'. Aunque en francés, de donde se ha tomado prestada la palabra, tiene género femenino *(une écharpe),* en español se usa como masculino: *un echarpe* (ya en Larra en 1834: *«Me rodeo al cuello un echarpe», Artículos,* 359).

-ecico, -ecillo, -ecito → -ITO.

-eco. **1.** Sufijo fósil de sustantivos concretos: *muñeco, manteca.*
2. Sufijo de origen nahua, que forma en América numerosos adjetivos que designan vicio o defecto: *patuleco, boleco, tontoneco, terebeco, chapaneco, tulleco.*

ecto-. Forma prefija del griego *ektós,* 'extremo': *ectoplasma.*

ecuador. **1.** Hay vacilación en la escritura, con inicial mayúscula o con minúscula, del nombre *ecuador* en el sentido de 'círculo máximo que equidista de los polos de la Tierra'. En su *Diccionario,* la Academia no muestra un criterio claro. Escribe con mayúscula, *Ecuador,* en las entradas *altura, hemisferio, paralelo, paso, trópico;* escribe con minúscula, *ecuador,* en las entradas *ecuator, ecuatorial;* y mezcla las dos formas dentro del propio artículo *ecuador (altura del Ecuador* frente a *paso del ecuador).* Por su parte, los manuales de geografía parecen divididos en su preferencia. Y en cuanto a los diccionarios modernos no académicos, estos optan decididamente por la forma con minúscula (lo mismo que se observa en los diccionarios de portugués, francés, italiano e inglés). En definitiva: dada la indecisión académica, podemos libremente elegir la mayúscula o la minúscula. Sin embargo, parece más aconsejable, en vista de la tendencia actual, el uso de la minúscula.

2. Naturalmente, con mayúscula se escribe el nombre *Ecuador* de la república sudamericana. El nombre oficial es *República del Ecuador,* y en el uso corriente se dice o escribe de manera indistinta *Ecuador* o *el Ecuador* (el artículo, con minúscula). El adjetivo derivado es *ecuatoriano.*

ecuatoguineano → GUINEA.

eczema → ECCEMA.

-edad → -DAD.

-edal. Sufijo compuesto de *-edo* y *-al.* Significa lugar donde abunda algo: *nocedal, robledal.*

edema. **1.** Término médico, 'hinchazón'. Es nombre masculino, *el edema*.

2. Sobre la confusión de *edema* con *enema*, → ENEMA.

-edero → -DERO.

edificio → BUILDING.

edil. 'Concejal'. Como femenino, la Academia recoge la forma *edila*.

Edimburgo. La capital de Escocia, *Edinburgh*, tiene en español el nombre de *Edimburgo*.

editor. 'Propietario o director de una editorial'. Usar este nombre, como se hace habitualmente en periodismo, por *director* de un periódico o jefe de una sección del periódico, es impropiedad debida a calco del inglés. Lo mismo ocurre con el uso, en las editoriales, de *editor* por *director* de una colección.

editorial. En el sentido de 'casa editora', es nombre femenino; en el de 'artículo no firmado que expone el pensamiento del periódico', es masculino.

-edizo → -IZO.

-edo, -eda. Sufijos de sustantivos colectivos: *robledo, alameda*. Combinados con *-al: robledal*. Combinados con *-ar: polvareda, humareda*.

-edor → -DOR.

educacional → EDUCATIVO.

educado. ¿*Mal educado* o *maleducado?*: → MALEDUCADO.

educar. Construcción: *educar* EN *los buenos principios*.

educativo. 'Que sirve para educar' o 'relativo a la educación'. No es muy necesario el anglicismo *educacional*, tan difundido hoy que tiende a suplantar a *educativo*, especialmente en la segunda acepción.

educir. Verbo irregular. Se conjuga como *conducir* [41].

-edura → -DURA.

EE. UU. **1.** No es recomendable el empleo de la sigla *U. S. A.* o *USA (United States of America)* para designar a los *Estados Unidos*. Si se desea obtener con ella la brevedad necesaria en un titular de prensa, la misma brevedad se consigue con las siglas españolas *EE. UU.* (o *EE UU)* o *E. U. A.* (o *EUA)*.

2. Menos recomendable es el empleo de la sigla *USA* con función de adjetivo: *la delegación USA, el embajador USA;* hábito periodístico explicable por la necesidad de agilizar los titulares. De todos modos —si toleramos en este caso concreto la violencia sintáctica de usar una sigla como adjetivo—, el mismo fin telegráfico puede conseguirse empleando las siglas españolas citadas.

3. Sobre la concordancia del nombre *Estados Unidos*, → ESTADOS UNIDOS.

efecto. **1.** *Tener efecto* como equivalente de *tener lugar, efectuarse* o *celebrarse*, es válido; pero emplearlo con exclusión de las otras formas, que son mucho más generales, es peculiaridad del castellano hablado por catalanes: *«Tuvo efecto anoche el anunciado homenaje a Pilar López» (Vanguardia,* 29.3.1958, 42); *«Anoche tuvo efecto en el Palacio de la Música un concierto» (ibíd.,* 42); *«En el auditórium de la Caja de Ahorros de Tarrasa tuvo efecto la última conferencia» (ibíd.,* 21); *«Ayer por la tarde, a las siete y media, tuvo efecto, en la sala de actos del Hotel Ritz, una nueva sesión...» (ibíd.,* 24).

2. *Con efecto*, locución adverbial, por *en efecto* o *efectivamente*, es forma anticuada, si bien se conserva viva en Venezuela (Rosenblat, *Palabras,* III, 205).

efectuar. Se conjuga, en cuanto al acento, como *actuar* [1 d].

efeméride. La Academia ofrece en su *Diccionario* dos entradas: 1.ª, *efeméride*, femenino singular; 2.ª, *efemérides*, femenino plural. En singular, *la efeméride* es 'acontecimiento notable que se recuerda en cualquier aniversario del mismo', o también 'conmemoración de dicho aniversario'. En plural, *las efemérides, es* 'libro en que se refieren los hechos de cada día' o 'sucesos notables ocurridos en un mismo día de diferentes años'. Aparte están, en el ámbito técnico, las *efemérides* astronómicas. Hasta aquí las explicaciones de la Academia, donde, como puede verse, la segunda acepción del plural *efemérides* no es sino el simple plural de *efeméride*, aunque esté definido con otras palabras. En realidad —prescindiendo de la acepción técnica— la cosa es algo más sencilla. El uso vivo cuenta con dos voces que son sinónimas, o más bien con dos variantes de una misma palabra: *la efemérides* (con su plural invariable) y *la efeméride* (con su plural *efemérides*), con el significado de 'conmemoración, en su aniversario, de un hecho notable' (*La efeméride, o la efemérides, de hoy es la batalla de San Quintín)* y también el propio hecho conmemorado (*«Sagunto .. erigió en el cruce de las calzadas un monumento recordatorio de la efeméride»*, Á. Ruibal, *Vanguardia*, 16.5.1974, 11). Las dos formas son igualmente válidas.

Éfeso. El nombre de esta antigua ciudad de Asia Menor es esdrújulo, /éfeso/; no grave, /eféso/, como a menudo se oye.

Égica. El nombre del rey godo *Egica* se pronuncia generalmente como palabra llana; pero etimológicamente es esdrújulo, *Égica*, y así lo escribe Menéndez Pidal *(Godos,* 34).

égida. 'Piel de la cabra Amaltea, atributo de Júpiter y de Minerva', y, por extensión, en lenguaje literario, 'escudo, defensa'. Es palabra esdrújula; pero la Academia registra también la acentuación grave, *egida*.

-ego → -IEGO.

Eguílaz. Apellido. Es palabra llana: *Eguílaz*.

-eidad. Confusión entre las terminaciones *-eidad* e *-idad:* → -DAD, 3.

Eivissa → IBIZA.

-ejar. Sufijo verbal equivalente a *-ear,* pero de uso mucho más restringido: *cortejar.*

ejecutivo → EMPLEADO.

ejercitarse. Construcción: *ejercitarse* EN *la natación.*

-ejo. Sufijo de sustantivos y adjetivos. Su significación es diminutiva con cierto matiz despectivo: *animalejo, caballejo, calleja, medianejo.*

el. 1. Artículo definido. Se pronuncia siempre átono. Su forma femenina es *la* (a veces *el:* → 2). Las formas plurales son *los* para el masculino y *las* para el femenino. Se coloca siempre delante del sustantivo, aunque pueden interponerse adjetivos u otros complementos: *El nuevo presidente, El hasta ayer primer ministro.* El sustantivo al que precede el artículo no es necesariamente un nombre; puede ser una palabra o un sintagma sustantivados: *El sí de los electores; El que*

fuese tarde no era razón suficiente; Los que hayan entrado, siéntense; «El no haber hallado las tres pesetas era a buen seguro culpa de lo defectuoso de la busca» (Cela, *Lazarillo,* 50).

2. El artículo femenino singular toma la forma *el* cuando va inmediatamente delante de nombre femenino que empieza por el fonema /a/ tónico: *el alma, el agua, el ave, el hacha, el hambre, el águila, el África.* Se exceptúan los nombres propios de mujer *(la Ángela, la Águeda:* → 5), el de la ciudad de *La Haya* y el de la letra *hache.*

3. *a)* La norma anterior solo rige, como se ha dicho, cuando el artículo femenino singular precede inmediatamente al nombre en cuestión. La interposición de cualquier otra palabra hace que el artículo tome la forma normal *la;* así, aunque se dice EL *agua,* se dirá LA *misma agua;* aunque se dice EL *arma,* se dirá LA *eficaz arma.* No está justificado, pues, el uso de *el* en este ejemplo de Alarcón: *«A fin de hacer paladar / se sirvió* EL *anterior acta, / y la Cámara compacta / la tragó sin rechistar»* (*Poesías,* 239).

b) No es raro que, por influjo de la construcción sin interposición (*el agua, el arma*), encontremos construcciones con interposición en que el elemento interpuesto ha tomado una falsa forma masculina: EL MISMO *agua,* EL NUEVO *arma; «La subida de precios de los combustibles, a raíz* DEL ÚLTIMO *alza del petróleo»* (*Abc,* 9.8.1979, 27); «EL OTRO *aria .. es una lógica concesión a Pavarotti»* (J. L. Pérez de Arteaga, *País,* 31.8.1983, 23). Este uso no se admite en la lengua normal.

c) El empleo de la forma *el* ante nombre femenino singular que comienza por /a/ tónica influye también en el uso de *todo* y *toda* delante del sintagma artículo + nombre: TODO *el agua,* TODO *el habla.* (→ TODO, 1.)

d) Paralelo al uso de *el* ante nombre femenino singular que comienza por /a/ tónica es el del demostrativo *aquel* por *aquella* (AQUEL *agua,* AQUEL *arma*), y el de las formas correspondientes de los otros dos demostrativos que forman sistema con *aquel: este* y *ese,* por *esta* y *esa* (ESTE *agua,* ESE *arma*). (→ AQUEL, 4; ESE, 4; ESTE, 4.)

e) La consecuencia extrema de la existencia de las construcciones tipo *el agua* es, en el habla inculta y semiculta, la mutación generalmente ocasional de género en los nombres femeninos que comienzan por /a/ tónica: MUCHO *hambre* (→ HAMBRE); *«El ha-*

bla ANDALUZ» (F. Samaniego, *País*, Supl., 21.10.1979, II); «*El habla* ANDALUZ *aparece* MITIGADO» (F. Quiñones, *ibíd.*); «*El asa,* FINO *y* LARGO, *llega hasta la mitad de la panza*» (P. Torres, *Pueblo*, 5.12.1979, 25); «*Un soldado resultó muerto al dispararsele el arma con* EL *que hacía guardia*» *(Alerta,* 11.8.1984, 15).

f) Sobre *un agua, un arma;* su extensión a casos como UN BUEN *arma,* y el influjo en usos como ALGÚN *alma,* NINGÚN *área,* → UN, ALGUNO, NINGUNO.

4. Cuando la forma *el* va precedida de las preposiciones *a* y *de,* se producen las contracciones *al* y *del,* no solo en la pronunciación, sino también en la escritura: AL *salir* DEL *colegio.* Si *el* se escribe con mayúscula por formar parte de determinados nombres propios (→ 6), la contracción no se suele realizar en la escritura, pero sí en la pronunciación: *El monasterio de El Escorial,* /del--eskoriál/; *Fueron a El Ferrol,* /al-ferról/.

5. El artículo no se usa normalmente ante nombres propios de persona; pero en el lenguaje popular, sobre todo rústico, suelen llevarlo los nombres de pila: *el Andrés, la Juana.* También se ha dado este uso en el lenguaje forense, no solo en nombres de pila, sino en apellidos: *el García.* En el uso culto, admiten artículo algunos apellidos de artistas o escritores italianos: *el Petrarca, el Correggio* (pero → DANTE). Los apellidos de mujeres escritoras o artistas, de cualquier nacionalidad que sean, es frecuente que vayan precedidos de artículo: *la Avellaneda, la Pardo Bazán, la Callas;* pero abunda más en personas de otras épocas. Cuando un nombre propio de persona (nombre de pila o apellido) se usa en sentido genérico, admite el artículo: *La dinastía de los Borbones; Felicita a todos los Pepes de la casa.* También va necesariamente con el artículo cuando le acompaña un adjetivo calificativo: *la gran Semíramis, el Mozart español.* Esta última norma también es válida para los nombres geográficos (→ 6): *la Andalucía oriental, la España de la posguerra.*

6. De los nombres propios geográficos, se usan sin artículo los de continentes (pero *Asia* y *África* se pueden usar con él). Tampoco lo llevan los nombres de países, regiones, islas, ciudades: *Italia, Castilla, Mallorca, Londres.* Sí pueden ir con artículo cuando la denominación es plural o cuando es compuesta: *los Países Bajos, las Landas,*

los Estados Unidos, el Franco Condado. Otras excepciones: *el Piamonte, la Mancha, el Palatinado, el Perú, el Líbano, el Yemen, La Haya, El Cairo, La Meca, El Escorial, La Bañeza,* etc. (Es norma escribir el artículo con mayúscula solo cuando el nombre es de ciudad.) Muchos de los nombres que se usan con artículo admiten cada vez más el uso sin él: *(La) Coruña, (El) Ferrol, (la) Argentina, (el) Brasil, (la) China, (el) Japón, (la) India, (el) Uruguay, (el) Paraguay, (el) Irak, (el) Irán, (el) Canadá,* etc. (→ 5, final).

7. Los nombres de ríos, mares, lagos, montes, llevan implícito el nombre genérico correspondiente: por tanto, se usan con artículo: *el* (río) *Duero, el* (mar) *Mediterráneo, los* (montes) *Pirineos.* Pero los nombres de ríos no tienen normalmente artículo cuando siguen a un nombre de pueblo, formando parte de la denominación de este: *Aranda de Duero, Miranda de Ebro, Belmonte de Tajo, Alcalá de Henares.* (Se exceptúan los nombres extranjeros: *Fráncfort del Main.*)

8. *Lo,* artículo «neutro», se usa delante de un adjetivo calificativo con terminación masculina para convertirlo en un sustantivo abstracto: *lo grande;* frecuentemente con valor colectivo: *Lo bueno dura poco,* 'las cosas buenas duran poco'. También se usa delante de una proposición adjetiva sustantivándola: *No entiendo lo* QUE DICES. Antepuesto al relativo *cual,* introduce una proposición que constituye una aposición explicativa del hecho enunciado previamente: *No les escribió ni una sola vez, lo cual les causó bastante disgusto.*

9. Omisión indebida del artículo: *la mayoría de personas,* por *la mayoría de* LAS *personas; el resto de diarios,* por *el resto de* LOS *diarios,* etc.: → MAYORÍA.

él. 1. Pronombre personal masculino de 3.ª persona. Su femenino es *ella.* Las formas plurales son *ellos, ellas.* Estas cuatro formas funcionan como sujeto, como predicativo o como complemento con preposición: *Ella no está conforme; Vive con ellos.*

2. El uso del pronombre personal de 3.ª persona (masculino y femenino, en singular o en plural) como sujeto, cuando el verbo de la oración está explícito, solo es normal: *a)* Cuando su presencia es necesaria para evitar anfibologías; p. ej., cuando una forma verbal puede ser igual para 1.ª o 3.ª persona de singular o cuando interesa distinguir entre un sujeto «él» / «ella» / «usted», o «ellos» / «ellas» / «ustedes». Estas posibilidades de confusión son relativamente raras, ya que casi siempre las disipa el contexto. *b)* Cuando queremos destacar enfáticamente el sujeto, en especial si se contrapone *(Tú quieres ir, pero* ÉL *no te dejará)* o se agrega *(También* ÉL *puede vencerte)* a otros. Fuera de estos casos, es abusivo el empleo de este pronombre personal como sujeto.

3. No debe usarse este pronombre con valor reflexivo, que corresponde a *sí: Lleva muchos libros* CON ÉL, por *Lleva muchos libros* CONSIGO; *«Seres demasiado normales y satisfechos* DE ELLOS *mismos»* (Laforet, *Nada,* 169), por *satisfechos* DE SÍ *mismos.*

4. *a)* El pronombre de 3.ª persona tiene para la función de complemento indirecto las formas átonas *le,* para el singular masculino y femenino, y *les,* para el plural masculino y femenino, usadas siempre sin preposición: LE *he escrito una carta* (a mi padre o a mi madre); LES *he escrito una carta* (a mis tíos o a mis tías).

b) Es vulgar el uso de *lo* o *los* como masculino con esta función («LOS *ha dado paso»,* Zunzunegui, *Camino,* 350). El vulgarismo es antiguo; por ejemplo, Santa Teresa escribía: *«Jamás se pudo acabar con él tuviese esclavos, porque* LOS *havía gran piadad»* *(Vida,* 29).

c) Es regional el empleo de *la* o *las* como femenino para la misma función («LAS *digo adiós con la mano»,* Diego, *Primera antología,* 89; «LA *hemos dado una esmerada educación»,* Mihura, *Decisión,* 37). El uso de *la* como complemento indirecto femenino *(laísmo)* en lugar de *le,* que es la forma académica, es general en la lengua hablada familiar, y sobre todo popular, de Castilla; es muy antiguo (hay ejemplos en el *Poema del Cid)* y aparece en muchos escritores distinguidos de siglos pasados (Moratín es sistemáticamente laísta); pero no ha alcanzado la extensión y el prestigio del leísmo. De 24 escritores españoles del siglo XX examinados por Fernández Ramírez (§ 108), solo tres (Francisco de Cossío, R. Gómez de la Serna y Emilia Pardo Bazán) emplean casi exclusivamente *la;* en dos (Blasco Ibáñez y Arniches) se iguala o casi se iguala el número de casos de *la* y *le;* y en todos los restantes (Cela, Benavente, Zunzunegui, Pemán, Azorín, Concha Espina, Galdós, Miró, Baroja, Unamuno, Valle-Inclán, Pérez de Ayala, Juan Ramón Jiménez, Álvarez Quintero, etc.), hay un importante predominio o un uso exclusivo de *le.* El laísmo, pues, tiene hoy muy poca aceptación entre los escritores. Tampoco está admitido por la Academia. En descargo de los que lo practican, no hay que olvidar que es una tendencia muy antigua y popular, «natural e instintiva», como dice Robles Dégano. «¿Cuántos hay —pregunta el mismo gramático—, aun entre los doctos, que en todos los casos sepan perfectamente si el pronombre ha de estar en acusativo o en dativo?» *(Ortología,* § 189). Pero, en definitiva, debe hacerse lo posible por evitar el laísmo, al menos cuando se habla o escribe para un público, ya que es un uso que está al margen de la norma general del idioma.

d) Es bastante frecuente en todo el mundo hispanohablante, y sobre todo en América, el empleo de la forma *le,* en lugar de *les,* como anticipador del nombre complemento indirecto en plural. Por ejemplo: *«Desde que perdí a mi querido hijo,* LE *tomé asco a los barrios del centro»* (Galdós, *Torquemada,* II, 74); «*¿Cómo se explica el que esta municipalidad .. no se haya cuidado nunca de dar*LE *temas a los escritores?»* (Camba, *Rana,* 77); «*—¿Qué quieres, Berta?* *—Lo que se* LE *ha escapado a tus ojos»* (López Rubio, *Veinte,* 204); *«Don Felices gozaba sonsacándo*LE *nuevas a las cartas»* (Cunqueiro, *Merlín,* 62); *«Dar*LE *vueltas a esas complicaciones de la vida»* (García Hortelano, *Gente,* 103); *«Los de esta generación no suelen dar*LE *importancia a esas cosas»* (Salvador, *Casualidades,* 88); *«Los llamaba [a los puentes] obras de arte, calificativo que no* LE *concedía a las pinturas ni a las esculturas»* (Neruda, *Confieso,* 331); *«Un ánima* LE *puede hablar a los vivos»* (Benedetto, *Caballo,* 135). El uso data por lo menos del siglo XVI y, aunque siempre de manera esporádica, está atestiguado en obras y escritores renombrados. De los españoles, Keniston, § 7.311, encontró 15 ejemplos en 9 de las 30 obras que formaban su corpus del siglo XVI; Cuervo *(Apuntaciones,* § 335) mostró textos (en que el fenómeno estaba garantizado por la métrica) de Cervantes, Tirso, Góngora, Moreto, Meléndez Valdés y Lista; en Fernández Ramírez, 3.2, § 109, hay ejemplos de Azorín, Valle-Inclán y Juan Ramón Jiménez; Alarcos, § 266, cita a Ayala y a Cela. En cuanto a escritores hispanoamericanos, Kany, 107-108, recoge 29 textos de la primera mitad del siglo XX que se reparten entre Argentina, Uruguay, Chile, Colombia, Venezuela, Nicaragua, Honduras, Méjico y Cuba. De la segunda mitad, las muestras literarias americanas que yo tengo registradas no son menos abundantes. En lo que se refiere a la lengua oral, en España, según mi propia observación, el uso está bastante más extendido que en la escrita, incluso en hablantes cultos. Y en América, los testimonios de los lingüistas hispanoamericanos (cf. Vaquero, *América*, II, 15, 20 y 21) confirman el crecimiento del fenómeno en todos los niveles. En 1974, Lidia Contreras señalaba para Chile que «de los usos no-canónicos del pronombre, el de *le* por *les* es el más generalizado .. A la larga, .. será cada vez más habitual» (Contreras, *Usos pronominales*, 528). Este hábito, pese a estar hoy tan difundido en todas las tierras hispanohablantes, sigue considerándose contrario a la norma: «incorrección» (Academia, *Esbozo*, § 3.10.4*b*), «desajuste» (Fernández Ramírez), «uso no--canónico» (Contreras) son etiquetas con que los lingüistas catalogan esta transgresión de la concordancia. Pero ya Cuervo vio en ella un rasgo peculiar *(genial* es su palabra; es decir, de su genio o naturaleza) de la sintaxis del español: «Entre los hechos que los gramáticos califican de errores, pocos hay que sean más geniales de nuestra lengua» *(Apuntaciones,* § 335). En conclusión, lo recomendable, ante este fenómeno, es una postura de amplia tolerancia, pero sin olvidar la que todavía se acepta como norma y que no deja de practicarse abundantemente, sobre todo en la lengua escrita y en el nivel formal: el empleo de *les* con referencia a nombre en plural.

Nótese que en la inmensa mayoría de los casos registrados de *le* por *les* este pronombre va como anticipador del nombre complemento indirecto, tal como se ve en los ejemplos citados al comienzo de este apartado. Sin embargo, no faltan casos —antiguos y modernos, españoles y americanos— en que el pronombre aparece en posición anafórica (reiterada por lo ya nombrado). Algunos ejemplos: *«A las astucias del maldito ciego nada se* LE *escondía» (Lazarillo,* cit. Keniston); *«Distingue ya las monedas corrientes de las falsas sin meter*LE *el diente»* (Pedro Álvarez, cit. Fernández Ramírez); *«¡A cuántas muchachas* LE *habrá dicho usted lo mismo!»* (Luis Felipe Rodríguez, Cuba, cit. Kany).

5. *a)* Para la función de complemento directo, el pronombre de 3.ª persona tiene, en la norma culta de hoy, tres formas para el singular: *le, lo, la.* Como masculino, designando persona, se usa *le* (LE *encontré* [a tu hermano]), o *lo,* preferido en algunas zonas de España y en toda América (LO *encontré* [a tu hermano]). Como masculino, designando cosa, *lo:* LO *encontré* (el papel). Como femenino, designando persona o cosa, *la:* LA *encontré* (a tu hermana), LA *encontré* (la cartera).

b) El uso de *le* como complemento directo masculino de persona —uso que se llama *leísmo,* aunque esta denominación suele reservarse a los que se exponen después (→ c, e, f)— compite, como decimos, con el de *lo,* si bien predominando sobre este, el cual se prefiere reservar para complemento directo masculino de cosa. Según los recuentos llevados a cabo por Fernández Ramírez (§ 105), de 25 escritores españoles contemporáneos, 19 usan *le* exclusivamente o casi exclusivamente, para complemento directo masculino de persona (Martínez Sierra, Concha Espina, Benavente, J. Guillén, Blasco Ibáñez, Pardo Bazán, Gómez de la Serna, Rosa Chacel, F. de Cossío, Galdós, Baroja, Valle-Inclán, Zunzunegui, Pérez de Ayala, Azorín, Unamuno, Díaz Cañabate, Picón, Miró); dos lo usan de manera predominante, aunque en una proporción que no llega a 2/1 (Pemán y Arniches); y cuatro prefieren *lo,* aunque no excluyen *le* (Cela, J. R. Jiménez, Pedro Álvarez y Á. Quintero). Observa Fernández Ramírez que las cifras de empleo máximo de *le* se encuentran en autores castellanos (Martínez Sierra, Concha Espina, Benavente, Guillén, Gómez de la Serna, R. Chacel, F. de Cossío), mientras que el empleo máximo de *lo* aparece en autores andaluces (Á. Quintero, J. R. Jiménez) o de otros territorios no leístas o cuya lengua regional no conoce la forma *le* para acusativo (Cela y P. Álvarez); pero aun los que proceden de estas regiones se atienen muy a menudo al uso de los castellanos (por ejemplo, Pardo Bazán, Galdós, Valle-Inclán, Pérez de Ayala. Aunque la Academia admite el *le* complemento directo de persona, dice que «sería de desear» que esta forma se reservara para el complemento indirecto y que se dijera para el directo siempre *lo,* tanto para persona como para cosa *(Gramática,* § 246; cf. *Esbozo,* § 2.5.2*d*).

c) El empleo de *le* como complemento directo masculino de cosa *(«Doña Inés .. le infundía miedo; pero .. hizo cuanto pudo para apartar*LE *de sí»,* Valera, *Juanita,* 135), aunque bastante frecuente en la lengua clásica y todavía en el siglo pasado, hoy es raro en literatura: un caso cada 9 de *lo* con el mismo valor (Fernández Ramírez). En la lengua hablada la proporción es mayor, pero se limita al área de Castilla y León. Por ser uso regional, conviene evitarlo.

d) Para el plural, la norma culta registra solo dos formas: una masculina, *los,* designando persona o cosa: LOS *encontré* (a tus hermanos, o los papeles); otra femenina, *las,* designando también persona o cosa: LAS *encontré* (a tus hermanas, o las carteras).

e) El empleo de *les* como complemento directo masculino de persona es mucho menos acusado que el de *le* para persona en singular (→ b). Según los recuentos de Fernández Ramírez, solo se presenta *les* de complemento directo de persona una de cada diez veces frente a *los.* La lengua literaria, pues, no lo admite en general, si bien no escasean ejemplos de escritores cultos: *«Les sorprende el capitán moro Galbe, les cerca, les rinde, y acuciado por el traidor Ruy Velázquez los degüella»* (Menéndez Pidal, *Godos,* 222; nótese la variación al final); *«Sin olvidar lo mucho que les distingue»* (Alonso, *Poetas,* 172): *«¿Cómo no les retuvieron en la otra religión, en la oficial, los predicadores de ella?»* (Unamuno, *Visiones,* 91). He encontrado bastantes ejemplos en Miró, Azorín, Baroja, Galdós y hasta Cela; esporádicamente en otros autores. En la lengua hablada es mucho más frecuente, sobre todo en Castilla. Pero, como queda dicho, no es uso aceptado en la norma general.

f) El empleo de *les* como complemento directo masculino de cosa (LES *he guardado* [los papeles] *en el armario)* es prácticamente nulo en la lengua literaria (4 casos halla Fernández Ramírez, frente a 234 de *los).* Sin embargo, en las zonas en las que se usa *le* con el mismo valor en singular, la forma predominante en plural es *les.*

g) A veces aparece, incluso en textos literarios, la forma *le* (o *les)* indebidamente usada por *la* (o *las)* complemento directo femenino; en unos casos es ultracorrección debida al temor de incurrir en laísmo; en otros, puede tratarse de uso regional (cuando no se deba a errata o adulteración del texto): *«La*

Señora sabe que ella no pronuncia como todas las gentes, y esto le halaga y le confirma en su señorío lugareño» (Miró, *Cercado,* 176; cuatro ejemplos más recogidos en la misma obra); *«Una jovialidad y un buen humor que a Pilar le sorprendieron y hasta le escandalizaron»* (Baroja, *Románticos,* 23; dos ejemplos más en la misma obra); *«Don Jaime le pegó [a doña Angustias]. Las criadas dicen que le pegó»* (Torrente, *Señor,* 23).

h) En el español hablado por gallegos aparece coloquialmente un *le* expletivo referido a la persona *usted,* y que es marcadamente regional (cf. Rabanal, *Hablas,* 46; García, *Temas,* 123). En los ejemplos que siguen, son gallegos los que hablan: *«Le somos una nación, ¿sabe usted?... Le tenemos una personalidad nacional tan fuerte como la primera»* (Camba, *Rana,* 51); *«—Entonces, ¿usted dice que es de la parte de Porriño? —Eso es, de cerca; yo le vengo a ser de Mos»* (Cela, *Colmena,* 209).

6. Cuando el pronombre personal de 3.ª persona en función de complemento directo concurre con *se* en oraciones de sentido impersonal, hay duda entre usar *le, les* para masculino y femenino (SE LES *castigará,* 'ellos serán castigados' o 'ellas serán castigadas') o bien *le* o *lo, los* para masculino (SE LOS *castigará,* 'ellos serán castigados') y *la, las* para femenino (SE LAS *castigará,* 'ellas serán castigadas'); o bien *le, les* para masculino (*«SE LES *puede sacar a flote»* [a ellos], Galdós, *Torquemada,* II, 85), y *la, las* para femenino *(«Según el punto de donde* SE LAS *mira»,* Baroja, *Románticos,* 140). Aunque es cuestión mal dilucidada por los gramáticos, el hecho es que en la lengua general de hoy, en España, se prefiere la tercera y última opción de las mencionadas (masculino, *se le, se les;* femenino, *se la, se las);* en América, la segunda (masculino, *se lo, se los;* femenino, *se la, se los).*

7. Cuando el pronombre átono de 3.ª persona en función de complemento indirecto concurre con otro pronombre átono de 3.ª persona en función de complemento directo, el primero toma la forma *se* (invariable en género y número): *Se lo di,* 'lo di a él, o a ella, o a ellos, o a ellas'; *Se las vendió,* 'las vendió a él, o a ella, o a ellos, o a ellas'. No debe confundirse este *se* con el *se* reflexivo, que significa 'para sí' (→ SÍ², 3). En algunas zonas de América se pone indebidamente en plural el segundo pronombre de esta secuen-

«ÉL», PRONOMBRE PERSONAL DE TERCERA PERSONA: USO DE LAS FORMAS ÁTONAS «LE», «LA» Y «LO»

(Resumen)

SINGULAR

Masculino, persona, complemento directo .... LE¹ / LO²: He buscado a Luis y no *le* he visto. / He buscado a Luis y no *lo* he visto.

Masculino, persona, complemento indirecto .... LE: He buscado a Luis y *le* he dado la noticia.

Masculino, cosa, complemento directo .... LO³: Perdí el documento, pero ya *lo* he encontrado.

Masculino, cosa, complemento indirecto .... LE: He leído tu artículo y *le* he encontrado un defecto.

Femenino, persona o cosa, complemento directo .... LA: He buscado a Luisa y no *la* he visto. Perdí la carta, pero ya *la* he encontrado.

Femenino, persona o cosa, complemento indirecto .... LE⁴: He visto a Luisa y *le* he dado la noticia. He leído tu carta y *le* he encontrado una falta.

Neutro, complemento directo .... LO: He visto esto y *lo* he comprado.

Neutro, complemento indirecto .... LE: Me gusta esto, pero *le* han puesto un precio muy caro.

PLURAL

Masculino, persona o cosa, complemento directo .... LOS: He buscado a tus hermanos y no *los* he visto⁵. Perdí los documentos, pero ya *los* he encontrado.

Masculino, persona o cosa, complemento indirecto .... LES: He buscado a tus hermanos y *les* le dado la noticia. He leído tus artículos y *les* he encontrado un defecto.

Femenino, persona o cosa, complemento directo .... LAS: He buscado a tus hermanas y no *las* he visto. Perdí las cartas, pero ya *las* he encontrado.

Femenino, persona o cosa, complemento indirecto .... LES⁶: He buscado a tus hermanas y *les* he dado la noticia. He leído tus cartas y *les* he encontrado una falta.

¹ Forma preferida por la mayoría de los escritores españoles actuales (*leísmo* correcto).
² Forma preferida por la Academia, por el uso general hispanoamericano y por el de algunas regiones españolas.
³ El uso de *le* en este caso es hoy regional (*leísmo* incorrecto).
⁴ El uso de *la* en este caso (*laísmo*) es propio de la lengua hablada en gran parte de España, incluyendo Madrid. No se considera aceptable en la lengua escrita.
⁵ Existe también, frecuente en la lengua hablada, pero con poco prestigio en la escrita, la forma *les* para persona complemento directo: He buscado a tus hermanos y no *les* he visto.
⁶ El uso de *las* por *les* en este caso (*laísmo*) es tan frecuente en la lengua hablada como el correspondiente singular (v. nota 4); pero se considera igualmente inaceptable en la lengua escrita.

cia cuando el *se* complemento indirecto se refiere a una pluralidad de personas: *Se* LOS *dije*, por *Se* LO *dije* [a ellos]; *«Una noche de nevada se habían divertido en escribir RIP con un palito en todas las cajas de latón, y a un policía le había gustado más bien poco la gracia y se* LOS *había dicho»* (Cortázar, *Rayuela*, 358). (Cf. Cuervo, *Apuntaciones*, § 356; Kany, 109; Flórez, *Apuntes*, 141.)

8. Los pronombres átonos de 3.ª persona en función de complemento directo y de complemento indirecto *(le, lo, la, les, los, las)* pueden ir acompañados, dentro de la frase, por la forma tónica del mismo pronombre precedida de la preposición *a;* es decir, el complemento directo o el complemento indirecto aparece mencionado dos veces por el mismo pronombre en dos formas distintas. En este caso, la forma tónica con *a* tiene un papel enfático semejante al señalado antes (→ 2, b): A ÉL *no* LE *gustó la propuesta; La propuesta no* LE *gustó* A ÉL.

9. Sobre el pronombre personal neutro *ello,* → ELLO.

10. Sobre colocación de las formas átonas *le, lo, la, les, los, las* respecto al verbo *(lo pide / pídelo / pidiéndolo)* y respecto a otros pronombres personales átonos *(me lo das, se les fue, póntelos),* → PRONOMBRES PERSONALES ÁTONOS.

-el. Sufijo fósil de sustantivos (a veces de adjetivos): *lebrel, vergel, cuartel, cordel, novel.*

Elche. La ciudad alicantina que en catalán y valenciano tiene el nombre de *Elx* se denomina en castellano *Elche,* y es esta la forma que debe usarse cuando se habla o escribe en español.

electro-. Forma prefija del adjetivo *eléctrico: electroimán, electromecánico.*

electrochoc, electrochoque → CHOQUE.

electrodo. En electricidad, 'extremo de un conductor'. La Academia registra, además de esta forma, la esdrújula *eléctrodo,* que ella presenta como preferible, pero que no parece tener ningún uso.

electrólisis. 'Descomposición de un cuerpo por la electricidad'. Es nombre femenino. Su acentuación es esdrújula; es errónea, por tanto, la forma *electrolisis,* frecuente entre los físicos y químicos (es la única registrada por la Academia de Ciencias en su *Vocabulario*).

electrólito. 'Cuerpo que se somete a la descomposición por la electricidad'. La acentuación de esta palabra es esdrújula; es errónea, por tanto, la forma *electrolito.* Esta forma, sin embargo, parece la preferida por muchos físicos y químicos (cf. Academia de Ciencias, *Vocabulario*).

electro-shock → CHOQUE.

elefantiasis. 'Cierta enfermedad'. Se pronuncia /elefantiásis/, no /elefantíasis/.

elegir. Verbo irregular. Se conjuga como *vestir* [62].

eleo-. Forma prefija del griego *élaion,* 'aceite': *eleometría.*

elevar. Construcción: *elevarse* AL O HASTA *el cielo; elevarse* DE *la tierra; elevarse* POR *los aires; elevarse* SOBRE *el vulgo.*

Élide. Nombre de una región de Grecia. Es preferible esta forma a *Élida* (Fernández Galiano).

Eliseo. **1.** *Eliseo,* /eliséo/, es nombre de varón.

2. *Elíseo,* /eliséo/, o mejor *Elisio* (del latín *Elysius),* es el nombre del lugar donde, según el mito antiguo, residían las almas de los bienaventurados. También puede ser adjetivo: *los Campos Elíseos* o *Elisios.*

élite. Es palabra francesa, se pronuncia /elít/, es nombre femenino y significa 'minoría selecta'. Su plural es *élites,* /elít/. En España y en América muchos pronuncian con lectura española, /élite/, ignorando que la tilde francesa tiene una función muy distinta de la que tiene la española. La Academia propone la forma *elite,* con pronunciación /elíte/, cuyo plural es *elites,* /elítes/.

elixir. 'Licor medicinal'. Puede ser *elixir,* con acentuación aguda, o *elíxir,* con acentuación grave. Pero la primera forma es la que se usa normalmente.

ella → ÉL.

ello. **1.** Pronombre personal neutro de 3.ª persona. No se refiere nunca a persona ni a cosa determinada, sino a conjuntos de cosas, a ideas complejas o a hechos: *¿Alcanzar un porvenir sin esfuerzo?, no pienses en ello.* Puede funcionar como sujeto, como predicativo o como complemento con preposición. En esta forma tónica *(ello)* es raro en la lengua hablada, pero frecuente en la escrita: «*Ello fue que al día siguiente, en bestias de la hacienda, salimos a conocer la finca ofrecida*» (León Rey, *Nidito*, 96). La lengua conversacional aquí hubiera dicho *el caso fue que...* Cf. Henríquez Ureña, «*Ello*», 221.

2. Para las funciones de complemento directo y complemento indirecto toma las formas átonas *lo* y *le*, respectivamente: *Lo que han dicho no* LO *he entendido; A todo aquello no* LE *veíamos solución.*

Es anormal el uso de *ello* como complemento sin preposición: «*Tanto Corominas como García de Diego comprenden ello muy bien y así lo hacen notar en los prólogos de sus respectivas obras*» (Fernández-Sevilla, *Lexicografía*, 50).

3. La forma átona *lo* puede también funcionar como predicativo en oraciones con *ser, estar* o *parecer: Si él es listo, yo también* LO *soy; Si ella es lista, la otra también* LO *es; Es lista, pero no* LO *parece.* Pero con estos verbos solo se puede usar *lo* en función predicativa. En un caso como *Está en casa o no* LO *está, lo* no es un predicativo, sino un complemento de lugar; vale por 'en casa'. Deberá ser, por tanto, *Está en casa o no está* EN ELLA.

-elminto. Forma sufija del griego *hélmins,* 'gusano': *platelminto.*

-elo. Sufijo de sustantivos, con significado originariamente diminutivo: *libelo, novela, ciudadela, pastorela.*

elogiar. Se conjuga, en cuanto al acento, como *cambiar* [1 a].

elucubración. 1. 'Composición o escrito hecho por alguien con sus propias meditaciones'; también 'divagación' (Moliner). Hoy es más frecuente este término que su sinónimo, preferido por la Academia y de carácter más literario, *lucubración.*

2. Lo mismo puede decirse respecto a los verbos correspondientes *elucubrar* y *lucubrar.* Conviene advertir, a propósito de ellos, que, aunque la Academia considera *lucubrar* solo como transitivo, ambos se usan normalmente como intransitivos: «*Acabó por hablar de la película que iban a ver; elucubraban a sus expensas*» (Payno, *Curso,* 67); «*El aceite, para espabilar la lamparita del alma, para lucubrar*» (Cela, *Viaje andaluz,* 212).

Elx → ELCHE.

em- → EN-.

emanar. Este verbo, como intransitivo, significa 'proceder' (de alguien o algo): *La simpatía que emana de su persona.* Como transitivo, significa 'exhalar o emitir': «*Quiérase o no, el coto emana un tufo de privilegio*» (Delibes, *Perdiz,* 147); «*Los malos olores que emana el populoso barrio de la China*» (*Ya,* 3.8.1962, 12).

embadurnar. Construcción: *embadurnar* DE *pintura.*

embaír. Verbo defectivo. Se conjuga, como *abolir,* solo en las personas cuyas desinencias comienzan por *i.* En las formas a las que corresponden los formantes *-ió, -ieron, -iera, -iendo,* etc., la *i* se sustituye por *y* (como en *huir): embayó, embayendo.* (Véase cuadro.)

embajador. El femenino de este nombre es *embajadora.* No hay motivo para decir *la embajador,* «*la señorita embajador*» (J. Carabias, *Ya,* 19.10.1972, 8).

embarazada. Construcción: *embarazada* DE *seis meses.*

embarcarse. Construcción: *embarcarse* EN *un vapor; embarcarse* PARA *América; embarcar a alguien* EN *un negocio.*

embargo. 1. *Sin embargo.* Locución adverbial (no conjuntiva, como dicen muchas gramáticas) que expresa oposición parcial a lo enunciado anteriormente en el discurso. Es frecuente que ocupe un segundo lugar en la oración; pero puede ir en cualquier sector de ella, preferentemente al principio. En todo caso, es norma ortográfica aislar esta locución del resto de la frase por medio de comas. Es error vulgar confundir *sin embargo* con *en cambio,* otra locución adverbial que también expresa oposición, pero no parcial, sino total: significa 'por el contrario'; por ello no está bien empleado *sin embargo* en este ejemplo: «*El primer ministro soviético .. saludó con todo afecto, sonriente, a su colega español. El embajador chino,* SIN EMBARGO, *le estrechó la mano secamente*» (*Triunfo,* 7.10.1972, 7). Aquí quiso decirse *en cambio.* Inversamente, en el texto que sigue, *en cambio* debió ser *sin embargo:* «*La nostalgia .., la grave enfermedad de los españoles .. Despotrican contra su tierra y,* EN CAMBIO, *la aman con pasión*» (Fernández de la Reguera-March, *España,* 73).

CONJUGACIÓN DEL VERBO «EMBAÍR»
(tiempos simples)

INDICATIVO

Pres. embaímos, embaís.
Pret. impf. embaía, embaías, embaía, embaíamos, etc.
Pret. indef. embaí, embaíste, embayó, embaímos, embaísteis, embayeron.
Fut. impf. embairé, embairás, embairá, embairemos, etc.
Pot. simple embairía, embairías, embairía, embairíamos, etc.

SUBJUNTIVO

Pres. No tiene.
Pret. impf. embayera o embayese, embayeras o embayeses, etc.
Fut. impf. embayere, embayeres, etc.

IMPERATIVO

embaíd.

FORMAS NO PERSONALES

Inf. embaír.   *Ger.* embayendo.   *Part.* embaído.

---

2. *Sin embargo de.* Locución prepositiva, 'a pesar de': *Sin embargo de lo dicho; Sin embargo de ser fiesta.* En esta locución no debe escribirse coma después de *embargo.* Esta locución prepositiva es hoy exclusiva de la lengua escrita.
3. No es aceptable la grafía *sinembargo,* como una sola palabra, usada por muchas personas en América.
4. *Embargo,* como nombre masculino, es 'retención de bienes por mandato oficial' y 'prohibición gubernamental de comercio'. No debe usarse en lugar de *reserva* o *secreto,* como por anglicismo hacen a veces los periodistas: *«Es una lástima que Santiago Carrillo haya pretendido desmentir lo que sin solicitud de embargo de ninguna clase .. dijo durante nuestra comentada cena»* (P. J. Ramírez, *Abc,* 3.2.1980, 7).

embarnecer. Verbo irregular. Se conjuga como *agradecer* [11].

embastecer. Verbo irregular. Se conjuga como *agradecer* [11].

embaucar. Se conjuga, en cuanto al acento, como *causar* [1 e]: *embauco, embaucas, embauca, embaucamos, embaucáis, embaucan.*

embaular. Sobre la pronunciación de este verbo no hay norma definida. Unos lo pronuncian con hiato *(embaúlo, embaúlas, embaúla)* y otros con diptongo *(embaulo, embaulas,* etc.). En España, entre personas cultas, se oye generalmente la primera pronunciación (como *aullar* [1 f]).

embebecer. Verbo irregular. Se conjuga como *agradecer* [11].

embellecer. Verbo irregular. Se conjuga como *agradecer* [11].

embestir. 1. Verbo irregular. Se conjuga como *vestir* [62].
2. Construcción: *embestir* A o CONTRA *la multitud.*

emblanquecer. Verbo irregular. Se conjuga como *agradecer* [11].

emborrachar. Construcción: *emborracharse* CON o DE *aguardiente.*

emboscar. 'Poner oculta (una tropa) para atacar por sorpresa'. Más frecuente que este uso transitivo es el reflexivo, *emboscarse.* Otro uso transitivo, 'tender una emboscada (a alguien)', es raro: *«Dos pistoleros de ETA lo emboscaron. Un capitán de infantería ca-*

cereño, herido grave en París» (Hoy, 9.10.1975, 7); «Destacamentos 'senderistas' .. fueron emboscados, maltratados y ejecutados en toda la zona de Iquicha» (Vargas Llosa, Abc, 9.8.1983, 3).

embravecer. Verbo irregular. Se conjuga como agradecer [11].

embriagar. Construcción: embriagarse CON champán; embriagarse DE júbilo.

embrutecer. Verbo irregular. Se conjuga como agradecer [11].

embutir. Construcción: embutir DE algodón; embutir una cosa EN otra.

-emesia, -emesis, -emisia. Formas sufijas del griego émesis, 'vómito': hiperemesia.

-emia. Forma sufija del griego haíma, 'sangre': hiperemia.

emolir. Verbo defectivo. Se conjuga, como abolir, solo en aquellas personas cuya desinencia comienza por i.

empalmar. Construcción: empalmar un madero CON otro.

empapar. Construcción: empapar DE o EN esencias: «empapado DE su sangre» (Hierro, Poesía, 75).

emparedado → SÁNDWICH.

emparentar. 1. Se conjuga normalmente como regular, aunque raramente, siguiendo el uso antiguo, aparece como irregular (modelo cerrar [6]). **2.** Construcción: emparentar CON otra familia.

empecer. Verbo irregular. Se conjuga como agradecer [11].

empedrar. Verbo irregular. Se conjuga como cerrar [6].

empeñar. Construcción: empeñarse EN una empresa; empeñarse EN mil duros; empeñarse EN ir (no DE ir).

empequeñecer. Verbo irregular. Se conjuga como agradecer [11].

emperador. El femenino de este nombre es emperatriz.

empero. Adverbio que expresa oposición restringida. Su uso se limita a la lengua literaria. Puede ir en primero o en segundo lugar

de la oración: «Aunque el [santo] enseñaba cosas más devotas que curiosas .., eran empero aquellas palabras eficaces y de gran fuerza» (Ribadeneyra, cit. Academia, Gramática, § 344).

empezar. 1. Verbo irregular. Se conjuga como cerrar [6]. **2.** Construcción: empezar A hablar; empezar POR hablar. Empezar a + infinitivo es locución verbal que expresa comienzo de la acción expresada por el infinitivo.

Empíreo. 'El cielo'. Advierte Fernández Galiano que la forma correcta de esta palabra de origen griego debería ser Empirio. Pero Empíreo es la más generalizada.

emplastecer. Verbo irregular. Se conjuga como agradecer [11].

empleado. El empleado de categoría superior con funciones de responsabilidad o dirección en una empresa se suele llamar ejecutivo (femenino, ejecutiva); en un organismo público se llama alto funcionario (femenino, alta funcionaria). En otros ámbitos se puede decir mando intermedio. Como nombre colectivo para unos y otros se puede usar el nombre de los cuadros: «Lo conseguido por la Sección Femenina se debe sobre todo a la preparación de sus cuadros» (Primo de Rivera, Discursos, 19); «El bienestar debe residir en nuevas pretensiones, en nuevas aspiraciones. Y esto lo entiende mejor el campesino que el obrero urbano. Y sobre todo lo entienden mejor los cuadros. Por eso no somos un partido de masas» (Tierno Galván, Gaceta, 15.8.1976, 26). Aunque este empleo de cuadros procede directamente de un uso moderno del francés cadres, no carece de relación con los cuadros de mando militares, ya bien implantados en el idioma y que a su vez tienen su origen en otro uso francés que data de la Revolución. En realidad, el sentido moderno del francés cadres (que también ha pasado al inglés y al alemán, como el del italiano quadri, es calco del plural ruso kadry —no usado en singular—, 'dirigentes del Partido Comunista' (que históricamente se remonta al sentido militar francés mencionado; cf. Cortelazzo-Zolli).

Del plural cuadros se ha formado un uso singular cuadro (en francés cadre) para designar a cada individuo de los que forman los cuadros; es decir, al 'empleado o funcionario con cargo de responsabilidad'. Se trata de una utilización abusiva del término, ya que *cuadro*, con la idea de 'mando', tiene naturalmente sentido colectivo (aunque también es cierto que el uso no deja de tener explicación dentro de los mecanismos semánticos del idioma).

emplear. Construcción: *emplear sus fuerzas* EN *algo; emplear a una persona* EN *su oficina.*

empobrecer. Verbo irregular. Se conjuga como *agradecer* [11].

emporcar. Verbo irregular. Se conjuga como *acordar* [4].

Empordà → AMPURDÁN.

empotrar. Construcción: *empotrar* EN *el muro.*

Empúries → AMPURIAS.

en. 1. Preposición. Es siempre átona. Expresa las siguientes relaciones:

a) Lugar en donde: *Estoy en casa; Llueve en provincias.*

b) Tiempo durante el cual ocurre la acción: *Estamos en verano; Nació en 1920.*

c) Aspecto, limitación, parte: *Perito en la materia; Especialista en niños; Abundante en caza; La supera en belleza.*

d) Término de un movimiento, con determinados verbos: *Cayó en tierra; Entraron en la alcoba.* Se podría emplear en estos casos la preposición *a (Cayó a tierra, entraron a la alcoba)*, pero aludiendo al movimiento y no a su final (Gili Gaya, § 191). (Sobre *entrar* A / *entrar* EN, → ENTRAR.) También aparece la preposición *en*, con el mismo sentido de término, en frases hechas: *caer en gracia, caer en desgracia, venir* (o *ir*) *en ayuda*, y en giros en que consta igualmente el punto de partida: *de mano en mano, de mal en peor, de uno en otro, de sorpresa en sorpresa, «de admiración en admiración»* (Galdós, *Torquemada*, II, 30). El término es impreciso en la frase *de allí* (o *de aquí*) *en adelante*, con sentido local o temporal.

e) Modo: *en serio, en secreto, en confianza, en fila, en orden, en color, en serie, en conjunto.* Se forman así varias locuciones adverbiales.

f) Medio o instrumento: *Hablar en español; Viajar en tren.*

g) Precio: *Se lo vendo en cien pesetas.*

h) Causa: *Le conocí en el andar; Se le notaba en la manera de contestar.*

i) Seguido de un gerundio: tiempo a partir del cual se realiza inmediatamente la acción: *En poniendo el general los pies en la playa, dispara la artillería.*

2. El uso de *en* para denotar materia no es el más normal en español: *vestido* EN *lana, estatua* EN *bronce, cubo* EN *plástico.* Esta noción corresponde a la preposición *de: vestido* DE *lana, estatua* DE *bronce, cubo* DE *plástico.* No obstante, en algunos casos es conveniente el empleo de *en* en beneficio de la claridad. Véase este anuncio: *«Escurridor de verduras* EN *plástico .. Botella de un litro* EN *plástico .. Cubo para agua* EN *plástico .. Bolsa para la compra* EN *nylon .. Alfombra para baño* EN *goma .. Tapa de 'water'* EN *plástico .. Guantes para limpieza* EN *goma 'látex' .. Cubierto de mesa* EN *alpaca» (Ya,* 3.8.1962, 7). En estos enunciados, el empleo de *de* en lugar de *en* hubiera dado lugar a algunas anfibologías. El mismo anuncio, en otros lugares en que no hay riesgo en este sentido, emplea la preposición *de: «Plato* DE *plástico flexible .. Bayeta* DE *celulosa».*

3. *En cinco minutos,* por *dentro de cinco minutos,* es uso, si no calcado del inglés, sí influido por él, que conviene evitar en favor de la claridad y la exactitud: *en* significaría 'durante'; *dentro de* es 'al cabo de'. El uso de *en* está más extendido en América que en España: *«En minutos serán ya las cinco»* (Benedetto, *Caballo,* 116).

4. *En la mañana, en la tarde, en la noche («Una lanza que le habían dado en la mañana»,* Uslar Pietri, *Lanzas,* 220; *«Matas solitarias, de hojas velludas, que sudaban en la noche»,* Carpentier, *Reino,* 19), son construcciones normales en América, frente a las de España *por la mañana, por la tarde, por la noche* (cf. Steel, *Americanismos,* 181). Sin embargo, el uso era normal en el español clásico (cf. Cuervo, *Diccionario,* Cont., s. v., § 8*b*): *«Me conviene y me importa quedar mañana en la tarde libre de tener quien me siga y me persiga»* (Cervantes, *Vizcaíno,* 156). La presencia del *en* en Sender *(«Los domingos en la tarde .. iba a jugar a las birlas»,* Réquiem, 35, etc.) no se debe a arcaísmo, sino a su prolongada estancia en América.

5. En la lengua literaria se usa a veces, por galicismo, *en* por *como* o *a lo: Vive en príncipe* es *Vive como un príncipe, Vive a lo* príncipe: «*Don Mónico es un alcalde anti-guo, que rige al pueblo en padre de familia*» (Cela, *Alcarria*, 134); «*Uno de los caballe-ros cristianos más nobles de todos los tiem-pos, que murió en paladín*» (Muñoz, trad. Lewis, *Carlos de Europa*, 104); «*El mundo de poderes que Solimán invocaba con sus conjuros, en verdadero amo de la isla*» (Car-pentier, *Reino*, 78). En los ejemplos podía haberse dicho *como: como padre de familia, como paladín, como amo.*

6. En el habla popular de muchas regio-nes hispanoamericanas se omite la preposi-ción *en* delante del sustantivo *ocasión,* cuando este tiene el significado de 'vez', o delante de otros sustantivos semejantes *(mo-mento, instante,* etc.): *una ocasión,* 'en una ocasión', *aquel momento,* 'en aquel mo-mento'. La omisión se debe, sin duda, a la in-fluencia de expresiones en que la supresión de *en* es normal, como *una vez, aquel día, aquel año, días pasados* («*Nevó días pasa-dos, pero sin cuajar*», Ridruejo, *Diario,* 23). Ejemplos: «*Esa ocasión eché el resto*»; «*¿No lo había descubierto él una siesta?*»; «*Dos moscas que pasaban ese momento*»; «*El dios Pan encontró cierta ocasión una ninfa en el bosque*» (cit. Kany, 366).

7. *Ir en casa de:* → CASA.

8. *En base a:* → BASE.

9. *En balde a:* → BALDE.

en-. Prefijo de origen latino y griego de sustantivos o verbos. Su significación es muy variada, aunque con frecuencia indica la idea de 'dentro de' o 'sobre': *encubrir, en-salivar.* Toma la forma *em-* cuando precede a *b* o *p: empapelar, emborrachar.*
En palabras procedentes directamente del latín tiene a veces valor de negación: *ene-migo, enfermedad.* → IN-.

-en. Sufijo átono de sustantivos, variante de *-e,* propio de la lengua popular: *el aprove-chen, el chupen.* Cf. Seco, *Un sufijo,* 458.

-én. Sufijo tónico de sustantivos o adjeti-vos derivados de numerales: *seisén, cator-cén.*

-ena → -ENO.

enaltecer. Verbo irregular. Se conjuga como *agradecer* [11].

enamarillecer. Verbo irregular. Se conjuga como *agradecer* [11].

enamorar. Construcción: *enamorarse* DE *alguien.*

enardecer. Verbo irregular. Se conjuga como *agradecer* [11].

encajar. Construcción: *encajar una pieza* EN O CON *otra.*

encallar. Construcción: *encallar la nave* EN *la arena.*

encallecer. Verbo irregular. Se conjuga como *agradecer* [11].

encaminar. Construcción: *encaminarse* A *la puerta.*

encanecer. Verbo irregular. Se conjuga como *agradecer* [11].

encante. Aunque esta voz figura en el *Dic-cionario* de la Academia con la calificación de «poco usada», en realidad es castelaniza-ción, en boca de catalanes, del nombre cata-lán *encant,* que equivale al castellano *barati-llo o tienda de ocasión.*

encapricharse. Construcción: *encapri-charse* CON O DE *algo; encapricharse* POR *una mujer.*

encaramar. Construcción: *encaramarse* AL *tejado; encaramarse* A O EN *un árbol.*

encarar. Construcción: *encararse* CON O A *alguno.*

encarecer. Verbo irregular. Se conjuga como *agradecer* [11].

encargar. Construcción: *encargarse* DE *un negocio.*

encargo. *Bajo encargo:* → BAJO, 7. *Sobre encargo:* → SOBRE, 4.

encarnizar. Construcción: *encarnizarse* CON (raro EN) *los fugitivos.*

Encartaciones. La comarca vizcaína que en vascuence tiene el nombre de *Enkarterriak* se denomina en castellano *las Encartacio-nes,* y es esta la forma que debe usarse cuando se habla o escribe en español.

encenagar. Construcción: *encenagarse* EN *los vicios.*

encender. **1.** Verbo irregular. Se conjuga como *entender* [14].
2. Construcción: *encender un cigarro* A O EN *la lumbre; encenderse* DE O EN *ira.*

encerrar. Verbo irregular. Se conjuga como *cerrar* [6].

-encia. Sufijo de sustantivos abstractos: *continencia, excelencia, querencia.*

encima. **1.** Adverbio de lugar que significa 'en lugar o puesto superior'.
2. Adverbio que expresa acumulación, equivalente a *además* o *aún más: «En cada diálogo, Platón enfoca un tema singular y trata de otros ocasionalmente. Además, varía a veces de opinión. Y, encima, gusta de revestir sus ideas bajo imágenes plásticas»* (Carreras, *Hist. filosofía,* 39). Se usa sobre todo en la lengua coloquial.
3. Construcción: *encima* DE *la mesa; encima* DE *llegar tarde, te burlas. Encima de* constituye una locución prepositiva, que puede ir precedida de la preposición *por,* añadiendo idea de tránsito: *Voló por encima del pueblo;* o formando la locución *por encima de* 'a pesar de', 'contra la voluntad de': *Lo haré por encima de quien sea; por encima de todo.*
Encima de + pronombre personal *(encima de mí)* se sustituye, en el habla vulgar, por *encima* + posesivo *(encima mía* o *encima mío).* En algunos países incluso se antepone el posesivo *(en mi encima).* Este uso no se admite en la lengua normal.
4. Sobre el uso de *encima* por *encima de (encima la mesa,* por *encima* DE *la mesa),* → DE, 2.
5. Diferencia entre *encima* y *arriba:* → ARRIBA, 4.

encinta. **1.** 'Embarazada'. Puesto que esta palabra es adjetivo y no adverbio, no es invariable, como algunos creen: *«Cuéntase que las mujeres encinta no podían ver las tragedias de Esquilo»* (Pérez de Ayala, *Máscaras,* 228); *«Las dos condenadas se encuentran encinta»* (*Informaciones,* 18.9.1975, 1). El plural es *encintas.* Cf. Cuervo, *Apuntaciones,* § 205.
2. No se admite hoy la grafía *en cinta* (aunque la Academia la recogió en su *Diccionario* hasta 1899). El adjetivo *encinta,* cuyo origen está en el latín *incincta,* 'desceñida', no tiene relación con el nombre *cinta,* ni tampoco con una locución adverbial *en cinta,* que desde 1780 hasta ahora viene recogiendo el *Diccionario* académico (s. v. *cinta),* con el sentido de 'en sujeción' o 'con sujeción', y de cuya existencia real, actual o pasada, no he encontrado ninguna noticia.

enclenque. 'Enfermizo'. Es errónea la forma *enquencle.*

enclocar. Verbo irregular. Se conjuga como *acordar* [4].

-enco. Sufijo de adjetivos, que indica pertenencia: *ibicenco, azulenco.* Puede tomar la forma *-engo,* para sustantivos y adjetivos: *abolengo, realengo.*

encoger. Construcción: *encogerse* DE *hombros.*

encomendar. **1.** Verbo irregular. Se conjuga como *cerrar* [6].
2. Construcción: *encomendarse* A *Dios; encomendarse* EN *manos de alguno.*

encomiar. Se conjuga, en cuanto al acento, como *cambiar* [1 a].

encontrar. **1.** Verbo irregular. Se conjuga como *acordar* [4].
2. Construcción: *encontrarse* CON *un amigo.*
3. *Encontrar a faltar,* en el castellano hablado por catalanes, corresponde al general *echar de menos* o *echar en falta: «El verbo* llorar *puedo aplicarlo en un sentido más lato, significando no solo la mera acción de* verter lágrimas, *sino de* anhelar, lamentar, encontrar a faltar»* (Montoliu, *Gramática,* III, 216). Alguna vez aparece en no catalanes: *«Yo encuentro a faltar en el idioma escrito muchos más signos»* (A. de Miguel, *Informaciones,* 28.10.1972, 16).

encuadernar. Construcción: *encuadernar* EN *rústica,* EN *pasta.*

encubrir. Verbo irregular. Se conjuga como *abrir* [37].

encuentro. 'Prueba deportiva en que se enfrentan dos personas o dos equipos'. No es necesario el anglicismo *match.*

encumbrar. Construcción: *encumbrarse* A o HASTA *el cielo; encumbrarse* SOBRE *sus conciudadanos.*

endeble. El superlativo de este adjetivo es *endeblísimo* (no *endebilísimo,* como pediría la norma que rige para los adjetivos en *-ble).*

endeca-. Forma prefija del griego *héndeka,* 'once': *endecasílabo.*

endemoniar. Se conjuga, en cuanto al acento, como *cambiar* [1 a].

endentar. Verbo irregular. Se conjuga como *cerrar* [6]. (→ DENTAR.)

endo-. Forma prefija del griego *éndon*, 'dentro': *endocrinología*.

-endo → -NDO.

endosar. Tiene dos sentidos: en comercio, 'ceder a favor de alguien (un documento de crédito), haciéndolo constar al dorso'; y, en el uso común, 'encargar a alguien (algo molesto)'. Es inadecuado emplear este verbo en lugar de *respaldar* o *apoyar* —por influjo del inglés *endorse*—: «*Los blancos no endosarán jamás, por su propia iniciativa y sin ser sometidos a fuertes presiones exteriores, ningún cambio fundamental del actual sistema*» (D. Pino, *País*, 8.8.1976, 6).

endósmosis → ÓSMOSIS.

endurecer. **1.** Verbo irregular. Se conjuga como *agradecer* [11].
2. Construcción: *endurecerse* AL *trabajo*; *endurecerse* CON, EN o POR *el ejercicio*.

enea → ANEA.

enea-. Forma prefija del griego *ennéa*, 'nueve': *eneágono*.

enema. **1.** 'Irrigación, lavativa'. Es nombre masculino, *el enema*. Sin embargo, la Academia lo dio como femenino hasta 1970, y como femenino lo usan todavía algunos médicos: «*No debe administrarse nada por la boca ni poner una enema*» (Mascaró, *Médico*, 43).
2. A veces, por su semejanza, se confunden los términos médicos *enema* y *edema*: «*Años y años de 'pensamiento débil' para que de pronto Mitterrand proponga una lavativa (edema para los más finos) con tal de que los intestinos de la izquierda recuperen el metabolismo de las derrotas*» (Vázquez Montalbán, *País*, 29.3.1993, 6). *Enema* es, como queda dicho, 'lavativa'; *edema* es 'hinchazón'.

enemistar. Construcción: *enemistar a uno* CON *otro*.

enervar. El significado de este verbo es 'debilitar, aflojar' (del latín *e-nervare*, 'quitar el nervio'): «*La pieza de coto trasciende domesticidad, se le antoja al cazador enervada y vacilante; carece .. de la estupenda bravura, pongo por caso,. de la perdiz de ladera*» (Delibes, *Perdiz*, 147). No es, como muchos creen, 'poner nervioso': «*Por la noche, enervada por el calor, daba vueltas y*

más vueltas en el lecho sin conseguir pegar un ojo» (Goytisolo, *Resaca*, 235). La misma advertencia vale para los derivados *enervamiento* y *enervante*. Sin embargo, lo extendido de la confusión ha llevado a la Academia a recoger el sentido de 'poner nervioso', aunque con la observación, de intención reprobatoria, de «galicismo frecuente».

enfadar. Construcción: *enfadarse* CON o CONTRA *alguno*; *enfadarse* DE *la réplica*; *enfadarse* POR *poco*.

enfermar. Construcción: *enfermar* DEL *pecho*. Es regional en España el uso reflexivo, *enfermarse*; en América, en cambio, es general.

enfermo. Construcción: *enfermo* CON *fiebre*; *enfermo* DEL *hígado*; *enfermo* DE *hepatitis*.

enflaquecer. Verbo irregular. Se conjuga como *agradecer* [11].

enfrascar. Construcción: *enfrascarse* EN *la lectura*.

enfrente. **1.** Adverbio de lugar: 'a la parte opuesta', 'en punto que mira a otro': *Allí está la iglesia y, enfrente, mi casa*. La grafía *en frente*, aunque figura en los diccionarios, ha caído en desuso.
2. Adverbio de modo: 'en pugna': *Su propio hijo se le puso enfrente*.
3. Construcción: *enfrente* DE *la iglesia*; *se puso enfrente* DE *su propio padre*. No es normal la construcción con posesivo (*enfrente suyo*; «*Los tres hombres se acomodan enfrente mío*», Goytisolo, *Níjar*, 44) en lugar de la preposición *de* con pronombre personal (*enfrente de él* o *de ella, de mí*).

enfriar. Se conjuga, en cuanto al acento, como *desviar* [1 c].

enfurecer. **1.** Verbo irregular. Se conjuga como *agradecer* [11].
2. Construcción: *enfurecerse* CON o CONTRA *alguno*; *enfurecerse* DE *ver injusticias*; *enfurecerse* POR *todo*.

engalanar. Construcción: *engalanarse* CON *plumas ajenas*.

engastar. Construcción: *engastar* EN *oro*; *engastar* CON *perlas*.

-engo → -ENCO.

engolfar. Construcción: *engolfarse* EN *cosas graves*.

engolosinarse. Construcción: *engolosinarse* CON *algo*.

engrandecer. Verbo irregular. Se conjuga como *agradecer* [11].

engreír. **1.** Verbo irregular. Se conjuga como *reír* [57].
2. Construcción: *engreírse* CON o DE *su fortuna*.

engrosar. Este verbo tiene una conjugación irregular, como *acordar* [4], y una regular. La primera —la más antigua— está hoy casi en desuso. De las dos acepciones de *engrosar*, una, 'poner grueso', tiende a expresarse hoy por medio del verbo *engruesar;* la otra, 'acrecentar', se expresa por medio del regular *engrosar* (cf. Academia, *Esbozo*, § 2.12.3, n. 56): «*Estos son los que realmente engrosan las recaudaciones*» (J. L. Castillo-Puche, *Ya*, 10.2.1963).

engrumecerse. Verbo irregular. Se conjuga como *agradecer* [11].

engullir. Verbo irregular. Se conjuga como *mullir* [53].

enhestar. Verbo irregular. Se conjuga como *cerrar* [6].

enhorabuena. **1.** Cuando es nombre tiene un solo acento, en la penúltima sílaba: *Vengo a darle la enhorabuena,* /enorabuéna/.
2. Cuando es adverbio, con frecuencia se pronuncia con dos acentos: *¡Que sea enhorabuena! ¡Enhorabuena, amigo!,* /enóra--buéna/. En este caso puede escribirse también *en hora buena,* aunque no es usual.

Enkarterriak → ENCARTACIONES.

enlazar. Construcción: *enlazar una cosa* A o CON *otra*.

enlobreguecer. Verbo irregular. Se conjuga como *agradecer* [11].

enloquecer. **1.** Verbo irregular. Se conjuga como *agradecer* [11].
2. Construcción: *enloquecer* DE *pesadumbre*.

enlucir. Verbo irregular. Se conjuga como *lucir* [51].

enmagrecer. Verbo irregular. Se conjuga como *agradecer* [11].

enmedio → MEDIO, 2.

enmendar. **1.** Verbo irregular. Se conjuga como *cerrar* [6].
2. Construcción: *enmendarse* DE *una falta*.

enmohecer. Verbo irregular. Se conjuga como *agradecer* [11].

enmudecer. Verbo irregular. Se conjuga como *agradecer* [11].

enmugrecer. Verbo irregular. Se conjuga como *agradecer* [11].

ennegrecer. Verbo irregular. Se conjuga como *agradecer* [11].

ennoblecer. Verbo irregular. Se conjuga como *agradecer* [11].

eno-. Forma prefija del griego *oínos,* 'vino': *enólogo*.

-eno. Sufijo que forma numerales ordinales: *noveno;* o (en su forma femenina) sustantivos colectivos abstractos: *decena, docena;* o adjetivos que significan semejanza: *moreno*. Se combina con *-ar: centenar*.

enojar. Construcción: *enojarse* CON o CONTRA *una persona; enojarse* DE *lo que se dice*.

enojoso. Construcción: *enojoso* A *su familia; enojoso* EN *el hablar*.

enorgullecer. **1.** Verbo irregular. Se conjuga como *agradecer* [11].
2. Construcción: *enorgullecerse* DE *sus obras*.

enquencle → ENCLENQUE.

enquilosar → ANQUILOSAR.

enrabiar. Se conjuga, en cuanto al acento, como *cambiar* [1 a].

enraizar. En la conjugación de este verbo, la segunda vocal del grupo /ai/ es tónica en las personas «yo», «tú», «él/usted» y «ellos/ustedes», de los presentes de indicativo y subjuntivo y del imperativo. En todas las demás formas del verbo, esa segunda vocal /i/ es átona y constituye normalmente diptongo con la /a/ precedente. (Véase cuadro.)

enranciar. Se conjuga, en cuanto al acento, como *cambiar* [1 a].

enrarecer. Verbo irregular. Se conjuga como *agradecer* [11].

CONJUGACIÓN DEL VERBO «ENRAIZAR»
(tiempos simples)

INDICATIVO

Pres. enraízo, enraízas, enraíza, enraizamos, enraizáis, enraízan, /en.ra.í.zo, en.ra.í.zas, en.ra.í.za, en.rai.zá.mos, en.rai.záis, en.ra.í.zan/.
Pret. impf. enraizaba, enraizabas, enraizaba, etc. /en.rai.zá.ba, en.rai.zá.bas, en.rai.zá.ba/, etc.
Pret. indef. enraicé, enraizaste, enraizó, etc. /en.rai.zé, en.rai.zás.te, en.rai.zó/, etc.
Fut. impf. enraizaré, enraizarás, enraizará, etc. /en.rai.za.ré, en.rai.za.rás, en.rai.za.rá/, etc.
Pot. simple enraizaría, enraizarías, enraizaría, etc. /en.rai.za.rí.a, en.rai.za.rí.as, en.rai.za.rí.a/, etc.

SUBJUNTIVO

Pres. enraíce, enraíces, enraíce, enraicemos, enraicéis, enraícen, /en.ra.í.ze, en.ra.í.zes, en.ra.í.ze, en.rai.zé.mos, en.rai.zéis, en.ra.í.zen/.
Pret. impf. enraizara o -se, enraizaras o -ses, enraizara o -se, etc. /en.rai.zá.ra, en.rai.zá.se; en.rai.zá.ras, en.rai.zá.ses; en.rai.zá.ra, en.rai.zá.se/, etc.
Fut. impf. enraizare, enraizares, enraizare, etc. /en.rai.zá.re, en.rai.zá.res, en.rai.zá.re/, etc.

IMPERATIVO

enraíza, enraíce, enraizad, enraícen /en.ra.í.za, en.ra.í.ze, en.rai.zád, en.ra.í.zen/.

FORMAS NO PERSONALES

Inf. enraizar /en.rai.zár/.
Ger. enraizando /en.rai.zán.do/.
Part. enraizado /en.rai.zá.do/.

---

enredar. Construcción: *enredarse una cosa* A, EN o CON *otra; enredarse* ENTRE *zarzas.*

enriar. Se conjuga, en cuanto al acento, como *desviar* [1 c].

enriquecer. Verbo irregular. Se conjuga como *agradecer* [11].

enrodar. Verbo irregular. Se conjuga como *acordar* [4].

enrojecer. Verbo irregular. Se conjuga como *agradecer* [11].

enronquecer. Verbo irregular. Se conjuga como *agradecer* [11].

enrubiar. Se conjuga, en cuanto al acento, como *cambiar* [1 a].

ensangrentar. Verbo irregular. Se conjuga como *cerrar* [6].

ensañarse. Construcción: *ensañarse* CON *alguien.*

ensayar. **1.** El uso de este verbo con el sentido de 'intentar' es anticuado; su aparición en textos de nuestra época se debe a influjo del francés *essayer.* Lo mismo ocurre con el nombre *ensayo*, 'tentativa', 'intento': «*Andalucía ha caído en poder de todos los violentos mediterráneos, y siempre en veinticuatro horas, por decirlo así, sin ensayar siquiera la resistencia*» (Ortega, *Viajes*, 86); «*Nada significaría* [esto] *.. si hubiésemos asistido a ensayos enérgicos para corregirla*» (ibíd., 118). El uso normal dice *intentar* e *intento*, respectivamente.
2. Construcción: *ensayarse* A *cantar* («*A morir .. / este buen corazón se va ensayando*», Storni, *Antología*, 67); *ensayarse* EN *la declamación; ensayarse* PARA *hablar en público.*

CONJUGACIÓN DEL VERBO «ENTENDER»

(tiempos irregulares)

INDICATIVO

Pre. entiendo, entiendes, entiende, entendemos, entendéis, entienden.

SUBJUNTIVO

Pres. entienda, entiendas, entienda, entendamos, entendáis, entiendan.

IMPERATIVO

entiende, entienda, entended, entiendan.

-ense. Sufijo de nombres y adjetivos gentilicios: *matritense, londinense.*

enseguida. Es tan perfectamente normal la grafía *enseguida* como la tradicional *en seguida* (→ SEGUIDA, 1 y 2).

enseñar. Construcción: *enseñar* A *leer.*

enseñorearse. Construcción: *enseñorearse* DE *un reino.*

enseres. 'Efectos, muebles o utensilios'. Es nombre masculino que normalmente solo se usa en plural. Son excepcionales ejemplos como estos: «*A nadie se le ocurre tampoco consumir ávidamente una canción, porque no es un lujo, sino un enser fundamental y útil*» (Martín Gaite, *Triunfo,* 18.11.1972, 37); «*Desde la joya más preciada al enser más humilde*» (Caro Baroja, *Judíos,* I, 32).

ensoberbecer. Verbo irregular. Se conjuga como *agradecer* [11].

ensombrecer. Verbo irregular. Se conjuga como *agradecer* [11].

ensoñar. Verbo irregular. Se conjuga como *acordar* [4].

ensordecer. Verbo irregular. Se conjuga como *agradecer* [11].

ensuciar. Se conjuga, en cuanto al acento, como *cambiar* [1 a].

entallecer. Verbo irregular. Se conjuga como *agradecer* [11].

-ente → -NTE.

entender. **1.** Verbo irregular. (Véase cuadro.)

2. Construcción: *entender* DE *filosofía; entender* EN *un asunto; entenderse* CON *alguien; entenderse* POR *señas; entenderse* EN *inglés.*

entendido. **1.** *Bien entendido que,* locución conjuntiva, 'con la advertencia de que' o 'si bien'. Es fórmula tomada del francés en fecha relativamente reciente, por lo que no figura en muchos diccionarios; pero es bastante usada, y no hay motivo para rechazarla. En cambio, no merece acogida *en el bien entendido de que,* locución equivalente a la anterior y que entre otros defectos tiene el de ser más pesada que ella.

2. *Mal entendido:* → MALENTENDIDO.

3. Construcción: *hombre entendido* EN *la materia.*

entendimiento → ENTENTE.

entenebrecer. Verbo irregular. Se conjuga como *agradecer* [11].

entente. Es palabra francesa que significa 'entendimiento o acuerdo'. Es nombre femenino, y entre nosotros es frecuente pronunciarlo tal como se lee, sin considerar que es voz extranjera, lo cual nos permite pensar que está aclimatado en nuestro idioma: «*Los riesgos de que un tratado de cooperación .. se trueque por egoísmo en una entente o un eje que tendiera a ejercer sobre el resto del continente una hegemonía*» (*Ya,* 24.1.1963, 5). Sin embargo, es mejor usar sus equivalentes: *entendimiento, acuerdo.*

enterar. Construcción: *enterarse* DE *la carta.* Cuando el complemento es una proposición, no debe omitirse la preposición *de: Se enteraron* DE *que había sido asesinado.*

enternecer. Verbo irregular. Se conjuga como *agradecer* [11].

entero-, enter-. Formas prefijas del griego *énteron,* 'intestino': *enterocolitis.*

enterrar. Verbo irregular. Se conjuga como *cerrar* [6].

entibiar. Se conjuga, en cuanto al acento, como *cambiar* [1 a].

-ento. Sufijo de adjetivos. Significa 'manera o condición': *amarillento.* Suele tomar las formas *-iento, -olento, -ulento: calenturiento, mugriento, violento, corpulento.*

entomo-. Forma prefija del griego *éntomon,* 'insecto': *entomólogo.*

entonces. La lengua coloquial emplea abusivamente el adverbio *entonces* con valor casi puramente expletivo, apenas como mera conexión copulativa entre dos puntos del discurso: *Yo soy madre de uno de los niños del colegio;* ENTONCES *quiero decir que...* Lo mejor que se puede hacer con la palabra *entonces* en este caso es no usarla.

entontecer. Verbo irregular. Se conjuga como *agradecer* [11].

entorpecer. Verbo irregular. Se conjuga como *agradecer* [11].

entrambos. Adjetivo y pronombre. Equivale a *ambos.* Igual que esta palabra, se usa solo en plural, tiene variación de género *(entrambos, entrambas)* y admite también un complemento expletivo *(entrambos a dos).* Se diferencia de *ambos* en que tiene un carácter más literario y por tanto es más rara.

entrar. **1.** Construcción: *entrar* EN *la iglesia; entrar* POR *la puerta principal.* En América, lo normal es *entrar* A *la iglesia,* y no EN *la iglesia: «Entraron al bohío en donde los niños del cacique dormían»* (León Rey, *Guayacundo,* 27). En España, aunque no es extraña la construcción con *a,* su uso tiene un matiz especial de dirección: alude al comienzo de la acción de *entrar,* mientras que la construcción con *en* alude al término de esa acción. La construcción con *a* es muy antigua: *«Y entrando a Burgos oviéronla siniestra»* (*Poema del Cid,* v. 12). **2.** *Entrar y salir.* Estos dos verbos constituyen en muchos casos un sintagma verbal que significa una acción compleja reiterada, que mentalmente se representa como una

sola acción. Por ello se dice: *Muchas personas entraban y salían en el inmenso edificio,* con un solo complemento para los dos verbos: *en el inmenso edificio;* si se consideran dos acciones diferentes, se diría: *Muchas personas entraban en el inmenso edificio y salían de él.* Otro ejemplo: *«Las golondrinas entran y salen, chillando como locas, en el zaguán, que está lleno de nidos»* (Cela, *Alcarria,* 75). La preposición no es obligatoriamente *en,* como en los dos ejemplos citados; puede ser *de: «Entraban y salían de las casas o caminaban en parejas por una plaza conversando animadamente»* (Garmendia, *Memorias,* 49).

entre. **1.** Preposición. Se pronuncia siempre átona. Denota:

a) Situación o estado en medio de dos o más personas o cosas: *entre la espada y la pared; entre agradecido y quejoso; entre dos luces; entre hombres.* Es frecuente que la preposición preceda a dos sustantivos unidos por *y* (como se ve en el primer ejemplo). Cuando el primero de esos sustantivos es un pronombre personal de primera o segunda persona singular, el pronombre toma la forma *mí* o *ti* si el otro elemento es un nombre: *«Pongo perpetua enemistad entre ti y la mujer»* (Nácar-Colunga, *Biblia,* Gén. 3,15); *«Entre mí y el mundo a mi alrededor se había roto un velo»* (Manzanares, trad. Hesse, *Lobo,* 107); toma la forma *yo* o *tú* si el otro elemento es un pronombre: *Entre tú y ellos hay un abismo; «Me agobió la barrera de tanto sedimento como he ido almacenando entre yo y los demás»* (Martín Gaite, *Retahílas,* 41).

b) Intervalo de un momento a otro: *entre 1800 y 1850; entre las nueve y las diez de la mañana.*

c) Relación y comparación: *Hubo acuerdo entre los contrarios; Entre este y aquel no hay diferencia.*

d) Participación o cooperación en un grupo o conjunto: *Era costumbre entre los romanos; Entre todos la mataron; Entre el padre y el hijo me lo han robado todo.* En casos como el del último ejemplo (*entre* + sustantivo + *y* + sustantivo) se forma una locución conjuntiva de valor copulativo: *Entre tú y yo vamos a abrir estas cajas;* o de valor disyuntivo (también con *o* en vez de *y): Vacilaba entre salir y quedarse; Estoy dudando entre escribir o no escribir.* Cuando los elementos unidos por *y* son pronombres personales, estos toman siempre la forma de sujeto (*entre* TÚ *y* YO), como se ha visto en uno de los últimos ejemplos.

2. Cuando la preposición precede al reflexivo *sí*, acompañando a un verbo en forma reflexiva, la frase toma sentido recíproco: *Juan y Pedro se atormentan entre sí.*

3. En el sentido de 'dentro de', es arcaísmo: *dije entre mí.* Se conserva en algunas regiones de España: «*Cogió el pollo y lo engolvió en una toalla y se lo metió entre su capa*» (Espinosa, *Cuentos,* 112 [Granada]); y también en el habla popular de varios países americanos, entre ellos Argentina, Colombia, Venezuela y Centroamérica: «*¡Usan un lenguaje entre casa, esas señoras decentes!*»; «*Está entre el baúl*»; «*Se ponen a apostar a ver cuál aguanta más entre el agua*»; «*Entre poco acabamos*»; «*Entre un mes vendré a verte*» (Kany, 368).

4. Es uso regional en España y coloquial en algunos países de América *entre,* como adverbio, por *cuanto,* en construcciones correlativas: *Entre más quiero, menos me dan;* «*Entre más profundamente piensa el hombre, más se hunde en lo humano*» (Zavala, trad. Rostand, *Hombre,* 56). Debe evitarse en la lengua culta.

5. *Entre que,* locución conjuntiva equivalente a *mientras:* «*Entre que le espero, pasaré el rato con Manuela*» (Pérez de Ayala, *Urbano,* 147). Aunque registrada por la Academia sin ninguna indicación, es solo popular.

entre-. Prefijo que significa situación intermedia, cualidad o acción no perfecta: *entreacto, entrefino, entreoír.*

entreabrir. Verbo irregular. Se conjuga como *abrir* [37].

entrecerrar. Verbo irregular. Se conjuga como *cerrar* [6].

entrecot. Del nombre femenino francés *entrecôte,* 'trozo de carne cortado entre dos costillas', se ha hecho en español el nombre masculino *entrecot* (plural *entrecots* o *entrecotes).* No habría dificultad en españolizarlo completamente dándole la forma *entrecó* (con un plural *entrecós),* a semejanza de *chalet* > *chalé, chaquet* > *chaqué,* etc., y así lo hacen algunos. Sin embargo, la forma registrada por la Academia es *entrecot.*

entregar. Construcción: *entregarse* AL *estudio; entregarse* EN *brazos de la suerte.*

entremedias → MEDIO.

entremeter. **1.** Construcción: *entremeterse* EN *asuntos de otro.*

2. También se dice *entrometerse,* con el mismo significado de *entremeterse,* esto es, 'meterse donde a uno no le llaman'.

entrenamiento. 'Acción de entrenar o entrenarse'. Pueden también usarse los nombres *entrene* y *entreno,* que, aunque a veces censurados, están formados correctamente.

entrenar. El verbo *entrenar,* como intransitivo, solo debe ir en forma pronominal: *El equipo se entrenó ayer* (no «El equipo entrenó ayer»). En forma no pronominal es transitivo: *El Sr. N. entrenará al Betis.*

entrene, entreno → ENTRENAMIENTO.

entreoír. Verbo irregular. Se conjuga como *oír* [54].

entresacar. Construcción: *entresacar todo lo bueno* DE *un libro.*

entresemana → SEMANA.

entretanto. **1.** Como adverbio, con el sentido de 'mientras tanto', puede escribirse en las formas *entre tanto* y *entretanto;* pero normalmente se prefiere la primera (en dos palabras).

2. Como nombre, con el sentido de 'tiempo intermedio', se escribe siempre en una palabra: *En el entretanto, se puso a contemplar los cuadros.*

3. *Entre tanto que* (o *entretanto que),* locución conjuntiva que expresa simultaneidad entre la acción principal y la de la proposición: *Entre tanto que vienes, voy a preparar el trabajo;* «*El náufrago respondió que aceptaba solo entretanto que de Pilares le traían ropa y dineros*» (Pérez de Ayala, *Prometeo,* 38). A veces se omite el *que:* «*Suprimiría las corridas .. Pero entretanto las hay, asisto a ellas*» (íd., *Política,* 259).

entretener. **1.** Verbo irregular. Se conjuga como *tener* [31].

2. Construcción: *entretenerse* CON *cualquier cosa; entretenerse* EN *leer,* o *leyendo.*

entrever. Verbo irregular. Se conjuga como *ver* [34].

entrevista. 'Reunión entre dos o más personas para cambiar impresiones', o 'conver sación de un informador con otra persona para obtener de ella noticias u opiniones'. En este segundo sentido se usa a veces, sin necesidad, el nombre *interviú* (adaptación del inglés *interview*), del cual se han derivado el verbo *interviuvar* y el nombre *interviuvador*. Deben usarse los derivados normales de *entrevista*, que son *entrevistar* y *entrevistador*.

entristecer. 1. Verbo irregular. Se conjuga como *agradecer* [11].
2. Construcción: *entristecerse* CON, DE o POR *el bien ajeno*.

entrometer → ENTREMETER, 2.

entumecer. Verbo irregular. Se conjuga como *agradecer* [11].

enturbiar. Se conjuga, en cuanto al acento, como *cambiar* [1 a].

entusiasta. No son enteramente equivalentes *entusiasta* y *entusiástico*. La primera palabra puede ser nombre *(Mi hermano es un entusiasta de los toros)* o adjetivo *(Es un admirador entusiasta de Sara Montiel)*; la segunda solo puede ser adjetivo *(Le hicieron un recibimiento entusiástico)*. En el uso adjetivo, la forma *entusiasta* se aplica preferentemente a personas; pero, con el valor de *entusiástico*, esto es, 'que expresa entusiasmo', también puede referirse a cosas: *«entusiastas aplausos»* (Galdós, *Torquemada*, III, 161); *«Se hallaba estacionado numeroso público, que prorrumpió en vítores y aclamaciones entusiastas a la llegada del Caudillo»* (*Pueblo*, 8.10.1962, 1).

enunciar. Se conjuga, en cuanto al acento, como *cambiar* [1 a].

envanecer. 1. Verbo irregular. Se conjuga como *agradecer* [11].
2. Construcción: *envanecerse* CON, DE o POR *la victoria*.

envejecer. 1. Verbo irregular. Se conjuga como *agradecer* [11].
2. Construcción: *envejecer* CON, DE o POR *los disgustos; envejecer* EN *el oficio*.

enverdecer. Verbo irregular. Se conjuga como *agradecer* [11].

enviar. 1. Se conjuga, en cuanto al acento, como *desviar* [1 c].
2. Construcción: *enviar a uno* AL *pueblo; enviar* POR *vino*.

enviciar. 1. Se conjuga, en cuanto al acento, como *cambiar* [1 a].
2. Construcción: *enviciarse* CON o EN *el juego*.

envidiar. Se conjuga, en cuanto al acento, como *cambiar* [1 a].

envilecer. Verbo irregular. Se conjuga como *agradecer* [11].

envolver. 1. Verbo irregular. Se conjuga como *volver* [35].
2. Construcción: *envolver* CON o EN *una manta; envolver* ENTRE *mantas*.

enzarzar. Construcción: *enzarzarse* EN *una pelea*.

enzima. 'Complejo orgánico que cataliza los procesos del metabolismo'. El género de este nombre es «ambiguo», según la Academia, aunque el uso preferible y preferido es como masculino.

-eño. Sufijo de adjetivos. Significa cualidad: *aguileño*; nación: *puertorriqueño, guadijeño*. En la forma femenina, *-eña*, también es sufijo de nombres: *almadreña*.

eo-. Forma prefija del griego *eós*, 'aurora': *eoceno*.

-eo. 1. Sufijo tónico de sustantivos derivados de verbos en *-ear*. Significa acción: *paseo, coqueteo*.
2. Sufijo de adjetivos (femenino, *-ea*). Se pronuncia átono y significa cualidad: *arbóreo, marmóreo, idóneo*.

Eólide. Nombre de una antigua región de Asia menor. Esta forma es preferible a *Eólida*.

Eolo. Nombre del dios griego de los vientos. Puede decirse también *Éolo*, de acuerdo con la etimología del nombre.

-epático. Forma sufija del griego *hépar*, 'hígado': *cistepático*.

epi-, ep-. Prefijo griego que significa 'sobre': *epitafio, epidemia, epéntesis*.

Epicteto. Nombre de un filósofo griego. Es palabra llana; no es correcta, pues, la acentuación esdrújula. En cambio, sí es esdrújulo el nombre común *epíteto*, que nada tiene que ver etimológicamente con el anterior.

epifonema. Término de retórica y poética: 'exclamación o reflexión final'. Es femenino, según el uso tradicional, y así figura también en los diccionarios. Sin embargo, hoy es masculino, como *fonema*: «*El epifonema adopta frecuentemente la forma de una oración consecutiva invertida*» (Fernández Ramírez, *Dicc. literatura,* 238).

epiglotis. 'Cartílago que cierra la glotis durante la deglución'. Es nombre femenino. Es errónea la pronunciación *epíglotis.*

epigrama. 'Composición poética satírica'. Nombre masculino. Es errónea la pronunciación *epígrama.*

epilepsia. 'Enfermedad caracterizada por crisis convulsivas'. Aunque muchos médicos digan *epilepsía,* la pronunciación normal y general es *epilepsia,* con acento fonético sobre la segunda *e.*

Epiro. Nombre de una región de Grecia. Es palabra llana, /epíro/.

epíteto → EPICTETO.

epizootia. 'Epidemia entre animales'. El acento fonético recae sobre la segunda *o:* /epizoótia/, no sobre la *i, epizootía,* como erradamente escriben a veces los periodistas o dicen los locutores.

epodo. 'Composición poética'. Es errónea la pronunciación *épodo,* aunque la veamos usada por B. Chamorro en una edición de los *Epodos* de Horacio, y por Espinosa, trad. Bayet, *Lit. latina,* 243. La acentuación esdrújula no corresponde a la etimología griega ni a la pronunciación latina. Escriben bien *epodos,* por ejemplo, Millares, *Lit. latina,* 94, y Riba, trad. Gudeman, *Lit. latina,* 146.

epta- → HEPTA-.

equi-. Prefijo que significa 'igual': *equilátero.*

equino-, equin-. Formas prefijas del griego *echínos,* 'erizo': *equinodermo.*

equipar. Construcción: *equipar a uno* CON o DE *lo necesario.*

equiparar. Construcción: *equiparar una cosa* CON o A *otra.*

equipo. 1. En el sentido de 'conjunto de aparatos y accesorios', no debe usarse *aparellaje* (del francés *appareillage): «Transformadores y aparellaje eléctrico fabricados en Córdoba para todo el mundo»* (*Informacio-*

nes, Supl., 5.5.1972, 25). La palabra española es *equipo.*
2. *Equipo de novia,* 'ajuar', → AJUAR.
3. En informática: → HARDWARE.

equivalente. Construcción: *cantidad equivalente* A o DE *otra.*

equivaler. 1. Verbo irregular. Se conjuga como *valer* [33].
2. Construcción: *equivaler una cosa* A *otra.*

equivocar. Construcción: *equivocar una cosa* CON *otra; equivocarse* EN *algo; equivocarse* CON *otro; equivocarse* DE *portal.*

-er. 1. Formante de infinitivo verbal. Todos los verbos que tienen este formante pertenecen a la segunda conjugación, cuyo modelo es el verbo *comer* [2].
2. → -ERO.

ere → R.

Erebo. 'Infierno, averno'. Aunque la acentuación llana de esta palabra de origen griego es la adoptada por la Academia por ser la más usada en nuestro idioma, es más correcto acentuar *Érebo* (Fernández Galiano).

Erevan → ERIVÁN.

erguir. Verbo irregular. (Véase cuadro.)

-ería → -ÍA.

Erifile. Este nombre griego, que figura en el título de un poema pastoril de Bernardo de Balbuena —*El Siglo de Oro en las selvas de Erifile*—, es palabra llana, no esdrújula, como algunos la pronuncian. Hallo *Erifile,* por ejemplo, en Hurtado-G. Palencia, *Literatura,* 519; Valbuena, *Literatura,* II, 281; Zamora, *Dicc. literatura,* s. v. *Balbuena; Erífile,* en Anderson, *Lit. hispanoamericana,* I, 91; Cuevas, *Poesía XVI,* 310; Alborg, *Literatura,* II, 949.

erigir. Construcción: *erigirse* EN *juez.*

-erio. Sufijo de sustantivos derivados de verbos. Indica originariamente acción: *imperio, vituperio.* Debe distinguirse del sufijo *-terio.*

eritro-. Forma prefija del griego *erythrós,* 'rojo': *eritrocito.*

Eriván. La capital de Armenia se llama *Erevan* o *Eriván.* Esta última es la forma tradicional en español.

CONJUGACIÓN DEL VERBO «ERGUIR»

(tiempos irregulares)

Las formas que van entre paréntesis son raras.

INDICATIVO

Pres. yergo, yergues, yergue, erguimos, erguís, yerguen (irgo, irgues, irgue, irguen).
Pret. indef. erguí, erguiste, irguió, erguimos, erguisteis, irguieron.

SUBJUNTIVO

Pres. yerga, yergas, yerga, irgamos, irgáis, yergan (irga, irgas, irga, irgan).
Pret. impf. irguiera o irguiese, irguieras o -ses, irguiera o -se, irguiéramos o -semos, irguierais o -seis, irguieran o -sen.
Fut. impf. irguiere, irguieres, irguiere, irguiéremos, irguiereis, irguieren.

IMPERATIVO

yergue (irgue), yerga (irga), erguid, yergan (irgan).

FORMAS NO PERSONALES

Ger. irguiendo.

---

erizado. Construcción: *erizado* DE *espinas; erizado* DE *dificultades.*

-ero. Sufijo de sustantivos y adjetivos. Significa oficio: *librero;* árbol: *limonero;* lugar: *basurera;* pertenencia: *ganadero, sopero.* En la terminación femenina, *-era,* forma nombres que significan cualidad o estado: *flojera, tembladera.*

Son de origen catalán u occitánico las formas *-er* y *-el: mercader, lebrel.*

Se combina con otros sufijos: *-ajo (vinajera), -azo (aguacero), -ando (curandero), -endo (barrendero).*

-erón → -ÓN.

Eróstrato. Nombre del pastor que se hizo célebre por haber incendiado el templo de Artemisa en Éfeso. Es palabra esdrújula, /eróstrato/, no llana.

eroto-, erot-. Formas prefijas del griego *éros,* 'amor': *erotomanía.*

erradicar. Construcción: *erradicar un mal* DE *un lugar.*

errar. 1. 'Cometer error'. Verbo irregular.

(Véase cuadro.) En algunos países americanos, como Argentina, Chile, Colombia y Costa Rica, es bastante corriente el uso de este verbo como regular: *«Si nuestras previsiones no erran»* (Borges, *Ficciones,* 34). El uso también se da en España, pero no se acepta como normal. Cf. Academia, *Esbozo,* § 2.12.3, B.

2. Con el sentido de 'andar errante', es frecuentemente regular. Cf. Cuervo, *Apuntaciones,* § 266.

3. Lo que en ningún caso es aceptable es el uso de las formas con *ye-* cuando esta sílaba no es tónica *(yerró, yerrará):* «Si así fuese, yerraría» (G. Fernández de la Mora, *Abc,* 26.5.1966, 47); «Allí .. yerró la muerte por poco, pero le dio un gran zarpazo» (C. Sentís, *Informaciones,* 5.4.1974, 24).

Errenteria → RENTERÍA.

-érrimo. 1. Sufijo de adjetivos en grado superlativo. Es variante de *-ísimo,* y solo se presenta, fosilizado, en la formación superlativa de determinados adjetivos: *misérrimo (mísero), integérrimo (íntegro), acérrimo (acre), paupérrimo (pobre), celebérrimo (célebre), aspérrimo (áspero), pulquérrimo*

CONJUGACIÓN DEL VERBO «ERRAR»

(tiempos irregulares)

INDICATIVO

Pres. yerro, yerras, yerra, erramos, erráis, yerran.

SUBJUNTIVO

Pres. yerre, yerres, yerre, erremos, erréis, yerren.

IMPERATIVO

yerra, yerre, errad, yerren.

(pulcro), libérrimo (libre), salubérrimo (salubre), nigérrimo (negro), ubérrimo (sin forma positiva en español). Algunos de estos superlativos, de carácter culto todos, alternan en el uso con los de formación corriente: *negrísimo, pobrísimo, pulcrísimo.*

2. Estos superlativos, por su formación divergente de la ordinaria en *-ísimo,* tienden a ser tratados como adjetivos no verdaderamente superlativos, sino simplemente dotados de cierta connotación enfática, y por tanto aparecer precedidos del adverbio *más: «Las más paupérrimas realizaciones»* (Gaya Nuño, *Arte,* 105). → ACÉRRIMO.

-erro → -RRO.

ertzaina, ertzaintza → POLICÍA.

eructo. 'Expulsión de gases por la boca'. Es errónea la forma *erupto,* que algunos emplean (sin duda por influjo de *erupción): «Le suben eruptos que contiene difícilmente»* (Grosso, *Zanja,* 127). Tampoco debe usarse, por anticuada, la forma *eruto,* que figura en los diccionarios. La misma observación vale respecto al verbo *eructar,* cuyas variantes *eruptar* y *erutar* deben rechazarse *(«El estómago eruptó tres veces»,* J. Cerón, *Abc,* 1.12.1984, 41; *«Los caballeros .. eruptan en silencio»,* Garmendia, *Memorias,* 31).

es-. Prefijo que significa 'fuera': *estirar, escoger.* Con frecuencia se confunde con *des-,* sobre todo en el habla popular: *espabilar* y *despabilar, desnucar* y *esnucar.*

-és. Sufijo de nombres y adjetivos gentilicios: *leonés, cordobés.* La forma femenina es *-esa,* pero en el adjetivo *cortés* no hay variación de género.

-esa. 1. Desinencia femenina de algunos nombres de cargo o dignidad: *abadesa,* de *abad; condesa,* de *conde; duquesa,* de *duque; baronesa,* de *barón; alcaldesa,* de *alcalde; consulesa,* de *cónsul.*

2. Sobre *-esa,* forma femenina del sufijo *-és,* → -ÉS.

escabullirse. 1. Verbo irregular. Se conjuga como *mullir* [53].

2. Construcción: *escabullirse* DE *la reunión.*

escala. *A escala,* locución adverbial y adjetiva, 'ajustándose a una escala': *Reproducción de planos a escala; Mapas a gran escala; Retratos a escala gigante.* Se usa frecuentemente en sentido figurado: *Planificación económica a gran escala; «Una emigración temporal, a escala familiar»* (Abc, 1.10.1972, 45). En este caso también se construye con la preposición *en: «Era negociante en escala exigua»* (Caro Baroja, *Inquisidor,* 49); *«Utilizado en una promoción chovinista en gran escala»* (Carandell, *Triunfo,* 11.4.1970, 9).

escalabrar → DESCALABRAR.

escalda. 'Poeta': → ESCALDO.

Escalda. El río cuyo nombre francés es *Escaut* y cuyo nombre holandés es *Schelde* tiene en español el nombre de *Escalda.*

escaldo. 'Poeta escandinavo medieval': *«Hacia el año 1000, los 'thulir' o recitadores anónimos fueron desplazados por los escaldos, poetas de conciencia literaria y de in-*

tención creadora» (Borges, *Lit. germánicas*, 87). *Escaldo* es la única forma recogida en el *Diccionario* académico. Sin embargo, es frecuente en los historiadores de la literatura la forma *escalda* (así en Blecua, *Literatura*, I, 108; Díaz-Plaja, *Literatura*, 48; *Trad. Dicc. Bompiani*, IV, 352). Pero la *-a* de *escalda* no parece tener otra explicación que una adaptación mecánica del francés *scalde*. La voz original escandinava es *skald;* en italiano es *scaldo*.

escalofriar. Se conjuga, en cuanto al acento, como *desviar* [1 c].

escanciar. Se conjuga, en cuanto al acento, como *cambiar* [1 a].

escáner. 1. 'Aparato para la exploración radiográfica, en el que la radiación es enviada concéntricamente al eje longitudinal del cuerpo humano'. Este nombre, de género masculino, es la adaptación española propuesta por la Academia para el inglés *scanner.* Su plural es *escáneres.* También propone la Academia una forma *escanógrafo,* que se usa ya en Colombia (cf. la forma oficial francesa *scanographe).*

Corrientemente se usa también el nombre *escáner* para la exploración realizada con escáner. Este empleo ya consta en el *Dicc. ciencias médicas.* Es verdad que la palabra adecuada sería *escanografía* (cf. francés *scanographie),* usada al menos en Colombia, pero que, según mis noticias, no circula en España.

La Academia propone el nombre *escanograma* (masculino, no femenino como ella dice erróneamente) para la radiografía obtenida por escáner.

2. *Escáner* se usa también en ámbitos no médicos. Designa el aparato, conectado a un ordenador, que se utiliza para explorar el interior de los objetos, o el que «lee» y almacena imágenes o escritos. La operación realizada por estos aparatos se designa con el verbo transitivo *escanear* y con el nombre abstracto *escaneado.*

escapar. Construcción: *escapar* A *la calle; escapar* DEL *peligro.*

escarmentado. Construcción: *escarmentado* DE *luchar en vano.*

escarmentar. 1. Verbo irregular. Se conjuga como *cerrar* [6].
2. Construcción: *escarmentar* CON *la desgracia; escarmentar* EN *cabeza ajena.*

escarnecer. Verbo irregular. Se conjuga como *agradecer* [11].

escato-. Forma prefija del griego *skor,* 'excremento': *escatología,* 'estudio de los excrementos'; o del griego *éschatos,* 'último': *escatología,* 'doctrina de la vida de ultratumba'.

escaut → SCOUT.

Escaut → ESCALDA.

escay → SKAI.

escéptico. 'Incrédulo'. Tanto este adjetivo como su derivado *escepticismo* carecen de toda relación, fuera de la semejanza fonética, con *excepto.* Por tanto, las grafías *excéptico, excepticismo* son erradas.

escisión. 'Rompimiento o desavenencia'; en medicina, 'ablación'. La forma *excisión,* que registra el *Dicc. ciencias médicas* como sinónima de *escisión,* no está aprobada por la Academia.

esclarecer. Verbo irregular. Se conjuga como *agradecer* [11].

esclero-, escler-. Formas prefijas del griego *sklerós,* 'duro': *esclerosis.*

-esco → -SCO.

escocer. Verbo irregular. Se conjuga como *mover* [18].

escoger. Construcción: *escoger* DEL o EN *el montón; escoger* ENTRE *varias cosas.*

esconder. Construcción: *esconderse* DE *alguno; esconderse* EN *alguna parte.*

escornar → DESCORNAR.

escribir. 1. Verbo irregular. Su única forma irregular es el participio *escrito.* La forma *escribido* solo se usa en la expresión irónica *leído y escribido.*
2. Construcción: *escribir* DE o SOBRE *historia; escribir* DESDE *Roma; escribir* EN *español; escribir* POR *correo; escribir* PARA *el teatro; escribir* EN *los periódicos.*

escuchar. En rigor, debe distinguirse entre *oír,* 'percibir por el oído', y *escuchar,* 'aplicar el oído para oír' o 'prestar atención a lo que se oye'. Pero en el uso esta distinción no se aplica siempre de manera estricta. Abundan las pruebas de ello; por ejemplo, *No me estás oyendo* suele usarse como 'no me estás escuchando'. Y en la literatura es frecuente *escu-*

char como 'oír': «*Dejó que se le escapase la satisfacción, si bien al escuchar el '¡Imbécil!' que profiriera su madre volviera a acoquinarse*» (Torrente, *Sombras,* 220); «*Al pasar por una calle escuchamos dentro de una casa el rasgueo de una guitarra*» (Cossío, *Confesiones,* 68); «*Se escuchó el estruendo de matraca de un palo golpeando velozmente contra los barrotes de una reja*» (Caballero Bonald, *Casa,* 210); «*Se ponía la mano en la oreja y agachaba la cabeza con la mano en la oreja como si no lo escuchara bien*» (Quiñones, *Viento,* 222). En fin, la muestra más ilustre de este empleo de *escuchar* está en la Égloga III de Garcilaso: «*En el silencio solo se escuchaba / un susurro de abejas que sonaba*» (*Obras,* 127). Es deseable, sin duda, expresarse con precisión, pero esta conveniencia no debe llevarnos al extremo de condenar un desplazamiento semántico bastante arraigado en el idioma y en su nivel culto.

esculpir. Construcción: *esculpir* A *cincel; esculpir* EN *mármol.*

escupir. Construcción: *escupir* AL O EN *el rostro; escupir* EN *el suelo.*

escurrir. Construcción: *escurrirse* AL *suelo; escurrirse* DE O ENTRE *las manos; escurrirse* EN *el hielo.*

escúter. 'Motocicleta de ruedas pequeñas y cuadro abierto'. La palabra inglesa *scooter* (plural *scooters)* se usa en español, como nombre masculino (aunque alguna vez aparece como femenino), con la pronunciación /eskúter/. Puede usarse perfectamente la grafía españolizada *escúter,* con un plural normal *escúteres.*

ese. 1. Adjetivo y pronombre demostrativo. Tiene en singular y plural formas masculinas *(ese, esos)* y femeninas *(esa, esas);* como pronombre, tiene, además, una forma «neutra», *eso,* sin plural (→ ESO).
2. Como adjetivo —igual que los otros demostrativos—, su colocación normal es antepuesto al nombre: *ese árbol;* pero puede ir pospuesto si precede al nombre el artículo *el (la,* etc.): *el árbol ese, la chica esa.* La posposición suele llevar consigo un matiz despectivo.
3. También como los otros demostrativos, el adjetivo *ese* es siempre tónico: *ese hombre, esas cosas,* /ése-ómbre, ésas-kósas/ (no /eseómbre, esaskósas/).

4. La forma *ese* aparece con frecuencia usada, en lugar de *esa,* ante nombre femenino que comienza por /a/ tónica *(ese agua, ese arma;* «*ese alma*», Salinas, *Presagios,* 60; «*ese hambre*», Sastre, *Cornada,* 75); debe usarse la forma *esa* ante cualquier nombre femenino: *esa agua, esa arma,* etc.
5. Como pronombres, se escriben tradicionalmente con tilde (acento ortográfico) las formas masculinas y femeninas: *Me lo dijo ése; A ésas no las he visto.* Pero esta acentuación, que no tiene ninguna justificación fonética ni semántica y sí estrictamente gramatical, es innecesaria y ha dejado de ser obligatoria. En cuanto a la forma «neutra» *(eso),* no debe escribirse con tilde en ningún caso. Siempre que el pronombre *ese* o *esa* va, sin coma, como antecedente de un relativo, aunque no vaya inmediatamente unido a él, se escribe sin tilde: *Esas de las que te hablo lo saben bien.*
6. Diferencias de sentido entre *ese, este* y *aquel:* → ESTE, 6. En el español americano es frecuente que *ese* invada el lugar de *aquel:* «*Esa vez, como tantas otras, nuestra charla había comenzado sobre temas intrascendentes*» (Duplan, *Mate,* 153). Cf. Kany, 135.

esfigmo-. Forma prefija del griego *sphygmós,* 'pulso': *esfigmómetro.*

esfinge. La Academia daba antes este nombre como ambiguo —*el esfinge* o *la esfinge*—, pero el uso actual es siempre femenino.

esforzado. Adjetivo, 'valiente'. No es normal el uso de este adjetivo como 'no natural' o 'hecho con violencia': «*Perdón por el esforzado esquematismo, pero no veo otra forma más convincente de expresar algo que me oprime por uno y otro lado*» (R. de la Cierva, *Gaceta,* 28.9.1975, 16). Son sentidos que corresponden a *forzado.*

esforzar. 1. Verbo irregular. Se conjuga como *acordar* [4].
2. Construcción: *esforzarse* POR O EN *trabajar.*

esgrafiar. Se conjuga, en cuanto al acento, como *cambiar* [1 a].

eslálom, eslalon → SLALOM.

eslogan. La palabra inglesa *slogan* ocupa indebidamente en muchos casos el lugar de *consigna* o *lema.* No hay por qué decir *Los* manifestantes gritaban «slogans», sino con-signas; Sí entre «slogan» al servicio del cliente, es nuestro «slogan», sino nuestro lema. Sin embargo, sí es útil en el sentido de 'frase publicitaria'. En cualquier caso, debe usarse la forma españolizada eslogan (plural eslóga-nes), y no slogan (plural slogans).

esmaltar. Construcción: esmaltar CON O DE flores.

esmerarse. Construcción: esmerarse EN alguna cosa.

Esmirna. Este es el nombre español de la ciudad turca de Izmir.

esmoquin. La palabra inglesa smoking se emplea en español como nombre masculino (plural smokings) con el sentido de 'traje de etiqueta'. La Academia, teniendo en cuenta la pronunciación corriente, ha recogido este nombre en la forma esmoquin, cuyo plural es esmóquines.

esnob. 'Persona que acoge las novedades por admiración necia o para darse tono'. La palabra inglesa snob es pronunciada /esnób/ por los españoles, y por eso es conveniente adaptarla a nuestro idioma con la grafía es-nob, en correspondencia con esnobismo (formas ambas recogidas por la Academia); o tal vez mejor en la forma esnobista, que no presenta las dificultades fonológicas y morfológicas de la terminación /b/. El plural de snob o esnob (nombre masculino y femenino, también usado como adjetivo) se forma aña-diendo una simple -s. He aquí algunos ejem-plos de uso de las formas con e-: «Indulgen-cia para el esnob» (A. Espina, Rev. Occidente, 4.1963, 58); «Luci y Nuria son dos esnobs incorregibles» (Goytisolo, Fin, 198); «Sin esnobismo, sentía un interés natu-ral y simpático por todas las cosas del espí-ritu» (García Gómez, Silla, 43); «Nos pre-sentaría al infeliz y depravado Rey como un tipo de precursor esnobista» (Marañón, En-rique IV, 105); «Una psicología esnobista» (Monteforte, trad. Straumann, Lit. norteame-ricana, 40).

eso. 1. Forma «neutra» del pronombre demostrativo ese: → ESE, 1 y 5.
2. A eso de, locución prepositiva, 'alre-dedor de' (una determinada hora): Llegare-mos a eso de las cuatro; Llamó a eso de la medianoche.
3. Y eso que, locución conjuntiva, 'a pe-

sar de que', seguida siempre de verbo en in-dicativo: «Pues iré. Y eso que desconfío de Mazorral. Es tan pedante...» (Pérez de Ayala, Troteras, 221); «La mayor parte de mis ami-gos de excursiones y correrías monteses eran escribientes .., y el campo les servía pre-ferentemente para maldecir del escritorio. Y eso que todos ellos servían leal y concienzu-damente a las casas que los ocupaban» (Una-muno, Andanzas, 35); «No quedaba ya .. sino un asiento .., y eso que a última hora las lo-calidades más baratas costaban de diez mil reis para arriba» (Camba, Peseta, 137). Como se ve por los ejemplos, la relación en-tre lo que precede y lo que sigue a la conjun-ción es de coordinación.
4. Con eso y con todo, con todo y con eso, etc.: → TODO.

eso-. Forma prefija del griego éso, 'den-tro': esotérico.

esófago. 'Conducto que va desde la faringe al estómago'. Es errónea la forma exófago.

esotérico. 'Oculto, reservado'. No debe confundirse con exotérico, 'común, accesi-ble para el vulgo'.

espabilar → DESPABILAR.

espaciar. Se conjuga, en cuanto al acento, como cambiar [1 a].

espagueti. La Academia adapta el nombre masculino plural italiano spaghetti en la forma espagueti, que considera como nom-bre masculino singular y define así: «Pasta alimenticia de harina de trigo en forma de ci-lindros macizos, largos y delgados, pero más gruesos que los fideos». En realidad, el uso general aplica el nombre, no a la pasta, sino a los mismos cilindros, y dice los espagueti o (con el morfema -s del plural español, olvi-dando que en el original italiano la -i ya es morfema de plural) los espaguetis. Si, como es razonable, se españoliza el término, debe hacerse con todas sus consecuencias y acep-tar por tanto el plural español con -s (como ya se ha hecho en un caso semejante, el con-feti / los confetis), aunque tal formación sea absurda desde el punto de vista del italiano.

espalda. 1. De espaldas, 'volviendo la espalda', también puede decirse de espalda («Alfonso se había vuelto de espalda», Goy-tisolo, Resaca, 157). Pero el uso general pre-fiere la primera forma.

2. *A espaldas de* una persona, 'sin su conocimiento'. No debe confundirse con *de espaldas a* una persona, 'siguiendo un parecer ajeno a ella'.

espantar. Construcción: *espantarse* CON *el estruendo; espantarse* DE o POR *algo.*

español. 1. Para designar la lengua común de España y de las Repúblicas hispanoamericanas pueden emplearse los nombres de *castellano* y *español.* En muchas regiones se usan indistintamente las dos palabras. Sin embargo, en América y en algunas zonas de España se prefiere la denominación de *castellano.* Esto se debe, ante todo, a una larga tradición que estuvo apoyada hasta 1925 por la propia Academia Española (pero no olvidemos que el primer diccionario de nuestro idioma, el de Sebastián de Covarrubias, 1611, se titula *Tesoro de la lengua castellana o española).* En América se ha unido a ello tal vez un resto de recelo patriótico frente al nombre de *español,* considerando acaso como una manera de sumisión a España, la antigua metrópoli, el reconocimiento explícito de que se sigue hablando su lengua. En las regiones de España con lengua materna propia, el nombre de *castellano* parece más adecuado que el de *español,* porque el catalán, el gallego y el vascuence son también lenguas *españolas* (aunque no son *la lengua española, el español).*

2. Los hispanoamericanos deben recordar que los norteamericanos no se consideran en modo alguno «colonizados» por Inglaterra por decir que ellos hablan *inglés.* Los españoles deben recordar el uso universal: en cada país, normalmente, la lengua oficial, sea cual fuere la región del país en la que haya nacido, ha tomado el nombre de toda la nación: en Rumanía, el rumano; en Alemania, el alemán; en Italia, el italiano; en Francia, el francés... En estos países existen (como en España) idiomas importantes que no son la lengua común o general.

3. El empleo del nombre *castellano* implica una inexactitud: la de suponer que la lengua general o común, no ya de toda España, sino de las naciones hispanoamericanas, es patrimonio de una sola región, Castilla. Y esto es falso, pues la lengua *castellana* hoy no es propiedad de Castilla, sino de todas las regiones y naciones en que es hablada, las cuales, además de tenerla como suya, colaboran todas en su conservación y

enriquecimiento. Lo exacto sería emplear el nombre *castellano* solamente para designar la lengua que durante la Edad Media fue privativa del reino de Castilla, o las modalidades particulares que presenta el habla de Castilla en los tiempos modernos frente al *español* general. También es oportuno mantener el nombre de *castellano* cuando se menciona la lengua general al lado de las otras lenguas españolas (catalán, etc.).

4. En conclusión, y volviendo a lo expuesto en el párrafo 1: las dos denominaciones, *castellano* y *español,* son válidas. La preferencia de cada hablante por uno de estos dos términos se funda en una tradición arraigada de siglos, y es ingenuo pretender desalojar del uso cualquiera de ellos. Cada persona puede emplear el que guste; pero debe respetar el derecho a que otros prefieran el otro. En todo caso, téngase en cuenta (párrafo 3) que, en general, la denominación *español* es más exacta que la de *castellano.*

espatulomancia. 'Adivinación por los huesos de los animales'. La Academia admite también *espatulomancía.*

especia. Es impropiedad emplear *especie* por *especia,* 'cualquiera de las drogas aromáticas usadas como condimento': «Había también el comercio de las especies» (Madariaga, *Colón,* 107). Y viceversa: «Gratificación en especias» (Caballero Bonald, *Noche,* 122).

espécimen. 'Muestra o ejemplar'. Su plural es *especímenes,* con desplazamiento del acento; no *espécimenes* ni *espécimens* («Aparecen, de tanto en tanto, espécimens femeninos de categoría indudable», Pla, *América,* 56). También es equivocada la pronunciación /especímen/ para el singular, que a veces emiten los locutores.

espectacular → DRAMÁTICO.

espectáculo. *Espectáculo,* a veces *número,* es el término que corresponde al inglés *show.* No hay mucha necesidad de usar la palabra inglesa.

esperar. 1. Construcción: *espero* A *que venga,* 'estaré el tiempo necesario hasta que venga'; *espero que venga,* 'confío en que venga'.

2. *Ser de esperar:* → SER, 2.

esperma. 'Semen'. El género de este nombre es masculino o femenino, indistintamente, según la Academia: *el esperma o la esperma*. Pero el uso más extendido prefiere *el masculino*.

espiar. Se conjuga, en cuanto al acento, como *desviar* [1 c].

Espira. Este es el nombre español de la ciudad alemana de *Speyer*. No debe usarse la grafía *Spira*, que se lee en algunos manuales de historia.

espiral. Como nombre, 'línea curva que da vueltas alrededor de un punto alejándose de él progresivamente', su género es femenino, *la espiral*, aunque haya quienes lo usan como masculino.

espirar → EXPIRAR.

esplacno-. Forma prefija del griego *splánchnon*, 'víscera': *esplacnología*.

esplendor. 'Brillo'. En este nombre, en *esplendidez* y en los adjetivos *espléndido* y *esplendoroso* deben evitarse las grafías erróneas con *ex-*, y, naturalmente, las pronunciaciones /eksplendór, ekspléndido/, etcétera.

espleno-, esplen-. Formas prefijas del griego *splen*, 'bazo': *esplenitis*.

esplín. 'Hastío o tedio de vivir'. Es nombre masculino, adaptación del inglés *spleen* establecida ya hace tiempo por la Academia de acuerdo con la pronunciación corriente. No debe usarse la forma inglesa. La grafía *esplín* no es nueva; antes de 1790 ya la usaba Iriarte: *«Es el esplín, señora, una dolencia / que de Inglaterra dicen que nos vino» (Poesías,* 163).

Esplugas de Llobregat. La ciudad barcelonesa que en catalán tiene el nombre de *Esplugues de Llobregat* se denomina en castellano *Esplugas de Llobregat,* y es esta la forma que debe usarse cuando se habla o escribe en español.

esponsorización, esponsorizar → PATROCINADOR.

espor → SPORT.

espray, esprái → SPRAY.

esprintar, esprínter → SPRINT.

espurio. 'Bastardo, adulterado'. Muchas personas, entre ellas muchos escritores, usan la forma errónea *espúreo*. Es curioso que más de una vez esta forma en *-eo* haya sido usada inadvertidamente por distinguidos críticos de lenguaje.

esquí. El plural de este nombre es *esquís* o, más raro, *esquíes*.

esquiar. Se conjuga, en cuanto al acento, como *desviar* [1 c].

esquizo-. Forma prefija del griego *schizo,* 'disociar, dividir en dos': *esquizofrenia.*

Esrí Lanka, esrilankés, esrilanqués → SRI LANKA.

establecer. Verbo irregular. Se conjuga como *agradecer* [11].

establishment. 'Sector o grupo dominante'. Es nombre inglés que en español se usa con género masculino y con la pronunciación corriente /estáblisment/. No equivale a *sistema* (en sentido político), aunque algunos lo usan con ese valor. Hay quienes traducen esta voz como *establecimiento («los medios de información del establecimiento»,* L. Carandell, *Triunfo,* 28.4.1973, 12); pero lo habitual es emplearla, entre comillas o en cursiva, en su forma original. Es errónea la grafía *stablishment.*

estadinense → ESTADOUNIDENSE.

estadio. 'Campo de deportes con gradas para el público'. No deben utilizarse la forma latina *stádium* ni la semiespañola *estádium.*

estado.   1. → STATUS.
2. *Estado del arte,* calco del inglés *state of the art,* se usa bastante en tecnología: *«Seminario Las Industrias de la Lengua .. Santander, 26-30 de Junio de 1989 .. El Seminario tiene por objetivo presentar el estado del arte, realizaciones y tendencias de la tecnología y aplicaciones de las industrias de la lengua»* (Prospecto difundido por la Universidad Internacional Menéndez Pelayo de Santander en junio 1989). En español es *últimos avances.* Cf. Lorenzo, *Anglicismos,* 584.
3. *Estado,* en la República Federal de Alemania: → LAND.

Estados Unidos.   1. Puede decirse con artículo o sin él: *Estados Unidos o los Estados Unidos.* El nombre oficial de la nación es con artículo: *los Estados Unidos de América;* pero esta forma de nombrarla es poco frecuente. Lo corriente es decir *Estados Unidos,* y más a menudo sin artículo o con él.

2. Si se emplea la forma *los Estados Unidos,* el verbo ha de ir en plural, pues el artículo marca claramente el carácter plural del nombre: *Los Estados Unidos van a lanzar un nuevo salélite.* En cambio, el uso de la forma *Estados Unidos,* sin artículo, suele llevar consigo la noción de singularidad: se piensa en *Estados Unidos* como una nación, no como una pluralidad de estados: *Estados Unidos va a lanzar un nuevo satélite.* En este caso, la *-s* final ha dejado de ser indicador de plural. Compárese con el topónimo urbano *Cuatro Caminos:* se dice *Cuatro Caminos* ESTÁ (y no ESTÁN) *muy lejos.*
3. *USA,* por *Estados Unidos:* → EE. UU.
4. Sobre las siglas correspondientes a *Estados Unidos,* → EE. UU.

estadounidense. 'De los Estados Unidos'. Es más propio este adjetivo que *norteamericano* y, sobre todo, más que *americano,* que corresponden, respectivamente, a toda América del Norte (no solo Estados Unidos) y a todo el continente americano. En algunos países hispanoamericanos se dice *estadunidense* y *estadinense,* pero son formas que no tienen aceptación en España.

estafilo-, estafil-. Formas prefijas del griego *staphylé,* 'racimo': *estafilococo.*

estalactita. *Estalactitas* y *estalagmitas* son las concreciones calcáreas que se forman, respectivamente, en el techo y el suelo de las cavernas. Evítese el contagio mutuo en la grafía de las dos palabras: la primera lleva el grupo *-ct-;* la segunda, el grupo *-gm-.*

estampar. Construcción: *estampar* A *mano; estampar* EN *papel; estampar* SOBRE *tela.*

estándar. 1. La Academia registra el nombre masculino *estándar,* como adaptación del inglés *standard,* con el sentido de 'tipo, modelo, patrón, nivel'. Igualmente acoge *estandarizar,* 'tipificar, ajustar a un tipo, modelo o norma'; y *estandarización,* 'acción y efecto de estandarizar'. Acepta también, pero no prefiere, las formas *estandardizar* y *estandardización.* No es necesario, pues, usar la forma *standard* ni, en los derivados, las grafías *st-,* que no escasean en los periódicos.
2. *Standard* tiene también un uso adjetivo, 'corriente o común'. En español tene-

mos *estándar* también para este uso: *modelo estándar.*
3. El plural de *estándar,* nombre, es *estándares;* como adjetivo es invariable: *ropas estándar.*

estanquidad. 'Cualidad de estanco (que no hace agua por las junturas)'. No es recomendable decir *estanqueidad* (que correspondería a «estánqueo», como *homogeneidad* corresponde a *homogéneo)* (→ -DAD, 3). A pesar de ello, la Academia recoge también la segunda forma.

estar. 1. Verbo irregular. (Véase cuadro.)
2. Construcción: *estar* A o BAJO *las órdenes de otro; estar* CON *ánimo de viajar; estar* DE *vuelta; estar* EN *casa; estar* PARA *salir; estar algo* POR *suceder; estar* PARA *bromas; estar* DE *gobernador; estar* POR *dejarlo todo* (→ 7); *estamos* A *2 de enero,* A *10 grados.*
3. *Estarse,* pronominal, se usa con el sentido de 'quedarse o mantenerse': *Estáte quieto; Se estuvo en la cama, por miedo al frío. Estarse de* una cosa, por *abstenerse de* ella, es catalanismo que a veces pasa al castellano hablado por catalanes (Casanovas, 71): *«Uno no puede estarse de preguntar qué se entiende en las normas por 'conciencia colectiva'»* (M. Porter Moix, *Destino,* 15.3.1975, 49).
4. *Estar de más:* → MÁS, 8.
5. En algunos países de América, particularmente en Santo Domingo, se usa la construcción *estar al* + infinitivo *(está al llegar; estuve al casarme; el ardiente deseo estaba al cumplirse),* por *estar para* + infinitivo (Kany, 344). Es seguramente una extensión del modismo *estar al caer,* que es normal.
6. *Estar a* + infinitivo, por *estar* + gerundio, es construcción típica del castellano de Galicia: *Está a trabajar,* 'está trabajando' (García, *Temas,* 123).
7. *Estar por* + infinitivo, por *estar a punto de* + infinitivo, es uso de varios países americanos: *«Usted me estaba por cortar las niñez»* (Cortázar, *Rayuela,* 175); *«El pueblo pronto 'se pondrá de largo', pues está por cumplir los veinte años»* (Brunet, *Humo,* 51). Cf. POR, 1 j.

estasis. En medicina, 'estancamiento de la sangre o de otro líquido en una parte del cuerpo'. Es nombre femenino de acentuación grave, /estásis/. Deben evitarse, pues, la acen-

CONJUGACIÓN DEL VERBO «ESTAR»

(tiempos simples)

INDICATIVO

Pres. estoy, estás, está, estamos, estáis, están.
Pret. impf. estaba, estabas, estaba, estábamos, estabais, estaban.
Pret. indef. estuve, estuviste, estuvo, estuvimos, estuvisteis, estuvieron.
Fut. impf. estaré, estarás, estará, estaremos, estaréis, estarán.
Pot. simple estaría, estarías, estaría, estaríamos, estaríais, estarían.

SUBJUNTIVO

Pres. esté, estés, esté, estemos, estéis, estén.
Pret. impf. estuviera o estuviese, estuvieras o -ses, estuviera o -se, estuviéramos o -semos, estuvierais o -seis, estuvieran o -sen.
Fut. impf. estuviere, estuvieres, estuviere, estuviéremos, estuviereis, estuvieren.

IMPERATIVO

está, esté, estad, estén.

FORMAS NO PERSONALES

Inf. estar.   *Ger.* estando.   *Part.* estado.

tuación /éstasis/ y la grafía *éxtasis,* que corresponden a otro nombre muy distinto *(éxtasis,* es 'arrobamiento'): «*Éxtasis* .. de la válvula mitral» (Torrente, *Saga,* 134).

estático. No deben confundirse los adjetivos *estático,* 'inmóvil', y *extático,* 'de éxtasis' o 'que está en éxtasis'. Igualmente se ha de evitar la confusión de *estatismo,* 'inmovilidad', con *extatismo,* 'actitud de éxtasis'.

estato-, estat-. Formas prefijas del griego *estatós,* 'parado': *estatocisto.*

estatúder. 'Jefe o magistrado supremo de la antigua república de los Países Bajos'. Esta es la forma española (registrada por la Academia) del holandés *Stadhouder.* Debe desecharse de la forma *statouder* que usan todavía algunos historiadores.

estatuir. Verbo irregular. Se conjuga como *huir* [48].

estatus → STATUS.

estauro-. Forma prefija del griego *staurós,* 'estaca, cruz': *estaurolita.*

este [1]. **1.** Adjetivo y pronombre demos-

trativo. Tiene en singular y plural formas masculinas *(este, estos)* y femeninas *(esta, estas);* como pronombre tiene, además, una forma «neutra», sin plural *(esto).*

2. Como adjetivo —igual que los otros demostrativos—, su colocación normal es antepuesto al nombre: *este señor;* pero puede ir pospuesto si precede al nombre el artículo *el (la,* etc.): *el señor este, la niña esta.* La construcción pospuesta suele implicar un matiz despectivo.

3. También como los otros demostrativos, el adjetivo *este* es siempre tónico: *este día, estas cosas,* /éste-día, éstas-kósas/ (no /estedía, estaskósas/).

4. La forma *este* aparece con frecuencia usada, en lugar de *esta,* ante nombre femenino que comienza por /a/ tónica *(este agua, este arma);* debe usarse *esta* ante todos los femeninos, sea cual sea su fonema inicial: *esta agua, esta arma.*

5. Como pronombres, tradicionalmente se escriben con tilde (acento ortográfico) las formas masculinas y femeninas: *Me quedo con ésta; Éstos han llegado hoy.* Pero esta acentuación, que no tiene ninguna justificación fonética ni semántica como diferenciación respecto al adjetivo, y sí estrictamente gramatical, es innecesaria y ha dejado de ser obligatoria. En cuanto a la forma «neutra» *(esto)*, en ningún caso debe escribirse con tilde. Siempre que el pronombre *este* o *esta* va, sin coma, como antecedente de un relativo, aunque no vaya inmediatamente unido a él, se escribe sin tilde: *«Estas que fueron pompa y alegría, / despertando al albor de la mañana, / a la tarde serán lástima vana, / durmiendo en brazos de la noche fría»* (Calderón [1629], en Blecua, *Edad Oro,* II, 128).

6. Diferencias de sentido entre los demostrativos *este, ese, aquel. a) Este* se refiere a un ser situado cerca de la persona que habla. Puede expresar también tiempo actual *(Este año),* o inmediatamente pasado *(Este invierno no ha hecho frío),* o inmediatamente futuro *(Esta noche la veré). b) Ese* se refiere a un ser situado cerca de la persona a la que se habla. También sirve para referirse a una unidad de tiempo que se acaba de mencionar: *Un día regresó el padre; ese día hubo fiesta en la casa.* (Sobre el uso americano de *ese* por *aquel,* → ESE, 6.) *c) Aquel* se refiere a un ser no situado cerca de la persona que habla ni de la que escucha. Puede expresar también lejanía en el tiempo. A diferencia de los otros dos demostrativos, se usa vacío de significado —con pura función gramatical— cuando es antecedente de un relativo *(Aquellos que deseen más información,* 'los que deseen más información').

7. *Esto* en España, *este* en gran parte de América, se usan en la lengua coloquial como muletillas de relleno en momentos de vacilación sobre lo que se va a decir. Cf. Kany, 136, y Steel, *Americanismos,* 181.

este[2]. 'Punto cardinal': → PUNTOS DEL HORIZONTE.

estear-, esteato-, estea-. Formas prefijas del griego *stéar,* 'sebo': *esteatita, esteatopigia.*

esteno-, esten-. Formas prefijas del griego *stenós,* 'estrecho': *estenografía.*

estéreo → ESTEREOFONÍA.

estereo-. Forma prefija del griego *stereós,* 'sólido': *estereoscopio.* Se usa en todos los neologismos que denotan 'tres dimensiones'.

estereofonía. 1. 'Reproducción del sonido caracterizada por la reconstrucción espacial de los manantiales sonoros'. Tanto

para este nombre como para el adjetivo *estereofónico* y la apócope *estéreo,* deben desecharse las formas iniciadas con *s- (stereofonía, stereofónico, stéreo).* **2.** *Estéreo* es apócope de *estereofonía (música en estéreo)* o, más frecuentemente, de *estereofónico (disco estéreo).* Es palabra invariable en género y número *(una grabación estéreo, equipos estéreo).*

esteticista. 'Persona especialista en cosmética'. Esta es la forma más adecuada, y que disfruta de aceptación académica, para traducir el francés *esthéticien,* más frecuentemente en femenino, *esthéticienne* (pronunciado corrientemente /estetisién/).

esteto-, estet-. Formas prefijas del griego *stéthos,* 'pecho': *estetoscopio.*

esthéticien, esthéticienne → ESTETICISTA.

estilóbato. 'Pedestal o zócalo en que se apoya una serie de columnas'. El *Diccionario* de la Academia establece la forma *estilóbato,* esdrújula; pero algunos tratadistas de arte usan la forma llana *estilobato* (Angulo, *Arte,* I, 78; Velarde, *Arquitectura,* 38).

estimular. Construcción: *estimular* AL *estudio; estimular* A *hacer algo.*

estirar. Significa 'alargar o dilatar (una cosa), extendiéndola con fuerza para que dé de sí'. Es de nivel popular usar este verbo por *tirar* ('hacer fuerza para traer hacia sí'): *Le estiró del brazo,* en lugar de *Le tiró del brazo; «Si caídos al mar, nos agarrasen / de los pies y estirasen, tercas, de ellos / unas manos no humanas»* (Otero, *Ángel,* 109). La misma confusión vulgar se da en *un estira y afloja,* por *un tira y afloja: «Es usted un enemigo más .. del estira y afloja de Cortes que gobiernan y Rey que reina»* (Galdós, *Apostólicos,* 183). E igualmente en el nombre *estirón* por *tirón: «Asió la pipa con las dos manos, dio un estirón, y se abrió longitudinalmente, descubriendo su alma de estilete»* (Vázquez Montalbán, *Pájaros,* 219).

estocar, estocaje → STOCK.

estomato-, estomat-. Formas prefijas del griego *stóma,* 'boca': *estomatología.*

Estonia. Los adjetivos correspondientes a Estonia son *estonio* y *estoniano.*

estrabismo. 'Desviación de la dirección normal de la mirada'. No debe pronunciarse

/ekstrabísmo/ ni escribirse *extravismo*, pues la palabra no tiene sino una relación aparente con *extraviar*. Lo mismo hay que decir del adjetivo *estrábico* (no *extrávico*).

estrangular. 'Ahogar oprimiendo el cuello'. Evítese la pronunciación /ekstrangulár/ y la grafía *extrangular*. Lo mismo hay que decir de sus derivados *estrangulador, estrangulamiento, estrangulación*, que no tienen ninguna relación con el prefijo *extra-*.

estraperlo. 'Mercado negro'. No debe usarse la grafía *straperlo*, y menos *extraperlo*.

Estrasburgo. La ciudad francesa de *Strasbourg* tiene en español el nombre de *Estrasburgo* (no *Strasburgo*).

estratosfera. 'Capa superior de la atmósfera'. No es normal la forma *estratoesfera*.

-estre. Sufijo de adjetivos, que significa pertenencia: *campestre, ecuestre*.

estregar. Verbo irregular. Se conjuga como *cerrar* [6]. La conjugación regular *(estrego, estrega,* etc.) es popular o regional.

estrellar. Construcción: *estrellarse* CON *alguno; estrellarse* CONTRA (o EN) *alguna cosa*.

estremecer. Verbo irregular. Se conjuga como *agradecer* [11].

estrenar. Construcción: *estrenarse* CON *una obra maestra*.

estreno. 'Primera exhibición' (de un filme o de una obra teatral). El uso del francés *première* (que significa literalmente 'estreno') se da entre nosotros a menudo para designar el *estreno especial* o *de gala*, previo al estreno para el público en general. Es preferible emplear a todos los casos el nombre *estreno*.

estreñir. Verbo irregular. Se conjuga como *reñir* [58]. Es vulgar la forma *estriñir*, de la que se oye principalmente el participio *estriñido*.

estrés. 'Situación de un individuo o de un órgano, que, por exigir de ellos un rendimiento muy superior al normal, los pone en riesgo próximo de enfermar'. Debe preferirse esta forma, adoptada por la Academia, a la original inglesa *stress*. Es nombre masculino, y su plural es *estreses*. Existe también el adjetivo *estresante*, 'que produce estrés'.

estriar. Se conjuga, en cuanto al acento, como *desviar* [1 c].

estribar. Construcción: *su felicidad estriba* EN *el trabajo*.

estriñir → ESTREÑIR.

estudiante. Como nombre, que es el uso habitual de esta palabra, es invariable en género: *el estudiante, la estudiante*. Pero la lengua coloquial emplea una forma femenina *la estudianta*.

estudiar. 1. Se conjuga, en cuanto al acento, como *cambiar* [1 a].
  2. Construcción: *estudiar* CON *los escolapios; estudiar* PARA *médico; estudiar* POR *libre*.

estudio. *A estudio:* → A², 11.

estupefaciente. 'Droga narcótica'. Evítese la pronunciación /estupefakziénte/.

esvástica. 'Cruz gamada'. También puede decirse *suástica*. No debe usarse la grafía *svástica*.

et alia, et alii, et aliter → ALII.

etcétera. 1. Debe evitarse la pronunciación, bastante extendida, /ekzétera/.
  2. Como esta palabra significa 'y demás', y lo demás', no debe ir precedida de *y,* esta conjunción va incluida en su significado: *Perros, gatos y etcétera*. Esta observación no afecta al reiterado cliché periodístico *y un largo etcétera*, puesto que en él la palabra en cuestión va funcionando como sustantivo con el sentido de 'serie de otros elementos (personas o cosas)'.

-ete. Sufijo de adjetivos que encierra matiz despectivo o que significa calidad menos notable: *clarete, pesadete*. La forma femenina es *-eta*.
  Es también sufijo de sustantivos derivados de sustantivos. Su significación es diminutiva y a veces despectiva: *historieta, peseta, vejete*.

Eteocles. Nombre de un personaje de varias tragedias griegas, hermano de Antígona. Es palabra llana, /eteókles/, no esdrújula, según Fernández Galiano; sin embargo, Reyes escribe *Etéocles* (trad. de Bowra, *Lit. griega*, 64).

-etín → -ÍN.

etíope. 'De Etiopía'. Aunque en la lengua hablada se oye muy frecuentemente /etiópe/, con acentuación llana, la pronunciación académica es esdrújula, /etíope/, tal como refleja la tilde en la forma escrita.

etno-. Forma sufija del griego *éthnos,* 'raza': *etnografía.*

-eto. Sufijo de sustantivos o de adjetivos derivados de sustantivos: *buleto, folleto.* La forma femenina es *-eta.* En América está mucho más vivo que en España, alternando con *-eco: patuleto, corneto.* (→ -ETE.)

-etón → -ÓN.

eu-. Prefijo griego que significa 'bien', 'bueno': *eufonía.*

EUA → EE. UU.

eucalipto. 'Árbol mirtáceo'. Es preferible usar este nombre al de *eucaliptus* (que, por otra parte, habría que escribir *eucalyptus,* su verdadera grafía latina).

Éufrates. El nombre de este río, en la pronunciación generalmente admitida, es esdrújulo, /éufrates/, aunque, según Fernández Galiano, la acentuación más acertada sería la llana, /eufrátes/.

Eufrosine. Nombre de una de las tres Gracias. También se llama *Eufrosina.* Según Fernández Galiano, la acentuación correcta es *Eufrósine* o *Eufrósina;* pero la forma grave es la que prevalece en el uso.

europeizar. Se conjuga como *enraizar* [1 f].

euscaldún. Adjetivo invariable, o nombre masculino y femenino, 'hablante de la lengua vasca' (no 'vasco' en general). También *euskaldún* y *euscalduna* o *euskalduna: «el pueblo euscaldún», «el pueblo euscalduna», «el euscalduna»* (Unamuno [1886 y 1887], *Raza,* 165 y 211). Aunque la Academia haya recogido en su *Diccionario* una de estas formas, *euscalduna,* hay que tener presente que no dejan de ser vascas y que en español corresponden a *vascohablante* (→ VASCOHA-BLANTE).

Euskadi → PAÍS VASCO.

euskaldún → EUSCALDÚN y VASCOHA-BLANTE.

Euskal Herria → PAÍS VASCO.

euskara, euskera → EUSQUERA y VAS-CUENCE.

eusquera. 'Lengua vasca' o (adjetivo) 'de la lengua vasca'. También, más raro, *euskara.* La Academia considera preferible en castellano la grafía *eusquera* a *euskera,* si bien da por buenas las dos. La acentuación de esta voz es grave, /euskéra/; no esdrújula, /éuskera/. Como adjetivo, es invariable; no debe usarse, pues, la forma *eusquero* o *euskero.* Conviene no olvidar que *euskera* (o *eusquera)* es palabra vasca, y que en español el nombre tradicional, perfectamente vivo y correcto, es *vascuence* (→ VASCUENCE).

evacuar. Se conjuga, en cuanto al acento, como *averiguar* [1 b]. Es errónea la acentuación *evacúa, evacúe,* etc., que se oye con frecuencia; lo normal es *evacua, evacue,* /ebákua, ebákue/. No obstante, esa acentuación es aceptada en la norma culta de algunos países hispanoamericanos.

evaluar. Se conjuga, en cuanto al acento, como *actuar* [1 d].

eventualmente. Es error debido a anglicismo el uso de *eventualmente* por *finalmente: «Al principio se reciben sus ofrecimientos con cierto recelo .. Eventualmente prevalece cerca de los príncipes, habiéndoles asegurado la pureza de su celo luterano para que se unan a él»* (Muñoz, trad. Lewis, *Carlos de Europa,* 155).

evidencia. 'Cualidad de evidente o manifiesto'. Por anglicismo se usa a veces, impropiamente, por *prueba* (de un delito): *«El Gobierno de Su Majestad tiene una evidencia objetiva y subjetiva de que los disturbios están influidos por una mano extranjera» (Ya,* 11.1.1959, 3).

evidenciar. Se conjuga, en cuanto al acento, como *cambiar* [1 a].

evidente. 1. *Ser evidente* (una cosa, un hecho): → SER, 3.
2. Uso de *aparente* por *evidente:* → APARENTE.

evidentemente → APARENTE.

evónimo. 'Bonetero, arbusto'. Es preferible la forma española *evónimo* a la medio latina *evónimus.* De esta palabra se han visto y oído varias grafías y pronunciaciones: *evonymus,* que es la forma latina correcta, en Galdós *(Miau,* 249); *evonimus,* en Azorín *(Voluntad,* 150); *bónibus,* en el habla popular recogida por Galdós *(Fortunata,* I, 277, 308; III, 233). Alonso *(Poetas,* 105) ha señalado cómo Antonio Machado, en la primera edición de *Soledades* (1903), había escrito *bónibus* y *ebónibus,* que luego corrigió en *evónimus.*

ex-. **1.** Prefijo que significa 'fuera', 'más allá': *exponer, excomulgar.* Delante de nombres o adjetivos de persona significa que esta ha dejado de ser lo que aquellos representan. En ese caso se suele escribir separado del nombre o adjetivo, y así lo usa la Academia: *ex ministro, ex discípulo.* Pero, tratándose de un prefijo, sería normal escribirlo unido al nombre: *exmonárquico;* o enlazado por medio de un guión, con lo cual se conserva la posibilidad de mantener la mayúscula: *ex-Diputado, ex-Rey.* **2.** El prefijo *ex-* es siempre átono, tanto si se escribe junto, como separado, como con guión. No está justificada la pronunciación tónica de algunos locutores: /éks-presidénte/, /éks-direktór/.

exa- → HEXA-.

exacto. En el sentido de 'sumamente parecido', se construye con la preposición *a:* «*Esa criatura es tu vivo retrato .. Es tan exacto a ti que el rumor se ha convertido en evidencia*» (Fernández de la Reguera-March, *Fin,* 368).

exaltación. Construcción: *exaltación* DE *su memoria.* Es anormal la construcción con *a:* «*Exaltación a la naturaleza*» *(Diario 16,* 6.2.1983, 3).

examen. *A examen* → A², 11.

examinar. Construcción: *examinar* DE *gramática; examinarse* DE *gramática.* En Méjico, Costa Rica y Guatemala es corriente decir *examinarse* EN *gramática,* EN *álgebra* (Kany, 366).

exceder. Construcción: *exceder una cuenta* A *otra; exceder* DE *la talla; exceder* EN *cien pesetas; excederse* EN *los elogios.*

excepción. **1.** La pronunciación /ekszek-zión/, deformando el sonido /p/ en /k/, es usual en muchos hablantes públicos. La misma alteración se oye en *excepcional, excepto, exceptuar.* La *p* debe pronunciarse como /p/. **2.** Construcción: *todos,* A (o CON) *excepción* DE *tres o cuatro.*

excepticismo, excéptico → ESCÉPTICO.

excepto. **1.** Preposición que significa 'a excepción de, fuera de'. Se pronuncia átona. Tiene la particularidad de que cuando precede a los pronombres de 1.ª y 2.ª persona de singular, estos no toman las formas *mí, ti,* sino *yo, tú: Excepto tú, todos han pagado.* **2.** Pronunciación viciosa de *excepto:* → EXCEPCIÓN, 1.

exceptuar. **1.** Se conjuga como *actuar* [1 d]. **2.** Construcción: *exceptuar a alguno* DE *la regla.* **3.** Pronunciación viciosa de *exceptuar:* → EXCEPCIÓN, 1.

excisión → ESCISIÓN.

excitar. En Venezuela se usa este verbo con sentido de 'instar' o 'invitar': *Se excita a los estudiantes a inscribirse en los equipos de la Universidad.* El uso es antiguo en la lengua española, pero ha dejado de existir en la mayoría de los países hispánicos. *Excitar* tiene hoy un sentido puramente sensorial: *excitar los nervios, excitar los sentidos, las pasiones.* Cuando se emplea en otro ámbito, debe sustituirse por *instar, invitar, exhortar, incitar,* verbos que expresan diferentes matices (v. Rosenblat, *Palabras,* I, 201).

EXCLAMACIÓN → PUNTUACIÓN, VI.

excluir. **1.** Verbo irregular. Se conjuga como *huir* [48]. **2.** Construcción: *excluir a uno* DE *una lista.*

exclusive. Adverbio que significa 'sin contar el último o últimos objetos mencionados'. No debe usarse como adjetivo atribuyéndole variación de número: *Entre el segundo y el octavo ambos exclusives.*

excogitar. Es impropiedad usar este verbo en el sentido de *escoger.* *Excogitar* significa 'hallar o descubrir algo por la reflexión'.

excoriar. Se conjuga, en cuanto al acento, como *cambiar* [1 a].

excusa → DISCULPA.

excusar. Construcción: *excusarse* CON *alguno; excusarse* DE *hacer algo; excusarse* POR *su conducta.*

exegeta. 'Intérprete o explicador'. La acentuación académica es grave, /eksejéta/; pero el uso más corriente es esdrújulo, *exégeta*. Para el nombre abstracto *exegesis*, 'interpretación o explicación', la Academia recoge las dos acentuaciones, grave *(exegesis)* y esdrújula *(exégesis)*. Ambas pronunciaciones, en las dos palabras, deben considerarse válidas.

exención. **1.** 'Acción y efecto de eximir'. No debe usarse la forma *eximición*, que algunos periodistas usan. **2.** Construcción: *exención* DE *impuestos*.

exento. Construcción: *exento* DE *cargas*.

exequátur. 'Autorización civil para las bulas pontificias'. Se pronuncia /eksekuátur/. Es nombre masculino poco usado; aún menos, en plural. En este último caso se mantiene sin variación de forma: *los exequátur.*

exequias. 'Honras fúnebres'. Es nombre femenino solo usado en plural.

exfoliar. Se conjuga, en cuanto al acento, como *cambiar* [1 a].

exhortar. Construcción: *exhortar* A *la austeridad.*

exiliar. **1.** Se conjuga, en cuanto al acento, como *cambiar* [1 a]. **2.** No debe usarse *exilar* por *exiliar,* puesto que el verbo se forma sobre el nombre *exilio*. Lo mismo hay que decir del participio, frecuentemente sustantivado, *exilado* por *exiliado.*

eximente. Usado como nombre ('circunstancia que exime de toda culpa'), su género es femenino: *la eximente.*

eximición → EXENCIÓN.

eximir. Construcción: *eximir a alguien* DE *una obligación.*

existencia. *Existencias:* → STOCK.

exo-. Prefijo griego que significa 'fuera': *exósmosis.*

exófago → ESÓFAGO.

exonerar. Construcción: *exonerar* DEL *cargo; exonerar* DE *una obligación.*

exósmosis → ÓSMOSIS.

exotérico → ESOTÉRICO.

expandir. 'Extender o dilatar'. Es errónea la forma *expander,* probablemente influida por *extender.*

expatriar. Se conjuga, en cuanto al acento, como *desviar* [1 c]. Se usa también, no obstante, la conjugación como *cambiar* [1 a].

expedir. **1.** Verbo irregular. Se conjuga como *vestir* [62]. **2.** Diferencia entre *expedir* y *expender:* → EXPENDER.

expedito. 'Libre de estorbos'. La pronunciación es llana, /espedíto/; no /espédito/, como se oye a algunos locutores.

expeler. Construcción: *expeler* DEL *cuerpo; expeler* POR *la boca.*

expendeduría. 'Tienda', especialmente de tabaco. Es errónea la forma *expendiduría.*

expender. No debe confundirse este verbo con *expedir. Expender* es 'gastar': *Expendió toda su fortuna;* 'vender al por menor': *En su tienda se expendía toda clase de productos;* 'poner en circulación' (moneda falsa). *Expedir* es 'despachar' (un asunto), 'poner por escrito' (un certificado), 'remitir, enviar' (una carta, un paquete, una mercancía).

expendiduría → EXPENDEDURÍA.

expensas. Construcción: *vivir a expensas* DE *otro.*

expiar. Se conjuga, en cuanto al acento, como *desviar* [1 c].

expirar. Verbo intransitivo, 'morir'. No debe usarse con el sentido de 'expeler de los pulmones': *«Puede el aire expirado no reflejar exactamente la tasa de alcohol en sangre»* (F. Martino, *Ya,* 1.8.1974, 37), sentido que corresponde al verbo transitivo *espirar.* La confusión gráfica es fácil por la igual pronunciación de las dos palabras.

expléndido, explendor, explendoroso → ESPLENDOR.

explotar. El uso de *explotar* con el sentido de 'hacer explosión, estallar', muy extendido por España y América, está ya reconocido por la Academia. Los técnicos, no obstante, prefieren el verbo *explosionar,* que aparte del sentido citado tiene el de 'hacer estallar': *El artefacto fue explosionado por especialistas de la Policía.* Conviene señalar que este último uso transitivo no se encuentra en *explotar,* por lo que no debemos considerar normal este ejemplo: *«Amenazan con explotar el avión»* (*Ya,* 22.7.1973, 3).

expoliar. Se conjuga, en cuanto al acento, como *cambiar* [1 a].

exponer. 1. Verbo irregular. Se conjuga como *poner* [21].

2. Construcción: *exponerse* A *un desaire; exponer* ANTE *el público*.

ex profeso. Locución latina que significa 'de propósito, deliberadamente'. Se pronuncia /eksproféso/ y se escribe en dos palabras. Algunos usan un adverbio *exprofesamente*, que no tiene ninguna razón de ser.

expropiar. Se conjuga, en cuanto al acento, como *cambiar* [1 a].

extasiarse. Se conjuga, en cuanto al acento, como *desviar* [1 c].

éxtasis → ESTASIS.

extático → ESTÁTICO.

extender. 1. Verbo irregular. Se conjuga como *entender* [14].

2. Construcción: *extenderse* EN *digresiones; extenderse* POR *el suelo*.

extenuar. Se conjuga, en cuanto al acento, como *actuar* [1 d].

extra-. Prefijo latino que significa 'fuera': *extraordinario*. En algún caso, 'sumamente': *extraplano*.

extradición. Este nombre tiene una sola *c* en su terminación. Son erróneas, pues, la pronunciación /ekstradikzión/ (a veces oída en la radio) y la grafía *extradicción*.

extraditar. 1. 'Entregar (un reo refugiado en un país) a las autoridades de otro país que lo reclama'. Este verbo, que sigue el modelo del inglés *to extradite*, ha sido acogido por la Academia. Pero es igualmente válido, y mejor formado, *extradir* (regresivo de *extradición*), que figura en *Vox* desde 1973, tiene uso ya antiguo en Hispanoamérica y empieza a aparecer en diarios españoles: «*Un juez argentino pone en libertad al ultraderechista Raúl Guglielminetti, extradido por España*» (*País*, 3.1.1986, 1).

2. Los participios de *extraditar* y *extradir* son, naturalmente, *extraditado* y *extradido*. No tiene razón de ser *extradicto*, que alguna vez se ha visto usado: «*La entrega del extradicto por un Estado a otro*» (J. Miralles, *Diario 16*, 7.12.1985, 3).

extraer. 1. Verbo irregular. Se conjuga como *traer* [32].

2. Construcción: *extraer* DE *la mina*.

extrangular → ESTRANGULAR.

extrañar. 1. Construcción: *extrañar la cama; extrañarle* A *uno un hecho; extrañar* A *un conspirador* ('desterrarlo'); *extrañar* A *un amigo* ('echarlo de menos': → 3); *extrañarse uno* DE *algo*.

2. El sentido 'causar extrañeza', aunque no registrado por la Academia, es perfectamente normal y nada nuevo en el idioma: «*Me extraña que insistas todavía en que escriba un nuevo tomo*» (Rosalía de Castro, *Carta*, 26.7.1881, 1012).

3. El sentido 'echar de menos', transitivo, desusado en España, vive en América: «*Oh mi amor, te extraño, me dolés en la piel, en la garganta, cada vez que respiro es como si me vacío me entrara en el pecho donde ya no estás*» (Cortázar, *Rayuela*, 232).

extraperlo → ESTRAPERLO.

extrasístole → SÍSTOLE.

extravertido. 'Que se interesa principalmente por lo exterior a sí mismo'. Es errónea (aunque la haya acogido la Academia) la forma *extrovertido*, influida por *introvertido*, que es el adjetivo opuesto de *extravertido*.

extraviar. 1. Se conjuga, en cuanto al acento, como *desviar* [1 c].

2. Construcción: *extraviarse* POR O EN *el bosque; extraviarse* EN *sus opiniones*.

extrávico, extravismo → ESTRABISMO.

extremo. *Al extremo de, a tal extremo* («*Le rogué que me dijera algo .. que diera firmeza a mi posición sobre la tierra, a tal extremo dependiente de ella*», Benedetto, *Caballo*, 20) no son las construcciones más normales, sino HASTA *el extremo de*, HASTA *tal extremo*.

extrovertido → EXTRAVERTIDO.

-ez. 1. Sufijo átono patronímico: *López, Sánchez*.

2. Sufijo tónico de nombres abstractos femeninos derivados de adjetivos: *acidez, delgadez*.

-eza. Sufijo de sustantivos abstractos femeninos derivados de adjetivos: *dureza, tristeza, entereza*.

-ezno. Sufijo de sustantivos, con valor diminutivo: *osezno, rodezno, torrezno*.

-ezuelo → -UELO.

f

f. Sexta letra del alfabeto. Su nombre —femenino— es *efe,* plural *efes.* Corresponde al fonema consonante /f/, en cuya realización el labio inferior se junta al borde de los incisivos superiores, de manera que queda una hendidura horizontal, por donde escapa el aire produciendo un ruido de roce.

fa. 'Nota musical'. Su plural es *fas.*

facies. 'Aspecto'. Es nombre femenino: *la facies.* En plural es invariable.

fácil. Construcción: *fácil* A *los halagos; fácil* PARA *un perito; fácil* DE *digerir; es fácil que sea así* (NO DE *que sea así*).

facsímil. 'Reproducción exacta'. Es nombre masculino. Se pronuncia /faksímil/ —no /fazsímil/ ni /faszímil/, como dicen algunas personas aparentemente cultas—. También existe, más rara, la forma *facsímile.* El plural de las dos palabras es *facsímiles.*

factible. 'Que se puede hacer, realizable'. No debe confundirse con *posible,* y menos con *susceptible* (como en este ejemplo: *«Esta primera Agrupación Mixta Femenina de Circulación .. es factible de ampliar su plantilla», Ya,* Supl., 14.5.1972).

facultar. Construcción: *facultar a alguien* PARA *hacer una cosa.*

faena. 'Trabajo de asistenta': → ASISTENTA.

-fagia. Forma sufija del griego *phágomai,* 'comer': *antropofagia.* Constituye sustantivos abstractos. Las formas *-fago, -faga,* son para sustantivos de personas: *antropófago.*

fagot. 'Instrumento músico de viento'. También puede llamarse *fagote.* El plural para ambas formas es *fagotes.*

falacia. 'Engaño, fraude o mentira con que se intenta dañar a otro'. Es impropiedad, debida a anglicismo, dar a este nombre el sentido de 'error, sofisma o argumento falso'.

Falkland → MALVINAS.

fallar. En su uso intransitivo, el sentido más corriente de este verbo es 'fracasar'. El empleo de *fallar en* + infinitivo por *dejar de* + infinitivo, o por *no* + indicativo, es extraño al español y se debe a influjo del inglés *fail to* + infinitivo: *«Este gran cambio llegó a producir una nueva generación que ha fallado en comprender la historia y apreciar la herencia de sus antepasados»* (Argüelles, *Enseñanza,* 283).

fallecer. Verbo irregular. Se conjuga como *agradecer* [11].

falso. *Ser falso* (un hecho): → SER, 3.

faltar. **1.** Construcción: *faltar* A *la cita; faltar* A *la palabra; faltar* DE *su puesto; faltar a uno* EN *algo; faltar una peseta* PARA *las cien.*
   2. Evítese la confusión de *faltar* con *carecer: «Algunas [partículas] .. pueden faltar de antecedente»* (Roca, *Gramática,* II, 180).
   3. *Encontrar a faltar:* → ENCONTRAR, 3.
   4. *Echar a faltar:* → ECHAR, 2.

fan. Nombre masculino y femenino, 'admirador fanático'. Es anglicismo usual, que sería fácil sustituir por *fanático* o —especialmente en deportes— por *hincha;* pero está muy arraigado. Desde los primeros testimonios que tengo recogidos en España (1966) se usa como forma de plural la misma del inglés: *fans.* (Hoyo, *Palabras extranjeras,* lo data en español ya en 1962, pero sin decir nada del plural.) Sin embargo, existe también un plural perfectamente adaptado, *fanes,* usado por Sampedro en 1990: *«Va [el cantante] en una simple silla de manos, pero a hombros de seis de sus fanes femeninas» (Sirena,* 308), y atestiguado también por Rodríguez *(Dicc. anglicismos)* con un texto oral de 1992.

fanero-. Forma prefija del griego *phanerós,* 'manifiesto': *fanerógama.*

-fano. Forma sufija del griego *phanós,* 'claro, manifiesto': *quirófano.*

fantaciencia, fantacientífico, fantasía científica → CIENCIA-FICCIÓN.

fantasma. Según la Academia, este nombre es femenino en el sentido de 'espantajo o persona que simula una aparición o un espectro', y masculino en los de 'visión quimérica' y 'hombre presuntuoso'. Pero en el uso corriente actual es masculino en todos los sentidos. El uso femenino se mantiene solo en lenguaje rústico y, en ocasiones, en lenguaje literario: *«La voraz fantasma de la noche»* (Miró, *Cercado,* 10).

farmaceuta. En Venezuela, Colombia, Guatemala, Ecuador y tal vez en otros países americanos dicen algunos *el farmaceuta* en lugar de *el farmacéutico.* También se ha usado algo —muy poco— en España: *«El joven e inteligente farmaceuta»* (R. Gómez de la Serna, *Pombo,* cit. Rosenblat). No es palabra incorrecta, pero el uso general prefiere siempre *el farmacéutico* (cf. Rosenblat, *Palabras,* III, 225).

farol → BLUFF.

Far West → OESTE.

fastidiar. Se conjuga, en cuanto al acento, como *cambiar* [1 a].

fatigar. Construcción: *fatigarse* DE *andar; fatigarse* EN *pretensiones; fatigarse* POR *sobresalir; fatigar* CON *sermones.*

favorable. Construcción: *la situación les es favorable; la situación es favorable* PARA *un cambio.*

favorecer. Verbo irregular. Se conjuga como *agradecer* [11].

fax. Nombre masculino, abreviación de *telefax,* y este, a su vez, de *telefacsímil:* 'sistema de transmisión de documentos por línea telefónica', 'aparato transmisor correspondiente' y también 'documento transmitido por ese sistema'. La forma *telefacsímil* apenas se usa. *Telefax,* por su parte, no es muy frecuente. Lo usual es *fax,* cuyo plural es *faxes* (mejor que *fax,* y en ningún caso *faxs).* La preferencia por el plural *faxes* se justifica porque la terminación *-x* se reduce en definitiva a una terminación *-s* ($x = $ /k + s/, si es que no se pronuncia como simple /s/, como ocurre a menudo en la lengua coloquial); y los monosílabos terminados en *-s* forman su plural añadiendo *-es: gas, gases; mes, meses; tos, toses.* (La regla no vale para las voces llanas, como *tórax,* pl. *tórax; télex,* pl. *télex; dúplex,* pl. *dúplex,* del mismo modo que *tesis,* pl. *tesis; caries,* pl. *caries; martes,* pl. *martes.)*

fe. En el sentido de 'intención', se usa frecuentemente *fe* en el sintagma *buena fe,* 'intención honrada', y en *mala fe,* 'intención alevosa'. Los adjetivos *buena* y *mala* pueden ser reemplazados, cuando convenga, por sus comparativos *mejor* y *peor: Lo hizo con la mejor fe del mundo; Lo hizo con la peor fe que te puedes imaginar.* Pero no deben emplearse construcciones redundantes como *la mejor buena fe* o *la peor mala fe: «A la verdad se le* [sic] *ataca con la mentira .., y a la buena fe, con la peor mala fe del mundo»* (N. *Diario,* 4.6.1968, 9); *«Deformándolo con la mejor buena fe»* (Miret Magdalena, *Triunfo,* 4.5.1974, 55).

febrífugo → ANTIFEBRÍFUGO.

FECHA. En la expresión de la fecha, el número que expresa el día lleva la preposición *a* si es complemento de *estar,* y siempre que se nombre sin artículo siendo complemento de tiempo dentro de una oración: *Estamos a 15; Expido el presente certificado en Valladolid, a 6 de febrero de 1954.* No lleva ninguna preposición en los demás casos: *El día 4 se examinan.* La fecha aproximada y la fecha límite se expresan, como es natural, por medio de las preposiciones convenientes: *hacia el día 4; alrededor del 4; por el 4; sobre el 4; hasta el 4; para el 4.*

El mes y el año llevan, sin artículo, la preposición *en: Estamos en marzo; Llegó en noviembre; Nació en 1920.* Si el nombre del mes y el número del año van precedidos respectivamente de las palabras *mes* o *año,* sí hay artículo delante de estas. Entre *mes* y el nombre del mes se pone la preposición *de: Estamos en el mes de marzo; Llegaron en el mes de noviembre.* Entre el nombre *año* y el número del año no se interpone preposición: *Nació en el año 1920* (salvo en estilo literario o formal: *en el año de 1920).*

La fecha de una carta o documento (día, mes y año) puede no ir precedida de ninguna preposición: *Madrid, 12 de agosto de 1950,* o tener la preposición *a,* especialmente cuando hay cierta solemnidad: *Firmo la presente en Madrid, a 3 de junio de 1956.* Fuera del estilo formal, es frecuente y aceptable suprimir las preposiciones *de* entre el día, el mes y el año: *3 junio 1956.*

En Hispanoamérica es frecuente escribir el día después del mes: *Montevideo, Octubre 24 de 1962.* Este uso es censurado por algunos filólogos de aquellos países. Es posible que en él haya alguna dosis de influencia del inglés; pero en realidad la costumbre tiene origen español. El P. Feijoo escribía siempre así las fechas de sus dedicatorias: *«De este Colegio de San Vicente de Oviedo, y Febrero diez y ocho de mil setecientos y veinte y ocho» (Teatro crítico,* II, Madrid, 1728); *«Oviedo y Noviembre 4 de 1730» (ibíd.,* IV, Madrid, 1733).* No es gusto personal de Feijoo: en las aprobaciones de esos mismos volúmenes, firmadas por diversas personas, alternan las dos maneras de escribir la fecha. Un siglo antes ya existía la forma «mes-día», pero con aceptación aún muy restringida: en las aprobaciones de *Las Soledades de D. Luis de Góngora comentadas por D. García de Salzedo Coronel* (Madrid, 1636), todas las fechas están escritas al modo tradicional, excepto una: *«Madrid, Março 23, 635. Francisco de Macedo».* En el tomo II de la misma obra (Madrid, 1645) también hay una única excepción: *«Diziembre 2 de 644 años. El Doctor Don Juan Calderón».* Se trata, pues, de un uso antiguo peninsular que en España, tras una época de relativo apogeo, fue abandonado, mientras que en América arraigó con especial fortuna. Es un ejemplar más de los arcaísmos que se conservan vivos en la lengua de América.

El primer día del mes se llama tradicionalmente *primero: 1.° de abril de 1939;* pero es cada vez más frecuente oír *uno* (y escribir *1),* uniformando esta fecha con las restantes del mes. En Colombia, según Flórez, se dice solamente *primero.* Algunos preceptistas, entre ellos la Academia Argentina de Letras, han censurado como solecismo el uso de *uno; es* verdad que es menos «castizo», pero no hay motivo para rechazarlo.

El nombre del día de la semana *(martes, miércoles,* etc.), se escribe siempre con minúscula. El nombre del mes puede escribirse con mayúscula o con minúscula, según el gusto de cada cual; hoy predomina sin duda la minúscula.

No debe seguirse la costumbre de algunas personas de escribir un punto detrás del millar de los años: *1.959.*

fedayin. Es palabra árabe en plural: 'guerrilleros palestinos'. Se dice, pues, *los fedayin,* no los *fedayines.* Si se quiere emplear en singular, hay que decir *un feday: «Los niños son siempre activos colaboradores de los fedayin» (Informaciones,* 13.9.1972, 4); *«Lo único que despierta a un feday es la señal de alerta» (Informaciones,* 15.9.1972, 4).

feérico → MÁGICO.

FEMENINO. *Formación del femenino de los nombres comunes de personas y de animales, y de los adjetivos calificativos.*

1. Nombres y adjetivos cuya forma masculina termina en vocal.

1.1. Los nombres y adjetivos cuya forma masculina termina en *-o* sustituyen en la forma femenina esta *-o* por *-a: hermano hermana, tío tía, abuelo abuela, dueño dueña, maestro maestra, ministro ministra, licenciado licenciada, delegado delegada, abogado abogada, arquitecto arquitecta, ingeniero ingeniera, médico médica; gato gata, perro perra, lobo loba, cerdo cerda; alto alta, hermoso hermosa, limpio limpia, nuevo nueva, sólido sólida, frío fría.*

Algunos nombres de terminación *-o* masculina son invariables en femenino, como *soprano, testigo* (→ TESTIGO). Sobre *reo,* → REO.

1.2. Los nombres cuya forma masculina termina en *-e* tienen en unos casos el femenino en *-a: jefe jefa, monje monja, sastre sastra, presidente presidenta, infante infanta, cliente clienta, dependiente dependienta, gi-*

gante giganta, elefante elefanta; en otros casos el femenino es invariable: *contribuyente, figurante, concursante, cantante.* En algunos casos la variación o no variación depende de aspectos semánticos: → AYU-DANTE, ASISTENTE. En el habla coloquial, al menos para la terminación *-nte,* se da más a menudo la variación: *estudiante estudianta, visitante visitanta, concursante concursanta, principiante principianta;* Cervantes escribió *«la preguntanta» (Quijote,* II, 1060).

Los adjetivos en *-e* no tienen variación de género: *verde, grande, dulce, suave, fuerte, breve, enorme, inerte, sangrante, decente, diferente.* En el caso de que una misma voz pueda ser nombre o adjetivo y como nombre tenga dos terminaciones (por ejemplo, *un gigante, una giganta),* es invariable como adjetivo *(una ola gigante).*

1.3. Los nombres y adjetivos cuya forma masculina termina en *-a, -i, -í, -u* o *-ú,* como norma general, no tienen forma distinta para el femenino (véanse los casos especiales en el apartado 3): *guía, colega, centinela, suicida, artista, egoísta* (y todos los terminados en *-ista), cosmopolita, israelita, croata, cursi, repipi, baladí, marroquí, hindú.*

2. Nombres y adjetivos cuya forma masculina termina en consonante.

2.1. Los nombres cuya forma masculina termina en *-án, -ón, -or, -és, -al* o *-el* tienen su forma femenina incrementada en una *-a: capitán capitana, patrón patrona, peatón peatona, ladrón ladrona, león leona, profesor profesora, doctor doctora, director directora, senador senadora, vendedor vendedora, superior superiora* (solo como nombre), *marqués marquesa, feligrés feligresa, concejal concejala, bedel bedela, coronel coronela.*

Los adjetivos terminados en consonante son, en general, invariables en cuanto al género: *principal, cordial, total, útil, fácil, gentil, azul, vivaz, audaz, feliz, celular, militar, mejor, superior, joven, ruin, afín, común.* Pero los terminados en masculino en *-án, -ón, -dor* o *-és* (estos últimos, solo cuando son gentilicios) tienen su forma femenina con una *-a* añadida: *alemán alemana, charlatán charlatana, peleón peleona, encantador encantadora, coruñés coruñesa, barcelonés barcelonesa, holandés holandesa, senegalés senegalesa.*

2.2. Casos especiales de nombres cuya forma masculina termina en consonante son,

entre otros, los de *mártir,* cuya femenino no tiene variación; *juez* y *huésped,* en que coexisten el femenino invariable y el femenino en *-a* (→ JUEZ, HUÉSPED).

3. Formaciones especiales.

3.1. En algunos nombres la forma femenina se ha creado por medio de una terminación especial *(-esa, -isa, -ina, -triz).* He aquí varios ejemplos: *abad abadesa, actor actriz* (→ ACTOR), *alcalde alcaldesa, barón baronesa, chófer choferesa* (→ CHÓFER), *conde condesa, cónsul consulesa* (→ CÓNSUL), *diablo diablesa* (→ DIABLO), *duque duquesa, embajador embajatriz* (anticuado), *emperador emperatriz, gallo gallina, guarda guardesa, héroe heroína, jabalí jabalina, papa papisa* (→ PAPA), *poeta poetisa* (→ POETA), *príncipe princesa, profeta profetisa, rey reina, sacerdote sacerdotisa* (→ SACERDOTE), *tigre tigresa* (→ TIGRE), *zar zarina.*

Entre los adjetivos es importante citar el femenino de *motor, motriz* (→ MOTOR), y el de todos los compuestos con *motor (psicomotor, sensomotor, automotor,* etc.). Algunos de estos adjetivos admiten también la formación normal en *-a, motora,* que en algunos casos es obligada: *lancha motora.*

3.2. Algunos nombres masculinos tienen como correspondiente femenino un nombre de raíz diferente (heterónimo). Entre ellos figuran *caballo / yegua, carnero / oveja, fraile / monja, hombre / mujer, macho / hembra, marido / mujer, padre / madre, toro / vaca, varón / mujer, yerno / nuera.*

femineidad. 'Cualidad de femenino'. Es igualmente válida la forma *feminidad.* La primera se basa en *femíneo;* la segunda, en *fémina* (como dice la Academia) o en una haplología (reducción) de un hipotético e incómodo *femeninidad.*

fenecer. Verbo irregular. Se conjuga como *agradecer* [11].

fénix. 'Ave fabulosa'. Es nombre masculino. Su plural es invariable.

feo-. Forma prefija del griego *phaiós,* 'oscuro': *feofíceo.*

feriar. Se conjuga, en cuanto al acento, como *cambiar* [1 a].

-fero. Forma sufija del latín *fero,* 'llevar' o 'producir': *calorífero.*

ferry → TRANSBORDADOR.

fiar. **1.** Se conjuga, en cuanto al acento, como *desviar* [1 c].
2. Construcción: *fiarse* DE *alguno; fiado* EN *su palabra.*

ficción científica → CIENCIA-FICCIÓN.

-ficeo. Forma sufija del griego *phykos,* 'alga': *feofíceo.*

-ficio. Forma sufija del latín *facio,* 'hacer'; constituye sustantivos abstractos: *beneficio.*

fico-. Forma prefija del griego *phykos,* 'alga': *ficomiceto;* o del latín *ficus,* 'higo': *ficoideo.*

-fico. Forma sufija del latín *facio,* 'hacer', que constituye nombres y adjetivos de agente: *benéfico.*

Fidji → FIYI.

fiel. **1.** Construcción: *fiel* A, CON, PARA o PARA CON *sus amigos; fiel* A *sus principios; fiel* A *sí mismo.*
2. El superlativo de *fiel* es *fidelísimo.*

fiesta. *Fiesta* o *reunión social* son denominaciones españolas que significan perfectamente lo mismo que el inglés *party.*

Figueras. La ciudad gerundense que en catalán tiene el nombre de *Figueres* se denomina en castellano *Figueras,* y es esta la forma que debe usarse cuando se habla o escribe en español.

fijar. Construcción: *fijar carteles* EN *la pared; fijarse* EN *el precio.*

Fiji → FIYI.

fili-. Forma prefija del latín *filum,* 'hilo': *filiforme.*

-filia. Forma sufija del griego *philía,* 'amor': *bibliofilia.*

filiación. Evítese la confusión entre *filiación* y *afiliación.* El primer nombre se usa generalmente como 'señas personales': *El policía le tomó la filiación;* o 'relación de derivación, influjo o dependencia de una persona o cosa respecto a otra': *Un poema de filiación romántica.* El segundo nombre significa 'hecho de afiliar o de afiliarse': *Su afiliación al Partido fue muy temprana.*

filme. Como adaptación del inglés *film* (plural *films),* la Academia ha puesto en circulación, con no mal éxito, la palabra

filme (plural *filmes).* En realidad, tanto *film* como *filme* solo son usados por los especialistas de cine (que también dicen *cinta),* pues el hablante común dice siempre *película.* De todos modos, el término *filme* es necesario en el idioma por la familia léxica que existe a su alrededor: los verbos *filmar* y *microfilmar,* el adjetivo *fílmico,* los nombres *filmación, microfilmación, filmina, microfilme, filmoteca, filmografía* y otros.

filmo-. Forma prefija de *filme* o *film: filmoteca.*

filo-, -filo. Formas prefija y sufija del griego *phílos,* 'amante': *filósofo, hidrófilo;* o del griego *phylon,* 'raza': *filogenia;* o del griego *phyllon,* 'hoja': *filófago.* Como prefijo, en el primer sentido, puede tomar la forma *fil-: filántropo.*

filólogo. El femenino de este nombre es *filóloga.*

filósofo. El femenino de este nombre es *filósofa:* «Madame de Staël, tan gran política como filósofa» (Rosalía de Castro, *Hija,* 11).

fin. **1.** *A fin de,* locución prepositiva, 'para' o 'con objeto de', se usa ante infinitivo o ante proposición introducida por *que: Hay que trabajar intensamente* A FIN DE *terminar la obra en el plazo previsto;* o A FIN DE QUE *la obra quede terminada en el plazo previsto.* También puede decirse *con el fin de:* CON EL FIN DE *terminar;* CON EL FIN DE QUE *la obra quede terminada.*
2. *Fin de semana,* 'sábado y domingo' y, especialmente, 'descanso de sábado y domingo'. No es necesario emplear el nombre inglés *week-end.*
3. *Sin fin* y *sinfín:* → SINFÍN.
4. *A fin de cuentas,* o *en fin de cuentas,* 'en definitiva', son locuciones adverbiales igualmente válidas, aunque parece gozar de preferencia la segunda.

financiar. Se conjuga, en cuanto al acento, como *cambiar* [1 a].

Finisterre. La ciudad coruñesa que en gallego tiene el nombre de *Fisterra* se denomina en castellano *Finisterre,* y es esta la forma que debe usarse cuando se habla o escribe en español.

fiordo. 'Golfo estrecho y profundo en Escandinavia'. Es preferible usar la forma *fiordo* a *fiord.*

Firenze → FLORENCIA.

firma → SELLO.

fiscal. El femenino del nombre *fiscal* es igual que el masculino.

fisi-. Forma prefija del latín *fissus*, 'hendido': *fisirrostro*.

físico. El femenino del nombre *físico* es *física*, como el del adjetivo.

fisio-. Forma prefija del griego *physis*, 'naturaleza': *fisiología*.

Fisterra → FINISTERRE.

fito-, -fito. Formas prefija y sufija del griego *phytón*, 'vegetal': *fitófago, talofita*.

Fiyi. Estado de Oceanía, formado por un archipiélago. El nombre español es *Fiyi*, no *Fiji* ni *Fidji*. El adjetivo derivado es *fiyano* (sin duda preferible, por razones fonéticas, al *fiyiano* que otros proponen).

flabeli-. Forma prefija del latín *flabellum*, 'abanico': *flabeliforme*.

fláccido. 'Flojo'. Este adjetivo y su nombre abstracto correspondiente, *flaccidez*, también pueden usarse en las formas *flácido* y *flacidez*. Por consiguiente, son igualmente válidas las pronunciaciones /flákzido, flakzidéz/ y /flázido, flazidéz/. Sin embargo, las primeras apenas se usan.

flagrante → FRAGANTE.

flanear → CALLEJEAR.

flash. Esta voz inglesa significa literalmente 'relámpago o destello'. Su plural es *flashes*. En español se usa como nombre masculino para designar el aparato, empleado en fotografía, que produce una luz intensa y momentánea, así como la propia luz producida. También se usa, en otra acepción tomada del inglés, en lenguaje periodístico, como 'avance muy breve de noticia importante'. Es palabra muy usada y sin duda útil. Como en español se pronuncia corrientemente /flas/, se puede adaptar por completo a nuestro idioma en la forma *flas*, plural *flases* («*Los flases que reciben a las celebridades*», Muñoz Molina, *País*, 10.11.1993, 30). La Academia ya recoge *flas*.

flébil. El significado de este adjetivo, solo usado en la lengua literaria, es 'digno de ser llorado', 'lamentable, triste'. Algunos lo

usan con el sentido de 'débil', quizá por cruce entre *débil* y *feble*: «*Verdades que desnudas cegarían la flébil razón de las muchedumbres*» (Pérez de Ayala, *AMDG*, 84).

flebo-, fleb-. Formas prefijas del griego *phleps*, 'vena': *flebotomía*.

flirteo. Como adaptación del inglés *flirt* la Academia propone el nombre *flirteo*, al lado del verbo *flirtear* (que tiene más de un siglo de vida en español). *Flirteo*, en la definición académica, es «juego amoroso que no se formaliza ni supone compromiso».

florecer. Verbo irregular. Se conjuga como *agradecer* [11].

Florencia. La ciudad italiana de *Firenze* tiene en español el nombre de *Florencia*.

florería → FLORISTERÍA.

flori-, -floro. Formas prefija y sufija del latín *flos*, 'flor': *floricultura, multifloro*.

floristería. 'Tienda donde se venden flores'. El nombre tradicional español es *florería*, que todavía está en uso, pero en los últimos años le ha ganado terreno *floristería* (formado, no sobre *flor*, como el primero, sino sobre *florista*). Los dos nombres son perfectamente válidos.

fluctuar. Se conjuga, en cuanto al acento, como *actuar* [1 d].

fluido. Como adjetivo significa 'líquido o gaseoso', dicho de un cuerpo. Como nombre masculino, 'corriente eléctrica'. La grafía que registra la Academia, *fluido*, sin ninguna tilde, responde a la norma, vigente desde 1959, de que «la combinación *ui* se considera, para la práctica de la escritura, como diptongo en todos los casos». Por consiguiente, esa grafía *fluido* puede representar tres pronunciaciones: /fluí-do/, bisílaba, con diptongo en la primera sílaba; /flu-í-do/, trisílaba, con hiato en que la /i/ es tónica; y /flú--i-do/, con hiato en que la /u/ es tónica. De las tres pronunciaciones, solo las dos últimas son normales en España: de esas dos últimas, la primera es la más oída en el uso corriente; la última —que es la pronunciación etimológica— solo se oye, aunque no sistemáticamente, en el uso culto; es la que la Academia representaba antes con la grafía *flúido*.

fluir. Verbo irregular. Se conjuga como *huir* [48].

fluvio-. Forma prefija del latín *fluvius*, 'río': *fluviógrafo*.

-fobia. Forma sufija del griego *phóbos*, 'aversión'. Sirve para nombres abstractos: *claustrofobia*. Para nombres o adjetivos de persona se usa *-fobo, -foba*: *hidrófobo*.

Fócide. Nombre de una región de la Grecia antigua. *Fócide* y no *Fócida* es, según Fernández Galiano, la forma española más acertada.

folclor, folclore, folclórico, folclorista → FOLKLORE.

foliar. Se conjuga, en cuanto al acento, como *cambiar* [1 a].

folklore. 'Cultura popular'. Es palabra inglesa adoptada en su grafía original por la Academia desde hace muchos años. En España se pronuncia según la lectura: /folklóre/. Sobre este nombre se han formado derivados, como *folklórico* y *folklorista*. Recientemente la Academia ha desechado las grafías con *k* y las ha sustituido por otras con *c*: *folclore, folclórico, folclorista;* y ha acogido además *folclor* —equivalente de *folclore* o *folklore*—, forma usual, junto con las otras grafías con *c*, en algunos países americanos.

foniatra. 'Médico especializado en trastornos de la fonación'. Se escribe y pronuncia *foniatra* /foniátra/, no *foníatra*.

fono-, -fono. Formas prefija y sufija del griego *phoné*, 'sonido'. La primera puede tomar la forma *fono-;* la segunda tiene una terminación femenina, *-fona*: *fonógrafo, fonendoscopio, magnetófono, antífona*.

fontanero. 'El que tiene por oficio instalar cañerías'. Las palabras *lampista* y *plomero*, usadas con este sentido, son regionales. Lo mismo ocurre con *lampistería* y *plomería* frente al general *fontanería*.

football → BALOMPIÉ y FÚTBOL.

fórceps. 'Instrumento que se usa en los partos difíciles'. Se escribe con tilde en la *o*. La pronunciación /fórzes/ es vulgar. El uso normal es en singular: *el fórceps*. El plural es invariable.

forjar. Construcción: *forjar el hierro* EN *barras*.

formal → SEMÁNTICO.

formar. Construcción: *formar* EN *columna; formar* POR *compañías*.

foro. 'Reunión para discutir asuntos de interés actual ante un auditorio que a veces interviene en la discusión'. La Academia propone acertadamente el uso de *foro*, en lugar de *fórum*, para este significado.

-foro. Forma sufija del griego *phorós*, 'el que lleva': *reóforo, semáforo*.

forrar. Construcción: *forrar* DE, CON O EN *piel; forrarse* DE *dinero*.

fortalecer. Verbo irregular. Se conjuga como *agradecer* [11].

fórum → FORO.

forzado → ESFORZADO.

forzar. Verbo irregular. Se conjuga como *acordar* [4].

fosf-, fosfo-, fosfor-. Formas prefijas de *fósforo*: *fosfato, fosfoproteína*.

fosforecer. Verbo irregular. Se conjuga como *agradecer* [11].

foto-. Forma prefija del griego *phos*, 'luz': *fotómetro*. También se usa en compuestos relativos a la fotografía: *fotocopia, fotomontaje*.

fotocopiar. Se conjuga, en cuanto al acento, como *cambiar* [1 a].

fotografiar. Se conjuga, en cuanto al acento, como *desviar* [1 c].

fotógrafo. El femenino de este nombre es *fotógrafa;* no *fotógrafo*, como a veces se lee (*«La fotógrafo Dora Maar»*, R. Conte, *Informaciones*, 9.4.1973, 15).

frac. 'Prenda de vestir masculina, que por delante llega hasta la cintura y por detrás tiene dos faldones'. El plural es *fraques* (apoyado por la Academia; *«Uno de esos fraques color tabaco»*, Torrente, *Saga*, 273) o *fracs* (más usual). No es corriente —aunque, como *frac*, figura en el *Diccionario* académico— el singular *fraque*: *«Torrente Ballester llega, apresurado y sin fraque»* (*Abc*, 16.12.1985, 33).

FRACCIONARIOS. Las palabras que sirven para expresar fracción o parte de las varias iguales en que se divide un todo se llaman *numerales fraccionarios* o *partitivos*. Son de dos categorías: adjetivos y nombres.

1. De los *adjetivos fraccionarios*, uno solo se une directamente al nombre de la cosa que se divide: *medio*. Así, *medio kilo, media ciudad.* Todos los restantes se usan exclusivamente con el nombre femenino *parte*, el cual puede especificar, por medio de un complemento con *de*, el nombre de la cosa dividida: *la tercera parte del país; las cuatro quintas partes de su fortuna.* Las formas de estos adjetivos son, para los que corresponden de 3 a 10, y para cien, mil y sus múltiplos, y un millón y sus múltiplos, las mismas de los ordinales (→ ORDINALES, cuadro): *tercera, cuarta, quinta..., décima, centésima, milésima, millonésima, dosmillonésima; «la veintemillonésima parte de un metro» (País,* Supl., 21.1.1996, 69). Para todos los demás se usan las formas de los cardinales correspondientes (→ NUMERALES, cuadro) con el sufijo *-ava: onceava, doceava, treceava, catorceava..., veinteava, veintiunava, veintidosava..., treintaava* o *treintava, treintaiunava, treintaidosava..., cuarentaava* o *cuarentava..., cientounava, cientodosava..., cientoveinteava..., cientocincuentainueveava..., mildoscientosava,* etc. (Sobre la utilización del sufijo *-avo* para la formación de ordinales, → -AVO.)
2. Los *nombres fraccionarios* son *mitad* (o, rara vez, *medio), tercio, cuarto, quinto, sexto, séptimo, octavo, noveno, décimo* o *décima, centésimo* o *centésima, milésimo* o *milésima, millonésimo* o *millonésima.* Los múltiplos de *milésimo -a* y *millonésimo -a* se forman anteponiendo a estos su multiplicador: *dosmilésimo, diezmillonésimo,* etc. Y todos los restantes nombres fraccionarios se forman, igual que sus homólogos adjetivos, con su numeral cardinal correspondiente seguido del sufijo *-avo: veintinueveavo, cientodosavo, trescientosavo, mildoscientosavo,* etc. Los nombres fraccionarios se usan normalmente precedidos de un determinante (artículo o numeral cardinal) y con frecuencia seguidos de un complemento con *de* que expresa la cosa dividida: *la mitad de la casa, tres cuartos de hora.*
3. En los casos —tanto si se trata de adjetivos como de nombres fraccionarios— en que la formación en *-avo* da lugar a la secuencia de dos vocales *a*, el uso de los matemáticos suele mantener las dos *(treintaavo, cincuentaavo,* etc.); sin embargo, la Academia prefiere reducirlas a una *(treintavo, cincuentavo,* etc.). Las dos opciones pueden considerarse válidas.

fragante. Aunque los diccionarios admiten la sinonimia *fragante / flagrante,* es conveniente mantener la distinción entre los dos términos. *Fragante* es, propiamente, lo que despide fragancia, es decir, lo que desprende un olor delicioso; se habla de *una rosa fragante. Flagrante* es lo que se está ejecutando en el momento en cuestión: *en flagrante delito.*

fraganti. *En fraganti:* → IN FRAGANTI.

fraguar. Se conjuga, en cuanto al acento, como *averiguar* [1 b].

Francfort. 1. Las dos ciudades alemanas llamadas *Frankfurt (del Main* y *del Oder,* no *sobre el* Main o el Oder) suelen designarse en español con el nombre (también francés) de *Francfort.* Como en español pronunciamos tónica la primera sílaba, sería mejor la grafía con tilde, *Fráncfort.* Es incongruente escribir estos nombres en la forma híbrida *Frankfort.*
2. *Francfort* (o *Fráncfort*) *del Main* o *del Meno:* → MAIN.

franco. Construcción: *franco* A, CON o PARA CON *todos; franco* DE *servicio.*

franco-. Forma prefija del latín *Franci,* 'pueblo germánico que conquistó la Galia en la alta Edad Media'. Se usa generalmente con el sentido de 'francés': *francohablante.*

Frankfort, Frankfurt → FRANCFORT.

franquear. Aparte de 'pagar en sellos el porte postal (de un envío)', este verbo significa 'quitar los impedimentos (para el paso, para una entrada)': *Franquear la puerta* no es, por tanto, 'pasar por ella', sino 'dejar pasar por ella'.

fraque → FRAC.

fratricida. 'Que ha matado a su hermano', o también, 'propio del fratricida'. En pronunciación descuidada, desde luego oída en la radio, se omite la segunda /r/, tanto en esta voz como en *fratricidio.*

fregaplatos → FRIEGAPLATOS.

fregar. Verbo irregular. Se conjuga como *cerrar* [6].

fregasuelos → FRIEGAPLATOS.

Freiburg → FRIBURGO.

freír. 1. Verbo irregular. (Véase cuadro.)

CONJUGACIÓN DEL VERBO «FREÍR»

(tiempos irregulares)

INDICATIVO

Pres. frío, fríes, fríe, freímos, freís, fríen.
Pret. indef. freí, freíste, frió, freímos, freísteis, frieron.

SUBJUNTIVO

Pres. fría, frías, fría, friamos, friáis, frían.
Pret. impf. friera o friese, frieras o -ses, friera o -se, friéramos o -semos, frierais o -seis, frieran o -sen.
Fut. impf. friere, frieres, friere, friéremos, friereis, frieren.

IMPERATIVO

fríe, fría, freíd, frían.

FORMAS NO PERSONALES

Ger. friendo.   *Part.* frito *(o, más raro,* freído).

---

2. Construcción: *freír* CON o EN *aceite*.
3. El participio es *freído* o *frito*. Las dos formas pueden usarse indistintamente para los tiempos compuestos: *he freído / he frito*, aunque es más frecuente la segunda. Como adjetivo, se usa exclusivamente *frito: pescado frito, patatas fritas*.

freno-. Forma prefija del griego *phren*, 'inteligencia': *frenopatía*.

frente. 1. Es femenino cuando designa una parte de la cabeza; es masculino cuando significa 'parte anterior' *(el frente de un edificio)* o 'línea de combate' *(Las tropas marcharon al frente)*.
2. *Al frente de*, 'en cabeza de' o 'con el mando de': *Lleva dos años al frente del Ministerio*. Es erróneo usar esta locución en el sentido contrario, 'bajo el mando de': *Un ejército de funcionarios, al frente del ministro*.
3. *Frente a*, 'ante' o 'enfrente de': *Dejaron el coche frente a la estación*. También en sentido no material, expresando oposición: *Frente a los otros teólogos, defendió la predestinación*. Sobre la sustitución ocasional de *frente a* por *versus*, → VERSUS.
4. *Frente a frente*, 'cara a cara, en presencia y descubiertamente'. No debe confun-

dirse con *frente por frente*, 'justamente enfrente' (una cosa de otra).

Friburgo. Las ciudades, alemana y suiza, que en alemán se llaman *Freiburg* tienen en español el nombre de *Friburgo*.

friegaplatos. 1. 'Máquina para fregar la vajilla' o 'persona cuyo cometido es fregar la vajilla'. En esta palabra, y en *friegasuelos*, 'instrumento para fregar el suelo', de formación semejante, son vulgares las variantes *fregaplatos* y *fregasuelos*.
2. El género de los dos nombres, designando máquina o instrumento, es masculino. El de *friegaplatos* es masculino o femenino, según el sexo de la persona designada.

fríjol. 'Fréjol, judía'. La Academia también recoge la forma aguda *frijol*, /frijól/, que se usa en América.

frío. El superlativo de este adjetivo es *frigidísimo* (forma usada solo en lengua literaria) o *friísimo* (de uso común): «*Y un friísimo fuego se desvía*» (Otero, *Ángel*, 108).

frisar. Construcción: *frisaba* EN *los cuarenta años*, 'se aproximaba a los cuarenta'. El uso transitivo (*«Frisaba la cincuentena»*, Mendoza, *Ciudad*, 35) no es normal.

frito → FREÍR.

fruición. Este nombre tiene en su terminación una sola *c*. Es errónea, por tanto, la pronunciación /fruikzión/.

fruir. Verbo intransitivo, 'disfrutar', es de uso exclusivamente literario. Le correspondería la conjugación de *huir* [48], pero en la práctica «los autores parecen evitar las personas verbales que tienen irregularidades» (Academia, *Esbozo*, § 2.12.4).

frustrar. 'Privar (a uno) de lo que esperaba' o 'dejar sin efecto, malograr'. Debe evitarse la forma vulgar en que se omite la primera /r/: *fustrar.*

fuel. 'Fracción del petróleo natural, obtenida por refinación y destilación, que se destina a la calefacción'. Aunque es corriente decir *fuel-oil*, y en lenguaje técnico y administrativo se encuentra *fuelóleo* (formado por el mismo procedimiento que *gasóleo*, de *gas-oil)*, parece más práctico decir simplemente *fuel*, como propone la Academia.

Fuenterrabía. La ciudad guipuzcoana que en vascuence tiene el nombre de *Hondarribia* se denomina en castellano *Fuenterrabía*, y es esta la forma que debe usarse cuando se habla o escribe en español.

fuer. *A fuer de*, locución prepositiva, 'a ley de, por la condición de': «*Don Fausto, a fuer de hombre galante, no podía permitir tal cosa*» (Baroja, *Románticos*, 83). Es de uso exclusivamente literario.

fuera. **1.** Adverbio que significa 'en la parte exterior' o 'a la parte exterior'. Puede ir precedido de las preposiciones *de, desde, hacia, para, por*. Diferencia entre *fuera* y *afuera:* → AFUERA.
2. La Academia considera igualmente válidas las locuciones adjetivas *fuera bordo, fuera borda, fuera de bordo* y *fuera de borda*. El uso más frecuente es *fuera borda: motor fuera borda*. Como nombre masculino debe escribirse en una sola palabra, *fueraborda*.

fuerte. El superlativo de este adjetivo es *fortísimo*. Existe también la forma *fuertísimo*, en la lengua coloquial.

fuerza. En doblajes cinematográficos o traducciones del italiano se usa a veces, exclamativamente, la palabra *fuerza* por *ánimo*

(en italiano, *forza): «¡Vamos, adelante!... ¡Vamos!... ¡Fuerza!»* [exhortando a dos chicas que pelean] (Elorza, trad. Antonioni, *Blow-up*, 378).

-fugo. Forma sufija del latín *fugere*, 'huir': *centrífugo.*

full-time → TIEMPO.

función. *En función de*, no *en términos de:* → TÉRMINO.

funcionario. **1.** El femenino de *funcionario* es *funcionaria* (no *mujer funcionario)*.
2. *Alto funcionario:* → EMPLEADO.

furioso. Construcción: *furioso* CON *la noticia; furioso* CONTRA *Juan; furioso* DE *ira; furioso* POR *un contratiempo.*

fustrar → FRUSTRAR.

fútbol. **1.** Como nombre del conocido deporte, la Academia recoge las formas *fútbol* y *futbol*, dando preferencia a la primera, que es sin duda la normal en España. No se emplea la grafía inglesa *football.*
2. *Fútbol* y *balompié:* → BALOMPIÉ.

futbolístico → BALOMPIÉ.

fútil. 'De poca importancia', adjetivo de uso principalmente literario. Es palabra grave, *fútil*, no /futíl/.

FUTURO. **1.** *Futuro imperfecto de indicativo. a)* Tiempo verbal *(cantaré)* que expresa una acción venidera que no se da como terminada: *El domingo comeremos en el campo.* (V. figura.) Al lado del nombre tradicional de futuro imperfecto existe el de *futuro*, usado por Bello, Alonso-Henríquez Ureña y el *Esbozo* de la Academia.
b) Un tipo especial de futuro es el *de mandato* o *de obligación*, que indica la seguridad del hablante en el cumplimiento futuro de una orden: *Se presentará en el plazo de diez días; No matarás.* Con entonación interrogativa, el mandato se convierte en ruego cortés: *¿Me acompañarás a merendar?; ¿Me regalarás este bolso?* Aunque el sentido de obligación es el que tuvo en su origen la actual forma de futuro española, hoy se siente como secundario y derivado del sentido de acción venidera.
c) Por medio del futuro se expresa también la *probabilidad* o la *posibilidad* en un momento presente: *Usted recordará que...; Ahora estará nevada la sierra; ¿Qué hora será?; ¿Cómo se atreverá?*

d) Es anormal el uso del tiempo futuro en proposiciones de sentido futuro introducidas por adverbios relativos *(donde, cuando, como, cuanto)*, o por pronombres relativos *(que, quien,* etcétera) cuyos antecedentes sean personas indeterminadas: *Ven cuando* QUERRÁS; en estos casos hay que emplear el presente de subjuntivo: *Ven cuando* QUIERAS. Cometen este error con frecuencia los extranjeros al hablar español; pero el uso existió, aunque más bien raro, en la lengua antigua. Por influencia de su lengua nativa, aparece con frecuencia en el castellano hablado por catalanes: *«Y al final de todo, cuando* RECUPERARÁ *la razón, afirmará categóricamente ser Alonso Quijano»* (Riquer, *Cervantes,* 74); *«Iré el año que viene, cuando todo* ESTARÁ *preparado»* (Roca, *Gramática,* II, 176). Lo normal sería, en estos dos ejemplos, *recupere* y *esté.*

estilo formal o burocrático. Tienen ambos vitalidad, sin embargo, en algunos países americanos, sobre todo, según Rosenblat *(Palabras,* I, 232), en Venezuela, donde con frecuencia usurpa el lugar que corresponde a las formas en *-ra* (pretérito de subjuntivo): *«En esto de abandonar una opinión que hubiere sustentado, ño Pernalete era como las bestias, que luego de derribar al jinete lo cocean en el suelo»* (Rómulo Gallegos).

3. *Futuro perfecto de indicativo. a)* Tiempo verbal *(habré cantado)* que enuncia una acción venidera, pero que se da ya por acabada para cuando ocurra otra también venidera: *Cuando vengas, ya habré preparado el equipaje.* El preparar será ya un hecho consumado cuando vengas, que es una acción futura. Gráficamente se ve la situación relativa, en *B,* del verbo *preparar* respecto de la situación en *A* del verbo *venir.* En la no-

2. *Futuro imperfecto de subjuntivo.* Tiempo verbal *(cantare)* que expresa una acción hipotética considerada como no acabada, en el presente o en el futuro: *Si alguien dudare del cumplimiento de esta promesa, yo le convenceré de su error.* Se usa solo en las

menclatura de Bello, este tiempo se denomina *antefuturo.*

b) Puede expresar también la *probabilidad* o *posibilidad* de un hecho que se supone pasado: *Ya habrá empezado la misa; ¿Se lo habrá tragado la tierra?*

oraciones del tipo llamado condicional contingente; pero hoy ha desaparecido casi totalmente en el habla de la Península, sustituido por el presente de indicativo *(Si alguien duda...)* o de subjuntivo *(Cuando alguien dude...).* Se conserva, así como el futuro perfecto *(hubiere cantado,* → 4), en la lengua escrita, generalmente solo en algún modismo *(sea lo que fuere)* o en redacción de

c) Es incorrecto el uso del futuro perfecto de indicativo en proposiciones introducidas por adverbios relativos *(donde, cuando, como, cuanto)* o por pronombres relativos *(que, quien,* etc.) cuyos antecedentes sean personas indeterminadas: *Lo habrá hecho cuando habrá querido.* Debe usarse en este caso el pretérito perfecto de subjuntivo. Aunque en español antiguo existió este uso del futuro perfecto, hoy solo aparece, en general, en boca de extranjeros (→ 1, d).

4. *Futuro perfecto de subjuntivo.* Tiempo verbal *(hubiere cantado)* que, dentro de la irrealidad del subjuntivo, enuncia un hecho futuro como acabado con relación a otro futuro: *Si para Navidad no hubiere vuelto, no me esperéis.* El *volver* es pasado con respecto al momento futuro expresado por *Navidad.* Solo se usa este tiempo en las oraciones de tipo condicional contingente; pero su uso es hoy muy reducido, pues se sustituye casi siempre por el pretérito perfecto de indicativo o de subjuntivo. Sobre su supervivencia, → 2.

g

g. **1.** Séptima letra del alfabeto. Su nombre es *ge* (femenino), plural *ges*. Corresponde a dos fonemas diferentes: /g/ y /j/.
2. El fonema /g/ tiene dos realizaciones: fricativa y oclusiva. En la fricativa, el punto de articulación es el velo del paladar, hacia el cual se eleva, sin llegar a tocarlo, el postdorso de la lengua. El aire sale por la estrechísima rendija que queda entre los dos órganos aproximados. Mientras tanto, hay vibración en las cuerdas vocales: es una consonante velar fricativa sonora. Ejemplos de esta articulación fricativa: *lago, agua, arreglo*.
3. La pronunciación oclusiva de /g/ solo se presenta cuando va en comienzo de frase después de pausa, o bien precedido de /n/: *guante, manga*. El postdorso de la lengua

Articulación de /g/
fricativa

toca el velo del paladar, cerrando momentáneamente el paso del aire. La articulación es sonora, como la fricativa; esto es, con vibra-

ción de las cuerdas vocales. El pronunciar /g/ oclusiva fuera de los casos expuestos es anormal en nuestro idioma, una de cuyas peculiaridades fonéticas es precisamente la existencia de las variantes fricativas en los fonemas /g/, /d/, /b/.

Articulación de /g/
oclusiva

4. La pronunciación inculta altera el sonido /g/ en final de sílaba, convirtiéndolo en /j/: *ignorar* /ijnorar/, *Ignacio* /ijnázio/; y a veces en /z/: /iznorar/.
5. Este fonema /g/ se representa gráficamente de dos maneras, según que preceda a una vocal palatal o no. Ante *e* o *i*, se representa por *gu: guerra, guisante, Guecho, águila*. Ante *a, o, u*, se escribe *g: gallo, gordo, gusano*. Lo mismo ante cualquier otro sonido: *sangre, inglés, ignorar*. En algunas palabras de origen extranjero se presenta como sonido final —escrito *g—: gong, Gog, Abisag, zigzag, iceberg, ring, swing*, etc., así

como la serie de términos ingleses en -*ing* derivados de verbos *(living, camping, marketing, standing,* etc.*)*.

En el habla popular se produce también el sonido /g/ en las palabras que comienzan por el diptongo /ue/ (grafía *hue*): así, *hueso, huevo, hueco, huerta, huésped, hueste, Huesca, Huelva,* pronunciados /güéso/, /güébo/, /güéko/, etc.

6. Sobre el fonema /j/, segundo de los que pueden estar representados por la letra *g,* → J.

Gabón. El adjetivo correspondiente a *Gabón* es *gabonés.*

Galdácano. La ciudad vizcaína que en vascuence tiene el nombre de *Galdakao* se denomina en castellano *Galdácano,* y es esta la forma que debe usarse cuando se habla o escribe en español.

gallegohablante, gallegoparlante → HABLANTE.

Gambia. El adjetivo correspondiente a *Gambia* es *gambiano* o *gambio.*

gamo-, -gamo. Formas prefija y sufija del griego *gámos,* 'unión': *gamopétala, criptógama, monógamo.*

ganapierde. 'Juego en que se acuerda que sea perdedor el que gana'. Según la Academia, es nombre ambiguo *(el* o *la ganapierde).* En el uso corriente es masculino.

ganar. Construcción: *ganar* AL *ajedrez; ganar* CON *el tiempo; ganar* EN *categoría; ganar* PARA *vivir; ganar una plaza* POR *oposición.*

ganchillo. 'Labor de gancho'. No es necesario usar el nombre francés *crochet* ni su adaptación española *croché.*

Gand → GANTE.

gangrena. 'Muerte de un tejido animal'. Al lado de esta forma existe *cangrena,* que, como ella, figura en el *Diccionario* de la Academia; pero es de nivel popular. Lo mismo hay que decir del verbo *cangrenarse* frente al normal *gangrenarse.*

gángster. 'Malhechor que forma parte de una banda'. El nombre inglés *gangster,* que en España se pronuncia corrientemente /gánster/ (popularmente, /gáster/), no tiene en nuestro idioma traducción en una sola palabra. *Gángster* (plural *gángsters,* y mejor *gángsteres)* y su derivado *gangsterismo,* aunque son palabras muy conocidas, suelen en España emplearse más bien referidas solo a Estados Unidos; se dice *He visto una película de gángsters,* pero no es muy frecuente *Unos gángsters atracaron un banco en Barcelona.* Son más usuales términos genéricos como *bandido, atracador* o *pistolero.*

Circula también desde hace años, con bastante aceptación, la forma *gánster* (plural *gánsteres).*

Ganimedes. Nombre, en la mitología griega, del copero de Zeus. Es voz llana; no debe usarse, por tanto, la forma esdrújula *Ganímedes.*

gánster → GÁNGSTER.

Gante. La ciudad belga de *Gand* tiene en español el nombre de *Gante.*

gañir. Verbo irregular. Se conjuga como *mullir* [53].

garantizar. Construcción: *garantizar* POR *un año.*

Garter → JARRETERA.

gasoducto. 'Conducto para transportar gas a larga distancia'. Está mal formada la palabra *gaseoducto* (creada por falsa analogía con *oleoducto),* que aparece a veces en los periódicos: «*El gaseoducto que se construirá entre este continente y Argelia»* (País, 23.10.1977, 27); «*Un gaseoducto de cinco mil kilómetros de longitud»* (Abc, 15.3.1981, 13).

gasóleo. 'Carburante para motores diésel'. La Academia propone el nombre *gasóleo,* utilizado ya con frecuencia en el lenguaje administrativo, para sustituir a *gasoil* (pronunciado corrientemente /gasóil/), que, no obstante, continúa siendo el nombre más usado en la lengua general.

gastar. Construcción: *gastar mucho* EN *fiestas.*

Gasteiz → VITORIA.

gastro-, gastr-. Formas prefijas del griego *gastér,* 'estómago': *gastronomía, gastralgia.*

Gatica. La ciudad vizcaína que en vascuence se escribe con la grafía *Gatika* tiene en castellano la forma *Gatica,* y es esta la que debe usarse cuando se escribe en español.

Gdansk → DÁNZIG.

géiser. 'Fuente termal en surtidor'. Su plural es *géiseres*. Tomada la palabra del inglés *geyser* (el cual, a su vez, la tomó del islandés), la grafía normal española es *géiser,* y no es necesario usar la inglesa.

gemi-. Forma prefija del latín *gemma,* 'yema': *gemíparo.*

gemir. Verbo irregular. Se conjuga como *vestir* [62].

Generalidad. El órgano de gobierno de las comunidades autónomas de Cataluña y Valencia se denomina, en catalán y valenciano, *Generalitat.* Pero el nombre que le corresponde cuando se habla o escribe en español es *Generalidad.*

generatriz. Es nombre de geometría que designa la recta que genera una superficie. En realidad es un adjetivo sustantivado; lo vemos como adjetivo en *recta generatriz.* Pero conviene advertir que, como adjetivo, es la forma femenina que corresponde al adjetivo *generador* (junto con otra forma femenina, *generadora).* Es, por tanto, erróneo decir: «*Nuestra ciudad .. es .. un centro generatriz de progreso espiritual y material*» *(Barcelona,* 11).

generoso. Construcción: *generoso* CON, PARA, PARA CON *los demás.*

génesis. Es masculino cuando (escrito con inicial mayúscula) designa un libro de la Biblia: *el Génesis.* Es femenino cuando significa 'origen o principio': *la génesis de la revolución.*

Genève → GINEBRA.

-genio, -geno, -genia, -génico. Formas sufijas del griego *gennáo,* 'engendrar': *primigenio, gasógeno, orogenia, orogénico.*

genízaro → JENÍZARO.

Génova. Confusión de este nombre con *Ginebra:* → GINEBRA, 2.

gente. Con el sentido de 'persona', parece estar bastante extendido por América: *una gente,* 'una persona' (Steel, *Dicc. americanismos).* En España existe el uso regional y popular *buena gente,* 'buena persona': «*Ella es buena gente*» (Marsé, *Montse,* 213).

gentilhombre. 'Señor que acompaña al rey en su cámara y en algunos actos públicos'. Su plural es *gentileshombres.*

geo-, -geo. Formas prefija y sufija del griego *ge,* 'tierra': *geología, apogeo.*

geografía. 'Estudio del planeta Tierra o de alguna parte de él'. Con pretensión literaria, se usa frecuentemente la palabra de manera abusiva con el sentido de 'territorio'; así en la expresión tópica *a lo largo y a lo ancho de toda la geografía española.* Conviene utilizar las palabras con más precisión.

geógrafo. El femenino de este nombre es *geógrafa.*

geólogo. El femenino de este nombre es *geóloga.*

geomancia. 'Adivinación por medio de figuras trazadas en la tierra'. La Academia registra también la forma *geomancía.*

geranio. 'Planta de jardín'. Es errónea la forma *geráneo,* aunque esté bastante extendida: «*Yo estaba tras una reja / aprisionada en un marco / de rosas y margaritas, / de claveles y geráneos*» (Echegaray, *Africana,* 226); «*Los oscuros balcones con geráneos*» (Crémer, *Poesías,* 118); «*Una línea .. de geráneos, de dalias, de filipéndulas*» (Benet, *Viaje,* 142).

gerente → MANAGER.

geriatra. 'Médico especializado en enfermedades de la vejez'. La Academia solo registra la forma *geriatra,* /jeriátra/, aunque hasta no hace mucho daba también por buena *geríatra,* con acentuación esdrújula. (→ -IATRA).

gerifalte. 'Ave rapaz'; también, despectivo, 'persona importante o con mando'. No es normal, como algunos piensan, la grafía *jerifalte.*

germano-. Forma prefija del latín *Germani,* 'pueblo o conjunto de pueblos que habitaban la antigua Germania'. Se usa generalmente con el sentido de 'alemán': *germanófilo.*

Gernika → GUERNICA.

Gerona. La ciudad y la provincia que en catalán tienen el nombre de *Girona* se denominan en castellano *Gerona,* y es esta la forma que debe usarse cuando se habla o escribe en español.

GERUNDIO. El gerundio simple *(cantando)* y el gerundio compuesto *(habiendo cantado)* son dos formas verbales auxiliares, o no personales —esto es, que carecen de la variación morfológica de persona—, que reúnen a su significación verbal, de acción, una función modificadora o adjunta, de tipo adverbial y en cierto modo adjetivo.

Admiten pronombres enclíticos *(paseándose, diciéndole, dándomelo)*, pero nunca proclíticos *(lo haciendo)*, aunque estos eran corrientes en la lengua antigua.

Algunos gerundios admiten sufijos diminutivos: *callandito, rozandito,* sobre todo en el lenguaje familiar y popular, y más en América que en España.

He aquí los usos principales del gerundio.

1. *Gerundio concertado.* El sujeto de su acción es un elemento de la oración en que se encuentra el gerundio. Puede expresar modo *(Vino corriendo),* medio *(Cenando muy de prisa pudo llegar a tiempo),* causa *(Sonríe Florinda, deseando mostrarse menos preocupada),* condición *(Yendo todos juntos, podremos pasar),* concesión *(Viviendo en Avilés, hasta entonces a nadie había oído gloriarse de esta ventaja)* o tiempo *(Estando en el teatro se sintió enfermo).*

Cuando el gerundio —tanto concertado como absoluto (→ 2)— expresa tiempo, puede enunciar acción simultánea a la del verbo principal: *«Teniendo yo once años, en las postrimerías de la guerra civil, ingresé en el Instituto Vizcaíno»* (Unamuno, *Recuerdos,* 79); o inmediatamente anterior: *«Alzando con dos manos el dulce y amargo jarro, lo dejó caer sobre mi boca»* (Lazarillo de Tormes); o inmediatamente posterior: *«Y aun ellos también no cesan entre sí de armarse zancadillas, cayendo todos con más daño que escarmiento»* (Baltasar Gracián); *«Entornó las ventanas para dejar el cuarto a media luz y se salió de puntillas, cerrando la puerta sin hacer el menor ruido»* (Valera). Este gerundio de posterioridad no es considerado correcto por los gramáticos (→ 10), pero lo es cuando la posterioridad es inmediata a la acción principal, como se ve en los ejemplos. (Bouzet, *Gérondif,* 349-74; cf. Flórez, *Temas,* 175-78; Badía, *Gerundio.*)

El gerundio compuesto expresa siempre acción anterior a la principal: *Habiendo venido Pedro, ya está solucionado el problema.*

La anterioridad inmediata se expresa también cuando al gerundio precede la preposición *en: «En liquidando yo todo esto, nos vamos a vivir a El Escorial»* (G. Martínez Sierra, cit. Spaulding). Por extensión, la misma construcción *en* + gerundio expresa circunstancia concomitante: *«En habiendo dinero por medio, son peores que nosotras»* (Benavente, cit. Spaulding).

El sujeto de la acción del gerundio concertado suele ser el mismo de la oración en que este se encuentra: *«El ama, imaginando que de aquella consulta había de salir la resolución de la tercera salida, toda llena de congoja y pesadumbre se fue a buscar al bachiller Sansón Carrasco»* (Cervantes). También puede ser sujeto de la acción del gerundio el complemento directo de la oración, pero solo —según Cuervo— cuando el gerundio denota una actitud que se toma, una operación que se está ejerciendo o un movimiento que se ejecuta ocasionalmente en la época señalada por el verbo principal: *«Tuvo la sorpresa de encontrarlo en un extremo del muelle hablando con Iturrioz»* (Baroja, cit. Spaulding). Solo llevan gerundio referido al complemento directo los verbos de percepción sensible o intelectual *(ver, mirar, oír, sentir, notar, observar, contemplar, distinguir, recordar, hallar,* etc.) (Gili Gaya, § 148).

2. *Gerundio absoluto.* El gerundio tiene un sujeto propio, que no es ningún elemento de la oración en que se encuentra. Puede expresar las mismas relaciones que el gerundio concertado. Por ejemplo: en *«Con voluntad mía, siendo vosotros testigos de ella, le doy la mano de ser su esposa»* (Cervantes), *siendo* —cuyo sujeto es *vosotros*— tiene valor temporal; en *«Remordiéndole la conciencia de que dejaba al jumento solo, se llegó a una reverenda dueña»* (Cervantes), el gerundio *remordiendo* —cuyo sujeto es la *conciencia*— tiene valor causal; en *«No es bien que los hombres honrados sean verdugos de los otros hombres, no yéndoles nada en ello»* (ídem), el gerundio *yendo* —que tiene por sujeto *nada*— encierra un sentido condicional.

El sujeto del gerundio absoluto —como se ve en los ejemplos precedentes— ha de ir siempre detrás de él.

3. *Gerundio en locuciones verbales.* El gerundio que sigue a determinados verbos que funcionan accidentalmente como auxiliares *(andar, estar, ir, venir, seguir, proseguir, continuar...)* forma con ellos locuciones verbales de sentido progresivo o durativo.

Este gerundio puede considerarse un caso especial del gerundio concertado.

4. *Gerundio en oraciones nominales.* Se usa también el gerundio en oraciones sin verbo personal que expresan una acción ocasional en su transcurso, en su producirse. Se presenta en exclamaciones: *¡Una casa ardiendo!* ('una casa está ahora, ante mis ojos, ardiendo'), o en títulos de obras literarias o pictóricas —en que se quiere representar una cosa a lo vivo, poniéndola ante los ojos del espectador o lector—: *Las ranas pidiendo rey; Napoleón pasando los Alpes* ('las ranas están, en este relato, pidiendo rey'; 'Napoleón está, en este cuadro, pasando los Alpes').

5. *Gerundio adjetivo.* El gerundio como simple adjetivo solamente puede usarse en el caso de *hirviendo* y *ardiendo: «Proyectaban chorros de agua hirviendo»; «Continuaban las dos filas de hombres con velas ardiendo»* (Valera, cit. Spaulding). Ambos son siempre invariables en género y número.

6. *Gerundio especificativo.* El gerundio usado, no explicativamente (o sea, enunciando algo acerca de un individuo bien determinado), sino especificativamente (esto es, para especificar o individualizar, dentro del grupo de seres a que puede aplicarse el nombre común), no es normal: *«Ya no quedan en el mundo más personas que tú y yo llevando directamente el apellido de Landrey»* (E. Pardo Bazán). *Llevando* concreta y determina a *personas.* Habría que usar en este caso una proposición de relativo especificativa: *que lleven...*

No hay que olvidar que el gerundio tiene carácter adverbial, y su referencia al sujeto de la oración no es suficiente para justificar su presencia en ella. Tiene que servir para desenvolver o explicar la acción principal; de otra forma se convierte en un mero adjetivo del sujeto, como ocurre en este ejemplo: *«Ciento sesenta y siete buques de la Armada británica, desplazando 1.021.510 toneladas, serán revistados en aguas de Spithead»* (Camba, *Londres,* 59); donde debió decirse, en lugar de *desplazando, que desplazan.*

7. *Gerundio concertado referido a un nombre que no es sujeto ni complemento directo de la oración.* Al hablar del gerundio concertado (→ 1) se ha dicho que su sujeto era o bien el sujeto o bien el complemento directo de la oración en que se encuentra. Es incorrecto, según Cuervo, referirlo a otros

complementos: *Oirá la voz del héroe admirándonos con su fortaleza, del sabio predicando la verdad, y la del siervo de Dios acusando nuestra tibieza;* o al predicativo: *La Religión es Dios mismo hablando y moviéndose en la humanidad.* Se ve más clara la anomalía en estos ejemplos: *«Ambos sois del pueblo esforzándose* [= que se esfuerza] *hacia la altura»* (Maragall, *Elogios,* 90); *«El abuelo era un casero de la montaña, un honrado labriego, sencillo y sin letras, hablando* [= que hablaba] *con dificultad la lengua castellana»* (Unamuno, *Religión,* 441).

8. *Gerundio referido al complemento directo.* Se ha dicho más arriba (→ 1) que el gerundio concertado solo puede tener como sujeto de su acción el complemento directo de la oración cuando el gerundio denota una actitud que se toma, una operación que se está ejerciendo o un movimiento que se ejecuta ocasionalmente en la época señalada por el verbo principal. Según esto, no son normales las oraciones como estas: *Te envío una caja conteniendo libros; «Se había recibido un telegrama de Cuba manifestando estar asegurada la elección de José María»* (Galdós). En ninguno de los dos casos se trata de operación o actitud ocasional.

9. *Gerundio del «Boletín Oficial».* El empleo del gerundio en oraciones nominales solo es posible, como se ha dicho antes (→ 4), cuando en ellas se quiere representar una cosa que está ocurriendo —real o figuradamente— de manera ocasional, en este lugar y en este momento. Es impropio, por tanto, en títulos de leyes y decretos *(decreto disponiendo..., orden estableciendo...),* pues —dice Cuervo— «no se representan las leyes a la imaginación en una especie de movimiento indefinido». Además, estas construcciones son especificativas, con lo que figuran también en nuestro apartado 6. Y el ejemplo que sigue puede incluirse, por otra parte, en el apartado 7: *«En la Bula erigiendo tales diócesis .. se establece el mero derecho pontifical»* (Pérez Embid-Morales, *España en América,* 227).

10. *Gerundio de posterioridad.* Al hablar del gerundio temporal ya se ha dicho que, contra el parecer de muchos gramáticos, el gerundio que denota acción posterior a la expresada por el verbo principal no es incorrecto, *siempre que esa posterioridad sea inmediata.* Así lo han usado escritores españoles de todos los tiempos (→ 1). Pero no se admite el gerundio cuando no se cumple esa condición; por tanto, son anormales estos ejemplos: «*A los sesenta años (1607) emigró a América, muriendo en Méjico, tal vez en 1614*» (Tamayo, *Panorama*, 135); «*En lo más rudo de la campaña tuvo que retirarse a su heredad, desazonado por un terrible ataque de gota, recibiendo, poco después, el hábito de Santiago en pago de sus servicios*» (Larreta, *Don Ramiro*, 19).

11. *Como* + *gerundio.* El gerundio precedido de *como* con valor comparativo irreal es normal: «*Le tomó riéndose y como haciendo burla de todo lo que había oído*» (Cervantes). Equivale en estos casos a la construcción *como si* + subjuntivo: *como si hiciese burla.* Fuera del caso anterior, es ajeno a la norma y no debe emplearse: «*El rey ha declarado nulas las resoluciones adoptadas por los diputados .., como siendo ilegales e inconstitucionales*» (Martínez de la Rosa). (Academia.) El uso está calcado del francés en el anterior ejemplo, pero puede serlo también del inglés, como en el siguiente: «*El periódico 'South China Morning Post' cita hoy a viajeros procedentes de China como diciendo que todos los consulados soviéticos .. han sido ahora cerrados*» (*Ya*, 30.10.1962, 9). El *como diciendo* quiere ser *que dicen.*

12. *Acumulación de frases de gerundio.* En general, la abundancia de construcciones de gerundio en una oración, aun en el caso de que sean gramaticalmente correctas, denota pobre dominio del idioma; sobre todo cuando la única finalidad de su uso es estirar la oración, convirtiendo en una sola oración larguísima lo que lógicamente habría de ser una serie de oraciones independientes más cortas. Véase un ejemplo de esta lamentable agregación de construcciones de gerundio: «*Otra nota destacada de esa actividad característica de los días que preceden a la Semana Grande ha sido la redacción de un proyecto de bases por el antiguo Patronato de Semana Santa que ha sido sometido a la aprobación de la jerarquía eclesiástica, del Gobierno Civil, del Ayuntamiento y de las hermandades, Patronato que ha dado por terminada la primera fase de su actuación,* HALLÁNDOSE *ahora en un período transitorio para resurgir con mayores bríos y una organización de máxima solidez y personalidad una vez haya sido aprobado por todos el proyecto redactado,* CONSTITUYÉNDOSE *para las*

tareas de reorganización en comisión gestora los integrantes del antiguo Patronato al que la ciudad vallense debe la realización de una labor celosa, entusiástica y fructífera, merced a la cual se estimuló la creación de las cofradías o hermandades del Santo Cristo de Lepanto, Virgen de los Dolores y Padre Claret, COSTEANDO *la asistencia a las procesiones de dos bellísimos 'pasos', Jesús Nazareno y Descendimiento,* MECANIZÁNDOSE *los 'pasos' en beneficio de los mismos,* CORRIENDO *a su cargo las orquestas que los acompañaban,* GESTIONANDO *la concurrencia a los cortejos religiosos de secciones del Ejército y* LLEVANDO *a cabo la edición de folletos de propaganda de la Semana Santa, repartidos profusamente, así como carteles murales entre otras actividades cuya enumeración darían* [sic] *excesiva extensión a esta crónica» (Vanguardia*, 29.3.1958).

Getaria → GUETARIA.

Getxo → GUECHO.

geyser → GÉISER.

Ghana. El adjetivo correspondiente a *Ghana* es *ghanés.*

ghetto → GUETO.

giga-. Forma prefija que se antepone a nombres de unidades de medida para designar unidades mil millones de veces mayores: *gigavatio.*

gimno-. Forma prefija del griego *gymnós*, 'desnudo': *gimnosperma.*

gincana. 'Prueba automovilística de obstáculos'. Es nombre femenino. Es aconsejable simplificar en la forma *gincana* (acorde con la pronunciación corriente entre nosotros) la complicada grafía de *gymkhana*, causa de frecuentes tropiezos para los redactores deportivos y para los impresores.

Ginebra. 1. La ciudad suiza que en francés se llama *Genève* tiene en español el nombre de *Ginebra.*
2. Conviene cuidar de no traducir *Genève* por *Génova*, error más frecuente de lo deseable: «*El maestro de Génova*» (Marcos, trad. Mounin, *Lingüística*, 28: el original francés dice «*Le maître de Genève*»).

gineco-. Forma prefija del griego *gyné*, 'mujer': *ginecología.*

ginecólogo. El femenino de este nombre es *ginecóloga*, no *ginecólogo*, como a veces se lee: «*Una encuesta llevada a cabo por una ginecólogo inglesa, la doctora Dalton*» (*Triunfo*, 7.10.1972, 23).

gineta → JINETA.

Ginzo de Limia. La ciudad orensana que en gallego tiene el nombre de *Xinzo de Limia* se denomina en castellano *Ginzo de Limia*, y es esta la forma que debe usarse cuando se habla o escribe en español.

Gipuzkoa → GUIPÚZCOA.

gira. 1. 'Serie de actuaciones de una compañía teatral, una orquesta o un artista en diferentes localidades'. Es innecesario en este sentido el uso de la palabra francesa *tournée*.
2. Diferencia entre *gira* y *jira:* → JIRA.

Girona → GERONA.

glaciar. No deben confundirse las palabras *glaciar* y *glacial*, aunque las dos estén relacionadas con el hielo. *Glaciar*, nombre masculino, es 'masa de hielo acumulada en zonas de nieves perpetuas y cuya parte inferior se desliza lentamente a zonas más bajas'. Puede usarse también como adjetivo, 'propio del glaciar': *circo glaciar*. En cambio, *glacial* es adjetivo que significa 'helado', 'de hielo' o 'de los hielos': *un frío glacial, zona glacial*.

gladíolo. Cierta planta. La Academia recoge las dos formas, *gladíolo* y *gladiolo*, dando preferencia a la primera, aunque la segunda es la más usual.

glico- → GLUCO-.

glipto-. Forma prefija del griego *glyptós*, 'grabado': *gliptoteca*.

globe-trotter → TROTAMUNDOS.

gloriarse. 1. Se conjuga, en cuanto al acento, como *desviar* [1 c].
2. Construcción: *gloriarse* DE *algo*.

gloto-, glot-, gloso-, glos-. Formas prefijas del griego *glótta* o *glóssa*, 'lengua': *glotología, glosopeda*. Formas sufijas son *-gloto, -glota: polígloto, políglota*.

gluco-, gluc-. Formas prefijas del griego *glykys*, 'dulce': *glucógeno*. Observa con mucha razón Laín (*Lenguaje*, 35) que *gluco-*,

gluc- son en realidad formas anómalas. Lo correcto sería *glico-, glic-* (cf. *glicerina*), ya que la transcripción normal en español del fonema griego *y* es *i* (cf. *hydor* > *hidro-, hyper* > *hiper-*, etc.).

gneis. 'Roca de estructura pizarrosa'. También puede usarse la forma *neis*. Igualmente, el adjetivo derivado *gnéisico* puede ser sustituido por *néisico*.

gnomo. 'Enano de la mitología popular'. La Academia registra también la forma *nomo*.

gnomon. 'Indicador de las horas en el reloj de sol'. La Academia registra también la forma *nomon*.

-gnosia. Forma sufija del griego *gnosis*, 'conocimiento': *farmacognosia*.

gnóstico. 'Seguidor de cierta doctrina filosófica antigua'. Tanto para esta palabra como para su derivado *gnosticismo*, la Academia registra también las formas sin *g-: nóstico, nosticismo*.

gobernar. Verbo irregular. Se conjuga como *cerrar* [6].

gobierno. Aunque *gobierno* en catalán es *govern*, esta no parece razón suficiente para que algunos periódicos de Cataluña editados en castellano empleen el nombre *govern* para referirse al de esa comunidad autónoma. Es un nombre común y debe traducirse como *gobierno* cuando se habla o escribe en español.

Goethe. El nombre del ilustre escritor alemán suele ser pronunciado como el inglés *get*. El grupo *oe* debe pronunciarse como /e/ «redondeada» (semejante a la pronunciación francesa de *eu* en *leur*), y la *e* final no tiene que omitirse.

gong. 'Lámina de metal suspendida que, golpeada con un mazo, produce un sonido semejante al de la campana'. Es nombre masculino; su plural es *gongs*. También existe una forma españolizada, *gongo*, cuyo plural es *gongos*.

gonio-, -gono. Formas prefija y sufija del griego *gonía*, 'ángulo': *goniómetro, octógono*.

Gotemburgo. La ciudad sueca de *Göteborg* tiene en español el nombre de *Gotemburgo*. El nombre sueco no se pronuncia /góteborg/, sino /yéteborg/, con la primera /e/ redondeada como la *eu* del francés *monsieur*.

Gotinga. La ciudad alemana de *Göttingen* tiene en español el nombre de *Gotinga*: «*Albrecht von Haller [enseñaba] en la Gotinga del XVIII*» (Laín, *País*, 14.2.1978, 24).

gouache → AGUADA.

govern → GOBIERNO.

gozar. Construcción: *gozar* EN o CON *el bien ajeno; gozar* DE *buena posición; se goza* EN *hacerla sufrir*.

gozoso. Construcción: *gozoso* CON *la noticia; gozoso* DEL *triunfo*.

grabadora → CASETE y MAGNETÓFONO.

grabar. Construcción: *grabar* AL *agua fuerte; grabar* CON *agujas; grabar* EN *madera; grabar* EN *cinta magnetofónica,* EN *vídeo*.

grácil. 'Sutil, delgado o menudo'. «Los semicultos han hecho estragos en este vocablo, puramente erudito en español, haciéndolo pertinazmente sinónimo de 'gracioso', con el cual nada tiene que ver en latín ni en castellano» (Corominas).

graduar. **1.** Se conjuga, en cuanto al acento, como *actuar* [1 d].
2. Construcción: *graduarse* DE *bachiller; graduarse* EN *Letras*.

graffiti → PINTADA.

grafo-, -grafía, -grafo. **1.** Formas prefija y sufijas del griego *grápho*, 'escribir': *grafología, fotografía, bolígrafo*.
2. Los nombres de profesión u ocupación en que entra *-grafo* como segundo elemento tienen su forma femenina natural en *-a: geógrafa, fotógrafa, calígrafa*, etc. No tiene razón de ser el uso que algunos hacen de la forma en *-o* para designar mujer.

grafólogo. El femenino de este nombre es *grafóloga*.

-grama. Forma sufija del griego *grámma*, 'letra': *telegrama*.

grande. **1.** Este adjetivo sufre apócope, tomando la forma *gran,* cuando va inmediatamente antes del nombre en singular a que se refiere, tanto si este es masculino como femenino: *su gran empeño; una gran región*. Solo en casos excepcionales, a veces por cli-

ché (p. ej., *un grande hombre*), no se cumple esta norma.
Según Bello, § 157, antes de vocal se dice comúnmente *grande* y antes de consonante *gran (grande esperanza, gran caridad),* opinión que Fernández Ramírez, § 65, cree confirmada en sus propios recuentos. Más recientemente, la Academia *(Esbozo,* § 2.4.7*a*), tras afirmar que la forma apocopada es casi la única usada ante nombre que empieza por consonante, señala que ante vocal se emplea *gran* «mucho más» que *grande,* y que el uso de *grande* ante nombre, en cualquier caso, es casi exclusivamente literario. En realidad puede decirse aún más: que incluso en la lengua literaria, incluso ante vocal, la forma no apocopada es muy rara. Ejemplos como *«grande alborozo», «grande esfuerzo», «grande interés»,* que hallamos en García Márquez *(Amor,* 303, 413 y 433), *«grande escritora»,* en Neruda *(Confieso,* 132), y, sobre todo, *«grande familia»,* en Benedetto *(Caballo,* 125), son hoy excepcionales.
Precedido de *más* o de *menos, grande* no se apocopa: *«el más grande saqueo»* (L. Novás Calvo, cit. Fernández Ramírez); no «el más *gran* saqueo».
2. El comparativo de *grande* es *mayor,* en general; pero se usa la forma perifrástica *más grande* a menudo, especialmente en la lengua coloquial. Es vulgarismo usar la forma *mayor* precedida del adverbio *más: Juan es más mayor que Pepe; «Los más mayores, los dieciochoañeros, hablan entre sí»* (R. Montero, *País,* Supl., 8.2.1983, 3). Cervantes puso este uso en boca de Teresa Panza: *«No las hallé más mayores»* (*Quijote,* II, 981). *Mayor* se construye con *que: Una superficie tres veces mayor* QUE *la de Europa;* es errónea la construcción con *a (tres veces mayor* A *la de Europa; «El gasto general no debería suponer una cantidad mayor* A *la ya calculada», Ya,* 15.6.1974, 8; *«Le rodeaban tesoros mayores* A *los de México y Perú»,* Anderson, *Lit. hispanoamericana,* I, 45).
Sobre las construcciones *tanto mayor, cuanto mayor, mucho mayor* + nombre, → MAYOR.
3. El superlativo normal es *grandísimo.* La forma latinizante *máximo* pertenece exclusivamente a la lengua culta y tiene un significado enfático especial: 'el mayor posible'. Además, también se usa como nombre masculino: *Conseguir un máximo de rendimiento.* En este último caso, algunos em-

plean, por dar una apariencia más culta a su expresión, la forma *máximum*.

grandilocuente. 'Que habla en tono elevado'. Evítese la forma *grandielocuente*. Del mismo modo, debe decirse *grandilocuencia* y no *grandielocuencia*.

grapa → AGRAFE.

gratis. 'Sin pagar'. Puede usarse como adjetivo invariable *(comida gratis; comidas gratis)* o como adverbio *(comer gratis)*. Es de nivel popular la forma *de gratis* (cf. Cuervo, *Apuntaciones,* § 383).

gratulatorio. Este adjetivo no significa, como muchos creen, 'de agradecimiento', sino 'de felicitación'.

grave → SEVERO.

greco-. Forma prefija del latín *Graecus,* 'griego': *grecorromano*.

grosso modo. Locución adverbial latina, 'sin detalle, en líneas generales'. Es erróneo anteponerle la preposición *a (a grosso modo): «Las cifras de miles que se dieron en diferentes ocasiones no pasaron nunca de conjeturales, calculadas a grosso modo»* (Torrente, *Saga,* 76).

grueso. El superlativo de este adjetivo es *gruesísimo* o, más raro, *grosísimo*.

gruñir. Verbo irregular. Se conjuga como *mullir* [53].

guache → AGUADA.

gualdo. Como adjetivo, existen terminaciones masculina y femenina: *gualdo, gualda.* No debe decirse, pues, *color gualda.* Sustantivado, es el *gualdo,* 'el amarillo'.

Guangzhou → CANTÓN.

guarda. 1. Es femenino cuando significa 'acción de guardar o conservar'. Es masculino cuando designa al hombre que tiene a su cargo la conservación y cuidado de una cosa. La mujer que desempeña esa función, o también la mujer del *guarda,* se llama *guardesa.* **2.** El uso normal no admite el nombre en plural *guardeses* para designar a la pareja formada por el guarda y la guardesa *(«Precísase matrimonio guardeses, jardinero y cocinera, internos, para finca en Somosaguas»,* Ya, 6.9.1974, 9), que se llaman, naturalmente, los *guardas.* Ni admite el masculino

singular *guardés* para designar al *guarda.* (Conviene saber, sin embargo, que la Academia lo registra.) Cf. Casares, *Crítica profana, 37.*

guardaagujas → GUARDAGUJAS.

guardabarros. 'Aleta del coche'. Tiene la misma forma en singular que en plural.

guardabosque. 'Guarda de bosques'. En singular es *guardabosque;* la forma *guardabosques* debe usarse solo como plural (a pesar de Goytisolo: *«El guardabosques está medio sordo», Fin,* 140).

guardacostas. 'Barco de poco porte destinado a vigilar el litoral'. Tiene la misma forma en singular que en plural. No debe usarse la forma *guardacosta.*

guardaespaldas. 'Hombre de escolta no uniformado'. Tiene la misma forma en singular que en plural. No debe usarse la forma *guardaespalda.*

guardagujas. 'Empleado ferroviario que tiene a su cargo el manejo de las agujas'. Tiene la misma forma en singular que en plural. La Academia no acepta la grafía *guardaagujas.*

guardapolvo. 'Sobretodo de tela ligera para preservar del polvo el traje' o 'tejadillo de un balcón o de un púlpito'. La forma *guardapolvos* solo debe usarse como plural.

guardar. Construcción: *guardar* BAJO o CON *llave; guardar* EN *la memoria; guardarse* DE *alguno; guardarse* DE *hacerlo.*

guardarropa. 'Habitación de un local público donde se custodian los abrigos, sombreros y otros objetos'. Es masculino: *el guardarropa.* La forma *guardarropas* corresponde exclusivamente al plural.
   Guardarropía, que en algunas zonas usan como nombre masculino con el valor de *guardarropa,* es en el uso normal nombre femenino que, en teatro, cine y televisión, significa 'conjunto de las ropas para vestir a los comparsas o figurantes'. Existe también la locución *de guardarropía,* que se aplica despectivamente a lo que pretende dar una apariencia falsa de calidad.

guardés, guardeses → GUARDA.

guardia. 1. Es femenino en el sentido de 'conjunto de soldados o gente armada encargado de custodiar a alguien o algo', o en el abstracto de 'defensa o custodia'. Es masculino o femenino cuando designa, respectivamente, al hombre o a la mujer perteneciente a una *guardia*. Para el femenino, en este caso, y con objeto de evitar anfibologías, se dice a veces *mujer guardia*.

2. *Guardia civil,* nombre masculino, 'miembro de la Guardia Civil', es en plural *guardias civiles,* como escribió Lorca, *Romancero,* 94, y *Cante,* 92 (no *guardiaciviles,* aunque así lo haya escrito Cela, *Alcarria,* 144, y *Mazurca,* 206).

3. *Guardia marina,* nombre masculino, 'hombre que se educa para ser oficial de la armada', no debe escribirse como una sola palabra, *guardiamarina.* En plural es *guardias marinas* (no *guardiamarinas*).

guardilla → BUHARDILLA.

guarecer.   1.   Verbo irregular. Se conjuga como *agradecer* [11].

2.   Construcción: *guarecerse* DE *la lluvia; guarecerse* BAJO *techado; guarecerse* EN *una choza.*

guarnecer.   Verbo irregular. Se conjuga como *agradecer* [11].

guatado.   También *guateado,* 'recubierto o formado por dos telas con una capa de algodón interpuesta'. Es voz derivada de *guata.* Son erróneas las formas *boatado* y *boateado* (*«Una colcha boatada», Abc,* 6.1.1985, 8).

Guayana.   Región de América del Sur —también llamada *las Guayanas*— en la zona de la desembocadura del Orinoco. Hay una Guayana venezolana y una Guayana brasileña, aparte de las más conocidas, Guayana Francesa, antigua Guayana Holandesa o Neerlandesa —hoy *Surinam*— y antigua Guayana Inglesa —hoy *Guyana*—. No deben confundirse los nombres *Guayana,* que corresponde a una gran región, y *Guyana,* que designa una república independiente dentro de ella. El adjetivo derivado de *Guayana* es *guayanés;* el de *Guyana, guyanés.*

Guecho.   La ciudad vizcaína que en vascuence se escribe con la grafía *Getxo* tiene en castellano la forma *Guecho,* y es esta la que debe usarse cuando se escribe en español.

Guernica.   La ciudad vizcaína que en vascuence se escribe con la grafía *Gernika* tiene en castellano la forma *Guernica,* y es esta la que debe usarse cuando se escribe en español.

Guetaria.   La ciudad guipuzcoana que en vascuence se escribe con la grafía *Getaria* tiene en castellano la forma *Guetaria,* y es esta la que debe usarse cuando se escribe en español.

gueto.   'Barrio destinado a los judíos'; hoy, más frecuentemente, 'barrio destinado a comunidades marginadas'. Se usa a menudo en sentido figurado. La forma originaria de este nombre es *ghetto* (pronunciado /guéto/), y no es raro encontrar aún esta grafía; pero cada vez se encuentra más a menudo la establecida por la Academia, *gueto.*

guía → SCOUT.

guiar.   Se conjuga, en cuanto al acento, como *desviar* [1 c].

guignol → GUIÑOL.

Guinea.   El adjetivo correspondiente a los tres estados que llevan el nombre de Guinea (República de Guinea, o Guinea-Conakry; Guinea Ecuatorial, y Guinea-Bissau), antiguas colonias francesa, española y portuguesa, respectivamente, es *guineano.* Sin embargo, para la República de Guinea se usa en los organismos internacionales *guineo.* Por otra parte, para Guinea Ecuatorial es frecuente entre nosotros usar el adjetivo más preciso *ecuatoguineano.*

guiñol.   'Espectáculo infantil de muñecos movidos con los dedos'. Aunque es adaptación del francés *guignol,* no se emplea ya la grafía francesa.

GUIÓN.   Ante todo, conviene distinguir con claridad el *guión* de la *raya.* Son dos signos gráficos que se diferencian en su forma y en su función. Ambos están constituidos por una recta horizontal, pero la longitud de la *raya* (—) es por lo menos doble que la del *guión* (-). Las funciones de la raya se explican en el artículo PUNTUACIÓN, IX. Aquí nos ocupamos exclusivamente de las del guión.

Dos son las funciones principales que desempeña el guión: 1.ª, la de unión entre dos o más palabras, incluyendo la formación de determinados compuestos; y 2.ª, la de señalización del corte de una palabra en final de línea, por razones de espacio, para terminarla en la línea siguiente.

I. *El guión en la unión de palabras.*
1. En nombres propios. *a)* Nombres de pila y apellidos compuestos. En los nombres compuestos es potestativo escribir *José Luis* o *José-Luis, Fernando José* o *Fernando-José.* En estos casos no es frecuente el uso del guión. Sin embargo, cuando el segundo nombre podría tomarse como apellido, es recomendable utilizar siempre el guión, para evitar fáciles confusiones: *José-Andrés, Luis-Mateo, Juan-Benito, Juan-Diego* (puesto que *Andrés, Mateo, Benito, Diego,* y muchos otros, existen igualmente como apellidos y como nombres de pila). En cuanto a los apellidos compuestos, el uso del guión tiene la función precisa de indicar que legalmente equivalen a un solo apellido, aunque antes hayan sido dos independientes. Esta norma no rige para apellidos compuestos unidos con preposición (tipo *Fernández de Córdoba).*

b) Expresión de relación entre elementos distintos. Se utiliza el guión entre dos nombres propios para marcar la relación circunstancial que une a las personas o cosas que los llevan: *(entrevista) Hitler-Mussolini; (partido) Gijón-Sevilla; (ferrocarril) Madrid-Santander; (trasvase) Tajo-Segura.*

2. En nombres comunes. *a)* Aposición. En el caso de las aposiciones no hay norma establecida: igual podemos encontrar *hombre rana* que *hombre-rana, café restaurante* que *café-restaurante.*

b) Expresión de dependencia sintáctica. Cuando entre los elementos que se agrupan existe implícita una dependencia sintáctica, el guión es necesario: *precio-calidad, kilómetros-hora, (proyectil) tierra-aire.*

c) Expresión de relación entre elementos distintos. Igual que en los nombres propios, el guión enlaza dos nombres comunes para marcar la relación circunstancial entre las personas o cosas designadas por ellos: *(reunión) patronal-sindicatos, (partido) toreros--futbolistas.*

3. En adjetivos. *a)* Gentilicios. Según la Academia, si los gentilicios que se agrupan forman un compuesto aplicable a una entidad geográfica o política en la que se han fundido los caracteres de las designadas por los componentes, ese compuesto se escribe en una sola palabra; por ejemplo, *hispanoamericano, anglosajón.* Se escribe con guión intermedio cuando no hay tal fusión: *acuerdo hispano--marroquí, intercambios franco-italianos.*

b) Calificativos. El compuesto pretende aglutinar en una unidad la expresión de dos cualidades o caracteres. No hay norma fija: se pueden encontrar igualmente la grafía con guión intermedio y la grafía en una sola palabra: *físico-químico, bio-bibliográfico, teórico-práctico,* al lado de *fisicoquímico, biobibliográfico, teoricopráctico.* La tendencia dominante es la unidad gráfica, de tal modo que hay muchos casos en que ya resulta insólito encontrar la forma con guión; así en *agropecuario, neuropsiquiátrico, morfosintáctico.* Esta tendencia se acusa más, como se ve en los ejemplos, cuando el primer componente es una forma prefija.

4. Cuando se da la casualidad, en una palabra compuesta con guión intermedio, de que este guión de composición coincide con el guión de corte en final de línea (por ejemplo: *coches-camas),* lo habitual es imprimir solo uno de ellos *(coches-/camas),* con el resultado de que, de hecho, la palabra bimembre queda equiparada gráficamente a una palabra unitaria y se puede leer y entender como tal («cochescamas»), en contra de la intención de quien la escribió. El inconveniente se puede resolver imprimiendo, además del guión en final de línea, un segundo guión al comienzo de la línea siguiente *(coches-/-camas)* (cf. Martínez de Sousa, *Dicc. ortografía,* 171). Esta práctica es normal en la ortografía del portugués, y dentro de nuestro idioma se ha aplicado ya sistemáticamente en el tomo II (1974-1992), dirigido por Rafael Lapesa y por mí, del *Dicc. histórico* de la Academia; aparece también en nuestro *Dicc. del español actual* (en prensa). De esta norma se han de exceptuar los nombres propios compuestos, ya que la inicial mayúscula del segundo elemento hace innecesario el guión de vuelta (por ejemplo, *García-/Rodríguez* no puede leerse sino como «García-Rodríguez»).

II. *El guión en el corte de palabras en final de línea.* Cuando una palabra no cabe entera al final de una línea, se puede optar entre pasarla íntegra a la línea siguiente, o dividirla en dos partes, poniendo cada una en una línea. En este caso, al final de la primera parte, que es final de línea, se traza un guión.

La división de la palabra ha de someterse a las siguientes normas:

1. Una sola consonante, entre dos vocales, se agrupa con la segunda: *pe-/da-/zo,* *sa-/no.* La letra *x*, aunque entre vocales tiene pronunciación de dos consonantes, /k + s/, funciona a efectos de uso del guión como una consonante simple: *ine-/xacto, cone-/xión.*

2. En un grupo de dos consonantes, iguales o diferentes, entre dos vocales, la primera consonante se une con la vocal anterior, y la segunda con la siguiente: *ac-/ción, in-/no-/var, des-/na-/tar, ten-/sión, inex-/pli-/ca-/do.* Excepción importante es la de los grupos consonánticos *pr, pl, br, bl, fr, fl, tr, dr, cr, cl, gr, gl,* que se unen con la vocal siguiente: *re-/prue-/ba, de-/trás, co-/fre.* La *r* doble *(rr)* y la *l* doble o *ll* son también indivisibles: *co-/rreo, pe-/rros, to-/rre, se-/llo, ca-/llar.* Y el grupo *ch,* de sonido asimismo unitario, es igualmente inseparable: *te-/cho.*

Conviene insistir en que, si bien en las consonantes dobles lo normal es la separación (como hemos visto en *ac-/ción, in-/novar),* en español nunca se separan los grupos *rr* y *ll.* Por ello no son aceptables casos como *«cor-/regirlas»* o *«ir-/racional» (País,* 25.8.1984, 16, y 4.8.1996, 13).

3. En un grupo de tres consonantes, las dos primeras se unen a la vocal precedente y la tercera a la vocal siguiente: *cons-/ta, obs-/ta, trans-/por-/te.* Excepción: si la segunda y tercera consonantes forman uno de los grupos *pr, pl,* etc., citados en el párrafo anterior, la primera consonante pasa a unirse a la vocal que precede, y el grupo de la segunda y tercera consonantes se une a la vocal que sigue: *des-/tru-/yo, des-/pre-/cia, en-/tre.* Igual ocurre cuando, siendo cuatro consonantes, las dos últimas constituyen uno de los consabidos grupos: *cons-/tre-/ñir.*

4. No se considera correcto dividir la palabra de manera que queden separadas dos vocales, aunque estas formen sílabas diferentes. Así, no se podrán hacer las separaciones *prove-/er, perí-/odo, emple-/ados.*

Interesa hacer especial hincapié en esta norma, contra la que se cometen frecuentes transgresiones. Los sistemas de guionización en programas informáticos, muchas veces preparados por personas sin mucha competencia en ortografía, parten de la idea de que las vocales en hiato, por constituir sílabas distintas, son separables. Esto hace que hoy se impriman muchos textos con separaciones del tipo *prove-/er, emple-/ados,* fenómeno que se da con más frecuencia en los periódicos, incluso en algunos que se enorgullecen de su pureza ortográfica. En un mismo nú-

mero de *País,* Supl., 21.6.1997, solo en tres páginas (16, 17, 18) se encuentran *Rousse-/au* (dos veces), *re-/alizar, ide-/ológica, plante-/ar, cre-/en.* Más raro es que el fenómeno aparezca dentro de «manuales de estilo» (por ejemplo, *«le-/erlo»,* en *Manual TVE,* 12; *«prove-/ído»,* en *Manual Voz Galicia,* 89); pero es más alarmante, por la ejemplaridad que en esas obras se busca. Y más grave es que aparezca en libros publicados por editoriales de prestigio (por ejemplo, *«ide-/ología»,* en Muñoz Molina, *Ardor,* 243 [editado por Alfaguara]; *«tintine-/ante»,* en Ayala, *Relatos* [editado por Castalia]; *«emplé-/ase»,* en Academia, *Dicc. escolar,* 400 [editado en Espasa Calpe]: obra, precisamente, en que la Academia hace explícita, p. 1232, la norma de «dos o más vocales seguidas nunca deben dividirse, tanto si van en diptongo .. como si constituyen un hiato»).

5. No pueden separarse las sílabas de manera que quede sola una vocal al final de una línea o al principio de otra, como en *a-/traer, tore-/o, decí-/a.*

También es oportuno llamar la atención sobre esta norma, ya que algunos diccionarios dirigidos especialmente a la enseñanza del español presentan unas divisiones silábicas desorientadoras en este aspecto.

6. Las palabras que contienen una *h* precedida de otra consonante se dividen separando ambas letras. Ejemplos: *des-/hacer, Al-/hambra, in-/hibición.*

7. En los compuestos constituidos por palabras que pueden tener existencia independiente *(hispanoamericano)* o formados por prefijación *(preeminente),* se puede hacer la separación ortográfica en el punto de unión de los dos componentes: *hispano-/americano, pre-/eminente, nos-/otros.* Pero también se puede hacer la separación de tipo normal: *no-/sotros, pree-/minente.*

8. Sin carácter obligatorio, se sigue la norma de separar las sílabas de los nombres extranjeros con arreglo a la costumbre de la lengua respectiva: *Mul-/lins, Guare-/schi, Mus-/set.*

9. Una norma que puede parecer superflua, por demasiado elemental, es que nunca se pueden partir por medio de guión las cantidades escritas en cifras o en números romanos. Sin embargo, es inevitable formularla, puesto que se ha visto dividido «siglo XVII» en esta forma: *«siglo X-/VII» (País,* 22.8.1984, 9).

III. Deben evitarse dos empleos inadecuados del guión, que se encuentran todavía a veces en la escritura mecanográfica: uno es, en la función de división de palabras a final de línea, escribirlo *debajo* y no *después* de la última letra del renglón; el otro es el uso de este signo, no con fines ortográficos, sino pretendidamente estéticos, para rellenar el blanco que queda al final de una línea o igualar el margen derecho del escrito.

Guipúzcoa. La provincia vasca que en vascuence se escribe con la grafía *Gipuzkoa* tiene en castellano la forma *Guipúzcoa*, y es esta la que debe usarse cuando se escribe en español.

guirigay. 'Gritería confusa'. El plural de este nombre es *guirigays* (o, en la grafía propuesta por la Academia en su *Esbozo* de 1973, *guirigáis).*

güisqui. El nombre inglés *whisky,* que los españoles pronunciamos corrientemente /güíski/, ha sido adaptado gráficamente al español por la Academia de acuerdo con esa pronunciación: *güisqui.* Aunque de preferencia a esta grafía, la Academia también considera válida la que aún predomina, *whisky.*

Gulf Stream → CORRIENTE DEL GOLFO.

gustar. Construcción: *gustar* DE *bromas; gustar* ('saborear') *las mieles del triunfo; no gustarle a uno las bromas.* Cuando *gustar* tiene el sentido de 'agradar' no lleva preposición alguna: *Me gusta que vengáis.* Frente a la construcción peninsular *gustar*

DE *bromas,* en América es muy frecuente con este verbo la omisión de la preposición *de: ¿No gustan tomar algo?; El capitán gusta contemplar eso; Julia gustaba ir por las noches a sentarse unos minutos en el banco* (Kany, 352).

gusto. 1. Construcción: *gusto* PARA *vestir; gusto* POR *las flores; tener el gusto* DE *hacer una cosa.*

2. *Mucho gusto* EN *conocerle* es una fórmula de cortesía que en el uso popular se convierte en *Mucho gusto* DE *conocerle.* Pero este uso es el más corriente en América *(«Hasta luego .. Mucho gusto de haberle visto»,* Edwards, *Máscaras,* 27). Es posible que el cambio de preposición se deba a influjo de la locución, también de cortesía, *tener el gusto* DE *conocerle* (→ 1).

3. *Mal a gusto* es locución adverbial usada en algunas regiones, por *a disgusto: «Ninguna mujer se ha enamorado de Napoleón dueño del mundo; todas se sentían inquietas, desazonadas y mal a gusto cerca de él»* (Ortega, *Amor,* 137). Debe evitarse, por ser ajena a la lengua general.

4. *A mi gusto* significa 'según mi deseo', 'a mi satisfacción': *No han hecho los muebles a mi gusto. Para mi gusto* es 'según mi opinión', 'desde mi punto de vista': *Para mi gusto, los muebles son feos.* Es popular usar *a mi gusto* en lugar de *para mi gusto.*

5. *Dar gusto:* → DAR, 3.

Guyana → GUAYANA.

gymkhana → GINCANA.

h

h. **1.** Octava letra del alfabeto. Su nombre es *hache*, plural *haches*. El género de este nombre es femenino, como ocurre con los de las demás letras. Se dice *la hache* (no *el hache*, pues se exceptúa de la regla que impone la forma *el* del artículo ante los nombres femeninos que comienzan por /a/ tónica: → EL, 2). Esta letra no representa ningún fonema, y su presencia en muchas palabras se debe a razones etimológicas o tradicionales. Sin embargo, en algunas voces extranjeras o de origen extranjero se le suele dar la pronunciación de /j/: *hall*, /jol/; *hinterland*, /jínterland/; *hippy*, /jípi/; *holding*, /jóldin/; *Haendel*, /jéndel/; *Hawai*, /jáwai/ o /jawái/.

2. Ortografía de la letra *h*. Se escriben con *h*:
a) Todas las formas de los verbos *haber* y *hacer.*
b) Las palabras que empiezan por los sonidos /ia/, /ie/, /ue/, /ui/: *hiato, hiena, huevo, huir.*
c) Las palabras que empiezan por los sonidos /idr/, /iper/, /ipo/: *hidrógeno, hipertrofia, hipótesis.* Excepción: *iperita.*

ha. Interjección: → AH.

Habana. El nombre de la capital de Cuba es *La Habana.* No debe suprimírsele el artículo.

haber. **1.** Verbo irregular. (Véase cuadro.) Sobre la forma especial *hay* de tercera persona de singular de presente de indicativo, → 5. Sobre la forma *habemos*, por *he-mos*, en el presente de indicativo, → 2 y 6. Sobre la supuesta forma *he* para imperativo, → 9 y HE.

2. Construcción: *haber* DE *soportar* (→ 4); *haber* QUE *soportar* (→ 7); *habérselas* CON *la policía* ('tratar con ella o enfrentarse con ella'). En esta última construcción es frecuente que para la primera persona del presente se emplee la forma *habemos* en vez de *hemos: Ya sabéis con quiénes nos las habemos; «En don Luis y Pepita nos las habemos nuevamente con el Hombre y la Mujer»* (Montesinos, *Valera,* 109).

3. El uso más corriente del verbo *haber* es como auxiliar para formar, seguido del participio de un verbo, los llamados tiempos compuestos de este: *he sabido, habías podido, habrán llegado, haber olvidado.*

4. Otro uso del verbo *haber* como auxiliar es en las perífrasis «de obligación» *haber + de + infinitivo: Hemos de llegar.* No solo expresa obligación, sino intención y a veces simple acción futura. Pero su uso en la lengua general es bastante limitado; es más frecuente hallarlo en la lengua literaria. *Has de decirme cómo se hace* puede hoy oírse fácilmente en el castellano hablado por un catalán, pero en español común lo normal es oír *Tienes que decirme cómo se hace.* En Méjico y otros países americanos se usa mucho la perífrasis de sentido futuro *(Te has de matar,* 'te vas a matar') o de probabilidad *(Ha de ser tarde,* 'debe de ser tarde') (cf. Kany, 152; Steel, *Americanismos,* 182). En el castellano de Galicia se emplea *haber de*

CONJUGACIÓN DEL VERBO «HABER»

INDICATIVO

Pres. he, has, ha, hemos, habéis, han.
Pret. impf. había, habías, había, habíamos, habíais, habían.
Pret. indef. hube, hubiste, hubo, hubimos, hubisteis, hubieron.
Fut. impf. habré, habrás, habrá, habremos, habréis, habrán.
Pot. simple habría, habrías, habría, habríamos, habríais, habrían.
Pret. pf. he habido, has habido, ha habido, etc.
Pret ppf. había habido, habías habido, había habido, etc.
Pret. ant. hube habido, hubiste habido, hubo habido, etc.
Fut. pf. habré habido, habrás habido, habrá habido, etc.
Pot. comp. habría habido, habrías habido, habría habido, etc.

SUBJUNTIVO

Pres. haya, hayas, haya, hayamos, hayáis, hayan.
Pret. impf. hubiera o hubiese, hubieras o -ses, hubiera o -se, hubiéramos o -semos, hubierais o -seis, hubieran o -sen.
Fut. impf. hubiere, hubieres, hubiere, hubiéremos, hubiereis, hubieren.
Pret. pf. haya habido, hayas habido, haya habido, etc.
Pret. ppf. hubiera o hubiese habido, hubieras o -ses habido, etc.
Fut. pf. hubiere habido, hubieres habido, hubiere habido, etc.

IMPERATIVO

habe (tú), haya (usted), habed (vosotros), hayan (ustedes).

FORMAS NO PERSONALES

Inf. simple haber	*Ger. simple* habiendo.	*Part.* habido.
Inf. comp. haber habido.	*Ger. comp.* habiendo habido.	

+ infinitivo con el sentido de 'estar a punto de': *Hube de decirlo,* 'estuve a punto de decirlo'; *«—Juan, ¿por qué has matado al raposo? —Porque hubo de comerse las gallinas»* (Cela, *Rosa,* 109) (cf. Rabanal, *Hablas,* 42; García, *Temas,* 122). Este uso también existe en la Argentina, según Capdevila: «Cuando un argentino dice que *hubo de viajar* a Europa, quiere significar que, habiendo estado a punto de hacerlo, no lo hizo» *(Babel,* 110).

5. Es muy importante el empleo de *haber* como impersonal, para expresar la presencia del ser o seres, objeto u objetos designados por el sustantivo que en el enunciado se sitúa normalmente después del verbo. En este uso, en que el verbo solo tiene una persona (la 3.ª de singular) en cada tiempo, el presente tiene la forma especial *hay: Hay* (no «ha») *mucha gente en la calle.* Interesa tener presente que ese sustantivo que acompaña al verbo (y que designa el ser u objeto cuya presencia enunciamos) no es su sujeto, sino su complemento directo, y lo demuestra el hecho de que cuando no es un nombre, sino un pronombre personal, este toma la forma de complemento directo *(lo, la, los, las)* y no la de sujeto *(él, ella, ellos, ellas): No lo hay, No las hay.* Por no ser sujeto ese sustantivo, es erróneo poner en plural el verbo cuando el sustantivo está en plural (HABÍAN *pocas personas).* Esta concordancia del verbo *haber* con el sustantivo en plural se produce en España principalmente en el área del catalán y en hablantes procedentes de ella *(«En los escalones de la picota habían tres o cuatro viejos»*, Salvador, *Cuerda,* 134; *«Habrán lluvias y chubascos .. en Galicia, Cantábrico, ambas Castillas»*, B. R. Mallol, *País,* 6.11.1977, 20), y está bastante extendida en América (*«¿Han habido tiros, muertos?»*, Vargas Llosa, *Pantaleón,* 287).

En español normal el *haber* impersonal lleva habitualmente el complemento directo en forma indeterminada, esto es, sin artículo, o con artículo indefinido, o con adjetivo indefinido o de cantidad: *Había gente; Había una señora,* o *unas señoras,* o *pocas señoras,* o *tres señoras.* No es frecuente que el complemento directo lleve artículo definido, como en este caso: *«Las cuadras, en las que .. había* LAS *vacas que podemos llamar de servicio, algunas jacas propias o de los visitantes y, al fondo,* EL *pajar»* (Cossío, *Confesiones,* 33).

6. Cuando se desea expresar la presencia de una 1.ª o una 2.ª persona, no se emplea *haber,* cuyo uso impersonal solo se refiere a terceras personas. Como, por otra parte, ya queda dicho (→ 5) que en este uso impersonal la persona o cosa referida es complemento directo y no sujeto, no es aceptable una construcción como *Habíamos solo tres personas en la sala.* En casos como este se emplea el verbo *estar: Estábamos solo tres personas en la sala.* No obstante, esta construcción culta no siempre responde bien a la expresividad que en la lengua coloquial, especialmente en el nivel popular, tiene la concordancia de *haber* con «nosotros»; así en este ejemplo: *«No hay ningún tío, mejor dicho, no habemos ninguno»* (Castillo-Puche, *Paralelo,* 170). Obsérvese que en este caso se emplea la forma *habemos* por *hemos* (cf. 2).

7. El verbo *haber* en su uso impersonal, seguido de *que* y de otro verbo en infinitivo, constituye una perífrasis verbal que significa necesidad u obligación impuesta por un sujeto que no se puede o no se quiere determinar: *Hay que trabajar más; Había que conseguirlo; Ha habido que operarle.* Esta construcción, pues, equivale a *ser necesario: Hay que trabajar más = Es necesario trabajar más.*

8. Otro uso impersonal es exclusivamente literario y expresa lapso de tiempo transcurrido: *«La historia que voy a referir acaeció algunos años ha»* (Pérez de Ayala, *Prometeo,* 99). La lengua general utiliza en este caso el impersonal *hacer: hace algunos años.*

9. El uso transitivo de *haber* con el sentido de 'tener' es anticuado y solo excepcionalmente, por voluntario arcaísmo, aparece en la lengua literaria: *«¡Oh, gran espectáculo del mundo, tan interesante y delicioso para las almas que han curiosidad!»* (R. León, cit. Casares, *Crítica profana,* 167); *«Aun la misma verdad sustantiva ha necesidad .. de alguna circunstancia imperativa que restablezca la justicia y el orden»* (Sanz, *Consecuencias,* 11). Solamente para este uso es posible hablar de la forma de imperativo: *habe, haya, habed, hayan* (véase cuadro). La segunda persona de singular de ese imperativo es *habe,* no *he* —como dicen todavía muchas gramáticas—; cf. Cuervo, *Disquisiciones,* 24. La Academia, *Esbozo,* § 2.12.4, dice que no existe. (→ HE.)

10. *Haber menester:* → MENESTER.

11. *He aquí:* → HE.

habilitar. Construcción: *habilitar a uno* CON *fondos; habilitar* DE *ropa; habilitar* PARA *una actividad.*

hábitat. 'Habitación o estación de una especie animal o vegetal'. Es nombre masculino. Su plural es *hábitats,* en el uso corriente, aunque según la norma académica debería ser invariable, *los hábitat* (como de *déficit,* pl. *déficit*). La acentuación es esdrújula; por tanto, debe escribirse con tilde en la primera *a,* y evitarse la pronunciación /abitát/.

habituar. **1.** Se conjuga, en cuanto al acento, como *actuar* [1 d].

2. Construcción: *habituarse* AL *frío.*

hablante. La persona que tiene un determinado idioma como propio se dice que es *hablante* de ese idioma, esto es, 'que lo habla como suyo', no que es *parlante* de él, lo cual significaría 'que lo parla'. Pero *parlar* es un verbo de nivel coloquial y matiz despectivo que significa, entre otras cosas, 'hablar mucho y sin sustancia' y 'revelar lo que se debe callar'. Atribuir a las palabras españolas *parlar* y *parlante* el significado de los franceses *parler,* 'hablar', y *parlant,* 'hablante', se explica solo como fruto de la ligereza. Por ello no son aceptables nombres y

---

CONJUGACIÓN DEL VERBO «HACER»
(tiempos simples)

INDICATIVO

Pres. hago, haces, hace, hacemos, hacéis, hacen.
Pret. impf. hacía, hacías, hacía, hacíamos, hacíais, hacían.
Pret. indef. hice, hiciste, hizo, hicimos, hicisteis, hicieron.
Fut. impf. haré, harás, hará, haremos, haréis, harán.
Pot. simple haría, harías, haría, haríamos, haríais, harían.

SUBJUNTIVO

Pres. haga, hagas, haga, hagamos, hagáis, hagan.
Pret. impf. hiciera o hiciese, hicieras o -ses, hiciera o -se, hiciéramos o -semos, hicierais o -seis, hicieran o -sen.
Fut. impf. hiciere, hicieres, hiciere, hiciéremos, hiciereis, hicieren.

IMPERATIVO

haz, haga, haced, hagan.

FORMAS NO PERSONALES

Inf. hacer.   *Ger.* haciendo.   *Part.* hecho.

---

adjetivos compuestos como *hispanoparlante, castellanoparlante, catalanoparlante, vascoparlante, gallegoparlante,* etc. Las formas normales son *hispanohablante, castellanohablante, catalanohablante, vascohablante, gallegohablante,* etc.

El hecho de que *hablar* sea en catalán *parlar* explica la tendencia del castellano usado por catalanes —incluso lingüistas— a la forma sufija *-parlante* (en catalán se dice *angloparlant, catalanoparlant).* Por otra parte, el uso de esta forma sufija puede estar favorecido en América por la existencia muy arraigada allí de *altoparlante,* adaptación del francés *haut-parleur,* que corresponde al español europeo *altavoz.*

hablar. Construcción: *hablar* CON *alguno; hablar* DE, SOBRE O ACERCA DE *algo; hablar* POR O EN NOMBRE DE *otro.*

hacer. 1. Verbo irregular. (Véase cuadro.)
2. Construcción: *hacer* DE *protagonista; hacer* PARA *sí; hacer* POR *la patria; hacer* POR *corregirse; hacer bien o mal* EN *casarse* (no DE *casarse); hacer rabiar a alguien* (no *hacer* DE *rabiar); hacerse* A *las costumbres;*

hacerse CON *este libro (hacerse* DE *este libro* es raro en España, no en América); *hacerse* DE *nuevas; hacerse* DE *rogar* (también puede ser *hacerse rogar); ¿qué* LE *vamos a hacer?* ('no podemos evitarlo'; no *¿qué* LO *vamos a hacer?).*
3. En forma pronominal significa 'convertirse en' o 'llegar a ser': *Se hizo médico;* pero si entre el verbo y el predicativo se interpone el artículo, el significado se cambia en 'fingirse': *Se hizo el distraído.*
4. Existen dos usos impersonales de *hacer:* uno, 'haber transcurrido el plazo de tiempo (que se indica)': *Hace diez días que se marchó; Se marchó hace diez días;* el otro, 'presentarse el tiempo atmosférico (con la cualidad que se indica)': *Hace frío.* También con referencia a la temperatura precisa: *«Hace treinta grados bajo cero en este Moscú»* (Neruda, *Confieso,* 278).
5. *Hacerse* + infinitivo, con sentido pasivo, es decir, usado como equivalente de *ser* + participio, no es construcción española, sino francesa: *«El domingo último, Alfonso* SE HABÍA HECHO CORNEAR *en una becerrada .. Solo sufrió una herida leve»* (Goytisolo, *Resaca,* 258); aquí debió decirse *había sido*

corneado. Otro ejemplo: «*Durante una guerra* .., *una viuda* SE HACE VIOLAR *durante un sueño, producido por hierbas tranquilizantes, por un oficial* .. *Cae encinta.* *Espanto y sorpresa, pues no ha sido consciente del acto*» (C. Semprún, *Diario 16,* 18.12.1976, 18); aquí parece evidente que se quiso decir *es violada.* También en el español de América: «OS HICISTEIS HERIR, *una vez más, en servicio del rey y de la honra de vuestra casa*» (Larreta, *Don Ramiro,* 118); «*Quién podía imaginar que con semejante fuerza Febronio de Brito* SE HARÍA DERROTAR *por unos pobres diablos*» (Vargas Llosa, *Guerra,* 126).

   6. *Hacer cara de cansado, hacer mala cara,* se oye en el castellano hablado por catalanes, en lugar del normal *poner* o *tener cara de cansado, poner mala cara.*

   7. *Hacer vacaciones, hacer la siesta, hacer miedo,* son también construcciones del castellano hablado en Cataluña: «*Yo no hago vacaciones desde 1948*» (Vázquez Montalbán, *Mares,* 51); «*Gabriel y yo hablamos de Baudelaire y Hugo mientras los otros hacen la siesta*» (Gil de Biedma, *Retrato,* 192); «*No le hacía miedo el trabajo y tenía mucho empuje*» (Mendoza, *Savolta,* 390). Lo normal, respectivamente, es *tomar* o *tener vacaciones, dormir* o *echar(se) la siesta, dar miedo.*

   8. *Solo hace que,* o *solo hizo que* + infinitivo es vulgarismo *(«Juanito solo hizo que insultar y zarandear al árbitro», Informaciones,* 18.11.1978); «*Fenómeno* .. *que en el fondo solo hace que expresar la efectiva y paulatina reducción de la persona a organismo elemental*» (Goytisolo, *Recuento,* 306). Se dice *no ha hecho más que* o *no hizo más que.*

   9. *¿Qué lo hizo?* se usa en Chile por el normal *¿qué hizo de* (o *con) él?: «¿Qué hiciste tu sueldo, que no me lo has entregado?*» (J. Castro, cit. Kany, 3).

   10. *¿Qué se hizo* (+ nombre)? Construcción, hoy solo literaria, equivale a *¿qué fue de...?* Su modelo está en las célebres *Coplas* de Jorge Manrique (1476): «*¿Qué se hizo el rey don Juan? / Los infantes de Aragón / ¿qué se hicieron?*». No debe llevar la preposición *de,* que ponen por su cuenta algunos usuarios modernos: «*¿Qué se hicieron* DE *sus jardines colgantes,* DE *sus canales y puertas?*» (L. Castresana, *Abc,* 30.12.1965, 74).

   11. *Hacer público:* → PÚBLICO, 2.

   12. *Hacer mención:* → MENCIÓN.

hacera → ACERA.

hache. La *hache,* no *el hache:* → H.

hachís. 'Cierta droga'. El nombre, adaptado con esta grafía, se pronuncia en nuestro idioma /achís/, no /jachís/ ni /jáchis/, como dicen algunos locutores.

hacia. Preposición. Es siempre palabra átona, como es normal en las preposiciones. Indica:

   1. Con verbos de movimiento, la dirección del mismo, sin especificar su término: *Voy hacia mi tierra; Caminan hacia su perdición; Miran hacia el norte.*

   2. Con verbos de reposo, lugar vagamente determinado: *Hacia allá está El Escorial; Hacia Aranjuez llueve.*

   3. Tiempo aproximado: «*La muwaschaha y el zéjel florecen entre los árabes andaluces desde hacia 890*» (Menéndez Pidal, *España,* 135).

hagio-. Forma prefija del griego *hágios,* 'santo': *hagiográfico.*

haliéutico. Adjetivo, 'pesquero, relativo a la pesca'. Es voz de origen griego, *halieutikós,* que entró en los años setenta en nuestro idioma a través del francés *halieutique,* aunque ya figuraba en el título español de una obra didáctica de Ovidio sobre la pesca (cf. Millares, *Lit. latina,* 105). El empleo de esta voz en la lengua corriente es innecesario, puesto que el equivalente exacto del adjetivo *haliéutico* es *pesquero.*

hall. Esta palabra inglesa se usa en español como nombre masculino, con la pronunciación /jol/. Su plural es *halls.* Aunque ocupa sin necesidad el lugar de palabras españolas normales como *vestíbulo* (en general) y *recibimiento* o *entrada* (en un piso), el hecho es que está ampliamente extendida, y no faltan quienes ya la escriben con la grafía españolizada *jol: «El jol, vaya, el recibidor para que se me entienda*» (J. A. Lázaro, *Juan Zorra,* 1986); «*Estoy aquí, en el jol del hotel*» (Salvador, *Casualidades,* 131).

hallar. **1.** Construcción: *hallar algo* EN *el suelo; hallarse* EN *la fiesta; hallarse* CON *un obstáculo.*

   2. *Hallar a faltar,* igual que *encontrar a faltar* (→ ENCONTRAR), es uso propio del español hablado por catalanes: «*Se halla a fal-*

tar generalmente el valor moral en una poe-
sía que solo parece apta para expresar con
eficacia la voluptuosidad o el frenesí épico»
(Milá, *Trovadores*, 36); *«Don Antonio me de-*
cía a veces .. que, al sentirme viejo y exami-
nar mi existencia, hallaría a faltar en ella ..
un solo ingrediente, que es el Diablo» (Villalonga, *Bearn*, 27). El español normal es
echar en falta o *echar de menos*.

hambre. El género de este nombre es femenino. El usarse con los artículos *el* o *un* se
debe a la regla de los nombres femeninos que
comienzan por el fonema /a/ tónico (→ EL,
2). Se dice, pues, *un hambre canina, el hambre enfermiza, las grandes hambres*. Es vulgarismo el empleo de *hambre* como masculino: *«Por aquí no había más que mucho*
hambre repartido» (Nácher, *Guanche*, 130);
*«A este hambre de visitadoras que se ha des-
pertado en la selva no lo para ni Cristo»*
(Vargas Llosa, *Pantaleón*, 244).

hámster. 'Pequeño roedor parecido al ra-
tón'. Se pronuncia con aspiración de la *h:*
/jámster/. Es nombre masculino, y su plural
es *hámsteres*.

handball → BALONMANO.

hándicap. 'Prueba deportiva en que se da
ventaja a algunos competidores para igualar
las oportunidades', y también 'desventaja en
peso, distancia, etc., impuesta a un competidor'. El nombre inglés *handicap* se usa en
español como masculino y se pronuncia corrientemente /jándikap/; se escribe, por tanto,
con tilde en la primera sílaba. Su plural es
hándicaps. Aparte de su empleo en el ámbito
deportivo, es frecuente en la lengua general
con el sentido de 'desventaja, obstáculo'.
También, partiendo de este sentido, se usan
los verbos *handicapear*, pronunciando /jan-
dikapeár/, y, más raramente, *handicapar*,
/jandikapár/.

haplo-. Forma prefija del griego *haploús*,
'simple': *haplología*.

hardware. Voz inglesa, de uso en informática, pronunciada corrientemente /járgüer/
—también /járguar/—. Es nombre masculino
que significa 'conjunto de los componentes
físicos de un ordenador'. La Academia propone que en lugar de esta palabra se diga
equipo.

harén. 'Departamento, en una casa musul-

mana, en que viven las mujeres', o, también,
'conjunto de estas'. Puede usarse también la
forma *harem,* que figura en los diccionarios;
pero no es la usual.

harina. Es nombre femenino, *la harina*, y
no hay ninguna justificación para decir *el harina* (*«Cuando se haya conseguido una
emulsión homogénea se agrega el harina»*,
Zenón, *Ya,* Supl., 9.6.1985, 52).

harmonía, harmónico, harmonioso, etc.
→ ARMONÍA.

harpa → ARPA.

harpía → ARPÍA.

hartar. Construcción: *hartar(se)* DE *fruta;*
hartarse DE *esperar.*

hasta. **1.** Preposición, átona, que sirve
para expresar el término del cual no se pasa,
con relación al espacio: *Llegaré hasta Burgos;* al tiempo: *Se ha de pelear hasta vencer*
o morir; Se despidió hasta la noche; o a la
cantidad: *Gastaré hasta cien pesetas; «Había en la sala hasta un par de docenas de
personas»* (Baroja, *Románticos,* 86).
2. Adverbio de cantidad, átono, equivalente a *incluso, aun: Gritó, lloró y hasta pa-
taleó; «¡Y qué esquiva para tus bienes / y
qué amarga hasta cuando amé!»* (Mistral,
Desolación, 33).
3. La preposición *hasta,* precediendo a
infinitivo, o a la conjunción *que* seguida de
verbo en forma personal, introduce proposiciones temporales: *Leeré hasta que me
canse; Todos se quedaron hasta que se
acabó el vino.* Cuando el verbo principal va
acompañado de una negación, es frecuente
que se presente un *no* expletivo en la proposición: *Ninguno se marchó hasta que* NO *se
acabó el vino; «Me ponía a gritar y no me
callaba hasta que mi madre* NO *me llevaba a
dormir con ella»* (Galdós, *Amigo,* 13); *«Bajé
hacia los faroles, que no se encenderían
hasta que la guerra* NO *acabase»* (García
Hortelano, *Gente,* 35); *«No pudo embarcar
hasta* NO *abrirse la época de navegación»*
(Sampedro, *Sirena,* 350). Aunque es un uso
normal en España, sería deseable omitir ese
no (que carece de todo sentido negativo) a
fin de evitar la posible interpretación equivocada del mensaje (v. Cuervo, *Apuntaciones,*
§ 448). También la ausencia del *no* es normal: *Ninguno se marchó hasta que se acabó*
el vino.

Hasta cuando, por *hasta que,* se usa en algunos países americanos. Kany, 392, cita un ejemplo de Panamá. El siguiente es colombiano: *«¡Quedad hincados a la roca hasta cuando vuestras lágrimas llenen el cuenco del valle!»* (León Rey, *Guayacundo,* 28).

4. En Méjico, América Central y Colombia se usa *hasta* con un sentido de 'solo, no antes': *Hasta las tres iré; Llegó hasta ayer.* En español general se añadiría *no* antes del verbo: *Hasta las tres no iré; No llegó hasta ayer.* (Cf. Cuervo, *Apuntaciones,* § 447; Kany, 369; Steel, *Americanismos,* 183.)

5. *Hasta tanto que:* → TANTO, 4.

hastiar. Se conjuga, en cuanto al acento, como *desviar* [1 c].

hatajo → ATAJO.

Haya. *La Haya,* nombre de la ciudad sede del gobierno de los Países Bajos, lleva siempre el artículo *La* (excepción a la regla del artículo *el* ante nombres femeninos en /a/ tónica; → EL, 2).

haz. Es nombre masculino cuando significa 'porción atada' (de mieses, leña, etc.) o 'conjunto de rayos luminosos'. Es femenino cuando significa 'cara' o 'superficie'; en este caso lleva, por regla fonética, el artículo *el* o *un* (→ EL, 2): *el haz de la hoja.* Dejándose llevar por este artículo aparentemente masculino, Ortega toma *haz* como masculino: *«La perfección del haz externo y la inmadurez del íntimo»* (*Viajes,* 143). No es raro el incumplimiento de la norma del artículo en este sustantivo: *«Según ellos vida material y obra corresponden, como la haz y el envés de un tapiz»* (Salinas, *Rubén Darío,* 9); *«Una cuestión que con apariencia contradictoria rueda por la haz de sus escritos»* (Laín, *Marañón,* 197).

he. La palabra *he* (en *he aquí, he ahí*) no es, como suelen decir las gramáticas y los diccionarios, ni imperativo del verbo *haber* ni adverbio demostrativo. Es un verbo defectivo e impersonal. Expresa la mera existencia de algo en un lugar, como el impersonal *hay;* pero se diferencia de este en que presenta siempre esa existencia «ante los ojos» del oyente. Es invariable: no tiene otra forma personal, temporal ni modal que esta. Lleva siempre dos acompañantes forzosos: 1.°, el adverbio *aquí* o *allí* (en ocasiones,

otro complemento adverbial de lugar: *Henos ya* EN CASA); 2.°, un complemento directo: *He aquí el resultado; He aquí a tu madre; Heme aquí.* Es palabra de uso principalmente literario.

En el siguiente pasaje de Bousoño, el complemento directo del primer *he* es una proposición («que nosotros nos preguntamos», etc.); en las oraciones posteriores el *aquí* de la primera va sobrentendido, y el complemento directo *nos* va acompañado de diversos predicativos *(caídos, levantados,* etc.) e incluso de un gerundio *(acumulando):* «*He aquí que nosotros nos preguntamos si acaso somos verdaderamente necesarios. / .. / Henos caídos, levantados, henos inclinados a roer nuestra propia felicidad. / .. / Henos asociados al error como a una verdad más pequeña. / .. / Henos acumulando, día a día, la pequeña fortuna de errores» (Versos,* 86).

hebraizar. Se conjuga, en cuanto al acento, como *enraizar* [1 f].

hecto-. Forma prefija que en el sistema métrico decimal significa 'cien'. Se pronuncia tónica la /o/ en *hectómetro;* en cambio es átona, recayendo el acento en la sílaba siguiente, en *hectogramo* y *hectolitro* (no *hectógramo* ni *hectólitro,* formas persistentemente usadas por los locutores).

heder. Verbo irregular. Se conjuga como *entender* [14].

helar. **1.** Verbo irregular. Se conjuga como *cerrar* [6]. Es impersonal en el sentido de 'formarse hielo': *Esta noche ha helado.* **2.** Construcción: *helarse* DE *frío.*

helio-, heli-. Formas prefijas del griego *hélios,* 'Sol': *heliotropo.*

Helsinki. La pronunciación tradicionalmente aceptada en nuestro idioma del nombre de la capital de Finlandia es llana, con o sin aspiración inicial: /elsínki/ o /jelsínki/.

hema-, hemat-, hemato-, hemo-. Formas prefijas del griego *haíma,* 'sangre': *hematología, hemorragia, hematemesis.*

hemi-. Prefijo griego que significa 'medio': *hemiciclo, hemiplejía.*

hemiplejía. 'Parálisis de un lado del cuerpo'. Existe, bastante extendida, la forma *hemiplejia* (pronunciación /emipléjia/). La Academia acepta como buenas las dos formas, pero da preferencia a la primera. En otra palabra análoga, con el mismo componente que esta, todo el mundo dice *apoplejía*, no /apopléjia/. Sin embargo, en otra de composición semejante, es frecuente la pronunciación *paraplejia*, /parapléjia/, a pesar de que la Academia da preferencia a *paraplejía* y de que los diccionarios médicos recogen exclusivamente esta última forma.

henchir. **1.** Verbo irregular. Se conjuga como *vestir* [62].
2. Construcción: *henchir el colchón* DE *lana; henchido* DE *gozo.*

hender. **1.** Verbo irregular. Se conjuga como *entender* [14].
2. Se puede usar también, preferido modernamente, según la Academia *(Esbozo,* § 2.12.3), el verbo equivalente *hendir* (→ HENDIR).

hendir. **1.** Verbo irregular. Se conjuga como *discernir* [43]. No debe confundirse, en su conjugación, con los verbos del grupo 60 (como *sentir): no* se dice *hindió, hindieron.*
2. Sobre *hendir* y *hender,* → HENDER, 2.

heñir. Verbo irregular. Se conjuga como *reñir* [58].

hepta-. **1.** Prefijo griego que significa 'siete': *heptaedro.*
2. Todas las voces formadas con este prefijo han de escribirse con *h-* inicial, aunque a veces encontremos grafías semicultas sin ella, tal vez por analogía con las grafías también semicultas que se presentan en el prefijo *hexa-* (→ HEXA-).

Hercegovina, Herzegovina → BOSNIA-HERZEGOVINA.

heredar. Construcción: *heredar algo* DE *un pariente; heredar a otro* EN *el título; heredar* EN O POR *línea recta.*

herir. Verbo irregular. Se conjuga como *sentir* [60].

hermafrodita. 'Que tiene los dos sexos'. Como adjetivo o como nombre, la forma en *-a* se usa tanto para el género masculino como para el femenino, pero para el masculino se puede decir también *hermafrodito.*

hermanar. Construcción: *hermanarse una cosa* CON *otra.*

Heródoto. El nombre del historiador griego es esdrújulo, /eródoto/; no debe usarse la acentuación grave, /erodóto/.

héroe. El femenino de este nombre es *heroína.*

herpe. 'Enfermedad cutánea'. Según la Academia, es nombre ambiguo en cuanto al género *(el* o *la herpe);* pero el uso corriente es como masculino. Es raro oírlo en singular; suele decirse *los herpes.* Para el singular también se emplea la forma *herpes (el herpes).*

herrar. Verbo irregular. Se conjuga como *cerrar* [6].

hervir. Verbo irregular. Se conjuga como *sentir* [60].

Hesíodo. El nombre del poeta griego es esdrújulo, /esíodo/, según la pronunciación más aceptada; pero también se admite la forma grave, *Hesiodo,* /esiódo/.

hetero-, heter-. Formas prefijas del griego *héteros,* 'otro': *heterodoxo.*

heteromancia. 'Adivinación por el vuelo de las aves'. La Academia admite también la forma *heteromancía.*

hexa-. **1.** Prefijo griego que significa 'seis': *hexágono.*
2. En *hexágono* y *hexagonal* el *Diccionario* de la Academia registra desde 1992 las grafías *exágono* y *exagonal,* si bien dando preferencia a las grafías que tienen *h-.* La acogida de esas grafías sin *h-* es sin duda una concesión al uso semiculto de algunos matemáticos, quienes tal vez confunden el prefijo *hexa-* con el prefijo *ex-.* Debe recordarse que tal uso semiculto se da también en otros términos científicos como *hexaedro (exaedro)* y *hexano (exano)* y alguno no científico como *hexacampeón (exacampeón).*
En realidad, la opción «*h-*» / «no *h-*» ya se planteó hace siglos para otro prefijo numeral griego, *hendeca-* (griego *héndeka,* 'once'), en la voz *hendecasílabo* ('verso de once sílabas'), que pasó a escribirse siempre —por influencia de la vía italiana, por donde entró— *endecasílabo,* con abandono total de la forma etimológica con *h-* (aún presente en el

Diccionario de Terreros, 1786). Esta decisión del uso literario afectó de manera uniformadora a las otras voces compuestas con ese prefijo: *endécada, endecágono (hendecágono* todavía en Terreros).

El ejemplo de lo ocurrido con el prefijo *hendeca-,* es decir, la generalización de la forma sin *h-* a toda la serie de las voces formadas con él, permite imaginar que la medida tomada por la Academia respecto a *hexágono* y *hexagonal* traerá como consecuencia la extensión de la alternativa sin *h-* a toda la serie de las palabras formadas con el prefijo *hexa-: hexaclorofeno, hexacrómico, hexadactilia, hexadecasílabo, hexadecimal, hexafluoruro, hexagrama, hexámetro, hexápodo, hexasílabo, hexatómico, hexavalente,* etc. Y no es arriesgado pensar que el fenómeno se puede producir igualmente en otros prefijos cultos de sentido numeral, como *hepta-* y *hecto-* (de hecho, ya aparecen esporádicamente grafías semicultas como *eptaedro, eptano, eptasílabo, eptarquía).* No es fácil saber si la Academia —cuya autoridad unificadora *en la ortografía* es la única que todos le reconocen— calculó la posible reacción en cadena, y la consiguiente confusión, cuando introdujo la aceptación de una grafía anómala para dos voces sueltas sin tener en cuenta que son elementos de un sistema bastante extenso.

En todo caso, lo recomendable hoy es mantener para todas las palabras formadas con el prefijo *hexa-* la grafía tradicional con *h-*.

hialo-, hial-. Formas prefijas del griego *hyalos,* 'cristal': *hialotecnia.*

hibernación. 'Estado de sopor, natural o artificial, con profunda disminución de las funciones vegetativas'. Aunque la Academia no registra *invernación,* esta voz se emplea también —con menos frecuencia— con el mismo sentido.

hirácida. 'Ácido resultante de la combinación del hidrógeno con un no metal'. Es nombre femenino. La Academia considera válidas dos acentuaciones, *hidrácida* e *hidracida,* aunque prefiere la primera.

hidro-, hidr-. Formas prefijas del griego *hydor,* 'agua': *hidrógeno, hidráulico.*

hidrocefalia. 'Hidropesía del encéfalo'. No debe usarse la forma *hidrocefalía,* con acento en la *i,* aunque durante algún tiempo

la haya admitido la Academia (→ -CEFALIA).

hidrólisis. 'Descomposición de un compuesto químico por la acción del agua'. No es recomendable la acentuación llana, *hidrolisis.* Esta palabra, como *análisis, catálisis,* etc., es esdrújula.

hidromancia. 'Adivinación por la observación del agua'. La Academia admite también la forma *hidromancía.*

hidromiel. 'Bebida hecha a base de miel y agua'. El género de este nombre es masculino: *el hidromiel.*

hijodalgo. 'Hidalgo'. El femenino de este nombre es *hijadalgo;* en plural, el masculino es *hijosdalgo,* y el femenino, *hijasdalgo.* El que aparezcan de vez en cuando otras formas *(hijodalga, hijosdalgos, hijodalgos,* etc.) se debe al desuso de la palabra y a la consiguiente falta de familiaridad con ella. Hoy se dice habitualmente *hidalgo* (cuyas variaciones de género y número son corrientes: *hidalga, hidalgos, hidalgas).*

hile-, hilo-, hil-. Formas prefijas del griego *hyle,* 'materia': *hilemorfismo, hilomorfismo.*

himeno-. Forma prefija del griego *hymen,* 'membrana': *himenóptero.*

hincha → FAN.

hinchazón. 'Efecto de hincharse algo'. Es nombre femenino, *la hinchazón;* pero la lengua popular, por analogía con otros en *-ón (tazón, corazón, tizón,* etc.), lo hace masculino: *«Habría que ponerle a este hombre unos paños de vinagre pa que se le baje el hinchazón»* (Alonso de Santos, *Estanquera,* 27); *«El hinchazón se localizará a nivel de los tobillos»* (R. Pelta y E. Vivas, *Diario 16,* Supl., 2.10.1994, 86).

hindú. 'Adepto al hinduismo', que es la religión predominante en la India, resultado de la evolución del antiguo brahmanismo. Como adjetivo (sin variación de género) significa 'del hinduismo' o 'de los hindúes'. El plural *hindúes* corresponde tanto al nombre como al adjetivo.

La semejanza fonética entre *hindú* e *indio* y el deseo de diferenciar léxicamente *indios* americanos e *indios* de la India han propiciado el creciente uso del nombre de *hindúes* para designar a los ciudadanos de la

India. El doble sentido, religioso y gentilicio, de *hindú* existe también desde antiguo en el inglés *hindu*, de donde lo tomó el francés *hindou* (hoy anticuado en el sentido de 'indio'), el cual a su vez, según Cortelazzo-Zolli, lo pasó al italiano *(indù).* El uso español (no registrado por nuestros diccionarios antes de 1951, *Larousse)* viene probablemente del inglés. Pero este empleo, aunque esté registrado en el *Diccionario* de la Academia, es abusivo, pues aplica un término de religión a una realidad nacional, cuando, como es sabido, el pueblo indio se reparte en bastantes confesiones religiosas, de las cuales la hindú, aunque mayoritaria, es solo una.

Es recomendable, pues, delimitar los usos: *indio* es el miembro de una entidad política, la India; *hindú* es el miembro de una entidad religiosa, el hinduismo.

hiper-. Prefijo griego que indica superioridad, exceso: *hiperclorhidria.*

hipérbaton. 'Inversión del orden normal de las palabras'. Es nombre masculino. Su plural más aceptado es *hipérbatos,* aunque también puede decirse, con traslación de acento, *hiperbatones,* /iperbatónes/. No es aconsejable, en cambio, *hipérbatons,* aunque lo haya usado Machado: *«Sintió pesar del tiempo que perdía / enderezando hipérbatons latinos»* *(Poesías,* 102).

hipérbole. 'Exageración'. Es nombre femenino, *la hipérbole,* aunque en la lengua clásica se haya usado como masculino: *«Fuera el hipérbole corto»* (Calderón, *Mágico,* 62).

hipertrofiar. Se conjuga, en cuanto al acento, como *cambiar* [1 a].

hípica. 'Deporte de las carreras de caballos'. No hay necesidad de usar el término inglés *turf.*

hipno-, hipn-. Formas prefijas del griego *hypnos,* 'sueño': *hipnotizar.*

hipo-, hip-. **1.** Prefijo griego que significa inferioridad: *hipogeo, hipocresía.*
    2. Formas prefijas del griego *híppos,* 'caballo': *hipódromo.*

hipogrifo. 'Animal fabuloso, especie de caballo con alas'. Es palabra grave, /ipogrífo/ *(«El lírico hipogrifo sueños pace»,* Salinas, *Presagios,* 79), a pesar de que bas-

tantes actores y recitadores la pronuncien /ipógrifo/ en la frase *Hipogrifo violento* con que empieza el drama de Calderón *La vida es sueño.*

hippy. Voz inglesa que entró en circulación en los años sesenta: 'persona rebelde contra la sociedad convencional y sus formas y amiga de la naturaleza, la libertad sexual y las drogas'. También se usa la grafía *hippie.* En uno y otro caso, la pronunciación corriente es /jípi/ y el plural es *hippies,* pronunciado /jípis/. Se usa también como adjetivo: *el modelo hippy.* Algunos han españolizado la palabra de acuerdo con la pronunciación habitual española: *jipi* (Zamora, *Mesa,* 50).

hipso-. Forma prefija del griego *hypsos,* 'altura': *hipsómetro.*

Híspalis. El nombre de la ciudad de Sevilla en la época romana es *Híspalis,* palabra esdrújula; no debe pronunciarse, pues, /ispális/.

hispano-. Forma prefija del latín *Hispanus,* 'español': *hispanohablante.*

Hispanoamérica. **1.** En rigor, *Hispanoamérica, Iberoamérica* y *Latinoamérica* (o *América Latina)* no son equivalentes: el primero designa el conjunto de los países americanos de lengua española; el segundo, el conjunto de los que tienen lenguas de la Península Ibérica, esto es, español y portugués; y el tercero, el conjunto de los que hablan lenguas de origen latino, que en aquel continente son el español, el portugués y el francés. Las tres denominaciones, por tanto, apuntan a entidades que no están en relación de oposición, sino de inclusión *(Latinoamérica* incluye a *Iberoamérica,* que a su vez incluye a *Hispanoamérica).* Por consiguiente, no hay error en llamar *latinoamericanos* a los *hispanoamericanos,* como no hay error en llamar español a un andaluz. Habrá, sí, imprecisión siempre que sea deseable o necesaria la precisión.
    2. Los términos *Latinoamérica, América Latina* y *latinoamericano* fueron creados en Francia en 1860 y utilizados para arropar la política imperialista de Napoleón III en su intervención en Méjico. Fueron rápidamente adoptados por escritores hispanoamericanos residentes en Francia, y después han ido ganando terreno en la pro-

pia América (cf. Berschin, *Problemas*, 208).

A pesar del origen reaccionario del nombre *Latinoamérica* (o *América Latina*) y a pesar de haber sido acogido sistemáticamente por los norteamericanos, hoy en España se atribuye a este nombre y a sus derivados un cierto prestigio progresista. A esto se une la preferencia generalizada de estas palabras en todo el mundo y en todas las lenguas, lo que hace que los españoles las sientan más «modernas». Recordemos, no obstante, que Unamuno ya escribía en 1911 *«la América llamada latina» (Ensayos*, II, 705) e incluso, abiertamente, *«la América latina» (ibíd.*, 712).

3. El avance de *Latinoamérica* (o *América Latina*) y sus derivados, frente a *Hispanoamérica* (e *Iberoamérica*) y los suyos, ha de ser aceptado por los lingüistas como un hecho, y lo sería también aunque fuese más arbitrario de lo que es. De todos modos, es importante no perder de vista que *Latinoamérica* y sus derivados aluden fundamentalmente a realidades políticas y económicas, y que *Hispanoamérica* (y también *Iberoamérica*) y sus derivados aluden más propiamente a una realidad lingüística y cultural. En este sentido escribe el mejicano Carlos Fuentes: *«Octavio Paz, el primer poeta de la América Española» (Abc*, Supl., 22.9.1984, 16); y el español Pedro Laín Entralgo: *«Unos sacerdotes iberoamericanos .. Será resabio de hablante viejo, pero no puedo acostumbrarme a lo de 'latinoamericano', aunque tantos irreversiblemente lo digan» (Gaceta*, 3.9.1978, 43).

4. Sobre la oposición *Latinoamérica / América* (= Estados Unidos), de origen genuinamente estadounidense, pero aceptada por muchos hispanoamericanos, v. Cela, *Carta a Fidel Castro*, 310-11 (→ AMÉRICA).

hispanohablante, hispanoparlante → HABLANTE.

hístico → TISULAR.

histo-. Forma prefija del griego *histós,* 'tejido': *histología.*

historiar. Se conjuga, en cuanto al acento, como *cambiar* [1 a]. También se oye, aunque parece menos aceptado, con la conjugación 1 c (como *desviar*).

histrión. 'Actor'. Es voz exclusivamente literaria. Su femenino es *histrionisa.*

hobby. 'Trabajo que se realiza por puro placer'. Es palabra inglesa que en español se usa como nombre masculino, se pronuncia corrientemente /jóbi/, y se le da el plural *hobbys* (el plural inglés es *hobbies*). Como es voz útil y frecuente en nuestro idioma, el lingüista colombiano Luis Flórez *(Temas,* 270) propuso, con acierto, que se españolizase en la forma *jobi.*

hogaño. Adverbio, 'este año' o 'en la actualidad'. Aunque la Academia registra también una grafía *ogaño,* el uso normal no la acepta.

hojalata. 'Lámina de hierro o acero cubierta de estaño por las dos caras'. También puede llamarse *hoja de lata.* Esta denominación es más rara, pero fue la usual durante muchos años, y llegó a escribirse *hojadelata;* así aparece, por ejemplo, en Bécquer, Galdós, Pardo Bazán, Noel y García Lorca. Esta grafía, sin embargo, no se admite. Las dos formas aceptadas hoy son *hojalata y hoja de lata.*

hojaldre. 'Masa cocida que forma muchas hojas delgadas superpuestas'. Aunque la Academia da este nombre como ambiguo en cuanto al género, el uso actual es solo masculino, *el hojaldre.*

Holanda, holandés → PAÍSES BAJOS.

holgar. Verbo irregular. Se conjuga como *acordar* [4].

hollar. Verbo irregular. Se conjuga como *acordar* [4], aunque hoy se encuentre con frecuencia sin diptongar *(holla, hollan*, por *huella, huellan).*

holo-. Forma prefija del griego *hólos,* 'todo': *holoédrico.*

hológrafo. '(Testamento) autógrafo'. La Academia registra también la grafía *ológrafo;* pero, por razones etimológicas (viene del griego *hólos;* → HOLO-), es preferible la forma con *h.*

hombrear. Construcción: *hombrearse* CON *los mayores.*

hombre-rana. El plural de este nombre es *hombres-ranas.*

hombro. Son igualmente normales las locuciones *en hombros* y *a hombros.* Aunque significan lo mismo, 'sobre los hombros', hay una pequeña diferencia en su uso: *a hombros* se puede llevar a una persona o una cosa; *en hombros* solo se lleva a una persona.

homeo-. Forma prefija del griego *hómoios,* 'semejante': *homeopatía.*

homilía. 'Plática religiosa'. Es errónea la pronunciación /omília/, a veces oída a locutores (que cuenta, no obstante, con antecedentes ilustres: «*Y no hay que extrañar la homilia: / son pláticas de familia, / de las que nunca hice caso»,* Zorrilla, *Tenorio,* 96).

homo-. Forma prefija del griego *homós,* 'el mismo': *homólogo.*

homogeneidad. Los derivados del adjetivo *homogéneo* son *homogeneidad, homogeneizar;* no *homogenidad* y *homogenizar* (→ -DAD, 3).

homónimo. Adjetivo: 'que tiene el mismo nombre': *ciudades homónimas.* También se usa como sustantivo: *Algunos identifican al Rey de los Valses con su homónimo Richard Strauss.* También se llaman *homónimos* los vocablos que, designando realidades enteramente distintas, tienen idéntica forma; por ej., *gato,* 'animal doméstico', y *gato,* 'aparato para levantar pesos'. Algunos periodistas confunden *homónimo* con *homólogo* ('que tiene cargo o posición análogos'): «*El secretario general del PCE, Santiago Carrillo, y su homónimo de Fuerza Nueva, Blas Piñar*» (ejemplo citado por Criticón en *Abc,* 7.3.1979, 31).

Hondarribia → FUENTERRABÍA.

honesto. Aunque este adjetivo significa no solo 'decente, recatado', sino también 'honrado, recto' (sentidos ambos recogidos por la Academia), es útil mantener, por precisión, la distinción tradicional entre *honesto,* para la primera acepción, y *honrado,* para la segunda.

Hong Kong. Ciudad de China. Como adjetivos derivados de este nombre se usan *hongkonés* y *honkonés.* Es preferible la segunda forma, mejor adaptada al sistema fonológico del español. La primera forma presenta la contradicción de simplificar el grupo /ng/ en una parte del nombre y no en la otra.

honor. Construcción: *honor* A *los héroes; una recepción* EN *honor* DE *los visitantes.* La construcción *en honor a* solo se usa en la lo-

cución *en honor a la verdad* (que también puede decirse *en honor* DE *la verdad: «Hay que decir, en honor de la verdad, que en semejante ocasión todo el mundo se puso de su parte»,* Torrente, *Pascua,* 462).

honrado → HONESTO.

honrar. Construcción: *me honro* EN *complacerle* (o *me honra complacerle); (él) me honra* CON *su amistad; (yo) me honro* CON *su amistad.*

hora. 1. *De buen hora,* o *de buena hora,* es traducción literal de la locución francesa *de bonne heure: «Cuesta trabajo, sin duda, abandonar las sábanas de buen hora»* (Marañón, *Españoles,* 119); «*Los automóviles aparecen aparcados aquí y allá, a sabiendas de que, mientras .. sean retirados de buena hora, al día siguiente, nadie les va a sancionar» (Vanguardia,* 22.5.1975, 31). En español se dice *temprano* o, con más precisión, *por la mañana temprano.*
2. *Hora-punta,* 'hora de máximo tráfico o ajetreo'. Su plural es *horas-punta.*
3. *En hora buena:* → ENHORABUENA, 2.
4. *Noventa (cien,* etc.*) kilómetros* A *la hora.* Lo normal es *noventa (cien,* etc.*) kilómetros* POR *hora.*

horrísono. Adjetivo: 'que poduce un ruido o sonido espantoso'. Algunos periodistas creen que *horrísono* es 'horrible': «*Parece que todas las esperanzas de solución a la horrísona situación actual se centran en la realización del Plan General Ferroviario» (País,* 6.1.1981, 8); «*Le parecen insuficientes las penas impuestas a los culpables de crímenes que nos resultan horrísonos y deleznables» (País,* 1.8.1982, 8).

hortera → KITSCH.

huésped. 1. Construcción: *huésped* DE *su tío; huésped* EN *casa de su tío.*
2. El femenino de *huésped* es *huéspeda;* pero también se usa la misma forma del masculino.

huf → UF.

hugonote. 'Seguidor, en Francia, de la doctrina de Calvino'. Como nombre y como adjetivo, su femenino es *hugonota* (no *hugonote: «Su familia, de religión hugonote, fue acusada de haberle asesinado»,* Fernández Zulaica, trad. Mason, *Voltaire,* 116).

CONJUGACIÓN DEL VERBO «HUIR»
(tiempos simples)

INDICATIVO

Pres. huyo, huyes, huye, huimos, huís, huyen.
Pret. impf. huía, huías, huía, huíamos, huíais, huían.
Pret. indef. huí, huiste, huyó, huimos, huisteis, huyeron.
Fut. impf. huiré, huirás, huirá, etc.
Pot. simple huiría, huirías, etc.

SUBJUNTIVO

Pres. huya, huyas, huya, huyamos, huyáis, huyan.
Pret. impf. huyera o huyese, huyeras o huyeses, etc.
Fut. impf. huyere, huyeres, etc.

IMPERATIVO

huye, huya, huid, huyan.

FORMAS NO PERSONALES

Inf. huir.   *Ger.* huyendo.   *Part.* huido.

---

huir. **1.** Verbo irregular. (Véase cuadro.) **2.** Construcción: *huir* AL *desierto; huir* DE *la ciudad; huir* DE *sus amigos.*

hujier → UJIER.

humedecer. Verbo irregular. Se conjuga como *agradecer* [11].

humillar. Construcción: *humillarse* A *hacer algo; humillarse* ANTE *otro.*

humor. *Mal humor* y *malhumor:* → MALHUMOR.

hundir. Construcción: *hundir* EN *el barro.*

hurraca → URRACA.

i

i. **1.** Novena letra del alfabeto. El nombre de esta letra es femenino. Su plural es *íes* (*is* es uso popular). **2.** Corresponde al fonema vocal /i/, cuya articulación puede ser plenamente vocálica, semivocálica o semiconsonántica.

a) /i/, vocal palatal cerrada, se articula de la siguiente manera: la punta de la lengua se apoya contra los incisivos inferiores; el dorso se eleva contra el paladar duro, tocándolo ampliamente a ambos lados y dejando en el centro una abertura relativamente estrecha; los labios dejan una abertura alargada. Es algo mayor la separación entre la lengua y el paladar: 1.°, cuando la /i/ está en sílaba trabada: *pedir;* 2.°, cuando sigue o precede a un sonido /rr/: *rico;* o 3.°, cuando precede al sonido /j/: *elige.* En todos estos casos se habla de /i/ abierta; pero no debe olvidarse que la abertura carece de valor fonológico y que para un oído español es prácticamente imperceptible.

b) /i/ semiconsonante es la /i/ que va unida dentro de una sílaba con otra vocal más abierta, precediendo a esta. En este caso, su articulación es más cerrada y más breve; su abertura es cambiante, como una transición entre la consonante anterior y la vocal siguiente. Ejemplos de /i/ semiconsonante: *viene, aciago, salió.*

c) /i/ semivocal es la /i/ que sigue a otra vocal más abierta, formando diptongo con ella. Igual que en la /i/ semiconsonante, su abertura no es fija: va disminuyendo a lo largo de la articulación, que en conjunto es breve. Ejemplos: *seis, dais, hoy.*

3. La representación ortográfica del fonema /i/ es normalmente la letra *i (niño, salí, avión)* o, más raramente, la letra *y.* Esta letra solo se usa con valor vocálico (o semivocálico) en los siguientes casos: *a)* en la conjunción copulativa *y: luz y gas; b)* cuando el sonido /i/ es semivocal y final absoluto de palabra: *doy, voy, estoy, rey, ley, buey, Valderaduey.*

-í. **1.** Sufijo de adjetivos derivados de nombres propios. Significa posesión o pertenencia: *ceutí, alfonsí.* También existe como terminación de otros adjetivos y de nombres: *baladí, jabalí, rubí.* **2.** El plural normal de los adjetivos y nombres terminados en *-í* es en *-íes: baladíes, marroquíes, rubíes, maniquíes.*

-ia. Sufijo átono de nombres abstractos: *paciencia, gloria;* o de nombres de países: *Italia, Francia, Rusia.*

-ía. Sufijo de sustantivos, con significados muy diversos: dignidad o cargo: *alcaldía;* colectivo: *morería;* cualidad: *falsía, valentía;* país: *Hungría.* Combinado con *-ero* da el sufijo *-ería: cerrajería.* Cuando se añade a nombres en *-dor, -tor,* la *o* suele cambiarse en *u:* de *contador, contaduría;* de *expendedor, expendeduría.*

-íaco. Los adjetivos que llevan la terminación /iako/ se acentúan normalmente /iáko/ si derivan de nombres en /ia/ o /io/ átonos: de *Austria, austriaco;* de *Siria, siriaco;* de *demonio, demoniaco;* de *amonio, amoniaco;* de *hipocondrio, hipocondriaco.*

Se suelen acentuar /íako/ si derivan de nombres en /ía/, es decir, con /i/ tónica: de *manía, maníaco;* de *policía, policíaco;* de *elegía, elegíaco.* También, de *Jeremías, jeremíaco.*

Si los adjetivos no derivan de nombres en /ía/, /ío/ o /ía/ —o al menos no hay conciencia de tal derivación—, la tendencia culta es elegir la forma *-íaco: cardíaco, afrodisíaco, paradisíaco, dionisíaco, celíaca* (enfermedad). Tambien en el nombre *Zodíaco.* Hay, sin embargo, palabras que se pronuncian siempre /iako, iaka/: *triaca, ajiaco, Ciriaco.*

A pesar de las observaciones anteriores, existe una preferencia en el habla esmerada, y especialmente en la afectada, por pronunciar en todo caso /íako, íaka/ y escribir *-íaco, -íaca.* Ahora bien, conviene saber que el uso culto, con el refrendo de la Academia, tiene por válidas en todos los casos la pronunciación /iáko, iáka/ y la grafía sin tilde *-iaco, -iaca.*

-ial → -AL.

-iano → -ANO.

-iasis. Sufijo de nombres, usado en medicina, que siginifica 'enfermedad': *litiasis, psoriasis.*

-iatra. En los nombres en *-iatra* (del griego *iatrós,* 'médico'), que designan determinados médicos especialistas, como *pediatra, psiquiatra, geriatra,* la Academia, después de vacilar algún tiempo entre las formas citadas —con acentuación en la /a/: /pediátra, psikiátra/, etc.— y las esdrújulas —con acentuación en la /i/: /pedíatra, psikíatra/, etc., escritas *pedíatra, psiquíatra,* etc.—, se ha decidido por las primeras, que son las usuales.

ibero. En esta palabra se admiten como buenas la pronunciación grave *(ibero)* y la esdrújula *(íbero);* pero suele preferirse la primera.

ibero-. Forma prefija del latín *Iberi,* 'iberos', uno de los pueblos que habitaron antiguamente la Península Ibérica. Se usa casi siempre para referirse conjuntamente a las dos naciones de la Península: *iberoamericano.*

Iberoamérica, iberoamericano → HISPANOAMÉRICA.

ibis. 'Ave zancuda que los antiguos egipcios tenían por sagrada'. Es nombre masculino en el español de hoy, aunque la Academia, siguiendo su propia tradición de hace doscientos cincuenta años, lo da como femenino, que es como se usó en la época clásica. El plural es invariable: *los ibis.*

Ibiza. La isla y la ciudad que en catalán y mallorquín tienen el nombre de *Eivissa* se denominan en castellano *Ibiza,* y es esta la forma que debe usarse cuando se habla o escribe en español.

iceberg. 'Masa flotante de hielo'. Aunque extranjera, es palabra incorporada a nuestro idioma como nombre masculino y con pronunciación española, /izebérg/. Su plural es *icebergs.*

-ichuelo → -UELO.

-icia. Sufijo de sustantivos abstractos: *milicia, malicia, caricia, pericia.*

-icio. Sufijo de sustantivos que significa acción o efecto: *estropicio, servicio, bullicio;* también de adjetivos, significando pertenencia: *alimenticio, traslaticio.*

Como sufijo de sustantivos puede tener valor despectivo o burlesco: «*canticios de monjas*», «*cleriguicio*» (Galdós, *Torquemada,* IV, 122, 124, 162).

-ición → -CIÓN.

-ico. **1.** Sufijo átono de adjetivos: *cómico, sulfúrico, práctico;* y de algunos sustantivos, especialmente en la forma femenina: *química, lógica, estilística.* **2.** Sufijo tónico de nombres y adjetivos: → -ITO.

icono. 'Pintura bizantina en tabla, de tema religioso', y, en informática, 'representación gráfica, en la pantalla, de un programa o una opción'. Puede decirse *icono,* con acentuación grave, o *ícono,* con acentuación esdrújula. Pero la primera forma es la usual.

icono-. Forma prefija del griego *eikón,* 'imagen': *iconoclasta, iconografía.*

iconoclasta. Nombre masculino y femenino: históricamente, 'destructor de imágenes'; modernamente, 'persona que ataca valores y tradiciones establecidos y por todos respetados'. También se usa como adjetivo, 'propio de los iconoclastas'. La actitud de los modernos *iconoclastas* se llama *iconoclastia* (voz formada directamente sobre *iconoclasta*) o *iconoclasia* (que se basa en el griego *klásis*, 'rotura'). Las dos formas son aceptables, pero es bastante más frecuente la primera.

ictio-. Forma prefija del griego *ichthys*, 'pez': *ictiosauro.*

-idad → -DAD.

idéntico. Construcción: *idéntico* A *su hermano.* Cuando equivale a *el mismo* se usa la comparativa *que: «Por los diez capítulos del libro pasan con idéntica lucidez los problemas de un Ejecutivo fuerte* QUE *la necesidad de la planificación en un Estado moderno» (Pueblo,* 8.10.1962, 4). También se puede usar *y: ... Y la necesidad de la planificación...*

identificar. Construcción: *identificar una cosa* CON *otra; identificarse* CON *las ideas de alguien.*

ideo-. Forma prefija de *idea: ideología.*

ideosincrasia → IDIOSINCRASIA.

-idero → -DERO.

idiosincrasia. 'Índole o carácter de una persona o una colectividad'. Son formas erróneas *idiosincracia* (por influjo de *democracia,* etc.) e *ideosincrasia* (por influjo de *idea).* Como adjetivos derivados se usan *idiosincrásico* e *idiosincrático.*

-ido → -DO, 2.

idolo-, idol-. Formas prefijas del griego *eídolon,* 'imagen': *idolopeya, idolatría.*

idóneo. Construcción: *idóneo* PARA *un empleo; idóneo* PARA *contentarle* (no A *contentarle).*

-idor → -DOR.

-idura → -DURA.

-iedad. Confusión entre las terminaciones *-iedad, -idad:* → -DAD, 2.

-iego. Sufijo de adjetivos que significan pertenencia: *mujeriego, solariego.* Puede tomar la forma *-ego* (cuando sigue a consonante palatal): *manchego.* Puede combinarse con *-ar,* en la forma *-ariego: pinariego;* o con *-erno,* en la forma *-erniego: nocherniego.*

-iendo → -NDO.

-iente → -NTE.

-iento → -ENTO.

-ificar. Sufijo de verbos derivados de nombres y adjetivos: *santificar.*

igni-. Forma prefija del latín *ignis,* 'fuego': *ignívomo.*

ignorar. El significado de este verbo es 'desconocer'. El uso, debido a anglicismo, en el sentido de 'no hacer caso (de alguien o algo)' es impropio, aunque sin duda muy usual: *El gobierno soviético ha ignorado la nota de protesta; Ignoró a su mujer durante toda la reunión.*

igual. 1. Construcción: *igual* A *otro; igual* EN *fuerzas.* Cuando se comparan hechos se dice *igual* QUE: *Trabaja igual* QUE *yo.* No es normal *igual* COMO: *«Unos jerséis a rombos negros y marrones, iguales como los de los excursionistas de unos años antes»* (Umbral, *Memorias,* 14); *«Kalick .. espiaba, igual como espía hoy»* (Casas, trad. Böll, *Opiniones,* 185).
    2. *Igual que:* → TAL, 1.

igualar. Construcción: *igualarse* A O CON *otro; igualarse* EN *saber.*

-iguar. Sufijo de verbos derivados de nombres o adjetivos: *santiguar, averiguar, apaciguar.*

-ijo. Sufijo de sustantivos derivados de sustantivos, con significación diminutiva: *clavija, lagartija;* o de sustantivos derivados de verbos, significando acción o efecto: *amasijo;* o lugar: *escondrijo.*

-il. Sufijo de adjetivos, con el significado de pertenencia: *mujeril, cerril.* También es sufijo de sustantivos: *toril, tamboril.*
    En los adjetivos de origen latino que tienen este sufijo, unas veces es tónico: *prensil, sutil, hostil, civil, viril, femenil, textil, fabril, febril, reptil, senil, juvenil, pueril;* pero otras muchas es átono: *táctil, dúctil, retráctil, hábil, dócil, lábil, fácil, útil, frágil, volátil, insonsútil, núbil, móvil, errátil, portátil, contráctil.*

ilación. 'Conexión lógica'. Como procede del latín *illatio,* ha de escribirse sin *h.* No es *hilación,* como se escribe a veces, pensando que existe relación con *hilo: «Esta hilación de sucesos»* (*País,* 3.2.1980).

íleon. 'Tercera porción del intestino delgado', en los mamíferos. Conviene no confundir este nombre con *ilion,* 'hueso de la cadera' (→ ILION), aunque en el *Diccionario* académico se recoja también *íleon* como variante de *ilion*.

ilíaco. Son igualmente válidas las formas *iliaco*, /-iáko/, e *ilíaco*, /-íako/, si bien la Academia da preferencia a la segunda. (No obstante, → -íACO.) Este adjetivo significa 'del hueso ilion o de la cadera'.

Ilíada. El nombre del poema homérico se cita más frecuentemente como *Ilíada*, con acentuación esdrújula; pero también es válida la forma grave, *Iliada*.

ilion. 1. 'Hueso de la cadera'. La acentuación de este nombre es /ílion/, no /ilión/.
2. Conviene evitar la confusión con *íleon:* → ÍLEON.

-illo → -ITO.

im- → IN-.

imaginar. Sobre la construcción vulgar *imaginó* DE *que aquello podría salir bien,* → DE, 4.

imán. Con el sentido de 'jefe de una comunidad religiosa musulmana', la Academia registra también la forma *imam*. Algunos «manuales de estilo» señalan esta última como la única correcta, con su plural *imames*. Es de suponer que esta decisión obedece a que *imam* es la palabra árabe. Pero el uso español siempre ha sido *imán* —con su plural *imanes*—, que además cuenta con un derivado *imanato* (¡no *imamato*!), 'territorio sometido a la autoridad de un imán'.
Si en el exclusivismo establecido por los mencionados manuales ha influido la homonimia con *imán*, 'cuerpo magnético', tal homonimia no supone ningún problema, pues la disparidad semántica entre las dos palabras hace que los contextos en que se emplean disipen toda duda en cuanto al sentido.

-imbre. Sufijo de sustantivos. Significa resultado de la acción: *urdimbre*.

imbuir. 1. Verbo irregular. Se conjuga como *huir* [48].
2. Construcción: *imbuir a uno* DE *opiniones erróneas.*

-imiento → -MIENTO.

imitación. Construcción: *imitación* DE *cuero* (no A *cuero*).

-imo. Sufijo átono que forma numerales

ordinales y algunos adjetivos superlativos: *décimo, séptimo, vigésimo, óptimo, pésimo, último.*

impaciente. Construcción: *impaciente* POR *terminar* (no DE *terminar*).

impactar. Aunque ya registrado por la Academia, este verbo nuevo, que significa 'causar impacto' (→ IMPACTO), es rechazado por algunos. No hay razón seria para ello. Su formación es análoga a la de *impresionar*, 'causar impresión', y el único motivo real de no aceptación por parte de algunas personas es la novedad de la palabra.

impacto. 'Choque de un proyectil en el blanco' y 'huella o señal que en él deja'. No hay inconveniente en usar este nombre con los sentidos figurados, hoy usuales, de 'impresión' y 'efecto o repercusión': *Las declaraciones del ministro han causado fuerte impacto en la Bolsa.*

impartir. El uso de *impartir* referido a *clase, lección, conferencia, curso, asignatura, materia,* es un neologismo innecesario. *Impartir* siempre se ha dicho referido a *bendición: El Papa impartió la bendición «urbi et orbi».* Con respecto a *clase, lección, conferencia, curso,* el verbo más adecuado es *dar.* Para *asignatura* o *materia,* lo más normal es *enseñar.*

impasse. 'Asunto sin solución a la vista'. La palabra francesa *impasse* es usada en español como nombre masculino (en francés es femenino) y pronunciada corrientemente /impás/. Su empleo no es muy necesario, pues el español *callejón sin salida* significa lo mismo.

impedido. Construcción: *impedido* DE *un brazo; impedido* PARA *trabajar.*

impedir. Verbo irregular. Se conjuga como *vestir* [62].

impeler. Construcción: *impeler a uno* A *una acción.*

IMPERATIVO. 1. Modo verbal que presenta la acción como un mandato: *Ven, Pedro.* Aquí se expresa la voluntad decidida del que habla de que *Pedro* —el que oye— ejecute un acto; es, pues, un mandato, que en ocasiones puede suavizarse hasta convertirse en ruego o súplica: *¡Ten piedad de mí!, ¡Compadeceos, Señor!*

Las únicas formas propias que tiene el imperativo son las de las personas *tú* y *vosotros*. Las de *usted* y *ustedes* se suplen con las del subjuntivo: *venga usted, vengan ustedes*. Lo mismo ocurre en todas las personas cuando el imperativo es negativo: *no vengas, no vengáis, no venga usted, no vengan ustedes*.

El imperativo no tiene más que un tiempo, llamado *presente* por la Academia *(Esbozo,* § 2.10.3), pero que podría llamarse futuro. (→ PRESENTE, 3.) Según Bello, existe además un *futuro perfecto* —él lo llama *antefuturo*—, usado solo en la persona *vosotros: En amaneciendo id al mercado, y para cuando yo vuelva, habedme aderezado la comida.* Esta forma, *habedme aderezado,* no la he visto usada nunca; el mismo Bello dice que es «de ninguno o poquísimo uso». El sentido que se le atribuye se expresa con el imperativo de *tener,* construido con el participio concertado: *Tenme preparado el desayuno; Tenedme preparada la alcoba* (Bello, §§ 681 y 682).

2. *Desinencia -r por -d.* En el habla coloquial, especialmente en el nivel popular, se sustituye generalmente la desinencia *-d,* de la persona *vosotros,* por *-r,* diciendo *venir, callar,* en lugar de *venid, callad: «Seamos, prácticos, digo, 'serlo' vosotros... 'Ser' prácticos si no queréis que vuestra vida revista los caracteres de una tela de Penélope»* (Galdós, *Torquemada,* III, 162. La frase está puesta en boca de un hombre inculto). En el siguiente empleo de Lorca es también popularismo: *«Dormir tranquilamente, niños míos .. / Soñar en la verbena y el jardín / de Cartagena, luminoso y fresco» (Mariana,* 33). Más difícil de explicar es que lo encontremos en una circular impresa que firman los maestros del pueblo de La Adrada (Ávila), fechada en septiembre de 1962: *«Queridos compañeros: Perdonar si nos dirigimos a vosotros para pediros dinero .. pero seguir leyendo y ya veréis como el caso es justo».* También es popular la *-r* de los imperativos con pronombre enclítico *callaros, acercaros,* por *callaos, acercaos.*

3. *«No» con imperativo.* Cuando la expresión imperativa es negativa, es preciso usar, como se ha dicho (→ 1), las formas del presente de subjuntivo: *no habléis.* No es normal el uso de la forma de imperativo: *no hablad; «No llorad ninguna»* (Lorca, *Cante,* 110).

4. *Imperativo con pronombre átono.* El pronombre personal átono (complemento directo o indirecto) que acompaña a un imperativo se enuncia inmediatamente después de este y se escribe unido a él: *dilo; dime; dímelo.* La forma «vosotros» del imperativo, seguida de *os,* pierde la *-d* final (marchad + os > marchaos), salvo en el verbo *ir* (id + os > idos,* no «íos»). Véanse más detalles en IR, 1, y en PRONOMBRES PERSONALES ÁTONOS, 2 b.

Sobre las formas de subjuntivo con valor imperativo (subjuntivo de mandato) y su combinación con pronombres átonos (pongamos + nos > *pongámonos;* demos + se + lo > *démoselo,* etc.), → PRESENTE, 2.

impetrar. Construcción: *impetrar algo* DE *alguien.*

implicar. Construcción: *implicar a alguien* EN *un enredo; implicar una cuestión* EN *otra; una cosa implica la otra.*

imponderable. Usado como nombre, con el sentido de 'factor que no puede calcularse o preverse', es masculino y se usa generalmente en plural: *los imponderables.*

imponer. **1.** Verbo irregular. Se conjuga como *poner* [21].

2. Construcción: *imponer su voluntad* EN *la reunión; imponer su gusto* A *los demás; imponerse* A *los revoltosos.*

importar. **1.** Construcción: *importar* DE *Francia; importar* A o EN *España.*

2. *No importa qué,* con valor adjetivo, es uso innecesario, tomado del francés, por *cualquier(a): «Trátese de poesía, filosofía, novela, ensayo o no importa qué otro género, siempre estamos leyendo historia»* (Gaya Nuño, *Conflicto,* 12). Lo mismo hay que decir de *no importa quién,* con valor pronominal, por *cualquiera: «No importa quién te lo hubiera quitado»* (Gutiérrez, trad. Mauriac, *Nudo,* 41). Y de *no importa qué,* con valor pronominal, por *cualquier cosa: «No había tenido ocasión de hacer otras cosas que le atraían. Una de ellas, ingresar en una universidad y estudiar no importa qué»* (Sender, *Destino,* 7.8.1971, 10).

3. *No le importa* DE *reconocerlo; No le importa* DE *que lo vean:* → DE, 4.

imposible. *Imposible,* por *no susceptible:* → SUSCEPTIBLE, 3.

imprimir. Verbo irregular solo en su participio: *impreso.* El participio *imprimido,* aunque también válido, es menos usado.

impropio. Construcción: *impropio* DE (o PARA) *su edad.*

impuesto. Construcción: *impuesto* DE *lujo; impuesto* SOBRE *el uso y tenencia de automóviles.*

impulsar. Construcción: *impulsar a uno* AL *crimen; impulsar* A *trabajar.*

impune → INMUNE.

in-. Prefijo latino que significa: 1. Lugar en donde: *insistir, implantar.* 2. Negación o privación: *imposible, insociable, incultura.* Toma la forma *im-* ante *p* o *b: impalpable; i-,* ante *l* o *r: ilegible, irregular.*

-ín. Sufijo de sustantivos y adjetivos; su significación es diminutiva: *llavín, pequeñín;* en algún caso es gentilicio: *mallorquín, menorquín.* Se combina con otros sufijos: *-ete, -ello, -ito, -acho, -ancho, -ario, -ante: cafetín, faldellín, matachín, parlanchín, andarín, labrantín.* En su significación diminutiva, tiene amplio uso en Asturias.

-ina. Sufijo de sustantivos que designan acción violenta: *degollina, regañina;* o sustancia química, sea natural o sintética: *toxina, cafeína, penicilina.*

inaccesible. 1. No deben confundirse *inaccesible* ('que no tiene posible acceso o entrada', o, referido a persona, 'que no es de fácil trato') e *inasequible* ('que no se puede conseguir'). → ACCESIBLE. 2. Construcción: *inaccesible* A *los curiosos.*

inadvertido. *Pasar inadvertido, pasar desapercibido:* → DESAPERCIBIDO.

inaptitud, inapto → INEPTO.

inasequible → INACCESIBLE, 1.

incapaz. Construcción: *incapaz* DE *cometer un crimen; incapaz* PARA *un cargo.*

incautarse. Construcción: *incautarse* DE *la mercancía.* Este verbo no se usa como transitivo *(incautar la mercancía).*

incendiar. Se conjuga, en cuanto al acento, como *cambiar* [1 a].

incensar. Verbo irregular. Se conjuga como *cerrar* [6].

incidir. Construcción: *incidir* EN *culpa.*

incierto. Los diccionarios registran tres sentidos para este adjetivo: 'no verdadero', 'no seguro', 'ignorado'. Conviene usarlo con precauciones, pues en algunos casos se puede producir confusión entre las dos acepciones primeras: *«Es incierto que .. se estén produciendo bajas en la Asociación» (Abc,* 1.9.1978).

incitar. Construcción: *incitar a uno* A *rebelarse; incitar a uno* CONTRA *otro.*

inclinar. Construcción: *inclinarse* A *la clemencia; inclinarse* HACIA *la derecha; inclinarse* HASTA *el suelo.*

incluido → INCLUSO.

incluir. 1. Verbo irregular. Se conjuga como *huir* [48]. 2. Construcción: *incluir* EN *la lista; incluir* ENTRE *los buenos.* 3. *Incluyendo,* por *entre ellos / entre ellas:* → INCLUYENDO.

inclusive. Adverbio que significa 'incluyendo el último o últimos objetos mencionados'. No debe usarse como adjetivo, atribuyéndole variación de número: *Del tres al diez, ambos inclusives;* debe ser *ambos inclusive.*

incluso. 1. Adverbio, 'aun, hasta, también': *Incluso puedes telefonearle.* Puede funcionar como preposición: *Tengo todos los papeles, incluso la carta; «Todo me parecía bien, incluso la persona de doña Javiera»* (Galdós, *Amigo,* 279). En este caso, cuando precede a los pronombres de 1.ª y 2.ª persona de singular, estos no toman las formas *mí, ti,* sino *yo, tú: Habéis aprobado todos, incluso tú.* 2. Originariamente, *incluso* era participio irregular de *incluir.* Todavía es posible encontrar en la lengua literaria este participio en función adjetiva: *«Sillas de tijera .. en que tomaban asiento .. las damas distinguidas de la localidad .. y las monjas cerradas de oído, hermanas legas* INCLUSAS» (Torrente, *Saga,* 233). El uso corriente diría en este caso *incluidas.* 3. La equivalencia de *incluso* e *incluido* como adjetivos (→ 2) explica la confusión de ambas formas en las otras funciones (→ 1): *«El periódico se vende a 100 pesetas todos los días,* INCLUIDO *los domingos» (Ya,* 10.10.1993, 13). Pero el uso adverbial y el prepositivo solo se dan en la forma *incluso.*

incluyendo. Es mala traducción del inglés el uso de *incluyendo* en casos como este: *Resultaron heridas seis personas, incluyendo tres mujeres;* donde en español se ha de decir *entre ellas.* El empleo aquí de *incluyendo* se interpretaría rectamente en nuestro idioma en el sentido de que se trata de seis personas, «si es que dentro de este concepto entran las mujeres».

incompatible. Construcción: *incompatible* CON *otro.*

inconciencia, inconciente, inconcientemente, inconsciencia, inconsciente, inconscientemente → CONCIENCIA.

inconsistencia. 'Falta de consistencia o solidez'; también, 'falta de trabazón o coherencia'. El uso corriente es en el primer sentido. Para el segundo sentido, por precisión, se prefiere *inconsecuencia, incongruencia* o *falta de coherencia.* Quienes traducen el inglés *inconsistency* —que corresponde al segundo sentido— deben tener en cuenta la preferencia de los usos en nuestro idioma, para evitar expresiones que resultan ambiguas en español, aunque no lo son en inglés: *Sus argumentos pecan de inconsistencia;* ¿son débiles, o son poco coherentes? Algo semejante es aplicable al uso del adjetivo *inconsistente.*

inconsútil. 'Sin costuras'. Debe evitarse el error de atribuir a este adjetivo el sentido de 'sutil'. Casares, *Crítica profana,* 30-31, cita ejemplos de este error en Valle-Inclán, Azorín, Répide, Manuel Abril y Ricardo León. Pero también se encuentra en escritores mucho más modernos.

incordiar. Se conjuga, en cuanto al acento, como *cambiar* [1 a].

incorporar. Construcción: *incorporar una cosa* A (O EN) *otra; incorporarse* A *su destino.*

incrustar. 1. 'Embutir'. Es vulgarismo *incustrar.*
    2. Construcción: *incrustarse la bala* EN *la pared.*

inculcar. Construcción: *inculcar una idea* EN *el ánimo.*

incurrir. Construcción: *incurrir* EN *falta.*

incustrar → INCRUSTAR.

indemnizar. Construcción: *indemnizar a alguno* DEL *perjuicio.*

independiente. Construcción: *independiente* DE *todos.*

indignar. Construcción: *indignarse* CON o CONTRA *alguno; indignarse* DE o POR *una acción.*

indio → HINDÚ.

indiscrección, indiscreción → DISCRECIÓN.

indispensable. *Ser indispensable:* → SER, 3.

indisponer. 1. Verbo irregular. Se conjuga como *poner* [21].
    2. Construcción: *indisponer a uno* CON o CONTRA *otro.*

individuar. Se conjuga, en cuanto al acento, como *averiguar* [1 b] o como *actuar* [1 d].

individuo. Con el sentido de 'hombre', suele tener connotación despectiva. Esta connotación es más acusada en el femenino *individua,* 'mujer'.

indo-. Forma prefija de *indio: indoeuropeo, indoamericano.*

índole. 'Naturaleza o condición'. El género de este nombre es femenino: *la índole.* Es erróneo, pues, atribuirle género masculino, como hacen algunos escritores y periodistas: «*Dos razones fundamentales: una de índole académico y otra de índole extrauniversitario*» (*Madrid,* 4.4.1968, 4).

inducir. 1. Verbo irregular. Se conjuga como *conducir* [41].
    2. Construcción: *inducir* A *robar; inducir* A (raro, EN) *error.*

indultar. Construcción: *indultar a uno* DE *la pena.*

indulto → AMNISTÍA.

inepto. El adjetivo contrario de *apto* no es *inapto,* sino *inepto;* y la cualidad correspondiente a este adjetivo no es *inaptitud,* sino *ineptitud.*

inerme. 'Que no tiene armas'. Algunas personas confunden este adjetivo con *inerte,* 'inmóvil' o 'inactivo': «*En el interior del coche-cama accidentado se ven varios cuerpos inermes*» (Antena 3 Radio, 3.3.1988).

inescrutable. 'Que no se puede escrutar o averiguar'. Es errónea la grafía *inexcrutable.*

inextricable. 'Imposible de desenredar'. Es errónea la forma *inextrincable.*

infalibilidad. 'Cualidad de infalible'. Evítese la pronunciación descuidada /infabilidád/.

infante. *Infante de marina,* 'soldado de infantería de marina'. No está justificado el uso del término inglés *marine* (que en España se pronuncia según la lectura: /maríne/). Los *marines* de que hablan algunos informadores son la *infantería de marina.*

infectar. 'Contaminar con los gérmenes de una enfermedad': *La herida se ha infectado.* Evítese la confusión con el verbo *infestar,* que significa 'invadir' (un lugar) animales, plantas u otros agentes perjudiciales: *La gripe infesta la ciudad; El puerto esta infestado de ratas.* Muestras de la confusión: «*Tenía infestada una herida*» (Salvador, *Atracadores,* 21); «*Las hordas de malhechores que infectan las partidas agresoras*» *(Ya,* 11.12.1957, 1).

inferior → BAJO, 1.

inferir. 1. Verbo irregular. Se conjuga como *sentir* [60].
2. Construcción: *inferir una cosa* DE *otra.*

infernar. Verbo irregular. Se conjuga como *cerrar* [6].

infestar. 1. Construcción: *infestarse* DE *ratas.*
2. Confusión de *infestar* con *infectar:* → INFECTAR.

inficionar. 'Contagiar'. No tiene más que una *c;* no es *inficcionar.*

infiel. Construcción: *ser infiel* A *su mujer* CON *otra.*

ínfimo → BAJO, 2.

INFINITIVO. El infinitivo simple *(cantar)* y el compuesto *(haber cantado)* son dos formas verbales no personales, caracterizadas por unir a la significación propia del verbo una función sustantiva. Por eso se dice que el infinitivo es el «nombre del verbo». El infinitivo simple tiene sentido imperfectivo, es decir, considera la acción en su transcurso, como no terminada; mientras que el infinitivo compuesto tiene sentido perfectivo, esto es, considera la acción como terminada.

1. *Infinitivo nombre.* En algunos casos el infinitivo se convierte en mero nombre y se comporta sintáctica y aun morfológicamente como tal: *el deber, el cantar, el amanecer* (plurales: *los deberes, los cantares, los amaneceres).* Así, los complementos que se le adjuntan no son los propios de un verbo, sino los de un nombre: «*El dulce lamentar de dos pastores*» (Garcilaso de la Vega); *Este constante interrumpir es insufrible.* El género de los infinitivos sustantivados, como se ve en los ejemplos, es siempre masculino.
2. *Infinitivo, sustantivo verbal.* Pero lo normal es que el infinitivo sea no solo sustantivo, sino sustantivo y verbo a la vez. Su significación es verbal; su función sintáctica es sustantiva; sus complementos son verbales; puede incluso tener sujeto propio, como un verbo en forma personal. En el ejemplo *Al ponerse el Sol, la sombra crece,* el infinitivo *poner* va precedido de artículo y preposición como sustantivo, y funciona como verbo, tiene un pronombre enclítico, *se,* y un sujeto, *el Sol.*
El sujeto del infinitivo puede ser el mismo de la oración: *Siempre he pensado volver a España;* o, como se acaba de ver, puede ser otro. Ocurre entonces, o bien que el sujeto del infinitivo aparezca como totalmente independiente del verbo principal (así en el ejemplo citado: *Al ponerse el Sol, la sombra crece);* o que ese sujeto se presente como complemento del verbo principal *(Te veo pasar todos los días);* o que no se mencione el sujeto, unas veces por su carácter general *(Querer es poder),* otras por falta de interés hacia él *(Carlos III mandó construir este edificio).* (Gili Gaya, § 143.)
En el caso de sujeto independiente, este va, prácticamente, siempre detrás del verbo; el ejemplo que cita Gili de sujeto antepuesto —*Por yo no saber nada me sorprendieron*— es raro.
3. *Infinitivo imperativo.* En el lenguaje coloquial se usa a veces el infinitivo con valor de imperativo, tanto para el singular como para el plural. Cuando lleva pronombre enclítico, este es de tercera persona: «*Y... lo que digo... conservarse*» (dirigido a una sola persona); «*Buenas noches... Conservarse*» (a varias personas) (Galdós, *Torquemada,* II, 18 y 94). A veces va precedido de la preposición *a: ¡A callar!*

Sobre las formas *entrar, dormir,* etc., por *entrad, dormid,* etc., → IMPERATIVO, 2.

4. *Infinitivo con preposición.* Con algunas preposiciones, el infinitivo puede tomar sentidos especiales:

a) *Al* + infinitivo tiene sentido temporal: *Tipos de esos los encuentra usted al volver una esquina.*

b) *A* + infinitivo tiene sentido condicional: *A no ser por el capitán, todos hubiéramos muerto* (→ A², 2.10). Para otros usos de *a* + infinitivo, → A², 2.5, 7 y 8. Sobre el uso con valor imperativo, → 3.

c) *De* + infinitivo tiene sentido condicional: *De no ser a ese precio, no me conviene el artículo.* Cuando *de* + infinitivo depende de determinados adjetivos *(fácil, difícil, digno, indigno, agradable, desagradable...),* el infinitivo tiene sentido pasivo: *fácil de hacer,* 'fácil de ser hecho'.

d) *Con* + infinitivo tiene sentido concesivo: *Con tener tanto dinero, no impidió don Antonio su humillación* (→ CON, 5).

e) *Por* + adjetivo, complemento de sustantivo, significa que todavía no se ha realizado la acción que había de llevarse a cabo: *la casa por barrer* (→ POR, 1 j).

5. *Infinitivo en perífrasis verbales.* Siguiendo a determinados verbos que funcionan accidentalmente como auxiliares, a los que se une por medio de una preposición o una conjunción, el infinitivo forma perífrasis verbales diversas: *ir a, echar a, pasar a, venir a, volver a, haber de, haber que, tener que, deber de,* etc. + infinitivo (→ DEBER, TENER, IR, etc.).

6. *Infinitivo introductor.* Desde hace unos años —por lo menos desde 1980— usan con alguna frecuencia locutores de radio y televisión, presentadores de actos públicos, más raramente periodistas, e incluso profesores y escritores, el infinitivo del verbo *decir* o de algún sinónimo o semi-sinónimo suyo *(exponer, advertir, señalar, destacar, añadir,* etc.) introduciendo un mensaje en forma de proposición con *que: «Ya en la información internacional, destacar que el Parlamento iraní ha anulado hoy el mandato parlamentario del almirante X»* (Radio Nacional de España, 4.8.1980); *«Añadir, ya para terminar, que el ministro del Interior comparecerá esta tarde ante .. el Senado»* (ibíd., 5.8.1980); *«Finalmente, señalar que, en lo que toca a la cría en granjas y parques estatales, la mayoría de las es-*

pecies se van desarrollando conforme a los cálculos efectuados» (*Ya,* 22.3.1980); *«Por lo que respecta a 'descafilador', solo señalar que es una palabra que no aparece en el 'DRAE'»* (J. A. Moya Corral, *Rev. Esp. Lingüística,* núm. 10, 1980, 192); *«Añadir que se trata de un cuadro pintado en 1970»* (J. G. Soubrier, *Diario 16,* Supl., 18.9.1983, VIII). En la norma tradicional, en lugar de este infinitivo introductor se usa un subjuntivo en plural de modestia *(señalemos, digamos,* etc.), o una construcción *quiero/queremos* + infinitivo, o *he/hemos de* + infinitivo *(queremos advertir, he de destacar,* etc.).

inflación. 'Desequilibrio económico caracterizado por el alza general de precios'. En la terminación de esta palabra hay una sola *c;* es erróneo, pues, escribir *inflacción* y pronunciar /inflakzión/. Esta pronunciación se da con persistencia en los locutores de radio y televisión.

inflamar. Construcción: *inflamar* DE o EN *ira.*

inflexible. Construcción: *inflexible* A *las súplicas.*

infligir, inflingir → INFRINGIR.

influenciar. 1. Se conjuga, en cuanto al acento, como *cambiar* [1 a].
2. Diferencia entre *influenciar* e *influir:* → INFLUIR.

influir. 1. Verbo irregular. Se conjuga como *huir* [48].
2. Construcción: *influir* CON *el jefe* PARA *una cosa; influir* EN o SOBRE *su carácter.* Es anormal *influir* A *alguna cosa* («*A ello debió influir, seguramente, la Audiencia allí existente»,* Ferrandis, *Cultura,* 558).
3. Diferencia entre *influir* e *influenciar.* Aparte de que, gramaticalmente, el primero es casi siempre intransitivo, rigiendo diversos complementos con preposición (→ 2), y el segundo es siempre transitivo, existe alguna diferencia en cuanto a su empleo. *Influir* versa principalmente sobre cosas o hechos: *La guerra influye mucho en la economía; influenciar* indica principalmente acción o ascendiente que se ejerce sobre personas: *Se le ve influenciado por su maestro.* (Cf. Rosenblat, *Palabras,* III, 267.) Pero también en este sentido se puede usar *influir.*

informar. 1. Construcción: *informar* A *alguien* DE *algo; informarse* DE *las condicio-*

nes. Seguido de una proposición, lo normal es también *informar* DE: «*Les informo de que doy por concluida la misión en la Tierra*» (Mendoza, *Gurb*, 136). Sin embargo, está muy extendido en este caso el uso sin preposición: «*El presidente interino le informó que el general Rafael Urdaneta se había ido detrás de las tropas rebeldes*» (García Márquez, *General*, 40).

2. En el sentido de 'dar noticias (de algo)', no debe decirse *reportar* por *informar.*

informática, informático, informatizar → COMPUTADORA.

informe → DOSSIER.

infra-. Prefijo latino que significa 'debajo': *infrahumano.*

in fraganti. 'En el mismo momento de estar cometiéndose un delito'. Es deformación de la locución latina *in flagranti;* pero la forma latina pura no se usa nunca, mientras que la deformada es la normal y la que figura en los diccionarios. La variante, más alterada, *en fraganti* no se considera aceptable.

infringir. Evítese la confusión entre *infringir* e *infligir. Infringir* es 'quebrantar' (una ley, un precepto, una prohibición); *infligir* es 'imponer' (un castigo) o 'causar' (un daño). Se dice, pues: *Ha infringido las disposiciones vigentes; Les infligieron una dura derrota.* Aparte del uso de un verbo por otro, no raro en los medios informativos, se presentan ocasionalmente formas híbridas, como *inflingir, infrigir,* utilizadas para cualquiera de los dos sentidos: «*El Ejército español infrigió dura derrota a los marroquíes*» (J. H. Polo, *Ya,* 2.9.1959, 2); «*Oscuro desquite de todas las injurias que la vida inflinge*» (Goytisolo, *Recuento,* 435). Cf. Cuervo, *Apuntaciones,* § 948; Toro, *Tesoro,* 209.

ínfula. El plural, *ínfulas,* significa 'pretensiones': *Vino aquí con muchas ínfulas de conquistador.* Es error vulgar emplear la palabra *ínsulas* (que en realidad quiere decir 'islas') con este sentido.

ingeniar. 1. Se conjuga, en cuanto al acento, como *cambiar* [1 a].
2. Construcción: *ingeniárselas* PARA *ir viviendo.*

ingeniero. El femenino de este nombre es *ingeniera.*

ingerir. 1. Verbo irregular. Se conjuga como *sentir* [60].
2. Debe evitarse la confusión ortográfica entre *ingerir* e *injerir.* El primer verbo significa 'introducir por la boca' (alimento); el segundo significa 'insertar' (una cuestión en otra) o, en construcción pronominal —*injerirse*—, 'entremeterse o inmiscuirse'. El nombre que designa la acción de ingerir es *ingestión;* el que designa la de injerir, *injerencia.*

ingresar. Construcción: *ingresar* EN *la Universidad.* En América, *ingresar* A *la Universidad.*

ingreso. Construcción: *ingreso* EN *la Universidad.* En América, *ingreso* A *la Universidad.*

inhabilitar. Construcción: *inhabilitar a alguno* PARA *una función.*

inherente. Construcción: *inherente* AL *cargo que desempeña.*

inhibir. Construcción: *inhibirse el juez* DE o EN *el conocimiento de una causa.*

iniciar. 1. Se conjuga, en cuanto al acento, como *cambiar* [1 a].
2. Construcción: *iniciar a alguno* EN *un arte.*

inicuo. El superlativo —de uso exclusivamente literario— del adjetivo *inicuo* es *iniquísimo.*

injerencia → INGERIR, 2.

injerir. 1. Verbo irregular. Se conjuga como *sentir* [60].
2. Construcción: *injerirse* EN *asuntos ajenos.*
3. Diferencia entre *injerir* e *ingerir:* → INGERIR, 2.

injuriar. Se conjuga, en cuanto al acento, como *cambiar* [1 a].

inmediato. Construcción: *inmediato* A *la ciudad.*

inmiscuir. 1. Verbo irregular. Se conjuga como *huir* [48].
2. Construcción: *inmiscuirse* EN *un asunto.*

inmune. 'No atacable': *inmune a las enfermedades.* Debe evitarse la confusión con *impune,* 'no castigado': *otro delito impune.*

innocuo → INOCUO.

innovar. A pesar de tener el mismo origen que el verbo irregular *renovar* (→ RENOVAR), el verbo *innovar* es regular en todos sus tiempos. Precisamente la analogía con *renovar* llevó a Goytisolo a escribir *innueva*: «*Una actitud solidaria en el desdén hacia lo que se innueva*» *(Recuento, 315).*

-ino. Sufijo de sustantivos y adjetivos derivados de sustantivos: *marino, ambarino, bilbaíno.* Su forma de femenino es *-ina.* También puede tener valor diminutivo: *neblina* (→ -ITO). Como sufijo de sustantivos femeninos derivados de verbos, significa acción: *escabechina, degollina, tremolina.*

inocente. Construcción: *inocente* DEL *crimen.*

inocuo. 'Inofensivo'. Puede escribirse también *innocuo,* aunque es grafía poco frecuente.

inquirir. 1. Verbo irregular. Se conjuga como *adquirir* [38].
2. Construcción: *inquirir algo* DE *alguien.*

insaboro → INSÍPIDO.

Insalud. El organismo español cuyo nombre oficial completo es *Instituto Nacional de la Salud* se suele nombrar por medio de su acrónimo *Insalud,* formado con la letra inicial de cada una de las dos primeras palabras y por la última palabra, entera, de la denominación. Es natural que esta última palabra conserve en la nueva formación su acentuación normal y se diga /insalúd/, sin desplazar arbitrariamente el acento diciendo, como muchos dicen, /insálud/.

inscribir. 1. Verbo irregular. Se conjuga como *escribir* [46].
2. Construcción: *inscribir una finca* EN *el registro; inscribirse* EN *un congreso.*

inseparable. Construcción: *inseparable* DE *la honradez.*

insertar. Construcción: *insertar un documento* EN *otro.*

inserto. Esta voz equivale a *insertado,* pero no funciona exactamente igual. *Insertado* se usa como participio en formas compuestas del verbo *insertar: Hemos insertado un anuncio;* o como participio-adjetivo: *El*

anuncio insertado ayer. Inserto, en cambio, solo tiene función adjetiva, y es de empleo menos frecuente que *insertado: El anuncio inserto ayer.*

insinuación. Construcción: *la insinuación* DE (no A) *que ha robado.*

insinuar. 1. Se conjuga, en cuanto al acento, como *actuar* [1 d].
2. Construcción: *insinuarse* A o CON *alguien; insinuar que no es verdad.*

insípido. La cualidad de 'falto de sabor' se expresa por el adjetivo *insípido: El agua es incolora, inodora e insípida.* No por *insaboro* (que es una creación analógica sobre *incoloro*): «*No pueden estar contentos ni los jugadores ni los seguidores del Atlético de Madrid por este empate, conseguido tras noventa minutos de fútbol sosón, insaboro, insípido*» (J. M. Ruiz, *Hoja Lunes Madrid,* 26.10.1970, 27); «*Me veo en el momento de ser degustada por el experto que .. para nada tendrá que alterar su juicio o incrementar su satisfacción con el valor añadido, insustancial e insaboro, de una edad imposible de evaluar en el paladar*» (Benet, *Penumbra,* 167).

insistir. Construcción: *insistir* EN o SOBRE *una cosa; insistir* EN *hablar.*

inspirar. Construcción: *inspirar una idea* A (raro, EN) *alguno.*

instalar. Construcción: *instalar a uno* EN *su casa.*

instar. Construcción: *instar a alguien* A *la defensa de las libertades; instarle* A *rendirse; instarle* A *que abandone la sala.*

instituir. Verbo regular. Se conjuga como *huir* [48].

instruir. 1. Verbo irregular. Se conjuga como *huir* [48].
2. Construcción: *instruir a uno* EN *una materia.*

ínsula → ÍNFULA.

integrar. Construcción: *todos ellos integran un grupo; algunos se integran* EN *un grupo.* En América lo normal es *se integran* A *un grupo.*

íntegro. El superlativo de este adjetivo es *integérrimo.* En un nivel coloquial se usa también *integrísimo.*

intencionalidad. 'Condición de intencional o deliberado' (de un acto). Es erróneo el uso de esta palabra como equivalente de *intención: Ignoramos la intencionalidad con que fueron pronunciadas estas frases.*

intentar, intento → ENSAYAR.

inter-. Prefijo latino que significa 'entre', 'en medio': *intercambio, internacional.* Para formar nuevos adjetivos, normalmente precede a un adjetivo: *interurbano, internacional, intermitente.*

intercalar. Construcción: *intercalar un chiste* EN *la conversación.* No es normal *intercalar* A.

interceder. Construcción: *interceder* CON o ANTE *alguno; interceder* POR *otro.*

interceptación. 'Acción de interceptar'. Es preferible este derivado de *interceptar* a *intercepción* (que correspondería más bien a un inexistente *intercebir* o *intercibir;* cf. *concepción,* de *concebir; recepción,* de *recibir),* forma usada por algunos: *«El secretario se negó a decir cuándo se producirá exactamente la primera intercepción de un buque soviético» (Ya,* 24.10.1962, 6).

intercesión → INTERSECCIÓN.

interdisplinariedad. El nombre abstracto del adjetivo *interdisciplinario* es *interdisciplinariedad;* pero existe también una forma *interdisciplinaridad,* que no corresponde a *interdisciplinario,* sino a su sinónimo, menos usado, *interdisciplinar.* (→ -DAD, 2.)

interés. Construcción: *tener interés* EN *una cosa; tener interés* POR *una persona o una cosa; tener interés* EN (o POR) *hacer algo* (no es normal DE: *«Desde que vi la obra en Madrid, tuve interés de presentarla en uno de mis teatros barceloneses», Semana,* 6.8.1977, 17).

interesar. Construcción: *interesar a alguien* EN *una empresa; interesarse* POR *otro.* No es normal *interesarse* A *una cosa.*

interfaz. En electrónica e informática, 'circuito de enlace entre dos elementos o sistemas'. El género de este nombre es femenino en el *Diccionario* de la Academia (como el femenino *faz);* pero existe bastante generalizado el uso como masculino (igual que el masculino *antifaz).* Por el momento, hay que aceptar como buenos los dos usos.

La palabra *interfaz* es adaptación española del inglés *interface* (pronunciado corrientemente /interféis/), también bastante usado entre los técnicos, y también con ambigüedad en cuanto al género. Es más recomendable la forma *interfaz.*

interfecto. Se usa a menudo *interfecto, interfecta* en la lengua coloquial como nombre masculino y femenino con el sentido de 'individuo'. Conviene no olvidar que el verdadero significado de esta palabra es 'muerto de forma violenta'. Véase este curioso ejemplo, escrito por un médico: *«Puedo citar a aquel paciente mío que escribía o llamaba por teléfono a las señoritas que anunciaban clases de idiomas .. Al cabo de dos o tres clases, el interfecto se 'declaraba'» (Sábado,* 13.8.1977, 27).

interferir. 1. Verbo irregular. Se conjuga como *sentir* [60].
2. Construcción: *«interferir la libre determinación»* (Rómulo Gallegos, cit. Rosenblat, *Palabras,* III, 214); *«interferir .. * EN *su derecho a discrepar»* (J. M. Areilza, *Vanguardia,* 27.2.1972, 13); *«interferirnos* EN *los asuntos internos de otros partidos» (Diario 16,* 26.11.1984, 4). Las tres construcciones —transitiva, intransitiva con *en* y pronominal con *en*— son equivalentes e igualmente admitidas por la Academia.

ínterin. 1. Es palabra esdrújula; es errónea, pues, la pronunciación /interín/. No debe emplearse la forma *ínterim.* Como nombre masculino significa 'intervalo'. Como adverbio —poco usado— significa 'mientras'.
2. Como plural del nombre *ínterin,* la Academia *(Esbozo,* § 2.3.2) propone que se utilice sin variación la misma forma de singular.

interina → ASISTENTA.

interior → DOMÉSTICO.

internar. Construcción: *internarse* EN *el bosque.*

interpolar. Construcción: *interpolar unas cosas* ENTRE *otras; interpolar un pasaje* EN *un texto.*

interponer. 1. Verbo irregular. Se conjuga como *poner* [21].
2. Construcción: *interponer su autoridad* CON *alguno; interponerse* ENTRE *los contendientes.*

INTERROGACIÓN → PUNTUACIÓN.

interrogante. Como nombre, con el sentido de 'pregunta', es masculino: *«El gran interrogante»* (Salinas, *Ensayos,* 31). No obstante, también se acepta el uso como femenino.

intersección. 'Encuentro de dos líneas que se cortan'. Algunos locutores y periodistas confunden esta palabra con *intercesión,* 'acción de interceder o rogar por otro': *«En Madrid hay unos 30 kilómetros de calles donde hay problemas. Más que calles son intercesiones»* (*Ya,* 22.8.1965, 2); *«La peligrosa intercesión de la avenida de Séneca con el Arco de la Victoria»* (*Informaciones,* 6.9.1975, 12).

intervalo. 'Espacio o tiempo intermedio'. Es palabra grave, /interbálo/. Evítese, pues, la pronunciación esdrújula, /intérbalo/, aunque haya sido usada por Bécquer en un célebre poema: *«Véase a intérvalos / dibujarse rígida / la forma del cuerpo»* (*Rimas,* 450).

intervenir. **1.** Verbo irregular. Se conjuga como *venir* [61].
2. Construcción: *intervenir* EN *el reparto.*

interviniente. Del verbo *intervenir,* el adjetivo que expresa agente, 'que interviene' (lo que las gramáticas tradicionales llaman «participio activo»), es *interviniente,* según el uso generalizado (analógico con el gerundio *interviniendo*). Sin embargo, no es en modo alguno rechazable la forma —raramente usada— *interveniente,* emparejada con *conveniente* y con *proveniente,* que respectivamente pertenecen a *convenir* y *provenir,* verbos de composición análoga a la de *intervenir.*

interviú, interviuvador, interviuvar → ENTREVISTA.

intimidar. Este verbo, transitivo, significa 'atemorizar'. Algunos periodistas lo confunden con *intimar,* también transitivo, que significa 'exigir': *Le intimidaron a que entregase el dinero* es una frase inaceptable; tendría que ser *Le intimaron que entregase el dinero.*

intra-. Prefijo latino que significa 'dentro de': *intramuros, intramuscular, intravenoso.*

intro-. Prefijo latino que significa 'hacia dentro': *introducción, introspección.*

introducir. **1.** Verbo irregular. Se conjuga como *conducir* [41].
2. Construcción: *introducir algo* EN *agua; introducir a alguien* EN *la habitación* (en América: A *la habitación); introducir* POR *un agujero; introducir* ENTRE *las filas.*

introvertido → EXTRAVERTIDO.

intuir. Verbo irregular. Se conjuga como *huir* [48].

inundar. Construcción: *inundar* DE O EN *sangre.*

inventariar. Se conjuga, en cuanto al acento, como *desviar* [1 c].

invernación → HIBERNACIÓN.

invernar. Este verbo se usa hoy normalmente como regular (cf. Academia, *Esbozo,* § 2.12.3), a pesar de que tradicionalmente se ha usado —y a veces aún aparece— como irregular, conjugado como *cerrar* [6].

inverso. Construcción: *cosa inversa* DE *otra.*

invertir. **1.** Verbo irregular. Se conjuga como *sentir* [60].
2. Construcción: *invertir dinero* EN *fincas.*

investir. Verbo irregular. Se conjuga como *vestir* [62].

invitar. Construcción: *invitar* A *entrar; invitar* A *un trago.* En algunos países de América se emplea como transitivo *(invitar un trago;* cf. Kany, 334), al margen del uso general. Esta construcción se da en especial cuando el complemento designa cosa material: *«¿Puedo invitarle una cerveza, señora Chuchupe?»* (Vargas Llosa, *Pantaleón,* 33); compárense estos tres ejemplos de Edwards: *«Meditaba si invitarle otra botella»* (*Máscaras,* 48); *«Iba a invitarle a un concierto»* (*ibíd.,* 200); *«Lo invité a beber una botella de vino»* (*ibíd.,* 48).

-iño. Sufijo gallego equivalente a *-ito.* Con él han pasado algunas palabras a la lengua general: *corpiño, socaliña, cariño.*

-ío. Sufijo de adjetivos intensivos o de pertenencia, derivados de adjetivos o nombres: *bravío, cabrío.* También es sufijo de nombres colectivos o intensivos derivados de nombres o verbos: *mujerío.* Puede combi-

CONJUGACIÓN DEL VERBO «IR»

(tiempos simples)

INDICATIVO

Pres. voy, vas, va, vamos, vais, van.
Pret. impf. iba, ibas, iba, íbamos, ibais, iban.
Pret. indef. fui, fuiste, fue, fuimos, fuisteis, fueron.
Fut. impf. iré, irás, irá, iremos, iréis, irán.
Pot. simple iría, irías, iría, iríamos, iríais, irían.

SUBJUNTIVO

Pres. vaya, vayas, vaya, vayamos, vayáis, vayan.
Pret. impf. fuera o fuese, fueras o -ses, fuera o -se, fuéramos o -semos, fuerais o -seis, fueran o -sen.
Fut. impf. fuere, fueres, fuere, fuéremos, fuereis, fueren.

IMPERATIVO

ve, vaya, id, vayan.

FORMAS NO PERSONALES

Inf. ir.   *Ger.* yendo.   *Part.* ido.

---

narse en este último caso con *-ero: caserío, mocerío, griterío.*

ión. En física y química, 'átomo o grupo de átomos con carga eléctrica'. La Academia escribe *ion,* sin tilde; la Academia de Ciencias, con tilde, *ión.* Las dos grafías, *ion, ión,* son igualmente aceptables, ya que cada una corresponde a una de las dos pronunciaciones que de esta palabra se pueden oír en el uso real: una, monosílaba (como *vio, Dios),* que, precisamente por ser monosílaba, no debe llevar tilde; la otra, bisílaba (/i-ón/, como *rió,* /ri-ó/, *Sión,* /si-ón/), que, por ser bisílaba, aguda y terminada en *n,* debe llevar tilde, de acuerdo con las reglas de uso de este signo (→ TILDE). Parece que es esta segunda forma, *ión,* la que encuentra mayor aceptación entre los especialistas.

En cualquiera de los dos casos, para cualquiera de las dos pronunciaciones, el plural se escribe *iones.*

Los compuestos de *ion* o *ión: anión, catión,* no ofrecen problema ortográfico; los dos son palabras agudas y terminadas en *n* y por tanto llevan tilde en la *o.* Sus plurales *aniones* y *cationes,* que son palabras llanas terminadas en *s,* se escriben naturalmente sin tilde.

-ión → -CIÓN.

-iondo. Sufijo de adjetivos que significa 'en celo': *toriondo, verriondo, butiondo.* Toma la forma *-ondo* en *cachondo.*

ir. 1. Verbo irregular. (Véase cuadro.) Evítese el vulgarismo *ves,* por *ve,* para la persona «tú» del imperativo. En imperativo, la forma pronominal de la persona «vosotros» es *idos* (no *íos,* forma que sin embargo se usó en la lengua clásica: cf. Academia, *Esbozo,* § 3.10.8). → IMPERATIVO, 4.

2. Construcción: *ir* DE *un sitio* A *otro; ir* A *pie,* EN *coche,* EN *tren,* EN *avión,* EN *barco,* A *caballo,* EN *burro; ir* POR *carretera,* POR *ferrocarril,* POR *mar; ir un paquete* POR *avión; ir* HASTA *Roma; ir* PARA *viejo; ir* POR *pan* (sobre A POR *pan,* → A[2], 10); *ir* A *comprar sillas; ir* DE *compras* (no A *compras).*

3. *Ir a* + infinitivo es perífrasis verbal que expresa inminente comienzo de la acción, o hecho futuro, o intención: *El tren va a salir ya; Van a enterarse todos si hablas tan alto; El año que viene voy a comprar estos terrenos.* Es rústica la supresión de la preposición *a (Vamos bailar; Mañana me voy ir pa allá),* frecuente en algunas regiones de España y de Hispanoamérica (cf. Kany, 333).

4. *Irse*, forma pronominal *(me voy, me fui, se irá*, etc.) expresa el comienzo de la acción de ir.

5. *Ir y* + verbo es una construcción muy usada en la lengua coloquial de España y América. El verbo *ir*, en ella, está vacío de significado, y su único papel es poner de relieve el verbo que sigue. Normalmente conciertan los dos verbos en persona, número y tiempo: *Fue y se marchó; Va y se enfada; Tú vas y hablas.* Pero en la forma más vulgar no siempre es así: *«Y fue y entráronle unas tercianas a la otra»* (Pereda). Cf. Kany, 198.

La fórmula *va y* + presente, con valor de futuro, es usada en Colombia y en Centroamérica: *No se levante, porque va y se cae.* Es localismo que debe evitarse, empleando en su lugar el futuro o la frase verbal *va a* + infinitivo: *No se levante, porque se caerá* o *porque va a caerse.* Cf. Kany, 198.

6. *Vaya que.* Vulgarismo por *no vaya a ser que* o *no sea que: Voy a guardarlo, vaya que alguno se lo lleve.*

7. *Juan va* EN *Vigo, va* EN *el médico* ('va a Vigo', 'va al médico'), *Juan va viejo* ('va para viejo': *«Ya vamos viejos para ir haciendo cocos»,* Pardo Bazán, *Pazos,* 173), son construcciones peculiares del castellano de Galicia (cf. Rabanal, *Hablas,* 44; García, *Temas,* 123).

8. *Ir* DEL *médico:* → DE, 6.

9. *Venir,* en lugar de *ir,* se da en el castellano hablado por catalanes, con olvido de que en español *ir* es el verbo que corresponde al movimiento en dirección al interlocutor. Ejemplo del uso catalán, cuando alguien dice a otra persona por teléfono: *«Decidido: pasarás el fin de semana con nosotros. Dentro de media hora vengo a recogerte al hotel»* (Marsé, *Montse,* 35).

-ir. Formante de infinitivo verbal. Todos los verbos que tienen este formante pertenecen a la tercera conjugación, cuyo modelo es *sufrir* [3].

Irak. Estado de Asia. De las dos grafías con que aparece su nombre español, *Irak* e *Iraq,* la primera es la más frecuente. Los defensores de la segunda se basan en que la *q,* según ellos, transcribe más fielmente el sonido original árabe. Esta explicación no es demasiado convincente, puesto que en nuestro idioma las letras *k* y *q* no se pronuncian

de manera diferente. Por otra parte, igual podríamos escribir *Irac,* aunque es forma que no he encontrado usada.

El adjetivo derivado es *iraquí,* que también puede escribirse *irakí,* si bien es más raro. Debe evitarse la forma *iraquita.* El plural de *iraquí* o *irakí* es *iraquíes* o *irakíes.*

iraní. 1. Debe distinguirse entre *iraní,* 'del actual estado de Irán', e *iranio,* 'del antiguo Irán'.

2. El plural de *iraní* es *iraníes.*

Iraq, iraquí, iraquita → IRAK.

irradiar. Se conjuga, en cuanto al acento, como *cambiar* [1 a].

irrogar → ARROGAR.

Iruña → PAMPLONA.

-is. Sufijo de la lengua popular, de carácter humorístico, que forma sustantivos y adjetivos. Tiene diversas variantes *(-atis, -itis, -olis, -íbilis,* etc.): *extranjis, perdis, locatis, finolis, mieditis.*

-isa. Sufijo de nombres femeninos que indican ocupación o dignidad: *profetisa, papisa, poetisa.*

isagoge. 'Introducción'. Es errónea la acentuación esdrújula: *«Iságoge a los Reales Estudios de la Compañía de Jesús»* (Entrambasaguas, *Lope de Vega,* 156, 215 y 216).

-iscar. Sufijo verbal compuesto de *-isco* + *-ar: corniscar.*

-isco → -SCO.

-ísimo. Sufijo de adjetivos en grado superlativo: *sencillísimo, altísimo, preciosísimo.* Toma la forma *-císimo* cuando le precede *n* o *r: jovencísimo, trabajadorcísimo* (pero *vulgarísimo*). Algunos adjetivos al recibir el sufijo *-ísimo* toman en su radical la forma latina: *fortísimo, novísimo, fidelísimo,* y todos los que en grado positivo terminan en *-ble: amabilísimo, nobilísimo.* En algunos casos coexisten, sin embargo, la forma latinizante y la moderna o popular, que gana terreno: *bonísimo* y *buenísimo, frigidísimo* y *friísimo, certísimo* y *ciertísimo, ternísimo* y *tiernísimo.* → -ÉRRIMO.

Es popular en Colombia la deformación de este sufijo en *-isísimo: gordisísimo, feisísimo* (Flórez). En España lo es la síncopa en *-ísmo: «A pesar de haber rezado tanto y de* *haber oído 'tantismos' sermones»* (Galdós, *Fortunata*, II, 265).

-ismo. Sufijo de sustantivos abstractos que significa modo, sistema, doctrina: *platonismo, socialismo, galicismo.*

iso-. Forma prefija del griego *ísos,* 'igual': *isotermo.*

isóbara. 'Línea que une los puntos de igual presión atmosférica'. La pronunciación grave, /isobára/, es la que se oye habitualmente; pero la esdrújula, /isóbara/, es la más ajustada a la etimología de la palabra, ya que la /a/ del griego *barys* es breve. La Academia registra las dos formas, *isóbara* e *isobara,* pero dando preferencia a la primera.

israelí. *Israelí* e *israelita* no son sinónimos perfectos. *Israelita* es 'hebreo'; *israelí,* 'del estado de Israel'.

-ista. Sufijo de sustantivos y adjetivos. Significa 'el que pertenece a un oficio, profesión, escuela, partido': *marmolista, modista, sofista, comunista.* El sufijo vale tanto para el género masculino como para el femenino; es contraria a la norma, por tanto, la forma *-isto* que encontramos en algunas palabras, como *modisto* (en España), *cuentisto, telegrafisto, pianisto* (en América).

istmo. 'Lengua de tierra que une una península y un continente'. Evítense la grafía y la pronunciación *itsmo.*

-istrajo → -AJO.

-ita. Sufijo de adjetivos y nombres gentilicios: *israelita, moscovita, fatimita, saudita.* En los nombres de pueblos árabes se tiende a sustituir hoy esta terminación por la más tradicional *-í: fatimí, saudí, iraquí.* Para *israelita* frente a *israelí,* → ISRAELÍ.

Ítaca. El nombre de la isla de Ulises es palabra esdrújula, /ítaka/; debe evitarse, pues, la acentuación /itáka/. Escribe *Ítaca,* por ejemplo, Reyes, trad. Bowra, *Lit. griega,* 24; *Itaca,* con acentuación llana exigida por el verso, Pérez de Ayala, *Prometeo,* 17.

italo-. Forma prefija del latín *italus,* 'italiano': *italofrancés.* Cuando el compuesto se escribe con guión intermedio, *italo-* se pronuncia y escribe con acento en la *i,* puesto que en latín la segunda sílaba de *italus* es breve: *ítalo-español, ítalo-germano.*

-itar. Sufijo verbal en que se combinan *-ito* + *-ar: gravitar.*

item. Es innecesario el empleo del inglés *item,* nombre masculino (pronunciación corriente, /ítem/, aunque hay quienes dicen /áitem/, a la inglesa), por *punto* o *apartado.*

-itín → -ÍN.

-itis. Sufijo griego que significa 'inflamación': *cistitis, poliomielitis.* (→ -IS.)

-itivo → -IVO.

-ito. Sufijo de nombres y adjetivos, a veces de adverbios, que tiene valor diminutivo o afectivo: *gatito, hijito, lejitos.* Este sufijo alterna con otros equivalentes, menos generales: *-illo, -ico, -ín* (→ -ÍN), *-ino, -iño* (→ -IÑO), *-uco* (→ -UCO), *-uelo* (→ -UELO). Varias de esas formas son predominantemente regionales. Así, *-ico* está viva sobre todo en Aragón, Navarra, Murcia y Granada (también en Venezuela, Colombia y las Antillas, pero solo cuando precede un sonido *t: ratico, zapatico); -illo* disfruta de predilección en algunas zonas de Andalucía; *-ín* abunda en el uso asturiano; *-ino* es leonés y extremeño; *-iño* es gallego; *-uco* es de Cantabria.

El sufijo *-ito* y sus equivalentes suelen ir precedidos de /z/ —grafía *c* o *z*—, es decir, toman las formas *-cito, -cillo,* etc., cuando se aplican a palabras agudas de dos o más sílabas terminadas en *n* o *r: mujercita, Fermincico, ladronzuelo;* o a palabras llanas terminadas en *n: jovencito, virgencita;* o en vocal: *jefecillo, cochecito, avecilla.*

Las formas *-cito,* etc., suelen incrementarse en *-ecito,* etc., cuando el sufijo se agrega a un nombre monosílabo terminado en consonante: *trenecito, lucecita, solecito, florecilla, reyezuelo;* o a un bisílabo cuya primera sílaba tiene el diptongo *ie, ue* o *ei: reinecita, hierbecilla, portezuela;* o a un bisílabo cuya segunda sílaba contiene el diptongo *ia, io* o *ua: geniecillo, lengüecita.*

Las formas *-cito,* etc., suelen incrementarse en *-cecito* cuando se agregan a nombres monosílabos terminados en vocal: *piececito.*

Es importante advertir que el empleo de todas estas variantes no está sometido a normas rígidas. Las excepciones a las tendencias señaladas son muy numerosas, y en ellas intervienen en gran medida los hábitos regionales.

-itorio → -TORIO.

itsmo → ISTMO.

-itud. Sufijo de nombres abstractos: *aptitud, esclavitud, infinitud, negritud.* A veces toma la forma *-tud: juventud.*

-ivo. Sufijo de adjetivos derivados de verbos. Toma la forma *-ativo* si proceden de verbos de la primera conjugación, *-itivo* si de verbos de la tercera, o bien otras formas si se aplica a palabras que no son verbos: *depurativo, partitivo, intensivo.*

-izal → -AL.

-izar. Sufijo verbal: *carbonizar, electrizar, colonizar.*

Izmir → ESMIRNA.

-izo. Sufijo de adjetivos derivados de adjetivos, de nombres y de participios; significa tendencia, semejanza, posesión, pertenencia: *enfermizo, calizo, primerizo, cobrizo.* En sustantivos femeninos significa lugar: *caballeriza.* Se combina con otros sufijos: *cabrerizo, porquerizo, advenedizo, albarizo.*

-izuelo → -UELO.

j

j. **1.** Décima letra del alfabeto. Su nombre es *jota* (femenino), plural *jotas.* Corresponde al fonema /j/.

2. El fonema /j/ se realiza elevando el postdorso de la lengua contra el velo del paladar, en un punto más retrasado que el del sonido /k/ y sin llegar a cerrar el paso del aire. Tiene algún parecido con la *h* aspirada de otros idiomas (inglés, alemán), e igual que esta —con variados matices— la pronuncian los andaluces, extremeños e

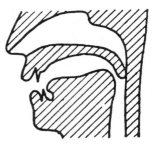

Articulación del fonema /j/

hispanoamericanos de determinadas zonas. Pero la /j/ española normal es más áspera, más interior y siempre sorda. Es una consonante *velar fricativa sorda.*

En final de palabra tiende a perderse: *reloj* se pronuncia corrientemente /reló/.

3. Ortografía del fonema /j/. Este fonema se representa gráficamente por la letra

j cuando va seguido de cualquier vocal o en final de sílaba o de palabra: *caja, joven, juego, ajeno, dijiste, boj.* Puede representarse por la letra *g* cuando la vocal que sigue es *e* o *i: ligero, vigilia;* en estos casos solo el conocimiento de las mismas palabras o de las reglas ortográficas puede decir cuál es la escritura correcta, *g* o *j.* En muy contados nombres propios —y en sus derivados— se conserva a veces para este sonido la grafía anticuada *x: México, Sax, Barrax, Ximénez, Xerez, Xavier.* Cuando no se trata de un uso general (como ocurre con *México,* escrito así en toda América), el empleo actual de esta grafía *x* con valor de /j/ es simple capricho.

Para el empleo adecuado de las dos letras, *j* y *g,* con que se puede representar el fonema /j/, se pueden dar algunas orientaciones:

1.º Se escriben con *j:*

a) Las formas verbales del pretérito fuerte que tienen en la primera persona la terminación /je/: *dije, reduje, traje; dijiste, redujiste,* etc. Lo mismo rige para los tiempos derivados: *condujera, condujese, condujere.*

b) Los verbos cuyo infinitivo termina en /jeár/: *canjear.*

c) Los sustantivos terminados en /aje, eje, uje, jería/: *garaje, esqueje, granjería.* Excepciones: *cónyuge, auge, enálage, hipálage, ambages.*

2.º Se escriben con *g:*

a) Todas las formas de los verbos cuyos infinitivos terminan en los sonidos /jer, jir, ijerar/: *coger, rugir, aligerar.* (Naturalmente, cuando en estos verbos al sonido /j/ sigue una vocal /a, o/, la grafía ha de ser *j: cojo, rujan,* etc.) Excepciones: *mejer, tejer, crujir, brujir* o *grujir, desquijerar.*

b) Las palabras que empiezan por los sonidos /jeo, leji, jest/: *geografía, legislar, gesticular.* Excepciones: *lejía, lejitos, lejísimos.*

c) Las palabras terminadas en los sonidos /jio, jia/ átonos, /lojía/; /jeno/ átono y sus derivados /jéniko -a/, /jénito -a/ y /jénio -a/; /jero -a/ átonos; /jésimo -a/ y su derivado /jesimál/. Ejemplos: *regio, oxígeno, primigenio, orogénico, unigénito, alígero, trigésimo, sexagesimal.*

jabalí. 'Animal, variedad salvaje del cerdo'. El plural de este nombre es *jabalíes* (son formas populares *jabalís* y *jabalises*). El nombre de la hembra es *jabalina.*

jactarse. Construcción: *jactarse* DE *valiente.*

jacuzzi. Nombre comercial registrado, 'bañera con chorros de agua caliente para hidromasaje'. Se pronuncia /yakúsi/, su género es masculino y su plural es *jacuzzis.*

Jamaica. Como adjetivos derivados pueden usarse *jamaicano* y *jamaiquino.* El primero es el más frecuente.

jan → KAN.

jardín. *Jardín de infancia,* 'establecimiento destinado al cuidado y educación de niños pequeños'. Esta denominación es la traducción española del nombre alemán *Kindergarten.*

jarra. El alemán *Bock* corresponde exactamente al español *jarra* (de cerveza).

Jarretera. Es el nombre español (en francés, *Jarretière*) de una orden inglesa de caballería, cuyo nombre inglés es *Garter.* (Una forma española antigua es *Garrotera,* usada en la traducción castellana de *Tirant lo Blanc,* 1511.) *Orden de la Jarretera* debe decirse, y no *orden de Garter,* como hacen algunos periodistas: «*La Reina Isabel de Inglaterra designará posiblemente al Rey don Juan Carlos caballero de la prestigiosa orden de Garter*» (A. A. Hernández, *Ya,* 3.3.1986, 11).

Jartum. La capital del Sudán se llama en español *Jartum,* no *Khartoum* ni *Khartum*

(formas francesa e inglesa), ni *Kartum* (deficiente adaptación española de las dos anteriores).

Játiva. La ciudad valenciana que en catalán y valenciano tiene el nombre de *Xàtiva* se denomina en castellano *Játiva,* y es esta la forma que debe usarse cuando se habla o escribe en español.

Jávea. La ciudad valenciana que en catalán y valenciano tiene el nombre de *Xàbia* se denomina en castellano *Jávea,* y es esta la forma que debe usarse cuando se habla o escribe en español.

jazz → YAZ.

jeep. 'Pequeño vehículo automóvil apto para todo terreno'. La palabra inglesa *jeep* (pl. *jeeps*) se usa en español como nombre masculino y con la pronunciación /yip/. El nombre *todo-terreno,* que es una buena traducción propuesta, ha conseguido escaso éxito, y lo corriente sigue siendo *jeep.* No sería difícil adaptar esta voz a la grafía española en la forma *yip,* con un plural *yipes.*

jefe. **1.** El femenino de este nombre es *jefa: «la jefa del Estado»* (*Ya,* 6.9.1974, 9); *«jefa de Gobierno»* (*País,* 8.10.1983, 52). **2.** *Jefe de cocina:* → CHEF.

jemer. 'Miembro del grupo étnico predominante en Camboya'. Se pronuncia /jemér/, no /jémer/, como algunos dicen, incluso escribiendo *jémer.* Su plural es *jemeres.* La forma *jemer* es adaptación de *jmer,* que sería en rigor el nombre en cuestión (en inglés, *khmer*), pero que es prácticamente impronunciable en español.

jenízaro. 'Miembro de la antigua guardia imperial turca'. Puede escribirse también en la forma *genízaro,* pero es más usual la grafía *jenízaro.*

jeque. En países musulmanes, 'jefe'. La forma *jeque* es la españolización, ya muy antigua, de la palabra árabe original. Es descabellada la pronunciación /yéke/ que se ha oído a veces a locutores de radio.

jerga → ARGOT.

Jérica. La ciudad valenciana que en catalán y valenciano tiene el nombre de *Xèrica* se denomina en castellano *Jérica,* y es esta la forma que debe usarse cuando se habla o escribe en español.

jerigonza. 'Jerga', o 'lenguaje incomprensible'. Debe evitarse la forma vulgar *jeringonza*.

jersey. 'Prenda de punto que abriga la mitad superior del cuerpo'. Su plural es *jerseys* (o, según propone la Academia, en el *Esbozo*, § 2.3.3, *jerséis*). Algún periódico, por su cuenta y al margen de la norma ortográfica, escribe habitualmente en singular *jersei* (forma que, por otra parte, es errada desde el punto de vista de la tilde, ya que la pronunciación exigiría una forma *jerséi*).

Jijona. La ciudad alicantina que en catalán y valenciano tiene el nombre de *Xixona* se denomina en castellano *Jijona*, y es esta la forma que debe usarse cuando se habla o escribe en español.

jineta. 'Mamífero carnicero'. Puede escribirse también *gineta*, pero esta grafía es menos usual.

jipi → HIPPY.

jira. 'Merienda campestre'. No debe confundirse gráficamente con *gira*, 'excursión o viaje por distintos lugares, volviendo al punto de partida' o 'serie de actuaciones de una compañía teatral, una orquesta o un artista en diferentes localidades' (→ GIRA).

jmer → JEMER.

jobi → HOBBY.

jockey → YÓQUEY.

jol → HALL.

Jonquera. *La Jonquera:* → JUNQUERA.

jubilar. Construcción: *jubilar a un empleado; jubilar a uno* DE *su puesto; jubilarse* DE *su puesto.*

judaizar. Se conjuga, en cuanto al acento, como *enraizar* [1 f].

judo, judoka → YUDO.

juez. El femenino de este nombre es *juez* o *jueza*, formas ambas recogidas por la Academia. La segunda, además del sentido de 'mujer que tiene autoridad para juzgar y sentenciar', puede ser 'mujer del juez'. Este último sentido es el único que tenía *jueza* en un principio, y así la usaba Pardo Bazán en 1886: «*La señora jueza*» (*Pazos*, cap. 15); de igual manera que *maestra, ministra, presidenta* y muchas otras fueron originariamente

tan solo las designaciones de la esposa del maestro, del ministro, del presidente, etc. También *reina* empezó siendo solo la esposa del rey; pero cuando tuvo que gobernar una mujer como soberana, el mecanismo natural de la lengua fue la utilización para ella del mismo nombre que designaba a la consorte. (El procedimiento funciona en sentido inverso cuando el hombre que no posee un título en propiedad se casa con una mujer que sí lo tiene: el consorte de la *reina* (soberana), de la *duquesa* (heredera del título), etc., reciben el nombre de *rey, duque,* etc., únicamente por razón de su matrimonio.)

Por otra parte, algunos se oponen al uso en general de la voz *jueza* por razón de su forma, que consideran anómala en el idioma, alegando que al no terminar en *-o* la forma masculina, no tiene que terminar en *-a* la femenina. Olvidan que el femenino *-a* no solo corresponde a masculinos en *-o:* así lo atestiguan *señora, doctora, campeona, presidenta, parienta, clienta, zagala...* y centenares de ejemplos más. Añaden que hay nombres en *-z* que se forman en femenino sin *-a,* como *la nuez* y *la pez:* argumento no válido, porque al ser nombres de objetos y no de personas, no son susceptibles de la oposición gramatical masculino / femenino. Además, no faltan nombres de personas en *-z* que tienen su femenino en *-a,* como *rapaza* y *capataza.*

Debemos aceptar la postura de la Academia: las dos formas, *juez* y *jueza,* son buenas. La única distinción en el uso ya está esbozada por la misma Academia, al calificar *jueza* como «familiar». En efecto, hay una diferencia en cuanto al nivel de habla: *la juez* es más «formal», propia del lenguaje oficial y administrativo; *la jueza* es más propia del uso coloquial y de la vida cotidiana.

jugar. 1. Verbo irregular. (Véase cuadro.)
2. Construcción: *jugar* A *los naipes,* AL *ajedrez* (→ 3); *jugar* CON *los sentimientos de otro.*
3. *Jugar a* + nombre de juego, en el uso normal, antepone el artículo al nombre del juego (→ 2): *jugar a* LAS *cartas.* La omisión de ese artículo es regional: «*Jugaban a prendas*» (Miró, *Cercado,* 116); «*Jugaban a cartas*» (Goytisolo, *Fin,* 65). En América, por otra parte, existe un uso transitivo también sin artículo: «*Los artilleros .. jugaban aje-*

CONJUGACIÓN DEL VERBO «JUGAR»

(tiempos irregulares)

INDICATIVO

Pres. juego, juegas, juega, jugamos, jugáis, juegan.

SUBJUNTIVO

Pres. juegue, juegues, juegue, juguemos, juguéis, jueguen.

IMPERATIVO

juega, juegue, jugad, jueguen.

---

drez» (Neruda, *Confieso,* 360); «—¿*Qué jue-gan?* —*Póquer»* (Vargas Llosa, *Ciudad,* 21).
  4. *Jugar un papel:* → PAPEL.

júnior. En deportes, este nombre designa una categoría de deportista basada en la edad. Se pronuncia /yúnior/. Su plural es *jú-niors;* pero sería fácil, y más normal dentro del idioma, hacerlo *juniores,* /yunióres/.

Junquera. *La Junquera.* La ciudad gerundense que en catalán tiene el nombre de *La Jonquera* se denomina en castellano *La Junquera,* y es esta la forma que debe usarse cuando se habla o escribe en español.

Junta. El órgano de gobierno de la comunidad autónoma de Galicia se denomina, en gallego, *Xunta de Galicia.* Pero el nombre que le corresponde cuando se habla o escribe en español es *Junta de Galicia.*

juntar. Construcción: *juntar una cosa* CON o A *otra.*

junto. **1.** El uso de *junto,* como adverbio *(Déjalo allí junto),* es propio de la lengua popular.
  2. *Junto a,* locución prepositiva, expresa proximidad. Se pronuncia átona. Existe también una forma *junto de,* de uso literario y

raro: «*Junto de la fuente clara»* (Machado, *Poesías,* 114).
  3. *Junto con,* locución prepositiva, expresa compañía y cooperación: *Julio, junto con otros seis profesores, ha presentado un escrito.* En esta construcción, el verbo debe concertar únicamente —en singular o plural— con el sujeto gramatical —en este caso, *Julio,* singular—.
  4. En Colombia hay una confusión vulgar entre *juntos* y *ambos: Se me durmieron juntas manos,* 'se me durmieron las dos manos' (cf. Cuervo, *Apuntaciones,* § 532; Flórez, *Apuntes,* 52).

jurar. Construcción: *jurar* EN *falso; jurar* POR *Dios; jurar* SOBRE *los Evangelios.*

justamente → MISMO, 4.

justificar. Construcción: *justificarse* CON *el jefe; justificarse* DE *alguna acusación.*

justipreciar. Se conjuga, en cuanto al acento, como *cambiar* [1 a].

justo → MISMO, 4.

juzgar. Construcción: *juzgar a alguien* DE *un delito; juzgar un delito; juzgar* EN *una materia.*

k

k. **1.** Undécima letra del alfabeto. Su nombre es *ka,* plural *kas.* **2.** Esta letra representa siempre el fonema /k/. Sin embargo, la ortografía española prefiere habitualmente, para este fonema, las grafías *c* y *qu* (→ C, 3 b y 4 b).

kabila → CABILA.

kaki → CAQUI.

kamikaze → CAMICACE.

Kampuchea → CAMBOYA.

kan. Históricamente, 'soberano turco o mongol'; hoy la palabra se usa como título honorífico de altos personajes del Oriente Medio. No debe escribirse *khan.* Existe otra forma, *jan,* poco usada, pero etimológicamente más adecuada.

karate. 'Sistema oriental de lucha sin armas'. Palabra japonesa que en español es nombre masculino. Aunque entre nosotros está bastante difundida la pronunciación esdrújula, /kárate/, sería preferible la grave, /karáte/, que es la original.

Karrantza → CARRANZA.

kart. 'Vehículo muy ligero, de motor, con cuatro ruedas, exclusivamente usado en carreras'. Su plural es *karts.*

Kartum → JARTUM.

Kashmir → CACHEMIRA.

Katar → QATAR.

Kazakstán. República perteneciente a la antigua Unión Soviética. En español su nombre aparece en tres formas: *Kazakstán, Kazajstán* y *Kazajistán. Kazakstán* es adaptación de la transcripción del nombre ruso en inglés y francés: *Kazakhstan. Kazajstán* es una transcripción española, y *Kazajistán* es una adaptación creada sobre esa transcripción, con una /i/ de apoyo para obviar el grupo consonántico /jst/, mal avenido con la fonología española. De todos modos, las dos adaptaciones *Kazajstán* y *Kazajistán* son imperfectas, porque la *z* está en lugar de un sonido /s/ sonora y debería haberse transcrito como *s* (→ AZERBAIYÁN). Y, por otra parte, ambas tienen el inconveniente de la malsonancia de su adjetivo derivado: *kazajo;* defecto que no tiene el adjetivo derivado de *Kazakstán: kazako.*

En el actual estado de cosas, cada cual puede escoger la pareja de formas que guste de nombre y adjetivo, a sabiendas de que no hay ninguna que no tenga algún defecto.

Kenia. El adjetivo correspondiente a *Kenia* es *keniano* o *keniata.*

kermés. Nombre femenino que la Academia define como 'fiesta popular, al aire libre, con bailes, rifas, concursos, etc.', y que también registra como denominación de pinturas o tapices flamencos, generalmente del siglo XVII, que representaban fiestas populares. Recoge también la Academia la grafía *quermés,* pero da preferencia a la primera.

Para el primer sentido académico (que se

definiría mejor como 'verbena de carácter benéfico') la grafía más usual es, efectivamente, *kermés*. Para el segundo, histórico, de 'fiesta popular al aire libre, propia de Flandes o de los Países Bajos', los historiadores del arte parecen inclinarse más por la forma francesa originaria, *kermesse* (pronunciada /kermés/).

Las formas *kermesse, kermese* y *quermese,* que a veces han aparecido en los periódicos para la primera acepción, están hoy en desuso.

kerosene, keroseno → QUEROSENO.

Key West → CAYO HUESO.

khan → KAN.

Khartoum, Khartum → JARTUM.

khmer → JEMER.

Kilimanyaro. Nombre del famoso pico situado en Tanzania. Es preferible en español esta grafía a las habituales *Kilimandjaro* y *Kilimanjaro* (Lorenzo, *Español,* 170).

kilo-. Forma prefija que significa 'mil'. Se pronuncia tónica la /o/ en *kilómetro;* en cambio, es átona, recayendo el acento en la sílaba siguiente, en *kilogramo, kilolitro, kilociclo, kilovatio.* Puede escribirse también *quilo-,* pero es raro.

Kindergarten → JARDÍN.

kinesiología, kinesiterapia → QUINESITERAPIA.

kiosco, kiosko → QUIOSCO.

Kirguizistán. República de la antigua Unión Soviética. El nombre que parecen preferir los periodistas es *Kirguizistán,* aunque también recogen *Kirguizia.* El adjetivo derivado de estas formas es *kirguizo* o *kirguiz* (para la Academia, *quirguiz).*

Todas estas formas son malas adaptaciones españolas, porque la *z* debería representar un sonido de /s/ sonora (→ AZERBAIYÁN).

Debería ser, pues, *Kirguisistán* o *Kirguisia,* y el adjetivo derivado, *kirguiso* o *kirguís* (Moreno, *Lenguas,* 80, escribe *quirguiso,* pero *Kirguizia).*

kitsch. Voz alemana, se pronuncia /kich/. Adjetivo despectivo, invariable, con que se califica lo que estéticamente responde a un gusto pretencioso y de poca calidad. La palabra que con más exactitud corresponde a esta en español es *hortera.*

kiwi. La Academia registra, por una parte, un nombre masculino *kivi,* 'ave de Nueva Zelanda'; por otra, otro nombre masculino *quivi,* 'arbusto cuyo fruto, de pulpa verde, es muy apreciado'; y por otra, una grafía *kiwi* posible para los dos nombres anteriores. Aunque esta grafía, *kiwi,* no es la favorita de la Academia, es ella precisamente, con pronunciación /kíbi/, la que prefiere el uso general. De las dos formas académicas, no he encontrado ningún ejemplo real de *quivi.*

El plural de *kiwi* es *kiwis* (no *kiwies,* como creen algunos).

K. O. → NOQUEAR.

Koblenz → COBLENZA.

Köln → COLONIA.

kummel, kümmel → CÚMEL.

Kurdistán. Región que comprende partes de Turquía, Irán, Irak, Siria, Armenia y Azerbaiyán. Se puede escribir en español *Curdistán* —así lo hace la Academia en su *Diccionario,* s. v. *curdo* y *kurdo*—, pero la más corriente es la grafía *Kurdistán.* El adjetivo derivado es *kurdo* o *curdo.*

Kuwait. El adjetivo correspondiente a *Kuwait* es *kuwaití.*

l

l. **1.** Duodécima letra del alfabeto. Su nombre es *ele,* plural *eles.* Cuando no va duplicada, representa al fonema /l/; cuando va duplicada, corresponde a /ll/ (→ LL). **2.** En la realización del fonema /l/, el ápice de la lengua se apoya en los alvéolos, y el aire sale por los lados de la cavidad bucal. Las cuerdas vocales vibran durante la

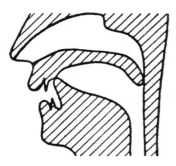

Articulación de /l/

articulación. Es una consonante alveolar lateral sonora.

No es normal en español la articulación velar de este sonido, producida por ahuecar o poner cóncavo el dorso de la lengua, como hacen los catalanes, portugueses e ingleses, por influencia de sus idiomas nativos. La /l/ española se articula con el dorso de la lengua plano.

Dos fenómenos del lenguaje rústico y re-

gional afectan a la pronunciación de /l/: uno es el trueque por /r/, pronunciando /kárdo/ por *caldo,* /dúrze/ por *dulce,* /mardíto/ por *maldito;* el otro es la pérdida en final de palabra: /kapitá/ por *capital.*

la¹. **1.** Artículo: → EL. **2.** Pronombre: → ÉL, 4, 5, 6 y 8.

la². El nombre (masculino) de la nota musical *la* tiene el plural *las.*

lacto-, lacti-, lac-. Formas prefijas del latín *lac,* 'leche': *lacticinio.*

ladear. Construcción: *ladear una cosa* A o HACIA *una parte.*

lado. *Al lado de:* → ORILLA.

Lage. La ciudad coruñesa que en gallego tiene el nombre de *Laxe* se denomina en castellano *Lage,* y es esta la forma que debe usarse cuando se habla o escribe en español.

lameli-, lamel-. Formas prefijas del latín *lamella,* 'lámina': *lamelibranquio.*

lamentar. Construcción: *lamentarse* DE o POR *la desgracia.*

lampista, lampistería → FONTANERO.

land. Cada uno de los estados que constituyen la República Federal de Alemania se llama *land.* En Austria, esta misma voz significa 'provincia'. En ninguno de los dos casos es necesario emplear la palabra alemana: en el primero podemos usar *estado;* en el segundo, *provincia.* No obstante, como los periódicos utilizan con frecuencia el nombre *land,* convendrá que lo hagan demostrando en todo su dominio del alemán. Como en este idioma la voz tiene género neutro, en español debe atribuírsele el masculino: *el land.* Y su plural es *länder* (pronunciado /lénder/), no *länders* ni *lands.*

languidecer.   Verbo irregular. Se conjuga como *agradecer* [11].

lanzacohetes, lanzagranadas, lanzallamas. El género de estos nombres es masculino. Su plural es invariable.

lanzar.   Construcción: *lanzar* AL o EN *el mar; lanzarse* SOBRE *la presa; lanzarse* A *la pelea.*

Laoconte.   Nombre de un héroe troyano. La transcripción más rigurosa del nombre griego es *Laocoonte;* pero *Laoconte* debe considerarse igualmente válida, y es preferible por más eufónica.

Laos.   El adjetivo correspondiente a *Laos* es *laosiano.*

laparo-.   Forma prefija del griego *lapáre,* 'flanco': *laparotomía.*

lapso.   'Transcurso o espacio (de tiempo)'. Algunas personas confunden este nombre con *lapsus,* que significa 'error o equivocación': *«Después de un lapsus de tiempo» (Diario de Cuenca,* 11.8.1984, 6).

laringo-, laring-.   Formas prefijas del griego *lárynx,* 'garganta': *laringoscopio, laringectomía.*

lasitud, laso → LAXO.

lástima.   *Dar lástima:* → DAR, 3.

latente.   'Que no se manifiesta en forma externa' *(una enfermedad latente).* En algunos países hispanoamericanos, y en pequeña extensión en España, se emplea impropiamente este adjetivo con el sentido de 'vivaz, vigoroso, intenso', probablemente por confusión con la idea de *latir* 'palpitar'. En el Ecuador, *latente* se usa con el significado de 'visible'. Aquí la impropiedad está en la confusión con *patente.*

-látero.   Forma sufija del latín *latus,* 'lado': *equilátero.*

lati-.   Forma prefija del latín *latus,* 'ancho': *latifundio.*

Latinoamérica, latinoamericano → HISPANOAMÉRICA.

lato sensu.   Locución latina que significa 'en sentido amplio'. No debe decirse *latu sensu.*

Latvia → LETONIA.

laudes.   En liturgia, 'parte del oficio divino que se reza después de maitines'. Es nombre femenino, siempre usado en plural. Se pronuncia /láudes/ (no /laúdes/, como algunos locutores de radio creen).

Lausana.   El nombre español de la ciudad suiza de *Lausanne* es *Lausana.*

lavar.   Construcción: *lavar* CON *detergente; lavar la ofensa* CON *sangre.*

Laxe → LAGE.

laxo.   No deben confundirse los adjetivos *laxo* y *laso. Laxo* significa 'relajado'; *laso,* 'cansado o flojo'. La misma diferencia hay que considerar en los respectivos derivados, *laxitud* y *lasitud.*

le.   Pronombre personal: → ÉL, 4, 5, 6 y 8.

leader → LÍDER.

lectura.   Construcción: *la lectura* DE *los periódicos; mi lectura* DE *los sucesos difiere de la suya; dio lectura* A *unas cuartillas.*

leer.   Verbo irregular. (Véase cuadro.)

Leghorn → LIORNA.

lehendakari → PRESIDENTE.

Leioa → LEJONA.

lejano.   Construcción: *lejano* DE *nuestro pensamiento* (no *lejano* A: *«Una ordenación .. no lejana al arte peruginesco»,* Camón, Lázaro Galdiano, 104).

Lejona.   La ciudad vizcaína que en vascuence tiene el nombre de *Leioa* se denomina en castellano *Lejona,* y es esta la forma que debe usarse cuando se habla o escribe en español.

lejos.   1.   Construcción: *lejos* DE *la patria; lejos* DE *asustarse, se envalentonó.* El uso normal no admite la construcción *lejos* + posesivo *(lejos suyo)* en lugar de *lejos de* + pronombre personal *(lejos de él, lejos de ella,* etc.).
2.   El superlativo del adverbio *lejos* es *lejísimos* (no *lejísimo),* y su aumentativo —coloquial— es *lejotes* (no *lejotas: «Mira aquel barquito que va allá lejotas»,* Zunzunegui, *Camino,* 53).

CONJUGACIÓN DEL VERBO «LEER»

(tiempos irregulares)

INDICATIVO

Pret. indef. leí, leíste, leyó, leímos, leísteis, leyeron.

SUBJUNTIVO

Pret. impf. leyera o -se, leyeras o -ses, leyera o -se, leyéramos o -semos, leyerais o -seis, leyeran o -sen.

Fut. impf. leyere, leyeres, leyere, leyéremos, leyereis, leyeren.

FORMAS NO PERSONALES

Ger. leyendo.

Lekeitio → LEQUEITIO.

Lemona. La ciudad vizcaína que en vascuence tiene el nombre de *Lemoa* se denomina en castellano *Lemona,* y es esta la forma que debe usarse cuando se habla o escribe en español.

lente. 1. Según la Academia, este nombre es ambiguo en cuanto al género; pero en el uso normal es masculino cuando, en plural, designa un tipo de anteojos *(los lentes);* es femenino cuando significa 'cristal refringente'. **2.** *Lentes de contacto:* → LENTILLA.

lentilla. 'Lente que se aplica directamente sobre el globo del ojo'. Es adaptación del francés *lentille,* 'lente', pero el hablante español interpreta la palabra como un diminutivo de *lente.* Desde este punto de vista, el nombre *microlentilla* no es muy recomendable, pues encierra una redundancia. *Lentilla* es palabra usual y aceptable. Existe otra denominación válida, más técnica: *lente de contacto* (donde *lente* tiene género femenino; no masculino, como algunos creen).

lepido-. Forma prefija del griego *lepís,* 'escama': *lepidóptero.*

lepto-. Forma prefija del griego *leptós,* 'delgado': *leptomeninges.*

Lequeitio. La ciudad vizcaína que en vascuence se escribe con la grafía *Lekeitio* tiene en castellano la forma *Lequeitio,* y es esta la

que debe usarse cuando se escribe en español.

Lérida. La ciudad y la provincia que en catalán tienen el nombre de *Lleida* se denominan en castellano *Lérida,* y es esta la forma que debe usarse cuando se habla o escribe en español.

leso. 'Agraviado, lastimado'. Este adjetivo se usa en contadas construcciones: *un delito de lesa humanidad, de lesa majestad,* o *de lesa patria,* significa 'un delito que agravia o daña a la humanidad, o a la majestad, o a la patria'. No tiene sentido el adjetivo *leso* en una frase como esta: *«Dio lugar a que .. se desplomase parte de la fachada de la casa sobre la acera, produciendo la muerte de nueve personas y heridas de lesa gravedad a otras»* (Informaciones, 27.6.1974, 7).

Lesoto. El estado africano que en inglés y otras lenguas se llama *Lesotho* en español es *Lesoto.*

Letonia. Algunos periodistas distraídos aplican el nombre inglés de *Latvia* al país báltico que en español se llama *Letonia.* El adjetivo derivado es *letón.*

letrado. Como nombre, el femenino de *letrado* es *letrada.* No tiene por qué ser *letrado,* como se lee a veces en los periódicos (*«la letrado Francisca Sauquillo»,* M. A. Iglesias, *Triunfo,* 25.5.1974, 19).

leuco-, leuc-. Formas prefijas del griego *leukós,* 'blanco': *leucocito, leucoma.*

levantar. Construcción: *levantar* AL *cielo; levantar* DEL *suelo; levantar* EN *alto; levantar* POR *las nubes; levantar* SOBRE *todos; levantarse* CONTRA *el Gobierno; levantarse* DE *la silla; levantarse* EN *armas.*

levo-. Forma prefija del latín *laevus,* 'izquierdo': *levógiro.*

liar. Se conjuga, en cuanto al acento, como *desviar* [1 c].

Líbano. El nombre español del país del Oriente Medio va acompañado de artículo: *el Líbano.* No debe quitársele, como se ha hecho en estos ejemplos: *«Reagan mantendrá a los 'marines' en Líbano», «la fuerza multinacional de paz destacada en Líbano», «el cuartel general de los marines en Líbano» (País,* 24.10.1983, 1).

libertar. Construcción: *libertar* DEL *peligro.*

libido. 'Impulso sexual'. Es nombre femenino, y su acentuación es grave: *la libido.* Evítese la acentuación esdrújula, debida probablemente a influjo del adjetivo *lívido* (*«Una posibilidad libertadora de la líbido sublimada»,* Castellet, *Marcuse,* 133). Cf. Laín, *Lenguaje,* 30.

librar. **1.** Construcción: *librar* CONTRA *un banco; librar a alguno* DE *riesgos; librarse* DE *los enemigos.*
2. No es castellano, sino catalán o francés (según los casos) el uso de *librar(se)* por *entregar(se): «El poeta .. librado por entero al genio poético de este hombre»* (R. Saladrigas, *Destino,* 1.9.1973, 30).

libre. **1.** Construcción: *libre* DE *sujeción; libre* DE *hacerlo* (no *libre* A *hacerlo*).
2. El superlativo de este adjetivo es *libérrimo.*

librería. 'Tienda donde se venden libros' y 'mueble para libros'. El sentido de 'biblioteca', aunque registrado por la Academia, está anticuado, y usarlo hoy es impropiedad debida a anglicismo; así, la *Librería del Congreso* (de Washington), de que hablan algunos periodistas, es la *Biblioteca del Congreso.*

licenciar. **1.** Se conjuga, en cuanto al acento, como *cambiar* [1 a].
2. Construcción: *licenciarse* EN *Farmacia.*

licuar. Se conjuga, en cuanto al acento, como *averiguar* [1 b]. Pero, junto a la conjugación *licuo* /lí.kuo/, existe una conjugación /li.kú.o/ [1 d] (cf. Casares, *Informe,* § 35a). En su *Diccionario* (1984), s. v. *licuante* y *colicuante,* la Academia escribe *licua* y *colicua,* es decir, opta por la forma 1 b.

líder. Como adaptación del inglés *leader,* pronunciado corrientemente /líder/, la Academia registra en su *Diccionario* el nombre (que puede ser masculino y femenino) *líder,* ampliamente usado desde hace mucho en la prensa. Su plural es *líderes.* No debe usarse la forma inglesa original, *leader,* ni su plural *leaders.* En realidad, la misma forma española no es muy necesaria, pues son equivalentes suyos *dirigente, jefe* y *cabeza* (en una competición deportiva, solamente este último: *El Rayo es el cabeza de su grupo). Cabeza,* referido a varón o a cosa personificada de nombre masculino, se usa como masculino. La Academia no solo ha acogido *líder,* sino sus derivados *liderato, liderazgo* y *liderar.*

lidiar. **1.** Se conjuga, en cuanto al acento, como *cambiar* [1 a].
2. Construcción: *lidiar* CON o CONTRA *los infieles; lidiar* POR *los ideales.*

lied. 'Canción lírica'. Es palabra alemana —pronunciada /lid/— con que se designa un género musical. Su plural es *lieder,* /líder/. Por error usan algunos esta forma de plural como singular: *«Dos damas .. entonan un 'lieder' de transida tristeza» (Informaciones,* 9.9.1972, 23).

Lieja. La ciudad belga de *Liège* tiene en español el nombre de *Lieja.*

ligar. Construcción: *ligar una cosa* CON (o A) *otra.*

ligazón. 'Unión'. El género de este nombre es femenino, *la ligazón* (no masculino, como aparece en ocasiones: *«El ligazón afectivo con ella era escaso»,* M. C. Salvador, *Gaceta,* 14.8.1977, 55).

Lila. La ciudad francesa de *Lille* tiene en español el nombre de *Lila.*

limitar. Construcción: *limitar las importaciones; limitar* CON *otro territorio; limitarse* A *copiar.*

limpiar. **1.** Se conjuga, en cuanto al acento, como *cambiar* [1 a].

2. Construcción: *limpiar la tierra* DE *broza; limpiar* CON *el pañuelo; limpiar* DE *culpas.*

limpieza. *Limpieza* A *seco,* como se anuncia en algunas tintorerías, no se dice en español; sino *limpieza* EN *seco.*

lindar. Construcción: *lindar una tierra* CON *otra.*

linde. 'Límite'. Aunque la Academia da este nombre como ambiguo en cuanto al género, en el uso actual es generalmente femenino: *«Esta linde sentimental»* (Pérez de Ayala, *Urbano,* 104); *«Derribadas las lindes»* (Alonso, *Noticia,* 11). Un ejemplo masculino: *«Este año, hallándome en los lindes de mis 57»* (Benedetto, *Caballo,* 214).

linfo-, linf-. Formas prefijas del latín *lympha,* 'agua': *linfocito.*

linóleo. 'Cierta tela fuerte e impermeable': *«Fue caminando por la tira de linóleo»* (Onetti, *Astillero,* 10). Es preferible usar la forma *linóleo* (cuyo plural es *linóleos)* a la forma *linóleum* (cuyo plural es *linóleums).* Solo la primera de ellas está registrada por la Academia.

Liorna. La ciudad italiana de *Livorno* tiene en español el nombre tradicional de *Liorna: «Nacido en Liorna (Toscana) hace cincuenta y ocho años»* (L. Azancot, *Pueblo,* Supl., 31.5.1978, 15). Es preferible ese nombre al italiano, y sobre todo al inglés *Leghorn,* que solo debe usarse cuando se habla de una raza de gallinas.

lipo-, lip-. **1.** Formas prefijas del griego *lípos,* 'grasa': *liposoluble.* **2.** Formas prefijas del griego *leípo,* 'faltar': *lipotimia.*

Liria. La ciudad valenciana que en catalán y valenciano tiene el nombre de *Llíria* se denomina en castellano *Liria,* y es esta la forma que debe usarse cuando se habla o escribe en español.

lis. 'Lirio' o 'forma heráldica de la flor del lirio'. La Academia da este nombre como femenino, pero añade que modernamente se usa como masculino. En femenino lo usó Machado: *«Para ti la roja flor / que antaño fue blanca lis»* (*Poesías,* 260); en masculino, Larreta: *«El blasón de los cinco lises»* (*Don Ramiro,* 28).

lisiar. Se conjuga, en cuanto al acento, como *cambiar* [1 a].

-lisis, -lisia. Formas sufijas del griego *lysis,* 'disolución': *análisis.*

Lisístrata. Nombre de la protagonista de una famosa comedia de Aristófanes. Es voz esdrújula, /lisístrata/; no llana, /lisistráta/.

lista. Lista o *tabla clasificatoria,* o simplemente *lista,* o *tabla,* es la relación de una serie de elementos (personas, entidades, etc.) por orden de mayor a menor categoría o puntuación. No es necesario el uso del inglés *ranking.*

listo. *Listo para sentencia:* → VISTO.

Liszt. El nombre del célebre compositor húngaro se pronuncia /list/, no /lits/, como dicen algunos locutores.

lito-, lit-, -lito. Formas prefijas y sufija del griego *líthos,* 'piedra': *litografía, megalito.*

litografiar. Se conjuga, en cuanto al acento, como *desviar* [1 c].

lívido. Significa 'amoratado'; no, como muchos creen, 'pálido': *«Los tres muchachos, que se quedaron inmóviles y lívidos, fueron los únicos testigos directos del socavón»* (*Ya,* 16.10.1962, 3). La Academia, no obstante, acoge ya este sentido.

living → CUARTO, 1.

Livorno → LIORNA.

ll. **1.** Hasta 1994 la combinación *ll* (con el nombre *elle,* plural *elles)* figuraba como decimocuarta letra del alfabeto español. En esa fecha, la Asociación de Academias de la Lengua Española acordó retirar oficialmente la consideración de letra a esta combinación y tratarla —como es normal en las demás

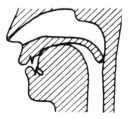

Articulación del fonema /ll/

lenguas— como una secuencia de dos letras, haciendo que en los diccionarios y en todas las listas alfabéticas se incluyera dentro de la letra *l*, entre las secuencias *-lk-* y *-lm-*. Con esto, y con una medida similar aplicada a la combinación *ch*, el alfabeto español ha recuperado la estructura que tuvo hasta 1803 y se ha uniformado con el alfabeto universal. Véanse más detalles sobre este asunto en el artículo CH.

2. Esta combinación representa el fonema /ll/, que se realiza elevando la lengua hasta ponerla en contacto con el paladar, dejando solo estrechos canales a los lados para la salida del aire. El ápice de la lengua se sitúa detrás de los incisivos inferiores. Durante la articulación vibran las cuerdas vocales.

La articulación descrita se mantiene viva en amplias regiones de España y de América, y la poseen también —adquirida por la enseñanza— personas cultas de otras regiones. Pero hay asimismo muchas zonas, tanto en España como en el Nuevo Mundo, que igualan la articulación de este fonema a la de /y/: *caballo*, /kabáyo/. Esta igualación, llamada *yeísmo*, se considera hoy también correcta (→ Y[1]).

llamado. *Así llamado*, seguido de predicativo, es traducción literal del inglés *so-called*: «*Los fines atribuidos al así llamado consejo de guerra*» (A. Marquina, *País*, 22.11.1978, 7); «*Los así llamados discursos científicos*» (J. Lozano, *País*, 21.6.1984, 30). La forma española es simplemente *llamado*: «al *llamado* consejo de guerra», «los *llamados* discursos científicos».

llamar. **1.** Construcción: *llamar x* A *una cosa; llamar* A *la puerta; llamar* A *juicio; llamar a voces*, CON *la mano*, POR *señas; llamar* DE *tú a otro; llamar a uno* A *dirigir el colegio; llamarse* A *engaño*. **2.** Es característico del castellano de Galicia el uso de *llamar*, 'nombrar', como intransitivo, rigiendo complemento indirecto: «*[A la chica] yo siempre le llamé Reina*» (Mayoral, *Muerte*, 15). El uso normal es como transitivo («*la* llamé Reina»). **3.** Es también propio del castellano gallego *llaman por ti* en vez de *te llaman* (García, *Temas*, 123).

llegar. Construcción: *llegar* A *casa; llegar* DE *Alemania; llegar* A *creerlo*.

Lleida → LÉRIDA.

llenar. Construcción: *llenar el hoyo* CON *tierra; llenar el saco* DE *trigo; llenar a alguien* DE *improperios*.

llevar. Construcción: *llevar algo* A *casa; llevar un contratiempo* CON *paciencia; llevar a uno* A *creerlo; llevarse bien* CON *el vecino*. *Llevar* + gerundio es perífrasis verbal que va acompañada de un complemento de tiempo: *Llevo diez años esperando la ayuda prometida*, 'hace diez años que espero la ayuda prometida'.

Llíria → LIRIA.

-llizo → TRILLIZO.

llorar. Construcción: *llorar* DE *gozo; llorar* POR *la felicidad ajena*.

llover. Verbo irregular. Se conjuga como *mover* [18]. (Véase cuadro.) En su sentido recto ('caer lluvia') es impersonal: solo se usa en las terceras personas de singular. Pero puede usarse como verbo personal con sujeto interno *(la lluvia llueve)* u otro: «*La Peña Negra, en la que nos llovió la aguanieve que escapaba de Gredos*» (Cela, *Miño*, 7). Esto es más frecuente cuando el verbo toma el sentido metafórico de 'caer en abundancia': *Llueven los premios*.

Otro uso personal es el de la forma pronominal *lloverse*, 'sufrir (un techo, un edificio) la penetración de la lluvia': *Esta casa se llueve* (Academia, *Gramática*, § 283c). El uso no parece muy vivo en España, pero se encuentran ejemplos en América: «*Que se me está lloviendo la casa*» (Donoso, *Domingo*, 34).

lo. **1.** Artículo neutro: → EL, 8. **2.** Pronombre personal masculino: → ÉL, 4, 5, 6 y 8. **3.** Pronombre personal neutro: → ELLO, 2 y 3.

lock-out → CIERRE.

loco-. Forma prefija del latín *locus*, 'lugar': *locomotora*.

-logía. Forma sufija del griego *lógos*; significa 'tratado', 'ciencia': *teología*.

logo-. Forma prefija del griego *lógos*, 'palabra': *logomaquia*.

-logo. Forma sufija del griego *lógos*; sirve para sustantivos concretos y significa 'el que

```
CONJUGACIÓN DEL VERBO «LLOVER»

                          (tiempos simples)

MODO INDICATIVO                    MODO SUBJUNTIVO

Pres. llueve.                      Pres. llueva.
Pret. impf. llovía.                Pret. impf. lloviera o lloviese.
Pret. indef. llovió.               Fut. impf. lloviere.
Fut. impf. lloverá.
Pot. simple llovería.

                          FORMAS NO PERSONALES

Inf. llover.            Ger. lloviendo.              Part. llovido.
```

cultiva un saber': *teólogo.* Los nombres formados con este componente átono tienen, naturalmente, diferenciación de género en las formas *-o/-a: antropólogo/antropóloga; geólogo/geóloga,* etc. No tienen razón de ser, por tanto, casos como *la antropólogo, la ginecólogo, la arqueólogo, la grafólogo,* etc.

lograr. Construcción: *lograr algo* DE *alguien.*

Loira. El río francés *Loire* tiene en español el nombre de *Loira.*

lonche → LUNCH.

longi-. Forma prefija del latín *longus,* 'largo': *longilíneo.*

lord. Título honorífico inglés. El plural que se da a este nombre en español es *lores.*

Lorena. La región francesa de *Lorraine* tiene en español el nombre de *Lorena.*

Lourdes. Como nombre de una ciudad francesa o como nombre de mujer, la pronunciación española de esta palabra es /lúrdes/.

Lovaina. La ciudad belga de *Louvain* tiene en español el nombre de *Lovaina.*

lubrificante. Son igualmente válidas las formas *lubrificante* y *lubricante,* adjetivos y nombres masculinos, así como las formas *lubrificar* y *lubricar,* verbos.

luchar. Construcción: *luchar* CON o CONTRA *alguno; luchar* POR *recobrar algo.*

lucir. Verbo irregular. (Véase cuadro.)

lucubración, lucubrar → ELUCUBRACIÓN.

luego. 1. Adverbio que equivale a *después.* En España es anticuado, hoy regional, el uso en el sentido de 'inmediatamente, al instante' (es normal, en cambio, en varios países americanos). Debe evitarse la redundancia *luego después.*
2. Conjunción que introduce la expresión de la consecuencia lógica: *Pienso, luego existo.* Con esta función, la palabra *luego* es átona.
3. *Luego que,* locución conjuntiva, 'tan pronto como'. Es de uso literario.

lujurioso. 'Lascivo'. Es error, debido a anglicismo, usar este adjetivo con el sentido de 'lujoso o fastuoso' (el valor más habitual del inglés *luxurious):* «*La íntima asociación del culto del Templo con la corte real [de Salomón] y su vida lujuriosa —las vestiduras de los sumos sacerdotes eran justamente una adaptación de las vestiduras reales— nos capacita para entender por qué los sacerdotes .. llegaron a caracterizarse por sus actitudes aristocráticas*» (Chamorro, trad. Ling, *Religiones,* I, 94).

lumen. En física, 'unidad de flujo luminoso'; en medicina, 'luz de un vaso o conducto'. Es nombre masculino. En plural es *lúmenes* (no *lumen).*

luna → MAYÚSCULAS, 2.4.

lunch. La palabra inglesa *lunch,* que signi-

CONJUGACIÓN DEL VERBO «LUCIR»
(tiempos irregulares)

INDICATIVO

Pres. luzco, luces, luce, lucimos, lucís, lucen.

SUBJUNTIVO

Pres. luzca, luzcas, luzca, luzcamos, luzcáis, luzcan.

IMPERATIVO

luce, luzca, lucid, luzcan.

---

fica literalmente 'comida', se usa en España como nombre masculino, pronunciado generalmente /lanch/ o /lonch/, y con el sentido de 'refrigerio que se ofrece a los invitados a una ceremonia'. En América, donde se usa con otro sentido, se ha españolizado la palabra en la forma *lonche,* que no es mala solución.

luso-. Forma prefija de *lusitano,* 'portugués': *lusoespañol.*

m

m. Decimotercera letra del alfabeto. Su nombre (femenino) es *eme,* plural *emes.* Corresponde al fonema consonante /m/, en cuya realización la disposición de los órganos de articulación es igual que para una /b/ oclusiva, pero la salida del aire, en vez de interrumpirse un instante y reanudarse luego con una leve explosión en los labios, se realiza aquí sin interrupción y por un camino distinto, que es el de las fosas nasales. Esta desviación se debe a la abertura que presenta el velo del paladar al bajarse. Es una consonante bilabial nasal sonora. Gráficamente se representa este sonido por la letra *m,* pero se usa *n* cuando la letra que sigue es *v: tranvía,* /trambía/.

macarra → RUFIÁN.

macrocefalia. 'Cualidad de macrocéfalo'. No es *macrocefalía* (→ -CEFALIA).

macrocosmos. 'Universo', en sentido figurado; 'totalidad de una estructura compleja'. La Academia registra este nombre en dos formas, *macrocosmo* y *macrocosmos,* dando su preferencia a la primera; pero la segunda es la usada generalmente, en analogía con *cosmos* (palabra recogida así por la misma Academia, y no en la forma *cosmo).*

Madagascar. El adjetivo derivado del nombre de Madagascar (que también se denomina República Malgache) es *malgache.*

Maestrazgo. La comarca castellonense que en catalán y valenciano tiene el nombre del *Maestrat* se denomina en castellano *el* *Maestrazgo,* y es esta la forma que debe usarse cuando se habla o escribe en español.

magazine. Aparte del sentido de 'revista ilustrada' (→ REVISTA), se usa este nombre masculino como denominación única para 'espacio de televisión que recoge muchos temas variados'. Podría aplicársele sin dificultad también el equivalente español habitual de *magazine: revista.* Sin embargo, la Academia ha aceptado ya la palabra, españolizándola en la forma *magacín.*

magdalena. 'Cierto bollo'. Tanto en este nombre como en el nombre de persona *Magdalena,* es vulgar la pronunciación /madaléna/, omitiendo el fonema /g/.

Maghreb → MAGREB.

mágico. En la lengua literaria algunos usan, en lugar de *mágico, feérico* (francés *féerique),* que significa exactamente lo mismo: *«Bajo sus palabras nació lo feérico, lo fantástico»* (Torre, *Rilke,* 13); *«Un extenso jardín asomado a uno de los más selváticos y feéricos tramos del río Charwell a su paso por Oxford»* (Marías, *Almas,* 152). No obstante, la Academia recoge esta voz en su *Diccionario.*

magma. En geología, 'masa de materias en fusión que se solidifican'. Su género es masculino, *el magma* (no femenino: *«La magma de datos y documentos que logré recopilar»,* J. L. Olaizola, *Ya,* 16.11.1983, 33).

magneto. 'Generador de electricidad de alto potencial'. El género de este nombre es masculino o femenino: en España predomina el femenino; en América, el masculino.

magnetófono. 'Aparato grabador y reproductor de cintas magnéticas'. Es preferible, sin duda, la forma *magnetófono* a *magnetofón;* los aparatos relacionados con el sonido se designan en español normalmente por medio de la forma sufija átona *-fono: télefono, micrófono, megáfono, audífono.* En todo caso, el nombre más usado en América, *grabadora,* no desconocido en España, elimina toda discusión.

magnífico. El superlativo de este adjetivo es *magnificentísimo,* de uso exclusivamente literario.

Magreb. Parte noroeste de África. Con este nombre se designa habitualmente la región constituida por Marruecos, Argelia y Túnez, y a veces también Mauritania y Libia. No debe usarse la grafía *Maghreb.* El adjetivo correspondiente es *magrebí.* Es válido también el nombre tradicional *Mogreb,* hoy poco usado, con su adjetivo *mogrebí.*

maguer. Conjunción, 'aunque'. Es voz desusada desde hace varios siglos; pero conviene saber, en la lectura, recitación o transcripción de textos antiguos, que es errónea la forma *magüer* que algunos usan.

Maguncia. La ciudad alemana de *Mainz,* que en francés se llama *Mayence,* tiene en español el nombre de *Maguncia.*

Mahón. La ciudad de Menorca que en catalán y mallorquín tiene el nombre de *Maó* se denomina en castellano *Mahón,* y es esta la forma que debe usarse cuando se habla o se escribe en español.

mahonesa → MAYONESA.

maillot → CAMISETA.

Main. El río alemán *Main,* conocido principalmente porque pasa por la ciudad de Fráncfort, tiene un nombre español, *Meno;* pero este nombre está en desuso. Se dice normalmente, pues, *Fráncfort del Main.* Deben evitarse formas erradas, como *Maine* y *Mein.* (*Maine* es el nombre de un estado norteamericano y de una antigua provincia francesa.)

Mainz → MAGUNCIA.

mal. **1.** Forma apocopada del adjetivo *malo:* → MALO, 1.

2. Puede ser nombre masculino: *No ha sufrido ningún mal.*
3. También puede ser adverbio: 'de mala manera' *(Está mal hecho)* o 'difícilmente' *(Mal puedo saberlo si no lo he visto).* El uso como adverbio de tiempo, 'apenas', está anticuado *(«Las flores mal despuntadas / de sus rosados capullos / saldrán la primera vez / a ver el alba en confuso»,* Calderón, *Gran teatro,* 74); modernamente, su empleo es portuguesismo, como en este ejemplo: *«El ministro de Asuntos Exteriores portugués .. habla de hospitales [en Guinea Bissau] reducidos a 'depósitos de enfermos' y de la desesperación de algún médico ruso o cubano que mal consigue comunicarse con sus enfermos que .. no conocen siquiera la lengua portuguesa»* (N. Guardiola, *País,* 5.1.1983, 5).
4. El comparativo de este adverbio es *peor: La silla está peor hecha que la mesa.* Por tratarse de un adverbio, no tiene justificación el uso vulgar que le da forma plural cuando acompaña a un participio en plural *(Las sillas están peores hechas;* «*Los hogares de los ancianos son los peores equipados»,* Ya, 29.5.1994, 18). *Más peor* es redundancia vulgar por el simple *peor.*
5. El superlativo corriente es *malísimamente;* pero al lado de él existe una forma culta, *pésimamente,* de connotación más enfática.
6. *Mal que,* locución conjuntiva, 'aunque'. Su uso se limita casi exclusivamente a la construcción con el verbo *pesar* en subjuntivo y un complemento indirecto: *mal que pese a algunos; mal que nos pesara; mal que te pese.*
7. *Mal que bien* (más raro, *bien que mal*), locución adverbial, 'bien o mal': *«Reunía lo suficiente para que pudiesen ir tirando mal que bien los individuos de la modesta tribu de los Paradox»* (Baroja, *Aventuras Paradox,* 20). En la Argentina y otros países americanos existe la variante *mal que mal* (Kany, 399).
8. *Mal entendido, mal pensado:* → MALENTENDIDO, MALPENSADO.
9. *Mal a gusto:* → GUSTO, 3.
10. *Mal educado* y *maleducado:* → MALEDUCADO.

mal-, mala-. Prefijo que añade la significación de 'mal' (adjetivo o adverbio) a nombres, a verbos y a participios: *malhumor, maltraer, malherido, malaventura.*

malaco-. Forma prefija del griego *malakós,* 'blando': *malacopterigio.*

Malaisia. Conviene evitar la confusión entre *Malasia* y *Malaisia.* El primer nombre corresponde a un archipiélago situado entre Asia y Oceanía, que también se llama *Archipiélago Malayo* o *Insulindia.* El segundo designa una federación del sudeste asiático constituida por la antigua Federación Malaya y los Estados de Borneo del Norte y Sarawak. El adjetivo de *Malasia* es *malayo;* el de *Malaisia* es *malaisio.* No deben emplearse para estos últimos términos las grafías *Malaysia* y *malaysio.*

Hay que advertir, no obstante, que en los organismos internacionales y en la mayor parte de la prensa española (una excepción, *País*) se emplea normalmente en español la forma *Malasia* para referirse al estado de Malaisia, junto con el adjetivo derivado *malasio.*

Malawi. Estado de África oriental, antigua Niasalandia. Se suele preferir en español la forma *Malaui* en lugar de *Malawi,* con evidente inconsecuencia en cuanto al tratamiento de la *w* intervocálica, pues esta letra se respeta tradicionalmente por lo menos en otro topónimo como *Taiwán* (que nadie entre nosotros escribe *Taiuán*). El adjetivo derivado de *Malawi* es *malawí;* el de *Malaui, malauí.*

Malaysia → MALAISIA.

malcriar. Se conjuga, en cuanto al acento, como *desviar* [1 c].

maldecido. *Maldecido* y *maldito. Maldecido* se utiliza como participio en la formación de los tiempos compuestos y de la pasiva de *maldecir: he maldecido, fue maldecido. Maldito* se emplea exclusivamente como adjetivo: *el maldito dinero, maldita sea mi suerte.*

maldecir. 1. Verbo irregular. Se conjuga como *bendecir* [40]. Sobre el participio, → MALDECIDO.
2. Construcción: *maldecir A otro; maldecir DE todo.*

maldito → MALDECIDO.

maleducado. *Maleducado* puede ser el participio del verbo *maleducar,* 'educar mal por exceso de mimo o blandura': *Tiene caprichos de niño maleducado.* Pero también puede ser puro adjetivo, 'que tiene mala educación': *Es un tipo maleducado incapaz de tratar con personas.* En este segundo caso es posible también la grafía *mal educado* (en plural, *mal educados).*

malentendido. 'Equívoco, mala interpretación o mal entendimiento'. En plural es *malentendidos.* No debe usarse la grafía *mal entendido,* que implicaría un plural *malos entendidos.* Aunque *malentendido* es galicismo (francés *malentendu),* no hay objeción seria para no aceptarlo, y la Academia, en efecto, lo ha recogido.

malgache → MADAGASCAR.

malherir. Verbo irregular. Se conjuga como *sentir* [60].

malhumor. 'Estado de irritación o enfado'. Es preferible la grafía en dos palabras, *mal humor,* ya que la fusión entre los dos componentes no es completa. Así lo demuestra la posibilidad, muy viva, de sustituir el primer elemento por algún sinónimo o casi sinónimo, e incluso cambiar su posición. No solo decimos *estar de mal humor,* sino también *estar de pésimo humor, de muy mal humor, de malísimo humor, de un humor muy malo, de un humor pésimo, de un humor detestable, de un humor endemoniado, de un humor de mil demonios, de un humor de perros.* Esta flexibilidad es incompatible con la grafía *malhumor,* que implica una unidad léxica cerrada. Nótese, además, que como plural usamos *malos humores,* no *malhumores.* Por otra parte, la expresión antónima, *buen humor,* nunca se escribe como una sola palabra.

La grafía *malhumor* (aceptada, pero no preferida, por la Academia) tiene probablemente su explicación en la existencia del adjetivo *malhumorado,* el adverbio *malhumoradamente* y el verbo *malhumorar,* en los cuales la grafía unitaria es obligada.

Malí. Los adjetivos correspondientes a la República del Malí son *malí* y *maliense.*

maliciar. Se conjuga, en cuanto al acento, como *cambiar* [1 a].

maliense → MALÍ.

malo. 1. La forma masculina singular de

este adjetivo sufre apócope, convirtiéndose en *mal* cuando precede inmediatamente al sustantivo a que se refiere: *el mal poema; un mal momento.*

2. El comparativo de *malo* es *peor,* en general; pero la forma perifrástica *más malo* se usa a menudo en la lengua coloquial. El adjetivo *peor* lleva el término de comparación introducido por *que: peor* QUE *el anterior.* La construcción con *a* («*peor* AL *anterior*», *Informaciones,* 11.6.1977, 32) se debe a confusión con otros comparativos, como *inferior,* que llevan *a.*

3. El superlativo normal es *malísimo.* La forma latinizante *pésimo* tiene un significado enfático especial.

4. *Mala fe:* → FE.

5. *Malo* (de película): → VILLANO.

malpensado. 'Inclinado a imaginar maldad en los demás'. Puede escribirse también *mal pensado;* pero parece preferible la primera forma.

malquistar. Construcción: *malquistar a uno* CON *otro; malquistarse* CON *otro.*

maltraer. Verbo irregular. Se conjuga como *traer* [32].

Malvinas. Las islas *Falkland* tienen en español el nombre de *Malvinas.*

mamá. El plural de este nombre es *mamás.*

mampara. 'Bastidor que sirve para dividir una habitación o para cerrar una entrada'. Es vulgar la acentuación /mámpara/.

mamut. 'Animal proboscidio prehistórico'. Su plural es *mamutes* (mejor que *mamuts).*

manager. El nombre inglés *manager* (que entre nosotros se pronuncia /mánayer/) significa 'gerente', 'administrador', 'apoderado'. En España se emplea habitualmente como 'persona que organiza las actividades y cuida los intereses económicos' (de un deportista, especialmente boxeador, o de un artista). Aunque muy bien podrían utilizarse para este sentido palabras españolas como *administrador* o, mejor, *apoderado* (usual en el mundo taurino), no parece fácil prescindir del ya muy arraigado término *manager,* dentro de los ámbitos señalados. Fuera de ellos, debe traducirse como *gerente.*

manar. Construcción: *manar agua* DE *una fuente.*

manchar. Construcción: *manchar la ropa* CON o DE *tinta.*

manchú. 'De Manchuria'. Su plural es *manchúes.*

-mancia. En las palabras formadas con este elemento sufijo (del griego *manteía,* 'adivinación'), la Academia registra dos formas diferentes en su acentuación: *cartomancia* y *cartomancía* ('adivinación por los naipes'), *nigromancia* y *nigromancía* ('magia negra'), *oniromancia* y *oniromancía* ('adivinación por los sueños'), *quiromancia* y *quiromancía* ('adivinación por las rayas de la mano'), etc. En todos estos casos, la forma preferida en el uso es decididamente la primera.

mancomunar. Construcción: *mancomunarse* CON *otros.*

mandadera → ASISTENTA.

mandamás. Nombre coloquial, masculino y femenino, 'persona que manda'. Su plural es *mandamases* (mejor que *mandamás): «La decisión de los mandamases de Bellas Artes»* (Max Aub, *Ínsula,* núm. 240, 1966, 12).

mandar. 1. Construcción: *mandar a uno* A *un recado; mandar a uno* DE *emisario, mandar a uno* POR *pan* (sobre A POR *pan,* → A², 10).

2. Evítese la confusión entre *mandar* + infinitivo ('ordenar') y *mandar a* + infinitivo ('enviar').

mandolina → BANDOLINA.

manera. 1. *De manera que,* locución conjuntiva. Con verbo en indicativo, puede expresar consecuencia real, 'de tal manera que': *Lo hizo de manera que todos quedaron contentos;* o consecuencia lógica, 'conque': *¿De manera que te niegas a contestar?* Es hoy vulgar el empleo, en este último sentido, de la forma *por manera que.* Tampoco es muy apreciado *de manera es que,* ni el redundante *de modo y manera que.*

2. La misma locución conjuntiva, con verbo en subjuntivo, expresa finalidad, 'de manera encaminada a que': *Se situó de manera que no le pudieran ver.* El uso, con el mismo valor, de la construcción —calcada del francés— *de manera a* seguida de infinitivo *(Actúan de manera a hacerse notar; «Una estructura desigual de los precios mundiales de los productos, favoreciendo los de los manufacturados sobre los de las ma-*

terias primas, de manera a sustentar un orden económico mundial radicalmente injusto», manifiesto socialista, *Informaciones,* 4.3.1978, 6) es extraño al idioma y debe evitarse. En Argentina, *de manera de: «Ponete de manera de poder atar bien los dos tablones»* (Cortázar, *Rayuela,* 402). Compárese con *de modo de* y *de modo a* (→ MODO, 2).

3. *De la misma manera* lleva su término de comparación introducido por *que: Lo harán de la misma manera* QUE *los otros;* no por *como: «Resolver estos problemas de la misma manera* COMO *se tratan los conflictos militares» (Ya,* 17.3.1972, 5).

4. *Sobre manera:* → SOBREMANERA.

5. *En cierta manera* y *de cierta manera:* → MODO.

manga. *Manga raglán:* → RAGLÁN.

maníaco. Son igualmente válidas las formas *maniaco,* /-iáko/, y *maníaco,* /-íako/, si bien la Academia da preferencia a la segunda. (→ -íACO.)

maniatar. 'Atar las manos (a alguien)'. El complemento directo de este verbo ha de ser 'alguien', no sus 'manos', como muestra este ejemplo: *«Tras la invasión de los tanques soviéticos, Svoboda, pese a mantenerse en el poder, tuvo las manos maniatadas por el nuevo hombre fuerte, Husak» (Siglo XX,* XXXII, 94). Se trata de una confusión de *maniatar* con *atar;* confusión puesta frecuentemente de manifiesto en la curiosa construcción *maniatar* (a alguien) *de pies y manos: «Los bomberos .. encontraron el cadáver de un hombre estrangulado y con señales de haber permanecido maniatado de pies y manos» (Pueblo,* 14.2.1976, 40).

manifestar. Verbo irregular. Se conjuga como *cerrar* [6].

mano. **1.** El diminutivo de este nombre femenino es en España *manita;* en América y en el castellano de Galicia (Rabanal, *Hablas,* 43), *manito.*

2. *En manos,* 'en poder', con un complemento de posesión: *Estás en mis manos; El documento está en manos del gobierno.* No debe confundirse *a manos,* 'por efecto de la agresión' (de alguien): *Murió a manos de sus enemigos.*

3. *Echar mano* DE una persona o cosa es 'recurrir a ella'. *Echar mano* A algo es 'alcanzarlo, tomarlo con la mano'.

mantener. **1.** Verbo irregular. Se conjuga como *tener* [31].

2. Construcción: *mantener la casa* EN *buen estado; mantenerse* CON o DE *hierbas; mantenerse* EN *paz.*

manuscribir. Verbo irregular. Se conjuga como *escribir* [46].

mañana. **1.** *De buena mañana* es traducción literal del francés *de bon matin («Cogeros a las novelas radiofónicas que da la Radio Nacional por las mañanicas .. Cuando no era una hambrona que se quería beneficiar a un ingenuo pueblerino era una chavala que estaba con ganas de bureo .. Nada: que de buena mañana ya le ponen a uno en forma»,* Aristófanes, *Sábado,* 20.8.1975, 55); en español se dice *muy de mañana* o *por la mañana temprano.*

2. *En la mañana,* 'por la mañana': → EN, 3.

3. *Ayer mañana:* → AYER, 1.

Maó → MAHÓN.

maquinar. Construcción: *maquinar algo* CONTRA *alguno.*

mar. **1.** El género de este nombre en el uso general es masculino: *El mar Mediterráneo; Se cayó al mar; Prefiero el mar a la montaña; Un mar de sangre.* Pero en el uso de la gente de mar es femenino: *alta mar, hacerse a la mar, mar picada, mar rizada.* También es femenino en el modismo *la mar de,* 'mucho o muchos'.

2. En la locución nominal *alta mar,* 'parte del mar que está distante de la costa', el género de *mar* es necesariamente femenino, como lo muestra el adjetivo *alta.* Es, pues, *la alta mar;* no *el alta mar* (→ ALTA, 1).

3. *Alta mar* se escribe siempre en dos palabras; en cambio, *bajamar,* 'marea baja', y *pleamar,* 'marea alta', siempre se escriben en una.

maratón. 'Carrera pedestre de resistencia'. Aunque se ve con frecuencia usado este nombre como femenino —sin duda por sobrentender «la prueba»—, es preferible emplearlo, según también hacen muchos, como masculino, *el maratón.* Evítese la grafía *marathón.*

maravedí. 'Cierta moneda antigua'. Su plural más frecuente es *maravedís;* son raros *maravedises* y *maravedíes.*

marca. **1.** Para traducir al español el término deportivo internacional *record* se ha propuesto, y se usa con frecuencia, *marca* (que la Academia define así: «El mejor resultado técnico homologado en el ejercicio de un deporte»). Menos usado, *plusmarca* (no registrado por la Academia) (→ PLUSMARQUISTA). Las tres formas son aceptables, aunque es preferible *marca.* Solo hay que advertir que, si se adopta la palabra inglesa, debe escribirse con tilde, *récord* (pl. *récords).* Hay un caso en que *récord* es insustituible, y es cuando se usa como adjetivo (invariable): *Lo ha escrito en un tiempo récord.* **2.** *Batir el récord* y *establecer la marca* son construcciones equivalentes, ambas usuales y aceptables, aunque, de acuerdo con lo dicho antes, es preferible la segunda. No obstante, en sentido figurado se usa normalmente solo la primera construcción: *Has batido el récord de tontería.* **3.** *Sello* (discográfico) por *marca:* → SELLO.

marcapasos. 'Aparato para estimular el músculo cardíaco'. La Academia registra *marcapaso* y *marcapasos,* dando preferencia a la primera forma. Sin embargo, el uso se ha inclinado decididamente por *marcapasos.*

mare mágnum. 'Multitud confusa de cosas'. Aunque con frecuencia aparece escrito *maremágnum,* la Academia no registra más grafía que *mare mágnum.* Su plural es invariable.

marfileño → COSTA DE MARFIL.

margen. Es nombre ambiguo en cuanto al género: *el margen* o *la margen.* Sin embargo, tiende a diferenciar su género según el significado. Es habitualmente masculino cuando designa el espacio en blanco que se deja alrededor de una página: *Escribió unas palabras al margen.* También en sentido figurado, 'espacio libre': *Hay que darle algún margen para que se desenvuelva.* O 'aspecto lateral, no central' (de una cuestión): *Quiero plantear una pregunta al margen del problema.* Suele ser femenino cuando significa 'orilla de una corriente de agua': *Pasean por las márgenes del río.*

marine → INFANTE.

márketing → MERCADOTECNIA.

Marquina. La ciudad vizcaína que en vascuence se escribe con la grafía *Markina* tiene en castellano la forma *Marquina,* y es esta la que debe usarse cuando se escribe en español.

Marrakech. Esta es la grafía generalmente usada en España para el nombre de la antigua capital de Marruecos. Menos frecuentemente, también se usa la forma *Marraquech.* No deben emplearse, en cambio, las formas *Marrakex, Marrakesh.*

marrón. 'De color castaño'. Este adjetivo es de aplicación general a todo lo que tiene tal color, excepto a ojos y cabello; se prefiere decir *ojos castaños* y *cabello castaño.*

marroquí. El plural de este adjetivo o nombre es *marroquíes* —no *marroquís—.* *Marroquización* (mejor que *marroquinización)* es el nombre que corresponde a la política nacionalizadora de Marruecos.

mas. Conjunción, siempre átona, equivalente a *pero* o a *sino.* Su uso hoy es literario y corresponde casi siempre al primer sentido.

más. **1.1.** En comparaciones de intensidad con *más,* el segundo término de la comparación va introducido por *que: Es más alto* QUE *su hermano.* (Es erróneo el empleo de *a:* «Alcanzamos otro fin de semana con temperaturas más altas .. A *las que pueden considerarse normales», Abc,* 8.10.1983, 38. Tampoco es aceptable *como:* «Pocos sitios más irreales, más fantásticos y sorprendentes hay* COMO *estos desfiladeros del gran río», Neruda, Confieso,* 326.) Pero cuando ese segundo término es un número o una expresión cuantitativa, va introducido por *de: Había más* DE *cien personas.* En construcciones en que se destaca la cualidad en uno o varios individuos respecto a la de los demás, se usa *de: Es el más alto* DE *todos; Estos dos jugadores son los más duros* DEL *equipo.* Si el segundo término de la comparación se inicia con *lo que,* debe ir precedido por *de: Es más difícil* DE *lo que yo pensaba.* **1.2.** *De lo más,* precedido a un adjetivo o a un adverbio, intensifica el significado de estos; equivale más o menos a 'sumamente': «El comportamiento de Montse despertaba ya en todos una curiosidad de lo más turbia» (Marsé, Montse,* 141); «Sus efectos, algunos de ellos de lo más intolerables» (Caballero Bonald, Casa,* 45); «El viejo los miraba de lo más tranquilo con su *risita de muchacho»* (Garmendia, *Memorias,* 62); *«—¿Y cómo le va? —Bien..., de lo más bien»* (Donoso, *Domingo,* 46). En esta construcción, como se ve en los primeros ejemplos, lo normal es que el adjetivo tenga concordancia con el nombre al que se refiere.

1.3. *Más* no es solo adverbio; aunque siempre invariable, también puede ser adjetivo *(Los domingos vienen más visitantes)* o pronombre *(Los domingos vienen más).* Como adjetivo, habitualmente precede al nombre. Cuando este adjetivo *más* va precedido de modificación cuantitativa por medio de las palabras *cuanto, tanto, mucho, poco, alguno,* estas palabras llevan variación de género y número en concordancia con el nombre. Se dice, pues, MUCHOS *más libros,* MUCHAS *más personas,* CUANTA *más gente.* No es normal que los modificadores permanezcan sin variación, si bien no faltan casos: *«Cuanto más energías pongan, mayor será luego su desilusión»* (Solís, *Siglo,* 564); *«Cuanto más risas tiene una película, menos premios recibe»* (Ya, 24.8.1995, 44). Cf. Cuervo, *Apuntaciones,* § 381, y Fernández Ramírez, 3.2, § 204.

2. Es popular el uso de *más* ante formas adjetivas o adverbiales que ya son de suyo comparativas, como *mayor, menor, mejor, peor, antes, después.* Tampoco puede usarse ante un adjetivo o adverbio en forma superlativa *(más buenísimo;* *«El más variadísimo repertorio de fincas de recreo y chalets en Madrid»,* Abc, 29.6.1983, 22).

3. Cuando *más* va como adjunto de *nada, nadie, ninguno, nunca,* se enuncia, según la norma peninsular, detrás de estas palabras: *nada más, nadie más.* La anteposición *(más nada, más nadie; «El dolor .. de acordarme de las cosas que no veré más nunca»,* Uslar Pietri, *Lanzas,* 93) es, en España, uso regional —Galicia, León—; pero es bastante frecuente en América (Kany, 309).

4. *Más* se pronuncia átono (aunque sin dejar de escribirse con tilde) cuando corresponde al signo de la suma (+): *4 + 2* se lee /kuátro mas-dós/. Del uso matemático ha pasado al general, con el sentido de 'además de': *Por esto,* MÁS *por otras razones que no digo, me retiro* (léase: /mas-por-ótras/); *«Que primero serían dos gotas disueltas en el té..,* MÁS *luego, a las cuatro horas, dos gotas de lo mismo»* (Pombo, *Héroe,* 34) (léase: /mas-luégo/).

5. El empleo de *más* con el sentido de 'ya' no es normal en español (excepto en algunos países, como los de la región del Plata: *«Yo no los veo más, pero sé que están allí»,* Roa, *Hijo,* 19), y generalmente se da en traducciones defectuosas del francés o del italiano: *«Esta negativa responde a costumbres seculares que la gente no entiende más»* (Abc, 3.10.1978, traduciendo de un periódico italiano). Debería haberse escrito «que la gente ya no entiende».

6. *De más en más* es mala traducción del francés *de plus en plus* (*«Aquellas habitaciones claras se volvían de más en más el recinto de una Musa»,* Cortázar, trad. Yourcenar, *Adriano,* 78); en español se dice *cada vez más.*

7. *Más... más...* también es galicismo innecesario (francés *plus... plus...*): *«Más se los miraba, más sentía la necesidad de despertar a Traveler»* (Cortázar, *Rayuela,* 388). La construcción española es *cuanto más... más...* (que aquí usa el propio Cortázar: *«Cuanto más frágil y perecedero el armazón, más libertad para hacerlo y deshacerlo»,* ibíd., 487).

8. *A más,* como equivalente de *además,* aunque esté registrado en el *Diccionario* académico, no se usa hoy en la lengua general. Es frecuente, no obstante, en el castellano hablado por catalanes, quienes incluso lo emplean repetido *(a más a más).* (Esta última forma tampoco es desconocida en el castellano común: *«A más a más, se me ha saltao el botón de la cintura»,* Pereda, *Escenas,* 302.) *A más de,* 'además de', sí se usa en la lengua común, pero solo en el nivel literario.

9. *Si más no* es catalanismo que corresponde al castellano normal *por lo menos: «Partidos y partiditos clandestinos, con opciones de cárcel o, si más no, de comisaría»* (J. Fuster, *Informaciones,* 12.8.1977, 16).

10. *Estar de más,* 'estar de sobra o sin ocupación', se escribe separando *de* y *más* (no *demás).*

11. *Por más que,* locución conjuntiva, 'a pesar de que'. No es normal la forma *por más de que.*

12. *Nada más* + infinitivo: → NADA, 3.

13. *No más:* → NO.

14. *Siempre más:* → SIEMPRE.

15. *El que más y el que menos:* → QUE[1]; *quien más, quien menos* (o *quién más, quién menos):* → QUIÉN.

masacrar, masacre → MATANZA.

mascar → MASTICAR.

masculinidad. El nombre abstracto que designa la cualidad de masculino es *masculinidad* (no *masculineidad*: «Esto .. parece indicar ya la existencia de dos sexos, con una masculineidad y una femineidad diferenciadas»*,* J. Botella, *Abc,* Supl., 4.1.1970, 30). → -DAD, 3.

mass-media → MEDIO, 6.

masticar. *Masticar* y *mascar* significan lo mismo: 'desmenuzar (alimentos) con los dientes'. Se diferencian en el nivel de uso, que es coloquial en el segundo verbo. *Mascarse,* con el sentido de 'sentirse como inminente' *(se masca la tragedia),* no es intercambiable con *masticarse.*

masto-, mast-. Formas prefijas del griego *mastós,* 'pezón': *mastitis.*

matanza. El nombre francés *massacre,* que es masculino, se usa entre nosotros como femenino, escrito *masacre* y pronunciado /masákre/, con el sentido de 'matanza' o 'carnicería'. En realidad es un préstamo no muy necesario, pues las mismas palabras *matanza* y *carnicería* expresan perfectamente el significado con que es usado *masacre.* Sin embargo, el verbo *masacrar,* del francés *massacrer,* tiene, sobre sus equivalentes españoles tradicionales *hacer una matanza, hacer una carnicería* o —usado transitivamente— *asesinar en masa,* la ventaja de ser mucho más sintético. La Academia recoge ya en su *Diccionario* las dos voces.

matar. 1. Este verbo es regular; su participio, por tanto, es *matado.* Sin embargo, en la lengua escrita se usa a veces *muerto* en construcciones pasivas: *Tres guerrilleros fueron muertos por los soldados.* Fuera de este caso, el empleo de *muerto* como 'matado' es exclusivamente literario: «*José Marco ha muerto siete perdices*» (Azorín, *Voluntad,* 26).
2. Construcción: *matarse* A *trabajar; matarse* CON *otro; matarse* POR *conseguir una cosa.*

match → ENCUENTRO.

matemático. Como nombre, igual que como adjetivo, el femenino de esta palabra es *matemática.*

matrimoniar. Se conjuga, en cuanto al acento, como *cambiar* [1 a].

maullar. Se conjuga, en cuanto al acento, como *aullar* [1 f].

máximo, máximum → GRANDE, 3.

Mayence → MAGUNCIA.

mayonesa. 'Salsa que se hace batiendo aceite crudo y yema de huevo'. Aunque los puristas sostienen que es preciso decir *mahonesa,* el uso más extendido prefiere la forma con -*y*-. La Academia registra las dos formas, si bien inclinándose a favor de *mahonesa.* La forma *bayonesa* es un vulgarismo.

mayor. 1. Comparativo de *grande:* → GRANDE, 2.
2. *La mayor parte, el mayor sector de (los) españoles:* → MAYORÍA.
3. Sobre la construcción *mayor* A, → GRANDE, 2.
4. *Tanto mayor, cuanto mayor, mucho mayor,* precediendo a nombre *(cuanto mayor impulso, tanto mayor trabajo, mucho mayor entusiasmo),* presentan oscilación en la forma del primer elemento cuando el nombre es femenino: puede aparecer, o bien como invariable, o bien con terminación femenina. La forma invariable (ejemplos clásicos: «TANTO *mayor voluntad*», P. Mariana; «MUCHO *mayor fuerza*», Luis de Granada, cit. Cuervo, *Apuntaciones,* § 381) es la más aceptada, de acuerdo con la función adverbial de la palabra; pero también es frecuente, y también existe desde época antigua, la concordancia en femenino («MUCHA *mayor amargura*», Rodríguez de Montalvo; «TANTA *mayor generosidad*», Jovellanos, cit. Cuervo). Cuando estos grupos *tanto / cuanto / mucho + mayor* no preceden, sino que siguen al nombre, el primer elemento es siempre invariable: *una generosidad* TANTO *mayor, una amargura* MUCHO *mayor.*

mayoría. Es propio del castellano hablado por catalanes omitir el artículo del complemento que sigue a *la mayoría, la mayor parte, la mayor cantidad, el resto, el x por ciento, la mitad* u otras expresiones semejantes. El uso de los catalanohablantes se ha difundido también entre algunos que no lo son. He aquí una serie de ejemplos: «*Por las grandes autopistas europeas, la inmensa mayoría de automovilistas lo llevan usando hace tiempo*» (J. J. Soler Sans, *Gaceta,*

2.11.1963, 87); «*Expone la historia de su pueblo con una soltura y un soporte técnico muy superior al de la mayoría de libros eruditos y monográficos*» (J. Meliá, *Abc*, 13.4.1978, 37); «*El 68,2 por ciento de pacientes abandonaba el tratamiento*» (*Gaceta*, 30.7.1978, 16); «*La mayoría de peruanos oyó hablar de Sendero Luminoso por primera vez en las postrimerías de la dictadura militar*» (Vargas Llosa, *Abc*, 4.8.1983, 3); «*La mayoría de 'etarras' acogidos a la reinserción está en el penal alavés*» (*País*, 5.12.1985, 13); «*En inglés, la mayor parte de substantivos pueden ser igualmente empleados como verbos*» (Montoliu-Casas, trad. Vendryes, *Lenguaje*, 169); «*[El problema] ha sido tratado ligeramente por la mayor parte de especialistas*» (Badía, *Gerundio*, 287); «*Es obvio que el resto de editoriales no iban a dejarse arrebatar su parcela tranquilamente*» (*País*, 21.6.1984, 33). En todos ellos, el uso normal castellano sería *la mayoría* DE LOS..., *la mayor parte* DE LOS..., *el resto* DE LOS..., *el x por ciento* DE LOS...

mayorista. *Mayorista turístico* → TOUR OPERATOR.

mayormente. 'Principalmente'. El empleo de este adverbio es de nivel popular.

MAYÚSCULAS. La letra inicial de una palabra se escribe en su forma mayúscula para dar relieve a esa palabra, aludiendo al especial carácter de lo significado por ella o indicando que ella encabeza el discurso o la oración.

Es importante recordar que cuando hay que escribir con inicial mayúscula una palabra que empieza por uno de los dígrafos *ch* o *ll*, solo se pone en mayúscula la primera letra: *China*, *Llerena*.

1. *Se escriben con mayúscula:*

1.1. *a)* La primera palabra de un escrito, o la primera que va después de un punto.

b) La palabra que sigue al signo de cerrar interrogación (?) o al de cerrar exclamación (!), siempre que estos estén en final de oración (→ PUNTUACIÓN, VI).

c) La palabra que va después de dos puntos cuando estos siguen a un encabezamiento de carta (*Querido amigo, Muy señor mío*, etc.), o cuando los dos puntos indican que se van a citar palabras textuales (→ PUNTUACIÓN, II).

1.2. Los nombres propios y los sobrenombres que los sustituyen o acompañan: *Francia, Tajo, López, Luis el Calvo, Castilla la Vieja, el Cordobés, el Burlador, el Manitas.* (No debe escribirse en estos casos con mayúscula el artículo, poniendo, por ejemplo, *Fernando El Católico*, o *Aquella tarde toreaba El Cordobés.*) Cuando un nombre propio de ciudad lleva artículo, lo más frecuente es escribir este también con mayúscula: *El Escorial, La Haya, El Cairo.* (A pesar de la práctica de algunos, esa mayúscula del artículo no debe usarse en nombres de regiones y países: *la Mancha, la Rioja, el Brasil, el Líbano.*)

1.3. Las palabras que, sin ser nombres propios, funcionan como tales al aplicarse por excelencia a una determinada persona: *el Descubridor* (Colón), *el Libertador* (Bolívar), *el Apóstol* (San Pablo). Entran en este caso las que designan a Dios o a la Virgen María: *el Creador, el Salvador, la Virgen.* No como norma, sino como hábito que va cayendo en desuso, se extiende esta práctica a los pronombres personales (*Tú, Él, Ella*) que designan a Dios o a la Virgen.

1.4. *a)* Los títulos de dignidad o de autoridad, así como los tratamientos de respeto que se les dan: *el Jefe del Estado, el Rey, el Papa, el Gobierno, Su Majestad, Su Excelencia, Su Santidad* (y los vocativos que correspondan: *Majestad, Excelencia, Santidad,* etc.).

b) Los nombres y adjetivos que constituyen la denominación de instituciones o entidades: *Real Academia de Ciencias Morales y Políticas, Ministerio de Asuntos Exteriores, Congreso de los Diputados, Sociedad General de Autores, Editoriales Reunidas.*

1.5. *a)* La primera palabra del título de un libro, un artículo, un poema, una película, una pieza teatral, una obra musical, un programa de radio o de televisión: *Lo que el viento se llevó, Los intereses creados, Muerte y transfiguración, El mañana efímero.*

b) En los títulos de publicaciones periódicas, no solo la primera palabra, sino los nombres y adjetivos que formen parte de tales títulos: *Revista de Ideas Estéticas, El Hogar y la Moda, El Correo Catalán.*

2. *Casos especiales:*

2.1. *a)* Los títulos de *Rey, Príncipe, Infante, Conde, Duque, Marqués* y semejantes se escriben con mayúscula, según la Academia, cuando designan personas concretas, y con minúscula cuando están usados en sentido genérico: *Fue recibido por el Rey; Los reyes mueren igual que los esclavos*. Pero esta regla no suele acatarse hoy, en favor de la minúscula, al menos cuando el título va seguido de nombre propio o de complemento. Así, suele verse impreso *el zar Nicolás, la reina de Inglaterra, la duquesa de Alba*. Se exceptúan de esta costumbre los títulos de los miembros de la familia reinante en España: *el Rey Don Juan Carlos, el Príncipe Felipe*, etc.

   b) Los nombres apocopados *fray, sor* y *san*, y la forma plena *santo* de este último, antepuestos a nombre propio de persona, se escriben por tradición con mayúscula inicial: *Fray Bartolomé de las Casas, Sor Juana Inés de la Cruz, San Francisco de Asís, Santo Tomás de Aquino;* pero se pueden escribir perfectamente con minúscula. Lo mismo hay que decir de *padre, madre, hermano, hermana*, antepuestos a nombres propios de religiosos: *el Padre Baltasar, la Hermana María.*
   2.2. Nombres propios de personas, de lugares y de entidades aplicados a cosas.
   a) Es uso normal aplicar a algunas cosas el nombre de su inventor, creador, fabricante o propietario, o del lugar donde se originaron o donde se producen. Así, en la España del siglo XVII se llamó *chambergo* al sombrero que habían puesto de moda las tropas del mariscal Schomberg; el nombre de *quevedos* se debe a que este tipo de lentes fue popularizado por la efigie de Francisco de Quevedo; *coñac* es el licor que originariamente se producía en el pueblo francés de Cognac; el *jerez* y el *oporto* llevan asimismo los nombres de una ciudad española y otra portuguesa; las *tanagras* son estatuillas que se fabricaban en Tanagra (Grecia), etc. En todos los ejemplos citados el nombre se escribe con minúscula porque ha dejado de aludir al ser preciso que llevaba aquel nombre propio. Al hablar de *una copa de jerez* no se evoca necesariamente a la ciudad de Jerez, como al hablar de *los quevedos de Valle-Inclán* no estamos recordando al escritor Quevedo.
   b) Hay otros casos en que el aplicar el nombre propio de una persona a una serie de cosas no autoriza a escribirlo con minúscula. Esto ocurre cuando el nombre no se hace genérico, esto es, cuando no designa todo el género de cosas a que el objeto pertenece. Por

ejemplo, al decir *un Goya* no nombramos un cuadro cualquiera, ni tampoco un género determinado de cuadros, sino un cuadro que pertenece al número limitado de cuadros que pintó Francisco de Goya. Podemos comparar la relación artista / obras con la relación padre / hijos: las obras son hijas del autor, y como tales deben llevar su apellido, con mayúscula, como de un hijo de un señor González no escribimos, con minúscula, que es *un gonzález*. Evitemos, pues, la costumbre de los periodistas que escriben *un solana, un valdés leal, una colección de picassos, un cervantes primera edición*.
   c) Análogo al anterior es el caso de marcas comerciales o de modelos de las mismas: *Se afeita con su philips, Se bajaron de un viejo ford, Ha aparcado el mini*. En estos ejemplos y otros semejantes no nos encontramos ante nombres comunes, sino ante nombres propios industriales que los objetos fabricados llevan como un nombre de familia, igual que llevan los suyos respectivos las obras de los artistas. Lo correcto, por tanto, es aquí también la mayúscula: *su Philips, un Ford, el Mini*.
   2.3. Los nombres de los meses pueden escribirse con mayúscula o con minúscula; pero el uso generalizado es la minúscula. Con minúscula se escriben siempre los nombres de los días de la semana.
   2.4. *Sol* y *Luna* se escriben con mayúscula inicial cuando designan los respectivos astros: *la puesta del Sol, las fases de la Luna*. Se escriben con minúscula cuando se usan en sentidos derivados, como en *No tomes tanto el sol, Ha estado mucho tiempo al sol, No da el sol en esta vertiente, Hoy tenemos luna nueva*.
   2.5. Sobre el uso de mayúsculas o minúsculas en los nombres de puntos del horizonte *(norte, sur,* etc.), → PUNTOS DEL HORIZONTE. Sobre *ecuador,* → ECUADOR.

Mazalquivir. El puerto argelino de *Mers--el-Kebir* tiene en español el nombre de *Mazalquivir.*

me. Pronombre personal: → YO, 4 y 5.

Meca. *La Meca,* nombre de la ciudad santa de los musulmanes, lleva siempre el artículo *La*. No deben usarse las grafías *Mecca* y *Meka*. El adjetivo correspondiente es *mequí*.

mecano-, mecan-. Formas prefijas del latín *mechanicus,* 'mecánico': *mecanografía.*

mecanografiar. Se conjuga, en cuanto al acento, como *desviar* [1 c].

Mecca → MECA.

mecer. Este verbo es regular *(mezo, meza,* etc.)*, a pesar de que algunas personas, por influjo de otros verbos, como *crecer,* dicen *mezco, mezca;* conjugación que era normal en la época clásica (cf. Academia, *Esbozo,* § 2.12.4) y a la que todavía se atenía Bécquer: «*Yo, en los dorados hilos / que los insectos cuelgan, / me mezco entre los árboles / en la ardorosa siesta*» *(Rimas,* 408).

medianoche. 1. 'Las doce de la noche' *(Es medianoche,* puede anunciar a esa hora un locutor de radio). Aunque la Academia ofrece también la grafía *media noche,* esta forma corresponde más exactamente a otros sentidos: 'la mitad de la noche' *(He pasado media noche despierto)* o 'la parte central de la noche' *(A media noche me despertaron unos golpes);* ya que, para el primer uso ('las doce'), la pronunciación normal es con un solo acento, /medianóche/, mientras que para los otros dos hay dos acentos, /média-nóche/.
2. Otro significado de *medianoche* es 'cierto bollo pequeño'. En este caso el plural es *mediasnoches.*

mediante. 'Por medio de'. Es preposición y se pronuncia átona. No debe usarse la forma *mediante a.*

mediar. 1. Se conjuga, en cuanto al acento, como *cambiar* [1 a].
2. Construcción: *mediar* EN *una cuestión; mediar* ENTRE *los contrarios; mediar* POR *un amigo.*

médico. 1. El femenino de este nombre es *médica.* No tiene por qué ser *médico,* ni *mujer médico.*
2. Como adjetivo no debe ser suplantado por el galicismo y anglicismo *medical:* «*Fajas medicales*», se lee en un anuncio *(País,* 3.10.1978).

medida. 1. *Estar en medida de,* 'estar en condiciones de', es construcción calcada de la francesa *être en mesure de* («*Posiblemente estamos en medida de poder ser nosotros quienes otorguemos a este delito de lesa patria su verdadero sentido*», R. Conte, *País,* 25.11.1978, 9).
2. *A medida que,* locución conjuntiva, expresa progresión paralela de dos acciones

o fenómenos: *A medida que pasen los días te encontrarás mejor.* No debe confundirse con *en la medida en que* (o *en la medida que),* que denota una relación de dependencia o condicionamiento entre las dos acciones: *Se les asignarán responsabilidades concretas en la medida en que demuestren capacidad para ello.*
3. Sobre *medida,* 'a la medida': → SOBRE.

medio. 1. Esta palabra, además de nombre masculino *(los medios de vida)* y de adjetivo *(medio kilo),* puede ser adverbio *(medio dormido, medio muertas).* En este último caso es palabra átona: /mediodormído/. La sustitución de adverbio por adjetivo, *Tu tía está media loca,* se encuentra en el castellano de Galicia (García, *Temas,* 122).
2. *a) En medio,* locución adverbial, 'en lugar equidistante de los dos extremos' o 'en el centro' (la grafía en una palabra, *enmedio,* aunque defendida por Moliner, no es normal). Generalmente se construye con un complemento con *de: en medio* DEL *camino; en medio* DE *la fiesta.* No son normales *en medio* A, ni *en medio* sin preposición —*en medio a la selva, en medio el mar*—, que son vulgarismos (→ DE, 2), aunque los encontramos en Coronado: «*Yo de entre la tierra obscura / la vi brotar, como pura / memoria de tu pasión, / en medio la desventura / de mi ausente corazón*» *(Poesías,* 185); en Espronceda: «*Isla yo soy de reposo / en medio el mar de la vida*» *(Diablo,* 198); «*Mi pensamiento errante / flota en medio a la turbia tempestad*» *(ibíd.,* 196), y en Storni: «*En medio a la selva / tu dulce voz me llama*» *(Antología,* 25).
b) Entre medias, 'en medio, entre dos cosas'. También es posible la grafía *entremedias* (aunque menos apreciada). Al igual que *en medio,* puede construirse con la preposición *de:* «*Atravesaron los niños de Ocaña por entremedias de los que bailaban*» (Sánchez Ferlosio, *Jarama,* 212).
3. *Por medio,* o *por el medio,* locución adverbial, 'por el centro'; hoy más frecuentemente *por en medio: Cruzó por en medio de la plaza.* La construcción *por medio de* se reserva principalmente para el sentido 'por intermedio de': *Lo he conseguido por medio de mi cuñado.*
4. *Medio,* nombre masculino, designa en general el conjunto de circunstancias propias

del lugar en que vive o se desenvuelve una persona o cualquier ser vivo: *El medio en que pasó su infancia; En este medio viven bien las palmeras.* En este sentido, no es exactamente lo mismo que *medio ambiente,* aunque los testimonios más antiguos que conozco de esta última denominación (Alas, 1889; Pardo Bazán, 1903; Muñoz Seca y Pérez Fernández, 1912) la presenten con ese valor, referido a personas. *Medio ambiente* se utiliza hoy generalmente en sentido biológico, si bien para él la Academia de Ciencias prefiere el nombre *ambiente* solo —sin excluir *medio ambiente*—. He aquí su definición: «Conjunto de las condiciones externas que afectan al comportamiento de un sistema. En particular, conjunto de las características climáticas, edáficas, bióticas, etc., en que se desarrollan las actividades de los seres vivos» (*Vocabulario,* s. v. *ambiente*).

El adjetivo derivado de *medio ambiente* es *medioambiental* (como *ambiental* lo es de *ambiente*). Pero para el nombre no se admite la grafía *medioambiente;* nótese que la pronunciación es /médio-ambiénte/: se trata de dos unidades fónicas, no de una.

5. La Academia propone *medio,* nombre masculino y femenino, como equivalente de *médium,* 'persona a la que se considera dotada de facilidad para comunicarse con los espíritus'. Pero *medio,* en este sentido, no parece tener uso. (Para más detalles sobre *médium,* → MÉDIUM.)

6. *Medios de comunicación de masas* es la traducción más exacta del inglés *mass-media.* Conviene no usar este último término (y menos aún haciéndolo femenino singular, *la mass-media,* ignorando que *media* es el plural del latín *medium;* tendría que ser *los mass-media*). Como el nombre español es demasiado largo, suele abreviarse en *medios de comunicación.*

7. *Medio día, media noche:* → MEDIODÍA, MEDIANOCHE.

mediodía. **1.** *Mediodía* es nombre masculino que significa 'las doce de la mañana', o más frecuentemente, en el uso cotidiano, 'el tiempo en torno a la hora de la comida', generalmente entre las dos y las tres de la tarde, según la costumbre española. *Te llamaré a mediodía* suele entenderse, no como 'te llamaré a las doce', sino 'te llamaré alrededor de las dos o las tres'. La grafía en dos palabras, *medio día,* debe reservarse exclusivamente para otro significado, 'la mitad de un día': *Tardaremos medio día en hacer el arreglo.*

2. *Mediodía* también se usa como sinónimo de *sur.* Sobre su grafía con mayúscula o minúscula, → PUNTOS DEL HORIZONTE.

medir. Verbo irregular. Se conjuga como *vestir* [62].

meditar. Construcción: *meditar* SOBRE *un problema.*

médium. Sobre *médium* y *medio,* → MEDIO, 5. El plural es *los médium,* mejor que *los médiums.* El adjetivo derivado que se usa para *médium* es *mediúmnico* (no registrado en los diccionarios, probablemente a causa de su formación irregular).

médula. 'Sustancia interior del hueso'. Es muy frecuente el uso de esta voz en sentido figurado. Puede decirse y escribirse *medula,* /medúla/, o *médula.* La Academia, que registra las dos formas, prefiere la primera, que es la etimológica; pero el uso general prefiere la segunda. Puede considerarse casi excepcional el ejemplo de Garciasol: *«Sí: renuncio a vivir como posible / en la grave medula de los huesos»* (*Testimonio,* 166).

mega-, megalo-. Formas prefijas del griego *mégas,* 'grande': *megalomanía. Mega-* se emplea también con el valor de 'un millón': *megaciclo.*

Mein → MAIN.

Méjico. Este nombre puede escribirse (siempre pronunciado /méjiko/) con *j* o con *x,* como todos sus derivados: *mejicano, mejicanismo, mejicanista, nuevomejicano. México* es la grafía oficial que los mejicanos han querido dar al nombre de su nación y que, a petición suya, se ha extendido en el uso de todos los demás países hispanoamericanos. Ahora, en España, casi todos los periódicos adoptan la misma grafía. Se trata de un arcaísmo ortográfico semejante al de escribir *Jiménez* en la forma *Ximénez* y *Jerez* en la forma *Xerez.* Lo más recomendable es escribir *Méjico* y extender esta *j* a todos los derivados de ese nombre. La grafía con *x* puede dar lugar, como ocurre con cierta frecuencia, a que locutores ignorantes digan /méksiko/ y /meksikáno/.

mejor. **1.** Comparativo de *bueno:* → BUENO, 2.

2. Comparativo de *bien:* → BIEN, 1.

3. *A lo mejor,* locución adverbial, 'quizá'. A diferencia de *quizá* y de *tal vez,* acompaña siempre a verbo en indicativo (*«Luego, ya veremos; a lo mejor no salgo más; depende»,* Cela, *Alcarria,* 12) y no en subjuntivo, como normalmente lo hacen los otros *(Quizá,* o *tal vez, vaya esta tarde).* Es bastante más usada en la lengua coloquial que sus equivalentes. La variante *a la mejor* es regional.

4. *Mejor* + verbo en indicativo o imperativo *(Mejor voy mañana; Mejor cállate; «Mejor sacas de ahí ese cartel, hijito»,* Vargas Llosa, *Pantaleón,* 129), en lugar de *es mejor que* + verbo en subjuntivo *(Es mejor que vaya mañana, Es mejor que te calles),* es construcción normal en América (Steel, *Americanismos,* 184), y hoy, en España, bastante popular, aunque no asimilada por el uso culto.

5. Sobre la construccion *mejor* A, → BUENO, 2.

6. Sobre las construcciones *los mejores dotados* (por *los mejor dotados) y más mejor* (por *mejor),* → BIEN, 1.

mejoría. *Mejoría* es, en general, sinónimo de *mejora;* pero *mejoría* es, especialmente, 'alivio de una enfermedad', y *mejora* es 'aumento o progreso'.

mejunje. 'Cosmético o medicamento', con matiz despectivo. Existen también las formas *menjunje* y *menjurje,* registradas por la Academia, como la primera. Pero es esta la más extendida en el uso general.

Meka → MECA.

melano-, melan-. Formas prefijas del griego *mélas,* 'negro': *melanoma.*

meli-. Forma prefija del latín *mel,* 'miel': *melificar.*

melo-. Forma prefija del griego *mélos,* 'música': *melomanía.*

Melquiades. El nombre propio de persona *Melquiades* debe pronunciarse /melkiádes/, no /melkíades/.

memorándum. 'Comunicación diplomática'. El plural más frecuente de esta palabra es *memorándums.* Es más recomendable sin variación, los *memorándum;* pero también puede decirse *memorandos,* correspondiente a un singular *memorando* que la Academia propone al lado del tradicional *memorán-*

dum. La solución más práctica sería adoptar decididamente el singular españolizado, *memorando* (ya usado, p. ej., por García Márquez: *«Encontró un memorando de Leona Cassiani»,* Amor, 271), con su plural normal.

memorial. El uso de *memorial* por *monumento* no pertenece a la lengua española, sino a la inglesa: *«Homenaje a Kennedy en Inglaterra. Un pedazo de tierra, con un memorial de piedra de siete toneladas, es regalado a Estados Unidos» (Pueblo,* 15.5.1965, 6).

mención. Construcción: *hacer mención* DE *un asunto («Volveré, pues, hecha mención* DE *tan venturosa particularidad, a mi viaje de antaño»,* Gimferrer, *Aleixandre,* 18); no *hacer mención* A, como escriben y dicen muchos periodistas.

mendigo. 'Persona que habitualmente pide limosna'. No es nombre invariable, como algunos creen (*«La mendigo se refugió en una de las entradas del Metro»,* Diario 16, 9.1.1996, 25): su forma femenina es *la mendiga.*

menester. 1. *Haber menester* (no *haber* DE *menester: «—Flojo consuelo me proporciona usté. —Porque no lo ha de menester»,* Pérez de Ayala, *Tigre,* 135), locución verbal transitiva, 'necesitar': *No he menester tu ayuda,* 'no necesito tu ayuda'. Es de uso literario. (El complemento no lleva preposición; no se construye *No he menester* DE *tu ayuda; «El siglo XX .. ha venido, sin haber menester de que bajara a la tierra el mismo Apolo, a desmentir con radiante evidencia eso»,* Salinas, *Ensayos,* 337.)

2. *Ser menester,* locución verbal intransitiva, 'ser necesario': *Es menester que nos ayuden; Es menester vuestra ayuda; Son menester muchas ayudas.* Obsérvese que, mientras el verbo *ser* está sometido a sus variaciones normales, la palabra *menester* permanece invariable. Es, como la anterior locución, de uso literario. (Tampoco aquí debe haber ninguna preposición después de la palabra *menester.*)

menguar. Se conjuga, en cuanto al acento, como *averiguar* [1 c].

menjunje, menjurje → MEJUNJE.

Meno → MAIN.

menor. 1. Comparativo de *pequeño:* → PEQUEÑO, 1.

2. Sobre la construcción *menor* A, → PE-QUEÑO, 1.

3. *Tanto menor, cuanto menor, mucho menor,* precediendo a nombre *(tanto menor valor, cuanto menor número, mucho menor tiempo),* pueden oscilar en la forma del primer elemento cuando el nombre es femenino: o bien aparece como invariable, o bien con terminación femenina. Esta oscilación es antigua, igual que en las construcciones con *mayor* (→ MAYOR). Se prefiere la forma invariable, la adecuada a la función adverbial que tiene la palabra: MUCHO *menor cantidad,* frente a MUCHA *menor cantidad.* Cuando estos grupos *tanto / cuanto / mucho + menor* no preceden, sino que siguen al nombre, el primer elemento es siempre invariable: *una cantidad* MUCHO *menor.*

menos. 1.1. En comparaciones de intensidad con *menos,* el segundo término de la comparación va introducido por *que: Es menos fuerte* QUE *su hermano.* Cuando ese segundo término es un número o una expresión de cantidad, va introducido por *de: Había menos* DE *cien personas.* En construcciones en que se pone en relación la cualidad de uno o varios individuos respecto a la de los demás, se usa *de: Es el menos fuerte* DE *los hermanos.* Si el segundo término de la comparación se inicia con *lo que,* debe ir precedido por *de: Es menos complicado* DE *lo que creíamos.*
1.2. *Menos,* además de adverbio, puede ser adjetivo o pronombre: *Tengo menos dinero; Tengo menos.* Como adjetivo, precede habitualmente al nombre. Cuando el adjetivo *menos* va precedido de modificación cuantitativa, por medio de las palabras *tanto, cuanto, mucho, poco, alguno,* estas palabras llevan variación de género y número en concordancia con el nombre: CUANTA *menos gente venga, mejor; Antes se vendían* MU-CHOS *menos discos; «Ensanchaba el corazón tener al fascista atado, a* MUCHA *menos distancia del alcance de una piedra»* (García Hortelano, *Gente,* 71). No es normal que los modificadores permanezcan sin variación *(cuanto menos gente; mucho menos discos).* Cf. Cuervo, *Apuntaciones,* § 381, y Fernández Ramírez, 3.2, § 204.
2. *Menos* se pronuncia átono cuando corresponde al signo de la operación de restar (−): *Cuatro menos tres (4 − 3)* se lee /kuátro menos-trés/. También es átono cuando equi-

vale a *excepto: Han ido todos menos tú,* /menos-tú/; *«Menos miel, que la compran los acaparadores, tiene de todo»* (Cela, *Alcarria,* 9), /menos-miél/.
3. *A menos que,* seguido de verbo en subjuntivo, equivale a *a no ser que: No saldrá a menos que se le den garantías.* Puede usarse también la construcción *a menos de + infinitivo: a menos de obtener garantías.* Pero debe evitarse el cruce *a menos de que,* con subjuntivo *(«A menos de que el señor Suárez se resigne a depender de las minorías nacionalistas .. ese nudo gordiano solo lo podría deshacer la disolución de las Cortes», País,* 17.12.1978, 10).
4. *Cuanto menos,* por *cuando menos:* → CUANDO, 6.
5. *Por lo menos,* sustituido por *si más no:* → MÁS, 9.
6. *No poder menos de, no poder por menos de, no poder menos que:* → PODER, 3.
7. *Echar de menos, echar menos:* → ECHAR, 2.

menospreciar. Se conjuga, en cuanto al acento, como *cambiar* [1 a].

menstruar. Se conjuga, en cuanto al acento, como *actuar* [1 d].

-menta. Sufijo de sustantivos; su significado es colectivo: *impedimenta, osamenta.* En algunas palabras toma la forma *-mienta: herramienta.*

mentar. Verbo irregular. Se conjuga como *cerrar* [6]. Es frecuente el uso de las formas sin diptongar (cf. Academia, *Esbozo,* § 2.12.3): *«No la mentes»* (Marsé, *Tardes,* 274); pero sin aceptación en la lengua culta.

-mente. Sufijo de adverbios derivados de adjetivos. Se une a la forma femenina de estos. Significa 'manera': *fácilmente.*

mentir. Verbo irregular. Se conjuga como *sentir* [60].

mentís. 1. El plural de *mentís,* nombre masculino, es invariable: *los mentís* (contra la norma general, que hace de *país,* plural *países,* y de *anís,* plural *anises*).
2. Sobre el uso de *mentís, desmentido* y *desmentida,* → DESMENTIDA.

-mento. Sufijo de sustantivos; significa acción o efecto: *cargamento, impedimento.* (→ -MIENTO.)

menú. 'Lista de platos de una comida o de un restaurante'. Aunque los puristas siguen rechazando el nombre *menú* (que se pronuncia y se escribe en español de manera distinta de la del original francés), y a pesar de que se han propuesto en su lugar (erróneamente, porque no son sinónimos) *carta* y *minuta*, lo cierto es que la palabra está arraigada en español desde hace casi un siglo, y no vale la pena luchar contra el uso general. En plural es *menús*.

menudo. *A menudo*, locución adverbial, 'con frecuencia'. No es correcta la grafía en una palabra, *amenudo*.

mercadotecnia. En comercio, 'técnica del mercadeo'. Esta es la palabra española, registrada por la Academia, que corresponde al anglicismo *márketing*.

merecedor. Construcción: *merecedor* DE *atención* (no *merecedor* A: «*Las condiciones de decoro y salubridad a que son merecedores*», *Abc*, 27.11.1970, 42).

merecer. **1.** Verbo irregular. Se conjuga como *agradecer* [11].
    2. *Merecer la pena:* → PENA, 1.

merendar. Verbo irregular. Se conjuga como *cerrar* [6].

mero. *Mero* significa, en el uso normal, 'puro, simple y que no tiene mezcla de otra cosa' (Academia). En Méjico se usa esta palabra, como adjetivo, con los significados de 'mismo' (*«¿Quién es el jefe de las tropas acantonadas en este lugar? —¡Yo mero!»*), 'principal o verdadero' (*«Se me olvidaba lo mero güeno»*), 'exacto' (*«a las meras once»*); y, como adverbio, con los sentidos de 'mismo' (*«ya mero»* = ahora mismo), 'casi' (*«Mero me deja el tren»*), 'muy' (*«Este niño es mero vivo»*). Algunos de estos empleos existen en otras regiones: América Central, Colombia, Venezuela y Perú. En el habla rústica de Colombia y Venezuela equivale a 'solo' (adjetivo o adverbio): «*—Pero tendrán otros niños. —Este mero*». (Kany, 36-39.)

mero-. Forma prefija del griego *méros,* 'parte': *merostoma.*

-mero, -mería. Formas sufijas del griego *méros,* 'parte'; la primera sirve para adjetivos, la segunda para sustantivos abstractos: *isómero, isomería.*

merodear. 'Vagar buscando o curioseando, o a veces robando'. Es verbo intransitivo que se construye con un complemento de lugar con la preposición *por: Le he visto muchas veces merodeando por el barrio.* No es normal usarlo como transitivo: «*La tozudez del hombre le llevó a merodear la zona de Malasya*» (Vázquez Montalbán, *Pájaros,* 159); «*La merodean [la ciudad] con ojos ávidos*» (Lera, *Olvidados,* 192).

Mers-el-Kebir → MAZALQUIVIR.

mesa. *Mesa camilla*, 'mesa redonda, cubierta con faldas, debajo de la cual hay una tarima para brasero'. También, frecuentemente, solo *camilla*. Es popular *mesa de camilla*. En plural es *mesas camillas* (no *mesas camilla*).

meso-. Forma prefija del griego *mésos,* 'medio': *mesocracia.*

mesocefalia. 'Cualidad de mesocéfalo'. No es *mesocefalía* (→ -CEFALIA).

mester. *Mester de clerecía, mester de juglaría,* 'formas poéticas medievales castellanas'. El nombre *mester* es agudo, /mestér/; evítese la pronunciación errónea /méster/.

-mestral, -mestre. Formas sufijas del sustantivo *mes;* la primera corresponde a adjetivos, la segunda a sustantivos: *trimestral, semestre.*

meta-, met-. Prefijo griego que significa 'más allá', 'después': *metafísica.*

metamorfosis. 'Transformación', especialmente en zoología. Es nombre femenino y su plural es invariable. Es errónea la acentuación /metamórfosis/.

metempsicosis. 'Doctrina de la transmigración de las almas'. La Academia registra, además de esta forma, *metempsícosis*. Esta última es la más frecuentemente usada; pero la primera, aparte de estar de acuerdo con la etimología, está apoyada por el término simple *psicosis*, en el que la acentuación usual coincide con la etimológica.

meteorología. 'Estudio de los fenómenos atmosféricos'. En esta voz y en sus derivadas *meteorólogo* y *meteorológico* se oyen con alguna frecuencia en la lengua vulgar las formas alteradas *metereología, metereólogo* y *metereológico*, que a veces llegan a aparecer impresas.

meter. Construcción: *meter* EN *la cartera* (en América, *meter* A); *meterse* A *gobernar; meterse* EN *la gente; meterse* EN *los peligros,* EN *el asunto* (en América, *meterse* A); *meterse* ENTRE *mala gente; meterse* POR *medio; meterse* A *fraile* (más frecuente, *meterse fraile*).

metereología, metereológico, metereólogo → METEOROLOGÍA.

metrópoli. 'Ciudad principal' o 'nación, respecto de sus colonias'. Es nombre femenino. La forma *metrópolis* no debe usarse como singular, pues es anticuada.

mexicanismo, mexicanista, mexicano, México → MÉJICO.

mezclar. Construcción: *mezclar una cosa* CON *otra; mezclarse* CON *mala gente; mezclarse* EN *negocios sucios.*

mi [1]. Adjetivo posesivo: → MÍO.

mi [2]. 'Nota musical'. Su plural es *mis.*

mí. Pronombre personal: → YO, 3 y 5.

miasma. 'Efluvio infeccioso'. El género de este nombre es masculino: *los miasmas;* aunque no es raro encontrarlo como femenino: *«Las insalubres miasmas / de dos fétidos tejares / que densa humareda exhalan»* (Balart, *Poesías,* 145); *«Un depósito de desconocidas miasmas»* (Caballero Bonald, *Ágata,* 148).

-miceto. Forma sufija del griego *mykes,* 'hongo': *ascomiceto.*

micro-. Forma prefija del griego *mikrós,* 'pequeño': *microorganismo.*

microcefalia. 'Cualidad de microcéfalo'. No es *microcefalía* (→ -CEFALIA).

microcosmos. 'Mundo en pequeño'. La Academia registra este nombre en dos formas, *microcosmo* y *microcosmos,* dando su preferencia a la primera; pero la segunda es la más usada, en analogía con *cosmos* (palabra recogida en esta única forma por la Academia).

microfilmar, microfilme → FILME.

microlentilla → LENTILLA.

microscopia. Sobre las formas *microscopia* y *microscopía,* → -SCOPIO, -SCOPIA.

miembro. Nombre masculino, 'persona perteneciente a un grupo o colectividad'. En los periódicos, para referirse a mujer, se usa con frecuencia como nombre femenino, invariable en su forma pero con adjuntos femeninos *(la miembro de la comisión, destacada miembro, presunta miembro de la banda, la miembro más conocida de la familia).* La palabra debe conservar en todo caso el género masculino, de la misma manera que otros nombres designadores indistintamente de persona masculina o femenina mantienen constante su género masculino o femenino: decimos *un elemento valiosísimo de nuestro equipo* para hablar tanto de una mujer como de un hombre, sin diferenciar *un elemento / una elemento;* decimos *una criatura* para referirnos tanto a un niño como a una niña, sin diferenciar *un criatura / una criatura;* y decimos siempre *una persona* para hablar igualmente de un hombre y de una mujer, sin que reservemos *una persona* para las mujeres y *un persona* para los hombres. (→ REHÉN.)

-miento. Sufijo de sustantivos, que significa acción o efecto: *sufrimiento, miramiento, mandamiento.* Es variante de *-mento* (→ -MENTO).

mientras. **1.** Como conjunción, es palabra átona: *No puedo oír la radio mientras estudio,* /mientras-estúdio/. También es átona en la locución adverbial *mientras tanto,* /mientras-tánto/. Pero es tónica cuando es adverbio equivalente a 'entre tanto': *Ahora vendrá; mientras, puedes ir viendo estas revistas.*
2. *Mientras que (mientras* aquí también es átono), 'en tanto que', puede usarse con valor temporal, como el simple *mientras: Mientras que puedas, mantente en tu postura.* Pero en este caso es más frecuente *mientras.* En cambio, es más usual *mientras que* con valor adversativo: *Él trabaja, mientras que ella no hace nada.*
3. Adverbio de cantidad equivalente a *cuanto.* Se usa en la lengua familiar, más aún en América que en España (Kany, 53), en las construcciones correlativas del tipo *Mientras más trabajas, más te cansas* (= *cuanto más trabajas, más te cansas).*
4. Preposición, cuyo término suele ser el pronombre neutro *tanto,* con el que forma la locución adverbial *mientras tanto;* o a veces un nombre de acción: *«Mientras el combate, el que podía apartaba el becerro»* (Alberti, *Arboleda,* 41).

mil. 1. Como numeral, es siempre tónico en cualquier posición: *mil quinientos*, /míl kiniéntos/; *tres mil*, /tresmíl/.

2. Sobre el empleo de *un* o *una* ante *mil* (p. ej., *treinta y un mil pesetas*), → UNO, 2.

3. Como nombre, tiene género masculino y se usa solamente en plural. Normalmente va seguido de un complemento con *de*: *Había varios miles de personas.* Es irregular el ejemplo de Espronceda: *«Tú su lodo modelas, y creas / miles seres de formas sin fin» (Diablo,* 206). La concordancia en femenino con el complemento de *miles* no es normal: *«Las miles y miles de páginas que escribió Voltaire»* (Pujol, *Rousseau,* IX). Tampoco es normal la ausencia de *de.*

4. *Mil y una, mil y uno, mil y un:* → UNO, 6.

5. Como todos los numerales cardinales, se enuncia antepuesto al nombre al que se refiere: *mil kilómetros, mil años.* Sin embargo, en tres expresiones fosilizadas se enuncia pospuesto: en la locución adverbial *al cabo de los años mil,* en la fórmula de cortesía *Gracias mil* (que alterna con *Mil gracias)* y en el refrán *En abril, aguas mil.*

Milán. La ciudad italiana de *Milano* tiene en español el nombre de *Milán.*

mildiu. 'Cierta enfermedad de la vid'. Es nombre masculino y se pronuncia /míldiu/. Existe también, sin embargo, la forma *mildíu.* También puede emplearse, aunque es más rara, la forma *mildeu,* /míldeu/.

mili-. Forma prefija que en el sistema métrico decimal significa 'milésima parte'. Se pronuncia tónica la /i/ segunda en *milímetro;* es átona, en cambio, recayendo el acento en la sílaba siguiente, en *miligramo* y *mililitro,* /miligrámo, mililítro/.

millar. 1. 'Cantidad de mil'. Es nombre masculino, generalmente usado con intención meramente aproximativa. Lleva habitualmente un complemento con *de* que expresa aquello que se numera: *Había un millar de personas.*

2. No debe traducirse como *millar* el francés *milliard,* que significa 'mil millones'.

millardo. La Academia ha decidido (1996) incluir en su *Diccionario* el nombre *millardo* para significar 'mil millones'. Ha tomado la voz de otras lenguas: italiano *miliardo,* francés e inglés *milliard,* alemán *Milliarde.* La razón para esta inclusión no es demasiado evidente. Aunque la Academia, sobre todo en los últimos tiempos, declara que su *Diccionario* no registra más vocablos que los del uso de la lengua, en este caso no hay fundamento para pensar que el uso la haya presionado para crear una entrada nueva con esta palabra. En cambio, sí hay algunos que han empezado a usar el nuevo vocablo por seguir la creación académica, en la creencia vulgar de que todo lo que inventa la Academia tiene carácter preceptivo. Por el momento, este uso sirve más bien para crear cierta confusión. Lo normal sigue siendo *mil millones.*

millón. 1. Cuando el nombre *millón,* o su plural *millones,* va seguido (aunque se interponga un calificativo) de la mención de aquello que se numera, esa mención tiene que ir introducida por la preposición *de: un millón de habitantes; un millón escaso de habitantes; tres millones de nuevas viviendas.*

2. Cuando a *millón* o *millones* siguen uno o más numerales que expresan una cantidad adicional, el nombre del objeto que se numera no va introducido por *de: un millón seiscientas mil pesetas, dos millones trescientas quince pesetas.*

3. Sobre la distinta naturaleza gramatical de *millón* frente a los numerales propiamente dichos, → NUMERALES, 3, y COLECTIVOS.

miniar. Se conjuga, en cuanto al acento, como *cambiar* [1 a].

mínimo, mínimum → PEQUEÑO, 2.

ministro. El femenino de este nombre es *ministra,* de la misma manera que el femenino de *maestro* es *maestra.* No son aceptables *«la ministro de Educación de Honduras» (Abc,* 28.11.1972, 33); *«la primer ministro israelí»* (Radio Nacional, 23.8.1972); menos aún, *«la señor ministro» (Gaceta del Norte,* Supl., 4.8.1974, 12). Si se adopta la forma *ministra,* debe hacerse con todas las consecuencias; no podrá escribirse *«la ex primer ministra» (País,* 27.8.1977, 1), sino la *ex primera ministra.*

mio-, mi-. Formas prefijas del griego *mys,* 'músculo': *mialgia.*

mío. 1. Adjetivo posesivo, 'de mí'. Tiene variación de género y número: *mío, mía,*

míos, mías. Cuando va delante del nombre, aunque se interponga otro adjetivo, sufre apócope: *mi* (singular, tanto masculino como femenino), *mis* (plural masculino y femenino): *mi amigo; mi casa; mis buenos amigos.* Estas formas apocopadas son siempre átonas: /mi-kása, mis-buénos amígos/. El pronunciarlas tónicas es regionalismo.
2. *Delante mío, detrás mío,* etc.: → DE-LANTE, DETRÁS, etc.

mirar. Construcción: *la casa mira* AL *norte; mirar la ciudad* A *Oriente; mirar* CON *buenos ojos; mirar* DE *reojo; mirar* POR *alguien* o POR *algo; mirar* POR *encima del hombro; mirarse* AL *espejo; mirarse* EN *el agua.*

miria-, mirio-. Formas prefijas del griego *myriás* o *myrioi,* 'diez mil': *miriámetro, miriópodo.*

mise en relief → REALCE.

mísero. El superlativo de este adjetivo es *misérrimo.*

mísil. 'Cabeza o cápsula de un cohete militar o espacial'. Aunque la Academia registra como válidas las dos formas *mísil* y *misil,* es preferible la primera, de acuerdo con el étimo latino, aunque la segunda sea hoy la forma más extendida. En plural es *mísiles* o *misiles.* Debe desecharse la grafía *missiles.*

Misisipí. El nombre español del río norteamericano *Mississippi* es *Misisipí.*

mismamente. 'Cabalmente, precisamente'. Aunque en el *Diccionario* de la Academia figura este adverbio como «familiar», su uso es de nivel popular. Adecuadamente lo pone Galdós en boca de un hombre inculto: *«Tráteme la señora mismamente como a un chiquillo» (Torquemada,* II, 25).

mismo. 1. Como adjetivo, con variaciones de género y número *(mismo, misma, mismos, mismas),* expresa fundamentalmente identidad: *Los dos cuadros han salido del mismo taller;* o igualdad: *Tiene la misma cara que su padre.* O tiene un valor de mero refuerzo significativo: *Yo mismo lo he averiguado; Me recibió en su misma casa.* En este caso, admite fácilmente sufijación expresiva: *yo mismito, su mismísima casa; «El mismo pobre pueblo, el mismito»* (Unamuno, *Visiones,* 82).
2. El adjetivo puede sustantivarse por la anteposición del artículo *el.* Es de uso frecuente, especialmente en el lenguaje administrativo, para hacer referencia a nombres ya mencionados: *Se prohíbe la entrada en esta oficina a toda persona ajena a la misma.*
3. *Mismo* funciona como adverbio complemento de otro adverbio en construcciones como *aquí mismo, ahora mismo, encima mismo, detrás mismo; «El río Cifuentes nace de debajo mismo de las casas»* (Cela, *Alcarria,* 62). Puede seguir igualmente a un complemento de lugar constituido por nombre propio: *en España mismo («En Francia, en Italia, en España mismo»,* Camba, *Ciudad,* 43); pero en este caso se prefiere el uso del adjetivo concertado: *en España misma* o *en la misma España («De Sevilla misma ..; soy de la misma Sevilla»,* Ayala, *Rapto,* 1231).
4. Fuera de los casos expuestos (→ 3), el uso de *mismo* como adverbio es regional: *«Mismo parecía que estábamos entre caballeros»* (Cela, *Lazarillo,* 49). El uso normal es *justo, justamente, cabalmente.*
5. Construcción: *de la misma manera* QUE *se pensaba; del mismo material* QUE *el otro* (no COMO: *«Ella es de la misma pasta quebradiza como las demás mujeres»,* Pérez de Ayala, *Curandero,* 100); *No es lo mismo prometer las cosas* QUE *hacerlas* (no A: *«No era lo mismo verla desde lejos .. a tenerla cogida entre las manos»,* Castillo-Puche, *Paralelo,* 450).

miso-, mis-. Formas prefijas del griego *myso,* 'odiar': *misógino, misántropo.*

missile → MÍSIL.

Mississippi → MISISIPÍ.

mistificar. 'Embaucar' o 'falsear'. La Academia registra dos formas, *mistificar* y *mixtificar,* pero da preferencia a la primera. La misma duplicidad gráfica e igual preferencia se da en los derivados: *mistificación (mixtificación)* y *mistificador (mixtificador).*

mitad. 1. *En mitad de,* locución prepositiva popular, en la lengua general es *en medio de.*
2. *La mitad de (las) empresas españolas* (omisión del artículo *las):* → MAYORÍA.

mitin. 'Reunión donde se discuten públicamente asuntos políticos o sociales'. Es nombre masculino, adaptación (registrada por la Academia) del inglés *meeting.* Es palabra grave, /mítin/; la acentuación /mitín/

está en desuso. El plural es *mítines*. Deben desecharse las grafías *meeting* y *miting*.

mixo-, mix-. Formas prefijas del griego *myxa*, 'mucosidad': *mixedema*.

mixtificación, mixtificador, mixtificar → MISTIFICAR.

mnemo-. Forma prefija del griego *mnéme*, 'memoria': *mnemotecnia* (→ MNEMOTECNIA).

mnemónica → MNEMOTECNIA.

Mnemósine. Nombre de la diosa griega de la memoria. Debe pronunciarse como esdrújulo, no *Mnemosine* (Fernández Galiano).

mnemotecnia. 'Método para aumentar la capacidad de la memoria'. En esta palabra, así como en su sinónima *mnemónica* y su derivada *mnemotécnico*, es normal la pronunciación /nemo-/ omitiendo la /m/ inicial. Se puede escribir también *nemotecnia, nemónica, nemotécnico* (formas que igualmente registra la Academia); pero el uso culto sigue prefiriendo las grafías con *mn-*.

moderar. Construcción: *moderarse* EN *las palabras.*

modista. 'Persona que hace vestidos para señoras' o 'creador de moda femenina'. Es nombre masculino y femenino: *el modista* y *la modista*. Existe, bastante arraigada, una falsa forma masculina *modisto*.

modo. 1. *De modo que* funciona con los mismos valores que *de manera que* (→ MANERA). No coincide, sin embargo, en cuanto a los usos poco recomendables, excepto *de modo es que*, que corresponde a *de manera es que* (→ MANERA, 1). Evítese también el giro redundante *de modo y manera que* (y, sobre todo, *de modo y manera es que).*

2. *De modo de* (o *de modo a*) + infinitivo es construcción usada por algunos escritores hispanoamericanos en lugar de la general *de modo que* + subjuntivo: «*Limitar la teoría lingüística de modo de excluir la investigación relativa a la gramática universal*» (Contreras, *Gramática*, 9); «*Lo fundamental consistía en conservar la razón de modo a preservar y transmitir el patrimonio de la especie humana*» (Bray, trad. Orwell, *1984*, 35). Compárese *de manera de, de manera a* (→ MANERA, 2).

3. *Modo* puede ir seguido de una proposición adjetiva con *en que* o con *como: El modo en que lo había organizado;* «*El modo como Marañón se sintió ciudadano de España*» (Laín, *Marañón*, 192).

4. *Del mismo modo,* o *de igual modo,* lleva su término de comparación introducido por *que: Lo harán del mismo modo que los otros;* no por *como:* «*Del mismo modo como 'Eros y civilización' será una investigación intencionada .. sobre la obra de Freud*» (Castellet, *Marcuse,* 42).

5. *En cierto modo,* o *en cierta manera,* es 'de algún modo' o 'en parte' y se usa para atenuar lo que se dice o quitarle rotundidad. *De cierto modo,* o *de cierta manera,* es 'de un modo determinado'. Conviene no confundir las dos locuciones, como parece ocurrir en estos ejemplos: «*Estoy de cierto modo satisfecho*» (Poljak, trad. Sciascia, *El mar,* 153); «*Traté de justificar el comportamiento del enano haciéndole ver que, de cierta manera, era comprensible*» (Atxaga, *Obabakoak,* 204).

mofarse. Construcción: *mofarse* DE *alguien.*

Mogadiscio. El nombre de la capital de Somalia, Mogadishu, ha llegado a nuestra lengua a través de su forma italiana, *Mogadiscio,* que se pronuncia /mogadísho/ (con [sh] inglesa). La pronunciación /mogadíszio/ que se oye a muchos locutores españoles es desacertada. También lo es la adaptación propuesta por la Agencia Efe, *Mogadischo,* que supone erróneamente que en italiano el grupo *-sci-* se pronuncia /sch/. Lo mejor es, o bien mantener la grafía italiana *Mogadiscio* que se ha venido usando en varias lenguas, entre ellas el español, al menos desde 1935 (guerra de Etiopía), pero con la pronunciación italiana correcta; o bien adaptarla en la forma *Mogadisho,* la más aproximada a la de la lengua del país, empleando —como se ha hecho en otros casos (por ejemplo, *sha)*— la grafía *sh* para indicar un fonema que no posee el castellano; o bien españolizar en una forma *Mogadicho* siguiendo el modelo de otras adaptaciones anteriores (francés *chalet, cliché* > *chalé, cliché).*

A mi juicio, es preferible, para evitar la dispersión, continuar con la solución tradicional *Mogadiscio,* siempre que se pronuncie adecuadamente. En todo caso, no son recomendables esa pronunciación /mogadíszio/ ni esa grafía *Mogadischo* que algunos medios nos proponen.

Mogente. La ciudad valenciana que en catalán y valenciano tiene el nombre de *Moixent* se denomina en castellano *Mogente*, y es esta la forma que debe usarse cuando se habla o escribe en español.

Mogreb, mogrebí → MAGREB.

Moixent → MOGENTE.

mojar. Construcción: *mojar* EN *caldo*.

moler. Verbo irregular. Se conjuga como *mover* [18].

molestar. Construcción: *molestar* CON *visitas; molestarse* EN *vigilar* (no *molestarse* A).

momento. *Desde el momento que* (o *desde el momento en que*), locución conjuntiva que puede usarse en su sentido literal de tiempo: *Desde el momento que llegó, no le quité ojo;* o con sentido de causa, 'puesto que': *«Vulgar no lo era. No lo era desde el momento en que produjo en mí tan intensa impresión»* (Azorín, *Dicho,* 163).

Moncada. La ciudad valenciana que en catalán y valenciano tiene el nombre de *Montcada* se denomina en castellano *Moncada*, y es esta la forma que debe usarse cuando se habla o escribe en español.

Mondariz. Nombre de una población de la provincia de Pontevedra. Es palabra aguda, /mondaríz/; es errónea la pronunciación /mondáriz/.

mono-, mon-. Formas prefijas del griego *mónos,* 'uno solo': *monoteísmo, monarquía.*

monocromo. 'De un solo color'. Es palabra grave, /monokrómo/. No es normal la acentuación /monókromo/ (*«El escocés del pantalón casi monócromo»,* Janés, *Tentativa,* 23), apoyada en la analogía con *polícromo* —que, aunque también irregular, tiene más difusión e incluso figura en el *Diccionario* académico (→ POLICROMO)—.

monodia. 'Canto en que interviene una sola voz con acompañamiento musical'. La Academia solo registra la acentuación /monódia/. Hay que advertir, no obstante, que algunos musicólogos usan la forma *monodía* (apoyada por *melodía*).

Monóvar. La ciudad alicantina que en catalán y valenciano tiene el nombre de *Monòver* se denomina en castellano *Monóvar,* y es

esta la forma que debe usarse cuando se habla o escribe en español.

montar. Construcción: *montar* A *caballo,* EN *burro,* EN *bicicleta; montar* EN *cólera.*

Montcada → MONCADA.

montepío. 'Establecimiento de socorros mutuos'. Aunque la Academia recoge también la grafía en dos palabras, *monte pío,* esta no se usa nunca en la actualidad.

morder. Verbo irregular. Se conjuga como *mover* [18].

morfo-, -morfo. Formas prefija y sufija del griego *morphé,* 'forma': *morfología, polimorfo.*

morir. **1.** Verbo irregular. (Véase cuadro.)
2. Construcción: *morir* A *manos del contrario; morir* A (o DE) *mano airada; morir* DE *la peste; morir* POR *Dios; morirse* DE *frío; morirse* POR *lograr alguna cosa.*
3. *Muerte a N.,* por *muera N.:* → MUERTE.

Mostagán. La ciudad argelina de *Mostaganem* tiene en español el nombre de *Mostagán.*

mostrar. Verbo irregular. Se conjuga como *acordar* [4].

motejar. Construcción: *motejar a uno* DE *ignorante.*

motivado. Por influjo de *atendiendo a, debido a* y expresiones semejantes, aparece en el habla popular de algunas regiones de España y América *motivado a,* locución prepositiva que ocupa el lugar de las formas normales *con motivo de, por* o *debido a: «Reniegan de él, motivado a que echó un manifiesto ensalzando el liberalismo»* (Galdós, *Bodas,* 1372). Cf. Rosenblat, *Palabras,* III, 192.

motivo. *Con motivo de,* locución prepositiva, 'a causa de'. Evítese el vulgarismo *con motivo a,* que existe en Colombia y Venezuela (Cuervo, *Apuntaciones,* § 446; Rosenblat, *Palabras,* II, 193).

motocarro. 'Pequeña furgoneta de tres ruedas'. El género de este nombre es masculino.

motocross. Nombre masculino, 'prueba

CONJUGACIÓN DEL VERBO «MORIR»

(tiempos irregulares)

INDICATIVO

Pres. muero, mueres, muere, morimos, morís, mueren.
Pret. indef. morí, moriste, murió, morimos, moristeis, murieron.

SUBJUNTIVO

Pres. muera, mueras, muera, muramos, muráis, mueran.
Pret. impf. muriera o -se, murieras o -ses, muriera o -se, muriéramos o -semos, murierais o -seis, murieran o -sen.
Fut. impf. muriere, murieres, muriere, muriéremos, muriereis, murieren.

IMPERATIVO

muere, muera, morid, mueran.

FORMAS NO PERSONALES

Ger. muriendo. *Part.* muerto.

---

motociclista a campo traviesa'. Se pronuncia /motokrós/. Algunos han propuesto, y otros ya usan (*País,* 21.5.1996), una forma españolizada *motocrós,* que merece aceptación (→ CROSS).

motor. 1. Como adjetivo, con el sentido de 'que produce movimiento', tiene la forma femenina *motriz* (o *motora).* Pero esta forma, naturalmente, es para emplearla con nombre femenino: *fuerza motriz;* no con nombre masculino: *«sistema motriz» (Cambio,* 7.11.1977, 46). Otro tanto ocurre con el adjetivo *psicomotor,* cuya forma *psicomotriz* no debe emplearse con nombres masculinos como *centro, aspecto, «el desarrollo psicomotriz del niño» (Abc,* 16.9.1980, 32). Y lo mismo sucede con *sensomotor,* cuya forma femenina *sensomotriz* usan algunos como si fuese masculina: *recursos sensomotrices, «deficientes sensomotrices» (Adelanto,* 13.5.1991, 7).
2. *Motor fuera borda, fuera bordo,* etc.: → FUERA, 2.

Motrico. La ciudad guipuzcoana que en vascuence tiene el nombre de *Mutriku* se denomina en castellano *Motrico,* y es esta la forma que debe usarse cuando se habla o escribe en español.

motu proprio. 1. Locución adverbial la-

tina: 'espontáneamente' o 'por propia iniciativa'. No es raro encontrarla mal citada, en las formas *motu propio* y *de motu propio.*
2. También es locución nominal, que designa ciertos documentos de las autoridades eclesiásticas dirigidos al clero, los cuales se inician con esas mismas palabras. Su género es masculino y su plural es invariable *(los motu proprio).*

mover. 1. Verbo irregular. (Véase cuadro.)
2. Construcción: *mover* A *piedad; mover* DE *una parte* A *otra.*

Mozambique. El adjetivo correspondiente a *Mozambique* es *mozambiqueño.*

Muchamiel. La ciudad alicantina que en catalán y valenciano tiene el nombre de *Mutxamel* se denomina en castellano *Muchamiel,* y es esta la forma que debe usarse cuando se habla o escribe en español.

mucho. 1. Sobre la variación o no variación morfológica de *mucho* en las combinaciones *mucho más, mucho menos, mucho mayor, mucho menor,* precediendo a nombre *(muchos más muebles, mucha mayor paciencia,* etc.), → MÁS, MENOS, MAYOR, MENOR.
2. Como adverbio, *mucho* se apocopa en la forma *muy* cuando precede a otro adver-

CONJUGACIÓN DEL VERBO «MOVER»

(tiempos irregulares)

INDICATIVO

Pres. muevo, mueves, mueve, movemos, movéis, mueven.

SUBJUNTIVO

Pres. mueva, muevas, mueva, movamos, mováis, muevan.

IMPERATIVO

mueve, mueva, moved, muevan.

---

bio o a un adjetivo: *muy verde, muy poco, muy dignamente;* o cuando precede a cualquier palabra o grupo que desempeñe función de adjetivo o de adverbio: *Es muy mujercita de su casa; Era muy de noche.* No hay apócope cuando le sigue *mayor, menor, mejor, peor, más, menos, antes, después: Me gusta mucho más; Es mucho menor; Habéis llegado mucho después.* Es popular, solo aceptado cuando se trata de uso humorístico y expresivo, la anteposición de *muy* a un adjetivo o adverbio en forma superlativa: *Es muy buenísimo; Está muy cerquísima.*

mudar. Construcción: *mudar alguna cosa* A *otra parte; mudar* DE *intento; mudar el agua* EN *vino; mudarse* DE *ropa; mudarse* DE *casa.*

muerte. *¡Muerte a N.!* («*Fue ahorcado por negarse a gritar 'muerte a Radjavi'*», Ya, 15.10.1981, 4) es mala traducción del inglés; en español se dice *¡Muera N.!*

muerto. Participio de *morir,* y en ciertos casos, de *matar.* Como participio de *matar,* → MATAR, 1.

Múgica. La ciudad vizcaína que en vascuence tiene el nombre de *Muxika* se denomina en castellano *Múgica,* y es esta la forma que debe usarse cuando se habla o escribe en español.

mugre. 'Suciedad'. El género de este nombre es femenino.

mujer. *Mujer de faenas,* o *mujer que hace faenas:* → ASISTENTA.

mullir. Verbo irregular. (Véase cuadro.)

multi-. Forma prefija del latín *multus,* 'mucho': *multinacional.*

multimedia. 1. En informática, 'utilización combinada de diferentes medios (imágenes, sonidos y texto)'. En principio, debe usarse como nombre masculino plural, ya que está formado sobre el latín *media,* plural de *medium;* y como plural se usa en inglés, lengua de donde hemos tomado la voz *multimedia.* En efecto, como masculino plural, *los multimedia,* aparece usado a veces también en español (véanse ejemplos en Lorenzo y Martínez de Sousa). Sin embargo, entre nosotros, muchos usan *multimedia* como nombre masculino singular: *el multimedia,* y así figura en los diccionarios modernos que recogen la palabra. Y otros muchos, a su vez, lo usan como nombre femenino singular («*Descubre la Multimedia con Apple*», País, Supl., 24.9.1995, 13; «*La futura multimedia en Europa*», F. Elzaburu, *Cuenta y Razón,* 1.1997, 91), dándole un plural *multimedias* (F. Elzaburu, *ibíd.*). La solución ideal sería españolizar el término en la forma masculina plural *los multimedios,* tal como propone Martínez de Sousa (*Usos,* s. v.). Al tratarse de una palabra de uso internacional, además bastante arraigada ya entre nuestros hablantes, no es muy seguro que prospere esta plausible propuesta.

2. También se usa *multimedia* muy frecuentemente como adjetivo invariable: *métodos multimedia, sistemas multimedia.* Sería razonable, como en el caso del nombre, utilizar la forma *multimedio,* plural *multimedios.*

Sobre la palabra *multimedia* en general, cf. Lorenzo, *Anglicismos,* 305 y 596.

CONJUGACIÓN DEL VERBO «MULLIR»

(tiempos irregulares)

INDICATIVO

Pret. indef. mullí, mulliste, mulló, mullimos, mullisteis, mulleron.

SUBJUNTIVO

Pret. impf. mullera o mullese, mulleras o -ses, mullera o -se, mulléramos o -semos, mullerais o -seis, mulleran o -sen.

Fut. impf. mullere, mulleres, mullere, mulléremos, mullereis, mulleren.

FORMAS NO PERSONALES

Ger. mullendo.

MULTIPLICATIVOS. 1. Los *numerales multiplicativos,* también llamados *múltiplos* (en Salvá, *Gramática,* 27, *proporcionales,* denominación también recogida por Bello, § 202, y Sánchez Márquez, § 431), tienen la función básica de adjetivos, como las restantes clases de numerales. Significan que lo designado por el nombre al que se refieren «se compone de dos, tres... unidades, elementos, medidas iguales o equivalentes, o implica repetición» dos, tres... veces (Academia, *Esbozo,* § 2.9.7). Así, *parto triple* es 'parto de tres niños', *triple salto* es 'tres saltos de una vez', *triple concierto* es 'concierto en que con la orquesta intervienen tres instrumentos solistas', *cuádruple alianza* es 'alianza de cuatro estados'.

2. A diferencia de los otros adjetivos numerales, que forman serie indefinida, los multiplicativos forman una serie limitada. Tienen la particularidad de que algunos de ellos disponen de dos formas: una terminada en *-e* y otra en *-o;* otros, de una sola. Los registrados por las gramáticas y los diccionarios son los siguientes:

De 2: *doble* y *duplo.*
De 3: *triple* y *triplo.*
De 4: *cuádruple* y *cuádruplo.*
De 5: *quíntuple* y *quíntuplo.*
De 6: *séxtuple* y *séxtuplo.*
De 7: *séptuple* y *séptuplo.*
De 8: *óctuple* y *óctuplo.*
De 9: *nónuplo* (solamente citado por Sánchez Márquez, § 431, y Alcina-Blecua, 668).
De 10: *décuplo.*
De 11: *undécuplo* (solamente citado por

Academia, *Diccionario;* Sánchez Márquez y Alcina-Blecua).
De 12: *duodécuplo* (solamente en Academia y Sánchez Márquez) o *dodécuplo* (solamente en Alcina-Blecua).
De 13: *terciodécuplo* (solamente en Academia).
De 100: *céntuplo.*

3. He encontrado testimonios de uso moderno de todas las formas citadas, excepto de las que van seguidas de un paréntesis en que señalo los únicos sitios en que he visto que se mencionan. En todo caso, el uso de los multiplicativos, salvo *doble, triple, cuádruple* y *quíntuple,* es muy poco frecuente y se reduce al nivel literario. La lengua común suele recurrir al numeral cardinal seguido de *veces mayor;* en vez de *una fortuna quíntuple,* lo corriente es decir *una fortuna cinco veces mayor.* Algunas gramáticas incluyen también entre los multiplicativos los adjetivos de origen participial *duplicado, triplicado, cuadruplicado, quintuplicado, sextuplicado, septuplicado, octuplicado, decuplicado* y *centuplicado.*

4. No tienen variación de género las formas en *-ble, -ple.* Sí la tienen, según la Academia y Salvá, las formas en *-plo:* masculino *duplo, triplo, cuádruplo, quíntuplo,* etc.; femenino *dupla, tripla, cuádrupla, quíntupla,* etc. No conozco ningún ejemplo de uso de estas formas con terminación femenina.

5. Las formas terminadas en *-ble, -ple* pueden funcionar como sustantivos, generalmente precedidos de artículo, significando 'cantidad *x* veces mayor': *el triple,* 'la cantidad 3 veces mayor'; *el cuádruple,* 'la cantidad 4 veces mayor'. En cuanto a las formas en *-plo,* su función más habitual es como sustantivos: *El quíntuplo del cuadrado de un número.* Las primeras (a veces englobando el artículo) pueden tener también una función adverbial: *Los domingos trabaja el doble; El que lo presencia sufre doble.*

6. Las formas terminadas en *-e* pueden usarse con término de comparación: *doble del tuyo, doble que el tuyo.* Esta posibilidad no se da casi nunca en las formas *-o* (Academia, *Esbozo).*

7. Más detalles sobre *doble, triple* y *cuádruple:* → DOBLE, TRIPLE, CUÁDRUPLE.

Munguía. La ciudad vizcaína que en vascuence se escribe con la grafía *Mungia* tiene en castellano la forma *Munguía,* y es esta la que debe usarse cuando se escribe en español.

Múnich. La ciudad alemana de *München* tiene en español el nombre de *Múnich,* que se pronuncia corrientemente /múnik/ (aunque también se oye /múnich/). Como es nombre españolizado, debe someterse a las reglas de acentuación española, que determinan que lleve tilde en la primera sílaba. El adjetivo derivado de *Múnich* es *muniqués.*

murmurar. Construcción: *murmurar* DE *los ausentes.*

mustiarse. Se conjuga, en cuanto al acento, como *cambiar* [1 a].

mutatis mutandis. Locución adverbial latina: 'cambiando lo que haya que cambiar'. No es *mutatis mutandi,* como algunos dicen y como incluso ha figurado en algún libro de texto de lengua española.

Mutriku → MOTRICO.

Mutxamel → MUCHAMIEL.

Muxika → MÚGICA.

muy → MUCHO, 2.

Myanmar → BIRMANIA.

n

n. Decimocuarta letra del alfabeto. Su nombre es *ene*, plural *enes*. Corresponde al fonema consonante /n/, en cuya realización la lengua se sitúa en la misma posición que en la articulación de /l/; pero, en lugar de dejar salir el aire por los lados de la boca, entre la lengua y los molares, la lengua se apoya en estos, cerrando toda salida por la boca; entonces el aire escapa, por la abertura que le deja el velo del paladar, a las fosas nasales y de ahí al exterior. Es una consonante alveolar nasal sonora.

En algunas regiones, cuando este fonema va en final de palabra *(tirón)* o de sílaba *(entero)*, se articula no apoyando la lengua en los alvéolos, sino en el velo del paladar (articulación velar).

nacer. **1.** Verbo irregular. Se conjuga como *agradecer* [11].
2. Construcción: *nacer* DE *buena familia; nacer* EN *Burgos.*

nacional → DOMÉSTICO.

nada. **1.** Como pronombre, aunque las gramáticas lo llaman «neutro», funciona como masculino, ya que los adjetivos que conciertan con él han de ir en la forma masculina: *Nada es nuevo.*
2. Como nombre, su género es femenino: *la nada.*
3. *Nada más* + infinitivo es una construcción de sentido temporal ('inmediatamente después de' + infinitivo): «*Se reúnen todas las tardes, nada más comer, en una lechería*» (Cela, *Colmena,* 139).

4. *Más nada,* por *nada más:* → MÁS, 3.
5. Construcción: *no tengo nada* DE *dinero; no saben nada* DE *ella.* Cuando *nada* es adverbio ('de ninguna manera'), no debe haber ninguna preposición entre él y el término modificado: *No me llevo nada bien con él.* Es propio de la lengua popular introducir *de:* «*Yo no me llevo nadita* DE *bien con el Fausto*» (Donoso, *Domingo,* 48).

nadar. Construcción: *nadar* EN *el río; nadar* EN *la abundancia; nadar* ENTRE *dos aguas; nadar* CONTRA *corriente.*

nadie. *Más nadie,* por *nadie más:* → MÁS, 3.

Nafarroa → NAVARRA.

nailon. 'Material sintético con el que se fabrican fibras y tejidos'. El nombre registrado inglés *Nylon* suele ser escrito por los españoles en su forma original, *nylon,* y pronunciado /náilon/. Teniendo en cuenta esta realidad fonética, la Academia incluye en su *Diccionario* la palabra con la forma *nailon.* Como también existe —con menor difusión— una pronunciación /nilón/, la Academia ha recogido asimismo la forma *nilón,* si bien dando preferencia a la primera.

Namibia. El adjetivo correspondiente a *Namibia* es *namibio,* aunque también se ve usado *namibiano.*

nano-. Elemento prefijo que significa 'milmillonésima parte': *nanómetro;* o 'que opera con dimensiones del orden del nanómetro': *nanoingeniería, nanotecnología.*

natura. *Contra natura,* 'contra la naturaleza o el orden natural', no es locución latina, como algunos creen, escribiéndola en cursiva o entre comillas. Pero sí es latino su origen: *contra naturam.* La forma *contra natura* ya está españolizada, y como española debe ser tratada —es decir, en redonda y sin comillas—. Se escribe en dos palabras, aunque hay quienes la escriben en una sola.

naturaleza. *Por naturaleza,* equivalente a *de por sí:* → sí², 2.

Navarra. La Comunidad Foral que en vascuence tiene el nombre de *Nafarroa* se denomina en castellano *Navarra,* y es esta la forma que debe usarse cuando se habla o escribe en español.

navegar. Construcción: *navegar* A o PARA *América; navegar* EN *un vapor; navegar* CON *viento fresco; navegar* CONTRA *corriente; navegar* POR *el Mediterráneo,* POR *Internet.*

-ndo. **1.** Formante de gerundio. Toma la forma *-ando* en los verbos de la conjugación *-ar (bajando,* de *bajar); -iendo,* en los de las conjugaciones *-er, -ir (sabiendo,* de *saber; subiendo,* de *subir).*
2. Con variación de género (*-ndo/-nda*), es sufijo de adjetivos —que a menudo se sustantivan— derivados de verbos. Significa 'que va a ser o merece ser objeto de la acción del verbo': *graduando, examinando, confirmando, venerando, dividendo, sustraendo.* También está, sin ese significado, en otros nombres derivados de verbos: *hacienda, molienda.*
3. En la lengua popular hay nombres derivados con el sufijo *-anda,* ajenos a los significados anteriores: *escurribanda, zurribanda.*

Neanderthal. El *hombre de Neanderthal* es un tipo de hombre primitivo que vivió en gran parte de Europa durante el Paleolítico. Se llama así por el valle alemán donde se encontraron por primera vez, en 1856, sus restos. *Neanderthal* se suele escribir así, con *th,* porque *Thal* era entonces la grafía de la palabra alemana que significa 'valle'. Hace muchos años que la grafía es *Tal* y que el nombre del valle en cuestión es *Neandertal.* Aunque por tradición, fuera de los países de lengua alemana, se suele seguir escribiendo *Neanderthal,* conviene saber que la grafía de ese nombre es *Neandertal.*

neblumo → NIEBLA.

necesario. *Ser necesario:* → SER, 3.

necesitar. Construcción: *necesitar* DE *ayuda.* Es más frecuente el uso transitivo sin preposición.

necio. El superlativo de este adjetivo es *necísimo* (Vega, *Circe,* 1159).

necro-. Forma prefija del griego *nekrós,* 'muerto': *necrología.*

neerlandés → PAÍSES BAJOS.

nefel-, nefelo-, nefo-. Formas prefijas del griego *nephéle, néphos,* 'nube': *nefelómetro.*

nefro-, nefr-. Formas prefijas del griego *nephrós,* 'riñón': *nefrología.*

negar. **1.** Verbo irregular. Se conjuga como *cerrar* [6].
2. Construcción: *negarse* AL *trato; negarse* A *venir.* Sobre la construcción vulgar *negó* DE *que eso fuese así,* → DE, 3.

negociar. **1.** Se conjuga, en cuanto al acento, como *cambiar* [1 a].
2. Construcción: *negociar un tratado; negociar* CON *papel; negociar* EN *granos; negociar* CON *el gobierno.*

negro. **1.** El superlativo de este adjetivo es *negrísimo.* En un nivel culto se puede usar la forma latinizante *nigérrimo: «Las nigérrimas tintas con que describen la España ante sus ojos existente»* (Laín, *Menéndez Pelayo,* 21).
2. *Café negro:* → CAFÉ.

neis, neísico → GNEIS.

nemato-, nemat-, nema-. Formas prefijas del griego *néma,* 'hilo': *nematelminto.*

nemónica, nemotecnia, nemotécnico → MNEMOTECNIA.

neo-. Prefijo griego que significa 'nuevo': *neologismo.*

neocelandés → NUEVA ZELANDA.

neoguineano → NUEVA GUINEA.

neoyorkino → NUEVA YORK.

neozelandés → NUEVA ZELANDA.

Nepal. El adjetivo derivado de *Nepal* es *nepalí,* mejor que *nepalés.*

nerviosismo. 'Estado de excitación nerviosa'. Existe también *nerviosidad.* Una y otra palabra están registradas por la Academia; en cambio, no recoge *nervosismo,* forma que también se emplea y que no es censurable. De todos modos, la preferida en el uso normal es *nerviosismo.*

neumato-, neumat-. Formas prefijas del griego *pneúma,* 'aliento, aire': *neumatología.*

neumo-. Forma prefija del griego *pneúmon,* 'pulmón': *neumostoma.*

neuro-, neur-. Forma prefija del griego *neúron,* 'nervio': *neurología.*

neurótico. El adjetivo derivado de *neurosis* es *neurótico,* mejor que *neurósico* (Laín, *Lenguaje,* 32).

nevar. Verbo irregular. Se conjuga como *cerrar* [6]. Como es impersonal, solo se usa en las terceras personas de singular.

Newfoundland → TERRANOVA.

New York → NUEVA YORK.

ni. *Ni que sea,* 'ni siquiera': → SER, 12.

Niasalandia. Al nombre inglés de *Nyassaland* —hoy *Malawi*— corresponde el español de *Niasalandia.*

niebla. *Niebla tóxica* es la traducción más aceptada para la palabra inglesa *smog,* 'niebla que lleva en suspensión partículas tóxicas', palabra que está formada por contracción de *smoke,* 'humo', y *fog,* 'niebla'. El novelista J. Goytisolo utiliza una acertada traducción literal de *smog* en la palabra *neblumo,* perfectamente válida, aunque todavía sin difusión.

Níger. El adjetivo correspondiente a la República del Níger es *nigerino.*

Nigeria. El adjetivo correspondiente a *Nigeria* es *nigeriano.*

nigromancia → -MANCIA.

nilón → NAILON.

nimio. El sentido primero y etimológico de *nimio* es 'excesivo'; pero el uso corriente, llevado de la analogía fonética con *mínimo,* le atribuye el sentido, casi opuesto, de 'pequeño o minúsculo': *«Si encendiéramos una lucecita nimia y tímida que no llegara a los ojos de Rocamadour»* (Cortázar, *Rayuela,*

293). La Academia da por buenos los dos significados.

ninguno. 1. Como adjetivo, sufre apócope cuando precede a un nombre masculino singular, aunque entre este y el adjetivo se interponga otro adjetivo: *ningún placer, ningún otro placer.* No suele aceptarse esta forma apocopada ante nombres femeninos que comiencen por /a/ tónica: *ningún aula, ningún arma;* habría de decirse *ninguna.* Cf. ALGUNO.

2. El plural *ningunos, ningunas,* se usa muy poco, generalmente con «pluralia tantum» o con plurales expresivos (cf. Fernández Ramírez, § 194): *«Gracias a Dios no somos ningunos animales»* (Benavente); *«No tenía ningunas ganas de entrar»* (Noel Clarasó); *No encontró ningunas tijeras.*

3. Cuando esta palabra, sea adjetivo o pronombre, va detrás del verbo de la oración, es necesario anteponer a este otra palabra negativa, generalmente el adverbio *no: No ha venido ninguno; No he visto a ninguno; Nada he recibido de ninguno.* El adverbio negativo puede ir implícito en interrogaciones retóricas: *¿Hice daño a ninguno de vosotros?* Si *ninguno* va delante del verbo, no se pone con él ese segundo elemento negativo: *Ninguno me ha dicho lo que pasaba.*

4. Cuando *ninguno* lleva un complemento *nosotros, vosotros,* la concordancia vacila entre el completado y el complemento: *Ninguno de nosotros lo sabe* (o *lo sabemos); Ninguna de vosotras, mujeres españolas, habéis olvidado* (o *ha olvidado).* Si ese complemento va implícito, es necesaria la concordancia con este: *«Ninguno comprendíamos el secreto nocturno de las pizarras»* (Alberti, *Cal,* 110); *«Ninguno estamos solos»* (Hierro, *Poesía,* 55); *«No llorad ninguna»* (Lorca, *Cante,* 110).

nivel. 1. *Nivel,* en el sentido de 'categoría', es a veces indebidamente suplantado por el inglés *standing:* → STANDING.

2. *A nivel de* es locución prepositiva que significa propiamente 'a la altura de', pero que se usa más en sentido figurado (en su sentido propio se dice principalmente *al nivel de).* Entre los sentidos figurados con que hoy más se abusa de esta locución, están 'en o con el grado de', 'entre', 'en el ámbito de', 'desde el punto de vista de', 'en el aspecto de': *«Ha abordado [la película] el tema de la integración racial a nivel de historia sen-*

timental» (Mundo, 8.3.1969,10); *«Ello, a nivel de una España zarzuelera y pintoresca, podía tener hasta gracia»* (Alfonso, *España,* 92); *«Toda la novela, a nivel de lenguaje, a nivel de acción e, incluso, a nivel de construcción es una provocación» (Vanguardia,* 27.7.1978); *A nivel de compañeros, es formidable.* Todos estos empleos excesivos parecen extensión de un sentido normal del nombre *nivel:* 'grado jerárquico': *Las conversaciones se celebrarán al más alto nivel; Las relaciones diplomáticas se establecerán a nivel de embajada.*

no. 1.1. Aunque es adverbio de negación, hay ocasiones en que carece de todo valor negativo: *a)* En determinadas comparaciones: *Es mejor ayunar que* NO *enfermar; «Producen más, por término medio, los artículos que* NO *los libros»* (Unamuno, *De mi país,* 88); especialmente, cuando se desea evitar la sucesión inmediata de dos *que: Más vale que sobre que* NO *que falte. b)* En determinadas frases exclamativas: *«¡Cuánto* NO *le dolerá esa cabeza!»* (Miró, *Cercado,* 88). *c)* Introduciendo una proposición dependiente de un verbo de temor: *Temo* NO *vayan a estropearlo.*
1.2. En los siguientes casos, el *no* superfluo se rechaza en la lengua normal: *a)* Cuando en la oración precede algún elemento de negación *(no, ni, ninguno,* etc.): *«Ni en su vida ni en su muerte* NO *hay nada que merezca el calificativo de pobre»* (Goytisolo, *Recuento,* 254). *b)* Cuando depende de verbos de significado negativo *(evitar, impedir, prohibir, negar,* etc.): *«Hubieron de ser reclamados con urgencia [los bomberos] ante la necesidad de .. evitar que los bidones .. NO originaran a su vez otros incendios»* (*Pueblo,* 11.5.1964, 36); o cuando sigue a *sin que: «Le hace ser más grande de lo que es, sin que eso* NO *quiera decir que no siga siendo un poeta de primer orden»* (Á. Rupérez, *País,* Supl., 17.8.1996, 10).
1.3. Sustantivada, la palabra *no* tiene género masculino: *un rotundo no.* Su plural es *noes* (a pesar de la relativa frecuencia con que en la lengua hablada se oye *nos).*
2. Se usa como prefijo negativo de nombres o de adjetivos; en este caso conviene escribirlo unido con un guión al nombre o adjetivo: *la no-intervención; la no-violencia; «el hecho de seguir existiendo, el no-suicidio»* (Laín, *Marañón,* 206).

3. *No más.* En la lengua literaria de España *no más* tiene el mismo valor que *solamente;* su uso, en todo caso, es raro, frente al corriente *nada más.* En cambio, en América es muy abundante. Unas veces equivale a 'nada más' o 'solo': *No es malo, no más un poco exigente;* otras funciona como simple refuerzo expresivo: *Ahí no más; «Vas a ver no más lo que te va a pasar, vieja atrevida»* (Donoso, *Domingo,* 14). En Méjico, y a veces en otros países, es frecuente la grafía *nomás.*
4. Presencia u omisión anormales de *no* con *hasta: Ninguno se marchó hasta que no se acabó el vino; Hasta las tres iré:* → HASTA, 3 y 4.
5. *No obstante:* → OBSTANTE.

Nobel. El apellido *Nobel,* en su lengua sueca, tiene acentuación aguda, /nobél/. Como se ha hecho normal entre nosotros la pronunciación grave, /nóbel/, debemos considerar aceptable este uso, aunque sea deseable generalizar la pronunciación originaria.

noble. El superlativo de este adjetivo es *nobilísimo.*

noche. 1. *En la noche,* 'por la noche': → EN, 4.
2. *Ayer noche:* → AYER, 2.

Nochebuena. 'Noche de la víspera de Navidad', y, por extensión, 'la misma víspera'. Puede escribirse en una sola palabra, *Nochebuena,* o en dos, *Noche Buena.* Sin embargo, el uso más extendido es el primero, y parece también el preferible: se pronuncia como una sola palabra, es decir, con un solo acento: /nochebuéna/. También puede escribirse con minúscula, y así figura en el *Diccionario* de la Academia, entre otros; pero no es lo más usual.

Nochevieja. 'Noche del último día del año', y, por extensión, 'el mismo día último'. Puede escribirse en una palabra, *Nochevieja,* o en dos, *Noche Vieja.* Pero el uso más extendido es el primero. También es el preferible, ya que la pronunciación es como una sola palabra, con un único acento: /nochebiéja/. Igualmente puede escribirse con minúscula, y así figura en varios diccionarios, entre ellos el de la Academia.

nocti-, noct-. Formas prefijas del latín *nox,* 'noche': *noctámbulo.*

Noia → NOYA.

nomás → NO, 3.

nombrar. Construcción: *nombrar director a uno; nombrar a uno* PARA *el cargo de director.*

nombre. **1.** *En nombre de*, 'en representación de', 'haciendo las veces de': *El portero firmó el recibo en nombre del casero.* **2.** *A nombre de*, 'con el nombre de': *Pon el sobre a nombre de su marido; Abrió una cuenta a nombre de los dos.* No debe confundirse (aunque lo haga la Academia) *a nombre de* con *en nombre de*.

nominación → NOMINAR.

nominar. 'Nombrar'. Convendría evitar el uso, por anglicismo, de *nominar* por *proponer como candidato* («*Barbara Streisand .. ha sido nominada para el 'Oscar'*», *Mundo*, 8.3.1969, 55). Lo mismo hay que decir del nombre *nominación*, usado por *candidatura* o por *propuesta para candidato.* Cf. Lorenzo, *Anglicismos*, 530.

nomo → GNOMO.

nomo-. Forma prefija del griego *nómos*, 'ley': *nomografía.* Como formas sufijas se usan *-nomo* y *-nomía.* La primera es de sustantivos concretos (generalmente de persona); la segunda, de sustantivos abstractos: *astrónomo, economía.*

nomon → GNOMON.

non grato. *Persona grata* es expresión latina usada en lenguaje diplomático para designar a la persona que será recibida con agrado por el gobierno ante el cual se acredita. *Persona non grata* es la que se encuentra en la situación opuesta. Las dos locuciones, especialmente la segunda, se usan en el lenguaje corriente fuera de las relaciones diplomáticas. *Non grato*, como adjetivo masculino («*Párroco 'non grato' se reconcilia con el alcalde*», *Abc*, 8.11.1983, 27; «*Ex presidente 'non grato'*», *País*, 22.8.1984, 8), no es ni latín ni español: en latín sería *non gratus*, y en español, *no grato.* Deberá usarse, o bien la locución latina entera, *persona non grata* (en plural, *personae non gratae*), o bien el adjetivo traducido a nuestro idioma, *no grato.*

nono → NOVENO.

nónuplo → MULTIPLICATIVOS.

noquear. En boxeo, 'dejar fuera de combate'. Este verbo, formado sobre el inglés *knock* (más propiamente, *knock out*), equivale a la perífrasis citada aquí como definición, o a la más coloquial *dejar K. O. (K. O.*, pronunciado /káo/). Dentro de su ámbito especial, *noquear* no pasa de pertenecer a un nivel coloquial.

nor-, nord-, norte-. **1.** Formas prefijas de *norte: norvietnamita, nordeste, norteafricano.* **2.** Se dice *nordeste*, 'punto del horizonte entre el norte y el este'; pero *noroeste*, 'punto del horizonte entre el norte y el oeste'. *Nordeste* está atestiguado en español desde 1435-38 (Díez Games, *Victorial* [FA]) sin interrupción hasta nuestros días, mientras que *noreste* no aparece antes de 1909. En cuanto a *noroeste*, se ha usado en la forma *norueste* desde su primer testimonio, en 1492 (Colón, cit. Corominas, II, 780), hasta hoy, y como *noroeste* solamente desde 1585 (Poza, *Hidrografía* [FA]); *nordoeste* es excepcional (1850, Reguero Argüelles, *Astronomía* [FA]). La presencia de la forma *nord-* en *nordeste* frente a la forma *nor-* en *noroeste* se explica posiblemente porque ambos compuestos se tomaron directamente del inglés, donde *northeast* pudo adaptarse al español conservando fácilmente la consonante inglesa *th* (> español /d/) entre /r/ y la vocal plena /e/, mientras que *northwest*, al pasar al español, difícilmente podía conservar una consonante entre dos, /r/ y /w/ (la palabra *norueste*, pronunciada aproximadamente /norgüéste/). Cf. Casares, *Cosas del lenguaje*, 282-86.

Sobre la grafía con mayúscula o minúscula inicial en *nordeste / noreste* y *noroeste*, → PUNTOS DEL HORIZONTE. **3.** En los derivados de nombres propios que llevan el complemento *del Norte* se prefiere la forma *norte-* cuando el nombre propio comienza por vocal: *norteafricano, norteamericano*; y *nor-*, cuando el nombre propio comienza por consonante: *norvietnamita, norcoreano, norsantandereano* (del Norte de Santander, en Colombia). Pero son frecuentes las excepciones a estas preferencias: *norirlandés* (no tengo registrado ningún ejemplo de *norteirlandés*), *nortecoreano* (al lado de *norcoreano*), *nortesantandereano* (en *Larousse* 1964, al lado de *norsantande-*

reano). La forma *nord-,* que a veces usan los periodistas (*«nordcoreano», Abc,* 14.9.1968, 40; *Destino,* 6.1.1973, 15), debe reservarse exclusivamente para *nordeste* (→ 2).

noray. En marina, 'poste que sirve para afirmar las amarras de los barcos'. Su plural es *noráis* (de acuerdo con la norma expuesta por la Academia, *Esbozo,* § 2.3.3*b*), aunque con frecuencia se ve escrito *norays.*

norcoreano, nordcoreano, nordeste, nordoeste, noreste, norirlandés, noroeste, norsantandereano → NOR-.

norte. Sobre su grafía con mayúscula o minúscula, → PUNTOS DEL HORIZONTE.

norteafricano → NOR-, 3.

norteamericano → NOR-, 3, y ESTADOUNIDENSE.

nortecoreano, nortesantandereano, norueste, norvietnamita → NOR-.

nos. 1. Pronombre personal átono, con función de complemento directo o complemento indirecto: → NOSOTROS, 3 y 4. **2.** Pronombre personal tónico de 1.ª persona singular «mayestático», hoy solo usado, con frecuencia cada vez menor, en boca de jerarcas de la Iglesia, en ocasiones solemnes. A pesar de su significado de singular, este pronombre funciona gramaticalmente como plural con respecto al verbo: *Nos os bendecimos;* pero como singular, con respecto al predicativo: *Nos somos consciente.* Esta forma tónica puede funcionar como sujeto, como predicativo o como complemento con preposición. Para las funciones de complemento directo y complemento indirecto sin preposición, se sirve de la forma *nos* átona propia del pronombre *nosotros:* → NOSOTROS, 3.

noso-. Forma prefija del griego *nósos,* 'enfermedad': *nosología.*

nosotros. 1. Pronombre personal de 1.ª persona plural. Su femenino es *nosotras.* Las dos formas, *nosotros, nosotras,* pueden funcionar como sujeto, como predicativo o como complemento con preposición: *Nosotros no sabemos nada; No quiere venir con nosotras.* **2.** En general, el uso de *nosotros, nosotras* como sujeto no es necesario, ya que el

verbo expresa suficientemente con su desinencia -*mos* la persona «nosotros». Solo se usa cuando su presencia es necesaria para señalar el sexo de la persona referida o cuando se trata de poner énfasis en el propio sujeto. Fuera de estos casos, el empleo de *nosotros, nosotras* sujeto es superfluo y tiene sabor extranjero. **3.** Para las funciones de complemento directo e indirecto, este pronombre toma la forma átona *nos: Nos han recibido mal; Nos permiten muchas cosas.* Sobre el uso de *nos* en posición enclítica, especialmente cuando el verbo va en subjuntivo con valor exhortativo *(pongámonos, conózcannos),* → PRONOMBRES PERSONALES ÁTONOS. **4.** La forma *nos,* en cualquiera de sus funciones, puede ir acompañada, dentro de la frase, por la forma tónica *nosotros* o *nosotras* precedida de la preposición *a,* con lo cual el complemento directo o el complemento indirecto aparece mencionado dos veces. En este caso, la forma *a nosotros* o *a nosotras* tiene un papel enfático semejante al señalado antes (→ 2): A NOSOTROS *no* NOS *conocen; No* NOS *conocen* A NOSOTROS.

nosticismo, nóstico → GNÓSTICO.

notable. El adjetivo *notable* y el verbo *notar* (u *observar)* son sustituidos con cierta frecuencia, en el castellano hablado por catalanes, por *remarcable* y *remarcar.* Cuando el uso no es de un catalanohablante, se trata de galicismo. En cualquier caso, es preferible evitarlo en español.

noticia → COMENTAR.

noticiar. Se conjuga, en cuanto al acento, como *cambiar* [1 a].

notorio. *Ser notorio:* → SER, 2.

Nouakchott → NUAKCHOT.

novecientos. El numeral que expresa la cantidad 'nueve veces ciento' es *novecientos.* La forma *nuevecientos,* usada, incluso públicamente, por personas aparentemente cultas (p. ej., en *mil nuevecientos setenta),* es un vulgarismo. No obstante, en épocas pasadas ha aparecido a veces en la lengua escrita: «*Finó en la Era de nuevecientos e setenta e dos años*» (*Tercera Crónica General,* 90); «*Mil nuevecientos trabajadores*» (Quadrado, *España,* XII, 220); «*Mil nueve-*

cientos reales» (Valera, *Doctor Faustino,* 153).

noveno. Numeral ordinal correspondiente a *nueve.* Puede decirse también *nono,* hoy apenas usado. *Nono* se conserva en *Pío nono* (también *Pío noveno), decimonono* (que alterna con *decimonoveno)* y, sustantivado, en la *hora de nona,* 'las tres de la tarde' en la medida antigua del tiempo.

noventa. *Noventa y uno, noventa y dos,* etc. (pronunciación y ortografía): → SESENTA.

noventayochista. 'De la Generación de 1898'. Este adjetivo, sustantivable, debe escribirse como una sola palabra —puesto que lo es— y conservando la *y* entre sus dos elementos componentes. Evítense, pues, las grafías *noventa y ochista* y *noventaiochista.*

Noya. La ciudad coruñesa que en gallego se escribe con la grafía *Noia* tiene en castellano la forma *Noya,* y es esta la que debe usarse cuando se escribe en español.

-nte. 1. Sufijo de adjetivos derivados de verbos. Estos adjetivos son llamados tradicionalmente participios de presente o participios activos. El sufijo se presenta en la forma *-ante* cuando la base es un verbo de la conjugación en *-ar;* en la forma *-ente* o *-iente,* cuando la base es un verbo en *-er* o en *-ir.* Significa 'que hace la acción': *amante, principiante, ambulante, conducente, equivalente, permanente, complaciente, conveniente, concerniente.* Algunos de estos adjetivos se sustantivan de modo habitual; otros se han lexicalizado como nombres: *presidente, asistente, sirviente.* En algunos de estos casos se ha creado una forma femenina en *-a (presidenta,* etc.). **2.** El sufijo *-nte* puede presentarse también en adjetivos no vinculados con ningún verbo español: *comediante, galante, ausente, presente.*

Nuakchot. El nombre de la capital de Mauritania, *Nouakchott,* se españoliza en *Nuakchot.*

nuera → YERNO.

Nueva Guinea. El adjetivo derivado de este nombre es *neoguineano.*

Nueva York. La ciudad de *New York* tiene en español el nombre de *Nueva York.* El adjetivo que le corresponde es *neoyorkino.*

Nueva Zelanda. Este es el nombre español tradicional del archipiélago de *New Zealand,* en Oceanía. Sin embargo, en América se usa generalmente el nombre de *Nueva Zelandia.* El adjetivo correspondiente a las dos formas es *neozelandés,* también escrito *neocelandés.*

nuevecientos → NOVECIENTOS.

nuevo. El superlativo de este adjetivo es *novísimo.* La forma *nuevísimo* pertenece al nivel coloquial. Pero, como advierte la Academia *(Esbozo,* § 2.4.8), hay cierta diferenciación semántica: no es lo mismo *sombrero novísimo* ('de gran novedad') que *sombrero nuevísimo* ('que está muy nuevo').

NUMERALES. 1. Son *numerales* las palabras que hacen referencia a los números. Generalmente son adjetivos, pero también pueden ser nombres, pronombres y adverbios (incluso podría hablarse de verbos: *cuartear, diezmar, binar, duplicar, cuadruplicar, centuplicar,* etc.). He aquí las subclases de numerales:
   a) *Cardinales.* Indican la cantidad de los seres o de los objetos con referencia a la serie natural de los números. Ejemplo: *Las* TRES *casas.* Son los numerales por excelencia; por ello se les suele llamar simplemente *numerales.* Los numerales cardinales se estudian en los apartados 2 y siguientes de este mismo artículo.
   b) *Ordinales.* Expresan el orden de los elementos de un conjunto haciendo referencia a la serie natural de los números. Ejemplo: *La* TERCERA *casa.* (→ ORDINALES.)
   c) *Fraccionarios.* Designan cada una de las partes iguales en que consideramos dividida una entidad, unitaria o colectiva, para, expresando el número de esas partes, precisar la cuantía del fragmento de dicha entidad al cual nos referimos. Ejemplo: *Dos* TERCIOS *de la casa.* (→ FRACCIONARIOS.)
   d) *Multiplicativos.* Indican que el ser u objeto en cuestión se compone de cierto número de unidades o elementos iguales o equivalentes. Ejemplo: *Una casa* TRIPLE *de lo normal.* (→ MULTIPLICATIVOS.)
   2. *Numerales cardinales.* Véase la lista en la página siguiente.

NUMERALES CARDINALES

0	cero	70	setenta
1	uno (*apoc.* un), *f.* una	80	ochenta
2	dos	90	noventa
3	tres	100	ciento (*apoc.* cien)
4	cuatro	101	ciento uno (*apoc.* ciento un),
5	cinco		*f.* ciento una
6	seis	102	ciento dos
7	siete	103	ciento tres
8	ocho	104	ciento cuatro
9	nueve	105	ciento cinco
10	diez	110	ciento diez
11	once	111	ciento once
12	doce	112	ciento doce
13	trece	120	ciento veinte
14	catorce	121	ciento veintiuno (*apoc.* -ún), *f.* -una
15	quince	122	ciento veintidós
16	dieciséis (*raro* diez y seis)	200	doscientos, *f.* doscientas
17	diecisiete (*raro* diez y siete)	201	doscientos uno (*apoc.* doscientos
18	dieciocho (*raro* diez y ocho)		un), *f.* doscientas una
19	diecinueve (*raro* diez y nueve)	202	doscientos dos, *f.* doscientas dos
20	veinte	203	doscientos tres, *f.* doscientas tres
21	veintiuno (*apoc.* veintiún), *f.* veintiuna	300	trescientos, *f.* trescientas (*Sigue igual que doscientos*)
22	veintidós	400	cuatrocientos, *f.* cuatrocientas
23	veintitrés	500	quinientos, *f.* quinientas
24	veinticuatro	600	seiscientos, *f.* seiscientas
25	veinticinco	700	setecientos, *f.* setecientas
26	veintiséis	800	ochocientos, *f.* ochocientas
27	veintisiete	900	novecientos, *f.* novecientas
28	veintiocho	1.000	mil
29	veintinueve	1.001	mil uno (*apoc.* mil un), *f.* mil una
30	treinta	1.002	mil dos
31	treinta y uno (*apoc.* treinta y un), *f.* treinta y una	1.003	mil tres
		1.004	mil cuatro
32	treinta y dos	1.100	mil ciento (*apoc.* mil cien)
33	treinta y tres	1.101	mil ciento uno (*apoc.* ... un), *f.* ... una
34	treinta y cuatro	1.102	mil ciento dos
35	treinta y cinco	1.103	mil ciento tres
36	treinta y seis	1.200	mil doscientos, *f.* mil doscientas
37	treinta y siete	1.201	mil doscientos uno (*apoc.* mil doscientos un), *f.* mil doscientas una
38	treinta y ocho		
39	treinta y nueve	1.202	mil doscientos dos, *f.* mil doscientas dos
40	cuarenta		
41	cuarenta y uno (*apoc.* cuarenta y un), *f.* cuarenta y una	1.300	mil trescientos, *f.* mil trescientas
		1.400	mil cuatrocientos, *f.* mil cuatrocientas
42	cuarenta y dos		
50	cincuenta	1.500	mil quinientos, *f.* -as
51	cincuenta y uno (*apoc.* ... y un), *f.* ... y una	1.600	mil seiscientos, *f.* -as
		1.700	mil setecientos, *f.* -as
52	cincuenta y dos	1.800	mil ochocientos, *f.* -as
60	sesenta	1.900	mil novecientos, *f.* -as

2.000	dos mil
2.001	dos mil uno (*apoc.* ... un),
	f. ... una
2.002	dos mil dos
2.003	dos mil tres
2.100	dos mil ciento (*apoc.* cien)
3.000	tres mil
4.000	cuatro mil
5.000	cinco mil
10.000	diez mil
11.000	once mil
12.000	doce mil
20.000	veinte mil
21.001	veintiún mil uno (*apoc.* ... un),
	f. veintiún mil una
30.000	treinta mil
40.000	cuarenta mil
100.000	cien mil
200.000	doscientos (*f.* doscientas) mil
300.000	trescientos (*f.* trescientas) mil
999.999	novecientos (*f.* -as) noventa y nueve mil novecientos (*f.* -as) noventa y nueve
1.000.000	un millón

1.000.001	un millón uno (*apoc.* ... un), *f.* ... una
1.000.010	un millón diez
1.000.100	un millón ciento (*apoc.* ... cien)
1.001.000	un millón mil
1.010.000	un millón diez mil
1.100.000	un millón cien mil
1.825.374	un millón ochocientos (*f.* -as) veinticinco mil trescientos (*f.* -as) setenta y cuatro
2.000.000	dos millones
2.000.100	dos millones ciento (*apoc.* cien)
2.001.000	dos millones mil
3.000.000	tres millones
10.000.000	diez millones
100.000.000	cien millones
1.000.000.000	mil millones o un millardo (→ MILLARDO)
1.000.000.000.000	un billón

un trillón (= un millón de billones)
un cuatrillón (= un millón de trillones)

3. Formas de los numerales cardinales.

a) Como se puede ver en la lista, algunos numerales están constituidos por una palabra simple: las unidades de *uno* a *quince;* todas las decenas (de *diez* a *noventa); ciento* o *cien, quinientos* y *mil.*

b) Otros están constituidos por una palabra compuesta: de *dieciséis* a *diecinueve* (diez + y + seis, diez + y + nueve); de *veintiuno* a *veintinueve;* y todas las centenas (de *doscientos* a *novecientos,* excepto *quinientos,* que pertenece al grupo anterior).

c) Los restantes se forman por combinación de dos o más palabras (escritas separadamente) de los grupos *a* y *b.* En unos casos se unen con la conjunción *y* (decenas + unidades: *treinta y cuatro, noventa y cinco,* etc.). En los demás casos, sin conjunción *(ciento veinte, doscientos sesenta, dos mil, trescientos mil,* etc.).

d) Impropiamente se incluyen en las listas de numerales cardinales determinadas expresiones de cantidad numérica que en realidad no pertenecen a la misma serie gramatical de los tres grupos precedentes, *a, b* y *c,* cuya función típica es de adjetivos. La expresión para 'mil veces mil' es un nombre masculino, *millón,* que tiene singular y plural

y que solo puede usarse precedido de un determinante —artículo, demostrativo, posesivo, cuantitativo, numeral—: *el millón, tu millón, esos millones, algunos millones, muchos millones, infinitos millones, seis mil millones.* Si no se le suma una cantidad menor, lleva un complemento con *de* que especifica lo numerado: *dos millones de pesetas, tres millones de habitantes.* Si va incrementado en una cantidad numérica menor, esta se le une inmediatamente, sin conjunción, y el especificador no lleva preposición: *un millón doscientas mil personas, cuatro millones cien mil doscientos votos.* (→ MILLÓN, BILLÓN, COLECTIVOS.)

4. Funciones gramaticales de los cardinales.

a) La más frecuente, como queda dicho, es la de adjetivo. En este caso precede al nombre: *Cuatro personas, Diez tomos.* (Sobre *mil* pospuesto al nombre, → MIL.) Entre el numeral y el nombre puede interponerse un calificativo: *Diez gruesos tomos.* El nombre puede ir determinado por artículo, el cual entonces se antepone al numeral: *Las cuatro personas.* (Esta construcción se puede sustantivar: *Las cuatro.*) También puede expresarse aproximación por medio de la anteposición del adjetivo indefinido *unos: Unos diez tomos.*

b) La función de pronombre se da, sin necesidad de mención previa, con referencia a personas: *Se han matriculado veinte en el cursillo.* Se puede dar con referencia a cosas mencionadas: *He mirado los discos; al final he comprado cinco.*

c) Los cardinales son nombres (masculinos y singulares) cuando se usan para designar las cifras o los números: *Aquí tienes que escribir un nueve; Ha salido premiado el doscientos dos.* Es frecuente que los nombres de números vayan precedidos, en aposición, por la palabra *número: Ha salido premiado el número doscientos dos.* También se usa aposición en la designación de decenas de años: *Los años sesenta* (→ AÑOS). No deben confundirse estas aposiciones con el caso en que el numeral cardinal funciona como adjetivo ordinal, como en *El piso doce* (→ ORDINALES, 3).

5. *Variaciones de género y número en los cardinales.* Los únicos numerales cardinales que, usados como adjetivos o como pronombres, tienen variación de género, son, por una parte, *uno* y los compuestos y combinados que terminan en *uno;* las formas femeninas son *una, veintiuna, treinta y una, ciento una, mil una,* etc. Por otra parte, las centenas de *doscientos* a *novecientos,* cuyas formas femeninas son *doscientas, trescientas, cuatrocientas, quinientas,* etc. (Sobre la variación de género en *veintiuno, treinta y uno, cuarenta y uno,* etc., precediendo a *mil,* → UNO, 2.)

En cuanto a variación de número, no existe: *uno, una,* solo se usa como singular, es decir, se refiere a nombre singular; y todos los demás cardinales son plurales, esto es, se refieren a nombres en plural. *Cero* precede también a nombres en plural: *Cero pesetas.*

6. *Apócope.* Sobre la apócope en *uno* y *ciento,* → UNO, CIENTO.

7. *Particularidades fonéticas.* Sobre pronunciaciones anómalas como /trentaidós/

por *treinta y dos;* /treintiúno, treintidós/ por *treinta y uno, treinta y dos;* /seséinta, nobéinta/ por *sesenta, noventa;* /nuebeciéntos/ por *novecientos,* → TREINTA, SESENTA, NOVECIENTOS.

8. *Particularidades gráficas.* En las series de *diez* y *veinte* son anticuadas, aunque oficialmente aceptadas, las grafías *diez y seis, veinte y uno,* etc.: → DIECI-, VEINTI-. No se aceptan, en cambio, las fusiones gráficas como *treintaicuatro, sesentaidós,* etc., que con alguna frecuencia aparecen en el español de América (→ TREINTA).

9. Observaciones sobre diversos numerales cardinales: → UNO, DIEZ, DIECI-, VEINTI-, TREINTA, SESENTA, CIENTO, NOVECIENTOS, MIL, MILLÓN, MILLARDO, BILLÓN.

número → ESPECTÁCULO.

Nuremberg. La ciudad alemana de *Nürnberg* tiene en español el nombre de *Nuremberg* (no *Núremberg),* que se pronuncia /núremberg/ o, más raramente, /nurembérg/. Si se adopta la primera pronunciación deberá escribirse *Núremberg.* Existe también una forma clásica, *Nuremberga,* hoy desusada.

nutrido. 'Denso o concentrado'. Debe evitarse el error, frecuente en los periodistas, de usar *abigarrado* en lugar de *nutrido, denso, concentrado: «Ha sido tan abigarrada la presencia femenina, originada por la falta de espacio, que don Mariano Trueba, magistrado encargado del caso, ha tropezado con grandes dificultades para llegar hasta su despacho» (Informaciones,* 13.8.1968, 4); *«El abigarrado número de iglesias madrileñas convierte a la capital en un beaterio» (País,* 13.11.1983, 26).

nutrir. Construcción: *nutrir* CON *manjares sustanciosos; nutrirse* DE *sabiduría.*

Nyassaland → NIASALANDIA.

nylon → NAILON.

ñ

ñ. Decimoquinta letra del alfabeto español. No existe en el universal. Su nombre (femenino) es *eñe,* plural *eñes.* Representa el fonema /ñ/, en cuya realización la lengua se eleva hasta ponerla en contacto con el paladar, quedando el ápice detrás de los incisivos superiores. El aire escapa por la cavidad nasal, gracias al descenso del velo del paladar. Hay vibración en las cuerdas vocales. Es, por tanto, una consonante palatal nasal sonora. La articulación es simple; por tanto, es errónea la pronunciación de /ñ/ como /ny/ en algunos extranjeros.

ñandú. 'Ave corredora americana'. Su plural es *ñandúes* o *ñandús.*

ñu. 'Antílope del África meridional'. Su plural es *ñúes* o *ñus.*

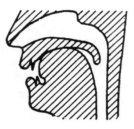

Articulación del fonema /ñ/ .

O

o [1]. Decimosexta letra del alfabeto español. Su nombre es femenino, y su plural es *oes* (vulgar *os*). Corresponde al fonema /o/, que se realiza recogiéndose la lengua hacia el fondo de la boca y elevándose su postdorso hacia el velo del paladar. Los labios toman una forma redondeada. Es una vocal velar abierta.

La articulación es algo más abierta de lo normal en los siguientes casos: 1.º, cuando el sonido /o/ sigue o precede inmediatamente al sonido /rr/: *perro, horror;* 2.º, delante del sonido /j/: *mojar;* 3.º, en el diptongo /oi/: *hoy, boina;* 4.º, en sílaba trabada: *conde, dos.* Se llama la /o/ entonces abierta, para diferenciarla de la llamada /o/ cerrada, que es la normal, descrita en el párrafo anterior. Ahora bien, la separación entre una y otra es pequeña, y resulta imperceptible para un hablante español por carecer de significación fonológica.

Tiende a cerrarse la articulación de /o/ cuando está en contacto con /a/: *Bilbao, Joaquín.* El habla vulgar, en América más que en España, acentúa esta tendencia, incluso en contacto con /e/: /tuáya/ por *toalla,* /kuéte/ por *cohete.*

o [2]. **1.** Conjunción disyuntiva. Se pronuncia siempre átona. Toma la forma *u* cuando precede inmediatamente a una palabra que comience por el fonema /o/: *siete u ocho, mujeres u hombres, Bélgica u Holanda.* Pero en la lengua coloquial es frecuente que no se cumpla esta norma y se mantenga *o:* «—*Los hombres no os miráis al espejo... —O os miráis demasiado»* (López Rubio, *Veinte,* 95).

En ese nivel puede incluso resultar afectado el uso de la variante *u.*

2. *O sea:* → SER, 8.

3. Conviene evitar el uso de la conjunción *o* en lugar de *y:* «*La liberalísima actitud de esos dos felizmente supérstites del falangismo literario que son Areilza o Alfaro»* (A. de Miguel, *Diario 16,* 5.5.1986, 4). Es un uso favorito del lenguaje periodístico. Sin embargo, a veces no se expresa con él la mera equivalencia *o = y,* sino que se pretende añadir la idea de 'entre otros'. Véase este ejemplo: «*El Rey inaugurará el día 14 los cursos de la Menéndez Pelayo. Participarán Mariano Barbacid, Amable Liñán o Carmelo Lisón»* (Ya, 10.6.1995, 32). Aquí se ha querido decir: 'participarán, *entre otros,* M. B., A. L. *y* C. L.'.

o- → OB-.

-o. Terminación átona de sustantivos postverbales: *acecho,* de *acechar; amago,* de *amagar; baileteo,* de *bailotear; pago,* de *pagar; desembarco,* de *desembarcar; abono,* de *abonar; socorro,* de *socorrer; reparto,* de *repartir.*

Oaxaca. Nombre de una ciudad y un estado de Méjico. Se pronuncia /oajáka/, no /oaksáka/. La *x* de este nombre, pues, tiene el mismo carácter que la de *México* (→ MÉJICO); pero en el caso de *Oaxaca* la grafía con *j,* que sería la coherente con el sistema ortográfico del español, es poco frecuente. Dos ejemplos ilustres he encontrado de ella: «*Las iglesias de Priego (Córdoba), de la ciu-*

dad de Méjico o de Oajaca» (Castro, *Cervantes y los casticismos*, 41); «*El señor marqués del Valle de Oajaca*» (Cunqueiro, *Gente*, 13). El predominio casi absoluto de la grafía *x* en este nombre, como en el de Méjico, se debe a que es la establecida oficialmente en la nación mejicana. Pero no se olvide que se trata solo de una grafía —una grafía excepcional—, y que la pronunciación, en ambos casos, es siempre con /j/.

ob-. Prefijo latino que significa 'por causa de'. Solo se encuentra en palabras tomadas del latín y carece de vitalidad en español: *obstáculo, obturar.* Puede tomar la forma *o-: ofrecer, oponer.*

obedecer. Verbo irregular. Se conjuga como *agradecer* [11].

objeción. 'Dificultad que se expone frente a un argumento'. En la terminación de esta palabra hay una sola *c;* es erróneo, pues, decir /objekzión/ y escribir *objección.*

objeto. **1.** Con *objeto de*, 'con el fin de', locución prepositiva, alterna con la construcción *con el objeto de* (que no es propiamente locución, ya que admite la interposición de un adjetivo: *con el mismo objeto de, con el único objeto de*). El término de una y otra es normalmente una proposición de infinitivo: *Daba voces con objeto de llamar la atención;* o una proposición introducida por *que* con verbo en subjuntivo: *Daba voces con objeto de que se fijasen en ella.*
Existe también la forma, menos recomendable, *al objeto de*, muy frecuente en el lenguaje administrativo.
2. *Objeto* y *objetivo* son sinónimos en el sentido de 'intento o propósito'. Por eso se puede oír con frecuencia *con el objetivo de* como equivalente de *con el objeto de.* Pero en muchos otros sentidos no coinciden, y el uso indiscriminado de una u otra palabra puede dar lugar a confusión en algunos casos. Es conveniente mantener *objeto* para la habitual idea de finalidad, y reservar *objetivo* para la idea de meta o de cosa que se pretende en último término.

obligación. **1.** Construcción: *obligación* DE *hacer una cosa.* Hoy es vulgar *obligación* A *hacer,* a pesar de que era normal en la época clásica: «*Tienen obligación* A *ocuparse en él*» (Luis de León, *Nombres de Cristo*, 30).

2. Confusión con *derecho:* → DERECHO, 2.

obligado. **1.** Construcción: *verse obligado* A *hacer algo.*
2. *Ser obligado* (un hecho): → SER, 2.

obligar. Construcción: *obligar* A *alguien* A *moverse.*

obligatorio. *Ser obligatorio:* → SER, 2.

oboe. 'Instrumento musical de viento'. La acentuación de esta palabra es grave /obóe/; deben, pues, evitarse la grafía y la pronunciación *óboe.*

obsceno. 'Deshonesto o contrario al pudor'. Es bastante reciente el uso de este adjetivo, por influencia inglesa, con el sentido de 'desagradable o repugnante': «*Ver un depósito de cientos de tesis doctorales amontonadas y sin posibilidad de difusión es .. un espectáculo obsceno*» (Rodríguez Adrados, *País*, 20.1.1980, 25).

obscurecer. **1.** Grafía *obscurecer* u *oscurecer:* → OSCURO.
2. Conjugación: → OSCURECER.

obscurecimiento, obscuridad, obscuro → OSCURO.

obsequiar. **1.** Se conjuga, en cuanto al acento, como *cambiar* [1 a].
2. Construcción: *obsequiar a alguien* CON *unas flores.* En la norma del español peninsular, no debe emplearse como transitivo *(obsequiar unas flores),* aunque en América es de uso corriente: «*Esta piedra es idéntica a la que obsequié para la custodia de San Agustín*» (Palma, *Tradiciones*, III, 48); «*Cuando el gringo salvó a su hija, Taní Caceré llevó la talla para obsequiársela*» (Roa, *Hijo*, 53). Cf. Kany, 349.

observar. *Observar,* sustituido por *remarcar:* → NOTABLE.

obstáculo. Construcción: *obstáculo* PARA *un proyecto.*

obstante. **1.** *No obstante,* locución prepositiva, 'a pesar de': *No obstante lo dicho, considero aceptable la idea.* Es de uso principalmente literario. Son erróneas las formas *no obstante a* («*No obstante a haberse quedado de momento privado de conocimiento*», *Ya,* 21.2.1961, 17) y *no obstante de* («*No obstante de ser inmenso el auditorio*», P. Isla, cit. Cuervo, *Notas,* n.º 143; cf. también *Apuntaciones*, § 446). Tampoco es normal que *no obstante* vaya seguido de proposición introducida por *que (No obstante que se quedó sin conocimiento;* en este caso se diría *A pesar de que se quedó... o No obstante haberse quedado...*).

2. *No obstante,* locución adverbial, 'sin embargo'. Puede ocupar cualquier lugar en la oración, particularmente el primero y el segundo; en todo caso, se aísla gráficamente del resto de la oración, ya que tiene con respecto a ella cierta independencia de entonación: *La sacudida fue violenta; no obstante, solo hubo daños materiales* (o bien: *solo hubo, no obstante, daños materiales;* o bien: *solo hubo daños materiales, no obstante*).

3. Uso de *con todo y eso; con todo y con eso; con eso y con todo; con todo de,* o *con todo y,* por *no obstante:* → TODO, 4 y 5.

obstar. Construcción: *esto no obsta A mis propósitos; no obsta PARA que seamos amigos.*

obstinarse. Construcción: *obstinarse EN su determinación; obstinarse EN seguir adelante.*

obstruir. Verbo irregular. Se conjuga como *huir* [48].

obtener. **1.** Verbo irregular. Se conjuga como *tener* [31].
2. Construcción: *obtener alguna ventaja DE otro.*

obturador. 'Que obtura, tapa o cierra', adjetivo, puede usarse como nombre masculino, *el obturador,* por ejemplo, en fotografía. La forma femenina de esta palabra es *obturadora;* puede emplearse también *obturatriz,* de uso literario y muy poco frecuente. Pero no es admisible usar esta forma para el masculino, como en este ejemplo: «*El obturatriz "Korr-San", original invento .. que obtura y cierra el orificio herniario*» (*Abc,* 25.6.1958).

obús. El significado primero de este nombre es 'pieza de artillería cuya longitud es menor con relación al calibre que en el cañón'. Usarlo con el sentido de 'proyectil disparado por obús' es impropiedad calcada del francés; pero es un cambio semántico no extraño en nuestro idioma. Aunque los técnicos lo rechazan, el uso se ha hecho general.

obviar. **1.** Se conjuga, en cuanto al acento, como *cambiar* [1 a].

2. En las diversas formas de este verbo, como en el adjetivo *obvio* y el nombre *obviedad,* es afectada la pronunciación /ób-bio, ob-biár, ob-biedád/; la pronunciación corriente es /óbio, obiár, obiedád/.

obvio. **1.** Pronunciación: → OBVIAR, 2.
2. *Ser obvio:* → SER, 2.

occidente. Sobre la grafía con mayúscula o minúscula, → PUNTOS DEL HORIZONTE.

océano. Se escribe y se pronuncia con una sola *c; occéano* no es normal. La acentuación es esdrújula (acento sobre la /e/). La acentuación grave, /ozeáno/, solo se acepta en poesía: «*Es grande en extensión el Oceano, / pero es más grande el corazón humano*» (Campoamor, *Humoradas,* 377); «*En la mínima esfera de la gota, / que no en infinitudes de oceano*» (Salinas, *Todo,* 65).

ochenta. *Ochenta y uno, ochenta y dos,* etc.: → SESENTA.

ocluir. Verbo irregular. Se conjuga como *huir* [48].

octa-, octo-. Formas prefijas del griego *októ* o del latín *octo,* 'ocho': *octágono, octosílabo.*

octillizos → TRILLIZOS.

óctuple, óctuplo → MULTIPLICATIVOS.

ocultar. Construcción: *ocultar algo A otro; ocultar algo A o DE la vista de otro.*

ocupar. **1.** Construcción: *ocuparse CON un negocio; ocuparse DE los niños; ocuparse EN o DE trabajar; ocuparse EN o DE la tarea.*
2. *Ocupado en* (hacer algo), sustituido por *en tren de:* → TREN.
3. *Ocupar,* sustituido por *detentar:* → DETENTAR.

odiar. Se conjuga, en cuanto al acento, como *cambiar* [1 a].

odo-. Forma prefija del griego *odós,* 'camino': *odómetro.*

odonto-, odont-. Formas prefijas de la raíz griega *odont- (odoús,* 'diente'): *odontólogo, odontalgia.* La forma sufija es *-odonte: mastodonte.*

oeste. **1.** *El Oeste,* por antonomasia, también llamado el *Lejano Oeste* (mejor sería *el Extremo Oeste*), es el *Far West* de los Estados Unidos. Las películas que pertenecen al

ciclo legendario que se localiza en esa región se llama en la lengua general *películas del Oeste;* pero los especialistas y entendidos en cine (y los esnobs) prefieren mantener el nombre que se les da internacionalmente: *western* (nombre masculino; plural, *westerns).*
2.   Sobre la grafía con mayúscula o minúscula, → PUNTOS DEL HORIZONTE.

ofender.   Construcción: *ofenderse* POR *cualquier cosa.*

ofertar.   La Academia registra este verbo en el sentido, usado en comercio, de 'ofrecer en venta' (un producto). En América se usa con el sentido general de 'ofrecer'. En ninguno de los dos casos parece muy necesario el nuevo verbo, que ocupa el lugar de *ofrecer.* Sí, en cambio, se justifica en un sentido no captado por la Academia, pero usado por los comerciantes: 'vender en *oferta,* esto es, con precio rebajado'. (Pero *oferta,* en este sentido, es reconocido por la Academia.)

off the record.   Locución adjetiva o adverbial tomada del inglés, propia del lenguaje periodístico, que se aplica a declaraciones hechas por una persona a un periodista con la condición de que no se citen como dichas por ella, o de que se consideren como confidenciales y por tanto no se difundan. En el primer caso es fácil de sustituir por el adjetivo español *extraoficial* (o el adverbio *extraoficialmente),* y en el segundo, por *confidencial* (o el adverbio *confidencialmente).* Se pronuncia corrientemente /of-de-rékord/ y se escribe entre comillas o en cursiva.

office → ANTECOCINA.

oficial.   Como nombre, el femenino de esta palabra es *oficiala* (en los oficios manuales): *las oficialas de un taller de costura;* o igual que el masculino (en la función pública): *la oficial de secretaría.*

oficiar.   1.   Se conjuga, en cuanto al acento, como *cambiar* [1 a].
2.   Construcción: *oficiar una misa; oficiar* DE *maestro de ceremonias.*

oficio → ANTECOCINA.

ofio-, ofi-.   Formas prefijas del griego *óphis,* 'reptil': *ofiuroideo.*

ofrecer.   1.   Verbo irregular. Se conjuga como *agradecer* [11].

2.   Construcción: *ofrecerse* DE o COMO *acompañante; ofrecerse* A o PARA *colaborar; ofrecerse* EN *holocausto; ofrecerse* PARA *hacerlo.*
3.   *Ofrecer* y *ofertar:* → OFERTAR.

oftalmo-, oftalm-.   Formas prefijas del griego *ophthalmós,* 'ojo': *oftalmólogo.*

ogaño → HOGAÑO.

Oiartzun → OYARZUN.

-oico.   Sufijo que se aplica en química a los adjetivos correspondientes a ácidos orgánicos: *etanoico.*

-oide, -oideo, -oides, -oidal.   Sufijos de sustantivos y adjetivos que indican semejanza: *asteroide, esfenoides, coloidal.* El sufijo *-oide* encierra a veces un matiz despectivo: *comunistoide, sentimentaloide.*

oídio.   'Hongo que produce una enfermedad en la vid'. Se usa también, pero no es necesaria, la forma latina *oidium.*

oír.   1.   Verbo irregular. (Véase cuadro.) Evítese el vulgarismo *oyes,* por *oye,* para la persona «tú» del imperativo.
2.   Construcción: *oír* CON o POR *sus propios oídos; oír* DE *fuente autorizada.*
3.   *Oír,* frente a *escuchar:* → ESCUCHAR.

ojalá.   1.   Interjección que expresa deseo de que ocurra un hecho determinado. La interjección puede usarse aislada, cuando tal hecho acaba de mencionarse: —*Espero que termine pronto.* —*¡Ojalá!* Pero lo más frecuente es que el hecho deseado se mencione inmediatamente a continuación de la interjección, en forma de oración con verbo en subjuntivo presente: *Ojalá esto termine pronto; Ojalá tengamos sol mañana; Ojalá le den su merecido.* Cuando se ve como improbable o irreal el cumplimiento del deseo, el verbo va en pretérito de subjuntivo: *Ojalá se muriera ese canalla.*
2.   El uso de *ojalá* seguido de *que* o *y* es de nivel popular en España: *Ojalá que no venga; Ojalá y se muera.* Estos usos son más comunes, y no siempre populares, en América: «*Ojalá que pronto quede olvidado*» (Bioy, *Cavar,* 193).
3.   En algunos países americanos (al menos en Colombia, Bolivia y Argentina) existe también un empleo popular de *ojalá* con valor de conjunción concesiva, 'aunque' (cf. Kany, 261; *Nuevo dicc. colombianismos* y *Nuevo dicc. argentinismos).*

CONJUGACIÓN DEL VERBO «OÍR»

(tiempos simples)

INDICATIVO

Pres. oigo, oyes, oye, oímos, oís, oyen.
Pret. impf. oía, oías, oía, oíamos, oíais, oían.
Pret. indef. oí, oíste, oyó, oímos, oísteis, oyeron.
Fut. impf. oiré, oirás, oirá, oiremos, oiréis, oirán.
Pot. simple oiría, oirías, oiría, oiríamos, oiríais, oirían.

SUBJUNTIVO

Pres. oiga, oigas, oiga, oigamos, oigáis, oigan.
Pret. impf. oyera u oyese, oyeras u -ses, oyera u -se, oyéramos u -semos, oyerais u -seis, oyeran u -sen.
Fut. impf. oyere, oyeres, oyere, oyéremos, oyereis, oyesen.

IMPERATIVO

oye, oiga, oíd, oigan.

FORMAS NO PERSONALES

Inf. oír.   *Ger.* oyendo.   *Part.* oído.

---

4. Por énfasis, es frecuente el desplazamiento del acento a la primera sílaba, *ójala* (forma que pocas veces aparece escrita y que no figura en los diccionarios). En algunos países de América también se da en la segunda sílaba: *ojala, /ojála/.*

-ojo. Sufijo despectivo, hoy sin vitalidad, de sustantivos y adjetivos: *ramojo.*

-ol. 1. Sufijo de sustantivos que en química significa 'alcohol': *fenol.*
2. Sufijo de sustantivos (con terminación femenina *-a)* de significación originariamente diminutiva: *banderola, arteriola, farol.* Hoy carece de vitalidad.

-olento → -ENTO.

oleoducto. 'Tubería destinada a conducir el petróleo a larga distancia'. No es necesario el empleo del nombre inglés *pipeline.*

oler. 1. Verbo irregular. (Véase cuadro.)
2. Construcción: *oler A rosas.*

olimpiada. 1. El uso habitual de este nombre, sin perder su forma singular, es como sinónimo de *juegos olímpicos,* es decir: 'competición internacional de varios de-

portes que se celebra cada cuatro años en una ciudad distinta': *La Olimpiada* (o *los Juegos Olímpicos) de Barcelona 92.* El plural *juegos olímpicos* ha dado lugar a que con frecuencia, por atracción, se diga impropiamente, también en plural, *olimpiadas,* refiriéndose a una sola de esas competiciones internacionales: *Las Olimpiadas de Barcelona 92.* La forma *olimpiadas* solo es adecuada para referirse a varias competiciones: *Las Olimpiadas de Londres (1948) y Helsinki (1952).*
2. Son igualmente válidas las formas *olimpiada, /-iáda/,* y *olimpíada /-íada/,* si bien la Academia da preferencia a la primera.

ológrafo → HOLÓGRAFO.

olor. Construcción: *olor* A *comida; olor* A *quemado.* Aunque menos frecuente, también existe la construcción con *de: «Callejones más estrechos a los que llega un olor* DE *fritanga,* DE *churro,* DE *porras calientes»* (Martín-Santos, *Tiempo,* 93). Hay una fórmula fija en que es obligado el empleo de la preposición *de: Murió en olor* DE *santidad* (también en la creada analógicamente *Fue recibido en olor* DE *multitud,* o DE *multitudes).*

olvidar. 1. Construcción: *olvidé el para-*

CONJUGACIÓN DEL VERBO «OLER»

(tiempos irregulares)

INDICATIVO

Pres. huelo, hueles, huele, olemos, oléis, huelen.

SUBJUNTIVO

Pres. huela, huelas, huela, olamos, oláis, huelan.

IMPERATIVO

huele, huela, oled, huelan.

---

guas; olvidé hacerlo; olvidé que era fiesta; me olvidé DEL *paraguas; me olvidé* DE *hacerlo; me olvidé* DE *que era fiesta.*

En la forma pronominal *(olvidarse),* no debe omitirse la preposición *de* en la lengua escrita o formal *(Me olvidé que tenía invitados,* por *Me olvidé* DE *que...).* Sin embargo, esta omisión se acepta en la lengua hablada, y por otra parte no son raros los ejemplos en la literatura: *«El hombre, a fuerza de familiarizarse con la sorpresa, llega a olvidarse que su deber es sorprenderse»* (Cela, *Diario 16,* 10.12.1985, 3). Es un caso semejante al de *acordarse* (→ ACORDAR, 4).

2. Al lado de los casos a que se refiere el apartado anterior, en que el verbo es activo y su sujeto es de persona, hay otras construcciones en que el verbo es pronominal pasivo (o «pasivo reflejo») y tiene un sujeto que designa la cosa olvidada. En estas construcciones hay un pronombre personal complemento de interés, que representa a la persona olvidadiza: *Se* ME *olvidó el paraguas; Se* NOS *olvidaron las fotos; Se* LE *olvidó hacerlo; No se* OS *olvide que mañana es fiesta.* Se distinguen estas construcciones por la presencia del pronombre *se* seguido de otro pronombre personal átono *(me, te, le, nos, os, les),* y por el verbo siempre en tercera persona en concordancia singular o plural con la cosa olvidada.

Hay que evitar la confusión de este *olvidarse* pronominal pasivo *(Se le olvidó algo:* sujeto, 'algo') con el *olvidarse* pronominal activo del apartado 1 *(Se olvidó de algo:* sujeto, 'él'): *«No se le olvidaba nunca de preguntar por su familia»* (Fernández de la Reguera-March, *Caída,* 127). Aquí se han

mezclado las dos construcciones: «no se *le* olvidaba preguntar» y «no se olvidaba *de* preguntar».

-oma. Sufijo de sustantivos que significa 'tumor': *fibroma.*

Omán. El adjetivo correspondiente a la Sultanía de Omán es *omaní.*

ombudsman → DEFENSOR.

ómnibus. 'Autobús'. Su plural normal es *ómnibus,* sin variación. Sin embargo, en Uruguay coexiste con un plural *omnibuses:* *«Bajó una mañana en la parada de los 'omnibuses' que llegan de Colón»* (Onetti, *Astillero,* 7), que en realidad correspondería a un singular *omnibús.*

omóplato. 'Hueso plano de la espalda'. La Academia da como válidas las dos formas, *omóplato* y *omoplato,* si bien da preferencia a la primera.

-ón. **1.** Sufijo aumentativo que forma sustantivos derivados de sustantivos: *hombrón.*

2. Indica abundancia cuando forma adjetivos derivados de sustantivos que designan partes del cuerpo: *cabezón, barrigón.* Irónicamente se emplea en *pelón* y *rabón.*

3. Indica edad cuando forma adjetivos derivados de numerales: *cincuentón, setentón.*

4. Indica golpe o acción violenta cuando forma sustantivos derivados de verbos: *empujón, tirón.*

5. Indica hábito en nombres que designan personas y que derivan de verbos: *mirón.* Se combina con otros sufijos, generalmente despectivos: *-arro: abejarrón; -urro: santurrón; -acho: corpachón; -ero: caserón; -ete: mocetón; -ullo: grandullón; -ara + -azo: caparazón.*

-onazo → -AZO.

onceavo → -AVO y UNDÉCIMO.

-oncho. Sufijo aumentativo de poca vitalidad: *rechoncho, morroncho.* (→ -ANCHO.)

onco-. Forma prefija del latín *uncus,* 'gancho': *oncocéfalo;* o del griego *ónkos,* 'tumor': *oncólogo.*

-ongo. Sufijo de escasos sustantivos: *morrongo, bailongo.*

onico-. Forma prefija de la raíz griega *ónyko- (ónyx,* 'uña'): *onicomancia.*

-ónimo, -onimia. Formas sufijas de origen griego *(ónoma,* 'nombre'); la primera es para nombres concretos, la segunda para abstractos: *sinónimo, sinonimia.*

oniro-, onir-. Formas prefijas del griego *óneiros,* 'sueño': *oniromancia.*

oniromancia → -MANCIA.

onomástica. Como nombre femenino significa, entre otras cosas, 'día del santo (de una persona)'. No debe usarse, como hacen algunos periodistas, por *cumpleaños: «Su Alteza Real la Infanta Cristina, hija menor de Sus Majestades los Reyes Don Juan Carlos y Doña Sofía, cumplió ayer catorce años de edad. La Infanta .. celebró su onomástica en la intimidad familiar en el Palacio de la Zarzuela»* (Abc, 14.6.1979, 5).

onomato-. Forma prefija de la raíz griega *onomat- (ónoma,* 'nombre'): *onomatopeya.*

Onteniente. La ciudad valenciana que en catalán y valenciano tiene el nombre de *Ontinyent* se denomina en castellano *Onteniente,* y es esta la forma que debe usarse cuando se habla o escribe en español.

onto-. Forma prefija de la raíz griega *onto-,* 'ser': *ontogénesis.*

Oñate. La ciudad guipuzcoana que en vascuence tiene el nombre de *Oñati* se denomina en castellano *Oñate,* y es esta la forma que debe usarse cuando se habla o escribe en español.

oo-. Forma prefija del griego *óon,* 'huevo': *oosfera.*

opcional → OPTATIVO.

-ope, -opía. Formas sufijas del griego *ops,* 'mirada'. La primera es de nombre o adjetivo de persona: *miope;* la segunda, de nombre abstracto de cualidad: *miopía.*

operador. **1.** *Operador de cine:* → CÁMARA.
2. *Operador turístico:* → TOUR OPERATOR.

opimo. 'Abundante'. Es adjetivo de uso literario. Su pronunciación es grave, /opímo/; debe, pues, evitarse escribir y pronunciar *ópimo,* como hacen algunos, por influjo de *óptimo.*

opinar. Construcción: *opinar* DE O SOBRE *alguien o algo; opinar bien* DE *alguien.* Sobre la construcción vulgar *opino* DE *que esto es así,* → DE, 4.

opo-. Forma prefija del griego *opós,* 'jugo': *opoterapia.*

oponer. **1.** Verbo irregular. Se conjuga como *poner* [21].
2. Construcción: *oponer una cosa* A *otra; oponerse* A *la injusticia; oponerse* A *venir.*

opositar. Construcción: *opositar* A *una cátedra.*

-opsia, -opsis. Formas sufijas del griego *ópsis,* 'visión': *autopsia, sinopsis.*

optar. Construcción: *optar* A *un empleo; optar* POR *una de dos cosas; optar* ENTRE *dos candidatos.*

optativo. La Academia define así el adjetivo *optativo:* «que pende de opción o la admite». (Existe otro valor de *optativo,* referente a un modo verbal en algunas lenguas, pero en este momento no nos interesa.) Hay otro adjetivo, *opcional,* que la Academia define como «perteneciente o relativo a la opción». Y el nombre *opción,* que figura en ambas definiciones, es, 1.º, «libertad o facultad de elegir», y 2.º, «la elección misma». Con estos datos no se ve clara la diferencia entre uno y otro adjetivo; ni siquiera si se quiere señalar alguna diferencia.
En realidad, *optativo* y *opcional* suelen usarse como sinónimos, con el sentido de

'(cosa) que se puede escoger libremente entre varias': *asignaturas optativas* o *asignaturas opcionales*. *Optativo*, en este sentido, goza de mayor aceptación en la lengua culta, donde, tomado del latín, cuenta con una vida de siglos, frente a *opcional*, que ha entrado en la lengua en los últimos decenios procedente del inglés, tal vez a través del francés.

No obstante, *opcional* se usa también, con frecuencia, con un sentido particular: '(cosa) por la que se puede optar facultativamente por añadidura'. En este sentido, *una asignatura opcional* será 'la que se puede elegir libremente como complemento de las obligatorias'. Se encuentra a menudo en la publicidad. Por ejemplo, en el anuncio de un coche se ofrecen «*muchos detalles opcionales, como faros antiniebla, volante de radios calados*» (*Gaceta*, 11.5.1969, 98); en un anuncio de pisos nuevos se advierte: «*Garage opcional en el propio edificio*» (*Ya*, 2.8.1973, 52). Quiere decirse que usted, al comprar el coche o el piso, tiene la posibilidad, pagándolas aparte, de obtener otras cosas que perfeccionan lo comprado. No obstante, el mismo sentido puede encontrarse también, aunque raramente, en *optativo*.

óptimamente → BIEN, 1.

óptimo → BUENO, 3.

opus. En música, se usa este nombre con el sentido de 'obra' individual dentro del conjunto de la producción de un compositor, y normalmente va seguido del número de orden que esa obra tiene en el catálogo de las del autor. La palabra es latina, y en su lengua original tiene género neutro. En francés, en italiano y en portugués se le ha dado el género masculino, y es el que le correspondería también en español. Como masculino lo registraba ya, en efecto, *Larousse* 1964, y más recientemente otros diccionarios (no el de la Academia, que no recoge la voz). Sin embargo, los musicólogos españoles están divididos en la preferencia entre *el opus 20* y *la opus 20*. El género femenino se explica sin duda por la equivalencia con *obra*, aunque no es razón suficiente.

oquedad. Nombre femenino, 'hueco, concavidad'. A pesar de ser el nombre abstracto que corresponde al adjetivo *hueco*, no se escribe con *h* (aunque así lo haya hecho algún escritor distinguido).

-or. Sufijo de nombres abstractos masculinos derivados de verbos o de adjetivos: *calor, dulzor, temblor.*

ora. 1. Adverbio (o, según algunos gramáticos, conjunción disyuntiva o distributiva) que se usa repetido ante dos o más frases, equivaliendo a 'unas veces'... 'otras veces'...: «*Su alazán... avanzaba manoteando gallardamente, ora de frente, ora de costado*» (Ciro Alegría, cit. Academia, *Esbozo*, § 3.18.4). Es de uso exclusivamente literario.

2. También con carácter literario, e igualmente repetido, puede funcionar como conjunción, con el sentido de 'tanto si'... 'como si'..., con verbos en subjuntivo: «*Ora bebáis, ora hagáis cualquier cosa*» (*Ya*, Suplemento, 10.11.1963, 29): 'tanto si bebéis como si hacéis cualquier cosa'.

-orama. Forma sufija del griego *órama*, 'lo que se ve': *panorama.*

orar. Construcción: *orar* POR *los difuntos.*

Órbigo. El nombre del río leonés es palabra esdrújula: lleva acento fonético y ortográfico en la primera *o*. Es errónea la pronunciación llana, /orbígo/, que se oye con cierta frecuencia en la radio y la televisión.

Orcadas. Las islas que en francés se llaman *Orcades* y en inglés *Orkney* tienen en español el nombre de *Orcadas.*

orden. 1. De los principales sentidos de esta palabra, son femeninos los de 'mandato' *(una orden del director, una Orden Ministerial)*, 'instituto religioso' *(la Orden de Predicadores)*, 'instituto civil o militar de carácter honorífico' *(la Orden de Carlos III, la Orden de San Hermenegildo)*; en plural, 'grados del ministerio eclesiástico' *(las sagradas órdenes)*.

2. Son masculinos los sentidos de 'armonía o quietud' *(persona amante del orden)*, 'forma arquitectónica' *(orden corintio)*, 'grupo de los que constituyen una clase zoológica o botánica' *(el orden de los artiodáctilos)*, 'sacramento del sacerdocio' *(el orden sacerdotal)*.

3. *Orden del día* es masculino cuando significa 'lista de asuntos que se han de tratar en una junta' (no está justificado el uso —debido a anglicismo— de la palabra *agenda* en este sentido, aunque lo recoja la Academia). Es femenino, *la orden del día*, cuando significa 'consigna dada diariamente a una guarnición', y también en la locución *estar una cosa a la orden del día*, 'haberse hecho muy usual'.

4. *En orden a.* Locución prepositiva (no adverbial, como dice la Academia). En el *Diccionario* académico figura con esta definición: «Tocante a, respecto a». Este sentido es hoy bastante raro: «*Ocupa el primer lugar en orden a su importancia artística la Parroquia de San Miguel*» (Pemán, *Andalucía,* 280). El uso corriente hoy, de nivel formal y especialmente administrativo, es en el sentido de 'para' y va normalmente seguido de proposición de infinitivo o *que* + subjuntivo, o bien de un nombre de acción: «*La Administración, constituida por órganos jerárquicamente ordenados, asume el cumplimiento de los fines del Estado en orden a la pronta y eficaz satisfacción del interés general*» (*Ley Orgánica,* 89). Este uso podría estar modernamente favorecido por la influencia del inglés *in order that, in order to.* Pero en la lengua clásica ya se usaba *en orden a* como 'para'. En un auto de Calderón, San Fernando, dirigiéndose a Dios, dice: «*En vuestro servicio estaba, / en orden a que Sevilla / sea vuestra*» (*Rey Fernando,* 1301).

ordenador → COMPUTADORA.

ordenar. Construcción: *ordenar* DE *sacerdote* (también *ordenar sacerdote); ordenar* EN *filas; ordenar* POR *materias.*

Órdenes. La ciudad coruñesa que en gallego tiene el nombre de *Ordes* se denomina en castellano *Órdenes,* y es esta la forma que debe usarse cuando se habla o escribe en español.

ORDINALES. 1. Los *adjetivos numerales ordinales* indican, por medio de la referencia a la serie natural de los números, el lugar que, dentro de una secuencia, corresponde a los nombres a los que acompañan. *El piso sexto* es el que está después de otros cinco; *el piso primero* es el que no tiene ninguno antes, pero tiene a continuación otro u otros. Estos adjetivos pueden sustantivarse cuando se sobrentiende el nombre: *Vivo en el sexto; Que pase el primero.* Todos tienen variación de género y número (*primero, primera, primeros, primeras).*

2. De la serie de los ordinales, solo tienen forma propia los correspondientes a los números del 1 al 12; los correspondientes a todas las decenas (del 20 al 90), y los correspondientes a las centenas (del 100 al 900). A partir del 1000, todos los millares y todas las unidades de orden superior se forman aña-

diendo al numeral cardinal correspondiente la terminación *-ésimo: milésimo, diezmilésimo, cienmilésimo, millonésimo, milmillonésimo, billonésimo,* etc. (Véase la lista en la página siguiente.)

Los ordinales que no tienen forma propia se construyen por composición, añadiendo al ordinal de la respectiva decena el correspondiente a la unidad: de 28, *vigésimo octavo;* de 86, *octogésimo sexto.* De igual modo se procede con las centenas: 175, *centésimo septuagésimo quinto.*

En los ordinales compuestos, en los que van del 13 al 19 lo normal es la grafía en una sola palabra: *decimotercero, decimocuarto, decimonoveno,* etc. (→ DECIMO-). En los comprendidos entre 21 y 29 es también frecuente, aunque no exclusiva, la grafía en una sola palabra *vigesimoprimero* (o *vigésimo primero).* En los de 31 en adelante la grafía normal es en palabras separadas: *trigésimo cuarto, quincuagésimo sexto.*

Los compuestos escritos en una sola palabra solo tienen variación en su último elemento: *decimotercero,* femenino *decimotercera* (no *decimatercera); vigesimoprimero,* femenino *vigesimoprimera* (no *vigesimaprimera).* Los escritos en palabras separadas sí tienen variables cada uno de sus componentes: *vigésima primera.*

3. Con la misma función que los adjetivos ordinales se suelen usar los numerales cardinales. Cuanto más elevado es el número de orden que se quiere expresar, más frecuente es recurrir a los cardinales. No es normal decir *Vivo en el piso uno;* pero no es difícil oír, en el ascensor, junto a *Voy al sexto, Voy al seis.* Es mucho más frecuente decir *El cincuenta aniversario* que *El quincuagésimo aniversario.* Y es casi inaudito *El quingentésimo aniversario* frente a *El quinientos aniversario.* Los cardinales usados como ordinales van en muchos casos pospuestos al nombre: *el piso seis* (no *el seis piso), el tomo veinte* (no *el veinte tomo).*

Cuando se trata de indicar el número de orden dentro de series de reyes o papas de un mismo nombre, hasta el 10 inclusive se emplea la forma ordinal; más allá del 10, la forma cardinal. Así: *Jorge tercero, Felipe quinto, Pablo sexto, Alfonso décimo,* frente a *Pío once, Alfonso trece, Luis dieciocho, Juan veintitrés.* Con las dinastías del antiguo Egipto ocurre igual: se habla de la *cuarta Dinastía,* pero de la *veinticinco Dinastía* (o *Di-*

NUMERALES ORDINALES

1.°	primero (*apoc.* primer), pri-mera	40.°	cuadragésimo, -a
2.°	segundo, -a	50.°	quincuagésimo, -a
3.°	tercero (*apoc.* tercer), tercera	60.°	sexagésimo, -a
4.°	cuarto, -a	70.°	septuagésimo, -a
5.°	quinto, -a	80.°	octogésimo, -a
6.°	sexto,- a	90.°	nonagésimo, -a
7.°	séptimo, -a	100.°	centésimo, -a
8.°	octavo, -a	101.°	centésimo (-a) primero (-a)
9.°	noveno, -a (*raro* nono, -a)	102.°	centésimo (-a) segundo (-a)
10.°	décimo, -a	110.°	centésimo (-a) décimo (-a)
11.°	undécimo, -a	200.°	ducentésimo, -a
12.°	duodécimo, -a	300.°	tricentésimo, -a
13.°	decimotercero, -a (*o* decimo-tercio, -a) [1]	400.°	cuadringentésimo, -a
14.°	decimocuarto, -a	500.°	quingentésimo, -a
15.°	decimoquinto, -a	600.°	sexcentésimo, -a
16.°	decimosexto, -a	700.°	septingentésimo, -a
17.°	decimoséptimo, -a	800.°	octingentésimo, -a
18.°	decimoctavo, -a	900.°	noningentésimo, -a
19.°	decimonoveno, -a (*o* deci-monono, -a)	999.°	noningentésimo nonagésimo noveno
20.°	vigésimo, -a	1.000.°	milésimo, -a
21.°	vigésimo (-a) primero (-a) (*o* vigesimoprimero)	1.864.°	milésimo octingentésimo se-xagésimo cuarto
22.°	vigésimo (-a) segundo (-a) (*o* vigesimosegundo)	2.000.°	dosmilésimo, -a
		3.000.°	tresmilésimo, -a
30.°	trigésimo, -a	4.000.°	cuatromilésimo, -a
31.°	trigésimo (-a) primero (-a)	10.000.°	diezmilésimo, -a
32.°	trigésimo (-a) segundo (-a)	100.000.°	cienmilésimo, -a
		500.000.°	quinientosmilésimo, -a
		1.000.000.°	millonésimo, -a

[1] También *décimo tercero,* femenino *décima tercera.* Lo mismo en todos los siguientes: *décimo octavo,* femenino *décima octava.* Pero estas formas son raras hoy.

---

nastía *veinticinco*).Y lo mismo con los si-glos: *siglo segundo, siglo décimo, siglo once, siglo quince.* Sobre el uso, en estos casos, de *diez* frente a *décimo,* → DÉCIMO.

4. Hay algunas series en que sistemática-mente se indica el número de orden por medio de los cardinales. Esto ocurre, por ejemplo, con los años, con los días del mes, con las pá-ginas, con los kilómetros: *el año veinte antes de Cristo, el día dos de diciembre, la página nueve, el kilómetro seis.* Solo con el 1 se

puede encontrar a veces la forma del ordinal: *el primero de mayo, la página primera.*

5. Sobre las formas *primer* y *tercer* de los ordinales *primero* y *tercero,* → PRIMERO, TERCERO.

6. Sobre los ordinales usados para 11 y 12, → UNDÉCIMO, DUODÉCIMO.

7. Sobre el empleo del sufijo *-avo* para formar ordinales, → -AVO.

Orense. La ciudad y la provincia que en gallego tienen el nombre de *Ourense* se denominan en castellano *Orense*, y es esta la forma que debe usarse cuando se habla o escribe en español.

orfanato. 'Residencia de huérfanos'. Debe rechazarse la forma *orfelinato*, adaptación del francés *orphelinat*, de *orphelin*, 'huérfano'.

orgulloso. Construcción: *orgulloso* DE *su fuerza*.

orilla. *Orilla de*, locución prepositiva, 'al borde de', pertenece a la lengua clásica y literaria (*«Eran hombres de la altura / de un pino, y que siempre andaban / orilla del mar, pescando / sobre esas rotas pizarras»*, Lope de Vega, *Nuevo Mundo*, 369; *«De vez en cuando se iba solo, orilla del lago»*, Unamuno, *San Manuel*, 72); pero hoy generalmente está limitada al nivel popular. Lo mismo ocurre con *orilla a* y simplemente *orilla* (*«Ya cantando orilla el agua, / ya cazando en la espesura»*, Góngora, *Antología*, 247; *«Para cantar contigo / orilla al mar salado»*, Machado, *Poesías*, 48). El uso corriente es *al lado de*.

-orio. Sufijo de adjetivos: *mortuorio;* o de nombres que indican acción o efecto: *velorio, holgorio*. A veces despectivo: *papelorio, casorio*. No debe confundirse con el sufijo *-torio* (→ -TORIO).

Orkney → ORCADAS.

ornito-. Forma prefija de la raíz griega *ornitho-*, 'pájaro': *ornitorrinco*.

oro-. Forma prefija del griego *óros*, 'montaña': *orografía*.

Oropesa. La ciudad castellonense que en catalán y valenciano tiene el nombre de *Orpesa* se denomina en castellano *Oropesa*, y es esta la forma que debe usarse cuando se habla o escribe en español.

Orozco. La ciudad vizcaína que en vascuence se escribe con la grafía *Orozko* tiene en castellano la forma *Orozco*, y es esta la que debe usarse cuando se escribe en español.

Orpesa → OROPESA.

-orral → -AL.

-orrio → -RRO.

-orritín → -ÍN.

-orro → -RRO.

-orrón → -ÓN.

orto-. Forma prefija del griego *orthós*, 'recto', 'derecho': *ortodoxo*.

os. Pronombre personal: → VOSOTROS, 3 y 4.

oscurecer. Verbo irregular. Se conjuga como *agradecer* [11].

oscuro. En esta palabra y en todas las de su familia (*oscurecer, oscuridad, oscurecimiento*, etc.), son igualmente válidas las grafías con *b* (*obscuro, obscurecer, obscuridad, obscurecimiento*) y sin ella. Las que llevan *b* (*obs-*) son fieles a la etimología y fueron hasta 1992 preferidas por la Academia; las que pierden la *b* (*os-*), hoy ya preferidas por esta, responden a la pronunciación corriente y son las más usuales en la escritura, incluso en la lengua culta.

-osis. Sufijo de nombres, usado en medicina, que significa 'enfermedad': *tuberculosis, artrosis*.

ósmosis. En física, 'paso recíproco de líquidos de distinta densidad a través de una membrana que los separa'. La Academia registra, además de esta forma esdrújula, la grave *osmosis*. La misma duplicidad existe para las formas prefijadas *endósmosis* o *endosmosis, exósmosis* o *exosmosis*.

-oso. Sufijo de adverbios derivados de nombres o de verbos. Significa abundancia o acción: *roñoso, pringoso, furioso, quejoso*. Puede combinarse con otros sufijos: *asqueroso, pegajoso*.

osteo-, oste-, -ósteo. Formas prefijas y sufija del griego *ostéon*, 'hueso': *osteotomía, teleósteo*.

ostricultura. 'Cría de ostras'. *Ostrícola* es el adjetivo que corresponde a la *ostricultura*, y *ostricultor / ostricultora* el nombre con que se designa la persona que se dedica a ella. Circulan también las formas *ostreicultura, ostreícola, ostreicultor*, no menos legítimas que las anteriores, puesto que están basadas en el latín *ostrea* (así como las primeras en el español *ostra*). Sin embargo, las formas *ostrei-* parecen tener menos uso.

-ota. Sufijo de origen griego que significa 'habitante' o 'propio' de una ciudad o un país y que se ha utilizado con referencia a la Edad Antigua: *epirota*, 'del Epiro', *masaliota*, 'de Masalia' (en Galia), *candiota*, 'de Candía', siciliota, 'de Sicilia' (Tarradell, *España anti-gua*, 109). Algunos, como *chipriota*, 'de Chipre', se han conservado vigentes hasta nuestros días. Esporádicamente aparece en algunas formaciones modernas: *cairota*, 'de El Cairo'; *tokiota*, 'de Tokio' (raro, aunque registrado por Santano y empleado en *Ya*, 22.10.1964, 27).

-otazo → -AZO.

-ote.   Sufijo de nombres y adjetivos. Tiene valor aumentativo o diminutivo a la vez que despectivo: *islote, mujerota*.

oto-, ot-.   Formas prefijas de la raíz griega *oto-, ot-*, 'oreja': *otología, otitis*.

otro.   Pronombre o adjetivo indefinido. Cuando se usa contrapuesto a *uno*, sin más términos, puede ir precedido del artículo *el: Uno no sabía, el otro no quería*. La correlación *uno..., otro...* sirve para formar oraciones coordinadas distributivas: *«Uno hace el rufián, otro el embustero»* (Cervantes, cit. Academia, *Gramática*, § 339).
Se coloca delante cuando acompaña a un numeral o a *pocos: los otros tres; otros pocos*. Con el adjetivo *alguno* o *ninguno*, se coloca detrás: *Algún otro habrá; No habrá ningún otro* (pero se invierte el orden cuando *alguno* tiene sentido negativo: *No habrá otro alguno)*. Puede preceder o seguir a *muchos: muchos otros, otros muchos*.
Usado como adjetivo, puede llevar una proposición comparativa de desigualdad: *«No hacían otra cosa que comer»* (Cervantes, cit. Academia, *Gramática*, § 428). Pero, fuera de la construcción *no... otra cosa que*, este uso es poco frecuente: *Otro que tú lo hubiera hecho; «Los personajes otros que don Faustino»* (Montesinos, *Valera*, 140). La construcción normal es con *que;* no lo son con *sino* o con *más que: «Desde el mismo día que pisaron los palacios del poder no aceptan otra arrogancia sino la propia»* (P. J. Ramírez, *Diario 16*, 15.5.1983, 3); *«Todos aquellos avatares no son otra cosa más que una lucha»* (D. García Sabell, *Abc*, 28.9.1979).
No puede anteponerse a *otro* el artículo indeterminado: *un otro hombre*.
Es un error emplear la forma *otro* ante un sustantivo femenino que empieza por *a* tónica: *«Otro arte poética»* (Cernuda, *Estudios*, 94), influido por las formas de artículo empleadas con estas palabras: *el arte, un arte*.

otredad.   'Condición de ser otro o diferente': *«'Otredad y projimidad' fue el título de esta tercera parte de mi libro»* (Laín, *Recta*, 216). También es de formación normal *otridad* (*Hoja Lunes Madrid*, 13.5.1974, 3). Tiene carácter semiculto, en cambio, la forma *otreidad*, usada, entre otros, por Sánchez Ferlosio: *«No hay más identidad con uno mismo que la que implica otreidad respecto de otro»* (*Ensayos*, I, 146).

otrora.   Adverbio que significa 'en otro tiempo'. Es de carácter marcadamente literario: *«¡Pobre Conchita, otrora reina del bataclán y hoy a la caza del real que sobra!»* (Cela, *Escenas*, 182). No debe ir reforzado por la preposición *en*, como aparece en este ejemplo: *«Este músico inició sus pasos, alabando en otrora, bajo la trompeta genial de Miles Davis»* (*País*, 28.7.1985).

Ottawa.   Aunque la pronunciación inglesa de *Ottawa*, nombre de la capital del Canadá, es esdrújula, en español se hace tradicionalmente llana, /otáua/.

Ourense → ORENSE.

overbooking → SOBRECONTRATACIÓN.

ovni.   Originariamente este nombre es una sigla, y como tal se escribía con mayúsculas, *OVNI*, 'objeto volador no identificado'. (Es «traducción» de otra sigla, la inglesa *UFO, unidentified flying object.)* Ya en los primeros años 70 se empezó a lexicalizar, alternando la grafía en mayúsculas con la grafía en minúsculas, *ovni*, y formando un plural *ovnis*. Estas formas son hoy completamente normales. Incluso han generado compuestos como *ovnilogía* (que tengo registrado en 1985) y *ovninauta* (1988).

ovo-, ovi-.   Formas prefijas del latín *ovum*, 'huevo': *ovíparo*.

oxímoron.   'Figura literaria que consiste en presentar unidas dos expresiones de sentido aparentemente opuesto'; como «Un fuego helado». Es término de uso exclusivo en la crítica literaria. Su plural es *oxímoros*.

Oyarzun.   La ciudad guipuzcoana que en vascuence tiene el nombre de *Oiartzun* se denomina en castellano *Oyarzun*, y es esta la forma que debe usarse cuando se habla o se escribe en español.

oyes.   *Oyes*, por *oye*, imperativo: → OÍR, 1.

p

p. Decimoséptima letra del alfabeto español. Su nombre es *pe,* plural *pes.* Representa el fonema /p/, en cuya realización los labios se mantienen pegados durante un instante, con lo que se cierra el paso al aire que sale por la boca, y se abren inmediatamente, de manera que se produce una pequeña explosión, apenas perceptible, de aire espirado. Durante esta articulación no hay vibración de las cuerdas vocales. Es una consonante bilabial oclusiva sorda.

Cuando precede a un sonido /t/, /z/ o /s/, la articulación se relaja en la pronunciación corriente, convirtiéndose en /b/ fricativa la mayoría de las veces: *adoptar, concepto, cápsula, opción.* En algún caso llega a perderse: *se(p)tiembre, sé(p)timo, suscri(p)tor;* pero, salvo en los tres ejemplos citados, esta pérdida no se admite en el habla culta. La pronunciación inculta tiende a deformar el sonido *p* en esta posición, diciendo /adoztár/ o /adoktár/, /káksula/, etc.

En los grupos *ps* y *pt* iniciales de palabra, la *p* no se pronuncia, si no es por énfasis: *psicología, psitacismo, ptialina.* Para las palabras compuestas de *psyché,* la Academia admite la ortografía sin *p: sicólogo,* etc. (→ PSICOLOGÍA).

pabellón. 'Instalación cubierta, más o menos provisional, dentro del recinto de una exposición o feria'. En algunos casos se emplean los términos *caseta* o *puesto,* que implican dimensiones pequeñas. No parece muy necesario el uso del inglés *stand.*

pabilo. 'Torcida de la vela'. Son válidas las dos formas, *pabilo* y *pábilo (pabilo* en Machado, *Poesías,* 120; *pábilo* en Aleixandre, *Espadas,* 63); pero el uso más general y la Academia prefieren *pabilo.*

pacer. Verbo irregular. Se conjuga como *agradecer* [11].

pachá → BAJÁ.

pactar. Construcción: *pactar una tregua* CON *el enemigo; pactar* ENTRE *sí.*

paddle → PÁDEL.

padecer. 1. Verbo irregular. Se conjuga como *agradecer* [11].
2. Construcción: *padecer* DE *los nervios; padecer* EN *la honra.*

pádel. Con la palabra *paddle,* abreviación del inglés *paddle-tennis,* o con la forma adaptada a medias al español *paddle-tenis,* se designa un juego semejante al tenis, que se practica en pista de pequeñas dimensiones con palas de madera y pelota de goma. El nombre se españoliza en la forma *pádel.*

Padova → PADUA.

padrenuestro. 'Oración que comienza con las palabras *padre nuestro'.* Puede escribirse también *padre nuestro.* Pero, tanto escrito en una como en dos palabras, se pronuncia con un solo acento, en la penúltima sílaba, /padrenuéstro/. El plural puede ser *padrenuestros* o *padres nuestros.* Las formas de una sola palabra son hoy las corrientes.

Padua. La ciudad italiana de *Padova* tiene

en español el nombre de *Padua*. El adjetivo correspondiente es *paduano*.

paipay. 'Instrumento para abanicarse, en forma de pala y con mango'. Es nombre masculino. Su plural es *paipáis*.

Países Bajos. Nombre oficial, en español, de la nación que en su propia lengua se llama *Netherland*, y que en el uso corriente, con impropiedad, denominamos *Holanda* (que en rigor designa solo una región de los Países Bajos). El adjetivo que corresponde a los Países Bajos es *neerlandés* —*holandés* en el uso común—.

País Vasco. El *País Vasco* es el nombre español de la comunidad autónoma constituida por las antiguas Provincias Vascongadas. En vascuence su nombre es *Euskadi*, pero si se habla o escribe en castellano el nombre es *País Vasco*.

Euskal Herria (pronunciado /euskalerría/) se usa también a veces para designar al País Vasco, pero propiamente significa 'la tierra de lengua vasca'.

Pakistán, pakistaní → PAQUISTÁN.

palabra. Construcción: *dar palabra* DE *que no ocurrirá*. No debe omitirse la preposición *(dar palabra que...)*.

palacio. Usado sin adjetivo especificador para referirse al palacio real, al palacio episcopal o al palacio presidencial, va sin artículo: *«La demora en el diagnóstico de la tuberculosis [del Rey] no se debió ciertamente a ignorancia o a negligencia de los médicos de palacio»* (Fernández Almagro, *Historia,* I, 438); *«Se dirigió a 'Palacio'. Así se llamaba por antonomasia el del Obispo»* (Clarín, *Regenta,* cap. 12); *«Las mujeres iban penetrando a palacio cuando un guardia las detuvo»* [se refiere al palacio presidencial] (Neruda, *Confieso,* 230).

palangana. 'Jofaina'. La Academia registra las dos formas, *palangana* y *palancana;* pero, en realidad, solo la primera es normal; la segunda es regional o rústica.

palato-. Forma prefija del latín *palatus,* 'paladar': *palatograma*.

paleo-. Forma prefija del griego *palaiós,* 'antiguo': *paleolítico*.

Palestina. El adjetivo derivado de *Palestina* es *palestino*. También existen *palesti-*

niano y *palestinés,* pero no son formas muy apreciadas.

paliar. 1. Se conjuga, en cuanto al acento, como *cambiar* [1 a]. No obstante, la Academia *(Esbozo,* § 2.13.5) también reconoce la conjugación tipo 1 c (como *desviar).* **2.** Construcción: *paliar una cosa* CON *otra.*

palidecer. Verbo irregular. Se conjuga como *agradecer* [11].

palin-, palim-. Formas prefijas del griego *pálin,* 'de nuevo' o 'en sentido inverso': *palingenesia, palimpsesto*.

palmarés. 'Lista de triunfadores en un certamen': *el palmarés del Festival de Cine de Valladolid.* También se usa como 'historial' o 'lista de méritos' (de una persona, de una colectividad o de una empresa): *el palmarés del Atlético de Madrid*.

Pamplona. La capital de Navarra, que en vascuence tiene el nombre de *Iruña,* se denomina en castellano *Pamplona,* y es esta la forma que debe usarse cuando se habla o escribe en español.

El habitante de Pamplona se llama *pamplonés.* La forma *pamplonica* es solo coloquial.

pan-, panto-. Formas prefijas del griego *pan,* 'todo': *panamericano, pantógrafo*.

Panadés. La comarca barcelonesa que en catalán tiene el nombre del *Penedès* se denomina en castellano el *Panadés,* y es esta la forma que debe usarse cuando se habla o escribe en español.

pane lucrando. Locución latina que significa 'para ganarse el sustento' (literalmente, 'para ganarse el pan'). También se puede usar en la forma *de pane lucrando* (no *pro pane lucrando).*

panorámica. Como nombre, propiamente, 'procedimiento cinematográfico consistente en tomar vistas haciendo girar la cámara sobre un eje'. Suele emplearse abusivamente esta voz en sentido figurado, cuando bastaría decir simplemente *panorama.*

panteón. 1. Significa 'monumento funerario destinado a enterramiento de varias personas'. No debe confundirse con *sepultura* normal, que puede albergar dos o más ataúdes, pero que no es un monumento. Una emisora de Madrid habló, con ocasión del entierro de Dámaso Alonso (26.1.1990), refiriéndose a su tumba —que no era panteón— del «*modesto panteón familiar*» del poeta. Los panteones raras veces son modestos. **2.** Sobre la confusión de *cenotafio* con *panteón*, → CENOTAFIO.

papa. 'Jefe de la Iglesia'. El femenino de este nombre es *papisa*. En sentido recto, esta forma femenina solo se ha usado a propósito de la legendaria papisa Juana (siglo IX).

papá. El plural de este nombre es *papás;* su diminutivo, *papaíto,* o también, en América, *papito* o *papacito.*

papagayo. 'Ave tropical de la familia de la cotorra'. El nombre se emplea con frecuencia para referirse a la persona que habla muy seguido y con poca sustancia. Muchos, relacionando esta palabra con *gallo,* escriben erróneamente *papagallo.*

paparazzo. Voz italiana, pronunciada /paparátso/, con que designamos al reportero gráfico especializado en obtener fotografías indiscretas o prohibidas de personajes famosos. El nombre procede del apellido de un fotógrafo de la película *La dolce vita,* de Fellini (1960). En plural es *paparazzi,* y no debe usarse esta forma de plural con valor de singular («*el paparazzi*», *País,* Supl., 3.2.1996, 2), llegando a crear para este falso singular un plural *paparazzis* («*'Paparazzis' españoles reventaron la venta de la exclusiva de la boda*», *Ya,* 13.2.1990, 12). El uso adecuado del singular *paparazzo* lo encontramos en este ejemplo: «*La princesa Diana obtiene una sentencia contra un 'paparazzo'*» (*País,* 17.8.1996, 17).

papel. Con el sentido de 'cargo o función', es frecuente que este nombre se presente como complemento directo de los verbos *hacer* o *representar,* pues se trata de un uso figurado del *papel* del actor. No es muy adecuado, en cambio, el uso del verbo *jugar* en estas construcciones, por calco del francés *jouer son rôle,* 'representar su papel'. Ahora bien, el uso es ya antiguo («*Eran tremendas las batallas, en que siempre jugaban un importante papel los misteriosos madianitas*», Unamuno, *Recuerdos* [1908], 25) y está muy arraigado.

paperback. En inglés, *paperback* (pronunciado /péiperbak/) significa 'encuadernación

en rústica'; pero también se llama así el libro que se publica con esa encuadernación. Algunos editores españoles han considerado más comercial decir *paperback* que *libro en rústica,* que es como se dice en español.

papiro. 'Cierta planta' y también 'lámina obtenida de ella, sobre la que escribían los antiguos'. La acentuación de esta palabra es grave, /papíro/. Sin embargo, en el sentido popular, hoy ya raro, de 'billete de banco', siempre se usa la forma *pápiro.*

papisa → PAPA.

papú. 'De la Papuasia, región de Nueva Guinea'. En plural es *papúes.* Es erróneo el falso singular *papúe. Papú* (con su plural *papúes*) y *papúa* (plural *papúas*) figuran en el *Diccionario* de la Academia. La segunda de las dos formas es la más clásica: ya la usaba a principios del siglo XVII Bartolomé Argensola: «*El capitán Alvarado .. descubrió las islas de los Papúas*» (*Malucas,* 64).

Paquistán. Puede escribirse *Pakistán* y *Paquistán,* pero en español es preferible la segunda grafía. Lo mismo puede decirse respecto a *pakistaní* y *paquistaní.*

par. 1. *Un par,* 'dos', lleva normalmente un complemento en plural con *de: un par de cosas, un par de veces.* Para decir 'dos o tres', no se construye «*un par o tres de veces*» (Marsé, *Montse,* 97), sino *un par de veces o tres.*
2. *A la par,* locución adverbial, 'juntamente o a la vez', también puede ser *al par;* pero el uso habitual es el primero: *Es inteligente y trabajadora a la par.* La preferencia se mantiene, aunque no tan firme, en las locuciones prepositivas *a la par de* y *al par de,* 'a la vez de' o 'juntamente con': *El árbol crecía a la par del niño.* Y en las locuciones conjuntivas *a la par que* y *al par que,* 'a la vez que': *Es inteligente a la par que trabajadora.*
3. *A la par,* en economía, 'con igualdad entre el valor nominal y el efectivo', no tiene alternancia de formas como en los usos expuestos en el apartado anterior. Puede funcionar como locución adverbial o como locución adjetiva.
4. *Sin par,* 'sin igual', se usa como adjetivo: *belleza sin par.* No se acepta la grafía en una sola palabra, «*ese simpar piropo*» (J. L. Coll, *Diario 16,* 19.8.1984, 40).

para. **1.** Preposición. Es siempre átona. Expresa las siguientes relaciones:

a) Término del movimiento, expresado más vagamente que con la preposición *a: Voy para casa; «Una avispa vuela sobre el cristal, para arriba y para abajo»* (Cela, *Alcarria,* 22).

b) Término de un transcurso de tiempo, también expresado con cierta vaguedad: *Para la semana que viene estarán arreglados los zapatos* (compárese con *la semana que viene,* idea de tiempo más exacta). Pero también puede señalar un plazo fijo y concreto: *La boda se ha señalado para el día 6 de marzo.*

c) Destino o fin de una acción o de un objeto: *papel para forrar; viviendas para obreros; Han traído esto para el señor.* Una variante de estas ideas es la de aptitud: *Antonio es para todo.* Puede preceder a una proposición (con *que* + subjuntivo, o con infinitivo): *Trabajo para que me paguen; Lo estudio para explicárselo yo después.*

d) Contraposición, comparación o relación: *¡Con buena calma te vienes para la prisa que yo tengo!; Poco le alaban para lo que merece.*

2. *Cinco minutos para las ocho,* en lugar de las *ocho menos cinco,* es en España anglicismo puesto de moda por algunos locutores de radio. Parece, sin embargo, que en algunos países de América se usa como normal: *«Llegué a la pensión veinte para las cuatro»* (Edwards, *Máscaras,* 42).

3. *Para con,* locución prepositiva que significa 'con respecto a': *Fue bueno para con sus sobrinos; Nuestra actitud para con estos problemas ha de ser la misma.*

para-. Prefijo griego que significa 'junto a' y que se usa con frecuencia para crear palabras que significan semejanza con lo designado en el elemento al que se prefija: *paraestatal, parafiscal, parafascista, paramilitar.* A pesar del caso *paraestatal,* el prefijo toma, en las voces heredadas del griego, la forma *par-* cuando se antepone a palabra que empieza por vocal: *parónimo, paréntesis, parusia.*

parada → PUESTO, 1.

paradisíaco. Son igualmente válidas las formas *paradisiaco, /-iáko/,* y *paradisíaco, /-íako/,* si bien la Academia da preferencia a la segunda.

paradójico. '(Cosa) que encierra paradoja' o '(persona) que actúa de un modo que encierra paradoja'. Es relativamente frecuente encontrar en textos de personas por otra parte cultas la grafía errónea *paradógico,* tal vez influida por *lógico.*

paralelogramo. 'Cuadrilátero cuyos lados opuestos son paralelos entre sí'. La acentuación de esta palabra es grave; evítese, pues, pronunciar /paralelógramo/.

paralímpico. La 'serie de competiciones deportivas internacionales para atletas minusválidos, organizada según el modelo de los Juegos Olímpicos' se denomina en inglés —lengua en la que fue primero nombrada— *Paralympic Games.* (El nombre primitivo fue *Paraplegic Games.*) La palabra *paralympic* está formada por un procedimiento compositivo muy fecundo en esa lengua, la *fusión (blend),* que consiste en crear una voz nueva mediante la unión del comienzo de una palabra y el final de otra. Así nacieron voces inglesas conocidas, como *smog (smoke,* 'humo' + *fog,* 'niebla') y *brunch (breakfast,* 'desayuno' + *lunch,* 'comida'). Varias palabras engendradas por este procedimiento han entrado —algunas ya con cierta antigüedad— en español, con muy somera adaptación; por ejemplo, inglés *helicopter (helicopter + airport)* > español *helipuerto;* inglés *stagflation (stagnation + inflation)* > español *estanflación,* término de economía. A veces sin adaptación: inglés *motel (motor + hotel)* > español *motel;* inglés *bit (binary + digit)* > español *bit,* término de informática. También el español crea a veces términos en esta forma: *cantautor (cantante + autor).*

La creación del inglés *paralympic* está dentro del mismo sistema. Concebidos los juegos inicialmente para atletas parapléjicos, se recurrió a la fusión *paralympic (paraplegic + olympic).* De aquí el español *paralímpico.* Algunos, desconociendo el origen de la voz, pensaron que procedía del prefijo *para-* antepuesto a *olímpico,* y lo modificaron, en consecuencia, en la forma *paraolímpico.* Otros, yendo más lejos en la misma línea, pensaron que el prefijo, ante vocal, debía asumir la variante *par-,* como ocurría en griego (→ PARA-), y entonces inventaron la forma *parolímpico.* Y así, de las tres maneras hemos visto escrito en español: *Juegos Paralímpicos, Juegos Paraolímpicos, Juegos Parolímpicos.* Aunque no lo parezca, las dos últimas tienen una formación errónea.

parangón. Construcción: *su prestigio no tiene parangón* CON *el de su maestro* (no *parangón* A, que a veces encontramos: *«Su carisma [de Carmen Flores] no tiene parangón al de su hermana»*, *Abc*, 15.1.1983, 74).

parangonar. Construcción: *parangonar una cosa* CON *otra.*

paranomasia → PARONOMASIA.

paraolímpico → PARALÍMPICO.

paraplejía → HEMIPLEJÍA.

parar. Construcción: *parar* A *la puerta; parar* EN *casa; pararse* A *escuchar.*

parecer. **1.** Verbo irregular. Se conjuga como *agradecer* [11].
2. Construcción: *parecerse* A *otro* EN *algo.*
3. Cuando el sujeto de *parecer* es una proposición introducida por *que*, el verbo de esta va normalmente en modo indicativo: *Parece que es tarde.* Pero si *parecer* va en forma negativa, el verbo siguiente estará en subjuntivo: *No parece que sea tarde.* También se usa subjuntivo en vez de indicativo, en casos en que no hay negación, con intención estilística de acentuar la irrealidad: *«Parecía que lloviesen estrellas fugaces»* (Cunqueiro, *Fanto Fantini*, 157). Es una expresividad semejante a la que se consigue con *parece como si* + subjuntivo, o con *parece como que* + indicativo: *«Parece como que se les picó el amor propio al verse reducidos a un punto imperceptible en medio de tan vastas tierras»* (Ganivet, *Reino de Maya*, 180). El uso sistemático de *parecer que* + subjuntivo, ya desprovisto de calidad expresiva, es característico de escritores del área catalana y levantina.

pareja. **1.** En el sentido principal de 'conjunto de dos personas' es femenino, y también lo es en el de 'persona que forma pareja con otra' (en un baile, en una actuación artística, etc.), cualquiera que sea el sexo de la persona (lo que los gramáticos llaman un «nombre epiceno»). Con este sentido, algunos emplean sin necesidad el inglés *partner* y el francés *partenaire*.
2. *Correr parejas*, locución verbal, 'ser comparable o semejante, o estar a la misma altura, (una persona o cosa con otra, o dos

entre sí)', se construye con la preposición *con: Su incultura corre parejas con su grosería* (no se admite la preposición *a*). En esta construcción la palabra *parejas* es invariable, y así figura en el *Diccionario* de la Academia. Pero existe, no muy apreciada, una variante en que esta palabra funciona como adjetivo en concordancia con el sujeto de *correr: «Los huesos de mi boca no corren parejos con el hambre»* (Cela, *Judíos*, 103).

paréntesis → PUNTUACIÓN.

pari-. Forma prefija del latín *par*, 'igual': *parisílabo.*

pariente. El femenino más normal de este nombre es *parienta;* aunque también circula algo, usada como femenina, la forma masculina. En la traducción de un mismo pasaje del Evangelio (Lucas, 1,36) escriben *parienta* Reina, Nácar-Colunga, Bover y Cantera-Iglesias; *pariente*, Biblia de Jerusalén y Schökel-Mateos.

parking → APARCAMIENTO.

-parlante. *Hispanoparlante, castellanoparlante, catalanoparlante, vascoparlante*, etc.: → HABLANTE.

Pármeno. El nombre de uno de los principales personajes de *La Celestina* es *Pármeno*, no *Parmeno*, como dicen algunos responsables de adaptaciones escénicas de la obra, e incluso algunos profesores.

-paro. Forma sufija del latín *pario*, 'parir': *primípara, ovíparo.*

parodiar. Se conjuga, en cuanto al acento, como *cambiar* [1 a].

parolímpico → PARALÍMPICO.

paronomasia. 'Figura literaria que consiste en emplear próximas dos o más palabras de sonidos semejantes'. La forma *paranomasia*, aunque usada en la época clásica, y también recogida por la Academia, hoy tiene poca aceptación.

parqué. 'Entarimado hecho de maderas finas'. Este nombre masculino es la adaptación, registrada por la Academia, del francés *parquet* (plural *parquets*). El plural de *parqué* es *parqués.*

parqueadero, parquear → APARCAMIENTO.

parquet → PARQUÉ.

parte. 1. Construcción: *formar parte* DE *un grupo* (no EN *un grupo*); *dar parte* DE *un hecho; tomar parte* EN *una competición; parte* DE *los socios* ('algunos') *se opusieron.* **2.** *Hacer parte, por formar parte,* no es normal. **3.** *A parte,* usado como adverbio, por *aparte:* → APARTE.

partenaire → PAREJA.

PARTICIÓN SILÁBICA. Sobre partición de la palabra en final de línea, → GUIÓN.

participante. Los adjetivos *participante* y *partícipe,* que, referidos a personas, también pueden ser nombres, significan en principio lo mismo: 'que participa'. El primero se usa especialmente en el sentido de 'que toma parte (en algo, como una competición)': *La mitad de los participantes fueron eliminados en la primera vuelta.* El segundo, en el de 'tener una parte (de algo que es de varios o de otro)': *Quieren ser partícipes de las mismas ventajas.*

participar. Construcción: *participar* DE *nuestra comida; participar* EN *el proyecto* (no *participar* A).

En economía, *participar* se usa como transitivo en el sentido de 'tener participación (en una empresa)': *«La Empresa Nacional de Autocamiones .., participada mayoritariamente por el Instituto Nacional de Industria» (País,* 17.10.1985, 54).

PARTICIPIO. Forma verbal no personal (es decir, que carece de variación de persona), de sentido perfectivo y pasivo. Su desinencia es *-do (-ado* en los verbos de la primera conjugación, *-ido* en los de la segunda y tercera); en algunos verbos tiene forma especial: *-to, -so* o *-cho (abierto, impreso, dicho).* Sobre el llamado participio de presente o participio activo, → -NTE. Sobre la pronunciación de *-ado, -ido* como /-áo/, /-ío/, → D, 3. **1.** *Participio con verbos auxiliares.* Unido al verbo auxiliar *haber,* conserva el valor perfectivo, pero no el pasivo; es invariable en género y número, y constituye los tiempos compuestos: *he hablado, había hablado, haya hablado,* etc. En cambio, con el verbo *ser* conserva el sentido pasivo y no el perfectivo, y es variable en género y número. Con él forma la voz pasiva: *es recibido, fueron recibidos, serán recibidas.* Con otros verbos auxiliares es variable y conserva los

dos valores, perfectivo y pasivo: *Llevo andados muchos kilómetros; Esta zona la tenemos muy explorada.* (→ TENER.)

A veces, por economía, quedan implícitos los verbos auxiliares, fenómeno que se da con frecuencia en frases nominales de avisos públicos o de titulares de prensa: *Prohibida la entrada* (= ha sido, o está, prohibida la entrada); *Cerrado* (= ha sido, o está, cerrado [el despacho, el servicio]); *Destruida una fábrica por un incendio* (= ha sido, o ha quedado, destruida). En estos casos se sobrentiende que la acción expresada por el participio pertenece a un momento pasado o es resultado de un hecho pasado. No se puede referir, pues, a hechos venideros, como ocurre en este ejemplo anómalo: *«Ahora puede ganar uno de los 30 cruceros que sorteamos. Envíe hoy mismo su cupón para el sorteo. Sorteo* EFECTUADO *ante notario el 14 de Julio»* (Prospecto del Banco de Vizcaya, mayo 1987). **2.** *Participio adjetivo.* Cuando el participio no se construye con verbos auxiliares (o no los lleva implícitos), es un adjetivo que concierta, como todos los adjetivos, en género y número con el sustantivo a que se refiere. Su sentido es pasivo si pertenece a un verbo transitivo: *una casa edificada con ladrillos;* es activo si corresponde a un verbo intransitivo o reflexivo: *acostumbrado, atrevido, presumido, resuelto, parecido.* En una serie de participios de verbos transitivos puede darse, según las circunstancias, sentido activo o pasivo: *abrazado, agarrado, agradecido, almorzado, bebido, callado, cansado, comido, cenado, confiado, considerado, desconfiado, descreído, desesperado, desprendido, disimulado, divertido, entendido, fingido, leído, mirado, necesitado, osado, pensado* (en la locución *mal pensado), pesado, sabido, sentido, sufrido.* **3.** *Participio absoluto.* Cuando el participio concierta con un sustantivo que no forma parte de la oración, sino que constituye precisamente con el participio una proposición incorporada a aquella, recibe el nombre de *participio absoluto.* Tiene un sentido temporal de anterioridad: *Acabada la misa, todos salieron* ('después que acabó'); o condicional: *Quitados los árboles el parque no valdría nada* ('si se quitaran los árboles'); o concesivo: *Aun muerto su perseguidor, no se atrevía a salir de su escondite* ('aunque había muerto'); o modal: *Iba, meti-*

das las manos en los bolsillos, a lo largo del paseo.
En la construcción absoluta lo normal es que el participio vaya delante de su sujeto, como se ve en los ejemplos; pero, cuando tiene sentido modal, puede ir detrás: *Iba, las manos metidas en los bolsillos, a lo largo del paseo.* Cuando se usa con sentido temporal, puede precederle una preposición: *Después de vendida la casa, nos arrepentimos;* o el adverbio *una vez: Una vez vendida la casa.*

Una forma especial de construcción absoluta es la locución formada por participio + *que* + verbo en forma personal *(haber, tener, estar, ser, ver): Llegado que hubimos al pueblo; «Dejado que hubo el seminario por el cuartel, distinguiólo entre todo su ejército el general Caro»* (Alarcón, cit. Academia, *Esbozo,* § 3.16.16); «*Llegado que fue el próximo domingo, Ramiro se engalanó como nunca*» (Larreta, *Don Ramiro,* 144). (Estas frases equivalen a «cuando hubimos llegado...», «cuando fue [= hubo] llegado...».) Es propia de la lengua literaria. En esta construcción, si el verbo pretérito es *ser* o *estar,* el participio concierta en género y número con el sujeto: *llegado que fue el día / llegados que fueron los días; llegada que fue la fiesta / llegadas que fueron las fiestas.* En los demás casos, el participio es invariable (forma masculina singular), como se ve en el ejemplo primero, *llegado que hubimos.* No es, pues, normal el uso que se ve aquí: «*PASADOS que hubieron cuatro meses desde que iniciara las subterráneas pesquisas .., vio entrar dos faluchos por la bocana del caño Cleofás*» (Caballero Bonald, *Ágata,* 23).

4. *Pronombre personal enclítico tras participio.* La norma general es que el participio no admite pronombre enclítico. No obstante, desde Cervantes se han dado en nuestra literatura muestras aisladas de este uso, y hoy aparece con alguna frecuencia en varios países americanos, especialmente en Méjico y Venezuela: *la afectuosa acogida dispensádale; los objetos dádoles; el homenaje ofrecídole; gracias al movimiento imprésoles* (cit. Rosenblat, *Palabras,* II, 137-40; cf. Kany, 123-24). Es un uso poco elegante y que carece de prestigio. Solo en un caso está hoy permitido (y aun entonces con mucha parquedad): cuando el participio es segundo participio, formando tiempo compuesto con un verbo auxiliar que se ha enunciado sin enclítico en la oración ante-

rior: «*cual si hubiera dado a la Naturaleza una mano de alegría, o pintádola de nuevo*» (Galdós, *Torquemada,* III, 130).

partir. **1.** Construcción: *partir* A O PARA *Italia; partir algo* ENTRE *varios; partir* POR *en medio; partir* DE *cero.* **2.** *Partiendo de* algo; no *en términos de* algo: → TÉRMINO.

PARTITIVOS. *Adjetivos numerales partitivos:* → FRACCIONARIOS.

partner → PAREJA.

party → FIESTA.

Pasajes. La ciudad guipuzcoana que en vascuence tiene el nombre de *Pasaia* se denomina en castellano *Pasajes,* y es esta la forma que debe usarse cuando se habla o escribe en español.

pasamano. 'Galón o trencilla que sirve de guarnición', y también 'listón que se coloca sobre una barandilla'. En este segundo sentido, es más frecuente hoy *el pasamanos.*

pasar. Construcción: *pasar* DE *Zaragoza* A *Madrid; pasar (el gasto)* DE *mil pesetas; pasar (la distancia)* DE *seis kilómetros; pasar* POR *alto una cosa; pasar* POR *cobarde; pasar* A *desarrollar un punto; pasarse* AL *enemigo; pasarse* CON *poco; pasarse* DE *listo.* En el nivel coloquial, *pasar* DE *algo,* 'prescindir, no hacer caso o despreocuparse de ello'.

En el castellano de Cataluña se oye *pasar* EN *poder de alguien* en vez de *pasar* A *poder de alguien:* «*Dicho manantial pasó en poder de una empresa turística de Las Vegas*» (Perucho, *Balnearios,* 80).

pasear. Construcción: *pasear* POR *el parque.*

paseo. Forma yuxtapuesta en la denominación de paseos, etc. *(paseo Recoletos):* → CALLE.

pasha → BAJÁ.

pasmar. Construcción: *pasmarse* DE *lo que se ve.*

pasodoble. 'Música bailable con ritmo de marcha'. Debe desecharse la grafía anticuada *paso doble.*

pasteurizar. 'Esterilizar' (leche u otro líquido). La Academia recoge las formas *pasteurizar* y *pasterizar,* dando preferencia a la primera. Lo mismo hace con los derivados *pasteurización* y *pasterización*. Pero todas las formas son aceptables.

patente. 1. *Ser patente:* → SER, 3.
2. Confusión entre *patente* y *latente:* → LATENTE.

pátina. 'Tonalidad que da el tiempo a los objetos antiguos'. Es errónea la forma *patina,* /patína/.

pato-. Forma prefija del griego *páthos,* 'enfermedad': *patología.*

patri-, patro-. Formas prefijas de la raíz latina *patri-* y de la griega *patro-,* 'padre': *patriarca, patrimonio, patrocinio, patrología.*

patriotería, patriotero → CHOVINISMO.

patrocinador. La persona o entidad que, con fines generalmente publicitarios, sufraga gastos de más o menos interés público se llama en español *patrocinador.* No es necesario usar el inglés *sponsor.* Sobre este término se han creado un verbo *sponsorizar* o *esponsorizar,* que corresponde al español *patrocinar,* y un nombre abstracto *sponsorización* o *esponsorización,* que ocupa el lugar de *patrocinio.*

patrón. 1. Los nombres *patrón* y *patrono* son intercambiables en la acepción de 'santo protector de una iglesia, un pueblo o una colectividad'.
Se usa *patrón* en estos sentidos: 'amo o señor' (uso hoy bastante raro, salvo en casos como *sí, patrón); '*dueño de la pensión en que se vive' (aunque se habla más de la *patrona* que del *patrón); '*el que manda una embarcación de pequeño tonelaje'; 'cosa que se toma como modelo' (y de ahí la locución *cortados por el mismo patrón); '*planta en que se hace un injerto'; y además, en economía, en *patrón metálico, patrón oro, patrón plata.*
Se usa *patrono* como 'persona que emplea a otras a su servicio' y 'persona que tiene cargo de patronato'.
Hay que advertir, sin embargo, que en todas las acepciones que designan persona han alternado históricamente (y aún ocasionalmente hoy) las formas *patrón* y *patrono.* Las que acabo de señalar son las tendencias hoy dominantes.
2. En las acepciones de persona, *patrón*

y *patrono* tienen forma femenina, que es idéntica para los dos nombres: *patrona.*

paupérrimo → POBRE y -ÉRRIMO.

payaso. No es necesaria la palabra inglesa *clown* (pronunciada corrientemente /klon/) para designar al *payaso* de circo. Sin embargo, la Academia recoge desde 1970 la forma españolizada *clon,* que circulaba ya desde hacía muchos años: *«Traía el pelo suelto y un traje como el que sacan los 'clones' en el circo»* (Galdós, *Ángel Guerra* [1890], 84); *«Yo, la verdad, prefiero el circo: los clones, las bailarinas a caballo y los hombres del trapecio»* (Pérez de Ayala, *Curandero* [1926], 39). Hoy *clown* o *clon* se usa poco.

peatonal. Adjetivo, 'de peatones': *calle peatonal, zona peatonal.* A pesar de que figura en el *Diccionario* académico desde 1992, algunos consideran poco deseable el uso de esta palabra, recomendando que se diga, mejor, *de peatones.* La explicación de esta resistencia está, al parecer, aparte del recelo instintivo de muchos a todo neologismo aunque tenga veinticinco años, en la alegación de que de los nombres terminados en *-ón* no existen en español adjetivos derivados en *-al.* Sin contar los numerosos que se han formado sobre terminaciones en *-ión* (que, en definitiva, también terminan en *-ón),* como *nacional, pasional...,* basta recordar los casos de *patronal* (de *patrón)* y de *cantonal* (de *cantón).* Y se pueden añadir otros más raros pero que también se encuentran en los diccionarios: de *ciclón, ciclonal;* de *aquilón, aquilonal.*

pecar. Construcción: *pecar* EN *algo; pecar* CONTRA *la caridad; pecar* DE *ignorante; pecar* POR *exceso* o POR *defecto.*

pectini-, pectin-. Formas prefijas de la raíz latina *pectin-,* 'peine': *pectiniforme.*

peculio. Significa 'dinero que posee una persona'. Existe igualmente el femenino *pecunia* (que la Academia califica de «familiar»), con el mismo sentido. El cruce de estas dos palabras, unido tal vez al adjetivo *pecuniario,* ha dado lugar a la forma híbrida *pecunio* (*«Mientras que ellos tendrían que poner el dinero de la compra, sin desembolso de su pecunio, McDougal aportaría el resto necesario para la operación»,* País, Supl., 31.1.1996, 14).

ped-. Forma prefija de la raíz griega *paid-*, 'niño': *pediatría, pedagogía*.

pedi-. Forma prefija de la raíz latina *pedi-*, 'pie': *pediluvio*.

-pedia. Forma sufija del griego *paideía*, 'educación': *enciclopedia, ortopedia*.

pediatra → -IATRA.

pedigrí. 'Genealogía' (de un animal). Este nombre masculino es la adaptación que la Academia propone para el inglés *pedigree*.

pedir. 1. Verbo irregular. Se conjuga como *vestir* [62]. 2. Construcción: *pedir* PARA *la Cruz Roja; pedir* POR *el alma de alguno*. 3. *Pedir*, por *preguntar*, es catalanismo: «*El médico forense se arrodilló junto al cadáver .. Luego pidió por el lavabo*» (Mendoza, *Savolta*, 348); «*Un gendarme de aduanas me pidió si tenía algo que declarar*» (*Destino*, 1.1.1972, 5).

pegar. Construcción: *pegar una cosa* A o CON *otra; pegar* A, CONTRA o EN *la pared; pegar golpes* SOBRE *el tablero*.

Pekín. El nombre tradicionalmente dado en español a la antigua capital china es *Pekín* (o *Pequín*) que debe seguir usándose, sin adoptar la transcripción *Beijing* que el sistema «pinyin» establece.

pelambre. 'Conjunto de pelo'. Según la Academia, este nombre es «ambiguo», es decir, se puede usar como masculino o como femenino. En realidad, en el uso corriente aparece generalmente como femenino. Pero en Chile, con el sentido de 'murmuración o chismorreo', es masculino: «*En esa casa nadie se libraba del pelambre*» (Edwards, *Máscaras*, 194).

pelear. Construcción: *pelearse uno* CON *otro; pelearse* POR *algo*. En algunos países americanos se usa como transitivo: «*Señor, he venido a pelearlo*» (Benedetto, *Caballo*, 60). Cf. Kany, 5.

pelícano. Como nombre, 'cierta ave palmípeda', es palabra esdrújula o —rara vez— grave. Como adjetivo, 'que tiene cano el pelo', es solo palabra grave, *pelicano*.

película → FILME.

pelo. *Venir* (una cosa) *a pelo* significa 'presentarse a propósito o con oportunidad'. *Venir al pelo* (una cosa a alguien) es 'resultarle a la medida de su deseo'.

pelota. *Pelota base* es el nombre que se ha dado en español al deporte cuyo nombre en inglés es *baseball*. Pero el nombre español ha caído en desuso, vencido por la forma adaptada *béisbol* (→ BÉISBOL), que ya está registrada por la Academia.

pena. 1. *Valer* o *merecer la pena. Vale* o *merece la pena leer este libro* se construye sin ninguna preposición entre *pena* y *leer*, porque *leer este libro* es el sujeto de *vale* o *merece*. Lo mismo ocurre si decimos *Este libro vale* o *merece la pena leerlo*, pues el sujeto de *vale* o *merece* sigue siendo *leerlo* (= «leer este libro»), y la única particularidad es que el complemento de *leer* —*este libro*— ha sido adelantado al comienzo de la frase. En cambio, cuando decimos *Este libro no vale la pena* DE *leerse* (o DE *ser leído*), es necesaria la preposición *de* entre *pena* y lo que sigue, que ya no es su sujeto, sino su complemento (el sujeto ahora es *este libro*). Resumiendo, pues: la construcción *valer* o *merecer la pena* no debe ir seguida de ninguna preposición, cuando lo que se enuncia a continuación de *pena* es el sujeto de la frase (esto es, «aquello que vale la pena»). Debe llevar *de* cuando lo que sigue a *pena* no es el sujeto de la frase, sino un complemento de *pena* («en qué consiste la pena o trabajo»). 2. *Darse la pena*, en el castellano hablado por catalanes, corresponde al normal *tomarse el trabajo*. 3. *Dar pena:* → DAR, 3. 4. El nombre *pena* es uno de los muy contados que pueden ir regidos por la preposición *so* (→ SO). Forma con ella la locución prepositiva *so pena de*, 'bajo pena de': *so pena de excomunión*. No debe omitirse *de*, como se hizo en este ejemplo: «*Muy difícilmente se podía dar el señor Ruiz Gallardón en el tozuelo, so pena que el señor Moral le insultara gravemente*» (*Abc*, 19.1.1985, 29).

penalty. El término deportivo *penalty* alterna, en el uso de los periodistas correspondientes, con la palabra española *castigo*, que es traducción exacta de aquella. Pero el nombre español no ha prevalecido en el uso de los aficionados, que utilizan siempre la palabra inglesa. Debemos considerar, pues, el nombre *penalty* como plenamente arraigado dentro del lenguaje del deporte. Por esta misma razón, no está justificado escribir el plural inglés *penalties;* debe usarse, con arreglo al sistema español de formación del plural, *penaltys.* La palabra se ha españolizado, también gráficamente, en la forma *penalti* (que ahora figura en el *Diccionario* de la Academia): «*El árbitro decretó penalti*» (*País,* 17.8.1976, 23); «*Nos casamos de penalti*» (Salvador, *Casualidades,* 119). El plural de esta forma es, naturalmente, *penaltis.*

pender. Construcción: *pender* DE *un cabello; pender* EN o DE *la pared.*

Penedès → PANADÉS.

penetrar. Construcción: *penetrar* EN *la casa* (en América *penetrar* A *la casa); penetrarse* DE *la idea.*

peni-. Prefijo, del latín *paene,* 'casi': *península, penillanura.*

Peníscola → PEÑÍSCOLA.

penni-. Forma prefija del latín *penna,* 'pluma': *penninervia.*

pensar. 1. Verbo irregular. Se conjuga como *cerrar* [6].

2. Construcción: *pensar* EN *alguien; pensar* EN o SOBRE *algo; pensar* PARA *sí; pensar algo* DE *una persona* o DE *una cosa; pensar* EN *ir.* Sobre la construcción vulgar *pienso* DE *que esto es así,* → DE, 4.

pensil. 'Jardín delicioso'. La Academia registra dos formas: aguda, /pensíl/, que es la más usual; y grave, *pénsil,* que es la etimológica.

penta-, pente-. Forma prefija del griego *pénte,* 'cinco': *pentasílabo, pentedecágono.*

pentagrama. 'Pauta musical'. Aunque la Academia registra también la forma esdrújula *pentágrama,* esta acentuación no pasa de ser un vulgarismo semejante al de la pronunciación /kilógramo/, aunque no falte algún ejemplo aislado de empleo en lengua culta —si no es errata—: «*La marcha contra los 'filisteos' que Roberto Schumann fijaba por entonces en el pentágrama*» (Cossío, *Montaña,* 286).

Pentecostés. 'Fiesta de la venida del Espíritu Santo'. Aunque este nombre se ha usado como femenino, hoy tiene género masculino.

Peñíscola. La ciudad castellonense que en catalán y valenciano tiene el nombre de Pe-

níscola se denomina en castellano *Peñíscola,* y es esta la forma que debe usarse cuando se habla o escribe en español.

peor. 1. Comparativo de *malo:* → MALO, 2.

2. Comparativo de *mal:* → MAL, 4.

3. Construcción: *peor* QUE *antes; peor* QUE *el otro* (no *peor* A, como a veces se lee: «*La situación .. se presentaba ayer algo peor* A *la de la capital*», *País,* 10.12.1978).

peppermint → PIPERMÍN.

-pepsia. Forma sufija del griego *pépto,* 'digerir': *dispepsia.*

pequeño. 1. El comparativo de este adjetivo es *menor* en general; pero se usa a menudo la forma perifrástica *más pequeño,* especialmente en la lengua coloquial. *Menor* se construye con *que: Su superficie es tres veces menor* QUE *la de Europa;* es errónea la construcción con *a (tres veces menor* A *la de Europa;* «*Un número de Bonos no menor a la cantidad de dos millones de dólares de capital*», *BOE,* 16.4.1945, 3005). Sin valor comparativo se usa a veces *menor,* por anglicismo, como *secundario:* «*No hay noticias de que se hayan producido enfrentamientos armados en la capital, aunque en el interior del país se han señalado algunos choques de menor importancia*» (*País,* 24.3.1982, 1). Sobre las construcciones *tanto menor, cuanto menor, mucho menor* + nombre, → MENOR.

2. El superlativo normal es *pequeñísimo.* La forma latinizante *mínimo* pertenece exclusivamente a la lengua culta y tiene un significado enfático especial: 'extremadamente pequeño'. La expresividad actúa más intensamente sobre el adjetivo *mínimo* cuando se refuerza con *más: No tengo la más mínima idea.* Por otra parte, *mínimo* se puede usar como nombre masculino: *Tener un mínimo de respeto; La Bolsa ha alcanzado el mínimo del año.* Algunos, por afectación, prefieren usar la forma *mínimum: un mínimum de respeto.*

per-. Prefijo latino que significa 'intensidad': *pervivir, persistencia;* a veces tiene sentido de 'mal': *perjurar, perverso.*

perder. 1. Verbo irregular. Se conjuga como *entender* [14].

2. Construcción: *perder* EN EL (o AL) *juego; perder algo* DE *vista; perderse* EN *disquisiciones.*

perecer. Verbo irregular. Se conjuga como *agradecer* [11].

perenne. La pronunciación de este adjetivo es /perénne/, no /perémne/. Y la del nombre abstracto *perennidad*, /perennidád/, no /peremnidád/. A veces esta pronunciación /mn/ pasa a la grafía: «*Lo característico del concepto 'clásico' es su peremnidad*» (Abc, Supl., 24.3.1974, 30); «*La Iglesia española .. ha sobrevivido a sus veinte siglos de anarquía económica. Argumento de peremnidad para beatos*» (Informaciones, Supl., 6.12.1977, 7).

pergeñar. 'Trazar o disponer'. No hará falta decir que la letra *g* seguida de *e* se pronuncia /je/. No es *pergueñar*, como algunos dicen e incluso escriben: «*Acaba de pergueñar una elegía a la oreja*» (Diario 16, 19.8.1987, 35).

peri-. Prefijo griego que significa 'alrededor': *pericarpio*.

periferia. La pronunciación normal es /periféria/; no /perifería/, como dicen algunos médicos.

período. La Academia da como válidas las dos formas, *período* y *periodo*, considerando preferible la primera.

perjuicio. Aunque no con frecuencia, se manifiesta a veces la confusión entre *perjuicio* y *prejuicio. Perjuicio* es 'daño'; *prejuicio* es 'opinión sobre algo antes de tener verdadero conocimiento de ello'.

permanecer. 1. Verbo irregular. Se conjuga como *agradecer* [11].
2. Construcción: *permanecer* EN *su lugar.*

permisividad. Hay quienes confunden *permisividad* y *permisibilidad. Permisividad* es 'cualidad de permisivo', 'tolerancia' o 'tendencia a permitir muchas cosas' (*permisivo* es 'que tiende a consentir o tolerar más de lo normal o habitual'). *Permisibilidad* es 'cualidad de permisible' (y *permisible* es 'que puede permitirse'). He aquí un ejemplo de la confusión: «*A pesar de algunas detenciones, multas y prohibiciones, el clima de permisibilidad o tolerancia gubernamental se sigue manteniendo*» (Gaceta, 15.2.1976, 10).

permiso. Construcción: *permiso* PARA *hacer algo* (no DE *hacer algo*).

permutar. Construcción: *permutar una cosa* POR O CON *otra.*

pero. 1. Conjunción adversativa. Se usa solo con valor restrictivo; esto es, la oposición existente entre las oraciones coordinadas por esta conjunción tiene un sentido de simple limitación, no de total incompatibilidad.
Puede tener valor meramente enfático. Unas veces expresa el descontento del hablante con su circunstancia: «*¡Pero siéntate, mujer, siéntate!*» (Antonio Casero); en preguntas de asombro, expresa una momentánea autodefensa frente a la nueva situación: «*¿Que tú sirves ar duque de É? Pero ¿desde cuándo?*» (Álvarez Quintero). A veces va seguido de *y:* «*Pero ¿y cómo ha sido eso?*» (A. Casero). (Beinhauer, 127.)
2. *No solo..., pero...* (en lugar de *no solo..., sino...*): → SOLO.
3. *Pero que.* La conjugación *pero,* en su valor enfático, se une a la conjunción *que* para formar una locución adverbial (en la que, naturalmente, ambas palabras pierden su categoría de conjunciones) que se antepone a adjetivos o adverbios en grado superlativo para darles aún mayor relieve. Se usa bastante en la lengua hablada: «*Es indispensable tener pero que muchísima pupila*» (Baroja, Aventuras Paradox, 148); «*La plaza de indiano que se la tiene pero que muy bien ganada..., requeteganada*» (Zunzunegui, Úlcera, 25). Más raro es el empleo ante adverbios o expresiones adverbiales no superlativas, como en este ejemplo: «*El crío siempre está pero que llorando*» (Miró, Vivir, 135).
4. *Pero si.* El *pero* enfático (→ 1) suele combinarse muy frecuentemente, en la lengua hablada, con el *si* de protesta (→ SI) reforzando la expresividad de este: «*¿Frío? ¡Pero si yo estoy sudando a chorros!*» (Mihura, Decisión, 38).
5. *¡Pero sí!* También de protesta, como el *pero si* átono (→ 4), pero con sentido de afirmación enfática y sin parentesco sintáctico con aquel, es el *¡pero sí!* que de vez en cuando se lee en traducciones del francés: «*Él habría preferido un día tierno, para tener una oportunidad más de oír que le respondía: 'Pero sí, te quiero'*» (Echávarri, trad. Sagan, Dentro de un mes, 137). Este *pero sí*, versión demasiado literal del *mais oui* francés, en español es ¡*pues claro!*

6. *Pero,* adverbio, en interior o final de oración —no al principio—, como equivalente de *sin embargo,* se usó en la época clásica: *«Os la pusiera en vuestras manos para que hiciérades della a toda vuestra voluntad y talante, guardando,* PERO, *las leyes de la caballería»* (Cervantes, *Quijote,* I, 550). Hoy solo se usa en el castellano de Cataluña: *«Todo,* PERO, *está decidido solo a medias»* (X. Montsalvatge, *Vanguardia,* 9.5.1978, 62).

perpetuar. Se conjuga, en cuanto al acento, como *actuar* [1 d].

Perpiñán. La ciudad del Rosellón (sur de Francia) que en francés tiene el nombre de *Perpignan* y en catalán el de *Perpinyà* se denomina en castellano *Perpiñán,* y es esta la forma que debe usarse cuando se habla o escribe en español.

perseguir. Verbo irregular. Se conjuga como *vestir* [62].

perseverar. Construcción: *perseverar* EN *su intento.*

persistir. Construcción: *persistir* EN *una idea.*

persona grata, persona non grata → NON GRATO.

personal. Como nombre masculino, significa 'conjunto de las personas que pertenecen a una dependencia': *el personal del Ministerio; el personal de la fábrica.* El uso de *personal* como 'gente' en general pertenece a la lengua popular (como tal lo empleaban no hace mucho, con propósito caracterizador, los novelistas: *«El personal se fue silenciando»,* Cela, *Lazarillo,* 67; *«Nos fuimos a la plaza, donde ya había muchísimo personal»,* Laiglesia, *Fulana,* 104), pero con intención humorística se usa hoy en todos los niveles.

persuadido. Construcción: *estar persuadido* DE *una verdad.*

persuadir. Construcción: *persuadir a alguien* A o PARA *hacer alguna cosa («Me afané por persuadirlo a que jugara con aquellos toscos y mal pintados palitroques»,* Ayala, *Recuerdos,* 51); *persuadir a alguien* DE *la verdad; persuadirse* DE *que no es verdad* (en la lengua clásica, *persuadirse* A *que* o *perduadirse que*).

pertenecer. 1. Verbo irregular. Se conjuga como *agradecer* [11].

2. Construcción: *pertenecer* A *una sociedad.*

pertrechar. Construcción: *pertrecharse* CON o DE *lo necesario.*

pervertir. Verbo irregular. Se conjuga como *sentir* [60].

pesar. 1. *A pesar de,* locución prepositiva, 'contra la voluntad de', 'contra la resistencia de' o 'contra el inconveniente de': *A pesar de todos y de todo, lo conseguimos; A pesar de ser tan joven, es un sabio.* Puede preceder a una proposición introducida por *que: A pesar de que estábamos prevenidos, hubo un sobresalto.* No debe omitirse en este caso la palabra *de: «A pesar que en Nueva York no pisara un 'cottage' de Long Island»* (Grosso, *Invitados,* 195). En cuanto a la ortografía, no se admite la forma *apesar.*

2. *Pese a:* → PESE.

3. Uso de *con todo de* o *con todo y,* por *a pesar de* o por *pese a:* → TODO, 5.

pese. 1. *Pese a,* locución prepositiva, equivalente, en general, a *a pesar de: Pese a todo, lo conseguimos; Pese a ser tan joven, es un sabio.* Puede preceder a una proposición introducida por la conjunción *que: Pese a que se encontraba indefenso, le golpearon.*

2. Uso de *con todo de* o *con todo y,* por *pese a:* → TODO, 5.

pésimamente → MAL, 5.

pésimo → MALO, 3.

petro-, petri-, petr-. Formas prefijas del latín *petra,* 'piedra': *petrografía, petróleo.*

petroleoquímico. 'Relativo a la industria que utiliza el petróleo o el gas natural como materias primas'. Existe también el nombre femenino *petroleoquímica,* 'ciencia y técnica correspondientes a esta industria'. La Academia registra estas formas, y también *petrolquímico, petroquímico y petroquímica,* más usuales estas dos últimas, aunque no preferidas por la corporación.

Conviene saber que, según la Academia de Ciencias *(Vocabulario)* —que no recoge *petroleoquímica*—, *petrolquímica* es «conjunto de técnicas industriales de base química dirigido al aprovechamiento de los petróleos y obtención de sus derivados», mientras que *petroquímica* es «parte de la petrografía que se ocupa de la composición química de las rocas».

petrolífero. El sentido de este adjetivo es 'que contiene o produce petróleo': *pozo, yacimiento, país petrolífero.* Con frecuencia se usa impropiamente en lugar del adjetivo *petrolero,* 'del petróleo o relativo al petróleo'. Debe decirse *industria petrolera, precios petroleros, sabotaje petrolero.*

petrolquímico, petroquímico → PETROLEO-QUÍMICO.

-peya. Forma sufija del griego *poiéo,* 'hacer': *onomatopeya.*

piafar. Este verbo significa, referido a un caballo que está parado, 'alzar alternativamente las manos dejándolas caer con fuerza'. Es erróneo atribuirle el sentido de 'relinchar'.

piar. Se conjuga, en cuanto al acento, como *desviar* [1 c].

picar. Construcción: *picar* DE O EN *todo.*

picazón. 'Picor'. Es nombre femenino, *la picazón* (no masculino, *«los picazones de la piel»,* Informaciones, Supl., 11.11.1970, 10).

picia → PIFIA.

pico. *Y pico* sigue a una expresión de número para indicar que aún queda sin detallar una cantidad de orden inferior: *Somos doscientos y pico en la clase.* Cuando se especifica el nombre de lo numerado, puede hacerse detrás de *pico,* sin preposición: *«Doscientos y pico trabajos científicos»* (Laín, Tovar, 53); *«Llegan juntos los dos, de veinte y pico años»* (Fernández Santos, *Catedrales,* 178). Pero suele preferirse colocarlo a continuación del numeral: *Somos doscientos alumnos y pico.*
Si la cantidad expresada por número + *y pico* es de millares, el nombre de lo numerado se sitúa siempre después de *mil: «Los cuarenta y pico mil colocados de carné»* (L. Contreras, *Abc,* 29.10.1985, 22). (Si en este ejemplo se hubiera dicho *los cuarenta mil y pico,* el sentido habría sido 'los cuarenta mil y algunos centenares, decenas o unidades'.)

pie. 1. La Academia da como equivalentes las locuciones *de pie, de pies* y *en pie.* Pero en el uso normal no lo son. En primer lugar, *en pie* es hoy casi exclusivamente literario. En cuanto a *de pies,* si bien puede encontrarse en escritores clásicos, la lengua moderna la desdeña en favor de *de pie. De*

pies es en unas ocasiones vulgar; en otras, regional (se conserva bastante vivo en el País Vasco, en Venezuela y en Colombia). **2.** *De pie y a pie. De pie* es una postura: *Estoy de pie, no sentado. A pie* es una forma de caminar: *Unos van a pie y otros en coche.* **3.** *A pie juntillas,* 'sin la menor duda', locución adverbial usada generalmente con el verbo *creer.* También es frecuente *a pies juntillas: «San Anselmo cree a pies juntillas que la realidad absoluta es Dios»* (Ortega, *Galileo,* 186). La Academia recoge asimismo la forma *a pie juntillo,* que solo conozco en la lengua clásica: *«Neguéselo a pie juntillo»* (Alemán, *Guzmán,* 685).

piel. *Piel de gallina:* → CARNE.

pifia. 'Error' o 'mala jugada'. Se debe a confusión fonética popular la forma *picia.*

pijama. 'Vestido que se usa para dormir, compuesto de chaqueta y pantalón'. Se usa en España como nombre masculino. En América se usa normalmente la voz *piyama* (también, más raramente, *pijama,* pero pronunciado /piyáma/), que tiene género femenino en varios países, como Colombia y Venezuela *(«Me parecen más cómodas las dormilonas que las piyamas»,* cit. Rosenblat, *Palabras,* III, 72), sin excluir el uso como masculino (Tejera cita un ejemplo de Otero Silva: *«Si me quito el piyama»*). En otros países, entre ellos Argentina, Uruguay y Chile, el género es masculino *(«Encima del piyama se había puesto un sobretodo»,* Edwards, *Máscaras,* 142).

piloto. El femenino de *piloto* es invariable: *«Esta precoz piloto»* (País, 5.6.1996, 33).

pimentar. 'Aderezar con pimienta'. Verbo irregular. Se conjuga como *cerrar* [6]. Normalmente, igual que *salpimentar,* solo se usa en aquellas formas en que la *e* es átona.

pimpón → PING-PONG.

pinchadiscos. Nombre masculino y femenino: 'persona cuyo trabajo, en una discoteca, consiste en poner la música', y 'presentador, en la radio, de programas dedicados a discos de música ligera moderna'. Es la palabra que se usa popularmente en lugar de *disc-jockey.* Como denominación más formal para el segundo sentido existe la alternativa *presentador de discos.*

ping-pong. 'Tenis de mesa'. La Academia

registra tres nombres para este juego: *tenis de mesa, ping-pong* y *pimpón*. Considera preferible este último, si bien el uso general es el de *ping-pong*.

pinni-. Forma prefija del latín *pinna,* 'pluma': *pinnípedo.*

pintada. 'Letrero, generalmente político, pintado en una pared'. No hay necesidad de usar la palabra italiana *graffito,* y menos aún su plural *graffiti* con valor de singular: *«"Considera, godo, el daño que haces a Canarias". El "graffiti" enriquece tres azulejos de un "men's room" en la terminal de nacionales de Barajas»* (I. Montero, *Informaciones,* 23.2.1978, 19). Correctamente emplea esa forma plural Martín Santos: *«Algunos graffiti realizados apresuradamente» (Tiempo,* 171).

pintar. Construcción: *pintar* AL *pastel,* AL *óleo,* A *la acuarela; pintar* DE *azul; no pintar nada* EN *el asunto; pintarse solo* PARA *hacer una cosa.*

pinza. Como nombre de instrumento, el uso más extendido y prestigioso es en plural: *las pinzas.* Sin embargo, existe también, y está registrado por la Academia, al lado del anterior, un uso en singular, la *pinza.*

pipeline → OLEODUCTO.

pipermín. 'Licor de menta'. La palabra inglesa *peppermint* es usada por los españoles con la grafía *pippermint* y la pronunciación /pipermín/. Como la grafía es errónea —ni inglesa ni española— y la pronunciación citada es general en nuestro idioma, parece razonable dar al término la forma *pipermín,* utilizada ya por algunos escritores: *«Solo había medio litro de pipermín y un frasco pequeño de vino de Málaga»* (Goytisolo, *Resaca,* 197).

pirenaico. 'De los Pirineos'. No es normal la forma *pirinaico («Frente al mar pirinaico, de Francia hasta Galicia»,* Basterra, *Antología,* 70).

-pirético. Forma sufija del griego *pyretikós,* 'febril': *antipirético.*

pirinaico → PIRENAICO.

piro-, pir-. Forma prefija del griego *pyr,* 'fuego': *pirotecnia.*

pírrico. La Academia define bien este adjetivo: «Dícese del triunfo o victoria obtenidos con más daño del vencedor que del vencido». La palabra, de origen griego, se creó sobre el nombre de Pirro, rey del Epiro, en Grecia, que invadió Italia en el año 280 a. C. y derrotó en dos ocasiones a los romanos, pero con tan graves pérdidas que no le supuso ninguna ventaja la victoria. Es abusivo el frecuente empleo actual de *pírrico* para referirse a un triunfo muy ajustado o con dificultades: *«Ventaja pírrica —por utilizar un término propio de los cronistas deportivos— del PP en el Congreso de los Diputados» (Ya,* 30.5.1993, 4).

-piteco. Forma sufija del griego *píthekos,* 'mono': *antropopiteco.*

piyama → PIJAMA.

placer. Verbo irregular. Se conjuga como *agradecer* [11]. Aparte de las formas normales de pretérito de indicativo *plació, placieron;* de pretérito de subjuntivo *placiera, placieras,* etc. (o *placiese, placieses,* etc.), y de futuro de subjuntivo *placiere, placieres,* etc., se encuentran, a veces, en textos literarios, las formas anticuadas *plugo, pluguieron; pluguiera, pluguieras,* etc. (o *pluguiese, pluguieses,* etc.); *pluguiere, pluguieres,* etc.

plagar. Construcción: *plagarse* DE *granos.*

plagiar. Se conjuga, en cuanto al acento, como *cambiar* [1 a].

plagio-, plagi-. Forma prefija del griego *plágios,* 'oblicuo': *plagiostomo.*

plani-. Forma prefija del griego *plano: planimetría.*

plantar. Construcción: *plantar* DE *rosales; plantarse* EN *París.*

plañir. Verbo irregular. Se conjuga como *mullir* [53].

-plasma. Forma sufija del griego *plásma,* 'formación': *protoplasma.*

-plastia. Forma sufija del griego *plastós,* 'modelado': *galvanoplastia.*

plateau → PLATÓ.

plati-, plat-. Formas prefijas del griego *platys,* 'ancho': *platirrino, platelminto.*

plató. En cine y televisión, 'recinto acondicionado para que sirva de escenario'. Es la grafía española adoptada para el francés *pla-*

teau. Por tanto, no es necesario utilizar la forma francesa. El plural de *plató* es *platós.*

play-back → PREVIO.

plaza. Forma yuxtapuesta en la denominación de plazas, etc. *(plaza España):* → CALLE.

pleamar. El género de este nombre es femenino: *la pleamar* (→ MAR).

plegar. Verbo irregular. Se conjuga como *cerrar* [6]. También se usa como regular (Academia, *Esbozo,* § 2.12.3).

-plejía. Forma sufija del griego *plegé,* 'golpe': *hemiplejía.*

Plencia. La ciudad vizcaína que en vascuence tiene el nombre de *Plenztia* se denomina en castellano *Plencia,* y es esta la forma que debe usarse cuando se habla o escribe en español.

pleni-. Forma prefija del latín *plenus,* 'lleno': *plenilunio, plenipotenciario.*

Plentzia → PLENCIA.

plio-. Forma prefija del griego *pleíon,* 'más': *plioceno.*

plomería, plomero → FONTANERO.

PLURAL. *Formación del plural de los nombres y adjetivos calificativos.*
1. Terminados en vocal átona y en *e* tónica.
1.1. Los terminados en cualquier vocal átona (es decir, sin acento fonético) forman el plural en -*s: letra, letras; gato, gatos; tribu, tribus; libre, libres.*
1.2. Los terminados en *e* tónica (es decir, con acento fonético) forman también el plural en -*s: café, cafés; puré, purés; tupé, tupés.* Se incluyen en este caso los monosílabos en *e: pie, pies; té, tes; fe, fes; pe, pes.*
2. Terminados en consonante (excepto en *s, x, y:* → 3 y 4).
2.1. Los terminados en consonante, por regla general, forman el plural en -*es: verdad, verdades; plan, planes; miel, mieles; buzón, buzones; canon, cánones; bar, bares; azul, azules; hábil, hábiles.*
2.2. Los terminados en -*z,* al formar el plural, sufren el cambio ortográfico de -*z* en -*c-: paz, paces; raíz, raíces; lápiz, lápices; tenaz, tenaces.*
2.3. Algunos nombres sufren desplaza-

miento de acento al ponerse en plural: *régimen, regímenes; carácter, caracteres; espécimen, especímenes; hipérbaton, hiperbatones.*
2.4. Los nombres con final consonante procedentes de lenguas extranjeras y no enteramente aclimatados forman el plural con una -*s* añadida directamente a la consonante final: *salacot, salacots; complot, complots; entrecot, entrecots; shock, shocks; stock, stocks; slip, slips; chándal, chándals; cámping, cámpings; hall, halls; carnet, carnets; chalet, chalets.* (En estos dos últimos existe una grafía académica *chalé, carné,* que permite el plural normal *carnés, chalés.*) Los terminados en -*r,* de adopción más fácil, forman normalmente el plural en -*es: bar, bares; chófer, chóferes; yogur, yogures. Club* tiene generalmente como plural *clubes.* En los terminados en -*ch,* como *sándwich* y *lunch,* hay un plural culto en -*es (sándwiches, lunches)* y otro de nivel coloquial, invariable *(los sándwich, los lunch).*
2.5. Las palabras latinas terminadas en consonante que se han incorporado como nombres al español deben mantenerse sin variación cuando se usan en plural: *los campus, los corpus, los currículum, los memorándum, los referéndum, los déficit, los superávit, los plácet, los réquiem.* Es frecuente, pero no recomendable, formar en -*s* estos plurales: *los déficits, los memorándums,* etc. El dar a estos nombres, cuando son originariamente nombres o adjetivos sustantivados, la forma latina de plural *(los córpora, los currícula, los referenda, los memoranda)* es práctica copiada del inglés.
3. Terminados en *s* y *x.*
3.1. Los nombres y adjetivos terminados en -*s,* si son palabras agudas (es decir, con acento fonético en la última sílaba) o monosílabas, forman el plural añadiendo -*es: arnés, arneses; cabás, cabases; país, países; res, reses; tos, toses; gas, gases; portugués, portugueses; montés, monteses.* Se exceptúa *beis* (francés *beige),* cuyo plural es invariable.
3.2. Los terminados en -*s,* si son palabras graves o esdrújulas (es decir, con acento fonético antes de la última sílaba), son invariables en plural: *atlas, los atlas; análisis, los análisis; brindis, los brindis; paraguas, los paraguas; caries, las caries; miércoles, los miércoles; bíceps, los bíceps; fórceps, los fórceps.*

3.3. Los terminados en -*x* son, en realidad, simple variante de los terminados en -*s*, puesto que la letra *x*, o equivale a la suma de /k + s/ —como en *examen*, /eksámen/—, o equivale a simple /s/ —como en *extremo*, /estrémo/—. Por tanto, en principio, si son palabras agudas o monosílabas, forman el plural en -*es*: *relax, relaxes* (aunque también *relax); box, boxes; lux, luxes; fax, faxes* (aunque también *fax).* Excepción: *el dux, los dux.* Si son palabras graves o esdrújulas, son invariables en el plural: *dúplex, los dúplex; tórax, los tórax; bórax, los bórax; ántrax, los ántrax.*

4. Terminados en *y.*

4.1. Los terminados en -*y* —pronunciada /i/—, si en ellos este sonido va siguiendo a una vocal, con la que constituye un diptongo, forman el plural en -*es* —y entonces el sonido vocal /i/ pasa a ser el sonido consonante /y/—: *rey, reyes; virrey, virreyes; ley, leyes; buey, bueyes; grey, greyes; ay, ayes; convoy, convoyes.*

4.2. Se exceptúan de la norma anterior, entre otras, las siguientes palabras: *jersey, guirigay, paipay, rentoy, noray, lay, escay, samuray* (el uso corriente prefiere la grafía *samurái), póney.* Todas ellas forman el plural en simple -*s*, aunque cambiando la letra *y* en *i* (Academia, *Esbozo,* § 2.3.3): *jerséis, guirigáis, paipáis, rentóis, noráis, lais, escáis, samuráis, poneis.* No obstante, es muy frecuente la conservación de la *y* en estos plurales, escribiendo *jerseys, guirigays,* etc.

4.3. En otras voces se vacila entre el plural en -*es* y el plural en -*s*: *estay, estayes* o *estáis; carey, careyes* o *caréis.*

4.4. En los nombres que terminan en -*y* precedida de consonante, todos ellos prestados del inglés, el uso corriente forma el plural añadiendo -*s*: *dandy, dandys; punky, punkys; penalty, penaltys; whisky, whiskys.* (La Academia ha españolizado las grafías de algunas de estas voces: *dandi, penalti, güisqui;* en estos casos, naturalmente, los plurales son *penaltis,* etc.) Las personas que quieren seguir la grafía del plural inglés escriben *dandies, punkies, penalties, whiskies;* pero esta práctica no es recomendable, porque puede inducir —como de hecho ocurre— a errores de pronunciación del tipo /penálties/.

5. Terminados en vocal acentuada (excepto *e:* → 1).

5.1. Los terminados en -*í* (*i* acentuada), y también los monosílabos que terminan en

esa vocal, forman regularmente su plural en -*es*: *jabalí, jabalíes; alhelí, alhelíes; rubí, rubíes; i, íes; sí, síes; maniquí, maniquíes; zahorí, zahoríes; marroquí, marroquíes; baladí, baladíes; alfonsí, alfonsíes.* Pero en la lengua coloquial, y especialmente en el nivel popular, es frecuente la terminación de simple -*s*: *maniquís, jabalís, sís.* Los nombres y adjetivos propios del nivel popular tienen siempre su plural en -*s*: *gachí, gachís; gilí, gilís.* El plural de *maravedí* es *maravedís* (raramente *maravedíes* o *maravedises).* Y el de *esquí* es preferentemente *esquís.*

5.2. Los terminados en otras vocales acentuadas, -*á*, -*ó*, -*ú*, así como los monosílabos terminados en esas vocales, forman su plural en -*es*: *a, aes; faralá, faralaes; no, noes; yo, yoes; tabú, tabúes; zulú, zulúes.* Excepciones importantes son *papá, papás; mamá, mamás; sofá, sofás; ka, kas; dominó, dominós; rondó, rondós; menú, menús; champú, champús; canesú, canesús.* En la lengua coloquial es frecuente en todo caso el plural en -*s*: *los nos, los yos, los tabús.*

6. Sobre los plurales de los apellidos, → APELLIDOS. Sobre los plurales de nombres y adjetivos de color, → COLORES.

pluri-. Forma prefija del latín *plures,* 'varios': *pluricelular, pluriempleo.*

plusmarca → MARCA.

plusmarquista. Para traducir al español los términos deportivos seudoingleses *recordman* y *recordwoman* ('hombre o mujer que ha conquistado una marca'), se ha creado, y se usa con frecuencia, el nombre (masculino y femenino) *plusmarquista,* formado sobre *plusmarca,* y cuyo empleo es preferible al de las voces anteriores.

plutonio. 'Elemento radiactivo artificial'. No está justificado el uso de la forma latina *plutónium.*

poblar. **1.** Verbo irregular. Se conjuga como *acordar* [4]. **2.** Construcción: *poblar* DE *árboles.*

pobre. El superlativo de este adjetivo es *paupérrimo;* pero esta forma, limitada al uso culto, se sustituye en el coloquial por *pobrísimo.* Existe en el hablante común cierta sensibilidad que distingue un matiz de intensidad creciente entre *pobrísimo* y *paupérrimo,* tal como refleja este ejemplo: *«Lo que sí es un escándalo es que haya algunos ricos, mu-*

CONJUGACIÓN DEL VERBO «PODER»

(tiempos simples)

INDICATIVO

Pres. puedo, puedes, puede, podemos, podéis, pueden.
Pret. impf. podía, podías, podía, podíamos, podíais, podían.
Pret. indef. pude, pudiste, pudo, pudimos, pudisteis, pudieron.
Fut. impf. podré, podrás, podrá, podremos, podréis, podrán.
Pot. simple podría, podrías, podría, podríamos, podríais, podrían.

SUBJUNTIVO

Pres. pueda, puedas, pueda, podamos, podáis, puedan.
Pret. impf. pudiera o pudiese, pudieras o pudieses, pudiera o pudiese, etc.
Fut. impf. pudiere, pudieres, pudiere, pudiéremos, pudiereis, pudieren.

IMPERATIVO

(inusitado) puede, pueda, poded, puedan.

FORMAS NO PERSONALES

Inf. poder. *Ger.* pudiendo. *Part.* podido.

---

chos pobres, muchísimos pobrísimos y millones y millones de paupérrimos» (Romeu,
País, Supl., 5.6.1983, 86). (Sobre *paupérrimo*, → -ÉRRIMO.)

poco. 1. *Un poco*, como sustantivo, significa 'una pequeña cantidad' de algo no nu-
merable que se menciona precedido de la
preposición *de*: *un poco de pan, un poco de
dinero, un poco de gente*. En estos ejemplos,
como se ve, se trata de materia o de conjunto.
No se habría dicho *un poco de trozos de pan,
un poco de pesetas, un poco de personas* (el
uso existe, no obstante, en algunas regiones
de América: cf. Kany, 147); al tratarse de objetos numerables, se diría (sin *de*) *unos pocos trozos de pan, unas pocas pesetas, unas
pocas personas*. En este segundo caso, *un
poco* no es sustantivo, sino dos adjuntos
acumulados, que han de concertar en género
y número con el nombre que sigue. En el uso
culto se evita aplicar esta concordancia al
primer caso, en el que *poco* no la admite por
ser un sustantivo; ejemplos como *una poca
de luz, una poca de tierra* son usos populares
(por popularismo parece haberlo usado J. R.
Jiménez, *Antología para niños*, 174: «*Le ponía o le sacaba [a la maceta] una poquita de

tierra»*). También es popular la otra confusión, la de usar la preposición *de* ante nombres de objetos numerables: *unas pocas de
personas; «Como vengan unos pocos de
fríos, nos han de meter caza de invierno en la
Península»* (C. Otero, *Abc*, 24.1.1980, 44).
2. *Por poco* y *a poco*, locuciones adverbiales, no son sinónimas. *Por poco* es 'casi':
Por poco me atropellan. A poco es 'poco
después': *A poco, se retiraron;* puede llevar
complemento con *de: A poco de llegar, se retiraron.*
3. *De a poco* es frecuente en la región
del Plata y en Chile en lugar del uso general
*poco a poco: «Dejábamos las bicicletas en
la calle y nos internábamos de a poco, pa-
rándonos a mirar el cielo»* (Cortázar, *Rayuela*, 125). Cf. Kany, 358.
4. *¿A poco...?* se emplea en Méjico por
¿acaso...? o *¿es que...?: «¿A poco tú y yo les
vamos a hacer competencia?»* (Fuentes, cit.
Steel, *Americanismos*, 186). Cf. Kany, 286.

poder. 1. Verbo irregular. (Véase cuadro.)
2. Construcción: *poder* CON la carga.
3. *No poder menos de*, seguido de infinitivo, 'no poder evitar': «*Obró como no po-

día menos de hacerlo una mujer orgullosa y romántica» (Baroja, *Románticos*, 17). También existe, igualmente aceptada, la forma *no poder por menos de:* «No podemos por menos de pensar» (Salinas, *Ensayos*, 73). En América se usa más *no poder menos que («Ti Noel no pudo menos que pensar en las tiendas de los herbolarios»,* Carpentier, *Reino,* 24), construcción que realmente no es nueva en España *(«No pueden menos que mirar al cadiceño como un enviado del Cielo»,* Rosalía de Castro, *Cadiceño* [1866], 482), pero cada vez se hace más frecuente: «El obispo no pudo menos que persignarse» (Mendoza, *Ciudad*, 37).

4. *Puede ser,* frecuentemente seguido de una proposición introducida por *que,* es construcción que tiene el valor de 'quizá, acaso': *Puede ser que nos hayan olvidado.* Debe evitarse la forma popular *ser:* «Pueda ser que me equivoque» (Díaz-Cañabate, *Andanzas,* 239). (Sin embargo, este uso está bastante extendido en América: Kany, 179.) Y evitemos también la redundancia *puede ser posible:* «Real Zaragoza-Real Oviedo: el partido de la tele. Todo puede ser posible» *(N. Diario,* 21.9.1975, 17).

5. Con el mismo valor y uso que *puede ser* es frecuente *puede* solo: *Puede que nos hayan olvidado.* Pero, así como *puede ser* es capaz de alternar con otras formas temporales *(podía ser, podría ser, podrá ser),* en *puede* no es normal, al menos en España, esta flexibilidad que nos muestra el ejemplo de Vargas Llosa: *«Podría que unos diez tipos se soñaran con la película esa .. Podría que me pidan cartas» (Ciudad,* 17).

poderoso. Construcción: *poderoso* PARA triunfar ('capaz de triunfar').

podio. 'Pedestal para el triunfador de una prueba deportiva' o 'plataforma del director de la orquesta'. No hay necesidad de usar la forma latina *pódium.*

podo-, -podo. Formas prefija y sufija del griego *pous,* 'pie': *podómetro, artrópodo.*

podrir → PUDRIR.

poeta. El femenino de este nombre es *poetisa.* Ya se usa *poetisa* por lo menos en el siglo XVII *(«¡Gran poetisa!»,* Quevedo, *Privado,* 631). Hoy existe cierta prevención contra la forma *poetisa,* que con frecuencia se sustituye por *poeta:* «A las mujeres españolas que escriben hoy en verso —dice Dámaso Alonso— parece que no les gusta que se las llame *poetisas:* se suelen llamar, entre sí, *poetas.* Habrá, sin embargo, que rehabilitar la palabra *poetisa:* es compacta y cómoda» *(Poetas,* 359). Véase un caso extremo de esa prevención: *«La sensibilidad inocente y sabia del gran poeta-mujer que le acompañaba [a Carles Riba], del gran poeta catalán de lo vivo, lo cotidiano, lo valioso, que es Clementina Arderiu»* (Ridruejo, *Destino,* 29.7.1972, 6). Una situación parecida se ha dado en el italiano *romanziera,* femenino de *romanziere,* 'novelista': Migliorini *(Lingua contemporanea,* 19) señala que A. Baldini llamaba a Grazia Deledda *un romanziere,* y comenta que la forma femenina en *-a,* como ya notaba Tommaseo, tiene un tinte ligeramente despectivo. En español, la contraposición *poetisa/poeta* ya está explícita en 1881 en Clarín: *«La poetisa fea, cuando no llega a poeta, no suele ser más que una fea que se hace el amor en verso a sí misma» (Solos,* 86). Por otra parte, el uso de *poeta* aplicado a mujer no es nuevo: no solo se encuentra ya, por ejemplo, en Rosalía de Castro en 1859 *(«Madame de Staël, tan gran política como filósofa y poeta», Hija,* 11), sino, mucho antes, en Lope de Vega, en 1602: *«Solícita, poeta, enferma, fría» (Poesías,* I, 141). Es más: *poeta* es la única forma española que da Nebrija en 1492 para «varón» y «hembra» *(Diccionario,* s. v. *poeta* y *poetis).*

pogrom. 'Revuelta popular antisemita organizada, con saqueos y matanzas'. Es nombre masculino de origen ruso que se pronuncia /pogróm/ y tiene un plural normal, *pogromes,* aunque no es raro encontrar *pogroms* y hasta un invariable *pogrom.* La Academia le ha dado la forma *pogromo,* cuyo plural es *pogromos.* Deben evitarse las formas erróneas *progrom* y *progromo,* que se leen con cierta frecuencia.

póker → PÓQUER.

polca. 'Cierta música y danza de movimiento rápido'. La grafía *polca,* única registrada por la Academia, es, sin embargo, menos usual que *polka.*

poli-. Prefijo, del griego *poly-,* que significa 'muchos': *polivalente.*

-poli, -polis. Formas sufijas del griego *polis,* 'ciudad': *metrópoli.*

policía. **1.** Sobre el género de esta palabra, es válido todo lo dicho en GUARDIA, 1. **2.** La policía del Gobierno Autónomo Vasco se llama en vascuence *Ertzaintza* (a veces aparece en la forma *Ertzantza*). El miembro de ella se llama *ertzaina*. El empleo de estas dos palabras, hablando o escribiendo en español, es aceptable por razón de la brevedad; pero no se olvide que los nombres en castellano son, respectivamente, *(la) policía autonómica vasca* y *(el) policía autonómico vasco*.

policíaco. Son igualmente válidas las formas *policiaco,* /-iáko/, y *policíaco,* /-íako/, si bien la Academia da preferencia a la segunda.

policromo. 'De varios colores'. Es palabra grave, /polikrómo/. Se usa también *polícromo,* esdrújulo (*«Naves de salvación, con un polícromo / velamen de vidrieras, y sus cuentos»,* Salinas, *Todo,* 150); pero la Academia, que igualmente lo recoge, prefiere la acentuación grave, que es la que se acomoda a la etimología de la palabra.

polígloto. En el *Diccionario* de la Academia figura el adjetivo *poligloto,* con su femenino *poliglota,* 'escrito en varias lenguas' o 'versado en varias lenguas'. Además de esta acentuación grave, etimológica, /poliglóto, poliglóta/, que da como preferible, registra una forma esdrújula, *polígloto,* femenino *políglota.* Pero el uso general conoce una sola forma, la esdrújula *políglota,* empleada indistintamente como masculino y femenino. Es necesario aceptar este uso como normal; pero sería deseable que, al menos, la lengua culta mantuviese la diferenciación formal *polígloto,* masculino / *políglota,* femenino. El problema es semejante al de la palabra *autodidacto* (→ AUTODIDACTO).

polio. Apócope de *poliomielitis.* Como el nombre completo tiene género femenino, también es femenina la forma apocopada.

polisíndeton. En gramática, 'repetición expresiva de conjunciones'. El género de este nombre es masculino, a pesar de que algunos gramáticos (p. ej., Gili Gaya, § 209) lo hayan usado como femenino.

polizón. *Polizón* es 'el que embarca clandestinamente'. No debe confundirse con *polizonte,* que, usado despectivamente, significa 'agente de policía'. La confusión se ve en este ejemplo, referente, no a un policía, sino a un pasajero clandestino: *«Se puso a la busca y captura de la verdadera identidad del polizonte»* (L. Landero, *País,* Supl., 13.4.1996, 12).

polka → POLCA.

polo. *Polo acuático* es el nombre español del deporte que en inglés se denomina *waterpolo.* Si, de todos modos, se prefiere usar el nombre inglés, es mejor pronunciar /uóter-pólo/ que /báter-pólo/. En el nombre del deporte se emplea la palabra inglesa *water* con su sentido propio, 'agua', y pronunciarla a la manera española es evocar el sentido de 'retrete' que en nuestro idioma ha tomado tal palabra (pronunciada en este caso /báter/).

polonio. 'Cierto metal radiactivo'. No está justificado el uso de la forma *polónium.*

poner. **1.** Verbo irregular. (Véase cuadro.) **2.** Construcción: *poner a alguien* BAJO *tutela; ponerse a malas* CON *otro; poner a uno* DE *inspector; poner algo* EN *tal sitio; ponerse* A *escribir; poner a uno* DE *vuelta y media; ponerse* POR *medio.*

poni. 'Caballo de poca alzada'. Esta es la forma española propuesta por la Academia como preferible a *póney.* Sin embargo, no son exactamente equivalentes una y otra forma. Reflejan dos pronunciaciones que realmente existen, y no es más frecuente la primera que la segunda. Por otra parte, la segunda, con su grafía terminada en *-ey,* es perfectamente acorde con el sistema español (cf. *rey, buey, carey);* además, están bien instaladas en nuestro idioma las palabras inglesas *hockey* y *jockey* (españolizada esta última por la Academia en la forma *yóquey).*

Ponteareas → PUENTEAREAS.

popelín. 'Cierto tejido'. Como adaptación del francés *popeline,* la Academia registra el nombre femenino *popelina.* El uso general dice *popelín,* nombre masculino (a pesar de que el francés sea femenino). Esta palabra, perfectamente adaptada al español, fue recogida al fin por la Academia en 1992; pero esta Corporación sigue dando preferencia a *popelina,* forma quizá totalmente inusitada.

popurrí. Nombre masculino, 'composición musical formada de fragmentos de otras varias'. También se usa en sentido figurado.

CONJUGACIÓN DEL VERBO «PONER»

(tiempos simples)

INDICATIVO

Pres. pongo, pones, pone, ponemos, ponéis, ponen.
Pret. impf. ponía, ponías, ponía, poníamos, poníais, ponían.
Pret. indef. puse, pusiste, puso, pusimos, pusisteis, pusieron.
Fut. impf. pondré, pondrás, pondrá, pondremos, pondréis, pondrán.
Pot. simple pondría, pondrías, pondría, pondríamos, pondríais, pondrían.

SUBJUNTIVO

Pres. ponga, pongas, ponga, pongamos, pongáis, pongan.
Pret. impf. pusiera o pusiese, pusieras o -ses, pusiera o -se, pusiéramos o -semos, pusierais o -seis, pusieran o -sen.
Fut. impf. pusiere, pusieres, pusiere, pusiéremos, pusiereis, pusieren.

IMPERATIVO

pon, ponga, poned, pongan.

FORMAS NO PERSONALES

Inf. poner.   *Ger.* poniendo.   *Part.* puesto.

No debe escribirse en la forma francesa originaria, *pot-pourri,* ni tampoco pronunciarse como voz llana, /popúrri/. Su plural es *popurrís.*

póquer. 'Cierto juego de naipes'. La grafía *póquer* es la adoptada por la Academia; pero *póker* es más usual y debe considerarse también válida.

por. **1.** Preposición. Es siempre átona. Expresa las relaciones siguientes:

a) Lugar aproximado: *Ese pueblo está por León;* de tránsito: *Iba paseando por el jardín; Pasaremos por Ávila;* parte: *Le agarró por las solapas.*

b) Tiempo aproximado: *«Por mayo era, por mayo» (Romances,* 163); *Por aquellos días;* lapso de tiempo: *Me he matriculado por un curso; Por ahora no se puede hacer nada; Este cambio es solo por unos días.*

c) Agente de voz pasiva: *Fue detenido por la policía; Por el Ministerio de Hacienda se ha convocado oposición para cubrir 15 plazas.*

d) Medio: *Remitido por correo; Hablará por la radio; Hablan por señas.*

e) Causa: *Por nada del mundo lo haría;*

No comió por el disgusto que tenía; Por reciente luto, no habrá «lunch».

f) Finalidad, objetivo: *Lo he hecho por ayudarte; Ir por agua* (→ A², 10); *Preguntan por usted.*

g) Sustitución, equivalencia: *Firma por mí; Gracias por todo; Se lo vendo por quinientas pesetas;* en sentido moral: *Le reconoció por hijo; Querer por esposa; Le tengo por honrado; Pasa por experto.* Del sentido de sustitución se pasa fácilmente al de 'en favor de': *Hable usted por mí; Hacer algo por alguien* (Gili Gaya, § 193).

h) Modo: *por lo general, por fin, por la tremenda, por todo lo alto, por las buenas.*

i) Concesión (seguida de adjetivo o adverbio cuantitativos y la conjunción *que): Por mucho que luche, fracasará; No se le entendió, por más que repitió la explicación; «Por más contento que esté, / una pena en mí se esconde»* (Campoamor, *Cantares,* 430). Cuando hay adjetivo, el cuantitativo queda con frecuencia implícito: *Por buenas que sean, no las compres.*

j) Perspectiva futura, necesidad (seguida de infinitivo): *Todos los hombres habidos y por haber; Todavía está por ver si alguno me puede; Plazas por cubrir.* En varios países americanos se usa con el matiz más preciso de 'a punto de': «*Doctor Roquelino Recinos, por ser liberado* .. *Esperanzas firmes en el retorno del ministro de Salud* .. *En las próximas horas podría ser dejado en libertad el doctor* .., *quien fue secuestrado el 31 de agosto»* (*Imparcial* [Guatemala], 17.11.1981, 1).

Esta preposición forma con el verbo *estar* la perífrasis verbal *estar por* + infinitivo (→ ESTAR, 2 y 7). Seguida de la conjunción *que,* forma la conjunción causal —o final— *porque* (→ PORQUE).

  2.   *A por:* → A[2], 10.
  3.   *Por contra:* → CONTRA, 4.
  4.   *Por cuenta de:* → CUENTA.
  5.   *Por lo pronto, por de pronto, por el pronto:* → PRONTO, 2.
  6.   *Por manera que:* → MANERA, 1.
  7.   *Por que:* → PORQUE, 3 y 4.
  8.   *Por qué:* → PORQUÉ.
  9.   *Por si:* → SI[1].
  10.   *Por si acaso:* → ACASO, 6.
  11.   *Por tal de:* → TAL, 3.

porción.   Es femenino, *una porción;* el uso masculino, *un porción,* es vulgarismo (cf. Rosenblat, *Notas,* 118), y como tal lo recoge Zamora: «*Ya ve, en el periódico, en la tele, en el nodo, hay que ver. Y de autógrafos, y de regalos, un porción»* (*Traque,* 145).

porfiar.   **1.**   Se conjuga, en cuanto al acento, como *desviar* [1 c].
  2.   Construcción: *porfiar* CON *alguno; porfiar* EN *un empeño; porfiar* SOBRE *el mismo tema.*

porque.   **1.**   La conjunción causal *porque,* átona, compuesta por la preposición *por* y la conjunción *que,* se escribe siempre como una sola palabra: *Voy, no porque me llamen, sino porque quiero.*
  2.   La misma conjunción puede expresar finalidad: *Entró de puntillas porque no le oyesen* ('para que no le oyesen'). La Academia *(Diccionario)* da como válida también la grafía en dos palabras: *Hice cuanto pude por que no llegara este caso;* pero este uso no es corriente.
  3.   Debe evitarse la confusión entre la conjunción *porque* (→ 1 y 2) y el relativo con preposición *por que,* equivalente a 'por el cual, por la cual, por los cuales o por las cuales': *Estas son las razones por que no quiero ir.*

  4.   Igualmente es preciso no confundir *porque* (conjunción) y *por que* (pronombre relativo) con *por qué* (pronombre o adjetivo interrogativo) y *porqué* (nombre masculino) (→ PORQUÉ). Aparte del sentido, la diferencia más patente está en que en los dos últimos es tónico el elemento *que* —por ello se escribe con tilde—, lo cual no ocurre en los primeros.

porqué.   No debe confundirse *por qué* —pronombre o adjetivo interrogativo precedido de la preposición *por*— con *porqué* —nombre masculino que significa 'causa'—. Ejemplos del pronombre y adjetivo: *¿Por qué no contestas?; ¿Por qué razón no contestas?; No sabemos por qué no contestas.* Ejemplo del nombre: *No sabemos el porqué de tu silencio.*
Advertencia: en el caso del pronombre, la proposición interrogativa *por qué no contestas* puede ir precedida del artículo *el: No sabemos el por qué no contestas.* Se escribe *por qué,* separado, pues el artículo realza el carácter sustantivo de toda la proposición que sigue. No puede confundirse con *No sabemos el porqué de tu silencio,* o *el porqué de que no contestes;* aquí se ve claramente que *el porqué* es un nombre que podría ser reemplazado perfectamente por otros nombres sinónimos, como *la causa* o *el motivo.*

portaaviones.   'Buque de guerra destinado a conducir y lanzar aviones'. Es nombre masculino. La Academia no registra la forma *portaviones,* a pesar de que en casos semejantes (*contraalmirante / contralmirante, sobreentender / sobrentender)* acoge la doble grafía.

portorriqueño. → PUERTORRIQUEÑO.

pos.   *En pos de,* locución prepositiva que significa 'detrás de' o 'en busca de': «*Caminan, incansablemente, en pos de la verdad»* (Cela, *Lazarillo,* 81). No es normal la construcción *en pos* + posesivo (*«Simona venía en pos suyo»,* Pérez de Ayala, *Luna,* 62), o *en* + posesivo + *pos (*«*Yo escapé a tiempo, y la policía vino en mi pos»,* Mendoza, *Misterio,* 183), en lugar de *en pos de él* o *de ella.*

pos-, post-.   **1.**   Prefijo latino que significa 'detrás de después de': *posponer, posguerra, postromántico.* Es preferible, sobre todo cuando sigue consonante, la forma *pos-,* ya que la pronunciación española no articula, o apenas articula, la *t* de *post-*. Por eso, las palabras del patrimonio tradicional tienen siempre *pos-: posponer, posfecha, pospelo.*

2. Cuando al prefijo *pos-* o *post-* le sigue un segundo elemento que empieza por *r* (por ejemplo, *romántico*), no se puede escribir *rr,* sino *r* —que, naturalmente, se pronuncia como /rr/—: *posromántico.*

pose. Es voz francesa que se pronuncia habitualmente /pos/, aunque también se oye —menos— /póse/. Nombre femenino, significa, según la Academia, «postura poco natural, y, por extensión, afectación en la manera de hablar y comportarse». Omite la Academia en su *Diccionario* otro sentido usual: 'postura o actitud de una persona al ser retratada'. Con referencia a estos dos sentidos existe un verbo *posar:* 'adoptar actitudes estudiadas o afectadas' y 'adoptar una determinada postura al ser retratado'. Curiosamente, la Academia recoge este verbo solamente con relación al sentido que no da en *pose.*

poseer. Verbo irregular. Se conjuga como *proveer* [22].

posguerra. *¿Posguerra* o *postguerra?* Cualquiera de las dos grafías es válida. Ejemplos en tres títulos de libros: *La España de la Posguerra,* de Fernando Vizcaíno Casas (1975); *Cuento español de Posguerra. Antología,* de Medardo Fraile (1986); *Usos amorosos de la postguerra española,* de Carmen Martín Gaite (1987). Teniendo en cuenta la escasa o nula entidad fónica de la *t* en *postguerra,* parece preferible la forma con el simple *pos-* (→ POS-, POST-).

posibilidad → ALTERNATIVA.

posible. 1. Confusión entre *posible* y *susceptible:* → SUSCEPTIBLE, 3.
2. *Ser posible* (un hecho): → SER, 3.

posponer. 1. Verbo irregular. Se conjuga como *poner* [21].
2. Construcción: *posponer el interés* AL *honor.*

POSPRETÉRITO → POTENCIAL.

póster. Nombre tomado del inglés. 'Cartel, especialmente el que se fija en una pared de interior con fines decorativos'. El plural más frecuente es *pósters,* pero también existe una forma española *pósteres,* constituida según el sistema normal de nuestra lengua, desde hace al menos veinte años.

posterior. 'Que está detrás' o 'que está después'. Construcción: *posterior* AL *año 1900* (nunca *posterior* QUE).

posteriormente. Adverbio, 'después'. La locución prepositiva *posteriormente a,* usada a menudo por los periodistas, se sustituye con ventaja por *después de.*

postrar. Construcción: *postrarse* A *los pies de alguno; postrarse* DE *dolor; postrarse* EN *cama; postrarse* POR *el suelo.*

postrero. 'Último'. Adjetivo de uso exclusivamente literario. Sufre apócope, tomando la forma *postrer,* cuando va delante del nombre masculino: *el postrer encuentro.* También cuando entre el nombre y el adjetivo se interpone un segundo adjetivo: *el postrer desagradable encuentro.* Según Bello (§ 155), se emplea en la forma plena *postrero* cuando a este adjetivo sigue una conjunción: *el postrero y más desagradable encuentro.* La apócope es de rigor cuando el sustantivo que sigue es masculino. Pero a veces —como ocurre con *primer*— se presenta ante sustantivos femeninos: *«esta postrer frase»* (Azorín, cit. Fernández Ramírez, § 65).

POTENCIAL. La Academia, en 1931 *(Gramática,* § 84), consideraba el *potencial* uno de los modos del verbo; desde 1973 *(Esbozo,* § 2.11.1), uniéndose al parecer general de los gramáticos —formulado ya por Bello, § 452—, lo incluye entre los tiempos del modo indicativo, dándole ahora el nombre de *condicional* (Bello lo llama *pospretérito;* Gili Gaya, § 129, *futuro hipotético).* El potencial es una pareja de tiempos, uno simple y otro compuesto.
1. El *potencial simple* (o *condicional,* o *pospretérito,* o *futuro hipotético)* expresa un hecho futuro en una perspectiva pasada. Se

PRETÉRITO *que vendrían* PRESENTE FUTURO *dijeron*

distingue del futuro imperfecto en ser un tiempo relativo, no absoluto; pero, como él, es imperfecto. Ejemplo: *Dijeron que vendrían.* (Si el acto de *decir* no fuese pasado, sino presente, la frase sería: *Dicen que vendrán.*) De esta significación de futuro del pasado nace la de *probabilidad* o *posibilidad* vista desde un pasado (paralela a la del futuro de probabilidad: → FUTURO): *Serían las tres de la tarde cuando acabó de llover.* Pero esa probabilidad puede estar referida no solo a un momento pasado, sino también a un momento futuro: *Sentiría que llegases tarde.* La perspectiva, entonces, no es pasada, sino presente.

Con este sentido de posibilidad o probabilidad puede usarse también la forma en *-ra (cantara),* que figura en las gramáticas como imperfecto de subjuntivo: *¡Nadie lo creyera!* Este uso es de sabor libresco, como puede verse en estos ejemplos: *«El ideal fuera que se hablara de Marruecos en todos los Ministerios menos en los de Guerra* y *Marina»* (Ortega, *Viajes,* 31); *«Con las guías del bigote terminadas en dos círculos tan perfectos, que honraran a cualquier peluquero»* (Baroja, *Aventuras Paradox,* 14); *«No fuera de bien criado tratar de enmendar la plana al Padre Eterno»* (Cela, *Lazarillo,* 41). Sin embargo, en Venezuela se conserva bastante vivo, según Rosenblat *(Palabras,* III, 12): *Yo fuera a Europa si tuviera dinero.* Menos usual es la forma en *-se (cantase)* con este sentido, a pesar de estos ejemplos: *«Sin embargo, miradas estas páginas desde distintas vertientes, pudiesen parecer tan pronto una cosa como otra»* (Bousoño, *Teoría,* 11); *«Los siglos no empiezan ni terminan con la exactitud cronológica que fuese de desear»* (Machado, *Mairena,* 101).

2. El *potencial compuesto* (Academia, *Esbozo,* § 2.11: *condicional perfecto;* Bello, § 648: *antepospretérito;* Gili Gaya, § 131: *antefuturo hipotético)* expresa también un hecho futuro con relación a un momento pasado; pero a su vez pasado respecto de otro

momento futuro. Así, en *Me dijo que para la semana próxima ya habría venido,* el *venir* es futuro con relación al momento en que *me dijo,* pero pasado con relación a la *semana próxima.* Es, pues, un tiempo perfecto.

Puede indicar probabilidad o posibilidad, igual que el potencial simple: *Me habría gustado verte.* Pero solo en el pasado. Con este mismo sentido pueden usarse las formas del pluscuamperfecto de subjuntivo: *Me hubiera* (o *me hubiese) gustado verte.* En Venezuela, por arcaísmo, se usa también la forma de imperfecto de subjuntivo: *«De buena gana les echara a puntapiés»* ['hubiera echado, habría echado'] (Pocaterra, cit. Rosenblat, *Palabras,* III, 12).

3. *Potencial en oraciones condicionales irreales: Si yo «tendría» dinero, lo compraría.* Escribía Unamuno en 1886: «Aquí [en Bilbao] se dice: 'si yo tendría... compraría'; 'si [s]abría...' y yo si tuviera o supiera» *(Raza,* 182). Este uso, propio de la región vasca y de las provincias limítrofes, como Navarra, Burgos y Cantabria, debe evitarse, sustituyéndolo por el normal, que es el pretérito imperfecto de subjuntivo: *si yo tuviera dinero.* Lo mismo ocurre con la forma compuesta: en vez de *si yo habría tenido dinero,* dígase *si yo hubiera tenido dinero.*

4. *Potencial con valor conjetural o «de información no asegurada»* (cf. Lapesa, *Tendencias,* 226). Está muy extendido en el lenguaje periodístico de varios países hispanoamericanos —Argentina, Chile, Venezuela, Colombia— el galicismo que consiste en emplear el potencial para comunicar una noticia con reservas: *«Se abrirá la Escuela de Periodismo. Sería adscrita a la Facultad de Humanidades» (El Nacional,* Caracas, 24.9.1953, cit. Rosenblat, *Palabras,* II, 232). En España aparece esporádicamente, en especial en noticias procedentes de América: *«Parece que los jefes de las fracciones peronistas .. se habrían inclinado por aconsejar a sus secuaces la entrega del voto a Frondizi» (Ya,* 23.2.1958, 1); *«Se sabe de varias equivocaciones trágicas de los tribunales re-*

volucionarios que habrían 'despachado' estos días de atrás a personas que nada tenían que ver con Batista» (B. Mostaza, *Ya,* 21.1.1959, 1). Obsérvese, sin embargo, que en estos ejemplos el potencial va en subordinación, lo que atenúa algo el efecto del galicismo. No ocurre así en este otro ejemplo: *«El yerno de De Gaulle sería jefe de Estado Mayor .. Indican en París fuentes generalmente bien informadas que el .. yerno del general De Gaulle sucederá como Jefe de Estado Mayor .. al general .. Cantarel»* (*Informaciones,* 15.2.1971, 4). **5.** *Potencial de narración.* Por variación estilística, en la lengua escrita, sobre todo literaria, y más aún periodística con pretensiones de literaria, es frecuente encontrar usado el potencial en lugar de un pretérito indefinido, dentro de una narración de sucesos pasados en que es normal el empleo constante de los pretéritos. En este caso, el potencial se usa implicando posterioridad con respecto a un hecho o situación recién mencionados o aludidos. Así tenemos, por ejemplo: *«Realizó estudios superiores de Derecho en la Universidad de Salamanca y de Filosofía y Letras en la de Madrid. Luego se* DOCTORARÍA *en ambas disciplinas en la Universidad Central. En 1923 obtuvo por oposición la cátedra de Historia de España en la Universidad de Valencia .. En 1946* GANARÍA, *también por oposición, la cátedra de Historia del Arte Hispanoamericano, en Madrid»* (Hoja Lunes Madrid, 24.4.1978, 16); y en una reseña de ópera: *«El «Pollione» [del tenor Pedro Lavirgen] .., si iniciado con aparente cortedad,* ALCANZARÍA *plenitud artística, de real excepción, en los citados dúos con la Caballé .. Con un rico caudal y voz bien timbrada,* APLAUDIRÍAMOS *también al bajo Ivo Vinco .., y el excepcional reparto se* COMPLETARÍA *con las convincentes intervenciones .. de la soprano Cecilia Soler y del tenor Antonio de Marco. Las ovaciones ..* MARCARÍAN *una noche de triunfo»* (*Informaciones,* 8.5.1978, 30). Como ocurre con tantos otros recursos de estilo, la utilización moderada de este no es objetable, pero sí su abuso, que además de resultar empalagoso resta claridad a la exposición.

pot-pourri → POPURRÍ.

Praxiteles. Nombre de un célebre escultor griego. La acentuación de esta palabra, según el uso más extendido, es llana: /praksitéles/.

Pero la etimológica es esdrújula, *Praxíteles* (Fernández Galiano).

pre-. Prefijo latino que significa 'antes' o 'delante': *precursor, precalentamiento.*

precaver. Construcción: *precaverse* CONTRA *el mal; precaverse* DEL *frío.*

preceder. 1. Construcción: *preceder a otro* EN *categoría.* **2.** El complemento directo de este verbo transitivo se construye siempre con *a,* no solo cuando designa persona sino cuando designa cosa: *Los niños precedían a sus padres; Un breve paseo precede a la comida.* Es excepcional un ejemplo como este: *«El calor que siempre precede la muerte dulce de los alpinistas»* (Atxaga, *Obabakoak,* 421).

preceptuar. Se conjuga, en cuanto al acento, como *actuar* [1 d].

preces. 'Oraciones o súplicas'. Es nombre femenino solo usado en plural.

preciar. 1. Se conjuga, en cuanto al acento, como *cambiar* [1 a]. **2.** Construcción: *preciarse* DE *valiente; preciarse* DE *haber sido perseguido.*

precipitar. Construcción: *precipitarse* AL o EN *el foso; precipitarse* DESDE o POR *la terraza.*

preciso. *Ser preciso:* → SER, 3.

predecir. Verbo irregular. Se conjuga como *decir* [42], excepto en los tiempos que siguen:
a) Futuro de indicativo: *prediré, predecirás, predecirá, predeciremos, predeciréis, predecirán* (o, raramente, *prediré, predirás, predirá, prediremos, prediréis, predirán*).
b) Potencial: *predeciría, predecirías, predeciríamos, predeciríais, predecirían* (o, raramente, *prediría, predirías, prediría,* etc.).
c) Imperativo: *predice, prediga, predecid, predigan.*

predisponer. 1. Verbo irregular. Se conjuga como *poner* [21]. **2.** Construcción: *predisponer a uno* CONTRA, o EN CONTRA DE, *otro; predisponer a uno* A FAVOR DE, o EN FAVOR DE, *otro; estar predispuesto* A *hacer algo; predispuesto* A FAVOR DE *alguien; predispuesto* EN CONTRA DE *alguien.*

preeminencia. **1.** Construcción: *preeminencia de una cosa* SOBRE *otra.*

2. Aunque en pronunciación rápida se dice /preminéncia/, siempre ha de escribirse *preeminencia* (y no *preminencia,* como a veces aparece). Lo mismo hay que observar respecto a *preeminente.*

preferible. Construcción: *es preferible ceder* A *morir* (no QUE *morir*).

preferir. **1.** Verbo irregular. Se conjuga como *sentir* [60].

2. Construcción: *preferir una cosa* A *otra; preferir una persona* A *otra* («*¿No lo preferían vivo y compartido a despojado de una parte de su ser?*», Salvador, *Casualidades,* 46). No es normal la construcción con *que* («*Prefieren escalar cumbres* QUE *tumbarse al sol*», P. Mario Herrero, *Ya,* 28.3.1962, 27; «*A veces prefería demorar el amor* DEL *apagar su infalible cigarro cubano*», García Márquez, *Amor,* 261). Sin embargo, su uso se encuentra hoy muy extendido en España y en América.

preguntar. **1.** Construcción: *preguntar una cosa* A *alguno; preguntar* POR *el ausente.* *Preguntar* DEL *ausente* es catalanismo (o valencianismo: «*Le preguntaban del equipaje*», Miró, *Sigüenza,* 182).

2. Sobre el uso de *pedir* por *preguntar,* → PEDIR.

prejuicio → PERJUICIO.

preludiar. Se conjuga, en cuanto al acento, como *cambiar* [1 a].

premiar. Se conjuga, en cuanto al acento, como *cambiar* [1 a].

premier. En inglés, 'primer ministro'. En español se emplea este nombre para designar solamente al primer ministro británico o al de otro país de lengua inglesa en que el primer ministro reciba esa denominación. Fuera de estos casos, el uso de la palabra es impropio.

première → ESTRENO.

premio. Construcción: *en premio* DE, POR o A *sus servicios.* La construcción más frecuente hoy es con *a.*

prenda. *No dolerle prendas* a alguien significa 'no importarle reconocer algo que pudiera resultarle incómodo'. La locución se usa habitualmente sin complementos: *A mí no me duelen prendas; admito que me equi-*

voqué. Sin embargo, a veces se desea precisar la cosa que no se tiene inconveniente en reconocer. Esto se puede expresar por medio de un complemento con la preposición *de: No me duelen prendas de reconocerlo.* No puede hacerse sin preposición («*No me duelen prendas reconocerlo*», J. L. Cebrián, *Informaciones,* Supl., 11.10.1975, 12), ya que *reconocerlo* no es ni sujeto —el sujeto es *prendas*— ni complemento directo de *duelen* —el verbo es intransitivo—.

prendar. Construcción: *prendarse* DE *una mujer.*

prender. Construcción: *las plantas prenden* EN *la tierra; prender una cosa* CON *alfileres; prender* EN *un gancho.*

prensil. 'Que sirve para agarrar'. Es palabra aguda, /prensíl/, no /prénsil/.

preocupar. Construcción: *me preocupa su salud; estoy preocupado* POR o CON *su salud; me preocupo* DE *que no le falte nada; no me preocupo* POR *nada* ('soy muy tranquilo'); *me preocupo* POR *todo* ('soy muy aprensivo'); *me preocupo* DE *todo* ('cuido de todo').

preparar. Construcción: *prepararse* A o PARA *escribir; prepararse* CONTRA *un mal.*

presa. *Hacer presa,* 'atacar'. Construcción: *la epidemia hace presa* EN *la población.*

presagiar. Se conjuga, en cuanto al acento, como *cambiar* [1 a].

presbiteral. El adjetivo correspondiente al nombre *presbítero,* 'sacerdote', no es *presbiterial,* sino *presbiteral.*

prescindir. Construcción: *prescindir* DE *lo esencial.*

prescribir. Verbo irregular. Se conjuga como *escribir* [46].

presenciar. Se conjuga, en cuanto al acento, como *cambiar* [1 a].

presentador → PINCHADISCOS.

presentar. Construcción: *presentar un amigo* A *otro* (no CON *otro*); *presentar una novela* A *un premio; presentar a uno* PARA *un obispado; presentarse* AL *jefe; presentarse* A *un concurso; presentarse* COMO (más raro, DE) *candidato; presentarse* EN *casa.*

presente [1.] *Tener presente* ha de llevar el adjetivo *presente* en singular o plural, según sea singular o plural el sustantivo designador de lo que se «tiene presente». Se dice, pues: *Tened presente el peligro; Tened presentes los peligros* (no «*Sería .. arbitrario seguir teniendo presente los conflictos de castas*», Castro, *Españoles,* 138).

PRESENTE [2.] **1.** *Presente de indicativo.* Tiempo del verbo *(hablo, hablas, habla,* etc.) que expresa una acción no terminada que se ejecuta en el momento de la palabra. El momento presente no debe entenderse como un instante fugaz, sino como un plazo de tiempo más o menos largo, en el cual está comprendido el momento en que se habla.

a) El *presente actual* considera la acción realizándose en el momento en que se habla: *Estamos en casa.*

b) El *presente habitual* expresa una acción que se ha realizado en el pasado y se realizará en el futuro varias veces, aunque no se realice ahora mismo: *Estoy estudiando inglés.*

c) El *presente gnómico* expresa un hecho que tiene validez permanente: *La Tierra gira alrededor del Sol; Los habitantes de Granada se llaman granadinos; Quien mal anda mal acaba.*

d) El *presente histórico* refiere un hecho pasado al que se quiere dar tanta viveza como si ocurriese ahora realmente. Es un recurso estilístico literario: *César se resuelve, pasa el Rubicón y avanza con sus tropas;* pero también lo es del habla popular y familiar: *Y entonces va el guardia, se acerca y me dice...*

e) El *presente por futuro* traza con rasgos más vivos la acción que todavía es eventual: *Esta tarde te llevo al cine; El año que viene nos vamos a Inglaterra.*

f) El *presente de obligación* es una variante del anterior: *¿La mato o la perdono?* A veces encierra sentido de *mandato: Mañana buscas a Francisco y se lo cuentas todo; «En cuanto acabes, te vas abajo y le dices al amigo Mendizábal que me haga el favor de un poquito de tinta»* (Galdós, *Miau,* 41); «*Oiga, si vienen mis hermanos y ven humo, usted dice que es suyo, ¿eh?*» (Cela, *Alcarria,* 104); «*Cuando acabes te bajas a la puerta*» (Lorca, *Mariana,* 32). Es muy frecuente, como el anterior, en el habla coloquial.

2. *Presente de subjuntivo.* Tiempo del verbo *(hable, hables, hable...)* que expresa, dentro de la irrealidad propia del modo subjuntivo, una acción que puede ser presente o futura. Si decimos, por ejemplo, *No creo que Juan sepa esto,* es indudable que el hecho de *saber* se refiere al momento actual; pero, en cambio, si se dice: *Deseo que llegue pronto el verano,* claro está que el *llegar* es un hecho venidero. Suele depender de un verbo en presente, en pretérito perfecto o en futuro de indicativo: *Te prohíbo (he prohibido, prohibiré, habré prohibido) que vayas.* Pero también puede ser independiente, expresando deseo o duda: *¡Viva España!; Quizá tengas razón.*

Del uso del subjuntivo de deseo, llamado *optativo (Viva España; Ojalá llueva),* derivan el *exhortativo (Huyamos; Vámonos a casa)* y el *de mandato,* cuyas formas sirven de complemento a las dos únicas que son propias del modo imperativo *(habla tú, hablad vosotros),* para expresar el mandato referido a las personas *usted* y *ustedes: hable usted, hablen ustedes.* También se utiliza el subjuntivo de mandato en oraciones negativas: *no hables* (tú), *no hable* (usted), *no hablemos* (nosotros), *no habléis* (vosotros), *no hablen* (ustedes).

Cuando el subjuntivo exhortativo lleva un pronombre enclítico *nos,* la forma de la persona «nosotros» pierde la *s: pongámonos* (no «pongámosnos»). Cuando lleva el pronombre enclítico *se* seguido de otro pronombre *(lo, los, la, las),* se produce igual pérdida de *s: démoselo* (no «démossselo»). Cuando el pronombre enclítico no es *nos* o *se,* el verbo se mantiene íntegro: *démoste, saludémoslos, olvidémosle.* Tampoco hay reducción en el plural del subjuntivo de mandato seguido de *nos: conózcannos* (= conozcan + nos; *conózcanos* solo es singular: conozca + nos).

3. *Presente de imperativo.* El presente es el único tiempo del modo imperativo: *canta tú, cantad vosotros.* Pero, como la acción expresada por estas formas no se está realizando aún en el momento de ser enunciadas por la persona que habla, puede llamarse *futuro* a ese tiempo, como hace Bello (§ 681). Para más detalles sobre el imperativo, → IMPERATIVO.

presentir. Verbo irregular. Se conjuga como *sentir* [60].

preservar. Construcción: *preservar a alguien* DEL *daño.*

presidente. 1. El femenino de este nombre es *presidenta* («*La Luna, presidenta de la noche*», Alberti, *Cal*, 25), no *presidente*, como a veces se ve: «*La Presidente del Ateneo de Madrid*» (invitación del Ateneo, 21.5.1974); «*excelentísima señora Presidente de la nación argentina*» (nota oficial argentina, reproducida en *Informaciones*, 9.7.1974, 4).
2. Cuando se habla o escribe en español, el título de *President de la Generalitat* (de Cataluña) no debe mantenerse en su forma catalana, sino ponerse en la forma que en español le corresponde: *Presidente de la Generalidad*; de igual manera que al Presidente de la República Francesa solo le llamamos *Président de la République* cuando hablamos en francés. Una observación análoga hay que hacer a propósito del Presidente de la Asamblea autonómica catalana, que, aunque se llame *President* en su lengua, en español es *Presidente*.
3. Algo semejante hay que decir acerca del nombre vasco *lehendakari* con que algunos, hablando en español, designan al presidente del Gobierno vasco. Algunos periódicos del País Vasco emplean esa voz incluso para 'presidente' en general: «*El lehendakari de la Junta Municipal de Karrantza*» (*Deia*, 20.6.1997, 8). La palabra adecuada, siempre que se habla o escribe en español, es *presidente*.

presidir. Construcción: *presidir* EN *un tribunal* (más frecuentemente transitivo: *presidir un tribunal*).

prestar. 1. Construcción: *prestar* A *interés; prestar* SOBRE *una prenda; prestarse* A *hacer este papel*.
2. Es conveniente no usar este verbo en el sentido de 'tomar prestado', que se encuentra en algunos países hispanoamericanos: *Le presté un libro al profesor y no pienso devolvérselo* (cit. Rosenblat, *Palabras*, II, 127).

prestigiar. Se conjuga, en cuanto al acento, como *cambiar* [1 a].

prestímano. 'Prestidigitador'. Es palabra esdrújula; no es normal la forma *prestimano*.

presumir. Construcción: *presumir* DE *listo*.

presuponer. Verbo irregular. Se conjuga como *poner* [21].

pretencioso. 'Presuntuoso, o que pretende ser más de lo que es'. La Academia registra también *pretensioso* («*Es gorda, sucia y pretensiosa*», Cela, *Colmena*, 53). Aunque prefiere la primera forma, más usada (adaptación del francés *prétentieux*), *pretensioso* —preferido en América— se acomoda formalmente mejor al término tradicional *pretensión*, con el que tiene relación semántica.

pretender. Los sentidos tradicionales de este verbo son: 1.°, 'aspirar a conseguir': *pretender ventajas; pretender un aumento de sueldo;* 2.°, 'aspirar a tener relaciones (con una mujer)': *pretendió a una viuda rica*. También se usa, aunque no esté en el *Diccionario* de la Academia, en el sentido de 'afirmar (algo dudoso o poco creíble)': «*El bachiller pretendía que, al terminar cada banquete, sabía dirigir los alimentos más finos y esenciales de la comida a la alimentación de la sesera*» (Cunqueiro, *Fantini*, 144).

pretendiente. Construcción: *pretendiente* DE *una mujer; pretendiente* AL *trono*.

pretensioso → PRETENCIOSO.

preter-. Prefijo latino que significa 'excepto', 'más allá de': *preternatural*.

preterir. 'Hacer caso omiso (de alguien o algo)'; en derecho, 'omitir en la institución de herederos (a los que son forzosos)'. Es un verbo poco usado, y solo en determinadas formas de su conjugación (defectivo). Se usa en infinitivo *(preterir)*, participio *(preterido)*, presente de indicativo (solo en las personas *preterimos, preterís*), pretérito imperfecto (completo: *pretería*, etc.), pretérito indefinido (en las personas *preterí, preteriste, preterimos, preteristeis*), futuro (completo: *preteriré*, etc.) y potencial (completo: *preteriría*, etc.).

PRETÉRITO ANTERIOR. Tiempo del modo indicativo *(hube cantado)* —denominado *antepretérito* por Bello (§ 640) y Gili Gaya (§ 125)— que presenta una acción como inmediatamente anterior a otra pasada: *Cuando hubo amanecido, salí*. El *salir* ocurrió en un tiempo evidentemente pasado, localizado en el punto *A* del gráfico; pues bien, el *amanecer* fue inmediatamente antes, en *B*. Es excepcional este ejemplo de Machado: «*Súbito, al vivo resplandor del rayo, / se encabritó, bajo de un alto pino, / al borde de una peña, su caballo. / A dura rienda le tornó al* *camino. / Y* HUBO VISTO *la nube desgarrada, / y, dentro, la afilada crestería / de otra sierra más lueñe y levantada» (Poesías,* 232).

llega hasta este momento, se considera como opuesto a la realidad del tiempo presente, y se le da un sentido hipotético, irreal: *Debían*

Solo se emplea precedido de contadas conjunciones, como *cuando, tan pronto como, no bien, luego que, así que, apenas.* Nunca aparece en la lengua hablada, y poco en la escrita, desplazado por el indefinido y el pluscuamperfecto —si bien estos son incapaces de expresar exactamente el matiz del anterior—.

Sobre la construcción «participio + *que* + *hubo»,* equivalente al pretérito anterior, → PARTICIPIO, 3.

PRETÉRITO IMPERFECTO. 1. *Pretérito imperfecto de indicativo.* Es un tiempo relativo *(cantaba)* —llamado *copretérito* por Bello (§ 628)— que indica una acción pasada que no se muestra como acabada, y que se ha verificado coincidiendo con otra acción pasada. Si decimos: *Cuando llegaste, nevaba,* entendemos que el *llegar* y el *nevar* eran hechos simultáneos. Como puede apreciarse en el gráfico, queda incierto cuándo acabó el *nevar,* de acuerdo con el carácter imperfecto del tiempo de que se trata, que expresa persistencia o duración en el pasado.

ahorcarlos (= deberían ahorcarlos); *Si tuviera dinero, te daba* (= te daría). Es el mismo que, con un grado mayor de irrealidad, emplean los niños en sus juegos: *Yo era el bueno y vosotros me atacabais.*

c) Imperfecto de cortesía. Con el irreal se relaciona el *imperfecto de cortesía,* en frases que significan intención; así, al no mencionar la realidad presente, la voluntad del que habla se pone a cubierto de una posible negativa: *Venía a ver a don José* (= vengo a ver).

2. *Pretérito imperfecto de subjuntivo (cantara o cantase).* A pesar de su nombre, la acción que expresa este tiempo verbal puede ser pasada, presente o futura; así, *Te dije que vinieses* puede significar 'te dije que vinieses ayer', 'te dije que vinieses hoy' o 'te dije que vinieses mañana'. Bello llama a este tiempo simplemente *pretérito de subjuntivo* (§ 495).

En la irrealidad propia del subjuntivo representa lo que en la realidad del indicativo valen el pretérito indefinido, el imperfecto y el potencial simple: Realidad (indicativo): *El periódico dice que* ACUDIÓ *mucha gente;*

He aquí algunos usos especiales del pretérito imperfecto:

a) Imperfecto conativo o *«de conatu».* Como el imperfecto indica una acción pasada que no se da por acabada, hay un uso especial para indicar acciones solo iniciadas o intentadas: es el llamado *imperfecto conativo: Precisamente ahora me marchaba* (= estaba a punto de marcharme, o iniciando la marcha).

b) Imperfecto irreal. El imperfecto, al representar una acción continuada que no

Creo que VIVÍA *bien; Creía que Juan* SABRÍA *esto.* Irrealidad (subjuntivo): *El periódico no dice que* ACUDIESE *mucha gente; No creo que* VIVIERA *bien; No creía que Juan* SUPIERA *esto.*

El verbo en pretérito imperfecto de subjuntivo depende generalmente de otro verbo en pretérito indefinido o imperfecto, o de un potencial simple o compuesto: *Te dije (decía, diría, había dicho, habría dicho) que vinieses.*

Cuando es independiente, este tiempo expresa, como el presente de subjuntivo, el deseo, pero con poca confianza en su cumplimiento: *Ojalá lo encontrásemos aquí;* o bien la duda, ya orientada hacia el pasado: *Quizá llegasen anoche;* ya hacia el futuro —muy acentuada en este caso—: *Quizá mañana yo no estuviese aquí.*

La forma en -*ra (cantara)* tiene a veces valor de potencial, de pretérito pluscuamperfecto de indicativo, de pretérito pluscuamperfecto de subjuntivo o de pretérito indefinido: → POTENCIAL; PRETÉRITO PLUSCUAMPERFECTO, 1 y 2; PRETÉRITO INDEFINIDO. Sobre la forma -*se* con valor de potencial, → POTENCIAL, 1, final. Con valor de pretérito pluscuamperfecto de indicativo, → PRETÉRITO PLUSCUAMPERFECTO, 1. Con valor de pretérito indefinido, → PRETÉRITO INDEFINIDO.

PRETÉRITO INDEFINIDO. Tiempo del modo indicativo *(canté)* que expresa una acción pasada cuya terminación se considera anterior al lapso de tiempo más o menos extenso en que hablamos. Es un tiempo perfecto, puesto que da la acción como terminada. Recibe también los nombres de *pretérito perfecto simple* (Academia, *Esbozo,* § 2.11.1), *pretérito perfecto absoluto* (Gili Gaya, § 122) y *pretérito,* a secas (Bello, § 487). Sobre su diferencia y confusión con el pretérito perfecto *(he hablado),* → PRETÉRITO PERFECTO.

Es vulgarismo dar a la forma de segunda

ser rey» (Zorrilla, *Poesías,* 172). La misma explicación parece valer todavía en un poema juvenil de Lorca: «*Tus manos me rozaron, / y me* DISTES *un beso*» (*Poemas,* 107 [la lectura *diste,* en ed. 1973, 115, no parece fiel, pues rompe la medida]). En el español antiguo —hasta el siglo XVII— existió la desinencia -*astes* o -*istes,* pero con un valor diferente, pues era de segunda persona del plural (luego se transformó en la actual -*asteis,* -*isteis*): «*Pues en un hora junto me llevastes / todo el bien que por términos me distes, / llevadme junto el mal que me dejastes. / Si no, sospecharé que me pusistes / en tantos bienes, porque deseastes / verme morir entre memorias tristes*» (Garcilaso, *Obras,* 217). En estos versos, el sujeto de todos los indefinidos es *vos,* enunciado en un verso anterior.

Para el pretérito indefinido se usa a veces la forma en -*ra,* que las gramáticas registran como imperfecto de subjuntivo. Es uso no muy moderno y poco recomendable. Bello (§ 720) cita, entre otros, este ejemplo de Meléndez Valdés: «*Astrea lo ordenó, mi alegre frente / de torvo ceño oscureció inclemente, / y de lúgubres ropas me vistiera*». Aparece en Espronceda: «*Soy melancólico sauce / que su ramaje doliente / inclina sobre la frente / que arrugara el padecer*» (*Diablo,* 198). Ejemplo más reciente es: «*Padre agarró una silla, por si acaso, por si se revolvía, que todo podría ser, y dijera: 'Como vuelvas por aquí te*

persona del singular la terminación -*stes* por -*ste,* por analogía con la -*s* de las segundas personas de los demás tiempos *(cantas, cantabas, cantarás, cantes,* etc.). Muy raras veces pasa a la lengua literaria. En el siglo XIX este uso no era raro en poesía, en alternancia con la forma normal -*ste,* probablemente como licencia poética requerida por la medida del verso. Así parece demostrarlo la aparición de ambas formas seguidas en una misma estrofa: «*Y tú, feliz, que* HALLASTES *en la muerte*»..., «*Y otra vez ángel te* VOLVISTE *al cielo*» (Espronceda, *Diablo,* 233); «*Que, si* SUPISTE *ser hombre, / no* ALCANZASTES *a*

rompo la cabeza' » (Salvador, *Atracadores,* 39). Véase la observación de Amado Alonso sobre el uso de -*ra,* en PRETÉRITO PLUSCUAMPERFECTO, 1.

Más raro y más rechazable es el empleo de la forma -*se* con el mismo valor de pretérito indefinido: «*No más tarde de 1914 .. inició el fabuloso arquitecto que fuese Ellel Saarinn la Estación Central de Helsingfors*» (F. Ros, *Abc,* 4.1.1963).

Sobre el uso del pretérito indefinido de algunos verbos en la construcción «participio + *que* + pretérito indefinido» *(llegado que hubimos),* → PARTICIPIO, 3.

PRETÉRITO PERFECTO. 1. *Pretérito perfecto de indicativo (he cantado).* Llamado *pretérito perfecto compuesto* por la Academia *(Esbozo,* § 2.11.1), *antepresente* por Bello (§ 638), *pretérito perfecto actual* por Gili Gaya (§ 123), es un tiempo verbal que expresa un hecho que se acaba de verificar en el momento en que hablamos, o bien un hecho cuyas circunstancias o consecuencias tienen en cierto modo relación con el presente. Así, por ejemplo: *He dicho* (= acabo de decir); *He visitado hoy a tu tío.* En uno y otro caso los hechos enunciados han terminado dentro del momento presente. En el ejemplo *Los griegos nos han dejado el arquetipo de la tragedia antigua,* el *dejar* está en pretérito perfecto, porque en el momento actual seguimos recogiendo los frutos resultantes de este hecho.

sente psicológico es 'este mes'); *La guerra ha terminado hace tres meses* (el presente psicológico es 'este año').

La explicación de la preferencia de indefinido o perfecto es necesario buscarla siempre en el punto de vista del que habla, en el cual intervienen juntos un elemento objetivo (distancia temporal) y un elemento subjetivo (mayor o menor interés en el hecho). (Cf. Alarcos, *Estudios,* 13.)

No obstante, es norma general que para acciones inmediatamente anteriores al momento presente se use el pretérito perfecto y no el indefinido. Por ello no es adecuado el uso que de este último hacen los locutores de radio cuando dicen, refiriéndose a una audición que acaba de terminar: *Oyeron ustedes el Intermedio de «Goyescas», de Granados; Fue el espacio radiofónico «Gane el dinero*

PRETÉRITO   PRESENTE   FUTURO

Este tiempo y el pretérito indefinido coinciden en significar hechos anteriores al momento en que hablamos, no en su transcurrir (que se expresa por el imperfecto), sino en cuanto transcurridos: *La guerra ha terminado; La guerra terminó.* No representa el indefinido un hecho más antiguo que el representado por el perfecto. Según las circunstancias, podríamos decir: *La guerra terminó hace tres meses,* o *La guerra ha terminado hace tres meses.* Lo mismo ocurriría en *Pasé por tu calle* y *He pasado por tu calle.* La diferencia entre las dos formas usadas se funda en la extensión que quiera dar el hablante al momento presente en que habla. Si para él esa acción de pasar por tu calle tiene cierta cohesión temporal con el presente, entonces empleará el pretérito perfecto; si, por el contrario, la acción no termina dentro de ese presente psicológico, el tiempo usado será el pretérito indefinido. Este presente psicológico puede tener una amplitud muy variable: puede abarcar solo el instante actual o puede abarcar muchos años. Ejemplos: *Esta mañana ha llovido* (el presente psicológico es 'hoy'); *Esta mañana llovió* (el presente psicológico es 'esta tarde'); *La guerra terminó hace tres meses* (el pre-

que quiera» (cf. Lapesa, *Tendencias,* 228). El uso existe también en el castellano hablado en Galicia y Asturias, y no es raro hallarlo en escritores nacidos en esas regiones: así, en *La colmena,* de Cela, una mujer no gallega, refiriéndose a un suceso ocurrido ahora mismo, dice: *«¿Y el escándalo que se armó? ¿Y el susto que se llevaron los clientes?»* (201); en *Troteras,* de Pérez de Ayala, el personaje que habla también se refiere a algo que acaba de ocurrir: *«Pero en resumidas cuentas no has dicho si te gustaron o no los versos que te recité»* (104). Probablemente de dichas regiones procede el mismo uso extendido por gran parte de Hispanoamérica. (Y de este continente, a su vez, puede haber venido el hábito radiofónico citado antes.)

También suele darse como norma general el uso del pretérito perfecto para acciones de 'hoy', y el uso del pretérito indefinido para acciones anteriores a 'hoy'. Por ejemplo: *Hoy hemos ido al Museo;* pero: *Ayer fuimos al Museo.* Sin embargo, hay muchas excepciones a esta regla, explicables por lo dicho en los párrafos anteriores.

2. *Pretérito perfecto de subjuntivo (haya cantado).* Este tiempo *(antepresente de sub-*

juntivo, en la nomenclatura de Bello, § 657) expresa que la acción enunciada, dentro de la irrealidad del subjuntivo, es pasada y terminada. Compárese *No creo que Pedro lea este libro* con *No creo que Pedro haya leído este libro.* El *leer,* en este segundo ejemplo, es acción pasada y terminada, mientras que en el primero aparece como presente —o futura— e incompleta. En cambio, en el ejemplo *Espero que haya venido Pedro cuando yo vuelva,* el *venir Pedro* es un futuro de acción terminada en relación con el *volver,* que tiene también sentido de futuro.

Corresponde, pues, en el sentido de acción «pensada» del subjuntivo, a los tiempos pretérito perfecto y futuro perfecto de la acción «hecha» expresada por el indicativo: Realidad (indicativo): *Creo que Pedro* HA LEÍDO *este libro; Pedro* HABRÁ VENIDO *cuando yo vuelva.* Irrealidad (subjuntivo): *No creo que Pedro* HAYA LEÍDO *este libro; Espero que Pedro* HAYA VENIDO *cuando yo vuelva.*

Este tiempo va subordinado generalmente a los tiempos presente y futuro de indicativo: *Me contento* (o *me contentaré*) *con que el chico haya aprobado.*

PRETÉRITO PLUSCUAMPERFECTO.

1. *Pretérito pluscuamperfecto de indicativo* (denominado por Bello, § 635, *antecopretérito*). Tiempo verbal que expresa un hecho que es pasado respecto a otro también pasado; ese hecho se enuncia como ya terminado. Ejemplo: *Cuando tú llegaste, ya había nevado.* El *nevar* estaba acabado antes de *venir* tú. En una representación gráfica, el *nevar* figuraría acabado en un punto *B,* anterior al punto *A* en que acabó el *llegar.*

que antes le diera» (Galdós, *Miau,* 58); *«Oyéndole contar .. las tretas ingeniosas de que él y otros padres se valieran»* (íd., *Torquemada,* IV, 30); *«[Las niñas] venían .. Esto sin saberlo los señores, que las proscribieran porque esas rapazas abandonadas .. podrían traer miseria»* (Miró, *Cercado,* 184); *«Una vieja encorvada explica quién fuera allí enterrado años atrás»* (Azorín, *Voluntad,* 130); *«El buen mozo .. temía perder el dominio que hasta entonces conservara sobre sí»* (Valle-Inclán, cit. Casares, *Crítica profana,* 44); *«Para mí fuera talmente como un padre»* (Cela, *Lazarillo,* 35); *«Bizco como su madre lo echara al mundo y paticorto de la derecha como el sargento .. lo dejara»* (ibíd., 67); *«Lecciones que la experiencia le enseñara»* (Montesinos, *Valera,* 209); *«El transatlántico que trajera de Méjico al indiano había anclado»* (Zunzunegui, *Úlcera,* 15). (Nótese en este último ejemplo la variación *trajera/había anclado.*)

Observaba Amado Alonso en 1935 que la lengua escrita de la Argentina parecía tender a dar un particular sentido a esta forma *-ra.* «Cuando un periódico escribe: *La noticia que este diario diera tiene confirmación,* entendemos 'que ya ha dado', 'que, como sabe el lector, ya ha dado'; *el puerto de donde Colón partiera* saben, Colón partió'. Es la referencia a un hecho pretérito que se supone conocido del lector» *(Problema,* 52).

Este uso de la forma en *-ra (cantara)* se presenta normalmente solo en oraciones introducidas por un relativo o por un interrogativo (pronombres o adverbios); así se ve en casi todos los ejemplos anteriores. Pero algu-

Igual que el imperfecto de indicativo, puede tener valor irreal, sobre todo en el habla familiar: *Si hubieses venido, te había dado una cosa.*

Con valor de pluscuamperfecto de indicativo aparece con cierta frecuencia en la literatura moderna la forma en *-ra (cantara),* que las gramáticas designan como pretérito imperfecto de subjuntivo: *«Los cacahuets*

nos escritores gallegos lo emplean también fuera de esos casos: *«Ante aquella inesperada flota la aldeanía huyera a las montañas»* (E. Montes, *Arriba,* 21.9.1958, 31); *«También contamos que el cuarto era un chino y emprendiera el largo viaje por haber oído de labios de sus más viejos compatriotas .. que en España estaba el prodigio más anhelado de nuestro tiempo»* (W. Fernández

Flórez, *Abc*, 21.2.1959, 3). (Sin embargo, no faltan ejemplos en autores no gallegos: *«Llegaban las fiestas de la Pascua, avisárale su mujer que iba a cumplirse el término de su estado. Y allí le tenían»,* Miró, *Abuelo,* 58; *«Enfermara, entre tanto, su padre, y viose obligado Molière a suplirlo en su empleo»,* Cansinos, trad. Balzac, VI, 768. En tales casos se trata de simple arcaísmo.)

El valor de pluscuamperfecto de indicativo es, en realidad, el que tuvo en su origen la forma *-ra* (latín *amaveram* 'había amado' > español *amara),* y con él se usó durante la Edad Media. Se conserva hoy en la lengua gallega. El empleo moderno en español solo se debe, pues, o a capricho arcaizante o a regionalismo. En todo caso, conviene evitarlo, porque «tiende a producir confusión» (Bello, § 720), «repugna a nuestro oído y contribuye a aumentar el desbarajuste, ya lastimoso, que se advierte en el empleo de los tiempos del subjuntivo» (Casares, *Crítica profana,* 44), y «es, principalmente, en los tiempos modernos, una manifestación de cursilería» (Mallo, *Discusión,* 138).

Por analogía con el empleo de *-ra* como pluscuamperfecto de indicativo, aparece alguna vez la forma *-se* con igual valor: *«Parece que no necesitó el rey retirar la palabra que diese el día anterior»* (M. Fernández Almagro, cit. Togeby, *Mode,* 131); *«El paradójico aire ceremonioso de que antes fuese exponente Rubén Darío»* (íd., *Abc,* 30.12.1959, 67); *«Vio que la mujer a quien unos momentos antes dejase dormida allí, había desaparecido»* (Rubín, Méjico; cit. Kany, 174); *«Cuando .. se despidió de mí deseándome buenas noches, volví a experimentar la angustia de soledad que me acongojase una hora antes»* (Delibes, *Sombra,* 20; varios casos más en la misma novela). No hace falta decir que este uso no es normal.

Sobre el uso de *-ra* con el valor de pretérito indefinido, → PRETÉRITO INDEFINIDO.

2. *Pretérito pluscuamperfecto de subjuntivo (hubiera o hubiese cantado),* o *antepretérito de subjuntivo* —en la nomenclatura de Bello—. Indica una acción pasada respecto de otra pasada, dentro del sentido general del modo subjuntivo: *No sabía Juan que Pedro hubiera* (o *hubiese) ganado el premio. Hubiera ganado* expresa un hecho pasado con relación a otro pasado, el *saber* de Juan; cuando Juan *supo,* el *ganar* Pedro el premio era un hecho consumado.

Otras veces tiene sentido de posibilidad en el pasado: *Nadie lo hubiera creído* (o *lo hubiese creído):* → POTENCIAL, 2.

Corresponde en subjuntivo a los tiempos pluscuamperfecto de indicativo y potencial compuesto: Realidad (indicativo): *Sabía que Pedro* HABÍA GANADO *el premio; Creí que Pedro* HABRÍA GANADO *el premio.* Irrealidad (subjuntivo): *No sabía que Pedro* HUBIERA (o HUBIESE) GANADO *el premio; No creí que Pedro* HUBIERA (o HUBIESE) GANADO *el premio.*

Depende normalmente de un tiempo pasado del indicativo, de un potencial simple o compuesto o de otro pluscuamperfecto con valor de potencial compuesto: *Negó (negaba, había negado, negaría, habría negado, hubiera negado) que le hubiesen asaltado.*

Sobre el uso con valor de potencial compuesto, → POTENCIAL, 2.

Con valor de pretérito pluscuamperfecto de subjuntivo aparece alguna vez, en la lengua literaria, la forma *-ra (cantara): «Quedó el hombre tan bien enterado como si no faltara de Madrid en todo aquel tiempo»* (Galdós, *Torquemada,* IV, 28). Es un uso arcaizante.

pretexto. Es normal *con el pretexto de: Con el pretexto de preguntar la hora, se acercó.* También, más literariamente, *so pretexto de.* No es normal, en cambio, *a pretexto de (*«*A pretexto de proteger a Europa.., los norteamericanos, de hecho, han ocupado militarmente el territorio de sus aliados»,* M. Benedetti, *País,* 6.8.1984, 7).

prevalecer. 1. Verbo irregular. Se conjuga como *agradecer* [11].

2. Construcción: *prevalecer la verdad* SOBRE *la mentira.*

prevaler. 1. Verbo irregular. Se conjuga como *valer* [33].

2. Construcción: *prevalerse* DE *su situación.*

preveer → PREVER.

prevenir. 1. Verbo irregular. Se conjuga como *venir* [61].

2. Construcción: *prevenirse* CONTRA *el peligro; prevenirse* PARA *un viaje.*

3. Evítese la confusión con *prever. Prevenir* es 'preparar' o 'precaver'. *Prever* es 'ver con anticipación' o 'conjeturar'. *Prevenir un peligro* es 'tomar precauciones contra él'; *preverlo* es 'esperar o temer que se presente'.

prever.   Verbo irregular. Se conjuga como *ver* [34]. No debe confundirse en su conjugación con *proveer*, ni en su significado con *prevenir* (→ PREVENIR, 3). Es vulgarismo frecuente decir *preveer* y atribuir a este verbo la conjugación 17 (como *leer*): «*Hay que preveer, planear y ejecutar*» (L. Pedret, *Vanguardia*, 21.1.1962, 21); «*[Películas] realizadas directamente para la televisión, aunque preveyendo su difusión en las salas*» (*Informaciones*, Supl., 26.1.1978, 11).

previo.   En televisión, 'grabación del sonido antes de impresionar la imagen'. *Previo* es el término que la Academia propone como traducción del inglés *play-back*, que, aunque de uso general hoy, sería ventajoso y no difícil reemplazar por su equivalente español.

prez.   'Estima, gloria, honor'. Palabra de uso exclusivamente literario. Es nombre ambiguo en cuanto al género: *el prez* o *la prez*. Hallamos atestiguado el primero en Menéndez Pidal (*Cid*, 31); el segundo, en Larreta (*Don Ramiro*, 73).

prima facie.   Locución latina que significa 'a primera vista'. No es, como algunos creen, *a prima facie*: «*Parece, por tanto, 'a prima facie', que esa moción sería el instrumento adecuado para provocar el cese del presidente*» (*Ya*, 30.7.1995, 5).

primar.   Con el sentido de 'conceder una prima, o una recompensa, (a alguien)', es transitivo: *Se priman las inversiones*. No es transitivo con el sentido de 'tener primacía, o prevalecer'. Con este sentido, debe construirse con la preposición *en: EN los ascensos prima la antigüedad*.

primero.   1.   Adjetivo ordinal que corresponde al número uno. Tiene variaciones de género y número: *primero, primera, primeros, primeras*. Sufre apócope, tomando la forma *primer*, cuando precede a nombre masculino, aunque se interponga otro adjetivo: *el primer acontecimiento, el primer extraño acontecimiento*. A veces se presenta también la apócope ante nombre femenino *(la primer vez)*; pero no es uso normal, a pesar de estar bastante atestiguado literariamente: «*Aquella primer nave*» (Calderón, *Cena*, 21); «*La primer palabra*» (Galdós,

Miau, 56); «*La primer señal*» (Pardo Bazán, *Insolación*, 9); «*La primer aspirante*» (Zunzunegui, *Úlcera*, 30); «*La primer postura*» (Cela, *Alcarria*, 11); «*Tu primer manera*» (Salinas, *Todo*, 71); «*La primer locomotora*» (Gómez de la Serna, *Valle-Inclán*, 26). Cf. Fernández Ramírez, *Gramática*, 3.2, 20.

2.   Se emplea tradicionalmente *primero* para designar el primer día del mes (mientras que se usan los cardinales, *dos, tres*, etc., para los demás días): *primero de mayo* (frente a *dos de mayo*), pero es cada vez más frecuente usar *uno*, uniformando esta fecha con las restantes del mes: *uno, dos, cinco de mayo*. (→ FECHA.)

3.   Puede tener valor calificativo, con el sentido de 'principal'; en este sentido admite forma superlativa: *Ocupa un primerísimo lugar entre nuestros actores*.

4.   *Primera*, nombre femenino, 'estreno': → ESTRENO.

príncipe.   Como nombre (título), tiene la forma femenina *princesa*. Como adjetivo, solo usado para referirse a edición primera, es invariable en género, pero no en número: *edición príncipe, ediciones príncipes* (no «*ediciones príncipe*», como leemos en Cossío, *Confesiones*, 90 y 148).

principiar.   Se conjuga, en cuanto al acento, como *cambiar* [1 a].

pringue.   Es sustantivo ambiguo: *el pringue* o *la pringue*. No obstante, la *Gramática* de la Academia (§ 17) lo da solo como femenino. Parece que es este el uso más frecuente.

Priorato.   La comarca tarraconense que en catalán tiene el nombre del *Priorat* se denomina en castellano *el Priorato*, y es esta la forma que debe usarse cuando se habla o se escribe en español.

prisma.   *Desde el prisma de, bajo el prisma de*, son locuciones equivalentes a *desde el punto de vista de*, y que conviene evitar. Ya Galdós, en 1883, caricaturizaba a un personaje que todo lo veía *bajo el prisma de* algo y a quien llamaba «el señor de los Prismas» *(Centeno*, II, 11). No hace mucho declaraba un diputado español: «*Entendemos que la forma republicana del Estado es más racional y acorde bajo el prisma de los principios democráticos*» (Gómez Llorente, *Ya*, 12.5.1978, 13). Y antes habíamos leído: «*La palabra 'apertura' me parece insuficiente* *aun desde un prisma evolucionista»* (A. Menchaca, *Cuadernos,* 8.1974, 32).

prístino. 'Primitivo, original'. La acentuación de este adjetivo es esdrújula *(«Estos prístinos recuerdos»,* Cossío, *Confesiones,* 29), a pesar de que algunos la hagan grave, /pristíno/ *(«Las emociones más pristinas»,* García Luengo, *Extremadura,* 28).

privar. Construcción: *privar* CON *el monarca; privar a uno* DE *lo suyo.*

privativo. Construcción: *privativo* DE *unos pocos; «Los toros eran una fiesta privativa* DE *los nobles»* (Larra, *Artículos,* 22).

privilegiar. Se conjuga, en cuanto al acento, como *cambiar* [1 a].

pro. 1. Preposición, 'en favor de'. Es átona. Solo se emplea ante nombres sin artículo: *Se organizó una suscripción pro víctimas de las inundaciones.*
   2. Nombre femenino, anticuado, 'provecho': *¡Buena pro les haga!*
   3. Nombre masculino, 'aspecto o punto favorable', siempre formando pareja con el nombre *contra: pesar el pro y el contra.* En plural es *los pros y los contras* (no *los pro y los contra: «A la que se debe preguntar es a nuestra juventud .., que es la que disfrutará los pro y contra»,* Vanguardia, 11.1.1963, 27).
   4. *En pro de,* locución prepositiva, 'en favor de': *Habló en pro de una simplificación de los trámites.*

pro-. Prefijo latino que significa 'en vez de': *pronombre;* o 'delante, adelante': *procesión, proponer.*

probable. *Ser probable* (un hecho): → SER, 3.

probar. 1. Verbo irregular. Se conjuga como *acordar* [4].
   2. Construcción: *probar* A *hacer una cosa («Pruebas* A *imaginarla llegando a su casa y reanudando, silenciosa y derrotada, su vida»,* Marsé, *Montse,* 335; no *probar* DE *hacerla: «Levantó la pluma del papel .. y probó de cerrar los ceros más despacio»,* Delibes, *Parábola,* 50; ni *probar hacerla: «Probó evocar algunos recuerdos de su infancia»,* Bray, trad. Orwell, *1984,* 9).

problema. 1. Se oye con mucha frecuencia esta palabra en la conversación cotidiana:

He tenido problemas con el tráfico; ¿Algún problema?; Al regreso tendrán problemas. En estos casos, *problema* equivale a *dificultad.* No es censurable el uso, sí el abuso (debido a influencia del inglés).
   2. *Es su problema,* en lugar de *eso es asunto suyo; «No quiero hablar de la dimisión del Sr. X porque no es mi problema»* (Radio Nacional, 11.8.1981) —en lugar de *«porque no es asunto mío»*—, es también anglicismo, y no deseable en este caso.
   3. → PROBLEMÁTICA.

problemática. Nombre femenino, 'conjunto de los problemas'. Suele abusarse de esta voz, pudiendo decirse sencillamente *los problemas.* No obstante, solo es verdaderamente erróneo su empleo cuando aparece —fenómeno también frecuente— en lugar del simple nombre *problema.*

proboscidio. 'Del orden de mamíferos al que pertenece el elefante'. La Academia solo reconoce la forma *proboscidio,* pero debe aceptarse también *proboscídeo,* usada por algunos naturalistas y que se apoya en el nombre científico latino del orden zoológico: *Proboscidea.*

proceder. Construcción: *proceder* A *elección; proceder* CONTRA *los morosos; proceder una cosa* DE *otra.*

proclive. Construcción: *proclive* AL *perdón* (no *proclive* EN: *«Este pórtico otoñal, proclive en augurios poco alentadores»,* M. Pont, *Vanguardia,* 17.10.1974, 35).

producir. Verbo irregular. Se conjuga como *conducir* [41].

proferir. Verbo irregular. Se conjuga como *sentir* [60].

profesar. Construcción: *profesar* EN *una orden religiosa.*

profeta. Su femenino es *profetisa.*

programa → SOFTWARE.

progrom, progromo → POGROM.

prohibir. Sobre su conjugación, → COHIBIR.

prohijar. Se conjuga, en cuanto al acento, como *enraizar* [1 f].

promediar. Se conjuga, en cuanto al acento, como *cambiar* [1 a].

promiscuar. Se conjuga, en cuanto al acento, como *averiguar* [1 b]: «*Usted es uno de los que promiscuan*» (Calvo Sotelo, *Resentido*, 200). No obstante, junto a la conjugación indicada existe también una conjugación *promiscúo*, según el modelo 1 d, *actuar* (Academia, *Esbozo* § 2.13.7): «*No promiscúes*» (Cela, *Oficio*, 42). La vacilación se atestiguaba en este pasaje de Pérez de Ayala: «*Yo promiscuo, o promiscúo, que no sé a ciencia cierta cómo se pronuncia*» (*Belarmino*, 22).

promover. 1. Verbo irregular. Se conjuga como *mover* [18].

2. Construcción: *promover alborotos; promover a uno* A *un cargo.*

PRONOMBRES PERSONALES ÁTONOS. 1. Sobre la función gramatical y uso de las formas átonas *me, te, lo, la, le, se, nos, os, los, las, les,* correspondientes a los pronombres personales de 1.ª, 2.ª y 3.ª personas, → YO, TÚ, ÉL, ELLO, SÍ², NOSOTROS, VOSOTROS.

2. La posición de los pronombres personales átonos con respecto al verbo —delante o detrás de él— se rige por estas normas:

a) En el español actual el pronombre se pospone obligatoriamente al verbo en infinitivo o gerundio. Sin embargo, cuando estas formas van precedidas de otro verbo en forma personal, pueden ir delante de este: *Quiere recibirlas* o *Las quiere recibir; Estaba mirándola* o *La estaba mirando.* En cuanto al uso del pronombre personal átono tras participio, → PARTICIPIO, 4.

b) El pronombre átono va detrás del imperativo: *Tenlo; Dádselo;* o del presente de subjuntivo usado como imperativo: *Díganoslo.* Es vulgarismo el anteponerlo a este subjuntivo-imperativo: *Nos lo diga;* «*Una cabeza salió de debajo de un secador .. —Luisa, ¿adónde se mete? Me lo ponga más bajo, me abraso*» (Martín Gaite, *Visillos*, 191). Sin embargo, esta anteposición es obligatoria en la lengua normal cuando el subjuntivo se usa para la expresión imperativa negativa: *No se lo digáis.*

La forma «vosotros» del imperativo seguida del pronombre *os* pierde la -*d* final: *Marchaos* (no «marchados»), *Sentaos* (no «sentados»). Se exceptúa *idos* (no «íos»), del verbo *ir.*

Con el subjuntivo exhortativo (→ PRESENTE, 2), el pronombre átono también se pone siempre detrás del verbo (si no va en

forma negativa): *Démosle las gracias.* Cuando el pronombre es *nos,* el verbo pierde la -*s* final de la 1.ª persona: *Pongámonos* (no «pongámosnos») *en fila.* Si son dos pronombres, siendo el primero de ellos *se (se lo, se las,* etc.), la doble *s* resultante se reduce a una: *Démosela* (no «démossela»).

c) Cuando el verbo va en indicativo o en subjuntivo (en un subjuntivo que no esté incluido en los empleos recogidos en el apartado anterior), el uso corriente actual antepone los pronombres átonos. En la lengua hablada, la posposición solo se da en alguna zona, como Galicia, por influjo de la lengua regional. En la lengua literaria el pronombre puede posponerse al verbo, *siempre que este no sea subordinado ni vaya en forma negativa;* preferentemente, también, el verbo va encabezando la frase: «*Hallábame cansado de mi larga peregrinación por el mundo*» (Valle-Inclán, *Sonata de invierno*, 10). El uso del pronombre átono pospuesto, que de suyo se siente hoy como una elegancia afectada y que hay que saber manejar con mucha discreción, llega a afear notablemente la prosa si se olvida esa condición que acabo de señalar. Véase este ejemplo: «*La casa del amo dejaba únicamente su tristeza de hogar deshabitado cuando* APROXIMÁBASE *el día de la tienta de los becerros*» (Mas, *Luna*, 150).

Si el pronombre átono no es *nos* o *se,* el verbo no sufre ninguna reducción: *démoste, saludémoslos.* En el caso del subjuntivo de mandato, tampoco hay reducción cuando se juntan dos letras *n: conózcannos* (= conozcan + nos; la forma *conózcanos* sería conozca [singular] + nos).

3. Sobre la posición relativa de dos pronombres átonos que concurren junto a un verbo, la norma es que «la segunda persona va siempre antes de la primera, y cualquiera de las dos antes de la tercera; pero la forma *se ..* precede a todas» (Bello, § 932): *No te me escapes; Te las he traído; Póntelo; Me lo buscas; Búscamelo; Os lo ofrecieron; Nos la presentaron; Se nos escucha; Se nos escapará; Se te ha perdido; Se me cayó.* Es vulgarismo anteponer *me* o *te* a *se: Me se cayó; Te se ha perdido.*

pronto. 1. Construcción: *pronto* A *enfadarse* (adj.); *es pronto* PARA *desayunar* (adv.).

2. *Por lo pronto, por de pronto, por el pronto,* son tres locuciones adverbiales equi-

valentes: 'de primera intención, para empezar'. La primera es la más frecuente; la tercera, la menos. No deben confundirse con *al
pronto*, 'a primera vista'. Es propio del castellano de Galicia *por lo de pronto* (en lugar
de *por de pronto* o *por lo pronto): «Por lo de
pronto* .., *el romanticismo, estudiado en este
tercer tomo* .., *queda muy desarbolado»*
(C. A. Molina, *Ya*, 12.6.1980, 64).

   3. *Tan pronto,* locución adverbial que,
repetida delante de dos o más oraciones, expresa alternancia en la realización de los hechos: *Tan pronto ríe, tan pronto llora* ('unas
veces ríe, otras veces llora'). La misma alternancia puede expresarse por medio de *tan
pronto... como: Tan pronto ríe como llora.*

   4. *Tan pronto como,* locución conjuntiva
que introduce la expresión de un hecho inmediatamente anterior: *Tan pronto como se
hizo de noche, hubo que volver a la aldea.*
No es lo más normal, en este uso, decir solo
tan pronto (omitiendo *como).* Este uso se da
con alguna frecuencia en escritores del área
catalana: *«Los sobrinos tendrían que ven-
derla [la casa] tan pronto cerremos los ojos»*
(Villalonga, *Bearn,* 81); *«Tan pronto consigo
bajarme del coche me doy cuenta de que Ma-
nila me gusta mucho»* (Gil de Biedma, *Retrato,* 15); *«Les dices que se lo devolveré
todo tan pronto pueda»* (Mendoza, *Ciudad,*
105). Aunque no exclusivamente: *«Tan
pronto sonaba el primer retumbo del trueno,
la tía Marcelina iniciaba el rezo del trisagio»* (Delibes, *Historias,* 66).

pronunciar. Se conjuga, en cuanto al
acento, como *cambiar* [1 a].

propender. Construcción: *propender* A *la
benevolencia.*

propenso. Construcción: *propenso* A *la
broma.*

propiciar. **1.** Se conjuga, en cuanto al
acento, como *cambiar* [1 a].

   2. *Propiciar* significa 'favorecer (una
acción o una actitud)': *Su buena conducta
propició la benevolencia de los jefes.* No es
'motivar' o 'provocar', como creen bastantes
periodistas: *«Los tres mansos propiciaron
una gran bronca»* (Radio Nacional de España, Radio 1, 20.6.1992).

propicio. **1.** Construcción: *propicio* AL
ruego.

   2. *Propicio* significa 'favorable'. Evítese

la confusión con *propiciatorio,* 'que tiene la
virtud de hacer propicio', confusión que se
ve en este ejemplo: *«Aquel enrarecido clima,
que debía de parecerles muy propiciatorio»*
(Fernández de la Reguera-March, *Dictadura,*
I, 121). Se habla de una *situación propicia,*
de una *víctima propiciatoria.*

propileo. 'Pórtico de un templo clásico'.
Se pronuncia /propiléo/, a pesar del conocido
verso de Rubén Darío: *«Hacia el propíleo
sacro que amaba tu alma triste»* (*Prosas,*
594).

propio. **1.** Adjetivo de refuerzo de posesivo: *Yo tengo mis propios problemas;
Atiende a tus propias obligaciones.* Cuando
el poseedor es de tercera persona, puede tener *propio* el sentido de *suyo: Se le concede
licencia por asuntos propios.*

   2. Adjetivo calificativo, equivalente a
'adecuado', 'conveniente': *Su comportamiento es el propio de un loco.*

   3. Adjetivo demostrativo de identidad
equivalente a *mismo,* con valor enfático o de
refuerzo: *El propio Andrés se llevó una sorpresa* ('el mismo Andrés', 'incluso Andrés').

   4. Construcción: *propio* PARA *el caso;
propio* PARA *convencer; propio* DE *la región*
(no A *la región).*

proponer. Verbo irregular. Se conjuga
como *poner* [21].

PROPORCIONALES. *Numerales proporcionales (doble, triple,* etc.): → MULTIPLI-
CATIVOS.

propósito. **1.** Construcción: *tener el propósito* DE *venderlo.*

   2. *A propósito,* adverbio, 'adecuadamente' o 'deliberadamente'. En este segundo
sentido, que es el más usual, también se emplea, literariamente, la forma *de propósito.*

   3. *A propósito de,* locución prepositiva,
'acerca de', 'con la oportunidad de': *Hice un
comentario a propósito de su última película.*

   4. *Fuera de propósito,* locución adverbial, 'sin venir al caso': *No hables fuera de
propósito.*

   5. Diferencia entre *a propósito* y *apropósito:* → APROPÓSITO.

   6. *Propósito general* es traducción literal del inglés *general purpose,* empleada frecuentemente por los informáticos: *«En la
mayoría de los ordenadores de propósito ge-*

CONJUGACIÓN DEL VERBO «PROVEER»
(tiempos irregulares)

INDICATIVO

Pret. indef. proveí, proveíste, proveyó, proveímos, proveísteis, proveyeron.

SUBJUNTIVO

Pret. impf. proveyera o -se, proveyeras o -ses, proveyera o -se, proveyéramos o -semos, proveyerais o -seis, proveyeran o -sen.

Fut. impf. proveyere, proveyeres, proveyere, proveyéremos, proveyereis, proveyeren.

FORMAS NO PERSONALES

Ger. proveyendo.   *Part.* provisto o proveído.

---

neral, las instrucciones han de introducirse en el ordenador junto con los datos para usar en los cálculos» (Rodríguez Jiménez, *Tecnologías,* 19). La traducción española normal es *amplio uso.*

propugnar. Construcción: *propugnamos un nuevo sistema.* No es normal el uso *propugnamos* POR *un nuevo sistema: «Resulta paradójico propugnar por la consecución de una escuela no selectiva en una sociedad que lo es brutalmente»* (*Papeles Debate,* 2.1988, 188).

prorrumpir. Construcción: *prorrumpir* EN *lágrimas.*

proscribir. Verbo irregular. Se conjuga como *escribir* [46].

proseguir. 1. Verbo irregular. Se conjuga como *vestir* [62].
2. Construcción: *proseguir* CON o EN *la tarea.*

prostituir. Verbo irregular. Se conjuga como *huir* [48].

protestar. Construcción: *protestar* CONTRA *la calumnia* ('rechazarla'); *protestar* DE *su inocencia* ('proclamarla'). En el sentido de 'mostrar rechazo o disconformidad vehemente', se usa hoy mucho, al lado de la construcción con *de,* la preposición *contra,* la construcción con *de.*

proto-. Prefijo griego que significa 'primero': *protohistoria.*

proveer. 1. Verbo irregular. (Véase cuadro.)
2. Construcción: *proveer* A *la necesidad pública; proveer a alguien* DE *alimentos; proveer el empleo* EN *el más digno.*

proveniente. 'Que proviene'. Son erróneas las formas *proviniente* y *provinente.* Si de *convenir* se forma *conveniente,* de *provenir* se formará *proveniente.* De manera semejante, el nombre de acción que corresponde es *proveniencia,* no *provinencia.*

provenir. 1. Verbo irregular. Se conjuga como *venir* [61].
2. Construcción: *provenir* DE *esta causa.*

provincia. En Austria: → LAND.

provinencia, provinente, proviniente → PROVENIENTE.

provocar. 1. Construcción: *provocar la risa, la ira* (raro, A *risa,* A *ira); provocar* CON *gestos.* En América, *provocarle a uno algo,* 'apetecerle': *«¿No le provoca bañarse, Campos?»* (Uslar Pietri, *Lanzas,* 86).
2. Confusión entre *propiciar* y *provocar:* → PROPICIAR.

proximidad. Construcción: *la proximidad* DE *la carretera* (la carretera está próxima); *la proximidad* A *la carretera* (la persona o cosa está próxima a ella); *en las proximidades* DE *la casa* (no A *la casa).*

próximo. Construcción: *próximo* A *morir; próximo* A *la carretera.*

prueba. 1. La palabra inglesa *test* significa exactamente 'prueba', y no hay necesidad real de usarla. En general es suficiente la palabra española *prueba;* el contexto y los complementos correspondientes a cada caso bastan para precisar el sentido de la palabra, justamente como ocurre en inglés con el empleo de *test*. En psicología y pedagogía, no obstante, el uso de *test* es absolutamente normal.

2. Sobre el empleo de *evidencia* en lugar de *prueba* (de un delito), → EVIDENCIA.

pseudo-, pseudónimo, pseudópodo, pseudoprofeta → SEUDO-.

psicastenia → PSICOLOGÍA.

psico-, psic-. Formas prefijas del griego *psyché*, 'alma': *psicología, psicastenia*. Sobre la posibilidad de utilizar las formas sin *p* inicial, *sico-, sic-*, → PSICOLOGÍA.

psicología. 'Estudio del alma o de la mente'. En esta palabra, así como en todas las compuestas con el elemento *psico-*, 'alma o mente', es corriente, salvo en la pronunciación esmerada, omitir la /p/ inicial, diciendo /sikolojía/, etc. Por esta razón la Academia incluye en su *Diccionario*, además de las formas con *ps-*, una serie de formas correspondientes iniciadas con simple *s-*. Por tanto, se puede escribir *psicología, psicólogo, psicológico, psicoanálisis, psicópata, psicopatía, psicosis, psicotecnia, psicoterapia*, etc., o *sicología, sicólogo, sicológico, sicoanálisis*... La misma duplicidad existe en las palabras constituidas con las variantes *psic-, psiq-* del mismo elemento *psico-: psicastenia, psiquiatra, psiquiatría, psíquico*, o *sicastenia, siquiatra, siquiatría, síquico*. Pero interesa tener presente que no solo la Academia, sino el uso culto en general, siguen prefiriendo las grafías con *ps-*.

psicomotriz. *Desarrollo, aspecto, centro psicomotriz*, en lugar de *psicomotor:* → MOTOR, 1.

psicópata, psicopatía, psicosis, psicotecnia, psicoterapia → PSICOLOGÍA.

psiquiatra. 1. 'Especialista en enfermedades mentales'. Sobre las formas *psiquiatra/psiquíatra*, → -IATRA.
2. Sobre la doble grafía *psiquiatra / siquiatra*, → PSICOLOGÍA.

psiquiatría, psíquico → PSICOLOGÍA.

psitacismo. 'Método de enseñanza basado exclusivamente en la memoria'. La Academia registra también la grafía *sitacismo;* pero el uso culto y la propia Academia prefieren la forma con *p-*.

psoriasis. 1. 'Cierta enfermedad de la piel'. Según el *Dicc. ciencias médicas*, existe también la forma *soriasis;* pero no parece que tenga mucha aceptación.

2. El género de este nombre es femenino, *la psoriasis*, según los diccionarios generales y el *Dicc. ciencias médicas*, entre otros; como masculino, *el psoriasis*, aparece usado en el *Dicc. médico Dorland*. En el uso de los médicos las preferencias están asimismo divididas. Sin embargo, debe considerarse normal el género femenino, que es el que corresponde a los términos formados con el sufijo *-asis / -iasis*, fecundo en medicina *(pitiriasis, litiasis, elefantiasis*, etc.). El uso masculino se debe seguramente a influjo del francés, lengua en que la palabra, como otras formadas con el mismo sufijo, tiene ese género.

pterido-. Forma prefija de la raíz griega *pterid-*, 'helecho': *pteridofita*.

ptero-, -ptero. Formas prefija y sufija del griego *pterón*, 'ala': *pterodáctilo, neuróptero*.

pub. 'Bar selecto, con mesas y música ambiental', es nombre inglés (aunque en su país de origen no significa exactamente lo mismo), pronunciado corrientemente /pab/. Su género es masculino y su plural habitual *pubs*, aunque Miguel Delibes ha usado una forma más española, *pubes* («*Taxis deseando servir, bares, pubes, restaurantes*», Abc, 24.8.1985, 3), apoyándose sin duda en la analogía con *club / clubes*.

público. 1. Como nombre masculino, en el sentido de 'conjunto de personas que asiste a un espectáculo o a un acto, o que escucha (o, más raramente, que lee) a alguien o algo', decimos *el público que asistió al estreno de la comedia; el público de la conferencia; una revista o un autor de poco público*. En el caso concreto de 'escuchar', se puede usar también *auditorio: El auditorio aplaudió al orador*. Hoy es frecuente, por anglicismo y sin necesidad, usar *audiencia* en lugar de *público* o de *auditorio*. Un ejemplo con el valor de 'público': «*El deportista impecable y lacónico tiene poca audiencia*» (N. Luján, Destino, 29.7.1972, 5). No obstante, está registrado ya por la Academia el sentido de «conjunto de personas que, en sus domicilios respectivos o en lugares diversos, atienden en un momento dado un programa de radio o de televisión» y el de «auditorio, concurso de oyentes».

2. Como adjetivo, *público* se usa frecuentemente como componente del sintagma *hacer público*, 'manifestar'. En él, el adjetivo *público* está referido a la cosa manifestada, y debe por tanto presentar el género y el número del sustantivo que se enuncia como complemento: *Ha hecho público un comunicado; Hizo pública su protesta; Harán públicos sus deseos.* No se dirá, pues, *Hizo* PÚBLICO *su satisfacción; Ha hecho* PÚBLICO *sus quejas;* «*Deber de justicia es que haga* PÚBLICO, *para vuestra satisfacción, la magnífica disposición y entusiasmo de las distintas entidades*» *(Noche,* 19.6.1958, 2). Cuando el complemento es una proposición, la forma que se usa es en todo caso la masculina singular: *Hizo público que pronto se llevaría a cabo la negociación.*

pudding, pudin, pudín → BUDÍN.

pudrir. En los diccionarios figuran dos verbos: *pudrir,* «hacer que una materia orgánica se altere y descomponga» (Academia), y *podrir,* definido como «pudrir». La Academia registra *podrido* como participio de *podrir,* pero no dice nada sobre el de *pudrir* (¿quiere hacer suponer que es *pudrido?).* En realidad, ambos verbos son uno solo, que tiene la rara particularidad de presentar dos variantes en infinitivo: *pudrir* y *podrir;* un participio *podrido,* y para el resto de sus formas una flexión regular sobre el infinitivo *pudrir: pudre, pudra, pudrieron, pudría, pudriendo,* etc. De las dos formas de infinitivo, *podrir,* aunque «muy frecuente en América» (según Academia, *Esbozo,* § 2.12, nota 68), es en España la más rara. El ejemplo que sigue pertenece a un poeta español, pero que vivió largos años en América: «*Vendrán a mis ojos, lentos, / para podrirlos*» (Prados, *Antología,* 91).

puente. En el español normal actual, este nombre es siempre masculino. Solo en lenguaje rústico o literario, aparte de los nombres propios, puede presentarse el uso femenino: «*una gentilísima puente*» (Miró, *Cercado,* 45), «*una puente romana*» (Torrente, *Informaciones,* Supl., 18.10.1973, 3).

Puenteareas. La ciudad pontevedresa que en gallego tiene el nombre de *Ponteareas* se denomina en castellano *Puenteareas* (no *Puenteáreas),* y es esta la forma que debe usarse cuando se habla o escribe en español.

pueri-. Forma prefija del latín *puer,* 'niño': *puericultura.*

puertorriqueño. El adjetivo (también sustantivo) derivado de *Puerto Rico* puede ser *portorriqueño* o *puertorriqueño.* Aunque la primera forma es la más clásica, la segunda

es la única usada por los propios isleños, y cada vez más extendida también entre los demás hispanohablantes.

pues. 1. Como conjunción, es siempre palabra átona: *Son casi desconocidos, pues solo llevan aquí dos semanas.* También cuando se usa expletivamente (cosa muy frecuente en la lengua coloquial): *¿Qué opinas tú? —Bueno, pues yo estoy conforme hasta cierto punto;* «*—¿Qué tal le va a usted .. en ese hermoso país ..? —Pues en este hermoso país nos pasamos la vida tomando bromoquinina*» (Camba, *Rana,* 16); «*Y como tiene ese corazón, pues la trajo aquí para cuidarla*» (Mihura, *Decisión,* 37). La conjunción *pues* va siempre al comienzo de la proposición (o —en el uso expletivo— de la oración) a que corresponde.

2. Como adverbio, es siempre palabra tónica: *Tú cometiste la falta; sufre, pues, la pena.* Suele aislarse del resto de la frase por una o dos brevísimas pausas, que gráficamente se representan por coma o comas, según se ve en el ejemplo. Este adverbio puede ir intercalado en la frase o al final de ella, pero no al comienzo absoluto de la oración o de la proposición.

3. *Pues bien,* locución adverbial; se pronuncia átono el primer elemento y tónico el segundo, /puesbién/: *¿Recuerdas el parque que había a la derecha de la avenida? Pues bien, lo han convertido en un club privado.* Siempre ocupa el primer lugar de la frase y va separado del resto por una pequeña pausa que gráficamente se representa por una coma o por dos puntos.

puesta. *Puesta al día,* 'hecho de poner o ponerse al día', aunque en su origen sea traducción de una locución francesa, *mise à jour,* es expresión impecablemente formada en español y que cubre con ventaja el contenido del italiano *aggiornamento,* por algunos usado, mal pronunciado y muchas veces mal escrito.

puesto. 1. Como nombre masculino, con el sentido de 'tienda ambulante' o 'tinglado callejero de venta', es catalanismo decir *parada* en lugar de *puesto:* «*En la misma esquina, un hombre y una mujer, su esposa, vendían, en dos paradas distintas, diversos artículos*» (Guasch, trad. Dostoyevski, *Crimen,* 61).

2. *Stand,* por *puesto:* → PABELLÓN.

3. *Puesto que.* Conjunción causal de uso muy frecuente. La oración introducida por ella puede preceder o seguir a la principal: *Puesto que tú lo dices, verdad será; Verdad será, puesto que tú lo dices.* Los dos elementos componentes de esta conjunción se pronuncian átonos. En la lengua clásica se usaba como conjunción concesiva, equivalente a *aunque: «La víbora no merece ser culpada por la ponzoña que tiene, puesto que con ella mata»* (Cervantes, *Quijote*, I, 142).

pugnar. Construcción: *pugnar* POR *escaparse.*

pulcro. El superlativo de este adjetivo es *pulquérrimo*, en estilo formal o literario. Fuera de este nivel de uso se suele decir *pulcrísimo: «La piel fina y sonrosada de un bebé, pulcrísimo, con la cabeza todavía clara»* (M. Prieto, *País*, 7.4.1983, 56).

punto [1]. **1.** *A punto*, locución adverbial, 'en disposición adecuada', va frecuentemente seguido de la preposición *de*, formando la locución prepositiva *a punto de*, que, seguida de infinitivo, denota la inminencia de la acción expresada por ese infinitivo: *Estamos a punto de empezar el rodaje.*
2. *Al punto*, locución adverbial, 'inmediatamente'. Es de uso principalmente literario. Sobre *al punto de*, → 3.
3. *Hasta el punto de*, seguido de infinitivo o de proposición con *que*, presenta a estos como consecuencia con que se pondera lo dicho previamente: *Su éxito fue extraordinario, hasta el punto de ser (o de que fue) el libro más difundido de su siglo.* No debe usarse con este valor la forma *al punto de*, posiblemente influida por la locución adverbial *al punto* (→ 2), ni omitir la preposición *de* ante *que: «Yo quisiera enviar a ustedes una relación circunstanciada de cuanto ha sucedido, hasta el punto que no perdonaría el más insignificante detalle»* (Bécquer, *Viajes*, 952); *«Partía el alma escuchar las modulaciones de aquel cordero. Al punto que decidí levantarme de madrugada y raptarlo»* (Neruda, *Confieso*, 311).
4. Cuando el signo ortográfico *punto* termina párrafo, se dice *punto y aparte* si a continuación viene un párrafo nuevo; *punto y seguido*, si continúa el texto sin empezar nuevo párrafo; y *punto final*, si señala la conclusión del texto. Según la Academia, puede decirse también *punto aparte, punto seguido* (aunque para mí son usos desconocidos). *Punto* Y *final* (*«Pongo punto y final al examen»*, B. Porcel, *Abc*, 3.8.1985, 24; *«Los líderes de los distin-*

tos grupos islámicos han demostrado ser vulgares señores de la guerra más preocupados por salvaguardar su poder que por poner punto y final al horror», País, 14.9.1996, 8) es uso erróneo, frecuente entre periodistas incultos, debido a confusión con *punto* Y *aparte.*
5. En boxeo se vence *por puntos*, no *a los puntos*, como dicen algunos cronistas deportivos: *«Urtáin, vencido por 'King' Román. El puertorriqueño le venció a los puntos»* (*Ya*, 4.4.1972, 3).
6. *Bajo el punto de vista:* → BAJO, 6.
7. *Desde el punto de vista de* (no *en términos de):* → TÉRMINO.
8. Empleo de *item* por *punto:* → ITEM.
9. *Punto acápite:* → ACÁPITE.

PUNTO [2]. Signo ortográfico: → PUNTUACIÓN, I.

PUNTOS DEL HORIZONTE. 1. *¿Norte o norte, Sur o sur, Noroeste o noroeste, Occidente u occidente?* ¿Deben escribirse estas palabras con mayúscula inicial o con minúscula? La *Ortografía* de la Academia no dice nada a este respecto, y la práctica de la misma Academia es vacilante. Así, el lema de *norte* aparece en el *Diccionario* con minúscula, pero dentro del artículo *noroeste* se escribe *Norte*, con mayúscula. No debe causar extrañeza que en el uso común encontremos los nombres de los puntos del horizonte unas veces con mayúscula inicial y otras con minúscula. Pueden considerarse igualmente válidas las dos formas. Pero es preciso que, una vez hecha la elección personal, se mantenga uniformidad: o sistemáticamente mayúscula, o sistemáticamente minúscula, sin seguir el mal ejemplo de la Academia.

De las dos opciones, ¿cuál sería la más aconsejable? Por una parte, los geógrafos en su mayoría prefieren la minúscula. Por otra, una norma general de la ortografía es la de no emplear la mayúscula fuera de los casos expresamente establecidos. Así pues, siempre dentro del respeto a la libertad que en este caso existe, parece más razonable inclinarse por la minúscula. Es importante tener en cuenta, sin embargo, que cuando uno de estos nombres de puntos del horizonte funciona como nombre propio, o como parte de nombre propio, es obligatoria la mayúscula: *América del Norte; el Cono Sur; los antiguos países del Este; el Mediodía de Francia; la civilización de Occidente.*

2. Las abreviaturas correspondientes a los puntos del horizonte se escriben siempre con mayúscula y sin punto: *N* (norte), *S* (sur), *E* (este), *W* (oeste), *NE* (nordeste o noreste), *NW* (noroeste), *SE* (sudeste o sureste), *SW* (sudoeste o suroeste).
3. Sobre las parejas *nordeste / noreste, sudeste / sureste* y *sudoeste / suroeste,* → NOR- y SUD-.

PUNTUACIÓN. Conviene distinguir entre signos ortográficos y signos de puntuación. Signos ortográficos son genéricamente todos los que, sin ser letras ni números, forman parte de los textos escritos para ayudar a su buena lectura y a su adecuada comprensión. Dentro de ellos, los de *puntuación* sirven para ayudar a la debida entonación de las frases y a la precisión de su sentido. Gracias a los signos de puntuación, por ejemplo, podemos distinguir el diferente sentido y la diferente entonación de dos o más frases constituidas por unas mismas palabras:

No tengo mucho tiempo. / No; tengo mucho tiempo.
Come, Andrés. / Come Andrés. / ¿Come Andrés?

Los signos de puntuación son el *punto,* los *dos puntos,* el *punto y coma,* los *puntos suspensivos,* la *coma,* la *interrogación,* la *exclamación,* el *paréntesis,* los *corchetes,* la *raya* y las *comillas.* A continuación exponemos las normas para su uso. (Los otros signos ortográficos, los que no son de puntuación —*tilde* o acento ortográfico, *diéresis* y *guión*—, se explican en su lugar alfabético correspondiente.)

I. Punto. 1.1. Este signo de puntuación (.) se emplea al final de una oración para indicar que lo que precede forma un sentido completo. Señala una pausa, y entonación descendente en la última palabra pronunciada. Después de punto, la primera palabra se escribe con mayúscula.
1.2. También sirve para indicar abreviatura: *Sr.* = señor, *ptas.* = pesetas. (→ ABREVIATURA.) Sobre el uso de puntos en las siglas, → SIGLA.
1.3. El *punto y aparte* indica una pausa más larga, ya que ha terminado de exponerse una idea completa (o un aspecto de una idea) y lo que sigue va a constituir una exposición separada. Después de él no se escribe nada en el resto de la línea y se inicia un renglón nuevo,

generalmente con un margen más amplio *(sangrado)* que el de los demás renglones.
El bloque constituido por las líneas comprendidas entre el comienzo del escrito y un *punto y aparte,* o entre un *punto y aparte* y otro, se llama *párrafo.*
Punto final es el punto que se escribe, no al término de un párrafo, sino de un texto.
2.1. Cuando el punto coincide con *cierre de paréntesis* o *de comillas,* se escriben estos signos delante del punto si se abrieron después de iniciada la oración que concluye. Ejemplo:

Le respondieron que era «imposible atenderle hasta el mes siguiente». Era la primera vez que solicitaba sus servicios (después de seis años de estar abonado).

En cambio, se escriben dichos signos detrás del punto si el paréntesis o las comillas abarcan todo el enunciado desde el punto anterior. Ejemplo:

«Es imposible atenderle hasta el mes que viene.» Con estas palabras respondieron a su llamada. (Y hacía seis años que estaba abonado.)

Si la frase entre comillas sigue a *dos puntos,* esa frase forma parte del enunciado que se inició antes de los dos puntos. Por consiguiente, el punto se escribirá después de las comillas. Ejemplo:

Le respondieron: «Es imposible atenderle hasta el mes que viene».

La *llamada* (número entre paréntesis o en voladita, que remite a una nota al pie de la página o al final del texto) se escribe antes, no después del punto. Ejemplos:

Tal es el parecer de Asín Palacios (5).
Tal es el parecer de Asín Palacios[5].

2.2. No se escribe nunca un punto después (ni antes) de un signo de cerrar interrogación o de cerrar exclamación, aunque estos estén en final de oración o en final de párrafo. (Son incorrectos casos como estos: *¿Sabremos mañana la solución?. ¡Cuánto tiempo esperando la paz!.*) Sin embargo, si la frase terminada en interrogación o exclamación va entre comillas o entre paréntesis, se pone punto detrás de estos si lo incluido entre las comillas o paréntesis así lo exige, de acuerdo con lo expuesto en el apartado 2.1. Ejemplos:

Le respondieron: «¡Es imposible!».
No se acordaba de mí (¡y nos habíamos visto el día anterior!).

Tampoco se pondrá, naturalmente, un punto detrás de puntos suspensivos.

3.1. En las cantidades numéricas escritas en cifras, se pone punto detrás de las unidades de mil y de las unidades de millón: *250.735.600.000* (doscientos cincuenta mil setecientos treinta y cinco millones seiscientos mil). Pero no se escribe en los números de años, de páginas o de teléfonos: *año 1932; pág. 1025; teléfono 226090.*

3.2. Es conveniente no usar punto, sino coma, para separar las unidades enteras y los decimales. Por influencia de la lengua inglesa, esto se suele hacer, por ejemplo, tratándose de frecuencias de emisoras: *104.6* (en vez de *104,6*). En este caso, dándose solo décimas, no hay todavía problema. Pero pueden producirse graves confusiones si se generaliza la práctica, ya que si en inglés el punto equivale a la coma del español, la coma del inglés desempeña la misma función que en español el punto (tal como se ha expuesto en el párrafo anterior).

II. Dos puntos. Los dos puntos (:) señalan pausa precedida de un descenso en el tono; pero, a diferencia del punto, denotan que no se termina con ello la enunciación del pensamiento completo.

He aquí los usos de este signo:

1. Precede a una enumeración explicativa: *Había tres personas: dos mujeres y un niño.*

2. Precede a palabras textuales que se citan: *Dice el refrán: Hombre prevenido vale por dos.*

3. Precede a la oración que sirve de comprobación a lo establecido en la oración anterior: *No aflige a los mortales vicio más pernicioso que el juego: por él gentes muy acomodadas han venido a parar en la mayor miseria, y aun en el patíbulo* (Academia, *Ortografía,* § 46).

4. Sigue a la fórmula de encabezamiento de una carta: *Muy señor mío (Querido amigo, Estimado compañero, Ilmo. Sr.).* En el uso actual, salvo en los casos muy formales, no es raro que en lugar de dos puntos se use una coma.

5. A veces se ponen dos puntos en lugar de una coma siguiendo a algunas locuciones en comienzo de frase, cuando se quiere expresar una pausa enfática. Ejemplos: *Ahora bien: hay que tener en cuenta la objeción; Pues bien: no ha habido respuesta.*

Debe evitarse el vicio de poner dos puntos (o cualquier otro signo) entre una preposición y el sustantivo introducido por ella, como en estos casos: *Coordinado por: Andrés García e Irene López; Fotografía y textos de: Juana Álvarez.*

Según la Academia, después de los dos puntos se escribe indistintamente con letra mayúscula o minúscula el vocablo que sigue. Pero en realidad no es así. Se escribe mayúscula en los casos 2 y 4, y minúscula en los demás.

III. Punto y coma. El punto y coma (;) señala una pausa y un descenso en la entonación, los cuales no suponen, como el punto, el fin de la oración completa, sino un mero descanso que separa dos de sus miembros.

1. Se emplea este signo para separar miembros de un período dentro de los cuales ya hay alguna coma: *«Vino, primero, pura, / vestida de inocencia; / y la amé como un niño»* (J. R. Jiménez).

2. Se escribe punto y coma entre oraciones coordinadas adversativas: *El camino no ofrecía grandes peligros; pero no me atreví.* No obstante, si son muy cortas, basta para separarlas una simple coma: *Lo hizo, pero de mala gana.*

3. Se usa punto y coma cuando a una oración sigue otra precedida de conjunción, que no tiene perfecto enlace con la anterior: *«Pero nada bastó para desalojar al enemigo, hasta que se abrevió el asalto por el camino que abrió la artillería; y se observó que uno solo, de tantos como fueron deshechos en este adoratorio, se rindió a la merced de los españoles»* (Solís, cit. Academia, *Ortografía,* § 45).

Lo que sigue a un punto y coma se escribe con minúscula, como se ve en los ejemplos citados en los párrafos anteriores.

IV. Puntos suspensivos. 1. Signo ortográfico (...) que expresa una pausa inesperada o la conclusión vaga, voluntariamente imperfecta, de una frase. Representa un tono sostenido, sin ascenso ni descenso: *Tengo que decirte que... no me atrevo. Había leones, tigres, camellos, monos...* La interrupción puede deberse a que el oyente o lector ya conoce lo que sigue: *Ya sabes que quien a buen árbol se arrima...*

No deben ponerse más que tres puntos para escribir este signo.

2. También se usa este signo cuando se copia algún texto y se suprime algún pasaje innecesario, para indicar tal supresión. Hoy se suelen incluir entre corchetes los puntos suspensivos que se usan con este objeto: «*En un lugar de la Mancha* [...], *no ha mucho tiempo que vivía un hidalgo* [...]».

3. Otra función de los puntos suspensivos es la enfática. Con ellos no se denota la interrupción que deja en suspenso el enunciado normal, sino que se prolonga *expresivamente* lo que en realidad no se ha interrumpido. Véase este ejemplo poético: «*Salían del sueño..., o entraba él al sueño... O acaso no había soñado...*» (Hierro, *Antología*, 153).

4. Conviene distinguir entre las dos funciones de los puntos suspensivos expuestas en el apartado 1 y el 3. Con frecuencia aparecen confundidas gráficamente en los textos narrativos y en el teatro en casos en que los puntos suspensivos van combinados con interrogaciones y exclamaciones. Si la frase interrogativa o exclamativa se interrumpe, los puntos suspensivos deben ir antes del signo de cerrar interrogación o exclamación:

¿Cómo íbamos a saber...?
¡Es un cobarde y un...!

En cambio, si los puntos suspensivos tienen el papel de resaltar expresivamente la exclamación o la pregunta, se escriben después del signo que corresponde:

¿Cómo íbamos a saber que eras tú?...
¡Es un cobarde y un miserable!...

V. Coma. Este signo ortográfico (,) señala una pausa en el interior de una oración. Esa pausa, que obedece a una necesidad lógica de la oración, puede indicar entonación ascendente o descendente, según las circunstancias.

He aquí las principales reglas para el uso de la coma:

1. El nombre en vocativo va entre comas si se encuentra en medio de la oración; seguido de una coma, si está al principio, o precedido de una coma, si está al final: *Señora, pase por aquí. Pase por aquí, señora. Te digo, tío, que no es eso.*

2. Siempre que en lo escrito se emplean seguidas dos o más palabras de una misma categoría, se separan con una coma, a no ser que se interponga alguna de las conjunciones

y, o: Hijos, nietos, sobrinos y demás familia. El aprecio, el desprecio o la indiferencia. Se asomó, saludó y volvió a marcharse.

3.1. Dos oraciones coordinadas con *y* o *ni* se separan por coma si tienen distintos sujetos: «*Va avanzando el crepúsculo de la tarde, y acá y allá comienzan a brillar en los faroles las blancas mariposas del gas*» (Azorín, *Madrid*, 98). Si el sujeto es el mismo, normalmente no se pone coma (aunque es frecuente hacerlo si la primera oración es larga): «*Abramos bien los ojos y agucemos nuestra mirada*» (Laín, *España*, 16). Pero cuando, con varios sujetos o con uno solo, no hay conjunción entre dos oraciones, debe interponerse coma entre ellas, como ocurre si hay una secuencia de tres o más oraciones, ya que en este caso lo habitual es poner la conjunción solamente entre las dos últimas: «*El empeñista colgó el rebenque de un clavo, pasó una escobilla por los cartapacios comerciales y se dispuso al goce efusivo del periodiquín que le mandaban de su villa asturiana*» (Valle-Inclán, *Tirano Banderas*, 169).

3.2. Dos oraciones unidas por *pero, sino, aunque,* se separan con coma, excepto si son muy cortas: *No he asistido un solo día a clase, pero me examinaré.*

4. Las frases u oraciones incidentales, es decir, que cortan o interrumpen momentáneamente la oración, se escriben entre dos comas: *Esto, lo diga quien lo diga, es falso.* Lo mismo se hace con la proposición adjetiva explicativa (→ QUE[1], 1): «*Tifón .. y Equidna, que era mitad hermosa mujer y mitad serpiente, engendraron la Hidra de Lerna*» (Borges-Guerrero, *Zoología*, 87).

5. Cuando una proposición se expone al principio de la oración, se pone coma al fin de la parte que se anticipa: «*Cuando el fuego llegó al explosivo, se oyó un ruido semejante a un trueno*» (Unamuno, *Espejo*, 59). En las anteposiciones cortas no es necesaria la coma: *Donde las dan las toman.*

6. Se separan del resto de la oración por medio de comas los adverbios y locuciones adverbiales *pues* (→ PUES, 2), *por tanto, por consiguiente, así pues, pues bien, ahora bien, antes bien, sin embargo, no obstante, con todo, por el contrario:*

Estamos, pues, a la espera.
Muchos, sin embargo, votaron a favor.
No están satisfechos, antes bien, piden mucho más.

Algunas de estas locuciones, en comienzo de frase, van seguidas de una pausa enfática, y en este caso, para expresarla, se ponen dos puntos y no coma:

Ahora bien: hay que tener en cuenta la objeción.
Pues bien: no ha habido respuesta.

7. Se separa también mediante comas la palabra *etcétera* (o su abreviatura *etc.*): *Los parientes, amigos, compañeros, etcétera, llenaban la iglesia.*

8. Entre el sujeto y el predicado de la oración no se escribe coma. Es incorrecto un ejemplo como este: *Todos los casos que publicamos, son situaciones comprobadas.* Naturalmente, si la parte final del sujeto es un elemento incidental que ha de ir entre comas, se respeta esta puntuación, como es el caso del ejemplo citado en el párrafo 4: *Esto, lo diga quien lo diga, es falso.*

VI. *Interrogación y exclamación.* La *interrogación* (¿?) encierra una oración interrogativa directa, o una parte de oración que es objeto de pregunta.

La *exclamación* (¡!) sirve para indicar que una oración o frase va cargada de afectividad y debe leerse con la entonación volitiva o exclamativa que corresponda a su significado.

Si lo incluido entre signos de interrogación o exclamación es oración completa, tanto esta como la que la sigue han de comenzar por mayúscula:

¿Tú lo sabías? Podías habérselo dicho.
¡Basta! No hay más que hablar.

Si la interrogación o exclamación ocupa solo la segunda parte de la oración, comienza por minúscula:

Pero ¿tú lo sabías?
Rodeados de enemigos, ¿cómo iban a avanzar?
Aquel día, ¡cuántos disgustos!

Si, por el contrario, la interrogación o la exclamación va en primer lugar, siendo lo que sigue una continuación de ella, es esta continuación la que se escribe con minúscula:

¿Hasta cuándo?, gritaron todos.
—¡Qué alegría! —exclamó la niña.

Nunca se escribe punto después de cerrar signo de interrogación o de exclamación.

Una interrogación entre paréntesis denota duda: *Estos son los fieles (?) servidores del Rey.*

Un signo de admiración entre paréntesis expresa asombro: *Dijo que se marchaba muy satisfecho (!) y que volvería pronto.*

VII. *Paréntesis.* Este signo ortográfico ( ) sirve para enmarcar y aislar una observación al margen del objeto principal del discurso: *«Pero él (lo pensaba lealmente) renunciaría a las ganancias pecuniarias del hijo, con tal que le dejaran la gloria»* (Galdós, *Torquemada*, I, 54).

En obras dramáticas suele encerrarse entre paréntesis lo que los personajes dicen aparte.

Sobre la colocación del punto dentro o fuera del paréntesis, véase, dentro de este mismo artículo, el apartado PUNTO, 2.1.

Hoy es muy frecuente sustituir el paréntesis por la raya: *«Enlazar lo que parecía incoordinable —actitudes, tendencias y pasiones ajenas—; desenlazar lo que parecía pavorosamente insoluble»* (Azorín, *Dicho*, 153).

VIII. *Corchetes.* Los corchetes [ ] equivalen a los paréntesis, pero solo se utilizan en casos especiales:

1. Cuando se quiere introducir un nuevo paréntesis dentro de una frase que ya va entre paréntesis: *Acontecimientos de gran trascendencia (abolición de la Monarquía, proclamación de la República [1792]).*

2. Cuando en la transcripción de un texto el copista cree necesario interpolar alguna aclaración, o alguna palabra o letra omitida en el original:

«Para[ré] el movimiento y el acción» (Calderón, *Cena*, 32).
«Prefieren [los románticos] —como ha dicho un célebre escritor— una selva virgen del Nuevo Mundo...» (cit. Díaz-Plaja, *Romanticismo*, 115).

IX. *Raya.* Signo ortográfico que desempeña dos funciones diferentes:

1. Equivale al paréntesis: *«Las sombras —la del alero de un tejado, la de un viejo muro— adquieren imperceptibles colores»* (Azorín, *Margen*, 25). Con frecuencia, en estos casos, sirve para prestar énfasis a la frase incluida: *«El encanto —inquietante y misterioso— de una de esas mujeres que, no*

siendo hermosas, durante unas horas de viaje comenzamos a encontrarles una belleza apacible, callada...» (ibídem, 24). Con el mismo valor de paréntesis se usa para intercalar en una frase reproducida la actitud o el nombre de su autor: *«Yo te ayudo —dijo Horacio—, aunque no sea más que por tomar café esta noche en el velorio»* (Güiraldes, *Don Segundo*, 50).

2. En un diálogo, sobre todo novelesco, precede a la frase pronunciada por cada uno de los interlocutores, iniciando siempre párrafo:

«—¿Pagaste el aceite de ayer?
—¡Pues no!
—¿Y la tila y la sanguinaria?
—Todo, todo... Y aún me ha sobrado, después de la compra, para mañana.» (Galdós, *Misericordia*, 62.)

X. Comillas. 1. Este signo ortográfico tiene dos formas posibles: *comillas angulares* («»») y *comillas redondas* (" "). Sirve para encerrar una frase reproducida textualmente: *Me saludó con estas palabras: «¡Hola, infeliz!»; Dice Gracián: «Lo bueno, si breve, dos veces bueno».* Si el texto reproducido es tan extenso que comprende varios párrafos, se ponen comillas invertidas al comienzo del segundo y de los sucesivos.

2. También se utiliza para enmarcar una palabra que se comenta o que se destaca con algún tipo de énfasis; o un sobrenombre, o a veces un nombre propio de cosa o de animal: *«Gorda», es una palabra ofensiva; Lope de Vega, «Monstruo de Naturaleza»; el perro «Leal»; la finca «Villa Grande».*

3. Las *comillas simples* (' ') se usan en lingüística para indicar que lo abarcado entre ellas es un significado: *«Valetudinario» significa 'achacoso'.* Fuera de este ámbito especial se pueden emplear desempeñando la función de las comillas normales o dobles dentro de un texto que ya va entre comillas: *«Saludó con un 'buenas' malhumorado».* Pero también pueden usarse en este caso comillas normales de forma distinta de las que encierran el texto: *«Saludó con un "buenas" malhumorado».*

puntuar. Se conjuga, en cuanto al acento, como *actuar* [1 d].

purgar. Construcción: *purgar* CON *una medicina; purgarse* DE *la culpa; purgar la culpa.*

purificar. Construcción: *purificarse* DE *la mancha.*

puro. 1. *De puro* + adjetivo, 'a fuerza de ser (lo que el adjetivo expresa)': *«Para los viejos como yo, [el mundo] se cae a pedazos de puro seco»* (Palacio Valdés, *Novela*, 9).

2. En América, el adjetivo *puro* se usa con sentidos desconocidos en España: 'solo' *(la pura comida),* 'el mismo' *(de puro Guanajuato),* 'idéntico' *(es pura a su hermana).* También se usa con valor enfático. Estos empleos en general no se aceptan en la lengua culta (Kany, 39). En Colombia, según Flórez (*Apuntes*, 73), es frecuente la función adverbial: *—¿Dónde dejaste el carro? —Puro áhi al frente; Estoy puro solo; Nos sentamos puro al fondo; ¿Hay algodón en paquete puro grande?*

purpurado. Es casi un tópico de los periodistas que quieren entonar su estilo llamar *purpurado* a cualquier obispo: *«Media docena de prelados, en París y en provincias, respondieron a los 'integristas' con condenas explícitas a lo que ya se ha calificado abiertamente de 'desafío al Vaticano'.. Monseñor Marty, como los demás purpurados, hicieron un llamamiento a la unión de la Iglesia»* (F. Fidalgo, *País*, 17.8.1976, 4). Solo son *purpurados* los cardenales, cuya ropa es precisamente de color púrpura.

pus. 'Secreción de un tejido inflamado'. El género de este nombre es masculino: *el pus.* Es vulgarismo *la pus,* que en ocasiones pasa a la lengua escrita: *«El interclasismo es un estímulo mucho mejor para el encono en la lucha de clases que el socialismo, ya que este último intenta sacar de una vez la pus, sin contentarse con las medias tintas»* (J. M. González Ruiz, *País*, 1.8.1976, 17).

puzzle. El *Diccionario* de la Academia registra desde 1992 *puzzle*, nombre masculino, definido 'rompecabezas'. Es palabra tomada del inglés, seguramente a través del francés, pues el sentido que este nombre tiene en español existe en francés y no precisamente en inglés. Puesto que el español ha adoptado la palabra con pronunciación española, /púzle/, puede muy bien simplificarse su grafía de acuerdo con tal pronunciación, *puzle,* tal como ha hecho García Nieto: *«Hubo que levantarlo [el suelo], ya a medias compuesto, para que el puzle respondiera exactamente»* (*Cuaderno*, 15).

q

q. Decimoctava letra del alfabeto español. Su nombre es *cu,* plural *cus.* Solamente se emplea seguida de la letra *u,* y el grupo que ambas forman, *qu,* corresponde al fonema /k/ y solo se usa delante de *e* o *i* (excepto en palabras de otras lenguas, como *quásar, quórum*).

Qatar. El nombre del estado árabe de Qatar se escribe en el uso oficial de las Naciones Unidas en esta forma, *Qatar,* y a ella se atienen en general nuestras enciclopedias y periódicos. La grafía *q,* en esta palabra y en otras de origen árabe, como *Iraq* (→ IRAK), no responde en nuestro idioma a ningún sonido especial —la pronunciamos /k/—, y por otra parte su presencia ante *a* está en colisión con el sistema ortográfico del español. Al menos fuera de los usos diplomáticos, el nombre podría españolizarse gráficamente en la forma *Catar,* que ya ha adoptado el portugués (y mejor que *Katar,* que encontramos en alguna enciclopedia).

quantum → CUANTO, 8.

quark. En física, 'partícula elemental con la que se forman otras partículas'. Es nombre tomado del inglés, se pronuncia /kuárk/, su género es masculino y su plural es *quarks.* La Academia registra también una forma *cuark* (que no he encontrado usada en la práctica), pero prefiere *quark.* Por su parte, la Academia de Ciencias solo reconoce *quark.*

quásar. En astronomía, 'cuerpo celeste de aspecto de estrella y de color azulado, que se desplaza a gran velocidad'. Voz tomada del inglés, se pronuncia /kuásar/. Es nombre masculino, con plural *quásares.* La Academia también registra una grafía *cuásar,* aunque prefiere *quásar.* No he encontrado muestras de uso de la forma con *c-.* Sin embargo, la Academia de Ciencias, aunque recoge las dos grafías, da preferencia a *cuásar.*

que[1]. 1. Pronombre relativo, átono, invariable en género y número. Puede referirse a personas o cosas. Ocupa siempre el primer lugar en la proposición adjetiva, aunque puede ir precedido del artículo, de la preposición o del antecedente repetido: *Recibieron a los estudiantes* QUE *venían de examinarse; Recibieron a los* QUE *venían de examinarse; No sabía nada del problema de* QUE *me hablaban; Fui con mi petición a diversas autoridades, petición* QUE *fue siempre rechazada.* Cuando la proposición adjetiva es explicativa —y está, por tanto, aislada del resto de la frase por ligeras pausas y, gráficamente, por comas—, *que* puede sustituirse por *el cual (la cual,* etc.): *Los niños, que estaban en el colegio, no vieron nada* (= *Los niños, los cuales estaban en el colegio, ...*). Esta sustitución no es posible cuando la proposición es especificativa: *Los niños que estaban en el colegio no vieron nada* (esto es, «aquellos que estaban en el colegio, solo aquellos, no todos los niños»).

2. Cuando el pronombre relativo *que* desempeña, dentro de su proposición adjetiva, una función de complemento indirecto o complemento con preposición, esta función va expresada por medio de la anteposición al *que* de la preposición correspondiente: *El amigo* DEL QUE *te he hablado antes es este; Se ha marchado el chico* AL QUE *habías prestado dinero.* En estos casos, la lengua coloquial, sobre todo en el nivel popular, suele expresar la función de complemento por medio de un pronombre personal añadido dentro de la proposición, manteniendo al principio de ella el *que* sin preposición alguna: *El amigo* QUE *te he hablado antes* DE ÉL *es este; Se ha marchado el chico* QUE LE *habías prestado dinero.* Este uso no se acepta en la lengua hablada culta, ni en la escrita general, aunque no escaseen muestras de él: «*Otra porción de desechos, que allí los adobaban para utilizarlos de nuevo*» (Baroja, *Románticos,* 81); «*En el pecho / siento un vacío que solo / me lo llenará ese alma*» (Salinas, *Presagios,* 60); «*Los hombres que les suena el esqueleto*» (Lorca, *Cante,* 121); «*Tendría un ritmo semejante al de la jarchya 17.ª, que la podemos también considerar como una cuarteta*» (Menéndez Pidal, *España,* 103). Cf. el uso de *que su* por *cuyo* (→ CUYO, 1).

3. En proposiciones adjetivas con *que* donde este pronombre tiene función de complemento de tiempo, puede llevar la preposición *en* o no llevar ninguna preposición. El título de un libro de Francisco Umbral, «*La noche* QUE *llegué al Café Gijón*», es tan válido como *La noche* EN QUE *llegué...* La omisión de la preposición no es normal cuando la función de complemento se refiere a una circunstancia que no sea tiempo (p. ej., *la casa* QUE *viví,* por *la casa* EN QUE *viví;* «*Rogelio tropieza en la mesa* QUE *está el Caco*», Sastre, *Taberna,* 99, por *la mesa* EN QUE *está).*

4. *A la que* y *en lo que* son locuciones conjuntivas de valor temporal constituidas sobre el relativo *que. A la que* equivale a *cuando:* «*A la que subimos, nos traemos las sillas*» (Buero, *Hoy,* 18); «*Mucha sonrisas y buenas palabras, y, a la que usté se descuida, le roban hasta el pellejo*» (Goytisolo, *Fin,* 96). *En lo que* equivale a *mientras:* «*Acompáñame tú y te me quedas cerca, en lo que yo me visto*» (Sánchez Ferlosio, *Jarama,* 293). Ambas son de uso exclusivamente popular.

5. Omisión del relativo *que* en la construcción *cualquiera sea,* 'cualquiera que sea': → CUALQUIERA, 4.

6. *Con que* (relativo) y *conque* (conjunción): → CONQUE, 5.

7. *Por que* (relativo) y *porque* (conjunción): → PORQUE, 3.

8. *Yo soy de los que creo..., Yo soy de los que sostengo..., Yo fui de los que dije...:* → YO, 7.

9. *Fue uno de los que supo comprenderle:* → UNO, 5.

10. *El que más y el que menos* (en femenino: *la que más y la que menos),* locución pronominal, significa 'unos más y otros menos', o en general 'unos y otros', 'todo el mundo'. No se usa en plural *(los / las que más...),* y se construye con verbo en singular: «*El que más y el que menos sospechaba que el dicho Barbas debía tener, por fuerza, parte en el asunto*» (Lagos, *Vida,* 57). Sin embargo, si va siguiendo a *todos,* la concordancia es el plural: *Todos, el que más y el que menos, sospechaban...* Es equivalente de esta locución *quién más, quién menos,* o *quien más, quien menos* (→ QUIÉN, 5).

que². 1. Conjunción, siempre átona, de múltiples usos. El hecho de ser la palabra *que,* unas veces como pronombre relativo (→ QUE¹) y otras como conjunción, una de las de más alta frecuencia en el idioma, hace que a veces se procure, en busca de elegancia, omitirla en la lengua escrita cuando, como conjunción, introduce proposición sustantiva. Esta omisión se suele producir cuando la proposición depende de un verbo que expresa 'ruego' o 'temor' con referencia a un hecho futuro: *Le ruego se sirva tomar nota; Te agradeceré me lo envíes cuanto antes.* Fuera de estos casos, la omisión resulta más llamativa, como en estos ejemplos: «*¿Quién pensara jamás llegase un día?*» (Espronceda, *Diablo,* 229); «*No creo haya habido intento alguno*» (Ortega, *Viajes,* 118); «*Supongo habrá usted oído hablar de mí*» (Zunzunegui, *Úlcera,* 119). Aunque estas omisiones de *que,* sobre todo en el supuesto de ruego o temor, no son rechazables, se prefiere no realizarlas; la Academia (*Gramática,* §§ 379-380) decía que es mejor enunciar la conjunción, porque da más claridad y vigor a la frase.

2. Es del nivel popular el uso expletivo de *que* en frases exclamativas iniciadas por *¡qué...!* o *¡cuánto...!: ¡Qué bien* QUE *se está aquí!, ¡Cuánto dinero* QUE *tienes!* Esta construcción se da en la literatura clásica («*¡Qué glorioso que está el heno / porque ha caído sobre él!*», Góngora, *Antología,* 289), y no falta en la moderna («*Si la luna fuera espejo / qué bien que yo te vería*», Diego, *Primera* *antología,* 120). Pero el uso normal dice *¡Qué bien se está aquí!; ¡Cuánto dinero tienes!*

3. *Es por esto que, es entonces que, es así que, es aquí que.* Son construcciones anormales en el español estándar peninsular, aunque no raras en algunos medios de comunicación y sobre todo en el castellano de Cataluña y en el de América: «*No es por el ruido igual de palabras que los hombres hemos de hacernos hermanos*» (Maragall, *Elogios,* 51); «*Es con esta salvedad que iniciamos esta breve anotación*» (Díaz-Plaja, *Lírica,* 95); «*Era a su propio corazón que debía liberar*» (Matute, *Tiempo,* 49); «*Es para eso que me serán importantes sus servicios*» (Onetti, *Astillero,* 30); «*No recuerdo si fue en París o en Praga que me sobrevino una pequeña duda sobre el enciclopedismo de mis amigos*» (Neruda, *Confieso,* 237). La conjunción *que* ocupa en ellas el lugar de un pronombre o un adverbio relativos; en la lengua estándar se dice *es por esto* POR LO QUE, *es entonces* CUANDO, *es así* COMO, *es aquí* DONDE. Debe tenerse presente, de todos modos, que estas construcciones llevan consigo una carga de énfasis y que su utilización ha de reservarse para los casos en que realmente exista esa especial intención enfática. De no ser así, el uso normal en español permite poner de relieve una circunstancia por el sencillo procedimiento de situar en la cabeza de la frase el complemento que expresa la circunstancia. Huelga, pues, decir, p. ej., *Es por esto por lo que insistimos,* cuando se puede decir *Por esto insistimos.*

4. *Ni que decir tiene,* 'huelga decir(lo)', 'no hace falta decir(lo)', no debe escribirse con tilde en *que.*

5. *De que* (en el *Diccionario* de la Academia aparece la grafía *deque,* no usada hoy por nadie) es conjunción muy antigua en el idioma con el sentido de 'después que', 'luego que'; su conservación actual pertenece al nivel popular, y es excepcional en la lengua literaria: «*De que se apartaron de la beata, resolvieron encaminarse al muelle*» (Pérez de Ayala, *AMDG,* 74).

6. *De que:* uso superfluo de la preposición *de* ante *que* (*Te prohíbo* DE QUE *pises esta casa*): → DE, 4.

7. *Como que:* → COMO, 9 y 10.

8. *Prefiero seguir aquí* QUE *marcharme:* → PREFERIR, 2.

9. *Es preferible ceder* QUE *morir:* → PREFERIBLE.

qué. 1. Pronombre o adjetivo interrogativo. Como pronombre, sirve para preguntar por cosas: *¿Qué dices?; No sé qué dices;* como adjetivo, para preguntar por personas o cosas: *¿Qué amigos tienes?, ¿Qué novela es esa?* Puede usarse exclamativamente: *¡Qué amigos tienes! Qué* puede ser también adverbio de cantidad, usado en frases exclamativas: «*Dios mío, ¡qué solos / se quedan los muertos!*» (Bécquer, *Rimas,* 450).

2. Es regionalismo decir *¿lo qué?* en lugar del simple interrogativo *¿qué?:* «*—¡Quiere beber Mandrágora! —gritó don Crespo estupefacto. —¿Lo qué? —dijo la señora de Cutusso*» (Cortázar, *Rayuela,* 439). Cf. García, *Temas,* 121. Existe también *el qué* en la lengua coloquial general: «*—¿No veis aquello? .. —¿El qué..., el qué..., el qué? —preguntaron todas*» (Pardo Bazán, *Viaje,* 205). Cf. Bello, § 1149, y Fernández Ramírez, § 179, quienes citan, respectivamente, ejemplos de Martínez de la Rosa y Baroja.

3. *Qué sé yo qué* es fórmula popular en que se han cruzado los normales *qué sé yo* y *yo no sé qué:* «*Me ha llamado hipócrita, libertino y qué se yo qué*» (Galdós, *Torquemada,* III, 38).

4. *Según qué,* usado ante un nombre y funcionando como adjetivo en lugar de *determinado(s) o cierto(s),* es propio del castellano de Cataluña: «*No tengo buena fama porque no aguanto a según qué gente*» (A. M. Matute, *Gaceta,* 25.4.1976, 64).

5. *Qué tan(to),* en lugar del común *cuán(to)* o *qué,* es uso clásico; en España aparece modernamente solo como arcaísmo: «*¡Qué tan fría, boca de nardo!*» (Valle-Inclán, *Luces,* 102); sin embargo, está vivo en varias partes de América (Kany, 330).

6. *Ni qué decir tiene* debe ser *ni que decir tiene:* → QUE², 4.

7. *Con qué:* → CONQUE, 3.

8. *Por qué:* → PORQUÉ.

Quebec. El nombre de la ciudad y provincia canadiense de *Quebec* (escrito en francés *Québec*) es en español palabra aguda, /kebék/. El adjetivo derivado es *quebequés.*

quebrar. Verbo irregular. Se conjuga como *cerrar* [6].

quechua. 'Indio habitante del Perú al tiempo de la colonización', y también su lengua. Como nombre y como adjetivo, esta voz no tiene variación en cuanto al género y se pronuncia /kéchua/; es errónea la acentuación /kechúa/. Puede también usarse la forma *quichua*, menos frecuente, y que, como la anterior, se pronuncia acentuando la primera sílaba.

quedar. 1. Es regional y vulgar el uso de *quedar* por *dejar: Aquí lo quedo,* 'aquí lo dejo': *«Es menester hacer pública alabanza de la premura y diligente eficacia con que nos han quedado a los vecinos de Gómez Becerra una amplia y linda calle»* (Hoy, 13.12.1975, 10).
2. Construcción: *quedar* A *deber; quedar* EN *casa; quedar* POR *cobarde; quedar* CON *un amigo; quedar* EN *venir; «Llamé a Maribel. Quedé* EN *recogerla»* (Martínez Reverte, *Demasiado,* 237). Cuando el complemento es una proposición con *que (hemos quedado en que no hay fiesta),* es coloquial la omisión de *en,* y no normal, a pesar de este ejemplo, que quizá sea errata: *«Habíamos quedado que la época estudiada, desde el 98 al 31, había sido una media edad de oro»* (Tovar, *Gaceta,* 7.9.1975, 9).
Quedar DE *venir* es hoy, en España, de nivel popular; muy raras veces aparece en la lengua culta *(«Quedé de mandarles la mitad»,* Torrente, *Vuelta,* 259). No obstante, fue normal en la época clásica: *«Todos se abrazaron y quedaron de darse noticias de sus sucesos»* (Cervantes, *Quijote,* II, 512); cf. Cuervo, *Apuntaciones,* § 454, que trae ejemplos de Lope de Rueda, Juan de Mariana y Cervantes, y Keniston, *Syntax,* § 37.541, quien da a su vez tres ejemplos del siglo XVI. Y hoy parece usual en algunos países de América: en Colombia lo registraba Cuervo hace un siglo, y modernamente el *Nuevo dicc. colombianismos;* en Méjico, Lara, *Dicc. básico México,* y Steel, *Dicc. americanismos;* en Uruguay, el *Nuevo dicc. uruguayismos;* en Chile, Morales, *Dicc. chilenismos.* Para Kany, 352, es general en América.
Quédate CON *el libro,* 'conserva el libro, manténlo en tu poder'. Cuando, en esta construcción, el complemento se expresa con pronombre personal *(quédate con él),* es frecuente en la lengua coloquial que la construcción con preposición sea sustituida por un uso transitivo: *quédatelo.* Este uso se ha señalado como particular de España (Lovett, 741); pero Moreno de Alba (*Minucias,* 293) lo registra también en Méjico.

quejarse. Construcción: *quejarse* DE *otro; quejarse* DE *su salud; quejarse* POR *todo.*

querellarse. Construcción: *querellarse* ANTE *el juez; querellarse* CONTRA *su vecino.*

querer. 1. Verbo irregular. (Véase cuadro.) Evítense las formas vulgares de subjuntivo *querramos, querráis* (*«Se lanza en busca del mencey, reyezuelo o cacique, como querramos llamarle»,* Manfredi, *Tenerife,* 87) por *queramos, queráis.*
2. *Como quiera,* locución adverbial: → COMO, 11.
3. *Como quiera que,* locución conjuntiva: → COMO, 12.

quermés, quermese → KERMÉS.

queroseno. 'Uno de los derivados del petróleo'. Es preferible esta grafía a *keroseno.* En América se emplean las formas *kerosene, querosén* y *querosín,* que no tienen ningún uso en España.

querráis, querramos → QUERER, 1.

quichua → QUECHUA.

quien. 1. Pronombre relativo, átono, que se refiere siempre, en la lengua actual, a persona. En general, este antecedente va implícito: *Quien* ('el que') *mal anda mal acaba.* No tiene variación de género, pero sí de número (pl. *quienes*). Debe evitarse el uso de *quien* referido a plural: *«Porque apenas si nos dejan / decir que somos quien somos»* (Celaya, *Poesía urgente,* 49); o referido a cosa: *«Quizá es este mismo entusiasmo quien me ha hecho reflexionar»* (Ortega, *Viajes,* 113). *Quien,* forma única para singular y plural, era normal en la época clásica: *«Los libros que están impresos .. con aprobación de aquellos a quien se remitieron»* (Cervantes, *Quijote,* I, 537); y, seguramente por tradición literaria, lo encontramos también en escritores de épocas posteriores: *«No os podréis quejar de mí / vosotros a quien maté; / si buena vida os quité, / buena sepultura os di»* (Zorrilla, *Tenorio,* 193); *«Isabel es para mí .. como una hermana; tengo yo hermanos a quien no quiero tanto»* (Benavente, *Rosas,* 373).
2. Como se ha dicho, el antecedente de este pronombre va generalmente implícito. Puede ir explícito si la proposición adjetiva introducida por *quien* es explicativa: *Se comunicó la noticia a los padres, quienes no*

<table>
</table>

CONJUGACIÓN DEL VERBO «QUERER»
(tiempos simples)

INDICATIVO

Pres. quiero, quieres, quiere, queremos, queréis, quieren.
Pret. impf. quería, querías, quería, queríamos, queríais, querían.
Pret. indef. quise, quisiste, quiso, quisimos, quisisteis, quisieron.
Fut. impf. querré, querrás, querrá, querremos, querréis, querrán.
Pot. simple querría, querrías, querría, querríamos, querríais, querrían.

SUBJUNTIVO

Pres. quiera, quieras, quiera, queramos, queráis, quieran.
Pret. impf. quisiera o quisiese, quisieras o -ses, quisiera o -se, etc.
Fut. impf. quisiere, quisieres, quisiere, quisiéremos, quisiereis, quisieren.

IMPERATIVO

quiere, quiera, quered, quieran.

FORMAS NO PERSONALES

Inf. querer.   *Ger.* queriendo.   *Part.* querido.

---

sabían nada. O si, siendo proposición especificativa, se intercala una preposición entre el antecedente y el relativo: *Este es el amigo de quien te he hablado.* Es, pues, anormal el uso de *quien* en proposición adjetiva especificativa con antecedente explícito, como en este ejemplo: «*El chauvinismo francés no toma en cuenta lo que en francés escriben aquellos extranjeros quienes .. en Francia residan y trabajen durante años*» (Cernuda, *Estudios,* 190); «*No existe una fe racional en el poder. Existe sumisión al mismo o, por parte de aquellos quienes lo poseen, el deseo de retenerlo*» (Morck-Fuente, trad. Fromm, *Ética,* 208); «*Los guardias municipales .. se dedican a poner multas a todo quien se dedique a regar el jardín durante el día o la noche que no les toc[a]*» (*Diario 16,* Supl., 28.7.1978, 4).
3. *Cada quien:* → CADA, 5.
4. *Quien..., quien... →* QUIÉN, 4.
5. *Quien más, quien menos →* QUIÉN, 5.
quién. 1. Pronombre interrogativo tónico, siempre referido a persona. Carece de variación de género, pero no de número (plural *quiénes*). Debe evitarse, pues, el uso de *quién* referido a plural: *¿Quién son ustedes?*
2. Puede usarse, repetido al comienzo de distintos sintagmas, como equivalente de

unos... otros...: «*Caballeros y galanes, guerreros, juglares, poetas y hasta media docenita de bufones; quiénes con calzas estiradas a la florentina, quiénes con breves dalmáticas a usanza de París*» (Pérez de Ayala, *Troteras,* 271).
3. En oraciones negativas, como predicativo, *quién* equivale a 'nadie adecuado', 'nadie autorizado': «*No soy quién para opinar al respecto*» (Gimferrer, *Destino,* 7.8.1971, 51).
4. *Quién..., quién...* se emplea en la lengua literaria con el sentido de 'uno..., otro...': «*Lo que más les gustaba a todos los guardias era explicar la imperiosa necesidad por todos experimentada de trabajar en otras cosas en sus horas libres, y así* QUIÉN *cobrador de recibos del Gas,* QUIÉN *cobrador de una Mutua recreativa,* QUIÉN *cobrador de un alto club de campanillas*» (Martín-Santos, *Tiempo,* 185). Puede usarse también en plural: *quiénes..., quiénes..., 'unos..., otros...'.* En estas construcciones, no es raro que la palabra *quién* o *quiénes* aparezca escrita sin tilde (así ocurre precisamente en la edición de donde tomo el texto de Martín-Santos). La grafía adecuada es con tilde, puesto que es tónica la pronunciación normal de la palabra en estos casos.

5. *Quién más, quién menos* (que también aparece sin coma interpuesta: *quién más quién menos*) es una locución pronominal que significa 'unos más y otros menos', y en general 'unos y otros', 'todo el mundo'. Con frecuencia, en esta locución, *quién* se pronuncia átono: /kien-más, kien-ménos/ (cf. Fernández Ramírez, *Gramática,* 3.2, 371 nota). Por eso no es raro encontrarlo escrito sin tilde: *quien más, quien menos.* En la locución se emplea solo la forma *quién* (o *quien)* singular. Funcionando como sujeto, el verbo concuerda en singular: *«La palabra 'checa' les cortaba la respiración, pues quien más quien menos tenía parientes o amigos en la de Fomento, en la de Bellas Artes»* (Gironella, *Millón,* 576). Pero si se refiere a un nombre o pronombre en plural al que acompaña *(todos, nosotros,* etc.), la concordancia es en plural: *«Nosotros, quien más quien menos, todos somos reyes en nuestra casa y para nuestro fuero interno»* (Ganivet, *Pío Cid,* 375). Equivalente de *quién más, quién menos* es *el que más y el que menos* (→ QUE¹, 4).

quienquiera. Pronombre indefinido, 'cualquier persona'. En la lengua actual es exclusivamente literario y solo tiene uso como antecedente del relativo *que: Quienquiera que sea, es un miserable.* No debe omitirse ese relativo, diciendo *quienquiera sea...* El plural de este pronombre es *quienesquiera.*

La Academia, *Esbozo,* § 2.8.3, registra una forma apocopada *quienquier* (análoga a *cualquier,* de *cualquiera); pero no consta que se haya usado después del siglo XVI, a no ser en raros casos de poesía, como la traducción de Virgilio hecha por Miguel Antonio Caro en el siglo XIX (cit. Cuervo, *Diccionario,* Cont., s.v. *quienquiera).* Bello *(Gramática,* § 1070) ya la daba como anticuada.

quilo → KILO.

quilo-. Forma prefija del griego *chylos,* 'jugo': *quilología;* o de *cheílos,* 'labio': *quilogloso;* o de *chílioi,* 'mil' (→ KILO-).

químico. Como nombre, 'especialista en química', su femenino es *química.*

Quindasvinto → CHINDASVINTO.

quinesiterapia. 'Terapia por medio de movimientos'. Puede escribirse también *kinesiterapia,* pero no es lo más normal. Lo mismo hay que decir de *quinesiología* o *kinesiología,* 'conjunto de los procedimientos de quinesiterapia' o 'estudio de los mismos'.

quinque-. Forma prefija del latín *quinque,* 'cinco': *quinquenio.*

quintaesenciar. Se conjuga, en cuanto al acento, como *cambiar* [1 a].

quintillizo → TRILLIZO.

quíntuple, quíntuplo → MULTIPLICATIVOS.

quiosco. 'Construcción pequeña en la calle u otro lugar público, para venta de periódicos o de flores'; también 'templete para una banda de música'. La Academia registra también la grafía *kiosco* (no *kiosko),* pero la que el uso general prefiere es *quiosco.*

quirguiso, quirguiz → KIRGUIZISTÁN.

quiro-. Forma prefija del griego *cheir,* 'mano': *quiromancia.*

quiromancia → -MANCIA.

quisque. *Cada quisque,* 'cada cual', *todo quisque,* 'todo el mundo', son locuciones de la lengua coloquial. Es de nivel popular la forma *quisqui.*

quitanieves. 'Máquina para retirar la nieve'. Es nombre femenino, y su plural es invariable. También puede funcionar como adjetivo: *las máquinas quitanieves.*

quitar. 1. Construcción: *quitar algo* DE *un sitio; quitar algo* DE *en medio; quitarse* DE *enredos; quitarse* DE *ahí.*

2. En el castellano de Galicia es frecuente la confusión entre *quitar* y *sacar:* se *quitan* las entradas del cine, se *quita* una foto, se *quita* el traje del armario, se *quita* un premio en la lotería, pero *saca* uno el sombrero, se *saca* de donde está, y hasta se *saca* uno la vida (García, *Temas,* 126; cf. Rabanal, *Hablas,* 55). He aquí un ejemplo muy expresivo: *«—¿Quieres que me quite una teta por el escote? —No, mejor sácate la blusa»* (Cela, *Mazurca,* 198). Pero el uso de *sacar* por *quitar* no es exclusivo de Galicia: se da también en Cataluña *(«Todo el mundo ha respirado tranquilo, como el que se saca de encima un peso insoportable»,* A. Plaja, *Correo Catalán,* 3.1.1973, 7; *«Boris, sin darse cuenta, dejó caer a Nessi [la pelota] del bolsillo del abrigo, al sacárselo para comer en un restaurante»,* Giménez-Frontín, *Pico de*

Oro, 55) y en América *(«Desnúdate*
.. Sácate
el vestido», Roa, *Hijo,* 104; *«Tus amenos re-*
cuerdos le han sacado por lo menos veinte
años de encima», Cortázar, *Rayuela,* 194);
cf. Steel, *Dicc. americanismos.*

quivi → KIWI.

quizá. 'Tal vez, acaso'. Puede decirse indistintamente *quizá* o *quizás.* Parece más frecuente, tanto en la lengua hablada como en
la escrita, la primera de las dos formas, que
es la etimológica. La Academia, que acoge
las dos, da preferencia a la primera. Puede ir
con verbo en indicativo o, más frecuentemente, en subjuntivo; precediendo o siguiendo al verbo en el primer caso *(No lo
sabe, quizá / Quizá no lo sabe),* pero solo
precediéndolo, en el segundo *(Quizá no lo
sepa;* no es normal este ejemplo: *«Los venta-
nales mas ricos en decoración sean quizá los
que se hallan en casa Casadevall»,* M. E. Juliá, *Tele-Express,* 21.2.1975, 4).

quórum. 'Número de individuos presentes
necesario para que una votación sea válida'.
Es nombre masculino, se pronuncia /kuó-
rum/ y su plural es invariable, *los quórum*
(cf. Academia, *Esbozo,* § 2.3.2).

r

r. 1. Decimonovena letra del alfabeto español. Su nombre normal es *erre,* plural *erres* (aunque la Academia también registra el nombre *ere).* La grafía *rr* se denomina *erre doble.* **2.** La letra *r* simple representa, según su posición en la palabra escrita, el fonema /r/ o el fonema /rr/. La *r* doble representa únicamente el segundo de estos fonemas. **3.** En la realización del fonema /r/, la punta de la lengua hace un movimiento rápido hacia arriba y atrás, tocando los alvéolos y cerrando con ello el paso al aire; pero este movimiento y contacto duran solo un

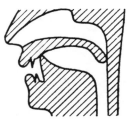

Articulación del fonema /r/

instante. La articulación, pues, es semejante a una pulsación de cuerda de guitarra. Durante esta articulación hay vibración de las cuerdas vocales. Es una consonante alveolar vibrante (simple) sonora.

Este fonema no se presenta nunca en posición inicial de palabra ni a continuación de /n/, /l/ o /s/.

Su articulación se distingue bastante de la de /r/ inglesa, que es más retrasada, y totalmente de la de /r/ francesa, que es velar. Hay que diferenciarla con claridad también de la articulación de /rr/ (→ 4).

El principal fenómeno dialectal relativo a la pronunciación del fonema /r/ es su supresión en final de palabra: *mujer* /mujé/, *hablar* /ablá/. La confusión de /r/ y /l/, /akabál/ por *acabar,* es igualmente dialectal.

Está muy extendida la pérdida de /r/ en la palabras *para* /pa/ y *parece* /paéze/, /páize/, pero no pasa del ambiente popular. Más populares aún son las formas /ubiá/ = *hubiera,* /kiés/ = *quieres* y semejantes.

4. El fonema /rr/ se realiza de manera parecida, pero no igual, a la de /r/. La lengua eleva la punta hasta los alvéolos y, en el momento en que se apoya en ellos, es empujada con fuerza hacia adelante por el aire espirado; inmediatamente, por su propia elasticidad, vuelve la punta de la lengua a los alvéo-

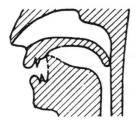

Articulación del fonema /rr/

los, para ser empujada nuevamente hacia afuera. En estos rapidísimos contactos y despegues, que son dos, tres o cuatro, se producen otras tantas pequeñas explosiones que constituyen el sonido /rr/. Durante la articulación hay vibración de las cuerdas vocales. Es una consonante alveolar vibrante (múltiple) sonora.

Este fonema solamente se presenta en posición inicial de palabra o de sílaba: *rayo, honra, perro*. Su aparición ocasional en final de palabra o de sílaba es enfática.

5. Ortografía de los fonemas /r/ y /rr/.

a) el fonema /r/ se representa siempre por la letra *r: lira, mar, broma, cresta, edredón, arde.*

b) El fonema /rr/ se representa *r* en comienzo de palabra o detrás de las letras *n, l* o *s: rosa, honra, alrededor, Israel;* excepcionalmente, detrás de *b* en *subrayar, subrogar,* /subrrayár, subrrogár/. Se escribe *rr* cuando se encuentra entre vocales: *perro, arroz.*

c) En la separación silábica en fin de línea, la grafía *rr* no es separable en *r + r,* sino que debe pasar entera a la línea siguiente: *interrogar.* Solamente tratándose de palabras de otras lenguas se divide con arreglo a la ortografía de estas.

rabdo-. Forma prefija del griego *rhábdos,* 'varilla': *rabdomancia.*

rabia. Dar rabia: → DAR, 3.

rabiar. 1. Se conjuga, en cuanto al acento, como *cambiar* [1 a].

2. Construcción: *rabiar* CONTRA *alguno; rabiar* DE *envidia; rabiar* POR *lucirse.*

radar. 'Sistema de detección mediante la emisión de ondas eléctricas'. Es nombre masculino, y su acentuación en nuestro idioma es aguda, /radár/. No debe usarse la acentuación inglesa, grave. El plural de este nombre es *radares.*

radiactivo. En física, '(cuerpo) cuyos átomos se desintegran espontáneamente'. Es preferible esta forma a *radioactivo,* menos usual y no registrada por la Academia. La misma observación vale para la forma *radioactividad* frente a *radiactividad.*

radiar. Se conjuga, en cuanto al acento, como *cambiar* [1 a].

radicar. Construcción: *radicar* EN *un sitio.*

radio. 1. Nombre masculino con los sentidos de 'línea del centro a la circunferencia',

'metal radiactivo', 'hueso del brazo', 'operador de radiotransmisor'. También es masculino cuando es apócope de *radiograma.* Si es apócope de *radiotelegrafista,* será masculino o femenino, según el sexo de la persona.

2. Es femenino cuando es apócope de *radiodifusión* o cuando designa el aparato receptor de radiodifusión. No debe decirse, pues, *un auto-radio* (o *autorradio),* 'aparato de radio instalado en un automóvil', sino *una auto-radio* (o *autorradio).* No obstante, conviene advertir que en varios países americanos —Méjico, América Central, Antillas, Venezuela, Colombia, Ecuador y Perú— el género de *radio* es masculino, aunque en algunos sitios distinguen entre *la radio* (emisora) y *el radio* (receptor). Cf. Rosenblat, *Palabras,* III, 289.

3. Como nombre de un metal —que ya hemos dicho que es masculino (→ 1)—, no debe usarse la forma *rádium.*

radioactividad, radioactivo → RADIACTIVO.

radiocasete, radiocassete. Sobre su grafía y su género gramatical, → CASETE.

radiografiar. Se conjuga, en cuanto al acento, como *desviar* [1 c].

radioterapia. 'Tratamiento de enfermedades por medio de sustancias radiactivas'. La Academia registra *radiumterapia* como sinónimo de *radioterapia.* El término *radiumterapia,* en realidad, es usado por los médicos con el sentido concreto de 'tratamiento con radio'; es, pues, «una» radioterapia, puesto que el radio es un metal radiactivo; pero no es *radioterapia* en general.

rádium → RADIO, 3.

radiumterapia → RADIOTERAPIA.

raer. Verbo irregular. (Véase cuadro.)

raglán. El uso corriente de esta palabra es como adjetivo invariable que acompaña a *manga,* designando 'la que empieza en el cuello y cubre el hombro'. También se dice —y está registrado por la Academia— *manga ranglán* (o *ranglan,* con acentuación llana, /ránglan/). Y existe además, pero no para la Academia, la forma etimológica *raglan* /ráglan/.

raíl. 'Carril de vías férreas'. La Academia registra las formas *raíl* y *rail,* /ráil/, dando preferencia a la primera, que es la usual.

rallar. Confusión con *rayar:* → RAYAR.

CONJUGACIÓN DEL VERBO «RAER»

(tiempos irregulares)

INDICATIVO

Pres. raigo (o rayo), raes, rae, raemos, raéis, raen.
Pret. indef. raí, raíste, rayó, raímos, raísteis, rayeron.

SUBJUNTIVO

Pres. raiga, raigas, raiga, raigamos, raigáis, raigan (o raya, rayas, raya, rayamos, rayáis, rayan).
Pret. impf. rayera o -se, rayeras o -ses, rayera o -se, rayéramos o -semos, rayerais o -seis, rayeran o -sen.
Fut. impf. rayere, rayeres, rayere, rayéremos, rayereis, rayeren.

IMPERATIVO

rae, raiga (o raya), raed, raigan (o rayan).

FORMAS NO PERSONALES

Ger. rayendo.

---

rally. 'Competición de automóviles en carreteras públicas'. Esta palabra inglesa, con la pronunciación /ráli/, es usada en el léxico deportivo español. No debe emplearse la grafía *rallye,* que es adaptación francesa. Su plural inglés es *rallies;* pero, usado dentro de nuestro idioma, es preferible darle la forma *rallys,* para evitar una falsa pronunciación /rálies/.

ramaje. 'Conjunto de ramas'. Es nombre masculino. En el castellano de Galicia aparece como femenino, *la ramaje* (García, *Temas,* 121).

ranglán, ranglan → RAGLÁN.

ranking → LISTA.

rapapolvo. Nombre masculino, 'reprimenda'. No es *el rapapolvos.* La forma *rapapolvos* es solo para el plural.

raptar. ¿Hay alguna diferencia entre *raptar* y *secuestrar?* En el uso corriente, coinciden en este sentido: 'apoderarse (de una persona) y retener(la), especialmente con el fin de pedir dinero por su rescate, o como arma política'. Sin embargo, se prefiere en este caso el verbo *secuestrar.* Con el sentido preciso de 'apoderarse (de un avión o de un barco) como medio de presión', se usa siem-pre *secuestrar.* Y también con el sentido de 'embargar judicialmente': *Fue secuestrada toda la edición del periódico.*

Raptar se usa especialmente para 'apoderarse (un hombre de una mujer), por la violencia o por el engaño, con miras deshonestas'. Precisamente por este sentido particular de *raptar* no es aconsejable usarlo como sinónimo de *secuestrar.* Puede darse lugar a interpretaciones equivocadas, como en este ejemplo: *«El episodio que costó la vida al General Diego de León, en el inútil y 'magnífico' intento de raptar a la Reina»* (Torrente, *Literatura,* I, 19). Las intenciones del general con respecto a Isabel II no iban más allá del terreno puramente político.

Las mismas diferencias son válidas para las parejas de nombres *rapto / secuestro* y *raptor / secuestrador.*

raqui-. Forma prefija del griego *rháchis,* 'columna vertebral': *raquialgia.*

rara avis. Locución nominal latina que significa literalmente 'ave rara' y que se emplea para referirse a la persona o cosa que es una excepción entre todas las demás. Se usa como femenino (incluso referido a hombre), que es el género que corresponde al latín *avis* y a su equivalente español *ave: una rara* *avis.* En el siguiente ejemplo: «*Usted siempre ha sido considerado como un 'rara avis' entre el empresariado vasco*» (Vázquez Montalbán, *Almuerzos,* 173), el uso de *un* ¿podría deberse a que la locución se está atribuyendo a un varón? No sería razón suficiente; sería como si hubiésemos dicho «ha sido considerado como *un excepción*». Habrá que pensar que es una errata.

rastras. *A rastras,* locución adverbial, significa 'arrastrando'. Se ha de escribir en dos palabras, aunque haya quienes escriben (e imprimen) *arrastras,* sin duda influidos por la grafía del verbo *arrastrar,* que naturalmente se escribe como una sola palabra.

rata → TASA.

ratio. 1. 'Razón, o relación entre dos magnitudes o cantidades'. Es voz tomada del latín por el inglés, y del inglés por el español. Son bastantes (especialmente entre los economistas) los que por ignorancia, apoyándose solo en la terminación *-o,* atribuyen a *ratio* género masculino, *el ratio,* en lugar del femenino, *la ratio.* Pero lo normal es que el español mantenga el género de las voces latinas adoptadas, aunque lo sean a través de otra lengua. Y el nombre *ratio* es en latín femenino, como es femenino también su derivado tradicional *razón.* (Cf. Lorenzo, *Anglicismos,* 364.) **2.** El plural español es *las ratios.*

Ratisbona. La ciudad alemana de *Regensburg* tiene en español el nombre de *Ratisbona.*

Ravena. La ciudad italiana de *Ravenna* tiene en español el nombre de *Ravena* o *Rávena.* Es preferible la acentuación grave, /rabéna/, que es también la italiana.

ravioles. 'Emparedados de masa con carne picada'. Esta palabra, nombre masculino, es la traducción española del italiano *ravioli.* Se puede utilizar la voz italiana, pero no se debe usar su falso plural *raviolis,* aunque está registrado por la Academia.

RAYA → PUNTUACIÓN.

rayar. 1. Construcción: Con el sentido de 'lindar o limitar', *rayar* CON: *La finca raya con la provincia de Toledo.* Con el sentido de 'llegar', referido a altura no física, *rayar* A: *Como actor, rayó a gran altura.* Con el sentido de 'ser casi igual', *rayar* EN: *Su*

costumbre de mentir raya en lo patológico. No es normal, con este sentido, la construcción transitiva: «*No podemos tener un ministro con una actitud que raya la locura» (El Mundo,* 5.1.1992, 1). Como transitivo, este verbo significa 'hacer rayas (en algo)', 'estropear(lo) haciéndo(le) rayas o arañazos': *Le han rayado el coche.* **2.** Debe evitarse la confusión ortográfica de *rayar* con *rallar.* Este último verbo significa 'desmenuzar (un alimento: generalmente pan o queso) frotándolo con un utensilio de cocina adecuado', que se llama precisamente *rallador.* Se confirma la confusión esta misma palabra, impresa *rayador* en la edición *Total de greguerías,* de Gómez de la Serna, 1576: «*No hay suplicio como el que realiza el rayador con el queso».*

razia. 'Incursión o correría', o 'batida, redada'. La Academia ha adoptado la grafía *razia* con preferencia a la francesa *razzia,* que también acepta.

razón. *En razón de,* locución prepositiva 'por causa de': *Estuve presente en razón de mi cargo.* También puede decirse *por razón de.* No es normal, en cambio, *en razón a:* «*Los comunistas, y no en razón a la llegada de Fraga, sino por mera coincidencia, han organizado una manifestación*» (J. A. Giménez Arnau, *Informaciones,* 13.5.1983, 32).

razzia → RAZIA.

re-. Prefijo latino que significa repetición: *reelaborar;* movimiento hacia atrás: *reacción, rechazar;* encarecimiento: *recargar, rebonito.* Con adjetivos o adverbios, puede reforzarse el valor superlativo añadiendo las sílabas *-te* o *-quete: retemonísima, requetebonito, requetebién* (cf. Seco, *Arniches,* 124-27).

reacción. Construcción: con el sentido de 'actuación por efecto de un estímulo', *reacción* A, ANTE O FRENTE: *Su reacción ante aquellas palabras;* con el sentido de 'defensa', *reacción* CONTRA: *Nuestra reacción contra los invasores.* Las mismas construcciones valen para el verbo *reaccionar.*

reacio. Adjetivo, 'que se resiste': *Soy muy reacio a las ceremonias.* Debe tenerse cuidado con el error ortográfico, más de una vez exhibido en ilustres periódicos, de escribir *rehacio* —probablemente pensando en *rehacer,* que nada tiene que ver con *reacio*—; o bien *reaccio* —por confusión con *reacción*—.

realzar. 'Destacar, poner de relieve'. Esta palabra traduce bien las expresiones francesas *relever* y *mettre en relief.* La Academia ha acogido, sin embargo, *relievar,* como colombiano y peruano (en realidad, también existe en Venezuela y Cuba, e incluso se ha usado en España). La locución sustantiva francesa *mise en relief* se traduce adecuadamente por *realce (relievación,* formado sobre el citado *relievar,* no está registrado por la Academia).

reaparecer. Verbo irregular. Se conjuga como *agradecer* [11].

rebasar. 1. Es verbo transitivo, que significa 'ir más allá (de un límite determinado)', siendo el 'límite' el complemento directo: *Rebasó la frontera; Rebasó los 150 por hora; La extensión del trabajo rebasa nuestras previsiones.* El uso intransitivo, con la preposición *de (Rebasar* DE *tal punto),* registrado por la *Gramática* de la Academia, no figura en su propio *Diccionario.*
2. Debe evitarse la confusión entre los verbos *rebasar* y *rebosar.* Este último tiene uso como intransitivo: dicho de un líquido, 'derramarse por encima de los bordes del recipiente': *La cerveza rebosa en la jarra;* o, dicho del recipiente, 'estar lleno hasta los bordes': *La jarra rebosa de cerveza.* Tiene también uso como transitivo, y es en este caso cuando puede ocurrir la confusión. El sentido 'estar lleno (de algo) hasta los bordes' *(La jarra rebosa cerveza)* puede cruzarse en la mente con la idea de que 'la cerveza rebasa el borde de la jarra'.

reblandecer. Verbo irregular. Se conjuga como *agradecer* [11].

rebosar. 1. Construcción: *rebosar* DE *agua.* También transitivo: *rebosar salud.* (→ REBASAR, 2.)
2. Diferencia entre *rebosar* y *rebasar:* → REBASAR, 2.
3. *A rebosar, llenar a rebosar, lleno a rebosar:* → A², 8.

rebullir. Verbo irregular. Se conjuga como *mullir* [53].

recabar. Construcción: *recabar algo* DE *alguien.*

recaer. 1. Verbo irregular. Se conjuga como *caer* [13].
2. Construcción: *recaer* EN *la falta; recaer la elección* EN *una persona.*

recalentar. Verbo irregular. Se conjuga como *cerrar* [6].

recambiar. Se conjuga, en cuanto al acento, como *cambiar* [1 a].

recapitular. No debe confundirse *recapitular* con *recapacitar. Recapitular* es 'formular en resumen lo que se ha tratado'. *Recapacitar* es 'reflexionar'. He aquí una muestra de la confusión: «*El conflicto lechero es la chispa que les ha hecho recapitular sobre su situación laboral en el campo*» *(Informaciones,* Supl., 2.3.1974, 8).

recatar. Construcción: *recatarse* DE *las gentes.*

recelar. Construcción: Con el sentido de 'sospechar o temer', es transitivo: *Recelo una traición; Recelaba que le fuesen a despedir.* Con el sentido de 'sospechar o desconfiar' es intransitivo y se construye con *de: Recelamos* DE *todo el que se nos acerca con halagos.*

recibir. Construcción: *recibir algo* DE *alguien; recibir a una* POR *esposa; recibirse* DE *abogado* ('obtener el título'). Este último uso, en España raro, pero no desconocido (*«Este curso no más te faltaba para recibirte de abogado»,* Pérez de Ayala, *Tigre,* 112; *«En ocasiones muy solemnes de su vida —el día de sus esponsales, al recibirse de doctor, en algún ejercicio de oposiciones a cátedras—»,* Machado, *Mairena,* 181), es corriente en América (cf. Steel, *Dicc. americanismos).*

recibo. Construcción: *acusar recibo* DE *una carta* ('decir que se ha recibido'); *no ser de recibo una cosa* ('no ser admisible').

reciclar. Tiene este verbo dos sentidos fundamentales, ambos transitivos: 'someter (a alguien o algo) a un proceso de puesta al día' *(Habría que reciclar a los jefes; Me voy a Londres a reciclar mi inglés)* y 'dar nueva utilidad (a algo)' *(Reciclar el papel).* La acción de reciclar se llama *reciclado, reciclaje* o —algo más raramente— *reciclamiento.*

recién. 1. Según la Academia, este adverbio equivale a *recientemente.* En realidad, no son sinónimos. *Recientemente* significa 'poco tiempo antes'; *recién,* 'inmediatamente antes'. Pero la principal diferencia es de tipo funcional: *recién* solamente se emplea precediendo directamente a un participio en función adjetiva (esto es, no como componente de un tiempo compuesto) o a un adjetivo de sentido participial (es decir, que expresa acción concluida): *El pan está recién hecho; Vimos una casa recién destruida; Recién despiertos, tuvimos que salir.* No es normal el uso que vemos en este ejemplo: *«También él vestía uniforme de gala, cruzado el pecho por la banda honorífica y ornado con condecoraciones cuyo número y grado habían recién aumentado»* (Moix, *Virtudes*, 46). Mucho más extraño es el uso de *recién* como adjetivo: *«La todavía recién retirada de 'El Cordobés' de los toros estuvo precedida por una sucesión de contradictorias noticias»* (Carandell, *Triunfo*, 12.8.1972, 12).

2. En buena parte de Hispanoamérica, además del uso reseñado, existe otro que se produce delante o detrás de verbo en forma personal, o bien delante de adverbio, o bien solo. Puede presentar uno de estos sentidos: *a)* 'hace un momento': *Recién llegó; Llegó recién; ¿Cuándo llegó? —Recién; b)* 'solo, no antes': *Recién mañana llegará; c)* 'apenas': *Lo vi recién llegó.* No es uso únicamente coloquial; está avalado por buenos escritores, especialmente en la región del Río de la Plata.

reciente. El superlativo de este adjetivo es *recentísimo* o *recientísimo.* Es más usual la segunda forma.

recientemente → RECIÉN, 1.

recio. La única forma de superlativo que he hallado para este adjetivo es *recísimo:* *«Un tibio ambiente prometedor que a media tarde, en aquellas alturas, se convirtió en recísima nevada»* (Cossío, *Montaña*, 60).

recipiendario. 'Persona que es recibida solemnemente en una corporación'. Su femenino es *recipiendaria.* Son erróneas las formas *recipiendiario, recipendiario* y *recipendario.* También erróneo es emplear la palabra en un sentido opuesto al que le pertenece: en vez de 'el que es recibido', 'el que recibe': *«Este coro, recipiendario de los aplausos del público»* (Radio 2, 1.2.1996).

reclamar. **1.** Construcción: *reclamar una cosa* A (o DE) *alguien; reclamar* ANTE *un tribunal; reclamar* EN *juicio; reclamar* PARA *sí.*
2. *Reclamarse* tiene hoy dos usos inadecuados, que convendrá evitar. El primero,

nacido de una mala traducción del francés *se réclamer de,* consiste en emplear *reclamarse de* (una persona o cosa) por *invocar* o *apelar a,* o *apoyarse moral o ideológicamente en,* o *tomar como punto de referencia:* *«En dicho futuro han de encontrar cabida precisamente las fuerzas que se reclaman de la democracia y no aquellas que la combaten»* (M. Martínez Cuadrado, *Ya,* 1.5.1976, 7); *«En el seno del marxismo, del cual me reclamo»* (V. Bozal, *Pueblo,* Supl., 21.6.1978, 2); *«No es extraño que los guerrilleros se reclamen del general Sandino»* (*País,* 24.8.1978, 6). El otro uso de *reclamarse* (o *reclamarse de*) se debe sin duda a una confusión con *proclamarse:* *«La derecha clerical y feligresa se reclama en España de tradicionalista y vestal de la tradición»* (F. Umbral, *País,* 12.11.1977, 22); *«ETA, que siempre reivindica sus crímenes, rara vez se reclama autora de un atraco»* (*Cambio,* 5.11.1978, 22).

reclinar. Construcción: *reclinarse* EN o SOBRE *alguna cosa.*

recluir. **1.** Verbo irregular. Se conjuga como *huir* [48].
2. Construcción: *recluir* EN *prisión.*

recobrar. Construcción: *recobrarse* DE *la enfermedad.*

recogedor → COGEDOR.

recoger. Construcción: *recoger* EN *un álbum; recogerse* EN *casa; recogerse* EN *sí mismo; recoger algo* DEL *suelo.*

recomendar. **1.** Verbo irregular. Se conjuga como *cerrar* [6].
2. Construcción: *recomendar Juan* A *Pedro.* Sería anfibológico decir *recomendar* A *Juan* A *Pedro.* Tampoco es normal *recomendar* A *Juan* CON *Pedro.*

recompensar. Construcción: *recompensar un beneficio* CON *otro.*

reconciliar. **1.** Se conjuga, en cuanto al acento, como *cambiar* [1 a].
2. Construcción: *reconciliar a uno* CON *otro.*

reconocer. **1.** Verbo irregular. Se conjuga como *agradecer* [11].
2. Construcción: *reconocer a uno* POR *amigo.*

reconvenir. **1.** Verbo irregular. Se conjuga como *venir* [61].

2. Construcción: *reconvenir a uno* POR, SOBRE o DE *alguna cosa*.

reconvertir. Verbo irregular. Se conjuga como *sentir* [60].

récord → MARCA.

recordar. **1.** Verbo irregular. Se conjuga como *acordar* [4].

2. Normalmente es transitivo: *¿Recuerdas lo que nos pasó allí?* (En América, frecuentemente intransitivo con *de*: «*Recordaba demasiado bien de las veces que siendo niño visitaba a su padre*», Krohn, trad. Zweig, *Maestros*, 55; cf. Kany, 354.) También puede usarse como absoluto: *No recuerdo.* Aunque hay testimonios antiguos («*Al recordarme de aquel beso y de aquellas palabras de despedida*», Valera, *Pepita Jiménez,* 106; «*Yo veré si se recuerda / que me ha visto alguna vez*», Vega, *Verbena,* 271), no es normal hoy el uso pronominal, ya sea como transitivo, ya sea como intransitivo con *de*: «*¿No te recuerdas de aquel día?*» (Pemán, *Antología,* 20), igualmente registrado en América (Kany, 354). También existe un raro uso pronominal, con complemento de interés, en el cual el sujeto es lo recordado: *recordársele,* 'venirle a la memoria': «*Se le recordó que algunos Padres de la Iglesia habían sostenido la tesis*» (Torrente, *Saga,* 268).

recordman, recordwoman → PLUSMARQUISTA.

recostar. **1.** Verbo irregular. Se conjuga como *acordar* [4].
2. Construcción: *recostarse* EN o SOBRE *la cama.*

recrear. Construcción: *recrearse* CON *el dibujo; recrearse* EN *leer* o *leyendo.*

recrudecer. Verbo irregular. Se conjuga como *agradecer* [11].

recuerdo → SOUVENIR.

redactor-jefe. El femenino de *redactor- -jefe* es *redactora-jefa,* y el plural, *redactores-jefes, redactoras-jefas.*

rededor. *Al rededor:* → ALREDEDOR.

reducir. **1.** Verbo irregular. Se conjuga como *conducir* [41].
2. Construcción: *reducir algo* A *la mitad; reducirse* A *lo más preciso; reducirse algo* A *una equivocación.*

redundar. Construcción: *redundar* EN *beneficio de todos.*

reembolsar. La Academia incluye, además de la forma *reembolsar,* la forma *rembolsar* —preferida en algunos países americanos—; pero el uso general, decididamente, y la propia Academia, prefieren la primera. Lo mismo ocurre en la pareja *reembolso* y *rembolso.*

reembolso. **1.** Sobre la forma *rembolso,* → REEMBOLSAR.
2. *Contra reembolso* es locución adverbial que se refiere a la forma de pago, en el momento de su recepción, de un objeto recibido por correo. No debe escribirse en una palabra, *contrarreembolso,* como se ve con frecuencia en la publicidad.

reemplazar. **1.** Construcción: *reemplazar a uno* EN *su puesto; reemplazar una pieza* POR (o CON) *otra.*
2. La Academia incluye en su *Diccionario,* además de la forma *reemplazar, remplazar* —preferida esta última en algunos países americanos—; pero la propia Academia y, sobre todo, el uso general prefieren la forma normal *reemplazar.* Lo mismo ocurre en el caso de *reemplazo* y *remplazo.*

referéndum. 'Consulta al pueblo, mediante votación, para ratificar una ley'. El plural más frecuente de esta palabra es *referéndums;* es mejor decir *los referéndum,* sin variación; pero también puede decirse *referendos,* correspondiente a un singular *referendo* que la Academia propone al lado del tradicional *referéndum.* La solución más práctica sería adoptar decididamente el singular españolizado *referendo,* con su plural normal *referendos:* «*Franco sometió la ley ya aprobada por las Cortes a un referendo*» (Madariaga, *España,* 515).

referir. **1.** Verbo irregular. Se conjuga como *sentir* [60].
2. Construcción: *referirse* A *una persona* o *cosa.*

reflexionar. Construcción: *reflexionar* SOBRE *una materia.*

reforzar. Verbo irregular. Se conjuga como *acordar* [4].

refregar. Verbo irregular. Se conjuga como *cerrar* [6].

refugiar. **1.** Se conjuga, en cuanto al acento, como *cambiar* [1 a].
2. Construcción: *refugiarse* EN *el portal*.

regar. Verbo irregular. Se conjuga como *cerrar* [6].

Regensburg → RATISBONA.

regidor. El femenino de este nombre es *regidora*.

régimen. El plural de este nombre es *regímenes*, con traslación del acento.

regir. Verbo irregular. Se conjuga como *vestir* [62].

regodearse. Construcción: *regodearse* EN (o CON) *alguna cosa*.

regoldar. Verbo irregular. Se conjuga como *acordar* [4].

regresar. Construcción: *regresar* A *casa*. En muchos países americanos es popular el uso transitivo de este verbo con el sentido de 'devolver': *Voy a regresar este libro mañana;* así como el uso reflexivo *regresarse,* correspondiente al peninsular *regresar* (Kany, 189).

rehén. El género de este nombre es masculino, aunque con él se designe a una mujer. No ha de decirse, pues, *«una rehén» (País,* 22.12.82). Debe recordarse que en el idioma hay nombres designadores de personas de uno u otro sexo que, sin embargo, tienen un determinado género gramatical, sin variación de forma, empezando por la misma palabra *persona,* siempre de género femenino *(Este hombre es muy mala persona).* Otros ejemplos muy corrientes tenemos en *una criatura, un vejestorio, una birria, un bombón.* (→ MIEMBRO.)

rehilar. Se conjuga, en cuanto al acento, como *enraizar* [1 f].

rehuir. Verbo irregular. Se conjuga como *huir* [48].

rehusar. **1.** Se conjuga, en cuanto al acento, como *aullar* [1 f].
2. Construcción: *rehusar hacer una cosa; rehusar un honor. Rehusarse* A *hacer una cosa,* 'negarse a ello', es anormal: *«Se había rehusado a dar los nombres de sus compañeros» (Triunfo,* 15.5.1976, 9); *«Los acusados en ningún momento se habían rehusado a obedecer a sus superiores» (Dia-*

rio 16, 21.7.1977, 3). Esta construcción parece más arraigada en América: *«Antonio Lumière se rehusó a venderle un aparato»* (Arreola, trad. Sadoul, *Cine,* 16); *«Las autoridades del barco que se rehúsan a admitir polizones»* (Victoria, *Cómico,* 104). Tampoco *rehusar* A tiene razón de ser: *«De ahí que muchos rehusaran a encargarse de laborar semejante piedra» (Abc,* Supl., 14.10.1984, 16). Lo normal es *negarse a,* o simplemente *rehusar* (sin *a).*

Reikiavik. El nombre de la capital de Islandia, en islandés *Reykjavík,* en español se escribe *Reikiavik* y se pronuncia /reikiabík/.

reinar. Construcción: *reinar* EN *España; reinar* SOBRE *diez millones de personas; reinar el terror* ENTRE *la muchedumbre.*

reincidir. Construcción: *reincidir* EN *el delito.*

reingresar. Construcción: *reingresar* EN *el servicio activo.* La misma construcción tiene el nombre *reingreso: reingreso* EN *el servicio.* A veces se encuentra la construcción de ambas palabras con la preposición A: *«Fue como si su cuerpo absorbiera la grandeza, como si por los poros de su carne la sublimidad exudada reingresase a los depósitos secretos»* (Torrente, *Pascua,* 345); *«El ex ministro de Hacienda .. ha pedido el reingreso al servicio activo como economista del Estado» (Informaciones,* 21.7.1973, 24). Este uso tal vez revele el influjo de la construcción *ingresar* A *(ingresé a la universidad, ingresaron a la fábrica),* normal en el español de América (cf. Kany, 340, y Steel, *Dicc. americanismos),* aunque no desconocida ni nueva en España.

reintegrar. Construcción: *reintegrar a alguno* EN *su puesto; reintegrarse* AL *trabajo.*

reír. **1.** Verbo irregular. (Véase cuadro.)
2. Construcción: *reírse* DE *alguien; reírse* DE o POR *algo; reírse* CON *alguien.*

reivindicar. 'Reclamar' (algo a que se tiene derecho). *Reivindicar un atentado* significa exactamente 'reclamarlo para sí'. Ahora bien, como lo que realmente se quiere decir con esa frase es 'reclamar la responsabilidad o la autoría del atentado', sería mejor *reivindicar la responsabilidad del atentado* o, más sencillamente, *atribuirse el atentado.*

rejuvenecer. Verbo irregular. Se conjuga como *agradecer* [11].

CONJUGACIÓN DEL VERBO «REÍR»

(tiempos irregulares)

INDICATIVO

Pres. río, ríes, ríe, reímos, reís, ríen.
Pret. indef. reí, reíste, rió, reímos, reísteis, rieron.

SUBJUNTIVO

Pres. ría, rías, ría, riamos, riáis, rían.
Pret. impf. riera o riese, rieras o -ses, riera o -se, riéramos o -semos, rierais o -seis, rieran
o -sen.
Fut. impf. riere, rieres, riere, riéremos, riereis, rieren.

IMPERATIVO

ríe, ría, reíd, rían.

FORMAS NO PERSONALES

Ger. riendo.

---

relación. **1.** *Con relación a,* 'con respecto a', también puede decirse *en relación con: No tengo nada que declarar en relación con el asunto,* o *con relación al asunto.* Cualquiera de las dos formas es preferible a *en relación a,* cruce de una y otra, hoy usado a menudo en España y América. **2.** *Relaciones públicas:* → RELACIONISTA.

relacionar. Construcción: *relacionar un asunto* CON *otro; relacionarse* CON *otras personas.*

relacionista. 'Experto en relaciones públicas'. Es preferible usar este nombre, propuesto por la Academia, al de *relaciones públicas (Es «relaciones públicas» en una empresa),* traducción del inglés *public relations* —utilizado igualmente entre nosotros, como por los franceses, para referirnos a la persona y no a la actividad—. El nombre *relaciones públicas* debería reservarse para designar la actividad, no la persona. De todas formas, no es tan monstruoso en español, aplicado a persona, decir *un relaciones públicas;* en la lengua tenemos casos como *un mercancías* (que hasta figura en el *Diccionario* académico) o *un ultramarinos;* y en el uso coloquial, *el pecas, la ojitos.*

No he encontrado usado en España el nombre (masculino y femenino) *relacionista;* pero sí parece que tiene alguna vigencia en América (cf. Lorenzo, *Anglicismos,* 607).

relé. La palabra francesa, de uso universal en electrónica, *relais,* 'aparato que produce en su circuito una modificación dada cuando se cumplen determinadas condiciones', ha sido adaptada al español en la forma *relé.* No es necesario, pues, usar la grafía francesa.

relievación, relievar → REALZAR.

reloj. **1.** La pronunciación normal de esta palabra es /reló/; solo en dicción afectada se oye /relój/. Teniendo en cuenta la pronunciación general (que ha pasado no pocas veces a la lengua literaria: Pardo Bazán, *Viaje,* 165; Unamuno, *Poesías,* 209; Machado, *Poesías,* 144; Salinas, *Fábula,* 166, y *Voz,* 9; Rosales, *Poesías,* 83; Casalduero, *Galdós,* 112; Cela, *Colmena,* 267, etc.), la Academia recoge ahora la grafía *reló* al lado del normal *reloj,* advirtiendo, no obstante, que el plural es siempre *relojes.* El plural *relós* es popular. **2.** *Reloj de pulsera* ('el que se lleva en la muñeca') se dice en el uso general, aunque en algunos países de América —al menos Chile, Argentina, Uruguay, Venezuela— es también usual *reloj pulsera* o *reloj-pulsera* (plural, *relojes pulsera, relojes-pulsera).* Cf.

Morales, *Dicc. chilenismos; Nuevo dicc. argentinismos; Nuevo dicc. uruguayismos; Núñez-Pérez, Dicc. Venezuela).*

3. *Contra reloj,* locución adjetiva, se aplica en ciclismo a la etapa o la prueba 'que se realiza saliendo los corredores de uno en uno con intervalos regulares': *la etapa contra reloj.* También se usa como locución adverbial: *correrán contra reloj.* Fuera del deporte ciclista, se usa aplicado a cualquier actividad 'que ha de realizarse en un plazo de tiempo muy corto': *un trabajo contra reloj.* Y también suele emplearse adverbialmente: *Nos pasamos toda la semana trabajando contra reloj.* Aunque es frecuente que los periódicos escriban *contrarreloj,* esta grafía en una palabra no es correcta. Sin embargo, sí ha de escribirse en una palabra el nombre derivado *contrarrelojista,* 'corredor con dotes especiales para las etapas contra reloj'.

4. El uso adverbial de *contra reloj,* al que se ha aludido en el párrafo anterior, no tiene que ir precedido de la preposición *a* (*«Croatas y musulmanes negocian a contrarreloj para evitar que la UE abandone Mostar», País,* 5.8.1996, 2).

remake. Palabra inglesa con que se designa la nueva versión de una obra de éxito, especialmente cinematográfica. Se usa como nombre masculino, *un remake,* y se suele pronunciar /reméik/. La denominación alterna a menudo con *nueva versión,* forma quizá preferida y también preferible.

remalladora. 'Máquina de remallar'. No hay por qué decir *remallosa,* mala adaptación del francés *remailleuse.*

remarcable, remarcar → NOTABLE.

rembolsar, rembolso → REEMBOLSAR.

remediar. Se conjuga, en cuanto al acento, como *cambiar* [1 a].

remendar. Verbo irregular. Se conjuga como *cerrar* [6].

remontar. Construcción: *remontarse* HASTA *el cielo; remontarse* POR *los aires; remontarse* SOBRE *todos.*

remorder. Verbo irregular. Se conjuga como *mover* [18].

remover. **1.** Verbo irregular. Se conjuga como *mover* [18].

2. Construcción: *remover a alguien* DE *su puesto; removerse* EN *la cama.*

remplazar, remplazo → REEMPLAZAR.

renacer. **1.** Verbo irregular. Se conjuga como *agradecer* [11].

2. Construcción: *renacer* A *la vida.*

rendir. **1.** Verbo irregular. Se conjuga como *vestir* [62].

2. Construcción: *rendirse* A *la razón; rendirse* DE *fatiga; rendirse* CON *la carga.*

3. Son empleos anormales de *rendir* el de 'traducir' (*«No es fácil rendir poéticamente en nuestra lengua ese fondo escéptico, agnóstico, nihilista del poeta»,* Machado, *Mairena,* 311) y el de 'volver, convertir en' (*«Hay un terreno bueno para la siembra, aunque el paso del tiempo amenaza con rendirlo yermo»,* G. Medina, *Informaciones,* 26.4.1974, 25). Ambos son galicismos.

renegar. **1.** Verbo irregular. Se conjuga como *cerrar* [6].

2. Construcción: *renegar* DE *una persona o cosa.* Debe evitarse el *renegar* A *que* vemos en este ejemplo: *«El diputado Marcos Vizcaya (PNV) aseguró ayer .. que 'quien no diga sí al Estatuto de Guernica reniega al pueblo vasco'»* (*Diario 16,* 22.10.1979, 3).

renovar. Verbo irregular. Se conjuga como *acordar* [4].

Rentería. La ciudad guipuzcoana que en vascuence tiene el nombre de *Errenteria* se denomina en castellano *Rentería,* y es esta la forma que debe usarse cuando se habla o escribe en español.

rentoy. 'Jactancia o desplante'. El plural es *rentoys* (o, según la grafía propuesta por la Academia, *Esbozo,* § 2.3.3, *rentóis*).

renunciar. **1.** Se conjuga, en cuanto al acento, como *cambiar* [1 a].

2. Construcción: *renunciar* A *un proyecto; renunciar sus derechos* EN *otro.*

reñir. **1.** Verbo irregular. (Véase cuadro.)

2. Construcción: *reñir* A *alguien* ('reprender'); *reñir* CON *alguien* ('tener una desavenencia o disputa').

reo. **1.** Construcción: *reo* CONTRA *la sociedad; reo* DE *muerte.*

2. Aparte de un *reo* que designa un pez y de otro que significa 'turno', la Academia

CONJUGACIÓN DEL VERBO «REÑIR»
(tiempos irregulares)

INDICATIVO

Pres. riño, riñes, riñe, reñimos, reñís, riñen.
Pret. indef. reñí, reñiste, riñó, reñimos, reñisteis, riñeron.

SUBJUNTIVO

Pres. riña, riñas, riña, riñamos, riñáis, riñan.
Pret. impf. riñera o -se, riñeras o -ses, riñera o -se, riñéramos o -semos, riñerais o -seis, riñeran o -sen.
Fut. impf. riñere, riñeres, riñere, riñéremos, riñereis, riñeren.

IMPERATIVO

riñe, riña, reñid, riñan.

FORMAS NO PERSONALES

Ger. riñendo.

---

distingue entre un nombre *reo* —que define «persona que por haber cometido una culpa merece castigo» y «el demandado en juicio civil o criminal»— y un adjetivo *reo* —«acusado, culpado»—. Del primero dice que se usa en esa forma invariable como masculino y femenino: *el reo, la reo.* Del segundo, en cambio, registra una forma propia para cada género: *reo, rea.* Pero es evidente que en definitiva se trata de una misma palabra: el adjetivo *reo* no es sino el uso adjetivo del nombre *reo.* Por otra parte, la palabra latina de donde procede la española (y que es nombre, no adjetivo) tiene terminaciones para los dos géneros: *reus, rea.* Y en fin, sobre todo, en nuestra lengua existen testimonios literarios del uso del femenino *rea:* en 1856, Bretón de los Herreros: *«Y, dado que virtud se te repute / (por lo rara tal vez) la continencia, / ¿solo por no ser rea de un matute / para todo tendrás amplia licencia?»* (*La desvergüenza,* 484); en 1887, Pardo Bazán: *«Esa insensata proscripción del arte, la belleza y la cultura, que para mi conciencia de artista es el mayor crimen de que puede hacerse rea una doctrina política o filosófica»* (*Crítica,* 812); en 1974, Caballero Bonald: *«Oyendo —igual que una rea el injusto veredicto— las acometidas de la horda volante»* (*Ágata,* 148); en 1975, Alonso Schökel-Mateos: *«Si hago eso,*

seré rea de muerte» (Biblia, Daniel, 13,22). La conclusión, pues, es que, a pesar de la información de la Academia, el nombre español *reo,* como su antepasado latino, tiene doble forma, masculina y femenina.

reóstato. En física, 'instrumento que sirve para hacer variar la resistencia en un circuito eléctrico'. Es errónea la grafía y acentuación *reostato.*

reparar. Construcción: *reparar* EN *un detalle; reparar un daño* CON *un favor.*

repartir. Construcción: *repartir algo* ENTRE *varios; repartir* EN *porciones.*

repatriar. Se conjuga, en cuanto al acento, como *desviar* [1 c], pero también se usa la conjugación 1 a (como *cambiar).*

repercutir. En sentido figurado, el más usual, este verbo significa 'trascender, causar efecto (una cosa en otra)', y es intransitivo. Se dice: *Las medidas han repercutido en los precios.* Por galicismo, los economistas lo usan como transitivo: *«El comisario de la Energía .. considera que este incremento debe ser repercutido inmediatamente en los precios anteriores»* (*Abc,* 19.12.1978, 1).

repetir. Verbo irregular. Se conjuga como *pedir* [62].

replegar. Verbo irregular. Se conjuga como *cerrar* [6]. También se usa como regular (Academia, *Esbozo*, § 2.12.3). Pero este uso es anticuado. Se encuentra, por ejemplo, en un poema de Arolas de 1842: «*Pero el buitre voraz de los desiertos / .. / se replega y esconde en la enramada*» *(Obras,* I, 71).

repoblar. 1. Verbo irregular. Se conjuga como *acordar* [4].

2. Construcción: *repoblar* DE *árboles.*

reponer. 1. Verbo irregular. Se conjuga como *poner* [21].

2. Con el sentido de 'replicar', solo se usa hoy en pretérito de indicativo *(repuse,* etc.), pretérito de subjuntivo *(repusiera* o *repusiese,* etc.) y futuro de subjuntivo *(repusiere,* etc.). Las formas que faltan se suplen con las del verbo *responder.*

reportar. 1. Construcción: *reportar beneficios* A *alguien* ('proporcionarlos, o traerlos como consecuencia').

2. Uso de *reportar* por *informar:* → INFORMAR, 2.

reportero. 'Periodista que recoge noticias'. El femenino de este nombre es *reportera.* Debe desecharse el nombre, ya en desuso, *repórter.*

representación → STANDING.

reprise. 1. Palabra francesa muy usada en el mundo del motor: 'paso rápido de un régimen bajo de motor a otro superior'. Se pronuncia /reprís/ y, como es término arraigado en nuestro idioma, se puede escribir, como ya hacen algunos desde 1972 por lo menos (L. G. Arguis, *Ya,* Supl., 10.12.1972), en la forma españolizada *reprís,* que por su parte ofrece también Hoyo *(Palabras extranjeras)* como traducción de la voz francesa, y que ya figura en *Vox actual.*

El género de este nombre, en su lengua original, es femenino. En el uso español, los mecánicos y automovilistas están divididos entre la *reprise* (o la *reprís)* y *el reprise* (o *el reprís). Vox actual* se inclina por el masculino. Sin embargo, por su origen, y por uniformidad con el otro sentido de *reprise* que también circula en nuestro idioma (→ 2), es preferible el género femenino.

2. *Reprise* se usa también en español con el sentido de 'reposición teatral o cinematográfica'. En este caso se usa siempre como femenino y solo con la grafía francesa (aun-

que Hoyo también propone aquí *reprís).* Pero con este valor no se emplea mucho la palabra; es bastante más frecuente decir *reposición.*

reprobación → DEPLORACIÓN.

reprobar. Verbo irregular. Se conjuga como *acordar* [4].

reproducir. 1. Verbo irregular. Se conjuga como *conducir* [41].

2. El sentido 'obtener una copia (de un documento) por procedimiento fotográfico o similar' se expresa con el verbo *reproducir.* La máquina con que se obtiene la reproducción o copia se llama *copiadora* (frecuentemente con alguna forma prefija: *fotocopiadora, xerocopiadora).* No deben emplearse el verbo *duplicar* (que significa exactamente 'hacer doble o multiplicar por dos') ni el nombre *duplicadora.*

reprografiar. Se conjuga, en cuanto al acento, como *desviar* [1 c].

reptil. La Academia registra no solo la forma grave *reptil,* sino también *réptil;* pero únicamente la primera es normal hoy.

República Checa → CHEQUIA.

repudiar. Se conjuga, en cuanto al acento, como *cambiar* [1 a].

repugnancia. Construcción: *repugnancia* A *hacer algo; repugnancia* HACIA, POR, O A, *una cosa.*

reputar. Construcción: *reputar a uno* POR (O DE, O COMO) *honrado.*

requebrar. Verbo irregular. Se conjuga como *cerrar* [6].

requerir. 1. Verbo irregular. Se conjuga como *sentir* [60].

2. Construcción: *requerir* DE *amores a alguien; requerir a alguien* PARA *que hable; la herida requirió una operación.*

réquiem. Palabra latina tomada de la frase litúrgica *Requiem aeternam dona eis, Domine,* 'dales, Señor, el descanso eterno', se usa en el sintagma *misa de réquiem,* 'misa de difuntos', a veces abreviado como simple nombre: *un réquiem.* Se emplea también como nombre para designar la composición musical destinada a acompañar a una misa de difuntos. En estos dos usos se registra con frecuencia como forma plural *réquiems,* aunque es preferible mantener sin variación la forma del singular: *un réquiem, varios réquiem.*

resabiar. Se conjuga, en cuanto al acento, como *cambiar* [1 a].

rescisión. 'Acción de rescindir'. No es *rescinsión,* como dicen algunos por la radio.

resentirse. 1. Verbo irregular. Se conjuga como *sentir* [60].
2. Construcción: *resentirse* CON o CONTRA *alguien; resentirse* DE o POR *algo; resentirse* DE *la pierna.*

reserva → EMBARGO, 4.

reservado. *Materia reservada:* → CLASIFICADO.

resfriar. Se conjuga, en cuanto al acento, como *desviar* [1 c].

resguardar. Construcción: *resguardarse* DE *la lluvia.*

residir. Construcción: *residir* EN *la ciudad.*

resignar. Construcción: *resignarse* CON *su suerte; resignarse* A *morir; resignar el mando.*

resistir. Construcción: *resistirse* A *hacerlo.*

resollar. Verbo irregular. Se conjuga como *acordar* [4].

resolver. 1. Verbo irregular. Se conjuga como *volver* [35].
2. Construcción: *resolverse el agua* EN *vapor; resolverse* A *salir.*

resonar. Verbo irregular. Se conjuga como *acordar* [4].

respaldar → ENDOSAR.

respecto. *Respecto a,* locución prepositiva, 'por lo que se refiere a', 'con relación a': *No te preocupes respecto al porvenir.* Equivalen a esta locución *con respecto a* y *respecto de: Con respecto a la política sus opiniones eran confusas; No sé nada respecto de este asunto.* De las tres locuciones, la más frecuente es *respecto a,* y quizá la menos, *respecto de.*

resplandecer. Verbo irregular. Se conjuga como *agradecer* [11].

responder. 1. Construcción: *responder* A *la pregunta; responder* DE *sus acciones; responder* POR *otro.*

2. Sobre las formas de pretérito *repuse,* etc., equivalentes de *respondí,* etc., → REPONER, 2.

restablecer. Verbo irregular. Se conjuga como *agradecer* [11].

restar. Construcción: *restar una cantidad* DE *otra; restar méritos* A *una persona (restarLE méritos).*

restaurante. Como adaptación del francés *restaurant* existen dos formas: *restaurante,* que es la preferida por la Academia y la empleada en el uso formal y siempre en el lenguaje administrativo, y *restorán,* de uso principalmente coloquial. Aparte de esto, muchos establecimientos se rotulan con la grafía francesa: *restaurant.* Cualquiera de las dos formas españolas, *restaurante* y *restorán,* es válida y aceptada en la lengua general.

restituir. Verbo irregular. Se conjuga como *huir* [48].

resto. *El resto de diarios,* por *el resto de* LOS *diarios:* → MAYORÍA.

restorán → RESTAURANTE.

restregar. Verbo irregular. Se conjuga como *cerrar* [6]. Es vulgarismo conjugarlo como regular.

restricción. 'Acción de restringir'. La forma *restrinción,* con *n* por influjo de *restringir,* es un vulgarismo que no falta en la radio.

resuelto. Construcción: *resuelto* A *dejarlo.*

resultar. Construcción: *resultar una cosa* DE *otra.*

rete- → RE-.

retener. Verbo irregular. Se conjuga como *tener* [31].

retirar. Construcción: *retirar dinero* DEL *banco; retirarse* DE *la reunión; retirarse* A *la soledad; retirarse* A *descansar.*

retorcer. Verbo irregular. Se conjuga como *mover* [18].

retortijón. 'Dolor breve y agudo en el vientre'. La variante *retorcijón,* aunque registrada sin ninguna nota en el *Diccionario* de la Academia, hoy es regional y popular.

retractarse. Construcción: *retractarse* DE *sus palabras.*

retraer. **1.** Verbo irregular. Se conjuga como *traer* [32]. Deben evitarse las formas *retraí, retrayó, retrayese,* etc., que se oyen con alguna frecuencia, e incluso aparecen escritas. **2.** Construcción: *retraerse* A *alguna parte; retraerse* DE *hacerlo.*

retribuir. Verbo irregular. Se conjuga como *huir* [48].

retro-. Prefijo latino que significa 'hacia atrás': *retrovisor.*

retroceder. Construcción: *retroceder* A O HACIA *un sitio; retroceder* DE *un sitio* A *otro.*

retrocuenta → CUENTA, 2.

retrotraer. Verbo irregular. Se conjuga como *traer* [32].

reuma. La Academia registra como válidas las formas *reuma,* /réuma/, y *reúma,* dando preferencia a la primera, aunque, al parecer, es más usual la segunda (cf. Zamora, *Estampas,* 66: «*Esa dice 'réuma', y los colegas de sufrimiento no se atreven a decir ni pío, les parece raro, quizá sea una variante de la enfermedad*»). El género de este nombre es masculino. Se oye como femenino en la lengua popular: «*El pobre, con la reúma, no puede trasladarse ni aun en automóvil*» (Torrente, *Saga,* 257). Cf. García, *Temas,* 121.

reventar. **1.** Verbo irregular. Se conjuga como *cerrar* [6]. **2.** Construcción: *reventar* DE *risa; reventar* POR *hablar.*

reverdecer. Verbo irregular. Se conjuga como *agradecer* [11].

reverenciar. Se conjuga, en cuanto al acento, como *cambiar* [1 a].

reverter. **1.** Verbo irregular. Se conjuga como *entender* [14]. **2.** Diferencia con *revertir:* → REVERTIR, 2.

revertir. **1.** Verbo irregular. Se conjuga como *sentir* [60]. **2.** Diferencia entre *revertir* y *reverter. Revertir* significa 'volver (una cosa) al estado o condición que tuvo antes', 'volver a la propiedad que tuvo antes, o pasar a un nuevo dueño'; *reverter,* poco usado, significa 'rebosar'.

revestir. **1.** Verbo irregular. Se conjuga como *vestir* [62]. **2.** Construcción: *revestir* DE *cal; revestir* a *alguien* DE *facultades.*

revista. La publicación periódica ilustrada, no diaria, de información general, se llama normalmente *revista;* solo cuando versa sobre una materia determinada (historia, geografía, filatelia, etc.) suele denominarse con un complemento especificador. El nombre inglés *magazine,* que algunos emplean, es innecesario. (Sobre otros usos de *magazine,* → MAGAZINE.)

revolcar. **1.** Verbo irregular. Se conjuga como *acordar* [4]. **2.** Construcción: *revolcarse* EN *el fango; revolcarse* POR *el suelo.*

revolver. **1.** Verbo irregular. Se conjuga como *volver* [35]. **2.** Construcción: *revolverse* CONTRA *su dueño.*

Reykjavík → REIKIAVIK.

rezar. Construcción: *rezar un padrenuestro; rezar* A *un santo; rezar* POR *los difuntos.*

Rhein, Rhin → RIN.

Rhodesia → RODESIA.

ribera. 'Orilla de río, lago o mar'. Es voz mucho más frecuente que su homófona *rivera,* 'arroyo', con la que no debe confundirse. Como topónimo, *Ribera* también predomina. En cambio, como apellido es algo más frecuente la forma *Rivera.*

ricahembra → RICOHOMBRE.

Richter. La *escala Richter* es la escala de 1 a 10 con que se representa la fuerza de un terremoto. La grafía *Ritcher,* que prescribe algún «libro de estilo», es errónea. La pronunciación normal es /ríkter/, según unos, o /ríjter/, según otros; las dos deben aceptarse, ya que se trata de un apellido norteamericano que al mismo tiempo es, por su origen, alemán. Lo que no tiene justificación es la pronunciación /rícher/ que se oye a muchos locutores españoles.

ricohombre. Palabra hoy solo usada en textos históricos: 'hombre perteneciente a la primera nobleza'. Su femenino es *ricahembra.*

Rimski-Korsakov. La segunda parte del apellido del compositor ruso se ha pronun-

CONJUGACIÓN DEL VERBO «ROER»

(tiempos irregulares)

Las formas que van entre paréntesis son poco usadas

INDICATIVO

Pres. roo (roigo o royo); roes, roe, roemos, roéis, roen.
Pret. indef. roí, roíste, royó, roímos, roísteis, royeron.

SUBJUNTIVO

Pres. roa (roiga o roya), roas (roiga o royas), roa (roiga o roya), etc.
Pret. impf. royera o royese, royeras o -ses, royera o -se, etc.
Fut. impf. royere, royeres, royere, etc.

IMPERATIVO

roe, roa (roiga o roya), roed, roan (roigan o royan).

FORMAS NO PERSONALES

Ger. royendo.

---

ciado entre los españoles tradicionalmente /korsakóf/. Algunos locutores de radio dicen /korsákof/. La acentuación correcta es /kórsakof/.

Rin. El río europeo que en alemán se llama *Rhein* y en francés *Rhin* tiene en español el nombre de *Rin.*

ring → CUADRILÁTERO.

rino-. Forma prefija del griego *rhis,* 'nariz': *rinoceronte.*

Río de Janeiro. El nombre de la ciudad brasileña es *Río de Janeiro,* no *Río Janeiro.*

rizo-. Forma prefija del griego *rhiza,* 'raíz': *rizofita.*

róbalo. 'Cierto pez marino'. La Academia registra estas dos formas: *róbalo* y *robalo,* dando preferencia a la primera.

robot. 'Máquina capaz de actuar automáticamente', y también 'autómata'. Es nombre masculino. Su pronunciación es aguda: /robót/. En plural es *robots.* (Torrente, *Sombras,* 264, ha usado *robotes.*)

robustecer. Verbo irregular. Se conjuga como *agradecer* [11].

rociar. Se conjuga, en cuanto al acento, como *desviar* [1 c].

rodar. 1. Verbo irregular. Se conjuga como *acordar* [4].
2. Construcción: *rodar* DE o DESDE *lo alto; rodar* POR *tierra.*

Rodesia. Aunque el nombre de la región africana de *Rhodesia* (actuales estados de Zambia, Malawi y Zimbabue) procede del de Cecil Rhodes, la forma española de ese nombre es *Rodesia.*

roer. Verbo irregular. (Véase cuadro.)

rogar. 1. Verbo irregular. Se conjuga como *acordar* [4].
2. Construcción: *rogar* POR *alguien; rogar algo a alguien; le ruego que me escriba* (en América: *le ruego escribirme; «Le ruego conseguirme el local»,* Neruda, *Confieso,* 105).
3. Sobre *hacerse de rogar / hacerse rogar,* → HACER, 2.

rojo. *Vino rojo:* → TINTO.

romper. 1. Verbo irregular. Su única irregularidad está en el participio: *roto.*
2. Construcción: *romper* CON *alguien; romper* EN *llanto; romper* A *reír.*

rompiente. 'Lugar en que rompen las olas'. Según la Academia, el género de este nombre es masculino. En realidad, se usa generalmente como femenino: «*Me preguntó con su voz áspera, sin dejar de contemplar una gaviota que se cernía sobre las rompientes*» (Pereda, *Pedro Sánchez*, 28); «*Del mar de las rompientes*» (Cancio, *Bronces*, 74); «*Eulogio los vio luchar juntos para botar la barca y cruzar después la zona difícil de las rompientes*» (Nácher, *Guanche*, 230).

Rosas. La ciudad gerundense que en catalán tiene el nombre de *Roses* se denomina en castellano *Rosas*, y es esta la forma que debe usarse cuando se habla o escribe en español.

Rosellón. La comarca del sur de Francia que en francés tiene el nombre de *Roussillon* y en catalán el de *Rosselló* se denomina en castellano el *Rosellón*, y es esta la forma que debe usarse cuando se habla o escribe en español.

Roses → ROSAS.

Rosselló → ROSELLÓN.

Rouen → RUÁN.

round → ASALTO.

Roussillon → ROSELLÓN.

rr → R.

-rragia. Forma sufija del griego *rhégnumi*, 'brotar': *hemorragia*.

-rrea. Forma sufija del griego *rheo*, 'fluir': *graforrea*.

-rrino. Forma sufija del griego *rhis*, 'nariz': *platirrino*.

-rrizo. Forma sufija del griego *rhíza*, 'raíz': *polirrizo*.

-rro. Sufijo de sustantivos. Su significación suele ser diminutiva: *pizarra, cacharro, cachorro, ventorro*. A veces toma la forma *-orrio: villorrio*.

Ruán. La ciudad francesa de *Rouen* tiene en español el nombre de *Ruán* (pronunciado /ru.án/).

Ruanda. El adjetivo correspondiente a *Ruanda* es *ruandés*.

rubéola. 'Enfermedad infecciosa caracterizada por erupción'. Es voz esdrújula, /rubéola/, aunque sea frecuente oír la pronunciación /rubeóla/.

rubio. La única forma de superlativo que he hallado para este adjetivo es *rubísimo:* «*El pelo rubísimo, los ojos azul profundo*» (Mayoral, *Morir,* 37).

rufián. 'Hombre que explota a una prostituta'. También, en un nivel más coloquial, se dice *chulo*, y, más popular, *macarra*. No es necesario el término francés *souteneur.*

Rumania. El nombre de la nación europea puede ser *Rumania* y *Rumanía*. La primera forma es la que utiliza la Academia (*Diccionario*, s. v. *rumano*) y tiene en su apoyo la analogía con otros nombres geográficos (*Alemania, Albania, Lituania*, etc.). La segunda, *Rumanía*, tampoco carece del apoyo analógico (*Turquía, Oceanía, Etiopía, Andalucía*, etc.); ha sido la forma más usada hasta no hace mucho, y tiene la ventaja de marcar la distinción con el nombre de *la Romania*, /románia/, que designa el conjunto de los territorios de lenguas románicas. Aunque no es argumento que deba pesar en la elección, añadiremos el dato de que en la lengua rumana el nombre de la nación se pronuncia /rumanía/.

rumiar. Se conjuga, en cuanto al acento, como *cambiar* [1 a].

Russafa → RUZAFA.

rústica. 1. *Encuadernación en rústica:* → PAPERBACK.
2. *Encuadernar a la rústica:* hoy se dice *en rústica.*

Ruzafa. La ciudad valenciana que en catalán y valenciano tiene el nombre de *Russafa* se denomina en castellano *Ruzafa*, y es esta la forma que debe usarse cuando se habla o escribe en español.

S

s. Vigésima letra del alfabeto español. Su nombre —femenino— es *ese,* plural *eses.* Representa al fonema /s/, cuya realización fonética tiene dos variedades principales: la «castellana» y la «andaluza».

a) Articulación «castellana». El ápice de la lengua se apoya en los alvéolos, dejando una salida redondeada para el aire. El predorso, mientras tanto, adquiere una forma

Articulación apicoalveolar de /s/

ligeramente cóncava. No hay vibración de las cuerdas vocales. Es una articulación alveolar (o, mejor, apicoalveolar) fricativa sorda. Sin embargo, la /s/ resulta sonora cuando está en contacto con una consonante sonora: *desde.*

b) Articulación «andaluza». Se produce mediante el contacto del predorso de la lengua con los alvéolos, contacto incompleto, ya que deja en el centro una pequeña abertura por donde sale el aire. En las zonas hispanohablantes donde no se emplea la articulación apicoalveolar, es la predorsal la que se usa, en numerosas variantes. Así en Andalucía, Canarias y la mayor parte de Hispanoamérica. La variante predorsal propiamente dicha se da en zonas de las provincias de

Articulación predorsal de /s/

Málaga, Córdoba y Granada; la variante llamada coronal, articulada entre los incisivos superiores y los alvéolos, con la lengua plana, se presenta en parte de las provincias de Huelva, Sevilla, Córdoba, Jaén, Granada y Almería.

La particularidad dialectal más importante que se presenta en relación con la /s/ es el *ceceo,* que consiste, *grosso modo,* en identificar los fonemas /s/ y /z/ bajo la única forma de /z/: sopa /zópa/, *señor* /zeñó/. Se encuentra esta peculiaridad en Andalucía (parte de las provincias de Huelva, Sevilla, Málaga y Granada, toda la de Cádiz y pequeñas comarcas de Córdoba, Jaén y Almería). En general es una pronunciación poco apreciada socialmente.

CONJUGACIÓN DEL VERBO «SABER»

(tiempos irregulares)

INDICATIVO

Pres. sé, sabes, sabe, sabemos, sabéis, saben.
Pret. indef. supe, supiste, supo, supimos, supisteis, supieron.
Fut. impf. sabré, sabrás, sabrá, sabremos, sabréis, sabrán.
Pot. simple sabría, sabrías, sabría, sabríamos, sabríais, sabrían.

SUBJUNTIVO

Pres. sepa, sepas, sepa, sepamos, sepáis, sepan.
Pret. impf. supiera o supiese, supieras o -ses, supiera o -se, supiéramos o -semos, supierais o -seis, supieran o -sen.
Fut. impf. supiere, supieres, supiere, supiéremos, supiereis, supieren.

IMPERATIVO

sabe, sepa, sabed, sepan.

Más extendido es el rasgo dialectal que consiste en aspirar la /s/ en final de sílaba o de palabra, transformándola en un sonido semejante al de *h* inglesa *(casco* = /káhko/) o, a veces, en el sonido de *j* española, /kájko/. La aspiración llega a desaparecer en muchos sitios, dejando como única huella una mayor abertura de la vocal precedente: *adiós* /adió/, *las mujeres* /la muhére/.

sabedor. Construcción: *sabedor* DE *que no se podía.*

saber. 1. Verbo irregular. (Véase cuadro.)
2. Construcción: *no saber nada* DE *un asunto; saber un alimento* A *queso.*

sabor. Construcción: *sabor* A *miel.*

sacar. 1. Construcción: *sacar a alguien o algo* DE *un sitio; sacarlo* A *la calle; sacar* EN *limpio; sacar* EN *consecuencia.*
2. Es regional en España, aunque general en América, el uso de *sacar* (cuyo significado fundamental es 'extraer') por *quitar:* → QUITAR.

sacaro-, sacari-, sacar-. Formas prefijas del latín *saccharum,* 'azúcar': *sacarífero.*

sacerdote. El femenino de este nombre es *sacerdotisa. Sacerdotisa* (del latín *sacerdotissa*) es la mujer que ejerce la función de sacerdote, tanto en una religión antigua como en una moderna. En 1986 escribía Cela: *«En*

Peñalver hay secretaria del ayuntamiento .., farmacéutica .. y médica ..; también hay una veterinaria .. El viajero piensa que lo mismo hubiera podido haber alcaldesa, como en otros lados, y sacerdotisa, como en ninguna parte por ahora» (Nuevo viaje a la Alcarria, 215). Sin embargo, ya en 1983 un titular de la revista *Tiempo* decía: *«En el 500 aniversario de Lutero, se ordena la primera sacerdotisa española»* (reproducido en *País,* 10.11.1983, 56). La definición que de *sacerdotisa* da el *Diccionario* de la Academia solo tiene vigencia para la antigüedad: «mujer dedicada a ofrecer sacrificios a ciertas deidades gentílicas y cuidar de sus templos».

saciar. 1. Se conjuga, en cuanto al acento, como *cambiar* [1 a]
2. Construcción: *saciar* DE *comida.*

sacrificar. Construcción: *sacrificarse* POR *alguien; sacrificar animales* A *los dioses.*

Sáenz, Sainz, Sáez, Saiz. El apellido *Sáenz* presenta seguidas dos vocales abiertas, las cuales, por serlo, no forman diptongo; por tanto, es una palabra bisílaba, /sá.enz/, en la que el acento fonético recae en la primera sílaba. Es, pues, una palabra llana terminada en consonante que no es *n* ni *s,* y según las reglas ortográficas (→ TILDE), debe llevar tilde en la vocal de su penúltima sílaba: en la *a.* Escríbase, por consiguiente, *Sáenz.*

En cambio, el apellido *Sainz* tiene una vocal abierta seguida de una cerrada. Al no recaer el acento fonético en la cerrada, las dos vocales han de considerarse como diptongo, y por tanto, la palabra como monosílaba. Y la regla ortográfica dice que las palabras monosílabas no llevan tilde. Escríbase, pues, *Sainz.* Un caso paralelo es el de los apellidos *Sáez* y *Saiz.*

safari. 'Expedición de caza en el África negra' (también muy usado en sentido figurado). El género de este nombre es masculino.

sah. El título de los antiguos soberanos del Irán es en inglés *shah,* en alemán *Schah,* en francés *schah* o *chah,* en italiano *scià* o *sciah,* en catalán *xa.* Todas estas lenguas transcriben de acuerdo con sus propios sistemas gráficos el sonido inicial de la palabra persa, sonido que existe en todos esos idiomas (el que nosotros conocemos como «*sh* inglesa»). Como en español no existe tal fonema, ni por consiguiente su representación gráfica, la Academia propone la grafía *sah,* que responde a la pronunciación quizá más corriente entre nosotros, /sa/. Pero esa forma contiene una *h* final puramente decorativa, puesto que en nuestro idioma no se pronuncia. La lógica pediría que la grafía académica fuese *sa.* Por otra parte, el uso corriente no hace caso a la Academia y prefiere la forma escrita *sha,* probablemente con la pretensión de sugerir la pronunciación de *sh* inglesa. En el momento actual, se puede elegir la grafía que disfruta del favor mayoritario, *sha,* o la que (con escaso éxito) figura en el diccionario académico, *sah.*

Sahara. *Sahara,* con acentuación grave, no *Sáhara,* como esdrújula, se lee en el poema de Dámaso Alonso: «*Por un Sahara de nieblas, / caravana de la noche, / el viento dice a la noche / tu secreto*» *(Noticia,* 72). La grafía tradicional, *Sahara,* sin tilde, mantenida por la Academia *(Diccionario,* s. v. *saharaui, sahariana, sahariano* y *sahárico*), y su pronunciación llana tradicional, /sa.ára/, están hoy en desventaja frente a la grafía y la pronunciación más extendidas, *Sáhara,* /sájara/, que son las preceptuadas por algunos «manuales de estilo». La pronunciación aspirada de la *h* se aplica también a los derivados de este nombre: *saharaui,* /sajaráui/, etc.

Esta aspiración es defendible en cuanto que refleja aproximadamente la pronunciación árabe. Pero no es menos defendible la no aspiración (cf. Martínez de Sousa, *Dicc. ortografía,* 77, que reproduce la opinión del arabista Juan Vernet). Por otra parte, debe considerarse válida la acentuación llana /sa.ára/ que conserva la Academia, con la grafía correspondiente *Sahara.*

sala. *Sala de fiestas,* 'local recreativo donde se sirven bebidas, dotado de pista de baile y en el que se exhiben espectáculos ligeros'. El nombre normal es *sala de fiestas,* no *sala de fiesta.* El nombre francés *cabaret,* plural *cabarets* (pronunciación /kabaré, kabarés/), españolizado tardíamente por la Academia en la forma *cabaré,* hoy está en desuso.

salacot. 'Sombrero tropical'. Es palabra aguda, /salakót/. Es nombre masculino, y su plural es *salacots.*

salazón. Tanto con el sentido de 'acción de salar' como en el de 'carne o pescado conservados en sal', este nombre es femenino, aunque en el uso semiculto lo encontremos como masculino, *los salazones* («*Los salazones y conservas han adquirido mucho auge*», A. Montes, *Abc,* 6.11.1979; «*El aroma de los salazones*», M. Vicent, *País,* 24.12.1995).

salchichería. 'Establecimiento destinado a la venta de carne de cerdo, embutidos y fiambres'. Evítese la pronunciación errónea /salsichería/. Compite con esta palabra, con éxito, *charcutería,* préstamo del francés que se ha difundido bastante en los últimos tiempos y que figura en el *Diccionario* de la Academia.

salida. 'Ocurrencia'. El francés *boutade* (pronunciado /butád/, nombre femenino) se usa a menudo ocupando el lugar de esta palabra.

salir. **1.** Verbo irregular. (Véase cuadro.) **2.** Construcción: *salir* DE *un sitio; salir* A *la calle; salir* A *verle; salir* CON *una chica; salir* DE *pobre; salir* CON *un despropósito; salir* A *su padre.*

salmodiar. Se conjuga, en cuanto al acento, como *cambiar* [1 a].

salpicar. Construcción: *salpicar* CON O DE *aceite.*

CONJUGACIÓN DEL VERBO «SALIR»

(tiempos simples)

INDICATIVO

Pres. salgo, sales, sale, salimos, salís, salen.
Pret. impf. salía, salías, salía, salíamos, salíais, salían.
Pret. indef. salí, saliste, salió, salimos, salisteis, salieron.
Fut. impf. saldré, saldrás, saldrá, saldremos, saldréis, saldrán.
Pot. simple saldría, saldrías, saldría, saldríamos, saldríais, saldrían.

SUBJUNTIVO

Pres. salga, salgas, salga, salgamos, salgáis, salgan.
Pret. impf. saliera o -se, salieras o -ses, saliera o -se, saliéramos o -semos, salierais o -seis, salieran o -sen.
Fut. impf. saliere, salieres, saliere, saliéremos, saliereis, salieren.

IMPERATIVO

sal, salga, salid, salgan.

FORMAS NO PERSONALES

Inf. salir.   *Ger.* saliendo.   *Part.* salido.

---

salpimentar. Verbo irregular. Se conjuga como *cerrar* [6]. En la práctica solo se usa en aquellas formas en que la *e* es átona: *salpimentar, salpimentando, salpimentado, salpimentó, salpimentaba, salpimentara,* etc.

salpullido → SARPULLIDO.

saltar. Construcción: *saltar* AL *otro lado; saltar* A O EN *tierra; saltar* A *la vista; saltar* EN *paracaídas; saltar el obstáculo,* SOBRE O POR ENCIMA DEL *obstáculo.*

saltimbanqui. 'Titiritero'. No debe usarse como singular la forma *saltimbanquis* («*este saltimbanquis*», Azorín, *Confesiones,* 159), que corresponde al plural.

salubre. El superlativo de este adjetivo es *salubérrimo.*

salvaguarda. 'Custodia, amparo'. También *salvaguardia.* El verbo correspondiente es *salvaguardar* (no *salvaguardiar*).

salvar. Construcción: *salvar a alguien* DEL *peligro.*

salvo. Preposición, 'excepto': *Todos han sido admitidos, salvo dos.* Se pronuncia siempre átona. Cuando el sustantivo al que precede es un pronombre personal, este toma la forma tónica *yo, tú, él, ella, nosotros, nosotras, vosotros, vosotras, ellos, ellas.*

san → SANTO.

sanar. Construcción: *sanar uno* DE *una enfermedad; sanar a los enfermos.*

sándwich. Aunque se han propuesto las palabras *emparedado* y *bocadillo* como traducciones españolas del inglés *sandwich,* el uso general las ha rechazado: la primera, por afectada, y la segunda, por inexacta (todo español distingue perfectamente un bocadillo de un sándwich). La pronunciación corriente es /sánguich/. Para el plural hay una forma culta, principalmente escrita, *sándwiches* («*sándwiches de jamón y queso*», Marías, *Aquí,* 27), una semiculta, también escrita, *sándwichs* («*un par de sándwichs*», Casas, trad. Böll, *Opiniones,* 62), y una usual, invariable respecto al singular, *sándwich.* Una incorporación perfecta a nuestro idioma sería la que ya se produce (según Flórez, *Lengua,* 212) en el habla popular de Colombia: *sánguiche.* (También en otros países, como Chile —Morales, *Dicc. chilenismos*— y Uruguay —*Nuevo dicc. uruguayismos*—.) Sobre las múltiples variantes de esta voz en Hispanoamérica, véase Lorenzo, *Anglicismos*, 380.

Sangenjo. La ciudad pontevedresa que en gallego tiene el nombre de *Sanxenxo* se denomina en castellano *Sangenjo,* y es esta la forma que debe usarse cuando se habla o escribe en español.

Sannazaro. El nombre del poeta italiano del Renacimiento, también escrito *Sannazzaro,* es palabra llana, no esdrújula.

sánscrito. 'Lengua antigua de la India'. La Academia registra dos formas, *sánscrito* y *sanscrito,* dando preferencia a la primera, que es la usual. No se usa ya la grafía *sánskrito.*

San Sebastián. La capital de Guipúzcoa, que en vascuence tiene el nombre de *Donostia,* se denomina en castellano *San Sebastián,* y es esta la forma que debe usarse cuando se habla o escribe en español.

santiguar. Se conjuga, en cuanto al acento, como *averiguar* [1 b].

santo. Este adjetivo tiene en singular la forma apocopada *san* cuando va, sin artículo, delante de nombre propio de varón: *San Alfonso, San Carlos, San Pedro.* Se exceptúan los nombres *Tomás* o *Tomé, Toribio* y *Domingo,* ante los que se mantiene la forma plena *santo.* Las palabras *santo,* o *san,* y *santa* se pronuncian átonas cuando, sin llevar delante el artículo, preceden al nombre propio: *San Luis,* /sanluís/; *Santa Leocadia,* /santaleokádia/. Tanto el masculino *santo* o *san* como el femenino *santa* se escriben, por tradición ortográfica, con inicial mayúscula cuando preceden sin artículo al nombre propio *(San Alfonso, Santa María),* costumbre que, en cambio, no rige cuando existe artículo *(el santo Gregorio),* es decir, cuando no se usa la palabra como título oficial de canonizado. En todo caso, el uso de mayúscula no es obligado.

Santurce. La ciudad vizcaína que en vascuence tiene el nombre de *Santurtzi* se denomina en castellano *Santurce,* y es esta la forma que debe usarse cuando se habla o escribe en español.

Sanxenxo → SANGENJO.

sarco-. Forma prefija del griego *sarx,* 'carne': *sarcocarpio.*

sarpullido. 'Erupción cutánea'. La Academia registra las formas *salpullido* y *sarpullido,* dando preferencia a la primera. La segunda, sin embargo, es la más usual; también la más acorde con la etimología.

sastre. El femenino de *sastre* es *sastra* en el español general. La forma *sastresa* es privativa de Aragón y Cataluña.

satisfacer. Verbo irregular. (Véase cuadro.) Evítense las formas vulgares, que con demasiada frecuencia aparecen en los medios de comunicación, e incluso en escritos cultos, *satisfacieron, satisfaciera, satisfacería,* etc. (por *satisficieron, satisficiera, satisfaría,* etc.).

Saudí. *Arabia Saudí,* se dice, mejor que *Arabia Saudita.* El adjetivo correspondiente al nombre de esta nación también es *saudí: el ministro saudí.*

scanner → ESCÁNER.

Schelde → ESCALDA.

schottisch → CHOTIS.

-sco. Sufijo de adjetivos o sustantivos. Significa pertenencia y a veces encierra matiz despectivo. Se presenta en las formas *-asco, -esco, -isco, -usco, -uzco: peñasco, chinesco, morisco, pardusco* o *parduzco.*

scooter → ESCÚTER.

-scopio, -scopia. **1.** Formas sufijas de la raíz griega *scop-,* 'ver': *-scopio,* para nombres que designan 'instrumento para ver o examinar' *(telescopio, microscopio); -scopia,* para nombres que designan 'acción de ver o examinar' *(radioscopia, laringoscopia).*
2. Los nombres formados con *-scopia* llevan el acento fonético en la /o/: /radioskópia/, /laringoskópia/. Sin embargo, en un caso concreto, frente al normal *microscopia,* /mikroskópia/, los médicos y biólogos parecen preferir *microscopía.* La Academia registra las dos acentuaciones, *microscopia* y *microscopía,* dando prelación a la primera.

scout. 'Miembro de una organización juvenil internacional cuyo fin es la formación personal por medio de actividades colectivas al aire libre'. Es voz inglesa; aunque el nombre completo en inglés es *boy scout,* lo usual es simplemente *scout.* Existe una denominación española tradicional para el *scout:* ex-

---

CONJUGACIÓN DEL VERBO «SATISFACER»

(tiempos irregulares)

INDICATIVO

Pres. satisfago, satisfaces, satisface, satisfacemos, satisfacéis, satisfacen.
Pret. indef. satisfice, satisficiste, satisfizo, satisficimos, satisficisteis, satisficieron.
Fut. impf. satisfaré, satisfarás, satisfará, satisfaremos, satisfaréis, satisfarán.
Pot. simple satisfaría, satisfarías, satisfaría, satisfaríamos, satisfaríais, satisfarían.

SUBJUNTIVO

Pres. satisfaga, satisfagas, satisfaga, satisfagamos, satisfagáis, satisfagan.
Pret. impf. satisficiera o satisficiese, satisficieras o -ses, satisficiera o -se, satisficiéramos o -semos, satisficierais o -seis, satisficieran o -sen.
Fut. impf. satisficiere, satisficieres, satisficiere, satisficiéremos, satisficiereis, satisficieren.

IMPERATIVO

satisfaz o satisface, satisfaga, satisfaced, satisfagan.

FORMAS NO PERSONALES

Part. satisfecho.

---

plorador, que era el nombre oficial en nuestro país («Exploradores de España»), registrado por Fernández García desde 1913, que aparece ya escrito por Baroja en 1918 y está incluido en el *Diccionario* académico desde 1925. La palabra *explorador* es traducción literal española de *scout,* que, en efecto, significa propiamente en inglés 'explorador o escucha'. Pero hoy el nombre *explorador* está en franco desuso.

Se emplea, pues, entre nosotros, la forma *scout* (plural *scouts),* que puede ser masculina o femenina, según el sexo del individuo; no obstante, para la muchacha scout se suele usar en España el nombre de *guía (girl guide,* o simplemente *guide,* en inglés). La pronunciación corriente, aunque en un principio era /eskút/, hoy es /eskáut/, lo que hace que en algunos países hispanoamericanos se haya propuesto la grafía *escaut;* pero esta todavía es desconocida en España. Antes que *scout* entró, naturalmente, la forma plena inglesa *boy scout,* atestiguada por Fernando Araujo en 1909 (Hoyo, *Palabras extranjeras).* De esta forma y de su pronunciación nos da testimonio todavía en 1966 Delibes *(«tiene vocación de boyescut», Cinco horas,* 148).

La palabra *scout* se usa también como adjetivo: *el movimiento scout, un campamento scout.*

Existen varios derivados. Unos proceden directamente de *scout* o de su antigua pronunciación en España /eskút/. Tenemos así *escutismo («Guy de Larigaudie, la figura más pura y hermosa del escutismo francés»,* Álvarez, *En tierra,* 20), que figura en *Larousse* 1996. Variantes gráficas suyas son *escoutismo* (Aranguren, *Juventud,* 30) y *scoutismo* (Vázquez Montalbán, *Kennedy,* 20). Estas dos formas son registradas en Chile por Morales *(Dicc. chilenismos),* quien advierte que allí se pronuncian /eskautísmo/ o /eskoutísmo/. También en Chile registra Morales otros dos derivados, *scoutista* y *scoutivo,* que no he encontrado en España.

Otro derivado, *escultismo,* es préstamo del catalán. Según la Academia, *escultismo* tiene como étimo «el ingles *scout,* 'explorar', con influencia del catalán *ascoltar».* Pero esta palabra *ascoltar* no existe en catalán. Sí *escolta,* que equivale a *scout* como nombre y como adjetivo, y *escoltisme,* 'movimiento scout'. *Escultismo* es en realidad la adaptación castellana del catalán *escoltisme* con influjo (en la *u*) de *scout*. La voz *escultismo*, a pesar de su formación un tanto anómala, es la que hoy cuenta con mayor difusión para designar el movimiento scout. En cambio, *escultista*, creado por la Academia para sustituir a *scout* nombre y adjetivo, no parece que haya obtenido eco más que en el uso adjetivo.

script, script-girl → ANOTADOR.

se. 1. Pronombre personal átono de 3.ª persona reflexivo: → sí², 3 y 4. **2.** Pronombre personal átono de 3.ª persona no reflexivo, indicador de sentido pasivo y de sentido impersonal: → sí², 5, 6, 7 y 8. **3.** Concurrencia de *se*, en oraciones de sentido impersonal, con pronombre átono de 3.ª persona (SE LES *castigará*, SE LOS *castigará*, SE LAS *castigará):* → ÉL, 6. **4.** Pronombre personal no reflexivo, equivalente a *le* o *les* (SE *lo di*, SE *las vendió):* → ÉL, 7.

secar. Construcción: *secar* CON *una toalla; secar* AL *aire.*

secreto → EMBARGO, 4.

secuestrador, secuestrar, secuestro → RAPTAR.

seducir. Verbo irregular. Se conjuga como *conducir* [41].

sefardí. 'Judío oriundo de España'. También puede decirse *sefardita,* pero lo normal y preferible es *sefardí.*

segar. Verbo irregular. Se conjuga como *cerrar* [6].

segregar. Construcción: *segregar una cosa* DE *otra.*

seguida. 1. *En seguida,* 'inmediatamente'. También puede escribirse *enseguida.* Puede llevar un complemento con *de:* «—*¿Y a qué hora es esto?* —*En seguida de cenar»* (Zunzunegui, *Úlcera,* 28). **2.** *En seguida que,* 'inmediatamente después que': *En seguida que lo supieron, salieron corriendo.* Es de uso más coloquial que literario. **3.** *De seguida,* como equivalente de *en seguida,* es de nivel popular, aunque la Academia lo recoja sin ninguna calificación: «*¿Y si la suelta deseguida?»* [*sic;* en boca de una persona rústica] (Pérez de Ayala, *Urbano,* 51).

4. *A seguida,* con el mismo valor e igualmente registrado por la Academia, es raro (*«El tío Andrés se hallaba sentado a continuación de la tía Eugenia, a mi derecha. Y a seguida de él, su mujer»,* Hoyo, *Pequeñuelo,* 92).

seguido. 1. *A seguido,* locución adverbial, 'a continuación', no figura en los diccionarios, pero es normal: «*Comida y descanso, y a seguido, lectura y discusión en grupo»* (Jiménez Lozano, *Informaciones,* 22.11.1972, 16); «*Para añadir a seguido .. que tampoco le importaba mucho»* (Benet, *Otoño,* 23). **2.** *Seguido,* por *serie:* → SERIE.

seguir. 1. Verbo irregular. Se conjuga como *vestir* [62]. **2.** Construcción: *seguir a una persona; seguir* PARA *Londres; seguir* EN *el intento; seguir* CON *la empresa; seguirse una cosa* DE *otra.*

según. 1. Esta preposición tiene las particularidades de ser tónica y de exigir las formas *yo, tú* (y no *mí, ti)* cuando precede a los pronombres de 1.ª y 2.ª persona de singular: *según tú* (no «según ti»). **2.** Puede usarse como adverbio que expresa eventualidad, dependencia de alguna condición: —*¿Vas a ir mañana?* —*Según;* «*Luego le encontrará o no, según»* (Salinas, *Ensayos,* 230). **3.** También puede ser adverbio relativo de modo: *Yo lo hago según me han indicado;* o de tiempo, expresando progresión paralela de los dos hechos puestos en relación: *Según vayas estudiando, encontrarás más facilidad.* **4.** *Según que. a)* Locución adverbial relativa de modo: «*La suerte del cultivo fue más o menos próspera, según que las leyes agrarias animaban o desalentaban el interés de sus agentes»* (Jovellanos, cit. Academia, *Gramática,* § 416); «*Existe una rara mezcla de ideas exactas y erróneas sobre nosotros, según que unas y otras provienen de libros formales o de las fábulas que .. forjan a nuestras expensas»* (Ganivet, *Cartas,* 66); «*Estoy resuelto / en paz, en guerra, en amor / según que me sople un viento / o el contrario»* (Garciasol, *Selección,* 202). Como se ve en los ejemplos, en el uso antiguo se prefería para el verbo el modo indicativo, mientras que modernamente se prefiere el subjuntivo.

b) Locución adverbial relativa de tiempo que denota progresión paralela de la acción principal y de la subordinada, equivaliendo a 'a medida que': *Según que avanza la estación, aprieta más el calor* (Academia).

5. *Según qué,* locución adjetiva, 'determinado' o 'cierto': → QUÉ, 4.

6. *Según y como. a)* Locución adverbial relativa de modo, equivalente a 'exactamente igual que': *Se lo diré según y como tú me lo dices.* En este uso la palabra *como* se pronuncia átona.

b) Locución adverbial oracional que expresa eventualidad: *Eso será según y como,* 'eso podrá ser y podrá no ser': *«—Este acto, señora doña Perpetua, esta abnegación mía por la causa de Dios, ¿no bastan a limpiarme ..? —Según y cómo —respondió la anciana, confusa ante un problema nuevo para ella»* (Galdós, *Equipaje,* 1226). En este uso, la palabra *como* es tónica; por ello es más acertado escribirla con tilde.

7. *Según y conforme,* locución adverbial equivalente a *según y como.* Cuando tiene función relativa (→ 6, a), toma la forma *según y conforme a: «Se va desenterrando [el tema] .. según y conforme a las necesidades de la narración»* (Zamora, *Penal,* 15).

seguro. 1. Construcción: como nombre: *seguro* DE *enfermedad, seguro* CONTRA *incendios;* como adjetivo: *seguro* DE *sí mismo; seguro* DE *ganar.*

2. *Estar seguro,* seguido de proposición con *que,* debe llevar la preposición *de: Estoy seguro* DE *que no vienen* (→ DE, 2); si bien en el nivel coloquial es normal la omisión de la preposición, y tampoco es rara en el uso literario: *«Estoy seguro que olía a desinfectante»* (Olaizola, *Escobar,* 121); *«Estoy seguro que mi discurso hubiera sido otro»* (Alvar, *Caro Baroja,* 60); un ejemplo antiguo: *«Yo estoy segura que si tú supieras cómo destrozas mi corazón .., no serías capaz de martirizarme»* (Benavente, *Rosas,* 313).

En cambio, *ser seguro,* seguido también de proposición con *que,* no tiene que llevar *de,* porque en este caso la proposición es sujeto de *ser seguro: Es seguro que no vienen.* Tampoco ha de haber preposición cuando se omite el verbo *es: Seguro que no vienen.*

3. *Ser seguro* (un hecho): → SER, 3.

Seine → SENA.

seísmo → SISMO.

selenio. 'Cierto elemento químico'. No debe usarse la forma latina *selénium.*

self, self-service → AUTOSERVICIO.

sello. Es anglicismo muy extendido atribuir a *sello* el sentido que corresponde a *marca* o *firma: «He aquí los cuatro primeros puestos del último Gran Premio .., editados en España por sus respectivos sellos discográficos»* (*Vanguardia,* 27.4.1974).

sema-. Forma prefija del griego *séma,* 'signo': *semáforo.*

semana. *Entre semana,* locución adverbial, 'en los días que no son primero o último de la semana'. Se escribe en dos palabras, aunque algunas veces se vea *entresemana,* como en algunas ediciones del *Quijote: «Los días de entresemana se honraba con su vellorí de lo más fino»* (I, 33).

semántico. 'Del significado'. *Cambio semántico* de una palabra es su 'cambio de significado' (p. ej., cómo *hoja* [de árbol] pasa a significar 'hoja de papel'). Es grave error usar *semántico* por *formal* o por *terminológico: «Aprobados, con solo cambios semánticos, los artículos tercero y cuarto de la Constitución»* (*Ya,* 23.8.1978).

semasio-. Forma prefija del griego *semasía,* 'signo': *semasiología.*

sembrar. 1. Verbo irregular. Se conjuga como *cerrar* [6].

2. Construcción: *sembrar* DE o CON *flores; sembrar* DE *cadáveres; sembrar* EN *la arena.*

semejante. Construcción: *semejante* A *su padre.*

semejar. Construcción: *semejarse una cosa* A *otra.*

semi-. Prefijo latino que significa 'medio': *semirrecta.*

semio-. Forma prefija del griego *semeíon,* 'signo': *semiología.*

Sena. El río francés *Seine* tiene en español el nombre de *Sena.*

senador. El femenino de este nombre es *senadora.*

sencillo. Como nombre masculino, 'disco de 17 centímetros' es traducción exacta, y bastante difundida, del inglés *single.*

CONJUGACIÓN DEL VERBO «SENTIR»
(tiempos irregulares)

INDICATIVO

Pres. siento, sientes, siente, sentimos, sentís, sienten.
Pret. indef. sentí, sentiste, sintió, sentimos, sentisteis, sintieron.

SUBJUNTIVO

Pres. sienta, sientas, sienta, sintamos, sintáis, sientan.
Pret. impf. sintiera o sintiese, sintieras o -ses, sintiera o -se, sintiéramos o -semos, sintierais o -seis, sintieran o -sen.
Fut. impf. sintiere, sintieres, sintiere, sintiéremos, sintiereis, sintieren.

IMPERATIVO

siente, sienta, sentid, sientan.

FORMAS NO PERSONALES

Ger. sintiendo.

Sender. El nombre del escritor Ramón Sender es palabra aguda, /sendér/, a pesar de hallarse bastante extendida la acentuación errónea /sénder/.

sendos. Adjetivo, 'uno cada uno'. Tiene variación de género *(sendos, sendas),* pero carece de singular: *Los chicos compraron sendos bocadillos.* La palabra es de uso principalmente literario. Por ignorancia hay quienes emplean *sendos* con el sentido de 'grandes': *Bebió sendos tragos de vino;* o con el sentido de 'ambos': *«En la madrugada de ayer se repitió el hecho insólito de que dos jóvenes desconocidos atracasen a don Anastasio Ovejero García .. En la madrugada anterior ya referimos cómo otros tres desconocidos asaltaron a un churrero .. No sería de extrañar fuesen las mismas personas las que realizasen sendos asaltos» (Ya,* 22.9.1963, 14).

sensomotor. Sobre la forma femenina *sensomotriz,* → MOTOR.

sensu stricto. Locución latina, 'en sentido estricto'. Son equivocadas las formas *senso strictu, sensu estricto, sensu strictu* y *sensu estrictu* (esta última la he visto escrita por un ilustre lingüista).

sentar. 1. Verbo irregular. Se conjuga como *cerrar* [6].

2. Construcción: *sentarse* EN *una silla; sentarse* SOBRE *el saco; sentarse* A *la mesa; sentarse* A *la cabecera de la mesa; sentarse* DE *cabecera de mesa; sentarse* A *trabajar.*

sentenciar. Se conjuga, en cuanto al acento, como *cambiar* [1 a].

sentir. Verbo irregular. (Véase cuadro.)

señalar. Sobre la construcción vulgar *señaló* DE *que eso no era así,* → DE, 4.

señor. 1. Como tratamientos, *señor* y *señora* se emplean en España solamente ante el apellido, el título o el nombre del cargo: *la señora Méndez, el señor director, la señora ministra.* Usarlos delante del nombre de pila *(señora Juana, señor Andrés)* es propio del nivel popular. Sin embargo, este uso es normal en los países americanos.

2. Las abreviaturas correspondientes a *señor* y *señora (Sr., Sra.;* en plural, *Sres., Sras.)* no se deben emplear sino cuando van precediendo al nombre propio *(la Sra. Méndez).* También si preceden al título o nombre de cargo; pero en tal caso solamente si estos se escriben con mayúscula inicial *(el Sr. Director, la Sra. Ministra;* no «el Sr. director», «la Sra. ministra»).

3. *Señor de la guerra* es traducción inadecuada del inglés *warlord: «Los líderes de*

CONJUGACIÓN DEL VERBO «SER»

(tiempos simples)

INDICATIVO

Pres. soy, eres, es, somos, sois, son.
Pret. impf. era, eras, era, éramos, erais, eran.
Pret. indef. fui, fuiste, fue, fuimos, fuisteis, fueron.
Fut. impf. seré, serás, será, seremos, seréis, serán.
Pot. simple sería, serías, sería, seríamos, seríais, serían.

SUBJUNTIVO

Pres. sea, seas, sea, seamos, seáis, sean.
Pret. impf. fuera o fuese, fueras o fueses, fuera o fuese, fuéramos o fuésemos, fuerais o fueseis, fueran o fuesen.
Fut. impf. fuere, fueres, fuere, fuéremos, fuereis, fueren.

IMPERATIVO

sé, sea, sed, sean.

FORMAS NO PERSONALES

Inf. ser.   *Ger.* siendo.   *Part.* sido.

---

los distintos grupos islámicos han demostrado ser vulgares señores de la guerra» (País, 14.9.1996, 8). En español se dice *caudillo* o *cabecilla.* Cf. Lorenzo, *Anglicismos,* 100.

señorita. 1. Como tratamiento, y a diferencia de *señor* y *señora,* puede emplearse indistintamente ante apellido o ante nombre de pila, sin que este último caso denote nivel popular. No es usual ante título o nombre de cargo.
2. El uso de la abreviatura *Srta.* es normal solo cuando se escribe ante el nombre propio: *la Srta. Martín, la Srta. Aurora.*

Seo de Urgel. *La Seo de Urgel.* La ciudad ilerdense que en catalán tiene el nombre de *La Seu d'Urgell* se denomina en castellano *La Seo de Urgel,* y es esta la forma que debe usarse cuando se habla o escribe en español.

SEPARACIÓN DE SÍLABAS. Sobre partición de las palabras en final de línea, → GUIÓN.

separar. Construcción: *separar una cosa* DE *otra.*

-sepsia, -séptico. Formas sufijas del griego *sepsis,* 'putrefacción': *antisepsia.*

septi-, septu-. Formas prefijas del latín *septem,* 'siete': *septimino, septuplicar.*

septiembre. Son igualmente válidas las grafías *septiembre* y *setiembre.* La primera, preferida por la Academia, es la más frecuente en el uso culto de España. Sin embargo, en el uso oral de este nivel se oyen indistintamente las pronunciaciones /septiémbre/ y /setiémbre/.

septillizos → TRILLIZOS.

séptimo. Son perfectamente válidas las dos grafías, *séptimo* y *sétimo.* La primera, preferida por la Academia, lo es también por el uso culto. No obstante, en este nivel se oyen indistintamente las pronunciaciones /séptimo/ y /sétimo/.

séptuple, séptuplo → MULTIPLICATIVOS.

sepultura → PANTEÓN.

ser. 1. Verbo irregular. (Véase cuadro.)
2. Usos sintácticos de *ser:*
a) Copulativo: enlace del sujeto con el predicativo. Alterna en esta función con *estar.* Pero *ser* se usa siempre que el predicativo sea un nombre *(Andrés es arquitecto)* o un pronombre *(Mi hermano es este),* o cual-

quier palabra sustantiva, por ejemplo, un infinitivo (*«Hacer bien a villanos es echar agua en la mar»*, Cervantes). Cuando el predicativo es adjetivo, se usa *ser* si el adjetivo significa la cualidad inherente al sujeto *(Juan es muy alto; El hombre es mortal)*.

En las oraciones de verbo copulativo con adjetivo calificativo *(Juana es fea* o *Juana está fea)*, los extranjeros que hablan en español encuentran dificultad para decidir cuál de los dos verbos copulativos, *ser* o *estar*, ha de usarse en cada caso. Cuando la cualidad expresada por el adjetivo es considerada por nosotros como el resultado de una acción, transformación o cambio real o posible, debemos poner el verbo *estar;* en los demás casos, en que no vemos más que la mera cualidad exenta de toda idea de cambio, el verbo que corresponde es *ser.* Así, al decir *Juana* ESTÁ *fea,* significamos que hemos observado en ella un cambio con relación a su aspecto habitual —que no es el de «fea»—; mientras que al decir *Juana* ES *fea,* damos a entender que la condición de «fea» nos parece una de las características personales de Juana. (Cf. Gili Gaya, § 46.)

b) Auxiliar. Sirve para formar la voz pasiva de los verbos, formando la perífrasis verbal *ser* + participio: *soy recibido, eres recibido, es recibido,* etc. En la construcción pasiva el participio concierta en género y número con el sujeto *(eres recibida, sois recibidas).*

Con *ser* alterna en la formación de la voz pasiva el verbo *estar.* Las formas constituidas por *estar* (en tiempos simples) + participio corresponden normalmente a las formas con *ser* (en tiempos compuestos) + participio. Así, *La carretera está cortada* = *la carretera ha sido cortada (está* cortada porque *ha sido* cortada).

c) «Predicativo». Significa unas veces 'existir' —sobre todo en lenguaje filosófico: *Dios es*—; otras, 'ocurrir', 'suceder': *¿Qué ha sido de él?; Esto fue en el año 1950.*

d) *Ser de* + infinitivo. Perífrasis verbal de sentido pasivo que expresa necesidad: *Es de suponer, es de creer,* 'debe suponerse, debe creerse': *«Que yo soy el rey del mar* / *y mi furia es de temer»* (Espronceda, *Poesías,* 73). (→ 3.)

3. *Ser evidente* (o *notorio, obvio, patente, visible,* etc.), *ser necesario* (o *indispensable, obligado, obligatorio, preciso,* etc.), *ser posible* (o *probable, seguro, cierto,*

falso, etc.), *ser de esperar* (o *de temer, de suponer,* etc.: → 2, d). En todas estas construcciones, el elemento que sigue al verbo *ser* es adjetivo —formal o funcional— que funciona como predicativo. Y estas construcciones «*ser* + predicativo» son predicados en que se afirma algo (que «es evidente», que «es preciso», que «es de esperar», etc.) de una cosa. La palabra o conjunto de palabras que designan esta cosa son los sujetos de tales predicados, a pesar de que normalmente aparecen enunciados a continuación de estos: *Es necesario* (predicado) *actuar inmediatamente* (sujeto). Como consecuencia de esta estructura predicado-sujeto, los elementos del predicado tienen que someterse a la concordancia que la lengua impone entre predicado y sujeto. Si el sujeto es una proposición de infinitivo (como en el ejemplo anterior), o *«que* + indicativo o subjuntivo» *(Es falso* QUE HAYAN SALIDO; *Es evidente* QUE HEMOS FRACASADO), el verbo va en singular, y el adjetivo, en masculino singular. Si el sujeto está constituido por un nombre (o un sintagma cuyo núcleo es un nombre), el verbo y el adjetivo formal han de ir en el mismo número —singular o plural— que ese nombre, y el adjetivo, además, en el mismo género —masculino o femenino—. (El adjetivo funcional, *de esperar, de traer,* etc., se mantiene invariable.) Así, se dirá: SON *de temer nuevas subidas de precios* (no *Es de temer...); ;* SON *de esperar tormentas en la Meseta Sur* (no *Es de esperar...*); ES NECESARIA *en estos momentos una política decidida* (no *Es necesario...).* Muchos periodistas olvidan con frecuencia esta regla tan elemental. Pero se trata sin duda de una tendencia natural en el idioma, atestiguada desde hace siglos: *«No fue necesario muchas palabras»* (Alemán, *Guzmán,* 418); *«Es preciso fe y verdadero entusiasmo por la idea que se persigue para ir a buscar los tipos originales»* (Bécquer, *Celda,* 546).

4. *Ser menester:* → MENESTER, 2.

5. *Yo soy de los que creo* / *Yo soy de los que creen:* → YO, 7.

6. *Fue uno de los que supo comprenderle* / *Fue uno de los que supieron comprenderle:* → UNO, 5.

7. *Es por esto que, es entonces que, es así que, es aquí que:* → QUE², 3.

8. *O sea.* En esta locución —equivalente a *es decir* o *esto es*—, la palabra *sea* ha perdido enteramente su primitivo carácter verbal y se mantiene invariable (ya nadie dice, p. ej., *Un duro*, o SEAN *cinco pesetas).* En lenguaje coloquial, especialmente de nivel popular, se emplea abusivamente la locución con valor expletivo, como puro relleno, o bien con vagos sentidos ajenos al suyo propio: *El agua de la piscina estaba helada, o sea, y además con muchísimo cloro; Yo estaba muy cansado, o sea, que lo dejé; Hay veinte personas, o sea, yo creo que lo menos hay treinta.* (Cf. Lovett, 739, y Lapesa, *Lengua,* 204.)

9. *No siendo que.* Es vulgarismo el uso de esta locución, con el sentido de 'para evitar que', en lugar de la construcción *no sea que* (o, en pasado, *no fuera que): «Quince minutos le doy .., en la inteligencia de que no me venga usted más tarde de ningún modo,* NO SIENDO QUE *se presente el señor Juez y esté usted ausente todavía»* (Sánchez Ferlosio, *Jarama,* 293); *«Por el rostro del guardia, congestionado por la ira, comprendí que, efectivamente, estaba dispuesto a quitarse el uniforme. Y me fui, no siendo que se lo quitara»* (Gómez Figueroa, *Hoja Lunes Madrid,* 11.2.1974, 25).

10. *Como sea,* en lugar de *como quiera que sea,* es locución adverbial que aparece con frecuencia en el castellano hablado por catalanes: *«Como sea, la campaña no ceja en sus buenas intenciones»* (J. M. Martínez, *Informaciones,* 21.4.1973, 15).

11. *Como sea que* también es locución frecuente en el castellano hablado por catalanes y equivale al normal *como quiera que: «Como sea que la Sagrada Familia un día u otro se terminará, pueden ocurrir dos cosas» (Destino,* 7.8.1971, 5).

12. *Ni que sea,* como equivalente del normal *aunque sea,* o *siquiera sea,* también se encuentra en el castellano hablado por catalanes: *«Aunque al poeta .. se le olvide aludir —ni que sea con una palabra— a la esforzada labor de Gimferrer» (Vanguardia,* 8.6.1978, 45); *«En la novela 'Tiempo de silencio' se postula, ni que sea indirectamente, el derecho del autor a dotar de autonomía a sus obras»* (O. Martí, *País,* 13.3.1986).

13. *Si yo fuera de ti:* → YO, 6.

14. *Tan es así:* → TANTO, 3.

15. *Como ser,* invariable, se usa en algunos países americanos por el normal *como es* o *como son:* → COMO, 14.

16. *Un sí es no es,* locución adverbial, 'un poco, algo': *«Aumentaba un sí es no es*

la rapidez de los pasos» (Palacio Valdés, *Novela,* 227); *«Con el temple un sí es no es trémulo y atemorizado»* (Cela, *Judíos,* 178). A pesar de la tilde de *sí,* se pronuncian tónicas solamente la primera y la última sílaba de la locución: /ún.sies.no.és/. Nada de extraño tiene que a menudo se escriba el *sí* sin tilde: *«[La liebre] iba un si es no es larga»* (Delibes, *Cazador,* 21); *«Los recursos y soluciones de Arniches, que son un si es no es insuficientes»* (Zamora Vicente, *Valle-Inclán,* 9).

sereno → SOBRIO.

serial. No solo es adjetivo: 'perteneciente o relativo a una serie'; es igualmente nombre masculino, con el sentido de 'novela o reportaje emitido (por radio o televisión) en una serie de entregas'. También en la prensa se usa el nombre para designar un texto publicado en números sucesivos. La palabra *serie* se emplea asimismo en todos los medios de comunicación, pero con significado algo diferente: designa un conjunto de programas o de textos que tienen un denominador común, pero que constituyen unidades con sentido propio, independientemente del que puedan encerrar como componentes del conjunto.

seriar. Se conjuga, en cuanto al acento, como *cambiar* [1 a].

serie. 1. → SERIAL.

2. Es catalanismo el uso de *seguido* (catalán *seguit)* por *serie: «Durante mucho tiempo nos creímos .. que el seguido de divorcios y escándalos que de ellos nos llegaban eran artilugios publicitarios»* (I. Agustí, *Triunfo,* 18.8.1962, 7).

sero-. Forma prefija del latín *serum,* 'suero': *seroterapia.*

serrar. Verbo irregular. Se conjuga como *cerrar* [6].

servir. 1. Verbo irregular. Se conjuga como *vestir* [62].

2. Construcción: *servir* DE *guía; servir* PARA *algo; servir* PARA *hacer algo* (no *servir* A *algo* o A *hacer algo); servirse* DE *alguien; servirse* DE *la toalla.*

sesenta. 1. En los numerales compuestos por *sesenta, setenta, ochenta* o *noventa* + *y* + *uno, dos, tres,* etc., conviene evitar estas dos anomalías fonéticas: *a)* la intercalación de una /i/ parásita tras la /e/ de la segunda sílaba: /seseintaizínko, seteintaisiéte/; *b)* la elisión de la /a/: /ochentidós, ochentitrés, nobentinuébe/.

2. Conviene recordar también que no está admitida la ortografía de estos numerales en una sola palabra (p. ej., *sesentaidós, ochentaicuatro,* en lugar de *sesenta y dos, ochenta y cuatro),* aunque se encuentre con cierta frecuencia en países americanos.

seseo → C.

sesqui-. Prefijo latino que significa 'una mitad más': *sesquicentenario,* 'centenario y medio', es decir, 'ciento cincuenta aniversario'.

setenta. *Setenta y uno, setenta y dos,* etc.: pronunciación y ortografía: → SESENTA.

setiembre → SEPTIEMBRE.

sétimo → SÉPTIMO.

Seu d'Urgell. *La Seu d'Urgell:* → SEO DE URGEL.

seudo-. Forma prefija del griego *pséudos,* 'falsedad'. Puede usarse también la forma etimológica *pseudo-,* pero hoy es rara; incluso la Academia prefiere la grafía sin *p* inicial. Se escribe normalmente, pues, *seudónimo, seudópodo, seudoprofeta* (mucho más que *pseudónimo, pseudópodo, pseudoprofeta).*

severo. Es impropio el uso, debido a anglicismo, de *severo* por *grave: «El enemigo sufrió severas pérdidas»* (cit. Lapesa, *Lengua,* 196); *«Padeció ayer un empeoramiento en su estado de salud, después de haber sufrido el martes un severo ataque cardiaco» (País,* 24.7.1980, 48). Menos frecuente, otro sentido de *severo* tomado del inglés es el de *intenso: «Roncar de forma severa podría ser una causa de impotencia» (El Mundo,* Supl., 7.4.1994, 2). Los dos disfrutan de bastante aceptación entre los médicos.

sex-. Forma prefija del latín *sex,* 'seis': *sexenio.*

sextillizos → TRILLIZOS.

séxtuple, séxtuplo → MULTIPLICATIVOS.

sha → SAH.

shampoo → CHAMPÚ.

shií → CHIISMO.

shock → CHOQUE.

Shostakóvich → CHOSTAKÓVICH.

show → ESPECTÁCULO.

si [1]. 1. Conjunción. Es palabra átona en todos sus usos:

a) Conjunción condicional. La proposición introducida por esta conjunción puede expresar de dos maneras la condición: *real* e *irreal.*

En la *condición real,* el hecho expresado por la proposición es un hecho real, probable o posible, sea en el pasado, en el presente o en el futuro. El verbo de esta proposición va en indicativo (en cualquier tiempo que no sea futuro ni potencial); el verbo principal va en indicativo o en imperativo: *Si yo lo deseo, Pedro vendrá; Si iba ella, él iría también; Si este es rico, yo también puedo serlo; Si alguien te pide dinero, niégaselo; Si vienen mañana, no podremos recibirlos.*

En la *condición irreal,* el hecho expresado por la proposición es un hecho que estimamos no realizado en el pasado, irrealizable en el presente o improbable en un futuro, y por tanto, la consecuencia contamos con que lo es también. El verbo de esta proposición va en subjuntivo (pretérito imperfecto, si la condición se refiere al presente o al futuro; pluscuamperfecto, si se refiere al pasado). El verbo principal va en potencial simple o en la forma *-ra* del imperfecto de subjuntivo (para condición presente o futura); o en potencial compuesto o pluscuamperfecto de subjuntivo (para condición pasada): *Si yo tuviera* (o *tuviese) dinero, me marcharía* (o *marchara) a París; Si yo hubiera* (o *hubiese) tenido dinero, me hubiera (habría, hubiese) marchado a París; Si hubiese estudiado, sabría mucho más.*

En el lenguaje administrativo y arcaizante todavía se emplean las llamadas oraciones *condicionales contingentes,* que son condicionales reales de futuro con el verbo en futuro de subjuntivo: *Si transcurrido el plazo no se presentare* (o *hubiere presentado), perderá sus derechos* (→ FUTURO, 2 y 4).

b) Conjunción anunciativa que introduce una proposición interrogativa indirecta: *Dime si vas a venir; Le pregunté si le gustaba.*

c) Conjunción concesiva, equivalente a *aunque.* Puede la proposición llevar el verbo en indicativo o subjuntivo, en las mismas circunstancias que cuando es condicional: *No se quejaría si le arrancaran la piel a tiras; No se quejará si le arrancan la piel a tiras.*

Otro *si* concesivo, que se construye con verbo en indicativo, pone de relieve la coexistencia, unas veces paralela y otras antitética, de las ideas expresadas por la proposición y el verbo principal: «*Si he perdido la vida, el tiempo, todo / lo que tiré, como un anillo, al agua, / si he perdido la voz en la maleza / me queda la palabra*» (Otero, *Pido*, 13); «*Siempre lidiando con amas, que si una es mala, otra es peor*» (Moratín, *El sí*, 253).

d) Puede tener matiz causal: *Si ayer has dicho que no, no puedes volverte atrás.*

e) De este uso procede el *si* de protesta, que aparece en expresiones condicionales elípticas, reducido ya a un mero adverbio oracional: «Don Lucas: *Primillo, fondo en cuñado, / idos un poco a la lengua.* —Don Pedro: *¡Si yo hablaba aquí por vos!* —Don Lucas: *Sois un hablador, y ella / es también otra habladora.* —Doña Isabel: *¡Si vos me disteis licencia!*» (Rojas Zorrilla, *Bobos*, 58); «*—Pedazo de imbécil —le dijo al mozo—. ¿Quién te manda a ti abrir esa jaula?* —Si no he sido yo. Ha sido el portero» (Baroja, *Aventuras Paradox*, 12); «*No, si no estoy enojada. ¿Por qué voy a estar?*» (Donoso, *Domingo*, 43). Cf. Bello, § 1272.

2. *Si acaso, por si acaso:* → ACASO, 5 y 6.

3. *Si bien:* → BIEN, 5.

4. *Si no*, diferencia con *sino:* → SINO, 4 y 5.

5. *Si más no:* → MÁS, 9.

6. *Si que también.* Locución conjuntiva que se usa, siguiendo a *no solo,* como equivalente del normal *sino también:* «*Estímase el conocimiento no solo en su extensión, si que también en comprensión*» (Unamuno, *Raza*, 155); o de *pero también,* o *aunque,* o *si bien,* si no va siguiendo a *no solo:* «*Comentó, puerilmente, el más joven de los vigilantes, si que también innecesariamente*» (Salvador, *Cuerda*, 80). Es uso semiculto que se da en España tanto como en América (Kany, 400), censurado desde hace un siglo (Cuervo, *Apuntaciones*, § 405; Oliver, *Prontuario,* etc.), y del que decía Casares, al criticarlo en una de las primeras obras de Azorín: «Hoy no hay ya quien escriba en serio aquello de *si que también*» (*Crítica profana*, 94). Variante de *si que también* es *si que:* «*La poesía, el arte y la cultura toda se convierten en una sutilísima operación mental, en un puro, si que dificilísimo juego*» (Aranguren, *Crítica*, 18).

Además de *si que también* y *si que* aparecen las formas acentuadas *sí que también* y *sí que:* «*Telegramas que se recibían de Madrid, noticias políticas principalmente, sí que también sucesos y acontecimientos internacionales*» (Delibes, *Cartas*, 36); «*Su amor, el único amor de su vida —sí que platónico— fue un adolescente muerto*» (Delibes, *Pegar*, 153).

7. *Un si es no es:* → SER, 16.

8. *Por si*, locución conjuntiva en que se combinan el valor causal de la preposición *por* y el hipotético de la conjunción *si.* Expresa que el motivo de lo significado por el verbo principal es la posibilidad de que suceda lo que dice la proposición iniciada por la locución: *Llévate el paraguas, por si llueve* (la causa de que yo te aconseje que lleves el paraguas es la posibilidad de que llueva). Sobre la combinación *por si acaso,* → ACASO, 6.

Hay un uso de *por si* en que el sentido causal de *por* queda desdibujado: *Por si fuera poco lo que pagamos, ahora nos prometen un nuevo impuesto.* Este *por si* equivale a *como si.*

si². 'Nota musical'. Su plural es *sis.*

sí¹. 1. Adverbio que significa afirmación. Cuando se sustantiva, precedido de artículo o de otro determinante, su plural es *síes* (no *sís:* «*—Sí... Pero eran los suyos unos síes desmarridos, unos síes ausentes, unos síes que hay que empujarlos para que no queden ronceros*», Zunzunegui, *Hijo,* 25).

2. *Un sí es no es:* → SER, 16.

3. *Sí que también; sí que:* → SI¹, 6.

sí². 1. Pronombre personal de 3.ª persona, invariable en número (singular y plural), de valor exclusivamente reflexivo. En esta forma tónica solo se usa precedido de preposición (por tanto, no sujeto ni como predicativo; son anormales estos casos: «*Abandona el gesto y la ocupación de su cargo .. y vaca a ser sí mismo*», Ortega, *Viajes*, 166; «*Nadie que lo parara salvo sí mismo*», Marías, *Corazón,* 118; cf. Fernández Ramírez, § 102). Cuando esta preposición es *con,* se forma la palabra *consigo.* No es normal *con sí:* «*Coqueteando con sí misma*» (Baroja, *Casa*, 26); «*Una mujer que se bastaba con sí misma para todo*» (Benet, *Volverás,* 117).

2. No se admite el uso de *sí* como reflexivo de 1.ª o 2.ª persona: *Cuando volví en sí,*

410

estaba solo; «Lleva [tú] siempre consigo esta soga» (Larreta, *Don Ramiro,* 201); *«Yo de por sí soy enemigo de las amnistías» (País,* 14.10.1978). En los dos primeros ejemplos debe ponerse la forma tónica preposicional correspondiente al sujeto en cuestión: *Cuando volví en mí, estaba solo («Qué impresión, si me parece que aún no he vuelto en mí»,* Zamora, *Traque,* 139; *«Caí enfermo del tifus y volví en mí mucho tiempo después»,* Garmendia, *Memorias,* 51; una pequeña burla de la confusión: *«—¡Hija mía, vuelve en sí, por Dios, vuelve en sí! —Se dice vuelve en ti, mamá»,* Ramos Carrión, *Agua,* 306); *Lleva siempre contigo esta soga.* En el tercer ejemplo, *de por sí* constituye una locución casi siempre utilizada con referencia a la 3.ª persona; para las otras dos personas es habitual recurrir a la construcción *por naturaleza.* No obstante, es posible *de por mí, de por ti: «David me dijo que no leyera versos. Que yo ya era de por mí demasiado sentimental»* (Martín Gaite, *Ritmo,* 18). Sobre la locución *dar de sí,* → DAR, 7.

3. Para las funciones de complemento directo y complemento indirecto, se usa la forma átona *se: Juan* SE *lava; Juan* SE *lava la cara.* No debe confundirse este *se* con la forma especial *se* que toma en determinados casos el pronombre *le* o *les* (→ ÉL, 7). Es uso popular, en algunas zonas de España y sobre todo en América, añadir *n* al pronombre *se* cuando se refiere a pluralidad de personas: *«'¿Qué prisa tienen? ¡Siéntensen!' Se decía siempre 'siéntensen', que luego me han dicho que está muy mal dicho»* (Zamora, *Traque,* 184). Cf. Menéndez Pidal, *Gramática,* § 94; Lapesa, *Historia,* 472 y 586; Zamora, *Dialectología,* 433; Kany, 112.

4. El pronombre átono *se,* en cualquiera de sus dos funciones (complemento directo y complemento indirecto), puede ir acompañado, dentro de la frase, por la forma tónica *sí* precedida de la preposición *a,* con lo cual el complemento directo o indirecto aparece mencionado dos veces: SE *daña* A SÍ *mismo.* En este caso la forma *a sí* (frecuentemente reforzado por *mismo)* tiene valor enfático.

5.1. La forma *se* es empleada también, sin valor reflexivo, como indicador del sentido pasivo de la oración: *Se vendió la casa,* 'fue vendida la casa'. Esta construcción pronominal pasiva solo se presenta en 3.ª persona (singular o plural) y siempre referida a cosas. Como el sustantivo que acompaña al

verbo es su sujeto gramatical, el verbo tiene que ir en singular o plural, según vaya en singular o plural ese sustantivo. Así, por tanto, es anormal decir: *Se espera chubascos* (tan anormal como sería «Es esperado chubascos»); *«Desde un monte sereno de Palestina .. se vertió sobre los hombres las más altas enseñanzas»* (Unamuno, *Andanzas,* 39). El sujeto de esta construcción pronominal pasiva es con frecuencia una proposición con verbo en infinitivo o con *que* + subjuntivo: *Se prohíbe fumar; Se dice que no tardará.* Evítese la confusión de esta construcción pasiva con la impersonal (→ 6, 7 y 8).

5.2. La confusión de la construcción pronominal pasiva —tipo *Se vendió la casa*— con la construcción impersonal con *se* (→ 8) —tipo *Se vive bien* o *Se respeta a los ancianos*—, reduciendo una y otra a la construcción impersonal —*Se vendió las casas*—, aunque es anormal, como queda dicho, en el español de España, está tan arraigada en el español de América que se encuentra atestiguada en sus escritores más prestigiosos *(«Si se recapitula los elementos de este estudio»,* Lugones, *Payador,* 1133; *«En el mundo .. se habla entre cuatro y cinco mil lenguas»,* Uslar-Pietri, *Abc,* Supl., 17.8.1985, XII; *«Nunca más se ha tenido noticias de su paradero»,* Vargas Llosa, *Abc,* 4.8.1983, 3), e incluso instituciones idiomáticas como la Academia Chilena *(Notas,* 6.1996, 4) declaran igualmente aceptables allí las oraciones *Se venden artículos de tocador* y *Se vende artículos de tocador.*

5.3. La construcción pronominal pasiva *(se vendió)* es mucho más frecuente que la construcción pasiva con el verbo *ser (fue vendida).* Sin embargo, predomina la pasiva con *ser* cuando se expresa el agente de la acción verbal: *Fue vendida la casa por los hijos.* Ejemplos como el que sigue no son abundantes: *«El estudio del pensamiento de Ortega se había abandonado por la mayoría de los cultivadores oficiales de la filosofía en España»* (Marías, *Sociedad,* 55).

6. Otro uso importante de *se* es el que da carácter impersonal a la oración. Esta construcción impersonal solo se presenta en 3.ª persona singular, carece de sujeto gramatical y puede llevar complemento directo de persona: *Se respeta a los ancianos;* o no llevar complemento directo: *Se pasa bien aquí.* Es anormal poner el verbo en plural cuando el complemento directo es plural *(Se respe-*

tan a los ancianos; «Se declararon por tira-
nos a todos cuantos con semejantes pretex-
tos habían hecho guerras», Quintana, cit.
Cuervo, Notas, n.° 106). Este uso erróneo se
debe a confusión entre la construcción impersonal con *se* y la construcción pasiva con
se (→ 5 y 8).

7. Un caso especial se presenta cuando
el complemento directo de la construcción
impersonal con *se* (→ 6) es un pronombre
personal átono de 3.ª persona *(se les castigará, se los castigará, se las castigará):* →
ÉL, 6.

8. Recapitulando lo dicho (→ 5 y 6), las
construcciones con *se* no reflexivo se distinguen:

a) La referencia a *'cosas' o 'acciones' es
propia de la construcción pasiva.* En este
caso, el sustantivo o proposición que designa
la 'cosa' o la 'acción' actúa como sujeto gramatical, y el verbo, por consiguiente, va en
singular o plural según sea singular o plural
el sujeto: *Se vendió* (singular) *la casa* (singular); *Se esperan* (plural) *chubascos* (plural).
Las proposiciones de infinitivo o de *que*
+ subjuntivo son gramaticalmente sustantivos singulares: *Se prohíbe* (singular) *fumar*
(singular).

b) La referencia a *'personas' o la ausencia de referencia a cualquier objeto de la acción son propias de la construcción impersonal.* En este caso, el sustantivo que designa a
la 'persona' funciona como complemento directo (con *a),* y el hecho de que tal sustantivo
vaya en singular o plural no afecta a la forma
del verbo, que se mantiene siempre en singular: *Se respeta a los ancianos.*

Siam → TAILANDIA.

sic- → PSICO-.

sicalíptico. Adj. no muy usado hoy: 'que
muestra picardía erótica' (la Academia define *sicalipsis* —el nombre de donde procede
el adjetivo—, como «malicia sexual, picardía erótica»). Hay quien escribe *«azafatas
psicalípticas» (País,* 6.3.1993, 52), creyendo
que la palabra tiene relación con *psico-.* No
existe tal relación.

sicastenia → PSICOLOGÍA.

sico- → PSICO-.

**sicoanálisis, sicología, sicológico, sicólogo,
sicópata, sicopatía, sicosis, sicotecnia, si-
coterapia** → PSICOLOGÍA.

sida. La sigla *SIDA,* 'síndrome de inmunodeficiencia adquirida', está totalmente lexicalizada y se usa como un nombre masculino
corriente; por ello se ha hecho general la grafía con minúsculas, *sida,* y así figura ya en
los diccionarios. Como adjetivos derivados
de este nombre los preferibles son *sídico,*
'del sida', y *sidoso,* 'que padece sida', pro-
puestos por Emilio Alarcos (cf. Ordóñez,
Lenguaje médico, 122). Un ejemplo de uso:
*«Sidosos: No vi a ninguno de ellos en un
'Derecho a discrepar'* [programa de televi-
sión] *que trataba sobre su enfermedad»
(Diario 16,* 5.3.1989, 103).

sidecar. 'Asiento adosado, sobre una
rueda, al costado de una motocicleta'. Aunque es palabra de origen inglés, está incorporada a nuestro idioma e incluida en el *Diccionario* de la Academia. Se pronuncia a la
española, /sidekár/, y su plural es *sidecares.*

sidero-, sider-. Forma prefija del griego *sí-
deros,* 'hierro': *siderurgia.*

sídico, sidoso → SIDA.

Sidney → SYDNEY.

siempre. 1. Es galicismo el uso de *siempre* por *todavía,* o la construcción *«siempre
+ verbo»* por *«seguir* + gerundio».* Está mucho más extendido en América que en España: *«Lo tenía siempre sujeto de las solapas»* (Vargas Llosa, *Ciudad,* 14), 'seguía
teniéndolo sujeto de las solapas'; *«—¿Está
siempre Cuevas? .. —Hace mucho que no
está»* (Güiraldes, *Don Segundo,* 186). También es americano *siempre más* por *cada vez
más.*

2. *Siempre que. a)* Conjunción temporal.
La proposición introducida por ella lleva generalmente el verbo en indicativo: *Siempre
que puedo voy a ese hotel.* Pero lo lleva en
subjuntivo si la acción pertenece a un momento futuro: *Siempre que puedas, ven a
verme.*

b) Conjunción condicional. Es uso derivado del anterior. La proposición introducida
por ella lleva el verbo en subjuntivo: *Siempre que tú también estés conforme, acepto la
propuesta.*

3. *Siempre y cuando.* Locución conjuntiva condicional. La proposición introducida
por ella lleva el verbo en subjuntivo: *Serán
admitidos, siempre y cuando lleven el visto
bueno del director.*

4. *Siempre y cuando que.* Como cruce de *siempre que* y *siempre y cuando,* se ha formado la conjunción *siempre y cuando que:* «*No debemos escandalizarnos de muchas llagas puestas al descubierto, siempre y cuando que no se incurra en el desvío...*» (L. Rodríguez Alcalde, *Arriba,* 21.8.1960, 29); «*Yo admito la utilidad del aparato siempre y cuando que no se generalice y lo use todo el mundo*» (N. González Ruiz, *Ya,* 8.11.1961, 38). Aunque registrado por la Academia, el uso culto prefiere *siempre y cuando.*

Sierra Leona. El adjetivo derivado del nombre de Sierra Leona es *sierraleonés.*

siesta. *Hacer una siesta:* → HACER, 7.

SIGLA. Es la serie de las letras iniciales de una denominación compuesta por varias palabras. (También se suele llamar *sigla* cada una de esas letras; así se habla, por ejemplo, de «las siglas» de un partido político.) Esa serie funciona en la lengua escrita, y también en la hablada, como una sola palabra que sustituye a la secuencia entera de las que constituyen el nombre complejo de la cosa en cuestión. Así, la sigla de «Organización de las Naciones Unidas» es *ONU;* la de «Organización Nacional de Ciegos de España» es *ONCE;* la de «Consejo General del Poder Judicial» es *CGPJ;* la de «Ministerio de Obras Públicas, Transportes y Medio Ambiente» es *MOPTMA;* la de «Ley de Reforma Universitaria» es *LRU;* la de «Unión de Repúblicas Socialistas Soviéticas» es *URSS;* la de «objeto volador no identificado» es *OVNI;* la de «síndrome de inmunodeficiencia adquirida» es *SIDA.* Puede observarse que en la formación de una sigla es habitual la omisión de las preposiciones y los artículos.

La misma tendencia natural a la economía del habla por la que decimos apocopadamente *cine* en lugar de *cinematógrafo* y *metro* en lugar de *metropolitano* es la que hace que rehuyamos la pesada mención de esos largos nombres complejos y en su lugar escribamos solo las iniciales de las palabras que los forman; es decir, siglas. No solo las escribimos, sino que las *decimos:* como palabras simples. En esto se diferencian las *siglas* de las *abreviaturas.* (→ ABREVIATURA.) Unas y otras sirven para abreviar lo que se escribe; pero la *abreviatura* se lee «traduciendo» lo escrito por lo que en ello se representa (así, *Sr.* se lee forzosamente «señor»),

mientras que la *sigla* no se «traduce», sino que se lee tal como está escrita. Las abreviaturas no son más que formas acortadas en la escritura; las siglas son verdaderas palabras usadas tanto en la escritura como en el habla.

Cuando la secuencia de esas letras es pronunciable como palabra —caso de *ONU, ONCE, URSS, OVNI, SIDA*—, aprovechamos esta facilidad diciendo sencillamente /ónu/, /ónce/, /urs/, /óbni/, /sída/. Pero cuando esa secuencia de letras es impronunciable —caso de *LRU* o de *CGPJ*—, se enuncia deletreando: /éle-érre-ú/, /cé-jé-pé-jóta/. Hay casos en que se evita el deletreo introduciendo una vocal postiza de apoyo (/pesóe/ para *PSOE),* o bien eliminando algún sonido difícil (/sóe/ para *PSOE,* /mópma/ para *MOPTMA).*

El deseo de hacer siglas pronunciables, eludiendo la necesidad del deletreo, ha llevado en muchas ocasiones a crear siglas en que se incluyen letras que no son iniciales de las palabras; así, la sigla de «Red Nacional de los Ferrocarriles Españoles» no se hizo siguiendo el procedimiento normal, que hubiera dado *RNFE,* sino añadiendo una letra *e* tomada del interior de la primera palabra del rótulo completo, y el resultado fue *RENFE.* (→ ACRÓNIMO.)

Como se puede ver por los ejemplos citados anteriormente, hay siglas correspondientes a denominaciones de instituciones o entidades (como *ONCE, LRU, URSS).* En estos casos, la sigla funciona como un nombre propio y se escribe con todas las letras mayúsculas. Otras siglas corresponden a denominaciones de objetos, sistemas u operaciones, funcionando como nombres comunes. Aunque en este caso lo normal es que se escriban también con todas las letras mayúsculas (por ejemplo: *DDT,* «dicloro-difenil-tricloroetano»; *DNI,* «documento nacional de identidad»; *NIF,* «número de identificación fiscal»; *TAC,* «tomografía axial computerizada»), a veces pasan a escribirse en minúsculas, después de haber pasado por una fase de mayúsculas (así, *OVNI* y *SIDA* hoy suelen ponerse, respectivamente, *ovni* y *sida).* Cuando en una sigla se produce este proceso, se da un paso firme hacia su lexicalización, es decir su conversión en una palabra «normal» más, con olvido general de su origen de sigla. Tal ha sido el caso de *radar,* hoy nombre común en todas las lenguas, pero que en su origen fue *RADAR,* sigla del inglés «radio detection and ranging».

Una peculiaridad de las siglas, en su calidad de verdaderos nombres funcionales, es su capacidad (limitada) de generar derivados, a veces normales, a veces humorísticos: *onuano*, de *ONU*; *usano*, de *USA*; *ugetista*, de *UGT*; *sidoso*, de *SIDA*; *ovnilogía*, de *OVNI*.

Hasta hace una veintena de años era norma general que cada una de las letras componentes de la sigla fuese seguida de un punto: *O.N.U.*, *U.S.A.* Hoy este uso está prácticamente abandonado.

SIGNOS ORTOGRÁFICOS → PUNTUACIÓN, TILDE, DIÉRESIS, GUIÓN, MAYÚSCULAS, COMILLAS.

siguiente. Construcción: *el día siguiente* A *Navidad; la casa siguiente* A *la vuestra*.

sij. 'De la secta religiosa fundada en el siglo XVI por el reformador hindú Nanak Dev'. Se usa como adjetivo y como nombre. El plural normal es *sijs*. Algunos periódicos escriben *sikh*, siguiendo un sistema de transcripción extranjero en que *kh* representa nuestro sonido /j/, y por tanto menos adecuado en nuestro idioma que el de la letra *j*.

silenciar. 1 Se conjuga, en cuanto al acento, como *cambiar* [1 a].
2. El significado de *silenciar* es 'callar' (una cosa) o 'pasar(la) en silencio': *El crítico silenció el éxito de la obra*. Es anglicismo, que la Academia recoge en su *Diccionario* desde 1992, usar este verbo como equivalente de *hacer callar* o *reducir al silencio*: «*Aviones de las fuerzas aéreas propias habían silenciado las posiciones artilleras sirias en la referida zona*» (Arriba, 18.3.1962, 1); «*Dos veces trató Goodwin de interrumpirla y fue silenciado por el tribunal*» (Novás, trad. Faulkner, *Santuario*, 186).

sílice. 'Combinación de silicio y oxígeno'. Es nombre femenino: *la sílice*.

similar. Construcción: *similar* A *otro; de manera similar* A COMO *lo hizo* (no *similar* COMO *lo hizo*).

simili-, simil-. Formas prefijas del latín *similis*, 'semejante': *similicadencia, similar*.

simpar. Usado por *sin par*: → PAR.

simple. El superlativo de este adjetivo es *simplísimo* o —más culto— *simplicísimo*.

simposio. 'Conferencia o reunión de carácter científico'. No hay necesidad de usar la forma *symposium*.

sin. 1. Preposición, siempre átona, que denota:
a) Privación o carencia: *Estoy sin empleo*.
b) Con un infinitivo, negación de un hecho simultáneo o anterior al del verbo principal: *Trabaja sin cesar; Estamos sin comer*.
c) Excepción (uso anticuado): «—¿*Qué se ha muerto?* —*Más de veinte / coronados venados .., / tres jabalíes y un oso temerario, / sin la caza menor, porque esa espanta*» (Tirso, *Vergonzoso*, 17) (*sin*, 'sin contar; además de').
2. *Sin embargo*: → EMBARGO, 1 y 2.
3. *Sin fin*: → SINFÍN.

sin-. 1. Prefijo griego que significa 'con': *sindical, sincronía*. Toma la forma *sim-* ante *b* o *p*: *simpatía; si-*, ante *l*: *sílaba*.
2. Forma prefija de la preposición *sin*: *sinsabor*.

sincerarse. Construcción: *sincerarse* CON *alguien; sincerarse* ANTE *el juez*.

sinécdoque. Forma expresiva que consiste en designar un todo por el nombre de una parte (p. ej., *los que no tienen techo*, 'los que no tienen casa'), o una colectividad por el nombre del individuo (p. ej., *el japonés es trabajador*), o un objeto por el nombre de la materia de que está hecho (p. ej., *un vidrio*, 'un vaso'). El género de esta palabra es femenino, *la sinécdoque* (no como leemos a veces: «*Un año que ha rendido culto no solo a la hipérbole sino al sinécdoque*», Diario 16, 26.11.1990, 2).

sinembargo → EMBARGO, 3.

sine qua non. Locución adjetiva latina, referida a *condición*, 'inexcusable'. Se pronuncia /sinekuanón/; no /sinekuánon/, como dicen muchos. Si se quiere aplicar a nombre en plural, lo habitual es usar *sin* variación la forma *sine qua non*, que en rigor solo vale para singular; la forma adecuada es *sine quibus non*: «*Sometiendo al preferido a pruebas de lealtad, de sinceridad, de esplendidez y de otras virtudes que la pícara mujer estima condiciones 'sine quibus non'*» (Galdós, O'Donnell, 169).

sinfín. Diferencia entre *sinfín* y *sin fin*: *Sinfín* es nombre masculino y significa 'infinidad': *Había un sinfín de invitados. Sin fin* es locución adjetiva que se aplica a cables o correas que tienen unidos sus extremos y forman una figura cerrada: *una correa sin fin.* En sentido general, 'inacabable': *penalidades sin fin.*

sinfonier → CHIFFONNIER.

Singapur. Nombre español de la isla, estado y ciudad del sudeste de Asia cuyo nombre inglés es *Singapore* y cuyo nombre francés es *Singapour.*

single → SENCILLO.

sino. 1. La conjunción adversativa *sino* (que se pronuncia átona) se emplea cuando, negada una cosa, se afirma a continuación otra que ocupa su lugar: *No lo hizo él, sino ella; No es bondadoso, sino tonto.* Cuando la conjunción se enuncia en medio de dos oraciones con verbo explícito, toma normalmente la forma *sino que: No le pegó, sino que le insultó.* Son raros ejemplos como este, *sin que: «El tiempo no existe, sino es la conciencia del pasado»* (Salinas, *Ensayos,* 180). E, inversamente, es extraño para los españoles el empleo de *sino que* entre elementos que no son oraciones, uso que, sin embargo, se da en América (al menos en Chile):*«Los fletes ya no se hacían por tren, como antes, sino que por camión, por carretera»* (Donoso, *Lugar,* 58); *«Ya no será Mademoiselle, sino que la señora de Sordo»* (Brunet, *Humo,* 139). **2.** A veces usa *sino que* con sentido restrictivo (como *pero): «Él es bueno, sino que a veces los hombres más buenos tienen que hacer cosas que parecen malos»* (Arniches, *Hombre,* 930). **3.** *No solo... sino...* → SOLO, 2. **4.** No debe confundirse *sino,* conjunción adversativa, con *si no,* conjunción condicional seguida de negación. *Sino* es palabra átona —la pronunciación /sinó/ es errónea—; *si no* tiene tónico el segundo elemento. Véase la diferencia en estos ejemplos: *No come, sino trabaja* ('en lugar de comer, trabaja'); *No come si no trabaja* ('no come en el caso de que no trabaje'). **5.** *¿Qué podía hacer, sino resignarse?* equivale a 'no podía hacer más que resignarse'. En este caso se emplea *sino.* Pero, si el segundo miembro de la frase es una oración (verbo en forma personal), la construcción es *si* (conjunción condicional) + *no* (ad-

verbio de negación), y por tanto son dos palabras separadas: *¿Qué podía hacer, si no era resignarse?*

sino-. Forma prefija, poco usada, de *chino: «El conflicto ideológico sino-soviético»* (Castellet, *Marcuse,* 75).

siquiatra → PSIQUIATRA.

siquiatría → PSICOLOGÍA.

siquiera. Adverbio de cantidad que significa 'por lo menos': *Dame siquiera dos pesetas.* En oraciones negativas va precedido por *ni: Ni siquiera le dieron las gracias.* Es poco frecuente que la expresión *ni siquiera* vaya detrás del verbo: *No me saludó ni siquiera;* se prefiere *siquiera* solo: *Sin enterarse siquiera de lo que pasaba.*
 El uso de *tan siquiera,* forma enfática con el mismo sentido de *siquiera,* es popular: *«¡Vaya, que ni tan siquiera darle a entender a uno que le retoza un poco de alegría por el cuerpo!»* (Galdós, *Torquemada,* II, 94).
 Siquiera se usa como conjunción concesiva, generalmente precediendo al verbo *ser* en subjuntivo: *Déjame el libro, siquiera sea por una semana.*

sirviente. El femenino de este nombre es *sirvienta.*

sisar. Construcción: *sisar* DE *la tela; sisar* EN *la compra.*

sismo. 'Terremoto'. Puede decirse también *seísmo;* pero es preferible la forma *sismo,* única usada por los especialistas. Los derivados están formados sobre ella: *sísmico, sismólogo, sismógrafo,* etc.

sistema → ESTABLISHMENT.

sístole. 'Movimiento de contracción del corazón'. Es nombre femenino: *la sístole,* a pesar de que sea frecuente entre los médicos decir *el sístole* (cf. Laín, *Lenguaje,* 29). Lo mismo vale para *extrasístole:* no es *el extrasístole,* sino *la extrasístole.*

sitacismo → PSITACISMO.

sitiar. Se conjuga, en cuanto al acento, como *cambiar* [1 a].

situación → STATUS.

situar. 1. Se conjuga, en cuanto al acento, como *actuar* [1 d]. **2.** Construcción: *situarse* EN *un lugar.*

skai. Nombre comercial registrado: 'material plástico que imita el cuero'. La pronunciación corriente es /eskái/. Puede españolizarse gráficamente en la forma *escay,* como hacen algunos: «*El señor gobernador quiso acomodarse en la silla tapizada de escay*» (Carandell, *Triunfo,* 30.6.1973, 12).

sketch → APUNTE.

slalom. 'Carrera de habilidad con esquís'. Es palabra noruega usada internacionalmente. En español se usa como nombre masculino. Su pronunciación corriente entre nosotros es /eslálom/, y se españoliza en las formas *eslálom* —la que responde a la pronunciación más corriente— o *eslalon* —la patrocinada por la Academia—.

slip. 'Calzón ajustado y muy corto'. Se usa este nombre inglés para designar una prenda deportiva o un tipo de calzoncillos. Se pronuncia corrientemente /eslíp/. No tiene equivalente exacto en español; sin embargo, para el primer sentido se usa muchas veces *calzón,* y para el segundo, *calzoncillo* o *calzoncillos.* En todo caso, sería posible adoptar una grafía españolizada *eslip.*

slogan → ESLOGAN.

smog → NIEBLA.

smoking → ESMOQUIN.

snob → ESNOB.

so. **1.** Preposición, 'bajo'. Se pronuncia átona. Es exclusivamente de uso literario y solo se usa, normalmente, con los nombres *capa, color, pena* o *pretexto: «El pino so capa de nogal*» (Pérez de Ayala, *Troteras,* 244); «*So color de extensión universitaria*» (D'Ors, *Museo,* 20). Alguna vez, excepcionalmente, con otros nombres: «*Y, so el arco de mi cejo, / dos ojos de un ver lejano*» (Machado, *Poesías,* 236); «*So los robles de Vizcaya / yacía el corazón mío*» (Basterra, *Antología,* 29). **2.** En uso coloquial existe un *so* (de origen distinto del de la preposición), con pronunciación átona, que a veces precede a un nombre o adjetivo de insulto formando con él un enunciado exclamativo o vocativo: *so bandido, so bestia, so memo.* Los diccionarios marcan gramaticalmente esta voz como nombre, pero su función es adverbial, de intensificación de la cualidad que se expresa inmediatamente después.

so-. Prefijo que significa 'bajo': *soterraño, soportar;* o acción ligera: *sofreír.*

sobra. De *sobra,* locución adverbial, 'con exceso', 'más de lo suficiente'. La forma *de sobras* es frecuente en el castellano de Cataluña: «*Los que hemos vivido en un penal sabemos de sobras lo que significa*» (M. Roig, *País,* 28.3.1983, 11). No es uso aceptado en el español común.

sobre. **1.** Preposición. Su pronunciación es átona. *a)* Punto de apoyo: *Está sobre la mesa.* En sentido figurado, base o garantía de un préstamo: *Presta sobre alhajas.* *b)* Superioridad, mayor elevación en lo material: *La cigüeña vuela sobre el tejado de la iglesia.* En sentido figurado, mayor dignidad: *El capitán está sobre el teniente.* *c)* Posterioridad: *sobre comida.* *d)* Reiteración, acumulación: *crueldades sobre crueldades; sobre la ruina, la enfermedad.* *e)* Asunto: *Escribió sobre agricultura; Se disputa sobre el sentido de esta cláusula.* **2.** El uso de la preposición *sobre* por *de,* precediendo a la expresión de la cifra total de la que se ha tomado una parte, es anormal: *40 sobre 70 estudiantes fueron suspendidos.* Se dice *40 de 70.* **3.** Evítese también el uso impropio de esta preposición, frecuente en redactores deportivos, en frases como *El árbitro señaló una falta sobre López.* Debe decirse *El árbitro señaló una falta cometida contra López.* **4.** Usos anormales, debidos a galicismo, son *sobre encargo,* en lugar de *por encargo:* «*Petit-Point. Trabajos sobre encargo*» (*Abc,* 2.3.1972, 60); y *sobre medida,* o *sobre medidas,* en lugar de *a la medida:* «*Mandó hacer ropas sobre medida*» (García Márquez, *Amor,* 380).

sobre-. Prefijo que realza la significación; equivale a 'con exceso': *sobrealimentar, sobrevalorar.*

sobreaviso. *Sobreaviso* es grafía errónea por *sobre aviso* (→ AVISO).

sobrecontratación. Este nombre es el que debe usarse como traducción exacta del inglés *overbooking,* 'contratación de plazas hoteleras en número superior al disponible'.

sobreentender → SOBRENTENDER.

sobrefatiga. 'Estado resultante de una fatiga excesiva'. Este nombre corresponde adecuadamente al francés *surmenage*.

sobrehaz. 'Superficie o cara exterior'. El género de este nombre es femenino: *«La sobrehaz de la conciencia»* (Azorín, *Andando*, 9), aunque encontremos *«el sobrehaz de la conciencia»* en Torrente *(Saga*, 390).

sobremanera. Adverbio, 'en gran medida o intensamente'. Puede escribirse también en dos palabras, *sobre manera;* pero esta grafía es hoy bastante infrecuente.

sobrentender. 1. Verbo irregular. Se conjuga como *entender* [14]. **2.** Aunque puede escribirse también *sobreentender,* se suele preferir la grafía *sobrentender.*

sobrepelliz. 'Cierta vestidura litúrgica'. Es nombre femenino. Sin embargo, no faltan ejemplos de uso masculino: *«los sobrepellices»* (Azorín, *Voluntad,* 127); *«mi sobrepelliz almidonado»* (Grosso, *Capirote,* 183); *«el sobrepelliz»* (Torrente, *Pascua,* 360).

sobreponer. 1. Verbo irregular. Se conjuga como *poner* [21]. **2.** Construcción: *sobreponerse* A *sus sentimientos.*

sobrerrealismo, sobrerrealista → SUPERREA-LISMO.

sobresalir. 1. Verbo irregular. Se conjuga como *salir* [59]. **2.** Construcción: *sobresale* ENTRE *sus compañeros; sobresale* POR ENCIMA DE *la tapia.*

sobreseer. Verbo irregular. Se conjuga como *leer* [17]. Debe evitarse la forma *sobreseír.*

sobrevenir. Verbo irregular. Se conjuga como *venir* [61].

sobreviviente → SUPERVIVIENTE.

sobrevivir. 1. Construcción: *a)* 'Seguir viviendo (después de un suceso)': complemento con *a: sobrevivió* A *la catástrofe. b)* 'Seguir viviendo (después de una persona)': complemento con *a,* o pronombre complemento indirecto: *sobrevivió* A *su maestro,* o LE *sobrevivió.*
No es verbo transitivo, y por tanto no es normal decir: *«La enferma sobrevivirá la en-*

fermedad» (Solís, *Siglo,* 336); *«Miguel Esteban sobrevivió la dureza primera» (Ya,* Supl., 13.3.1975, 9). **2.** Como sinónimo poco frecuente de *sobrevivir* también existe *supervivir.* Es curioso que, en el uso general, al lado del verbo *sobrevivir* «funciona» normalmente como derivado suyo el adjetivo y nombre *superviviente* (derivado de *supervivir*), y no *sobreviviente* (que parecería el más natural, siendo su propio derivado formal).

sobrevolar. 1. Verbo irregular. Se conjuga como *acordar* [4]. **2.** Es verbo transitivo: *sobrevolaron la zona* (no *sobrevolaron* SOBRE, o POR ENCIMA DE, *la zona).*

sobrio. 'Templado o moderado en el comer y en el beber'. El adjetivo se refiere a una cualidad permanente; por tanto, se usa de manera inadecuada cuando —por influjo del inglés— se dice que el que se había emborrachado ya *está sobrio.* Se quiere decir que *está sereno.*

sociabilidad, sociable. Uso de *convivial* y *convivialidad* por *sociable* y *sociabilidad:* → CONVIVIAL.

sofá. El plural de este nombre masculino es *sofás.*

sofreír. Verbo irregular. Se conjuga como *freír* [47].

software. Palabra inglesa, es nombre masculino (pronunciación corriente, /sófgüer/) que significa 'conjunto de programas y otras instrucciones con que opera un ordenador'. La Academia propone que en lugar de esta palabra se diga *programa,* aunque no ha obtenido mucho éxito, debido a que en informática ya se usa *programa* en otro sentido.

sol → MAYÚSCULAS, 2.4.

solamente → SOLO.

solar. Verbo irregular. Se conjuga como *acordar* [4].

soldado. Es nombre invariable en cuanto al género: *el soldado/la soldado.* Para indicar el sexo femenino, cuando no basta el contexto (como ocurre en el primero de los ejemplos que siguen), se recurre a los adjuntos (artículos o adjetivos) o al nombre *mujer* antepuesto: *«La esposa de un soldado camboyano, soldado ella también, monta guar-*

dia» (Abc, 24.7.1973); *«Aventura de las soldados norteamericanas en el Golfo» (Diario 16,* Supl., 11.11.1990, 22); *«Varios miles de mujeres soldados participan en el despliegue americano ante la eventual guerra del Golfo» (ibídem).*

soldar. Verbo irregular. Se conjuga como *acordar* [4].

soler. Verbo irregular. Se conjuga como *mover* [18]. Es verbo defectivo: solo se usan los tiempos presente *(suelo,* etc.), pretérito indefinido *(solí,* etc.) e imperfecto *(solía,* etc.) del modo indicativo; el presente de subjuntivo *(suela,* etc.); de las formas compuestas, el pretérito perfecto *(he solido,* etc.). Las formas no personales se usan todas normalmente, aunque el infinitivo, según la Academia, únicamente sirve para nombrar el verbo *(Gramática,* § 161e). Se usa siempre seguido de verbo en infinitivo: *«Casi todas las criaturas de su pluma a las que él mismo y los demás solieron dar el nombre de 'ensayos'»* (Laín, *Marañón,* 147). Ocasionalmente puede no aparecer el infinitivo, pero en tales casos se ha omitido por consabido: *—¿Vas mucho al cine? —No suelo.*

solicitar. Construcción: *solicitar algo* A *alguien* o DE *alguien.*

solidaridad. 'Condición o actuación solidaria'. Derivado del adjetivo *solidario,* la forma adecuada es *solidariedad* (como el italiano *solidarietà),* pues es norma en nuestro idioma que los adjetivos en *-io* formen sus nombres abstractos en *-iedad (sobrio, sobriedad; sucio, suciedad; serio, seriedad,* etc.; → -DAD, 2). Ya Andrés Bello, en el siglo pasado, y Menéndez Pidal *(Unidad,* 213), en este, defendieron la forma *solidariedad;* pero se ha impuesto (incluso en el *Diccionario* de la Academia) la formación *solidaridad* (tomada directamente del francés *solidarité),* y es difícil enmendar un uso tan arraigado.

solidarizar. Construcción: *solidarizarse* CON *los compañeros.*

solo. 1. El adjetivo *solo,* 'sin compañía' o 'único' (que tiene, naturalmente, variaciones de género y número: *sola, solos, solas),* en su forma masculina singular, no se diferencia, en cuanto a la pronunciación, del adverbio *solo,* 'solamente, únicamente'. Una frase como *Estoy solo por las tardes,* privada de contexto, puede ser ambigua: 'estoy sin

ninguna compañía por las tardes' o 'estoy únicamente por las tardes'. Para prevenir este riesgo, existe una regla ortográfica según la cual ha de escribirse con tilde *solo* cuando es adverbio; pero esta regla debe aplicarse exclusivamente en los casos de posible ambigüedad, como el del ejemplo. En realidad, la ambigüedad no tiene por qué presentarse nunca, porque el contexto la resuelve en cada caso, de la misma manera que resuelve habitualmente las restantes ambigüedades posibles del habla. Por consiguiente, al ser potestativo el uso de la tilde en el adverbio *solo,* lo más recomendable es atenerse a la norma general de no ponerla. (He aquí el texto literal de la norma académica de 1959: «La palabra *solo,* en función adverbial, podrá llevar acento ortográfico si con ello se ha de evitar una anfibología».)

2. *No solo... sino...* Estos elementos se anteponen a enunciados sintácticamente equivalentes (dos oraciones, dos nombres, dos adjetivos, etc.) para indicar la suma o acumulación del uno al otro. El segundo elemento va frecuentemente acompañado de *también* o de otro adverbio equivalente a este: *No solo vinieron sus padres, sino* (o *sino también) sus tíos y sus abuelos; «Conviene que la mujer permanezca abacia, carente de voz y voto en la vida pública,* NO SOLO *porque la política sea .. actividad esencialmente varonil,* SINO *porque la influencia política de la mujer convertiría muy en breve el gobierno de los viejos en gobierno de las viejas»* (Machado, *Mairena,* 191). Cuando los unidos son oraciones, el segundo elemento copulativo es *sino que* (o *sino que también): No solo vinieron, sino que les trajeron muchos regalos; «Los insectos, por el hecho de ser insectos,* NO SOLO *quedan al margen de nuestra inteligencia,* SINO QUE *quedan también al margen de nuestra idiotez»* (Camba, *Ciudad,* 70). En todas estas construcciones puede aparecer, como variante, *solamente* en lugar de *solo.*

soltar. 1. Verbo irregular. Se conjuga como *acordar* [4].
2. Construcción: *soltarse* A *conducir; soltarse* DE *las ligaduras.*

-soma. Forma sufija del griego *sóma,* 'cuerpo': *cromosoma.*

Somalia. La acentuación de este nombre

es /somália/, no /somalía/. El adjetivo correspondiente es *somalí*.

somato-, somat-, soma-. Formas prefijas del griego *sóma*, 'cuerpo': *somatopsíquico*.

someter. Construcción: *someter una cosa* A *una presión; someterse* A *alguien; someterse* A *los caprichos de alguien*.

somier. 'Colchón de tela metálica'. En plural es *somieres*. No es necesario usar la forma original francesa *sommier* (plural *sommiers*).

somnambulismo, somnámbulo → SONÁMBULO.

somni-, somn-. Formas prefijas del latín *somnus*, 'sueño': *somnífero*.

somnífero, somnolencia, somnoliento → SONÁMBULO.

son-. Prefijo, variante de *so-* o *sub-: sonsacar, sonreír*.

sonámbulo. 'Persona que se levanta y anda durante el sueño'. La Academia registra dos formas: *sonámbulo* y *somnámbulo*. Esta última es la más ajustada a la etimología y por tanto la más culta; pero la primera es la más usual, y también la preferida por la propia Academia. Lo mismo hay que decir de la pareja *sonambulismo* y *somnambulismo*. En cambio, ni el uso general ni la Academia han operado la reducción de *-mn-* a *-n-* en *somnífero* ni en *somnolencia* y *somnoliento*.

sonar. 1. Verbo irregular. Se conjuga como *acordar* [4].
2. Construcción: *sonar* A *hueco*.

Sondica. La ciudad vizcaína que en vascuence se escribe con la grafía *Sondika* tiene en castellano la forma *Sondica*, y es esta la que debe usarse cuando se escribe en español.

sonreír. 1. Verbo irregular. Se conjuga como *reír* [57].
2. Construcción: *sonreírse* DE *la idea*.

soñar. 1. Verbo irregular. Se conjuga como *acordar* [4].
2. Construcción: *soñar* CON *ladrones; soñar* EN *un mundo feliz*.

-sor. Sufijo que significa agente: *profesor, revisor*.

sordo. Construcción: *sordo* A *las súplicas; sordo* DE *un oído*.

soriasis → PSORIASIS.

sorprendente. Los adjetivos *sorprendente* y *sorpresivo* (este último, nacido en América) no son sinónimos, aunque algunos sustituyan sistemáticamente el primero por el segundo. *Sorprendente* significa 'que causa sorpresa o asombro'; *sorpresivo*, 'que se produce por sorpresa'. Las dos palabras son válidas, pero no hay por qué confundirlas. Véase el contraste en este pasaje de Neruda: *«En seguida, sin decir una palabra, se retiró tan* SORPRESIVAMENTE *como había llegado, desapareciendo en la lluvia y en la noche. Y así fue como la* SORPRENDENTE *vida de Alberto Rojas Giménez fue sellada con un rito misterioso que aún nadie puede explicarse» (Confieso, 60)*.

sorpresa. *Cuál no sería su sorpresa cuando vio* (o *leyó*, o *supo*, etc.) *que...* Es esta una fórmula muy repetida en la literatura narrativa y que ha pasado a la lengua corriente, pero a menudo alterada en diversas formas; por ejemplo: *«Lo primero que hicimos fue sacarla de la jaula, y cuál sería nuestra sorpresa que el pájaro se sentía desprotegido y prácticamente se nos moría» (Correo Español, 18.8.1987, 7)*. Lo mejor es decir con sencillez: «Se llevó una gran sorpresa cuando vio...», «Vio con gran sorpresa...», o cualquier otra expresión natural, sin recurrir a clichés literarios mal asimilados.

sos-. Prefijo, variante de *so-* o *sub-: sostener, soslayar*.

sosegar. Verbo irregular. Se conjuga como *cerrar* [6].

sosia. 'Persona cuyo parecido físico con otra la hace viva imagen de ella'. Es nombre masculino y femenino. Aunque la Academia solo registra esta forma, es más usual *sosias*. Cualquiera de las dos es aceptable, pues la palabra viene de un nombre propio griego que en su lengua es *Sosias* y en latín *Sosia*. Pero es preferible la forma en *-a*, ya que el uso español de este nombre proviene del de un personaje del comediógrafo latino Plauto. Conviene recordar que se pronuncia /sósia/ —o /sósias/—, no /sosía/ —o /sosías/—: *«El seudo-Bénard .. tenía todas las cualidades de su sosias, pero marchitas» (Lamana, trad. Sartre, Palabras, 147)*.

sospechar. Construcción: *sospechar* DE *al-*

guien; sospechar infidelidad DE *alguien* (no *sospechar* A *alguien* DE *infidelidad; «Sospechaban de regicidio a Ben Jehhaf»*, Menéndez Pidal, *Cid,* 225). Sobre la construcción vulgar *sospecho* DE *que está equivocado,* → DE, 4.

sospechoso. Construcción: *sospechoso* DE *traición.*

sostener. Verbo irregular. Se conjuga como *tener* [31].

sota-, soto-. Prefijo, del latín *subtus,* 'bajo': *sotabarba, sotoministro.*

sound track → BANDA.

souteneur → RUFIÁN.

souvenir. Voz francesa, nombre masculino —pronunciado corrientemente /subenír/—, que literalmente significa 'recuerdo', y cuyo plural es *souvenirs.* Se usa universalmente en el sentido restringido de 'objeto que se compra como recuerdo de un viaje'. Para expresar este sentido es en muchos casos posible, pero no siempre suficientemente preciso, el empleo del español *recuerdo.* La palabra francesa es en realidad insustituible, especialmente cuando se quiere expresar su frecuente connotación más o menos despectiva. Se puede españolizar en la forma *suvenir,* plural *suvenires,* como ha hecho Sánchez Ferlosio *(País,* 17.8.1996).

soviet. 'Órgano de gobierno en la antigua URSS'. Aunque la pronunciación más corriente en España es /sóbiet/, es más recomendable /sobiét/. El plural es *soviets.*

spaghetti → ESPAGUETI.

Speyer, Spira → ESPIRA.

spleen → ESPLÍN.

sponsor, sponsorización, sponsorizar → PATROCINADOR.

-spora, -sporo, -sporio. Formas sufijas del griego *spora,* 'semilla': *diáspora.*

sport. El nombre inglés *sport* significa 'deporte', y con este sentido se usó también en español en épocas pasadas, de las cuales sobrevive la locución *hacer una cosa por sport,* 'hacerla porque sí o por capricho': *¿Tú crees que voy al médico por sport?* Pero también en este uso cede terreno a *deporte: hacer una cosa por deporte.* El uso más vivo

hoy de *sport* es en la locución adjetiva *de sport,* 'informal, pero correcto', con nombres que significan prendas de vestir: *chaqueta de sport. Calcetines de sport* son los que llegan hasta la rodilla. Con nombres que designan automóvil significa 'de línea deportiva'. En todos estos casos la locución *de sport* se sustituye con frecuencia por el simple nombre *sport* en aposición: *abrigo sport.* En estos usos la palabra es invariable en plural: *prendas sport.* Respondiendo a la pronunciación habitual entre los hispanohablantes, /espór/, ha habido algún intento de españolización en la forma *espor:* «*Lleva una chaqueta espor*» (Salvador, *Casualidades,* 12).

spray. Nombre masculino, 'envase que, al serle presionada una válvula, lanza un líquido pulverizado'. También designa el propio líquido. Es voz inglesa, corrientemente pronunciada entre nosotros /esprái/, y cuyo plural es *sprays.* Alguna vez se ha españolizado en la forma *esprái* (Umbral, *Tierno,* 20), aunque mejor sería *espray,* acorde con la norma ortográfica (cf. Academia, *Ortografía,* § 24).

sprint. Voz inglesa: en una carrera, 'aceleración máxima al aproximarse a la meta'. También se usa en sentido figurado: *el sprint de fin de curso.* Se pronuncia corrientemente /esprín/, es nombre masculino y su plural es *sprints.* Se ha introducido también en ciclismo el nombre inglés *sprinter,* 'corredor que realiza un sprint', que los periodistas escriben a veces *esprínter.* Estos mismos periodistas han creado un verbo *esprintar.*

Sri Lanka. Nombre oficial actual del Estado de Ceilán. El adjetivo correspondiente es *srilankés* o *srilanqués.* Tanto el nombre como el adjetivo son pronunciados por los hispanohablantes con una /e/ inicial de apoyo: /esrrilánka, esrrilankés/; la misma /e/ que se suele poner en *smoking,* /esmókin/, *stand,* /estánd/. Como esa /e/ ha llegado en muchos casos a cuajar ortográficamente *(esmoquin, esplín, estándar, Estocolmo, Eslovenia, Estrasburgo,* etc.), sería natural acoger a la misma costumbre *Sri Lanka* y *srilankés / srilanqués,* escribiendo *Esrí Lanka* y *esrilankés* o *esrilanqués.*

Por razón de la dificultad fonética, algunos han propuesto sustituir *srilankés* por *ceilandés;* solución que sería acertada si al mismo tiempo se sustituyese *Sri Lanka* por

Ceilán y se propusiese *ceilanés* en vez de *ceilandés* (→ CEILÁN).

stablishment → ESTABLISHMENT.

stádium → ESTADIO.

staff. Este término inglés se usa sin necesidad entre nosotros por *equipo* o por *estado mayor* (de un alto cargo).

stand → PABELLÓN.

standard, standarización, standarizar → ESTÁNDAR.

standing. Es innecesario el uso del inglés *standing (pisos gran standing,* se lee en algunos anuncios), que equivale en nuestro idioma a *representación, categoría* o *nivel: «Venta o alquiler, directamente, oficinas 260 m². Edificio alta representación» (Abc,* 20.4.1978).

-stasia. Forma sufija del griego *stásis,* 'detención': *coprostasia.*

-stático. Forma sufija, de adjetivo, del griego *stásis,* 'detención': *hemostático.*

statouder → ESTATÚDER.

statu quo. 'Estado actual de las cosas'. Esta locución latina se pronuncia /státu kuó/, y no, como dicen muchos locutores, /státu kúo/.

status. El uso, por anglicismo, del latín *status* no es muy necesario, pues equivale en español a *estado* o *situación;* o, en sociología, a *posición social* o *económica* (o simplemente *posición).* Su plural es invariable: *status.*

Algunos lo escriben *estatus,* españolizándolo a medias. Parece más lógico, o ponerlo del todo en español, o mantenerlo decididamente en su forma latina.

stereo, stereofonía, stereofónico → ESTEREO-FONÍA.

stock. Voz inglesa, usada en español con la pronunciación /estók/ y con el sentido de 'cantidad de una mercancía almacenada en reserva' o, figuradamente, 'conjunto de cosas acumuladas para uso futuro'. Aunque se han señalado como sustitutos *almacén, depósito* y, sobre todo, *existencias* (cf. Lorenzo, *Anglicismos,* 428), el empleo de estas voces, que en comercio tienen su sentido preciso, puede crear confusión. Del uso constante de

stock en comercio han nacido un verbo *estocar,* 'almacenar' *(«El ama de casa debe saber comprar, transportar y estocar», Abc,* 24.8.1972, 89), y un nombre derivado de este verbo: *estocaje* (como el francés *stockage).*

straperlo → ESTRAPERLO.

Strasbourg, Strasburgo → ESTRASBURGO.

stress → ESTRÉS.

su. Adjetivo posesivo: → SUYO.

su- → SUB-.

suajili. El *swahili* es una importante lengua hablada en varios países del África oriental. La forma española del nombre de esta lengua es *suajili.*

suástica → ESVÁSTICA.

Suazilandia. El Estado africano de *Swaziland* se llama en español *Suazilandia* (no *Swaziland).* El adjetivo correspondiente es *suazi.*

sub-. Prefijo latino que significa 'bajo': *subdirector, submarino.* Puede tomar las formas *sa-* (*sahumar*), *cha-* (*chapodar*), *za-* (*zabullir*), *zam-* (*zambullir*), *so-* (*sofreír*), *su-* (*suponer*), *sus-* (*suspender*).

subir. Construcción: *subir* AL *último piso; subir* EN *ascensor; subir* POR *la escalera; subir* DEL *sótano; subir* AL *coche.*

subliminar. Adjetivo, usado en psicología, referido a una percepción, 'que está por debajo del nivel de la conciencia'; y en medicina, referido a un estímulo, 'que no tiene la duración o la intensidad suficientes para producir respuesta directa'. Con el mismo valor se usa *subliminal.* De las dos variantes, la Academia solo registra esta última. Sin embargo, si se desea elegir, es preferible *subliminar,* que se alinea con la forma de otros dos adjetivos españoles de la misma familia: *liminar* y *preliminar.* Todos derivan del latín *limen* 'umbral' y de su adjetivo *liminaris.*

subordinar. Construcción: *subordinar una cosa* A *otra.*

subrayar. Aunque se oye con frecuencia la pronunciación /su.brayár/, la forma normal es /sub.rrayár/ (Academia, *Esbozo,* § 1.8.1).

subregión. La pronunciación normal es /sub.rrejión/.

subrepticio. Aunque etimológicamente correspondería a esta palabra una pronunciación /sub.rreptízio/, análoga a las de *subrayar,* /sub.rrayár/, *subrogar,* /sub.rrogár/, y *subregión,* /sub.rrejión/, la pronunciación hoy general es /su.breptízio/.

subrogar.   1. Debe pronunciarse /sub.rrogár/, mejor que /su.brogár/.   **2.** Construcción: *subrogar una cosa* CON, POR O EN LUGAR DE *otra.*

subscribir, subscripción, subscriptor → SUSCRIBIR.

subseguir. Verbo irregular. Se conjuga como *vestir* [62].

substancia, substanciación, substancial, substanciar, substancioso, substantivar, substantividad, substantivo → SUSTANCIA.

substitución, substituir, substitutivo, substituto → SUSTITUIR.

substracción, substraendo, substraer → SUSTRAER.

substrato → SUSTRATO.

subvenir.   1. Verbo irregular. Se conjuga como *venir* [61].   **2.** Construcción: *subvenir* A *las necesidades.*

subvertir. Verbo irregular. Se conjuga como *sentir* [60].

subyacer.   1. Verbo irregular. Se conjuga como *yacer* [36].   **2.** La Academia da dos sentidos para este verbo: 1, «yacer o estar debajo de algo», y 2, «estar algo oculto tras otra cosa». En realidad, la segunda acepción no es sino el uso figurado de la primera. No dice nada sobre la construcción, pero da para el segundo sentido un ejemplo, con la preposición *tras: Lo que subyace* TRAS *su comportamiento es un gran miedo a lo desconocido.* Esta construcción no está confirmada en los ejemplos que he visto. Las construcciones habituales son con *a, en* o *bajo: «Idea semejante subyace* A *toda actividad pública»* (Torrente, *Nuevos cuadernos,* 7; otros dos ejemplos del mismo autor, uno en *Informaciones,* 1975, y otro en *Abc,* 1986, citados por Náñez); *«Los derechos estáticos .. subyacen de forma esencial* EN *toda norma reguladora»* (Alfonso, *España,* 179). El uso más lógico, teniendo en cuenta la forma y el significado básicos del verbo, es con *en;* pero el más generalizado es con *a.*

suceder. Construcción: *suceder a otro* EN *el cargo.*

sud-.   1. Según el uso normal en España, la forma prefija de *sur* es *sud-: Sudáfrica, Sudamérica, sudoeste, sudeste, sudvietnamita, sudcoreano.* También existe, pero con aceptación algo menor, la forma *sur- (Suráfrica,* etc.). Esta forma *sur-* se prefiere en casos, como los de *sudvietnamita* y *sudcoreano,* en que se forma una secuencia de consonantes, /db, dk/, de pronunciación incómoda para el hablante de español.   **2.** Sobre el uso de mayúscula o minúscula en *sudeste / sureste* y *sudoeste / suroeste,* → PUNTOS DEL HORIZONTE.

suéter. 'Jersey'. Este nombre masculino es la adaptación, registrada por la Academia, del inglés *sweater.* No es necesario, pues, utilizar la grafía inglesa. El plural es *suéteres* (no *suéters,* como se ve en algunos anuncios).

suficiente. Construcción: *suficiente* PARA (no A) *vivir.*

sugerencia → SUGESTIÓN.

sugerir. Verbo irregular. Se conjuga como *sentir* [60].

sugestión. El sentido 'cosa que se sugiere' puede expresarse por medio del nombre *sugestión* o, más frecuente hoy, de *sugerencia. Sugestión* significa, además, 'acción de sugerir' y 'acción de sugestionar'.

suite. Palabra francesa que significa literalmente 'serie', pero que en español usamos como nombre femenino, pronunciado /suít/ (plural *suites,* pronunciado /suíts/), con dos sentidos especiales para los que de momento no hay sustituto dentro de nuestro idioma: 'obra musical constituida por una serie de piezas' y 'conjunto de habitaciones, a manera de apartamento, que se alquila en un hotel'.

sujeción. 'Acción de sujetar' o 'cosa que sujeta'. En la terminación de esta palabra hay una sola *c;* son erróneas, por tanto, la pronunciación /sujekzión/ y la grafía *sujección.*

sujetar. Construcción: *sujetarse* A *una obligación.*

sumir. Construcción: *sumirse* EN *una ciénaga*.

superávit. 'Exceso del haber sobre el debe'. El plural preferido por la Academia es *los superávit*, invariable, aunque en la lengua escrita no es raro encontrar *los superávits*.

superior → ALTO, 1.

superpoblar. Verbo irregular. Se conjuga como *acordar* [4].

superponer. Verbo irregular. Se conjuga como *poner* [21].

superrealismo. El francés *surréalisme*, término que designa una tendencia artística bien conocida, fue mal traducido al español en la forma *surrealismo*. El prefijo francés *sur-* corresponde al español *super-* o *sobre-*, y la traducción adecuada, por tanto, es *superrealismo* o *sobrerrealismo*. Algunos, como Antonio Machado, han preferido, pensando en el prefijo *supra-*, *suprarrealismo*. La forma sin duda más difundida es *surrealismo;* pero también disfruta de aceptación *superrealismo*, especialmente en la lengua escrita. La Academia, que acoge las cuatro formas, da preferencia a esta última. Todo lo dicho respecto a las cuatro palabras es aplicable a *surrealista, superrealista, sobrerrealista* y *suprarrealista*.

superstición. La pronunciación de esta palabra, como su grafía, incluye una /s/ después de *super-;* debe evitarse, pues, la forma /supertizión/, que se oye con frecuencia. Lo mismo hay que advertir respecto al derivado *supersticioso*.

superviviente. 1. Adjetivo, 'que sobrevive'; también nombre, 'persona que sobrevive'. Puede decirse también *sobreviviente*, pero su uso es raro (→ SOBREVIVIR, 2).
2. Construcción: *superviviente* DEL *naufragio*.

supervivir → SOBREVIVIR.

suponer. 1. Verbo irregular. Se conjuga como *poner* [21].
2. Sobre la construcción vulgar *supongo* DE *que ya está aprobado*, → DE, 4.
3. *Ser de suponer:* → SER, 3.

suprarrealismo, suprarrealista → SUPERREALISMO.

supremo → ALTO, 2.

sur. Sobre su grafía con mayúscula o minúscula, → PUNTOS DEL HORIZONTE.

sur-. Forma prefija, en competencia con *sud-*, → SUD-.

Suráfrica, Suramérica, surcoreano, sureste → SUD-.

Surinam. Nombre actual de la antigua Guayana Holandesa (→ GUAYANA). El adjetivo derivado es *surinamés*.

surmenage → SOBREFATIGA.

suroeste → SUD-.

surrealismo, surrealista → SUPERREALISMO.

surtir. Construcción: *surtir* DE *víveres*.

survietnamita → SUD-.

sus- → SUB-.

susceptible. 1. Construcción: *susceptible* DE *mejora* (no *susceptible* A).
2. Debe evitarse la confusión entre *susceptible* y *capaz*. Los dos adjetivos expresan capacidad; pero *capaz* se refiere a la capacidad de hacer (posibilidad activa), mientras que *susceptible* se refiere a la capacidad de recibir una acción o una cualidad (posibilidad pasiva). Se dirá, pues: *Este hombre es capaz de pegar a su padre; Esta ley es susceptible de reforma;* «*Un tonto, como todos los tontos, susceptible de felicidad o de infelicidad*» (Pérez de Ayala, *Troteras,* 81). Hay error, en cambio, en estos dos ejemplos: «*Un método capaz de ser denominado 'método de las ciencias del hombre'*» (Vicens, *Aproximación,* 20); «*Los niños organizaban un estruendo fabuloso con trompetas, zambombas y todos los instrumentos susceptibles de producir un ruido infernal*» (N. Luján, *Destino,* 6.1.1973, 26).
3. Igualmente hay que evitar la confusión entre *susceptible* y *posible*. Si *susceptible* es 'que puede recibir' (una acción o una cualidad), *posible* es simplemente 'que puede existir o realizarse'. El primero, en el sentido expuesto, lleva complemento; el segundo no lo lleva. Un ejemplo erróneo: «*Los malos son posibles de conversión*» (A. Paso, *Abc,* 17.12.1961, 3); aquí se quiso decir *son susceptibles*.

suscribir. 1. Verbo irregular. Se conjuga como *escribir* [46].
2. En esta palabra y en las de su familia

son igualmente válidas las grafías con -b-
(subscribir, subscripción, subscriptor) y sin
ella (suscribir, suscripción, suscriptor). Aunque las primeras son más fieles a la etimología, las segundas responden a la pronunciación corriente y son las usuales en la
escritura, incluso en la prosa culta. La Academia, que hasta 1992 daba preferencia a las
formas subs-, desde esa fecha ha invertido su
postura en favor de las formas sus-, acomodándose al uso general.
    3. Construcción: suscribir una opinión,
una ampliación de capital (no suscribir A
una opinión); suscribir a alguien A un periódico; suscribirse A un periódico.

suspender. Construcción: suspender DE
una argolla; suspender DE empleo y sueldo;
suspender EN el aire; suspender a uno EN dos
asignaturas.

suspense. 'Impaciencia o ansiedad por el
desarrollo de una acción', en cine, teatro o
narraciones. Para traducir la palabra inglesa
(no francesa) suspense, la Academia propone
suspensión, o suspenso, forma esta última
que registra como usada en América («Desde
su espantado terror crea un clima de violencia y suspenso digno del mejor exponente de
la serie negra», Fevre, Cuentos, 73). La palabra suspense, con pronunciación a la española, /suspénse/, es la única que se oye en la
lengua coloquial de España.

sustancia. En esta palabra y en las de toda
su familia son igualmente válidas las grafías
con -b- (substancia, substanciación, substancial, substanciar, substancioso, substantivar, substantividad, substantivo, etc.), y sin
ella (sustancia, sustancial, sustantivo, etc.).
Aunque las primeras son más fieles a la etimología, las segundas son las más usuales en
la escritura, incluso en la prosa culta. La
Academia, que hasta 1992 daba preferencia
a las formas subs-, desde esa fecha ha invertido su postura en favor de las formas sus-,
acomodándose al uso general.

sustanciar. **1.** Se conjuga, en cuanto al
acento, como cambiar [1 a].
    2. Grafía: sustanciar, substanciar: →
SUSTANCIA.

sustantivo, sustantividad, sustantivar →
SUSTANCIA.

sustituir. **1.** Verbo irregular. Se conjuga
como huir [48].

    2. Construcción: sustituir a uno POR
otro; sustituir una cosa POR o CON otra. Evítese la construcción ella sustituyó Juan A Pedro ('sustituyó a Pedro por Juan'). Es uso
clásico (aparece constantemente, por ejemplo, en el gramático Bello) y se encuentra en
Unamuno («Pasar de la expresión sintética
a la analítica, como el castellano ha hecho
sustituyendo a los casos latinos las preposiciones», Raza, 177), en Azaña («¿Cómo se
llama una situación causada por un alza-
miento que .. no derriba al Gobierno para
sustituirse a él?», Velada, 130) y en Menéndez Pidal («A los soldados de Navarra o de
Castilla .. sustituía él unos cuantos desterra-
dos», Cid, 88); pero conviene prescindir de él
por la confusión a que hoy puede dar lugar.
    3. En esta palabra y en las de su familia
son igualmente válidas las grafías con -b-
(substituir, substitución, substitutivo, substituto) y sin ella (sustituir, sustitución, susti-
tutivo, sustituto). Las primeras son fieles a la
etimología; las segundas responden a la pronunciación corriente y son las más usuales en
la escritura, incluso en la prosa culta. La
Academia, que hasta 1992 daba preferencia
a las formas subs-, desde esa fecha ha invertido su postura en favor de las formas sus-,
acomodándose al uso general.

sustraer. **1.** Verbo irregular. Se conjuga
como traer [32].
    2. Construcción: sustraerse A la obe-
diencia.
    3. En esta palabra y en las de su familia
(sustracción, sustraendo), son igualmente
válidas las grafías con -b- (substraer, substraendo) y sin ella. Las primeras (subs-) son
fieles a la etimología; las segundas (sus-) responden a la pronunciación corriente y son
más usuales en la escritura, incluso en la
prosa culta. La Academia, que hasta 1992
daba preferencia a las formas subs-, desde
esa fecha ha invertido su postura en favor de
las formas sus-, acomodándose al uso general.

sustrato. En filosofía, 'sustancia'; en lingüística, 'lengua que, a consecuencia de una
invasión, queda sustituida por otra'. En esta
palabra son igualmente válidas las grafías
substrato y sustrato. La primera es fiel a la
etimología; la segunda responde a la pronunciación corriente y se uniforma con la
dominante tendencia a la reducción de las
combinaciones subst- en la forma sust-

(substancia: sustancia, etc.*).* La Academia, que hasta 1992 daba preferencia a la forma *substrato,* desde esa fecha ha invertido su postura en favor de *sustrato.*

sutil. 1. 'Delicado' y 'perspicaz'. Es vulgarismo pronunciar esta palabra como grave, /sútil/.

2. Confusión entre *sutil* e *inconsútil:* →
INCONSÚTIL.

suvenir → SOUVENIR.

suyo. Adjetivo posesivo, 'de él, de ella, de ellos, de ellas; de usted, de ustedes'. Tiene variación de género y número *(suyo, suya, suyos, suyas).* Cuando va delante del nombre, aunque se interponga otro adjetivo, sufre apócope: *su* (singular masculino y femenino), *sus* (plural masculino y femenino): *su*

cabeza; su coche; sus antiguas propiedades. Estas formas apocopadas son siempre átonas: /sukabéza/. El pronunciarlas tónicas es regionalismo («desde el Cantábrico hasta Cáceres y desde León a Burgos y Soria», según Lapesa, *Historia,* 478).

svástica → ESVÁSTICA.

swahili → SUAJILI.

Swaziland, Swazilandia → SUAZILANDIA.

sweater → SUÉTER.

Sydney. Nombre de una ciudad de Australia. No debe confundirse con *Sidney,* nombre de un poeta inglés del siglo XVI, Philip Sidney (que también puede escribirse *Sydney).*

symposium → SIMPOSIO.

t

t. Vigesimoprimera letra del alfabeto español. Su nombre (femenino) es *te,* plural *tes.* Representa siempre al fonema /t/. En la realización de este fonema se forma una barrera que cierra durante un instante el paso del aire por la boca hacia el exterior, y que está formada por el ápice de la lengua puesto en amplio contacto con la cara interior de los dientes superiores. Una vez deshecho el contacto, el aire acumulado sale con una leve explosión. No hay vibración de las cuerdas vocales. Es una consonante dental oclusiva sorda.

Cuando el sonido /t/ está en final de sílaba, tiende a relajarse en la pronunciación corriente, convirtiéndose en una /d/ fricativa: *atlas* /ád-las/, *ritmo* /ríd-mo/, *atmósfera* /ad--mósfera/. En pronunciación popular, especialmente ante /l/, no es rara su desaparición: *Atlántico* /alántiko/, *atlético* /alétiko/.

Tabernes. La ciudad valenciana que en catalán y valenciano se escribe con la grafía *Tavernes* tiene en castellano la forma *Tabernes,* y es esta la que debe usarse cuando se escribe en español.

tabla. *Ranking,* por *tabla* o *lista* (clasificatoria): → LISTA.

tablazón. 'Agregado de tablas que forman una cubierta'. Es nombre femenino (no masculino: *«Se dejaba resbalar .. por el tablazón para saltar a la calle»,* Grosso, *Capirote,* 75).

tabú. El plural de este nombre masculino es *tabúes* o *tabús.* En el uso adjetivo general-mente es invariable: *temas tabú;* pero también se usan las formas de plural: *«elementos tabúes»* (Ulía, trad. Russell, *Antología,* 218); *«fechas tabúes» (Alerta,* 25.8.1984, 7).

tachar. **1.** Construcción: *tachar a uno* DE *frívolo; tacharle* DE *la lista.*
2. En la construcción con *de,* este verbo significa 'señalar (a alguien o algo) con una nota desfavorable'. De ningún modo significa 'calificar' en general *(«Cabe tachar de espectacular la eficacia de la policía local», País,* 11.4.1978).

táctil. 'Referente al tacto'. La acentuación de esta palabra es grave, /táktil/. Debe descharse, pues, la grafía y pronunciación *tactil,* usada erróneamente por muchos escritores y locutores.

Tadjikistán, Tadzhikistán → TAYIKISTÁN.

Tailandia. El nombre de la nación asiática —antiguamente Siam— es en español *Tailandia,* no *Thailandia.* El adjetivo derivado es *tailandés.*

tajamar. En una embarcación, 'tablón que hiende el agua cuando avanza la nave'. Es nombre masculino, *el tajamar.*

Tajikistán → TAYIKISTÁN.

tal. **1.1.** Como adverbio, significa 'así' y suele ir seguido de una proposición iniciada por *como* (o, en lenguaje literario, *cual:* → CUAL, 5): *Lo hizo tal como se esperaba.* Una forma más enfática es *tal y como: «Tal y como están las cosas»* (Ortega, *Espíritu,* 15).

En lenguaje poético se usa a menudo este *tal* con valor de 'así', sin ningún consecuente *(como, cual)*, desde la época clásica *(«Tal, antes que la opaca nube rompa, / previene rayos fulminante trompa»*, Góngora, *Polifemo*, 275) hasta nuestro tiempo (*«Tal de mi tierra veo los cerros retratados»*, Vallejo, *Poemas*, 123). Incluso pasa a veces a la prosa literaria (*«El país vasco-español .. se ve obligado a compaginarla [la función turística] .. con las exigencias y los afanes de la industrialización, sea esta múltiple y dispersa, tal la guipuzcoana, o masiva y concentrada, así la vizcaína»*, Laín, *España*, 18). Por otra parte, el uso de *tal* con valor de 'como' es frecuente en la poesía moderna (*«Y su recuerdo ahora me traspasa / el pecho tal puñal fino y seguro»*, Cernuda, *Antología*, 96), y, en menor proporción, en la prosa literaria (*«El abrazo soñado por Fernando de Herrera, propuesto por Camoens y que, tal un gozo perdido, .. siente Badajoz»*, Lorenzo, *Extremadura*, 144; *«Blanca la cofia de ella, labrada por el bordado y petrificada en almidón, tal las esculturas de un portal de iglesia»*, Benedetto, *Caballo*, 212).
1.2. *Tal*, también como adverbio pero con valor cuantitativo, 'tanto', es hoy raro y exclusivamente literario: *«A poco de entrar en la cueva comenzó a sentirse enfermo, y tal le apretó la dolencia que hubieron de volver al aire libre»* (Cossío, *Montaña*, 263).
2. *Con tal de* es locución prepositiva de sentido condicional que solo se usa ante infinitivo: *Con tal de ganar dinero es capaz de todo;* o ante proposición con *que: «En la novela vale todo, con tal de que vaya contado con sentido común»* (Cela, *Alcarria*, 10). Esta última construcción *(con tal de que)* alterna con la forma *con tal que*, hoy más rara: *«Les da igual, con tal que no se les moleste»* (Pombo, *Héroe*, 134); ambas son igualmente válidas.
3. *Por tal de* es forma anticuada, hoy rechazada en el uso normal, equivalente a *con tal de: «Se me han ofrecido muchos, por tal de subir la cuesta de enero»* (*Ya*, 12.1.1962, 30).
4. *Tal es así,* por *tanto es así:* → TANTO, 3.

talvez. En América es frecuente escribir el adverbio *tal vez* como una sola palabra, por lo que la Academia ha incluido la forma *talvez* en el *Diccionario.* Pero en España la norma sigue siendo escribir siempre *tal vez.*

tanga. 'Traje de baño femenino, de una o dos piezas, reducido a dimensiones mínimas'; también, 'slip de dimensiones mínimas'. Hay alguna vacilación en cuanto al género de este nombre, pero en España el uso predominante es masculino, *el tanga.* En América es también ambiguo en algunos países (como Chile, según Morales, *Dicc. chilenismos),* o solamente femenino en otros (como Argentina, Uruguay y Venezuela, según *Nuevo dicc. argentinismos, Nuevo dicc. uruguayismos* y Núñez-Pérez, *Dicc. Venezuela).*

tanto. 1. Como adjetivo o pronombre, tiene variaciones de género y número *(tanto, tanta, tantos, tantas).* En lenguaje coloquial expresivo, admite forma superlativa: *«Pero ¿cuatro botellas? .. ¿A dónde vamos con tantísimo?»* (Sánchez Ferlosio, *Jarama*, 16). En cualquiera de estas dos categorías o en la de adverbio, suele ser antecedente de proposiciones introducidas por *cuanto, como* (sentido comparativo) o *que* (sentido consecutivo): *Trabajo tanto como tú; Trabajo tanto que estoy agotado.*
2. Como adverbio, se apocopa en la forma *tan* (que se pronuncia átona) cuando le sigue inmediatamente un adjetivo o un adverbio: *tan bueno, tan discretamente;* o un sintagma de función adjetiva o adverbial: *tan de cerca, tan sin gracia.* No ocurre, sin embargo, la apócope ante los comparativos *mayor, menor, mejor, peor, más, menos: tanto mayor, tanto peor, tanto más. (Mayor,* cuando se emplea sin valor comparativo, se une a la regla general: *Esto es increíble en un hombre tan mayor.)*
3. *Tan es así («Tan es así que el historiador no puede ni siquiera leer una sola frase»,* Ortega, *Galileo*, 20) es un empleo abusivo de la apócope expuesta (→ 2). Lo normal es *tanto es así* o *tan así es: «Tanto fue así, que no faltó quien diera por cierta la conseja de que Florentino Ariza .. había hecho algo»* (García Márquez, *Amor*, 387). Hay quienes todavía añaden confusión al caso, diciendo *tal es así: «El feliz desenlace, no obstante, no puede esconder los enigmas que planean sobre el caso. Tal es así que el juez ha decidido mantener en prisión a los detenidos como presuntos autores del secuestro»* (*País*, 28.3.1994, 13). Aunque con menos frecuencia, *tan* aparece, en vez de *tanto*, en otras construcciones verbales: *«Tan*

no me he mirado nunca que no sé cómo soy» (Galdós, *Torquemada*, III, 135); otros ejemplos españoles en Cuervo, *Apuntaciones,* § 403, y Kany, 329.

4. *Hasta tanto que,* locución conjuntiva, equivale a *hasta que* (→ HASTA, 3) y, como esta, puede ir seguida de un *no* expletivo; en este último caso a veces se reduce a *hasta tanto:* «*Yo tampoco lío el primero .. hasta tanto no fumes tú también»* (Sánchez Ferlosio, *Jarama,* 19).

5. *Entre tanto:* → ENTRETANTO, 1 y 3.

6.1. *En tanto,* locución adverbial, equivale a *entre tanto* o *mientras tanto.* Su uso como adverbio aislado es anticuado. No así seguida de *que,* formando una locución conjuntiva equivalente a *mientras* o *mientras que:* «*En tanto que de rosa y azucena / se muestra la color en vuestro gesto...»* (Garcilaso, *Obras,* 231); «*En tanto que los descargan el boyero desata la yunta»* (Miró, *Sigüenza,* 232); «*En tanto que Antonio y su grupo distraen a la tropa .., los pisteros y cargadores rescatan a los animales»* (Vargas Llosa, *Guerra,* 348). Pero hay una tendencia muy arraigada, que ya censuró Cuervo *(Apuntaciones,* § 397), de suprimir la conjunción *que* usando como locución conjuntiva solo *en tanto:* «*En tanto había hablado, los otros no atendían sino a él»* (Pérez de Ayala, *Luna,* 108); «*El cerebro de los muertos continúa pensando por su cuenta en tanto las células viven»* (Delibes, *Año,* 154).

6.2. *En tanto que,* locución favorita de ensayistas, tomada del francés *(«Ciertas personas a quienes conocemos nos sorprenden como frenéticos en tanto que espectadores de fútbol»,* Aranguren, *Juventud,* 130), corresponde al español normal *en cuanto.* Este uso tiene relativa antigüedad. El primer testimonio que conozco es de 1923, de Eugenio d'Ors: «*En tanto que torre, en tanto que símbolo de la soberanía plural, la torre Eiffel es republicana» (Mis ciudades,* en G. Manzano-Soriano-Maicas, *Europa,* 81).

7. *Qué tanto,* por *cuánto* o *qué:* → QUÉ, 5.

8. *De tanto en tanto,* locución adverbial de origen catalán *(de tant en tant)* que corresponde al normal castellano *de cuando en cuando,* empezó siendo usada por escritores catalanes que se expresaban en castellano: «*Aparecen, de tanto en tanto, espécimens femeninos de categoría indudable»* (Pla, *América,* 56); «*Una llanura ocre se extiende*

hasta el golfo de Almería, salpicada de tanto en tanto por el verde de alguna higuera» (Goytisolo, *Níjar,* 15); pero ahora se encuentra en la pluma de escritores de procedencias muy distintas: «*La gente que, de tanto en tanto, vomita el horno atroz, sale jadeante, desorbitada»* (Zamora Vicente, *Examen,* 44); «*Mordisqueaba un junco y escupía al agua de tanto en tanto»* (Torbado, *Peregrino,* 40); «*Les había visto intercambiar gestos y gruñidos de tanto en tanto»* (Grandes, *Lulú,* 8). Y algunos, catalonohablantes o no, han introducido la variante *de tanto en cuanto:* «*A nuestros políticos no les vendría mal, de tanto en cuanto, pensar en los intereses del país»* (J. Meliá, *Informaciones,* Supl., 3.4.1976, 2); «*Esta pasión por el secretismo .. que tiene, de tanto en cuanto, el Gobierno de Felipe González» (Diario 16,* 31.3.1987, 2).

Tanzania. El adjetivo derivado de este nombre puede ser *tanzano* y *tanzaniano;* pero la primera forma es mucho más frecuente.

tañer. Verbo irregular. (Véase cuadro.)

tapiar. Se conjuga, en cuanto al acento, como *cambiar* [1 a].

taquigrafiar. Se conjuga, en cuanto al acento, como *desviar* [1 c].

tardar. Construcción: *tardar* EN *venir.*

tarde. **1.** *En la tarde,* 'por la tarde': → EN, 4.

2. *Ayer tarde:* → AYER, 1.

Tarrasa. La ciudad barcelonesa que en catalán tiene el nombre de *Terrassa* se denomina en castellano *Tarrasa,* y es esta la forma que debe usarse cuando se habla o escribe en español.

tasa. En el sentido de 'índice o coeficiente', se usa en algunos países americanos, por anglicismo (inglés *rate), rata* por *tasa:* «*No solo no se ha frenado la incidencia delictual, sino que la rata de crecimiento ha ido aumentando»* (R. Caldera, *Abc,* 3.8.1985, 30).

tatuar. Se conjuga, en cuanto al acento, como *actuar* [1 d].

Tavernes → TABERNES.

taxi. Abreviación normal de *autotaxíme-*

CONJUGACIÓN DEL VERBO «TAÑER»

(tiempos irregulares)

INDICATIVO

Pret. indef. tañí, tañiste, tañó, tañimos, tañisteis, tañeron.

SUBJUNTIVO

Pret. impf. tañera o -se, tañeras o -ses, tañera o -se, tañéramos o -semos, tañerais o -seis, tañeran o -sen.

Fut. impf. tañere, tañeres, tañere, tañéremos, tañereis, tañeren.

FORMAS NO PERSONALES

Ger. tañendo.

---

tro. Es uso popular la forma *taxis* usada como singular.

taxi-, taxo-. Formas prefijas del griego *táxis*, 'orden, colocación': *taxidermista, taxonomía.*

Tayikistán. República de Asia. *Tayikistán* es el nombre en español, no *Tadjikistán*, ni *Tajikistán*, ni *Tadzhikistán*. El adjetivo correspondiente es *tayiko.*

Tbilisi → TIFLIS.

Tchad → CHAD.

Tchaikovski, Tchaikovsky → CHAIKOVSKI.

te. Pronombre personal: → TÚ, 4, 5 y 6.

té. 'Cierta infusión'. Evítese la grafía francesa *thé*, hoy ya rara entre nosotros, pero no desaparecida. El plural es *tés.*

tedéum. 'Canto religioso de acción de gracias'. Para el plural debe usarse sin variación la misma forma del singular: *los tedéum.* Puede escribirse también *Te Deum* (en este caso, con dos mayúsculas), aunque es grafía poco usada.

Tejas. El estado norteamericano de *Texas* tiene nombre de origen español y puede ser denominado en nuestro idioma *Tejas,* con tanto más motivo cuanto que el adjetivo derivado que usamos no es *texano,* sino *tejano.*

tele-. **1.** Prefijo griego que significa 'lejos': *telescopio.*
2. Prefijo que significa 'de televisión': *telefilm, telediario.*

telegénico → TELEVISIVO.

telegrafiar. Se conjuga, en cuanto al acento, como *desviar* [1 c].

telesilla. 'Asiento suspendido de un cable de tracción para el transporte de personas'. El género de este nombre es masculino.

televisivo. Este adjetivo tiene dos acepciones: 'de la televisión' y 'que tiene buenas condiciones para ser televisado'. Existe también *televisual* para el primer sentido, pero es palabra que está al margen del uso general. Por otra parte, el uso común dispone de otro término: *telegénico* (formado por analogía con *fotogénico),* que, referido a personas, tiene el segundo sentido de *televisivo.*

télex. Este nombre tiene varios sentidos: 'sistema de comunicación directa, por teletipo, de usuario a usuario'; 'teletipo usado en el télex', y 'mensaje transmitido por télex'. En todo caso es nombre masculino, y su plural es invariable, *los télex.*

tema. **1.** Este nombre masculino significa 'asunto de un escrito, de una conversación o de una obra de arte'. No debe suplantarse este nombre por *tópico,* mala traducción del inglés *topic: Los dos Jefes del Estado discutieron tópicos de política internacional.* El sentido de *tópico* en nuestro idioma es 'lugar común, opinión vulgar'.
2. Debe evitarse el abuso del nombre *tema* haciéndolo equivalente de *asunto* en general: *«Yo no le puedo informar nada, porque, aunque soy un seguidor del tema, no*

CONJUGACIÓN DEL VERBO «TENER»
(tiempos simples)

INDICATIVO

Pres. tengo, tienes, tiene, tenemos, tenéis, tienen.
Pret. impf. tenía, tenías, tenía, teníamos, teníais, tenían.
Pret. indef. tuve, tuviste, tuvo, tuvimos, tuvisteis, tuvieron.
Fut. impf. tendré, tendrás, tendrá, tendremos, tendréis, tendrán.
Pot. simple tendría, tendrías, tendría, tendríamos, tendríais, tendrían.

SUBJUNTIVO

Pres. tenga, tengas, tenga, tengamos, tengáis, tengan.
Pret. impf. tuviera o tuviese, tuvieras o -ses, tuviera o -se, tuviéramos o -semos, tuvierais o -seis, tuvieran o -sen.
Fut. impf. tuviere, tuvieres, tuviere, tuviéremos, tuviereis, tuvieren.

IMPERATIVO

ten, tenga, tened, tengan.

FORMAS NO PERSONALES

Inf. tener. *Ger.* teniendo. *Part.* tenido.

---

estoy facultado para hablar» (Ya, 7.8.1981); *«Llamaron al 091, donde les dijeron que ellos no podían hacer nada en el tema» (Alerta,* 20.8.1984, 2); *«Todavía estoy estudiando los pasos iniciales de un sumario recién iniciado, inclusive el tema de la competencia que me pudiera corresponder» (Nación,* 13.7.1985, 1). El sentido de *tema* es más estricto (→ 1).

temblar. **1.** Verbo irregular. Se conjuga como *cerrar* [6].
2. Construcción: *temblar* DE *frío; temblar* POR *su vida.*

temer. *Ser de temer:* → SER, 2 d.

temor. Construcción: *temor* AL O DEL *agua.* Se prefiere la construcción con *a,* con la que se evita la posibilidad de anfibología.

templar. Es verbo regular. En algunos países americanos, como Venezuela y Colombia, existe como vulgarismo la conjugación según el modelo *cerrar* [6]: *tiempla, tiemple,* etc. (Rosenblat, *Palabras,* III, 313; Flórez, *Apuntes,* 55; Academia, *Esbozo,* § 2.12.3).

tenazas. Como nombre de instrumento, el uso más extendido y prestigioso es en plural:

las tenazas. Sin embargo, existe también, y está registrado por la Academia al lado del anterior, el uso en singular, *la tenaza.*

tendente. **1.** Construcción: *tendente* A un *fin.*
2. Puede usarse también, como sinónimo de este adjetivo, *tendiente;* pero es raro.

tender. **1.** Verbo irregular. Se conjuga como *entender* [14].
2. Construcción: *tender* A *aumentar.*

tendiente → TENDENTE.

tener. **1.** Verbo irregular. (Véase cuadro.)
2. Construcción: *tener a alguien* DE *secretario; tenerlo* COMO *ayudante; tener a alguien* POR *tonto; tener* EN *menos a alguien; tener* A *menos hacer una cosa; tener algo* POR *objeto* (+ nombre o infinitivo); *tener* COMO O POR *meta una cosa.*
3. *«Tener que* + infinitivo» es perífrasis verbal que expresa obligación, necesidad o determinación de hacer lo que el infinitivo significa: *Tengo que marcharme; Tienes que perdonarme; Tenemos que reunirnos un día.*
4. *«Tener de* + infinitivo», perífrasis

parcialmente equivalente de la anterior (se usa especialmente para expresar voluntad), es hoy poco frecuente.

5. *Tener,* seguido de participio concertado con el complemento directo, expresa la completa terminación de la acción significada por el participio: *Tengo recorrido medio mundo; Tengo muy oída esa historia.* Cuando esta construcción se usa como meramente equivalente de *«haber* + participio» (es decir, de los tiempos compuestos del verbo), manteniendo invariable el participio, es regionalismo gallego y asturiano que la lengua general no admite: *«Las muchas confidencias que me tiene hecho»* (Torrente, *Don Juan,* 226); *«Más de una vez me tengo substraído bruscamente a sus pegajosas caricias»* (Palacio Valdés, *Novela,* 181).
6. *Tener presente:* → PRESENTE.
7. *Tener efecto, tener lugar:* → EFECTO.
8. *Tener el agrado:* → AGRADO.
9. *Ni que decir tiene:* → QUE², 4.

tenérrimo → TIERNO.

teniente. En el sentido de 'el que hace las veces de otro durante su ausencia', se dice *teniente de alcalde* (no *teniente alcalde*) y *teniente cura.*

tentación. Construcción: *la tentación* DE *comprarlo* (no A *comprarlo*).

tenis. *Tenis de mesa:* → PING-PONG.

tentado. Construcción: *tentado* DE *matarle* (no *tentado* A *matarle*).

tentar. Verbo irregular. Se conjuga como *cerrar* [6].

teñir. **1.** Verbo irregular. Se conjuga como *reñir* [58].
2. Construcción: *teñir* DE o EN *negro.*

teo-. Forma prefija del griego *theós,* 'dios': *teología.*

-terapia. Forma sufija del griego *therapeía,* 'curación': *hidroterapia.*

tercero. Adjetivo ordinal que corresponde al número tres. Tiene variaciones de género y número *(tercero, tercera, terceros, terceras).* Sufre apócope, tomando la forma *tercer,* cuando precede a nombre masculino, aunque se interponga otro adjetivo: *el tercer personaje; el tercer gran personaje.* A veces se presenta la apócope también ante nombre femenino *(la tercer visita);* pero este uso no

es normal. La apócope se produce también en todos los compuestos en que entra *tercero (decimotercero, trigésimo tercero,* etc.).

terciar. **1.** Se conjuga, en cuanto al acento, como *cambiar* [1 a].
2. Construcción: *terciar* EN *una disputa.*

terciodécuplo → MULTIPLICATIVOS.

-terio. Sufijo de nombres que significan 'lugar': *cementerio, baptisterio.*

terminal. Es nombre masculino en el sentido de 'extremo de un conductor eléctrico, preparado para facilitar su conexión con un aparato'; es femenino en el de 'extremo de una línea de transporte público'. En informática, como 'equipo, conectado a un ordenador a distancia, capaz de recibir y transmitir información', se usa como masculino, aunque la Academia registra también el uso femenino. En realidad, en todas las acepciones de *terminal* existe alguna vacilación en cuanto al género.

terminar. Construcción: *terminar* DE *hacerlo; terminar* POR *hacerlo; terminar un trabajo* o CON *un trabajo; terminar* CON *alguien* (en una relación amorosa).

término. *En términos de* es la traducción que con frecuencia se hace de la locución prepositiva inglesa *in terms of,* que equivale realmente a *partiendo de, en función de* o *desde el punto de vista de: «Se sienten acomplejados frente al pasado histórico .. Pero no por eso se libran de él, ya que solo pueden concebir el futuro en términos del pasado» (Ínsula,* 7.1975).

terminológico → SEMÁNTICO.

termo-. Forma prefija del griego *thermós,* 'caliente': *termodinámica.*

termostato. 'Aparato que regula automáticamente la temperatura de una fuente de calor'. La pronunciación normal de esta palabra es grave, /termostáto/. Sin embargo, etimológicamente le corresponde acentuación esdrújula, y por esta razón la Academia, al lado de la forma más usual, registra también *termóstato.*

Terranova. Este es el nombre español de la isla que en inglés se llama *Newfoundland.*

Terrassa → TARRASA.

tesitura. En el sentido primero, musical, es

'altura propia de una voz o un instrumento'. En la lengua común se emplea como 'actitud o disposición'. Es errónea la pronunciación /teksitúra/ de algunos locutores.

test → PRUEBA.

testigo. 'Persona que presencia un hecho o que lo atestigua'. Sin variación de forma, puede ser masculino o femenino, según designe hombre o mujer: *el testigo, la testigo.* Solo en el nivel popular se usa un femenino *testiga* (*«Una simpática lectora nos escribe para protestar por un hecho del cual había sido simplemente testiga»*, *Alerta,* 16.8.1984, 2; en las Antillas lo cita también Vaquero, *América,* II, 14).

testimoniar. Se conjuga, en cuanto al acento, como *cambiar* [1 a].

testuz. En algunos animales, 'parte superior de la cara'. Es normalmente masculino (*«testuces graníticos»*, Sampedro, *Octubre,* 141), pero también puede usarse como femenino (*«El toro abate / sobre la hierba la testuz feroz»*, Machado, *Poesías,* 52; *«Una cabeza de toro de cartón .. con un estoque clavado en medio de la testuz»*, Castillo-Puche, *Paralelo,* 89).

tétanos. 'Cierta enfermedad'. Es nombre masculino, *el tétanos.* También puede decirse *el tétano,* aunque es más raro.

tetra-. Forma prefija del griego *téttara,* 'cuatro': *tetraedro.*

texano, Texas → TEJAS.

Thailandia → TAILANDIA.

thé → TÉ.

ti. Pronombre personal: → TÚ, 3, 5 y 6.

Tíbet. El nombre de este país asiático es palabra grave, /tíbet/. Por tanto, no debe escribirse sin tilde (*Tibet*).

Tíbulo. El nombre del poeta latino *Tibulo* es palabra grave, /tibúlo/. Es, pues, errónea la acentuación /tíbulo/.

tic. 'Movimiento convulsivo'. Es nombre masculino. Su plural es *tics.*

ticket. 1. En muchos casos se usa sin necesidad de la palabra inglesa *ticket* en lugar de *vale, entrada* o *billete.* A veces se usa con el sentido de 'tarjeta de contraseña o de recibo' (en un aparcamiento, en una caja registra-

dora). En estos casos no parece haber un término español que la sustituya con ventaja; podría en este sentido españolizarse, como ya se ha hecho alguna vez, en la forma *tique* (*«Al llegar a este límite, el taxista entregará al viajero un tique con el precio que señale el contador»*, *Ya,* 1.11.1959, 13), hoy reconocida por la Academia (o bien *tiquete,* usado en algunos países americanos: *«Un mostrador para el expendio de tiquetes y el manejo de los equipajes»*, García Márquez, *Amor,* 271).
2. Usar *ticket* por *candidatura,* como suelen hacer los periodistas cuando hablan de las elecciones norteamericanas (*«Por primera vez en la historia de las elecciones U.S.A., abandona un candidato del 'ticket' presidencial»*, *Abc,* 2.8.1972, 13), no tiene razón de ser.

tictac. 'Ruido que produce la máquina de un reloj'. Como nombre, se escribe en una sola palabra: *el tictac.* Como interjección imitativa del mismo ruido, se suele escribir *tic tac: El reloj hacía «tic tac».*

tiempo. *A tiempo completo* es calco aceptable del inglés *full-time: «Esta agencia carece de corresponsales a tiempo completo»* (*Abc,* 3.8.1983, 33); *«Santiago Roldán, un rector a tiempo completo»* (J. J. Armas Marcelo, *Correo Español,* 12.8.1984, 43). Pero en términos administrativos es mejor decir *en dedicación exclusiva.*

tienda. El uso de *colmado* por *tienda* (de comestibles) es exclusivamente regional y debe evitarse en la lengua común. El significado normal de *colmado* es 'figón'.

tierno. El superlativo de este adjetivo es *tiernísimo* o *ternísimo,* o —más culto— *tenérrimo.*

Tiflis. El nombre tradicional entre nosotros —y preferible, por más pronunciable— de la ciudad de *Tbilisi,* capital de Georgia, es *Tiflis.*

tigre. 'Mamífero carnicero'. Es nombre masculino, aunque con él se puede designar al macho o a la hembra: *el tigre macho, el tigre hembra.* También existe, para designar a la hembra, el uso femenino del mismo nombre: *la tigre* (*«Como una tigre veloz»*, Zorrilla, *Dos Rosas,* 175; *«La tigre de Bengala»*, Darío, *Azul,* 518); y también el nombre femenino *tigra* (*«Una tigra atravesada por* *una lanza»*, García Márquez, *Amor,* 364), el cual es preferible a *tigresa,* aunque este también es acogido por la Academia.

tijeras. Como nombre de instrumento, el uso más extendido y prestigioso es en plural: *las tijeras.* Sin embargo, existe también, y está registrado por la Academia al lado del anterior, el uso en singular, *la tijera.*

tildar. 1. Construcción: *tildar a alguien* DE *mentiroso.*

2. Este verbo significa 'señalar (a alguien) con una nota denigrativa': *«En vez de piropearla de honrada, la tildan de mala»* (Cela, *Nuevo viaje a la Alcarria,* 114). Es, pues, un error usar *tildar de* por *llamar: «Tildaba al arquitecto .. de 'querido amigo y respetado maestro'»* (D. Bustamante, *Informaciones,* 8.2.1978, 25), *«'El bombón de la tele', como le tildan sus seguidoras»* (*País,* 13.8.1981, 36). Igualmente es equivocado el empleo del nombre *tilde* por *calificación: «Solicitó que los Ejércitos no sean adjetivados con tildes democráticos o antidemocráticos»* (*País,* 26.7.1981).

tilde¹. 1. 'Acento ortográfico' (→ TILDE²) o 'virgulilla o rasgo pequeño'. Es nombre femenino *(la tilde),* aunque los diccionarios lo dan como ambiguo en cuanto al género.

2. *Tilde,* por *calificación:* → TILDAR, 2.

TILDE². *Tilde* no solo es el nombre que recibe el rasgo ondulado (~) que sobre el signo *N* se traza para formar la letra *Ñ,* sino también el nombre del rasgo oblicuo (´) que en la lengua corriente se llama *acento ortográfico* o simplemente *acento* y que, escrito sobre una vocal, indica que esta se pronuncia con mayor intensidad que la de las sílabas de su entorno.

Aquí nos referimos a esta *tilde,* o *acento ortográfico,* o *acento.* De las tres denominaciones, es preferible la de *tilde,* por ser más breve que *acento ortográfico* y por ser más inequívoca que *acento* (→ ACENTO).

1. Según las REGLAS GENERALES de acentuación ortográfica, llevan tilde o acento en la sílaba tónica.

1.1. Las palabras agudas terminadas en letra vocal, en *n* o en *s: espanté, Mataró, ladrón, Quirós.*

1.2. Las palabras llanas que *no* terminen en letra vocal, en *n* o en *s: cadáver, lápiz, mármol, áspid, Pérez.*

1.3. Todas las palabras esdrújulas y

sobresdrújulas: *bárbaro, pétalo, cándido, apóstoles.* Se incluyen en este caso las palabras esdrújulas o sobresdrújulas formadas por la agregación de una forma verbal y uno o dos pronombres enclíticos: *ofrézcanlo, ofrézcanselo.*

2. CASOS PARTICULARES:

2.1. *a)* Las palabras agudas terminadas en *n* o en *s* precedida de otra consonante se exceptúan de la regla general, que exigiría tilde. Ejemplos: *Isern, Canals, Milans.* En cambio, las palabras llanas de igual terminación (consonante + *n* o *s*) llevan tilde, contrariando también la regla general correspondiente. Ejemplos: *fórceps, bíceps.*

b) Los nombres propios terminados en dos vocales iguales, de las cuales teóricamente la primera es tónica y la segunda átona, y que una norma hoy abolida establecía que se escribiesen con tilde en la primera *(Feijóo, Campóo, Oráa),* se escriben sin tilde según la normativa actual: *Feijoo, Campoo, Oraa.*

2.2. Las palabras monosílabas no llevan tilde, ya que en ellas no es preciso señalar en cuál de las sílabas es mayor la intensidad de la articulación. De acuerdo con esto, se escriben sin tilde *pan, vas, doy, fe, pie,* así como las formas verbales *fue, fui, dio* y *vio.*

2.3. En determinadas palabras —principalmente monosílabas— se utiliza la tilde con el fin de diferenciarlas de otras de igual grafía que, o son átonas, o tienen distinto significado o función gramatical: *(tilde diacrítica:* véase cuadro).

2.4. La conjunción disyuntiva *o* se suele escribir con tilde en el caso de que vaya entre cifras, para evitar la posible confusión con el cero: *3 ó 4.*

2.5. Cuando en la sílaba que debe llevar la tilde hay un diptongo, la tilde se escribe sobre la vocal abierta. Si el diptongo está formado por dos cerradas, se escribe sobre la segunda. Ejemplos: *llegáis, hubiéramos, péinate, casuística.*

2.6. *a)* Si las vocales juntas no forman diptongo y el acento fonético recae sobre la vocal cerrada, sobre ella se escribe la tilde, aunque no se cumplan las condiciones exigidas por las reglas generales. Ejemplos: *podería, tenía, píe* (de *piar), oíd, período, Efraím, baúl.* Se exceptúa el grupo *ui (jesuita, constituido).* (Sin embargo, cuando este grupo está en la sílaba tónica de una palabra esdrújula, se aplica lo dicho en el ante-

TILDE DIACRÍTICA

mí, pronombre personal		*mi*, adjetivo posesivo.
tú, pronombre personal		*tu*, adjetivo posesivo.
él, pronombre personal		*el*, artículo.
sí, pronombre personal reflexivo, o adverbio de afirmación.		*si*, conjunción condicional.
sé, presente de indicativo de *saber* o imperativo de *ser*		*se*, pronombre personal reflexivo
té, nombre		*te*, pronombre personal.
dé, presente de subjuntivo de *dar*		*de*, preposición.
más, adverbio de cantidad.		*mas*, conjunción adversativa.
aún (= *todavía*)		*aun* (= *incluso*).

qué			*que*	
quién			*quien*	
cuál			*cual*	
cuánto			*cuanto*	
cúyo	interrogativos (o exclamativos).		*cuyo*	relativos.
dónde			*donde*	
cuándo			*cuando*	
cómo			*como*	

rior párrafo 2.5; es el caso de *casuística,* ahí citado, o de *jesuítico.*)

b) La *h* entre vocales se considera, a efectos de tilde, como inexistente; así, han de escribirse con tilde palabras como *búho* (que se pronuncia /búo/), *Piedrahíta* (que se pronuncia /piedraíta/), *prohíbe* (que se pronuncia /proíbe/).

2.7. En las palabras compuestas, el primer elemento no lleva tilde: *decimoséptimo, asimismo, rioplatense.* Se exceptúan los adverbios terminados en -*mente,* que conservan, si la había, la tilde del adjetivo que los forma: *fácilmente, íntimamente.* Si la palabra compuesta se escribe con un guión intermedio, cada uno de los componentes lleva la tilde que como simple le corresponda: *soviético-japonés, teórico-práctico.* En cuanto a los verbos con pronombre enclítico, conservan en todo caso la tilde de su forma pura: *despegóse, miróme, déme.*

2.8. *a)* Para las palabras extranjeras rige la siguiente regla: los términos latinos se acentúan con arreglo a las normas prescritas para las palabras españolas: *tránseat, ítem, accésit, memorándum, exequátur;* los nombres propios extranjeros se escriben sin ponerles ninguna tilde que no tengan en el idioma original: *Newton, Valéry, Müller,*

Schubert, Washington. (Pero si estos nombres ya están españolizados, o adaptados a la pronunciación española, se someten al sistema de nuestra lengua: *París, Berlín, Múnich.*)

b) Los nombres propios catalanes o de origen catalán agudos y terminados en diptongo formado por vocal + *u* se escriben, en cuanto a la tilde, respetando la norma del catalán; es decir, no se les pone tilde: *Dalmau, Mateu, Espriu, Mompou.* Su pronunciación, no obstante, se mantiene aguda: /dalmáu/, /matéu/, etc. (Según la norma del castellano hubieran debido escribirse *Dalmáu,* etc.) Los nombres propios catalanes o de origen catalán, agudos o graves, terminados en consonante + *n* o *s* se escriben asimismo respetando la norma del catalán en cuanto a la tilde: *Assens* (no *Asséns), Vicens* (no *Vicéns), Pallars* (no *Pallárs), Guíxols* (no *Guixols):* véase el apartado 2.1, *a.*

2.9. La palabra *solo* debe llevar acento únicamente cuando, siendo adverbio ('solamente'), hay posibilidad de anfibología: *estoy solo por las tardes* podría significar 'estoy sin compañía' o 'estoy únicamente'; para que se entienda en este último sentido, es necesario escribir *sólo* (→ SOLO).

2.10. Los demostrativos *este, ese, aquel,*

con sus femeninos y plurales, se pueden escribir con tilde cuando son pronombres. Esa acentuación antes era obligatoria, pero ya no lo es.

2.11. La tilde no debe omitirse cuando la letra que deba llevarla esté escrita en mayúscula; escríbase, pues, *Álvaro* (no *Alvaro*), *África* (no *Africa*), *PAÍS* (no *PAIS*). Esta norma vale tanto para la escritura a mano como para la escritura a tecla y la imprenta.

-timia. Forma sufija del griego *thymos,* 'alma': *lipotimia.*

tinto. El vino de color oscuro se llama *tinto. Vino rojo* es una denominación propia de la lengua literaria, pero muchas veces se debe tan solo a una traducción descuidada del francés *vin rouge,* o del inglés *red wine,* o del italiano *vino rosso.*

tiovivo. 'Diversión de feria consistente en una plataforma circular giratoria que lleva caballos o coches de juguete en los que se sientan los niños'. Se escribe *tiovivo* (no *tío--vivo*), y su plural es *tiovivos* (no *tíos-vivos*).

tique, tiquete → TICKET.

tirar. 1. Construcción: *tirar* DE *la manga; tirar* A, HACIA o POR *tal parte; aún puedes tirar dos años* CON *ese coche.* Es uso regional gallego (Rabanal, *Hablas,* 44; García, *Temas,* 123) *tirar* CON *una cosa por la ventana;* ha de decirse *tirar una cosa,* sin preposición.
2. Confusión entre *tirar* y *estirar:* → ESTIRAR.
3. *Tirar* una carta (al correo, al buzón) es catalanismo; el uso general es *echar* una carta.
4. *Tira y afloja* es locución nominal que significa 'alternancia de rigor y condescendencia'. Tiene género masculino (*«Cierto tira y afloja»,* Galdós, *Numancia,* 502), y en plural, aunque se usa poco, suele mantenerse invariable (*«Después de muchos tira y afloja conseguí publicar estas cartas»,* Delibes, *Año,* 12).

tiroides. Adjetivo que se aplica a un cartílago y a una glándula, situados, respectivamente, en la parte anterior y superior de la laringe y en la parte anterior e inferior del cuello. Referido a la glándula, se usa frecuentemente como nombre masculino, *el tiroides,* aunque también, por sobrentenderse «glándula», se oye a veces como femenino.

tisú. El plural de este nombre es *tisúes* o *tisús.*

tisular. Adjetivo, usado en biología y medicina: 'de los tejidos'. Es voz tomada del francés *tissulaire* (de *tissu,* 'tejido'). El adjetivo correspondiente a *tejido* debía haber sido *textil,* como en otros ámbitos en que se usa ese nombre; o *hístico,* sobre la misma base culta de *histología,* que en biología es 'estudio de los tejidos' (cf. Laín, *Lenguaje,* 40). *Hístico* no carece de uso: *«La excelente difusión hística hace que la ceftriaxona sea preferida por muchos médicos para el tratamiento de las infecciones graves hospitalarias»* (M. Gobernado, *Diario Médico,* Supl., 26.3.1993, X). Pero el hecho es que *tisular* es palabra fuertemente arraigada entre los especialistas, ya recogida por la Academia, y hay que aceptarla.

titular. Como nombre, en singular o plural, 'título que en un periódico encabeza una información', el género es masculino.

tizne. 'Humo que se pega'. Normalmente es nombre masculino, aunque también existe su uso como femenino.

todo. 1. *Todo,* ante nombres femeninos que llevan el artículo *el (*«todo el agua», Lozoya, *Segovia,* 14; *«todo el habla»,* Menéndez Pidal, *Las Casas,* 103; *«todo el hampa»,* Castillo-Puche, *Paralelo,* 145), es una forma masculina indebidamente empleada por influjo de la apariencia masculina del artículo, que en realidad es, en este caso, femenino (→ EL, 2). El uso normal es *toda (toda el agua, toda el habla).*
2. *Todos* ante numeral, sin artículo intermedio (*todos tres, todos cuatro;* más raramente con artículo, *todos los cuatro:* 'la totalidad del conjunto constituido por los tres o por los cuatro'), es uso propio de la lengua clásica (*«Ir por todas las cuatro partes del mundo buscando las aventuras»,* Cervantes, *Quijote,* I, 48); pero hoy está restringido a la lengua literaria y tiene sabor arcaizante (*«Debí permanecer y estrangularlas a todas siete»,* Pérez de Ayala, *Urbano,* 151). Lo normal en el español de hoy es decir *los tres, los cuatro* (sin *todos).*
3. Es más raro el uso de *todos los,* ante numeral (*todos los tres, todos los cuatro),* en lugar de *cada: «Se someten, todos los ocho días, a un tratamiento psicoanalítico»* (Camba, *Lúculo,* 145). Este uso es calco del francés.

4. *Con todo,* locución adverbial, 'a pesar de todo', es normal en el español de hoy, especialmente en la lengua escrita. En la lengua clásica se empleaba también *con todo eso* o *con todo esto* («*Andrés se partió algo mohíno, jurando de ir a buscar al valeroso don Quijote de la Mancha .. Pero, con todo esto, él se partió llorando y su amo se quedó riendo»,* Cervantes, *Quijote,* I, 59). Tal vez de esta última forma provenga el uso actual de *con todo y eso, con todo y con eso, con eso y con todo* («*En Polonia .. ciertas cosas tienen su precio turístico especial, más elevado que el de consumo interior. Con todo y con eso, merece la pena darse una vuelta por allí»,* B. M. Hernando, *Informaciones,* 22.8.1974, 14; «*Los demás reconocieron que, con todo y eso, lo de Etayo no deja de ser otra hazaña»,* J. A. Cabezas, *Ya,* 22.11.1962, 35; «—*La vista es espléndida .. —Con eso y todo, no sería yo quien pusiera los pies en aquel pueblo»,* Goytisolo, *Fin,* 96); todas estas formas son populares y deben sustituirse por *con todo,* simplemente, o por *no obstante.*

5. Relacionadas con ellas están las construcciones regionales de *con todo de,* o, sobre todo, *con todo y,* seguidas de nombre o de infinitivo («*Con todo de pasarse todo el día ajetreado»,* Azorín, *Voluntad,* 108; «*Con todo y la decadencia política y económica»,* Rubió, trad. Pfandl, *Lit. española,* VII; «*Sus temas, con todo y ser los mismos, no se repiten nunca»,* Vanguardia, 13.5.1978, 35). Lo normal es decir *a pesar de,* o *pese a,* o *no obstante (a pesar de la decadencia; pese a la decadencia; no obstante la decadencia).*

6. *Como un todo* es calco del inglés *as a whole,* que equivale a *en conjunto.*

7. *Todo quisque:* → QUISQUE.

todo-terreno → JEEP.

tofe. Llamamos con el nombre inglés *toffee* (pronunciado /tófi/ o, más popularmente, /tófe/) la llamada tradicionalmente *pastilla de café con leche.* Es evidente que el nombre español resulta poco práctico por su longitud, y puede sustituirse, como hacen ya algunos, por la forma españolizada de la palabra inglesa: «*En El Blanco de la Feria .. cualquier ciudadano con buen pulso .. podía .. ganar una caja de tofes»* (Delibes, *Parábola,* 90).

Togo. El adjetivo correspondiente a *Togo* es *togolés.*

Toisón. *Toisón de Oro,* 'orden de caballería de la que es jefe el Rey de España'. Se dice /toisón/, no /tuasón/, como creen algunos locutores.

Toja. *La Toja.* La ciudad pontevedresa que en gallego tiene el nombre de *A Toxa* se denomina en castellano *La Toja,* y es esta la forma que debe usarse cuando se habla o escribe en español.

Tolosa → TOULOUSE.

tomar. **1.** Construcción: *tomar algo* A *mal; tomar algo* CON, EN o ENTRE *las manos; tomar* DE *un autor un dato; tomar algo* POR *ofensa; tomar a alguien* POR *médico; tomar* POR *otro camino.*

2. *Toma y daca,* como locución nominal ('intercambio de objetos o de favores'), tiene género masculino: *un toma y daca.* En plural, poco usado, se suele mantener invariable, o bien se le da la forma *toma y dacas.*

-tomía, -tomo. Forma sufija del griego *tómos,* 'porción, división': *anatomía.*

TÓNICO → ACENTO².

tópico → TEMA, 1.

topo-. Forma prefija del griego *tópos,* 'lugar': *topografía.*

-tor. Sufijo de nombres o adjetivos que significa agente: *actor, lector.*

torcer. Verbo irregular. Se conjuga como *mover* [18].

torero. El femenino de este nombre es *torera,* no *mujer torero,* ni simplemente *torero,* como a veces se ha escrito («*la nueva torero»,* Carandell, *Triunfo,* 21.4.1973, 12; pero en el mismo texto se lee también «*Ángela, la torera»).*

Torino → TURÍN.

-torio. Sufijo de adjetivos que expresan aptitud: *difamatorio;* o de nombres que indican lugar: *locutorio, dormitorio.*

tornar. Construcción: *tornar* A *olvidarlo; tornarse la esperanza* EN *desengaño.*

torno. *En torno,* locución adverbial, 'alrededor', puede construirse con *de:* «*En torno del lecho permanecieron contadas personas»* (Palacio Valdés, *Novela,* 33), o con *a:* «*En torno a los veladores de mármol»* (Goytisolo, *Resaca,* 82), «*En torno a los visitan-*

tes» (Carpentier, *Reino*, 134). En el sentido metafórico de 'acerca de', es más frecuente esta última construcción: *En torno al casticismo* (título de una obra de Unamuno).

tortícolis. 'Espasmo de los músculos del cuello'. La Academia registra las formas *tortícolis* y *torticolis*, dando preferencia a la primera. En el uso de los especialistas, la palabra tiene género masculino. Pero el uso común le da género femenino. La Academia reconoce los dos usos.

tos. *Tos ferina.* A veces en ambientes médicos todavía se denomina con el nombre francés de *coqueluche* (pronunciado a la española) la enfermedad que en español tiene el nombre de *tos ferina.*

tostar. Verbo irregular. Se conjuga como *acordar* [1 a].

tótem. 'Animal u objeto protector de la tribu'. El plural de este nombre masculino es *tótems.* No hay dificultad en decir *tótemes*, forma preferible.

Toulouse. El nombre tradicional español de esta ciudad francesa es *Tolosa*, apellidado *de Francia* cuando es necesario evitar la confusión con su homónimo de Guipúzcoa (es un caso parecido a *Bayona* de Francia y *Bayona* de Galicia): *«Un artículo que publiqué en un periódico de exiliados españoles, 'Le Socialiste', de Tolosa de Francia»* (Tovar, *País*, 18.8.1976, 6). De todos modos, lo general hoy es usar el nombre francés, *Toulouse*, pronunciado /tulús/.

tournée → GIRA.

tour operator. Inglés: 'empresa mayorista de viajes turísticos colectivos programados'. Su pronunciación corriente es /túr-operéitor/, su género es masculino y en plural es *tour operators.* La adaptación española *turoperador* está bastante extendida, al margen de otros intentos a medias, como *tour operador* o *touroperador.* Se han hecho varias propuestas encaminadas a denominar en forma española más «ortodoxa» el *tour operator: intermediario, empresa turística, contratista de viajes, agente de viajes,* etc. (cf. Lorenzo, *Anglicismos*, 78 y 597), que tienen ante todo el inconveniente de ser ambiguas. Las más aceptables serían *operador turístico* y *mayorista turístico.* La primera —*operador turístico*—, que cuenta con el favor de la Acade-

mia, y cuya ventaja es la de aproximarse más que ninguna, con una estructura española, a la forma inglesa, tiene en contra suya el hecho de que, pese a su intención «hispánica», emplea *operador* en un sentido que es inglés y no precisamente español. La segunda —*mayorista turístico*— tiene la importante ventaja de contar ya con el uso de *mayorista*, en el mismo sentido de *tour operator*, por parte de los propios profesionales.

Toxa. *A Toxa:* → TOJA.

tra- → TRANS-.

trabajar. Construcción: *trabajar* DE *sastre; trabajar* PARA *comer; trabajar* POR *distinguirse.*

trabar. Construcción: *trabar una cosa* CON *otra; trabarse* DE *palabras.*

traducir. **1.** Verbo irregular. Se conjuga como *conducir* [41]. **2.** Construcción: *traducir* DEL *ruso* AL *español; esta palabra se traduce* POR *aquella; los propósitos se traducen* EN *obras.*

traer. **1.** Verbo irregular. (Véase cuadro.) **2.** Construcción: *traer algo* A *casa; traer* CONSIGO; *traer* DE *Francia; traer un asunto* ENTRE *manos.*

traficar. Construcción: *traficar* EN *drogas; traficar* CON *esclavos.*

trailer → AVANCE.

trance. *En trance de:* → TREN.

trans-. Prefijo latino que significa 'al otro lado', 'a través de': *transportar, transfusión.* Muy frecuentemente toma la forma *tras-: trascendencia, trastorno.* Y alguna vez la forma *tra-: tramontar.* Son muy numerosas las palabras constituidas con *trans-* o *tras-.* En algunas de esas palabras, la Academia admite la posibilidad de usar una u otra forma del prefijo. En otras, solo reconoce una forma, la primera o la segunda. Por otra parte, el uso normal español tiene unas preferencias claras que no siempre están de acuerdo con las indicaciones de la Academia. En los apartados siguientes se expone el uso normal (informando asimismo del punto de vista académico) en aquellas palabras constituidas con el prefijo *trans-/tras-* en las que con más frecuencia se presentan dudas. (Se omiten, por brevedad, la mayoría de los derivados, que puede resolver sin dificultad el lector.)

CONJUGACIÓN DEL VERBO «TRAER»

(tiempos simples)

INDICATIVO

Pres. traigo, traes, trae, traemos, traéis, traen.
Pret. impf. traía, traías, traía, traíamos, traíais, traían.
Pret. indef. traje, trajiste, trajo, trajimos, trajisteis, trajeron.
Fut. impf. traeré, traerás, traerá, traeremos, traeréis, traerán.
Pot. simple traería, traerías, traería, traeríamos, traeríais, traerían.

SUBJUNTIVO

Pres. traiga, traigas, traiga, traigamos, traigáis, traigan.
Pret. impf. trajera o trajese, trajeras o -ses, trajera o -se, trajéramos o -semos, trajerais o -seis, trajeran o -sen.
Fut. impf. trajere, trajeres, trajere, trajéremos, trajereis, trajeren.

IMPERATIVO

trae, traiga, traed, traigan.

FORMAS NO PERSONALES

| *Inf.* traer. | *Ger.* trayendo. | *Part.* traído. |

---

1. Las palabras que siguen se escriben normalmente en la forma *trans-* (también pueden escribirse en la forma *tras-*, según la Academia; pero no es uso normal): *transalpino, transandino, transatlántico, transbordar, transbordo, transcribir, transcripción, transcrito, transcurrir, transcurso, transferencia, transferir, transfiguración, transfigurar, transformación, transformar, transformativo, transfundir, transfusión, transgredir, transgresión, transgresor, transmediterráneo, transmigración, transmigrar, transmisión, transmisor, transmitir, transmutación, transmutar, transparencia, transparentar, transparente, transpiración, transpirar, transpirenaico, transportar, transporte, transposición, transversal, transverso.*

2. Las palabras que siguen se pueden escribir en la forma *trans-* o en la forma *tras-* (con preferencia la primera, según la Academia; pero, en el uso normal, en la segunda): *traslúcido, trasponer, trasvasar, trasvase.*

3. Las palabras que siguen se escriben normalmente en la forma *tras-* (también pueden escribirse en la forma *trans-*, según la Academia; pero no es uso normal): *trascen-*

dencia, trascendental, trascendente, trascender, traslación, traslaticio, traslucir.

4. Las palabras que siguen se escriben siempre en la forma *tras-*: *trascoro, trasdós, trasfondo, trashumancia, trashumante, trashumar, trasladar, traslado, trasluz, trasmallo, trasnochar, traspapelar, traspasar, traspaso, traspié, trasplantar, trasplante, traspunte, trasquilar, trastienda, trastocar, trastornar, trastorno, trastrocar, trastrueque.*

transacción → COMPROMISO.

transalpino, transandino, transatlántico → TRANS-, 1.

transbordador. 1. 'Barco para personas y vehículos que circula regularmente entre dos puertos'. Es el nombre español que corresponde al inglés *ferry*, si bien este disfruta de amplia aceptación entre nosotros. **2.** Sobre las formas *transbordador* y *trasbordador*, es válido lo dicho acerca de *transbordar* (→ TRANS-, 1).

transbordo → TRANS-, 1.

transcribir. 1. Verbo irregular. Se conjuga como *escribir* [46].

2. Sobre las formas *transcribir* y *trascribir,* → TRANS-, 1.

transcripción, transcrito → TRANS-, 1.

transcurrir. 1. Es verbo intransitivo. Cuando decimos *Transcurrió mucho tiempo,* 'pasó mucho tiempo', *mucho tiempo* es el sujeto. Lo mismo ocurre en *El mitin transcurrió* ('se desarrolló') *sin incidentes:* el sujeto es *el mitin.* No debe usarse este verbo como transitivo, en el sentido de 'pasar' (alguien —sujeto— un período de tiempo —complemento directo—): *«La princesa .. ha llegado a Madrid para transcurrir en la capital de España algunos días»* (*Garbo,* 6.10.1962, 51); *«Transcurrí la noche deambulando por entre los vetustos muros»* (Espinosa, *Escuela,* 468).

2. Sobre las formas *transcurrir* y *trascurrir,* → TRANS-, 1.

transcurso, transferencia → TRANS-, 1.

transferir. 1. Verbo irregular. Se conjuga como *sentir* [60].

2. Construcción: *transferir algo* A *alguien; transferir* DE *una parte* A *otra.*

3. Sobre las formas *transferir* y *trasferir,* → TRANS-, 1.

transfiguración → TRANS-, 1.

transfigurar. 1. Construcción: *transfigurarse* EN *otra cosa.*

2. Sobre las formas *transfigurar* y *trasfigurar,* → TRANS-, 1.

transformación → TRANS-, 1.

transformar. 1. Construcción: *transformar una cosa* EN *otra.*

2. Sobre las formas *transformar* y *trasformar,* → TRANS-, 1.

transformativo, transfundir, transfusión → TRANS-, 1.

transgredir. 1. Es verbo defectivo: solo se usa en las formas que tienen en su desinencia la vocal /i/: *transgredía, transgredí, transgrediré, transgrediera, transgrediendo, transgredido...* En presente de indicativo solo se usan las personas *transgredimos, transgredís.* El presente de subjuntivo no se emplea. A pesar de estos usos establecidos, en los periódicos encontramos a veces formas como *transgrede* (a semejanza de *agrede,* en el verbo *agredir,* → AGREDIR).

2. Sobre las formas *transgredir* y *trasgredir,* → TRANS-, 1.

transgresión. 1. Construcción: *transgresión* DE *la ley* (no A *la ley*).

2. Sobre las formas *transgresión* y *trasgresión,* → TRANS-, 1.

transgresor → TRANS-, 1.

transitar. Construcción: *transitar* POR *un lugar.*

transmediterráneo, transmigración, transmigrar, transmisión, transmisor, transmitir, transmutación, transmutar, transparencia, transparentar, transparente, transpiración, transpirar, transpirenaico → TRANS-, 1.

transponer → TRANS-, 2.

transportar. 1. Construcción: *transportar una cosa* DE *una parte; transportar* A *o* EN *hombros* (→ HOMBRO); *transportar* A *lomos de caballerías.*

2. Sobre las formas *transportar* y *trasportar,* → TRANS-, 1.

transporte, transposición → TRANS-, 1.

transustanciar. Se conjuga, en cuanto al acento, como *cambiar* [1 a].

transversal, transverso → TRANS-, 1.

tras. Preposición, siempre átona, que expresa posterioridad en el espacio o en el tiempo: *«Tras mucho trabajar»* (Pérez de Ayala, *Troteras,* 45); *«Dejando tras sí como flotante congoja»* (Larreta, *Don Ramiro,* 20). Alterna con la locución prepositiva *tras de: «Me arrastrará tras de sí»* (Unamuno, *Espejo,* 32); *«Exclama, tras de simular un ligero ronquido»* (Azorín, *Voluntad,* 130). Tanto una como otra son exclusivamente literarias, sobre todo la segunda. El uso general es *detrás de* o *después de,* según el caso.

tras-. Prefijo: → TRANS-.

trascendencia, trascendental, trascendente → TRANS-, 3.

trascender. 1. Verbo irregular. Se conjuga como *entender* [14].

2. Construcción: *trascender* EL *problema* o DEL *problema.*

3. Sobre las formas *trascender* y *transcender,* → TRANS-, 3.

trascoro, trasdós → TRANS-, 4.

trasegar. Verbo irregular. Se conjuga como *cerrar* [6].

trasfondo, trashumancia, trashumante, trashumar → TRANS-, 4.

traslación → TRANS-, 3.

trasladar. 1. Construcción: *trasladar algo* A *alguien; trasladar una obra* DEL *griego* AL *español; trasladar* DE *un sitio* A *otro.* **2.** *Trasladar,* no *transladar:* → TRANS-, 4.

traslado → TRANS-, 4.

traslaticio → TRANS-, 3.

traslúcido → TRANS-, 2.

traslucir. 1. Verbo irregular. Se conjuga como *lucir* [51]. **2.** Sobre las formas *traslucir* y *translucir,* → TRANS-, 3.

trasluz. 1. El género de este nombre es masculino: *mirar al trasluz; «Pero en ese trasluz, ¡cuántos vislumbres!»* (Gómez de la Serna, *Valle-Inclán,* 147). **2.** *Trasluz,* no *transluz:* → TRANS-, 4.

trasmallo, trasnochar, traspapelar → TRANS-, 4.

traspasar. 1. Construcción: *traspasar una cosa* A *alguien.* **2.** *Traspasar,* no *transpasar:* → TRANS-, 4.

traspaso → TRANS-, 4.

traspié. 1. 'Resbalón o tropezón'. En singular es *traspié («Un traspié después de otro»,* Reyes, *Ingenios,* 54), no *traspiés («El morir adviene en un traspiés»,* Gómez de la Serna, *Muertos,* 54). **2.** *Traspié,* no *transpié:* → TRANS-, 4.

trasplantar. 1. Construcción: *trasplantar* DE *una parte* A *otra.* **2.** *Trasplantar,* no *transplantar:* → TRANS-, 4.

trasplante → TRANS-, 4.

trasponer. 1. Verbo irregular. Se conjuga como *poner* [21]. **2.** Sobre las formas *trasponer* y *transponer,* → TRANS-, 2.

traspunte, trasquilar → TRANS-, 4.

Trastámara. El nombre de la dinastía castellana de *Trastámara* es voz esdrújula. No debe escribirse, pues, *Trastamara.*

trastienda → TRANS-, 4.

trastocar. 1. La conjugación de este verbo es regular, a diferencia de la del verbo *trastrocar,* con el que frecuentemente es confundido (→ 3). **2.** *Trastocar,* no *transtocar:* → TRANS-, 4. **3.** Diferencia entre *trastocar* y *trastrocar.* Según la Academia, *trastocar,* verbo «poco usado» (lo cual no es cierto), significa 'trastornar, revolver'; *trastrocar,* 'mudar el ser o estado (de una cosa), dándole otro diferente del que tenía'. Pero lo cierto es que cada vez con mayor frecuencia se reducen los dos verbos a uno solo, *trastocar,* con el sentido de 'trastornar o cambiar'; y cuando alguien usa *trastrocar,* lo hace sinónimo de *trastocar.* Para la acción de *trastocar* o *trastrocar* se usa solo el derivado del segundo verbo: *trastrueque.* Deben evitarse las formas *trastoque* y *trastueque.*

trastornar, trastorno → TRANS-, 4.

trastrocar. 1. Verbo irregular. Se conjuga como *acordar* [4]. **2.** *Trastrocar,* no *transtrocar:* → TRANS-, 4. **3.** ¿*Trastrocar* o *trastocar?:* → TRASTOCAR, 3.

trastrueque. 1. *Trastrueque,* no *transtrueque:* → TRANS-, 4. **2.** *Trastrueque,* no *trastueque:* → TRASTOCAR, 3.

trasvasar, trasvase → TRANS-, 2.

tratar. 1. Construcción: *tratar* A *alguien* o *tratarse* CON *alguien* ('tener trato con él'); *tratar* CON *alguien* ('tener tratos o conversaciones con él'); *tratar a alguien* DE *cobarde; tratar* DE O SOBRE *una cuestión; tratar* DE *hacerlo; se trata* DE *aprenderlo* o DE *que lo aprendáis* (→ 2). **2.** *Se trata de* (seguido de nombre), con el sentido de 'la persona, el objeto o el asunto en cuestión es', es construcción impersonal, y por tanto no puede enunciarse con sujeto; se dice, pues, *Se trata de un delincuente habitual,* y no *El detenido se trata de un delincuente habitual.* Si se desea expresar el sujeto, debe emplearse simplemente el verbo *ser: El detenido es un delincuente habitual.* He aquí algunos ejemplos del uso erróneo de esta construcción: *«No siempre se trata de noticias biográficas lo que, en un análisis superficial, puede parecerlo»* (Alsina, *Homero,* X); *«La muerte de Lucía solo se tra-*

taba de una pura fantasía cinematográfica» (*Semana*, 31.7.1971, 40); *«El pirómano de Zaragoza puede tratarse de un niño de diez años»* (*Abc*, 15.6.1975, 91); *«La policía barcelonesa empezó a llevar a cabo intensas gestiones para poder averiguar la filiación de los asaltantes, que, al parecer, se trataba de jóvenes que iban con la cara destapada»* (*País*, 10.5.1977, 18). En todos estos casos debió usarse sencillamente el verbo *ser*.

3. Evítese también la confusión de *tratarse* de con *tratar de: «¿De qué se trata su libro 'Cantabria en la literatura'?»* (A. Lucio, *Hoja Lunes Santander*, 14.8.1978, 29). Aquí se ha querido decir *de qué trata*.

través. 1. *A través de*, locución prepositiva, 'por en medio de', 'por entre' (también en sentido figurado): *A través del visillo ve veía la calle; Lo he conseguido a través de mi hermano*. También se dice *al través de*, pero no es lo normal (sobre todo en el uso figurado). No es recomendable *a través mío*, *su través*, por *a través de mí*, *a través de él*.

2. *A campo través; campo a través:* → CAMPO.

travestido. 'Que viste ropas propias del sexo contrario'. Este adjetivo (que es la forma participio del verbo *travestir*), usado como nombre masculino (*«Almudena', sobrenombre con el que se conoce a un famoso travestido madrileño»*, *País*, 14.8.1984, 40), es el equivalente español del francés *travesti* (pronunciación corriente, /trabestí/, aunque en un nivel popular también se oye /trabésti/), de empleo muy generalizado. El mismo nombre *travesti* aparece a menudo usado para designar el hecho o la costumbre de travestirse; el nombre adecuado es *travestismo*.

travestir. Verbo irregular. Se conjuga como *vestir* [62].

travestismo → TRAVESTIDO.

traviesa. *A campo traviesa:* → CAMPO, 1.

trébede. Es nombre femenino. En el sentido de 'aro o triángulo de hierro con tres pies, para poner vasijas al fuego', se usa en plural.

trecientos → TRESCIENTOS.

treinta. 1. Evítese la pronunciación descuidada /trentayúno, trentaidós, trentaitrés/, etc., para *treinta y uno, treinta y dos, treinta y tres*, etc. Debe mantenerse el diptongo /ei/: /treintayúno/, etc.

2. Menos aceptable es la elisión de /a/: /trentiúno, trentidós/, /trentitrés/, etc.

3. Desde el punto de vista de la ortografía, los numerales formados por *treinta + y + unidad* han de escribirse en tres palabras: *treinta y uno, treinta y dos*, etc.; no *treintaiuno, treintaidós*, etc., como en los países americanos escriben algunas personas.

tren. En *tren de* (del francés *en train de*) es en español normal *en trance de* u *ocupado(s) en: «Los otros son americanos en tren de discutir con América»* (Camba, *Ciudad*, 48).

trescientos. En zonas de seseo, algunas personas de ortografía insegura escriben *trecientos* apoyándose en que esta forma está en el *Diccionario* de la Academia. Es cierto, pero la Academia ha omitido la etiqueta «desus.» (desusado), que indica que la forma no pertenece al español de nuestro tiempo. Esa etiqueta sí figura en el artículo *docientos*, homólogo de *trecientos*. (→ DOCIENTOS.)

Trevélez. El nombre de este pueblo de Córdoba se oye y escribe a menudo, indebidamente, *Trévelez*.

Tréveris. La ciudad alemana de *Trier*, en francés *Trèves*, tiene en español el nombre de *Tréveris*.

tri-. Forma prefija de *tres: triángulo*.

tribal. Adjetivo, 'de la tribu'. Por razones etimológicas, sería mejor usar la forma *tribual*, forma preferida por la Academia (si bien no excluye *tribal*). Pero *tribal*, aunque esté tomada directamente del inglés, es prácticamente la única que circula en el uso común.

tricot. *Tricot*, 'punto' (labor de tejido), y *tricotar*, 'hacer punto', son galicismos bastante difundidos ya y que ocupan a menudo el lugar de sus equivalentes españoles *punto* y *hacer punto* (yo los poco usados *calceta* y *calcetar*). En Argentina se usa *tricota*, 'jersey de punto'. Pero convendría evitar, aunque esté recogido por la Academia, el derivado *tricotosa*, 'máquina de hacer punto', o 'mujer que trabaja con esa máquina', mal formado (su sufijo *-osa* no tiene nada que ver con el sufijo *-osa* español, sino con el francés *-euse*, que tiene un valor muy distinto); el derivado adecuado de *tricotar* es *tricotadora: «Primera firma en máquinas tricotadoras e hilatura»* (Radio Intercontinental,

1.11.1972); *«Se vende tricotadora marca "Toyota". Seminueva» (Nueva Alcarria,* 23.3.1990, 10); *«Estaban allí como haciendo punto, como las tricotadoras de la Revolución francesa en torno a la guillotina»* (Umbral, *Tierno,* 28).

Trier → TRÉVERIS.

trillizo. *Trillizos,* 'tres mellizos'; *cuatrillizos,* 'cuatro mellizos', y *quintillizos,* 'cinco mellizos', son palabras que, pese a su formación un tanto irregular, gozan de aceptación en el uso común y han sido recogidas por la Academia. También se usan —pero no han encontrado reconocimiento académico— *sextillizos,* 'seis mellizos' *(«Los sextillizos belgas han cumplido un año», Semana,* 1.9.1984, 52); *septillizos,* 'siete mellizos' *(«Los septillizos de Bruselas», Ya,* 1.4.1966), y *octillizos,* 'ocho mellizos' *(«Octillizos en Méjico .. María Teresa López .. ha dado a luz ocho hijos», Pueblo,* 11.3.1967, 5).

triple. 1. Construcción: *ha ganado el triple* DE *lo que tenía (no* A *lo que tenía).*
2. *Triple* y *triplo:* → MULTIPLICATIVOS.

trípode. Es nombre masculino, aunque la Academia registre como «ambigua» una acepción ('mesa, banquillo, pebetero, etc., de tres pies').

triunfar. Construcción: *triunfar* DE *sus enemigos.*

-triz. Sufijo de adjetivos o nombres femeninos que significan agente: *actriz, emperatriz, bisectriz.* Alterna frecuentemente con *-tora* como forma femenina de *-tor: motor / motora o motriz.*

trocar. 1. Verbo irregular. Se conjuga como *acordar* [4].
2. Construcción: *trocar una cosa* POR *otra; trocarse una cosa* EN *oro.*

-trofo, -trofia. Formas sufijas del griego *trophé,* 'alimentación': *hipertrofia.*

troj. 'Espacio limitado por tabiques, para guardar frutos y especialmente cereales'. Es nombre femenino. También puede decirse *troje.* El plural, en todo caso, es *trojes.*

tronar. Verbo irregular. Se conjuga como *acordar* [4]. En su sentido recto, impersonal ('producirse truenos en la atmósfera'), solo se conjuga en la 3.ª persona de singular de cada tiempo.

tropezar. 1. Verbo irregular. Se conjuga como *cerrar* [6].
2. Construcción: *tropezar* CON *un inconveniente; tropezarse* CON *un amigo.*

trotamundos. 'Persona que por afición viaja por muchos países'. No es necesario usar la palabra inglesa *globe-trotter.*

troupe → COMPAÑÍA, 2.

trousseau → AJUAR.

truste. El inglés *trust* (que en España se pronuncia corrientemente /trust/ o /trus/) significa 'combinación financiera que reúne varias empresas bajo una dirección única, y que ejerce un influjo preponderante en un sector económico'. La Academia propone adaptar la palabra inglesa al español en la forma *truste.*

Tschaikowsky → CHAIKOVSKI.

tu. Adjetivo posesivo: → TUYO.

tú. 1. Pronombre personal de 2.ª persona de singular. No tiene diferencia de género. En cuanto a su plural, → VOSOTROS. La forma *tú* puede funcionar como sujeto: *¡Tú qué sabes!,* o como predicativo: *Este de la foto eres tú.* También puede ser vocativo: *¡Eh, tú!* El empleo de *tú* con preposición *(a tú, con tú: «¡Y a tú qué te importa!,* Miró, *Años,* 106) es propio exclusivamente del lenguaje rústico de algunas regiones. Pero son normales determinadas construcciones: *entre tú y yo* (→ ENTRE, 1), *según tú, de tú a tú, tratar de tú a uno, excepto tú, incluso tú.*
2. El uso de *tú* como pronombre sujeto no es necesario si el verbo va explícito; solamente el énfasis hace que se presente con alguna frecuencia, más en la lengua hablada que en la escrita. (→ ÉL, 2.)
3. Para las funciones de complemento con preposición, el pronombre *tú* toma la forma *ti: de ti, por ti, en ti.* Cuando la preposición es *con,* se dice *contigo* (no *con ti).* Respecto a *entre, según, excepto, incluso,* → 1.
4. Para las funciones de complemento directo e indirecto, este pronombre toma la forma átona *te: Te quiero; Te ofrezco trabajo.*
5.1. El pronombre átono *te,* en cualquiera de sus dos funciones (→ 4), puede ir acompañado, dentro de la frase, por la forma tónica *ti* del mismo pronombre precedida de la preposición *a;* con lo cual el complemento directo o el complemento indirecto aparece

mencionado dos veces en dos formas. En este caso, la forma *a ti* tiene un papel enfático semejante al señalado antes (→ 2): A TI TE *lo digo;* TE *lo digo* A TI.

5.2. Posición del pronombre átono *te* concurrente con otro pronombre átono: *se te, te me, te lo,* etc.: → PRONOMBRES PERSONALES ÁTONOS, 3.

6. Existe un uso impersonal de *tú,* tanto en sus formas tónicas como en las átonas: *Te dicen una cosa y luego hacen otra; «De los alguaciles dijo que no era mucho que tuviesen algunos enemigos, siendo su oficio o prenderte, o sacarte la hacienda de casa, o tenerte en la suya en guarda y comer a tu costa»* (Cervantes, *Vidriera,* 73); *«—Sebastián me discutía —explicó Eliana— que incluso puedes tener vocación sin sentir ningún deseo de meterte de cura»* (Edwards, *Máscaras,* 25). Es muy frecuente en la lengua coloquial, y en mayor medida cuanto más popular es el nivel.

Tubinga. La ciudad alemana de *Tübingen* tiene en español el nombre de *Tubinga.*

Tui → TUY.

tullir. Verbo irregular. Se conjuga como *mullir* [53].

Túnez. Estado del norte de África, que lleva el mismo nombre de su capital. No tiene mucha aceptación en español, a pesar de su utilidad, el nombre de *Tunicia* para el país. El adjetivo correspondiente tanto al estado como a la ciudad es *tunecino.* Existe

también una forma *tunecí* (plural *tunecíes*), de uso literario.

turcomano → TURKMENISTÁN.

turf → HÍPICA.

Turín. La ciudad italiana de *Torino* tiene en español el nombre de *Turín.*

Turkmenistán. Estado de Asia central. El adjetivo correspondiente es *turcomano.*

turoperador → TOUR OPERATOR.

Turquestán. Región del Asia central situada entre Siberia, el Tíbet, India, Afganistán e Irán. El adjetivo correspondiente es *turquestano.*

Tuy. La ciudad pontevedresa que en gallego se escribe con la grafía *Tui* tiene en castellano la forma *Tuy,* y es esta la que debe usarse cuando se escribe en español.

tuyo. Adjetivo posesivo, 'de ti'. Tiene variación de género y número *(tuyo, tuya, tuyos, tuyas).* Cuando va delante del nombre, aunque se interponga otro adjetivo, sufre apócope: *tu* (singular masculino y femenino), *tus* (plural masculino y femenino): *tu casa, tus amigos, tus tres hermanas.* Estas formas apocopadas son siempre átonas: /tukása, tustrés ermánas/. El pronunciarlas como tónicas es regionalismo (cf. Lapesa, *Historia,* 478).

txakolí → CHACOLÍ.

txistu, txistulari → CHISTU.

u

u¹. **1.** Vigesimosegunda letra del alfabeto español. Su nombre es femenino *(la u),* y su plural es *úes* (es vulgar *us).* **2.** Corresponde esta letra al fonema vocal /u/, cuya articulación puede ser plenamente vocálica, semivocálica o semiconsonántica.

a) /u/, vocal velar cerrada, se articula de la siguiente forma: la lengua se retrae hacia el fondo de la boca, como en /o/, pero el postdorso se eleva más hacia el velo del paladar, y los labios forman un círculo más estrecho y abocinado.

Se articula una /u/ ligeramente más abierta que la ordinaria: 1.°, cuando sigue o precede al sonido /rr/: *turrón, ruso;* 2.°, ante el sonido /j/: *mugir, empuje;* 3.°, en sílaba trabada: *punto, asusta.*

b) /u/ semiconsonante es la /u/ que se articula unida, dentro de una sílaba, con una vocal más abierta que la sigue y con la cual forma diptongo. Su abertura es creciente y su duración es más breve que la de /u/ normal: *suerte, cuatro.*

c) /u/ semivocal es la /u/ que forma diptongo con una vocal más abierta que la precede inmediatamente. La abertura de la /u/ es entonces decreciente, y su duración más breve que la de /u/ normal: *deuda, causa.*

3. Gráficamente, se representa siempre el fonema /u/ (vocal, semiconsonante o semivocal) por la letra *u.* Pero cuando este fonema se encuentra entre una consonante *g* y una vocal *e* o *i,* se representa por *ü (u* con diéresis): *cigüeña, halagüeño, pingüino;* de

no emplear esta grafía, no se pronunciaría el fonema /u/.

Cuando la letra *u* aparece, sin diéresis, entre *g* y *e/i,* no tiene ningún valor fonético y sirve solo para indicar que la letra *g* representa en ese momento el fonema /g/, y no el fonema /j/ que correspondería si no figurase la letra *u.* También carece esta letra de todo valor fonético cuando sigue obligatoriamente a la letra *q.*

u². Conjunción: → o², 1.

ubre. 'Conjunto de las tetas de un animal hembra'. Es nombre femenino: *la ubre.* En el castellano hablado en Galicia, por influjo de la lengua gallega, se encuentra a veces como masculino, *el ubre.*

-ucar. Sufijo verbal *(-uco* + *-ar)* de valor despectivo: *besucar.*

-ucho. Sufijo despectivo: *medicucho, casucha;* o atenuativo: *malucho, feúcha.*

-uco. Sufijo diminutivo de nombres y adjetivos, a veces con matiz despectivo: *casuca, mujeruca.* Su uso se reduce hoy casi a la región de Cantabria. Puede aparecer combinado con *-ar: abejaruco.*

Ucrania. República de la antigua Unión Soviética. El adjetivo correspondiente es *ucraniano.* También, menos usado, *ucranio.*

-udo. Sufijo que significa posesión en abundancia: *barbudo, ceñudo.*

-uelo. Sufijo diminutivo: *muchachuelo.* Se

combina con -z: *patizuelo, jovenzuelo;* con *-ez: pecezuelo,* o con *-ecez: piecezuelo.* Otras variantes son *-achuelo, -ichuelo: riachuelo, copichuela.*

-ueño. Sufijo fósil de adjetivos, que indica agente: *risueño, pedigüeño.*

uf. Interjección que expresa cansancio, fastidio o repugnancia. La Academia registra también una grafía *huf,* pero es forma totalmente desusada que el uso culto no acepta.

Uganda. El adjetivo correspondiente a *Uganda* es *ugandés* (más raro, *ugandeño).*

-ujar. Sufijo verbal, combinación de *-ujo* + *-ar: apretujar.*

ujier. 'Empleado subalterno en tribunales y en algunos organismos del Estado'. La Academia registra también una grafía *hujier,* pero es forma totalmente desusada que el uso culto no acepta.

-ujo. Sufijo despectivo y diminutivo de nombres y adjetivos: *papelujo, pequeñujo.*

-ulento. Sufijo de adjetivos que significa abundancia: *corpulento, purulento.*

-ullar. Sufijo verbal, combinación de *-ullo* + *-ar: mascullar.*

-ullo. Sufijo despectivo diminutivo, con poca vitalidad, a no ser regional: *ramulla.*

ultimátum. En lenguaje diplomático, 'condiciones definitivas cuyo rechazo implica la guerra'. También se emplea mucho en sentido figurado. El plural debe ser invariable: *los ultimátum,* aunque sea frecuente formarlo con *-s, los ultimátums.* Puede emplearse también para el plural la forma *ultimatos,* correspondiente a un singular *ultimato* que la Academia registra en su *Diccionario,* aunque no parece que tenga uso.

último. 1. En principio, por su propio significado, este adjetivo no admite formación o construcción superlativas. Sin embargo, no es raro encontrarlas usadas por énfasis: *«La delicada belleza de las mujeres .. se muestra a la moda ultimísima»* (García Luengo, *Extremadura,* 86); *«Una generación que salía de la guerra con ansias de todo menos de estar en la realidad por medio del romanticismo más almibarado llevado a sus más últimas consecuencias»* (*Mundo,* 8.3.1969, 56).

2. *A lo último,* 'al final': *A lo último solo quedábamos tres.* No es normal la forma *al último.* No debe confundirse con *por último,* 'en último término' o 'para terminar'.

ultra-. Prefijo, 'más allá': *ultratumba, ultracongelado, ultraligero.*

umbral. 'Parte inferior o suelo de la puerta'. Es erróneo usar en este sentido el nombre *dintel,* que significa lo contrario: 'parte superior de la puerta'.

-umbre. Sufijo de sustantivos que significa cualidad o colectividad: *muchedumbre, servidumbre, certidumbre, pesadumbre.*

un. 1. Forma apocopada del numeral y del indefinido *uno:* → UNO.

2. Artículo indefinido. A diferencia del artículo definido *el,* se pronuncia siempre tónico. Su forma femenina es *una* (a veces *un,* → 3). Las formas plurales masculina y femenina son *unos, unas.* Se coloca siempre delante del sustantivo, aunque pueden interponerse adjetivos u otros complementos: *una nueva droga; un desde hoy famoso escritor.* Intercalar entre el artículo y el nombre un posesivo *(un su amigo)* es perfectamente normal, pero exclusivamente literario y no muy frecuente. Lo habitual es posponer el posesivo: *un amigo suyo.* El sustantivo al que precede el artículo no es necesariamente un nombre; puede ser una palabra o un sintagma sustantivados: *un no rotundo.*

3. El artículo femenino singular *una* toma la forma *un* cuando va inmediatamente delante de nombre femenino que empieza por el fonema /a/ tónico: *un alma, un ave, un hambre.* Aunque no incorrecto, hoy es muy raro el uso de *una* en estos casos *(una ascua, una agua).*

4. La norma anterior solo rige, como se ha dicho, cuando el artículo singular precede inmediatamente al nombre en cuestión. La interposición de cualquier otra palabra hace que el artículo recupere la forma *una;* así, aunque se dice UN *agua,* se dirá UNA *misma agua.* Pero no es raro que, por influjo de la construcción sin interposición *(un agua),* encontremos construcciones con interposición en que el elemento interpuesto ha tomado una falsa forma masculina: UN MISMO *agua;* *«La vitamina C es* UN BUEN *arma contra la gripe asiática»* (*Ya,* 19.10.1957, 7). Este uso, frecuente en los periódicos, no se admite en la lengua normal.

5. Uso superfluo de *un.* Por influjo del inglés, se usa muchas veces sin necesidad el artículo *un,* sobre todo en títulos y subtítulos de libros: «*Domingo F. Sarmiento: Prosa de ver y pensar.* UNA *selección de escritos literarios a cargo de E. Mallea*»; «*Carlos Castilla del Pino:* UN *estudio sobre la depresión*».

uncir. Construcción: *uncir los bueyes* AL *carro.*

undécimo. El ordinal correspondiente a *once* es *undécimo;* no *decimoprimero* ni *onceavo,* como creen muchos periodistas y locutores: «*Las Bases del Premi Josep Pla, en su decimoprimera convocatoria*» *(Vanguardia,* 13.4.1978, 40).

undécuplo → MULTIPLICATIVOS.

-undo. Sufijo de adjetivos calificativos: *fecundo.*

uni-. Forma prefija de *uno: unicelular, unipersonal.*

uniformar. Construcción: *uniformar una cosa* CON (o A) *otra.*

unión. Construcción: *la unión* CON *otros partidos; la unión de un río* CON *otro* (no A *otro:* «*Cruza [el puente] el Huécar en su unión al Júcar*», Payno, *Curso,* 134); *asistieron en unión* DE ('junto con') *otras personas.*

unir. Construcción: *unir una cosa* A o CON *otra; unirse* A o CON *los compañeros.*

uno. **1.** Cuando se usa en contraposición con *dos, tres,* etc., es adjetivo o pronombre numeral. Solo se usa en singular. Cuando es adjetivo, la forma masculina se apocopa en *un* siempre que antecede al nombre: *Un hombre, un voto.* Si se usa como nombre de número se emplea la forma masculina: *el uno, el dos.* (Sobre el uso de *uno* en las fechas —*uno de abril* frente a *primero de abril*—, → FECHA.) La apócope *un* se presenta también en todos los adjetivos numerales, de una o más palabras, en que figure este como componente, siempre que tales adjetivos precedan a nombre masculino: *veintiún caballos, treinta y un hombres, ciento un kilos.* No se admite tal apócope ante nombres femeninos *(veintiún pesetas),* excepto en el caso de que el adjetivo preceda inmediatamente a nombre femenino que empiece por el fonema /a/ tónico: *veintiún armas.*

2. Cuando precede a *mil,* el uso tradicional es *un* (no *uno* ni *una): Sesenta y un mil trescientas pesetas;* también cuando *un* va en la forma compuesta *veintiún: Veintiún mil pesetas* (Academia, *Esbozo,* § 2.9.3). Sin embargo, hoy el uso más frecuente hace que *un* y *veintiún* tomen la forma femenina cuando el nombre que sigue a *mil* es femenino: *Sesenta y una mil pesetas, Veintiuna mil pesetas.* Esta concordancia se explica por analogía con la que está ya definitivamente impuesta en los compuestos en *-cientos;* se dice *Doscientas* (no doscientos) *mil pesetas, Setecientas* (no setecientos) *mil toneladas* (Seco, *Gramática esencial,* 171, nota 23).

3. Como adjetivo indefinido, equivalente a *algun(o),* tiende a identificarse con el artículo indefinido (→ UN, 2). La forma masculina es apocopada, *un: Un día volveremos.* También se usa *un* como forma femenina singular precediendo inmediatamente a nombres femeninos que comienzan por el fonema /a/ tónico (→ UN, 3).

4. *Uno,* pronombre indefinido, puede emplearse coloquialmente para aludir con modestia al «yo» que habla, y con cierto matiz generalizador e impersonal: *Usted perdone, que no sabe uno lo que hace;* «*Para relacionarse con una mujer no había más remedio que entrar en relaciones formales con ella. Y si uno regañaba .., entonces las amistades le decían a uno que se había subido al pescante*» (Díaz-Cañabate, *Taberna,* 101); «*Si una lo que es, ¿cómo la van a mirar a una?*» (Arniches, *Hombre,* 916). Como se ve por los ejemplos, tiene variación de género según el sexo del hablante. Sin embargo, existe un uso popular de *uno* con que alude a sí misma una mujer («*Yo me veo a mí misma degradada.., avasallada por toda esta humanidad que le cae a uno encima*», Chacel, *Barrio,* 166; «*Hoy en día la matan a uno de lo más barato*», Bioy, *Cavar,* 181). Este uso es más frecuente en América: cf. Cuervo, *Apuntaciones,* § 242; Flórez, *Apuntes,* 78; Kany, 143.

En todo caso, tanto en la forma masculina como en la femenina, el empleo de *uno* como «yo» se va haciendo poco frecuente.

5.1. *Uno de los que* + verbo. Esta construcción plantea un problema de concordancia; en el uso corriente se vacila entre poner el verbo en singular (concertando con *uno*) o en plural (concertando con *los): Fue uno de los pocos que* SUPO *comprenderle / que* SUPIERON *comprenderle.* La forma preferida en la prosa normal (y la más lógica) es la segunda, esto es, la que pone el verbo en plural.

5.2. *Uno de los* + nombre en plural, si va seguido de adjetivo, exige naturalmente que este adjetivo vaya en concordancia con ese nombre, y por tanto en plural: *uno de los lingüistas más rigurosos; una de las personas más documentadas.* Sin embargo, hay quienes ponen en singular el adjetivo (por tener la mente fija en el «uno» de quien hablan): *«Es uno de los lingüistas más riguroso y acreditado en el actual panorama de nuestras letras»* (texto publicitario en un libro editado por Ámbito, Valladolid, 1982); *«El señor Rovira Tarazona es una de las personas más impuesta y documentada en materias económicas del país»* (*Sábado*, 21.12.1974, 45).

6. El número que sigue inmediatamente a *mil* es *mil uno: mil un* ante nombre masculino (*mil un socios*), *mil una* ante nombre femenino *(mil una fichas).* Pero del nombre de la célebre colección de cuentos *Las mil y una noches* viene un uso tradicional en que el número no tiene su valor preciso, sino un vago sentido de gran cantidad. En este caso, las formas han de ser *mil y un* ante nombre masculino *(mil y un desastres,* no *«los mil y uno desastres»,* Torbado, *Informaciones,* 5.7.1974, 25) y *mil y una* ante nombre femenino *(mil y una filosofías,* no *«mil y un filosofías»,* Celaya, *Poesía urgente,* 147; *mil y una veces,* no *«mil y unas veces»,* A. Semprún, *Abc,* 14.1.1971, 27). En todo caso, el nombre que sigue al numeral debe ir en plural: *mil y un* DESASTRES, *mil y una* FILOSOFÍAS, *mil y una* NOCHES (no *«mil y una* NOCHE», Chocano, *Poesías,* 61, y Pemán, *Abc,* 6.1.1966, 3).

7. *Uno y otro,* 'los dos', puede usarse como pronombre o como adjetivo antepuesto. Hay vacilación en la concordancia. Cuando es pronombre sujeto parece frecuente el verbo en plural: *Uno y otro lo saben;* ejemplos antiguos citados en Cuervo, *Diccionario,* Cont.: *«Una y otra recibieron»* (Feijoo); *«Uno y otro se presentan»* (Quintana). Cuando es adjetivo, la preferencia se inclina por el singular: *Uno y otro contendiente;* *«A uno y otro lado»* (Bustinza-Mascaró, *Ciencias,* 190).

-uno. Sufijo de adjetivos que significa pertenencia: *perruno, hombruna.*

uperización. 'Cierto método de esterilización de productos lácteos'. Esta palabra procede del inglés *uperization;* pero, tomada a través del francés *upérisation,* algunos industriales españoles escriben *uperisación, uperisar, leche uperisada.* En nuestro idioma tenemos como sufijos, no *-isar, -isación,* sino *-izar, -ización* (los mismos que usamos en *pasteurizar, pasteurización,* palabras directamente relacionadas con las que aquí nos ocupan). Las formas con *-s-,* pues, solo se explican por una mala adaptación del francés, y deben evitarse.

-ura. Sufijo de nombres derivados de verbos o de adjetivos: *amargura, hechura.*

urano-. Forma prefija del griego *ouranós,* 'cielo': *uranografía.*

urbano. 'De la ciudad', por oposición a *rural, campesino* o *aldeano.* En algunos países americanos se usa *citadino* (palabra tomada del italiano o del francés) por *urbano.*

urbi et orbi. 'A la ciudad y al mundo', locución adverbial y adjetiva latina: *El Papa dio la bendición urbi et orbi.* También se usa en sentido figurado, 'a los cuatro vientos': *Fue a contarlo urbi et orbi.* Es errónea la forma *urbi et orbe,* que se lee y oye con frecuencia.

Urgel. La comarca ilerdense que en catalán tiene el nombre de *Urgell* se denomina en castellano *Urgel,* y es esta la forma que debe usarse cuando se habla o escribe en español.

urgir. En el sentido de 'ser urgente', es intransitivo: *El asunto urge; Urge una solución.* En el sentido de 'apremiar' o 'infundir prisa', es transitivo y lleva complemento directo de persona; la acción que motiva el apremio o la prisa es una proposición introducida por *a: «Le urgió a participar»* (Caballero Bonald, *Noche,* 97).

uro-. Forma prefija del griego *oúron,* 'orina': *urología;* o de *ourá,* 'cola': *urodelo.*

urraca. 'Cierto pájaro'. La Academia registra también una grafía *hurraca,* pero es forma totalmente desusada que el uso culto no acepta.

-urro → -RRO.

-urrón. Sufijo despectivo, combinación de *-urro* + *-ón: santurrón.*

-us. Los nombres propios latinos que en su lengua terminan en *-us* se adaptan automáticamente al español en la forma -o: *Titus, Claudius* se convierten en *Tito, Claudio.* Esto vale también para los latinizados: *Ludovicus* (Luis) es *Ludovico.* Hay alguna excepción: *Marcus,* que como nombre romano es *Marco,* como nombre de un evangelista es *Marcos.*

USA → EE. UU.

usar. Construcción: *usar* DE *malas artes* (también *usar malas artes).*

Usbekistán, Usbequistán → UZBEKISTÁN.

-usco → -SCO.

usted. 1. Pronombre personal de 2.ª persona singular «de respeto». No tiene variación de género. En plural es *ustedes.* Una y otra forma pueden funcionar como sujeto, como predicativo o como complemento con preposición; también pueden aparecer como vocativos. A pesar de su significado de 2.ª persona, estos pronombres —*usted, ustedes*— funcionan siempre gramaticalmente como 3.ª: *usted tiene; ustedes sabrán.* Es vulgarismo de algunas regiones hacer concertar *ustedes* con la 2.ª persona plural del verbo *(ustedes tenéis).*

2. Respecto al uso enfático de *usted* o *ustedes* como sujeto, son válidas las observaciones a propósito del mismo uso en *tú* y *él:* → TÚ, 2, y ÉL, 2.

3. Para las funciones de complemento directo y complemento indirecto, los pronombres *usted, ustedes* se valen de las formas átonas del pronombre *él;* es aplicable aquí, por tanto, todo lo que se dice acerca de *él* (→ ÉL, 4, 5, 6, 7 y 8), con la única advertencia de que, cuando *usted* se refiere a una persona de sexo masculino, equivale sintácticamente a *él,* y que, cuando se refiere a una persona de sexo femenino, equivale sintácticamente a *ella.*

4. Los complementos directo e indirecto

átonos *(le, la,* etc.) pueden ir acompañados, dentro de la frase, por la forma tónica *usted* (o *ustedes)* precedida de la preposición *a,* de manera que el complemento directo o el indirecto aparece mencionado dos veces en dos formas distintas. En este caso, la forma tónica con A tiene un papel enfático semejante al indicado antes (→ 2): A USTED LE *doy las gracias;* LES *doy las gracias* A USTEDES.

5. Aunque menos usual, existe un uso impersonal de *usted* al que existe en el pronombre *tú* (→ TÚ, 6): *¡Le dicen a usted cada cosa!*

6. *Ustedes* suplanta a *vosotros* en extensas zonas del español: → VOSOTROS, 5.

usufructuar. Se conjuga, en cuanto al acento, como *actuar* [1 d].

usura → DESGASTE.

uve. Nombre de la letra *v:* → v, 1.

-uzar. Sufijo verbal, combinación de *-uzo* + *-ar: empapuzar.*

Uzbekistán. Estado de Asia central, perteneciente a la antigua Unión Soviética. La grafía que precede es la que se ha establecido en el uso corriente español. El adjetivo correspondiente es *uzbeko,* aunque también aparece usada entre nosotros la grafía *uzbeco.* Esta última forma no es en absoluto censurable, pero sería más adecuada si el nombre del país lo escribiésemos *Uzbequistán.* Por otra parte, para que la incorporación al sistema español fuese satisfactoria, la letra *z* (que en nuestro idioma no se parece al sonido que aquí debería representar) habría de sustituirse por *s: Usbekistán* o *Usbequistán, usbeko* o *usbeco.*

-uzco → -SCO.

-uzo. Sufijo despectivo de nombres y adjetivos: *gentuza, carnuza.*

V

v. **1.** Vigesimotercera letra del alfabeto español. Su nombre es *uve*, plural *uves*. Debe desecharse el nombre *ve*, usado por algunas personas (y registrado todavía por la Academia), que tiene el grave inconveniente de confundirse fonéticamente con el nombre de la letra *b*. Algunos tratan de resolver el problema distinguiendo entre «be de burro» y «ve de vaca», «be alta» y «ve baja», o «be larga» y «ve corta». **2.** La pronunciación de *v* es en español idéntica a la de *b*. Las dos letras corresponden a un mismo fonema, /b/; se pronuncian igual, por tanto, *cabo* y *cavo*, /kábo/; *vaca* y *baca*, /báka/; *sabia* y *savia*, /sábia/; *tubo* y *tuvo*, /túbo/. Pretender pronunciar *v* con articulación labiodental (como la de *v* francesa o italiana) es un error de algunos locutores y profesores que se pasan de correctos. Tal pronunciación solo es espontánea en pequeñas zonas del Levante español, por influjo de la lengua regional. **3.** Ortografía de la letra *v*. Se escriben con *v:*

a) Los pretéritos fuertes en *-uve* y sus derivados: *estuve, contuviera, tuvieseis.* Excepción: *hube.*

b) Las palabras que empiezan por el prefijo *vice-, viz-* o *vi-* ('en vez de'): *vicerrector, vizconde, virrey.*

c) Los adjetivos terminados en *-avo, -ava; -evo, -eva; -ivo, -iva* y *-eve,* siempre que estas terminaciones sean tónicas: *octavo, nueve, nocivo, leve.*

d) Las palabras terminadas en *-viro,*

-vira e *-ívoro, -ívora: triunviro, herbívoro.* Excepción: *víbora.*

vacación. *Hacer vacaciones:* → HACER, 7.

vaciar. **1.** Se conjuga, en cuanto al acento, como *desviar* [1 c]. **2.** Construcción: vaciar *el frasco* DE *su contenido; vaciar una figura* EN *yeso.*

vacilar. Construcción: *vacilar* EN *la elección.*

vagar. Construcción: *vagar* POR *el mundo.*

vagaroso. «Que vaga, o que fácilmente y de continuo se mueve de una a otra parte», según la definición que da de este adjetivo la Academia. Sería conveniente añadir la noción de 'impreciso', con que se emplea a menudo: *«El corpus íntegro [de las cartas], con todo, es aún cosa vagarosa, cosa no alojada en la memoria común»* (Gimferrer, *Raros,* 15). En todo caso, es voz de uso exclusivamente literario. Es muy frecuente, según Cuervo (*Apuntaciones,* § 926), por atracción formal de otros adjetivos, como *amoroso, caloroso, rigoroso,* transformarlo en *vagoroso;* yo pondría ante todo el influjo de *vaporoso,* más próximo formal y semánticamente a la palabra en cuestión. La confusión, que se encuentra en textos de escritores muy ilustres, es bastante antigua —data de comienzos del siglo XIX—, y en ella, como señaló y demostró también Cuervo, pueden haber intervenido muchas veces las manos de los editores. Con esta salvedad recojo dos ejemplos modernos entre los muchos que podría citar: *«Al crepúsculo vuelve vagoroso / su perezosa gracia seduc-*

CONJUGACIÓN DEL VERBO «VALER»

(tiempos simples)

INDICATIVO

Pres. valgo, vales, vale, valemos, valéis, valen.
Pret. impf. valía, valías, valía, valíamos, valíais, valían.
Pret. indef. valí, valiste, valió, valimos, valisteis, valieron.
Fut. impf. valdré, valdrás, valdrá, valdremos, valdréis, valdrán.
Pot. simple valdría, valdrías, valdría, valdríamos, valdríais, valdrían.

SUBJUNTIVO

Pres. valga, valgas, valga, valgamos, valgáis, valgan.
Pret. impf. valiera o valiese, valieras o -ses, valiera o -se, valiéramos o -semos,
valierais o -seis, valieran o -sen.
Fut. impf. valiere, valieres, valieres, valiéremos, valiereis, valieren.

IMPERATIVO

vale, valga, valed, valgan.

FORMAS NO PERSONALES

Inf. valer.   *Ger.* valiendo.   *Part.* valido.

---

tora» (Cernuda, *Antología,* 30); *«Temo que
[mi informe] resulte un tanto vagoroso»* (Gil
de Biedma, *Retrato,* 86). Se encuentra tan extendido en la lengua culta el empleo de *vagoroso* que debemos considerarlo definitivamente arraigado en nuestro léxico.

Todo lo dicho respecto a *vagoroso* por *vagaroso* tiene aplicación para el nombre *vagorosidad* por *vagarosidad: «Trata de encontrar, intuitivamente, entre vagorosidades y
nieblas, una figura jurídico-penal a la que
ajustar el caso»* (Delibes, *Parábola,* 227).

vale → TICKET.

valer. **1.** Verbo irregular. (Véase cuadro.)
2. Construcción: *valerse* DE *alguien o* DE
algo.
3. *Valer la pena:* → PENA, 1.

valiente. El superlativo de este adjetivo es
valentísimo.

Valkiria, Valquiria → WALKIRIA.

Vall de Uxó. La ciudad castellonense que
en catalán y valenciano tiene el nombre de
La Vall d'Uixó se denomina en castellano
Vall de Uxó, y es esta la forma que debe
usarse cuando se habla o escribe en español.

valuar. Se conjuga, en cuanto al acento,
como *actuar* [1 d].

vanagloriarse. **1.** Se conjuga, en cuanto
al acento, como *cambiar* [1 a] (a diferencia
de *gloriarse,* que se conjuga normalmente
como *desviar* [1 c]).
2. Construcción: *vanagloriarse* DE *su estirpe.*

vaquero. **1.** El *cowboy* norteamericano
(que se pronuncia /káuboi/, popularmente
/kobói/), es exactamente *vaquero* en español.
2. *Vaqueros* es el nombre (o adjetivo, referido a *pantalones)* que en español designa
los *blue-jeans* del inglés.

varar. Construcción: *varar* EN *la playa.*

variar. **1.** Se conjuga, en cuanto al
acento, como *desviar* [1 c].
2. Construcción: *variar* DE *opinión.*

varices. 'Dilatación permanente de una
vena'. La Academia registra para esta palabra dos formas: *varices* y *várices;* la más
usual en España es la primera. Aunque la voz
se cita en singular en los diccionarios —*varice, várice o variz*—, prácticamente solo se
emplea en plural.

vasco. **1.** *País Vasco:* → PAÍS VASCO.
2. 'Del País Vasco': → VASCUENCE.

vascohablante. '(Persona) de lengua vasca'.
Es preferible esta voz a *vascoparlante* (→ HA-

CONJUGACIÓN DEL VERBO «VENIR»
(tiempos simples)

INDICATIVO

Pres. vengo, vienes, viene, venimos, venís, vienen.
Pret. impf. venía, venías, venía, veníamos, veníais, venían.
Pret. indef. vine, viniste, vino, vinimos, vinisteis, vinieron.
Fut. impf. vendré, vendrás, vendrá, vendremos, vendréis, vendrán.
Pot. simple vendría, vendrías, vendría, vendríamos, vendríais, vendrían.

SUBJUNTIVO

Pres. venga, vengas, venga, vengamos, vengáis, vengan.
Pret. impf. viniera o viniese, vinieras o -ses, viniera o -se, viniéramos o -semos, vinierais o -seis, vinieran o -sen.
Fut. impf. viniere, vinieres, viniere, viniéremos, viniereis, vinieren.

IMPERATIVO

ven, venga, venid, vengan.

FORMAS NO PERSONALES

Inf. venid.   *Ger.* viniendo.   *Part.* venido.

BLANTE), y a *euscaldún* o *euskaldún,* que no es palabra castellana, sino vasca (→ EUSCALDÚN).

vascuence. Adjetivo, 'del País Vasco'. Se aplica normalmente a cosas. Es mucho más frecuente *vasco,* el único, además, que suele aplicarse a personas, no solo como adjetivo, sino como nombre.

Vascuence, como nombre masculino, significa 'lengua vasca', y es denominación preferible a *eusquera* o *euskera,* ya que esta no es palabra castellana, sino vasca (→ EUSQUERA). Piénsese que, cuando hablamos en español de la lengua alemana, no decimos *deutsch,* sino *alemán;* y si hablamos de la lengua catalana, no decimos *català,* sino *catalán.*

váter → WÁTER.

vatio. 'Unidad de potencia eléctrica'. Es preferible esta forma a la grafía *watio.*

vaudeville → VODEVIL.

ve. Nombre de la letra *v:* → v, 1.

vecino. Construcción: *un local vecino* A *(más raro,* DE) *la casa.*

veinti-. 1. *Veintiuno, veintidós, veintitrés, veinticuatro, veinticinco, veintiséis, veintisiete, veintiocho, veintinueve,* pueden sustituirse por las formas *veinte y uno, veinte y dos, veinte y tres,* etc.; pero este uso está anticuado.

2. En la pronunciación de estos numerales *veintiuno, veintidós,* etc., evítense las formas descuidadas y vulgares /bentiúno, bentidós/, etc., o /bintiúno, bintidós/, etc. En *veintiuno* y en *veintiocho,* el primer grupo de vocales forma diptongo, pero el segundo no: /bein.ti.ú.no, bein.ti.ó.cho/.

3. Sobre el uso de *veintiún, veintiuno, veintiuna* → UNO, 1 y 2.

velar. Construcción: *velar* A *un muerto; velar* POR *el bien público.*

velintonia. 'Cierto árbol americano'. Es preferible utilizar esta grafía, adoptada por la Academia, a *wellingtonia.*

vender. Construcción: *vender la unidad* A *mil pesetas; vender el objeto* POR *o* EN *mil pesetas.*

vendimiar. Se conjuga, en cuanto al acento, como *cambiar* [1 a].

vengar. Construcción: *vengarse* DE *una ofensa; vengarse* DEL *ofensor; vengarse* EN *el hijo del ofensor.*

veni, vidi, vici. La célebre frase con que Julio César anunció su fulminante victoria sobre Farnaces, rey del Ponto (47 a. C.), se cita mal con frecuencia, diciendo *Veni, vidi, vinci.* Antes que decirlo mal en latín, es preferible hacerlo bien en español, «Llegué, vi, vencí».

venir. 1. Verbo irregular. (Véase cuadro.)

CONJUGACIÓN DEL VERBO «VER»
(tiempos simples)

INDICATIVO

Pres. veo, ves, ve, vemos, veis, ven.
Pret. impf. veía, veías, veía, veíamos, veíais, veían.
Pret. indef. vi, viste, vio, vimos, visteis, vieron.
Fut. impf. veré, verás, verá, veremos, veréis, verán.
Pot. simple vería, verías, vería, veríamos, veríais, verían.

SUBJUNTIVO

Pres. vea, veas, vea, veamos, veáis, vean.
Pret. impf. viera o viese, vieras o -ses, vieara o -se, viéramos o -semos, vierais o -seis, vieran o -sen.
Fut. impf. viere, vieres, viere, viéremos, viereis, vieren.

IMPERATIVO

ve, vea, ved, vean.

FORMAS NO PERSONALES

Inf. ver.   *Ger.* viendo.   *Part.* visto.

---

2. Construcción: *venir* A *casa; venir* DE *otra región.*

3. El uso de *venir* + participio, como construcción de sentido pasivo, se limita a la expresión de hechos que «vienen» de un tiempo anterior: *Las variaciones de temperatura vienen condicionadas por la presión.* Pero a veces aparece esta construcción, como mero equivalente de la pasiva *ser* + participio, por mala traducción del italiano: *«Le viene conferido un puesto estatal en Reggio Calabria»* (A. Ibarrola, *Gaceta,* 7.11.1959, 39).

4. *Venir de* + infinitivo, en lugar de *acabar de* + infinitivo, es uso de origen francés que conviene evitar, por innecesario y por los equívocos, a veces cómicos, a que puede dar lugar: *«Se le encontró en su casa con el cráneo destrozado y empuñando en su crispada mano la pistola con que venía de matarse»* (de un diario de 1895, cit. Oliver, *Prontuario,* 299); *«El trance por el que venía de pasar»* (Benet, *Viaje,* 298).

5. *Venir,* en lugar de *ir:* → IR, 9.

ventriloquia. 'Capacidad o habilidad de ventrílocuo'. La acentuación de esta palabra es /bentrilókia/, no /bentrilokía/.

ver. **1.** Verbo irregular. (Véase cuadro.)
2. Construcción: *ver* POR *un agujero; ver algo* CON *buenos ojos; verse* CON *los amigos; ver* DE *hacer algo.*

verdad. *En honor a la verdad:* → HONOR.

verdecer. Verbo irregular. Se conjuga como *agradecer* [11].

Vergara. La ciudad guipuzcoana que en vascuence se escribe con la grafía *Bergara* tiene en castellano la forma *Vergara,* y es esta la que debe usarse cuando se escribe en español.

vergonzante. 'Que tiene vergüenza', dicho generalmente de quien por ello se oculta para hacer las cosas. Es frecuente en los periodistas la confusión de este adjetivo con *vergonzoso* en el sentido de 'que da vergüenza': *«Una de dos, o los gastos reservados son confesables o son inconfesables. Si son confesables, es decir, no son vergonzantes para quien los hace, deben publicarse»* (*Diario 16,* 17.10.1984, 10).

vergüenza. *Dar vergüenza:* → DAR, 3.

vermi-. Forma prefija del latín *vermis,* 'gusano': *vermífugo.*

CONJUGACIÓN DEL VERBO «VESTIR»

(tiempos irregulares)

INDICATIVO

Pres. visto, vistes, viste, vestimos, vestís, visten.
Pret. indef. vestí, vestiste, vistió, vestimos, vestisteis, vistieron.

SUBJUNTIVO

Pres. vista, vistas, vista, vistamos, vistáis, vistan.
Pret. impf. vistiera o vistiese, vistieras o -ses, vistiera o -se, vistiéramos o -semos, vistierais o -seis, vistieran o -sen.
Fut. impf. vistiere, vistieres, vistiere, vistiéremos, vistiereis, vistieren.

IMPERATIVO

viste, vista, vestid, vistan.

FORMAS NO PERSONALES

Ger. vistiendo.

---

vermú. 'Licor aperitivo compuesto de vino blanco, ajenjo y otras sustancias'. La Academia registra las formas *vermú* y *vermut,* dando preferencia a la primera (cuyo plural es *vermús,* perfectamente normal en español, frente al de la segunda, que es *vermuts).* No debe usarse la grafía francesa *vermouth.*

versar. Construcción: *la discusión versó* SOBRE *tres puntos.* El verbo es intransitivo; por tanto es erróneo decir *«los temas versados en la audiencia» (Diario 16,* 20.11.1978, 26).

versión. *Nueva versión,* frente a *remake:* → REMAKE.

verso. 'Línea de un poema'. Es vulgarismo usar esta palabra en el sentido de 'poema o poesía'. Cela pone este uso en boca de una mujer poco instruida: *«Lo que yo quiero es que me hagas un verso, como hace años» (Colmena,* 97).

versus. El uso de la preposición latina *versus,* 'contra', entre dos nombres de personas, colectividades o cosas (p. ej., *ciudad versus campo),* es copia del inglés debida a esnobismo. En español se dice *frente a.*

verter. 1. Verbo irregular. Se conjuga como *entender* [14]. Es errónea la forma *ver-*

tir («Baja [el río] a vertirse al Deva», Lueje, *Picos,* 90), así como el pretérito *virtió, virtieron,* por *vertió, vertieron,* y *virtiendo* por *vertiendo.*
2. Construcción: *verter* EN *la jarra; verter* DEL *cántaro; verter* AL *suelo; verter* AL (O EN) *español.*

ves. *Ves,* POR *ve,* imperativo: → IR, 1.

vesania. 'Furor'. La acentuación es /besánia/, no /besanía/.

vestíbulo → HALL.

vestir. 1. Verbo irregular. (Véase cuadro.)
2. Construcción *vestirse* DE *negro; vestirse* DE *enfermera; vestirse* A *la moda.*

vez. 1. *Una vez,* locución adverbial. Aparte de su sentido general, 'en cierta ocasión', tiene un valor especial, 'ya', precediendo a un participio: *Una vez descubierta la verdad, todo fue fácil* ('ya descubierta, o después que fue descubierta...').
2. *Una vez que,* locución conjuntiva, 'después que': *Una vez que se supo la verdad, todo fue fácil; El sobre debía abrirse una vez que él muriera.* En esta locución no debe suprimirse la palabra *que,* como se hace con frecuencia en el castellano de Cataluña *(«No sentía ninguna simpatía por Compare*

Cachas, sobre todo una vez comprobó por la mañana que le habían registrado los bolsillos», Salvador, *Atracadores*, 22); en ocasiones también en textos no catalanes: *«De la misma llanada .. eran querenciosas, en el otoño, las avutardas una vez los pollos llegaban a igualones»* (Delibes, *Historias*, 91). Cf. Cuervo, *Notas*, n.º 141.

3. *Una vez que* se emplea también, más raramente, con el mismo valor que *toda vez que*, 'puesto que'.

4. *En vez de*, locución prepositiva, 'en sustitución o en lugar de': *Ha venido su hermana en vez de ella.* No es normal el empleo de un posesivo *(en vez suya,* o *en su vez)* en lugar del complemento con *de: «Su irracional pavura se había disipado, y en su vez le estrujaba los sesos una obsesión no menos irracional»* (Pérez de Ayala, *Troteras*, 70).

5. *A veces*, locución adverbial, 'en ocasiones'. La forma *a las veces* está en completo desuso.

6. *Por primera vez,* o *por vez primera,* se construye siempre en español sin artículo. Decir *por la primera vez* es galicismo o anglicismo.

7. *De una vez por todas,* locución adverbial que se oye hoy con frecuencia, es mala traducción del francés *une fois pour toutes: «Este lecho .. está enteramente realizado en obra de mampostería rematada en capa de cemento amorosamente pulida por el maestro albañil de una vez por todas»* (Martín-Santos, *Tiempo*, 173). En español se dice *de una vez* o, más enfáticamente, *de una vez para siempre.* También es galicismo inútil, con igual valor, *de una buena vez* (francés *une bonne fois): «No sé qué sería mejor, si que cayera de una buena vez o que siguiera alargando esta agonía»* (Cela, *Pascual*, 91); *«Que nos deje de joder de una buena vez»* (Cortázar, *Rayuela*, 405).

8. Sobre la grafía *talvez* por *tal vez,* → TALVEZ.

vi- → VICE-.

vía. **1.** El nombre *vía,* 'camino', hoy se usa a menudo como preposición, equivalente a 'por, o pasando por': *Madrid-París, vía Irún.* Es un uso de origen extranjero, que en la lengua común no desplaza a la preposición *por: Madrid-París, por Irún.*

2. *En vías de,* locución prepositiva, 'en camino de': *El conflicto está en vías de solución.*

3. *Por vía de,* locución prepositiva, 'a manera de': *Por vía de ejemplo, le conté la anécdota de Napoleón.*

vía crucis. 'Representación del camino del Calvario' (también en sentido figurado). Se pronuncia átono el primer elemento, /biakrúzis/; pero no se escribe *viacrucis.* El género es masculino.

viajar. Construcción: *viajar* EN *tren,* EN *avión,* EN *bicicleta,* EN *clase turista,* EN *autostop; viajar* A *caballo* (pero EN *burro).*

vibráfono. 'Instrumento músico formado por placas metálicas vibrantes'. Este es el nombre español que corresponde al francés e inglés *vibraphone;* no *vibraphón* ni *vibrafón.*

vice-. Prefijo que significa 'en vez de' o 'que hace las veces de': *vicerrector.* Puede tomar las formas *viz- (vizconde)* y *vi- (virrey).*

viceversa. 'Al contrario'. Es vulgarismo decir /bizibérsa/.

Vichy. Como nombre de un tejido (escrito con minúscula, y que también puede representarse con la grafía *vichí: «Llevaba un mandilón .. de vichí gris»*, Pérez de Ayala, *Urbano*, 27) y como nombre de una conocida agua mineral, los españoles solemos pronunciar /bichí/. El nombre de la ciudad francesa de donde procede esta agua se pronuncia, en cambio, con arreglo a la fonética de su idioma.

viciar. Se conjuga, en cuanto al acento, como *cambiar* [1 a].

viciversa → VICEVERSA.

víctima. 'Persona que sufre un daño por agresión o por accidente'. Es erróneo el uso periodístico que llama *víctima* solamente al fallecido por estas causas: *En este fin de semana ha habido 15 víctimas en accidentes de carretera y 33 heridos.* En realidad son todos *víctimas:* los muertos y los heridos.

Victoria → VITORIA.

vida. *¡Larga vida a N.!* es mala traducción del inglés; en español se dice *¡Viva N.!*

vídeo. 'Aparato que registra y reproduce imágenes y sonidos por medio de cinta magnética'. En España y en algunas partes de América la forma establecida es *vídeo,* /bídeo/; pero en algunos países —al menos en

Argentina, Uruguay, Chile y Colombia— la forma que prevalece es *video,* /bidéo/.

videocasete, videocassette. Sobre su grafía y su género gramatical, → CASETE.

vidriar. Se conjuga, en cuanto al acento, como *cambiar* [1 a].

Vietnam. Estado del sudeste de Asia. La grafía *Viet Nam* no es incorrecta, pero no es normal en español. El adjetivo derivado es *vietnamita.* Sobre los adjetivos correspondientes a los antiguos Vietnam del Norte y Vietnam del Sur, → NOR- y SUD-.

vigilar. Construcción: *vigilar* POR *el cumplimiento de las leyes.*

Vilagarcía de Arousa → VILLAGARCÍA DE AROSA.

Vila Joiosa. *La Vila Joiosa:* → VILLAJOYOSA.

Vilalba → VILLALBA.

Vila-real → VILLARREAL.

vilipendiar. Se conjuga, en cuanto al acento, como *cambiar* [1 a].

Villagarcía de Arosa. La ciudad pontevedresa que en gallego tiene el nombre de *Vilagarcía de Arousa* se denomina en castellano *Villagarcía de Arosa,* y es esta la forma que debe usarse cuando se habla o escribe en español.

Villajoyosa. La ciudad alicantina que en catalán y valenciano tiene el nombre de *La Vila Joiosa* se denomina en castellano *Villajoyosa,* y es esta la forma que debe usarse cuando se habla o escribe en español.

Villalba. La ciudad lucense que en gallego tiene el nombre de *Vilalba* se denomina en castellano *Villalba,* y es esta la forma que debe usarse cuando se habla o escribe en español.

villano. El antagonista, en una película, suele llamarse coloquialmente *el malo.* Llamarlo *el villano,* como hacen muchos periodistas, es traducir mal el inglés *villain: «En las películas de 'ladrones y policías', el público, en el fondo, simpatiza con el 'villano' y espera que finalmente huya de sus perseguidores»* (J. Miravitlles, *Informaciones,* 3.6.1974, 19).

Villarreal. La ciudad castellonense que en

catalán y valenciano tiene el nombre de *Vila--real* se denomina en castellano *Villarreal,* y es esta la forma que debe usarse cuando se habla o escribe en español.

vinagre. 'Líquido resultante de la fermentación ácida del vino'. Es nombre masculino. El uso como femenino se da a veces, por influjo del gallego, en el castellano hablado en Galicia (García, *Temas,* 121).

Vinaroz. La ciudad castellonense que en catalán y valenciano tiene el nombre de *Vinaròs* se denomina en castellano *Vinaroz,* y es esta la forma que debe usarse cuando se habla o escribe en español.

vincular. Construcción: *bienes vinculados* A *la Corona; vincular la gloria* EN *la virtud.*

vino. *Vino rojo:* → TINTO.

violonchelo. 'Instrumento músico de cuerda'. Suele verse escrito este nombre en su grafía original italiana, *violoncello,* y también en una grafía mal españolizada, *violoncelo* (que figura en los diccionarios). Es preferible, de acuerdo con la Academia, escribir la palabra tal como se pronuncia, *violonchelo* (*«La nieve antaño blanca es hoy de color violeta, / si bien de ello el violonchelo / no tiene culpa completa»,* Diego, *Primera antología,* 107). Lo mismo se puede decir respecto al derivado *violonchelista* frente a sus variantes *violoncellista* y *violoncelista.*

virtud. *En virtud de,* 'a consecuencia de', 'como resultado de': *En virtud de este acuerdo, se suspendió la fiesta.* Evítese la variante *a virtud de,* que se encuentra en la prosa legal y administrativa (*«Procede reconocer la personalidad de la Hermandad .. a virtud de una costumbre inmemorial»* (*Legislación cont.-adm.,* 56).

visado. 'Acción de visar (dar validez a un documento, especialmente un pasaporte)'. Usar la palabra *visación* (*«Mañana se verán obligados a regresar a Brazzaville para intentar conseguir la visación del consulado británico»,* A. D. Olano, *Pueblo,* 26.1.1962, 16) o —siguiendo el ejemplo de algunos países americanos— *la visa* (del fr. *visa*) no es normal en España.

visible. *Ser visible:* → SER, 3.

visión. *Visión del mundo, visión del universo:* → COSMOVISIÓN.

visitar. *Visitarse* es uso del castellano catalán por *ir al médico* o *a consulta médica:* *«Muchos árabes con petrodólares que vienen a visitarse a la clínica Barraquer»* *(Telva,* 1.5.1983, 41).

vislumbre. 'Acción de vislumbrar', 'conjetura' o 'noticia dudosa'. El género de este nombre es femenino, aunque no es raro, sobre todo hoy, que aparezca usado como masculino. Algunos ejemplos de uso femenino: *«De tu rayo a la vislumbre»* (Espronceda, *Diablo,* 220); *«Alguna vislumbre de torpeza»* (Pérez de Ayala, *AMDG,* 173); *«Sus vislumbres .. habían sido exactas»* (S. Madariaga, *Abc,* Supl., 16.3.1975, 9); *«La vislumbre de algún maleficio»* (León Rey, *Guayacundo,* 26). De uso masculino: *«Ciertos vislumbres»* (Menéndez Pelayo, *Heterodoxos,* 64); *«Estos vislumbres rápidos»* (Azorín, *Voluntad,* 43); *«En ese trasluz, ¡cuántos vislumbres!»* (Gómez de la Serna, *Valle-Inclán,* 147); *«Un vislumbre verde, un resplandor»* (Cortázar, *Rayuela,* 146). Cf. Fernández Ramírez, § 90; Rosenblat, *Compuestos,* 97.

vista. 1. *En vista de,* 'en consideración a', 'teniendo en cuenta la experiencia de (un hecho)': *En vista de la escasa venta, se suspendió la publicación.* No debe confundirse con *a la vista de,* que alude al hecho material de ver.
2. *Bajo el punto de vista:* → BAJO, 6.

visto. *Visto para sentencia,* se dice del procedimiento que, una vez sustanciado, está solo pendiente de la sentencia. No es *listo para sentencia,* como algunos dicen: *«El plan sobre Bosnia, listo para sentencia»* *(Diario 16,* 21.8.1993, 15).

Vitoria. 1. La capital de Álava, que en vascuence tiene el nombre de *Gasteiz* (oficialmente *Vitoria-Gasteiz),* se denomina en castellano *Vitoria,* y es esta la forma que debe usarse cuando se habla o escribe en español.
2. Conviene aclarar una confusión frecuente en los apellidos de dos españoles ilustres del siglo XVI: el músico *Tomás Luis de Victoria* (nacido en Ávila) y el jurista y teólogo *Francisco de Vitoria* (nacido precisamente en Vitoria).

vivac. En milicia, 'lugar donde las tropas pasan la noche al raso'. Es nombre masculino. Su plural es *vivaques,* mejor que *vivacs.*

Vivero. La ciudad lucense que en gallego tiene el nombre de *Viveiro* se denomina en castellano *Vivero,* y es esta la forma que debe usarse cuando se habla o escribe en español.

vivir. 1. Construcción: *vivir* EN *Burgos; vivir* DE *su trabajo.*
2. *Vivir como un pachá:* → BAJÁ.

viz- → VICE-.

vizcaíno. Se pronuncia con acento en la /i/ última. La pronunciación /bizkáino/ es regional.

Vizcaya. La provincia vasca que en vascuence se escribe con la grafía *Bizkaia* tiene en castellano la forma *Vizcaya,* y es esta la que debe usarse cuando se escribe en español.

vodca → VODKA.

vodevil. 'Comedia ligera de enredo'. Esta palabra es la adaptación española de la francesa *vaudeville.*

vodka. 'Licor típico de Rusia'. La Academia registra las grafías *vodca* y *vodka;* la segunda es la más usual *(«oliendo a vodka barato»,* Cortázar, *Rayuela,* 166; ejemplo raro de *vodca: «Bebiendo whisky y vodca»,* Carnicer, *Castilla,* 69). Normalmente, este nombre se usa como masculino; la Academia, no obstante, registra también un uso femenino. No tiene razón de ser en nuestro idioma la grafía *wodka* —que es alemana—, raras veces usada.

volar. 1. Verbo irregular. Se conjuga como *acordar* [4].
2. Construcción: *volar* A *cinco mil metros; volar* AL *cielo; volar* POR *los aires; volar* DE *rama* EN *rama; volar* EN *avión,* EN *helicóptero.*

volcar. Verbo irregular. Se conjuga como *acordar* [4].

voleibol → BALONVOLEA.

volframio. 'Cierto metal'. Aunque la Academia registra también las formas *wólfram* y *wolframio* —que se pronuncian, respectivamente, /bólfram/ y /bolfrámio/—, da como preferible *volframio.*

volley-ball → BALONVOLEA.

voluntad. En el sentido de 'intención' se usa frecuentemente en el sintagma *buena vo-*

luntad: Trabaja con muy buena voluntad. El adjetivo *bueno* puede ser reemplazado por su comparativo *mejor: Lo hemos hecho con la mejor voluntad.* Pero no debe emplearse la construcción redundante *la mejor buena voluntad: «Lo que hace imposible, aun con la mejor buena voluntad, que un individuo aislado pueda agotar la lista»* (Vargas Llosa, *Pantaleón*, 90).

volver. 1. Verbo irregular. Se conjuga como *mover* [18], excepto en participio, que es *vuelto.*
2. Construcción: *volver* A *casa; volver* DE *la aldea; volver* EN *sí; volver* POR *sus fueros.*
3. *Volver en sí:* → SÍ², 2.

-voro. Forma sufija del latín *voro,* 'devorar': *carnívoro.*

vos. 1. Antiguo pronombre personal de 2.ª persona de singular usado como tratamiento normal, frente al *tú,* que se dirigía a los inferiores o se usaba entre iguales de la mayor intimidad, y al *vuestra merced,* tratamiento de respeto (cf. Lapesa, *Historia,* 392). El pronombre *vos* llevaba las formas verbales correspondientes a 'vosotros' *(vos decís)* y su posesivo era *vuestro.* Este pronombre desapareció en el uso de España a lo largo del siglo XVII, quedando reducido el sistema de la 2.ª persona a la oposición *tú* (tratamiento de confianza) / *usted* (tratamiento de distancia), con las formas *vosotros / ustedes* para 2.ª persona de plural.
2. Pronombre personal de 2.ª persona de singular usado como tratamiento de confianza en gran parte de Hispanoamérica, en donde ocupa el lugar del *tú* usado en el resto del mundo hispanohablante. El pronombre correspondiente de plural es *ustedes* (el mismo que corresponde a *tú* en América y algunas zonas españolas). El voseo, o empleo del pronombre *vos,* domina en Argentina, Uruguay, Paraguay y América Central, excepto Panamá; coexiste con el tuteo, o empleo de *tú,* en Ecuador, Colombia y Chile, aunque con carácter rústico o coloquial, y vive en la lengua popular de zonas de Méjico, Panamá, Venezuela, Perú y Bolivia.
El pronombre *vos* se caracteriza: 1.º, porque su forma átona es *te;* 2.º, porque su posesivo es *tuyo;* 3.º, porque algunas de las formas verbales que le corresponden son las de la persona 'vosotros'. El siguiente ejemplo ilustra las tres características: *«¿Vos no* SEN-TÍS *a veces como si adentro* TUYO *tuvieras un inquilino que* TE *dice cosas?»* (Quino, *Mafalda,* 56).
En el Río de la Plata, zona de máxima implantación del voseo, las formas del presente de indicativo son *-ás (cantás,* conjugación 1.ª), *-és (tenés,* conjugación 2.ª), *-ís (venís,* conjugación 3.ª); de imperativo, *cantá, tené, vení;* de presente de subjuntivo, *cantés, tengás, vengás;* los pretéritos indefinidos, *cantastes, tuvistes, vinistes;* los futuros, así como los pretéritos imperfectos de indicativo y subjuntivo, son los de 'tú' *(cantarás, tenías, vinieras);* el presente de *haber* es *has,* y el de *ser, sos.* Pero el sistema verbal presenta variantes en los distintos países y regiones (incluso dentro de la propia Argentina).
El aprecio social del voseo varía según los países. En la región del Plata y en América Central (excepto Panamá) es perfectamente normal en todos los niveles. En el resto de los países en que existe, el uso culto lo rechaza como propio de las clases poco instruidas, aunque en algunos de ellos se acepta en el ámbito familiar.

vosotros. 1. Pronombre personal de 2.ª persona de plural. Su femenino es *vosotras.* Las dos formas, *vosotros, vosotras,* pueden funcionar como sujeto, como predicativo o como complemento con preposición: *Vosotros sabréis; Me quedo con vosotras.*
2. En general, el uso de *vosotros, vosotras* como sujeto no es necesario, ya que el verbo expresa suficientemente con su desinencia *-is* la persona «vosotros». Solo se usa cuando su presencia es necesaria para señalar el sexo de la persona referida o cuando se trata de poner énfasis en el propio sujeto (→ ÉL, 2).
3. Para las funciones de complemento directo y complemento indirecto, este pronombre toma la forma átona *os: Os espero; Os prometo una sorpresa.*
4. La forma *os,* en cualquiera de sus dos funciones, puede ir acompañada, dentro de la frase, por la forma tónica del mismo pronombre precedida de la preposición *a;* con ello, el complemento directo o indirecto aparece mencionado dos veces en dos formas diferentes. En este caso, la forma *a vosotros* (o *a vosotras)* tiene un papel enfático semejante al señalado para *vosotros* (→ 2): A VOSOTROS *no* OS *he visto; No* OS *he visto* A VOSOTROS.

5. En parte de Andalucía, en Canarias y en América el pronombre *vosotros* no se usa en la lengua hablada, suplantado por *ustedes*. La desaparición de *vosotros* lleva consigo en esas tierras la de su forma átona *os,* así como la del posesivo *vuestro* (→ VUESTRO).

votar. Construcción: *votar* A o POR *alguien.* La construcción *votar comunista,* tomada, al parecer, del italiano, puede pasar como eslogan publicitario; pero en el uso normal ha de decirse *votar a los comunistas* o *votar al Partido Comunista.*

vuelapluma. *A vuelapluma,* locución adverbial que se aplica al hecho de escribir sin detenerse a revisar lo escrito. Según la Academia, es válida también, y para ella preferible, la grafía *a vuela pluma.* Sin embargo, el uso corriente hoy es *a vuelapluma.*

vuelta. *Dar vuelta,* locución verbal transitiva, 'volver', usada en varias zonas de América, al menos en la del Río de la Plata y Chile (Kany, 2). Esta locución tiene la particularidad de que en ella *vuelta,* a pesar de la apariencia, no es complemento directo, sino componente fijo, a manera de formante, de la locución, la cual funciona como una unidad verbal transitiva, es decir, con su complemento directo propio: *«Por más que demos vuelta los papeles .., no vamos a encontrar plata»* (Bioy, *Cavar,* 180); *«Maya retrocede un paso. Luego da vuelta la espalda y desaparece»* (Donoso, *Domingo,* 36); *«Se daba vuelta las mangas del saco, de la camisa»* (Mallea, *Cuentos,* 135). El complemento directo puede ser reflexivo: *«Tartamudeó Casiano con una voz tan débil y lejana que Chaparro se dio vuelta creyendo que le hablaba otro»* (Roa, *Hijo,* 94). La locución, al ser transitiva, puede aparecer en construcción pasiva: *«Nuestros conceptos serán dados vuelta»* (Candioti, cit. Kany).

vuestro. El posesivo *vuestro* solo puede usarse en correspondencia con el pronombre personal *vosotros* (o con el anticuado *vos,* → VOS, 1). Para *ustedes* (2.ª persona plural de tratamiento en España, y 2.ª persona plural única en América, Canarias y parte de Andalucía), el posesivo adecuado es *suyo* o *su.* No es aceptable, pues, el uso que se encuentra en este ejemplo colombiano citado por Flórez: *«Los invitamos a escuchar una nueva audición similar el próximo domingo, cuando estaremos otra vez en* VUESTRA *amable compañía»* (*Apuntes,* 53).

W

w. **1.** Vigesimocuarta letra del alfabeto español. Su nombre es *uve doble,* en plural *uves dobles.* Debe desecharse el nombre *ve doble,* usado por algunas personas (→ V, 1). **2.** La *w* solo se usa en palabras de origen extranjero. Cuando estas palabras están plenamente incorporadas al español, su pronunciación es /b/: *Wamba,* /bámba/; *Wenceslao,* /benzesláo/; *wáter,* /báter/, *wólfram* o *wolframio,* /bólfram, bolfrámio/. Si son palabras que se siguen considerando extranjeras, se respeta la pronunciación que en su respectivo idioma tiene la letra: /u/, o más corrientemente /gu/, si se trata de palabras inglesas: *Washington, whisky;* como *v* francesa, o más corrientemente como /b/, si son palabras de otros idiomas: *Wagner, Weber, Waterloo.*

Walkiria. En la mitología escandinava se da este nombre a las doncellas mensajeras del dios Odin. Se pronuncia /balkíria/, y puede escribirse también *Valkiria* y *Valquiria.*

warlord → SEÑOR, 3.

wáter. 'Inodoro' o 'cuarto de baño'. Se pronuncia siempre /báter/, y su plural es *wáteres.* La Academia solo registra en su *Diccionario* la grafía *váter,* pero la generalmente utilizada es *wáter.*

waterpolo → POLO.

watio → VATIO.

week-end, weekend → FIN.

wellingtonia → VELINTONIA.

Weltanschauung → COSMOVISIÓN.

Wenceslao. Este nombre propio de persona se pronuncia /benzesláo/, no /uenzesláo/.

western → OESTE.

whisky → GÜISQUI.

wodka → VODKA.

Wolfgang. El nombre alemán *Wolfgang,* uno de los de pila de Goethe y de Mozart, debe pronunciarse bien: /vólfgang/ (con *v* francesa); no /guólfan/, como dicen tantos locutores.

wólfram, wolframio → VOLFRAMIO.

Wotan. En la mitología germánica, nombre del dios supremo, que corresponde al *Odin* de los escandinavos. Se pronuncia /bótan/ o, más exactamente, /vótan/, con *v* francesa.

Wroclaw → BRESLAU.

X

x. 1. Vigesimoquinta letra del alfabeto español. Su nombre es *equis*, plural *equis*. **2.** Su pronunciación normal entre vocales o en final de palabra es /ks/: *examen*, /eksámen/; *taxi*, /táksi/; *exhibir*, /eksibír/; *dúplex*, /dúpleks/; *relax*, /reláks/. Es coloquial, y muchas veces vulgar, reducirla en estos casos a simple /s/: /esámen, tási, dúples, relás/. **3.** En cambio, en posición inicial de palabra, o en final de sílaba (es decir, precediendo a otro fonema consonante), la pronunciación normal es /s/: *xilografía*, /silografía/; *extra*, /éstra/; *exponer*, /esponér/. En estos casos, la pronunciación /ks/, /ksilografía, eksponér/, es afectada. **4.** En muy contados casos *x* se pronuncia /j/: *México, Oaxaca*, y algún otro (→ MÉJICO). **5.** La pronunciación de *x* intervocálica en el español anterior al siglo XVII no es ni /ks/ ni /s/. Están errados, pues, los locutores que leen *traxo, dixo, Araúxo* /trákso, díkso, araúkso/. El valor de esa letra es el mismo de *sh* inglés actual, o del francés actual *ch* (en *chemin*, por ejemplo). Pero en casos como los citados, que son formas antiguas de palabras hoy existentes, se puede usar la pronunciación que tienen actualmente: /trájo, díjo, araújo/.

Xàbia → JÁVEA.

Xàtiva → JÁTIVA.

Xelva → CHELVA.

xeno-. Forma prefija del griego *xénos*, 'extranjero': *xenofobia.*

Xèrica → JÉRICA.

xero-. Forma prefija del griego *xerós*, 'seco': *xeroftalmía.*

Xest → CHESTE.

xilo-. Forma prefija del griego *xylon*, 'madera': *xilografía.*

xilófono. 'Instrumento de percusión formado por listones de madera'. Aunque se usa con frecuencia la forma *xilofón*, es preferible *xilófono.*

Xinzo de Limia → GINZO DE LIMIA.

Xirivella → CHIRIVELLA.

Xiva → CHIVA.

Xixona → JIJONA.

Xunta de Galicia → JUNTA.

y

y [1]. **1.** Vigesimosexta letra del alfabeto español. Su nombre es *i griega* (en plural *íes griegas);* más raramente se la denomina *ye.* **2.** Se pronuncia como vocal /i/ cuando va en fin de palabra siguiendo a otra vocal: *buey,* /buéi/; *ley,* /léi/; *soy,* /sói/; *jersey,* /jerséi/; o cuando a este grupo sigue *s: jerseys,* /jerséis/. También, cuando constituye la conjunción *y* (→ Y[2]). En los demás casos se pronuncia como consonante palatal fricativa: *bueyes, yo, mayo.* (Quedan fuera de estas normas, naturalmente, los extranjerismos, aunque algunos coincidan con el uso español.) **3.** La letra *y* representa, por tanto, un fonema vocal /i/ y un fonema consonante /y/. Para el fonema vocal, → I. El fonema consonante tiene en la norma española dos realizaciones: fricativa y africada.

En la articulación fricativa, el ápice de la lengua queda detrás de los incisivos inferiores, mientras el dorso se eleva hacia el pala-dar, tocándolo por los lados y dejando por el centro una estrecha salida para el aire. Las cuerdas vocales vibran. Se trata de un sonido consonante prepalatal fricativo sonoro.

La articulación africada se produce cuando el fonema va en principio de frase, tras una pausa, o después de /l/ o /n/; su articulación comienza por un contacto pleno de la lengua con el paladar, cerrando por un

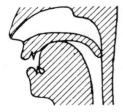

Articulación africada de /y/

instante la salida del aire, para pasar inmediatamente a la posición normal descrita en el párrafo anterior. Ejemplos de esta articulación africada: *cónyuge, el yeso.*

En general, la articulación de la consonante /y/ tiene muchas variantes regionales y locales. Pronunciaciones peculiares de algunos sitios, como la de Buenos Aires, si bien se aceptan dentro de la norma del país, no se admiten en otras zonas. **4.** La representación gráfica del fonema

Articulación fricativa de /y/

/y/ no es solo la letra y, sino el grupo hi seguido de vocal (generalmente e): hierba, hierro, hielo, hiere, /yérba, yérro, yélo, yére/.

Por otra parte, en amplias zonas del español se neutraliza la oposición entre los fonemas /ll/ y /y/, reduciéndolos a uno solo, /y/. Para los hablantes de esas zonas, ll es una grafía más para representar el fonema /y/.

Esa simplificación, llamada yeísmo, está muy extendida en América y también en España. «En España es general en Andalucía, sur de Extremadura, ciudades de Murcia y Cartagena, la Mancha, Toledo y Madrid, desde donde se irradia hacia el norte contagiando a ciudades castellanas, aparte de focos viejos en la Montaña. Hasta Galicia y Asturias empiezan a perder su /ll/. En Canarias la distinción entre /ll/ y /y/ contiende con el yeísmo. En América el yeísmo no alcanza a extensas zonas andinas que se escalonan sin continuidad desde Colombia hasta el sur de Chile; tampoco incluye el ámbito guaraní del Paraguay y parte de Argentina» (Lapesa, Estudios, 268).

5. Ortografía de la letra y. Por ser el yeísmo un fenómeno tan extendido por España y América, son muy frecuentes las dudas ortográficas entre y y ll. Se escriben con y:

a) Las palabras en que el sonido /y/ sigue a los prefijos ad-, dis- y sub-: coadyuvar, disyuntiva, subyugar.

b) Las formas verbales que presentan este sonido en su terminación (siempre que no exista ll en su infinitivo): concluye, arguyáis, oyendo, huyo.

c) Las formas de plural cuyo singular termina por el fonema /i/ (escrito y): reyes (de rey), bueyes (de buey).

y². 1. Conjunción. Toma la forma e ante una palabra que empiece por el fonema /i/: catetos e hipotenusa; Francia e Inglaterra. No cuando i- o hi- inicia diptongo: Mata a uno y hiere a otro (no «e hiere», como dicen y escriben algunos periodistas: «El agente dispara e hiere mortalmente a Brown», País, 5.8.1979, 2). Tampoco cuando y tiene valor adverbial interrogativo: ¿Y Inés? ('¿dónde está Inés?').

2. Y/o, en la lengua escrita, es un recurso para expresar concentradamente, con la máxima economía de espacio, la posibilidad de elegir entre suma o alternativa. La fórmula es de origen inglés (and/or). En español, el primer ejemplo que tengo registrado es de

1969: «Magnífica entreplanta .. para almacén y/o garaje» (Abc, 11.3.1969, 77). Se entiende: 'bien para almacén y garaje, o bien para una de las dos cosas'. Es procedimiento muy práctico para anuncios y comunicados breves, pero conviene no utilizarlo fuera de casos de verdadera necesidad y, sobre todo, fuera de la lengua escrita.

ya. 1. Desde ya, locución adverbial, es de uso americano, ahora en expansión dentro del europeo; en el uso general corresponde a desde ahora. Igual ocurre con ya mismo, equivalente a ahora mismo. En realidad, los dos usos ya existían en el español regional de la Península (un ejemplo de 1951 de desde ya como 'desde luego', en un escritor andaluz: «—Si tardas mucho en llamarnos, apareceremos con el menor pretexto. —Eso, desde ya», López Rubio, Veinte, 101); pero su extensión actual se debe a influjo americano. Cf. Kany, 332, y Steel, Dicc. americanismos.

En este empleo de ya como 'ahora mismo' se llega a utilizar el adverbio no solo precedido de la preposición desde, sino de para: en un informe del grupo de jueces Francisco de Vitoria, leemos: «Todos somos sensibles al clamor que exige para ya una justicia eficaz» (Cambio, 20.2.1984, 3).

2. Uso de más por ya: → MÁS, 5.

yacente. Adjetivo, 'que yace', mejor que yaciente («El rostro del cuerpo yaciente», Vázquez Montalbán, Pájaros, 285).

yacer. 1. Verbo irregular. (Véase cuadro.)

2. Construcción: yacer EN el suelo; yacer un hombre CON una mujer.

yanqui. 'Norteamericano', con matiz despectivo. No debe usarse la grafía inglesa yankee, ni la híbrida yanki. En plural es yanquis, no yanquies.

yaz. 'Cierto género de música'. La palabra inglesa jazz se ha adoptado entre nosotros con su grafía original y se pronuncia corrientemente /yas/. La Academia le ha dado la forma yaz, que por el momento es bastante menos usada que la tradicional, tanto en la lengua escrita como en la hablada.

yeísmo → Y¹, 4.

Yemen. El adjetivo correspondiente al Yemen, estado de Arabia, es yemení (preferible a yemenita).

CONJUGACIÓN DEL VERBO «YACER»

(tiempos irregulares)

Las formas que van entre paréntesis son raras hoy.

INDICATIVO

Pres. yazco (yazgo, yago), yaces, yace, yacemos, yacéis, yacen.

SUBJUNTIVO

Pres. yazca, yazcas, yazca, yazcamos, yazcáis, yazcan (yazga, yazgas, etc., o yaga, yagas, etc.).

IMPERATIVO

yace (yaz), yazca (yazga, yaga), yaced, yazcan (yazgan, yagan).

---

yen. 'Unidad monetaria japonesa'. Su plural es *yenes,* no *yens.*

Yeniséi. En esta forma, con tilde (más raramente en la forma *Yenisey,* sin tilde), se escribe el nombre del río de Siberia.

yerno. 'Hijo político'. El femenino correspondiente —'hija política'— es *nuera* en la lengua general, aunque en algunos países americanos, y, en el nivel popular, también en España, se diga *yerna.*

Yibuti. República de África. También se llama así su capital. No debe usarse la forma francesa, *Djibouti.* Como adjetivos derivados se usan *yibutí* y *yibutiense.*

yídish. 'Lengua, de origen alemán, de los judíos europeos y de los judíos emigrados de Europa'. Las formas más frecuentes en que esta palabra se presenta en textos escritos en nuestro idioma son *yiddish* —el nombre inglés— y *yídish* (esta, p. ej., en Adrados, *Lingüística,* 783). La segunda forma, que simplifica la doble consonante, tiene el defecto de no representar gráficamente la acentuación según el sistema español; debe ser, pues, *yídish.* La conservación de *-sh* responde a la transliteración habitual del fonema hebreo equivalente a *sh* inglesa (sin representación propia en español). Pero todavía es posible españolizar más radicalmente la grafía, dándole la forma *yidis,* que sería más deseable (cf. Gold, *Yiddish,* 32).

yip → JEEP.

yo. 1. Pronombre personal de 1.ª persona singular. No tiene diferenciación de género. En cuanto a su plural, → NOSOTROS. La forma *yo* puede funcionar como sujeto o como predicativo. El empleo de esta forma con preposición *(a yo, con yo)* es propio exclusivamente del lenguaje rural de algunas regiones. Pero determinadas construcciones son normales: *entre yo y tú* (más raro que *entre tú y yo;* → ENTRE, 1), *según yo, excepto yo, incluso yo.*

2. El uso de *yo* como sujeto no es necesario si el verbo va explícito. Sin embargo, se presenta con frecuencia, obedeciendo a dos causas: *a)* Necesidad de evitar anfibologías, motivadas generalmente por la existencia de numerosas formas verbales que sirven tanto para 1.ª como para 3.ª persona singular *(cantaba, cante, cantaría, cantara,* etc.): *Según nos acercábamos, iba temblando más* (¿«él» o «yo»?). No obstante, en la mayoría de estos casos la anfibología se desvanece gracias al contexto. *b)* Énfasis, o intención expresiva, mucho más frecuente en la lengua hablada que en la escrita; unas veces se trata de oponer la persona «yo» a otras: *«Feliz tú. Yo no creo ya ni en mí mismo»* (J. Benavente, cit. Fernández Ramírez, § 115); o de agregarla: *Yo tambien lo sé;* o, en la mayoría de los casos, de afirmar la personalidad: *Yo creo que debemos dejarlo.* Fuera de estos casos, el empleo de *yo* sujeto es superfluo y tiene sabor extranjero.

3. Para las funciones de complemento con preposición, el pronombre *yo* toma la forma *mí: de mí, por mí, en mí.* Cuando la preposición es *con,* se dice *conmigo* (no *con* *mí).* Recuérdese también lo dicho antes sobre el uso con *entre, según, excepto, incluso* (→ 1).

4. Para las funciones de complemento directo e indirecto, este pronombre toma la forma átona *me: Me arrojé al agua; Me dieron un cheque.*

5.1. La forma átona *me,* en cualquiera de sus dos funciones, puede ir acompañada, dentro de la frase, por la forma tónica *mí* precedida de la preposición *a;* con ello, el complemento directo o el complemento indirecto aparece mencionado dos veces en dos formas diferentes. En este caso, *a mí* tiene un papel enfático semejante al de *yo* (→ 2, b): A MÍ *no me gusta; No* ME *gusta* A MÍ.

5.2. Posición del pronombre átono *me* concurrente con otro pronombre átono: *se me, te me, me lo,* etc.: → PRONOMBRES PERSONALES ÁTONOS, 3.

6. *Yo en tu lugar, yo en su lugar; yo que tú, yo que él, yo que usted,* son todas formas normales que tienen un mismo valor: 'si yo estuviese en tu (o su) lugar', 'si yo fuera tú (o él, o usted)': *«Yo que usted, me cortaría también el flequillo»* (Torrente, *Vuelta,* 191). Son regionales, y por tanto no se aceptan en la lengua general, *yo de ti, yo de usted, si yo fuera de ti, yo como usted.* Se usó en la lengua clásica la forma *si yo fuera que* (*«Si yo fuera que ellos, nunca me volviera»,* Valdés, *Mercurio,* 76; *«Hablara yo más bien criado —respondió don Quijote—, si fuera que vos»,* Cervantes, *Quijote,* I, 166), fórmula todavía recordada por Valera (*«Si yo fuera que tú, no la tomaría contra el cielo»,* Pepita Jiménez, 131).

7. *Yo soy de los que creo...; Yo soy de los que sostengo...; Yo fui uno de los que dije...* Estas construcciones, que se oyen y leen con frecuencia, son perfectamente anormales en cuanto al uso del último verbo en 1.ª persona singular, porque ese verbo tiene como sujeto gramatical *los que,* un plural, y por tanto su forma debe ser plural: *Yo soy de los que* CREEN (*o* SOSTIENEN)*...; Yo fui uno de los que* DIJERON*...;* o bien, si se quiere realzar —como es usual— la presencia del «yo»: *Yo soy de los que* CREEMOS (*o* SOSTENEMOS)*...; Yo fui uno de los que* DIJIMOS.

8. Como nombre masculino, *el yo,* los escritores oscilan entre las formas *yoes* y *yos* para el plural (*yoes,* Amado Nervo, cit. Academia, *Esbozo,* § 2.3.3; *yos,* Unamuno, *Sentimiento,* 823; Ortega, *Galileo,* 108; De Luis, *Poesías,* 88).

yockey → YÓQUEY.

yogur. 'Variedad de leche fermentada'. Su plural es *yogures.* No deben usarse las formas *yoghourt* ni *yogurt.*

yóquey. La palabra inglesa *jockey,* 'jinete de carreras de caballos', es de uso normal en el deporte hípico, generalmente pronunciada en España /yókei/, y en América /yóki/. La Academia ha decidido españolizar su grafía en las formas *yóquey* y *yoqui.*

yudo. *Judo* es el nombre de un deporte japonés muy conocido. Como la pronunciación corriente de este nombre entre nosotros es /yúdo/, la Academia lo ha incluido con la grafía *yudo,* aunque también recoge la forma *judo.* La primera parece la más acertada. El derivado es *yudoca* 'persona que practica el yudo' (mejor que *yudoka* o *judoka*).

Yugoslavia. Puede igualmente decirse *Yugoslavia* y *Yugoeslavia,* así como *yugoslavo* y *yugoeslavo.* El uso general prefiere las formas *-gos-.*

yuxta-. Prefijo latino *(iuxta)* que significa 'junto a': *yuxtalineal.*

yuxtaponer. **1.** Verbo irregular. Se conjuga como *poner* [21].

2. Construcción: *yuxtaponer una cosa* A *otra.*

Z

z. **1.** Vigesimoséptima y última letra del alfabeto español. Su nombre es *zeda* o *zeta* (plural *zedas, zetas).* La Academia prefiere el primer nombre (que también se puede escribir *ceda*), pero el uso corriente parece inclinarse más por el segundo. **2.** La letra *z* representa siempre el fonema /z/. Sobre la realización de este fonema y sobre su identificación con el fonema /s/, → c, 3.

zafar. Construcción: *zafarse* DE *una persona o* DE *un compromiso.*

zaherir. Verbo irregular. Se conjuga como *sentir* [60].

Zaire. El adjetivo correspondiente a la República del *Zaire,* antiguo Congo Belga, es *zaireño* (mejor que *zairense* o *zairés).*

Zambia. El adjetivo correspondiente a *Zambia,* antigua Rodesia del Norte, es *zambiano.*

zambullir. **1.** Verbo irregular. Se conjuga como *mullir* [53]. **2.** Construcción: *zambullirse* EN *el agua.*

Zanzíbar. Isla del Océano Índico que forma parte de Tanzania. El adjetivo derivado de *Zanzíbar* es *zanzibarita,* ya usado por Ganivet *(Reino de Maya,* cap. 1), y que es el mismo que existe en portugués, lengua de los primeros dueños de la isla (Santano cita también, por su parte, no sé con qué documentación, *zanzibareño* y *zanzíbar).*

zar. 'Emperador de Rusia'. Su femenino es *zarina.* El nombre del príncipe heredero es *zarevich* (preferido por la Academia) o *zarevitz.* Deben desecharse las grafías *czar, czarina* y *czarevitz.*

Zarauz. La ciudad guipuzcoana que en vascuence tiene el nombre de *Zarautz* se denomina en castellano *Zarauz,* y es esta la forma que debe usarse cuando se habla o escribe en español.

zeda → z, 1.

zenit → CENIT.

Zestoa → CESTONA.

zeta → z, 1.

zigzag. 'Serie de ángulos entrantes y salientes'. El plural de este nombre puede ser *zigzagues* o *zigzags.* Es preferible la primera forma, pero más frecuente la segunda.

Zimbabue. La antigua Rodesia del Sur se llama hoy *Zimbabwe,* nombre que se españoliza en la forma *Zimbabue.* El adjetivo correspondiente es *zimbabuense* (mejor que *zimbabuo,* que usan algunos periodistas).

zinc → CINC.

zinnia. 'Cierta planta tropical'. La Academia registra también la grafía *cinia,* preferible por su sencillez, pero se inclina más por la más complicada, tal vez por no perder el recuerdo de quien le dio nombre, el naturalista alemán del siglo XVIII J. G. Zinn.

Zodiaco. 'Zona de la esfera celeste'. Se dan por buenas las dos acentuaciones *Zo-*

diaco y *Zodíaco*. La Academia y el uso corriente dan preferencia a la primera, pero etimológicamente es más acertada la segunda.

-zoico. Forma sufija del griego *zóon*, 'animal': *paleozoico*.

-zón. Sufijo de nombres que indica acción o efecto: *comezón, armazón*.

zoo-, -zoo. Formas prefija y sufija del griego *zóon*, 'animal': *zoología, protozoo*.

zoólogo. El femenino de este nombre es *zoóloga*.

zoom. Nombre masculino inglés que en España se pronuncia habitualmente /zum/ y que significa 'objetivo de cámara de cine o de televisión cuya distancia focal puede variarse rápidamente', y también 'empleo de ese recurso'. La Academia ha españolizado gráficamente la palabra de acuerdo con la pronunciación indicada: *zum*. Sin embargo, el uso general continúa escribiendo *zoom*.

Zornoza. La ciudad vizcaína que en vascuence tiene el nombre de *Zornotza* se denomina en castellano *Zornoza*, y es esta la forma que debe usarse cuando se habla o escribe en español.

-zuelo → -UELO.

zulú. El plural normal de este nombre y adjetivo es *zulúes*.

zum → ZOOM.

Zumaya. La ciudad guipuzcoana que en vascuence se escribe con la grafía *Zumaia* tiene en castellano la forma *Zumaya*, y es esta la que debe usarse cuando se escribe en español.

Zúrich. El nombre de la ciudad suiza de *Zürich* se escribe tradicionalmente en español *Zurich* —mejor, *Zúrich*—, y se pronuncia /zúrik/ (aunque también se oye /zúrich/). El adjetivo derivado es *zuriqués*.

APÉNDICES

I. Conjugación de los verbos

1. Verbos regulares

En los verbos regulares [1], [2] y [3] enunciamos todos los tiempos en todas sus personas, así como las formas no personales. En cada tiempo (excepto en imperativo) se exponen seis formas, que corresponden, por este orden, a las personas *yo, tú* y *él* o *usted* de singular, y *nosotros, vosotros* y *ellos* o *ustedes* del plural. En imperativo solo se indican cuatro formas: *tú, usted, vosotros* y *ustedes*.

Se incluyen en esta sección los modelos de verbos regulares terminados en *-iar, -uar,* que llevan acentuada o no acentuada la /i/ y la /u/ [1 a, 1 b, 1 c, 1 d], así como los verbos con grupo /ai/ o /au/ en la base, que llevan articulado ese grupo en unos casos como diptongo y en otros como hiato [1 e, 1 f]. Estos verbos modelos ya figuran explicados en su lugar alfabético correspondiente dentro del DICCIONARIO; pero se resumen también aquí a fin de que el lector pueda tenerlos reunidos para su cotejo. Para los verbos (p. ej., *situar)* que en el cuerpo del DICCIONARIO se remiten a alguno de estos modelos, puede consultarse indistintamente en aquella parte el artículo propuesto (en este caso, *actuar),* o bien, en este APÉNDICE, el número que allí se indica entre corchetes (1 d, que es el que corresponde, precisamente, a *actuar).*

1. CANTAR. INDICATIVO. *Presente* cant-o, cant-as, cant-a, cant-amos, cant-áis, cant--an. *Pretérito imperfecto* cant-aba, cant-abas, cant-aba, cant-ábamos, cant-abais, cant-aban. *Pretérito indefinido* cant-é, cant-aste, cant-ó, cant-amos, cant-asteis, cant-aron. *Futuro imperfecto* cant-aré, cant-arás, cant-ará, cant-aremos, cant-aréis, cant-arán. *Potencial simple* cant--aría, cant-arías, cant-aría, cant-aríamos, cant-aríais, cant-arían.

Pretérito perfecto he cantado, has cantado, ha cantado, hemos cantado, habéis cantado, han cantado. *Pretérito pluscuamperfecto* había cantado, habías cantado, había cantado, habíamos cantado, habíais cantado, habían cantado. *Pretérito anterior* hube cantado, hubiste cantado, hubo cantado, hubimos cantado, hubisteis cantado, hubieron cantado. *Futuro perfecto* habré cantado, habrás cantado, habrá cantado, habremos cantado, habréis cantado, habrán cantado. *Potencial compuesto* habría cantado, habrías cantado, habría cantado, habríamos cantado, habríais cantado, habrían cantado.

SUBJUNTIVO. *Presente* cant-e, cant-es, cant-e, cant-emos, cant-éis, cant-en. *Pretérito imperfecto* cant-ara, cant-aras, cant-ara, cant-áramos, cant-arais, cant-aran (*o* cant-ase, cant-ases, cant-ase, cant-ásemos, cant-aseis, cant-asen). *Futuro imperfecto* cant-are, cant-ares, cant-are, cant-áremos, cant-areis, cant-aren.

Pretérito perfecto haya cantado, hayas cantado, haya cantado, hayamos cantado, hayáis cantado, hayan cantado. *Pretérito pluscuamperfecto* hubiera cantado, hubieras cantado, hubiera cantado, hubiéramos cantado, hubierais cantado, hubieran cantado (*o* hubiese cantado, hubieses cantado, hubiese cantado, hubiésemos cantado, hubieseis cantado, hubiesen cantado).

Futuro perfecto hubiere cantado, hubieres cantado, hubiere cantado, hubiéremos cantado, hubiereis cantado, hubieren cantado. IMPERATIVO cant-a, cant-e, cant-ad, cant-en. FORMAS NO PERSONALES. *Infinitivo* cant-ar. *Gerundio* cant-ando. *Participio* cant-ado. *Infinitivo compuesto* haber cantado. *Gerundio compuesto* habiendo cantado.

1 a. CAMBIAR. *La* i *final de la base* cambi- *es átona en todas las formas de este verbo. Esa* i *siempre se combina formando diptongo con la vocal que la sigue, es decir, articulándose ambas dentro de una sola sílaba. P. ej.: Presente de indicativo* cambio, cambias, cambia, cambiamos, cambiáis, cambian. (*Pronunciación:* /kám.bio, kám.bias, kám.bia, kam.biá.mos, kam.biáis, kám.bian/.) *Presente de subjuntivo* cambie, cambies, cambie, cambiemos, cambiéis, cambien. (*Pronunciación:* /kám.bie, kám.bies, kám.bie, kam.bié.mos, kam.biéis, kám.bien/.) *Imperativo* cambia, cambie, cambiad, cambien. (*Pronunciación:* /kám.bia, kám.bie, kam.biád, kám.bien/.)

1 b. AVERIGUAR. *La* u *final de la base* averigu- *es átona en todas las formas de este verbo. Esa* u *siempre se combina formando diptongo con la vocal que la sigue, es decir, articulándose ambas dentro de una sola sílaba. P. ej.: Presente de indicativo* averiguo, averiguas, averigua, averiguamos, averiguáis, averiguan. (*Pronunciación:* /a.be.rí.guo, a.be.rí.guas, a.be.rí.gua, a.be.ri.guá.mos, a.be.ri.guáis, a.be.rí.guan/.) *Presente de subjuntivo* averigüe, averigües, averigüe, averigüemos, averigüéis, averigüen. (*Pronunciación:* /a.be.rí.güe, a.be.rí.gües, a.be.rí.güe, a.be.ri.güé.mos, a.be.ri.güéis, a.be.rí.güen/.) *Imperativo* averigua, averigüe, averiguad, averigüen. (*Pronunciación:* /a.be.rí.gua, a.be.rí.güe, a.be.ri.guád, a.be.rí.güen/.)

1 c. DESVIAR. *La* i *final de la base* desvi- *es tónica en las personas yo, tú, él o usted y ellos o ustedes de los presentes de indicativo y subjuntivo y del imperativo. En todas las demás formas del verbo esa* i *es átona, a pesar de lo cual nunca se une formando diptongo con la vocal que la sigue; es decir, ambas vocales se articulan en sílabas diferentes. P. ej.: Presente de indicativo* desvío, desvías, desvía, desviamos, desviáis, desvían. (*Pronunciación:* /des.bí.o, des.bí.as, des.bí.a, des.bi.á.mos, des.bi.áis, des.bí.an/.) *Presente de subjuntivo* desvíe, desvíes, desvíe, desviemos, desviéis, desvíen. (*Pronunciación:* /des.bí.e, des.bí.es, des.bí.e, des.bi.é.mos, des.bi.éis, des.bí.en/.) *Imperativo* desvía, desvíe, desviad, desvíen. (*Pronunciación:* /des.bí.a, des.bí.e, des.bi.ád, des.bí.en/.)

1 d. ACTUAR. *La* u *final de la base* actu- *es tónica en las personas yo, tú, él o usted y ellos o ustedes de los presentes de indicativo y subjuntivo y del imperativo. En todas las demás formas del verbo esa* u *es átona, a pesar de lo cual nunca se une formando diptongo con la vocal que la sigue; es decir, ambas vocales se articulan en sílabas diferentes. P. ej.: Presente de indicativo* actúo, actúas, actúa, actuamos, actuáis, actúan. (*Pronunciación:* /ak.tú.o, ak.tú.as, ak.tú.a, ak.tu.á.mos, ak.tu.áis, ak.tú.an/.) *Presente de subjuntivo* actúe, actúes, actúe, actuemos, actuéis, actúen. (*Pronunciación:* /ak.tú.e, ak.tú.es, ak.tú.e, ak.tu.é.mos, ak.tu.éis, ak.tú.en/.) *Imperativo* actúa, actúe, actuad, actúen. (*Pronunciación:* /ak.tú.a, ak.tú.e, ak.tú.e, ak.tu.ád, ak.tú.en/.)

1 e. BAILAR, CAUSAR. *La segunda vocal del grupo* ai, au *siempre se combina formando diptongo con la vocal precedente, es decir, articulándose ambas dentro de una sola sílaba. P. ej.: Presente de indicativo* bailo, bailas, baila, bailamos, bailáis, bailan; causo, causas, causa, causamos, causáis, causan. (*Pronunciación:* /bái.lo, bái.las, bái.la, bai.lá.mos, bai.láis, bái.lan; káu.so, káu.sas, káu.sa, kau.sá.mos, kau.sáis, káu.san/.) *Presente de subjuntivo* baile, bailes, baile, bailemos, bailéis, bailen; cause, causes, cause, causemos, causéis, causen. (*Pronunciación:* /bái.le, bái.les, bái.le, bai.lé.mos, bai.léis, bái.len; káu.se, káu.ses, káu.se.../.)

1 f. ENRAIZAR, AULLAR. *La segunda vocal del grupo* ai, au *es tónica en las perso-*

nas yo, tú, él *o* usted, *y* ellos *o* ustedes, *de los presentes de indicativo y subjuntivo y del imperativo.* En todas las demás formas del verbo, esa segunda vocal i, u es átona y constituye normalmente diptongo con la vocal precedente. P. ej.: Presente de indicativo* enraízo, enraízas, enraíza, enraizamos, enraizáis, enraízan; aúllo, aúllas, aúlla, aullamos, aulláis, aúllan. *(Pronunciación:* /en.ra.í.zo, en.ra.í.zas, en.ra.í.za, en.rai.zá.mos, en.rai.záis, en.ra.í.zan; a.ú.llo, a.ú.llas, a.ú.lla, au.llá.mos, au.lláis, a.ú.llan/.) *Presente de subjuntivo* enraíce, enraíces, enraíce, enraicemos, enraicéis, enraícen; aúlle, aúlles, aúlle, aullemos, aulléis, aúllen. *(Pronunciación:* /en.ra.í.ze, en.ra.í.zes, en.ra.í.ze, en.rai.zé.mos, en.rai.zéis, en.ra.í.zen; a.ú.lle, a.ú.lles, a.ú.lle, au.llé.mos, au.lléis, a.ú.llen/.)

2. COMER. INDICATIVO. *Presente* com-o, com-es, com-e, com-emos, com-éis, com-en. *Pretérito imperfecto* com-ía, com-ías, com-ía, com-íamos, com-íais, com-ían. *Pretérito indefinido* com-í, com-iste, com-ió, com-imos, com-isteis, com-ieron. *Futuro imperfecto* com-eré, com-erás, com-erá, com-eremos, com-eréis, com-erán. *Potencial simple* com-ería, com-erías, com-ería, com-eríamos, com-eríais, com-erían.

Pretérito perfecto he comido, has comido, ha comido, hemos comido, habéis comido, han comido. *Pretérito pluscuamperfecto* había comido, habías comido, había comido, habíamos comido, habíais comido, habían comido. *Pretérito anterior* hube comido, hubiste comido, hubo comido, hubimos comido, hubisteis comido, hubieron comido. *Futuro perfecto* habré comido, habrás comido, habrá comido, habremos comido, habréis comido, habrán comido. *Potencial compuesto* habría comido, habrías comido, habría comido, habríamos comido, habríais comido, habrían comido.

SUBJUNTIVO. *Presente* com-a, com-as, com-a, com-amos, com-áis, com-an. *Pretérito imperfecto* com-iera, com-ieras, com-iera, com-iéramos, com-ierais, com-iera (o com-iese, com-ieses, com-iese, com-iésemos, com-ieseis, com-iesen). *Futuro imperfecto* com-iere, com-ieres, com-iere, com-iéremos, com-iereis, com-ieren.

Pretérito perfecto haya comido, hayas comido, haya comido, hayamos comido, hayáis comido, hayan comido. *Pretérito pluscuamperfecto* hubiera comido, hubieras comido, hubiera comido, hubiéramos comido, hubierais comido, hubieran comido (o hubiese comido, hubieses comido, hubiese comido, hubiésemos comido, hubieseis comido, hubiesen comido). *Futuro perfecto* hubiere comido, hubieres comido, hubiere comido, hubiéremos comido, hubiereis comido, hubieren comido.

IMPERATIVO com-e, com-a, com-ed, com-an.

FORMAS NO PERSONALES. *Infinitivo* com-er. *Gerundio* com-iendo. *Participio* com-ido. *Infinitivo compuesto* haber comido. *Gerundio compuesto* habiendo comido.

3. SUFRIR. INDICATIVO. *Presente* sufr-o, sufr-es, sufr-e, sufr-imos, sufr-ís, sufr-en. *Pretérito imperfecto* sufr-ía, sufr-ías, sufr-ía, sufr-íamos, sufr-íais, sufr-ían. *Pretérito indefinido* sufr-í, sufr-iste, sufr-ió, sufr-imos, sufr-isteis, sufr-ieron. *Futuro imperfecto* sufr-iré, sufr-irás, sufr-irá, sufr-iremos, sufr-iréis, sufr-irán. *Potencial simple* sufr-iría, sufr-irías, sufr-iría, sufr-iríamos, sufr-iríais, sufr-irían.

Pretérito perfecto he sufrido, has sufrido, ha sufrido, hemos sufrido, habéis sufrido, han sufrido. *Pretérito pluscuamperfecto* había sufrido, habías sufrido, había sufrido, habíamos sufrido, habíais sufrido, habían sufrido. *Pretérito anterior* hube sufrido, hubiste sufrido, hubo sufrido, hubimos sufrido, hubisteis sufrido, hubieron sufrido. *Futuro perfecto* habré sufrido, habrás sufrido, habrá sufrido, habremos sufrido, habréis sufrido, habrán sufrido. *Potencial compuesto* habría sufrido, habrías sufrido, habría sufrido, habríamos sufrido, habríais sufrido, habrían sufrido.

SUBJUNTIVO. *Presente* sufr-a, sufr-as, sufr-a, sufr-amos, sufr-áis, sufr-an. *Pretérito imperfecto* sufr-iera, sufr-ieras, sufr-iera, sufr-iéramos, sufr-ierais, sufr-ieran (o sufr-iese, sufr-ieses, sufr-iese, sufr-iésemos, sufr-ieseis, sufr-iesen). *Futuro imperfecto* sufr-iere, sufr-ieres, sufr-iere, sufr-iéremos, sufr-iereis, sufr-ieren.

Pretérito perfecto haya sufrido, hayas sufrido, haya sufrido, hayamos sufrido, hayáis sufrido, hayan sufrido. *Pretérito pluscuamperfecto* hubiera sufrido, hubieras sufrido, hubiera sufrido, hubiéramos sufrido, hubierais sufrido, hubieran sufrido (o hubiese sufrido, hubieses sufrido, hubieses

sufrido, hubiese sufrido, hubiésemos sufrido, hubieseis sufrido, hubiesen sufrido). *Futuro perfecto* hubiere sufrido, hubieres sufrido, hubiere sufrido, hubiéremos sufrido, hubiereis sufrido, hubieren sufrido.
IMPERATIVO sufr-e, sufr-a, sufr-id, sufr-an.
FORMAS NO PERSONALES. *Infinitivo* sufr-ir. *Gerundio* sufr-iendo. *Participio* sufr-ido.
Infinitivo compuesto haber sufrido. *Gerundio compuesto* habiendo sufrido.

2.   Verbos irregulares

Figuran aquí todos los verbos con irregularidad propia (como *ir*) y los que (como *acordar, agradecer)* sirven de modelo para otros irregulares. Aunque la conjugación de todos ellos está ya expuesta en los lugares alfabéticos correspondientes del DICCIONARIO, se resumen aquí de nuevo para que el lector pueda tenerlos reunidos. Para los verbos que en el cuerpo del DICCIONARIO se remiten a alguno de estos modelos, el lector puede elegir entre consultar en aquella parte el artículo propuesto o buscar en este APÉNDICE el número que allí se indica entre corchetes.
Solo se enuncian los tiempos simples y formas no personales que presentan alguna irregularidad. Los tiempos verbales que no aparecen enunciados en los cuadros que siguen ha de entenderse que son regulares.
Abreviamos la nomenclatura: *ind.*, indicativo; *subj.*, subjuntivo; *imperat.*, imperativo; *pres.*, presente; *pret. de ind.*, pretérito indefinido de indicativo; *pret. de subj.*, pretérito imperfecto de subjuntivo; *impf. de ind.*, pretérito imperfecto de indicativo; *fut.*, futuro imperfecto; *part.*, participio.

A.   VERBOS EN -AR

4.   ACORDAR.   *Pres. de ind.* acuerdo, acuerdas, acuerda, acordamos, acordáis, acuerdan. *Pres. de subj.* acuerde, acuerdes, acuerde, acordemos, acordéis, acuerden. *Imperat.* acuerda, acuerde, acordad, acuerden.

5.   ANDAR.   *Pret. de ind.* anduve, anduviste, anduvo, anduvimos, anduvisteis, anduvieron. *Pret. de subj.* anduviera, anduvieras, anduviera, anduviéramos, anduvierais, anduvieran (*o* anduviese, anduvieses, anduviese, *etc.*). *Fut. de subj.* anduviere, anduvieres, anduviere, anduviéremos, anduviereis, anduvieren.

6.   CERRAR.   *Pres. de ind.* cierro, cierras, cierra, cerramos, cerráis, cierran. *Pres. de subj.* cierre, cierres, cierre, cerremos, cerréis, cierren. *Imperat.* cierra, cierre, cerrad, cierren.

7.   DAR.   *Pres. de ind.* doy, das, da, damos, dais, dan. *Pres. de subj.* dé, des, dé, demos, deis, den. *Imperat.* da, dé, dad, den. *Pret. de ind.* di, diste, dio, dimos, disteis, dieron. *Pret. de subj.* diera, dieras, diera, diéramos, dierais, dieran (*o* diese, dieses, diese, *etc.*). *Fut. de subj.* diere, dieres, diere, diéremos, diereis, dieren.

8.   ERRAR.   *Pres. de ind.* yerro, yerras, yerra, erramos, erráis, yerran. *Pres. de subj.* yerre, yerres, yerre, erremos, erréis, yerren. *Imperat.* yerra, yerre, errad, yerren.

9.   ESTAR.   *Pres. de ind.* estoy, estás, está, estamos, estáis, están. *Pres. de subj.* esté, estés, esté, estemos, estéis, estén. *Imperat.* está, esté, estad, estén. *Pret. de ind.* estuve, estuviste, estuvo, estuvimos, estuvisteis, estuvieron. *Pret. de subj.* estuviera, estuvieras, estuviera, estuviéramos, estuvierais, estuvieran (*o* estuviese, estuvieses, estuviese, *etc.*). *Fut. de subj.* estuviere, estuvieres, estuviere, estuviéremos, estuviereis, estuvieren.

10.   JUGAR.   *Pres. de ind.* juego, juegas, juega, jugamos, jugáis, juegan. *Pres. de subj.* juegue, juegues, juegue, juguemos, juguéis, jueguen. *Imperat.* juega, juegue, jugad, jueguen.

B. VERBOS EN -ER

11. AGRADECER. *Pres. de ind.* agradezco, agradeces, agradece, agradecemos, agradecéis, agradecen. *Pres. de subj.* agradezca, agradezcas, agradezca, agradezcamos, agradezcáis, agradezcan. *Imperat.* agradece, agradezca, agradeced, agradezcan.

12. CABER. *Pres. de ind.* quepo, cabes, cabe, cabemos, cabéis, caben. *Pres. de subj.* quepa, quepas, quepa, quepamos, quepáis, quepan. *Imperat.* cabe, quepa, cabed, quepan. *Pret. de ind.* cupe, cupiste, cupo, cupimos, cupisteis, cupieron. *Pret. de subj.* cupiera, cupieras, cupiera, cupiéramos, cupierais, cupieran (*o* cupiese, cupieses, cupiese, *etc.*). *Fut. de subj.* cupiere, cupieres, cupiere, cupiéremos, cupiereis, cupieren. *Fut. de ind.* cabré, cabrás, cabrá, cabremos, cabréis, cabrán. *Potencial* cabría, cabrías, cabría, cabríamos, cabríais, cabrían.

13. CAER. *Pres. de ind.* caigo, caes, cae, caemos, caéis, caen. *Pres. de subj.* caiga, caigas, caiga, caigamos, caigáis, caigan. *Imperat.* cae, caiga, caed, caigan. *Pret. de ind.* caí, caíste, cayó, caímos, caísteis, cayeron. *Pret. de subj.* cayera, cayeras, cayera, cayéramos, cayerais, cayeran (*o* cayese, cayeses, cayese, *etc.*). *Fut. de subj.* cayere, cayeres, cayere, cayéremos, cayereis, cayeren. *Gerundio* cayendo.

14. ENTENDER. *Pres. de ind.* entiendo, entiendes, entiende, entendemos, entendéis, entienden. *Pres. de subj.* entienda, entiendas, entienda, entendamos, entendáis, entiendan. *Imperat.* entiende, entienda, entended, entiendan.

15. HABER. *Pres. de ind.* he, has, ha, hemos, habéis, han *(3.ª pers. impers.:* hay). *Pres. de subj.* haya, hayas, haya, hayamos, hayáis, hayan. *Pret. de ind.* hube, hubiste, hubo, hubimos, hubisteis, hubieron. *Pret. de subj.* hubiera, hubieras, hubiera, hubiéramos, hubierais, hubieran (*o* hubiese, hubieses, hubiese, *etc.*). *Fut. de subj.* hubiere, hubieres, hubiere, hubiéremos, hubiereis, hubieren. *Fut. de ind.* habré, habrás, habrá, habremos, habréis, habrán. *Potencial* habría, habrías, habría, habríamos, habríais, habrían.

16. HACER. *Pres. de ind.* hago, haces, hace, hacemos, hacéis, hacen. *Pres. de subj.* haga, hagas, haga, hagamos, hagáis, hagan. *Imperat.* haz, haga, haced, hagan. *Pret. de ind.* hice, hiciste, hizo, hicimos, hicisteis, hicieron. *Pret. de subj.* hiciera, hicieras, hiciera, hiciéramos, hicierais, hicieran (*o* hiciese, hicieses, hiciese, *etc.*). *Fut. de subj.* hiciere, hicieres, hiciere, hiciéremos, hiciereis, hicieren. *Fut. de ind.* haré, harás, hará, haremos, haréis, harán. *Potencial* haría, harías, haría, haríamos, haríais, harían. *Part.* hecho.

17. LEER. *Pret. de ind.* leí, leíste, leyó, leímos, leísteis, leyeron. *Pret. de subj.* leyera, leyeras, leyera, leyéramos, leyerais, leyeran (*o* leyese, leyeses, leyese, *etc.*). *Fut. de subj.* leyere, leyeres, leyere, leyéremos, leyereis, leyeren. *Gerundio* leyendo.

18. MOVER. *Pres. de ind.* muevo, mueves, mueve, movemos, movéis, mueven. *Pres. de subj.* mueva, muevas, mueva, movamos, mováis, muevan. *Imperat.* mueve, mueva, moved, muevan.

19. OLER. *Pres. de ind.* huelo, hueles, huele, olemos, oléis, huelen. *Pres. de subj.* huela, huelas, huela, olamos, oláis, huelan. *Imperat.* huele, huela, oled, huelan.

20. PODER. *Pres. de ind.* puedo, puedes, puede, podemos, podéis, pueden. *Pres. de subj.* pueda, puedas, pueda, podamos, podáis, puedan. *Pret. de ind.* pude, pudiste, pudo, pudimos, pudisteis, pudieron. *Pret. de subj.* pudiera, pudieras, pudiera, pudiéramos, pudierais, pudieran (*o* pudiese, pudieses, pudiese, *etc.*). *Fut. de subj.* pudiere, pudieres, pudiere, pudiéremos, pudiereis, pudieren. *Fut. de ind.* podré, podrás, podrá, podremos, podréis, podrán. *Potencial* podría, podrías, podría, podríamos, podríais, podrían. *Gerundio* pudiendo.

21. PONER. *Pres. de ind.* pongo, pones, pone, ponemos, ponéis, ponen. *Pres. de subj.* ponga, pongas, ponga, pongamos, pongáis, pongan. *Imperat.* pon, ponga, poned, pongan. *Pret. de ind.* puse, pusiste, puso, pusimos, pusisteis, pusieron. *Pret. de subj.* pusiera, pusieras, pusiera, pusiéramos, pusierais, pusieran (*o* pusiese, pusieses, pusiese, *etc.*). *Fut. de subj.* pusiere, pusieres, pusiere, pusiéremos, pusiereis, pusieren. *Fut. de ind.* pondré, pondrás, pondrá, pondremos, pondréis, pondrán. *Potencial* pondría, pondrías, pondría, pondríamos, pondríais, pondrían. *Part.* puesto.

22. PROVEER. Igual que LEER [17], *excepto en participio. Part.* provisto (*o* proveído).

23. QUERER. *Pres. de ind.* quiero, quieres, quiere, queremos, queréis, quieren. *Pres. de subj.* quiera, quieras, quiera, queramos, queráis, quieran. *Imperat.* quiere, quiera, quered, quieran. *Pret. de ind.* quise, quisiste, quiso, quisimos, quisisteis, quisieron. *Pret. de subj.* quisiera, quisieras, quisiera, quisiéramos, quisierais, quisieran (*o* quisiese, quisieses, quisiese, *etc.*). *Fut. de subj.* quisiere, quisieres, quisiere, quisiéremos, quisiereis, quisieren. *Fut. de ind.* querré, querrás, querrá, querremos, querréis, querrán. *Potencial* querría, querrías, querría, querríamos, querríais, querrían.

24. RAER. *Pres. de ind.* raigo (*o* rayo), raes, rae, raemos, raéis, raen. *Pres. de subj.* raiga, raigas, raiga, raigamos, raigáis, raigan (*o* raya, rayas, raya, rayamos, rayáis, rayan). *Imperat.* rae, raiga (*o* raya), raed, raigan (*o* rayan). *Pret. de ind.* raí, raíste, rayó, raímos, raísteis, rayeron. *Pret. de subj.* rayera, rayeras, rayera, rayéramos, rayerais, rayeran (*o* rayese, rayeses, rayese, *etc.*). *Fut. de subj.* rayere, rayeres, rayere, rayéremos, rayereis, rayeren. *Gerundio* rayendo.

25. ROER. *Pres. de ind.* roo (*o* roigo, *o* royo), roes, roe, roemos, roéis, roen. *Pres. de subj.* roa, roas, roa, roamos, roáis, roan (*o* roiga, roigas, roiga, *etc.*, *o* roya, royas, roya, *etc.*). *Imperat.* roe, roa (*o* roiga, *o* roya), roed, roan (*o* roigan, *o* royan). *Pret. de ind.* roí, roíste, royó, roímos, roísteis, royeron. *Pret. de subj.* royera, royeras, royera, royéramos, royerais, royeran (*o* royese, royeses, royese, *etc.*). *Fut. de subj.* royere, royeres, royere, royéremos, royereis, royeren. *Gerundio* royendo.

26. ROMPER. *Part.* roto.

27. SABER. *Pres. de ind.* sé, sabes, sabe, sabemos, sabéis, saben. *Pres. de subj.* sepa, sepas, sepa, sepamos, sepáis, sepan. *Imperat.* sabe, sepa, sabed, sepan. *Pret. de ind.* supe, supiste, supo, supimos, supisteis, supieron. *Pret. de subj.* supiera, supieras, supiera, supiéramos, supierais, supieran (*o* supiese, supieses, supiese, *etc.*). *Fut. de subj.* supiere, supieres, supiere, supiéremos, supiereis, supieren. *Fut. de ind.* sabré, sabrás, sabrá, sabremos, sabréis, sabrán. *Potencial* sabría, sabrías, sabría, sabríamos, sabríais, sabrían.

28. SATISFACER. *Igual que* HACER [16], *excepto en imperativo. Imperat.* satisface (*o* satisfaz), satisfaga, satisfaced, satisfagan.

29. SER. *Pres. de ind.* soy, eres, es, somos, sois, son. *Pres. de subj.* sea, seas, sea, seamos, seáis, sean. *Imperat.* sé, sea, sed, sean. *Impf. de ind.* era, eras, era, éramos, erais, eran. *Pret. de ind.* fui, fuiste, fue, fuimos, fuisteis, fueron. *Pret. de subj.* fuera, fueras, fuera, fuéramos, fuerais, fueran (*o* fuese, fueses, fuese, *etc.*). *Fut. de subj.* fuere, fueres, fuere, fuéremos, fuereis, fueren.

30. TAÑER. *Pret. de ind.* tañí, tañiste, tañó, tañimos, tañisteis, tañeron. *Pret. de subj.* tañera, tañeras, tañera, tañéramos, tañerais, tañeran (*o* tañese, tañeses, tañese, *etc.*). *Fut. de subj.* tañere, tañeres, tañere, tañéremos, tañereis, tañeren. *Gerundio* tañendo.

31. TENER. *Pres. de ind.* tengo, tienes, tiene, tenemos, tenéis, tienen. *Pres. de subj.* tenga, tengas, tenga, tengamos, tengáis, tengan. *Imperat.* ten, tenga, tened, tengan. *Pret. de ind.* tuve, tuviste, tuvo, tuvimos, tuvisteis, tuvieron. *Pret. de subj.* tuviera, tuvieras, tuviera, tuviéramos, tuvierais, tuvieran (*o* tuviese, tuvieses, tuviese, *etc.*). *Fut. de subj.* tuviere, tuvieres, tuviere, tuviéremos, tuviereis, tuvieren. *Fut. de ind.* tendré, tendrás, tendrá, tendremos, tendréis, tendrán. *Potencial* tendría, tendrías, tendría, tendríamos, tendríais, tendrían.

32. TRAER. *Pres. de ind.* traigo, traes, trae, traemos, traéis, traen. *Pres. de subj.* traiga, traigas, traiga, traigamos, traigáis, traigan. *Imperat.* trae, traiga, traed, traigan. *Pret. de ind.* traje, trajiste, trajo, trajimos, trajisteis, trajeron. *Pret. de subj.* trajera, trajeras, trajera, trajéramos, trajerais, trajeran (*o* trajese, trajeses, trajese, *etc.*). *Fut. de subj.* trajere, trajeres, trajere, trajéremos, trajereis, trajeren. *Gerundio* trayendo.

33. VALER. *Pres. de ind.* valgo, vales, vale, valemos, valéis, valen. *Pres. de subj.* valga, valgas, valga, valgamos, valgáis, valgan. *Imperat.* vale, valga, valed, valgan. *Fut. de ind.* valdré, valdrás, valdrá, valdremos, valdréis, valdrán. *Potencial* valdría, valdrías, valdría, valdríamos, valdríais, valdrían.

34. VER. *Pres. de ind.* veo, ves, ve, vemos, veis, ven. *Pres. de subj.* vea, veas, vea, veamos, veáis, vean. *Imperat.* ve, vea, ved, vean. *Impf. de ind.* veía, veías, veía, veíamos, veíais, veían. *Part.* visto.

35. VOLVER. *Igual que* MOVER [18], *excepto en participio. Part.* vuelto.

36. YACER. *Pres. de ind.* yazco (*o* yazgo), yaces, yace, yacemos, yacéis, yacen. *Pres. de subj.* yazca, yazcas, yazca, yazcamos, yazcáis, yazcan (*o* yazga, yazgas, yazga, yazgamos, yazgáis, yazgan). *Imperat.* yace, yazca (*o* yazga), yaced, yazcan (*o* yazgan).

C. VERBOS EN -IR

37. ABRIR. *Part.* abierto.

38. ADQUIRIR. *Pres. de ind.* adquiero, adquieres, adquiere, adquirimos, adquirís, adquieren. *Pres. de subj.* adquiera, adquieras, adquiera, adquiramos, adquiráis, adquieran. *Imperat.* adquiere, adquiera, adquirid, adquieran.

39. ASIR. *Pres. de ind.* asgo, ases, ase, asimos, asís, asen. *Pres. de subj.* asga, asgas, asga, asgamos, asgáis, asgan. *Imperat.* ase, asga, asid, asgan.

40. BENDECIR. *Igual que* DECIR [42], *excepto en los tiempos que siguen. Imperat.* bendice, bendiga, bendecid, bendigan. *Fut. de ind.* bendeciré, bendecirás, bendecirá, bendeciremos, bendeciréis, bendecirán. *Potencial* bendeciría, bendecirías, bendeciría, bendeciríamos, bendeciríais, bendecirían. *Part.* bendecido.

41. CONDUCIR. *Pres. de ind.* conduzco, conduces, conduce, conducimos, conducís, conducen. *Pres. de subj.* conduzca, conduzcas, conduzca, conduzcamos, conduzcáis, conduzcan. *Imperat.* conduce, conduzca, conducid, conduzcan. *Pret. de ind.* conduje, condujiste, conduje, condujimos, condujisteis, condujeron. *Pret. de subj.* condujera, condujeras, condujera, condujéramos, condujerais, condujeran (*o* condujese, condujeses, condujese, *etc.*). *Fut. de subj.* condujere, condujeres, condujere, condujéremos, condujereis, condujeren.

42. DECIR. *Pres. de ind.* digo, dices, dice, decimos, decís, dicen. *Pres. de subj.* diga, digas, diga, digamos, digáis, digan. *Imperat.* di, diga, decid, digan. *Pret. de ind.* dije, dijiste, dijo, dijimos, dijisteis, dijeron. *Pret. de subj.* dijera, dijeras, dijera, dijéramos, dijerais, dijeran (*o* dijese, dijeses, dijese, *etc.*). *Fut. de subj.* dijere, dijeres, dijere, dijéremos, dijereis, dijeren. *Fut. de ind.* diré, dirás, dirá, diremos, diréis, dirán. *Potencial* diría, dirías, diría, diríamos, diríais, dirían. *Gerundio* diciendo. *Part.* dicho.

43. DISCERNIR. *Pres. de ind.* discierno, disciernes, discierne, discernimos, discernís, disciernen. *Pres. de subj.* discierna, disciernas, discierna, discernamos, discernáis, disciernan. *Imperat.* discierne, discierna, discernid, disciernan.

44. DORMIR. *Pres. de ind.* duermo, duermes, duerme, dormimos, dormís, duermen. *Pres. de subj.* duerma, duermas, duerma, durmamos, durmáis, duerman. *Imperat.* duerme, duerma, dormid, duerman. *Pret. de ind.* dormí, dormiste, durmió, dormimos, dormisteis, durmieron. *Pret. de subj.* durmiera, durmieras, durmiera, durmiéramos, durmierais, durmieran (*o* durmiese, durmieses, durmiese, *etc.*). *Fut. de subj.* durmiere, durmieres, durmiere, durmiéremos, durmiereis, durmieren. *Gerundio* durmiendo.

45. ERGUIR. *Pres. de ind.* yergo, yergues, yergue, erguimos, erguís, yerguen. *Pres. de subj.* yerga, yergas, yerga, irgamos, irgáis, yergan. *Imperat.* yergue, yerga, erguid, yergan. *Pret. de ind.* erguí, erguiste, irguió, erguimos, erguisteis, irguieron. *Pret. de subj.* irguiera, irguieras, irguiera, irguiéramos, irguierais, irguieran (*o* irguiese, irguieses, irguiese, *etc.*). *Fut. de subj.* irguiere, irguieres, irguiere, irguiéremos, irguiereis, irguieren. *Gerundio* irguiendo.

46. ESCRIBIR. *Part.* escrito.

47. FREÍR. *Igual que* REÍR [57], *excepto en participio. Part.* frito (*o, más raro,* freído).

48. HUIR. *Pres. de ind.* huyo, huyes, huye, huimos, huís, huyen. *Pres. de subj.* huya, huyas, huya, huyamos, huyáis, huyan. *Imperat.* huye, huya, huid, huyan. *Pret. de ind.* huí, huiste, huyó, huimos, huisteis, huyeron. *Pret. de subj.* huyera, huyeras, huyera, huyéramos, huyerais, huyeran (*o* huyese, huyeses, huyese, *etc.*). *Fut. de subj.* huyere, huyeres, huyere, huyéremos, huyereis, huyeren. *Gerundio* huyendo.

49. IMPRIMIR. *Part.* impreso (*o, más raro,* imprimido).

50. IR. *Pres. de ind.* voy, vas, va, vamos, vais, van. *Pres. de subj.* vaya, vayas, vaya, vayamos, vayáis, vayan (*en uso exhortativo se dice frec.* vamos *por* vayamos). *Imperat.* ve, vaya, id, vayan. *Impf. de ind.* iba, ibas, iba, íbamos, ibais, iban. *Pret. de ind.* fui, fuiste, fue, fuimos, fuisteis, fueron. *Pret. de subj.* fuera, fueras, fuera, fuéramos, fuerais, fueran (*o* fuese, fueses, fuese, *etc.*). *Fut. de subj.* fuere, fueres, fuere, fuéremos, fuereis, fueren. *Gerundio* yendo.

51. LUCIR. *Pres. de ind.* luzco, luces, luce, lucimos, lucís, lucen. *Pres. de subj.* luzca, luzcas, luzca, luzcamos, luzcáis, luzcan. *Imperat.* luce, luzca, lucid, luzcan.

52. MORIR. *Igual que* DORMIR [44], *excepto en participio. Part.* muerto.

53. MULLIR. *Pret. de ind.* mullí, mulliste, mulló, mullimos, mullisteis, mulleron. *Pret. de subj.* mullera, mulleras, mullera, mulléramos, mullerais, mulleran (*o* mullese, mulleses, mullese, *etc.*). *Fut. de subj.* mullere, mulleres, mullere, mulléremos, mullereis, mulleren. *Gerundio* mullendo.

54. OÍR. *Pres. de ind.* oigo, oyes, oye, oímos, oís, oyen. *Pres. de subj.* oiga, oigas, oiga, oigamos, oigáis, oigan. *Imperat.* oye, oiga, oíd, oigan. *Pret. de ind.* oí, oíste, oyó, oímos, oísteis, oyeron. *Pret. de subj.* oyera, oyeras, oyera, oyéramos, oyerais, oyeran (*u* oyese, oyeses, oyese, *etc.*). *Fut. de subj.* oyere, oyeres, oyere, oyéremos, oyereis, oyeren. *Gerundio* oyendo.

55. PREDECIR. *Igual que* DECIR [42], *excepto en los tiempos que siguen. Imperat.* predice, prediga, predecid, predigan. *Fut. de ind.* predeciré, predecirás, predecirá, predeciremos, predeciréis, predecirán (*o, raramente,* prediré, predirás, predirá, prediremos, prediréis, predirán). *Potencial* predeciría, predecirías, predeciría, predeciríamos, predeciríais, predecirían (*o, raramente,* prediría, predirías, prediría, *etc.*).

56. PUDRIR. *Infin.* pudrir *o* podrir. *Part.* podrido. *Todas las restantes formas del verbo tienen* u *en la base:* pudre, pudría, pudra, pudrió, pudriendo, *etc.*

57. REÍR. *Pres. de ind.* río, ríes, ríe, reímos, reís, ríen. *Pres. de subj.* ría, rías, ría, riamos, riáis, rían. *Imperat.* ríe, ría, reíd, rían. *Pret. de ind.* reí, reíste, rió, reímos, reísteis, rieron. *Pret. de subj.* riera, rieras, riera, riéramos, rierais, rieran (*o* riese, rieses, riese, *etc.*). *Fut. de subj.* riere, rieres, riere, riéremos, riereis, rieren. *Gerundio* riendo.

58. REÑIR. *Pres. de ind.* riño, riñes, riñe, reñimos, reñís, riñen. *Pres. de subj.* riña, riñas, riña, riñamos, riñáis, riñan. *Imperat.* riñe, riña, reñid, riñan. *Pret. de ind.* reñí, reñiste, riñó, reñimos, reñisteis, riñeron. *Pret. de subj.* riñera, riñeras, riñera, riñéramos, riñerais, riñeran (*o* riñese, riñeses, riñese, *etc.*). *Fut. de subj.* riñere, riñeres, riñere, riñéremos, riñereis, riñeren. *Gerundio* riñendo.

59. SALIR. *Pres. de ind.* salgo, sales, sale, salimos, salís, salen. *Pres. de subj.* salga, salgas, salga, salgamos, salgáis, salgan. *Imperat.* sal, salga, salid, salgan. *Fut. de ind.* saldré, saldrás, saldrá, saldremos, saldréis, saldrán. *Potencial* saldría, saldrías, saldría, saldríamos, saldríais, saldrían.

60. SENTIR. *Pres. de ind.* siento, sientes, siente, sentimos, sentís, sienten. *Pres. de subj.* sienta, sientas, sienta, sintamos, sintáis, sientan. *Imperat.* siente, sienta, sentid, sientan. *Pret. de ind.* sentí, sentiste, sintió, sentimos, sentisteis, sintieron. *Pret. de subj.* sintiera, sintieras, sintiera, sintiéramos, sintierais, sintieran (*o* sintiese, sintieses, sintiese, *etc.*). *Fut. de subj.* sintiere, sintieres, sintiere, sintiéremos, sintiereis, sintieren. *Gerundio* sintiendo.

61. VENIR. *Pres. de ind.* vengo, vienes, viene, venimos, venís, vienen. *Pres. de subj.* venga, vengas, venga, vengamos, vengáis, vengan. *Imperat.* ven, venga, venid, vengan. *Pret. de ind.* vine, viniste, vino, vinimos, vinisteis, vinieron. *Pret. de subj.* viniera, vinieras, viniera, viniéramos, vinierais, vinieran (*o* viniese, vinieses, viniese, *etc.*). *Fut. de subj.* viniere, vinieres, viniere, viniéremos, viniereis, vinieren. *Fut. de ind.* vendré, vendrás, vendrá, vendremos, vendréis, vendrán. *Potencial* vendría, vendrías, vendría, vendríamos, vendríais, vendrían. *Gerundio* viniendo.

62. VESTIR. *Pres. de ind.* visto, vistes, viste, vestimos, vestís, visten. *Pres. de subj.* vista, vistas, vista, vistamos, vistáis, vistan. *Imperat.* viste, vista, vestid, vistan. *Pret. de ind.* vestí, vestiste, vistió, vestimos, vestisteis, vistieron. *Pret. de subj.* vistiera, vistieras, vistiera, vistiéramos, vistierais, vistieran (*o* vistiese, vistieses, vistiese, *etc.*). *Fut. de subj.* vistiere, vistieres, vistiere, vistiéremos, vistiereis, vistieren. *Gerundio* vistiendo.

II. Vocabulario ortográfico

1. Este Vocabulario ortográfico **incluye** los vocablos cuya ortografía puede dar lugar a dudas:

a) Por figurar en ellos fonemas habitualmente representados por letras diferentes *(b/v, g/j,* etc.). Se consideran dentro de este caso las palabras que tienen *ll* o *y,* atendiendo a la gran extensión del yeísmo en las tierras de lengua española.

b) Por contener la letra muda *h.*

c) Por contener grupos o letras de difícil o frecuentemente defectuosa pronunciación *(x, cc, mn,* etc.).

d) Por la duda frecuente sobre la escritura en una o en dos palabras *(a propósito / apropósito, con que / conque, contra reembolso / contrarreembolso,* etc.).

e) Muchas voces tomadas de otras lenguas, que están más o menos afincadas en el uso corriente y que pueden plantear alguna duda sobre su grafía. Las más aclimatadas se imprimen en **negrita redonda,** igual que las españolas; aquellas cuyo proceso de adopción aún está en marcha se imprimen en ***negrita cursiva.***

2. Por razones de economía de espacio, **no se incluyen:**

a) Las posibilidades de confusión entre las letras *s* y *c/z* en las zonas de seseo. A pesar del extenso dominio de este fenómeno, la enorme cantidad de voces a las que afecta rebasaría en mucho las limitadas dimensiones previstas para este Vocabulario.

b) Las palabras que presentan los grupos *br* y *bl* y, en general, las terminadas en *-bilidad, -illo, -illa, -ivo, -iva, -logía* y *-aje,* las cuales se escriben, respectivamente, con *b, ll, v, g* y *j.* Las excepciones a estas normas están todas recogidas en el Vocabulario.

c) Los nombres propios.

d) Los adverbios en *-mente.*

e) Las dudas ortográficas que no se refieren al empleo de las letras del alfabeto, como son las relativas al uso de la tilde o acento gráfico y de otros signos ortográficos. Estas cuestiones se estudian en el cuerpo principal de este libro: véase en él la entrada SIGNOS ORTOGRÁFICOS.

3. Dentro de este Vocabulario, cada entrada tiene una estructura uniforme: 1.°, un lema en **negrita**; 2.°, un esquema de definición, destinado exclusivamente a dar una elemental identificación del vocablo; 3.°, una serie de palabras en *cursiva* derivadas de la del lema o emparentadas con ella, y que en la secuencia del léxico ocupan lugares vecinos a la misma. Por ejemplo:

> **vital.** De la vida. *Vitalicio -cia, vitalicista, vitalidad, vitalismo, vitalista, vitalizar, vitamina, vitaminado -da, vitamínico -ca.*

4. Algunas voces aparecen en este Vocabulario, sin más explicación, seguidas de un asterisco, o remitidas, por medio de una flecha, a otra seguida de asterisco. Esto significa que la palabra en cuestión es objeto de comentario ortográfico en la parte principal del libro, precisamente en la entrada que aquí va marcada con el asterisco. Es indispensable consultar esa entrada para evitar conclusiones equivocadas acerca de la corrección de las formas.

a

a. Preposición.
ababa o **ababol.** Amapola.
abacá. Planta.
abacería. Tienda. *Abacero.*
abacial. Del abad.
ábaco. Marcador del billar; parte de la columna; artesa.
abad. Superior de un monasterio. *Abadengo -ga, abadesa, abadía.*
abada. Rinoceronte.
abadejo. Bacalao.
ab aeterno. Loc. latina: Desde la eternidad.
abajo. Adv. de lugar. *Abajadero, abajamiento, abajar, abajeño -ña, abajera, abajino -na.*
abalanzarse. Lanzarse.
abalaustrar. Poner balaustres.
abalear. Separar con escoba la paja del cereal; disparar con bala. *Abaleadura, abaleador, abaleo.*
abalizar. Señalar con balizas. *Abalizamiento.*
aballestar. Tesar un cabo.
abalorio. Cuentecilla de vidrio.
abaluartar. Fortificar con baluartes.
abancalar. Formar bancales.
abanderar. Poner bajo una bandera. *Abanderado, abanderamiento, abanderizar.*
abandonar. Dejar. *Abandonado -da, abandonamiento, abandonismo, abandonista, abandono.*
abanico. Instrumento para hacer aire. *Abanicar, abanicazo, abaniqueo, abaniquería, abaniquero.*
abanto. Ave rapaz.
abarajar. Recoger en el aire.
abaratar. Disminuir el precio. *Abaratamiento.*
abarca. Calzado rústico de cuero. *Abarquero.*

abarcar. Comprender, contener. *Abarcador -ra, abarcadura, abarcamiento.*
abaritonado -da. Parecido a la voz del barítono.
abarloar. Arrimar (un buque).
abarquillar. Curvar, combar. *Abarquillado -da, abarquillamiento.*
abarrado -da. Barrado.
abarraganarse. Amancebarse. *Abarraganamiento.*
abarrajar. Deshacer (al enemigo).
abarrancar. Hacer barrancos; varar. *Abarrancadero, abarrancamiento.*
abarrisco. En junto, sin distinción. Se escribe más frecuentemente *a barrisco.*
abarrotar. Atestar.
abarrote. Fardo pequeño.
abasí* o **abasida.**
abasto*. *Abastar, abastecedor -ra, abastecer, abastecimiento, abastero.*
abatanar. Batir (el paño).
abatatar. Turbar, confundir.
abate. Clérigo.
abatí. Maíz.
abatir. Derribar. *Abatidero, abatimiento.*
abayado -da. Parecido a la baya.
abbasí → **abasí*.**
abdicar. Ceder. *Abdicación.*
abdomen. Vientre. *Abdominal.*
abducción. Movimiento de separación de un miembro del cuerpo. *Abductor.*
abecé o **abecedario.** Alfabeto.
abedul. Árbol.
abeja. Insecto. *Abejar, abejarrón, abejera, abejero -ra, abejón, abejorreo, abejorro, abejuno -na.*

abejaruco. Ave trepadora.
abellacar. Hacer bellaco. *Abellacado -da.*
abellotado -da. En forma de bellota.
abelmosco. Planta.
abemolar. Suavizar (la voz).
abenuz. Ébano.
aberenjenado -da. De aspecto de berenjena.
aberración. Error. *Aberrante, aberrar.*
abertura. Agujero.
abéstola. Aguijada.
abeto. Árbol. *Abetal, abetinote.*
abey. Árbol.
abiar. Manzanilla loca.
abietáceo -a o **abietíneo -a.** De la familia del abeto. *Abietino.*
abigarrar. Poner de varios colores chillones. *Abigarrado -da, abigarramiento.*
abigeo. Ladrón de ganado. *Abigeato.*
ab initio. Loc. latina: Desde el principio.
abiogénesis. Generación espontánea.
abiótico -ca. (Medio) en que no es posible la vida.
abisal. Abismal.
abiselar. Biselar.
abisinio -nia. De Abisinia, hoy Etiopía.
abismo. Profundidad grande. *Abismado -da, abismal, abismar.*
abitar. Amarrar a las bitas. *Abitón.*
abizcochado -da. Parecido al bizcocho.
abjurar. Abandonar con juramento. *Abjurable, abjuración.*
abnegación. Renuncia en favor de los demás. *Abnegado -da, abnegar.*

abobar. Hacer bobo. *Abobado -da, abobamiento.*

abocado. (Vino) suave.

abocar. Aproximar.

abocardo. Taladro. *Abocardar.*

abocetar. Hacer el boceto. *Abocetado -da.*

abochornar. Dar bochorno.

abocinar. Dar forma de bocina.

abofetear. Dar bofetadas. *Abofeteador, abofeteamiento.*

abogar. Interceder. *Abogacía, abogaderas, abogadesco -ca, abogadil, abogadismo, abogado -da, abogador -ra, abogamiento.*

abolengo. Herencia de los abuelos.

abolir. Derogar. *Abolición, abolicionismo, abolicionista.*

abollar. Hacer una convexidad en la superficie. *Abolladura.*

abollonar. Repujar.

abolsar. Dar forma de bolsa.

abombar. Dar forma convexa; aturdir. *Abombado -da.*

abominar. Condenar, aborrecer. *Abominable, abominación.*

abonar. Confirmar; fertilizar; asociar; pagar. *Abonable, abonado -da, abonaré, abono.*

aboquillar. Poner boquilla.

aboral. En un animal, (extremo) opuesto a la boca.

abordar. Acercarse, tocar, chocar. *Abordable, abordador -ra, abordaje.*

a bordo, abordo. Se escribe separado cuando es loc. adverbial y significa 'en la embarcación'. Se escribe junto cuando es nombre y significa 'abordaje', o cuando es forma del verbo *abordar.*

aborigen. Primitivo morador de un país.

aborrascarse. Ponerse borrascoso el tiempo.

aborrecer. Odiar. *Aborrecedor -ra, aborrecible, aborrecimiento.*

aborregarse. Comportarse o ponerse como borrego.

aborto. Malparto. *Abortamiento, abortar, abortero -ra, abortista, abortivo -va, abortón.*

aborujar. Hacer que algo forme borujos.

abotagarse o **abotargarse.** Hincharse el cuerpo. *Abotagamiento o abotargamiento.*

abotinado -da. En forma de botín.

abotonar. Abrochar con botones. *Abotonadura.*

abovedar. Cubrir con bóveda. *Abovedado -da.*

ab ovo. Loc. latina: Desde el huevo; desde el primer instante.

aboyado -da. (Campo) arrendado juntamente con bueyes.

aboyar. Poner boyas.

abozalar. Poner bozal.

abrevar. Dar de beber. *Abrevadero, abrevador -ra.*

abreviar. Acortar. *Abreviación, abreviador -ra, abreviaduría, abreviamiento, abreviatura, abreviaturía.*

abrillantar. Dar brillantez. *Abrillantador -ra, abrillantamiento.*

absceso*.

abscisa. Una de las distancias que determinan la posición de un punto en un plano.

abscisión. Corte de un pequeño trozo.

absenta. Licor.

absentismo. Ausencia habitual. *Absentista.*

ábside. Parte que sobresale de la fachada posterior de una iglesia. *Absidiola, absidiolo.*

absintio. Ajenjo. *Absintismo.*

absoluto -ta. Sin limitación, restricción o condición. *Absoluta, absolutismo, absolutista.*

absolver. Perdonar. *Absolución, absolutorio -ria, absolvederas, absuelto -ta.*

absorber*. *Absorbencia, absorbente, absorbible, absorbimiento, absorción.*

absorto -ta. Pasmado, embebido. *Absortar.*

abstemio -mia. No bebedor.

abstenerse. Privarse. *Abstención, abstencionismo, abstencionista, abstinencia.*

absterger. Limpiar (llagas). *Abstergente, abstersión, abstersivo -va.*

abstraer. Aislar mentalmente.

Abstracción, abstracto -ta, abstraído -da.

abstruso -sa. Recóndito.

absurdo -da. Contrario a la razón. *Absurdidad.*

abubilla. Pájaro.

abuchear. Manifestar desagrado ruidosamente. *Abucheo.*

abuelo -la. Padre o madre de los padres. *Abuelastro -tra.*

abuhardillado -da. En forma de buhardilla.

abulense. De Ávila.

abulia. Falta de voluntad. *Abúlico -ca.*

abultar. Aumentar el bulto. *Abultado -da, abultamiento.*

a bulto. Se escribe separado cuando es adverbio ('por aproximación'); junto, cuando es del verbo *abultar.*

abundar. Encontrarse en gran cantidad. *Abundamiento, abundancia, abundancial, abundante, abundoso -sa.*

abuñolar o **abuñuelar.** Freír (algo) dejándolo hueco y dorado. *Abuñolado -da, abuñuelado -da.*

abur. Adiós.

aburar. Abrasar.

aburelado -da. Semejante al color buriel.

aburguesarse. Volverse burgués. *Aburguesamiento.*

aburrir. Cansar. *Aburrición, aburrido -da, aburrimiento.*

aburujar. Aborujar.

abusar. Usar mal o indebidamente de algo. *Abusión, abusionero -ra, abusivo -va, abuso, abusón -na.*

abyecto -ta. Humillado, vil. *Abyección.*

acaballado -da. Parecido a un perfil de cabeza de caballo. *Acaballonar.*

acaballonar. Hacer caballones.

acabañar. Construir cabañas.

acabar. Terminar. *Acabable, acabado -da, acabador -ra, acabamiento, acabo, acabose.*

acabildar. Juntar (a varios) para tomar acuerdos.

acahual. Planta.

acallar. Hacer callar.

acambrayado -da. Parecido al cambray.

acanallado -da. Con los defectos de la canalla. *Acanallar.*

acanillado -da. (Paño) que forma canillas. *Acanilladura.*

acantopterigio. De un orden de peces.

acarambanado -da. Carambanado.

acaudillar. Ser jefe. *Acaudillador -ra, acaudillamiento.*

acceder. Consentir; entrar. *Accesible, accesión, acceso.*

accésit. Recompensa que no tiene carácter de premio.

accesorio -ria. Secundario, auxiliar.

accidente. Cualidad no esencial; suceso eventual. *Accidentado -da, accidental, accidentalidad, accidentar, accidentario.*

acción. Ejecución de un acto; título de bolsa. *Accionar, accionariado, accionista.*

acebo. Árbol. *Acebal, acebeda, acebedo.*

acebollado -da. (Leño) que tiene separadas las capas del tejido leñoso. *Acebolladura.*

acebuche. Olivo silvestre. *Acebuchal, acebucheno -na, acebuchina.*

acepillar. Cepillar. *Acepilladura.*

acera*.

acerbo*. *Acerbidad.*

acervo → acerbo*.

achabacanar. Hacer chabacano. *Achabacanamiento.*

achubascarse. Cubrirse de nubarrones (el cielo).

achucuyar. Acobardar; entristecer.

acíbar. Áloe; amargura. *Acibarar.*

acimboga. Azamboa, variedad de cidro.

ácimo o **ázimo.** (Pan) sin levadura.

acimut*. *Acimutal.*

aclorhidria. Falta de ácido clorhídrico.

acobardar. Poner miedo. *Acobardamiento.*

acobijar. Abrigar (cepas) con montones de tierra. *Acobijo.*

acodillar. Doblar en codo.

acoger. Admitir. *Acogedizo -za, acogedor -ra, acogeta,* acogida, acogido -da, acogimiento.

acogollar. Proteger (plantas); echar cogollos.

acohombrar. Aporcar.

acojinar. Acolchar. *Acojinamiento.*

acollar. Cobijar con tierra el pie de los árboles; tirar de una jarcia. *Acollador.*

acollarar. Poner collar.

acollonar. Acojonar.

acombar. Combar.

acorvar. Encorvar.

acoyundar. Poner coyunda.

acoyuntar. Formar yunta a medias. *Acoyuntero.*

acribar. Cribar. *Acribador -ra, acribadura, acribillar.*

acriollarse. Hacerse criollo.

acróbata. El que hace habilidades sobre cuerdas en el aire. *Acrobacia, acrobático -ca.*

acrofobia. Horror a las alturas, vértigo.

activar. Avivar. *Activación, activador -ra, actividad, activismo, activista, activo -va.*

acuartillar. Doblar (las caballerías) demasiado las cuartillas.

acubado -da. De figura de cubo o de cuba.

acubilar. Recoger en el cubil.

acuchillar. Dar cuchilladas. *Acuchilladizo, acuchillado -da, acuchillador.*

acuclillarse. Ponerse en cuclillas.

a cuestas. Sobre los hombros.

acullá. Adv. de lugar.

acullico. Bola de hojas de coca que se mastica.

adagio. Sentencia; movimiento lento en música. *Adagial.*

adarve. Camino tras el parapeto.

addenda*.

adefagia. Voracidad.

adehala. Lo que se agrega de gajes a un sueldo.

adehesar. Convertir en dehesa. *Adehesamiento.*

adelante. Adv. de lugar. Se escribe en una palabra.

adenda → addenda*.

adherir. Unir. *Adherencia, adherente, adhesión, adhesividad, adhesivo -va.*

ad hoc. Loc. latina: A propósito.

adiabático -ca. Sin aumento o disminución de calor.

adicción*. *Adicto -ta.*

adición → adicción*. *Adicional, adicionar.*

adiós*.

adivas. Inflamación de la garganta en las bestias.

adive o **adiva.** Mamífero carnicero.

adivinar. Descubrir, acertar. *Adivinación, adivinador -ra, adivinaja, adivinamiento, adivinanza, adivinatorio -ria, adivino -na.*

adjetivo. Parte de la oración. *Adjetivación, adjetivar.*

adlátere*.

ad libitum. Loc. latina: A voluntad.

adobar. Componer, reparar. *Adobado, adobador, adobasillas, adobería, adobo.*

adobe. Ladrillo de barro. *Adobera, adobería, adobero.*

adonde*.

adrede. A propósito.

adscribir. Atribuir. *Adscripción, adscrito -ta* (raro *adscripto -ta).*

adsorción. Retención o adherencia de un líquido en la superficie de un cuerpo sólido. *Adsorbente, adsorber.*

aducción. Acercamiento de un miembro al plano medio del cuerpo. *Aductor.*

advenir. Llegar. *Advenedizo -za, advenidero -ra, advenimiento, adventicio -cia, adventismo, adventista.*

adverar. Dar por verdadero. *Adveración.*

adverbio. Parte de la oración. *Adverbial, adverbializar.*

adverso -sa. Contrario. *Adversario -ria, adversativo -va, adversidad.*

advertir. Notar. *Advertencia, advertido -da, advertimiento.*

adviento. Tiempo que precede a Navidad.

advocación. Título que se da a un templo.

adyacente. Inmediato. *Adyacencia.*

aeróbic o **aerobic.** Ejercicio gimnástico. *Aeróbico -ca.*
aerobio. Bacteria. *Aerobiosis.*
aerobús. Avión de pasajeros de gran capacidad.
aeroclub. Club para la práctica de los deportes aéreos.
aerofagia. Deglución de aire.
aerofobia. Horror al aire. *Aerófobo -ba.*
aeronaval. De marina y aviación.
aeronave. Aparato de aviación. *Aeronavegación.*
aerotaxi. Avioneta de alquiler.
aerovía. Línea aérea.
afabulación. Moralidad de una fábula.
afección. Alteración; afición.
affaire. Caso o asunto.
affiche. Afiche o cartel.
afgano -na. De Afganistán.
afiche*.
aflicción. Acción de afligirse.
afligir. Causar dolor. *Afligimiento.*
aflogístico -ca. Que se quema sin producir llama.
afollar. Soplar con los fuelles.
afrikaans. Lengua de los afrikáners.
afrikáner. Ciudadano blanco de Sudáfrica.
afta. Pequeña úlcera blanquecina. *Aftoso -sa.*
afuera*.
agalbanado -da. Galbanoso.
agalla. Cada uno de los grupos de branquias de los peces. *Agallado -da, agallón, agalludo.*
agarbanzado -da. Semejante al garbanzo.
agavanzo. Escaramujo. *Agavanza.*
agave. Pita, planta.
agavillar. Formar gavillas. *Agavillador -ra.*
agenda. Libro de notas.
agenesia. Impotencia. *Agenésico -ca.*
agente. Que obra. *Agencia, agenciar, agenciero -ra.*
agerasia. Vejez sin achaques.
agérato. Planta.
agestión. Agregación de materia.
aggiornamento. Puesta al día.
agibílibus. Habilidad.

agible. Hacedero.
agigantar. Dar proporciones gigantescas.
ágil. Ligero. *Agilidad, agilitar, agilizar, agilización.*
agilipollar. Atontar.
agio. Especulación. *Agiotador, agiotaje, agiotista.*
agitanado -da. Parecido a los gitanos. *Agitanar.*
agitar. Sacudir. *Agitable, agitación, agitador -ra.*
agnado -da. Consanguíneo. *Agnación.*
agnosia. Pérdida de la facultad de reconocer personas u objetos. *Agnósico -ca.*
agnosticismo. Doctrina filosófica que declara inaccesible a la razón el conocimiento de Dios. *Agnóstico -ca.*
agnusdéi. Lámina formada con la cera del cirio pascual.
agobiar. Causar fatiga. *Agobiador -ra, agobiante, agobio.*
agogía. Canal de desagüe.
agorafobia. Miedo a los espacios abiertos.
agracejina. Fruto del agracejo.
agravar. Hacer más grave. *Agravación, agravador -ra, agravamiento, agravante, agravatorio -ria.*
agraviar. Ofender. *Agraviador -ra, agraviamiento, agravio, agravión -na, agravioso -sa.*
agrillarse. Grillarse.
aguacibera. Agua de riego.
aguafuerte*.
aguamarina*.
aguanieve*.
aguanieves. Ave.
aguaverde. Medusa verde.
aguaviento. Lluvia mezclada con viento. Puede escribirse también separado: *agua viento.*
aguavientos. Planta.
aguavilla. Gayuba.
agujero. Abertura. *Agujerear, agujerar.*
agujetas. Dolores de cansancio.
aguzanieves. Ave.
ah*.
ahebrado -da. Que forma hebras.
ahechar. Cribar (trigo). *Ahe-*

chadero, ahechador -ra, ahechadura.
ahelear. Poner como hiel.
aherrojar. Aprisionar. *Aherrojamiento.*
aherrumbrar. Dar color o sabor de hierro.
ahervorarse. Calentarse el trigo.
ahí. Adv. de lugar.
ahijado -da. Cualquier persona respecto de sus padrinos. *Ahijar.*
ahijuna. Interjección.
ahilar. Poner en fila; adelgazar.
ahínco. Empeño. *Ahincar.*
ahíto -ta. Indigesto. *Ahitar, ahitera.*
ahocinarse. Correr (un río) por angosturas.
ahogar. Matar impidiendo la respiración. *Ahogadero, ahogadilla, ahogadizo -za, ahogador -ra, ahogamiento, ahogaviejas, ahogo, ahoguío.*
ahondar. Profundizar. *Ahondamiento, ahonde.*
ahora. En este momento.
ahorcar. Colgar de una horca. *Ahorcado -da, ahorcadura, ahorcamiento.*
ahormar. Ajustar (algo) a su horma.
ahornar. Enhornar. *Ahornagamiento, ahornagarse.*
ahorquillar. Afianzar con horquillas.
ahorrar. Economizar. *Ahorrador -ra, ahorramiento, ahorrativo -va, ahorro.*
ahoyar. Hacer hoyos. *Ahoyadura.*
ahuate. Espina de algunas plantas. *Ahuatoso -sa.*
ahuchar. Guardar en hucha. *Ahuchador -ra.*
ahuchear. Silbar. *Ahucheo.*
ahuecar. Poner hueco. *Ahuecador -ra, ahuecamiento.*
ahuehué o **ahuehuete.** Árbol.
ahuesarse. Endurecerse como un hueso; perder valor o categoría.
ahuevar. Dar forma de huevo.
ahulado. Tela impermeable.
ahumar. Poner al humo.
ahusarse. Ponerse como un huso. *Ahusado -da.*

ahuyentar. Hacer huir. *Ahuyentador -ra.*
aijada. Aguijada.
airbag. En un automóvil, bolsa que se hincha en caso de accidente.
ajabeba. Flauta morisca.
ajea. Planta.
ajear. Chillar una perdiz. *Ajeo.*
ajedrea. Planta.
ajedrez. Juego. *Ajedrecista, ajedrecístico -ca, ajedrezado -da.*
ajenabe o **ajenabo.** Mostaza.
ajengibre. Jengibre.
ajenjo. Planta; bebida alcohólica.
ajeno -na. De otro.
ajenuz. Planta.
ajerezado -da. (Vino) parecido al jerez.
ajero -ra. Que vende ajos.
ajete. Ajo tierno.
ajetrearse. Fatigarse. *Ajetreo.*
ají. Pimiento. *Ajiaco, ajicero -ra, ajizal.*
ajiaceite. Salsa de ajos y aceite.
ajibararse. Hacerse jíbaro.
ajicola. Cola de retazos de piel cocidos con ajos.
ajicomino. Salsa de ajo y cominos.
ajilimoje o **ajilimójili.** Revoltijo.
ajillo. Salsa de ajo y otros ingredientes.
ajimez. Ventana dividida por una columna.
ajipuerro. Puerro silvestre.
ajironar. Hacer jirones.
ajobilla. Molusco.
ajonjera. Planta. *Ajonje, ajonjero.*
alabandina. Mineral.
alabar. Elogiar. *Alabador -ra, alabamiento, alabancero -ra, alabancia, alabancioso -sa, alabanza.*
alabarda. Arma parecida a la lanza. *Alabardazo, alabardero.*
alabastro. Mineral. *Alabastrino -na, alabastrita, alabastrites.*
álabe. Rama combada hacia tierra. *Alabeado -da, alabear, alabeo.*
alambique. Aparato para destilar. *Alambicado -da, alambica-*

miento, alambicar, alambiquero -ra.
alangiáceo -a. De una familia de plantas. *Alangieo -a.*
alárabe o **alarbe.** Árabe.
alarije. Variedad de uva.
alavés -sa o **alavense.** De Álava.
alba-. Las palabras que comienzan por estos sonidos se escriben con *b*. Ejemplos: *alba, albacara, albacea, albacetense, albaceteño -ña, albacora, albada, albahaca, albaida, albalá, albanega, albanés -sa, albañal, albañil, albaquía, albar, albarán, albarazado, albarca, albarda, albardán, albardín, albarejo, albareque, albarico, albaricoque, albarizo, albarrada, albarrana, albarranilla, albarraz, albarsa, albatros, albayano -na, albayalde, albazano.*
albear. Blanquear.
albedrío. Potestad de elegir.
albéitar. Veterinario. *Albeitería.*
albellón. Albollón.
albéntola. Red de pesca.
alberca. Depósito de agua. *Alberque, alberquero -ra.*
albérchigo. Variedad de melocotón. *Albérchiga, alberchigal, alberchiguero.*
albergue. Cobijo. *Albergador -ra, albergar, alberguería.*
albero. Terreno albarizo; ruedo de la plaza de toros.
albicante. Que albea.
albigense. De Albi, ciudad de Francia; hereje.
albillo -lla. Cierta clase de uva.
albín. Hematites.
albina. Laguna de agua salada.
albino -na. Que tiene el pelo blanco por anomalía congénita. *Albinismo.*
albita. Feldespato blanco.
albitana. Cerca que resguarda las plantas.
albo-. Las palabras que empiezan por estos sonidos se escriben con *b*. Ejemplos: *albo, alboaire, albogue, albohol, albollón, albóndiga, alboquerón, albor, albórbola, alborga, albor-*

nía, alborno, albornoz, alboronía, alboroque, alboroto, alborozo, albotín.
albricias. Regalo que se da al que trae una buena noticia. Hoy se usa como interjección. *Albriciar.*
albu-. Las palabras que comienzan por estos sonidos se escriben con *b*. Ejemplos: *albudeca, albufera, albugíneo -a, albugo, álbum, albumen, albúmina, albur, albura, alburno.*
alcabala. Tributo. *Alcabalatorio -ria, alcabalero.*
alcahaz. Jaula de aves. *Alcahazar.*
alcahuete -ta. Encubridor de amores ilícitos. *Alcahuetear, alcahuetería.*
alcaller. Alfarero. *Alcallería.*
alcaraván. Ave zancuda.
alcaravea. Planta.
alcayata. Escarpia.
alcazaba. Ciudadela árabe.
alcoba. Dormitorio.
alcohol. Producto de la destilación del vino. *Alcoholar, alcoholato, alcoholemia, alcoholero -ra, alcohólico -ca, alcoholimetría, alcoholímetro, alcoholismo, alcoholización, alcoholizar, alcohómetro, alcohometría.*
alcolla. Ampolla grande de vidrio.
alcoyano -na. De Alcoy (Alicante).
alcribís. Tobera.
alcubilla. Arca de agua.
aldaba. Llamador. *Aldabada, aldabazo, aldabear, aldabeo, aldabón, aldabonazo.*
aldabía. Madera que sostiene la armazón de un tabique colgado.
aldehído. Cuerpo resultante de la deshidrogenación de un alcohol primario.
aldehuela. Diminutivo de *aldea.*
aleccionar. Instruir. *Aleccionador -ra.*
alelí → alhelí*.
aleluya. Interj. que expresa júbilo.
alergia. Especial sensibilidad del organismo ante ciertas sustancias. *Alergeno* o *alérgeno, alérgico -ca, alergista.*

aleve. Pérfido. *Alevosía, alevoso -sa.*

alevín o **alevino.** Pez menudo.

alexia. Imposibilidad patológica de leer.

alexifármaco. Contraveneno.

aleya. Versículo del Corán.

alfábega o **alhábega.** Albahaca.

alfabeto. Serie ordenada de las letras de un idioma. *Alfabético -ca, alfabetización, alfabetizado -da, alfabetizar.*

alfajía. Alfarjía.

alfanje*.

alfarje. Artefacto que muele la aceituna; techo de madera labrada. *Alfarjía.*

alforjero -ra. El que hace o vende alforjas.

algaba. Bosque.

algarabía. Gritería confusa.

algarroba. Planta leguminosa. *Algarrobal, algarrobera, algarrobero, algarrobilla, algarrobo.*

algavaro. Insecto coleóptero.

álgebra. Parte de las matemáticas. *Algebraico -ca, algébrico -ca, algebrista.*

álgido -da. Acompañado de frío glacial; culminante. *Algente, algidez.*

alhaja. Joya. *Alhajar, alhajero.*

alhámega. Alharma, planta.

alhandal. Coloquíntida.

alharaca. Demostración excesiva de sentimientos. *Alharaquiento -ta.*

alharma o **alhárgama.** Planta.

alhelí*.

alheña. Arbusto. *Alheñar.*

alhócigo. Árbol.

alholva. Planta.

alhóndiga. Depósito público de granos. *Alhondigaje, alhondiguero.*

alhorre. Erupción en los recién nacidos.

alhucema. Espliego.

alhuceña. Planta.

aliabierto -ta. Abierto de alas.

álibi. Coartada.

alienígena. Extranjero; extraterrestre.

aligerar. Hacer ligero. *Aligeramiento.*

alígero -ra. Alado.

aliviar. Aligerar. *Aliviadero, aliviador -ra, alivio.*

aljaba. Carcaj.

aljerife. Red de pescar. *Aljerifero.*

aljez. Mineral de yeso. *Aljezar, aljezón.*

aljibe. Cisterna. *Aljibero.*

aljuba. Vestidura morisca.

alkermes. Quermes o grana. También *alquermes.*

allá. Adv. de lugar.

allanar. Poner llano. *Allanador -ra, allanamiento.*

allegar. Juntar. *Allegadera, allegadizo -za, allegado -da, allegador -ra, allegamiento.*

allende. Adv. de lugar.

allí. Adv. de lugar.

allozo. Almendro. *Alloza, allozar.*

almadraba. Pesca de atunes. *Almadrabero -ra.*

almíbar. Azúcar disuelto y espesado. *Almibarado -da, almibarar.*

almimbar. Púlpito de las mezquitas.

almocárabe o **almocarbe.** Adorno de lazos.

almogávar. Soldado de cierta tropa escogida. *Almogavarear, almogavaría.*

almohada. Cabezal. *Almohadado -da, almohadilla, almohadillado -da, almohadillar, almohadón.*

almohade. Individuo de un grupo de tribus musulmanas.

almohaza. Rascadera. *Almohazador, almohazar.*

almojaya. Madero de andamio.

almorávid o **almorávide.** De una tribu africana.

alóbroge. De un antiguo pueblo galo. *Alobrógico -ca.*

alobunado -da. Parecido al lobo.

alojero -ra. Persona que hace o vende aloja.

alquequenje. Planta.

alquermes. Alkermes.

alquibla. Lugar de la mezquita al que miran los musulmanes cuando rezan.

alrededor*.

altabaquillo. Planta.

altavoz. Aparato que transmite un sonido.

altibajos. Desigualdades de nivel.

altivo -va. Orgulloso. *Altivarse, altivecer, altivez, altiveza.*

altorrelieve. Escultura en que sobresale del plano la mitad de su bulto.

alubia. Judía.

alucinógeno -na. Que causa alucinación.

aluvión. Avenida fuerte de agua. *Aluvial.*

alveario. Conducto auditivo externo.

álveo. Madre de un río.

alvéolo o **alveolo.** Cavidad en que está engastado un diente. *Alveolar.*

alverja. Arveja; guisante. *Alverjana, alverjón.*

alvino -na. Del bajo vientre.

alzacuello. Tira blanca y rígida que se ciñe al cuello del traje de los eclesiásticos.

amacayo. Planta.

amacollar. Formar macolla.

ámago. Sustancia correosa elaborada por las abejas. También *hámago.*

amancebarse. Tener concubinato. *Amancebamiento.*

amancillar. Manchar.

amartillar. Montar un arma de fuego; martillar.

amayorazgar. Vincular (bienes) fundando un mayorazgo.

ambages. Circunloquios.

ámbar. Resina fósil. *Ambarino -na.*

ambición. Pasión por conseguir algo. *Ambicionar, ambicioso -sa.*

ambidextro -tra o **ambidiestro -tra.** Que usa ambas manos indistintamente.

ambiente. Fluido que rodea a los cuerpos. *Ambientación, ambientador, ambiental, ambientar.*

ambigú. Lugar donde se sirven manjares fríos.

ambiguo -gua. Que admite dos interpretaciones. *Ambigüedad.*

ámbito. Espacio limitado.

ambivalente. Que tiene dos

valores o sentidos diferentes. *Ambivalencia.*

ambón. Púlpito.

ambos -bas. Los dos.

ambuesta o **ambueza.** Porción que cabe en ambas manos juntas.

ambulacro. Apéndice tubular del aparato locomotor de los equinodermos. *Ambulacral.*

ambulante. Que va de un lugar a otro. *Ambulancia, ambulatorio.*

ameba. Protozoo. *Amebiasis.*

amebeo. Una clase de verso.

a menudo. Con frecuencia.

ametrallar. Disparar metralla. *Ametrallador -ra, ametrallamiento.*

amiba o **amibo.** Ameba.

amígdalas. Glándulas. *Amigdaláceo -a, amigdalina, amigdalitis.*

amillarar. Evaluar (capitales). *Amillaramiento.*

amnesia. Pérdida traumática de la memoria. *Amnésico -ca.*

amnios. Membrana que protege el embrión. *Amniota, amniótico -ca.*

amnistía. Indulto general. *Amnistiar.*

amohecer. Enmohecer.

amohinar. Causar mohína. *Amohinamiento.*

amohosarse. Enmohecerse.

amok. Ataque de locura.

amontillado. (Vino) al estilo del de Montilla.

amover. Remover. *Amovible, amovilidad.*

ampolla. Vejiga formada en la piel. *Ampollar, ampolleta.*

amurallar. Murar.

anabaptista. Partidario de cierta doctrina protestante. *Anabaptismo.*

anabolismo. Parte del proceso del metabolismo. *Anabolizante.*

anaerobio. Capaz de vivir sin oxígeno. *Anaerobiosis.*

anafilaxia. Sensibilidad excesiva del organismo a determinadas sustancias. *Anafiláctico -ca.*

anagoge. Interpretación mística de la Biblia. *Anagogía, anagógico -ca.*

analfabeto -ta. Que no sabe leer. *Analfabetismo.*

analgesia. Ausencia de dolor. *Analgésico -ca.*

anchova. Anchoa. *Anchoveta.*

ancuviña. Sepultura.

andábata. Gladiador.

andarivel. Maroma que une dos orillas para guiar una barca.

andoba (el). El de marras.

androfobia. Aversión al sexo masculino.

andrógeno. Hormona masculina.

andrógino -na. Hermafrodita.

andullo. Manojo de hojas de tabaco.

anécdota. Suceso curioso. *Anecdotario, anecdótico -ca, anecdotismo, anecdotista.*

anejir. Refrán popular cantable.

anexo -xa. Unido. *Anexar, anexión, anexionar, anexionismo, anexionista, anexitis.*

anfesibena. Anfisbena.

anfibio -bia. Que puede vivir dentro y fuera del agua.

anfíbol. Mineral. *Anfibolita.*

anfibología. Ambigüedad. *Anfibológico -ca.*

anfisbena. Reptil. *Anfisbénido -da, anfisibena.*

angarillas. Andas pequeñas para llevar a mano objetos. *Angarillada, angarillar.*

ángel. Espíritu celestial. *Angélica, angelical, angélico -ca, angelizarse, angelología, angelote, ángelus.*

angevino -na. De la familia de Anjou.

angina. Inflamación de amígdalas. *Anginoso -sa.*

angio-. Prefijo que significa 'vaso, receptáculo'. *Angiocolitis, angiografía, angioleucitis, angiología, angioma, angiospermo -ma.*

anglófobo -ba. Desafecto a Inglaterra. *Anglofobia.*

ángstrom. Unidad de longitud. *Angstromio.*

anhelar. Desear; respirar con dificultad. *Anhelación, anhelante, anhelo, anheloso -sa.*

anhidro -dra. Sin agua. *Anhídrido, anhidrita, anhidrosis.*

animadversión. Enemistad.

aniversario. Día en que se cumplen años.

anjeo. Lienzo basto.

anorak. Prenda de vestir.

anorexia. Ausencia patológica de apetito. *Anoréxico -ca.*

anovelado -da. Que tiene algo de novela.

anovulación. Falta de ovulación. *Anovulatorio -ria.*

anseático -ca. Hanseático.

anteayer. En el día anterior a ayer.

antecoger. Coger llevando por delante.

antediluviano -na. Anterior al Diluvio.

antellevar. Atropellar.

anteojera. Pieza que tapa los ojos del caballo. *Anteojero.*

anteproyecto. Proyecto provisional.

antes de ayer. Anteayer.

antever. Prever.

antevíspera. Día anterior a la víspera.

antialcohólico -ca. Contrario al alcoholismo.

antiálgico -ca. Analgésico.

antibaquio. Pie de la poesía clásica.

antibiótico -ca. Inhibidor del crecimiento de microorganismos.

anticlímax. Término más bajo de una gradación.

anticongelante. Que impide la congelación.

anticonvencional. Contrario a las convenciones.

antidisturbios. (Policía) encargada de reprimir disturbios.

antiescorbútico -ca. Contra el escorbuto.

antievangélico -ca. Contrario al Evangelio.

antiflogístico -ca. Que calma la inflamación.

antifricción. Que disminuye la fricción.

antifúngico -ca. Contra los hongos.

antígeno. Sustancia que provoca la formación de anticuerpos.

antigualla. Cosa anticuada.

antihelmíntico -ca. Contra las lombrices.

antihemorroidal. Contra las almorranas.

antihéroe. Personaje protagonista que presenta cualidades opuestas a las del héroe tradicional.

antihigiénico -ca. Contrario a la higiene.

antihistamínico -ca. Que anula los efectos de la histamina.

antihistérico -ca. Contra el histerismo.

antillano -na. De las Antillas.

antineurálgico -ca. Que calma la neuralgia.

antiniebla. (Faro) que permite ver en la niebla.

antioxidante. Contra la oxidación.

antirrábico -ca. Contra la rabia.

antirreligioso -sa. Contrario a la religión.

antirrobo. (Sistema o dispositivo) para prevenir el robo.

antitoxina. Anticuerpo provocado por la inoculación de una toxina.

antituberculoso -sa. Contra la tuberculosis.

antitusígeno. Contra la tos.

antivariólico -ca. Contra la viruela.

antivirus. (Programa) contra los virus informáticos.

ántrax. Inflamación purulenta.

antropofagia. Condición de antropófago.

antuvión. Golpe repentino. *Antuviada.*

anubado -da. Cubierto de nubes. *Anubarrado -da, anublar, anublo.*

anverso. Cara de una moneda.

aovar. Poner huevos. *Aovado -da.*

aovillarse. Hacerse un ovillo.

apabullar. Aplastar. *Apabullante, apabullo.*

apandillar. Hacer pandilla.

apapagayado -da. Parecido al papagayo.

aparte*.

apartheid. Segregación racial.

aparvar. Amontonar. *Aparvadera, aparvadero.*

apellar. Adobar (la piel).

apellido. Nombre de familia.

Apellidador -ra, apellidamiento, apellidar.

apenas*.

apercibir. Preparar. *Apercibimiento.*

a pesar de → **pesar*.**

apestillar. Asir firmemente.

apimpollarse. Echar pimpollos las plantas.

aplanacalles. Azotacalles.

aplantillar. Labrar con arreglo a la plantilla.

aplebeyar. Envilecer.

apnea. Falta de respiración.

apófige. Parte de la columna.

apogeo. Grado supremo que puede alcanzar una cosa.

apolillarse. Agujerearse por la acción de la polilla. *Apolilladura.*

apología. Defensa o justificación. *Apologético -ca, apologista.*

apoplejía. Hemorragia cerebral. *Apopléjico -ca.*

aportillar. Abrir un portillo.

aposta*.

apoyar. Hacer que una cosa descanse sobre otra. *Apoyadura, apoyatura, apoyo.*

aprehender. Coger, prender. *Aprehensión, aprehensivo -va, aprehensor -ra.*

aprobar. Dar por bueno. *Aprobación, aprobado, aprobador -ra, aprobante, aprobatorio -ria, aprobativo -va.*

apropósito*.

aprovechar. Emplear útilmente. *Aprovechable, aprovechado -da, aprovechador -ra, aprovechamiento.*

aprovisionar. Abastecer. *Aprovisionamiento.*

aproximar. Acercar. *Aproximación, aproximado -da, aproximativo -va.*

ápside. Cada uno de los extremos del eje mayor de la órbita de un astro.

apterigógeno -na. De una clase de insectos.

apuntillar. Dar la puntilla.

aquillado -da. De figura de quilla.

aquivo -va. Aqueo.

árabe. De Arabia. *Arabesco, arábico -ca, arábigo -ga, arabio*

-bia, arabismo, arabista, arabización, arabizar.

arabo. Árbol.

arácnido. Clase de arañas. *Aracnoides.*

arahuaco -ca. De los pueblos indios de la cuenca del Orinoco.

arambel. Colgadura. También *harambel.*

a rastras → **rastras*.**

aravico. Poeta de los antiguos peruanos.

arbellón. Desaguadero.

árbitro -tra. Que puede obrar con independencia; juez. *Arbitrable, arbitración, arbitrador -ra, arbitraje, arbitral, arbitramiento, arbitrar, arbitrariedad, arbitrario -ria, arbitrativo -va, arbitratorio -ria, arbitrio, arbitrista.*

árbol. Planta de tronco leñoso. *Arbolado -da, arboladura, arbolar, arboleda, arboledo, arbolista, arborecer, arbóreo -a, arborescencia, arborescente, arborícola, arboricultura, arboriforme, arbustivo -va, arbusto.*

arbollón. Albollón.

arbotante. Arco de sostén.

arcabuco. Monte fragoso.

arcabuz. Arma antigua de fuego. *Arcabucear, arcabucería, arcabucero, arcabuzazo.*

arcángel. Espíritu angélico. *Arcangélico -ca.*

archisabido -da. Muy sabido.

archivo. Local en que se custodian documentos. *Archivador, archivar, archivero -ra, archivístico -ca, archivología.*

archivolta. Arquivolta.

areopagita. Juez del Areópago de Atenas.

arévaco -ca. De una tribu primitiva de España.

argelino -na. De Argelia, o de su capital Argel.

argemone. Género de plantas.

argentino -na. De Argentina. *Argentinidad, argentinismo, argentinizar.*

argento. Plata. *Argén, argentador -ra, argentar, argentario, argénteo -a, argentería, argentero, argéntico -ca, argentífero -ra, argentino -na, argentita, argentoso -sa.*

argivo -va. De Argos o de la Argólida.

argolla. Aro grueso de metal.

argot. Jerga.

arije. Alarije, variedad de uva.

armella. Anillo con una espiga para clavarlo.

armonía*.

armuelle. Planta.

arpa*.

arpegio. Sucesión de los sonidos de un acorde.

arpella. Ave rapaz.

arpía*.

arpillera. Harpillera.

arquibanco. Banco con cajones.

arquitrabe. Parte interior del cornisamento.

arquivolta. Moldura que decora exteriormente un arco.

arrabal. Suburbio. *Arrabalero -ra.*

arrabio. Hierro fundido.

arramblar. Dejar cubierto de arena.

arrancaclavos. Palanca.

arrastras → *rastras*.*

arrayán. Arbusto. *Arrayanal.*

arre. Interj. usada para estimular a las bestias. También, hoy desusado, *harre. Arrear* (desus. *harrear*), *arriería* (desus. *harriería*), *arriero* (desus. *harriero*).

arrebañar. Rebañar. *Arrebañaderas, arrebañador -ra, arrebañadura.*

arrebatar. Quitar con violencia. *Arrebatacapas, arrebatadizo -za, arrebatador -ra, arrebatamiento, arrebatiña, arrebato, arrebatoso -sa.*

arrebol. Color rojo de las nubes. *Arrebolada, arrebolar, arrebolera.*

arrebozar. Rebozar. *Arrebozo.*

arrebujar. Coger mal y sin orden (papel, tela...).

arrejerar. Sujetar con tres anclas.

arrellanarse. Extenderse en el asiento con toda comodidad.

arrequive. Adorno.

arriba. Adv. de lugar. *Arribano -na, arribeño -ña.*

arribar. Llegar. *Arribada, arribaje, arribazón, arribismo, arribo.*

arribista*.

arrivista → *arribista*.*

arroba. Medida de peso. *Arrobero -ra.*

arrobar. Embelesar. *Arroba-dizo -za, arrobador -ra, arrobamiento, arrobo.*

arrocabe. Adorno a manera de friso.

arrodillar. Poner de rodillas. *Arrodilladura, arrodillamiento.*

arrollar. Envolver en forma de rollo. *Arrollable, arrollador -ra, arrollamiento.*

arroyo. Corriente pequeña de agua. *Arroyada, arroyadero, arroyamiento, arroyar.*

arrullar. Enamorar; adormecer. *Arrullador -ra, arrullo.*

arrumbar. Arrinconar. *Arrumbada, arrumbador -ra, arrumbamiento.*

artillería. Armamento pesado. *Artillado, artillar, artillero -ra.*

artilugio. Trampa.

artralgia. Dolor de las articulaciones.

arveja. Planta. *Arvejal, arvejar, arvejana, arvejera, arvejo.*

arvense. (Planta) que crece en los sembrados.

arzobispo. Obispo de una iglesia metropolitana. *Arzobispado, arzobispal.*

arzolla. Planta.

asarabácara. Ásaro, planta.

asbesto. Mineral incombustible. *Asbestino -na.*

ascórbico (ácido). Vitamina C.

asepsia. Ausencia de gérmenes. *Aséptico -ca.*

asequible. Que puede alcanzarse.

aseverar. Asegurar. *Aseveración, aseverativo -va.*

asexual o **asexuado -da.** Sin sexo.

asfixiar*. *Asfixia, asfixiante.*

ashkenazi → *asquenazí*.*

asilvestrado -da. Hecho silvestre.

así mismo, asimismo → *así*.*

asnallo. Gatuña, hierba.

asobinarse. Caer sin poder levantarse.

aspaviento. Demostración afectada. *Aspaventero -ra.*

asperger. Rociar. *Asperges.*

aspillera. Abertura larga estrecha en un muro. *Aspillerar.*

asquenazí*.

astillero. Instalación para construir y reparar buques.

astringir. Contraer o estrechar. *Astringencia, astringente.*

astrolabio. Antiguo instrumento de astronomía.

astronave. Vehículo espacial.

atabacado -da. De color de tabaco.

atabal. Timbal. *Atabalear, atabalero.*

atabanado -da. De pelo oscuro, con pintas blancas.

atabardillado -da. Parecido al tabardillo.

atabe. Abertura.

atajo*.

ataharre. Banda que sujeta la silla o albarda.

atahorma. Ave rapaz.

atalaya. Torre para observar. *Atalayador -ra, atalayar, atalayero.*

atarjea. Caja de ladrillo que protege una cañería.

atarraya. Red de pesca.

ataujía. Obra de taracea de metales finos.

ataviar. Adornar. *Atavío.*

atavismo. Fenómeno de herencia biológica. *Atávico -ca.*

ataxia. Desorden del sistema nervioso. *Atáxico -ca.*

ateje. Árbol.

atenebrarse. Entenebrecerse.

atiborrar. Llenar, atracar. *Atiborramiento.*

atingir. Oprimir; relacionar. *Atingencia, atingente.*

atisbar. Mirar recatadamente. *Atisbador -ra, atisbo.*

atollar. Atascar. *Atolladero.*

atornillar. Sujetar con tornillos. *Atornillador.*

atrabancar. Saltar obstáculos; abarrotar. *Atrabanco.*

atrabilis. Mal genio. *Atrabiliario -ria, atrabilioso -sa.*

atraillar. Poner traílla.

atravesar. Pasar de parte a parte. *Atravesado -da.*

a través. Por en medio.

atrayente. Que atrae.

atreverse. Arriesgarse. *Atrevido -da, atrevimiento.*

atrezo*.
atribuir. Dar. *Atribución, atributivo -va, atributo.*
atribular. Causar tribulación.
atrición. Arrepentimiento.
atropellar. Pasar por encima con violencia. *Atropellado -da,* **atropellador** *-ra,* **atropellamiento,** *atropello.*
attrezzo → atrezo*.
aturullar o **aturrullar.** Turbar. *Aturullamiento* o *aturrullamiento.*
audiovisual. Del oído y la vista.
auge. Apogeo.
augita. Mineral.
aullar. Gemir (el perro). *Aulladero, aullador -ra, aullido, aúllo.*
aurgitano -na. De Jaén.
aurígero -ra. Aurífero.
autobiografía. Vida de una persona escrita por ella misma. *Autobiográfico -ca.*
autobombo. Elogio de sí mismo.
autobús. Vehículo de transporte colectivo. *Autobusero -ra.*
autocaravana. Automóvil acondicionado como vivienda.
autoclave. Aparato para esterilizar por vapor.
autofagia. Nutrición a expensas de sí mismo.
autógeno **-na.** (Soldadura) que se hace con la misma materia soldada.
autogestión. Gestión de una empresa por sus trabajadores.
autogiro. Helicóptero.
autoinducción. Producción de fuerza electromotriz por la variación de la corriente de un circuito.
automóvil. Que se mueve por sí mismo; coche. *Automovilismo, automovilista, automovilístico -ca.*
autoservicio. Establecimiento donde el cliente se sirve por sí mismo.
auto-stop*. *Autostopista.*
autosugestión. Sugestión sin causa externa.
autovacuna. Vacuna tomada del mismo que va a ser vacunado.
autovía. Vía con varios carriles en cada sentido.

auxiliar. Ayudar. *Auxiliador -ra, auxiliaría, auxiliatorio -ria, auxilio.*
avadar. Hacerse vadeable un río.
avahar. Calentar con el vaho.
aval. Garantía. *Avalar, avalista.*
avalancha. Alud.
avalorar. Dar valor.
avaluar. Valorar. *Avaluación.*
avambrazo. Pieza de la armadura.
avante. Adelante.
avanzar. Adelantar. *Avance, avanzada, avanzadilla, avanzado -da.*
avaro -ra. Codicioso, tacaño. *Avaricia, avaricioso -sa, avariento -ta.*
avasallar. Someter a obediencia. *Avasallador -ra, avasallamiento.*
avatar. Cambio, contingencia.
ave. Animal vertebrado con alas. *Avechucho, avefría, averío, avestruz, avetarda, avetoro.*
avecinar. Acercar; establecer en un pueblo. *Avecindamiento, avecindar.*
avejentar. Aviejar.
avejigar. Levantar vejigas.
avellano. Arbusto frutal. *Avellana, avellanador, avellanal, avellanar, avellaneda, avellanedo, avellanero -ra.*
avemaría, ave María → avemaría*.
avena. Planta gramínea. *Avenal, avenate, aveníceo -a.*
avenado -da. Que tiene vena de loco.
avenar. Dar salida al agua. *Avenamiento.*
avenir. Poner de acuerdo. *Avenencia, avenida, avenido -da, avenidor -ra, avenimiento.*
aventajar. Llevar ventaja.
aventar. Echar al viento. *Aventador -ra, aventadura, aventamiento.*
aventura. Suceso; riesgo. *Aventurado, da, aventurar, aventurero -ra.*
avergonzar. Dar vergüenza.
avería. Desperfecto. *Averiar.*
averiguar. Indagar. *Averiguable, averiguación, averiguador -ra, averiguamiento.*

averno. Infierno. Suele escribirse con mayúscula.
averroísmo. Doctrina de Averroes. *Averroísta.*
aversión. Antipatía.
avetado -da. Que tiene vetas.
avezar. Acostumbrar.
avi-. Prefijo que significa 'ave'. *Aviar, avícola, avicultor, avicultura, avifauna.*
aviación. Locomoción aérea. *Aviador -ra.*
aviar. Preparar, arreglar. *Aviador -ra, avío.*
ávido -da. Codicioso. *Avidez.*
aviejar. Poner viejo.
avienta. Aventamiento. *Aviento.*
avieso -sa. Torcido; malintencionado.
avigorar. Dar vigor.
avilés -sa. De Ávila.
avilesino -na. De Avilés (Asturias).
avinagrar. Poner agrio.
aviñonés -sa o **aviñonense.** De Aviñón (Francia).
avión. Aeroplano; pájaro. *Avioneta, aviónica.*
avisar. Dar noticia. *Avisado -da, avisador -ra.*
aviso*.
avispa. Insecto. *Avispado -da, avispar, avispero, avispón.*
avistar. Alcanzar con la vista.
avitaminosis. Falta de vitaminas.
avitelado -da. Parecido a la vitela.
avituallar. Proveer de vituallas. *Avituallamiento.*
avivar. Dar más fuerza. *Avivador -ra, avivamiento.*
avizor. Al acecho, con atención. *Avizorador -ra, avizorar.*
avocar. Reclamar para sí. *Avocación, avocamiento.*
avoceta. Ave zancuda.
avolcanado -da. Con volcanes.
avugo. Fruto. *Avuguero.*
avulsión. Extirpación.
avutarda. Ave zancuda. *Avutardado -da.*
axil. Del eje. *Axial.*
axila. Sobaco. *Axilar.*
axiología. Estudio de los valores.

axioma. Verdad evidente. *Axiomático -ca.*
axiómetro. Instrumento que indica la dirección del timón.
axis. Segunda vértebra del cuello. *Axioideo -a.*
axón. Prolongación filiforme de la neurona.
ay. Interj. que expresa dolor.
ayatolá. En Irán, dirigente religioso chiita.
ayer. En el día inmediatamente anterior a hoy.
ayo -ya. Preceptor.
ayote. Calabaza. *Ayotera.*
ayúa. Árbol.

ayudar. Prestar cooperación. *Ayuda, ayudador -ra, ayudante, ayudantía.*
ayuga. Mirabel, planta.
ayunar. Abstenerse de comer. *Ayunador -ra, ayuno, ayuno -na.*
ayuntamiento. Junta municipal.
ayustar. Unir (cabos) por sus chicotes. *Ayuste.*
azabache. Variedad de lignito. *Azabachado -da, azabachero.*
azabara. Áloe, planta.
azagaya. Lanza arrojadiza.
azahar. Flor del naranjo. *Azaharillo.*

azamboa. Fruto. *Azamboero, azamboo.*
azanahoriate. Zanahoria confitada.
azarbe. Cauce. *Azarbeta.*
azerbaiyano -na. De Azerbaiyán. *Azerí.*
ázimo o ácimo. (Pan) sin levadura.
azimut → acimut*. *Azimutal.*
aznallo. Pino rodeno.
azolvar. Cegar (un conducto). *Azolve.*
azteca. De un pueblo amerindio mejicano.
azúmbar. Planta.

b

baba. Saliva espesa y abundante que fluye de la boca; anfibio. *Babadero, babador, babear, babeo, babera, babero, baberol, babieca, babosa, babosear, babosilla, baboso -sa.*
babazorro -rra. Alavés.
babel. Desorden, confusión.
babi → baby*.
Babia (estar en). Estar distraído o absorto.
babilla. Rótula de los cuadrúpedos.
babilonio -nia. De Babilonia. *Babilónico -ca.*
babirusa. Cerdo salvaje.
bable. Dialecto asturiano.
babor. Lado izquierdo de la embarcación.
babucha. Zapato ligero.
babuino. Cierto mono.
baby*.
baca. Sitio para los equipajes en el techo de un coche.
bacalao. Pez comestible. *Bacalada, bacaladero -ra, bacaladilla.*
bacán -na. Adinerado.
bacanal. Orgía. *Bacante.*
bácara o bácaris. Planta.
bacará o bacarrá*.
bacelar. Parral.

bacera. Enfermedad del ganado.
baceta. Naipes que quedan después de repartir.
bachata. Juerga. *Bachatear, bachatero -ra.*
bache. Hoyo; sitio donde se encierra el ganado.
bachiller. El que ha cursado enseñanza media; hablador impertinente. *Bachiller -ra, bachillerar, bachillerato, bachillerear, bachillería.*
bacía. Vasija. *Bacín, bacinada, bacinero -ra, bacineta, bacinete.*
báciga. Juego de naipes.
bacillar. Parral.
bacilo. Bacteria. *Bacilar.*
baconiano -na. Del método o doctrina de Bacon, filósofo inglés. *Baconismo.*
bacteria. Microorganismo. *Bacteriano -na, bactericida, bacteriemia, bacteriófago, bacteriología, bacteriológico -ca, bacteriólogo, bacteriostático -ca.*
báculo. Palo o cayado.
bada. Abada, rinoceronte.
badajo. Lengua de la campana. *Badajada, badajazo, badajear.*

badajocense o badajoceño -ña. De Badajoz.
badalonés -sa. De Badalona (Barcelona).
badán. Tronco del animal.
badana. Piel curtida.
badea. Melón o sandía malos.
badén. Zanja.
baderna. Cabo trenzado.
badián. Árbol. *Badiana.*
badil. Paleta para remover la lumbre. *Badila, badilazo.*
bádminton o badminton. Juego de raqueta.
badulaque. Persona de poco juicio. *Badulacada, badulaquear, badulaquería.*
baezano -na. De Baeza (Jaén).
bafle. Altavoz.
baga. Cápsula que contiene la linaza. *Bagacera, bagar, bagazo.*
bagá. Árbol.
bagaje. Equipaje militar. *Bagajero.*
bagatela. Cosa fútil.
bagre. Pez.
baguarí. Especie de cigüeña.
baguette. Barra de pan larga y estrecha.
baguio. Huracán.
bah. Interj. que expresa incredulidad o desdén.

bahareque. Bajareque.
baharí. Ave rapaz.
bahía. Entrada de mar.
baila. Pez.
bailar. Danzar. *Bailable, bailadero, bailador -ra, bailarín -na, baile, bailete, bailón -na, bailongo -ga, bailotear, bailoteo.*
baile. Magistrado. *Bailía, bailiaje, bailiazgo, bailío.*
baivel. Especie de escuadra.
bajá. En Turquía, hombre que ostenta un alto cargo. *Bajalato.*
bajareque. Choza miserable. También *bahareque.*
bajel. Buque. *Bajelero.*
bajinis (por lo). En voz baja.
bajo -ja. De poca altura. *Bajada, bajamar, bajante, bajar, bajero -ra, bajete, bajeza, bajial, bajío, bajista, bajón, bajonazo, bajoncillo, bajonista, bajuno -na, bajura.*
bajorrelieve*.
bala. Proyectil; fardo. *Balacear, balacera, balazo, baleador -ra, balear, baleo, balería, balerío, balero, balín, balística, balístico -ca.*
balada. Composición poética o musical.
baladí. Fútil.
baladre. Adelfa.
baladrón -na. Fanfarrón. *Baladronada, baladronear.*
bálago. Paja larga de cereal. *Balaguero.*
balaj o **balaje.** Rubí morado.
balalaica. Instrumento musical. También *balalaika.*
balance. Movimiento oscilatorio. *Balanceador -ra, balancear, balanceo, balancero, balancín, balanza, balanzario, balanzón.*
balandra. Embarcación. *Balandrista, balandro.*
balandrán. Vestidura talar.
bálano o **balano.** Extremo del miembro viril. *Balanitis.*
balar. Gritar la oveja y otros animales. *Balador -ra, balido, balitadera, balitar, balitear.*
balarrasa. Aguardiente fuerte; persona alocada o de poco juicio.
balasto. Capa de grava. *Balastar.*

balate. Borde de la acequia; equinodermo.
balausta. Fruto. *Balaustra.*
balaustre o **balaústre.** Columna de barandilla. *Balaustrado -da, balaustral.*
balay. Cesta de mimbre.
balboa. Moneda panameña.
balbucir. Hablar confusamente. *Balbucear, balbucencia, balbuceo, balbuciente.*
balcánico -ca. De los Balcanes.
balcón. Hueco abierto desde el suelo, con barandilla. *Balconada, balconaje, balconcillo.*
balda. Anaquel; aldaba.
baldaquín o **baldaquino.** Dosel.
baldar. Dejar impedido; fallar (en los naipes). *Baldado -da, baldadura, baldamiento, baldo -da.*
balde. Cubo. *De balde:* Gratis. *En balde:* Inútilmente. *Baldear, baldeo, baldío -a.*
baldón. Oprobio. *Baldonar, baldonear.*
baldosa. Ladrillo para solar. *Baldosador, baldosar, baldosín.*
baldragas. Hombre flojo.
balduque. Cinta para atar legajos.
balear. De las islas Baleares. *Baleárico -ca.*
balénido. De la familia de la ballena.
baleo. Felpudo.
balista. Máquina de guerra para arrojar grandes piedras.
baliza. Señal fija o móvil que orienta o sirve de aviso. *Balizamiento, balizar.*
ballena. Cetáceo. *Ballenato, ballenero -ra.*
ballesta. Arma antigua; muelle en que descansa la caja del coche. *Ballestada, ballestazo, ballestear, ballestera, ballestería, ballestero, ballestilla.*
ballet. Baile clásico.
ballico. Planta.
ballueca. Especie de avena.
balneario -ria. De baños. *Balneoterapia.*
balón. Pelota grande. *Balompié, balompédico -ca, baloncestista, baloncesto, balonmano, balonvolea.*

balota. Bolilla para votar. *Balotaje, balotar.*
balotada. Salto del caballo.
balsa. Estanque; plataforma flotante. *Balsadera, balsadero, balsear, balsero.*
bálsamo. Líquido resinoso aromático. *Balsamera, balsamerita, balsámico -ca, balsamina, balsamináceo -a.*
balsar. Zarzal.
balso. Lazo grande para suspender pesos.
báltico -ca. Del mar Báltico o de los territorios que baña.
baluarte. Fortificación.
balumba. Montón heterogéneo. *Baluma, balumbo.*
bamba. Bollo; baile.
bambalear o **bambanear.** Bambolear.
bambalina. Parte de la decoración en un teatro. *Bambalinón.*
bambarria. Tonto.
bambolear o **bambonear.** Moverse de un lado a otro. *Bamboleo* o *bamboneo.*
bambolla. Boato aparente. *Bambollero -ra.*
bambú. Planta. *Bambudal.*
bambuco. Baile colombiano.
banal. Trivial, sin importancia. *Banalidad.*
banano. Plátano. *Banana, bananero -ra.*
banasta. Cesto grande. *Banastero -ra, banasto.*
bance. Palo que cierra un portillo.
banco. Asiento largo; establecimiento público de crédito; conjunto de peces. *Banca, bancada, bancal, bancario -ria, bancarrota, banquero, banqueta, banquillo, banquisa.*
banda. Faja; costado; grupo. *Bandada, bandazo, bandeado -da, bandear, bandín.*
bandeja. Pieza plana con bordes bajos.
bandera. Insignia de una nación. *Banderilla, banderillazo, banderillear, banderillero, banderín, banderizar, banderizo -za, banderola.*
bando. Edicto; facción. *Bandidaje, bandido, bandolero, bandolerismo.*

bandola. Instrumento musical. *Bandolín, bandolina, bandolinista, bandolón, bandolonista.*

bandolera. Correa que cruza por el pecho y la espalda.

bandoneón. Instrumento musical.

bandullo. Vientre. *Bandujo.*

bandurria. Instrumento musical.

banjo o **banyo.** Instrumento musical.

banqueo. Desmonte.

banquete. Festín. *Banquetear.*

bantú. De un grupo de pueblos de África.

banzo. Listón del bastidor.

bañar. Meter en un líquido. *Baña, bañadera, bañadero, bañado, bañador, bañera, bañero -ra, bañil, bañista, baño.*

bao. Pieza de la armazón de un buque.

baobab. Árbol tropical.

baptismo. Doctrina religiosa. *Baptista.*

baptisterio. Lugar de la pila bautismal. También *bautisterio.*

baque. Golpe al caer.

baquear. Dejarse llevar de la corriente.

baquelita. Resina sintética.

baqueta. Pieza para limpiar el interior de un cañón; palillo del tambor; moldura. *Baquetazo, baquetear, baqueteo, baquetón, baquetudo.*

baquía. Conocimiento práctico de un país; habilidad. *Baqueano -na, baquiano -na.*

báquico -ca. De Baco, dios del vino.

baquio. Pie de la poesía clásica.

bar. Establecimiento de bebidas; unidad de presión. *Bareto, barman.*

baraca. Don divino.

barahúnda. Ruido y confusión. También *baraúnda.*

baraja. Conjunto de naipes. *Barajada, barajadura, barajar, baraje, barajo.*

baranda. Antepecho, borde; jefe. *Barandaje, barandal, barandilla.*

barata. Cucaracha.

barato -ta. De bajo precio. *Baratear, baratería, baratero -ra, baratez, baratía, baratija, baratillero -ra, baratillo, baratura.*

báratro. Infierno.

baraúnda. Barahúnda.

barba. Parte de la cara debajo de la boca, o pelo correspondiente. *Barbada, barbado -da, barbar, barbear, barbería, barberil, barbero, barberol, barbiblanco -ca, barbicacho, barbicano -na, barbihecho -cha, barbijo, barbilampiño -ña, barbilindo, barbilla, barbillera, barbilucio, barbiluengo -ga, barbimoreno -na, barbinegro -gra, barbiponiente, barbipungente, barbiquejo, barbirralo, barbirrubio -bia, barbirrucio -cia, barbitaheño -ña, barbitonto -ta, barbón, barboquejo, barbuchín, barbucho -cha, barbudo -da, barbuquejo.*

barbacana. Fortificación.

barbacoa. Parrilla; andamio; zarzo.

barbaja. Planta.

barbaján. Tosco.

bárbaro -ra. No perteneciente al antiguo Imperio Romano; extranjero; inculto. *Barbárico -ca, barbaridad, barbarie, barbarismo, barbarizar.*

barbecho. Tierra que no se siembra uno o más años. *Barbechar, barbechera.*

barbeta. Trozo de parapeto descubierto.

barbián -na. Desenvuelto.

barbitúrico. Sustancia de propiedades hipnóticas y sedantes.

barbo. Pez.

barbotar. Mascullar. *Barbotear, barboteo.*

barbullar. Hablar atropelladamente. *Barbulla, barbullón -na.*

barcelonés -sa. De Barcelona.

barchilón -na. Enfermero.

barcia. Ahechaduras.

barcina. Carga de paja; herpil.

barcino -na. De pelo blanco y pardo; versátil.

barco. Vehículo para navegar; barranco poco profundo. *Barca, barcada, barcaje, barcal, barca-rola, barcaza, barcolongo, barquear, barqueo, barquero -ra, barquía, barquilla, barquinazo.*

barda. Cubierta de una tapia. *Bardal, bardar, bardero.*

bardaguera. Arbusto.

bardana. Lampazo.

bardo. Poeta.

baremo. Tabla de cuentas ajustadas; normas de evaluación. *Baremar.*

bargueño. Mueble. También, más raro, *vargueño.*

bari-, baro-. Prefijos que significan 'pesado' o 'grave'. *Baricentro, barisfera, barítono, barógrafo, barométrico -ca, barómetro, baroscopio.*

baria. Unidad de presión.

baría. Árbol.

bario. Metal. *Barita, baritina.*

barjuleta. Bolsa grande.

barloa. Cable para sujetar un buque. *Barloar.*

barlovento. Parte de donde viene el viento. *Barloventear.*

barnacla. Pato marino.

barniz. Capa lustrosa, vítrea; tintura. *Barnizador -ra, barnizadura, barnizar.*

baro. Unidad de presión atmosférica.

barojiano -na. De Baroja, novelista español.

barón. Título nobiliario. *Baronesa, baronet, baronía.*

barquillo. Canuto de pasta de harina. *Barquillero -ra.*

barquín. Fuelle. *Barquinazo, barquinera, barquino.*

barra. Pieza rígida y recta. *Barrear, barrera, barreta, barretear, barrote.*

barrabasada. Acción injusta; travesura grave.

barraca. Caseta de materiales ligeros. *Barracón, barraquero -ra.*

barracuda. Pez.

barragán. Tela.

barragana. Concubina. *Barraganería.*

barranco. Quiebra profunda. *Barranca, barrancal, barrancoso -sa, barranquera.*

barrena. Taladro. *Barrenado -da, barrenar, barrenero, barrenillo, barreno.*

barrer. Limpiar con escoba. *Barredero -ra, barredor -ra, barredura, barrendero, barrido.*

barretina. Gorro catalán.

barrica. Especie de tonel.

barricada. Parapeto.

barriga. Vientre. *Barrigón -na, barrigudo -da, barriguera.*

barril. Cuba. *Barrilaje, barrilamen, barrilería, barrilero, barrilete.*

barrilla. Planta. *Barrillar, barrillero -ra.*

barrio. Cada una de las partes en que se divide un pueblo. *Barriada, barrial, barriobajero -ra.*

barrisco (a). En junto. También *abarrisco.*

barritar. Berrear el elefante. *Barrito.*

barro. Tierra unida con agua; granillo rojizo. *Barreal, barreña, barreño, barrera, barrero, barrial, barrillo, barrizal, barroso -sa.*

barroco -ca. Estilo del siglo XVII. *Barroquismo.*

barrón. Planta.

barrueco. Perla irregular.

barrujo. Acumulación de hojas secas.

barrumbada. Dicho jactancioso.

barruntar. Conjeturar. *Barruntador -ra, barruntamiento, barrunte, barrunto.*

bartola (a la). Sin ningún cuidado o preocupación.

bartolillo. Pastelillo.

bartulear. Cavilar. *Bartuleo.*

bártulos. Enseres de uso corriente.

barullo. Confusión. *Barullento -ta, barullón -na, barullero -ra.*

barza. Zarza. *Barzal.*

barzón. Paseo ocioso. *Barzonear.*

basalto. Roca volcánica. *Basáltico -ca.*

basanita. Basalto.

basca. Náusea; pandilla de amigos. *Bascosidad, bascoso -sa, basquear, basquilla.*

báscula. Aparato para pesar. *Bascular.*

bascuñana. Variedad de trigo.

base. Fundamento, apoyo. *Basa, basamento, basar, basicidad, básico -ca, basilar.*

basidio. Célula madre de una clase de hongos. *Basidiomiceto, basidiospora.*

basilense, basiliense o basileense. De Basilea (Suiza).

basílica. Iglesia. *Basilical.*

basilisco. Animal fabuloso.

basquiña. Saya negra.

basta. Hilván. *Baste, bastear, bastilla.*

bastaje. Ganapán.

bastar. Ser suficiente. *Bastante, bastantear, bastanteo, bastantero.*

bastardo -da. Espurio, ilegítimo. *Bastardear, bastardelo, bastardilla.*

bastetano -na. De un pueblo hispánico prerromano, habitante de la Bastetania.

bastidor. Armazón.

bastimento. Provisión. *Bastimentar.*

bastión. Baluarte.

bastitano -na. De Baza (Granada).

basto. Albarda; palo; naipe. *Bastero, bastón, bastonada, bastonazo, bastoncillo, bastonear, bastoneo, bastonera, bastonero.*

basto -ta. Tosco. *Bastedad, basteza.*

basura. Inmundicia. *Basural, basurera, basurero.*

bata. Guardapolvo. *Batín.*

batacazo. Golpe fuerte al caer.

batahola. Bulla, alboroto. También (más raro) *bataola.*

batalla. Combate. *Batallador -ra, batallar, batallero -ra, batallita, batallón -na.*

batán. Máquina para desengrasar y enfurtir paños. *Batanadura, batanar, batanear, batanero.*

batata. Planta; tubérculo. *Batatar.*

bátavo -va. De un antiguo pueblo germánico.

batayola. Barandilla de un barco.

bate. Palo (en béisbol). *Bateador, batear.*

batea. Bandeja.

bateaguas. Canal para recoger y desviar el agua.

batel. Bote. *Batelero -ra.*

batería. Conjunto de piezas (de artillería, de cocina, etc.).

batey. Lugar destinado a los edificios.

batial. (Zona marina) de gran profundidad. *Batipelágico -ca.*

batiboleo. Bulla.

batiburrillo o batiborrillo. Mezcla, baturrillo.

baticabeza. Insecto coleóptero.

baticola. Correa en forma de ojal donde va la cola del caballo.

baticulo. Cabo grueso.

batihoja. Batidor de oro o plata.

batimetría. Medición de las profundidades marinas. *Batimétrico -ca.*

batintín. Instrumento de percusión.

batir. Golpear; derribar; reconocer (terreno). *Batición, batida, batidera, batidora, batidero, batido -da, batidor -ra, batiente, batimiento.*

batiscafo. Submarino pequeño.

batista. Tela.

bato. Hombre tonto.

batojar. Varear.

batología. Repetición de vocablos inmotivada y enojosa.

batómetro. Aparato para medir la profundidad del mar.

batracio. Anfibio.

batuda. Serie de saltos en el trampolín.

baturrillo. Mezcla de cosas heterogéneas.

baturro -rra. Rústico aragonés. *Baturrada.*

batuta. Varita de director de orquesta.

baudio. Unidad de velocidad de transmisión de señales.

baúl. Cofre. *Baulería, baulero -ra.*

bauprés. Palo grueso en la proa del barco.

bausa. Holgazanería. *Bausán -na, bausano -na.*

bautismo. Sacramento. *Bautismal, bautista, bautizar, bautizo.*

bautisterio. Baptisterio.

bauxita. Roca.

bauza. Madero sin labrar. *Bauzado.*

bávaro -ra. De Baviera.
baya. Fruto.
bayadera. Bailarina india.
bayal. Palanca.
bayeta. Tela de lana floja. *Bayetilla, bayetón.*
bayo -ya. Blanco amarillento.
bayonés -sa o **bayonense.** De Bayona.
bayonesa. Bollo relleno de cabello de ángel.
bayoneta. Arma blanca; arbusto. *Bayonetazo.*
bayunco -ca. Mal educado.
baza. Número de naipes que recoge el que gana.
bazar. Tienda.
bazo -za. Moreno amarillento; víscera.
bazoca o **bazuca.** Lanzagranadas.
bazofia. Porquería, desecho.
be. Letra *b*.
beato -ta. Bienaventurado; muy devoto. *Beatería, beaterío, beaterio, beatificación, beatificar, beatífico -ca, beatitud.*
bebé. Niño de pecho.
beber. Tragar (un líquido). *Bebedero -ra, bebedizo -za, bebedor -ra, bebendurria, bebercio, beberrón -na, bebestible, bebible, bebistrajo, beborrotear.*
beca. Ayuda económica que percibe un estudiante. *Becario -ria, becar.*
becada. Chocha, ave.
becafigo. Oropéndola, ave.
becerro. Toro de menos de un año. *Becerra, becerrada, becerrero, becerril.*
bechamel → **besamel*.**
becoquín. Papalina, gorra.
becoquino. Planta.
becqueriano -na. De Bécquer, poeta español.
becuadro. Signo usado en música. *Becuadrado.*
bedano. Escoplo grueso.
bedel -la. Empleado subalterno de un centro docente. *Bedelía.*
bedelio. Resina.
beduino -na. Árabe nómada.
befa. Burla insultante. *Befar.*
befo -fa. Belfo; de labios abultados; zambo. *Befar, befedad.*
begardo -da. Hereje.

begonia. Planta. *Begoniáceo -a.*
beguina. Monja.
behaviorismo. Conductismo. *Behaviorista.*
behetría. Población que podía elegir señor.
beicon. Panceta ahumada.
beige o **beis.** Color café con leche.
béisbol o **beisbol.** Deporte.
bejín. Hongo.
bejuco. Planta. *Bejucal, bejuquear, bejuqueda, bejuquillo.*
belcho. Mata.
beldad. Belleza.
beldar. Aventar las mieses.
belduque. Cuchillo grande.
belemnites. Fósil.
belén. Representación en figurillas del nacimiento de Jesús.
beleño. Planta.
belérico. Árbol.
belesa. Planta.
belez o **belezo.** Vasija.
belfo -fa. Que tiene el labio inferior más grueso; labio del caballo.
belga. De Bélgica.
bélico -ca. Guerrero. *Belicismo, belicista, belicosidad, belicoso -sa, beligerancia, beligerante, belígero -ra, belísono -na.*
belio. Unidad para magnitudes sonoras.
bellaco -ca. Malo, pícaro, astuto. *Bellacada, bellaquear, bellaquería.*
belladona. Planta.
bello -lla. Hermoso. *Belleza, bellido -da.*
bellota. Fruto de las cupulíferas. *Bellotear, bellotero -ra, belloto.*
bellote. Clavo grueso.
belorta. Vilorta, pieza del arado.
belvedere. Mirador.
bembo. Bezo. *Bemba, bembón -na, bembudo -da.*
bemol. Nota inferior en un semitono a lo normal. *Bemolado -da.*
ben. Árbol.
benceno. Hidrocarburo. *Bencénico -ca.*
bencina. Carburante.
bendecir. Invocar sobre uno la

protección divina. *Bendecidor -ra, bendición, bendito -ta.*
bene-. Prefijo que significa 'bien'. Todas las palabras en cuya composición entra se escriben con *b*: *benedícite, benedicta, benedictino -na, benefactor -ra, beneficencia, beneficiado -da, beneficiar, beneficiario -ria, beneficio, beneficioso -sa, benéfico -ca, benemérito -ta, beneplácito, benévolo -la, benevolencia.*
bengala. Insignia; fuego artificial.
bengalí. De Bengala, región de la India.
benigno -na. Apacible, benévolo. *Benignidad.*
benjamín -na. Hijo menor.
benjuí. Bálsamo aromático.
benteveo. Ave.
bentónico -ca. Que vive en el fondo del mar. *Bentos.*
bentonita. Arcilla muy absorbente.
benzo-. Prefijo que significa relación con el benceno. *Benzoato, benzoico -ca, benzol.*
beocio -a. De Beocia, antigua región de Grecia.
beodo -da. Borracho. *Beodez.*
beorí. Tapir americano.
beque. Obra exterior de proa.
berberecho. Molusco.
berberisco -ca o **berberí.** Beréber.
bérbero o **bérberos.** Agracejo. *Berberidáceo -a, berberídeo -a, berberís.*
berbí. Clase de paño.
berbiquí. Instrumento de carpintería.
berciano -na. Del Bierzo (León).
beréber, bereber o **berebere.** De Berbería.
berengario -ria. Hereje.
berenjena. Planta. *Berenjenal, berenjenín.*
bergamota. Variedad de pera; variedad de lima. *Bergamote, bergamoto.*
bergante. Sinvergüenza.
bergantín. Buque de dos palos.
beriberi. Enfermedad de países cálidos.
berilo. Mineral. *Berilio.*

berkelio. Elemento químico. También *berquelio.*

berlanga. Juego de naipes.

berlina. Coche de caballos.

berlinés -sa. De Berlín.

berlinga. Pértiga usada en los hornos metalúrgicos. *Berlingar.*

berma. Espacio al pie de la muralla.

bermejo -ja. Rubio, rojizo. *Bermejal, bermejear, bermejizo -za, bermejón -na, bermejuela, bermejura.*

bermellón. Cinabrio pulverizado.

bermudas. Pantalón corto hasta la rodilla.

bernardo -da. Monje cisterciense.

bernegal. Taza.

bernés -sa. De Berna.

bernia. Tejido basto de lana.

berquelio. Berkelio.

berrear. Gritar (un becerro). *Berrea, berrenchín, berreo, berrido, berrinche, berrinchudo -da.*

berrendo -da. Manchado de dos colores.

berro. Planta. *Berra, berraña, berraza, berrera, berrizal.*

berrueco. Tolmo granítico; barrueco; tumorcillo en el ojo. *Berrocal, berroqueña* (piedra).

berza. Col. *Berzal.*

berzotas. Ignorante o necio.

besamel*.

besamela → **besamel*.**

besana. Labor de arado de surcos paralelos.

besante. Antigua moneda bizantina.

besar. Tocar con los labios. *Besalamano, besamanos, beso, besucador -ra, besucar, besucón -na, besuquear, besuqueo.*

bestia. Animal cuadrúpedo. *Bestiaje, bestial, bestialidad, bestialismo, bestializarse, bestiario.*

béstola. Aguijada.

best-seller*.

besugo. Pez marino. *Besugada, besuguero -ra.*

beta. Letra griega; cabo, cuerda.

betarraga o **betarrata.** Remolacha.

betel. Planta.

bético -ca. De la Bética, hoy Andalucía.

betijo. Palito que se pone a los chivos atravesado en la boca.

betlemita. De Belén. *Betlemítico -ca.*

betónica. Planta.

betuláceo -a. De una familia de plantas.

betún. Sustancia mineral. *Betunear, betunería, betunero.*

bey. Título turco.

bezaar o **bezar.** Bezoar.

bezo. Labio grueso. *Bezote, bezudo -da.*

bezoar. Cálculo que tienen algunos cuadrúpedos. *Bezoárdico -ca, bezoárico -ca.*

biajaiba. Pez.

bianual. Que ocurre dos veces al año.

biarca. Oficial del ejército romano.

biarrota. De Biarritz (Francia).

biaural. De los dos oídos. *Biauricular.*

biaxial. De dos ejes.

biaza. Bizaza.

bibelot. Figurilla.

biberón. Instrumento para la lactancia artificial.

bibijagua. Hormiga. También *vivijagua.*

Biblia. Conjunto de los libros sagrados. *Bíblico -ca.*

biblio-. Elemento prefijo que significa 'libro'. *Bibliobús, bibliofilia, bibliófilo -la, bibliografía, bibliográfico -ca, bibliógrafo -fa, bibliología, bibliomanía, bibliómano -na, biblioteca, bibliotecario -ria, bibliotecología, biblioteconomía.*

bical. Salmón macho.

bicameral. Con dos cámaras.

bicarbonato. Compuesto químico.

bicéfalo -la. De dos cabezas.

bíceps. Músculo.

bicerra. Cabra montés.

biche. Fruta verde; flojo.

bichero. Asta larga.

bicho. Animal. *Bicha.*

bichozno. Hijo de cuadrinieto.

bicicleta. Vehículo de dos ruedas. *Bicicletero -ra, biciclo.*

bicípite. Bicéfalo.

bicoca. Cosa de poca estima.

bicolor. De dos colores.

bicóncavo -va. Que tiene dos superficies cóncavas.

biconvexo -xa. Que tiene dos superficies convexas.

bicoquete o **bicoquín.** Papalina, gorro.

bicorne. De dos cuernos. *Bicornio.*

bicos. Puntillas de oro del birrete.

bicromía. Impresión en dos colores.

bicúspide. De dos cúspides.

bidé*.

bidente. De dos dientes.

bidón. Lata.

biela. Pieza de una máquina.

bieldo o **bielgo.** Instrumento para beldar. *Bielda, bieldar.*

bielorruso -sa. De Bielorrusia.

biempensante*.

bien. Debidamente; lo bueno. *Bienandante, bienandanza, bienaventurado -da, bienaventuranza, bienestar, bienafortunado -da, biengranada, bienhablado -da, bienhadado -da, bienhallado -da, bienhechor -ra, bienhechuría, bienintencionado -da, bienmandado -da, bienmesabe, bienoliente, bienquerencia, bienquerer, bienquistar, bienquisto -ta, bienvivir.*

bienio. Período de dos años. *Bienal.*

bienteveo. Benteveo, pájaro.

bienvenida, bienvenido, bien venido → **bienvenido*.**

bies. Sesgo.

bifásico -ca. De dos corrientes alternas iguales.

bife o **biftec.** Bistec.

bífero -ra. Que fructifica dos veces al año.

bífido -da. Hendido en dos partes.

bifloro -ra. Que tiene dos flores.

bifocal. De dos focos.

biforme. De dos formas.

bifronte. De dos frentes o caras.

bifurcarse. Dividirse en dos ramales. *Bifurcación.*

biga. Carro de dos caballos.

bígamo -ma. Con dos cónyuges. *Bigamia.*

bigardo -da. Vago, vicioso. *Bigardear, bigardía, bigardón -na.*

bígaro o **bigarro.** Molusco.

big bang. Explosión que dio origen al universo.

bignonia. Planta. *Bignoniáceo -a.*

bigornia. Yunque.

bigote. Pelo que nace sobre el labio superior; línea horizontal gruesa por el medio; abertura semicircular en algunos hornos. *Bigotera, bigotudo -da.*

bigudí. Pequeño cilindro usado a modo de rulo para rizar el pelo.

bija. Árbol.

bijao. Planta.

bikini*.

bilabiado -da. (Cáliz o corola) cuyo tubo esta dividido en dos partes. *Bilabial.*

bilateral. Relativo a las dos partes.

bilbaíno -na. De Bilbao.

bilbilitano -na. De Bílbilis, hoy Calatayud.

bilingüe. En dos lenguas. *Bilingüismo.*

bilis. Líquido segregado por el hígado. *Biliar, biliario -ria, bilioso -sa, bilirrubina, biliverdina.*

bilítero -ra o **biliteral.** De dos letras.

billar. Juego. *Billa, billarista.*

billete. Tarjeta, cédula, papel. *Billetado -da, billetaje, billetera, billetero.*

billón. Millón de millones. *Billonésimo -ma.*

bilobulado -da. Que tiene dos lóbulos.

bilocarse. Hallarse al mismo tiempo en dos lugares. *Bilocación.*

bilocular. Que tiene dos cavidades.

bimano -na o **bímano -na.** De dos manos.

bimba. Sombrero de copa.

bimembre. De dos miembros.

bimensual. Que se repite dos veces al mes.

bimestre. Período de dos meses. *Bimestral.*

bimetal. Dispositivo para controlar la temperatura.

bimetalismo. Sistema monetario. *Bimetalista.*

bimotor. Avión de dos motores.

binar. Repetir. *Bina, binación, binadera, binador -ra, binario -ria, binazón.*

bingo. Juego de azar.

binóculo. Anteojo con lunetas para ambos ojos. *Binocular.*

binomio. Expresión algebraica.

bínubo -ba. Casado por segunda vez.

binza. Película, membrana.

bio-. Prefijo que significa 'vida'. *Biocenosis, biodegradable, biodinámica, bioelectricidad, bioelemento, bioestadística, bioestratigrafía, bioética, biofísica, biogénesis, biogeografía, biografía, biografiar, biográfico -ca, biógrafo -fa, biología, biológico -ca, biólogo -ga, bioluminiscencia, biomasa, biomecánica, biomedicina, biometría, biométrico -ca, biónica, biopolímero, bioprótesis, biopsia, bioquímica, bioquímico -ca, biorritmo, biosfera, biota, biótico -ca, biotipo, biótopo.*

biombo. Mampara plegable.

bióxido. Compuesto químico.

bipartidismo. Sistema político de predominio de dos partidos.

bipartido -da o **bipartito -ta.** Partido en dos. *Bipartición.*

bípedo -da o **bípede.** De dos pies.

biplano. Avión cuyas alas forman dos planos paralelos.

biquini → bikini*.

birimbao. Instrumento musical.

birlar. Hurtar; volver a tirar (en los bolos); derribar de un golpe. *Birlador -ra.*

birlí. Margen inferior de un impreso.

birlibirloque (por arte de). Por encantamiento.

birlocha. Cometa.

birlocho. Carruaje.

birlonga. Juego de naipes.

birmano -na. De Birmania.

birome. Bolígrafo.

birra. Cerveza.

birreactor. Avión con dos reactores.

birrectángulo. Que tiene dos ángulos rectos.

birrefringente. Que produce doble refracción. *Birrefringencia.*

birreme. Nave antigua con dos filas superpuestas de remos.

birrete. Gorro, bonete. *Birreta, birretina.*

birria. Cosa grotesca, deforme. *Birrioso -sa.*

biruji o **biruje.** Viento muy frío.

bis. Otra vez; repetición de parte de un espectáculo para corresponder a los aplausos del público. *Bisar.*

bisabuelo -la. Padre o madre del abuelo.

bisagra. Gozne.

bisbís. Juego de azar.

bisbisear o **bisbisar.** Musitar. *Bisbiseo.*

biscote. Rebanada de pan tostado.

bisecar. Dividir en dos partes iguales. *Bisección, bisector -triz.*

bisel. Corte oblicuo en el borde. *Biselador, biselar.*

bisemanal. Que se repite dos veces por semana. *Bisemanario.*

bisexual. Hermafrodita; que siente atracción por ambos sexos.

bisiesto. (Año) de 366 días.

bisílabo -ba. De dos sílabas.

bismuto. Metal. *Bismutina, bismutita.*

bisnieto -ta. Hijo o hija del nieto.

biso. Filamento por el que se fijan a las rocas ciertos moluscos.

bisojo -ja. Bizco.

bisonte. Animal rumiante.

bisoñé. Peluca.

bisoño -ña. Nuevo, inexperto. *Bisoñada, bisoñería.*

bispón. Rollo de encerado usado por los espaderos.

bisté* o **bistec.**

bistorta. Planta.

bisturí. Instrumento para hacer incisiones.

bisulco -ca. De pezuñas partidas.

bisulfuro. Compuesto químico. *Bisulfito.*

bisunto -ta. Sucio.

bisutería. Joyería de imitación.

bit. Unidad de medida de información.

bita. Poste de un barco. *Bitadura.*

bitácora. Lugar de la brújula.

bíter*.

bitongo. (Niño) zangolotino.

bitoque. Tarugo con que se cierra el agujero del tonel; grifo.

bitor. Rey de codornices, ave.

bituminoso -sa. De betún.

bivalente. Que tiene dos valencias.

bivalvo -va. Que tiene dos valvas.

bixáceo -a. De una familia de plantas.

biza. Bonito, pez.

bizantino -na. De Bizancio, hoy Estambul, o del Imperio romano de Oriente; (discusión) inútil. *Bizantinismo.*

bizarro -rra. Valiente; generoso. *Bizarrear, bizarría.*

bizaza. Alforja.

bizco -ca. Que padece estrabismo. *Bizcar, bizcornear, bizcorneto -ta, bizquear, bizquera.*

bizcocho. Masa cocida comestible. *Bizcochada, bizcochar, bizcochero -ra, bizcotela.*

bizma. Emplasto confortante. *Bizmar.*

bizna. Película que separa los gajos de la nuez.

biznaga. Planta.

biznieto -ta. Bisnieto.

blenorragia. Enfermedad. *Blenorrágico -ca.*

bloc*.

blues. Ritmo musical de los negros de los Estados Unidos.

bluff. Ficción o falsa apariencia.

boa. Serpiente gigante.

boardilla. Buhardilla.

boato. Ostentación.

bobo -ba. De corto entendimiento. *Bobada, bobalicón -na, bobear, bobera, bobería.*

bóbilis bóbilis (de). De balde.

bobillo. Jarro vidriado.

bobina. Carrete. *Bobinado, bobinar, bobinadora.*

boca. Abertura, especialmente aquella por la que se ingieren alimentos. *Bocabarra, bocacalle, bocacaz, bocadear, bocadillería, bocadillo, bocado, bocal,* bocallave, bocamanga, bocamina, bocana, bocanada, bocata, bocateja, bocatoma, bocatijera, bocaza, bocazas, bocazo, bocón -na, bocudo -da, boquear, boquera, boqueta, boquete, boquiabierto -ta, boquiancho -cha, boquiangosto -ta, boquiblando -da, boquiconejuno -na, boquidulce, boquiduro -ra, boquiflojo -ja, boquifresco -ca, boquifruncido -da, boquihendido -da, boquihundido -da, boquilla, boquillero -ra, boquimuelle, boquinatural, boquinegro -gra, boquirrasgado -da, boquirroto -ta, boquirrubio -bia, boquiseco -ca, boquisumido -da, boquitorcido -da, boquituerto -ta.*

boca abajo, boca arriba, bocabajo, bocarriba → **boca*.**

bocací. Tela.

bocajarro (a). A quemarropa.

bocarte. Cría de la sardina.

bocear. Bocezar.

bocel. Moldura lisa cilíndrica. *Bocelar, bocelete.*

bocera. Lo que queda ensuciando los labios.

boceras. Bocazas.

boceto. Ensayo, proyecto.

bocezar. Mover los labios.

bocha. Bola de madera. *Bochar, bochazo, bochista.*

boche. Hoyo pequeño; pendencia.

bochinche. Tumulto. *Bochinchear, bochinchero -ra.*

bochorno. Calor sofocante; vergüenza. *Bochornoso -sa.*

bocín. Pieza de esparto.

bocina. Altavoz; aparato avisador. *Bocinar, bocinazo, bocinero.*

bocio. Tumor del cuello.

bock. Jarra de cerveza.

bocoy. Barril grande.

boda. Casamiento. *Bodijo, bodorrio.*

bode. Macho cabrío.

bodega. Lugar donde se guarda el vino; almacén. *Bodegaje, bodegón, bodegonero -ra, bodeguero -ra.*

bodigo. Pan votivo.

bodón. Charca.

bodoque. Bola de barro endurecida; relieve redondo de adorno, en los bordados. *Bodocal, bodocazo, bodoquera.*

bodrio. Guiso mal aderezado; cosa mal hecha.

body. Prenda interior femenina.

bóer. Del África austral.

bofe. Pulmón. *Bofena.*

bófeta. Tela de algodón. *Bofetán.*

bofetada. Golpe dado con la mano abierta. *Bofetón.*

bofia. Policía.

boga. Acción de remar; buena aceptación; pez. *Bogada, bogador -ra, bogar, bogavante.*

bogavante. Crustáceo.

bogotano -na. De Bogotá.

bohardilla → **buhardilla*.**

bohemio -mia. De Bohemia, región de la República Checa; artista que vive al margen de las convenciones. *Bohemiano -na, bohémico -ca, bohemo -ma.*

bohena. Pulmón; longaniza.

bohío. Cabaña.

bohordo. Tallo herbáceo; lanza corta.

boicot o boicoteo. Suspensión de relaciones con alguien para obligarle a ceder. *Boicotear.*

boina. Prenda de cabeza.

boîte. Sala de fiestas.

boj. Arbusto. *Bojedal.*

boje. Boj; conjunto de dos pares de ruedas montadas en sendos ejes próximos y paralelos.

boja. Abrótano.

bojar. Medir el perímetro de una isla o cabo; raer con la estira el cordobán. *Bojear, bojeo, bojo.*

bojote. Envoltorio. *Bojotear.*

bol. Tazón sin asas.

bola. Cuerpo esférico; mentira; tumulto. *Bolada, bolazo, boleado -da, boleadoras, bolear, boleo, bolera, bolero -ra, bolichada, boliche, bolichear, bolichero -ra, bolín, bolinche.*

bolardo. Poste de hierro.

bolchevique. Comunista. *Bolchevismo, bolchevización, bolchevizar.*

boldo. Arbusto. *Boldina.*

bolero. Baile; canción melódica; prenda femenina.

boleta. Cédula, vale, talón. *Boletería, boletero -ra, boletín, boleto.*

bólido. Masa mineral en ignición; coche muy veloz.

bolígrafo. Instrumento para escribir.

bolillo. Palito para hacer encajes.

bolina. Cierto cabo de un barco; sonda. *Bolineador -ra, bolinear, bolinero -ra.*

bolinga. Ebrio.

bolívar. Moneda de Venezuela.

boliviano -na. De Bolivia.

bollar. Poner un sello de plomo en los tejidos; abollonar. *Bollón, bollonado -da.*

bollén. Arbusto.

bollera. Lesbiana.

bollo. Panecillo; convexidad; chichón; alboroto. *Bollería, bollero -ra.*

bolo. Palo cilíndrico que se tiene en pie.

bolo -la. Tonto, necio; ebrio. *Boludo -da.*

bolón. Piedra empleada en los cimientos.

boloñés -sa. De Bolonia; (salsa) de tomate y carne picada.

bolsa. Recipiente de materia flexible; reunión oficial de los que operan con fondos públicos. *Bolsear, bolsera -ra, bolsería, bolsero, bolsillo, bolsiquear, bolsista, bolso, bolsón.*

bomba. Máquina para elevar o trasegar fluidos; explosivo. *Bombarda, bombardear, bombardeo, bombardero -ra, bombazo, bombear, bombero.*

bombáceo -a. De una familia de plantas.

bombacho. (Pantalón) ancho y ajustado a los tobillos. *Bombacha.*

bombarda. Instrumento de viento. *Bombardino, bombardón.*

bombasí. Fustán, tela.

bombé. Carruaje de dos ruedas.

bombeo. Comba, convexidad; acción de bombear.

bombilla. Lámpara.

bombillo. Aparato para evitar el mal olor.

bombín. Sombrero hongo.

bombo. Tambor muy grande;

caja redonda que contiene las bolas de un sorteo; elogio exagerado. *Bombástico -ca, bombear.*

bombón. Dulce de chocolate; vasija. *Bombona, bombonera.*

bombonaje. Planta.

bonaerense. De Buenos Aires.

bonapartista. Partidario de Napoleón Bonaparte. *Bonapartismo.*

bondad. Calidad de bueno. *Bonachón -na, bonancible, bonanza, bonazo -za, bondadoso -sa, bonísimo -ma.*

bonete. Especie de gorra. *Boneta, bonetada, bonetazo, bonetería, bonetero -ra, bonetillo.*

bongo. Canoa.

bongó. Instrumento de percusión.

boniato. Variedad de batata. *Boniatal, boniatillo.*

bonificar. Hacer descuento. *Bonificación.*

bonina. Manzanilla loca.

bonito -ta. Lindo; pez. *Bonítalo, bonitero -ra, bonitura.*

bonizo. Especie de panizo. *Bonizal.*

bono. Vale canjeable; título de deuda. *Bonista, bonobús.*

bonoloto. Lotería.

bonote. Filamento de corteza de coco.

bonsái. Árbol enano para adorno.

bonzo. Sacerdote budista.

boñiga. Excremento del ganado vacuno. *Boñigo.*

boom*.

boomerang → **bumerán*.**

boque-, boqui- → BOCA.

boquerón. Pez.

boqui. Enredadera.

boquín. Bayeta tosca.

bora- → BORO.

borbollar o **borbollear.** Bullir. *Borbollón, borbollonear.*

borbónico -ca. De la dinastía de los Borbones.

borborigmo. Ruido de tripas.

borbotar. Bullir. *Borbor, borboritar, borbotón.*

borceguí. Calzado. *Borceguinero -ra.*

borcellar. Borde de una vasija.

borde. Extremo, orilla; bas-

tardo; antipático. *Borda, bordada, bordado, bordador -ra, bordadura, bordar, bordear, bordillo, bordo, bordura.*

bordelés -sa. De Burdeos.

bordón. Bastón; cuerda (de instrumento). *Bordoncillo, bordonear, bordoneo, bordonería, bordonero -ra.*

bóreas. Viento norte. *Boreal.*

borgoñés -sa. De Borgoña. *Borgoña, borgoñón -na, borgoñota.*

borinqueño -ña. De Borinquen o Boriquén, hoy Puerto Rico. *Boricua.*

borla. Conjunto de cordoncillos unidos por un cabo. *Borlón.*

borne. Extremo de lanza; botón de metal al que se unen los hilos conductores de electricidad; codeso; quebradizo. *Borneadizo -za, bornear, borneo, bornero -ra, bornizo.*

borní. Ave rapaz.

boro. Metaloide. *Boratera, boratero -ra, borato, bórax, boricado -da, bórico.*

borona. Maíz.

borra. Parte más grosera de la lana; bórax.

borracho -cha. Ebrio. *Borrachear, borrachera, borrachero, borrachez, borrachín -na.*

borraj. Bórax.

borraja. Planta. *Borragináceo -a.*

borrajo. Rescoldo; hojarasca de los pinos.

borrar. Hacer desaparecer (lo escrito). *Borrador, borradura, borrajear, borrón, borronear, borroso -sa.*

borrasca. Tempestad fuerte. *Borrascoso -sa, borrasquero -ra.*

borrego -ga. Cordero de uno o dos años. *Borregada, borreguero -ra, borreguil.*

borrén. Parte de la silla de montar.

borrico -ca. Asno; mesa de carpintero. *Borricada, borricón, borricote, borriquero, borriqueta, borriquete.*

borro -rra. Cordero de un año.

borrumbada. Barrumbada.

boruca. Bulla.

boruga. Refresco de requesón.

borujo. Burujo; masa del hueso de la aceituna. *Borujón.*

borusca. Seroja.

bosnio -nia o **bosniaco -ca.** De Bosnia-Herzegovina.

bosque. Terreno poblado de árboles. *Boscaje, boscoso -sa, bosquete.*

bosquejar. Esbozar. *Bosquejo.*

bosquimán -na o **bosquimano -na.** De una tribu africana.

bosta. Excremento del ganado vacuno. *Bostear.*

bostezar. Abrir la boca espasmódicamente. *Bostezador -ra, bostezo.*

bota. Odre pequeño; calzado. *Botana, botería, botero, botillo, botín, botina, botinería, botinero -ra, botito, boto.*

botafumeiro. Incensario.

botagueña. Longaniza.

botánica. Estudio de los vegetales. *Botánico -ca, botanista.*

botar. Echar fuera; echar al agua un buque; (hacer) saltar la pelota. *Botador -ra, botadura, botafuego, botalón, botasilla, botavante, botavara.*

botarate. Hombre de poco juicio. *Botaratada.*

botarel. Contrafuerte. *Botarete.*

bote. Acción de botar; vasija pequeña; barco pequeño. *A bote pronto:* Sin pensar, de improviso. *Darse el bote:* Irse. *De bote en bote:* Lleno de gente. *Botamen, botero.*

botella. Vasija de cuello angosto. *Botellazo, botellero, botellín, botellón.*

botica. Farmacia. *Boticario -ria.*

botija. Vasija de barro de cuello angosto. *Botijero -ra, botijo.*

botillería. Establecimiento de bebidas. *Botiller, botillero.*

botín. Presa; calzado.

botiquín. Conjunto de medicamentos y útiles sanitarios básicos.

botocudo -da. De una tribu brasileña.

botón. Yema de las plantas;

pieza pequeña para abrochar vestidos. *Botonadura, botonazo, botoncillo, botonería, botonero -ra, botones.*

bototo. Calabaza para llevar agua.

botsuano -na. De Botsuana.

botuto. Pecíolo del lechoso; trompeta india.

bou. Modalidad de pesca. *bouquet*.*

bourbon. Whisky americano.

boutique. Tienda selecta.

bóveda. Techo que forma concavidad. *Bovedilla.*

bóvido -da. Mamífero perteneciente a la familia del buey. *Bovino -na.*

boxeo. Deporte. *Boxeador, boxear, boxístico -ca.*

bóxer. Miembro de una sociedad secreta china.

boya. Cuerpo flotante que sirve de señal. *Boyante, boyar.*

boyada. Manada de bueyes. *Boyal, boyazo, boyeriza, boyerizo -za, boyero -ra, boyuno -na.*

boyardo. Antiguo feudatario de Rusia.

boy scout. Miembro de una organización juvenil internacional.

boza. Cabo, cuerda.

bozo. Vello sobre el labio superior; parte exterior de la boca. *Bozal, bozalillo.*

bradipepsia. Digestión lenta.

brahmanismo. Religión de la India. *Brahmán, brahmánico -ca, brahmín.*

braille. Sistema de escritura para ciegos.

brandy. Coñac.

bravo -va. Valiente; bueno; fiero. *Bravata, bravatear, braveador -ra, bravear, braveza, bravío -a, bravocear, bravoso -sa, bravucón -na, bravuconada, bravuconear, bravuconería, bravura.*

brebaje. Bebida desagradable.

breva. Fruto. *Breval.*

breve. Corto. *Brevedad, breviario.*

briba. Holgazanería picaresca. *Bribón -na, bribonada, bribonear, bribonería, bribonesco -ca.*

bricbarca. Velero de tres palos.

bricolaje*.

bridge. Juego de naipes.

brillo. Resplandor. *Brillador -ra, brillante, brillantez, brillantina, brillar, brillazón.*

brizna. Hebra.

broker. Agente de bolsa.

brujería. Hechicería.

brujir. Grujir. *Brujidor.*

brut. Clase de cava.

búa. Buba.

buaro. Buharro, ave.

buba. Postilla purulenta. *Bubón, bubónico -ca, buboso -sa.*

búbalo -la. Búfalo asiático.

bubi. Indígena de Malabo.

bucal. De la boca.

bucanero. Corsario.

búcaro. Vasija de arcilla.

buccino. Caracol marino.

bucear. Nadar bajo el agua. *Buceador -ra, buceo.*

buchaca. Bolsa, bolsillo.

buche. Ensanchamiento en el esófago de las aves; sorbo; borrico que aún mama. *Buchada, buchón -na.*

buchinche. Cuchitril.

bucle. Rizo.

bucodental. De la boca y los dientes.

bucólico -ca. Pastoril, campestre. *Bucolismo.*

budare. Plato para cocer el pan de maíz.

budín. Flan. *Budinera.*

budión. Pez.

budismo. Doctrina de Buda. *Búdico -ca, budista.*

bueno -na. Que posee bondad. *Buenaventura, buenazo -za.*

buey. Toro castrado. *Bueyada, bueyero, bueyuno -na.*

buf. Puf, interjección.

búfalo -la. Mamífero rumiante. *Bufalino -na.*

bufanda. Prenda que abriga el cuello.

bufar. Resoplar. *Bufido.*

bufé. Comida ligera; local donde se toma.

bufeo. Delfín.

bufete. Despacho.

bufo -fa. Cómico. *Bufa, bufón -na, bufonada, bufonearse, bufonería, bufonesco -ca, bufonizar.*

bugalla. Agalla de ciertos árboles.

buganvilla. Arbusto.

bugle. Instrumento de viento.

buhardilla*. *Buharda.*

buhedera. Tronera, agujero.

búho. Ave rapaz. *Buharro.*

buhonero -ra. Vendedor de baratijas. *Buhonería.*

buido -da. Afilado; acanalado.

buitre. Ave rapaz. *Buitrear, buitrero -ra.*

buitrón. Arte de pesca.

bujarasol. Variedad de higo.

buje. Pieza del cubo de la rueda. *Buja.*

bujedo o **bujedal.** Bojedal. *Bujeda.*

bujía. Vela de cera; pieza del motor de combustión. *Bujiería.*

bula. Documento pontificio. *Bulario, bulero, buleto.*

bulbo. Tubérculo. *Bulbar, bulboso -sa.*

bulerías. Cante y baile popular andaluz.

bulevar*.

búlgaro -ra. De Bulgaria.

bulimia. Apetito desmedido de carácter patológico. *Bulímico -ca.*

bullabesa. Sopa de pescado.

bullir. Hervir, agitarse. *Bulla, bullaje, bullanga, bullanguero -ra, bullebulle, bullicio, bullicioso -sa, bullidor -ra.*

bullón. Adorno en la cubierta de un libro.

bulo. Rumor falso.

bulto. Volumen; fardo.

bululú. Cómico que trabajaba solo.

bumerán*.

bumerang → **bumerán*.**

bungaló o *bungalow*.**

buniato. Boniato. *Buniatal, buniatillo.*

bunio. Nabo.

búnker* o **búnquer.**

buñuelo. Fruta de sartén. *Buñolería, buñolero -ra.*

buque. Barco.

buqué → *bouquet*.**

buraco. Agujero.

burato. Tela, especialmente de luto.

burbuja. Glóbulo de aire. *Burbujear, burbujeo.*

burchaca. Burjaca.

burche. Torre.

burda. Brandal.

burdégano. Hijo de caballo y burra.

burdel. Mancebía.

burdeos. Vino de Burdeos; color semejante al vino.

burdo -da. Tosco.

burel. Faja de un escudo. *Burelado.*

bureo. Entretenimiento, diversión.

bureta. Tubo de vidrio graduado.

burga. Manantial de agua caliente.

burgado. Caracol terrestre.

burgalés -sa. De Burgos.

burgo. Población. *Burgués -sa, burguesía.*

burgomaestre. Alcalde.

burgrave. Título alemán. *Burgraviato.*

buriel. Rojo.

buril. Instrumento para grabar en metales. *Buriladura, burilar.*

burjaca. Bolsa del mendigo o del peregrino.

burla. Chanza, broma, engaño. *Burladero, burlador -ra, burlar, burlería, burlesco -ca, burlón -na, burlonería.*

burlete. Tira para tapar los intersticios de las puertas y ventanas.

buró. Escritorio; conjunto de personas que constituyen la dirección de un organismo.

burocracia. Conjunto de funcionarios públicos. *Burócrata, burocrático -ca.*

burrajear. Borrajear.

burro -rra. Asno. *Burrada, burrajo, burrero, burrez.*

burrumbada. Barrumbada.

bursátil. De la bolsa.

burucuyá. Planta.

burujo. Pella, lío, bola. *Burujón.*

burundés -sa. De Burundi.

bus. Autobús.

buscar. Tratar de hallar. *Busca, buscador -ra, buscaniguas, buscapersonas, buscapié, buscapiés, buscapique, buscapleitos, buscarruidos, buscavidas, buscón -na, búsqueda, busquillo.*

buscarla. Pájaro.

busilis. Intríngulis.

busto. Parte superior del cuerpo humano.

bustrófedon o **bustrofedón.** Sistema de escritura.

butaca. Silla de brazos.

butano. Gas de uso doméstico. *Butanero -ra.*

buten (de). De primera. También *dabuten* y *dabuti.*

butifarra. Embutido. *Butifarrero -ra.*

butomáceo -a. De una familia de plantas.

butrino. Buitrón.

butrón. Buitrón; agujero. *Butronero.*

buxáceo -a. De una familia de plantas.

buyo. Betel.

buzar. Inclinarse un filón. *Buzamiento.*

buzarda. Pieza de la proa del barco.

buzo. El que trabaja sumergido en el agua.

buzón. Abertura por donde se echan las cartas. *Buzonear.*

byroniano -na. De Byron, poeta inglés. *Byroniano -na.*

C

cabal. Justo.

cábala. Cálculo, conjetura. *Cabalista, cabalístico -ca.*

cabalgar. Subir o montar a caballo. *Cabalgador -ra, cabalgadura, cabalgamiento, cabalgata.*

caballa. Pez.

caballo. Cuadrúpedo. *Caballada, caballaje, caballar, caballazo, caballear, caballerango, caballerato, caballerear, caballeresco -ca, caballerete, caballería, caballeriza, caballerizo, caballero -ra, caballerosidad, caballeroso -sa, caballeta, caballete, caballista, caballito, caballón, caballuno -na.*

cabalhuste. Caballete, pieza del guadarnés.

cabalonga. Planta.

cabaña. Casa tosca y rústica; conjunto de cabezas de ganado. *Cabañal, cabañería, cabañero -ra, cabañil, cabañuela.*

cabaré o **cabaret.** Sala de fiestas. *Cabaretero -ra.*

cabarga. Envoltura de cuero que hace de herradura.

cabás. Maletín pequeño.

cabe. Cerca de, junto a.

cabello. Pelo. *Cabellado -da, cabellera, cabelludo -da.*

caber. Tener sitio. *Cabida, cabimiento.*

cabestro. Ramal atado a la cabeza de la caballería; buey manso. *Cabestraje, cabestrante, cabestrar, cabestrear, cabestrería, cabestrero, cabestrillo.*

cabeza. Parte superior del cuerpo. *Cabeceado, cabeceador -ra, cabeceamiento, cabecear, cabeceo, cabecera, cabeciancho -cha, cabeciduro -ra, cabecilla, cabezada, cabezal, cabezalero -ra, cabezazo, cabezo, cabezón -na, cabezonada, cabezorro, cabezota, cabezote, cabezudo -da, cabezuela.*

cabila*. *Cabileño -ña.*

cabildo. Capítulo eclesiástico; ayuntamiento. *Cabildada, cabildante, cabildear, cabildeo, cabildero.*

cabilla. Barra redonda de hierro. *Cabillero.*

cabina. Pequeño departamento aislado. *Cabinera.*

cabio. Listón atravesado a las vigas.

cabizbajo -ja. Con la cabeza baja.

cabo. Extremo; saliente de la costa; cuerda. *Cabero -ra, cabete, cabillo.*

cabotaje. Navegación a lo largo de la costa.

caboverdiano -na. De Cabo Verde.

cabrahígo. Higuera silvestre. *Cabrahigadura, cabrahigal, cabrahigar.*

cabujón. Piedra preciosa.

caburé. Ave.

cabuya. Pita. *Cabuyera, cabuyería.*

cacahual. Terreno poblado de cacaos.

cacahuete o **cacahuate.** Planta de semilla comestible.

cachava. Palo, cayado. *Cachavazo.*

cachifollar. Dejar abatido; estropear.

cachillada. Cría, camada.

cachimba. Pipa. *Cachimbo.*

cachipolla. Insecto.

cachivache. Trasto.

cachumbo. Cubierta leñosa de varios frutos.

cadáver. Cuerpo muerto. *Cadavérico -ca, cadaverina.*

cadmio. Metal. *Cadmía.*

caftán. Túnica.

cahíz. Medida para áridos. *Cahizada.*

cahuín. Reunión bulliciosa.

caíd. Juez o gobernador mulsumán.

caje-, caji-. Se escriben con *j* todas las palabras que comienzan por *caje-, caji-: cajel, cajero -ra, cajete, cajetilla, cajetín, cají, cajiga, cajista.*

calaba-, calabo-. Todas las palabras que comienzan por estas sílabas se escriben con *b: calaba, calabacera, calabacín, calabaza, calabazate, calabobos, calabocero, calabozo.*

calahorrano -na o **calahorreño -ña.** De Calahorra (Rioja).

calambac. Agáloco, árbol.

calambur*.

calamillera. Llares.

calatraveño -ña. De Calatrava (Ciudad Real).

calatravo -va. De la orden militar de Calatrava.

calavera. Esqueleto de la cabeza; hombre vicioso. *Calaverada, calaverear.*

calboche. Olla de barro.

calbote. Castaña asada.

calefacción. Acción de calentar; sistema o aparato para calentar.

calígine. Niebla, oscuridad; bochorno. *Caliginoso -sa.*

calimba. Hierro para marcar los animales. *Calimbar, calimbo.*

calla. Palo puntiagudo para cavar.

callampa. Seta; sombrero.

callana. Vasija; escoria metalífera; crisol.

callao. Guijarro.

callar. No hablar. *Callamiento, callantar.*

calle. Camino entre casas. *Ca-*

llear, callejear, callejeo, callejero -ra, callejón.
callecalle. Planta.
callo. Dureza formada en la piel; extremo de herradura; en pl., guiso. *Callada, callera, callialto -ta, callicida, callista, callosidad, calloso -sa.*
callón. Utensilio para afilar leznas.
callonca. (Castaña) a medio asar.
caloyo. Cordero o cabrito recién nacido.
calumnia. Falsa acusación. *Calumniador -ra, calumniar, calumnioso -sa.*
caluyo. Baile indio.
calvar. Engañar.
calvario. Vía crucis; sucesión de adversidades.
calvinismo. Doctrina de Calvino. *Calvinista.*
calvo -va. Sin pelo; sin vegetación. *Calva, calvatrueno, calverizo -za, calvero, calvez, calvicie.*
camagüeyano -na. De Camagüey (Cuba).
camahuas. Antigua tribu del Perú.
camarroya. Achicoria silvestre.
camba. Parte del freno del caballo.
cambalache. Trueque; chanchullo. *Cambalachar, cambalachear, cambalachero -ra.*
cambar. Combar. *Cambeto -ta.*
cambará. Árbol.
cámbaro. Crustáceo. *Cambera.*
cambiar. Dar algo por otra cosa; alterarse o transformarse. *Cambiable, cambiador -ra, cambiamiento, cambiante, cambiavía, cambiazo, cambio, cambista.*
cambija. Arca de agua.
cambín. Nasa de junco.
camboyano -na. De Camboya.
cambray. Lienzo. *Cambrayado -da, cambrayón.*
cambucho. Cucurucho. *Cambucha.*
cambuí. Árbol.
cambuj. Antifaz.

cambujo -ja. Morcillo, de color negro con viso rojizo.
cambullón. Cambalache, enredo.
cambur. Planta.
cambute. Planta. *Cambutera.*
cambuto -ta. Rechoncho.
camello -lla. Mamífero rumiante; caballón. *Camellería, camellero, camellón.*
camembert. Un tipo de queso.
camicace*.
cámping. Acampada o campamento.
canabíneo -a. De una familia de plantas.
canalla. Gente ruin; hombre ruin. *Canallada, canallesco -ca.*
cancerbero. Portero o guarda severo.
cancerígeno -na. Que produce cáncer.
canciller. Título. *Cancilleresco -ca, cancillería.*
candombe. Baile negro sudamericano. *Candombear.*
cangalla. Andrajo; desperdicios de los minerales. *Cangallar, cangallero.*
cangilón. Vasija atada a la maroma de la noria.
caníbal. Antropófago. *Canibalismo.*
canje. Trueque. *Canjeable, canjear.*
canjilón -na. De Canjáyar (Almería).
cannabis*. *Cannabáceo -a, cannáceo -a.*
canonjía. Prebenda y dignidad del canónigo.
cantollanista. Perito en el arte del canto llano.
cañabota. Tiburón.
cañaheja o **cañaherla.** Planta.
cañahuate. Árbol.
cañavera. Planta. *Cañaveral, cañaverear.*
cañihueco **(trigo).** Caña hueca, planta gramínea.
cañilavado -da. (Caballería) de canillas delgadas.
cañivano. Cañihueco.
caoba. Árbol. *Caobilla, caobo.*
capcioso -sa. (Pregunta o argumento) engañoso o malintencionado.

capellada. Puntera; remiendo en el zapato.
capellán. Clérigo. *Capellanía.*
capellina. Pieza de la armadura.
capibara. Mamífero.
capisayo. Vestidura.
capó*.
cápsula. Envoltura.
capullo. Cubierta protectora de las larvas de algunos insectos; botón de las flores; bobo.
caquexia. Decoloración de las plantas; alteración profunda de la nutrición. *Caquéctico -ca.*
caqui*.
caraba (ser la). Ser extraordinario.
cáraba. Embarcación. *Carabela, carabelón, cárabo.*
carabao. Rumiante asiático.
cárabe. Ámbar.
carabiniere. Agente de policía italiano.
cárabo. Insecto; ave rapaz.
carabina. Arma de fuego; acompañante. *Carabinazo, carabinero.*
caracalla. Vestidura antigua.
caradura, cara dura → **caradura*.**
caramba. Interj. que expresa extrañeza o enfado.
carámbano. Pedazo de hielo largo y puntiagudo. *Carambanado -da.*
carambola. Lance del billar; casualidad. *Carambolero -ra, carambolista.*
carambolo. Árbol.
caramilleras. Llares.
caravana. Grupo de viajeros; tráfico denso; automóvil acondicionado para vivienda. *Caravanero, caravasar.*
carayá o **carayaca.** Mono.
cárbaso. Variedad de lino.
carbinol. Alcohol metílico.
carbo-, carbu-. Todas las palabras que empiezan con estos sonidos se escriben con *b*: *carbodinamita, carbógeno, carbohidrato, carbol, carbolíneo, carbón, carbonado, carbonalla, carbonario -ria, carbonatado -da, carbonatar, carbonato, carboncillo, carbonera, carbonería, carbonero, carbónico -ca,*

carbonífero -ra, carbonilla, car-
bonillo, carbonita, carbonizar,
carbono, carbonoso -sa, carbo-
rundo, carboxílico -ca, carbo-
xilo, carbunclo, carbunco,
carbúnculo, carburación, car-
burador, carburante, carburar,
carburina, carburo.
carcaj*.
cárcava. Hoya, zanja o foso.
Carcavina, cárcavo, carcavón,
carcavuezo.
carcinógeno -na. Que produce cáncer.
cardialgia. Dolor en el car-
dias.
cardiovascular. Del corazón y
los vasos sanguíneos.
cariampollado -da. Mofle-
tudo. Cariampollar.
caribe. De las Antillas. Cari-
beño -ña.
caribello. (Toro) de cabeza oscura y frente con manchas blancas.
caribú. Rumiante americano.
cariharto -ta. Carirredondo.
carilleno -na. De cara abul-
tada.
carillón. Conjunto de campanas.
cariópside. Fruto seco muy
unido al pericarpio.
carlovingio -gia. Carolingio.
carnauba. Palmera.
Carnaval. Días que preceden
al Miércoles de Ceniza. Carna-
valada, carnavalesco -ca.
carné* o carnet.
carnívoro -ra. Que se alimenta de carne.
caroba. Árbol.
carolingio -gia. De Carlo-
magno o su imperio.
carpetovetónico -ca. De los
carpetanos y los vetones; marcadamente español.
carricuba. Carro de riego.
carrillada. Carne de los carrillos del cerdo.
carrillera. Quijada.
carrusel*.
cartabón. Instrumento triangular para dibujo.
cartagenero -ra. De Cartagena (España) o de Cartagena de
Indias (Colombia).
cartaginés -sa o cartaginense.

De Cartago, antigua ciudad de
África.
cartilágine. Cartílago. Carti-
lagíneo -a, cartilaginoso -sa.
cartivana. Tira de papel para
encuadernar una lámina.
carvajo o carvallo. Roble.
Carvajal.
carvi. Simiente de la alcaravea.
casabe. Pez; cazabe.
casanova. Hombre que tiene
muchas relaciones amorosas.
casbah. Kasbah.
cascabel. Bola de metal que
suena. Cascabela, cascabelada,
cascabelear, cascabeleo, casca-
belero -ra, cascabelillo, cas-
cabillo.
cascalbo. Adj. que designa
una variedad de trigo o de pino.
cascarrabias. Irritable.
casete*.
casquivano -na. Alegre de
cascos.
cassette → casete*.
castellano -na. De Castilla.
Castellanía, castellanidad, caste-
llanismo, castellanización, caste-
llanizar, castellanohablante.
castellonense. De Castellón.
casulla. Vestidura litúrgica.
Casullero.
catabolismo. Parte del proceso del metabolismo. Catabó-
lico -ca.
catacumbas. Galerías subterráneas.
catalepsia. Accidente nervioso. Cataléptico -ca.
cataplexia. Estupefacción.
cataviento. Hilo que indica la
dirección del viento.
catavino. Taza para probar el
vino. Catavinos.
catchup. Ketchup. También catsup.
caterva. Multitud de personas
o cosas consideradas en grupo.
Catervarios.
catibía. Residuo de harina de
yuca.
catibo. Pez.
catimbao. Máscara, figurón.
cativí. Herpe.
cativo. Árbol.
catsup. Ketchup. También catchup.

cauba. Árbol.
causahabiente. El que se ha
subrogado en el derecho de otro.
cautivo -va. Aprisionado.
Cautivador -ra, cautivar, cauti-
verio, cautividad.
cava. Acción de cavar; bodega; vino espumoso; vena. Ca-
vacote, cavadizo -za, cavador,
cavadura, cavar, cavazón.
cavaria. Ave.
cavatina. Especie de aria.
cávea. Jaula; división de la galería del teatro.
caverna. Concavidad natural
profunda. Cavernario -ria, ca-
vernícola, cavernosidad, caver-
noso -sa.
caveto. Moldura.
cavia. Excavación; conejillo
de Indias.
caviar. Manjar de huevas de
esturión.
cavicornio -nia. (Rumiante)
de cuernos huecos.
cavidad. Espacio hueco.
cavilar. Pensar con insisten-
cia. Cavilación, caviloso -sa.
cayado. Bastón. Cayada.
cayajabo. Semilla.
cayama. Ave.
cayapear. Atacar muchos a
uno.
cayapona. Planta.
cayarí. Cangrejo.
cayaya. Arbusto.
cayena. Guindilla.
cayeputi. Árbol.
cayo. Isla rasa y arenosa.
cayuco. Embarcación.
cayumbo. Especie de junco.
cazabe. Torta de mandioca.
También casabe.
cazabombardero. Avión de
combate.
cazaclavos. Instrumento para
arrancar clavos.
cazalla. Aguardiente.
ceb-. Todas las palabras que
empiezan por estos sonidos se
escriben con b: ceba, cebada,
cebadero, cebador, cebar, cebellina, cebiche, cebil, cebo, cebo-
lla, cebolleta, cebollino, cebo-
llón, cebón -na, cebra, cebrión,
cebuano -na, cebú, ceburro.
ceda. Zeda.
cedilla. Signo ortográfico.
También zedilla.

cefalalgia. Dolor de cabeza. *Cefalálgico -ca.*

cefalotórax. Parte del cuerpo de los arácnidos y crustáceos.

cegesimal. Sistema basado en las unidades centímetro, gramo, segundo.

ceiba. Árbol. *Ceibal, ceibo, ceibón.*

cejijunto -ta. Ceñudo.

celandés -sa. De Zelanda. Se escribe más frecuentemente *zelandés.*

celebérrimo -ma. Muy célebre.

célibe. Soltero. *Celibato.*

cella. Parte interior del templo clásico.

cellenco -ca. Muy achacoso.

cellisca. Temporal de agua y nieve. *Cellisquear.*

cello. Aro de una cuba.

celtíbero -ra o **celtibero -ra.** Antiguo habitante de la Península Ibérica. *Celtibérico -ca.*

celtohispánico -ca. (Monumento) céltico español.

cenhegí. De una tribu bereberisca.

cenit*.

cenobio. Monasterio. *Cenobial, cenobítico -ca, cenobitismo.*

centavo. Moneda.

centella. Chispa. *Centalla, centellador -ra, centellar, centellear, centelleo.*

centolla o **centollo.** Crustáceo.

centrobárico -ca. Del centro de gravedad.

centunviro. Cada uno de los cien miembros de un tribunal romano. *Centunviral, centunvirato.*

cepellón. Pella de tierra adherida a las raíces.

cerbatana. Canuto para disparar proyectiles.

cerebelo. Parte del encéfalo.

cerevisina. Levadura de cerveza.

cerollo -lla. (Mies) verde y correosa.

cerrajero -ra. El que fabrica cerraduras. *Cerrajería.*

cerval. Del ciervo. *Cervario -ria, cervato, cérvido -da, cervino -na, cervuno -na.*

cervantino -na. De Cervantes. *Cervantesco -ca, cervántico -ca, cervantismo, cervantista, cervantófilo -la.*

cerveza. Bebida. *Cerveceo, cervecería, cervecero -ra.*

cerviz. Parte posterior del cuello. *Cervical, cervicular, cervigón, cervigudo -da, cerviguillo.*

ceta. Zeta.

ceugma. Zeugma.

chabacano -na. De mal gusto. *Chabacanada, chabacanería.*

chabola. Caseta o choza. *Chabolismo, chabolista.*

chafallo. Remiendo mal echado. *Chafallar, chafallón -na.*

challulla. Pez.

chamb-. Todas las palabras que comienzan por estos sonidos se escriben con *b: chamba, chambado, chambón -na, chambonada, chambonear, chambelán, chambergo -ga, chambilla, chamborote, chamburo.*

chamullar. Hablar.

chanchullo. Manejo ilícito, trampa. *Chanchullero -ra.*

chanciller. Canciller. *Chancillería.*

chantaje. Amenaza de difamación. *Chantajear, chantajista.*

chantillí*.

chantillón. Regla o patrón.

chaqué*.

chauvinismo, chauvinista → chovinismo*.

chaval -la. Muchacho. *Chavea.*

chavasca. Chasca.

chaveta. Clavo; clavija; loco. *Perder la chaveta:* Perder el juicio.

chavo. Moneda de poco valor.

chaya. Burlas de Carnaval.

chayo. Arbusto.

chayote. Fruto. *Chayotera.*

checoslovaco -ca o **checoeslovaco -ca.** De Checoslovaquia, antigua nación de Europa.

cheje. Eslabón.

cherva. Ricino.

chervonetz. Moneda rusa.

chévere. Bueno; bonito.

*cheviot** o **chevió.**

chibalete. Armazón de madera, usada en imprenta.

chibcha. Antiguo habitante de Colombia.

chibuquí. Pipa turca.

chichinabo (de). De chicha y nabo, sin importancia.

chichisbeo. Hombre que obsequiaba continuamente a una mujer.

chiffonnier. Mueble.

chihuahua. Raza de perro.

chilaba. Vestidura mora.

chilacayote. Planta.

chillar. Dar gritos agudos. *Chilla, chillador -ra, chillería, chillido, chillo, chillón -na.*

chimbo -ba. (Dulce) de huevos, almendras y almíbar.

chinchemolle. Insecto.

chiríbico. Pez.

chiribita. Chispa; pez; margarita. *Chiribital.*

chiribitil. Desván.

chiricaya. Flan.

chirimbolo. Utensilio.

chirimoyo. Árbol. *Chirimoya.*

chirivía. Planta.

chisgarabís. Zascandil, mequetrefe.

chita callando (a la). Con disimulo. *Chiticallando.*

chiticalla. Persona reservada.

chivar. Contar (un secreto); acusar. *Chivatada, chivatazo, chivatear, chivateo, chivato -ta.*

chivo -va. Cría de la cabra; poza donde se recogen las heces del aceite. *Chivato, chivetero, chivital.*

chocoyo. Pájaro.

cholla. Cabeza.

chollo. Ganga.

chorbo -ba. Individuo; compañero sentimental. También *chorvo.*

chotacabras. Ave.

chotis*.

chova. Pájaro.

chovinismo*. *Chovinista.*

christmas → **crisma*.**

chubasco. Aguacero. *Chubasquero.*

chumbar. Disparar con balas; ladrar.

chumbe. Faja.

chumbo -ba. (Fruto o árbol) del nopal. *Chumbera.*

chupalla. Planta.

churriburri. Zurriburri.

churumbel. Niño.

ciaboga. Maniobra de dar vuelta a una barca.

cianhídrico. (Ácido) prúsico.
cianógeno. Gas.
cibaje. Árbol.
cibelina. Cebellina.
cibera. Porción de trigo que se echa en la tolva del molino.
cibernética. Ciencia electrónica. *Ciberespacio, cibernauta, cibernético -ca.*
cibi. Pez.
cibiaca. Parihuela.
cibica. Pieza del carro.
cíbolo. Bisonte.
ciborio. Copa; baldaquino.
ciervo -va. Mamífero.
cigoto. Zigoto.
ciguaraya. Árbol.
cimb-. Todas las palabras que empiezan por estos sonidos se escriben con *b: cimba, cimbalaria, címbalo, cimbel, cimboga, cimborio, cimborrio, cimbra, cimbrar, cimbreante, cimbrear, cimbreo, cimbronazo,* etc.
cinc*.
cincollagas. Planta.
cineclub. Club de cine.
cinegética. Arte de la caza. *Cinegético -ca.*
cingiberáceo -a. De una familia de plantas.
cinia → **zinnia*.**
cinta (en) → **encinta*.**
cipayo. Soldado indio al servicio extranjero.
circonio. Zirconio.
circunnavegar. Navegar alrededor. *Circunnavegación.*
circunscribir. Reducir a límites. *Circunscripción, circunscrito -ta* (más raro, *circunscripto -ta).*
circunspección. Prudencia. *Circunspecto -ta.*
circunstancia. Condiciones que rodean a una persona o cosa. *Circunstancial, circunstante.*
circunvalar. Cercar. *Circunvalación.*
circunvecino -na. Que está cerca y alrededor.
circunvolar. Volar alrededor.
circunvolución. Vuelta alrededor de un centro común.
circunyacente. Circunstante.
cirugía. Parte de la medicina que tiene por objeto curar mediante operaciones.

citogenética. Estudio de los cromosomas.
civeta. Gato de algalia. *Civeto.*
civil. Ciudadano. *Cívico -ca, civilidad, civilista, civilización, civilizador -ra, civilizar, civismo.*
cizalla. Instrumento para cortar metal. *Cizallar.*
claraboya. Ventana en el techo.
clarividencia. Perspicacia. *Clarividente.*
claustrofobia. Horror a los recintos cerrados.
clav-. Todas las palabras que empiezan por estos sonidos se escriben con *v: clava, clavar, clavazón, clave, clavecín, clavecinista, clavel, clavelito, clavellina, claveque, clavero, clavete, clavetear, clavicembalista, clavicémbalo, clavicordio, clavícula, clavija, clavo,* etc.
claxon. Bocina de automóvil.
clepsidra. Reloj de agua.
clerigalla. Conjunto de malos clérigos.
clerofobia. Odio al clero. *Clerófobo -ba.*
clímax. Gradación ascendente; momento culminante.
clivoso -sa. En cuesta.
clorhídrico. (Ácido) compuesto de cloro e hidrógeno. *Clorhidrato.*
clown → **payaso*.**
club o **clube.** Sociedad. *Clubista.*
cneoráceo -a. De una familia de plantas.
coacervar. Amontonar. *Coacervación.*
coadyutor. Coadjutor. *Coadyutorio -ria.*
coadyuvar. Ayudar. *Coadyuvador -ra, coadyuvante.*
coagente. El que coopera.
coaxial. Que tiene el mismo eje que otro.
coba. Adulación. *Cobista.*
cobalto. Metal. *Cobaltina, cobaltoterapia.*
cobarcho. Parte de la almadraba.
cobarde. Sin valor. *Cobardear, cobardía.*

cobayo o **cobaya.** Conejillo de Indias.
cobea. Planta.
cobertera. Tapadera. *Cobertizo, cobertor, cobertura.*
cobez. Ave.
cobijar. Cubrir. *Cobija, cobijador -ra, cobijamiento, cobijo, cobijón.*
cobo. Caracol.
cocaví. Pequeña provisión de víveres.
coccinela. Insecto. *Coccinélido.*
cóccix*. *Coccígeo -a.*
cochayuyo. Planta marina.
cochevira. Manteca de cerdo.
cochevís. Pájaro.
cocker. Perro de caza.
cocobálsamo. Fruto.
cocobolo. Árbol.
cóctel. Bebida.
cocuyo. Insecto.
coevo -va. De la misma época.
coexistir. Existir a la vez que otro. *Coexistencia.*
coger. Tomar; alcanzar. *Cogedero -ra, cogedizo -za, cogedor -ra, cogedura, cogida.*
cogestión. Gestión conjunta.
cogitativo -va. Que tiene facultad de pensar. *Cogitabundo -da.*
cognac → **coñac*.**
cogollo. Lo interior, la sustancia.
cogulla. Hábito religioso.
cogullada. Papada del puerco.
cohabitar. Vivir con otra persona; realizar el acto sexual. *Cohabitación.*
cohechar. Sobornar; dar vuelta a la tierra antes de sembrarla. *Cohecha, cohechador -ra, cohecho.*
coheredar. Heredar juntamente con otro. *Coheredero -ra.*
coherencia. Conexión. *Coherente, cohesión, cohesivo -va, cohesor.*
cohete. Artificio volante de fuego. *Cohetero -ra.*
cohibir. Refrenar. *Cohibición.*
cohobar. Destilar repetidas veces. *Cohobación.*
cohobo. Piel de ciervo.
cohombro. Variedad de pepino. *Cohombral.*

cohonestar. Presentar como honesto.

cohorte. Unidad militar romana.

cojear. Andar torciendo el cuerpo. *Cojera, cojitranco -ca.*

cojijo. Bicho; inquietud. *Cojijoso -sa.*

cojín. Almohadón. *Cojinete.*

cojinúa. Pez.

cojobo. Árbol.

cok. Sustancia carbonosa.

colaborar. Trabajar con otros. *Colaboración, colaboracionismo, colaboracionista, colaborador -ra.*

colage. Composición plástica en que aparecen pegados objetos diversos.

colágeno. Sustancia de los tejidos conjuntivo y cartilaginoso.

colapso. Postración repentina; paralización. *Colapsar.*

colección. Conjunto de cosas. *Coleccionar, coleccionista.*

colegio. Centro de enseñanza; corporación. *Colegiación, colegiado -da, colegial -la, colegiarse, colegiata, colegiatura.*

colegir. Unir; deducir.

colegislador -ra. Que legisla con otro.

colibacilo. Bacilo del intestino. *Colibacilosis.*

colimbo. Ave.

colinabo. Variedad de col.

colipavo -va. (Paloma) con la cola más ancha que las demás.

colla. Pieza de la armadura; arte de pesca; temporal; indio mestizo.

collado. Colina. *Collada, colladía.*

collage. Colage.

collar. Adorno del cuello. *Collarín, collarino, collera, collerón.*

colleja. Hierba.

colliguay. Arbusto.

colobo. Mono.

colombiano -na. De Colombia.

colombicultura. Cría de palomas. *Colombicultor.*

colombino -na. De Cristóbal Colón.

colombo. Raíz medicinal.

colombófilo -la. Palomero. *Colombofilia.*

columbario. Conjunto de nichos.

columbino -na. De la paloma.

comba. Curvatura. *Combadura, combar, combo -ba.*

combatir. Pelear, embestir. *Combate, combatible, combatiente, combatividad, combativo -va.*

combés. Espacio descubierto.

combinar. Poner de acuerdo; disponer. *Combinable, combinación, combinatorio -ria.*

combustión. Acción de arder o quemar. *Comburente, combustibilidad, combustible, combusto -ta.*

comején. Insecto. *Comejenera.*

cómic. Secuencia de viñetas.

comoquiera, como quiera → **como***.

compact disc. Disco compacto.

compaginar. Poner en buen orden. *Compaginación, compaginador.*

complejidad. Calidad de complejo.

complexión. Constitución fisiológica.

complot*.

compluvio. Abertura rectangular en el techo.

compraventa. Negocio de comprar objetos para revenderlos.

comprobar. Confirmar. *Comprobable, comprobación, comprobante, comprobatorio -ria, comprueba.*

comprovinciano -na. De la misma provincia que otro. *Comprovincial.*

compungir. Entristecer. *Compungido -da, compungivo -va.*

cóncavo -va. Que tiene la superficie deprimida por el centro. *Concavidad.*

concebir. Quedar fecundada la hembra; formar en la mente (una idea). *Concepción.*

concejil. Del concejo.

conchabar. Asociar. *Conchabanza, conchabo.*

conciencia*.

conciliábulo. Reunión para conspirar.

cónclave o **conclave.** Junta de cardenales para elegir Papa.

concluyente. Que concluye. **concreción*.**

concubina. Amante, querida. *Concubinario, concubinato.*

conejero -ra. Que caza conejos. *Conejil.*

conexo -xa. Que tiene enlace o relación. *Conexión, conexionar, conexivo -va.*

confabularse. Ponerse de acuerdo. *Confabulación, confabulador -ra.*

confeti. Trocito de papel de color.

confort*. *Confortable.*

confulgencia. Brillo simultáneo.

congelar. Helar. *Congelable, congelación, congelador, congelamiento, congelante, congelativo -va.*

congénere. Del mismo género.

congeniar. Avenirse bien. *Congenial.*

congénito -ta. Connatural, innato.

congestión. Acumulación de sangre. *Congestionar, congestivo -va.*

conglobar. Juntar en montón. *Conglobación.*

conivalvo -va. (Molusco) de concha cónica.

conjetura. Suposición. *Conjeturable, conjeturador -ra, conjetural, conjeturar.*

conllevar. Implicar, suponer. *Conllevador -ra.*

conmover. Causar emoción. *Conmovedor -ra.*

connatural. Propio de la naturaleza de uno. *Connaturalización, connaturalizarse.*

connivencia. Acción de confabularse. *Connivente.*

connotar. Denotar conjuntamente. *Connotación, connotativo -va.*

connovicio -cia. Novicio con otro.

connubio. Matrimonio. *Connubial.*

conque, con que → **conque*.**

consabido -da. Ya tratado anteriormente. *Consabidor -ra.*

consciencia, consciente → **conciencia*.**

consejero -ra. El que aconseja. *Consejería.*

conserje. Cuidador de un edificio público. *Conserjería.*

conservar. Guardar. *Conserva, conservación, conservador -ra, conservaduría, conservadurismo, conservante, conservativo -va, conservatoría, conservatorio -ria, conservería, conservero -ra.*

conspicuo -cua. Ilustre.

conspirar. Confabularse contra algo o alguien. *Conspiración, conspirador -ra.*

constancia. Firmeza, perseverancia. *Constante.*

constar. Ser cierto; estar formado; estar registrado. *Constancia.*

constatar. Comprobar. *Constatación.*

constelación. Conjunto de estrellas.

consternar. Causar pena. *Consternación.*

constipado. Catarro. *Constiparse.*

constituir. Formar. *Constitución, constitucional, constitucionalidad, constitutivo -va, constituyente.*

constreñir. Obligar. *Constricción, constrictor -ra, constringente.*

construir. Edificar. *Construcción, constructivismo, constructivista, constructivo -va, constructor -ra.*

consubstancial. Consustancial. *Consubstanciación, consubstancialidad.*

contagio. Transmisión de una enfermedad. *Contagiar, contagiosidad, contagioso -sa.*

contexto. Serie del discurso, tejido o hilo de la narración. *Contextual, contextualizar, contextualización, contextuar, contextura.*

contingente. Que puede suceder o no suceder. *Contingencia, contingible.*

contraalmirante*.

contraatacar. Reaccionar ofensivamente a un ataque. *Contraataque.*

contraaviso. Aviso contrario a otro anterior.

contrabajo. Instrumento musical. *Contrabajista, contrabajón, contrabajonista.*

contrabalanza. Contrapeso. *Contrabalancear.*

contrabando. Introducción ilegal de géneros prohibidos. *Contrabandear, contrabandista.*

contrabarrera. Fila de asientos en las plazas de toros.

contrabasa. Pedestal.

contracción. Acción de contraerse.

contraclave. Dovela inmediata a la clave.

contracorriente → corriente*.

contracubierta. Parte posterior de la cubierta de un libro.

contradicción. Acción de contradecirse.

contraemboscada. Emboscada que se hace contra otra.

contraembozo. Tira de la capa.

contraenvite. Envite en falso.

contrafallar. En cartas, poner un triunfo superior. *Contrafallo.*

contrahacer. Imitar. *Contrahacedor -ra, contrahechura.*

contrahaz. Envés.

contrahecho -cha. Deforme.

contrahierba. Planta.

contrahilera. Hilera que defiende a otra.

contrahílo (a). En dirección opuesta al hilo.

contrahuella. Plano vertical del peldaño.

contralmirante → contraalmirante*.

contramalla. Red puesta detrás de otra. *Contramalladura, contramallar.*

contramuelle. Muelle opuesto a otro.

contramuralla. Contramuro.

contra natura → natura*.

contraproyecto. Proyecto que se hace contra otro.

contraprueba. Nueva prueba.

contra reembolso → reembolso*.

contra reloj → reloj*.

contrarraya. Raya que cruza a otras.

contrarreembolso → reembolso*.

contrarreloj, contrarrelojista → reloj*.

contrarrevolución. Revolución en contra de otra. *Contrarrevolucionario -ria.*

contrasello. Sello menor con que se marcaba el principal. *Contrasellar.*

contravalor. Valor que se da a cambio.

contravapor. Corriente de vapor que actúa en sentido opuesto a otra.

contraveneno. Antídoto.

contravenir. Desobedecer. *Contravención, contraventor -ra.*

contraventana. Puerta que cierra sobre la vidriera.

contraveros. Dibujo de heráldica. *Contraverado -da.*

contravidriera. Segunda vidriera.

contravoluta. Voluta que duplica la principal.

contrayente. Que contrae.

contribuir. Pagar; ayudar. *Contribución, contribuidor -ra, contributivo -va, contribuyente.*

contributario -ria. Tributario con otros.

contrición*.

controvertir. Discutir. *Controversia, controversista, controvertible.*

contubernio. Alianza vituperable.

conturbar. Inquietar. *Conturbación, conturbador -ra, conturbativo -va.*

conurbación. Conjunto formado por varias poblaciones vecinas.

convalecer. Reponerse. *Convalecencia, convaleciente.*

convalidar. Confirmar. *Convalidación.*

convección. Transmisión de calor en un fluido. *Convector.*

convecino -na. Vecino del mismo pueblo.

convencer. Persuadir. *Convencedor -ra, convencimiento, convicción, convincente.*

convención. Pacto. *Convencional, convencionalismo.*

convenir. Interesar; acordar. *Convenible, conveniencia, convenienciero -ra, conveniente, convenio.*

convento. Casa de religiosos; comunidad. *Conventículo, conventillero -ra, conventillo, conventual, conventualidad.*

converger o **convergir.** Dirigirse a un mismo punto. *Convergencia, convergente.*

conversar. Charlar. *Conversación, conversada, conversador -ra.*

convertir. Transformar; volver. *Conversión, conversivo -va, converso -sa, convertible, convertidor.*

convexo -xa. Que tiene la superficie más prominente en el medio. *Convexidad.*

convicto -ta. (Reo) cuyo delito está probado.

convidar. Invitar. *Convidada, convidador -ra, convite, convival, convivio.*

convivir. Vivir en compañía de otros. *Convivencia, conviviente.*

convocar. Citar. *Convocación, convocador -ra, convocatorio -ria.*

convólvulo. Oruga; enredadera. *Convolvuláceo -a.*

convoy. Escolta; conjunto de cosas escoltadas. *Convoyar.*

convulsión. Contracción espasmódica. *Convulsionante, convulsionar, convulsionario -ria, convulsivo -va, convulso -sa.*

cónyuge. Consorte. *Conyugal.*

coñá o **coñac*.**

copaiba o **copayero.** Árbol.

cópec. Moneda rusa. También *kopek.*

copihue. Planta.

coproducción. Producción conjunta.

copyright. Derecho de edición.

corajina. Arrebato de coraje.

coralígeno -na. Que produce coral.

corbacho. Vergajo. *Corbachada.*

corbata. Prenda de adorno masculina. *Corbatería, corbatero -ra, corbatín.*

corbeta. Embarcación.

corcova. Joroba. *Corcovar, corcovear, corcoveta, corcovo.*

cordellate. Tejido.

cordillera. Cadena montañosa.

cordobés -sa. De Córdoba. *Córdoba* (moneda de Nicaragua), *cordobán, cordobanero.*

coriambo. Pie de la versificación clásica. *Coriámbico -ca.*

coribante. Sacerdote de Cibeles.

corimbo. Inflorescencia.

cornicabra. Planta; variedad de aceituna.

cornígero -ra. Que tiene cuernos.

corniveleto -ta. Que tiene los cuernos altos y derechos.

corregente. El que es regente con otro. *Corregencia.*

corregir. Reformar. *Corrección, correccional, correctivo -va, correcto -ta, corrector -ra, corregible, corregidor -ra, corregimiento.*

correhuela. Planta; juego.

correjel. Cuero grueso y flexible.

correligionario -ria. Que profesa la misma religión que otro.

correveidile o **correvedile.** El que lleva y trae chismes.

correverás. Juguete que se mueve.

corriente. *Contra corriente → corriente*.*

corrigendo -da. El que cumple condena.

corrivación. Canalización.

corroborar. Ratificar. *Corroboración, corroborante, corroborativo -va.*

corrulla. Corulla.

cortaviento. Aparato para cortar el viento.

cortijero -ra. El que vive en un cortijo.

cortocircuito*.

corulla. Pañol.

corva. Parte de la pierna opuesta a la rodilla.

corvejón. Articulación de la pata.

corveta. Movimiento del caballo. *Corvetear.*

córvido -da. De la familia del cuervo. *Corvato, corvejón, corvino -na.*

corvina. Pez. *Corvinera.*

corvo -va. Arqueado. *Corvadura.*

coscojita. Juego infantil.

coscoroba. Ave.

cosmonave. Nave espacial.

cosmovisión. Concepción del universo.

cotangente. Función trigonométrica.

cotillón. Fiesta de fin de año.

cotobelo. Abertura en la vuelta de cama del freno.

coulomb. Culombio.

covacha. Cueva pequeña. *Covachuela* (oficina pública), *covachuelista, covachuelo.*

covadera. Espacio de donde se extrae guano.

coxa. Primera pieza de la pata de los insectos.

coxalgia. Dolor de cadera. *Coxálgico -ca.*

coxis → **cóccix*.** *Coxígeo -a.*

coya. Mujer del emperador inca.

coyol. Árbol. *Coyolar.*

coyoleo. Ave.

coyote. Especie de lobo. *Coyotero -ra.*

coyunda. Correa con que se unen los bueyes.

coyuntero. Acoyuntero.

coyuntura. Articulación; ocasión. *Coyuntural.*

coyuyo. Insecto.

crack. Droga; quiebra; jugador de gran calidad, en algunos deportes.

cremallera. Barra dentada que engrana con un piñón; cierre de ciertas prendas de vestir.

creyente. Que cree.

criba. Harnero. *Cribado, cribador -ra, cribar, cribo.*

cribelo. Órgano del abdomen de las arañas.

cricket o **críquet*.**

criollo -lla. Nacido en América. *Criollismo.*

criptón. Kriptón.

crisoberilo. Piedra preciosa.

crisopeya. Arte de convertir metales en oro.

cristobalita. Variedad del cuarzo.

croché o **crochet** → **ganchillo*.**

crómlech o **crónlech.** Monumento megalítico.

croissant → **cruasán*.**

croupier. Crupier.

cross*.

cruasán*.

crucifixión. Acción de crucificar.

crucígero -ra. Crucífero.

crujía. Corredor largo de un edificio; mala situación.

crujir. Hacer cierto ruido algunos cuerpos al romperse. *Crujidero -ra, crujido.*

ctenóforo. Celentéreo.

cu. Letra *q*.

cuaba. Árbol.

cuadragenario -ria. De cuarenta años.

cuadragésimo -ma. Cuarentavo. *Cuadragesimal.*

cuadringentésimo -ma. Que ocupa el lugar cuatrocientos.

cuadrisílabo -ba. De cuatro sílabas.

cuadrivio. Paraje donde concurren cuatro sendas; conjunto de las cuatro artes matemáticas. *Cuadrivista.*

cuadríyugo. Carro de cuatro caballos.

cuáquero -ra. De una secta religiosa. También *cuákero.*

cuark → **quark*.**

cuartogénito -ta. Nacido en cuarto lugar.

cuásar → **quásar*.**

cuatorviro. Magistrado que con otros tres presidía el gobierno de una ciudad. *Cuatorvirato.*

cuatralbo -ba. (Animal) que tiene blancos los cuatro pies.

cuatrillizo -za. Nacido de un parto cuádruple.

cuatrillón. Un millón de trillones.

cuatrisílabo -ba. De cuatro sílabas.

cuatro. Número. *Cuatrocientos* se escribe en una palabra; *cuatro mil,* en dos.

cub-. Todas las palabras que empiezan por estos sonidos se escriben con *b: cuba, cubano -na, cubata, cubeba, cubero, cubertería, cubicar, cúbico -ca, cubículo, cubierto -ta, cubil, cubilete, cubismo, cubista, cubital, cubitera, cubito, cúbito, cubo,* etc.

cubalibre, cuba libre → **cuba libre*.**

cucayo. Provisiones.

cuclillas (en). Con las piernas flexionadas y descansando el peso del cuerpo sobre los talones.

cucurbitáceo -a. De una familia de plantas.

cucuyo. Insecto.

cuello. Parte del cuerpo. *Cuellicorto -ta, cuellierguido -da, cuellilargo -ga.*

cuentahílos. Microscopio para contar los hilos de un tejido.

cuentakilómetros. Contador de kilómetros.

cuentarrevoluciones. Conta-

dor de las revoluciones de un motor.

cuervo. Pájaro. *Cuerva.*

cueva. Cavidad subterránea. *Cuevero.*

cuévano. Cesto grande de mimbres.

cuje. Vara.

cullerense. De Cullera (Valencia).

culombio. Unidad de masa eléctrica.

cultivar. Hacer que fructifique. *Cultivable, cultivación, cultivado -da, cultivador -ra, cultivo.*

cumbé. Baile africano.

cumbia. Baile colombiano.

cuodlibeto. Discusión sobre un punto científico. *Cuodlibético -ca.*

curbaril. Árbol.

curdo -da. Del Curdistán o Kurdistán (región de Asia). También *kurdo.*

curibay. Árbol.

curiyú. Boa.

curriculum vitae. Loc. latina: Historial profesional.

curry. Condimento.

curubo. Planta.

curujey. Planta.

curvo -va. No recto. *Curvar, curvatón, curvatura, curvidad, curvilíneo -a, curvímetro.*

cuye. Cobaya.

cuyo -ya. Del cual, de la cual, etcétera.

d

dabuten o **dabuti.** De buten, extraordinario.

dádiva. Regalo. *Dadivosidad, dadivoso -sa.*

dahír. En Marruecos, decreto.

dalla. Guadaña. *Dallador, dallar, dalle.*

damnificar. Causar daño. *Damnificado -da.*

dandy*.

danubiano -na. Del Danubio.

darwinismo. Teoría de Darwin. También *darvinismo. Darwinista* (o *darvinista*).

deambular. Pasear. *Deambulatorio.*

debajo. En lugar inferior. *Debajero.*

debatir. Discutir. *Debate.*

debelar. Vencer por las armas. *Debelación, debelador -ra.*

deber. Estar obligado. *Debe, débito.*

débil. Escaso de fuerza. *Debilidad, debilitación, debilitamiento, debilitar.*

debó. Instrumento para adobar las pieles.

debocar. Vomitar.

debut*. *Debutante, debutar.*

decasílabo -ba. De diez sílabas.

decemnovenal o **decemnovenario -ria.** De diecinueve años.

decenviro o **decenvir.** Magistrado romano. *Decenviral, decenvirato.*

decibelio o **decibel.** Unidad de intensidad del sonido.

decimo-*.

declive. Pendiente. *Declividad.*

decúbito. Posición del cuerpo tendido horizontalmente.

deducción. Acción de deducir.

defección. Abandono de una causa.

deflación. Reducción de la actividad económica.

degenerar. Decaer. *Degeneración, degenerado -da, degenerativo -va.*

degollar. Cortar el cuello. *Degollación, degolladero, degollador -ra, degolladura, degollante, degollina, degüello.*

dehesa. Tierra acotada para pastos. *Dehesar, dehesero.*

dehiscencia. Acción de abrirse el pericarpio para dar salida a la semilla. *Dehiscente.*

deixis. Señalamiento.

deje. Acento, modo de hablar.

deliberar. Examinar el pro y el contra. *Deliberación, deliberado -da, deliberativo -va.*

demagogia. Halago de la plebe para asaltar el poder. *Demagógico -ca.*

demás, de más → **demás*, más*.**

dentellar. Batir los dientes unos contra otros. *Dentellada, dentellear, dentellón.*

dentivano -na. De dientes largos, anchos y ralos.

depravar. Viciar. *Depravación, depravado -da, depravador -ra.*

deprisa. Con rapidez. También (hoy raro) *de prisa.*

deque, de que → **que²*.**

derbi o **derby*.**

derivar. Traer su origen. *Deriva, derivación, derivada, derivativo -va.*

dermalgia. Dolor de piel.

derrabar. Cortar la cola. *Derrabadura.*

derrabe. Derrumbamiento en una mina.

derribar. Demoler. *Derribador, derribo.*

derrubiar. Llevarse un río la tierra. *Derrubio.*

derrumbar. Precipitar. *Derrumbadero, derrumbamiento, derrumbe, derrumbo.*

derviche. Especie de monje mulsumán.

desabarrancar. Sacar de un barranco.

desabastecer. Desproveer. *Desabastecimiento.*

desabejar. Sacar las abejas.

desabollar. Quitar las abolladuras. *Desabollador.*

desabonarse. Dejar de estar abonado. *Desabono.*

desabordarse. Separarse un barco de otro al que ha abordado.

desaborido -da. Insípido. *Desabor.*

desabotonar. Soltar los botones.

desacobardar. Quitar la cobardía.

desactivar. Quitar el detonador (a un explosivo). *Desactivación.*

desafección. Mala voluntad.

desagraviar. Reparar un agravio. *Desagravio.*

desaherrojar. Quitar los hierros.

desahijar. Apartar las crías de las madres.

desahitarse. Quitarse el ahíto o indigestión.

desahogar. Aliviar. *Desahogado -da, desahogo.*

desahuciar*. *Desahucio.*

desahumar. Quitar el humo.

desalabear. Quitar el alabeo. *Desalabeo.*

desalhajar. Quitar las alhajas o muebles.

desambientar. Sacar del ambiente propicio.

desangelado -da. Falto de ángel o gracia.

desapercibido -da. Desprevenido. *Desapercibimiento.*

desapoyar. Quitar el apoyo.

desaprobar. No asentir. *Desaprobación.*

desaprovechar. Desperdiciar. *Desaprovechamiento.*

desarbolar. Derribar los palos del barco. *Desarbolo.*

desarrapado -da. Desharrapado.

desarrebozar. Quitar el rebozo.

desarrebujar. Desenmarañar; desarropar.

desarrollar. Desenvolver; acrecentar. *Desarrollable, desarrollo.*

desataviar. Quitar los atavíos.

desatollar. Sacar del atolladero.

desatornillar. Destornillar.

desatraillar. Quitar la traílla.

desavahar. Enfriar; orear. *Desavahamiento.*

desavenir. Desconcertar. *Desavenencia.*

desaventajado -da. Inferior.

desaviar. Apartar del camino; quitar el avío. *Desavío.*

desavisar. Dar aviso contrario a otro.

desayudar. Impedir la ayuda.

desayuno. Primer alimento del día. *Desayunar.*

desbabar. Purgar, expeler las babas.

desbagar. Sacar de la baga la linaza.

desbancar. Quitar el puesto.

desbandarse. Huir en desorden. *Desbandada.*

desbarajuste o **desbarahúste.** Desorden. *Desbarajustar* o *desbarahustar.*

desbaratar. Deshacer. *Desbaratador -ra, desbaratamiento, desbarate, desbarato.*

desbarbar. Quitar las barbas. *Desbarbillar.*

desbardar. Quitar la barda.

desbarrar. Errar. *Desbarro.*

desbarretar. Quitar las barretas.

desbarrigar. Herir la barriga.

desbastar. Quitar lo más basto. *Desbastador, desbastadura, desbaste.*

desbeber. Orinar.

desbecerrar. Destetar los becerros.

desbocar. Quitar la boca; dispararse. *Desbocamiento.*

desboquillar. Quitar la boquilla.

desbordar. Salir de los bordes. *Desbordamiento, desbordante.*

desbornizar. Arrancar el bornizo.

desborrar. Quitar la borra.

desbotonar. Quitar los botones (al tabaco).

desbravar. Amansar. *Desbravador.*

desbuchar. Desembuchar; desainar.

desbullar. Sacar de la concha. *Desbulla, desbullador.*

descabalar. Quitar una pieza esencial. *Descabal, descabalamiento.*

descabalgar. Desmontar. *Descabalgadura.*

descabellado -da. Absurdo.

descabellar. Matar al toro. *Descabello.*

descabestrar. Desencabestrar.

descabezar. Quitar la cabeza; vencer un obstáculo. *Descabezamiento.*

descadillar. Quitar los cadillos. *Descadillador -ra.*

descalabazarse. Romperse en vano la cabeza.

descambiar. Deshacer el cambio; devolver lo comprado.

descangallar o descangayar. Descoyuntar.

descantillar. Romper las aristas; rebajar.

descarbonatar. Quitar el ácido carbónico.

descarburar. Sacar el carbono. *Descarburación.*

descarrillar. Quitar los carrillos. *Descarrilladura.*

descascarillar. Quitar la cascarilla.

descebar. Quitar el cebo.

descervigar. Torcer la cerviz. *Descervigamiento.*

desclavar. Arrancar (clavos). *Desclavador.*

descobajar. Quitar el escobajo.

descobijar. Descubrir.

descogollar. Quitar los cogollos.

descollar. Destacar.

descolmillar. Quitar los colmillos.

descompaginar. Descomponer.

desconchabar. Deshacer un trato.

desconexión. Acción de desconectar.

descongelar. Hacer que cese la congelación.

descongestionar. Reducir la congestión. *Descongestión.*

descontagiar. Quitar el contagio.

desconvenir. No convenir. *Desconvenible, desconveniencia.*

desconvocar. Anular una convocatoria. *Desconvocatoria.*

descostillar. Romper las costillas.

descoyuntar. Desencajar. *Descoyuntamiento.*

describir. Representar. *Descripción, descriptivo -va.*

descuadrillarse. Derrengarse.

descuajeringar. Descuajaringar, desvencijar.

descubierto. Déficit.

descuello. Exceso en altura.

desdevanar. Deshacer el ovillo.

desdibujar. Hacer borroso o confuso.

desellar. Quitar el sello. *Deselladura.*

desembalar. Desenfardar. *Desembalaje.*

desembaldosar. Quitar las baldosas.

desembalsar. Dar salida al agua embalsada.

desembanastar. Sacar de la banasta.

desembarazar. Quitar el impedimento. *Desembarazo.*

desembarcar. Salir del barco. *Desembarcadero, desembarco, desembarque.*

desembargar. Quitar el embargo. *Desembargador, desembargo.*

desembarrancar. Sacar a flote.

desembarrar. Limpiar el barro.

desembaular. Sacar de un baúl.

desembebecerse. Salir del embebecimiento.

desembelesarse. Salir del embelesamiento.

desembocar. Salir. *Desembocadero, desembocadura, desemboque.*

desembojar. Quitar de las bojas los capullos de seda. *Desembojadera.*

desembolsar. Pagar. *Desembolso.*

desemborrachar. Desembriagar.

desemboscarse. Salir de la emboscada.

desembotar. Quitar el embotamiento.

desembozar. Quitar el embozo. *Desembozo.*

desembravecer. Amansar.

desembrollar. Desenredar.

desembuchar. Sacar del buche; decir lo que se sabe.

desemparvar. Recoger la parva.

desempavonar. Despavonar.

desempolvar. Quitar el polvo. *Desempolvadura, desempolvoradura, desempolvorar.*

desenalbardar. Quitar la albarda.

desencabalgar. Desmontar.

desencabestrar. Sacar el cabestro.

desencallar. Poner a flote.

desencapillar. Zafar lo que está encapillado.

desencastillar. Echar de un castillo.

desenclavar. Desclavar.

desenclavijar. Quitar las clavijas.

desencoger. Extender, estirar. *Desencogimiento.*

desencorvar. Enderezar.

desengrilletar. Zafar un grillete.

desenhebrar. Sacar la hebra.

desenhornar. Sacar del horno.

desenlabonar. Deseslabonar.

desenladrillar. Quitar los ladrillos. *Desenladrillado.*

desenmallar. Sacar de la malla.

desenmohecer. Quitar el moho.

desenrollar. Desarrollar lo enrollado.

desensebar. Quitar el sebo.

desensillar. Quitar la silla.

desensoberbecer. Hacer deponer la soberbia.

desentornillar. Destornillar.

desenvainar. Sacar de la vaina.

desenvelejar. Quitar el velamen.

desenvergar. Desatar velas envergadas.

desenvolver. Desarrollar. *Desenvoltura, desenvolvedor -ra, desenvolvimiento, desenvuelto -ta.*

deseslabonar. Deslabonar.

desestibar. Sacar el cargamento de la bodega de un buque.

desfallecer. Perder fuerzas. *Desfallecimiento.*

desfavorecer. Perjudicar. *Desfavorable, desfavorecedor -ra.*

desfollonar. Quitar hojas inútiles.

desgalillarse. Desgañitarse.

desgarbado -da. Sin garbo.

desgobernar. No gobernar. *Desgobernadura, desgobierno.*

desgravar. Rebajar un impuesto. *Desgravación.*

deshabillé. Prenda femenina.

deshabitar. Dejar sin habitar.

deshabituar. Hacer perder el hábito. *Deshabituación.*

deshacer. Destrozar. *Deshacedor -ra.*

deshaldo. Marceo.

desharrapado -da. Andrajoso. *Desharrapamiento.* También *desarrapado, desarrapamiento.*

deshebillar. Soltar la hebilla.

deshebrar. Sacar las hebras.

deshechizar. Deshacer el hechizo.

deshelar. Deshacer el hielo. *Deshielo.*

desherbar. Arrancar hierbas. *Deshierba* (también *desyerba*).

desheredar. Excluir de la herencia. *Desheredamiento, desheredación.*

deshermanar. Quitar la semejanza.

desherrar. Quitar los hierros. *Desherradura.*

desherrumbrar. Quitar la herrumbre. *Desherrumbramiento.*

deshidratar. Privar del agua. *Deshidratación.*

deshijar. Quitar los chupones a las plantas.

deshilachar. Sacar hilachas.

deshilar. Sacar hilos. *Deshiladura, deshilo.*

deshilvanar. Quitar los hilvanes.

deshincar. Sacar lo hincado. *Deshincadura.*

deshinchar. Quitar la hinchazón. *Deshinchadura.*

deshipotecar. Cancelar la hipoteca.

deshojar. Quitar las hojas. *Deshojador -ra, deshojadura, deshojamiento, deshoje.*

deshollejar. Quitar el hollejo.

deshollinar. Quitar el hollín. *Deshollinadera, deshollinador -ra.*

deshonesto -ta. Sin honestidad. *Deshonestidad.*

deshonor. Afrenta. *Deshonorar.*

deshonra. Pérdida de la honra. *Deshonrador -ra, deshonroso -sa.*

deshora. Tiempo inoportuno.

deshornar. Desenhornar.

deshuesar. Quitar los huesos. *Deshuesador -ra.*

deshumano -na. Inhumano. *Deshumanización, deshumanizar.*

deshumedecer. Quitar la humedad.

desincentivar. Privar de incentivos.

desinfección. Acción de desinfectar.

desinhibir. Quitar la inhibición. *Desinhibición.*

desintoxicar. Quitar la intoxicación. *Desintoxicación.*

desinvernar. Dejar los cuarteles de invierno.

deslabonar. Soltar los eslabones.

desladrillar. Desenladrillar.

deslavar. Lavar por encima. *Deslavadura.*

deslavazar. Quitar sustancia.

desmallar. Cortar las mallas. *Desmallador -ra, desmalladura.*

desmaquillar. Quitar el maquillaje. *Desmaquillador -ra.*

desmayar. Causar desfallecimiento. *Desmayo.*

desmeollar. Sacar el meollo. *Desmeollamiento.*

desmovilizar. Licenciar a la tropa. *Desmovilización.*

desmullir. Descomponer lo mullido.

desnivel. Diferencia de altura. *Desnivelación, desnivelar.*

desobedecer. No obedecer. *Desobediencia, desobediente.*

desobstruir. Quitar las obstrucciones. *Desobstrucción.*

desollar. Quitar la piel. *Desolladero, desollador -ra, desolladura, desollón, desuello.*

desorbitar. Sacar de la órbita.

desorillar. Quitar las orillas.

desosar. Quitar los huesos. Se escriben con *h* las formas de este verbo que presentan el diptongo *ue: deshueso, deshuesas,* etc. *Desovar.* Soltar los huevos. *Desovadero, desove.*

desovillar. Deshacer los ovillos.

desoxidar. Quitar el oxígeno; limpiar el óxido. *Desoxidable, desoxidación, desoxidante.*

desoxigenar. Desoxidar. *Desoxigenación, desoxigenante.*

desoxirribonucleico (ácido). Componente de la célula que contiene el material genético. *Desoxirribonucleótido, desoxirribosa.*

despabilar. Quitar el pabilo quemado; avivar. *Despabiladeras, despabilado -da, despabilador -ra, despabiladura.*

despaldillar. Romper la espaldilla. *Despaldilladura.*

despaletillar. Despaldillar.

despalillar. Quitar los palillos. *Despalillador -ra.*

desparvar. Levantar la parva.

despavesar. Despabilar. *Despavesaderas, despavesadura.*

despavonar. Quitar el pavón.

despavorido -da. Espantado. *Despavorir.*

despeje. Acción de despejar.

despellejar. Quitar el pellejo. *Despellejadura.*

despimpollar. Quitar los brotes excesivos.

desplayado. Playa que aparece al bajar la marea; descampado.

despolvar. Desempolvar. *Despolvorear, despolvoreo.*

desportillar. Deteriorar. *Desportilladura.*

desprestigiar. Quitar el prestigio. *Desprestigio.*

desprevenido -da. Falto de lo necesario. *Desprevención.*

desprivatizar. Hacer pública (una empresa privada). *Desprivatización.*

desproteger. Dejar sin protección.

desproveer. Despojar. *Desprovisto -ta.*

desqueje. Acción de desquejar o formar esquejes.

desrabar o **desrabotar.** Cortar el rabo.

destallar. Quitar los tallos inútiles.

destejer. Deshacer lo tejido.

destello. Resplandor, brillo. *Destellar.*

desternillarse. Reírse a carcajadas. *Desternillante.*

destornillar. Quitar los tornillos. *Destornillador.*

destrabar. Quitar las trabas.

desvahar. Quitar lo marchito de una planta.

desvaído -da. Descolorido; sin fuerza. *Desvaír.*

desvainar. Sacar de la vaina. *Desvainadura.*

desvalido -da. Desamparado.

desvalijar. Despojar. *Desvalijador -ra, desvalijamiento, desvalijo.*

desvalorizar. Disminuir el valor. *Desvalorar, desvalorización.*

desván. Parte más alta de la casa.

desvanecer. Hacer desaparecer. *Desvanecedor -ra, desvanecimiento.*

desvaporizadero. Lugar por donde se evapora algo.

desvariar. Delirar. *Desvarío.*

desvastigar. Chapodar.

desvedar. Levantar la veda.

desvelar. Quitar el sueño; descubrir. *Desvelamiento, desvelo.*

desvenar. Quitar las venas.

desvencijar. Aflojar, desconcertar.

desvendar. Quitar las vendas.

desveno. Pieza del freno.

desventaja. Mengua, perjuicio. *Desventajoso -sa.*

desventura. Desgracia.

desvergonzarse. Descomedirse. *Desvergonzado -da, desvergüenza.*

desvestir. Desnudar.

desviar. Apartar del camino. *Desviación, desviacionismo, desviacionista, desviador -ra, desviamiento, desvío.*

desviejar. Separar las reses viejas.

desvincular. Desamortizar. *Desvinculación.*

desvirar. Recortar; dar vueltas en sentido opuesto.

desvirgar. Quitar la virginidad.

desvirtuar. Quitar la virtud; tergiversar.

desvitrificar. Hacer perder transparencia.

desvivirse. Mostrar incesante interés.

desyemar. Quitar las yemas.

desyerba. Escarda. *Desyerbar, desyerbador -ra.*

desyugar. Desuncir.

detall (al). Al por menor.

detalle. Pormenor. *Detallar, detallista.*

detective. Policía particular. *Detectivesco.*

deterger. Limpiar. *Detergente.*

devalar. Separarse del rumbo.

devaluar. Rebajar el valor. *Devaluación.*

devanagari. Escritura moderna del sánscrito.

devanar. Arrollar en ovillo. *Devanadera, devanado, devanador -ra.*

devaneo. Pasatiempo vano. *Devanear.*

devastar. Destruir. *Devastación, devastador -ra.*

develar. Desvelar, descubrir.

devengar. Adquirir derecho a retribución. *Devengo.*

devenir. Acaecer; llegar a ser.

de veras. De verdad.

de visu. Loc. latina: Con los propios ojos.

devoción. Fervor religioso; inclinación o afecto especial. *Devocionario, devotería, devoto -ta.*

devolver. Dar de nuevo. *Devolución, devolutivo -va, devolutorio -ria.*

devorar. Tragar con ansia. *Devorador -ra.*

dexiocardia. Desviación del corazón.

dextrina. Sustancia química.

destrismo. Empleo preferente de la mano derecha.

dextrógiro -ra. Que (se) desvía a la derecha.

dextrorso -sa. Que se mueve hacia la derecha.

dextrosa. Variedad de glucosa.

deyección. Lo arrojado por un volcán; defecación.

deyector. Aparato para evitar las incrustaciones que se producen en las calderas.

diabasa. Diorita.

diabetes. Enfermedad. *Diabético -ca.*

diabeto. Aparato hidráulico.

diabólico -ca. Del diablo.

diábolo. Diávolo.

dialogizar. Dialogar. *Dialogismo, dialogístico -ca.*

diapositiva. Fotografía positiva en material transparente.

diatriba. Discurso o escrito injurioso.

diávolo. Juguete. También *diábolo.*

dibujar. Delinear. *Dibujante, dibujo.*

dicción. Palabra. *Diccionario, diccionarista.*

dieciséis, diecisiete, etc. **(diez y seis, diez y siete,** etc.) → **dieci-*** y **NUMERALES*.**

dientimellado -da. De dientes mellados.

difracción. División e inflexión de rayos luminosos.

difrangente. Que produce difracción.

difteria. Enfermedad infecciosa.

digerir. Asimilar. *Digerible, digestibilidad, digestible, digestión, digestivo -va.*

digesto. Colección de textos jurídicos.

digestor. Vasija para separar el jugo de la carne.

digital. De los dedos; planta.

Digitación, digitado -da, digitalina, digitiforme, digitígrado -da.

dígito. (Número) que puede expresarse con un solo guarismo. *Digitalizar, digitalización.*

dije. Joya.

dilección. Afecto.

diligente. Activo. *Diligencia, diligenciar, diligenciero.*

dilogía. Ambigüedad.

diluvio. Inundación. *Diluvial, diluviano -na, diluviar.*

diluyente. Que diluye.

dioptría. Unidad de medida óptica. *Dióptrica.*

Dios. *A Dios* → **adiós*.**

dióxido. Óxido cuya molécula contiene dos átomos de oxígeno.

dipsomanía. Tendencia a la bebida. *Dipsomaníaco -ca o dipsomaniaco -ca, dipsómano -na.*

dirham. Unidad monetaria de algunos países árabes.

dirigir. Guiar. *Dirección, directivo -va, dirigencia, dirigente, dirigible, dirigismo.*

disc jockey. Pinchadiscos.

discóbolo. Atleta que lanza el disco.

discreción*. *Discrecional, discrecionalidad.*

discromatopsia. Incapacidad de percibir los colores.

diseccionar. Abrir un cuerpo para examinarlo. *Disección.*

disfagia. Imposibilidad de tragar.

disfavor. Acción no favorable.

dislexia. Dificultad en la lectura. *Disléxico -ca.*

dismnesia. Debilidad de la memoria.

disolver. Disgregar.

dispepsia. Dificultad para digerir.

distracción. Acción de distraer.

distribuir. Repartir. *Distribución, distribuidor -ra, distributivo -va, distributor -ra, distribuyente.*

disturbio. Turbación de la paz. *Disturbar.*

disyunción. Acción de separar. *Disyuntivo -va, disyuntor.*

ditirambo. Composición poética de alabanza.

divagar. Separarse del asunto. *Divagación, divagador -ra.*

diván. Consejo supremo turco; mueble; colección de poemas.

divergir. Separarse. *Divergencia, divergente.*

diverso -sa. Diferente. *Diversidad, diversificación, diversificar, diversiforme, diversivo -va.*

divertículo. Apéndice hueco.

divertir. Distraer. *Diversión, divertido -da, divertimento, divertimiento.*

dividir. Partir. *Dividendo, dividero -ra, dividuo -dua, divisibilidad, divisible, división, divisional, divisionario -ria, divisivo -va, diviso -sa, divisor -ra, divisorio -ria.*

dividivi. Árbol.

divieso. Forúnculo.

divino -na. De Dios o los dioses. *Divinal, divinidad, divinización, divinizar.*

divisa. Señal; lema; moneda extranjera; herencia.

divisar. Percibir.

divo -va. Divino; cantante. *Divismo.*

divorciar. Separar legalmente. *Divorciado -da, divorcio.*

divulgar. Propalar. *Divulgable, divulgación, divulgador -ra.*

diyambo. Pie de la poesía clásica.

dóberman. Raza de perro.

dodecasílabo -ba. De doce sílabas.

dolby. Sistema para reducir el ruido de fondo en los magnetófonos.

dóllimo. Molusco.

doncella. Mujer virgen; criada. *Doncellería, doncellez.*

dondequiera. En cualquier parte.

dos. Se escribe separado en *dos mil*; junto, en *doscientos.*

dosalbo -ba. (Caballo) que tiene blancos dos pies.

dossier*.

dovela. Piedra de un arco. *Dovelaje, dovelar.*

draba. Planta.

dramaturgia. Género teatral.

dravídico -ca. De una familia de lenguas orientales.

drogadicción. Adicción a las drogas.

duba. Muro de tierra.

dubio. Lo cuestionable o dudable. *Dubitable, dubitación, dubitativo -va.*

duermevela. Sueño ligero.

dúplex. Vivienda de dos alturas.

duunviro o **duunvir.** Magistrado romano. *Duunviral, duunvirato.*

dux. Príncipe de Venecia.

e

ébano. Arbol. *Ebanista, ebanistería.*

ebenáceo -a. De la familia del ébano.

ebionita. Hereje.

ebonita. Material duro.

eborario -ria. Relativo a la talla en marfil.

ebullición. Hervor. *Ebullómetro, ebulloscopia, ebulloscopio.*

ebúrneo -a. De marfil. *Eburnación.*

eccehomo. Persona de aspecto lastimoso.

eccema*. *Eccematoso -sa.*

eclampsia. Enfermedad.
eclecticismo. Conciliación de diversas doctrinas. *Ecléctico -ca.*
eclipse. Ocultación de un astro. *Eclipsable, eclipsar.*
ectasia. Dilatación de un órgano.
éctasis. Licencia poética.
eczema → **eccema*.**
educción. Acción de educir.
efebo. Adolescente.
efervescencia. Desprendimiento de burbujas. *Efervescente.*
efigie. Imagen.
efluvio. Emanación.
efugio. Recurso.
egetano -na. De Vélez Blanco o de Vélez Rubio (Almería).
égida o **egida.** Piel de cabra, atributo de Júpiter y de Minerva; protección.
egipán. Ser fabuloso.
egipcio -cia. De Egipto. *Egipciaco -ca* o *egipcíaco -ca, egipciano -na, egiptano -na, egiptología, egiptológico -ca, egiptólogo -ga.*
egregio -gia. Insigne.
eh. Interj. que sirve para llamar.
eibarrés -sa. De Éibar (Guipúzcoa).
einstenio. Elemento químico.
eje. Recta alrededor de la cual gira una línea o superficie.
ejecutar. Poner por obra; ajusticiar. *Ejecución, ejecutable, ejecutante, ejecutivo -va, ejecutor -ra, ejecutoria, ejecutoría, ejecutorial, ejecutoriar, ejecutorio -ria.*
ejem. Interj. para llamar la atención.
ejemplo. Modelo; prueba; autoridad. *Ejemplar, ejemplaridad, ejemplario, ejemplificación, ejemplificar.*
ejercer. Practicar. *Ejercicio, ejercitador -ra, ejercitante, ejercitar.*
ejército. Conjunto de fuerzas militares.
ejido. Campo común en las afueras del pueblo.
ejión. Pieza de apoyo de madera.

elaborar. Preparar. *Elaborable, elaboración.*
eléboro. Planta.
elección. Acción de elegir. *Eleccionario -ria.*
electrobiología. Estudio de la electricidad en los seres vivos.
electrochoc, electrochoque → **choque*.**
electrógeno -na. Que genera electricidad.
electrometalurgia. Extracción de metales por la electricidad.
electro-shock → **choque*.**
elegía. Composición poética. *Elegíaco -ca* o *elegiaco -ca.*
elegir. Escoger. *Elegibilidad, elegible.*
elevar. Alzar. *Elevación, elevador -ra, elevamiento.*
elipse. Curva. *Elipsoidal, elipsoide.*
elipsis. Omisión. *Elíptico -ca.*
elixir o **elíxir.** Licor medicinal.
elle. Letra *ll* o doble *l.*
elogiar. Alabar. *Elogiable, elogiador -ra, elogio, elogioso -sa.*
eluvión. Depósito detrítico al pie de una roca.
elzeviriano -na. Adjetivo que designa ciertas ediciones de libros o un tipo de imprenta. *Elzevir, elzevirio.*
embabiamiento. Embobamiento.
embachar. Meter en el bache.
embadurnar. Untar. *Embadurnador -ra.*
embaír. Embaucar.
embajada. Mensaje; representación de un país. *Embajador -ra.*
embalar. Empaquetar; lanzarse a gran velocidad. *Embalador, embalaje.*
embaldosar. Solar con baldosas. *Embaldosado.*
emballenar. Armar con ballenas. *Emballenador -ra.*
emballestarse. Ponerse a punto de disparar la ballesta; enfermar de ballesta.
embalsamar. Llenar de bálsamos. *Embalsamador -ra, embalsamamiento.*

embalsar. Acopiar (agua). *Embalsadero, embalse.*
embanastar. Meter en banasta.
embanderar. Adornar con banderas.
embanquetar. Poner banquetas o aceras a las calles.
embarazar. Estorbar; poner encinta. *Embarazador -ra, embarazo, embarazoso -sa.*
embarbillar. Ensamblar.
embarcar. Meter(se) en un barco. *Embarcación, embarcadero, embarcador, embarco, embarque.*
embardar. Poner bardas.
embargar. Embarazar, impedir; retener (bienes) por mandato judicial. *Embargable, embargador -ra, embargante, embargo.*
embarnizar. Barnizar. *Embarnizadura.*
embarrancar. Varar con violencia.
embarrar. Cubrir con barro; meter una barra. *Embarrado, embarrador -ra, embarradura.*
embarrilar. Meter en barriles. *Embarrilador.*
embarrotar. Fortalecer con barrotes.
embarullar. Confundir, enredar. *Embarullador -ra.*
embasamiento. Basa.
embastar. Poner bastas; asegurar el bastidor; poner bastos. *Embaste.*
embastecer. Engordar.
embate. Acometida impetuosa.
embaucar. Engañar. *Embaucador -ra, embaucamiento.*
embaular. Meter en baúl.
embausamiento. Abstracción.
embazar. Teñir de pardo; detener; fastidiar. *Embazadura.*
embeber. Absorber. *Embebecer, embebecimiento, embebedor -ra.*
embecadura. Enjuta.
embeleco. Embuste. *Embelecador -ra, embelecar, embelequero -ra.*
embeleñar. Adormecer con beleño.

embelesar. Suspender, cautivar. *Embelesamiento, embeleso.*

embellecer. Hacer bello. *Embellecedor -ra, embellecimiento.*

embermejecer o **embermejar.** Dar color bermejo.

embero. Árbol.

emberrenchinarse o **emberrinchinarse.** Enfadarse.

emberretinarse. Encapricharse.

embestir. Acometer. *Embestida, embestidor -ra, embestidura.*

embetunar. Cubrir con betún.

embicar. Embestir derecho a tierra con la nave.

embicharse. Llenarse de gusanos (una herida).

embijar. Pintar con bija. *Embije.*

embizcar. Quedar bizco.

embobar. Dejar admirado. *Embobamiento, embobecer, embobecimiento.*

embocar. Meter por la boca. *Embocadero, embocado -da, embocadura, emboque.*

embochinchar. Alborotar.

embocinado -da. Abocinado.

embodegar. Meter en la bodega.

embojar. Colocar ramas para los gusanos de seda. *Embojo.*

embolado. Engorro.

embolar. Poner bolas en los cuernos.

embolia. Enfermedad.

embolismo. Añadidura de días al año. *Embolismal, embolismar, embolismático -ca.*

émbolo. Pieza de la bomba o del cilindro de una máquina. *Embolada.*

embolsar. Guardar en la bolsa. *Embolso.*

embonar. Mejorar; rebozar; forrar exteriormente con tablones. *Embonada, embono.*

emboñigar. Untar con boñiga.

emboquillar. Poner boquilla.

embornal. Imbornal.

emborrachar. Causar embriaguez. *Emborrachacabras, emborrachador -ra, emborrachamiento.*

emborrar. Llenar de borra.

emborrascar. Irritar.

emborrazar. Poner albardilla al ave. *Emborrazamiento.*

emborricarse. Quedar como aturdido.

emborrizar. Dar la primera carda a la lana.

emborronar. Llenar de borrones. *Emborronador -ra.*

emborrullarse. Disputar.

emboscar. Poner encubierta una partida de gente. *Emboscada, emboscadura.*

embosquecer. Hacerse bosque.

embostar. Abonar con bosta.

embotar. Hacer romos los filos y puntas; debilitar; poner en bote. *Embotador -ra, embotadura, embotamiento.*

embotellar. Meter en botellas; entorpecerse el tráfico. *Embotellador -ra, embotellamiento.*

embotijar. Echar en botijos; hinchar.

embovedar. Abovedar.

emboza. Desigualdad con que se vician los fondos de los toneles.

embozar. Cubrir el rostro hasta la nariz; poner bozal. *Embozalar, embozo.*

embravecer. Enfurecer.

embrollo. Enredo. *Embrolla, embrollador -ra, embrollar, embrollón -na, embrolloso -sa.*

embuchar. Meter carne picada en la tripa del cerdo.

embudo. Cono para trasegar líquidos.

embullar. Meter en bulla. *Embullador -ra, embullo.*

emburujar. Formar burujos o grumos.

embuste. Mentira. *Embustero -ra.*

embutir. Hacer embutidos.

emerger. Brotar. *Emergencia, emergente.*

emparvar. Poner en parva.

empavesar. Cubrir; engalanar. *Empavesada.*

empavonar. Pavonar.

empella. Pala del zapato.

empellar. Empujar. *Empellón.*

empellejar. Cubrir con pellejos.

emperejilar. Adornar con esmero.

emperifollar. Emperejilar.

empollar. Calentar ave los huevos; estudiar. *Empollación, empolladura, empollón -na.*

empolvar. Echar polvo. *Empolvoramiento, empolvorar, empolvorizar.*

empuje. Acción de empujar.

enajenar. Desposeer. *Enajenable, enajenación, enajenador -ra, enajenamiento, enajenante.*

enálage. Figura retórica.

enalbar. Caldear el hierro.

enalbardar. Poner la albarda; rebozar.

enamarillecer. Amarillecer.

enarbolar. Levantar en alto. *Enarbolado.*

encabalgarse. Apoyarse; distribuirse en dos versos. *Encabalgamiento.*

encaballar. Colocar una pieza de modo que se sostenga sobre la extremidad de otra.

encabar. Poner mango.

encabellecerse. Criar cabello.

encabestrar. Poner el cabestro. *Encabestradura.*

encabezar. Iniciar una lista. *Encabezamiento.*

encabrahigar. Cabrahigar.

encabrillar. Hacer cabrillas.

encabuyar. Forrar con cabuya.

encaje. Acción de encajar; tejido. *Encajero -ra.*

encajerarse. Detenerse un cabo o cuerda.

encalabozar. Meter en calabozo.

encallar. Dar la embarcación en arena o piedras; endurecerse los alimentos. *Encalladero, encalladura.*

encallecer. Criar callos.

encalvecer. Perder el pelo.

en cambio. Por el contrario.

encanallar. Envilecer. *Encanallamiento.*

encandelillar. Sobrehilar.

encanillar. Poner en las canillas.

encapillar. Encapirotar; enganchar un cabo o cuerda. *Encapilladura.*

encapsular. Meter en una cápsula.

encapullado -da. Encerrado.

encarcavinar. Meter en la carcavina.

encarrillar. Encarrilar.

encascabelar. Poner cascabeles.

encasillar. Poner en casillas. *Encasillable, encasillado, encasillamiento.*

encasquillar. Poner casquillos; quedarse la bala en el cañón.

encastillar. Fortificar. *Encastillado -da, encastillador, encastillamiento.*

encavarse. Ocultarse en un agujero.

encebadar. Dar demasiada cebada. *Encebadamiento.*

encebollar. Echar cebollas. *Encebollado.*

encella. Molde para quesos. *Encellar.*

enchivarse. Encolerizarse.

encima. En lugar superior. (Se escribe en una sola palabra.)

encinta*.

enclavar. Clavar; situar dentro. *Enclavación, enclavadura, enclave.*

enclavijar. Trabar; poner clavijas.

encobar. Empollar.

encobertado -da. Tapado con cobertor.

encobijar. Cobijar.

encodillarse. Detenerse en un recodo.

encoger. Retirar contrayendo. *Encogido -da, encogimiento.*

encogollarse. Subirse a los cogollos más altos.

encohetar. Hostigar con cohetes.

encorajinarse. Encolerizarse.

encorvar. Doblar. *Encorvadura, encorvamiento.*

encostillado. Conjunto de costillas (en minas).

encovar. Meter en una cueva. *Encovadura.*

encubar. Echar en cubas.

encubertar. Cubrir con paños.

encuevar. Encovar.

endecasílabo -ba. De once sílabas.

endehesar. Meter en la dehesa.

en derredor. Alrededor.

endevotado -da. Muy dado a la devoción.

endibia o **endivia.** Planta.

endógeno -na. Que nace en el interior. *Endogénesis.*

endovenoso -sa. Intravenoso.

eneasílabo -ba. De nueve sílabas.

energía. Fuerza. *Energético -ca, enérgico -ca.*

enervar. Debilitar; poner nervioso. *Enervación, enervador -ra, enervamiento, enervante.*

enfervorizar. Infundir fervor. *Enfervorizador -ra.*

en fin. En suma.

enfrente, en frente → **enfrente*.**

enfullar. Hacer trampas.

engabanado -da. Con gabán.

engallarse. Ponerse arrogante; levantar la cabeza. *Engallador, engalladura.*

engañabobos. Embelecador; engaño.

engarabatar. Poner en forma de garabato.

engarbarse. Encaramarse.

engatillar. Unir con engatillado; fallar el mecanismo de disparo de un arma de fuego.

engendrar. Procrear. *Engendro.*

engibar. Hacer giboso.

englobar. Reunir en un conjunto.

engolillado -da. Que se precia de seguir los estilos antiguos.

engollamiento. Presunción.

engravecer. Hacer grave.

engrillar. Meter en grillos. *Engrilletar.*

enguillotarse. Enfrascarse.

engullir. Tragar rápidamente. *Engullidor -ra.*

enhacinar. Hacinar.

enharinar. Cubrir de harina.

enhastiar. Causar hastío.

enhatijar. Cubrir las bocas de las colmenas.

enhebillar. Sujetar a las hebillas.

enhebrar. Pasar la hebra.

enhenar. Cubrir con heno.

enherbolar. Envenenar.

enhestar. Levantar en alto. *Enhestador -ra, enhestadura, enhestamiento, enhiesto -ta.*

enhielar. Mezclar con hiel.

enhilar. Enhebrar.

enhorabuena, en hora buena → **enhorabuena*.**

enhorcar. Formas horcos.

enhornar. Meter en el horno.

enhorquetar. Poner a horcajadas.

enhuecar. Ahuecar.

enhuerar. Volver huero.

enjabonar. Dar jabón.

enjalbegar. Blanquear. *Enjalbegado, enjalbegador -ra, enjalbegadura.*

enjebar. Meter en alumbre. *Enjebe.*

enjergar. Iniciar o dirigir un asunto.

enjertar. Injertar. *Enjertación, enjertal, enjerto -ta.*

enjoyar. Adornar con joyas. *Enjoyelado -da, enjoyelador.*

enjullo. Pieza del telar.

enlabiar. Aplicar los labios; engañar con promesas. *Enlabiador -ra, enlabio.*

enladrillar. Poner ladrillos. *Enladrillado.*

enlejiar. Meter en lejía.

enllantar. Guarnecer con llantas.

enllentecer. Ablandar.

enllocar. Enclocar.

enmallarse. Quedarse entre las mallas. *Enmalle.*

enmarillecerse. Ponerse amarillo.

enmasillar. Cubrir con masilla.

enmedio, en medio → **medio*.**

enmohecer. Cubrir de moho. *Enmohecimiento.*

enmollecer. Ablandar.

enorgullecer. Llenar de orgullo.

enquillotrar. Engreír.

enrabiar. Encolerizar. *Enrabietar.*

enrasillar. Colocar la rasilla a tope.

enrayar. Fijar los rayos de las ruedas.

enrehojar. Revolver en hojas la cera.

enrevesado -da. Revesado.

enrojecer. Poner(se) rojo. *Enrojecimiento.*

enrollar. Arrollar.

enrubiar. Poner rubio. *Enrubiador -ra, enrubio.*

ensabanar. Cubrir con sábana.

ensalivar. Llenar de saliva.

ensayar. Probar. *Ensay, ensayador -ra, ensaye, ensayista, ensayo.*

ensebar. Untar con sebo.

enseguida, en seguida → **seguida*.**

enselvar. Emboscar.

ensillar. Poner la silla. *Ensillada, ensilladura.*

ensilvecerse. Convertirse en selva.

ensoberbecer. Causar o excitar soberbia.

ensolver. Incluir una cosa en otra.

ensullo. Enjullo.

entabacarse. Abusar del tabaco.

entablillar. Sujetar con tablillas.

entallar. Grabar; formar el talle. *Entallable, entallador, entalladura, entallamiento, entallo.*

entallecer. Echar tallos.

enteralgia. Dolor intestinal.

entibar. Estribar; apuntalar. *Entibación, entibador, entibo.*

entibiar. Poner tibio. *Entibiadero.*

entornillar. Poner en forma de tornillo.

entrabar. Trabar.

entrambos. Ambos.

entrebarrera. Parte de la plaza de toros.

entrecalle. Separación entre dos molduras.

entrecava. Cava ligera. *Entrecavar.*

entrecoger. Coger sin dejar salida. *Entrecogedura.*

entrecomillar. Poner entre comillas. *Entrecomillado.*

entrecot*.

entrecubierta. Espacio entre las cubiertas de un barco.

entremedias, entre medias → **medio*.**

entre semana → **semana*.**

entretalla. Media talla. *Entretalladura, entretallar.*

entretanto, entre tanto → **entretanto*.**

entretejer. Trabar, enlazar. *Entretejedor -ra, entretejedura, entretejimiento.*

entrevenarse. Introducirse por las venas.

entreventana. Espacio de pared entre dos ventanas.

entrever. Ver confusamente.

entreverar. Mezclar. *Entrevero.*

entrevía. Espacio entre dos vías.

entrevista. Encuentro, conferencia. *Entrevistador -ra, entrevistar.*

entrevuelta. Surco corto.

entropillar. Acostumbrar (caballos) a vivir en tropilla.

entubar. Poner tubos.

entullecer. Detener el movimiento.

enturbiar. Poner turbio.

envainar. Meter en la vaina. *Envainador -ra.*

envalentonar. Infundir valentía. *Envalentonamiento.*

envalijar. Meter en la valija.

envanecer. Infundir soberbia. *Envanecimiento.*

envarar. Entorpecer el movimiento. *Envaramiento.*

envarbascar. Inficionar con verbasco.

envaronar. Crecer con robustez.

envasar. Echar en una vasija. *Envasador -ra, envase.*

envedijarse. Hacerse vedijas (el pelo).

envegarse. Empantanarse.

envejecer. Hacer(se) viejo. *Envejecimiento.*

envenenar. Dar veneno. *Envenenador -ra, envenenamiento.*

enverar. Madurar. *Envero.*

enverdecer. Reverdecer.

envergadura. Ancho de una vela. *Envergar, envergue.*

enverjado. Enrejado.

envés. Revés. *Envesado -da.*

enviajado -da. Oblicuo.

enviar. Mandar. *Enviadizo -za, envío.*

enviciar. Corromper.

envidar. Hacer envite. *Envidada, envidador -ra, envido, envite.*

envidiar. Sentir el bien ajeno.

Envidia, envidiable, envidioso -sa.

envigar. Asentar las vigas.

envilecer. Hacer vil. *Envilecedor -ra, envilecimiento.*

envinagrar. Echar vinagre.

envinar. Echar vino.

envirar. Clavar con estaquillas.

enviscar. Untar con liga; azuzar. *Enviscamiento.*

enviudar. Quedar viudo.

envolver. Rodear. *Envoltijo, envoltorio, envoltura, envolvedero, envolvedor -ra, envolvente, envolvimiento.*

enyerbarse. Cubrirse de hierba.

enyesar. Cubrir con yeso. *Enyesado, enyesadura.*

enyugar. Uncir.

enzima. Catalizador de los procesos del metabolismo.

epiceyo. Composición poética.

epigeo -a. (Planta) que se desarrolla sobre el suelo.

epilepsia. Enfermedad convulsiva. *Epiléptico -ca.*

epilogismo. Cómputo.

epiqueya. Interpretación moderada de la ley.

epistaxis. Hemorragia nasal.

epopeya. Poema épico.

equidna. Mamífero.

equinoccio. Época en que los días son iguales a las noches. *Equinoccial.*

equivaler. Valer lo mismo. *Equivalencia, equivalente.*

equivocar. Confundir. *Equivocación, equívoco, equivoquista.*

erbio. Metal.

erebo. Infierno.

erección. Acción de levantar(se).

ergio. Unidad de trabajo.

erigir. Levantar.

eringe. Cardo corredor.

erógeno -na. Sensible a la excitación sexual.

errabundo -da. Errante.

erraj. Herraj.

erubescente. Que enrojece. *Erubescencia.*

eructo*. *Eructar.*

eruginoso -sa. Herrumbroso.

erupción. Salida violenta de

materias de un volcán; aparición de granos en la piel. *Eruptivo -va.*

ervato. Planta.

ervilla. Arveja.

esaborío -a. Desaborido.

esbarar. Resbalar.

esbatimento. Sombra. *Esbatimentar.*

esbelto -ta. Gallardo. *Esbeltez, esbelteza.*

esbirro. Policía.

esbozar. Bosquejar. *Esbozo.*

escabeche. Salsa o adobo. *Escabechar, escabechina.*

escabel. Tarima pequeña.

escabiosa. Planta.

escabioso -sa. De la sarna.

escabuche. Azada pequeña.

escabullirse. Escaparse.

escachifollar. Dejar mal.

escalaborne. Trozo de madera.

escaléxtric. Juego de coches en miniatura; paso elevado.

escalla. Clase de trigo.

escampavía. Barco.

escandallo. Prueba.

escandinavo -va. De Escandinavia.

escáner*.

escantillón. Regla o patrón. *Escantillar.*

escarabajo. Insecto. *Escarabajear, escarabajeo.*

escarbar. Remover la superficie. *Escarbadero, escarbadientes, escarbador -ra, escarbadura, escarbo.*

escatofagia. Hábito de comer excrementos.

escaut → *scout*.

escavanar. Entrecavar.

escavar. Cavar ligeramente.

escayola. Yeso calcinado. *Escayolar, escayolista.*

escéptico* -ca. Que no cree. *Escepticismo.*

escisión*.

esclavina. Especie de capa.

esclavo -va. El que ha perdido la libertad. *Esclavista, esclavitud, esclavizar.*

esclavón -na, esclavonio -nia. Eslavo.

escoba. Instrumento para barrer. *Escobada, escobajo, escobar, escobazar, escobazo, esco-*

bero *-ra, escobeta, escobetear,* escobilla y sus derivados.

escobén. Agujero de un barco.

escobina. Serrín; limadura.

escoger. Elegir. *Escogedor -ra, escogido -da, escogimiento.*

escollo. Peñasco a flor de agua. *Escollar, escollera.*

escorbuto. Enfermedad. *Escorbútico -ca.*

escotillón. Puerta en el suelo.

escribir. Representar palabras con letras. *Escriba, escribanía, escribanil, escribano -na, escribidor, escribiente.*

escullador. Vaso de lata para aceite.

escurribanda. Escapatoria; zurra.

escúter*.

esfinge. Animal fabuloso. *Esfíngido.*

esguardamillar. Desbaratar.

eslabón. Anilla. *Eslabonador -ra, eslabonamiento, eslabonar.*

eslálom o eslalon → *slalom*.

eslavo -va. Adjetivo que designa a una serie de pueblos del este de Europa. *Eslavismo, eslavista, eslavizar.*

eslogan*.

eslovaco -ca. De Eslovaquia.

esloveno -na. De Eslovenia.

esmoquin*.

esnob*. *Esnobismo, esnobista.*

esófago*.

esotérico*.

espabilar. Despabilar. *Espabiladeras.*

espagueti*.

espahí. Soldado turco.

espantalobos. Arbusto.

esparaván. Gavilán.

esparavel. Red.

esparvar. Emparvar.

esparvel o esparver. Gavilán.

espectroheliógrafo. Espectroscopio para fotografiar el Sol.

espejear. Reflejar la luz. Esta palabra y todas las derivadas de *espejo* se escriben con *j*: *espejeo, espejería, espejero -ra, espejismo.*

espibia. Torcedura de cuello de un caballo. *Espibio, espibión.*

espirar → *expirar*.

esplendor*.

esplín*.

espolvorear. Echar polvo. *Espolvorizar.*

espongiario. Del mismo tipo de la esponja.

esponjera. Sitio de la esponja.

esponsorización, esponsorizar → patrocinador*.

esporangio. Cápsula que contiene las esporas.

espray, esprái → *spray*.

esprintar, esprínter → *sprint*.

espumillón. Adorno navideño.

esqueje. Tallo que se introduce en tierra.

esquivar. Evitar. *Esquivez, esquivo -va.*

establishment*.

estabular. Mantener (ganado) en establos. *Estabulación.*

estagirita. De Estagira, ciudad natal de Aristóteles.

estalactita, estalagmita → estalactita*.

estallar. Reventar. *Estallido, estallo.*

estándar*.

estannífero -ra. Que contiene estaño.

estasis*.

estático*.

estatus → *status*.

esteba. Hierba; pértiga. *Estebar.*

estellés -sa. De Estella (Navarra).

esteva. Pieza del arado. *Estevón.*

estevado -da. De piernas arqueadas.

esthéticien -cienne. Esteticista.

estibar. Distribuir convenientemente pesos y objetos. *Estiba, estibador.*

estibia. Espibia.

estibio. Antimonio. *Estibina.*

estilóbato. Macizo sobre el que se apoya una columnata.

estivada. Terreno inculto.

estival o estivo -va. Del estío.

estorbar. Poner obstáculos. *Estorbador -ra, estorbo, estorboso -sa.*

estovar. Rehogar.

estrabismo*. *Estrábico -ca.*

estrambote. Versos añadidos al final. *Estrambótico -ca.*

estrangular*.

estraperlo*. *Estraperlista.*

estratagema. Ardid.

estrategia. Arte de dirigir operaciones militares. *Estratégico -ca.*

estratosfera. Capa superior de la atmósfera. *Estratosférico -ca.*

estrave. Remate de la quilla.

estrella. Astro. *Estrellada, estrelladero, estrellamar, estrellar, estrellato, estrellero -ra, estrellón.*

estreptomicina. Medicamento.

estrés*. *Estresar.*

estribar. Descansar el peso; fundarse, apoyarse. *Estribación, estribadero, estribera, estribería, estriberón, estribo.*

estribillo. Parte de algunas poesías; muletilla.

estribor. Costado derecho de un barco.

estricnina. Veneno.

estrige. Lechuza. *Estrigiforme.*

estrobo. Pedazo de cabo unido por sus chicotes.

estroboscopio. Aparato que descompone movimientos muy rápidos.

estrógeno. Hormona.

estupefacción. Pasmo o estupor.

estupefaciente*.

esvástica*.

esviaje. Oblicuidad.

etcétera. Y demás.

etopeya. Descripción del carácter y hábitos de una persona.

eubolia. Virtud de hablar con prudencia.

eucalipto*.

euforbio. Planta. *Euforbiáceo -a.*

eugenesia. Perfeccionamiento de la especie. *Eugenésico -ca.*

eupepsia. Digestión normal. *Eupéptico -ca.*

eureka. Interj. que expresa alegría por el hallazgo de una idea.

eurovisión. Circuito audiovisual europeo.

euscaldún* o euskaldún.

eusquera* o euskera. *Eusquérico -ca (o euskérico).*

evacuar. Desocupar. *Evacuación, evacuante, evacuativo -va, evacuatorio -ria.*

evadir. Evitar un daño. *Evasión, evasivo -va, evasor -ra.*

evagación. Distracción.

evaluar. Valorar. *Evaluación, evaluador -ra.*

evangélico -ca. Del Evangelio. *Evangeliario, evangelista, evangelistero, evangelización, evangelizador -ra, evangelizar.*

evaporar. Convertir en vapor. *Evaporable, evaporación, evaporatorio -ria, evaporizar.*

evección. Desigualdad en la órbita de la Luna.

evento. Acontecimiento. *Eventual, eventualidad.*

eversión. Ruina.

evicción. Pérdida de un derecho.

evidencia. Certeza manifiesta. *Evidenciar, evidente.*

evitar. Huir. *Evitable, evitación.*

eviterno -na. Sin fin.

evo. Duración de las cosas eternas.

evocar. Llamar; recordar. *Evocable, evocación, evocador -ra.*

evolución. Desarrollo; cambio; movimiento. *Evolucionar, evolucionismo, evolucionista, evolutivo -va.*

evónimo. Arbusto.

exabrupto. Salida de tono.

ex abrupto. Loc. latina: De improviso.

exacción. Cobro injusto y violento. *Exactor.*

exacerbar. Irritar, agravar. *Exacerbación, exacerbamiento.*

exacto -ta. Puntual. *Exactitud.*

exaedro → hexa-*.

exagerar. Dar proporciones excesivas. *Exageración, exagerador -ra, exagerativo -va.*

exágono, exagonal → hexa-*.

exaltar. Elevar, realzar. *Exaltación, exaltamiento.*

examen. Indagación; prueba. *Examinador -ra, examinando -da, examinar.*

exangüe. Desangrado; sin fuerzas.

exánime. Sin señales de vida. *Exanimación.*

exantema. Erupción. *Exantemático -ca.*

exarca. Gobernador bizantino. *Exarcado.*

exasperar. Irritar. *Exasperación.*

excandecer. Encender, irritar. *Excandecencia.*

excarcelar. Poner en libertad. *Excarcelable, excarcelación.*

ex cathedra o ex cátedra. De manera infalible.

excavar. Hacer hoyo. *Excava, excavación, excavador -ra.*

exceder. Sobrepasar. *Excedencia, excedente.*

excelente. Sobresaliente. *Excelencia, excelentísimo -ma.*

excelso -sa. Muy elevado. *Excelsitud.*

excéntrico -ca. Extravagante; fuera del centro. *Excentricidad.*

exceptuar. Excluir. *Excepción, excepcional, exceptivo -va, excepto, exceptuación.*

exceso. Lo que excede. *Excesivo -va.*

excipiente. Sustancia que sirve para disolver el medicamento.

excisión → escisión*.

excitar. Estimular. *Excitabilidad, excitable, excitación, excitador -ra, excitante, excitativo -va.*

exclamar. Hablar con vehemencia. *Exclamación, exclamativo -va, exclamatorio -ria.*

exclaustrar. Hacer abandonar el claustro. *Exclaustración.*

excluir. Apartar. *Excluible, excluidor -ra, exclusión, exclusive, exclusivismo, exclusivista, exclusivo -va, excluso -sa, excluyente.*

excogitar. Madurar reflexionando. *Excogitable, excogitación.*

excombatiente. Luchador en una guerra pasada.

excomulgar. Apartar de la comunión de los fieles. *Excomulgador -ra, excomunión.*

excoriar. Arrancar el cutis. *Excoriación.*

excrecencia. Protuberancia carnosa.

excreción. Expulsión de las heces. *Excremental, excrementar, excrementicio -cia, excremento, excrementoso -sa, excretar, excretor -ra, excretorio -ria.*

excrex. Donación al cónyuge.
exculpar. Descargar de culpa.
Exculpación, exculpatorio -ria.
excursión. Salida; viaje; correría. *Excursionismo, excursionista.*
excurso. Digresión.
excusa. Pretexto. *Excusabaraja, excusable, excusación, excusador -ra, excusar, excuso.*
excusalí. Delantal pequeño.
excusión. Procedimiento judicial.
execrar. Maldecir. *Execrable, execración, execrador -ra, execratorio -ria.*
exedra. Construcción descubierta semicircular.
exégesis o exegesis. Explicación. *Exégeta o exegeta, exegético -ca.*
exento -ta. Libre. *Exención.*
exequátur. Pase, autorización.
exequias. Honras fúnebres. *Exequial.*
exequible. Posible.
exergo. Parte de una medalla.
exfoliar. Dividir en láminas. *Exfoliación, exfoliador -ra.*
exhalar. Despedir (gas). *Exhalación, exhalador -ra.*
exhausto -ta. Agotado. *Exhaustivo -va.*
exheredar. Desheredar. *Exheredación.*
exhibir. Mostrar. *Exhibición, exhibicionismo, exhibicionista.*
exhortar. Inducir. *Exhortación, exhortador -ra, exhortativo -va, exhortatorio -ria, exhorto.*
exhumar. Desenterrar. *Exhumación, exhumador -ra.*
exigir. Pedir imperiosamente. *Exigencia, exigente, exigible.*
exiguo -gua. Insuficiente. *Exigüidad.*
exilio. Destierro. *Exilar, exiliar.*
eximio -mia. Excelente.
eximir. Librar de cargas. *Eximente.*
existir. Vivir. *Existencia, existente, existencial, existencialismo, existencialista.*
existimar. Opinar. *Existimación, existimativo -va.*
éxito. Resultado feliz. *Exitoso -sa.*

ex libris. Sello de propiedad de un libro. También *exlibris.*
exocrino. Glándula excretora.
éxodo. Emigración.
exoftalmia o exoftalmía. Situación saliente del globo ocular.
exogamia. Matrimonio con un individuo de otro grupo o clan.
exógeno -na. Que se origina en el exterior.
exonerar. Descargar; destituir. *Exoneración.*
exorbitante. Excesivo. *Exorbitancia.*
exorcismo. Conjuro. *Exorcista, exorcizar.*
exordio. Preámbulo.
exornar. Adornar. *Exornación.*
exosfera. Espacio exterior a la atmósfera terrestre.
exósmosis o exosmosis. Corriente de dentro a fuera.
exotérico -ca → esotérico*.
exotérmico -ca. Que desprende calor mientras se produce.
exótico -ca. Extranjero. *Exotismo.*
expandir. Ensanchar, extender. *Expansibilidad, expansible, expansión, expansionarse, expansivo -va.*
expatriar. Sacar de la patria. *Expatriación.*
expectación. Espera atenta. *Expectante, expectativa.*
expectorar. Arrojar flemas. *Expectoración, expectorante.*
expedir. Despachar, enviar. *Expedición, expedicionario -ria, expedicionero, expedidor -ra, expediente, expedienteo, expeditivo -va, expedito -ta.*
expeler. Arrojar.
expender. Vender al detall. *Expendedor -ra, expendeduría, expendición, expendio.*
expensas. Gastos.
experiencia. Enseñanza adquirida con la práctica. *Experimentación, experimentador -ra, experimental, experimentar, experimento, experto -ta.*
expiar. Purgar (un delito). *Expiación, expiativo -va, expiatorio -ria.*

expillo. Planta.
expirar*. Expiración, expirante.
explanar. Allanar; explicar. *Explanación, explanada.*
explayar. Extender.
expletivo -va. (Palabra) que hace más llena o armoniosa la frase.
explicar. Exponer; aclarar. *Explicable, explicación, explicaderas, explicador -ra, explicativo -va.*
explícito -ta. Que expresa de manera clara. *Explícit.*
explorar. Reconocer. *Explorable, exploración, explorador -ra, exploratorio -ria.*
explotar. Sacar provecho; reventar con estruendo. *Explotable, explotación, explotador -ra, explosión, explosionar, explosivo -va.*
exployada. (Águila) de dos cabezas.
expoliar. Despojar con violencia. *Expoliación, expoliador -ra, expolio.*
expolición. Figura retórica.
exponer. Poner de manifiesto; arriesgar. *Exponencial, exponente, exposición, exposímetro, expositivo -va, expósito -ta, expositor -ra, expuesto -ta.*
exportar. Enviar a otro país. *Exportación, exportador -ra.*
expremijo. Mesa baja.
exprés. Rápido. *Expreso.*
expresar. Manifestar. *Expresión, expresionismo, expresionista, expresividad, expresivo -va, expreso -sa.*
exprimir. Extraer zumo; estrujar. *Exprimidera, exprimidero, exprimidor.*
ex profeso*.
expropiar. Desposeer. *Expropiación, expropiador -ra.*
expugnar. Tomar por la fuerza de las armas. *Expugnable, expugnación, expugnador -ra.*
expulsar. Echar fuera. *Expulsión, expulsivo -va, expulso -sa, expulsor.*
expurgar. Limpiar, purificar. *Expurgación, expurgatorio -ria, expurgo.*
exquisito -ta. De singular primor. *Exquisitez.*

éxtasis. Arrobamiento. *Extasiarse, extático -ca.*

extemporáneo -a. Inoportuno. *Extemporal, extemporaneidad.*

extender. Esparcir; ensanchar. *Extensible, extensión, extensivo -va, extenso -sa, extensor -ra.*

extenuar. Debilitar. *Extenuación, extenuativo -va.*

exterior. De fuera. *Exterioridad, exteriorización, exteriorizar, externado, externo -na.*

exterminar. Acabar del todo. *Exterminador -ra, exterminio.*

extinguir. Hacer que acabe. *Extinción, extinguible, extintivo -va, extinto -ta, extintor.*

extirpar. Arrancar; acabar. *Extirpación, extirpador -ra.*

extorsión. Acción de usurpar o dañar. *Extorsionar, extorsionista.*

extradición*. *Extraditar.*

extradós. Superficie exterior de una bóveda.

extraer. Sacar. *Extracción, extractador -ra, extractar, extracto, extractor -ra, extraente.*

extrajudicial. Que se hace fuera de la vía judicial.

extralimitarse. Excederse. *Extralimitación.*

extramuros. Fuera del recinto de la población.

extranjero -ra. De otro país. *Extranjería, extranjerismo, extranjerizar, extranjía, extranjis (de).*

extraño -ña. Distinto de lo corriente. *Extrañación, extrañamiento, extrañar, extrañeza.*

extraoficial. No oficial.

extraordinario -ria. Fuera de lo normal.

extraplano. Extraordinariamente plano.

extrapolar. Aplicar (algo) más allá de sus límites. *Extrapolación.*

extrarradio. Circunscripción fuera del radio de la población.

extraterrestre. Del espacio exterior.

extraterritorial. Fuera del territorio de la propia jurisdicción. *Extraterritorialidad.*

extrauterino -na. Que ocurre fuera del útero.

extravagante. Que se sale de lo común. *Extravagancia.*

extravasarse. Salirse (un líquido) del vaso. *Extravasación.*

extravenar. Hacer salir de las venas (la sangre).

extraversión. Movimiento del ánimo hacia lo exterior. *Extravertido -da.*

extraviar. Perder. *Extravío.*

extremeño -ña. De Extremadura.

extremo -ma. Último; parte primera o última. *Extremar, extremaunción, extremidad, extremismo, extremista, extremoso -sa.*

extrínseco -ca. Externo, no esencial.

extrudir. Dar forma a una masa haciéndola pasar por una abertura. *Extrusión.*

exuberante. Abundante. *Exuberancia.*

exudar. Salir un líquido. *Exudación.*

exulcerar. Hacer llaga. *Exulceración.*

exultación. Demostración de gozo. *Exultante, exultar.*

exutorio. Úlcera sostenida artificialmente.

exvoto. Don u ofrenda a Dios.

eyacular. Lanzar el contenido de un órgano. *Eyaculación.*

eyectar. Proyectar. *Eyección, eyectable, eyector -ra.*

f

fabada. Potaje asturiano.

fabordón. Contrapunto sobre canto llano.

fábula. Invención; rumor; asunto; composición literaria. *Fabulación, fabulador, fabular, fabulario, fabulista, fabuloso -sa.*

facción. Partido. *Faccionario -ria, faccioso -sa.*

facsímil o **facsímile.** Reproducción exacta. *Facsimilar.*

factótum. El que se encarga de todo.

fagot*.

Fahrenheit. Escala termométrica.

fajeado -da. Que tiene fajas. *Fajero, fajín, fajina, fajinada.*

fakir. Santón mahometano. También *faquir.*

falange. Cuerpo de tropas; hueso del dedo. *Falangeta, falangiano, falangina, falangismo, falangista.*

falangio. Insecto; planta.

faldellín. Falda corta.

falla. Defecto, falta; quiebra; sombrero; hoguera. *Fallada, fallador -ra, fallar, fallero -ra, fallo.*

fallanca. Vierteaguas.

falleba. Varilla de hierro para cerrar ventanas.

fallecer. Morir. *Fallecedero, fallecimiento.*

fallido -da. Frustrado.

falluto -ta. Fallido; falso.

farallón. Roca alta y tallada.

faramalla. Palabrería; farfolla. *Faramallero -ra, faramallón -na.*

farfallón -na. Farfullero.

farfolla. Vaina de la panoja; cosa vacía.

farfulla. Habla balbuciente y

rápida. *Farfullador -ra, farfu-llar, farfullero -ra.*
fargallón -na. Que hace las cosas atropelladamente.
faringe. Cavidad entre la boca y el esófago. *Faríngeo -a, faringitis.*
fauvismo. Escuela pictórica francesa. *Fauve, fauvista.*
favela. Chabola.
favila. Pavesa.
favonio. Céfiro.
favorecer. Ayudar. *Favor, favorable, favorecedor -ra, favoreciente, favoritismo, favorito -ta.*
fax. Transmisión de documentos por vía telefónica.
faya. Tejido grueso de seda.
fayanca. Postura inestable.
febeo -a. De Febo o el Sol.
fehaciente. Que hace fe.
fénix. Ave fabulosa.
ferrobús. Tren automotor.
ferrovanadio. Aleación de hierro y vanadio.
ferroviario -ria. De ferrocarriles.
ferrugiento -ta. De hierro. *Ferruginoso -sa.*
ferry. Buque para el transporte de pasajeros y vehículos.
fervor. Calor; celo; devoción. *Fervencia, férvido -da, ferviente, fervorar, fervorín, fervorizar, fervoroso -sa.*
festivo -va. Chistoso; de fiesta. *Festival, festividad.*
fíbula. Hebilla.
ficción. Acción de fingir; invención.
fijeza. Firmeza.
filibote. Embarcación.
filibustero. Pirata. *Filibusterismo.*
filogenia. Origen y evolución de las especies.
filoxera. Insecto; borrachera.
fingir. Dar a entender lo que no es cierto. *Fingidor -ra, fingimiento.*
fisiognomía. Estudio del carácter a través de la fisonomía.
fitoplancton. Plancton vegetal.
flabeli-. Las palabras que comienzan así se escriben con *b: flabelicornio, flabelífero, flabeliforme.*
fláccido* o **flácido.** *Flaccidez* (o *flacidez*).

flagelar. Azotar. *Flagelación, flagelador -ra, flagelante, flagelo.*
flamígero -ra. Llameante.
flas o *flash*.*
flash-back. Vuelta atrás en la narración.
flavo -va. Entre amarillo y rojo.
flébil. Triste.
flebitis. Inflamación de venas. *Flebotomía, flebotomiano.*
fleje. Tira de chapa de hierro.
flexión. Acción de doblar. *Flexibilidad, flexibilizar, flexible, flexional, flexionar, flexo, flexor -ra, flexuoso -sa.*
flogisto. Principio de los fenómenos caloríficos. *Flogístico -ca.*
flojedad. Debilidad. *Flojear, flojera.*
flojel. Tamo o pelillo del paño.
florígero -ra. Que produce flores.
florilegio. Antología.
fluorhídrico. Ácido.
fluvial. De río.
flux. Suerte de algunos juegos.
fluxión. Acumulación de humores.
fobia. Horror.
folclor, folclore, folklore → **folklore*.**
follar. Soplar con fuelle; componer algo en hojas; fornicar. *Folla, follada, follador -ra, follaje, follero, folletero, follón -na.*
folleto. Impreso de menos de cincuenta páginas. *Folletín, folletinesco -ca, folletinista, folletista.*
fonébol. Fundíbulo.
fontegí. Variedad de trigo fanfarrón.
forcejear. Hacer fuerza. *Forcejeo.*
fórceps. Tenazas.
formaldehído. Aldehído fórmico.
forrajear. Segar y coger el forraje. *Forrajeador, forrajero -ra.*
fotofobia. Horror a la luz. *Fotófobo -ba.*
fotogénico -ca. Que favorece la acción química de la luz; que sale bien en las fotografías. *Fotogenia, fotógeno -na.*
fotograbar. Grabar por medio de la fotografía. *Fotograbado.*
fotonovela. Relato en fotografías.
fovismo. Fauvismo.

foxterrier. Raza de perro.
frac. Prenda de vestir.
fracción. División en partes. *Fraccionable, fraccionamiento, fraccionar, fraccionario -ria.*
frágil. Quebradizo. *Fragilidad.*
frambuesa. Fruta. *Frambueso.*
francmasón. Masón. *Francmasonería.*
francofobia. Odio a lo francés o a los franceses. *Francófobo -ba.*
frangir. Dividir. *Frange, frangible.*
frangollo. Trigo machacado y cocido. *Frangollar, frangollero -ra.*
franjear. Guarnecer con franjas.
franklin o **franklinio.** Unidad de carga eléctrica.
fricción. Roce. *Friccionar.*
frigidez. Frialdad; ausencia de deseo o goce sexual. *Frígido -da.*
frigio -gia. De Frigia, país de Asia antigua.
fringílido. De una familia de aves.
frívolo -la. Ligero, fútil. *Frivolidad.*
frugífero -ra. Que lleva fruto. *Frugívoro -ra.*
frugívoro -ra. Que se alimenta de frutos.
fruición*.
fucsia. Arbusto; color. *Fucsina.*
fuellar. Talco de colores.
fuelle. Instrumento para lanzar aire.
fueraborda, fuera borda → **fuera*.**
fuet. Embutido.
fulgente o **fúlgido -da.** Resplandeciente.
full. Jugada del póker.
fullería. Trampa. *Fullero -ra.*
fumívoro -ra. Que evita la salida de humo.
funámbulo -la. Volatinero.
fundíbulo. Máquina para lanzar piedras. *Fundibulario.*
fungible. Que se consume con el uso.
fungicida. Sustancia para combatir los hongos.
fungir. Desempeñar una función.
furibundo -da. Airado.
fútbol. Deporte. *Futbolista, futbito, futbolín, futbolero -ra, futbolístico -ca, fútbol-sala.*

g

gabacho -cha. De las faldas de los Pirineos; francés. *Gabachada.*
gabán. Abrigo.
gabanear. Robar.
gabardina. Sobretodo de tela impermeable.
gabarra. Embarcación. *Gabarrero, gabarrón.*
gabarro. Nódulo incrustado dentro de otro mineral; defecto de una tela; enfermedad de animales.
gábata. Escudilla.
gabazo. Bagazo.
gabela. Tributo, gravamen; privilegio, ventaja.
gabinete. Salita.
gabonés -sa. De Gabón.
gachumbo. Cubierta de fruto.
gag. Situación o golpe cómico.
gaje. Emolumento; molestia.
galabardera. Planta.
galaxia. Agrupación de estrellas; galactita.
galayo. Prominencia de roca pelada.
galbana. Pereza. *Galbanero -ra, galbanoso -sa.*
gálbano. Resina aromática. *Galbanado -da.*
gálbula. Fruto del ciprés.
gálibo. Arco de hierro usado en ferrocarriles; plantilla con arreglo a la cual se hacen las cuadernas de los barcos. *Galibar.*
galla. Remolino de pelo.
gallardo -da. Airoso, bizarro, valiente. *Gallardear, gallardete, gallardetón, gallardía.*
gallaruza. Vestido con capucha.
gallego -ga. De Galicia. *Gallegada, galleguismo, galleguista.*
galleta. Bizcocho; pasta cocida de harina; carbón; vasija. *Galletería, galletero -ra.*
gallo. Ave. *Galladura, gallar, gallareta, gallarón, gallear, gallera, gallería, gallero, gallina, gallináceo -a, gallinazo, gallinejas, gallinería, gallinero -ra, gallineta, gallipato, gallipavo -va, gallístico -ca, gallito, gallocresta, gallote -ta.*
gallofa. Comida para los pobres; habladuría. *Gallofar, gallofear, gallofero -ra.*
gallón. Adorno arquitectónico; tepe. *Gallonada.*
galludo. Pez.
galvanismo. Electricidad; propiedad que esta tiene de excitar movimientos en animales. *Galvánico -ca, galvanización, galvanizar, galvano, galvanómetro, galvanoplastia, galvanoplástico -ca, galvanoscopio, galvanotipia.*
gamba. Crustáceo; pierna. *Gambado -da, gámbaro.*
gamberro -rra. Incivil. *Gamberrada, gamberrismo.*
gambeta. Movimiento de piernas. *Gambetear.*
gambiano -na o **gambio -bia.** De Gambia.
gambito. Lance del ajedrez.
gamboa. Variedad de membrillo.
gambota. Madero de un barco.
gamella. Parte del yugo; artesa; tejido. *Gamellón.*
gamillón. Pila para pisar uvas.
gamma. Letra griega.
gammaglobulina. Globulina del suero sanguíneo.
gandaya. Vida holgazana; redecilla.
gángster o **gánster.** Pistolero. *Gangsterismo* o *gansterismo.*

garabato. Instrumento de punta retorcida; trazo irregular. *Garabatada, garabatear, garabateo, garabatoso -sa.*
garabito. Asiento en alto.
garaje. Cochera.
garambaina. Adorno de mal gusto.
garambullo. Cacto.
garandumba. Embarcación.
garapullo. Rehilete.
garbanzo. Planta. *Garbancero -ra, garbancillo, garbanzal.*
garbearse. Pasear. *Garbeo.*
garbías. Guiso.
garbillar. Ahechar. *Garbillador -ra, garbillo.*
garbino. Viento sudoeste.
garbo. Gallardía, gracia. *Garbear, garboso -sa.*
garbón. Macho de la perdiz.
garbullo. Confusión.
gargajear. Arrojar gargajos. *Gargajeo, gargajiento.*
gargavero. Garguero; instrumento músico.
garroba. Algarroba. *Garrobal, garrobilla.*
garrobo. Saurio.
garrubia. Algarroba.
garulla. Granuja de la uva; muchedumbre. *Garullada.*
gasógeno. Aparato para obtener gases.
gastralgia. Dolor de estómago.
gauss. Gausio, unidad de inducción.
gavanzo. Escaramujo. *Gavanza.*
gavera. Gradilla o galápago; tapial.
gaveta. Cajón.
gavia. Zanja; vela; gaviota; cuadrilla de obreros. *Gaviero, gavieta.*

gavial. Saurio.

gaviete. Madero corvo de una lancha.

gavilán. Ave; parte de la espada; garfio. *Gavilancillo.*

gavilla. Junta; conjunto de cosas atadas. *Gavillador, gavillar, gavillero.*

gavina. Gaviota.

gavión. Cestón relleno de tierra o piedra; sombrero.

gaviota. Ave.

gavota. Danza.

gaya. Lista de diverso color que el fondo; urraca. *Gayadura, gayar.*

gayo -ya. Alegre.

gayola. Jaula.

gayomba. Arbusto.

gayuba. Mata.

ge. Letra *g.*

gea. Conjunto del reino inorgánico de un país.

geco. Saurio. *Gecónido.*

géiser*.

geisha. Bailarina japonesa.

gejionense. De Gijón.

gel. Jabón líquido.

gelatina. Sustancia obtenida de los huesos de algunos animales. *Gelatinoso -sa.*

geldre. Planta.

gélido -da. Helado.

gema. Piedra preciosa; yema, botón. *Gemación, gemíparo -ra, gemología, gemólogo -ga, gemoso -sa.*

gemelo -la. Hermano nacido en el mismo parto; idéntico.

geminar. Duplicar. *Geminación, geminado -da, géminis.*

gemir. Expresar dolor. *Gemebundo -da, gemido, gemidor.*

gen. Parte del cromosoma. *Genético -ca, genetista, genoma, genotipo.*

genciana. Planta. *Gencianáceo -a, gencianeo -a.*

gendarme. Policía. *Gendarmería.*

gene-. Todas las palabras que empiezan por los sonidos /jene-/ se escriben con *g.* Así: *genealogía, genéatico -ca, generación, generacional, generador -ra, general, generalato, generalidad, generalización, generalizar, generar, generativo -va, ge-*

neratriz, genérico -ca, género, generosidad, generoso -sa, génesis, genetlíaca o genetliaca.

geni-. Todas las palabras que empiezan por los sonidos /jeni-/ se escriben con *g,* excepto *jeniquén* y *jenízaro* (que también puede escribirse *genízaro*). Así: *genial, genialidad, genio, genipa, genista, genital, genitivo -va, genitor, genitourinario -ria.*

genízaro → jenízaro*.

geno-. Todas las palabras que empiezan por los sonidos /jeno-/ se escriben con *g.* Así: *genocidio, genol, genovés -sa.*

gente. Pluralidad de personas; nación. *Gentil, gentileza, gentilhombre, gentilicio, gentílico -ca, gentilidad, gentilismo, gentilizar, gentío, gentualla, gentuza.*

genuflexión. Acción de doblar la rodilla.

genuino -na. Puro, legítimo.

geo-. Todas las palabras derivadas y compuestas de *geo-* 'tierra' se escriben con *g.* Así: *geocéntrico -ca, geoda, geodesia, geodésico -ca, geodesta, geofagia, geófago -ga, geofísica, geogenia, geognosia, geogonía, geografía, geográfico -ca, geógrafo -fa, geoide, geología, geológico -ca, geólogo -ga, geomagnetismo, geomancia o geomancía, geómetra, geometría, geométrico -ca, geomorfía, geonomía, geopolítica, geoponía, geoquímica, georama, geórgico -ca, geotecnia, geotectónico -ca, geotropismo.*

gépido -da. De una nación germánica antigua.

geranio. Planta. *Geraniáceo -a.*

gerbo. Jerbo.

gerente. El que dirige los negocios. *Gerencia.*

geriatría. Medicina de la vejez. *Geriatra, geriátrico -ca.*

gerifalte*.

germanía. Jerga de los ladrones o rufianes. *Germanesco -ca.*

germano -na. De Germania, hoy Alemania. *Germánico -ca, germanismo, germanista, germanización, germanizar, germanófilo -la, germanófobo -ba.*

germanio. Metal.

germen. Principio de un nuevo ser. *Germicida, germinación, germinador -ra, germinal, germinar, germinativo -va.*

gerontocracia. Gobierno de los ancianos. *Gerontología, gerontólogo -ga.*

gerundense. De Gerona.

gerundio. Forma verbal. *Gerundivo.*

gest-. Todas las palabras que comienzan por los sonidos /jest-/ se escriben con *g.* Así: *gesta, gestación, gestante, gestar, gestatorio -ria, gesticular, gestión, gestionar, gesto, gestor, gestoría, gestual.*

geta. De un antiguo pueblo de Escitia. *Gético -ca.*

getulo -la. De Getulia, país del África antigua.

ghanés -sa. De Ghana.

giba. Joroba. *Gibado -da, gibar, gibosidad, giboso -sa.*

gibelino -na. Partidario del emperador.

gibraltareño -ña. De Gibraltar.

giennense. Jiennense.

giga. Baile antiguo. También *jiga.*

giga-. Prefijo de múltiplos de unidades.

gigante -ta. El que sobresale mucho en estatura. *Gigantesco -ca, gigantez, gigantismo, gigantón -na.*

gigoló. Hombre joven que mantiene relaciones con una mujer mayor que lo mantiene.

gigote. Guisado de carne. También *jigote.*

gijonés -sa o **gijonense.** De Gijón.

gili. Tonto. *Gilipollas, gilipollez, gilipuertas.*

gilvo -va. De color melado.

gimnasia. Arte de fortalecer el cuerpo. *Gimnasio, gimnasta, gimnástico -ca, gímnico -ca.*

gimnosofista. Brahmán.

gimnospermo -ma. (Planta) cuyas semillas están al descubierto.

gimnoto. Pez.

gimotear. Gemir. *Gimoteador, gimoteo.*

gincana*.

gindama. Jindama.
ginebra. Bebida; instrumento; juego de naipes; confusión.
ginebrada. Torta.
ginebrino -na o **ginebrés -sa.** De Ginebra.
gineceo. Departamento de mujeres; pistilos (en la flor). *Ginecocracia, ginecología, ginecológico -ca, ginecólogo -ga, ginecomastia.*
ginesta. Hiniesta.
gineta → **jineta*.**
gingidio. Planta.
gingival. De las encías. *Gingivitis.*
giñar. Jiñar.
giobertita. Mineral.
gira. Excursión.
giralda. Veleta de torre.
giraldete. Roquete.
girar. Dar vueltas; enviar dinero. *Girada, girador -ra, giradiscos, girándula, giratorio -ria, giro, girola, girómetro, giroscopio, giróscopo, giróstato, giróvago -ga.*
girasol. Planta.
girino. Insecto.
giroflé. Árbol.
girondino -na. De un partido político francés.
gironés -sa. De Gerona.
gis. Clarión.
giste. Espuma de cerveza.
gitano -na. De una raza errante. *Gitanada, gitanear, gitanería, gitanesco -ca, gitanismo.*
gleba. Terrón levantado con el arado.
global. Tomado en conjunto.
globo. Cuerpo esférico. *Globoso -sa, globular, globulariáceo -a, globulina, glóbulo, globuloso -sa.*
gloxínea. Planta.
glucógeno. Polisacárido que se transforma en glucosa.
gneis*. *Gnéisico -ca.*
gnetáceo -a. De una familia de plantas.
gnómico -ca. Que escribe sentencias y máximas. También *nómico.*
gnomo*.
gnomon*. *Gnomónico -ca.*
gnosis. Conocimiento. *Gnoseología, gnoseológico -ca.*

gnóstico*. *Gnosticismo.*
gobernar. Regir. *Gobernable, gobernación, gobernador -ra, gobernalle, gobernanta, gobernante, gobernativo -va, gobierna, gobierno.*
gobio. Pez.
goethiano -na. De Goethe, escritor alemán.
gollería. Superfluidad, demasía.
gollete. Parte superior de la garganta; cuello. *Golletazo, gollizo, gollizno.*
gong. Instrumento de percusión.
gordolobo. Planta.
gorjear. Hacer quiebros con la voz en la garganta. *Gorjeador -ra, gorjeo.*
gorullo. Pella.
goyesco -ca. De Goya, pintor español.
grabar. Señalar con incisión. *Grabación, grabado, grabador -ra, grabadura, grabazón.*
graffiti. Pintada.
gragea. Tableta o píldora.
grajear. Cantar (los grajos).
granalla. Metal reducido a granos.
granívoro -ra. Que se alimenta de granos.
granjear. Adquirir caudal. *Granjeable, granjeo, granjería, granjero -ra.*
granujería. Granujada.
granujiento -ta. Que tiene muchos granos.
grava. Conjunto de guijas.
gravar. Cargar, pesar. *Gravamen, gravativo -va, grave, gravedad, gravidez, grávido -da, gravímetro, gravitación, gravitar, gravitatorio -ria, gravoso -sa.*
greba. Pieza de la armadura.
grill. Parrilla.
grillarse. Entallecer el trigo; chiflarse.
grillete. Aro de hierro de los presos.
grillotalpa. Alacrán.
grimillón. Muchedumbre.
grisalla. Pintura en grises, blanco y negro.
grosella. Fruto. *Grosellero.*
grosso modo. Loc. latina: En líneas generales.

grujidor. Barreta que usan los vidrieros. *Grujir.*
grulla. Ave. *Grullero -ra.*
gruyer o **gruyère.** Un tipo de queso.
guaca. Sepulcro indio. También *huaca.*
guacal. Árbol. También *huacal.*
guacamayo. Ave.
guaje. Niño, muchacho; calabaza; bobo, tonto.
guajiro -ra. Campesino de Cuba.
guanábano. Árbol. *Guanábana, guanabanada.*
guardabanderas. Marinero que cuida la bitácora.
guardabarrera. El que guarda un paso a nivel.
guardabarros. Aleta del coche.
guardabosque. El que guarda un bosque.
guardabrazo. Pieza de la armadura.
guardagujas*.
guardahúmo. Vela de barco.
guardajoyas. El que guarda las joyas.
guardalobo. Planta.
guardamalleta. Pieza de adorno del cortinaje.
guardamuebles. Depósito de muebles.
guardapolvo. Sobretodo para preservar del polvo.
guardarraya. Linde.
guardavela. Cabo o cuerda.
guardavía. El que vigila un trozo de vía.
guardia civil, guardia marina → **guardia*.**
guardilla → **buhardilla*.**
guaya. Lloro.
guayabera. Chaquetilla.
guayabo. Árbol; muchacha joven y agraciada. *Guayaba, guayabal.*
guayaco o **guayacán.** Árbol. *Guayacol.*
guayado -da. Una clase de cantares.
guayanés -sa. De Guayana, región de América del Sur.
guayaquileño -ña. De Guayaquil (Ecuador).
guaycurú. Indio americano.

guayuco. Taparrabo.
gubán. Bote grande.
gubernativo -va. Del gobierno. *Gubernamental.*
gubia. Formón de mediacaña.
guijeño -ña. De guija; duro.
guillame. Cepillo de carpintero.
guillarse. Irse; chiflarse. *Guilladura.*

güillín. Huillín.
guillomo. Arbusto.
guillote. Holgazán.
guillotina. Máquina para decapitar; máquina de cortar papel. *Guillotinar.*
guimbalete. Palanca de la bomba aspirante.
guimbarda. Cepillo de carpintero.

güisqui*.
gulloría. Alondra.
gurbio -bia. (Instrumento) con curvatura.
gurbión. Tela; goma. *Gurbionado -da.*
gurullo. Burujo, rebujo.
gutagamba. Árbol.
gutiámbar. Goma.
gymkhana → **gincana*.**

h

ha → **ah*.**
haba. Planta. *Habado -da, habar.*
habanero -ra. De La Habana. *Habano -na.*
habeas corpus. Loc. latina: Ley que garantiza la seguridad personal.
haber. Verbo auxiliar *(he amado, has temido, había partido, hemos de terminar);* caudal, bienes. *Habiente.*
haberío. Ganado.
habichuela. Judía.
hábil. Capaz. *Habilidad, habilidoso -sa, habilitación, habilitador -ra, habilitar, habiloso -sa.*
habitar. Morar. *Habitabilidad, habitable, habitación, habitáculo, habitador -ra, habitante, hábitat.*
hábito. Vestido; costumbre. *Habituación, habitual, habituar.*
hablar. Comunicarse por palabras. *Habla, hablador -ra, habladuría, hablante, hablilla, hablista.*
habón. Bulto en forma de grano.
hacendar. Dar el dominio de bienes raíces. *Hacendero -ra, hacendista, hacendoso -sa, hacienda.*
hacer. Efectuar. *Hacedero -ra, hacedor -ra.*
hacera → **acera*.**

hacha. Vela; herramienta. *Hachar, hachazo, hachear, hachero, hacho, hachón, hachote.*
hache. Letra *h.*
hachís. Droga.
hacia. Preposición que indica dirección.
hacina. Montón. *Hacinador -ra, hacinamiento, hacinar.*
hada. Ser fantástico. *Hado.*
hafiz. Guarda.
hafnio. Metal.
hagio-. Prefijo que significa 'santo'. *Hagiografía, hagiográfico -ca, hagiógrafo.*
hahnio. Elemento químico.
haitiano -na. De Haití.
hala, hale. Interjecciones para animar o expresar sorpresa.
halagar. Lisonjear, festejar, obsequiar. *Halagador -ra, halago, halagüeño -ña.*
halar. Tirar de algo.
halcón. Ave. *Halconera, halconería, halconero.*
haleche. Boquerón.
halieto. Ave.
hálito. Aliento. *Halitosis.*
hall*.
hallar. Encontrar. *Hallazgo.*
hallulla o **hallullo.** Especie de pan.
halo. Aureola. *Halón.*
halo-. Prefijo que significa 'sal'. *Halófilo -la, halógeno -na, haloideo -a.*
haloque. Embarcación.

halterofilia. Levantamiento de peso. *Haltera.*
hamaca. Cama de red colgada. *Hamacar, hamaquear, hamaquero -ra.*
hamadríade o **hamadríada.** Ninfa de los árboles.
hámago. Ámago.
hambre. Gana de comer. *Hambrear, hambriento -ta, hambrón -na, hambruna.*
hamburgués -sa. De Hamburgo (Alemania).
hamburguesa. Filete de carne picada. *Hamburguesería.*
hampa. Vida de maleantes. *Hampesco -ca, hampón -na.*
hámster. Pequeño roedor.
hándicap. Desventaja.
hangar. Cobertizo para aviones.
hannoveriano -na. De Hannover (Alemania).
hanseático -ca. De la Hansa, confederación comercial de ciudades alemanas en la Edad Media. También *anseático -ca.*
hapálido. De una familia de simios.
hápax. Palabra que se ha registrado una sola vez.
haploide. (Célula) que posee un único juego de cromosomas.
haquitía. Habla judeoespañola.
haragán -na. Holgazán. *Haraganear, haraganería.*

harakiri. Haraquiri.
harambel. Arambel.
harapo. Andrajo. *Harapiento -ta, haraposo -sa.*
haraquiri. Suicidio por corte del vientre. También *harakiri.*
harca. Expedición militar. También *harka. Harqueño -ña.*
hardware. Conjunto de los componentes físicos de un ordenador.
harén* o harem.
harija. Polvillo del grano o de la harina.
harina. Polvo que resulta de la molienda. *Harinero -ra, harinoso -sa.*
harka. Harca.
harma. Planta.
harmonía → armonía*.
harnero. Criba.
harneruelo. Paño horizontal de la techumbre de madera.
harón -na. Perezoso. *Haronear, haronía.*
harpa → arpa*.
harpía → arpía*.
harpillera. Tejido para hacer sacos. También (más frec.) *arpillera.*
harre. Interj. para incitar a las caballerías a caminar. Esta grafía es desusada; la empleada normalmente hoy es *arre. Harrear, harriería, harriero* (normalmente, *arrear, arriería, arriero).*
hartar. Saciar; cansar. *Hartazgo, hartazón, harto -ta, hartura.*
hassio. Elemento químico.
hasta. Preposición.
hastial. Fachada.
hastiar. Fastidiar, cansar. *Hastío, hastioso -sa.*
hataca. Cuchara de palo.
hatajo → atajo*.
hatijo. Cubierta que tapa la boca de la colmena.
hato. Pequeño ajuar; porción de ganado. *Hatear, hatería, hatero -ra.*
hawaiano -na. De las islas Hawai.
haya. Árbol. *Hayal, hayedo, hayuco.*
hayaca. Pastel.
hayo. Coca.

haz. Porción atada; conjunto de rayos; tropa formada; cara, superficie.
haza. Porción de tierra labrantía.
hazaña. Proeza. *Hazañería, hazañero -ra, hazañoso -sa.*
hazmerreír. Persona ridícula.
he aquí, he ahí. Aquí está, ahí está.
hebdómada. Semana. *Hebdomadario -ria.*
hebén. Variedad de uva.
hebilla. Broche, ajustador. *Hebillaje, hebillero -ra.*
hebra. Porción de hilo. *Hebroso -sa, hebrudo -da.*
hebreo -a. Israelita. *Hebraico -ca, hebraísmo, hebraísta, hebraizante, hebraizar.*
hecatombe. Matanza; catástrofe.
hechizo. Encanto; maleficio. *Hechiceresco -ca, hechicería, hechicero -ra, hechizar.*
hecho -cha. Participio del verbo *hacer. Hechor -ra, hechura.*
hect-, hecto-. Prefijo griego que significa 'cien'. *Hectárea, hectogramo, hectolitro, hectómetro.*
héctico -ca. Hético, tísico. *Hectiquez.*
heder. Oler mal. *Hedentina, hediondez, hediondo -da, hedor.*
hedonismo. Doctrina ética. *Hedonista.*
hegeliano -na. De Hegel, filósofo alemán. *Hegelianismo.*
hegemonía. Supremacía. *Hegemónico -ca.*
hégira o héjira. Era musulmana. Puede usarse cualquiera de las dos grafías. Suele escribirse con mayúscula cuando designa la huida de Mahoma a Medina.
helar. Congelar; formar(se) hielo. *Helable, heladería, heladero -ra, heladizo -za, helado -da, helador -ra, heladura, helaje, helero.*
helecho. Planta. *Helechal.*
helenio. Planta.
heleno -na. Griego. *Helénico -ca, helenismo, helenista, helenístico -ca, helenización, helenizar.*

hélice. Espiral; conjunto de aletas propulsoras. *Helicoidal, helicoide, helicoideo -a, helicóptero, helipuerto.*
helicón. Instrumento musical.
helio-, heli-. Prefijo griego que significa 'sol'. *Helíaco -ca o heliaco -ca, heliantemo, heliantina, helianto, helio, heliocéntrico -ca, heliograbado, heliografía, heliógrafo, heliómetro, heliomotor, helioplastia, helioscopio, helióstato, helioterapia, heliotropina, heliotropismo, heliotropo.*
helminto. Gusano parásito. *Helmintiasis.*
helvecio -cia. De Helvecia, hoy Suiza. *Helvético -ca.*
hema-, hemat-, hemato-, hemo-. Prefijos que significan 'sangre'. *Hematíe, hematites, hematocrito, hematófago -ga, hematología, hematoma, hematosis, hematuria, hemocianina, hemodiálisis, hemofilia, hemofílico -ca, hemoglobina, hemolisina, hemopatía, hemoptisis, hemorragia, hemorroide, hemostasia o hemostasis, hemostático -ca.*
hembra. Animal del sexo femenino; pieza con un agujero en que otra se encaja. *Hembraje, hembrilla.*
hemeroteca. Colección de periódicos.
hemi-. Prefijo que significa 'medio'. *Hemiciclo, hemicránea, hemiedro, hemiplejía o hemiplejia, hemíptero, hemisferio, hemistiquio.*
henchir. Llenar. *Henchidor -ra, henchidura, henchimiento.*
hender o hendir. Hacer una abertura. *Hendedor -ra, hendedura, hendible, hendidura, hendiente, hendija, hendimiento.*
henequén. Planta.
heno. Hierba. *Henal, henar, henificar, henil.*
henrio o henry. Unidad física.
heñir. Sobar la masa con los puños.
heparina. Polisacárido que impide la formación de trombos.
hepato-, hepat-. Prefijo que significa 'hígado'. *Hepático -ca, hepatitis, hepatología.*

.

hepta-. Prefijo que significa 'siete'. *Heptacordo, heptaedro, heptágono -na, heptámetro, heptano, heptarquía, heptasílabo -ba, heptateuco.*

heraldo. Oficial que transmitía mensajes y llevaba los registros de la nobleza. *Heráldico -ca.*

herbáceo -a. De hierba. *Herbajar, herbaje, herbajear, herbajero, herbar, herbario -ria, herbazal, herbero, herbicida, herbívoro -ra, herbolario -ria, herboristería, herborización, herborizar, herboso -sa.*

hercio. Herzio. También *hertz. Herciano -na* (también *herziano* y *hertziano).*

hercúleo -a. De Hércules, héroe mitológico.

heredar. Suceder por disposición testamentaria o legal. *Heredad, heredamiento, heredero -ra, hereditario -ria, herencia.*

herejía. Doctrina contraria a la de la Iglesia. *Hereje, heresiarca, herético -ca.*

hereque. Enfermedad.

herir. Rasgar, dañar. *Herida, heridor -ra, hiriente.*

herma. Busto.

hermafrodita. Bisexual. *Hermafroditismo.*

hermano -na. Nacido de los mismos padres. *Hermanable, hermanamiento, hermanar, hermanastro, hermanazgo, hermandad, hermanecer.*

hermenéutica. Interpretación de textos.

hermético -ca. Impenetrable. *Hermetismo, hermetizar.*

hermoso -sa. Bello. *Hermoseador -ra, hermoseamiento, hermosear, hermosura.*

hernia. Tumor producido por salida de una víscera. *Herniar, herniario -ria, hernioso -sa, hernista.*

herodiano -na. De Herodes, rey de los judíos.

héroe. Semidiós; protagonista; varón ilustre. *Heroicidad, heroico -ca, heroida, heroína, heroísmo.*

heroína. Droga. *Heroinómano -na.*

herpe o **herpes.** Erupción cutánea. *Herpético -ca.*

herpetología. Tratado de los reptiles.

herpil. Saco de red.

herraj o **herraje.** Cisco de huesos de aceituna. También *erraj.*

herrar. Poner hierros; marcar con hierro. *Herrada, herradero, herrador, herradura, herraje, herramental, herramienta, herranza, herrería, herrero, herrete, herretear, herrín, herrón, herronada, herrumbrar, herrumbre, herrumbroso -sa.*

herrén. Forraje. *Herrenal, herreñal.*

herreriano -na. De Herrera, arquitecto español.

herrerillo. Pájaro.

herreruelo. Pájaro.

herrial. Clase de uva.

hertz. Herzio. *Hertziano -na* (también *herziano* y *herciano).*

hérulo -la. De un pueblo bárbaro.

hervir. Moverse agitadamente un líquido. *Herventar, herver, hervidero, hervidor, hervor, hervoroso.*

herzio. Unidad de frecuencia. También *hercio* y *hertz. Herziano -na* (también *herciano* y *hertziano).*

hesperio -ria o **héspero -ra.** De Hesperia, península Ibérica o Itálica.

hesperidio. Baya del tipo de la naranja.

hetaira o **hetera.** Prostituta.

hetero-. Prefijo que significa 'otro, diferente'. *Heterocerca, heterociclo, heteroclamídeo -a, heteróclito -ta, heterodoxia, heterodoxo -xa, heterógamo -ma, heterogeneidad, heterogéneo -a, heteromancia* o *heteromancía, heterómero, heteronimia, heterónimo -ma, heteroplastia, heterópsido -da, heteróptero, heteroscio -cia, heterosexual, heterosexualidad, heterosugestión, heterótrofo -fa.*

hético -ca. Tísico. También *héctico. Hetiquez* (o *hectiquez).*

hetita. Hitita.

heurístico -ca. De la investigación.

hevea. Planta.

hexa-*. *Hexacordo, hexaedro, hexagonal, hexágono, hexámetro, hexapétalo -la, hexápodo -da, hexasílabo -ba, hexástilo.*

hez. Poso; lo más vil.

hialo-. Prefijo que significa 'cristal'. *Hialino -na, hialografía, hialógrafo, hialoideo -a, hialotecnia, hialurgia.*

hiato. Encuentro de vocales; discontinuidad.

hibernal. Invernal. *Hibernación, hibernar.*

hibernés -sa. De Hibernia, hoy Irlanda. *Hibérnico -ca.*

hibisco. Planta.

híbrido -da. (Animal) que procede de dos especies distintas. *Hibridación, hibridismo.*

hibuero. Árbol.

hicaco. Arbusto.

hico. Cordel que sostiene la hamaca. *Hicadura.*

hicotea. Tortuga.

hidalgo -ga. Persona de noble nacimiento. *Hidalguez, hidalguía.*

hidátide. Larva. *Hidatídico -ca.*

hidra. Monstruo mitológico.

hidro-, hidr-. Prefijo que significa 'agua'. *Hidrácida* o *hidracida, hidrácido, hidrargirismo, hidrargiro, hidratar, hidrato, hidráulico -ca, hidria, hídrico -ca, hidroavión, hidrocarburo, hidrocefalia, hidrocéfalo -la, hidrocele, hidrodinámico -ca, hidroelectricidad, hidroeléctrico -ca, hidrófilo -la, hidrofobia, hidrogenación, hidrógeno, hidrogografía, hidrografía, hidrólisis, hidrología, hidromancia* o *hidromancía, hidromel, hidrometría, hidrómetro, hidromiel, hidropatía, hidropesía, hidroplano, hidroponía, hidropteríneo -a, hidrosfera, hidrosoluble, hidrostática, hidrotecnia, hidroterapia, hidróxido, hidroxilo, hidruro.*

hiedra. Planta. También *yedra.*

hiel. Bilis.

hielo. Agua solidificada por el frío. *Hielera.*

hiena. Mamífero carnívoro. *Hiénido -da.*

hienda. Estiércol.

hierático -ca. Sagrado, sacerdotal. *Hieratismo.*

hierba. Planta de tallo no leñoso. También *yerba.* (En la Argentina *yerba* es solo la *yerba mate.) Hierbabuena, hierbal, hierbatero.*

hiero-. Prefijo que significa 'sagrado'. *Hierofante.*

hieroscopia. Adivinación por las entrañas.

hierosolimitano -na. De Jerusalén.

hierro. Metal. *Hierra, hierre.*

hifa. Elemento del hongo.

higa. Gesto despectivo.

hígado. Órgano glandular. *Higadillo.*

higiene. Sistema de principios para conservar la salud. *Higiénico -ca, higienista, higienizar.*

higo. Fruto. *Higuera, higueral, higuereta, higuerón, higueruela.*

higro-. Prefijo que significa 'humedad'. *Higrometría, higrométrico -ca, higrómetro, higroscopia, higroscopicidad.*

higuana. Iguana.

hijo -ja. Persona o animal, respecto de sus padres. *Hijadalgo, hijastro -tra, hijear, hijodalgo, hijuela, hijuelo.*

hilaridad. Risa y algazara. *Hilarante.*

hilemorfismo. Teoría aristotélica.

hilo. Cuerpo muy delgado y de longitud indefinida. *Hila, hilacha, hilachento, hilacho, hilachoso -sa, hilachudo -da, hilada, hiladizo -za, hilado, hilador -ra, hilandería, hilandero -ra, hilar, hilaza, hilera, hilero.*

hilozoísmo. Doctrina metafísica.

hilván. Costura a punto largo. *Hilvanar.*

himen. Membrana femenina. *Himeneo.*

himenio. Parte de ciertos hongos.

himenóptero -ra. De un orden de insectos.

himno. Composición poética. *Himnario.*

himplar. Rugir la onza o pantera.

hincar. Clavar. *Hincada, hincadura, hincapié, hincón.*

hincha. Odio; partidario entusiasta. *Hinchada.*

hinchar. Inflar. *Hinchado -da, hinchazón.*

hindú. De la India; de una religión india. *Hindi, hinduismo.*

hiniesta. Retama.

hinojo. Planta; rodilla. *Hinojal.*

hintero. Mesa para heñir.

hioides. Hueso. *Hioideo -a.*

hipálage. Figura retórica.

hipar. Tener hipo; gemir. *Hipido, hipo, hiposo -sa.*

hiper-. Prefijo que significa 'exceso', 'superioridad'. *Hipérbato* o *hipérbaton, hipérbola, hipérbole, hiperbólico -ca, hiperbóreo -a, hiperclorhidria, hipercrítico -ca, hiperemia, hiperestesia, hiperhidrosis, hipermercado, hipermétrope, hipermnesia, hiperoxia, hiperplasia, hiperrealismo, hipersensible, hipertensión, hipertermia, hipertiroidismo, hipertrofia.*

hípico -ca. Caballar.

hipnal. Áspid.

hipnosis. Estado parecido al sueño. *Hipnótico -ca, hipnotismo, hipnotización, hipnotizador -ra, hipnotizar.*

hipo-. Prefijo que significa: 1) 'inferioridad', 'subordinación'; 2) 'caballo'. *Hipocampo, hipocastanáceo -a, hipocausto, hipocentauro, hipocentro, hipoclorhidria, hipocondría, hipocondríaco -ca* o *hipocondriaco -ca, hipocondrio, hipocorístico -ca, hipocrás, hipocresía, hipócrita, hipodérmico -ca, hipódromo, hipófisis, hipogastrio, hipogeo, hipogloso -sa, hipoglucemia, hipogrifo, hipomóvil, hipopótamo, hipóstasis, hipóstilo, hiposulfúrico, hipotálamo, hipotaxis, hipoteca, hipotecar, hipotecario -ria, hipotensión, hipotenusa, hipotermia, hipótesis, hipotético -ca, hipotiroidismo.*

hipocrático -ca. De Hipócrates, médico de la antigüedad. *hippie* o *hippy*.*

hipsómetro. Aparato para medir la altura sobre el nivel del mar. *Hipsometría, hipsométrico -ca.*

hircano -na. De Hircania, antigua región de Asia.

hirco. Cabra montés. *Hircocervo.*

hiriente. Que hiere.

hirma. Orillo.

hirsuto -ta. De pelo áspero y duro. *Hirsutismo.*

hirundinaria. Hierba.

hirviente. Que hierve.

hisopo. Mata; asperges; brocha, escobón. *Hisopada, hisopazo, hisopear.*

hispalense. De Híspalis, hoy Sevilla.

hispano -na. De Hispania, hoy España. *Hispánico -ca, hispanidad, hispanismo, hispanista, hispanizar, hispanoamericano -na, hispanoárabe, hispanófilo -la, hispanohablante, hispanorromano -na.*

híspido -da. Hirsuto.

histéresis. Retraso del efecto.

histeria. Excitabilidad exagerada. *Histérico -ca, histerismo.*

histograma. Gráfico estadístico.

histología. Ciencia que estudia los tejidos. *Histológico -ca, histólogo, histoquimia.*

historia. Exposición sistemática de los acontecimientos pasados. *Historiado -da, historiador -ra, historial, historiar, historicidad, historicismo, histórico -ca, historieta, historiografía, historiógrafo -fa.*

histrión. Actor. *Histriónico -ca, histrionisa, histrionismo.*

hita. Clavo pequeño. *Hitón.*

hitita. Pueblo antiguo del Asia Menor. También *hetita.*

hitleriano -na. De Hitler, dictador alemán.

hito -ta. Unido, inmediato; mojón.

hobachón -na. Grueso y perezoso.

hobby*.

hobo. Árbol.

hocico. Parte de la boca y narices de un animal. *Hocicada, hocicar, hocicón -na, hocicudo -da, hociquear, hociquera.*

hocino. Hoz.
hockey. Deporte.
hodierno -na. De hoy.
hodómetro. Odómetro.
hogaño*.
hogar. Sitio donde se enciende lumbre; casa. *Hogareño -ña, hoguera.*
hogaza. Pan.
hoja. Órgano laminar verde de los vegetales; pétalo; lámina delgada. *Hojalata, hojalatería, hojalatero, hojaldrar, hojaldre, hojarasca, hojear, hojoso -sa, hojudo -da, hojuela.*
hola. Interj. para saludar.
holandés -sa. De Holanda. *Holán.*
holding. Sociedad financiera que posee acciones de varias empresas.
holgar. Descansar; divertirse. *Holgachón -na, holganza, holgazán -na, holgazanear, holgazanería, holgón -na, holgorio, holgura.*
hollar. Pisar. *Holladero -ra, holladura.*
hollejo. Pellejo de algunas frutas. *Hollejudo -da.*
hollín. Sustancia negra depositada por el humo. *Holliniento -ta.*
holmio. Elemento químico.
holocausto. Sacrificio.
holoceno -na. Del período geológico actual.
holoédrico -ca. (Cristal) que tiene completos los elementos de simetría.
holografía. Fotografía por láser. *Holograma.*
hológrafo*.
holostérico. Enteramente sólido.
holoturia. Animal marino. *Holoturoideo -a, holotúrido.*
hombre. Ser humano; varón. *Hombrada, hombradía, hombrear, hombría, hombruno -na.*
hombro. Parte lateral superior del tronco. *Hombrear, hombrera.*
homenaje. Acto en honor de alguien. *Homenajear.*
homeopatía. Sistema curativo. *Homeópata, homeopático -ca.*

homeóstasis u **homeostasis.** Autorregulación de las constantes biológicas.
homeotermia. Regulación metabólica para mantener constante la temperatura.
homérico -ca. De Homero, poeta griego.
homicida. Que causa la muerte de alguien. *Homicidio.*
homilía. Plática religiosa. *Homiliario.*
homínido. Primate superior.
homo-. Prefijo que significa 'el mismo'. *Homocentro, homocerca, homofonía, homófono -na, homogeneizar, homogéneo -a, homografía, homógrafo -fa, homología, homologar, homólogo -ga, homonimia, homónimo -ma, homoplastia, homóptero -ra, homosexual, homosexualidad.*
honcejo. Hoz.
honda. Tira de cuero para arrojar piedras. *Hondear, hondero, hondijo.*
hondo -da. Profundo. *Hondón, hondonada, hondura.*
hondureño -ña. De Honduras.
honesto -ta. Decente. *Honestar, honestidad.*
hongo. Planta talofita sin clorofila; sombrero.
honor. Probidad; honestidad; gloria; dignidad. *Honorabilidad, honorable, honorar, honorario -ria, honorífico -ca.*
honra. Buena reputación; honor. *Honradez, honrador -ra, honramiento, honrar, honroso -sa.*
hontanar. Sitio en que nacen fuentes.
hopa. Vestido. *Hopalanda.*
hoplita. Soldado griego.
hoploteca. Museo de armas antiguas.
hopo. Cola que tiene mucho pelo. *Hopear.*
hoque. Alboroque.
hora. Espacio de tiempo. *Horario -ria, horero.*
horaciano -na. De Horacio, poeta latino.
horadar. Agujerear. *Horadación, horadador -ra, horado.*
horca. Aparato para ahorcar;

palo rematado en dos o más púas; ristra. *Horcadura, horcaja, horcajadas (a), horcajadura, horcajo, horcate, horco, horcón, horconada, horqueta, horquilla.*
horchata. Bebida refrescante. *Horchatería, horchatero -ra.*
horda. Comunidad nómada.
hordiate. Bebida de cebada.
horizonte. Línea que limita la superficie visible. *Horizontal, horizontalidad.*
horma. Molde; pared de piedra. *Hormaza, hormazo, hormero.*
hormiga. Insecto. *Hormiguear, hormigueo, hormiguero, hormiguillo.*
hormigón. Mezcla de piedras y mortero. *Hormigonera.*
hormona. Sustancia segregada por las glándulas endocrinas. *Hormón, hormonal.*
hornabeque. Fortificación.
hornablenda. Mineral.
horno. Fábrica abovedada para caldear. *Hornacina, hornacho, hornachuela, hornada, hornaguear, hornaguera, hornalla, hornaza, hornazo, hornear, hornería, hornero -ra, hornija, hornijero -ra, hornilla, hornillo.*
horóptero u **horóptero.** Recta que pasa por la intersección de los ejes ópticos. *Horoptérico -ca.*
horóscopo. Predicción astrológica.
hórreo. Granero; troj. *Horrero.*
horro -rra. Libre. *Horrar.*
horror. Sentimiento de repulsión. *Horrendo -da, horrible, horridez, hórrido -da, horripilar, horrisonante, horrísono -na, horrorizar, horroroso -sa.*
hortaliza. Planta de huerta. *Hortelano -na, hortense, hortícola, horticultor -ra, horticultura.*
hortensia. Arbusto.
hortera. Cazuela de palo; dependiente de tienda; vulgar. *Horterada.*
hosanna. Interj. de júbilo; himno.
hosco -ca. Moreno oscuro; áspero. *Hosquedad.*

hospedar. Recibir huéspedes. *Hospedador -ra, hospedaje, hospedamiento, hospedería, hospedero -ra, hospiciano -na, hospiciante, hospicio, hospital, hospitalario -ria, hospitalero -ra, hospitalicio -cia, hospitalidad, hospitalizar, hostal, hostelero -ra, hostería.*

hostia. Víctima; forma que se consagra en la misa; bofetada. En el segundo sentido se escribe generalmente con mayúscula. *Hostiario, hostiero -ra.*

hostigar. Azotar; molestar; empalagar. *Hostigador -ra, hostigamiento, hostigoso -sa.*

hostil. Contrario, enemigo. *Hostilidad, hostilizar.*

hotel. Establecimiento de hostelería; casa aislada de las colindantes. *Hotelería, hotelero -ra.*

hotentote. De una raza africana.

hoy. En este día.

hoyo. Concavidad en la tierra. *Hoya, hoyador, hoyanca, hoyar, hoyoso -sa, hoyuela, hoyuelo.*

hoz. Instrumento para segar; angostura de un valle. *Hozada.*

hozar. Levantar el puerco la tierra con el hocico. *Hozadero, hozadura.*

huaca. Guaca.

huacal. Guacal.

huaico. Alud de piedras y barro.

huairuro. Especie de judía para hacer collares.

huango. Trenza.

huapango. Danza.

hucha. Lugar donde se guarda o ahorra.

huchear. Gritar.

hue-. Todas las palabras que empiezan por los sonidos /ue/ se escriben con *h* inicial; así: *huebra, hueco, huecograbado, huecú, huelga, huelgo, huelguista, huelguístico -ca, huella, huelveño -ña, huemul, huérfano -na, huero -ra, huerta, huertano -na, huerto, huesa, hueso, huésped -da, hueste, huesudo -da, hueva, huevera, huevo, huevón -na.*

huf → **uf*.**

hugonote -ta. Calvinista.

hui-. Todas las palabras que empiezan por los sonidos /ui/ se escriben con *h* inicial; así: *huida, huidizo -za, huingán, huipil, huir, huiro, huisache.*

hujier → **ujier*.**

hule. Caucho; tela barnizada. *Hulado, hulear.*

hulla. Carbón. *Hullero -ra.*

humano -na. Del hombre. *Humanal, humanar, humanidad, humanismo, humanista, humanístico -ca, humanitario -ria, humanitarismo, humanizar.*

humedecer. Mojar. *Humectación, humectar, humedad, húmedo -da, humidificador -ra, humidificar, humidificación.*

húmero. Hueso del brazo. *Humeral.*

humildad. Virtud derivada del sentimiento de inferioridad. *Humilde, humillación, humilladero, humillador -ra, humillante, humillar.*

humita. Manjar.

humo. Emanación de la combustión. *Humada, humarada, humarazo, humareda, humazo, humear, humero, humoso -sa.*

humor. Líquido; disposición del ánimo. *Humorado -da, humoral, humorismo, humorista, humorístico -ca, humoroso -sa.*

humus. Mantillo.

hundir. Meter en lo hondo. *Hundible, hundimiento.*

húngaro -ra. De Hungría.

huno -na. De un pueblo bárbaro.

hupe. Descomposición de algunas maderas.

hura. Carbunco; madriguera.

huracán. Viento impetuoso. *Huracanado -da.*

huraco. Agujero. *Hureque.*

huraño -ña. Que huye de las gentes. *Hurañía.*

hurdano -na. De las Hurdes, comarca de Extremadura.

hurgar. Remover. *Hurgador -ra, hurgón, hurgonada, hurgonazo, hurgonear, hurguete, hurguetear.*

hurí. Virgen del paraíso musulmán.

hurón -na. Mamífero. *Huronear, huronera.*

hurra. Interj. de alegría o de entusiasmo.

hurraca → **urraca*.**

hurtar. Robar a escondidas. *A hurtadillas, hurtador -ra, hurto.*

húsar. Soldado de caballería ligera.

husero. Cuerna del gamo.

husmear. Rastrear con el olfato. *Husma, husmeador -ra, husmeo, husmo.*

huso. Instrumento para torcer y arrollar el hilo; cilindro de un torno. *Husada, husillo.*

huta. Choza.

hutía. Mamífero.

huy. Interj. que expresa dolor físico o asombro pueril.

i

iatrogénico -ca. Causado por el médico. *Iatrógeno -na.*

ibero -ra o **íbero -ra.** De Iberia, hoy España. *Ibérico -ca, iberio -ria, iberoamericano -na.*

íbice. Cabra montés.

ibídem. En el mismo lugar.

ibis. Ave.

ibicenco -ca. De la isla de Ibiza.

iceberg. Témpano de hielo.

icneumón. Mamífero; insecto.

icnografía. Delineación de la planta de un edificio. *Icnográfico -ca.*

ictericia. Amarillez de la piel. *Ictérico -ca.*

ictio-. Prefijo, 'de los peces'. *Ictiófago -ga, ictiografía, ictiol, ictiología, ictiosauro.*

ictus. Acento métrico.

idolopeya. Figura retórica.

ignaro -ra. Ignorante.

ignavia. Pereza.

ígneo -a. De fuego. *Ignición, ignífugo -ga, ignívomo -ma.*

ignominia. Afrenta. *Ignominioso -sa.*

ignorar. No saber. *Ignorancia, ignorante, ignoto -ta.*

iguana. Reptil. También *higuana,* menos frecuente.

ilación*. *Ilativo -va.*

ilegible. Que no puede leerse.

ilegítimo -ma. No legítimo. *Ilegitimar, ilegitimidad.*

ilercavón -na. De una antigua región de España.

ilergete. De una antigua región de España.

iliberitano -na o **iliberritano -na.** De Ilíberis o Iliberris, hoy Granada.

iliturgitano -na. De Iliturgi, hoy Elche.

ilógico -ca. Sin lógica.

imagen. Apariencia; reproducción; representación. *Imaginable, imaginación, imaginar, imaginario -ria, imaginativo -va, imaginería, imaginero -ra.*

imbatido -da. No batido o vencido. *Imbatibilidad, imbatible.*

imbécil. Alelado. *Imbecilidad.*

imbele. Incapaz de guerrear.

imberbe. Sin barba.

imbibición. Acción de embeber. *Imbíbito -ta.*

imbornal. Agujero, desaguadero.

imborrable. Indeleble.

imbuir. Infundir.

imparisílabo -ba. Tipo de nombres latinos.

impasse. Callejón sin salida.

impávido -da. Imperturbable. *Impavidez.*

impluvio. Espacio descubierto, en el atrio de las casas romanas.

imprevisión. Falta de previsión. *Imprevisible, imprevisor -ra, imprevisto -ta.*

improbable. No probable. *Improbabilidad.*

ímprobo -ba. No probo; excesivo (trabajo). *Improbidad.*

impromptu. Composición musical improvisada.

improvisar. Repentizar. *Improvisación, improvisador -ra, improviso.*

impúber. Que no ha llegado a la pubertad.

inabarcable. Que no se puede abarcar.

inabordable. Que no se puede abordar.

inacabable. Que no se puede acabar.

inaccesible. No accesible. *Inaccesibilidad.*

inacción. Falta de acción.

inadvertencia. Falta de advertencia. *Inadvertido -da.*

in albis. Loc latina: En blanco.

inamovible. No movible. *Inamovilidad.*

inaveriguable. Que no se puede averiguar. *Inaveriguado -da.*

incentivar. Estimular. *Incentivo -va.*

íncipit. Primeras palabras de un escrito.

incivil. Falto de civilidad. *Incívico -ca, incivilidad, incivilizado -da.*

inclusive. Con inclusión. *Inclusivo -va, incluyente.*

incoación. Acción de incoar. *Incoativo -va.*

incoherente. No coherente. *Incoherencia.*

incombinable. Que no puede combinarse.

incombustible. No combustible. *Incombustibilidad.*

inconcebible. Que no puede concebirse.

inconexo -xa. Falto de conexión.

inconmovible. Que no se puede conmover.

inconsciencia, inconsciente → **conciencia*.**

incontrovertible. Que no admite discusión.

inconveniente. No conveniente. *Inconveniencia.*

inconvertible. No convertible.

incorrección. Calidad de incorrecto.

incorregible. No corregible. *Incorregibilidad.*

incubar. Empollar. *Incubación, incubadora.*

íncubo. Demonio que tiene trato con una mujer.

incultivable. Que no puede cultivarse.

incumbir. Estar a cargo de uno. *Incumbencia.*

indebido -da. Inadecuado; ilícito.

indehiscente. No dehiscente.

indeliberación. Falta de deliberación. *Indeliberado -da.*

indemne. Libre de daño. *Indemnizar, indemnización.*

indevoto -ta. Falto de devoción. *Indevoción.*

indicción. Convocación para un concilio; ciclo de 15 años.

indígena. Originario del país. *Indigenismo, indigenista.*

indigente. Pobre. *Indigencia.*

indigesto -ta. Que no se digiere bien. *Indigestarse, indigerible, indigestión.*

indiligencia. Falta de diligencia.

indiscreción → **discreción***.

individuo. Cada ser respecto a la especie. *Individuación, individual, individualidad, individualismo, individualista, individualizar, individuar.*

indiviso -sa. No dividido. *Indivisibilidad, indivisible, indivisión.*

indogermánico -ca. Indoeuropeo.

indubitable. Indudable. *Indubitado -da.*

inducción. Acción de inducir.

indulgencia. Perdón. *Indulgente.*

inembargable. Que no puede ser embargado.

inequívoco -ca. Que no admite duda.

inervación. Acción o distribución de los nervios. *Inervar.*

inescrutable*.

inevitable. Que no se puede evitar.

inexacto -ta. Sin exactitud. *Inexactitud.*

inexcogitable. Que no se puede excogitar.

inexcusable. Que no se puede excusar.

inexhausto -ta. Que no se agota.

inexistente. Que no existe. *Inexistencia.*

inexorable. Inflexible. *Inexorabilidad.*

inexperto -ta. Sin experiencia. *Inexperiencia.*

inexpiable. Que no se puede expiar.

inexplicable. Que no se puede explicar.

inexplorado -da. No explorado.

inexpresivo -va. Sin expresión.

inexpugnable. Que no se puede expugnar.

in extenso. Loc. latina: Por extenso.

inextenso -sa. Que carece de extensión. *Inextensible.*

inextinguible. No extinguible.

in extremis. Loc. latina: En el último momento.

inextricable. Que no se puede desenredar.

infección. Acción de infectar. *Infeccioso -sa.*

infectar. Contaminar.

infestar. Invadir.

infibular. Colocar un anillo en los genitales para impedir el coito.

inficionar*.

inflación*. *Inflacionario -ria, inflacionismo, inflacionista.*

inflexible. Que no se dobla. *Inflexibilidad.*

inflexión. Curva.

infligir. Imponer (castigo, daño).

influyente. Que influye.

infracción. Quebrantamiento.

in fraganti. En el momento del delito. También *infraganti.*

infrahumano -na. Inferior al nivel humano.

infraoctava. Espacio de seis días después de una festividad.

infraorbitario -ria. En la parte inferior de la órbita.

infringir. Quebrantar.

ingenio. Espíritu de invención; habilidad; máquina. *Ingeniar, ingeniería, ingeniero -ra, ingeniosidad, ingenioso -sa.*

ingénito -ta. No engendrado; connatural.

ingente. Muy grande.

ingenuo -nua. Sincero, candoroso. *Ingenuidad.*

ingerir*. *Ingestión.*

ingrávido -da. Sin peso. *Ingravidez.*

ingurgitar. Engullir. *Ingurgitación.*

inhábil. Torpe; no hábil. *Inhabilidad, inhabilitación, inhabilitar.*

inhabitable. Que no se puede habitar. *Inhabitado -da.*

inhacedero -ra. No hacedero.

inhalar. Aspirar. *Inhalación, inhalador.*

inherente. Esencial, propio. *Inherencia.*

inhibir. Impedir que se intervenga. *Inhibición, inhibitorio -ria.*

inhóspito -ta. Poco acogedor. *Inhospitalario -ria, inhospitalidad.*

inhumano -na. Falto de humanidad. *Inhumanidad, inhumanitario -ria.*

inhumar. Enterrar. *Inhumación.*

inimaginable. No imaginable.

ininteligible. No inteligible.

injerir → **ingerir*.** *Injerencia, injeridura, injertable, injertador, injertar, injertera, injerto -ta.*

inllevable. Intolerable.

inmobiliario -ria. De inmuebles.

inmotivado -da. Injustificado.

inmóvil o **inmovible.** Que no se mueve. *Inmovilidad, inmovilismo, inmovilista, inmovilizar.*

inmunoglobulina. Globulina que actúa como anticuerpo.

innato -ta. Congénito. *Innatismo.*

innatural. No natural.

innavegable. No navegable.

innecesario -ria. No necesario.

innegable. No negable.

innoble. No noble.

innocuo -cua → **inocuo*.**

innominado -da. Sin nombre. *Innominable.*

innovar. Introducir novedades. *Innovación, innovador -ra, innovamiento.*

innumerable. Incontable. *Innumerabilidad, innúmero -ra.*

inobediente. No obediente. *Inobediencia.*

inobservable. Que no puede observarse. *Inobservancia, inobservante.*

inolvidable. Que no puede olvidarse.

inoxidable. Que no se oxida.

in promptu. Loc. latina: De improviso.

insalivar. Mezclar con saliva. *Insalivación.*

insalvable. Que no se puede salvar.

insatisfacción. Falta de satisfacción.

inscribir. Apuntar; trazar una figura dentro de otra. *Inscribible, inscripción, inscrito -ta* (más raro, *inscripto -ta*).

insectívoro -ra. Que come insectos.

inservible. No servible.

insobornable. Que no puede ser sobornado.

insolvente. Que no tiene con qué pagar. *Insolvencia.*

insomnio. Falta de sueño. *Insomne.*

insoslayable. Que no se puede soslayar.

inspección. Examen, reconocimiento. *Inspeccionar.*

instrucción. Acción de instruir.

insubordinar. Provocar la desobediencia. *Insubordinación.*

insumergible. No sumergible.

insurgente. Insurrecto. *Insurgencia.*

insurrección. Levantamiento. *Insurreccional, insurreccionar.*

intangible. Que no puede tocarse. *Intangibilidad.*

integérrimo -ma. Superlativo de *íntegro.*

intelección. Acción de entender.

inteligencia. Acción o facultad de comprender. *Inteligente, inteligibilidad, inteligible.*

interacción. Acción recíproca.

intercambio. Reciprocidad; comercio. *Intercambiable, intercambiar.*

interconexión. Conexión entre varios centros de energía.

interdicción. Prohibición.

interdigital. Que está entre los dedos.

interfluvio. Terreno entre dos ríos.

interjección. Exclamación. *Interjectivo -va.*

intermaxilar. Que está entre los maxilares.

interpaginar. Interfoliar.

intersección. Punto en que se cortan dos líneas.

intersexual. Que presenta caracteres de ambos sexos. *Intersexualidad.*

interurbano -na. Entre ciudades distintas.

intervalo. Distancia entre dos elementos de una serie.

intervenir. Tomar parte. *Intervención, intervencionismo, intervencionista, interventor -ra.*

interviú. Entrevista. *Interviuvador -ra, interviuvar.*

intevocálico -ca. Situado entre dos vocales.

interyacente. Que está en medio.

intoxicar. Envenenar. *Intoxicación.*

intrahistoria. Historia de lo cotidiano.

intransigente. Que no transige. *Intransigencia.*

intravenoso -sa. Que está o se pone dentro de la vena.

introducción. Acción de introducir.

introspección. Observación de la propia conciencia.

introversión. Acción de abstraerse de todo lo externo. *Introverso -sa, introvertido -da.*

intubar. Colocar en tubo. *Intubación.*

invadeable. Que no se puede vadear.

invadir. Entrar por fuerza; penetrar. *Invasión, invasor -ra.*

invaginar. Doblar hacia dentro los bordes de un tubo. *Invaginación.*

inválido -da. Inutilizado. *Invalidación, invalidar, invalidez.*

invar. Aleación de hierro y níquel.

invariable. Que no padece variación. *Invariabilidad, invariación, invariado -da, invariante.*

invectiva. Discurso o escrito violento.

invencible. Que no puede ser vencido. *Invencibilidad.*

invendible. Que no se puede vender.

inventario. Asiento de bienes pertenecientes a uno. *Inventariar.*

invento. Hallazgo, descubrimiento. *Invención, invencionero -ra, inventar, inventivo -va, inventor -ra.*

inverecundo -da. Desvergonzado. *Inverecundia.*

invernar. Pasar el invierno. *Inverna, invernáculo, invernada, invernadero, invernal, invernizo -za.*

inverosímil. Sin apariencia de verdad. *Inverosimilitud.*

invertebrado -da. No vertebrado.

invertir. Trastornar; emplear (tiempo, dinero). *Inversión, inverso -sa, inversionista, inversor -ra.*

investigar. Hacer diligencias para descubrir. *Investigable, investigación, investigador -ra.*

investir. Conferir una dignidad. *Investidura.*

inveterado -da. Antiguo, arraigado. *Inveterarse.*

inviable. Que no puede llevarse a cabo.

invicto -ta. No vencido.

invidente. Ciego. *Invidencia.*

invierno. Estación del año.

inviolable. Que no se puede violar. *Inviolabilidad, inviolado -da.*

invisible. Que no se puede ver. *Invisibilidad.*

invitar. Convidar. *Invitación, invitado -da, invitatorio -ria.*

invocar. Pedir. *Invocación, invocador -ra, invocatorio -ria.*

involución. Evolución regresiva. *Involucionar, involucionismo, involucionista, involutivo -va.*

involucrar. Injerir cuestiones ajenas a la tratada.

involucro. Parte de la flor.

involuntario -ria. No voluntario. *Involuntariedad.*

invulnerable. Que no puede ser herido. *Invulnerabilidad.*

inyectar. Introducir un líquido

con un instrumento. *Inyección, inyectable, inyector.*
iraquí o **irakí.** De Irak.
irrebatible. Que no se puede rebatir.
irreflexión. Falta de reflexión. *Irreflexivo -va.*
irreivindicable. No reivindicable.
irrelevante. No relevante. *Irrelevancia.*
irreligión. Falta de religión. *Irreligiosidad, irreligioso -sa.*
irreverencia. Falta de reverencia. *Irreverenciar, irreverente.*

irreversible. No reversible. *Irreversibilidad.*
irrevocable. Que no se puede revocar. *Irrevocabilidad.*
isabelino -na. De cualquiera de las reinas llamadas Isabel.
isagoge. Exordio. *Isagógico.*
isalóbara. Curva que une los puntos con la misma variación de presión atmosférica.
isba. Casa rústica de madera.
Islam. Religión mahometana.
isóbara o **isobara.** Línea que une todos los puntos que tienen la misma presión atmosférica. *Isobárico -ca.*

isóbaro -ra. (Elemento) con igual número de nucleones que otro, pero distinto número atómico.
isóbata. Curva que une los puntos de igual profundidad acuática.
isogeoterma. Curva que une los puntos terrestres de igual temperatura.
isosilábico -ca. Que tienen el mismo número de sílabas.
istmo. Lengua de tierra. *Istmeño -ña, ístmico -ca.*
ítem o **item.** Punto, apartado.
iterbio. Elemento químico.

j

jaba. Especie de saco.
jabalcón. Madero ensamblado. *Jabalconar.*
jabalí. Mamífero. *Jabalina, jabato.*
jabalina. Arma arrojadiza.
jabardo. Enjambre. *Jabardear, jabardillo.*
jábega. Red; embarcación de pesca. *Jabegote, jabeguero -ra.*
jabeque. Velero.
jabera. Cante popular andaluz. También *javera.*
jabí. Especie de manzana; árbol. *Jabillo.*
jabón. Producto que sirve para lavar. *Jabonada, jabonadura, jabonar, jaboncillo, jabonería, jabonero -ra, jabonoso -sa.*
jaborandi. Árbol.
jacobeo -a. Del apóstol Santiago.
jacobino -na. Revolucionario violento. *Jacobinismo.*
jacobita. Monofisita; partidario de Jacobo II Estuardo. *Jacobitismo.*
jacuzzi. Bañera para hidromasaje.
jaharí. Especie de higo.
jaharrar. Revocar. *Jaharro.*

jaiba. Cangrejo; astuto. *Jaibería.*
jalbegar. Enjalbegar. *Jalbegador -ra, jalbegue.*
jamba. Pieza que sostiene el dintel. *Jambaje, jambar.*
jarabe. Bebida medicinal.
jativés -sa. De Játiva (Valencia).
javanés -sa. De la isla de Java.
javera. Jabera.
jayán -na. Gigante.
jazz → **yaz*.**
jebe. Alumbre; caucho.
jebuseo -a. De Jebús, hoy Jerusalén.
jedive. Virrey de Egipto.
jeep. Vehículo todo-terreno.
jefe -fa. Superior, cabeza. *Jefatura.*
jeito. Red.
jeja. Trigo candeal.
jején. Insecto.
jeme. Medida. *Jemal.*
jemer. Del grupo étnico predominante en Camboya.
jenabe o **jenable.** Mostaza.
jengibre. Planta.
jeniquén. Planta.
jenízaro*.
jeque. Gobernador musulmán.
jerarquía. Orden, categoría.

Jerarca, jerárquico -ca, jerarquizar.
jerbo. Mamífero roedor. También *gerbo.*
jerez. (Vino) de Jerez. *Jerezano -na.*
jerga. Tela; lenguaje especial; jerigonza. *Jergón, jergal.*
jeribeque. Guiño, visaje.
jerife. Descendiente de Mahoma. *Jerifiano -na.*
jerigonza. Lenguaje difícil de entender.
jeringa. Instrumento para aspirar y expeler líquidos. *Jeringar, jeringazo, jeringuilla.*
jeroglífico -ca. Tipo de escritura.
jerónimo -ma. De la orden de San Jerónimo. *Jeronimiano -na.*
jerosolimitano -na. De Jerusalén.
jerpa. Sarmiento estéril.
jersey*.
jesuita. De la Compañía de Jesús. *Jesuítico -ca, jesuitismo.*
jet. Avión a reacción. *Jet-lag.*
jeta. Boca saliente; cara; hocico de cerdo. *Jetón -na, jetudo -da.*
ji. Letra griega.
jíbaro -ra. De un pueblo ame-

rindio del Amazonas; rústico, salvaje.
jibia. Molusco. *Jibión.*
jícara. Vasija pequeña. *Jicarazo.*
jícaro. Árbol.
jicote. Insecto. *Jicotera.*
jiennense o jienense. De Jaén. También, más raro, *giennense.*
jifa. Desperdicio de matadero. *Jiferada, jifería, jifero -ra.*
jifia. Pez espada.
jiga. Giga.
jigote. Gigote.
jiguilete. Planta.
jijallo. Caramillo.
jijona. Turrón blando, típico de Jijona (Alicante). *Jijonenco -ca.*
jilguero. Pájaro.
jilote. Mazorca de maíz. *Jilotear.*
jindama. Miedo. También, más raro, *gindama.*
jinestada. Salsa.
jineta*.

jinete. El que monta a caballo. *Jineta, jinetear, jinetera.*
jinglar. Balancearse.
jingoísmo. Patriotería exaltada. *Jingoísta.*
jínjol. Azufaifa. *Jinjolero.*
jiñar. Defecar. También *giñar.*
jiote. Enfermedad cutánea.
jipijapa. Sombrero de paja. *Jipa, jipe, jipi.*
jipío. Lamento (en cante andaluz). *Jipar, jipiar.*
jiquilete. Planta.
jira*.
jirafa. Mamífero. *Jiráfido -da.*
jirel. Gualdrapa.
jíride. Planta.
jirón. Tira desgarrada de una tela.
jiu-jitsu. Lucha japonesa.
jobo. Árbol.
jockey → **yóquey*.**
jogging. Ejercicio que consiste en una carrera moderada.
jojoba. Arbusto.
jollín. Gresca.

joroba. Corcova; fastidio. *Jorobar, jorobeta.*
joven. De poca edad. *Jovenado.*
jovial. Alegre. *Jovialidad.*
joya. Objeto de metal precioso. *Joyante, joyel, joyelero, joyería, joyero -ra.*
joyo. Cizaña.
jubilar. Eximir del servicio; alegrarse. *Jubilación, jubilado -da, jubileo, júbilo, jubiloso -sa.*
jubo. Culebra.
jubón. Vestidura. *Jubete, jubetería, jubetero.*
judo, judoka → yudo*.
jueves. Día de la semana.
jumbo. Avión de pasajeros de grandes dimensiones.
jurisdicción. Potestad de juzgar; autoridad. *Jurisdiccional.*
jusbarba. Planta.
jusello. Especie de potaje.
juventud. Edad de joven. *Juvenal, juvenil.*
juvia. Árbol.

k

ka. Letra *k.*
kabila → **cabila*.**
kafkiano -na. De Kafka, escritor checo; absurdo.
káiser. Emperador de Alemania.
kamikaze → **camicace*.**
kan. Príncipe o jefe tártaro.
kantiano -na. De Kant, filósofo alemán. *Kantismo.*
kappa. Letra griega.
karaoke. Diversión musical.
karate o kárate. Lucha oriental. *Karateka* (o *karateca*).
kart. Vehículo monoplaza muy ligero.
kasbah. Barrio antiguo de las ciudades árabes. También *casbah.*
katiuska. Bota de goma.

kayak. Embarcación esquimal.
kéfir. Leche fermentada artificialmente.
kelvin. Unidad de temperatura.
keniano -na o keniata. De Kenia.
kermes. Quermes, insecto. *kermés*.*
ketchup. Salsa de tomate con vinagre y especias. También *catchup* y *catsup.*
kibbutz. Explotación agraria israelí.
kif. Quif.
kiliárea. Medida agraria. También puede escribirse *quiliárea,* aunque es raro.
kilo. Apócope corriente de *kilogramo.* También, raro, *quilo.*

kilo-. Es prefijo ('mil') que figura como primer elemento en unidades del sistema métrico decimal. En todos estos nombres puede sustituirse la *k* por *qu,* pero no es corriente. *Kilocaloría, kilociclo, kilográmetro, kilogramo, kilohercio o kiloherzio, kilolitro, kilométrico -ca, kilómetro, kilopondio, kilotex, kilovatio.*
kimono. Quimono, túnica japonesa.
kinesiterapia. Quinesiterapia. *Kinesiología, kinesiológico -ca, kinesiólogo -ga, kinesirápico -ca* (o *quinesiología,* etc.).
kiosko o kiosco → **quiosco*.**
kirie. Invocación en la misa. *Kirial, kirieleisón.*
kirsch. Aguardiente.

kitsch. Hortera.
kivi o **kiwi*.**
kleenex. Pañuelo de papel.
koala. Mamífero australiano.
kopek. Cópec.
krausismo. Sistema filosófico de Krause. *Krausista.*

kremlin. Recinto amurallado de las ciudades rusas; residencia del gobierno ruso (en este sentido se escribe con mayúscula). *Kremlinología, kremlinólogo -ga.*
kril. Plancton de crustáceos.

kriptón. Elemento químico. También *criptón.*
kulak. Propietario rural ruso.
kurchatovio. Elemento químico.
kurdo -da. Curdo.
kuwaití. De Kuwait.

l

lábaro. Estandarte.
laberinto. Lugar formado por caminos intrincados. *Laberíntico -ca.*
labiérnago. Planta.
lábil. Que resbala fácilmente. *Labilidad.*
labio. Parte exterior de la boca. *Labia, labiado -da, labial, labializar, labihendido -da, labiodental.*
labor. Trabajo. *Laborable, laboral, laboralista, laborar, laboratorio, laborear, laboreo, laboriosidad, laborioso -sa, laborismo, laborista, laborterapia.*
lacayo. Criado. *Lacayuno -na.*
lacrimógeno -na. Que provoca lagrimeo; que mueve al llanto.
lagartijero -ra. Que caza lagartijas.
lambda. Letra griega. *Lambdacismo.*
landgrave. Título alemán. *Landgraviato.*
lanuginoso -sa. Que tiene lanosidad.
lanzacohetes. Que dispara cohetes.
lanzallamas. Aparato que arroja líquido inflamado.
larije. Alarije, variedad de uva.
laringe. Órgano de la voz. *Laríngeo -a, laringitis.*
larva. Fase de la metamorfosis. *Larvado -da, larval, larvario -ria.*

lascivo -va. Lujurioso. *Lascivia.*
laso → **laxo*.** *Lasitud.*
látex. Goma, resina.
latvio -via. De Letonia.
laurisilva. Tipo de vegetación.
lava. Materia en fusión que sale de un volcán.
lavanco. Pato salvaje.
lavanda o **lavándula.** Espliego.
lavar. Limpiar con agua. *Lava, lavable, lavabo, lavación, lavacoches, lavadero, lavado, lavador -ra, lavadura, lavafrutas, lavaje, lavajo, lavamanos, lavamiento, lavandero -ra, lavandería, lavandina, lavaojos, lavaplatos, lavarropas, lavativa, lavatorio, lavavajillas, lavazas, lave, lavotear, lavoteo.*
lawrencio. Laurencio, elemento químico.
laxo*. *Laxación, laxamiento, laxante, laxar, laxativo -va, laxidad, laxismo, laxista, laxitud.*
laya. Pala; calidad, calaña. *Layador -ra, layar.*
layetano -na. De Layetania, región de la España antigua.
lebaniego -ga. De Liébana (Cantabria).
lebeche. Viento sudoeste.
leberquisa. Pirita magnética.
lección. Enseñanza; lectura. *Leccionario, leccionista.*
legendario -ria. De la leyenda.
legible. Que se puede leer.

legión. Cuerpo de tropa. *Legionario -ria.*
legionella. Infección bacteriana.
legionense. Leonés.
legista. El que se dedica a la jurisprudencia. *Legislación, legislador -ra, legislar, legislativo -va, legislatura, legisperito, legitimación, legitimar, legitimario -ria, legitimidad, legitimismo, legitimista, legítimo -ma.*
leguleyo -ya. Abogado.
leitmotiv. Tema o motivo central y recurrente.
lejía. Agua con sales alcalinas. *Lejío.*
lejísimos, lejitos. Superlativo y diminutivo del adv. *lejos.*
lemnáceo -a. De una familia de plantas.
lemniscata. Curva plana en figura de 8.
lesbio -bia. De la isla de Lesbos. *Lesbianismo, lesbiano -na, lésbico -ca.*
letárgico -ca. Que padece letargo.
leva. Partida de las embarcaciones; recluta; acción de levantar. *Levada, levadizo -za, levador, levadura, levar.*
ievantar. Elevar. *Levantador -ra, levantamiento, levante, levantino -na, levantisco -ca.*
leve. Ligero. *Levedad.*
leviatán. Monstruo marino bíblico; estado opresor.
levita. De la tribu israelita de

Leví; prenda masculina. *Levítico -ca, levitón.*

levigar. Desleír en agua. *Levigación.*

levirato. Precepto mosaico relativo al matrimonio.

levitar. Elevarse por causa no física. *Levitación.*

levógiro -ra. Que desvía a la izquierda el plano de polarización de la luz.

léxico -ca. Del léxico o vocabulario. *Lexema, lexicografía, lexicográfico -ca, lexicógrafo -fa, lexicología, lexicológico -ca, lexicólogo -ga, lexicón.*

leyenda. Narración con un fondo real; inscripción.

libanés -sa. Del Líbano.

libar. Chupar el jugo. *Libación, libamen, libamiento, libatorio -ria.*

libelo. Escrito infamatorio; memorial; certificado. *Libelar, libelático -ca, libelista.*

libélula. Insecto.

líber. Parte de la corteza vegetal.

liberiano -na. De Liberia.

libertad. Cualidad de libre. *Liberación, liberador -ra, liberal, liberalidad, liberalismo, liberalización, liberalizar, liberar, líbero, libérrimo -ma, libertador -ra, libertar, libertario -ria, liberticida, libertinaje, libertino -na, liberto -ta.*

libídine. Lujuria. *Libidinoso -sa, libido.*

libio -bia. De Libia. *Líbico -ca.*

licnobio -bia. Que vive siempre con luz artificial.

licuefacción. Acción de licuar.

ligero -ra. Que pesa poco. *Ligerear, ligereza.*

limalla. Conjunto de limaduras.

limbo. Lugar de ultratumba; parte de la hoja.

limnología. Estudio de los lagos.

limpiabarros. Felpudo.

limpiabotas. Persona que limpia zapatos por oficio.

linajista. El entendido en linajes.

linfangitis. Inflamación de los vasos linfáticos.

linyera. Vagabundo.

liquidámbar. Líquido balsámico.

lisboeta, lisbonense o lisbonés -sa. De Lisboa.

lisonjear. Adular. *Lisonjeador -ra, lisonjero -ra.*

litargirio o litarge. Óxido de plomo.

litigio. Pleito. *Litigioso -sa.*

liturgia. Culto público y oficial. *Litúrgico -ca, liturgista.*

liviano -na. Leve. *Liviandad.*

lívido -da. Amoratado. *Lividez, livor.*

lixiviar. Separar una sustancia soluble de otra insoluble. *Lixiviación.*

llaca. Comadreja pequeña.

llaga. Úlcera. *Llagar.*

llama. Masa gaseosa en combustión; terreno pantanoso; mamífero. *Llamarada, llamargo, llamarón, llamazar, llamear.*

llamar. Convocar; atraer. *Llamada, llamadera, llamador -ra, llamamiento, llamativo -va.*

llambria. Plano inclinado de una peña.

llanisco -ca. De Llanes (Asturias).

llanito -ta. Gibraltareño.

llano -na. Plano; accesible, sencillo. *Llana, llanada, llanero -ra, llaneza, llanura.*

llanta. Cerco metálico exterior de la rueda; berza.

llantén. Hierba.

llanto. Lloro. *Llantera, llantería, llanterío, llantina.*

llapa. Yapa. *Llapar (o yapar).*

llares. Cadena de hierro pendiente en el cañón de la chimenea.

llave. Instrumento para abrir o cerrar puertas. *Llavero -ra, llavín.*

lleco -ca. (Campo) erial.

llegar. Alcanzar el término. *Llegada.*

lleno -na. Pleno, repleto. *Llena, llenado, llenador -ra, llenar, llenura.*

llera. Cascajar.

lleudar. Dar fermento.

llevar. Transportar. *Lleva, llevada, llevadero -ra, llevador -ra.*

llorar. Derramar lágrimas. *Lloradera, llorador -ra, llora-*

duelos, llorera, llorica, lloriquear, lloriqueo, lloro, llorón -na, lloroso -sa.

lloredo. Lauredal.

llosa. Terreno labrantío.

llover. Caer agua de las nubes. *Llovedizo -za, llovizna, lloviznar, lluvia, lluvioso -sa.*

llueca. Clueca.

lobado -da. Lobulado.

lobagante. Bogavante.

lobanillo. Bulto superficial.

lobina. Lubina.

lobo -ba. Mamífero. *Lobato, lobear, lobero -ra, lobezno, lobuno -na.*

lobotomía. Extirpación de los lóbulos cerebrales.

lóbulo. Parte, en manera de onda, en el borde de una cosa; parte inferior de la oreja. *Lobulado -da, lobular.*

locomóvil. Que puede llevarse de un sitio a otro. *Locomovible.*

logia. Local donde se reúnen los francmasones.

lógica. Rama de la filosofía. *Lógico -ca.*

logística. Movimiento de tropas. *Logístico -ca.*

lojeño -ña. De Loja (Granada).

lombarda. Variedad de berza; bombarda.

lombardo -da. De Lombardía.

longevo -va. Muy anciano. *Longevidad.*

longincuo -cua. Distante.

longísimo -ma. Muy luengo.

longitud. Cualidad de largo; distancia de un punto a un meridiano. *Longitudinal.*

longobardo -da. De una tribu germánica.

losange. Rombo.

lovaniense. De Lovaina (Bélgica).

loxodromia. Curva trazada sobre una superficie esférica. *Loxodrómico -ca.*

lubigante. Bogavante.

lubina. Róbalo.

lumbar. De los lomos. *Lumbago.*

lustrabotas. Limpiabotas.

lux. Unidad de iluminación.

luxación. Dislocación. *Luxar.*

luxemburgués -sa. De Luxemburgo.

m

machihembrar. Ensamblar.
macolla. Conjunto de vástagos o flores que nacen de un mismo pie. *Macollar, macollo.*
macrobiótica. Arte de prolongar la vida. *Macrobiótico -ca.*
macsura. Parte de la mezquita.
macuba. Tabaco; insecto.
madreselva. Arbusto.
magacín o *magazine*.*
magdalena. Bollo pequeño.
magdaleniense. Período prehistórico.
magenta. Color rojo oscuro.
magia. Ciencia oculta. *Mágico -ca.*
magiar. Húngaro.
magín. Imaginación.
magisterio. Enseñanza y gobierno del maestro. *Magisterial, magistral, magistralía.*
magistrado. Juez. *Magistratura.*
magma. Masa ígnea interior de la Tierra.
magrebí. Del Magreb, región noroeste de África.
maguey. Pita.
magullar. Causar contusiones. *Magulladura, magullamiento, magullón.*
mahometano -na. De Mahoma o de la religión por él fundada. *Mahomético -ca, mahometismo, mahometista, mahometizar.*
mahón. Tela fuerte de algodón.
mahona. Embarcación turca.
mahonés -sa. De Mahón (Menorca).
mahonesa. Planta; salsa de huevos batidos y aceite crudo.
maillot. Camiseta de ciclista; prenda deportiva femenina parecida a un bañador.
majestad. Grandeza; título.

Majestoso -sa, majestuoso -sa, majestuosidad.
majeza. Calidad de majo. *Majencia.*
malabar. De Malabar, región de la India; (juegos) de destreza. *Malabárico -ca, malabarista.*
malacopterigio -gia. De un grupo de peces.
malaje o **malange.** Que tiene mala sombra. También *malage.*
malambo. Danza.
malaventura. Desventura. *Malaventurado -da, malaventuranza.*
malaya. Carne de vaca.
malayo -ya. De una raza asiática.
malbaratar. Vender a bajo precio. *Malbaratador -ra, malbaratillo.*
maleducado, mal educado → *maleducado*.*
malentendido*.
malévolo -la. Inclinado a hacer mal. *Malevo -va, malevolencia.*
malgeniado -da. De mal genio. *Malgenioso -sa.*
malhablado -da. Atrevido en el hablar.
malhadado -da. Infeliz.
malhaya. ¡Mal haya!
malhechor -ra. Que comete delitos.
malherir. Herir gravemente.
malhojo. Hojarasca.
malhumor, mal humor → *malhumor*. Malhumorado -da, malhumorar.*
malla. Cada uno de los cuadriláteros que forman el tejido de una red. *Mallar, mallero -ra.*
mallo. Mazo; guiso de patatas. *Malleto.*
mallorquín -na. De la isla de Mallorca.

mal nacido -da. (Persona) innoble. También *malnacido.*
malpensado, mal pensado → **malpensado*.**
malpigiáceo -a. De una familia de plantas.
maltrabaja. Persona holgazana.
malva. Planta. *Malváceo -a, malvar, malvarrosa, malvavisco.*
malvado -da. Perverso.
malvasía. Uva muy dulce.
malvender. Malbaratar.
malversar. Invertir fondos ilícitamente. *Malversación, malversador -ra.*
malvinense o **malvinero -ra.** De las islas Malvinas.
malvís o **malviz.** Pájaro.
malvivir. Vivir mal. *Malviviente.*
mamacallos. Mentecato.
mamba. Serpiente.
mambo. Baile.
mambí -sa. Cubano insurrecto contra España.
mamboretá. Insecto.
mamella. Apéndice que cuelga del cuello de algunos animales. *Mamellado -da.*
mamut. Animal prehistórico.
manager. Administrador o apoderado.
mancebo -ba. Joven; dependiente; barragana. *Mancebía.*
mancillar. Manchar la fama.
mandíbula. Quijada. *Mandibular.*
manera. *Sobre manera* → **sobremanera*.**
manguruyú. Pez.
manialbo -ba. (Caballo) calzado de ambas manos.
manijero. Capataz. También *manigero.*
manillar. Pieza de la bicicleta.
maniluvio. Baño de manos.

manivacío -a. Con las manos vacías.

manivela. Manubrio.

manjelín. Unidad de peso.

manojear. Poner en manojo.

mansalva (a). Sin ningún peligro; en gran cantidad.

manuella. Barra del cabrestante.

maquiavelismo. Doctrina política de Maquiavelo. *Maquiavélico -ca, maquiavelista.*

maquillar. Embellecer. *Maquillador -ra, maquillaje.*

mar. *Alta mar* → **mar***.

marabino -na. Maracaibero.

marabú. Ave.

marabunta. Migración masiva de hormigas; gentío tumultuoso.

marabuto. Morabito.

maracaibero -ra. De Maracaibo (Venezuela).

maracayá. Mamífero carnicero.

maravedí. Moneda española antigua. *Maravedinada.*

maravilla. Suceso extraordinario. *Maravillar, maravilloso -sa.*

marbellí. De Marbella (Málaga).

marbete. Rótulo.

mare mágnum*.

margajita. Pirita.

margallón. Palmito.

margen. Borde, orilla. *Marginado -da, marginal, marginar, marginación.*

margrave. Título alemán. *Margraviato.*

mariguana o **marihuana.** Cáñamo índico.

marimba. Instrumento de percusión.

marisabidilla. Mujer que presume de sabia.

marketing. Mercadotecnia.

marmella. Mamella. *Marmellado -da.*

marrubio. Planta. *Marrubial.*

marrullería. Halago engañoso. *Marrulla, marrullero -ra.*

marsellés -sa. De Marsella.

martellina. Martillo de cantero.

martirologio. Catálogo de los mártires.

marullo. Mareta.

marxismo. Doctrina política de Marx. *Marxista.*

masajista. El que da masaje.

mascabado -da. (Azúcar) envasado con su melaza.

mascullar. Hablar entre dientes.

masovero. Arrendatario de una masía.

mastaba. Sepultura egipcia.

masturbarse. Procurarse goce sexual. *Masturbación.*

matabuey. Amarguera.

matacaballo (a). Muy deprisa. También *a mata caballo.*

matacallos. Planta.

matagallegos. Planta.

matagallos. Planta.

matalahúga o **matalahúva.** Anís.

matalobos. Planta.

matapolvo. Lluvia pasajera.

matarrubia. Planta.

matasellos. Estampilla con que se inutilizan los sellos de las cartas.

maullar. Gritar el gato. *Maullador -ra, maullido, maúllo.*

maxilar. Hueso de la mandíbula. *Maxilofacial.*

máxima. Sentencia.

máximo -ma. El mayor. *Maximalismo, máximamente, máxime, maximizar, máximum.*

maxvelio o **maxwell.** Unidad física.

maya. De una raza americana; planta; canción.

mayal. Palo del que tira la caballería en los molinos de aceite.

mayar. Maullar. *Mayador -ra, mayido.*

mayestático -ca. De la majestad.

mayéutica. Método socrático de enseñanza.

mayo. Mes. *Mayear.*

mayólica. Loza.

mayonesa. Salsa mahonesa.

mayor. Comparativo de superioridad de *grande;* superior de alguna comunidad o cuerpo. *Mayora, mayoral -la, mayorazgo -ga, mayordomo -ma, mayordomear, mayordomía, mayoría, mayoridad, mayorista, mayoritario -ria, mayúsculo -la.*

mazdeísmo. Religión de los antiguos persas.

medalla. Pedazo de metal acuñado. *Medallero, medallista, medallón.*

medellinense. De Medellín (España o Colombia).

medianoche, media noche → **medianoche***.

medievo o **medioevo.** Edad Media. *Medieval* (o *medioeval*), *medievalismo, medievalista.*

mediodía, medio día → **mediodía***.

meditabundo -da. Pensativo.

meitnerio. Elemento químico.

mejer. Mecer, remover.

mejicano -na. De Méjico (o México). También *mexicano. Mejicanismo* (o *mexicanismo*).

mejilla. Prominencia debajo del ojo.

mejillón. Molusco.

mejunje. Cosmético o medicamento.

melillense. De Melilla.

mella. Hendidura en el filo de un arma. *Melladura, mellar.*

mellizo -za. Gemelo.

mellón. Manojo de paja encendida.

melva. Pez.

menchevique. Socialista ruso moderado.

mendelevio. Elemento.

menhir. Monumento megalítico.

meninge. Membrana que envuelve el encéfalo. *Meníngeo -a, meningitis.*

menjunje o **menjurje.** Mejunje.

menologio. Martirologio griego.

menorragia. Menstruación excesiva.

menoscabar. Mermar, deslucir. *Menoscabador -ra, menoscabo.*

menstruo. Sangre de la matriz. *Menstruación, menstruar.*

mentirijillas (de). De burlas.

meollo. Encéfalo; médula. *Meollar.*

merdellón -na. Criado sucio.

merovingio -gia. De una dinastía franca.

mesotórax. Parte del tórax de los insectos.

metabolismo. Conjunto de cambios químicos que se producen en las células vivas. *Metabólico -ca, metabolito.*

metalla. Pedazos pequeños de oro.

metalurgia. Industria de los metales. *Metalúrgico -ca.*

metatórax. Parte del tórax de los insectos.

metazoo. Subreino de animales.

metempsicosis o **metempsícosis.** Transmigración de las almas.

metralla. Conjunto de pedazos menudos de hierro que resultan de una explosión. *Metrallazo, metralleta.*

metrorragia. Hemorragia de la matriz.

mexicano -na. Mejicano. *Mexicanismo* (o *mejicanismo*).

meya. Noca, crustáceo.

mialgia. Dolor muscular.

micción. Acción de orinar.

microbio. Ser microscópico. *Microbiano -na, microbicida, microbiología, microbiológico -ca, microbiólogo -ga.*

microbús. Autobús pequeño.

microcirugía. Cirugía realizada con micromanipuladores.

mihrab. Lugar de la mezquita.

mikado. Título del emperador de Japón.

milhojas. Milenrama; pastel.

milibar o **milibaro.** Unidad de presión.

millaca. Planta.

millar. Conjunto de mil unidades. *Millarada, millardo.*

millón. Mil millares. *Millonada, millonario -ria, millonésimo -ma.*

milrayas. Tejido de rayas finas y apretadas.

mimbar. Púlpito de las mezquitas.

minerva. Inteligencia; prensa tipográfica. *Minervista.*

mingitorio. Urinario.

minusvalía. Disminución del valor. *Minusvalorar.*

minusválido -da. Incapacitado. *Minusvalidez.*

mirabel. Planta.

mirabolano, mirabolanos, mi-robálano o **mirobálanos.** Árbol.

mirobrigense. De Ciudad Rodrigo (Salamanca).

misógino -na. Que odia a las mujeres. *Misoginia.*

miss. Ganadora de un concurso de belleza.

mistagógico -ca. Del mistagogo.

mistela. Bebida.

mistificar*. *Mistificación, mistificador -ra.*

mixedema. Tipo de edema.

mixomatosis. Enfermedad de los conejos.

mixomiceto. Clase de hongos.

mixtificar → **mistificar*.** *Mixtificación, mixtificador -ra.*

mixto -ta. Mezclado. *Mixtifori, mixtilíneo -a, mixtión, mixtura, mixturar.*

mnemotecnia*. *Mnemónica, mnemotécnico -ca.*

moabita. De la región de Moab, en la Arabia Pétrea.

mobiliario -ria. Mueble; moblaje.

mocárabe. Adorno arquitectónico.

modillón. Saliente que sirve de adorno.

modus vivendi. Loc. latina: Modo de vivir.

mogollón. Mucho. *A o de mogollón:* Descuidadamente.

mogrebí. Magrebí.

moharra. Punta de lanza.

mohatra. Fraude. *Mohatrar, mohatrero -ra.*

moheda. Monte alto. *Mohedal.*

moheña. Clase de ortiga.

mohín. Mueca. *Mohíno -na.*

moho. Capa de hongos. *Mohoso -sa.*

mojábana. Torta.

moje. Salsa.

mojel. Cajeta de meollar.

mojera. Árbol.

mojicón. Bollo; puñetazo en la cara. *Mojí.*

mojiganga. Fiesta pública; obrilla dramática jocosa.

mojigato -ta. Que afecta piedad o modestia. *Mojigatería, mojigatez.*

mojinete. Tejadillo; caballete.

molibdeno. Metal.

molla. Parte magra de la carne. *Mollar, mollear, molledo, molleja, mollejón, mollero, molleta, mollete, molletero -ra.*

molle. Árbol.

mollera. Cabeza.

mollizna. Llovizna. *Mollinear, mollino -na, molliznar, molliznear.*

monje. Religioso de una orden monacal. *Monjía, monjil, monjío.*

monocultivo. Cultivo de una sola especie.

monogenismo. Doctrina de la raza originaria única. *Monogenista.*

monosabio. Mozo que trabaja en la plaza de toros.

monosílabo -ba. De una sílaba. *Monosilábico -ca, monosilabismo.*

monovalente. Que tiene una valencia.

monstruo. Ser antinatural. *Monstruosidad, monstruoso -sa.*

montepío*.

montevideano -na. De Montevideo.

montubio -bia. Montaraz.

morabito o **morabuto.** Ermitaño mahometano.

moradux. Almoradux.

moravo -va. De Moravia, región de la República Checa.

mórbido -da. Blando; enfermo. *Morbidez, morbífico -ca, morbilidad, morbo, morboso -sa.*

morcella. Chispa que salta del pabilo.

mordihuí. Gorgojo.

moribundo -da. Que está muriendo.

morigerar. Evitar los excesos. *Morigeración.*

morralla. Conjunto de cosas de poco valor.

moscovita. De Moscovia (antiguo principado de Rusia) o, en la actualidad, de Moscú. *Moscovítico -ca.*

mostellar. Árbol.

motivo. Causa. *Motivación, motivador -ra, motivar.*

motocross*.

motonave. Nave de motor.

motu proprio. Loc. latina: Por iniciativa propia.

mover. Trasladar; menear. *Movedizo -za, movedor -ra, movible, moviente, móvil, movilidad, movilización, movilizar, movimiento.*

moviola. Máquina usada en el montaje cinematográfico.

moxa. Cauterización.

moxte. *Sin decir oxte ni moxte:* Sin hablar palabra. También *oste, moste.*

moyana. Pan de salvado.

moyo. Medida de áridos.

mozalbete. Diminutivo de *mozo.*

mozallón. Aumentativo de *mozo.*

mozárabe. Cristiano que vivía entre los musulmanes. *Mozarabía, mozarabismo.*

mucilaginoso -sa. Que contiene mucílago.

muelle. Blando; pieza elástica de metal; dique, andén. *Muellaje.*

múgil. Mújol, pez.

mugir. Gritar las reses vacunas. *Mugido, mugidor -ra.*

mujer. Persona del sexo femenino. *Mujerero, mujeriego -ga, mujeril, mujerío, mujerzuela.*

mujik. Campesino ruso.

mullir. Esponjar; ablandar. *Mullidor -ra.*

mundonuevo. Cajón que contiene un cosmorama portátil. *Mundinovi.*

muralla. Muro.

murmullo. Ruido sordo y confuso. *Murmullar.*

murucuyá. Planta.

murviedrés -sa. De Murviedro, hoy Sagunto.

my. Letra griega.

n

naba. Planta.

nabab. Príncipe indio.

nabateo -a. De un pueblo de la Arabia Pétrea.

nabí. Profeta (entre los árabes).

nabla. Instrumento musical parecido a la lira.

nabo. Planta. *Nabal, nabar, nabería, nabicol, nabina, nabiza.*

naborí o **naboría.** Criado indio americano.

nahua, náhuatl o **nahuatle.** Lengua de los indios mejicanos. *Nahuatlismo.*

nailon*.

najerano -na, najerense o **najerino -na.** De Nájera (Rioja).

najea. Árbol.

napalm. Sustancia inflamable.

naranjero -ra. De la naranja.

narbonés -sa o **narbonense.** De Narbona (Francia).

nártex. Parte de una basílica cristiana.

narval. Cetáceo.

nasofaríngeo -a. Que está en la faringe, detrás de las fosas nasales.

natura. *Contra natura* → **natura*.**

naufragio. Hundimiento (de una embarcación).

nauseabundo -da. Que produce náuseas.

nava. Llanura entre montañas. *Navacero -ra, navazo.*

navaja. Cuchillo. *Navajada, navajazo, navajero -ra.*

navajo. Indio norteamericano.

navarro -rra. De Navarra.

nave. Barco; espacio entre arcadas (en un templo); construcción diáfana de un solo piso. *Naval, navarca, navegable, navegación, navegador -ra, navegante, navegar, naveta, navícula, navicular, navicularío, naviero -ra, navío.*

navideño -ña. De la Navidad.

náyade. Ninfa de los ríos.

nayarita o **nayaritense.** De Nayarit, estado de Méjico.

nayuribe. Planta.

nazi. Nacionalsocialista. *Nazismo.*

nébeda. Planta.

nebulizar. Transformar (un líquido) en partículas finísimas. *Nebulizador.*

nebulosa. Masa celeste. *Nebular.*

nebuloso -sa. Velado por niebla o nubes. *Nebulosidad.*

necrofagia. Acción de comer cadáveres.

nefelibata. Que anda por las nubes.

negligente. Descuidado. *Negligencia.*

neis → **gneis*.**

nejayote. Agua con maíz.

nemotecnia → **mnemotecnia*.** *Nemónica, nemotécnico -ca.*

neocelandés. Neozelandés.

neodarwinismo. Teoría evolucionista basada en el darwinismo. *Neodarwinista.*

neógeno -na. De una parte del período terciario.

neokantismo. Escuela filosófica de renovación del kantismo.

neoliberalismo. Doctrina económica basada en el liberalismo. *Neoliberal.*

neologismo. Vocablo nuevo. *Neológico -ca.*

neoyorquino -na. De Nueva York.

neozelandés -sa. De Nueva Zelanda. También *neocelandés.*

nervio. Órgano del cuerpo; vigor; fibra. *Nervadura, nérveo -a, nerviación, nervino -na, nerviosidad, nerviosismo, nervioso -sa, nervosidad, nervosismo, nervudo -da, nervura.*

neumotórax. Introducción de aire en la pleura.

neuralgia. Dolor nervioso. *Neurálgico -ca.*

neurobiología. Biología del sistema nervioso. *Neurobiológico -ca, neurobiólogo -ga.*

neurocirugía. Cirugía del sistema nervioso.

nevar. Caer nieve. *Nevada, nevasca, nevatilla, nevazo, nevera, nevero, nevisca, neviscar, nevoso -sa.*

newton. Neutonio, unidad de fuerza.

nexo. Unión.

nictagináceo -a. De una familia de plantas.

nielsbohrio. Elemento químico.

nieve. Copos blancos que caen de las nubes. *Níveo -a, nivoso -sa.*

nigeriano -na. De Nigeria.

nigerino -na. De la República del Níger.

nigérrimo -ma. Muy negro.

nihilismo. Doctrina filosófica o política. *Nihilista.*

nilón → **nailon*.**

nimbo. Aureola. *Nimbar.*

ninivita. De Nínive, antigua ciudad de Asia.

ninot. Muñeco fallero.

niobio. Metal.

nirvana. En el budismo, suprema beatitud.

nistagmo. Afección del ojo.

nitrobencina. Cuerpo químico. *Nitrobenceno.*

nitrogelatina. Explosivo.

nitrógeno. Elemento gaseoso. *Nitrogenado -da.*

nivel. Grado de elevación de un plano horizontal. *Nivelación, nivelador -ra, nivelar.*

nixtamal. Maíz cocido con agua y ceniza.

nobel. Que ha recibido el premio Nobel.

nobelio. Metal.

nobiliario -ria. De la nobleza.

nochebuena, noche buena → **nochebuena*.**

nochevieja, noche vieja → **nochevieja*.**

noctámbulo -la. Que anda por la noche. *Noctambulismo.*

noctívago -ga. Noctámbulo.

no más, nomás → **no*.**

nomeolvides. Flor.

nómico -ca. Gnómico.

nomo → **gnomo*.**

nomon → **gnomon*.** *Nomónico -ca.*

nomparell. Carácter de imprenta.

nonagésimo -ma. Que ocupa el lugar noventa. *Nonagenario -ria.*

noningentésimo -ma. Que ocupa el lugar novecientos.

norabuena. Enhorabuena.

nosogenia. Origen de las enfermedades.

nostalgia. Pena por la ausencia. *Nostálgico -ca.*

nóstico -ca → **gnóstico*.**

nota bene. Frase latina: Repara bien.

novacianismo. Herejía de Novaciano.

novecientos. Número. *Novecentismo.*

novedad. Calidad de nuevo. *Nova, novación, novador -ra, noval, novar, novatada, novato -ta, novedoso -sa, novel, noviciado, novicio -cia.*

novela. Obra literaria. *Novelador -ra, novelar, novelería, novelero -ra, novelesco -ca, novelista, novelístico -ca, novelón.*

noveno -na. Adjetivo numeral. *Novén, novenario.*

noventa. Adjetivo numeral. *Noventavo -va, noventón -na.*

noventayochista*.

noviembre. Mes del año.

novillo -lla. Toro o vaca de dos años. *Hacer novillos:* Faltar a clase. *Novillada, novillero -ra.*

novilunio. Conjunción de la Luna con el Sol.

novio -via. Prometido. *Noviazgo.*

novísimo -ma. Muy nuevo.

noyó. Licor.

nube. Masa de partículas de agua en suspensión. *Nubado -da, nubarrado -da, nubarrón, nubífero -ra, nubosidad, nuboso -sa.*

nubio -bia o **nubiense.** De Nubia, región de África.

núbil. En edad de casarse. *Nubilidad.*

nueve. Número.

nuevo -va. Recién hecho; que se ve por primera vez.

ny. Letra griega.

nylon → **nailon*.**

O

oaxaqueño -ña. De Oaxaca, ciudad y estado de Méjico.

obcecar. Ofuscar. *Obcecación.*

obedecer. Cumplir la voluntad de otro. *Obedecible, obedecimiento, obediencia, obediencial, obediente.*

obelisco u **óbelo.** Monumento.

obenque. Cabo. *Obencadura.*

obertura. Pieza orquestal.

obeso -sa. Grueso. *Obesidad.*

óbice. Obstáculo.

obispo. Prelado que gobierna una diócesis. *Obispado, obis-*

pal, obispalía, obispillo, obispar.

óbito. Fallecimiento. *Obituario -ria.*

objeción*. *Objetar, objetante, objetor -ra.*

objeto. Cosa; materia; fin. *Ob-*

jetivación, objetivar, objetividad, objetivo -va.

obnubilar. Ofuscar. *Obnubilación.*

oboe. Instrumento de viento. *Oboísta.*

óbolo. Antigua moneda; contribución.

obsceno -na. Impúdico. *Obscenidad.*

obscuro*. *Obscurantismo, obscurecer, obscurecimiento, obscuridad.*

obsequio. Regalo. *Obsequiar, obsequioso -sa.*

observar. Cumplir; examinar. *Observable, observación, observador -ra, observancia, observante, observatorio.*

obsesión. Idea persistente. *Obsesionar, obsesivo -va, obseso -sa.*

obsidiana. Mineral.

obsoleto -ta. Anticuado. *Obsolescencia, obsolescente.*

obstáculo. Impedimento. *Obstaculizar.*

obstar. Impedir. *No obstante:* Sin embargo.

obtener. Conseguir. *Obtención.*

obstetricia. Parte de la medicina que se ocupa de la gestación y el parto.

obstinación. Pertinacia. *Obstinado -da, obstinarse.*

obstrucción. Acción de obstruir. *Obstruccionismo, obstruccionista, obstruir.*

obturar. Tapar. *Obturación, obturador.*

obtuso -sa. Romo; tardo; (ángulo) de más de noventa grados. *Obtusángulo.*

obué. Oboe.

obús. Pieza de artillería; proyectil.

obvención. Utilidad que se suma al sueldo. *Obvencional.*

obviar. Evitar.

obvio -via. Manifiesto. *Obviedad.*

occidente. Oeste. *Occidental, occiduo -dua.*

occipucio. Parte posterior de la cabeza. *Occipital.*

occiso -sa. Muerto violentamente. *Occisión.*

occitano -na. De Occitania, antigua región de Francia. *Occitánico -ca.*

ochava. Octava parte de un todo. *Ochavar, ochavo, ochavón -na.*

ocho. Número. *Ochocientos* se escribe en una palabra; *ocho mil,* en dos.

octaviano -na. De Octavio, emperador romano.

octavo -va. Adjetivo numeral. *Octavar, octavario, octavilla, octavín.*

octingentésimo -ma. Que ocupa el lugar ochocientos.

octogenario -ria. Que ha cumplido ochenta años.

octogésimo -ma. Que ocupa el lugar ochenta.

octosílabo -ba. De ocho sílabas. *Octosilábico -ca.*

odómetro. Podómetro; taxímetro. También *hodómetro.*

off. En *off:* (Voz) que no procede de los personajes en pantalla. *Off the record:* Confidencial o extraoficialmente.

offset. Procedimiento de impresión.

ogaño → **hogaño*.**

oh. Interj. que expresa asombro o pena.

ohm u **ohmio.** Unidad de resistencia eléctrica. *Óhmico -ca.*

ojear. Dirigir los ojos; espantar y acosar la caza. *Ojeada, ojeador, ojeo, ojera, ojeriza, ojeroso -sa, ojerudo -da, ojete, ojetear, ojetera, ojialegre, ojienjuto -ta, ojigarzo -za, ojimoreno -na, ojinegro -gra, ojituerto -ta, ojizaino -na, ojizarco -ca.*

ojén. Aguardiente.

ojiva. Nervio de sustentación. *Ojival.*

okapi. Mamífero.

okupa. Ocupante ilegal de una vivienda.

olambrilla. Azulejo decorativo.

oleaginoso -sa. Aceitoso. *Oleaginosidad.*

olfacción. Acción de oler.

olíbano. Incienso.

oligisto. Mineral de hierro.

olivarda. Ave; planta.

olivino. Mineral.

olivo. Árbol. *Oliva, olivar, olivarero -ra, olivera, olivero, olivicultura, olivífero -ra, olivillo, olivoso -sa.*

olla. Vasija. *Ollería, ollero -ra.*

ollado u **ollao.** Ojete reforzado en una vela.

ollar. Orificio de la nariz (de las caballerías).

ollera. Pájaro.

ológrafo -fa → **hológrafo*.**

olvidar. Perder la memoria. *Olvidadizo -za, olvido.*

ombú. Árbol.

ombudsman. Defensor del pueblo.

ómnibus. Vehículo de transporte colectivo.

omnímodo -da. Que lo abarca todo.

omnipotente. Que lo puede todo. *Omnipotencia.*

omnipresente. Que está en todas partes. *Omnipresencia.*

omnisciente. Que lo sabe todo. *Omnisciencia, omniscio -cia.*

omnívoro -ra. Que se alimenta de toda clase de sustancias orgánicas.

oncejera u **oncijera.** Lazo para cazar vencejos.

oncogén. Gen cuya activación produce cáncer.

onicofagia. Tendencia a morderse las uñas.

ónix. Ónice.

onomatopeya. Imitación de ruido con palabras. *Onomatopéyico -ca.*

ontogenia. Formación individual de un organismo. *Ontogénico.*

onubense. De Huelva.

oogonio. Órgano sexual femenino.

oolito. Roca calcárea. *Oolítico -ca.*

oosfera. Macrogameto de los vegetales.

opobálsamo. Resina.

opopánax. Gomorresina.

oprobio. Ignominia. *Oprobiar, oprobioso -sa.*

orbe. Mundo; redondez, círculo. *Orbicular.*

órbita. Curva que describe un astro. *Orbital.*

ordovícico -ca. De un período geológico.

orejear. Mover las orejas. *Orejera, orejisano -na.*

organogenia. Estudio del desarrollo de los órganos.

orgía. Festín; placer desenfrenado. *Orgiástico -ca.*

orgullo. Sentimiento de superioridad. *Orgulloso -sa.*

oribe. Orífice.

origen. Aquello de que una cosa procede. *Original, originalidad, originar, originario -ria.*

orillar. Sortear una dificultad; arrimar a la orilla; dejar orillas a una tela.

orobanca. Planta. *Orobancáceo -a.*

orobias. Incienso.

orogenia. Estudio de la formación de las montañas. *Orogénesis, orogénico -ca.*

oroya. Cesta o cajón del andarivel.

ortodoxo -xa. Conforme con el dogma. *Ortodoxia.*

ortognato -ta. Que tiene el ángulo facial muy abierto. *Ortognatismo.*

orvalle. Planta.

orvallo. Llovizna. *Orvallar.*

orzaya. Niñera.

orzoyo. Hebra de seda.

oscuro*. Oscurantismo, oscurecer, oscurecimiento, oscuridad.

o sea. Es decir.

osezno. Cría del oso.

otalgia. Dolor de oídos.

otoba. Árbol.

otorragia. Hemorragia por el oído.

ova. Alga.

ovación. Aplauso. *Ovacionar, ovante.*

oveja. Hembra del carnero. *Ovejero -ra, ovejuno -na, óvido -da, ovil, ovino -na.*

overbooking. Sobrecontratación.

overol. Mono de trabajo.

ovetense. De Oviedo.

ovni. Objeto volador no identificado.

ovo-, ov-. Los derivados del lat. *ovum* 'huevo', que comienzan por ovo-, ov-, se escriben con v. Así: *ovado -da, oval, ova-* lado *-da, óvalo, ovar, ovario, ovariotomía, ovas, overa, oviducto, ovillo, ovillar, ovillejo, ovíparo -ra, oviscapto, ovoide, ovoideo, óvolo, ovoso -sa, ovovivíparo -ra, ovulación, ovular, óvulo.*

ox u oxe. Interj. para espantar las gallinas. También *os. Oxear.*

oxalme. Salmuera con vinagre.

oxi-, ox-. Prefijos que significan 'oxígeno'. Las palabras que forman parte se escriben con *x.* Así: *oxalato, oxálico -ca, oxalidáceo -a, oxhídrico -ca, oxidable, oxidación, oxidar, óxido, oxigenar, oxígeno, oxihemoglobina.*

oxiacanta. Espino.

oxigonio. Acutángulo.

oxímoron. Figura retórica.

oxítono -na. (Vocablo) agudo.

oxiuro. Nematodo.

oxoniense. De Oxford.

oxte. *Sin decir oxte ni moxte:* Sin hablar palabra. También *oste, moste.*

oyente. Que oye.

p

pabellón. Tienda de campaña; edificio; bandera.

pabilo o pábilo. Torcida de la vela.

pábulo. Pasto, alimento.

pacaya. Palmera. *Pacayal, pacayar.*

padrenuestro, padre nuestro → padrenuestro*.

paella. Plato de arroz. *Paellera.*

pagel. Pez. También *pajel.*

página. Plana, carilla. *Paginación, paginar.*

pailebote o pailebot. Goleta pequeña.

paipay*.

paisajista. Pintor de paisajes. *Paisajístico -ca.*

paje. Servidor. *Pajil.*

pajea. Planta.

pajear. Comer mucha paja. *Pajera, pajería, pajero, pajizo.*

pajel. Pagel.

pakistaní. Paquistaní.

palahierro. Pieza de la muela del molino.

palamallo. Juego.

palhuén. Arbusto.

palimpsesto. Manuscrito escrito sobre otro anterior borrado.

palingenesia. Renacimiento de los seres. *Palingenésico -ca.*

pallar. Entresacar la parte más rica del mineral; improvisar coplas (en este sentido, también *payar*). *Pallaco, pallador* (o *payador), pallaquear, pallón.*

palloza o pallaza. Choza gallega.

palminervia. Forma de hoja.

palpallén. Arbusto.

pancellar. Pieza de la armadura.

panegírico. Elogio. *Panegirista.*

paneslavismo. Tendencia a unir los pueblos eslavos. *Paneslavista.*

pangelín. Árbol.

pangermanismo. Tendencia a

la unión de los pueblos germánicos. *Pangermanista.*

panhispánico -ca. De todos los pueblos que hablan español.

panjí. Árbol.

pantalla. Lámina que se coloca ante la luz; telón en que se proyecta la película.

papagayo*.

papahígo. Gorro que cubre el cuello y parte de la cara; pájaro; vela mayor.

paparazzo*.

papaveráceo -a. De la familia de la amapola. *Papaverina.*

papayo. Árbol. *Papaya, papayáceo -a.*

papialbillo. Jineta, mamífero.

papiroflexia. Arte de hacer figuras con papel.

paquebote o **paquebot.** Embarcación.

paquistaní. De Paquistán (o Pakistán). También *pakistaní.*

parabién. Felicitación.

parábola. Narración ejemplar; curva geométrica. *Parabolano, parabólico -ca, parabolizar, paraboloide.*

paradójico*.

paragoge. Figura de dicción. *Paragógico -ca.*

paraguayo -ya. De Paraguay.

parahúso. Instrumento para taladrar. *Parahusar.*

paralogismo. Razonamiento falso. *Paralogizar.*

paraplejía o **paraplejia.** Parálisis de medio cuerpo. *Parapléjico -ca.*

parapsicología. Estudio de los fenómenos paranormales. *Parapsicológico -ca, parapsicólogo -ga.*

pararrayos. Aparato contra rayos.

parataxis. Coordinación.

parejero -ra. Que corre parejas; (caballo) veloz. *Parejería.*

parhelio o **parhelia.** Fenómeno luminoso.

parhilera. Madero en que se afirman los pares.

pariambo. Pie de la poesía clásica.

parihuela. Camilla.

parisílabo -ba o **parisilábico -ca.** De igual número de sílabas.

parka. Chaquetón con capucha.

parking. Aparcamiento.

paroxismo. Exacerbación, exaltación. *Paroxismal, paroxístico -ca.*

paroxítono -na. (Vocablo) llano.

parpalla o **parpallota.** Antigua moneda.

parqué* o *parquet.*

partenogénesis. Forma de reproducción sexual.

parva. Mies tendida en la era. *Parvada, parvero.*

parvo -va. Pequeño. *Parvedad, parvificar, parvulario, parvulez, párvulo -la.*

pasabola. Lance del billar.

pasacaballo. Embarcación.

pasacalle. Marcha popular; antigua danza lenta.

pasajero -ra. Transitorio, fugaz; viajero.

pasavante. Pase para un barco enemigo.

pasavolante. Acción ejecutada con brevedad.

pasavoleo. Lance del juego de pelota.

pasodoble, paso doble → **pasodoble*.**

patavino -na. De Padua (Italia).

patiabierto -ta. Que tiene las piernas separadas.

patialbo -ba. De patas blancas.

patíbulo. Tablado en que se ejecuta la pena de muerte. *Patibulario -ria.*

patihendido -da. De pies hendidos.

patizambo -ba. De piernas torcidas hacia fuera.

patógeno -na. Que produce enfermedades. *Patogenia, patogénico -ca.*

patojera. Deformidad del patojo.

patrulla. Pequeña partida de gente armada. *Patrullar, patrullero -ra.*

patullar. Pisar fuerte.

paují o **paují.** Ave.

pavana. Antigua danza.

pavés. Escudo. *Pavesina.*

pavesa. Partícula incandescente.

pavía. Variedad de melocotón.

paviano -na. De Pavía (Italia).

pavimento. Superficie artificial. *Pavimentación, pavimentar.*

pavo -va. Ave; persona sosa. *Pavada, pavero -ra, pavezno, pavipollo, pavisoso -sa, pavitonto -ta, pavón, pavonado -da, pavonar, pavonear.*

pavor. Temor. *Pávido -da, pavorido -da, pavoroso -sa, pavura.*

pavorde. Prepósito eclesiástico. *Pavordía.*

pavordear. Jabardear.

payador. Cantor popular. *Payada, payar.*

payaso. Bufón. *Payasada.*

payés -sa. Campesino de Cataluña.

payo -ya. Aldeano; no gitano.

payuelas. Viruelas locas.

pebete. Pasta aromática. *Pebetero.*

peccata minuta. Loc. latina: Cosa de poca importancia.

pediluvio. Baño de pies.

pegollo. Pilar del hórreo.

pegullón. Conjunto de lanas o pelos pegados en ovillo.

peje. Pez; hombre taimado. *Pejegallo, pejemuller, pejepalo, pejerrey, pejesapo.*

pejiguera. Inconveniente, molestia.

pejino -na. De Santander.

pekinés. De Pekín (o Pequín). También *pequinés.*

pelagianismo. Herejía de Pelagio. *Pelagiano -na.*

pelágico -ca. Del piélago; (pez) de alta mar.

pelásgico -ca. De los pelasgos.

pelirrubio -bia. De pelo rubio.

pella. Bola. *Pellada.*

pellejo. Piel. *Pelleja, pellejería, pellejero -ra, pellejudo -da, pellica, pellico, pelliquero, pelliza, pellizcador -ra, pellizcar, pellizco, pello, pellón, pellote, pelluzgón.*

pelotillero -ra. Adulador.

pelvi. Lengua de los parsis.

pelvis. Cavidad en el abdomen. *Pelviano -na, pelvímetro.*

penalti o **penalty***.

penibético -ca. De un sistema montañoso del sur de España.

penígero -ra. Alado.

penninervia. Tipo de hoja.

pensilvano -na. De Pensilvania (Estados Unidos).

pentasílabo -ba. De cinco sílabas.

perborato. Sal.

percebe. Crustáceo; persona estúpida.

percibir. Recibir. *Percibo.*

perdonavidas. Valentón.

perejil. Planta.

perejila. Juego de naipes.

perenne. Perpetuo. *Perennal, perennidad, perennifolio -lia.*

perfección. Calidad de perfecto. *Perfeccionamiento, perfeccionar, perfeccionismo, perfeccionista.*

pergeñar*. *Pergeño.*

periambo. Pie de la versificación clásica.

perifollo. Planta; adorno.

perigallo. Pellejo que pende de la barbilla.

perigeo. Situación de la Luna más próxima a la Tierra.

perihelio. Punto en que un planeta está más próximo al Sol.

perillán -na. Persona astuta.

perniabierto -ta. Que tiene las piernas abiertas.

perogrullada. Verdad que huelga decirse. *Perogrullesco -ca.*

peróxido. El óxido que tiene más cantidad de oxígeno.

perplejidad. Confusión.

persevante. Oficial de armas.

perseverancia. Firmeza y constancia. *Perseverante, perseverar.*

perturbar. Alterar el orden de algo. *Perturbable, perturbación, perturbado -da, perturbador -ra.*

peruviano -na. Peruano.

pervertir. Viciar. *Perversidad, perversión, perverso -sa, pervertido -da, pervertidor -ra, pervertimiento.*

pervigilio. Vigilia continua.

pervivir. Seguir viviendo. *Pervivencia.*

peyorativo -va. (Vocablo) de sentido negativo o despectivo.

pibe -ba. Niño, muchacho; tío, tipo.

picagallina. Planta.

pichihuén. Pez.

pihuela. Embarazo, estorbo.

pijije. Ave.

pillar. Tomar por fuerza; coger. *Pillador -ra, pillaje.*

pillastre. Pillo. *Pillería.*

pilvén. Pez.

pimpollo. Árbol nuevo; vástago; capullo de rosa. *Pimpollada, pimpollar, pimpollear, pimpollecer, pimpolludo -da.*

pimpón → **ping-pong***.

pinabete. Abeto.

pinchaúvas. Hombre despreciable.

pinganello. Carámbano.

ping-pong*.

pinnada. Tipo de hoja.

pinnípedo -da. De un orden de mamíferos.

pintalabios. Cosmético para colorear los labios.

pintarrajear. Pintar mal.

piogenia. Formación de pus.

piojento -ta. De piojos; piojoso. *Piojera, piojería.*

piolet. Bastón de alpinista.

pipermín*.

pipirigallo. Planta.

pirexia. Estado febril.

pirobolista. Ingeniero que construye minas militares.

pirógeno -na. Que produce fiebre; volcánico.

pirograbado. Técnica de grabado.

piroxena. Mineral.

piróxilo. Producto químico. *Piroxilina.*

pisaúvas. El que pisa la uva.

pisaverde. Hombre presumido.

piscívoro -ra. Que come peces.

piscolabis. Ligera refacción.

pitahaya o **pitajaya.** Planta.

pitihué. Ave.

pitillera. Cajita para guardar pitillos.

pívot. Jugador de baloncesto que juega cerca de los tableros.

pivote. Extremo de una pieza donde se inserta otra que gira. *Pivotar.*

píxide. Cajita en que se lleva

el Santísimo Sacramento. *Pixidio.*

piyama. Pijama.

pizza. Torta italiana. *Pizzería.*

pizzicato. Punteo de las cuerdas del violín.

placebo. Medicamento ficticio.

plagiar. Copiar obras ajenas. *Plagiario -ria, plagio.*

plancton. Conjunto de seres acuáticos diminutos.

plantagináceo -a. De una familia de plantas.

playa. Ribera arenosa del mar. *Playado -da, playazo, playero -ra, playo -ya.*

play-back. Reproducción de un sonido pregrabado.

playboy. Hombre atractivo y ocioso que frecuenta la alta sociedad.

plebe. Populacho; estado llano. *Plebeyez, plebeyo -ya, plebiscitario -ria, plebiscito.*

plexiglás. Sustancia plástica.

plexo. Red formada por varios filamentos nerviosos o vasculares.

pléyade. Grupo de personas de la misma época que destacan en una actividad.

plombagina. Grafito.

plúmbeo -a. De plomo. *Plumbado -da, plumbagina, plumbagináceo -a, plúmbico -ca.*

plurivalente. Polivalente.

plusvalía. Aumento de valor.

pluvial. De lluvia. *Pluviómetro, pluviométrico -ca, pluviómetro, pluviosidad, pluvioso -sa.*

pobo. Álamo blanco. *Pobeda.*

poderhabiente. Persona que recibe poder de otro.

póker → **póquer***.

polca*.

polifagia. Ingestión considerable de alimentos.

poligenismo. Doctrina que admite variedad de orígenes de la especie humana. *Poligenista.*

poliginia. Condición de la flor que tiene muchos pistilos.

polisílabo -ba. De varias sílabas.

polivalente. De varios valores o valencias.

polivalvo -va. De más de dos valvas.

polka → polca*.
pollino -na. Asno.
pollo. Cría de la gallina; joven. *Polla, pollada, pollancón -na, pollastre, pollazón, pollear, pollería, pollero -ra, pollez.*
polvo. Sustancia sólida reducida a partículas muy menudas. *Polvareda, polvera, polvificar, pólvora, polvoraduque, polvoreamiento, polvorear, polvorero -ra, polvoriento -ta, polvorilla, polvorín, polvorista, polvorizable, polvorización, polvorizar, polvorón, polvoroso -sa.*
pompeyano -na. De Pompeya, antigua ciudad de Italia.
pontevedrés -sa. De Pontevedra.
póquer*.
porcallón -na. Adjetivo aumentativo de *puerco.*
por menor. Se escribe en dos palabras cuando es locución adverbial ('menudamente, por partes'): *referir por menor las circunstancias de un suceso;* o en la expresión *al por menor* ('en pequeña cantidad'): *vender al por menor.* Se escribe en una sola palabra cuando es sustantivo ('detalle'): *nadie reparó en aquel pormenor.*
porque, por que → porque*.
porqué, por qué → porqué*.
portaaviones*.
portabandera. Especie de bandolera para llevar la bandera.
portacarabina. Bolsa para la boca de la carabina.
por tanto. Por consiguiente.
portanuevas. El que trae noticias.
portaobjeto o **portaobjetos.** Lámina donde se coloca el objeto que se va a examinar al microscopio.
portaventanero. Carpintero de puertas y ventanas.
portaviandas. Fiambrera.
portavoz. El que expresa las opiniones de una agrupación.
porvenir. Tiempo futuro.
posavasos. Platito que se coloca debajo del vaso para proteger la mesa.
posaverga. Palo largo.
posdata o **postdata.** Lo que se añade después de la carta.

posguerra*.
posta. *A posta* → aposta*.
postdiluviano -na. Posterior al Diluvio.
postguerra → posguerra*.
postillón. Mozo que va montado en una caballería del tiro de un carruaje.
postmeridiano -na. De la tarde.
postoperatorio -ria. De después de una operación quirúrgica.
post scriptum. Loc. latina: Posdata.
postverbal. (Vocablo) derivado de un verbo.
poyo. Banco de piedra. *Poyal, poyata, poyete.*
pravo -va. Perverso. *Pravedad.*
praviano -na. De Pravia (Asturias).
praxis. Práctica.
preámbulo. Exordio; preparativo.
prebenda. Beneficio eclesiástico. *Prebendar.*
prebiótico -ca. (Época geológica) anterior a la aparición de la vida.
preboste. Cabeza de una comunidad. *Prebostal, prebostazgo.*
precaver. Prevenir. *Precavido -da.*
precolombino -na. Americano anterior al descubrimiento.
preconcebir. Concebir previamente.
predicción. Acción de predecir.
predilección. Preferencia.
preelegir. Elegir con anticipación.
preeminente. Superior. *Preeminencia.*
preescolar. (Etapa educativa) anterior a la primaria.
preexcelso -sa. Muy excelso.
preexistir. Existir antes. *Preexistencia, preexistente.*
prefulgente. Muy resplandeciente.
prehispánico -ca. De la América anterior a la conquista.
prehistoria. Estudio de la vida humana anterior a la época histórica. *Prehistórico -ca.*
prehomínido. Primate fósil.

prelavado. Lavado preparatorio.
presagiar. Anunciar, prever. *Presagio, presagioso -sa.*
presbicia. Defecto de la vista. *Présbita* o *présbite.*
presbítero. Sacerdote. *Presbiterado, presbiteral, presbiterato, presbiterianismo, presbiteriano -na, presbiterio.*
prescribir. Ordenar.
preseleccionar. Seleccionar previamente.
presentalla. Exvoto.
preservar. Proteger. *Preservación, preservador -ra, preservativo -va.*
prestidigitador -ra. Jugador de manos. *Prestidigitación.*
prestigiar. Dar autoridad. *Prestigiador -ra, prestigio, prestigioso -sa.*
pretexta. Especie de toga romana.
pretexto. Excusa. *Pretextar.*
prevalecer o **prevaler.** Sobresalir.
prevaricar. Dictar a sabiendas una resolución injusta. *Prevaricación, prevaricador -ra, prevaricato.*
prevenir. Preparar. *Prevención, preventivo -va, preventorio.*
prever. Ver con anticipación. *Previsible, previsión, previsor -ra, previsto -ta.*
previo -via. Anticipado, anterior.
primavera. Estación del año. *Primaveral.*
primevo -va. De más edad que los otros.
primigenio -nia. Originario.
primogénito -ta. Hijo que nace primero. *Primogenitura.*
privado -da. No público. *Privacidad, privada, privadero, privatización, privatizar.*
privar. Despojar; gozar preferencia. *Privación, privanza, privativo -va.*
privilegiar. Conceder prerrogativa. *Privilegiado -da, privilegiativo -va, privilegio.*
probar. Examinar; justificar; intentar. *Probabilidad, probabilismo, probabilista, probable, probación, probador -ra, proba-*

dura, probanza, probatorio -ria, probatura, probeta.

probo -ba. Honrado. *Probidad.*

probóscide. Trompa. *Proboscidio.*

proclive. Propenso. *Proclividad.*

prodigio. Milagro. *Prodigiosidad, prodigioso -sa.*

producción. Acción de producir.

profilaxis. Tratamiento para preservar de una enfermedad. *Profiláctico -ca.*

progenie. Familia de que desciende una persona. *Progenitor -ra, progenitura.*

progesterona. Hormona femenina.

progimnasma. Ejercicio preparatorio.

prohibir. Impedir. *Prohibición, prohibitivo -va, prohibitorio -ria.*

prohijar. Adoptar. *Prohijación, prohijador -ra, prohijamiento.*

prohombre. Hombre que goza de especial consideración. *pro indiviso.* Loc. latina: (Bien) que aún no se ha dividido entre los herederos.

prójimo. Cualquier hombre respecto de otro; individuo. *Prójima.*

prolijidad. Calidad de prolijo.

promover. Iniciar, adelantar. *Promovedor -ra.*

prónuba. Madrina de boda.

proparoxítono -na. (Vocablo) esdrújulo.

propósito. *A propósito* → **a propósito*.**

proscribir. Desterrar.

prosopopeya. Figura retórica; afectación de pompa.

prospección. Exploración.

prostíbulo. Local donde se ejerce la prostitución.

protección. Acción de proteger. *Proteccionismo, proteccionista.*

proteger. Amparar, favorecer.

protervo -va. Obstinado en la maldad. *Protervia, protervidad.*

protohistoria. Ciencia que estudia los primeros tiempos de la historia. *Protohistórico -ca.*

protórax. Primer segmento del tórax del insecto.

protóxido. Óxido que contiene menos oxígeno.

protozoo. Animal unicelular.

protuberancia. Prominencia. *Protuberante.*

provecto -ta. Antiguo; maduro.

provecho. Beneficio. *Provechoso -sa.*

proveer. Suministrar. *Proveedor -ra, proveeduría, proveimiento, provisión, provisional, provisor -ra, provisorato, provisoría, provisto -ta.*

provena. Mugrón de la vid.

provenir. Proceder. *Proveniente, provento.*

provenzal. De la Provenza, región de Francia. *Provenzalismo, provenzalista.*

proverbio. Sentencia o adagio. *Proverbiador, proverbial, proverbiar, proverbista.*

provicero. Vaticinador.

providencia. Previsión, cuidado. Cuando es el que Dios tiene sobre sus criaturas, se escribe con mayúscula. *Providencial, providencialismo, providenciar, próvido -da.*

provincia. División administrativa. *Provincial -la, provincialato, provincialismo, provincianismo, provinciano -na.*

provisional. Temporal.

provocar. Excitar. *Provocación, provocador -ra, provocativo -va.*

proxeneta. Persona que obliga o induce a otra a la prostitución. *Proxenético -ca, proxenetismo.*

próximo -ma. Cercano. *Proximidad.*

proyectar. Lanzar; planear; planificar. *Proyección, proyectante, proyectil, proyectista, proyecto, proyector -ra, proyectura.*

prueba. Acción de probar.

pseudo- → **seudo-*.**

psico-, psic-. Prefijos procedentes del griego *psyché* 'alma'. Todas las palabras en que estos prefijos pueden escribirse con o sin la *p* inicial. He aquí las principales palabras en que esto ocurre: *psicastenia, psicoanálisis, psicoanalista, psicoanalítico -ca, psicodelia, psicodélico -ca, psicofísica, psicognostia, psicología, psicológico -ca, psi-*

cólogo -ga, psicometría, psiconeurosis, psicópata, psicopatía, psicopatología, psicosis, psicotecnia, psicoterapia, psiquiatra, psiquiatría, psiquiátrico -ca, psíquico -ca.

psitácida. De la familia del papagayo. También *sitácida.* *Psitaciforme, psitacismo*, psitacosis* (o *sitaciforme, sitacismo, sitacosis*).

psoriasis*.

pteridofito -ta. De una familia de plantas.

pterodáctilo. Reptil prehistórico.

ptialina. Diastasa de la saliva. *Ptialismo.* Ambas palabras pueden escribirse sin la *p* inicial.

ptolemaico -ca. De Ptolomeo. Puede escribirse sin la *p* inicial.

ptomaína. Producto de la putrefacción. También *tomaína.*

pub. Bar de copas.

púber -ra. Apto para la reproducción. *Pubertad, pubescencia, pubescente, pubescer.*

pubis o **pubes.** Parte inferior del vientre. *Pubiano -na, púbico -ca.*

pudding. Pudín o budín.

pudibundo -da. Pudoroso. *Pudibundez.*

puertaventana. Contraventana.

púgil. Boxeador. *Pugilato, pugilismo, pugilístico -ca.*

pujavante. Instrumento de herrador.

pulla. Dicho que zahiere; expresión aguda y picante; ave. *Pullista.*

pullés -sa. De Pulla, región de Italia.

pulverizar. Reducir a polvo. *Pulverizable, pulverización, pulverizador, pulverulento -ta.*

pungir. Punzar. *Pungimiento, pungitivo -va.*

punk o **punki.** De un movimiento musical moderno.

puntilloso -sa. Susceptible.

puticlub. Bar de alterne.

putrefacción. Acción de pudrirse.

puya. Punta acerada en la extremidad de las varas o garrochas. *Puyazo.*

puzzle*.

q

quark*.
quásar*.
quebrantahuesos. Ave.
quehacer. Ocupación.
quejido. Gemido, lamento.
Quejicoso -sa, quejilloso -sa.
quejigo. Árbol. *Quejigal, quejigar, quejigueta.*
querella. Queja; discordia. *Querellador -ra, querellante, querellarse, querelloso -sa.*
quermes. Insecto. También *kermes.*
quermés → **kermés*.**
queroseno* o **querosén.**
querubín. Ángel. *Querub, querube, querúbico -ca.*
querva. Ricino.
quetzal. Ave.
quevedesco -ca. De Quevedo. *Quevedos.*
quibey. Planta.
quienquiera. Cualquiera. Se escribe en una sola palabra. Se escribe en dos cuando *quien es* relativo y *quiera* es verbo: *aquí puede entrar quien quiera entretenerse.*
quif. Hachís, cáñamo índico. También *kif.*
quijero. Lado en declive de la acequia.
quiliárea. Kiliárea.
quilo. Kilo.
quilo-. Kilo-.
quimba. Calzado.
quimono. Túnica japonesa. También *kimono.*
quincalla. Objetos de metal de poco valor. *Quincallería, quincallero -ra.*
quincuagena. Cincuentena. *Quincuagenario -ria.*
quincuagésimo -ma. Que ocupa el lugar cincuenta.
quinesiterapia. Curación por masajes. También *kinesiterapia. Quinesiología, quinesiológico -ca, quinesiólogo -ga, quinesiterápico -ca* (o *kinesiología,* etc.).
quingentésimo -ma. Que ocupa el lugar quinientos.
quingombó. Planta.
quinquenervia. Llantén menor, hierba.
quintillizo -za. Nacido de un parto quíntuple.
quiosco*.
quirúrgico -ca. Perteneciente a la cirugía.
quisquilloso -sa. Susceptible.
quitanieves. Máquina para retirar la nieve.
quivi → **kiwi*.**
quórum. Número necesario de personas presentes para tomar un acuerdo.

r

raba. Cebo; calamar.
rabadán. Mayoral; pastor.
rábano. Hortaliza. *Rabanal, rabanero -ra, rabaniza.*
rabárbaro. Ruibarbo.
rabazuz. Extracto de jugo de regaliz.
rabel. Antiguo instrumento musical; nalgas.
rabí. Sabio, maestro, entre los judíos. *Rabínico -ca, rabinismo, rabinista, rabino.*
rabia. Enfermedad; ira. *Rabiar, rábido -da, rabieta, rabioso -sa.*
rábida o **rábita.** Fortaleza militar y religiosa musulmana.
rabión. Rápido de un río.
rabisalsera. (Mujer) muy viva y desenvuelta.
rabo. Cola; extremo. *Rabada, rabadilla, rabear, rabeo, rabera, raberón, rabiatar, rabicano -na, rabicorto -ta, rabihorcado, rabilargo -ga, rabiza, rabón -na, rabopelado, raboseadura, rabosear,* *raboso -sa, rabotada, rabotazo, rabotear, raboteo, rabudo -da.*
rábula. Abogado charlatán.
radiocasete, radiocassette → **casete*.**
radiotaxi. Taxi con aparato emisor-receptor conectado a una centralita.
radioyente. El que oye las emisiones de radio.
rahez. Vil.
rajatabla (a). Cueste lo que cueste. También *a raja tabla.*

rallar → **rayar***. *Rallador, ralladura, rallo.*
rally*.
ramillete. Ramo pequeño.
ramnáceo -a. De una familia de plantas.
ramulla. Chasca; ramojo.
rangífero. Reno.
rapabarbas. Barbero.
rapapolvo. Reprensión severa.
raquialgia. Dolor a lo largo del raquis.
rara avis. Loc. latina: Persona o cosa excepcional.
rarefacción. Acción de rarefacer.
rastrillar. Pasar el rastrillo.
rastrojera. Conjunto de tierras que han quedado de rastrojo.
ratihabición. Ratificación.
ravenés -sa. De Ravena (Italia).
ravioles o **raviolis.** Pasta alimenticia.
rayar*. *Raya, rayadillo, rayador -ra, rayano -na, rayero, ráyido, rayoso -sa.*
rayo. Línea recta según la cual se propaga la luz o el calor; radio de la rueda; chispa eléctrica.
rayón. Seda artificial.
rayuela. Juego infantil.
razia* o **razzia.**
reabsorber. Volvera a absorber. *Reabsorción.*
reacción. Acción en sentido opuesto. *Reaccionar, reaccionario -ria.*
reacio*.
reagravar. Volver a agravar. *Reagravación.*
reaventar. Volver a aventar.
reavivar. Volver a avivar.
rebaba. Porción de material sobrante que forma resalto en los bordes.
rebajar. Hacer más bajo (altura, precio...). *Rebaja, rebajamiento, rebajo.*
rebalaje. Remolino; reflujo.
rebalsar. Recoger líquido de modo que haga balsa. *Rebalsa, rebalse.*
rebanada. Porción delgada y ancha. *Rebanar, rebanear.*
rebanco. Segundo banco o zócalo.

rebañar. Recoger algo sin dejar nada. *Rebañadera, rebañadura.*
rebaño. Hato de ganado. *Rebañego -ga.*
rebasar. Pasar.
rebatir. Rechazar. *Rebatible, rebatimiento.*
rebato. Ataque repentino; alarma. *Rebate, rebatiña.*
rebautizar. Volver a bautizar.
rebeca. Prenda de vestir.
rebeco. Gamuza.
rebelarse. Levantarse. *Rebelde, rebeldía, rebelión, rebelón -na.*
rebenque. Látigo. *Rebencazo.*
rebina. Tercia (de las viñas).
rebisabuelo -la. Tatarabuelo.
rebisnieto -ta. Tataranieto.
rebobinar. Enrollar hacia atrás. *Rebobinado.*
rebollo. Árbol. *Rebollar, rebolledo.*
rebollidura. Bulto en el alma de un cañón.
rebombar. Sonar ruidosamente.
reborde. Faja saliente a lo largo del borde. *Rebordear.*
rebosar. Derramarse un líquido por los bordes. *Rebosadero, rebosadura, rebosamiento.*
rebotar. Botar repetidas veces. *Rebotación, rebotadera, rebotador -ra, rebote.*
rebotica. Trastienda de la botica.
rebozar. Cubrir el rostro con la capa; bañar algún alimento en huevo batido, harina, etc. *Rebocillo, rebociño, rebozo.*
rebudiar. Roncar el jabalí. *Rebudio.*
rebufar. Bufar con fuerza. *Rebufe, rebufo.*
rebujal. Número de cabezas que en un rebaño exceden de cincuenta; terreno de inferior calidad.
rebujar. Arrebujar. *Rebujo, reburujar, reburujón.*
rebullir. Empezar a moverse. *Rebullicio.*
rebultado -da. Abultado.
rebumbio. Barullo.
rebuscar. Buscar minuciosamente. *Rebusca, rebuscador -ra, rebuscamiento, rebusco.*

rebutir. Embutir, rellenar.
rebuzno. Voz del asno. *Rebuznador -ra, rebuznar.*
recabar. Alcanzar con súplicas.
recalvastro -tra. Calvo.
recambiar. Hacer segundo cambio. *Recambio.*
recavar. Volver a cavar.
rección. Acción de regir una palabra a otra u otras.
recebo. Arena que se extiende sobre el firme de una carretera. *Recebar.*
recibir. Tomar uno algo que le dan. *Recibí, recibidero -ra, recibidor -ra, recibimiento, recibo.*
recidiva. Repetición de una enfermedad.
recién. Se escribe siempre separado del participio al que precede: *recién casado, recién nacido.*
recizalla. Segunda cizalla.
recoger. Volver a coger; guardar; acopiar. *Recogeabuelos, recogedero, recogedor -ra, recogepelotas, recogida, recogimiento.*
recolección. Recopilación; cosecha.
recolegir. Juntar las cosas dispersas.
reconducción. Acción de reconducir.
reconstituyente. Que reconstituye.
reconstrucción. Acción de reconstruir.
reconvalecer. Volver a convalecer.
reconvenir. Reprender, censurar. *Reconvención.*
reconvertir. Hacer que vuelva a su estado. *Reconversión.*
récord. Marca.
recorvo -va. Corvo. *Recorvar.*
recova. Comercio de huevos y gallinas. *Recova, recovero -ra.*
recoveco. Vuelta y revuelta; rincón escondido.
recrujir. Crujir mucho.
rectinervia. Tipo de hoja.
redacción. Acción de redactar.
redaya. Red para pescar en río.
rededor. *Al rededor* → **alrededor***.

redhibir. Anular la compra. *Redhibición, redhibitorio -ria.*

redistribuir. Distribuir de nuevo. *Redistribución, redistribuidor -ra.*

redivivo -va. Resucitado.

redova. Danza.

redroviento. Viento que la caza recibe del sitio del cazador.

reducción. Acción de reducir.

reduvio. Insecto.

reeditar. Volver a editar. *Reedición.*

reedificar. Volver a edificar. *Reedificación, reedificador -ra.*

reeducar. Volver a educar. *Reeducación.*

reelegir. Volver a elegir. *Reelección, reelecto, reelegible.*

reembarcar. Volver a embarcar. *Reembarque.*

reembolso. Pago de mercancía enviada por correo. También *rembolso. Contra reembolso* → **reembolso*.** *Reembolsable, reembolsar (o rembolsable, rembolsar).*

reemplazo*. Sustitución. También *remplazo. Reemplazable, reemplazar (o remplazable, remplazar).*

reencarnar. Volver a encarnar. *Reencarnación.*

reencontrar. Volver a encontrar. También *rencontrar. Reencuentro (o rencuentro).*

reencuadernar. Volver a encuadernar. *Reencuadernación.*

reenganchar. Volver a enganchar. *Reenganchamiento, reenganche.*

reengendrar. Volver a engendrar. *Reengendrador -ra.*

reensayar. Volver a ensayar. *Reensaye, reensayo.*

reenviar. Volver a enviar. *Reenvío.*

reenvidar. Envidar sobre lo envidado. *Reenvite.*

reescribir. Volver a escribir lo escrito, introduciendo cambios. *Reescribir, reescritura.*

reestrenar. Volver a estrenar. *Reestreno.*

reestructurar. Modificar la estructura. *Reestructuración, reestructurador -ra.*

reexaminar. Volver a examinar. *Reexamen, reexaminación.*

reexpedir. Volver a expedir. *Reexpedición.*

reexportar. Exportar lo importado.

refacción. Alimento. *Refaccionario -ria.*

refección. Refacción; compostura. *Refeccionario -ria.*

reflexión. Acción de reflejar; consideración. *Reflexible, reflexionar, reflexivo -va.*

refracción. Acción de refractarse.

refrangible. Que puede refractarse. *Refrangibilidad.*

refrigerar. Refrescar. *Refrigeración, refrigerador -ra, refrigerante, refrigerativo -va, refrigerio.*

refringir. Refractar. *Refringente.*

refugiar. Acoger. *Refugiado -da, refugio.*

refulgir. Resplandecer. *Refulgencia, refulgente.*

regenerar. Restaurar, mejorar. *Regeneración, regeneracionismo, regeneracionista, regenerador -ra, regenerativo -va.*

región. Porción de territorio. *Regional, regionalismo, regionalista, regionario.*

regir. Gobernar. *Regencia, regentar, regente -ta, regentear, regicida, regicidio, regidor -ra, regidoría o regiduría, régimen, regimentar, regimiento, regio -gia.*

registrar. Mirar; anotar; señalar. *Registrador -ra, registro.*

regurgitar. Expeler sin vómito. *Regurgitación.*

rehabilitar. Restituir al antiguo estado. *Rehabilitación.*

rehacer. Volver a hacer. *Rehacimiento, rehecho -cha.*

rehala. Rebaño de varios dueños. *Rehalero.*

rehartar. Hartar mucho. *Reharto -ta.*

rehelear. Ahelear. *Reheleo.*

rehén. Prisionero que queda como prenda.

rehenchir. Volver a henchir. *Rehenchimiento.*

reherir. Rebatir, rechazar. *Reherimiento.*

reherrar. Volver a herrar.

rehervir. Volver a hervir.

rehilar. Hilar demasiado. *Rehiladillo, rehilandera, rehilete, rehílo.*

rehogar. Sazonar a fuego lento sin agua, en aceite.

rehollar. Volver a hollar.

rehoyo. Barranco; hoyo. *Rehoya, rehoyar.*

rehuir. Retirarse, apartarse.

rehumedecer. Humedecer bien.

rehundir. Refundir, dilapidar; ahondar.

rehurtarse. Irse la caza fuera de alcance.

rehusar. Rechazar.

reinvertir. Invertir los beneficios. *Reinversión.*

reivindicar. Reclamar. *Reivindicable, reivindicación, reivindicatorio -ria.*

rejero. El que hace rejas. *Rejería.*

rejiñol. Pito de barro en forma de pájaro.

rejuvenecer. Remozar. *Rejuvenecimiento.*

relavar. Volver a lavar. *Relave.*

relax. Descanso, relajamiento.

releer. Volver a leer.

releje. Rodada, carrilada; sarro.

relevar. Exaltar; reemplazar. *Relevación, relevancia, relevante, relevista, relevo.*

relieve. Labor que resalta sobre el plano. *Bajo relieve* → **bajorrelieve*.**

religión. Conjunto de relaciones entre el hombre y Dios. *Religionario -ria, religiosidad, religioso -sa.*

rellano. Descansillo. *Rellanar.*

relleno -na. Muy lleno; nuevamente lleno. *Rellenar.*

reloj. Instrumento para medir el tiempo. *Contra reloj* → **reloj*.** *Relojería, relojero -ra.*

remallar. Componer una red.

remanguillé (a la). Manga por hombro, en completo desorden.

remellar. Raer el pelo; mellar. *Remellón -na.*

rémington. Fusil que se carga por la recámara.

remover. Mover una cosa agitándola o dándole vueltas.

remullir. Mullir mucho.

rendibú. Agasajo.

rengífero. Rangífero.

renovar. Remozar. *Renovación, renovador -ra, renoval, renuevo.*

renvalso. Rebajo hecho en el canto de las hojas de puertas o ventanas. *Renvalsar.*

reoctava. Impuesto antiguo. *Reoctavar.*

repellar. Arrojar pelladas de yeso.

repollo. Cabeza formada por las hojas de algunas plantas; variedad de col. *Repollar, repolludo -da.*

reposabrazos. Pieza abatible del automóvil que sirve para apoyar el brazo.

reposacabezas. Parte superior del asiento del automóvil, donde se apoya la cabeza.

reprobar. No aprobar. *Reprobable, reprobación, reprobador -ra, reprobatorio -ria, réprobo -ba, reprueba.*

reproducción. Acción de reproducir.

repullo. Rehilete; estremecimiento.

requetebién. Muy bien.

requive. Arrequive.

resaber. Saber muy bien.

resabiar. Hacer tomar un vicio. *Resabiado -da, resabio.*

resallar. Volver a sallar.

resalvo. Vástago que se deja en la mata al rozarla.

resbalar. Deslizarse. *Resbaladero -ra, resbaladizo -za, resbalador -ra, resbaladura, resbalamiento, resbaladero -ra, resbalón, resbaloso -sa.*

resección. Operación quirúrgica.

resellar. Volver a sellar. *Resello.*

reserva. Guarda; discreción; lo que no está en servicio activo. *Reservación, reservar, reservativo -va, reservista, reservón -na, reservorio.*

resollar. Respirar con ruido.

resolver. Determinar; hallar la solución. *Resoluble, resolutivo -va.*

resorber. Sorber un líquido que se ha salido.

restallar. Chasquear, crujir. *Restallido.*

restricción. Acción de restringir. *Restrictivo -va.*

restringir. Reducir. *Restringente, restringible.*

resuello. Respiración.

resurgir. Surgir de nuevo; resucitar. *Resurgimiento.*

resurrección. Acción de resucitar.

retahíla. Serie de muchas cosas.

retallar. Hacer retallos en un muro; volver a pasar el buril por las rayas de una lámina; volver a echar tallos. *Retallo.*

retallecer. Volver a echar tallos.

retejer. Tejer apretadamente.

retobar. Forrar con cuero; enojar. *Retobo.*

retracción. Acción de retraer.

retrayente. Que retrae.

retribuir. Recompensar. *Retribución, retributivo -va.*

retrillar. Volver a trillar.

retroacción. Regresión. *Retroactivo -va.*

retrospección. Mirada retrospectiva. *Retrospectivo -va.*

retrotracción. Acción de retrotraer.

retrovender. Volver lo comprado. *Retrovendición, retroventa.*

retroversión. Desviación de un órgano hacia atrás.

retrovisor. Espejo de los automóviles.

retumbar. Resonar mucho. *Retumbante, retumbo.*

revacunar. Vacunar de nuevo. *Revacunación.*

revalidar. Ratificar; sufrir examen final. *Reválida, revalidación, revalidador -ra.*

revalorizar. Devolver o aumentar el valor. *Revalorización.*

revaluar. Volver a evaluar; revalorizar (la moneda).

revancha. Desquite. *Revanchismo, revanchista.*

revecero -ra. Que se remuda; que cuida del ganado de revezo.

revejecer. Avejentarse. *Revejido -da.*

revelar. Descubrir; hacer visi-

ble la imagen fotográfica. *Revelación, revelado, revelador -ra, revelamiento, revelandero -ra.*

revellín. Obra exterior que cubre la cortina de un frente.

revenar. Echar brotes los árboles. *Reveno.*

revender. Vender lo que se ha comprado. *Revendedera, revendedor -ra, revendón -na, reventa.*

revenirse. Encogerse; avinagrarse; ablandarse. *Revenido, revenimiento.*

reventar. Estallar; abrirse. *Reventadero, reventador, reventazón, reventón.*

rever. Volver a ver.

reverberar. Reflejarse la luz. *Reverberación, reverbero.*

reverdecer. Cobrar nuevo verdor.

reverenciar. Respetar. *Reverencia, reverenciable, reverenciador -ra, reverencial, reverendo -da, reverente.*

reverter. Rebosar.

revertir. Volver a su antiguo dueño; volver. *Reversible, reversión, reverso.*

revés. Espalda. *Revesa, revesado -da, revesar, revesino.*

revestir. Recubrir; disfrazar. *Revestimiento.*

revezar. Reemplazar. *Revezo.*

reviejo -ja. Muy viejo.

revirar. Desviar algo de su posición habitual. *Revirón -na.*

revisar. Inspeccionar. *Revisada, revisador -ra, revisión, revisionismo, revisionista, revisita, revisor -ra, revisoría.*

revista. Inspección; periódico; espectáculo. *Revistar, revistero -ra.*

revitalizar. Dar más fuerza o vitalidad. *Revitalización.*

revivir. Volver a la vida; evocar. *Revividero, revivificación, revivificar, reviviscencia.*

revocar. Dejar sin efecto; enlucir. *Revocación, revocador -ra, revocadura, revocatorio -ria, revoco, revoque.*

revolar. Dar segundo vuelo. *Revolear, revoleo, revolero -ra, revolotear, revoloteo.*

revolcar. Derribar y pisotear. *Revolcadero, revolcón.*

revolver. Dar vueltas a algo. *Revoltijo, revoltillo, revoltón, revoltoso -sa, revolución, revolucionar, revolucionario -ria, revolvedero, revolvedor -ra, revolvimiento.*

revólver. Pistola.

revotarse. Votar lo contrario de antes.

revuelco. Acción de revolcar.

revuelo. Segundo vuelo; vuelta; agitación.

revuelta. Revolución; riña; segunda vuelta.

revulsión. Irritación local provocada. *Revulsivo -va.*

reyerta. Contienda.

reyezuelo. Pájaro.

rho. Letra griega.

ribazo. Porción de tierra con algún declive. *Riba.*

ribazón. Arribazón.

ribeiro. Vino.

ribera. Margen. *Riberano -na, ribereño -ña, riberiego -ga, ribero.*

ribete. Reborde; orilla. *Ribeteador -ra, ribetear.*

ribonucleico. (Ácido) que transmite información genética e interviene en la síntesis de las proteínas. *Ribosa, ribosoma.*

ricahembra. Ricadueña.

Richter. Escala sísmica.

ricohombre. Noble.

rígido -da. Inflexible; severo. *Rigente, rigidez.*

rimbombante. Llamativo. *Rimbombancia, rimbombar, rimbombe, rimbombo.*

rinofaringe. Porción de la faringe contigua a las fosas nasales.

rival. Competidor. *Rivalidad, rivalizar.*

rivera. Arroyo; cauce.

róbalo o **robalo.** Pez. *Robaliza.*

robar. Hurtar. *Robadera, robador -ra, robo.*

robellón. Hongo.

robezo. Gamuza.

robín. Orín.

robinia. Acacia falsa.

robinsoniano. De Robinsón Crusoe, personaje de una novela de Defoe. *Robinsonismo.*

roborar. Dar fuerza y firmeza. *Roboración, roborativo -va.*

robot. Autómata. *Robótica.*

robusto -ta. Fuerte. *Robustecedor -ra, robustecer, robustez.*

rocalla. Conjunto de piedrecillas. *Rocalloso -sa.*

rocambola. Planta.

rocambolesco -ca. Truculento.

rocambor. Juego de naipes.

rock. Rock and roll, estilo musical moderno.

rodaballo. Pez.

rodillera. Protector para la rodilla.

roentgen o **roentgenio.** Unidad electrostática cegesimal de poder ionizante.

rojez. Cualidad de rojo; mancha rojiza en la piel. *Rojear, rojizo -za.*

rolla. Trenza con que se ajusta el yugo a la collera de la caballería; niñera.

rollo. Objeto de forma cilíndrica; persona o cosa pesada o aburrida. *Rollar, rollista, rollizo -za.*

rombo. Figura geométrica; rodaballo. *Rombal, rómbico -ca, rombododecaedro, romboedro,* *romboidal, romboide, romboideo.*

rompecabezas. Arma ofensiva; Juego que consiste en recomponer un dibujo troceado.

rompehielos. Buque acondicionado para navegar entre hielos.

rompehuelgas. Obrero que no se suma a la huelga.

rondalla. Grupo musical de instrumentos de cuerda.

ropavejero -ra. El que vende ropas usadas. *Ropavejería.*

roquefort. Un tipo de queso.

rosbif. Carne de vaca soasada.

rosellonés -sa. Del Rosellón, comarca de Francia.

roya. Hongo.

rúbeo -a. Que tira a rojo. *Rubefacción, rubefaciente, rubéola, rubescente, rubicundo -da, rubicundez, rubificar, rubor, ruborizarse, ruboroso -sa.*

rubeta. Rana de zarzal.

rubí. Piedra preciosa. *Rubicela.*

rubia. Planta; pez. *Rubiáceo -a, rubial.*

rubidio. Metal.

rubio -bia. Amarillo dorado. *Rubiales, rubicán -na, rubicundez, rubicundo -da.*

rugby. Deporte.

ruginoso -sa. Mohoso.

rugir. Bramar el león. *Rugible, rugido.*

ruibarbo. Planta.

rumba. Baile cubano.

rumbo. Dirección; ostentación; desprendimiento. *Rumbático -ca, rumbeador, rumbear, rumbón -na, rumboso -sa.*

rutherfordio. Elemento químico.

S

sabadellense. De Sabadell (Barcelona).

sábado. Día de la semana. *Sabatario -ria, sabático -ca, sabatino -na, sabatismo, sabatizar.*

sábalo. Pez. *Sabalar, sabalera, sabalero.*

sabana. Pradera. *Sabanazo, sabanear, sabanero -ra.*

sábana. Ropa de cama.

sabandija. Bicho.

sabañón. Rubicundez de la piel.

sabela. Gusano.

sabelianismo. Herejía de Sabelio. *Sabeliano -na.*

sabélico -ca. De los sabinos o samnitas.

saber. Conocer. *Sabedor -ra, sabelotodo, sabidillo -lla, sabiduría, sabiendas (a), sabiondez, sabiondo -da* (también *sabihondez, sabihondo), sabio -bia.*

sabina. Árbol. *Sabinar.*

sabino -na. De un pueblo de la Italia antigua; rosillo.

saboga. Sábalo. *Sabogal.*

sabonera. Planta.

saboneta. Reloj de bolsillo.

sabor. Gusto. *Saboreador -ra, saboreamiento, saborear, saboreo.*

sabotaje. Entorpecimiento malicioso de una actividad. *Saboteador -ra, sabotear.*

saboyano -na. De Saboya, región de Francia e Italia.

sabuco o **sabugo.** Saúco. *Sabucal, sabugal.*

sabueso. Variedad de podenco; investigador.

sábulo. Arena gruesa. *Sabuloso -sa.*

saburra. Secreción mucosa. *Saburroso -sa.*

sacabalas. Sacatrapos; instrumento para extraer proyectiles.

sacabocado o **sacabocados.** Instrumento para taladrar.

sacabotas. Tabla para descalzarse.

sacabuche. Instrumento de viento.

sacaclavos. Desclavador.

sacrilegio. Profanación.

sagita. Saeta, línea geométrica. *Sagitado -da, sagital, sagitaria, sagitario.*

sah*.

sahariano -na o **saharaui.** Del Sahara. *Sahariana.*

sahína. Zahína. *Sahinar.*

sahornarse. Escocerse. *Sahorno.*

sahumar. Dar humo aromático. *Sahumador -ra, sahumadura, sahumerio, sahúmo.*

sajelar. Limpiar de chinas el barro.

sajía. Sajadura.

sake. Licor japonés.

salabardo. Saco o manga de red.

salacot. Sombrero tropical.

salbanda. Capa que separa el filón de la roca.

saldubense. De Sálduba, hoy Zaragoza.

saliva. Líquido segregado en la boca. *Salivación, salivadera, salivajo, salival, salivar, salivazo, salivera, salivoso -sa.*

sallar. Sachar. *Salladura, sallete.*

salpullir. Sarpullir. *Salpullido.*

saltabanco o **saltabancos.** Charlatán; titiritero.

saltacaballo. Parte de la dovela.

saltaembanco o **saltaembancos.** Saltabanco.

saltatumbas. Clérigo que se mantiene de los entierros.

saltimbanqui o **saltimbanco.** Titiritero.

salubérrimo -ma. Adjetivo superlativo de *salubre.*

salva. Saludo, bienvenida.

salvachia. Especie de estrobo.

salvado. Cáscara del grano. *Salvadera.*

salvadoreño -ña. De El Salvador.

salvaje. Silvestre; no domesticado; incivilizado. *Salvajada, salvajería, salvajino -na, salvajismo.*

salvar. Librar; evitar; vencer un obstáculo; exceptuar. *Salvabarros, salvable, salvación, salvador -ra, salvaguarda, salvaguardar, salvaguardia, salvamano (a), salvamanteles, salvamento, salvavidas, salvedad, salvo -va, salvoconducto.*

salve. Interj. de saludo; oración.

salvia. Mata.

salvilla. Bandeja.

samba. Danza brasileña.

sambenito. Capotillo o escapulario que se ponía a los reconciliados por la Inquisición; descrédito. *Sambenitar.*

samovar. Utensilio ruso para preparar té.

samoyedo -da. De un pueblo de Siberia.

sanctasanctórum. Lugar muy reservado.

sandialahuén. Planta.

sándwich. Bocadillo.

sanguisorba. Pimpinela.

sanseacabó. Nada más.

santabárbara. Lugar donde se custodia la pólvora.

sargento. Individuo de una graduación militar. *Sargenta, sargentear, sargentería.*

sarpullir. Levantar erupción cutánea. *Sarpullido.*

satisfacción. Acción de satisfacer; contento, bienestar.

savia. Líquido de las plantas.
sáxeo -a. De piedra. *Saxátil.*
saxífraga. Planta. *Saxifragáceo -a, saxifragia.*
saxófono o **saxofón.** Instrumento de viento.
sayagués -sa. De Sayago, comarca de Zamora.
sayo. Vestido. *Saya, sayal, sayalería, sayalero -ra, sayalesco -ca.*
sayón. Agente de la justicia.
scanner → **escáner***.
scooter → **escúter***.
scout.
sebe. Cercado de estacas.
sebestén. Árbol.
sebo. Grasa sólida. *Sebáceo -a, seborrea, seborreico -ca.*
sección. Cortadura; grupo, parte. *Seccionar.*
secuoya o **secoya.** Árbol.
seducción. Acción de seducir.
segorbino -na. De Segorbe (Castellón).
segoviano -na o **segoviense.** De Segovia.
seguiriya. Cante flamenco.
segundogénito -ta. Hijo nacido después del primero. *Segundogenitura.*
seis. Número. Se escribe unido *seiscientos,* pero separado *seis mil.*
seje. Árbol.
selección. Elección. *Seleccionador -ra, seleccionar, selectividad, selectivo -va.*
sello. Utensilio para estampar armas, divisas, inscripciones; franqueo de una carta; carácter distintivo. *Sellador -ra, selladura, sellar.*
Seltz (agua de). Agua carbónica. También, simplemente, *seltz.*
selva. Terreno inculto cubierto de árboles. *Selvático -ca, selvatiquez, selvicultura, selvoso -sa.*
semiconserva. Conserva perecedera.
semieje. Mitad del eje.
semillero. Vivero; sitio donde se guardan semillas.
seminívoro -ra. Que se alimenta de semillas.
semipelagiano -na. Seguidor de una herejía. *Semipelagianismo.*

semivivo -va. Medio vivo.
semivocal. Vocal *i* o *u* cuando va al final de un diptongo.
semoviente. Que se mueve a sí mismo.
sensu stricto. Loc. latina: En sentido estricto.
septiembre. Mes. También *setiembre.*
séptimo -ma. Que ocupa el lugar siete. También *sétimo.*
septingentésimo -ma. Que ocupa el lugar setecientos.
septisílabo -ba. Heptasílabo.
septuagenario -ria. De setenta años.
septuagésimo -ma. Que ocupa el lugar setenta.
serbio -bia. De Serbia (o, más raro hoy, Servia). También *servio. Serbocroata* (o *servocroata*).
serbo o **serbal.** Árbol. *Serba.*
serpollo. Rama nueva. *Serpollar.*
serrallo. Harén.
servador. Defensor.
servato. Planta.
serventesio. Composición o estrofa poética.
servilleta. Tela que usa cada persona en la mesa. *Servilletero.*
serviola. Pescante de un barco.
servir. Estar a las órdenes de alguien; ser útil. *Servible, servicial, serviciar, servicio, servidor -ra, servidumbre, servil, servilismo, servodirección, servofreno, servomotor.*
setabense o **setabitano -na.** De Setabis, hoy Játiva.
severo -ra. No indulgente; serio. *Severidad.*
sevicia. Crueldad.
sevillano -na. De Sevilla.
sex-. Prefijo que significa 'seis'. *Sexagenario -ria, sexagésimo -ma, sexagesimal, sexagonal, sexángulo -la, sexcentésimo -ma, sexenio, sexma, sexmero, sexmo, sextantario -ria, sextante, sextario -ria, sextavado -da, sextavar, sexteto, sextilla, sextina, sexto -ta, séxtula, sextuplicar, séxtuplo -pla.*
sexo. Condición que distingue al macho de la hembra. *Sexismo,*

sexista, sexología, sexólogo -ga, sexual, sexualidad, sexy.
sha → **sah***.
shock. Síndrome debido a la disminución de sangre.
sibarita. De Síbaris, antigua ciudad de Italia; persona de gustos refinados. *Sibarítico -ca, sibaritismo.*
siberiano -na. De Siberia.
sibil. Pequeña despensa en las cuevas.
sibila. Profetisa. *Sibilino -na, sibilítico -ca.*
sibilante. (Sonido) que se pronuncia con una especie de silbido.
sicigia. Cierta posición de la Luna.
sico-, sic- → **psico-, psic-***.
siderurgia. Industria del metal. *Siderúrgico -ca.*
siempreviva. Planta.
siervo -va. Esclavo; servidor.
sietelevar. Suerte del juego de la banca.
sigilo. Sello; secreto. *Sigilación, sigilar, sigilografía, sigiloso -sa.*
sílaba. Unidad fonética. *Silabar, silabario, silabear, silabeo, silábico -ca.*
silbar. Producir sonido agudo. *Silbante, silbatina, silbato, silbido, silbo, siboso -sa.*
silbón. Ave palmípeda.
sílex. Piedra.
sillar. Piedra labrada. *Sillarejo, sillería.*
sillín. Silla de la bicicleta.
sillón. Silla con brazos.
silogismo. Forma de razonamiento. *Silogístico -ca, silogizar.*
silva. Colección de varias materias o especies; combinación métrica.
silvano. Semidiós de las selvas. *Silvático -ca, silvestre, silvicultor, silvicultura, silvoso -sa.*
silvina. Cloruro potásico.
simaruba o **simarruba.** Árbol.
simbiosis. Asociación íntima de organismos de especies diferentes.
simbol. Planta.
símbolo. Representación. *Simbólico -ca, simbolismo, sim-*

bolista, simbolizable, simboliza-
ción, simbolizar.
sinécdoque. Tropo.
sin embargo → **embargo*.**
sine qua non. Loc. latina: (Condición) inexcusable.
sinergia. Acción concertada de varios órganos. *Sinérgico -ca.*
sinfín, sin fin → **sinfín*.**
singenésicos. (Estambres) soldados por las anteras.
sinhueso. Se escribe en una sola palabra cuando es sustantivo: *la sinhueso* 'la lengua'. En los demás casos se escribe en dos palabras: *un filete sin hueso.*
sinnúmero. Se escribe en una sola palabra cuando es sustantivo ('infinidad'): *había un sinnúmero de personas aguardando.* Se escribe en dos en los demás casos: *desdichas sin número.*
sino, si no → **sino*.**
sinovia. Líquido que lubrica las articulaciones. *Sinovial, sinovitis.*
sin par → **par*.**
sinsabor. Pesar.
sintaxis. Parte de la gramática.
sinvergüenza. Desvergonzado. *Sinvergonzonería, sinvergüencería.*
sinvivir. Estado de intranquilidad o angustia.
siquiatra, siquiatría, síquico → **psico-, psic-*.**
siringe. Órgano de la voz en las aves.
sirventés. Serventesio.
sirviente -ta. Criado.
sisallo. Planta.
sitácida. Psitácida. *Sitaciforme, sitacismo, sitacosis* (o *psitaciforme, psitacismo, psitacosis).*
sitibundo. Sediento.
slogan → *eslogan*.*
smoking → *esmoquin*.*
snob → *esnob*.*
sobaco. Axila. *Sobacal, sobaquina.*
sobanda. Parte de la superficie del tonel.
sobar. Manejar y oprimir repetidamente. *Soba, sobadero -ra, sobadura, sobajadura, sobajamiento, sobajar, sobajear, sobajeo, sobe, sobetear, sobeteo, sobo, sobón -na.*

sobarba. Correa de la brida. *Sobarbada.*
sobarbo. Álabe de una rueda hidráulica.
sobarcar. Poner debajo del sobaco.
soberano -na. Supremo; rey. *Soberanear, soberanía.*
soberbia. Orgullo, altivez, engreimiento. *Soberbio -bia.*
sobermejo -ja. Bermejo oscuro.
sobina. Clavo de madera.
sobordo. Revisión de la carga de un buque.
sobornar. Corromper con dádivas. *Sobornable, sobornación, sobornador -ra, soborno.*
sobornal. Sobrecarga.
sobreabundancia. Abundancia excesiva. *Sobreabundar.*
sobre aviso → **aviso*.**
sobrebarato -ta. Muy barato.
sobrebarrer. Barrer ligeramente.
sobrebeber. Beber con exceso.
sobrecoger. Sorprender. *Sobrecogimiento.*
sobrecubierta. Segunda cubierta.
sobreedificar. Construir sobre otra edificación.
sobreempeine. Parte inferior de la polaina.
sobreentender. Sobrentender.
sobreesdrújulo -la. Sobresdrújulo.
sobreestimar. Sobrestimar.
sobreexceder. Sobrexceder.
sobreexcitar. Excitar en exceso. También *sobrexcitar. Sobreexcitación* (o *sobrexcitación).*
sobrehaz. Sobrefaz; cubierta.
sobreherido -da. Herido superficialmente.
sobrehilar. Dar puntadas sobre el borde de una tela cortada. *Sobrehílo.*
sobrehueso. Tumor duro que está sobre un hueso.
sobrehumano -na. Que excede a lo humano.
sobrellave. Segunda cerradura. *Sobrellavar.*
sobrellenar. Llenar en abundancia. *Sobrelleno -na.*

sobrellevar. Sufrir; resignarse; aguantar.
sobremanera, sobre manera → **sobremanera*.**
sobrentender. Suponer. También *sobreentender.*
sobrepelliz. Vestidura litúrgica.
sobreproducción. Exceso de producción.
sobrescribir. Escribir un letrero sobre una cosa.
sobresdrújulo -la. Con acento antes de la sílaba antepenúltima. También *sobreesdrújulo.*
sobreseer. Suspender un proceso.
sobresello. Segundo sello.
sobrestimar. Estimar más de lo justo. También *sobreestimar.*
sobre todo. Se escribe en dos palabras cuando significa 'principalmente'; en una, *sobretodo,* cuando designa una prenda de vestir.
sobrevalorar. Otorgar mayor valor del real.
sobreveedor. Superior de los veedores.
sobrevenir. Suceder.
sobreverterse. Verterse con abundancia.
sobrevestir. Poner un vestido sobre el que se lleva. *Sobrevesta* o *sobreveste.*
sobrevidriera. Alambrera con que se resguarda una vidriera.
sobrevista. Especie de visera.
sobrevivir. Vivir más tiempo. *Sobreviviente.*
sobrevolar. Volar por encima (de un lugar).
sobrexceder. Aventajar. También *sobreexceder.*
sobrexcitar. Sobreexcitar. *Sobrexcitación.*
socavar. Excavar por debajo. *Socava, socavación, socavón.*
sociobiología. Estudio de las bases biológicas del comportamiento.
software. Conjunto de programas e instrucciones con las que opera un ordenador.
solemne. Ceremonioso. *Solemnidad.*
solevar. Sublevar; levantar. *Solevación, solevamiento, solevantamiento, solevantar.*

soliviar. Ayudar a levantar. *Soliviadura, soliviantar, solivio, solivión.*

sollado. Cubierta inferior del buque.

sollamar. Socarrar con la llama.

sollastre. Pinche; pícaro. *Sollastría.*

sollo. Esturión.

sollozar. Llorar convulsivamente. *Sollozo.*

solutivo -va. Laxante.

solvente. Que resuelve; capaz de pagar; capaz de cumplir. *Solvencia, solventar.*

somnífero -ra. Que da sueño. *Somnolencia, somnoliento -ta.*

sonajero. Juguete de niños de pecho.

sonámbulo*.

soplapollas. Gilipollas.

sorber. Beber aspirando. *Sorbedor, sorbete, sorbible, sorbo.*

soriasis → psoriasis*.

sortilegio. Adivinación que se hace por suertes supersticiosas.

soslayar. Poner ladeado; evitar. *Soslayo -ya.*

sotabanco. Piso colocado por encima de la cornisa general de la casa.

sotabarba. Barba que crece por debajo de la barbilla.

sotavento. Costado opuesto al barlovento. *Sotaventarse, sotaventearse.*

sotobosque. Vegetación que nace debajo de los árboles de un bosque.

souvenir*.

soviético -ca. Del Soviet o de la Unión Soviética. *Sovietismo, sovietización, sovietizar.*

sovoz (a). En voz baja.

spaghetti → espagueti*.

spleen → esplín*.

sport*.

spray*.

sprint*.

standard → estándar*.

statu quo. Loc. latina: Estado actual de las cosas.

status*.

stock*.

stress → estrés*.

suajili*.

suave. Liso, blando. *Suavidad, suavizador -ra, suavizante, suavizar.*

suazi. De Suazilandia.

sub-. Prefijo que significa 'debajo', 'bajo'. *Subacetato, subafluente, subalternar, subalterno -na, subálveo -a, subarrendar, subasta, subastar, subatómico -ca, subcelular, subclase, subclavero, subclavio -via, subconsciente, subcutáneo -a, subdelegado -da, subdesarrollo, subdirección, súbdito -ta, subdividir, subejecutor, subentender, subespecie, subestimar, subgénero, subinspección, subintendencia, subjefe, sublevación, sublevar, submarinismo, submarinista, submarino, submaxilar, submúltiplo -pla, subnormal, suboficial, subordinación, subordinar, subproducto, subrayar, subsanar, subsecretario -ria, subseguir, subsidiar, subsidiario -ria, subsidio, subsiguiente, subsistencia, subsistir, subsuelo, subsumir, subteniente, subterráneo -a, subtipo, subtítulo.*

suberoso -sa. Parecido al corcho. *Suberina.*

subir. Pasar a un sitio más alto. *Subidero -ra, subido -da, subidor -ra, subimiento.*

súbito -ta. Repentino. *Subitáneo -a.*

subjetivo -va. Del sujeto. *Subjetividad, subjetivismo, subjetivista.*

subjuntivo. Modo verbal.

subscribir → suscribir*.

substancia → sustancia*.

substituir → sustituir*.

substraer → sustraer*.

substrato → sustrato*.

subterfugio. Excusa artificiosa.

suburbio. Arrabal. *Suburbano -na.*

subvenir. Ayudar. *Subvención, subvencionar.*

subvertir. Trastornar, destruir. *Subversión, subversivo -va, subversor.*

subyacer. Estar oculto.

subyugar. Avasallar. *Subyugable, subyugación, subyugador -ra.*

succino. Ámbar.

succión. Acción de chupar. *Succionar.*

súcubo. Demonio en forma de mujer.

sucumbir. Morir.

suevo -va. De una tribu germánica. *Suévico -ca.*

sufragio. Voto; obra buena en favor de las almas del Purgatorio. *Sufragismo, sufragista.*

sugerir. Despertar una idea. *Sugerencia, sugerente, sugeridor -ra, sugestión, sugestionable, sugestionador -ra, sugestionar, sugestivo -va.*

sui generis. Loc. latina: Raro, singular.

sujeción*. *Sujetador -ra, sujetar, sujeto -ta.*

sulfhídrico -ca. Adjetivo que designa una serie de compuestos químicos.

sulla. Planta.

sumergir. Meter bajo el agua. *Sumergible, sumergimiento.*

sumiller. Cargo palaciego. *Sumillería.*

súmmum (el). El colmo.

superabundar. Abundar en extremo. *Superabundancia.*

superávit. Exceso del haber sobre el debe.

superheterodino. Tipo de aparato de radio.

superhombre. Ser superior al hombre actual.

superhumeral. Banda que usa el sacerdote.

supernova. Estrella en explosión.

superproducción. Obra cinematográfica de elevado presupuesto; producción superior a la necesaria.

supervalorar. Sobrevalorar.

supervenir. Sobrevenir. *Supervención, superveniencia.*

supervisar. Revisar. *Supervisión, supervisor.*

supervivencia. Acción de sobrevivir. *Superviviente.*

superyó. Ideal del yo, en el psicoanálisis.

surgir. Brotar. *Surgidero, surgidor -ra, surgimiento.*

suscribir*.

sustancia*.

sustituir*.

sustraer*.

sustrato*.

suyo -ya. De él, ella, ellos, ellas, usted o ustedes.

t

taba. Astrágalo, hueso.
tabaco. Planta. *Tabacal, tabacalero -ra, tabacoso -sa, tabaquería, tabaquero -ra, tabaquismo, tabaquista.*
tabalear. Menear, golpear acompasadamente con los dedos. *Tabalada, tabalario, tabaleo.*
tabanazo. Bofetada.
tabanco. Puesto de comestibles.
tábano. Insecto. *Tabanera.*
tabanque. Rueda del alfarero.
tabaola. Batahola.
tabaque. Cestillo; clavo.
tabardillo. Fiebre grave.
tabardo. Prenda de abrigo.
tabarra. Lata. *Tabarrera.*
tabasco. Salsa picante.
tabellar. Doblar las piezas de paño.
taberna. Local donde se venden y sirven vinos. *Tabernario -ria, tabernería, tabernero -ra.*
tabernáculo. Sagrario.
tabes. Consunción. *Tábido -da.*
tabica. Tablilla con que se cubre un hueco.
tabique. Pared. *Tabicar.*
tablajero. Cobrador; carnicero; tahúr. *Tablajería.*
tabo. Vasija.
tabor. Unidad de tropa marroquí en el ejército español.
tabú. Prohibición religiosa.
tabuco. Aposento pequeño.
tabular. De forma de tabla; expresar valores en tablas; accionar el tabulador (de una máquina de escribir). *Tabulador -ra.*
taburete. Asiento sin brazos y sin respado.
taclobo. Molusco.
tahalí. Tira de cuero que sostiene la espada o el machete.

taharal. Tarayal.
tahitiano -na. De Tahití.
taheño -ña. Bermejo.
tahona. Molino de harina; panadería. *Tahonero -ra.*
tahúlla. Medida agraria.
tahúr -ra. Jugador; fullero. *Tahurería.*
tajea. Atarjea.
tajeadura. Cicatriz grande. *Tajear.*
tajero. Tajador.
talabarte. Cinturón del que cuelgan los tirantes de la espada. *Talabartería, talabartero -ra.*
talaverano -na. De Talavera (Toledo).
talayote. Megalito.
tallar. Cortar para dar forma; tasar, medir. *Talla, tallador -ra, talladura, tallarín, tallarola, tallista, talludo -da*
talle. Cintura; traza.
tallecer. Echar tallo.
taller. Lugar de trabajo; vinagreras.
tallo. Parte de la planta. *Talludo -da.*
tal vez, talvez → talvez*.
talvina. Gachas de leche de almendras.
tambalear. Perder el equilibrio. *Tambaleo.*
tambanillo. Frontón.
tambarillo. Arca pequeña.
tambarria. Parranda.
también. Se escribe en una palabra cuando es adverbio oracional ('además', 'por añadidura'); se escribe en dos palabras *(tan bien)* cuando es adverbio de modo en grado comparativo: *baila tan bien como su hermana.*
tambo. Venta; vaquería. *Tambero -ra.*
tambor. Instrumento de percusión. *Tambora, tamborear,*

tamboreo, tamboril, tamborilada, tamborilazo, tamborilear, tamborilero, tamborilete, tamboritear, tamboritero.
tampoco. Cuando es adverbio de negación, se escribe en una sola palabra: *nosotros tampoco iremos.* Cuando es pronombre, adjetivo o adverbio de cantidad en grado comparativo, se escribe en dos palabras *(tan poco): tengo tan poco dinero que no puedo ni tomar un taxi.*
tanatofobia. Miedo obsesivo a la muerte.
tangente. Que toca. *Tangencia, tangencial, tangible.*
tangerino -na. De Tánger (Marruecos).
tanka. Poema japonés.
tapaboca. Golpe dado en la boca con la mano abierta; bufanda.
tapabocas. Bufanda.
tapacubos. Tapa del cubo de la rueda.
taparrabo o **taparrabos.** Pieza de tela para tapar los genitales.
tapuya. De una tribu brasileña.
taquillero -ra. Encargado de una taquilla; (espectáculo) que tiene gran éxito de público.
taquillón. Mueble.
tarabilla. Listón; persona que habla atropelladamente.
tarabita. Palito al extremo de la cincha.
tarambana. Persona alocada.
tarayal. Terreno poblado de tarayes.
tarjero -ra. Tarjador.
tarjeta. Pedazo de cartulina rectangular. *Tarjeteo, tarjetera, tarjetero.*
tarot. Baraja para adivinación.

tartaja. Tartamudo. *Tartajear, tartajeo.*

tarumba. Loco, trastornado.

tatarabuelo -la. Tercer abuelo.

taujel. Listón.

taujía. Ataujía.

taumaturgia. Facultad de realizar prodigios.

taxáceo -a. De una familia de plantas.

taxativo -va. Que limita un caso a determinadas circunstancias; que no admite discusión.

taxidermia. Arte de disecar. *Taxidermista.*

taxímetro. Aparato que marca en un coche el precio del recorrido; instrumento de navegación. *Taxi, taxista.*

taxodiáceo -a. De una familia de plantas.

taxonomía. Parte de la historia natural que trata de la clasificación. *Taxón, taxonómico -ca, taxonomista, taxónomo -ma.*

tebaico -ca. De Tebas (antiguo Egipto).

tebeo -a. De Tebas (antigua Grecia).

tebeo. Periódico infantil.

tedéum, Te Deum → **tedéum*.**

tegeo -a. De Tegea (antigua Grecia).

tejavana. Edificio techado a teja vana.

tejer. Entrelazar hilos. *Tejedor -ra, tejedura, tejeduría, tejemaneje, tejido.*

tejero -ra. El que fabrica tejas. *Tejería.*

telecabina. Teleférico con cabina.

teledirigir. Dirigir a distancia.

telefax. Fax.

telegénico -ca. (Persona) que sale favorecida en la pantalla de televisión.

telenovela. Novela televisada.

teleobjetivo. Objetivo para fotografiar objetos lejanos.

telequinesia. Desplazamiento de objetos sin causa física aparente. También *telekinesia. Telequinésico -ca* (o *telekinésico*).

teletexto. Transmisión de textos por ondas herzianas.

televisión. Transmisión de imágenes por ondas herzianas. *Televidente, televisar, televisivo -va, televisor, televisual.*

télex. Sistema telegráfico.

tellina. Almeja.

telliz. Caparazón. *Telliza.*

tenallón. Fortificación.

terbio. Metal.

terebinto. Árbol. *Terebintáceo -a.*

tereniabín. Sustancia viscosa purgante.

tergiversar. Malinterpretar intencionadamente. *Tergiversación.*

termógeno -na. Que produce calor.

termolábil. Que se altera fácilmente con el calor.

terrígeno -na. Nacido de la tierra.

tesitura*.

test. Examen, prueba.

tetrasílabo -ba. De cuatro sílabas.

tetravalente. Que tiene cuatro valencias.

teúrgia. Magia.

textil. Que puede tejerse; de los tejidos. *Tex, textura.*

texto. Escrito; pasaje. *Textual, textualista.*

teyo -ya. De Teos, ciudad de Jonia.

theta. Letra griega.

tialina. Ptialina.

tiberino -na. Del río Tíber.

tibetano -na. Del Tíbet.

tibia. Hueso. *Tibial.*

tibio -bia. Templado. *Tibieza.*

tibor. Vaso oriental.

tiburón. Pez.

ticket*.

tictac, tic tac → **tictac*.**

tijera. Instrumento para cortar. *Tijereta, tijeretada, tijeretazo, tijeretear, tijereteo.*

tílburi. Coche de caballos.

tilla. Entablado que cubre una parte de la embarcación. *Tillar.*

timba. Partida de juego.

timbal. Instrumento músico de percusión. *Timbalero -ra.*

tinajero -ra. Persona que hace o vende tinajas.

tinge. Búho.

tingible. Que se puede teñir.

tingitano -na. De Tánger.

tiorba. Antiguo instrumento musical.

tiovivo*.

tiquismiquis. Escrúpulos vanos; persona remilgada. También *tiquis miquis.*

tirabala. Taco.

tirabeque. Guisante mollar.

tirabotas. Instrumento para calzarse.

tirabuzón. Rizo de cabello.

tiralevitas. Persona aduladora.

tiroxina. Hormona que segrega el tiroides.

titubear. Oscilar; vacilar. *Titubeo.*

toalla. Lienzo para secarse. *Toallero.*

toba. Piedra caliza; sarro. *Tobar, toboso -sa.*

tobera. Abertura por donde entre el aire en un horno.

tobillo. Lugar donde la pierna se une con el pie. *Tobillera.*

tobogán. Especie de trineo bajo; deslizadero.

tocasalva. Salvilla.

tocayo -ya. El que tiene el mismo nombre que otro.

tocuyo. Tela burda.

todabuena. Planta.

todavía. Adverbio de tiempo.

tojino. Pedazo de madera para asegurar.

tollo. Pez; carne del ciervo; escondrijo de cazadores; tremedal. *Tolla.*

tolva. Caja abierta por debajo para echar el grano en la muela.

tolvanera. Remolino de polvo.

tomavistas. Cámara filmadora.

tómbola. Rifa.

tómbolo. Banco de arena.

tontivano -na. Tonto vanidoso.

topless. Desnudo del busto.

tórax. Pecho.

torbellino. Remolino de viento.

torcecuello. Ave.

tordella. Especie de tordo.

tornaboda. Día después de la boda.

tornaviaje. Viaje de regreso.

tornavirón. Golpe dado con la mano.

tornavoz. Sombrero del púlpito; concha del apuntador; bocina.

toronjil. Planta. *Toronjina.*

torrezno. Trozo de tocino frito.

tortillero -ra. Persona que hace tortillas; lesbiana.

torva. Remolino de lluvia o nieve.

torvisco. Mata. *Torvisca, torviscal.*

torvo -va. Terrible.

tos ferina. Enfermedad.

totovía o tova. Cogujada.

totum revolutum. Revoltijo.

tóxico -ca. Venenoso. *Toxicidad, toxicogénesis, toxicología, toxicológico -ca, toxicólogo -ga, toxicómano -na, toxicomanía, toxina.*

trabajar. Desarrollar una actividad. *Trabajador -ra, trabajo, trabajoso -sa.*

trabanco. Trangallo.

trabar. Atar, juntar; dar principio. *Traba, trabacuenta, trabadero, trabadura, trabal, trabalenguas, trabamiento, trabazón, trabilla, trabón.*

trabe. Viga.

trábea. Vestidura romana.

trabucar. Trastornar el buen orden de algo; confundir. *Trabucación, trabucador -ra.*

trabuco. Arma de fuego. *Trabucaire, trabucazo, trabuquete.*

tracción. Arrastre.

traducción. Acción de traducir.

tragahombres. Perdonavidas.

tragaldabas. Persona muy tragona.

tragedia. Obra dramática. *Trágico -ca, tragicomedia, tragicómico -ca.*

traílla. Cuerda con que se atan los perros; aparato para allanar el terreno. *Traillar.*

trajín. Ajetreo. *Trajinante, trajinar, trajinería, trajinero.*

tralla. Cuerda; látigo. *Trallazo.*

tramoya. Maquinaria para hacer las mutaciones en el teatro. *Tramoyero -ra, tramoyista.*

trancahílo. Nudo que estorba el paso del hilo.

trangallo. Palo que se cuelga del collar del perro.

trans-*.

transexual. Persona que se siente del sexo opuesto. *Transexualidad, transexualismo.*

transigir. Condescender. *Transigencia.*

transilvano -na. De Transilvania, región de Rumanía.

transtiberino -na. Del otro lado del Tíber.

tranvía. Vehículo de transporte urbano. *Tranviario -ria, tranviero.*

tras- → trans-*.

trasalcoba. Pieza detrás de la alcoba.

trasanteayer. El día anterior a anteayer.

trasbocar. Vomitar.

trascabo. Zancadilla.

trasfollo. Enfermedad de los animales. *Trasfollado -da.*

trashoguero -ra. Que se queda en casa.

trashumante. Que cambia de dehesas en invierno y verano. *Trashumación, trashumancia, trashumar.*

trasmallo. Arte de pesca.

trasovada. Forma de hoja.

traspellar o traspillar. Encajar en su marco la hoja de la puerta.

trastabillar. Trastrabillar. *Trastabillón.*

trastrabado -da. (Caballo) que tiene blancos la mano derecha y el pie izquierdo o viceversa.

trastrabillar. Dar traspiés.

trastumbar. Echar a rodar.

trasvenarse. Extravenarse.

trasver. Ver a través de algo.

trasverter. Rebosar un líquido.

trasvolar. Pasar volando.

travelín. En cine, desplazamiento de la cámara montada sobre ruedas.

travelling. Travelín.

traversa. Madero del carro.

través. Inclinación; dirección transversal. *Travesaño, travesear, travesero -ra, travesía, travesío -a, traviesa.*

travestir. Disfrazar. *Travestí, travestido, travestismo.*

travieso -sa. Inquieto y revoltoso. *Travesura.*

trayecto. Recorrido. *Trayectoria.*

trébedes. Trípode.

trebejo. Utensilio; juguete. *Trebejar.*

trébol. Planta.

tremebundo -da. Horrendo, que hace temblar.

tres. Número. *Trescientos* se escribe en una palabra; *tres mil,* en dos.

tresbolillo (a o al). Modo de colocación de las plantas.

tribu. Grupo social primitivo. *Tribal, tribalismo, tribual.*

tribulación. Aflicción.

tríbulo. Planta.

tribuno. Magistrado romano; orador. *Tribuna, tribunado, tribunal, tribunicio -cia, tribúnico -ca.*

tributo. Carga, impuesto. *Tributación, tributante, tributar, tributario -ria.*

tríceps. Músculo.

trigémino -na. Gemelo con otros dos; nervio craneal.

trigésimo -ma. Que ocupa el lugar treinta.

trillar. Separar el grano de la paja. *Trilla, trilladera, trillador -ra, trilladura, trillo.*

trillizo -za. Nacido de un parto triple.

trillón. Un millón de billones.

trilobites. Crustáceo fósil.

trilobulado -da. Que tiene tres lóbulos.

trióxido. Cuerpo que resulta de combinar un radical con tres átomos de oxígeno.

tripicallos. Callos, guiso. *Tripicallero -ra.*

trisagio. Himno en honor de la Santísima Trinidad.

trisección. Acción de trisecar.

trisílabo -ba. De tres sílabas.

triunvirato. Mando de tres personas. *Triunviral, triunviro.*

trivalente. Que tiene tres valencias.

trivial. Que carece de importancia y novedad. *Trivialidad, trivialización, trivializar.*

trivio. Encrucijada; conjunto de las tres artes liberales. *Trivial.*

troj o troje. Granero. *Trojero -ra.*

trolebús. Vehículo de transporte colectivo.

tromba. Columna de agua; chaparrón repentino.

trombo. Coágulo. *Tromboflebitis, trombosis.*

trombocito. Célula que se encuentra en la sangre.

trombón. Instrumento de viento.

trotacalles. Persona muy callejera.

trotaconventos. Alcahueta.

trova. Composición poética. *Trovador -ra, trovadoresco -ca, trovar, trovero, trovo.*

trotskismo. Doctrina política de Trotski. *Trotskista.*

troyano -na. De Troya.

truhán -na. Bufón; sinvergüenza. *Truhanada, truhanear, truhanería, truhanesco -ca.*

trulla. Bulla; llana del albañil. *Trullar.*

trullo. Ave; lagar; cárcel.

tuba. Instrumento de viento.

tubérculo. Rizoma engrosado.

tuberculosis. Enfermedad. *Tuberculina, tuberculización, tuberculoso -sa.*

tuberosidad. Hinchazón. *Tuberoso -sa.*

tubo. Pieza hueca cilíndrica. *Tubería, tubular, tubuloso -sa.*

tullir. Hacer perder el movimiento del cuerpo. *Tullido -da, tullimiento.*

tumba. Sepulcro.

tumbar. Derribar. *Tumbo, tumbón -na.*

tumbo. Libro grande de pergamino para registro.

tumefacción. Hinchazón.

tungsteno. Wolframio.

turba. Muchedumbre; materia combustible. *Turbal, turbamulta, turbera.*

turbar. Alterar. *Turbación, turbador -ra, turbamiento, turbativo -va, túrbido -da, turbiedad, turbieza, turbio -bia, turbión, turbulencia, turbulento -ta.*

turbante. Tocado oriental.

turbina. Motor hidráulico.

turbinto. Árbol.

turbión. Chaparrón con viento fuerte. *Turbonada.*

turbit. Planta. *Turbino.*

turbo-. Elemento compositivo en nombres de máquinas cuyo motor es una turbina.

turgente. Abultado. *Turgencia, turgescencia, turgescente, túrgido -da.*

turíbulo. Incensario.

turullo. Cuerno que usan los pastores.

turumbón. Tolondrón.

tusígeno -na. Que produce tos.

tuya. Árbol.

tuyo -ya. De ti.

tweed. Tejido.

twist. Baile.

u

ubérrimo -ma. Muy fértil.

ubetense. De Úbeda (Jaén).

ubicar. Estar; situar. *Ubicación, ubicuidad, ubicuo -cua, ubiquidad, ubiquitario -ria.*

ucubitano -na. De Espejo (Córdoba).

uf*.

ujier*.

uliginoso -sa. Húmedo.

ultracorrección. Deformación de una palabra por prurito de corrección.

ultraligero. Avión de poco peso.

ultratumba. Más allá de la tumba.

ultravioleta. De la parte del espectro solar más allá del violeta. *Ultraviolado -da.*

umbela. Inflorescencia. *Umbelífero -ra.*

umbilical. Del ombligo. *Umbilicado -da.*

undívago -ga. Que ondea.

ungir. Frotar con aceite. *Ungimiento.*

unigénito -ta. (Hijo) único.

uninervia. Tipo de hoja.

univitelinos. (Gemelos) de un sólo óvulo.

unisex. Para ambos sexos.

unisexual. De un solo sexo.

univalvo -va. De una sola valva.

universo. Mundo. *Universal, universalidad, universalismo, universalizar, universidad, universitario -ria.*

unívoco -ca. Que con la misma significación se predica de varios individuos. *Univocación, univocar, univocidad.*

urbe. Ciudad. *Urbanidad, urbanismo, urbanita, urbanización, urbanizar, urbanístico -ca, urbano -na.*

urbi et orbi. Loc. latina: A la ciudad y al mundo.

urgir. Apremiar. *Urgencia, urgente.*

urogallo. Ave.

urraca*.

urubú. Ave.

uruguayo -ya. Del Uruguay. *Uruguayismo.*

utillaje. Conjunto de útiles.

uva. Fruto de la vid. *Uvada, uval, uvate, uvayema, uvero -ra, uvilla.*

uvaduz. Gayuba, mata.

uve. Letra *v.*

úvula. Campanilla.

uxoricida. El que mata a su mujer. *Uxoricidio.*

uzbeko. De Uzbekistán.

V

vaca. Hembra del toro. *Vacada, vacaje, vacarí, vacuna, vacunación, vacunador -ra, vacunar, vacuno -na, vacunoterapia, vaquería, vaquerizo -za, vaquero -ra, vaqueta, vaquilla, vaquillona.*
vacar. Cesar por algún tiempo en el trabajo; quedar libre un puesto. *Vacación, vacancia, vacante.*
vacceos. Pueblo hispánico prerromano.
vaciar. Dejar sin contenido. *Vaciadero, vaciadizo -za, vaciador, vaciamiento, vaciante, vaciedad, vacío -a.*
vacilar. Dudar; oscilar; tomar el pelo. *Vacilación, vacile, vacilón -na.*
vacuo -cua. Vacío. *Vaco -ca, vacuidad, vacuola.*
vadear. Pasar un río a pie. *Vadeable, vadeador, vadera, vado, vadoso -sa.*
vademécum. Manual.
vade retro. Frase latina: Retrocede.
vagar. No trabajar; andar sin rumbo. *Vagabundear, vagabundeo, vagabundo -da, vagamundear, vagamundo -da, vagancia, vagante, vagarosidad, vagaroso -sa, vago, vagueación, vaguear, vaguedad.*
vagido. Gemido o llanto del recién nacido.
vagina. Parte del cuerpo de las hembras de los mamíferos. *Vaginal, vaginiforme, vaginitis.*
vagón. Carruaje de ferrocarril. *Vagoneta.*
vaguada. Línea que marca la parte más honda del valle.
vaguido -da. Que padece vahídos.
vahído. Desvanecimiento.

vaho. Vapor; aliento. *Vahaje, vahar, vaharada, vaharera, vaharina, vahear.*
vaída. Baída.
vaina. Funda de la espada; persona despreciable; dobladillo; pericarpio tierno de las legumbres. *Vainazas, vainero, vainica, vainilla, vainiquera.*
vaivén. Movimiento pendular.
vaivoda. Príncipe, en algunos países eslavos.
vajilla. Conjunto de vasijas para la mesa.
valaco -ca o **válaco -ca.** De Valaquia, región de Rumanía.
valar. Del vallado o muro.
valdense. De la secta de Valdo.
valdepeñas. Vino de Valdepeñas.
valenciano -na. De Valencia. *Valencianismo, valentino -na.*
valer. Importar; tener precio o importancia. *Vale, valedero -ra, valedor -ra, valedura, valencia, valentía, valentón -na, valentonada, valentonería, valerosidad, valeroso -sa, valía, validación, validar, validez, valido, válido -da, valioso -sa, valor, valoración, valorar, valoría, valorización, valorizar, valuación, valuar.*
valeriana. Hierba. *Valerianáceo -a, valerianato, valeriánico.*
valetudinario -ria. Enfermo. *Valiato.*
valí. Gobernador musulmán. *Valiato.*
valija. Maleta; correo. *Valijero.*
valla. Cerco. *Valladar, valladear, vallado, vallar.*
valle. Espacio de tierra entre montañas.
vallisoletano -na. De Valladolid.

valón -na. De una región de Bélgica. También *walón.*
vals. Danza. *Valsar.*
valva. Cada una de las piezas de una concha; ventalla. *Válvula, valvular.*
vampiro. Mamífero quiróptero; espectro; el que se enriquece de mala manera. *Vampiresa, vampirismo.*
vanadio. Metal.
vanagloriarse. Jactarse. *Vanagloria, vanaglorioso -sa.*
vándalo -la. De un pueblo bárbaro. *Vandálico -ca, vandalismo.*
vanguardia. Parte de un ejército que va delante. *Vanguardismo, vanguardista.*
vano -na. Vacío; arrogante. *Vanear, vanidad, vanidoso -sa, vanilocuencia, vanilocuente, vanílocuo -cua, vaniloquio.*
vapor. Gas en que se transforma un líquido. *Vaporable, vaporación, vaporar, vaporear, vaporización, vaporizador, vaporizar, vaporoso -sa.*
vapulear. Azotar. *Vapulación, vapulamiento, vapuleador, vapuleamiento, vapuleo, vápulo.*
vaque-, vaqui- → VACA.
vara. Ramo delgado y sin hojas; medida. *Varada, varal, varapalo, varaseto, varazo, varea, vareador -ra, vareaje, varear, varejón, varejonazo, vareo, vareta, varetazo, varetear, varetón, varilarguero, varilla, varillaje, varita.*
varar. Encallar un barco. *Varada, varadero, varadura.*
varbasco. Verbasco.
vardasca. Vara delgada y verde. *Vardascazo.*
várdulo -la. De un pueblo hispánico prerromano.

varenga. Brazal.

varga. Parte más pendiente de una cuesta.

várgano. Palo de una empalizada. *Varganal.*

vargueño. Bargueño.

varí. Ave.

variar. Cambiar. *Variabilidad, variable, variación, variado -da, variancia, variante, variedad, varietés, vario -ria, variopinto -ta.*

variz, varice o **várice.** Dilatación de una vena. *Varicoso -sa.*

varicela. Enfermedad.

varioloso -sa. De la viruela. *Varioloide.*

varón. Persona del sexo masculino. *Varonía, varonil.*

varraco. Verraco.

varsoviano -na. De Varsovia.

vasallo -lla. Súbdito. *Vasallaje.*

vasar. Anaquelería.

vasco -ca. Del País Vasco. *Vascófilo -la, vascofrancés -sa, vascón -na, vascongado -da, vascónico -ca, vascuence.*

vaselina. Sustancia lubricante; ungüento.

vaso. Recipiente para líquidos; tubo o canal por donde circula un líquido orgánico. *Vascular, vasculoso -sa, vasectomía, vasera, vasija, vasoconstrictor -ra, vasodilatador -ra, vasomotor.*

vástago. Ramo tierno de un árbol; descendiente.

vasto -ta. Extenso. *Vastedad.*

vate. Adivino; poeta. *Vaticinador -ra, vaticinar, vaticinio, vatídico -ca.*

váter → **wáter***.

vaticano -na. Del Vaticano.

vatio. Unidad de potencia eléctrica. *Vatímetro.*

vaya. Interjección.

vecera o **vecería.** Manada perteneciente a un vecindario.

vecero -ra. Que aguarda turno.

vecino -na. Que vive al lado de otro. *Vecinal, vecindad, vecindario.*

vectación. Acción de ir en vehículo.

vector. Segmento de recta en un sentido determinado. *Vectorial.*

vedar. Prohibir. *Veda, vedado, vedamiento.*

vedegambre. Planta.

vedette. Mujer que actúa en espectáculos de variedades.

védico -ca. De los Vedas, libros sagrados hindúes. *Vedismo.*

vedija. Mechón. *Vedeja, vedijoso -sa, vedijudo -da.*

veedor. Antiguo inspector. *Veeduría.*

vega. Tierra baja fértil. *Veguero -ra.*

vegetal. Planta. *Vegetabilidad, vegetación, vegetar, vegetarianismo, vegetariano -na, vegetativo -va.*

veguer. Corregidor, magistrado. *Veguería.*

vehemente. Impetuoso. *Vehemencia.*

vehículo. Artefacto para transportar.

veinte. Adjetivo numeral. *Veintavo -va, veintén, veintena, veintenario -ria, veintenero, veinteno -na, veinteñal, veintitantos.*

veintiuno, veinte y uno (veintidós, veinte y dos, etc.) → **veinti-*** y **NUMERALES***.

vejar. Perseguir, molestar. *Vejación, vejador -ra, vejamen, vejatorio -ria.*

vejez. Calidad de viejo. *Vejestorio.*

vejiga. Saco membranoso; ampolla. *Vejigazo, vejigoso -sa.*

vela. Acción de no dormir; cirio; lona del barco. *Velación, velacho, velada, velador -ra, velaje, velamen, velarte, velatorio, velejar, velería, velero -ra, veleta, velón, velonera, velonero, velorio.*

veleidad. Voluntad antojadiza. *Veleidoso -sa,*

velintonia*.

vello. Pelo suave; pelusilla. *Vellido -da, vellocino -na, vellón, vellora, vellorí, vellorita, vellosidad, velloso -sa, velludo, vellutero ra.*

vélite. Soldado romano.

velo. Tela con que se oculta algo. *Velación, velar, velarización, velarizar.*

veloz. Rápido. *Velocidad, ve-locímetro, velocipédico -ca, velocipedismo, velocipedista, velocípedo, velocista, velódromo, velomotor.*

velorta. Arandela; pieza del arado. *Velorto.*

vena. Vaso sanguíneo; filón. *Venaje, venada, venal, venático -ca, venoso -sa, vénula.*

venablo. Lanza corta.

venado. Ciervo. *Venadero, venatorio -ria.*

venal. Que se vende. *Venable, venalidad.*

vencejo. Pájaro; ligadura.

vencer. Dominar. *Vencedora -ra, vencedor -ra, vencetósigo, vencible, vencida, vencimiento.*

venda. Tira de lienzo para ligar un miembro. *Vendaje, vendar, vendo.*

vendaval. Viento fuerte.

vender. Dar por dinero. *Vendedera, vendedor -ra, vendehúmos, vendeja, vendí, vendible.*

vendetta. Venganza.

vendimia. Recolección de la uva. *Vendimiador, vendimiar, vendimiario.*

veneciano -na. De Venecia. *Véneto -ta.*

venencia. Utensilio para sacar vino de una bota.

veneno. Sustancia tóxica. *Venenífero -ra, venenosidad, venenoso -sa.*

venera. Concha.

venerar. Dar culto; respetar. *Venerable, veneración, venerador -ra, venerando -da.*

venéreo -a. (Enfermedad) de transmisión sexual. *Venerología.*

venero. Manantial de agua; yacimiento. *Venera.*

véneto -ta. De Venecia.

venezolano -na. De Venezuela. *Venezolanismo.*

vengar. Tomar satisfacción de un daño. *Vengable, vengador -ra, venganza, vengativo -va.*

venia. Perdón; permiso. *Venial, venialidad.*

venir. Dirigir hacia aquí. *Venida, venidero -ra.*

venta. Acción de vender; parador o posada. *Venteril, ventero -ra, ventorrillo, ventorro.*

ventaja. Lo que da superioridad. *Ventajero -ra, ventajista, ventajoso -sa.*

vent-. Las palabras que comienzan por estos sonidos y que derivan de *ventum* 'viento' se escriben con *v.* Así: *ventada, ventalla, ventalle, ventana, ventanaje, ventanal, ventanazo, ventanear, ventaneo, ventanero -ra, ventano, ventar, ventarrón, venteadura, ventear, ventero, ventilación, ventilador, ventilar, ventisca, ventiscar, ventisco, ventiscoso -sa, ventisquear, ventisquero, ventola, ventolera, ventolina, ventor -ra, ventorrero, ventosa, ventosear, ventosidad, ventoso -sa.*

ventr-. Todos los derivados de *venter* 'vientre' se escriben con *v.* Así: *ventral, ventrecha, ventregada, ventrera, ventresca, ventricular, ventrículo, ventril, ventrílocuo -cua, ventriloquia, ventrisca, ventrón, ventroso -sa, ventrudo -da.*

ventura. Felicidad; casualidad. *Venturado -da, venturanza, venturero -ra, venturoso -sa.*

venturina. Variedad de cuarzo.

venusiano -na. Del planeta Venus.

venusino -na. De Venusia (Italia) o de la diosa Venus.

venusto -ta. Hermoso. *Venustez, venustidad.*

ver. Percibir por los ojos.

vera. Orilla; árbol.

vera effigies. Loc. latina: Verdadera imagen.

verano. Estación del año. *Veranada, veranadero, veranar, veraneante, veranear, veraneo, veranero, veraniego -ga, veranillo.*

veratrina. Alcaloide.

veraz. Que dice la verdad. *Veracidad, veras (de), verascopio.*

verbasco. Gordolobo.

verbena. Planta; fiesta popular. *Verbenáceo -a, verbenear, verbenero -ra.*

verberar. Azotar. *Verberación.*

verbi gratia. Loc. latina: Por ejemplo.

verbo. Palabra; parte de la oración. *Verba, verbal, verbalismo, verbalista, verbigracia, verborragia, verborrea, verbosidad, verboso -sa.*

verdad. Conformidad de lo que se dice con lo que se siente. *Verdadero -ra.*

verde. Color; no maduro. *Verdacho, verdal, verdasca, verdascazo, verdea, verdear, verdeceladón o verdeceledón, verdecer, verdegal, verdegay, verdeguear, verdejo -ja, verdel, verdemar, verdemontaña, verdeo, verderol, verderón, verdevejiga, verdín, verdina, verdinal, verdinegro -gra, verdino -na, verdinoso -sa, verdiñal, verdiseco -ca, verdolaga, verdón, verdor, verdoso -sa, verdoyo, verdulería, verdulero -ra, verdura, verdusco -ca, verduzco -ca.*

verdugo. Vástago; azote; hilada horizontal de ladrillo; el que ejecuta las penas de muerte. *Verdugada, verdugado, verdugal, verdugazo, verdugón, verduguillo.*

verecundo -da. Vergonzoso. *Verecundia.*

vereda. Camino. *Veredero.*

veredicto. Fallo del jurado.

verga. Vástago; miembro genital; arco de la ballesta; percha a la que se asegura la vela. *Vergajo, vergeta, vergeteado -da, verguear, vergueta, verguío -a.*

vergé. Clase de papel.

vergüenza. Turbación; pundonor. *Vergonzante, vergonzoso -sa.*

vericueto. Lugar áspero, de difícil paso.

verídico -ca. Verdadero. *Verísimil, verisimilitud, verismo, verista, verosímil, verosimilitud.*

verificar. Comprobar; realizar. *Verificación, verificador -ra, verificativo -va.*

verija. Pubis.

veril. Borde de un bajo o sonda. *Verilear.*

verja. Enrejado.

verjurado. Clase de papel.

verme. Lombriz intestinal. *Vermicida, vermicular, vermiforme, vermífugo -ga, verminoso -sa.*

vermú* o **vermut.**

vernáculo -la. Propio del país.

vero. Marta; esmaltes que cubren un escudo, en forma de campanillas.

veronal. Barbitúrico.

veronés -sa o **veronense.** De Verona (Italia).

verónica. Planta; lance taurino.

verraco. Cerdo padre. *Verraquear, verraquera, verrón.*

verruga. Excrecencia cutánea. *Verrugoso -sa.*

versal. Letra mayúscula. *Versalilla, versalita.*

versallesco -ca. Del palacio de Versalles.

versar. Tratar de alguna materia; instruir.

versátil. Voluble, adaptable a diversas funciones. *Versatilidad.*

versión. Traducción.

verso. Conjunto de palabras sujetas a un ritmo. *Versear, versería, versícula, versiculario, versículo, versificación, versificador -ra, versificar, versista.*

versta. Medida itineraria rusa.

versus. Voz latina: Contra.

vértebra. Hueso. *Vertebrado, vertebral, vertebrar, vertebración.*

verter. Derramar. *Vertedera, vertedero, vertedor -ra, vertidos, vertiente, vertimiento.*

vertible. Que puede mudarse. *Vertibilidad.*

vertical. Perpendicular al horizonte. *Verticalidad.*

vértice. Punto en que concurren los lados de un ángulo; cúspide. *Verticidad.*

verticilo. Conjunto de hojas dispuestas en un mismo plano alrededor de un eje. *Verticilado -da.*

vértigo. Sensación de inestabilidad. *Vertiginoso -sa.*

vesania. Furia, locura. *Vesánico -ca.*

vesical. De la vejiga. *Vesicante, vesícula, vesicular, vesiculoso -sa.*

véspero. Lucero de la tarde. *Vesperal, vespertino -na.*

vestal. Doncella consagrada a la diosa Vesta.

vestíbulo. Entrada, recibidor.
vestigio. Huella.
vestiglo. Monstruo fantástico.
vestir. Cubrir con ropa. *Veste, vestido, vestidura, vestimenta, vestuario.*
vestugo. Vástago del olivo.
veta. Franja. *Vetado -da, vetear, vetisesgado -da.*
veterano -na. Antiguo y experimentado. *Veteranía.*
veterinaria. Ciencia y arte de curar las enfermedades de los animales. *Veterinario -ria.*
veto. Derecho de impedir algo. *Vetar.*
vetón -na. De un pueblo hispánico prerromano.
vetusto -ta. Muy viejo, anticuado. *Vetustez.*
vexilología. Estudio de las banderas y pendones.
vez. Caso, tiempo, ocasión.
veza. Arveja.
vezar. Acostumbrar.
vía. Camino. *Viadera, viador, viaducto, viajador -ra, viajante, viajar, viajata, viaje, viajero -ra, vial, vialidad, viandante, viario -ria, viaticar, viático.*
viable. Que puede vivir. *Viabilidad.*
vía crucis*.
vianda. Comida.
viaraza. Diarrea.
víbora. Serpiente. *Viborezno -na.*
vibrar. Temblar. *Vibración, vibrador -ra, vibráfono, vibrátil, vibratorio -ria, vibrión.*
vibrisas. Pelillos sensoriales de algunos animales.
viburno. Arbusto.
vicario -ria. El que asiste o sustituye a un superior. *Vicaría, vicarial, vicariante, vicariato.*
vice-. Prefijo que significa 'en vez de', 'en lugar de'. A veces toma la forma *vi* (*virrey*) o *viz* (*vizconde*). *Vicealmiranta, vicealmirante, vicecanciller -ra, vicecónsul -lesa, vicediós, vicegerente, vicegobernador -ra, vicepresidente -ta, vicerrector -ra, vicesecretario -ria, vicetiple.*
vicenal. Que sucede cada veinte años.
vicense. De Vic o Vich (Barcelona).

viceversa. Invirtiendo el orden de los términos.
vichí. Tejido. También *vichy.*
vicia. Arveja.
vicio. Defecto; mala costumbre. *Viciar, vicioso -sa.*
vicisitud. Alternativa. *Vicisitudinario -ria.*
víctima. Persona sacrificada. *Victimar, victimario, victimismo, victimista.*
victoria. Acción de vencer; coche de caballos. *Victorioso -sa.*
victoriano -na. De la reina Victoria de Inglaterra o de su época.
vicuña. Mamífero rumiante.
vid. Arbusto. *Vidueño o viduño.*
vida. Existencia. *Vidorra.*
vidalita. Canción popular chilena.
vide. Voz latina: Véase.
vidente. Que ve. *Videncia.*
videocasete,   videocassette → *casete*.*
Vídeo, videocinta, videoclip, videoclub, videodisco, videofrecuencia, videojuego, videoteca.
vidrio. Cristal. *Vidriar, vidriera, vidriería, vidriero -ra, vidrio, vidriosidad, vidrioso -sa.*
vieira. Molusco.
viejo -ja. De mucha edad; gastado. *Viejales.*
vienense. De Viena (Francia).
vienés -sa. De Viena (Austria).
viento. Corriente de aire.
vientre. Abdomen.
viernes. Día de la semana.
vierteaguas. Resguardo para escurrir las aguas llovedizas.
vietnamita. De Vietnam.
viga. Madero largo para formar techos. *Viguería, vigueta.*
vigente. Que está en vigor. *Vigencia.*
vigésimo -ma. Que ocupa el lugar veinte. *Vigesimal.*
vigía. Vigilante. *Vigiar.*
vigilar. Velar; atender. *Vigilancia, vigilante, vigilativo -va, vigilia.*
vigitano -na. De Vic (Barcelona).
vigor. Fuerza. *Vigorar, vigori-*

zador -ra, vigorizar, vigorosidad, vigoroso -sa.
vigués -sa. De Vigo.
vihuela. Antiguo instrumento musical. *Vihuelista.*
vikingo -ga. De un antiguo pueblo escandinavo.
vil. Despreciable. *Vileza, vilipendiador -ra, vilipendiar, vilipendio, vilipendioso -sa.*
vilano. Apéndice de pelos de los frutos de algunas plantas.
villa. Casa de recreo; población. *Villaje, villanada, villanaje, villancico, villanchón -na, villanería, villanesco -ca, villanía, villano -na, villar, villazgo, villoría, villorrio.*
vilo (en). Suspendido.
vilordo -da. Perezoso.
vilorta. Arandela, aro. *Vilorto.*
vimbre. Mimbre. *Vimbrera.*
vinagre. Líquido agrio resultante del vino. *Vinagrero -ra, vinagreta, vinagroso -sa.*
vincapervinca. Planta.
vincha. Cinta para ceñir el pelo.
vínculo. Unión. *Vinculable, vinculación, vincular.*
vindicar. Vengar; reivindicar. *Vindicación, vindicador -ra, vindicativo -va, vindicatorio -ria.*
viniebla. Cinoglosa.
vino. Zumo de uvas fermentado. *Vinajera, vinariego, vinario -ria, vinatería, vinatero -ra, vinaza, vinazo, vínico -ca, vinícola, vinicultor -ra, vinicultura, vinífero -ra, vinificación, vinolencia, vinolento -ta, vinosidad, vinoso -sa, viña, viñal, viñadero, viñador, viñedo, viñero -ra.*
viñeta. Adorno puesto en el principio de los capítulos; recuadro con dibujos de los que componen una historieta. *Viñetero.*
viola. Instrumento de cuerda; violeta, flor. *Violáceo -a, violado -da, violar, violero, violeta, violetero -ra, violín, violinista, violón, violoncelista, violoncelo, violonchelista, violonchelo.*
violar. Romper; forzar. *Violación, violador -ra, violencia, violentar, violento -ta.*
violle. Unidad de intensidad luminosa.

viperino -na o **vipéreo -a.** De víbora.

vira. Saeta; parte del zapato. *Viratón, virotazo, virote, virotismo.*

viracocha. Entre los incas, conquistador español.

virago. Mujer varonil.

viral. De los virus. *Vírico -ca.*

virar. Cambiar de rumbo; someter la fotografía al líquido fijador. *Virador, viraje, virazón.*

viravira. Hierba.

víreo o **virio.** Oropéndola.

virgen. Que no ha tenido relaciones sexuales. *Virginal, virgíneo -a, virginidad, virgo.*

virgiliano -na. De Virgilio, poeta latino.

virginiano -na. De Virginia (Estados Unidos).

virguería. Adorno, refinamiento.

vírgula. Rayita muy delgada. *Virgulilla.*

viril. Campana transparente; varonil. *Virilidad, virilismo, virilizar, viripotente.*

virola. Abrazadera.

virolento -ta. Con viruelas.

virosis. Enfermedad causada por virus. *Virología, virólogo -ga.*

virote. Mozo soltero y ocioso.

virrey. El que gobierna en nombre del rey. *Virreina, virreinato, virreino.*

virtud. Capacidad; hábito de bien obrar. *Virtual, virtualidad, virtuosismo, virtuoso -sa.*

viruela. Enfermedad.

virulé (a la). En desorden, de mala manera.

virus. Agente infeccioso. *Virulencia, virulento -ta.*

viruta. Hoja delgada de madera.

visaje. Gesto. *Visajero -ra.*

visar. Autorizar; dirigir la visual. *Visa, visado, visera, visibilidad, visible, visillo, visión, visionar, visionario -ria, visivo -va, viso, visor, visorio -ria, vista, vistazo, vistillas, vistosidad, vistoso -sa, visual, visualidad, visualizar, visura.*

vis a vis. Frente a frente.

vis à vis. Vis a vis.

víscera. Entraña. *Visceral.*

visco. Liga, resina; árbol. *Viscosa, viscosidad, viscoso -sa.*

vis cómica. Fuerza cómica, habilidad para hacer reír.

visigodo -da. De un pueblo bárbaro. *Visigótico -ca.*

visir. Ministro musulmán.

visitar. Ir a ver. *Visita, visitación, visitador -ra, visitante, visiteo, visitero -ra, visitón.*

vislumbrar. Ver confusamente. *Vislumbre.*

visón. Mamífero.

víspera. Día anterior.

visto bueno. Autorización. Se escribe siempre en dos palabras, aunque sea sustantivo *(el visto bueno del director).*

vitáceo -a. De la familia de plantas de la vid. *Vitícola, viticultor -ra, viticultura, vitivinicultor -ra, vitivinicultura.*

vital. De la vida. *Vitalicio -cia, vitalicista, vitalidad, vitalismo, vitalista, vitalizar, vitamina, vitaminado -da, vitamínico -ca.*

vitando -da. Que debe evitarse.

vitela. Piel de ternera adobada.

vitelo. Yema del huevo. *Vitelino -na.*

vito. Baile andaluz.

vitola. Plantilla para calibrar; medida de los cigarros puros.

vítor. Interj. de aplauso. *Vitorear.*

vitoriano -na. De Vitoria.

vítreo -a. De vidrio. *Vitral, vitrificable, vitrificación, vitrificar, vitrina.*

vitriolo. Sulfato. *Vitriólico -ca.*

vitualla. Víveres. *Vituallar.*

vituperar. Censurar. *Vituperable, vituperación, vituperador -ra, vituperio, vituperioso -sa.*

viudo -da. Casado cuyo cónyuge ha muerto. *Viudal, viudedad, viudez.*

vivac o **vivaque.** Campamento. *Vivaquear.*

vivandero -ra. El que vende víveres a los militares en campaña.

vivero. Lugar donde se crían los árboles, los conejos o los peces. *Vivar, vivera, viveral.*

vivérrido -da. De un taxón zoológico.

vivijagua. Bibijagua.

vivir. Tener vida. *Vivacidad, vivalavirgen, vivales, vivaracho -cha, vivaz, vivencia, víveres, viveza, vividero -ra, vívido -da, vividor -ra, vivienda, viviente, vivificación, vivificador -ra, vivificar, vivificativo -va, vivífico -ca, vivíparo -ra, vivisección, vivo -va.*

vivismo. Sistema filosófico de Luis Vives. *Vivista.*

vizcacha. Mamífero. *Vizcachera.*

vizcaíno -na. De Vizcaya. *Vizcainada.*

vizconde. Título nobiliario. *Vizcondado, vizcondesa.*

voc- → voz.

vocablo. Palabra. *Vocabulario, vocabulista.*

vocación. Inclinación a una profesión o estado. *Vocacional.*

vocal. Sonido. *Vocálico -ca, vocalismo, vocalización, vocalizador -ra, vocalizar.*

vocativo. Caso gramatical.

vodca → vodka*.

vodevil. Comedia ligera.

vodka*.

volapuk. Idioma universal.

volar. Ir por el aire. *Voladero -ra, voladizo -za, volado -da, volador -ra, voladura, volandas (en), volandero -ra, volante, volantín -na, volantón -na, volapié, volateo (al), volatería, volatero, volátil, volatilidad, volatilización, volatilizar, volatín, volatinero -ra, volatizar, volavérunt, volea, volear, voleo, volitar.*

volcán. Abertura de la tierra. *Volcanada, volcánico -ca.*

volcar. Dar la vuelta. *Volquearse, volquete, volquetero.*

voleibol. Deporte.

volframio*.

volición. Acto de la voluntad. *Volitivo -va.*

volován. Pastel de hojaldre.

volsco -ca. De un antiguo pueblo latino.

voltear. Dar vueltas. *Voltario -ria, volteador -ra, voltejear, volteo, voltereta, volteta, voltizo -za.*

volteriano -na. Seguidor de Voltaire o de su pensamiento. *Volterianismo.*

voltio. Unidad de fuerza electromotriz. *Volt, voltaico -ca, voltaje, voltámetro, voltímetro.*

voluble. Inconstante. *Volubilidad.*

volumen. Corpulencia, bulto; tomo. *Volumetría, volumétrico -ca, voluminoso -sa.*

voluntad. Intención, deseo. *Voluntariado, voluntariedad, voluntario -ria, voluntarioso -sa, voluntarismo.*

voluptuoso -sa. Sensual. *Voluptuosidad.*

voluta. Adorno en espiral.

volver. Dar vuelta. *Volvedor -ra, volvible.*

vólvulo o **volvo.** Íleo.

vómer. Hueso.

vomitar. Arrojar por la boca. *Vómico -ca, vomitador -ra, vomitera, vomitivo -va, vómito, vomitón -na, vomitorio -ria.*

voquible. Vocablo.

vorágine. Remolino. *Voraginoso -sa.*

voraz. Devorador. *Voracidad.*

vormela. Mamífero.

vórtice. Torbellino. *Vortiginoso -sa.*

vos. Pronombre personal de segunda persona. *Vosear, voseo.*

vosotros -tras. Pronombre personal de segunda persona del plural.

voto. Promesa; deseo; manifestación de la voluntad. *Votación, votador -ra, votante, votar, votivo -va.*

vox populi. Loc. latina: Sabido por todos.

voyeur. Persona que se excita mirando a otros cuando practican el sexo. *Voyeurismo.*

voz. Sonido. *Voceador -ra, vocear, vocejón, vocería, vocerío, vociferación, vociferador -ra, vociferar, vocinglería, vocinglero -ra, vozarrón, voznar.*

vudú. Creencia y práctica religiosa propia de los negros americanos. *Vuduismo, vuduista.*

vuelapluma, vuela pluma → **vuelapluma*.**

vuelco. Acción de volcar.

vuelo. Acción de volar. *Vuelillo, vueludo -da.*

vuelta. Giro.

vuestro -tra. De vosotros o vosotras.

vulcanio -nia. Del dios Vulcano o del fuego. *Vulcanismo, vulcanista, vulcanización, vulcanizar, vulcanología, vulcanólogo -ga.*

vulgo. El común de la gente. *Vulgacho, vulgar, vulgaridad, vulgarismo, vulgarización, vulgarizador -ra, vulgarizar.*

vulnerar. Dañar. *Vulnerabilidad, vulnerable, vulneración, vulnerario -ria.*

vulpeja o **vulpécula.** Zorra. *Vulpino -na.*

vultuoso -sa. (Rostro) abultado.

vulturno. Bochorno.

vulva. Abertura externa de la vagina. *Vulvitis.*

W

wagneriano -na. De Wagner, músico alemán.

walón -na. Valón.

washingtoniano -na. De Washington.

wáter*.

waterpolo. Deporte de piscina.

watt o **watio.** Vatio.

wau. Sonido *u* semiconsonante o semivocal.

weber o **weberio.** Unidad de flujo de inducción magnética.

western. Género cinematográfico.

whisky → **güisqui*.**

windsurf o *windsurfing.* Deporte acuático. *Windsurfista.*

wólfram, wolframio → **volframio*.**

X

xantofila. Pigmento amarillo.
xenofobia. Odio a los extranjeros. *Xenófobo -ba.*
xenón. Elemento gaseoso.
xerocopia. Fotocopia. *Xerocopiar.*
xerófilo -la. Que puede vivir en clima muy seco. *Xerofítico -ca.*

xeroftalmia o **xeroftalmía.** Desecación de la córnea del ojo.
xerografía. Procedimiento de reproducción en seco.
xi. Letra griega.
xifoides. Cartílago en que termina el esternón. *Xifoideo -a.*
xilófago -ga. Que come madera.

xilófono. Instrumento musical. *Xilofón, xilofonista.*
xilografía. Grabado en madera. *Xilográfico -ca, xilógrafo -fa.*
xiloprotector -ra. Que protege la madera.
xilórgano. Instrumento musical antiguo.
xilotila. Hidrosilicato.

y

yac. Mamífero. También *yak.*
yacaré. Caimán.
yacer. Estar tendido. *Yacedor, yacente o yaciente, yacija, yacimiento.*
yagual. Rodete para llevar pesos.
yaguar. Jaguar.
yaguasa. Pato.
yak. Yac.
yambo. Pie de la poesía clásica. *Yámbico -ca.*
yanacón -na. Indio arrendatario.
yang. Fuerza activa o masculina, en la filosofía china.
yanqui. Norteamericano.
yantar. Comer.
yapa. Añadidura. También, más raro, *llapa. Yapar* (o *llapar*).
yarará. Serpiente.
yaraví. Canto indígena americano.
yarda. Medida inglesa de longitud.
yare. Jugo venenoso.
yaro. Planta.

yatagán. Sable oriental.
yate. Embarcación de recreo.
yayo -ya. Abuelo.
yaz*.
ye. Letra *y.*
yedra. Hiedra.
yegua. Caballo hembra. *Yeguada, yeguar, yegüería, yegüerizo -za, yegüero.*
yeísmo. Pronunciación de la *ll* como *y. Yeísta.*
yelmo. Casco de guerra.
yema. Brote; parte del huevo.
yemení o **yemenita.** Del Yemen.
yen. Moneda japonesa.
yerba. Hierba. *Yerbal, yerbatero, yerbear.*
yermo -ma. Inhabitado. *Yermar.*
yerno. Marido de la hija.
yero o **yervo.** Planta. *Yeral.*
yerro. Error.
yerto -ta. Tieso.
yesca. Materia seca inflamable. *Yesquero.*
yeso. Sulfato de calcio hidra-

tado. *Yesal, yesar, yesera, yesería, yesero -ra, yesón, yesoso -sa.*
yeyuno. Parte del intestino.
yezgo. Planta.
yídish*.
yin. Fuerza pasiva o femenina, en la filosofía china.
yo. Pronombre personal de primera persona del singular.
yodo. Metaloide. *Yodación, yodado -da, yodar, yodoformo, yodurar, yoduro.*
yoga. Doctrina y práctica filosófica hindú. *Yogui.*
yogur*. *Yogurtera.*
yola. Embarcación.
yolillo. Palmera.
yóquey*.
yoyó. Juguete.
yuca. Planta.
yudo*.
yuglandáceo -a. De una familia de plantas.
yugo. Instrumento para uncir las mulas o bueyes. *Yugada, yuguero.*
yugoslavo -va o **yugoeslavo -va.**

De Yugoslavia o Yugoeslavia.
yugular. De la garganta; degollar.
yunque. Prisma sobre el que se trabajan los metales.
yunta. Par de animales que sirven en la labor del campo. *Yuntería, yuntero.*
yusera. Piedra o piedras que sirven de suelo.
yusión. Acción de mandar. *Yusivo -va.*

yute. Materia textil.
yuxta-. Prefijo que significa 'junto a, al lado de'. *Yuxtalineal, yuxtaponer, yuxtaposición.*
yuyo. Yerbajo.
yuyuba. Azufaifa.

Z

zabarcera. Revendedora de comestibles.
zabida o **zabila.** Áloe.
zabordar. Encallar. *Zaborda, zabordamiento, zabordo.*
zabullir. Zambullir. *Zabullida, zabullidor -ra, zabullidura, zabullimiento.*
zahareño -ña. Desdeñoso, intratable.
zaharí. Zafarí, variedad de higo.
zahén o **zahena.** Clase de moneda.
zaherir. Mortificar. *Zaheridor -ra, zaherimiento.*
zahína. Planta. *Zahinar.*
zahón. Especie de calzón.
zahonado -da. (Pies o manos de res) que tienen distinto color por delante.
zahondar. Ahondar.
zahora. Comilona. *Zahorar.*
zahorí. El que ve lo que está oculto.
zahorra. Lastre.
zahúrda. Pocilga.
zallar. Hacer rodar hacia afuera.
zambarco. Correa.
zambiano -na. De Zambia.
zambo -ba. Que tiene separadas las piernas. *Zámbigo -ga.*
zamboa. Azamboa.
zambomba. Instrumento rústico. *Zambombazo.*
zamborotudo -da, zamborrotudo -da o **zamborondón -na.** Tosco.

zambucar. Esconder rápidamente. *Zambuco.*
zambullir. Meter en el agua con ímpetu. *Zambullida, zambullidor -ra, zambullidura, zambullimiento.*
zambullo. Bacín grande.
zampabollos. Tragón; bruto.
zanahoria. Planta.
zancadillear. Poner la zancadilla.
zancajiento -ta. Zancajoso. *Zancajear, zancajera.*
zangarullón. Zangón.
zapallo. Calabaza.
zarabanda. Danza; ruido estrepitoso. *Zarabandista.*
zarabutear. Embrollar. *Zarabutero -ra.*
zaragalla. Carbón menudo.
zaragüelles. Especie de calzones.
zaramagullón. Somorgujo.
zarambeque. Danza.
zarevich. Hijo del zar.
zarigüeya. Mamífero.
zarzahán. Tela de seda.
zeda. Zeta. También *ceda.*
zedilla. Signo ortográfico. También *cedilla.*
zeína. Proteína del maíz. También *ceína.*
zéjel. Composición poética hispanoárabe.
zelandés -sa. De Zelanda, provincia de Holanda.
zen. Escuela budista.
zendo. Idioma antiguo de Persia.

zenit → cenit*.
zepelín. Globo dirigible.
zeta. Letra *z.* También *ceta.*
zeugma. Figura retórica. También *ceugma.*
zigomorfo -fa. Que solo tiene un plano de simetría.
zigoto. Huevo fecundado. También *cigoto.*
zigurat. Torre escalonada.
zigzag. Serie de líneas que forman entrantes y salientes. *Zigzaguear.*
zimbabuense. De Zimbabue.
zimógeno. Proteína.
zinc → cinc*.
zinnia*.
zipizape. Riña ruidosa.
zirconio. Metal. También *circonio.*
zollipar. Sollozar hipando. *Zollipo.*
zombi. Muerto viviente.
zoo. Parque zoológico.
zoo-. Prefijo que significa 'animal': *zoófago -ga, zoofilia, zoófito, zoogeografía, zoografía, zoolatría, zoología, zoológico -ca, zoólogo -ga, zoomorfo -fa, zoonosis, zooplancton, zoospermo, zoospora, zootecnia, zootomía, zoótropo.*
zoom*.
zorollo. (Trigo) segado antes de madurar.
zuavo. Soldado argelino de infantería.
zubia. Lugar por donde corre mucha agua.
zulla. Hierba; excremento.

zullón. Ventosidad.
zum → *zoom**.
zumacaya o **zumaya.** Ave.
zumbar. Hacer ruido continuado y bronco; dar un golpe; dar broma. *Zumba, zumbado -da, zumbador -ra, zumbido, zumbo, zumbón -na.*
zumbel. Cuerda del peón.
zurribanda. Zurra; riña.

zurriburri. Sujeto despreciable; barullo.
zurullo. Pedazo rollizo de materia blanda.
zutujil. Tribu india.

Bibliografía

1. Obras citadas

La fecha que figura entre corchetes corresponde a la primera edición o, en algunos casos, a la redacción de la obra. El lugar y el año que se citan al final de cada referencia corresponden a la edición utilizada.

En los escritores (no en los lingüistas) hispanoamericanos y filipinos se especifica entre corchetes, después del nombre, la nacionalidad: *Argent* = Argentina, *Chile* = Chile, *Colomb* = Colombia, *Cuba* = Cuba, *Filip* = Filipinas, *Guatem* = Guatemala, *Méj* = Méjico, *Nicar* = Nicaragua, *Parag* = Paraguay, *Perú* = Perú, *Urug* = Uruguay, *Venez* = Venezuela.

La indicación «Periód.» acompaña a las publicaciones periódicas en general, sean diarias, semanales, quincenales o mensuales.

Esta lista no incluye las obras citadas solamente en la Advertencia preliminar.

Abc = *Abc*. Periód. Madrid
Academia, *Boletín* = *Boletín de la Real Academia Española*. Madrid.
——— *Diccionario* = *Diccionario de la lengua española*. 21.ª ed. Madrid 1992. [Cuando se cita sin indicar fecha, las referencias son a esta edición; si corresponden a otra anterior, se especifica la fecha.]
——— *Dicc. escolar* = *Diccionario escolar*. Madrid 1996.
——— *Dicc. histórico* = *Diccionario histórico de la lengua española*. I, Madrid 1972; II, Madrid 1992; III y IV, en publicación desde 1993.
——— *Dicc. manual 1927* = *Diccionario manual e ilustrado de la lengua española*. [1.ª ed.] Madrid 1927.
——— *Dicc. manual 1950* = *Diccionario manual e ilustrado de la lengua española*. 2.ª ed. Madrid 1950.
——— *Dicc. manual 1983* = *Diccionario manual e ilustrado de la lengua española*. 3.ª ed. revisada. Coordinador: Alonso Zamora Vicente. Colaboradores: María Josefa Canellada, Guadalupe Galán, José María Martín. 6 tomos. Madrid 1983-1985.
——— *Dicc. manual 1989* = *Diccionario manual e ilustrado de la lengua española*. 4.ª ed. revisada. Coordinador: Alonso Zamora Vicente. Colaboradoras: María Josefa Canellada, Guadalupe Galán. Madrid 1989.
——— *Esbozo* = *Esbozo de una nueva gramática de la lengua española*. Madrid 1973.
——— *Gramática* = *Gramática de la lengua española*. Nueva ed. Madrid 1931.
——— *Nuevas normas* = *Nuevas normas de prosodia y ortografía. Nuevo texto definitivo*. Madrid 1959.
——— *Ortografía* = *Ortografía*. 2.ª ed. corregida y aumentada. Madrid 1974.
Academia Chilena, *Notas* = Academia Chilena de la Lengua, *Notas idiomáticas*. Periód. Santiago de Chile.
Academia de Ciencias, *Vocabulario* = Real Academia de Ciencias Exactas, Físicas y Naturales, *Vocabulario científico y técnico*. 3.ª ed. Madrid 1996.
Adelanto = *El Adelanto*. Periód. Salamanca.
Adrados, *Lingüística* = Francisco Rodríguez Adrados, *Lingüística estructural*. Madrid 1969.
Agencia Efe → *Manual Efe*.
Agustí, *Mariona* = Ignacio Agustí, *Mariona Rebull* [1944]. Barcelona 1956.
Alarcón, *Capitán Veneno* = Pedro Antonio de Alarcón, *El Capitán Veneno* [1881]. En *Obras completas*. Madrid 1943.
——— *Historietas* = *Historietas nacionales* [1881]. En *Obras completas*. Madrid 1943.
——— *Poesías* = *Poesías* [c1855-85]. Madrid 1885.
Alarcos = Emilio Alarcos Llorach, *Gramática de la lengua española*. Madrid 1994.
——— *Estudios* = *Estudios de gramática funcional del español* [1970]. 2.ª ed. Madrid 1978.
——— *Gram. estructural* = *Gramática estructural*. Madrid 1951.
Alas, *Obras* = Leopoldo Alas, «Clarín», *Obras selectas* [1881-96]. Madrid 1966.
——— *Palique* = *Palique* [1893]. Ed. de J. M. Martínez Cachero. Barcelona 1973.

—— *Regenta = La Regenta* [1884-85]. Ed. de Gonzalo Sobejano. 2 tomos. Madrid 1982.

—— *Solos = Solos de Clarín* [1881]. Madrid 1971.

Alberti, *Antología* = Rafael Alberti, *Antología poética* [1924-52]. Buenos Aires 1958.

—— *Arboleda = La arboleda perdida. Libros I y II de memorias* [1959]. Barcelona 1975.

—— *Cal = Cal y canto* [1926-27]. *Sobre los ángeles* [1926-27]. *Sermones y moradas* [1929-30]. Buenos Aires 1952.

—— *Pintura = A la pintura. Poema del color y la línea* [1945-52]. Buenos Aires 1953.

Alborg, *Literatura* = Juan Luis Alborg, *Historia de la literatura española,* Madrid, I (2.ª ed.), 1970. II, 1967. III, 1972. IV, 1980.

Alcalá Venceslada = Antonio Alcalá Venceslada, *Vocabulario andaluz.* [2.ª ed.] Madrid 1951.

Alcázar = El Alcázar. Periód. Madrid.

Alcázar, *Poesías* = Baltasar del Alcázar, *Poesías* [c1550-1606]. En *Poesía sevillana en la Edad de Oro.* Ed. de Alberto Sánchez. Madrid 1948.

Alcina-Blecua = Juan Alcina Franch y José Manuel Blecua, *Gramática española.* Esplugues de Llobregat 1975.

Aleixandre, *Encuentros* = Vicente Aleixandre, *Los encuentros* [1958]. En *Obras completas.* Madrid 1968.

—— *Espadas = Espadas como labios* [1931]. *Pasión de la tierra* [1929]. Buenos Aires 1957.

Alemán, *Guzmán* = Mateo Alemán, *Guzmán de Alfarache.* [Primera parte, 1599. Segunda parte, 1604.] Ed. de Francisco Rico. Barcelona 1983.

Alerta = Alerta. Periód. Santander.

Alfaro = Ricardo J. Alfaro, *Diccionario de anglicismos.* 2.ª ed. Madrid 1964.

Alfonso, *España* = Carlos Alfonso, *La España cotidiana.* Barcelona 1970.

Alonso, «*Como que*» = Amado Alonso, *Español «como que» y «cómo que».* En *Revista de Filología Española,* 12 (1925), 133-56.

—— *Problema = El problema de la lengua en América.* Madrid 1935.

—— trad. Bally, *Lenguaje y vida* = Charles Bally, *El lenguaje y la vida.* Trad. de Amado Alonso [1941]. Buenos Aires 1947.

Alonso, *Hijos* = Dámaso Alonso, *Hijos de la ira* [1944]. Buenos Aires 1946.

—— *Idioma = Unidad y defensa del idioma.* En *Cuadernos Hispanoamericanos,* 18 (1956), 272-88.

—— *Noticia = Oscura noticia* [1944]. *Hombre y Dios* [1955]. Madrid 1959.

—— *Poetas = Poetas españoles contemporáneos.* Madrid 1952.

Alonso de Santos, *Estanquera* = José Luis Alonso de Santos, *La estanquera de Vallecas* [1981]. Madrid 1982.

Alonso-Henríquez Ureña = Amado Alonso y Pedro Henríquez Ureña, *Gramática castellana* [1938]. Primer curso: 15.ª ed. Buenos Aires 1957. Segundo curso: 11.ª ed. Buenos Aires 1953.

Alonso Millán, *Marta* = Juan José Alonso Millán, *Estado civil: Marta* [1969]. En *Teatro español 1968-1969.* Madrid 1970.

Alonso Schökel-Mateos, *Biblia = Nueva Biblia española.* Traducción de los textos originales dirigida por Luis Alonso Schökel y Juan Mateos. Madrid 1975.

Alsina, *Homero* = José Alsina, *Introducción* [1968]. En Homero, *Obras.* Traslación en verso de Fernando Gutiérrez. Barcelona 1973.

Alvar, *Caro Baroja* = Manuel Alvar, Contestación [a Caro Baroja]. En Caro Baroja, *Género biográfico* (→ CARO BAROJA).

—— *Variedad = Variedad y unidad del español.* Madrid 1969.

Alvar Ezquerra, *Lexicología* = Manuel Alvar Ezquerra, *Lexicología y lexicografía. Guía bibliográfica.* Salamanca 1983.

Álvarez, *En tierra* = Lilí Álvarez, *En tierra extraña.* Madrid 1956.

Anderson, *Lit. hispanoamericana* = Enrique Anderson Imbert [*Argent*], *Historia de la literatura hispanoamericana.* I: *La Colonia. Cien años de república.* 2.ª ed. [1974], 9.ª reimpresión. México 1982. II: *Época contemporánea.* 6.ª ed. México 1974.

Angulo, *Arte* = Diego Angulo, *Historia del arte* [1954]. 2 tomos. Madrid 1957.

Ánthropos = Ánthropos. Boletín de información y documentación. Barcelona.

Antolín, *Gata* = Enriqueta Antolín, *La gata con alas.* Madrid 1992.

Anuario Observatorio 1963 = Anuario del Observatorio Astronómico de Madrid para 1963. Madrid 1962.

Aranguren, *Crítica* = José Luis L. Aranguren, *Crítica y meditación* [1949-56]. Madrid 1957.

────── *Juventud = La juventud europea y otros ensayos* [1957-60]. Barcelona 1962.

────── *Marxismo = El marxismo como moral*. Madrid 1968.

Arce, *Testamento* = Manuel Arce, *Testamento en la montaña*. Barcelona 1956.

Argensola, *Malucas* = Bartolomé Leonardo de Argensola, *Conquista de las Malucas*. Madrid 1609.

Argüelles, *Enseñanza* = Belén S. Argüelles [*Filip*], *El estado presente de la enseñanza y aprendizaje del idioma español en Filipinas*. En *Presente y Futuro de la Lengua Española*, I. Madrid 1964.

Arias, *Morfosintaxis* = Ricardo Arias, *Curso de morfosintaxis*. Valencia 1983.

Arniches, *Diosa* = Carlos Arniches, *La diosa ríe* [1931]. En *Teatro completo*, III. Madrid 1948.

────── *Hombre = Es mi hombre* [1921]. En *Teatro completo*, II. Madrid 1948.

Arolas, *Obras* = Juan Arolas, *Obras* [1833-50]. 3 tomos. Ed. de Luis F. Díaz Larios. Madrid 1982-83.

Arreola, trad. Baty-Chavance, *Arte* = Gaston Baty y René Chavance, *El arte teatral*. Trad. de Juan José Arreola [*Méj*]. México 1951.

────── trad. Sadoul, *Cine* = Georges Sadoul, *El cine, su historia y su técnica*. Trad. de ──. México 1952.

Arriba = Arriba. Periód. Madrid.

Asturias, *Leyendas* = Miguel Ángel Asturias [*Guatem*], *Leyendas de Guatemala* [1930]. Buenos Aires 1967.

Atxaga, *Obabakoak* = Bernardo Atxaga, *Obabakoak* [1993]. Madrid 1995.

Ayala, *Rapto* = Francisco Ayala, *El rapto* [1965]. En *Obras narrativas completas*. México 1969.

────── *Recuerdos = Recuerdos y olvidos*. Madrid 1988.

────── *Relatos = Relatos* [1949-1988]. Ed. de Óscar Barrero. Madrid 1997.

Azaña, *Jardín* = Manuel Azaña, *El Jardín de los Frailes* [1927]. Madrid 1977.

────── *Memorias*, I = *Memorias políticas (1931-1933)*. Barcelona 1996.

────── *Memorias*, II = *Memorias de guerra (1936-1939)*. Barcelona 1996.

────── *Velada = La velada en Benicarló. Diálogo de la guerra de España* [1937]. Ed. de Manuel Aragón. Madrid 1974.

Azorín, *Andando* = Azorín [José Martínez Ruiz], *Andando y pensando (notas de un transeúnte)* [1929]. Buenos Aires 1959.

────── *Castilla = Castilla* [1912]. Buenos Aires 1952.

────── *Confesiones = Las confesiones de un pequeño filósofo* [1904]. Madrid 1920.

────── *Dicho = Dicho y hecho* [1934-36]. Barcelona 1957.

────── *Doña Inés = Doña Inés* [1925]. Buenos Aires 1953.

────── *Madrid = Madrid* [1940]. Buenos Aires 1952.

────── *Margen = Al margen de los clásicos* [1915]. Buenos Aires 1942.

────── *Voluntad = La voluntad* [1902]. Madrid 1913.

Azúa, trad. Wilson, *Lenguaje* = John Wilson, *El lenguaje y la búsqueda de la verdad*. Trad. de Félix de Azúa. Barcelona 1971.

Badía, *Gerundio* = Antonio M. Badía Margarit, *El gerundio de posterioridad*. En *Presente y Futuro de la Lengua Española*, II. Madrid 1964.

Balart, *Poesías* = Federico Balart, *Poesías* [1889]. En Blecua, *Floresta*, II (→ BLECUA).

Ballesteros, *América precolombina* = Manuel Ballesteros-Gaibrois, *América precolombina*. En *Historia social y económica de España y América*, dirigida por J. Vicens Vives, I [1961]. Barcelona 1972.

Baquero-Polo-D. Revenga, *Literatura española* = Mariano Baquero Goyanes, Victorino Polo, Francisco Javier Díez de Revenga, *Literatura española*. Salamanca 1976.

Barcelona = Barcelona. España en paz. Madrid 1964.

Baroja, *Aventuras Paradox* = Pío Baroja, *Aventuras, inventos y mixtificaciones de Silvestre Paradox* [1901]. Buenos Aires 1954.

────── *Busca = La busca* [1904]. Madrid (ed. Caro Raggio) s. a. [1936?].

────── *Casa = La casa de Aizgorri* [1900]. Madrid 1911.

────── *Paradox rey = Paradox, rey* [1906]. Madrid 1960.

────── *Románticos = Los últimos románticos* [1906]. Madrid 1957.

────── *Susana = Susana y los cazadores de moscas* [1938]. En *Obras completas*, VII. Madrid 1978.

Basterra, *Antología* = Ramón de Basterra, *Antología poética* [1923-27]. Selección por J. M. B. [Barcelona] 1939.

Bécquer, *Celda* = Gustavo Adolfo Bécquer, *Desde mi celda* [1864]. En *Obras completas*. Madrid 1969.

―――― *Rimas = Rimas* [1860]. En *Obras completas*. Madrid 1969.
―――― *Venta = La Venta de los Gatos* [1862]. En *Obras completas*. Madrid 1969.
―――― *Viajes = Viajes, descripciones, monumentos* [1864-70]. En *Obras completas*. Madrid 1969.
Beinhauer = Werner Beinhauer, *El español coloquial*. Trad. de Fernando Huarte Morton. 3.ª ed. aumentada y actualizada. Madrid 1978.
Bello = Andrés Bello, *Gramática de la lengua castellana destinada al uso de los americanos* [1847-64]. Prólogo de Amado Alonso. Caracas 1951.
Benavente, *Al natural* = Jacinto Benavente, *Al natural* [1903]. En *Teatro*. París (ed. Nelson) s. a.
―――― *Cigarras = Las cigarras hormigas* [1905]. En *Teatro*, XIII. Madrid 1906.
―――― *Rosas = Rosas de otoño* [1905]. En *Teatro*. París (ed. Nelson) s. a.
Benedetto, *Caballo* = Antonio Di Benedetto [*Argent*], *Caballo en el salitral*. Barcelona 1981.
Benet, *Otoño* = Juan Benet, *Otoño en Madrid hacia 1950*. Madrid 1987.
―――― *Penumbra = En la penumbra*. Madrid 1987.
―――― *Viaje = Un viaje de invierno* [1972]. Ed. de Diego Martínez Torrón. Madrid 1980.
―――― *Volverás = Volverás a Región* [1967]. Madrid 1974.
Bergamín, *Fronteras* = José Bergamín, *Fronteras infernales de la poesía*. Madrid 1959.
Berlanga, *Acá* = Andrés Berlanga, *Del más acá*. Madrid 1987.
―――― *Pólvora = Pólvora mojada*. Barcelona 1972.
Berschin, *Problemas* = Helmut Berschin, *Dos problemas de denominación: ¿Español o castellano? ¿Hispanoamérica o Latinoamérica?* En M. Perl (ed.), *Estudios sobre el léxico del español en América*. Leipzig 1982.
Biblia de Jerusalén = Biblia de Jerusalén. Ed. española dirigida por José Ángel Ubieta. Madrid 1971.
Bioy, *Cavar* = Adolfo Bioy Casares [*Argent*], *Cavar un foso* [1962]. En Fevre, *Cuentos* (→ FEVRE).
Blasco Ibáñez, *Vuelta al mundo* = Vicente Blasco Ibáñez, *La vuelta al mundo de un novelista* [1925]. En *Obras completas*, III. Madrid 1978.
Blecua, *Edad Oro* = José Manuel Blecua, *Poesía de la Edad de Oro*. Ed. de ――. 2 tomos. Madrid 1982-1987.
―――― *Floresta = Floresta de lírica española*. 2 tomos. Madrid 1963.
―――― *Literatura = Historia de la literatura*. I: Quinto curso. Zaragoza 1956. II: Sexto curso. Zaragoza 1957.
Bleiberg, *Dicc. literatura* = Germán Bleiberg, Artículos [1949-53] en *Diccionario de literatura española* (→ DICC. LITERATURA).
BOE = Boletín Oficial del Estado. Periód. Madrid.
Bol. March = Boletín Informativo. Fundación Juan March. Periód. Madrid.
Borges, *Ficciones* = Jorge Luis Borges [*Argent*], *Ficciones* [1944]. Buenos Aires 1966.
―――― *Lit. germánicas = Antiguas literaturas germánicas*. Con la colaboración de Delia Ingenieros. México 1951.
Borges-Guerrero, *Zoología* = Jorge Luis Borges y Margarita Guerrero, *Manual de zoología fantástica*. México 1957.
Borrás, trad. Giraudoux, *Escuela* = Jean Giraudoux, *La escuela de los indiferentes*. Trad. de Tomás Borrás [1921]. Buenos Aires 1961.
Bousoño, *Teoría* = Carlos Bousoño, *Teoría de la expresión poética*. Madrid 1956.
―――― *Versos = Selección de mis versos*. Madrid 1980.
Bouzet, *Gérondif* = Jean Bouzet, *Le gérondif espagnol dit «de postériorité»*. En *Bulletin Hispanique*, 55 (1953), 349-74.
Bover, trad. *Evangelios = Los cuatro Evangelios*. Trad. de José María Bover. Madrid 1953.
Bravo-Villasante, *Pardo Bazán* = Carmen Bravo-Villasante, *Vida y obra de Emilia Pardo Bazán*. Madrid 1973.
Bray, trad. Orwell, *1984* = George Orwell, *Mil novecientos ochenta y cuatro*. Trad. de Arturo Bray [*Argent*] [1969]. Barcelona 1973.
Bretón, *Desvergüenza* = Manuel Bretón de los Herreros, *La desvergüenza* [1856]. En *Obras*, V. Madrid 1884.
―――― *Editor responsable = El editor responsable* [1842]. En *Obras*, III. Madrid 1883.
Brunet, *Humo* = Marta Brunet [*Chile*], *Humo hacia el Sur* [1946]. Buenos Aires 1967.
Buero, *Hoy* = Antonio Buero Vallejo, *Hoy es fiesta* [1956]. Madrid 1960.

Bustinza-Mascaró, *Ciencias* = Florencio Bustinza Lachiondo y Fernando Mascaró Carrillo, *Ciencias naturales*. Tercer curso Bachillerato. Madrid 1959.

Caballero Bonald, *Ágata* = José Manuel Caballero Bonald, *Ágata ojo de gato*. Barcelona 1974.

——— *Casa* = *En la casa del padre*. Barcelona 1988.

——— *Noche* = *Toda la noche oyeron pasar pájaros*. Barcelona 1981.

Calderón, *Cena* = Pedro Calderón de la Barca, *La cena del rey Baltasar* [1632]. En *Autos sacramentales*, I. Ed. de Ángel Valbuena Prat. Madrid 1957.

——— *Cisma* = *La cisma de Ingalaterra* [1627]. En *Obras completas*, II. Ed. de Ángel Valbuena Briones. 5.ª ed., reimpr. Madrid 1987.

——— *Gran teatro* = *El gran teatro del mundo* [1633?]. En *Autos sacramentales*, I. Ed. de Ángel Valbuena Prat. Madrid 1957.

——— *Mágico* = *El mágico prodigioso* [1637]. Ed. de Ángel Valbuena Prat. Zaragoza 1953.

——— *Rey Fernando* = *El santo rey don Fernando*. 1.ª y 2.ª parte [1671]. En *Obras completas*, III. Ed. de Ángel Valbuena Prat. 2.ª ed., reimpr. Madrid 1987.

——— *Vida* = *La vida es sueño* [1636]. En *La vida es sueño; El alcalde de Zalamea*. Ed. de Augusto Cortina. Madrid 1955.

Calvo, *Franco* = Rafael Calvo Serer, *Franco frente al Rey. El proceso del régimen*. París 1972.

Calvo, trad. Pirenne, *Ciudades* = Henri Pirenne, *Las ciudades de la Edad Media*. Trad. de Francisco Calvo. Madrid 1972.

Calvo-Sotelo, *Muchachita* = Joaquín Calvo-Sotelo, *Una muchachita de Valladolid* [1957]. En *Teatro español 1956-1957*. Madrid 1958.

——— *Resentido* = *Historia de un resentido* [1956]. En *Teatro*. Madrid 1974.

Camba, *Ciudad* = Julio Camba, *La ciudad automática* [1932]. Madrid 1955.

——— *Londres* = *Londres* [1916]. Madrid 1956.

——— *Lúculo* = *La casa de Lúculo* [1929]. Madrid 1956.

——— *Peseta* = *Aventuras de una peseta* [1923]. Buenos Aires 1955.

——— *Rana* = *La rana viajera* [1920]. Madrid 1956.

Cambio = *Cambio 16*. Periód. Madrid.

Camón, *Lázaro Galdiano* = José Camón Aznar, *Guía abreviada del Museo Lázaro Galdiano* [1962]. 6.ª ed. Madrid 1967.

Campión, *Narraciones* = Arturo Campión, *Narraciones baskas* [1917]. Madrid 1923.

Campoamor, *Cantares* = Ramón de Campoamor, *Cantares* [1846]. En *Obras poéticas completas*. Madrid 1972.

——— *Humoradas* = *Humoradas* [1885]. En *Obras poéticas completas*. Madrid 1972.

Cancio, *Bronces* = Jesús Cancio, *Bronces de mi costa (prosa y verso)*. Madrid 1956.

Cancionero de Baena = *El Cancionero de Juan Alfonso de Baena*. Manuscrito del siglo XV de la Biblioteca Nacional de París. Fotocopia en la Biblioteca de la Real Academia Española.

Canellada, *Penal* = María Josefa Canellada, *Penal de Ocaña* [1954-63]. Prólogo de Alonso Zamora Vicente. Madrid 1985.

Cano, *Antología* = José Luis Cano, *Antología de la nueva poesía española*. Madrid 1958.

Cansinos, trad. Balzac, *Obras* = Honoré de Balzac, *Obras completas*, VI. Trad. de Rafael Cansinos Assens. Madrid 1972.

——— trad. Dostoyevski, *Karamásovi* = Fiodor M. Dostoyevski, *Los hermanos Karamásovi*. Trad. de ———. 5.ª ed. Madrid 1968.

Cantera-Iglesias, *Biblia* = *Sagrada Biblia*. Versión crítica sobre los textos hebreo, arameo y griego por Francisco Cantera Burgos y Manuel Iglesias González [1975]. 2.ª ed. Madrid 1979.

Capdevila, *Babel* = Arturo Capdevila [*Argent*], *Babel y el castellano*. Buenos Aires 1940.

Carnicer, *Castilla* = Ramón Carnicer, *Gracia y desgracias de Castilla la Vieja*. Barcelona 1976.

Caro Baroja, *Género biográfico* = Julio Caro Baroja, *Género biográfico y conocimiento antropológico*. Discurso de ingreso en la Real Academia Española. Madrid 1986.

——— *Inquisidor* = *El Señor Inquisidor y otras vidas por oficio*. Madrid 1968.

——— *Judíos* = *Los judíos en la España moderna y contemporánea* [1962]. 3 tomos. Madrid 1986.

Carpentier, *Reino* = Alejo Carpentier [*Cuba*], *El reino de este mundo* [1948]. Barcelona 1983.

Carreras, *Hist. filosofía* = Joaquín Carreras Artau, *Historia de la filosofía* [1943]. Barcelona 1949.

——— *Introd. filosofía* = *Introducción a la filosofía* [1941]. Barcelona 1944.

Carriegos, *Minucias* = Ramón C. Carriegos, *Minucias gramaticales.* Tandil [Argentina] 1910.

Casado, *Léxico* = Manuel Casado Velarde, *Tendencias en el léxico español actual.* Madrid 1985.

Casalduero, *Galdós* = Joaquín Casalduero, *Vida y obra de Galdós.* Buenos Aires 1943.

Casanovas = J. Casanovas y Ferrán, *Colección de vocablos y modismos incorrectos y viciosos usados por los catalanes cuando hablan en castellano.* 2.ª ed. Barcelona 1884.

Casares, *Cosas del lenguaje* = Julio Casares, *Cosas del lenguaje.* Madrid 1943.

———— *Crítica profana* = *Crítica profana: Valle-Inclán, Azorín, Ricardo León* [1916]. Buenos Aires 1946.

———— *Informe* = *Informe.* En *Nuevas normas de prosodia y ortografía de la Real Academia Española.* Madrid 1952.

———— *Nuevo concepto* = *Nuevo concepto del diccionario de la lengua.* Madrid 1941.

Casas, trad. Böll, *Opiniones* = Heinrich Böll, *Opiniones de un payaso.* Trad. de Lucas Casas [1965]. Barcelona 1973.

Castelar, *Discursos* = Emilio Castelar, *Discursos* [1861]. En *Discursos; Recuerdos de Italia; Ensayos.* México 1980.

Castellani, *Caso* = Leonardo Castellani [*Argent*], *El caso de Ada Terry* [1934]. En Fevre, *Cuentos* (→ FEVRE).

Castellano, trad. Ovidio, *Arte* = Ovidio, *Arte de amar.* Trad. de José Castellano. Barcelona 1958.

Castellet, *Marcuse* = José María Castellet, *Lectura de Marcuse.* Barcelona 1969.

Castilla, *Alienación* = Carlos Castilla del Pino, *La alienación de la mujer.* Madrid 1968.

Castillo-Navarro, *Perros* = José María Castillo-Navarro, *Los perros mueren en la calle.* Barcelona 1961.

Castillo-Puche, *Paralelo* = José Luis Castillo-Puche, *Paralelo 40* [1963]. Barcelona 1964.

Castro → ROSALÍA DE CASTRO.

Castro, *Cervantes* = Américo Castro, *Hacia Cervantes* [1925-57]. Madrid 1957.

———— *Cervantes y los casticismos* = *Cervantes y los casticismos españoles* [1966]. Madrid 1974.

———— *De la España* = *De la España que aún no conocía* [1914-70]. 3 tomos. México 1975.

———— *Españoles* = *Los españoles: cómo llegaron a serlo.* Madrid 1965.

Cebrián = M. Cebrián Herreros, *Diccionario de radio y televisión. Bases de una delimitación terminológica.* Madrid 1981.

Cejador, *Voc. medieval* = Julio Cejador y Frauca, *Vocabulario medieval castellano.* Madrid 1929.

Cela, *Alcarria* = Camilo José Cela, *Viaje a la Alcarria* [1948]. Buenos Aires 1953.

———— *Carta a Fidel Castro* = *Carta a Fidel Castro* [1965]. En *A vueltas con España.* Madrid 1973.

———— *Colmena* = *La colmena* [1951]. México 1957.

———— *Dicc. secreto* = *Diccionario secreto.* Tomo I: Madrid 1968. Tomo II: Madrid 1971.

———— *Escenas* = *Nuevas escenas matritenses* [1966]. En *Obras completas*, 22. Barcelona 1990.

———— *Judíos* = *Judíos, moros y cristianos* [1956]. Barcelona 1957.

———— *Lazarillo* = *Nuevas andanzas y desventuras de Lazarillo de Tormes* [1944]. Pról. de José María de Cossío. Madrid (Selecciones Airón) s. a.

———— *Mazurca* = *Mazurca para dos muertos.* Barcelona 1983.

———— *Miño* = *Del Miño al Bidasoa.* Barcelona 1952.

———— *Nuevo viaje a la Alcarria* = *Nuevo viaje a la Alcarria* [1986]. Barcelona 1994.

———— *Oficio* = *Oficio de tinieblas 5* [1973]. Barcelona 1979.

———— *Pascual* = *La familia de Pascual Duarte* [1942]. Ed. de Jorge Urrutia. Barcelona 1977.

———— *Retablo* = *Nuevo retablo de Don Cristobita* [1945-53]. Barcelona 1957.

———— *Rosa* = *La cucaña. Memorias. Libro primero. La rosa* [1959]. Barcelona 1968.

———— *Viaje andaluz* = *Primer viaje andaluz. Notas de un vagabundaje por Jaén, Córdoba, Sevilla, Huelva y sus tierras* [1959]. Barcelona 1971.

Celada, *Lit. orientales* = Benito Celada, *Literaturas orientales.* En *Historia de la literatura universal*, dirigida por Ciriaco Pérez Bustamante. Madrid 1946.

Celaya, *Poesía urgente* = Gabriel Celaya, *Poesía urgente* [1951-57]. Buenos Aires 1960.

Cernuda, *Antología* = Luis Cernuda, *Antología poética* [1924-1962]. Madrid 1975.

———— *Estudios* = *Estudios sobre poesía española contemporánea.* Madrid 1957.

Cervantes, *Gitanilla* = Miguel de Cervantes, *La Gitanilla* [1613]. En *Novelas ejemplares*, I. Ed. de F. Rodríguez Marín. Madrid 1957.

———— *Quijote* = *Don Quijote de la Mancha.* (Primera parte [1605]; segunda parte [1615].) Ed. de Martín de Riquer. Madrid 1977.

——— *Vidriera* = *El licenciado Vidriera* [1613]. En *Novelas ejemplares,* II. Ed. de F. Rodríguez Marín. Madrid 1957.

——— *Vizcaíno* = *El vizcaíno fingido.* En *Entremeses* [1615]. Ed. de Eugenio Asensio. Madrid 1971.

Chacel, *Barrio* = Rosa Chacel, *Barrio de Maravillas* [1976]. Barcelona 1978.

Chamorro, *Sin raíces* = Víctor Chamorro, *Sin raíces.* Plasencia 1970.

Chamorro, trad. Horacio, *Épodos* = Horacio, *Odas y épodos.* Trad. de Bonifacio Chamorro. Madrid 1951.

Chamorro, trad. Ling, *Religiones* = Trevor Ling, *Las grandes religiones de Oriente y Occidente.* Trad. de Eduardo Chamorro. 2 tomos. Madrid 1972.

Cheste, trad. Dante, *Comedia* = Dante Alighieri, *La divina comedia. La vida nueva.* Trad. de Juan de la Pezuela, Conde de Cheste [1865]. Madrid 1952.

Chocano, *Poesías* = José Santos Chocano [*Perú*], *Poesías* [1906-25]. En *Las cien mejores poesías modernas (líricas).* Madrid 1925.

Clarín → ALAS.

Clavileño = *Clavileño.* Periód. Madrid.

Codorniz = *La Codorniz.* Periód. Madrid.

Colón, *Llengua* = Germán Colón, *La llengua catalana en els seus textos.* 2 tomos. Barcelona 1978.

Constitución = *Constitución Española aprobada por las Cortes el 31 de octubre de 1978.* [Madrid 1978.]

Contreras, *Gramática* = Heles Contreras, *Los fundamentos de la gramática transformacional.* Introducción a H. Contreras (ed.), *Los fundamentos de la gramática transformacional. Antología.* México 1971.

Contreras, *Usos pronominales* = Lidia Contreras, *Usos pronominales no-canónicos en el español de Chile* [1974]. En J. M. Lope Blanch (ed.), *Estudios sobre el español hablado en las principales ciudades de América.* México 1977.

Corominas = Joan Corominas, *Diccionario crítico etimológico castellano e hispánico.* Con la colaboración de José A. Pascual. 6 tomos. Madrid 1980-1991.

Coronado, *Poesías* = Carolina Coronado [*Cuba*], *Poesías* [1843]. En Manuel Altolaguirre, *Antología de la poesía romántica española.* Buenos Aires 1954.

Corral, trad. Munthe, *S. Michele* = Axel Munthe, *La historia de San Michele.* Trad. de Carlos del Corral Casal. Barcelona 1956.

Correo Catalán = *El Correo Catalán.* Periód. Barcelona.

Correo Español = *El Correo Español-El Pueblo Vasco.* Periód. Bilbao.

Cortázar, *Rayuela* = Julio Cortázar [*Argent*], *Rayuela* [1963]. Ed. de Andrés Amorós. Madrid 1984.

——— trad. Yourcenar, *Adriano* = Marguerite Yourcenar, *Memorias de Adriano.* Trad. de — [1955]. Barcelona 1984.

Cortelazzo-Zolli = Manlio Cortelazzo e Paolo Zolli, *Dizionario etimologico della lingua italiana.* 5 tomos. Bologna 1979-1988.

Cossío, *Confesiones* = Francisco de Cossío, *Confesiones.* Madrid 1959.

Cossío, *Fábulas* = José María de Cossío, *Fábulas mitológicas en España.* Madrid 1952.

——— *Montaña* = *Rutas literarias de la Montaña* [1960]. Facsímil. Santander 1989.

——— pról. Cela, *Lazarillo* → CELA.

Covarrubias, *Tesoro* = Sebastián de Covarrubias Orozco, *Tesoro de la lengua castellana o española* [1611]. Ed. de Martín de Riquer. Barcelona 1943.

Crémer, *Poesías* = Victoriano Crémer, *Poesías* [1949-56]. En Cano, *Antología* (→ CANO).

Criado, *Morfología* = Manuel Criado de Val, *Síntesis de morfología española.* Madrid 1952.

Cruz, *Mercader* = Ramón de la Cruz, *El mercader vendido* [1776]. En *Sainetes,* I. Madrid 1843.

Cuadernos = *Cuadernos para el Diálogo.* Periód. Madrid.

Cuenta y Razón = *Cuenta y Razón.* Periód. Madrid.

Cuervo, *Apuntaciones* = Rufino José Cuervo, *Apuntaciones críticas sobre el lenguaje bogotano* [1867-1911]. En *Obras,* I. Bogotá 1954.

——— *Diccionario* = *Diccionario de construcción y régimen de la lengua castellana.* Tomos I y II. París 1886-1893.

——— *Diccionario,* Cont. = *Diccionario de construcción y régimen de la lengua castellana.* Continuado por el Instituto Caro y Cuervo. Tomo III, Bogotá 1987. Tomos IV-VIII, Bogotá 1992-1994.

——— *Disquisiciones* = *Disquisiciones sobre filología castellana* [1871-1911]. En *Obras,* II. Bogotá 1954.

Bibliografía   580

——— *Notas = Notas a la Gramática de la lengua castellana de D. Andrés Bello* [1874-1911]. En Bello, *Gramática* (→ BELLO).
Cuevas, *Finca* = José y Jesús de las Cuevas, *Historia de una finca.* Jerez 1958.
Cuevas, *Poesía XVI* = Cristóbal Cuevas, *La poesía en el siglo XVI (II).* En J. M.ª Díez Borque (ed.), *Historia de la literatura española,* II. Madrid 1980.
Cultura Brasileña = Revista de Cultura Brasileña. Madrid.
Cunqueiro, *Fantini* = Álvaro Cunqueiro, *Vida y fugas de Fanto Fantini* [1972]. Barcelona 1984.
——— *Gente = La otra gente* [1975]. Barcelona 1988.
——— *Merlín = Merlín y familia* [1957]. Barcelona 1982.
——— *Un hombre = Un hombre que se parecía a Orestes.* Barcelona 1969.
Darío, *Argentina* = Rubén Darío [*Nicar*], *Canto a la Argentina y otros poemas* [1914]. En *Poesías completas,* II. Ed. de A. Méndez Plancarte. Madrid 1967.
——— *Azul = Azul* [1888]. En *Poesías completas,* I. Ed. de A. Méndez Plancarte. Madrid 1967.
——— *Cantos = Cantos de vida y esperanza, Los cisnes y otros poemas* [1905]. En *Poesías completas,* II. Ed. de A. Méndez Plancarte. Madrid 1967.
——— *Prosas = Prosas profanas* [1896]. En *Poesías completas,* I. Ed. de A. Méndez Plancarte. Madrid 1967.
Deia = Deia. Periód. Bilbao.
Delibes, *Año* = Miguel Delibes, *Un año de mi vida.* Barcelona 1972.
——— *Cartas = Cartas de amor de un sexagenario voluptuoso.* Barcelona 1983.
——— *Cazador = Diario de un cazador* [1955]. Barcelona 1977.
——— *Cinco horas = Cinco horas con Mario.* Barcelona 1966.
——— *He dicho = He dicho.* Barcelona 1996.
——— *Historias = Viejas historias de Castilla la Vieja* [1964]. Madrid 1969.
——— *Parábola = Parábola del náufrago.* Barcelona 1969.
——— *Pegar = Pegar la hebra.* Barcelona 1990.
——— *Perdiz = La caza de la perdiz roja* [1963]. En *Viejas historias de Castilla la Vieja.* Madrid 1969.
——— *Sombra = La sombra del ciprés es alargada.* Barcelona 1948.
——— *Tesoro = El tesoro.* Barcelona 1985.
De Luis, *Poesías* = Leopoldo de Luis, *Poesías* [1946-70]. En José Luis Cano, *Lírica española de hoy. Antología.* Madrid 1981.
Destino = Destino. Periód. Barcelona.
Diario 16 = Diario 16. Madrid.
Diario de Barcelona = Diario de Barcelona. Barcelona.
Diario de Cuenca = Diario de Cuenca. Cuenca.
Diario Médico = Diario Médico. Madrid.
Diario Montañés = El Diario Montañés. Santander.
Díaz-Cañabate, *Andanzas* = Antonio Díaz-Cañabate, *Andanzas callejeras.* Madrid 1977.
——— *Taberna = Historia de una taberna* [1944]. Madrid 1955.
Díaz-Plaja, *Lírica* = Guillermo Díaz-Plaja, *La poesía lírica española* [1937]. Barcelona 1948.
——— *Literatura = Historia de la literatura española encuadrada en la universal.* Barcelona 1959.
——— *Romanticismo = Introducción al estudio del romanticismo español* [1936]. Buenos Aires 1953.
Di Benedetto → BENEDETTO.
Dicc. ciencias médicas = Diccionario terminológico de ciencias médicas. 13.ª ed. [coordinada por Estanislao Navarro-Beltrán]. Barcelona 1992.
Dicc. histórico → ACADEMIA.
Dicc. literatura = Germán Bleiberg y Julián Marías (dir.), *Diccionario de literatura española.* 2.ª ed. Madrid 1953.
Dicc. médico Dorland = Diccionario médico de bolsillo Dorland. Trad. de Gabriela Biber [y otros]. Madrid 1993.
Diego, *Primera antología* = Gerardo Diego, *Primera antología de sus versos* [1918-41]. Buenos Aires 1947.
——— *Segunda antología = Segunda antología de sus versos* [1941-67]. Madrid 1967.
Díez Games, *Victorial* = Gutierre Díez de Games, *El victorial, crónica de don Pero Niño* [1435-48]. Ed. de Ramón Iglesia. Madrid 1936.

Donoso, *Domingo* = José Donoso [*Chile*], *Este domingo* [1966]. Barcelona 1982.

——— *Lugar* = *El lugar sin límites* [1967]. Barcelona 1981.

D'Ors, *Museo* = Eugenio d'Ors, *Tres horas en el Museo del Prado* [1923]. Madrid 1952.

Duplan, *Mate* = Max Duplan [*Argent*], *El mate frustrado* [1964]. En Fevre, *Cuentos* (→ FEVRE).

Echauri, trad. Nestle, *Lit. griega* = Wilhelm Nestle, *Historia de la literatura griega*. Trad. de Eustaquio Echauri [1930]. Barcelona 1951.

Echávarri, trad. Sagan, *Dentro de un mes* = Françoise Sagan, *Dentro de un mes, dentro de un año*. Trad. de Luis Echávarri [*Argent*]. Buenos Aires 1959.

Echegaray, *Africana* = Miguel Echegaray, *El dúo de la Africana* [1893]. En Antonio Valencia, *El género chico: antología de textos completos*. Madrid 1962.

Edwards, *Máscaras* = Jorge Edwards [*Chile*], *Las máscaras* [1967]. Barcelona 1981.

El Mundo = *El Mundo*. Periód. Madrid.

Elorza, trad. Antonioni, *Blow-up* = Michelangelo Antonioni, *Blow-up*. Trad. de Antonio Elorza. En *Blow--up; Las amigas; El grito; La aventura*. Madrid 1968.

Entrambasaguas, *Lope de Vega* = Joaquín de Entrambasaguas, *Lope de Vega y su tiempo*. Barcelona 1961.

——— *Vida* = *Vida de Lope de Vega*. Barcelona 1936.

Español = *El Español*. Periód. Madrid.

Espina, *Ganivet* = Antonio Espina, *Ganivet: el hombre y la obra* [1941]. Buenos Aires 1954.

Espinosa, *Cuentos* = Aurelio M. Espinosa, *Cuentos populares españoles*, I. Madrid 1946.

——— *N. Méjico* = *Estudios sobre el español de Nuevo Méjico*. Trad. y reelaboración con notas por A. Alonso y Á. Rosenblat. 2 tomos. Buenos Aires 1930-1946.

Espinosa, *Escuela* = Miguel Espinosa, *Escuela de mandarines*. Barcelona 1974.

Espinosa, trad. Bayet, *Lit. latina* = Jean Bayet, *Literatura latina*. Trad. de Andrés Espinosa Alarcón [1966]. Barcelona 1972.

Espronceda, *Diablo* = José de Espronceda, *El Diablo Mundo* [1840-41]. En *El estudiante de Salamanca; El Diablo Mundo*. Ed. de Robert Marrast. Madrid 1982.

——— *Poesías* = *Poesías* [1831-41]. En Blecua, *Floresta*, II (→ BLECUA).

Excelsior = *Excelsior*. Periód. México D. F.

FA = Ficheros léxicos de la Real Academia Española.

Feijoo, *Teatro crítico* = Benito Jerónimo Feijoo, *Teatro crítico universal*. Tomo II, Madrid 1728. Tomo IV, Madrid 1733.

Fernández Almagro, *Historia* = Melchor Fernández Almagro, *Historia política de la España contemporánea* [1956]. 3 tomos. Madrid 1968.

Fernández-Cruz, *Salud* = Arturo Fernández-Cruz, *El libro de la salud* [1970]. Barcelona 1974.

Fernández Flórez, *Bosque* = Wenceslao Fernández Flórez, *El bosque animado*. Zaragoza 1943.

Fernández Galiano = Manuel Fernández Galiano, *La transcripción castellana de los nombres propios griegos*. 2.ª ed. Madrid 1969.

Fernández García = Antonio Fernández García, *Anglicismos en el español (1891-1936)*. Oviedo 1972.

Fernández Montesinos → MONTESINOS.

Fernández Moreno, *Introducción* = César Fernández Moreno [*Argent*], *Introducción a la poesía*. México 1962.

Fernández Ramírez = Salvador Fernández [Ramírez], *Gramática española*, I: *Los sonidos, el nombre y el pronombre*. Madrid 1951. (Algunas citas se dan por la 2.ª ed., al cuidado de José Polo y otros. 5 tomos. Madrid 1985-1991. Estas citas se distinguen por la indicación del tomo: 1, 2, 3.1, 3.2, 4 y 5.)

——— *«Como si»* = *«Como si»* + *subjuntivo*. En *Revista de Filología Española*, 24 (1937), 372-80.

——— *Dicc. literatura* = Artículos [1949-53] en *Diccionario de literatura española* (→ DICC. LITERATURA).

Fernández de la Reguera-March, *Caída* = Ricardo Fernández de la Reguera y Susana March, *La caída de un rey*. Barcelona 1972.

——— *Dictadura* = *La Dictadura*. 2 tomos. Barcelona 1969-1970.

——— *España* = *España neutral*. Barcelona 1967.

——— *Fin* = *Fin de una Regencia* [1964]. Barcelona 1967.

Fernández Santos, *Bravos* = Jesús Fernández Santos, *Los bravos* [1954]. Barcelona 1981.

——— *Catedrales* = *Las catedrales*. Barcelona 1970.

Fernández-Sevilla, *Lexicografía* = Julio Fernández-Sevilla, *Problemas de lexicografía actual*. Bogotá 1974.

Fernández Zulaica, trad. Mason, *Voltaire* = Haydn Mason, *Voltaire*. Trad. de Jesús Fernández Zulaica. Barcelona 1985.

Ferrandis, *Cultura* = Manuel Ferrandis Torres, *Historia general de la cultura* [1934]. Valladolid 1941.

Ferrer-Vidal, *Duero* = Jorge Ferrer-Vidal, *Viaje por la frontera del Duero*. Madrid 1980.

Fevre, *Cuentos* = Fermín Fevre [*Argent*], *Cuentos policiales argentinos*. Selección y estudio preliminar de —. Buenos Aires 1974.

Flórez, *Apuntes* = Luis Flórez, *Apuntes de español*. Bogotá 1977.

—— *Lengua* = *Lengua española*. Bogotá 1953.

—— *Temas* = *Temas de castellano. Notas de divulgación*. 2.ª ed. revisada y aumentada. Bogotá 1967.

Fraile, *A la luz* = Medardo Fraile, *A la luz cambian las cosas*. Torrelavega 1959.

Gaceta = *Gaceta Ilustrada*. Periód. Barcelona.

Gaceta del Norte = *La Gaceta del Norte*. Periód. Bilbao.

Galdós, *Amigo* = Benito Pérez Galdós, *El amigo Manso* [1882]. Madrid 1910.

—— *Ángel Guerra* = *Ángel Guerra* [1890-91]. En *Obras completas: novelas y miscelánea*. Madrid 1982.

—— *Apostólicos* = *Los apostólicos* [1879]. En *Obras completas*, II. Madrid 1968.

—— *Bodas* = *Bodas reales* [1900]. En *Obras completas*, II. Madrid 1968.

—— *Centeno* = *El Doctor Centeno* [1883]. 2 tomos. Madrid 1905.

—— *Doña Perfecta* = *Doña Perfecta* [1876]. Buenos Aires 1958.

—— *Equipaje* = *El equipaje del Rey José* [1875]. En *Obras completas*, I. Madrid 1968.

—— *España sin rey* = *España sin rey* [1908]. En *Obras completas*, III. Madrid 1968.

—— *España trágica* = *España trágica* [1909]. En *Obras completas*, III. Madrid 1968.

—— *Fontana* = *La Fontana de Oro* [1870]. Madrid 1970.

—— *Fortunata* = *Fortunata y Jacinta* [1886-87]. 4 tomos. Madrid 1952.

—— *Incógnita* = *La incógnita* [1889]. Buenos Aires 1944.

—— *Juan Martín* = *Juan Martín el Empecinado* [1874]. En *Obras completas*, I. Madrid 1968.

—— *Luchana* = *Luchana* [1899]. En *Obras completas*, II. Madrid 1968.

—— *Miau* = *Miau* [1888]. Buenos Aires 1946.

—— *Misericordia* = *Misericordia* [1897]. París 1913.

—— *O'Donnell* = *O'Donnell* [1904]. En *Obras completas*, III. Madrid 1968.

—— *Torquemada*, I = *Torquemada en la hoguera* [1889]. Madrid 1898.

—— *Torquemada*, II = *Torquemada en la Cruz* [1893]. Buenos Aires 1946.

—— *Torquemada*, III = *Torquemada en el Purgatorio* [1894]. Buenos Aires 1946.

—— *Torquemada*, IV = *Torquemada y San Pedro* [1895]. Buenos Aires 1946.

Ganivet, *Cartas* = Ángel Ganivet, *Cartas finlandesas* [1898]. En *Cartas finlandesas; Hombres del Norte*. Madrid 1971.

—— *Pío Cid* = *Los trabajos del infatigable creador Pío Cid* [1898]. En *La conquista del reino de Maya...* Ed. de Ángel Berenguer y Antonio Gallego Morell. Barcelona 1988.

—— *Reino de Maya* = *La conquista del reino de Maya* [1897]. En *La conquista del reino de Maya; Los trabajos del infatigable creador Pío Cid*. Ed. de Ángel Berenguer y Antonio Gallego Morell. Barcelona 1988.

Garbo = *Garbo*. Periód. Barcelona-Madrid.

García, *Temas* = Constantino García, *Temas de lingüística galega*. La Coruña 1985.

García Blanco, *Unamuno y lengua* = Manuel García Blanco, *Don Miguel de Unamuno y la lengua española*. Salamanca 1952.

García Gómez, *España musulmana* = Emilio García Gómez, *Introducción* a E. Lévi-Provençal, *La España musulmana*. En *Historia de España*, dirigida por R. Menéndez Pidal, IV. Madrid 1950.

—— *Silla* = *Silla del Moro y Nuevas escenas andaluzas* [1934-48]. Buenos Aires 1954.

García Hortelano, *Gente* = Juan García Hortelano, *Gente de Madrid* [1967]. En *Cuentos completos*. Madrid 1979.

—— *Tormenta* = *Tormenta de verano*. Barcelona 1962.

García López, *Literatura* = José García López, *Historia de la literatura española* [c1950]. Barcelona 1959.

García Lorca → LORCA.

García Luengo, *Extremadura* = Eusebio García Luengo, *Extremadura*. Barcelona 1986.

García Márquez, *Amor* = Gabriel García Márquez [*Colomb*], *El amor en los tiempos del cólera*. Barcelona 1985.

—— *General* = *El General en su laberinto* [1989]. Barcelona 1993.

García Nieto, *Cuaderno* = José García Nieto, *El cuaderno roto (Diario literario)*. Oviedo 1989.

García Ortiz, trad. Borrow, *Biblia* = George Borrow, *La Biblia en España*. Trad. de Elena García Ortiz. Barcelona 1956.

García Serrano, *Macuto* = Rafael García Serrano, *Diccionario para un macuto* [1964]. 2.ª ed. Madrid 1966.

Garciasol, *Selección* = Ramón de Garciasol, *Segunda selección de mis poemas* [1950-78]. Madrid 1980.

—— *Testimonio* = *Testimonio de la palabra* [1958-84]. Madrid 1984.

Garcilaso, *Obras* = Garcilaso de la Vega, *Obras* [1528-36]. Ed. de Tomás Navarro Tomás. Madrid 1911.

Garmendia, *Memorias* = Salvador Garmendia [*Venez*], *Memorias de Altagracia* [1974]. Barcelona 1982.

Gaya Nuño, *Arte* = Juan Antonio Gaya Nuño, *Historia del arte español*. 4.ª ed. Madrid 1968.

—— *Conflicto* = *Un conflicto: literatura y arte*. Madrid 1960.

Gil de Biedma, *Retrato* = Jaime Gil de Biedma, *Retrato del artista en 1956* [1956-90]. Barcelona 1993.

Gili Gaya = Samuel Gili Gaya, *Curso superior de sintaxis española*. 8.ª ed. Barcelona 1961.

—— *Sinónimos* = *Diccionario de sinónimos*. Barcelona 1958.

Gimbernat, trad. Henkel, *Derecho* = Heinrich Henkel, *Introducción a la filosofía del derecho*. Trad de Enrique Gimbernat Ordeig. Madrid 1968.

Giménez-Frontín, *Pico de Oro* = José Luis Giménez-Frontín, *El pájaro Pico de Oro y otras historias*. Barcelona 1982.

Gimferrer, *Aleixandre* = Pere Gimferrer, *Perfil de Vicente Aleixandre*. Discurso de ingreso en la Real Academia Española. Madrid 1985.

—— *Raros* = *Los raros*. Barcelona 1985.

Gironella, *Millón* = José María Gironella, *Un millón de muertos* [1961]. Barcelona 1971.

G. Manzano-Soriano-Maicas, *Europa* = Mercedes Gómez del Manzano, Enriqueta Soriano y Pilar Maicas, *España escribe sobre Europa (Antología)*. Madrid 1991.

Gold, *Yiddish* = David L. Gold, *The Spanish, Portuguese and Hebrew Names for Yiddish and the Yiddish Names for Hebrew*. En *International Journal of the Sociology of Language*, 24 (1980), 29-42.

Gómez de la Serna, *Greguerías* = Ramón Gómez de la Serna, *Greguerías 1940-1945* [1910-45]. Buenos Aires 1945.

—— *Muertos* = *Los muertos y las muertas* [1935]. 3.ª ed. corregida y aumentada. Madrid 1961.

—— *Total de greguerías* = *Total de greguerías* [1910-55]. Madrid 1962.

—— *Valle-Inclán* = *Don Ramón María del Valle-Inclán* [1944]. Madrid 1959.

Gómez de la Serna, *Viajeros* = Gaspar Gómez de la Serna, *Los viajeros de la Ilustración*. Madrid 1974.

Góngora, *Antología* = Luis de Góngora, *Antología* [1580-1625]. En Emilio Orozco Díaz, *Góngora*. Barcelona 1953.

—— *Polifemo* = *Fábula de Polifemo y Galatea* [1613]. En Dámaso Alonso, *Góngora y «El Polifemo»*. 2.ª ed. Madrid 1960.

González, *Antología* = Ángel González, *Una antología* [c1954-85]. Oviedo 1985.

González-Ruano, *Baudelaire* = César González-Ruano, *Baudelaire* [1931]. Madrid 1958.

Goytisolo, *Fin* = Juan Goytisolo, *Fin de fiesta*. Barcelona 1962.

—— *Níjar* = *Campos de Níjar* [1959]. Barcelona 1978.

—— *Resaca* = *La resaca*. París 1958.

Goytisolo, *Recuento* = Luis Goytisolo, *Recuento* [1973]. Barcelona 1976.

Gracián, *Criticón* = Baltasar Gracián, *El Criticón* [1651-57]. Ed. de Evaristo Correa Calderón. 3 tomos. Madrid 1971.

—— *Oráculo* = *Oráculo manual y arte de prudencia* [1647]. En *Obras completas*. Ed. de Arturo del Hoyo. Madrid 1967.

Grandes, *Lulú* = Almudena Grandes, *Las edades de Lulú* [1989]. Barcelona 1992.

Grosso, *Capirote* = Alfonso Grosso, *El capirote* [1964]. Barcelona 1974.

—— *Invitados* = *Los invitados*. Barcelona 1978.

—— *Zanja* = *La zanja* [1961]. Barcelona 1984.

Guasch, trad. Dostoyevski, *Crimen* = F. Dostoyevski, *Crimen y castigo*. Trad. de J. Guasch. Barcelona 1961.

Guevara, *Reloj* = Fray Antonio de Guevara, *Reloj de príncipes y libro de Marco Aurelio* [1529]. Ed. de Ángel Rosenblat. Madrid 1936.
Guía Telef. = *Guía Telefónica 1-C. Madrid*. Tomo III: *Sección profesional, mercantil e industrial.* Madrid 1970.
Güiraldes, *Don Segundo* = Ricardo Güiraldes [*Argent*], *Don Segundo Sombra* [1926]. Buenos Aires 1952.
Guitarte, *Cuervo* = Guillermo L. Guitarte [*Argent*], *El camino de Cuervo al español de América.* En *Philologica Hispaniensia in honorem Manuel Alvar,* I. Madrid 1983.
Gutiérrez, trad. Mauriac, *Nudo* = François Mauriac, *Nudo de víboras.* Trad. de Fernando Gutiérrez. Barcelona 1956.
Halcón, *Campo* = Manuel Halcón, *El prestigio del campo andaluz.* Discurso leído ante la Real Academia Española. Madrid 1962.
Henríquez Ureña, *«Ello»* = Pedro Henríquez Ureña, *«Ello».* En *Revista de Filología Hispánica,* 1 (1939), 209-29.
Herrero = Víctor-José Herrero Llorente, *Diccionario de expresiones y frases latinas.* 3.ª ed. Madrid 1992.
Hierro, *Antología* = José Hierro, *Antología.* Selección de Aurora de Albornoz. Madrid 1985.
——— *Poesía* = *Poesía del momento* [1944-47]. Madrid 1957.
Historia 16 = *Historia 16.* Periód. Madrid.
Historia y Vida = *Historia y Vida.* Periód. Barcelona.
Hoja Lunes Bilbao = *Hoja del Lunes de Bilbao.* Periód. Bilbao.
Hoja Lunes Madrid = *Hoja del Lunes.* Periód. Madrid.
Hoja Lunes Santander = *Hoja del Lunes.* Periód. Santander.
Hoy = *Hoy.* Periód. Badajoz.
Hoyo, *Caza* = Arturo del Hoyo, *Primera caza y otros cuentos.* Madrid 1965.
——— *Palabras extranjeras* = *Diccionario de palabras y frases extranjeras.* 2.ª ed. Madrid 1995.
——— *Pequeñuelo* = *El pequeñuelo y otros cuentos.* Madrid 1967.
Hurtado-G. Palencia, *Literatura* = Juan Hurtado y J. de la Serna y Ángel González Palencia, *Historia de la literatura española* [1921-32]. Madrid 1932.
Ibarbourou, *Poemas* = Juana de Ibarbourou [*Urug*], *Poemas* [1919-42]. Buenos Aires 1950.
Imparcial = *El Imparcial.* Periód. Guatemala.
Independiente = *El Independiente.* Periód. Madrid.
Independiente (Bogotá) = *El Independiente.* Periód. Bogotá.
Informaciones = *Informaciones.* Periód. Madrid.
Ínsula = *Ínsula.* Periód. Madrid.
Iriarte, *Poesías* = Tomás de Iriarte, *Poesías* [1780-91]. Ed. de Alberto Navarro González. Madrid 1953.
Iribarren = José María Iribarren, *Vocabulario navarro.* Nueva ed. preparada y ampliada por Ricardo Ollaquindia. Pamplona 1984.
Isla, *Gerundio* = Padre Francisco José de Isla, *Historia del famoso predicador Fray Gerundio de Campazas.* Parte I [1758] y parte II [1768]. Ed. de L. Fernández Martín. 2 tomos. Madrid 1978.
Janés, *Tentativa* = Clara Janés, *Tentativa.* En Navajo, *Relatos* (→ Navajo).
Jarnés, *Castelar* = Benjamín Jarnés, *Castelar, hombre del Sinaí* [1935]. Madrid 1971.
Jiménez, *Antología para niños* = Juan Ramón Jiménez, *Antología para niños y adolescentes* [1898-1950]. Buenos Aires 1950.
——— *Platero* = *Platero y yo* [1917]. Edición del Centenario. Madrid 1982.
Kany = Charles E. Kany, *American-Spanish Syntax.* 2nd ed. Chicago 1951.
Keniston, *Syntax* = Hayward Keniston, *The Syntax of Castilian Prose. The Sixteenth Century.* Chicago 1937.
Krohn, trad. Zweig, *Maestros* = Stefan Zweig, *Tres maestros.* Trad. de Juan G. Krohn [*Argent*]. Buenos Aires 1941.
Laforet, *Mujer* = Carmen Laforet, *La mujer nueva.* Barcelona 1955.
——— *Nada* = *Nada* [1945]. Barcelona 1947.
Lagos, *Vida* = Concha Lagos, *La vida y otros sueños.* Madrid 1969.
Laiglesia, *Fulana* = Álvaro de Laiglesia, *Yo soy Fulana de Tal.* Barcelona 1963.
——— *Tontos* = *Solo se mueren los tontos.* Barcelona 1955.
Laín, *España* = Pedro Laín Entralgo, *A qué llamamos España.* Madrid 1971.
——— *Lenguaje* = *Patología del lenguaje médico.* En *El médico en la historia.* Madrid 1958.

—— *Marañón = Gregorio Marañón: vida, obra y persona* [1966]. Madrid 1969.

—— *Menéndez Pelayo = Menéndez Pelayo* [1944]. Buenos Aires 1952.

—— *Recta = Hacia la recta final.* Barcelona 1990.

—— *Tovar = Contestación* [a Antonio Tovar]. En Antonio Tovar, *Latín de Hispania: aspectos léxicos de la romanización.* Discurso de ingreso en la Real Academia Española. Madrid 1968.

Lamana, trad. Sartre, *Palabras* = Jean-Paul Sartre, *Las palabras.* Trad. de Manuel Lamana [*Argent*] [1964]. Buenos Aires 1966.

Landero, *Juegos* = Luis Landero, *Juegos de la edad tardía* [1989]. Barcelona 1990.

Lapesa, *Estudios* = Rafael Lapesa, *Estudios de historia lingüística española* [1948-83]. Madrid 1985.

—— *Historia = Historia de la lengua española.* 8.ª ed. refundida y muy aumentada. Madrid 1980.

—— *Introducción = Introducción a los estudios literarios.* Barcelona 1947.

—— *Lengua = La lengua desde hace cuarenta años.* En *Revista de Occidente,* núm. 8-9 (1963), 193-208.

—— *Santillana = La obra literaria del Marqués de Santillana.* Madrid 1957.

—— *Tendencias = Tendencias y problemas actuales de la lengua española.* En R. Lapesa (ed.), *Comunicación y lenguaje.* Madrid 1977.

Lara, *Dicc. básico México* = Luis Fernando Lara, *Diccionario básico del español de México.* México 1986.

Larousse 1951 = Miguel de Toro y Gisbert, *Nuevo pequeño Larousse ilustrado.* 16.ª ed. [1951]. Barcelona 1953.

Larousse 1964 = Miguel de Toro y Gisbert y Ramón García-Pelayo y Gross, *Pequeño Larousse ilustrado.* París 1964.

Larousse 1972 = Ramón García-Pelayo y Gross, *Pequeño Larousse en color* [1972]. París 1979.

Larousse 1996 = *El pequeño Larousse ilustrado 1996.* Barcelona 1995.

Larra, *Artículos* = Mariano José de Larra, «Fígaro», *Artículos* [1828-37]. Ed. de Carlos Seco Serrano. Barcelona 1964.

Larreta, *Don Ramiro* = Enrique Larreta [*Argent*], *La gloria de Don Ramiro* [1908]. Madrid 1955.

Lázaro, *Crónica* = Fernando Lázaro Carreter, *Crónica del Diccionario de Autoridades.* Discurso de ingreso en la Real Academia Española. Madrid 1972.

—— *Términos = Diccionario de términos filológicos.* 2.ª ed. Madrid 1961.

Lázaro, *Juan Zorra* = Juan Antonio Lázaro, *Juan Zorra y otros cuentos.* Valladolid 1986.

Legislación cont.-adm. = Pedro Aragoneses Alonso (ed.), *Legislación procesal contencioso-administrativa.* Madrid 1962.

Lenz = Rodolfo Lenz, *La oración y sus partes.* Madrid 1920.

León Rey, *Guayacundo* = José Antonio León Rey [*Colomb*], *Guayacundo.* Bogotá 1976.

—— *Nidito = Nidito de plata y otros cuentos.* Bogotá 1983.

Lera, *Olvidados* = Ángel María de Lera, *Los olvidados* [1957]. En *Novelas.* Madrid 1966.

Ley Orgánica = Ley Orgánica del Estado. En *Referéndum 1966. Nueva Constitución.* Madrid 1966.

Libro País = El País. Libro de estilo. [11.ª ed.] Madrid 1996.

Lida, *Celestina* = María Rosa Lida, *La originalidad artística de «La Celestina».* Buenos Aires 1962.

Lope de Vega → VEGA.

López Aranguren → ARANGUREN.

López Ibor, *Lenguaje subterráneo* = Juan José López Ibor, *El lenguaje subterráneo.* Madrid 1962.

López Rubio, *Celos* = José López Rubio, *Celos del aire* [1950]. Madrid 1951.

—— *Veinte = Veinte y cuarenta.* Madrid 1951.

Lorca, *Cante* = Federico García Lorca, *Poema del cante jondo* [1931]; *Llanto por Ignacio Sánchez Mejías* [1935]. Buenos Aires 1957.

—— *Mariana = Mariana Pineda* [1927]. Madrid 1928.

—— *Poemas = Libro de poemas* [1921]. Buenos Aires 1945. (Algunas variantes se dan por *Obras completas,* I. Ed. de Arturo del Hoyo. Madrid 1973.)

—— *Romancero = Romancero gitano* [1928]. Buenos Aires 1949.

Lorenzo, *Anglicismos* = Emilio Lorenzo, *Anglicismos hispánicos.* Madrid 1996.

—— *Español = El español de hoy, lengua en ebullición.* 3.ª ed. Madrid 1980.

Lorenzo, *Extremadura* = Pedro de Lorenzo, *Extremadura, la fantasía heroica.* Madrid 1971.

Lovett = G. H. Lovett, *Notes on Everyday Spanish, Madrid 1962.* En *Hispania,* 45 (1962), 738-43.

Lozoya, *Segovia* = Marqués de Lozoya, *Segovia.* Barcelona 1957.

Lueje, *Picos* = José Ramón Lueje, *Los Picos de Europa*. León 1977.

Lugones, *Payador* = Leopoldo Lugones [*Argent*], *El payador* [1916]. En *Obras en prosa*. Selección y prólogo de Leopoldo Lugones (hijo). México 1962.

Luis de León, *Nombres de Cristo* = Fray Luis de León, *De los nombres de Cristo* [1583]. Ed. de Enrique de Mesa. 2 tomos. Madrid 1917.

Machado, *Abel* = Antonio Machado, *Abel Martín. Cancionero de Juan de Mairena* [1936]. *Prosas varias* [1936-38]. Buenos Aires 1953.

——— *Mairena = Juan de Mairena. Sentencias, donaires, apuntes y recuerdos de un profesor apócrifo*. Madrid 1936.

——— *Poesías = Poesías completas* [1903-38]. Buenos Aires 1958.

Madariaga, *A la orilla* = Salvador de Madariaga, *A la orilla del río de los sucesos* [1975]. Barcelona 1984.

——— *Colón = Vida del muy magnífico señor Don Cristóbal Colón* [1940]. Buenos Aires 1944.

——— *España = España: ensayo de historia contemporánea*. 11.ª ed. nuevamente revisada. Madrid 1978.

Maeztu, *Defensa* = Ramiro de Maeztu, *Defensa de la Hispanidad* [1934]. Madrid 1941.

Mallea, *Cuentos* = Eduardo Mallea [*Argent*], *Cuentos para una inglesa desesperada* [1927]. Buenos Aires 1947.

Mallo, *Discusión* = Jerónimo Mallo, *La discusión sobre el empleo de las formas verbales en «-ra» con función de tiempos pasados de indicativo*. En *Hispania,* 33 (1950), 126-39.

Manfredi, *Tenerife* = Domingo Manfredi Cano, *Tenerife*. León 1973.

Manual Efe = Agencia Efe, *Manual de español urgente*. (11.ª ed. del *Manual de estilo* de la Agencia Efe.) Madrid 1995.

Manual TVE = Salvador Mendieta, *Manual de estilo de TVE*. Barcelona 1993.

Manual Voz Galicia = La Voz de Galicia. Manual de estilo. La Coruña 1992.

Manzanares, trad. Hesse, *Lobo* = Hermann Hesse, *El lobo estepario*. Trad. de Manuel Manzanares [1967]. Madrid 1973.

Manzano, trad. Eco, *Edad Media* = Umberto Eco, Furio Colombo, Francesco Alberoni, Giuseppe Sacco, *La nueva Edad Media*. Trad. de Carlos Manzano. Madrid 1974.

——— trad. Miller, *Sexus* = Henry Miller, *Sexus*. Trad. de —. Barcelona 1984.

Maragall, *Elogios* = Juan Maragall, *Elogios* [1929]. Buenos Aires 1950.

Marañón, *Enrique IV* = Gregorio Marañón, *Ensayo biológico sobre Enrique IV de Castilla y su tiempo* [1930-34]. Madrid 1956.

——— *Españoles = Españoles fuera de España* [1941-48]. Madrid 1957.

——— *Olivares = El Conde-Duque de Olivares*. Madrid 1936.

——— *Raíz = Raíz y decoro de España* [1933]. Madrid 1958.

——— *Vida = Vida e historia* [1934-41]. Madrid 1958.

Marca = Marca. Periód. Madrid.

Marcos, trad. Mounin, *Lingüística* = Georges Mounin, *Claves para la lingüística*. Trad. de Felisa Marcos. Barcelona 1969.

Marías, *Almas* = Javier Marías, *Todas las almas* [1989]. Barcelona 1992.

——— *Corazón = Corazón tan blanco* [1992]. Madrid 1993.

Marías, *Aquí* = Julián Marías, *Aquí y ahora* [1938-51]. Buenos Aires 1954.

——— *Sociedad = Meditaciones sobre la sociedad española*. Madrid 1966.

——— *Vida,* I = *Una vida presente. Memorias 1*. Madrid 1988.

Marina = La Marina. Periód. Alicante.

Marsé, *Montse* = Juan Marsé, *La oscura historia de la prima Montse* [1970]. Barcelona 1978.

——— *Tardes = Últimas tardes con Teresa* [1966]. Barcelona 1978.

Martín Gaite, *Retahílas* = Carmen Martín Gaite, *Retahílas*. Barcelona 1974.

——— *Ritmo = Ritmo lento*. Barcelona 1963.

——— *Visillos = Entre visillos* [1957]. Barcelona 1967.

Martín Recuerda, *Salvajes* = José María Martín Recuerda, *Las salvajes en Puente San Gil*. En *Primer Acto*, núm. 48 (1963), 30-51.

Martín-Santos, *Tiempo* = Luis Martín-Santos, *Tiempo de silencio* [1962]. Barcelona 1965.

Martínez-Loza, trad. Smith, *Poema Cid* = *Poema de Mio Cid*. Ed. de Colin Smith. Trad. [de la introd., notas y apéndices] por Abel Martínez-Loza. Madrid 1976.

Martínez Reverte, *Demasiado* = Jorge Martínez Reverte, *Demasiado para Gálvez* [1979]. Barcelona 1986.

Martínez de Sousa, *Dicc. ortografía* = José Martínez de Sousa, *Diccionario de ortografía de la lengua española*. Madrid 1996.

——— *Siglas* = *Diccionario internacional de siglas y acrónimos*. Madrid 1984.

——— *Usos* = *Diccionario de usos y dudas del español actual*. Barcelona 1996.

Mas, *Luna* = José Mas, *Luna y sol de marisma*. Madrid 1930.

Mascaró, *Médico* = José María Mascaró Porcar, *El médico aconseja*. Madrid 1969.

Matute, *Tiempo* = Ana María Matute, *El tiempo* [1957]. Barcelona 1963.

Mayoral, *Morir* = Marina Mayoral, *Morir en sus brazos y otros cuentos*. Alicante 1989.

——— *Muerte* = *Contra muerte y amor*. Madrid 1985.

Medio, *Andrés* = Dolores Medio, *Andrés*. Oviedo 1967.

Memoria II Congreso de Academias = *Memoria del Segundo Congreso de Academias de la Lengua Española* [abril-mayo 1956]. Madrid 1956.

Mendoza, *Año* = Eduardo Mendoza, *El año del diluvio* [1992]. Barcelona 1994.

——— *Ciudad* = *La ciudad de los prodigios*. Barcelona 1986.

——— *Gurb* = *Sin noticias de Gurb*. Barcelona 1991.

——— *Misterio* = *El misterio de la cripta embrujada* [1979]. Barcelona 1992.

——— *Savolta* = *La verdad sobre el caso Savolta* [1975]. Barcelona 1981.

Menéndez Pelayo, *Heterodoxos* = Marcelino Menéndez Pelayo, *Historia de los heterodoxos españoles*, I. Madrid 1880.

——— *Ideas* = *Historia de las ideas estéticas en España*, III, 2.ª parte. Madrid 1886.

Menéndez Pidal, *Cid* = Ramón Menéndez Pidal, *El Cid Campeador* [1929-50]. Madrid 1955.

——— *España* = *España, eslabón entre la Cristiandad y el Islam* [1951-55]. Madrid 1956.

——— *Godos* = *Los godos y la epopeya española* [1933-55]. Madrid 1956.

——— *Gramática* = *Manual de gramática histórica española*. 8.ª ed. Madrid 1949.

——— *Las Casas* = *El Padre Las Casas y Vitoria* [1956-58]. Madrid 1958.

——— *Unidad* = *La unidad del idioma* [1944]. En *Castilla, la tradición, el idioma*. Buenos Aires 1947.

——— *Universalismo* = *Universalismo y nacionalismo* [1948]. En *España y su historia*, I. Madrid 1957.

Mercurio = *El Mercurio*. Periód. Santiago de Chile.

Migliorini, *Lingua contemporanea* = Bruno Migliorini, *Lingua contemporanea*. 4.ª ed. Firenze 1963.

Mihura, *Decisión* = Miguel Mihura, *¡Sublime decisión!* Madrid 1955.

Milá, *Trovadores* = Manuel Milá y Fontanals, *De los trovadores en España*. Barcelona 1889.

Millares, *Lit. latina* = Agustín Millares Carlo, *Historia de la literatura latina*. México 1950.

Miró, *Abuelo* = Gabriel Miró, *El abuelo del Rey* [1912]. Madrid 1929.

——— *Años* = *Años y leguas*. Madrid 1928.

——— *Cercado* = *Dentro del cercado; La palma rota; Los pies y los zapatos de Enriqueta* [1909-16]. Buenos Aires 1952.

——— *Sigüenza* = *Libro de Sigüenza* [1919]. Madrid 1938.

——— *Vivir* = *Del vivir, Corpus y otros cuentos* [1899-1910]. Buenos Aires 1951.

Mistral, *Desolación* = Gabriela Mistral [*Chile*], *Desolación* [1922]. Buenos Aires 1951.

——— *Prosa* = *Páginas en prosa* [1923-50]. Ed. de José Pereira Rodríguez. Buenos Aires 1965.

——— *Ternura* = *Ternura* [1924]. Buenos Aires 1955.

Moix, *Virtudes* = Ana María Moix, *Las virtudes peligrosas*. En Navajo, *Relatos* (→ NAVAJO).

Moliner = María Moliner, *Diccionario de uso del español*. 2 tomos. Madrid 1966-1967.

Monteforte, trad. Straumann, *Lit. norteamericana* = Heinrich Straumann, *La literatura norteamericana en el siglo XX*. Trad. de Mario Monteforte Toledo [*Guatem*]. México 1953.

Montemayor, *Diana* = Jorge de Montemayor, *Los siete libros de la Diana* [1559]. Ed. de Enrique Moreno Báez. Madrid 1955.

Montero, *Reina* = Rosa Montero, *Te trataré como a una reina* [1983]. Barcelona 1984.

Montesinos, *Valera* = José Fernández Montesinos, *Valera o la ficción libre*. Madrid 1957.

Montoliu, *Gramática* = Manuel de Montoliu, *Gramática de la lengua castellana* [1914]. 1.ᵉʳ grado: 8.ª ed. Barcelona 1932. 2.º grado: 7.ª ed. Barcelona 1931. 3.ᵉʳ grado: 8.ª ed. Barcelona 1940.

——— *Literatura* = *Manual de historia de la literatura castellana* [1937]. 2 tomos. Barcelona 1957.

Montoliu-Casas, trad. Vendryes, *Lenguaje* = J. Vendryes, *El lenguaje. Introducción lingüística a la historia*. Trad. de Manuel de Montoliu y José M. Casas [1925]. México 1958.

Morales, *Corónica* = Ambrosio de Morales, *Libros undécimo y duodécimo de la Corónica general de España.* Alcalá 1577.

Morales, *Dicc. chilenismos* = Félix Morales Pettorino (dir.), *Diccionario ejemplificado de chilenismos.* 4 tomos. Valparaíso 1984-1987.

Moratín, *El sí* = Leandro Fernández de Moratín, *El sí de las niñas* [1806]. En *Teatro completo,* I. Ed. de Fernando Lázaro Carreter. Barcelona 1970.

Morck-Fuente, trad. Fromm, *Ética* = Erich Fromm, *Ética y psicoanálisis.* Trad. de Heriberto F. Morck. Revisión de Ramón de la Fuente [1953]. México 1965.

Moreno, *Galería* = Miguel Moreno, *Por los pueblos sorianos. Galería de estampas y costumbres.* Soria 1975.

Moreno, *Lenguas* = Juan Carlos Moreno Cabrera, *Lenguas del mundo.* Madrid 1990.

Moreno de Alba, *Minucias* = José G. Moreno de Alba, *Minucias del lenguaje.* México 1992.

Morínigo = Marcos A. Morínigo, *Diccionario de americanismos.* Buenos Aires 1966.

Mundo = Mundo. Periód. Barcelona.

Muñoz, trad. Lewis, *Carlos de Europa* = D. B. Wyndham Lewis, *Carlos de Europa, Emperador de Occidente.* Trad. de C. Muñoz [1934]. Madrid 1955.

Muñoz Molina, *Ardor* = Antonio Muñoz Molina, *Ardor guerrero.* Madrid 1995.

——— *Jinete = El jinete polaco.* Barcelona 1991.

Nácar-Colunga, *Biblia = Sagrada Biblia.* Versión directa de las lenguas originales por Eloíno Nácar Fuster y Alberto Colunga. Madrid 1944.

Nácher, *Guanche* = Enrique Nácher, *Guanche.* Barcelona 1957.

Nación = La Nación. Periód. Buenos Aires.

Náñez = Emilio Náñez, *Diccionario de construcciones sintácticas del español. Preposiciones.* [2.ª ed.] Madrid 1995.

——— *Dequeísmo = Sobre dequeísmo.* En *Revista de Filología Románica,* 2 (1984), 239-48.

Navajo, *Relatos* = Ymelda Navajo, *Doce relatos de mujeres.* Prólogo y compilación de ———. Madrid 1982.

Navarro, *Métrica* = Tomás Navarro Tomás, *Métrica española.* Syracuse, New York 1956.

——— *Pronunciación = Manual de pronunciación española.* 4.ª ed. Madrid 1932.

N. Diario = Nuevo Diario. Periód. Madrid.

Nebrija, *Diccionario* = Elio Antonio de Nebrija, *Diccionario latino-español* [1492]. Ed. facsímil al cuidado de Germán Colón y Amadeu-J. Soberanas. Barcelona 1979.

Neruda, *Confieso* = Pablo Neruda [*Chile*], *Confieso que he vivido. Memorias* [1973]. Barcelona 1974.

Noche = La Noche. Periód. Santiago de Compostela.

Novás, trad. Faulkner, *Santuario* = William Faulkner, *Santuario.* Trad. de Lino Novás Calvo [*Cuba*] [1934]. Buenos Aires 1945.

Nuevo dicc. argentinismos = Claudio Chuchuy y Laura Hlavacka de Bouzo (coords.), *Nuevo diccionario de argentinismos. (Nuevo diccionario de americanismos,* dirigido por G. Haensch y R. Werner, II.) Santafé de Bogotá 1993.

Nuevo dicc. colombianismos = Nuevo diccionario de colombianismos. (Nuevo diccionario de americanismos, dirigido por G. Haensch y R. Werner, I.) Santafé de Bogotá 1993.

Nuevo dicc. uruguayismos = Úrsula Kühl de Mones, *Nuevo diccionario de uruguayismos. (Nuevo diccionario de americanismos,* dirigido por G. Haensch y R. Werner, III.) Santafé de Bogotá 1993.

Núñez-Pérez, *Dicc. Venezuela* = Rocío Núñez y Francisco Javier Pérez, *Diccionario del habla actual de Venezuela.* Caracas 1994.

Olaizola, *Escobar* = José Luis Olaizola, *La guerra del general Escobar* [1983]. Barcelona 1995.

Oliver, *Prontuario* = Enrique Oliver Rodríguez, *Prontuario del idioma.* Barcelona [1906?].

Onetti, *Astillero* = Juan Carlos Onetti [*Urug*], *El astillero* [1961]. Barcelona 1980.

Ordóñez, *Lenguaje médico* = A. Ordóñez Gallego, *Lenguaje médico. Estudio sincrónico de una jerga.* Madrid 1992.

Ortega, *Amor* = José Ortega y Gasset, *Estudios sobre el amor* [1921-27]. Madrid 1954.

——— *Caza = La caza* [1943]. En *La caza y los toros.* Madrid 1962.

——— *Deshumanización = La deshumanización del arte* [1925] *y otros ensayos estéticos* [1908-25]. Madrid 1956.

——— *España = España invertebrada* [1921]. Madrid 1951.

——— *Espectador = El espectador.* (I [1916]; II [1917]; III [1921]; IV [1925]; V [1926]; VI [1927]; VII [1929]; VIII [1934].) 5 tomos. Madrid 1960-1961.

———— *Espíritu = Espíritu de la letra* [1927]. Madrid 1958.

———— *Galileo = En torno a Galileo. Esquema de las crisis* [1933]. Madrid 1965.

———— *Meditaciones = Meditaciones del Quijote* [1914]. Madrid 1956.

———— *Notas = Notas* [1906-25]. Buenos Aires 1949.

———— *Rebelión = La rebelión de las masas* [1930]. Con un prólogo para franceses [1937] y un epílogo para ingleses [1937]. Madrid 1955.

———— *Viajes = Viajes y países* [1908-41]. Madrid 1957.

Ortega, *Americanos = Juan Pablo Ortega, Los americanos en América.* Barcelona 1970.

Otero, *Ángel = Blas de Otero, Ángel fieramente humano* [1950]; *Redoble de conciencia* [1947-50]. Buenos Aires 1960.

———— *Pido = Pido la paz y la palabra* [1955]. En *Con la inmensa mayoría.* Buenos Aires 1960.

País = El País. Periód. Madrid.

Palacio Valdés, *Novela = Armando Palacio Valdés, La novela de un novelista* [1921]. Buenos Aires 1957.

Palma, *Tradiciones = Ricardo Palma [Perú], Tradiciones peruanas* [1872-1915]. Primera selección: México 1956. Tercera selección: México 1956.

Palma, *Fernán Caballero = Angélica Palma [Perú], Fernán Caballero, la novelista novelable.* Madrid 1931.

Papeles Debate = Papeles para el Debate. Ministerio de Educación y Ciencia. Periód. Madrid.

Pardo Bazán, *Crítica = Emilia Pardo Bazán, Crítica literaria* [1877-1916]. En *Obras completas, III.* Ed. de Harry L. Kirby. Madrid 1973.

———— *Insolación = Insolación* [1889]. Buenos Aires 1954.

———— *Pazos = Los Pazos de Ulloa* [1886]. Madrid 1954.

———— *Viaje = Un viaje de novios* [1881]. Ed. de Mariano Baquero Goyanes. Barcelona 1971.

Payno, *Curso = Juan Antonio Payno, El curso* [1962]. Barcelona 1965.

Pemán, *Andalucía = José María Pemán, Andalucía.* Barcelona 1958.

———— *Antología = Antología de poesía lírica* [1923-54]. Buenos Aires 1954.

Pereda, *Escenas = José María de Pereda, Escenas montañesas* [1864-80]. En *Obras completas, I.* Madrid 1974.

———— *Pedro Sánchez = Pedro Sánchez* [1883]. En *Obras completas, II.* Madrid 1975.

Pérez de Ayala, *AMDG = Ramón Pérez de Ayala, A. M. D. G. La vida en un colegio de jesuitas* [1910]. Madrid 1931.

———— *Belarmino = Belarmino y Apolonio* [1921]. Buenos Aires 1956.

———— *Curandero = El curandero de su honra* [1926]. Madrid 1930.

———— *Escritos = Escritos políticos* [1917-31]. Antología de Paulino Garagorri. Madrid 1967.

———— *Luna = Luna de miel, luna de hiel* [1922]. Buenos Aires 1958.

———— *Máscaras = Las máscaras* [1919]. Buenos Aires 1948.

———— *Política = Política y toros* [1920]. Madrid 1925.

———— *Prometeo = Prometeo. Luz de domingo. La caída de los Limones* [1916]. Buenos Aires 1954.

———— *Tigre = Tigre Juan* [1926]. Madrid 1928.

———— *Tinieblas = Tinieblas en las cumbres* [1907-28]. Madrid 1928.

———— *Troteras = Troteras y danzaderas* [1912]. Buenos Aires 1942.

———— *Urbano = Los trabajos de Urbano y Simona* [1922]. Buenos Aires 1962.

———— *Vida sexual = Gregorio Marañón, Tres ensayos sobre la vida sexual.* Con un ensayo de —— [1926]. Madrid 1931.

Pérez Embid-Morales, *España en América = Florentino Pérez Embid y Francisco Morales Padrón, Acción de España en América.* Madrid 1958.

Pérez Galdós → GALDÓS.

Pérez de Urbel, *Fernán González = Fray Justo Pérez de Urbel, Fernán González.* Madrid 1943.

Perich, *Autopista = Jaume Perich, Autopista.* Barcelona 1970.

Perucho, *Balnearios = Juan Perucho, Historias secretas de balnearios.* Barcelona 1972.

Pinilla, *Hormigas = Ramiro Pinilla, Las ciegas hormigas.* Barcelona 1961.

Pittier, *Plantas = Henri Pittier, Manual de las plantas usuales de Venezuela.* Caracas 1926.

Pla, *América = José Pla, Viaje a América.* Barcelona 1960.

Poema del Cid = Poema de Mio Cid [siglo XII]. Ed. de Colin Smith. Madrid 1976.

Poljak, trad. Sciascia, *El mar = Leonardo Sciascia, El mar del color del vino.* Trad. de Ana Poljak. Madrid 1990.

Pombo, *Héroe* = Álvaro Pombo, *El héroe de las mansardas de Mansard*. Barcelona 1983.

Prado, trad. Wild, *Música* = Roger Wild (dir.), *Iniciación a la música*. Trad. de Germán Prado [1946]. Madrid 1962.

Prados, *Antología* = Emilio Prados, *Antología* [1923-53]. Buenos Aires 1954.

Prados, *Sistema* = Jesús Prados Arrarte, *El sistema bancario español*. Madrid 1958.

Primo de Rivera, *Discursos* = Pilar Primo de Rivera, *Discursos en el XXV Consejo Nacional de la Sección Femenina*. Madrid 1970.

Pueblo = *Pueblo*. Periód. Madrid.

Puig, *Boquitas* = Manuel Puig [*Argent*], *Boquitas pintadas* [1968]. Barcelona 1984.

Pujol, *Rousseau* = Jean-Jacques Rousseau, *Confesiones*. Introd. de Carlos Pujol. Barcelona 1993.

Quadrado, *España* = José María Quadrado, *Recuerdos y bellezas de España*. XII: *Salamanca, Ávila y Segovia*. Madrid 1865.

Quevedo, *Memorial* = Francisco de Quevedo, *Memorial por el patronato de Santiago* [1627]. En *Obras completas*, I. Ed. de Felicidad Buendía. Madrid 1979.

———— *Privado* = *Cómo ha de ser el privado* [1627]. En *Obras completas*, II. Ed. de Felicidad Buendía. Madrid 1981.

Quino, *Mafalda* = Quino [*Argent*], *Mafalda*. Tomo V. Barcelona 1971.

Quiñones, *Viento* = Fernando Quiñones, *Viento sur*. Madrid 1987.

Rabanal, *Hablas* = Manuel Rabanal, *Hablas hispánicas. Temas gallegos y leoneses*. Madrid 1967.

Ramos Carrión, *Agua* = Miguel Ramos Carrión, *Agua, azucarillos y aguardiente* [1897]. En Antonio Valencia, *El género chico: antología de teatro completos*. Madrid 1962.

Reina, trad. *Biblia* = *La Biblia, que es los sacros libros del Viejo y Nuevo Testamento, trasladada en español* [por Casiodoro de Reina]. [Basilea] 1569.

Restrepo, *Semántica* = Félix Restrepo, *El alma de las palabras. Diseño de semántica general*. [4.ª ed.] México 1952.

Restrepo, *Apuntaciones* = Roberto Restrepo, *Apuntaciones idiomáticas y correcciones de lenguaje*. 2.ª ed. Bogotá 1955.

Rev. Esp. Lingüística = *Revista Española de Lingüística*. Madrid.

Rev. Occidente = *Revista de Occidente*. Madrid.

Reyes, *Experiencia* = Alfonso Reyes [*Méj*], *La experiencia literaria* [1930-41]. Buenos Aires 1952.

———— *Ingenios* = *Cuatro ingenios* [1917-49]. Buenos Aires 1950.

———— trad. Bowra, *Lit. griega* = C. M. Bowra, *Historia de la literatura griega*. Trad. de — [1948]. México 1950.

———— trad. Chesterton, *Hombre* = G. K. Chesterton, *El hombre que fue Jueves*. Trad. de — [1922]. Barcelona 1956.

Riba, trad. Gillet, *Dante* = L. Gillet, *Dante*. Trad. de Carlos Riba. Barcelona 1947.

———— trad. Gudeman, *Lit. latina* = Alfred Gudeman, *Historia de la literatura latina*. Trad. de — [1926]. Barcelona 1930.

Ridruejo, *Diario* = Dionisio Ridruejo, *Diario de una tregua* [1959]. Barcelona 1972.

Riquer, *Cervantes* = Martín de Riquer, *Cervantes y el Quijote*. Barcelona 1960.

Rivas, *Castellano* = Duque de Rivas, *Un castellano leal* [1841]. En *Las cien mejores poesías (líricas) de la lengua castellana*, escogidas por Marcelino Menéndez y Pelayo. London & Glasgow 1916.

———— *Don Álvaro* = *Don Álvaro o la fuerza del sino* [1835]. Ed. de Alberto Sánchez. Salamanca 1958.

Roa, *Hijo* = Augusto Roa Bastos [*Parag*], *Hijo de hombre* [1960]. Barcelona 1984.

Robles Dégano, *Ortología* = Felipe Robles Dégano, *Ortología clásica de la lengua castellana*. Madrid 1905.

Roca, *Gramática* = José Roca Pons, *Introducción a la gramática*. 2 tomos. Barcelona 1960.

Rodríguez, *Dicc. anglicismos* = Félix Rodríguez González (con la colaboración de Antonio Lillo), *Nuevo diccionario de anglicismos*. Madrid. [En prensa.]

Rodríguez Adrados → ADRADOS.

Rodríguez Herrera, *Género* = Esteban Rodríguez Herrera, *Observaciones acerca del género de los nombres*. 2 tomos. La Habana 1947.

———— *Gramática* = *La gramática, el lenguaje y los periódicos*. La Habana [1953].

Rodríguez Jiménez, *Tecnologías* = Manuel Rodríguez Jiménez, *Nuevas tecnologías de la información*. Madrid 1988.

Rof, *Complementaridad* = Juan Rof Carballo, *Complementaridad y urdimbre.* En *Homenaje a Julián Marías.* Madrid 1984.
Rojas Zorrilla, *Bobos* = Francisco de Rojas Zorrilla, *Entre bobos anda el juego* [1638?]. Ed. de Eduardo Juliá. Zaragoza 1946.
Romances = *Cien romances escogidos.* Selección y prólogo de Antonio G. Solalinde. Madrid, s. a.
Romano-Sanz, *Alcudia* = Vicente Romano y Fernando Sanz, *Valle de Alcudia.* Madrid 1967.
Romero, *Historia* = José Luis Romero [*Argent*], *Historia universal.* Buenos Aires 1950.
Rosales, *Poesías* = Luis Rosales, *Poesías* [1935-56]. En Cano, *Antología* (→ CANO).
Rosalía de Castro, *Cadiceño* = *El cadiceño* [1866]. En *Obras completas,* II. Recopilación de Victoriano García Martí. Nueva ed. aumentada por Arturo del Hoyo. Madrid 1977.
——— *Cartas* = *Cartas* [1861-84]. En *Obras completas,* II. Madrid 1977.
——— *Hija* = *La hija del mar* [1859]. En *Obras completas,* II. Madrid 1977.
Rosenblat, *Compuestos* = Ángel Rosenblat, *El género de los compuestos.* En *Nueva Revista de Filología Hispánica,* 7 (1953), 95-112.
——— *Notas* = *Notas de morfología dialectal.* En Aurelio M. Espinosa, *Estudios sobre el español de Nuevo Méjico,* parte II. Buenos Aires 1946.
——— *Palabras* = *Buenas y malas palabras en el castellano de Venezuela.* Primera serie: tomos I y II. Segunda serie: tomos III y IV. 3.ª ed., corregida y aumentada. Caracas-Madrid 1969.
Rubió, trad. Pfandl, *Lit. española* = Ludwig Pfandl, *Historia de la literatura nacional española en la Edad de Oro.* Trad. de Jorge Rubió Balaguer [1933]. Barcelona 1952.
Sábado = *Sábado Gráfico.* Periód. Madrid.
Sábato, *Abaddón* = Ernesto Sábato [*Argent*], *Abaddón el exterminador* [1974]. Barcelona 1984.
Salazar, *Clavellinas* = Ambrosio de Salazar, *Las clavellinas de recreación.* Rouen 1614.
Salcedo Coronel, *Soledades* = García de Salcedo Coronel, *Las soledades de D. Luis de Góngora comentadas.* 2 tomos. Madrid 1636-1645.
Salinas, *Ensayos* = Pedro Salinas, *Ensayos de literatura hispánica* [1924-51]. Madrid 1958.
——— *Fábula* = *Fábula y signo* [1931]. En *Poesías completas.* Ed. de Soledad Salinas. Barcelona 1971.
——— *Presagios* = *Presagios* [1924]. En *Poesías completas.* Barcelona 1971.
——— *Responsabilidad* = *La responsabilidad del escritor* [1944-50]. Barcelona 1961.
——— *Rubén Darío* = *La poesía de Rubén Darío.* Buenos Aires 1948.
——— *Todo* = *Todo más claro y otros poemas* [1937-47]. Buenos Aires 1949.
——— *Voz* = *La voz a ti debida* [1934]. Buenos Aires 1954.
Salvá, *Gramática* = Vicente Salvá, *Gramática de la lengua castellana según ahora se habla* [1849]. 9.ª ed. París 1854.
Salvador, *Casualidades* = Gregorio Salvador, *Casualidades.* Madrid 1994.
Salvador, *Atracadores* = Tomás Salvador, *Los atracadores.* Barcelona 1955.
——— *Cuerda* = *Cuerda de presos* [1953]. Barcelona 1963.
Sampedro, *Octubre* = José Luis Sampedro, *Octubre, octubre.* Madrid 1981.
——— *Sirena* = *La vieja sirena.* Barcelona 1990.
Sánchez Ferlosio, *Ensayos* = Rafael Sánchez Ferlosio, *Ensayos y artículos.* 2 tomos. Barcelona 1992.
——— *Jarama* = *El Jarama* [1956]. Barcelona 1957.
Sánchez Márquez = Manuel J. Sánchez Márquez, *Gramática moderna del español. Teoría y norma.* 2.ª ed. Buenos Aires 1982.
Santa Teresa, *Fundaciones* = Santa Teresa de Jesús, *Libro de las fundaciones* [1573-82]. Ed. de Víctor García de la Concha. Madrid 1982.
——— *Vida* = *Libro de la vida* [1562-66]. En *Obras completas.* Ed. de E. de la Madre de Dios y O. Steggink. 7.ª ed. Madrid 1982.
Santamaría, *Americanismos* = Francisco J. Santamaría, *Diccionario general de americanismos.* 3 tomos. Méjico 1942.
Santano = Daniel Santano y León, *Diccionario de gentilicios y topónimos.* Madrid 1981.
Santillana = Sergio Sánchez Cerezo (dir.), *Diccionario esencial Santillana.* Madrid 1991.
Santos Torroella, trad. Wright, *Goya* = F. S. Wright, *Goya.* Trad. de Rafael Santos Torroella. Barcelona 1957.
Sanz, *Consecuencias* = Carlos Sanz, *Consecuencias históricas del descubrimiento de América.* Madrid 1962.
Sastre, *Cornada* = Alfonso Sastre, *La cornada.* Madrid 1960.

――――― *Taberna = La taberna fantástica* [1966]. Ed. de Mariano de Paco. Murcia 1983.
Schökel-Mateos → ALONSO SCHÖKEL-MATEOS.
Scorza, *Acto* = Manuel Scorza [*Perú*], *Prólogo* a Germán Pardo García, *Acto poético*. México 1953.
Seco, *Arniches* = Manuel Seco, *Arniches y el habla de Madrid*. Madrid 1970.
――――― *Gramática esencial = Gramática esencial del español*. 3.ª ed. Madrid 1995.
――――― *Un sufijo = Sobre un sufijo de la lengua popular*. En *Studia Hispanica in honorem R. Lapesa,* III. Madrid 1975.
Seco-Andrés-Ramos, *Dicc. del español actual* = Manuel Seco, Olimpia Andrés y Gabino Ramos, *Diccionario del español actual*. Madrid. [En prensa.]
Selva, *Guía* = Juan B. Selva [*Argent*], *Guía del buen decir* [1916]. 3.ª ed. Buenos Aires 1944.
Semana = Semana. Periód. Madrid.
Sender, *Crónica* = Ramón J. Sender, *Crónica del alba* [1942-66]. 3 tomos. Madrid 1971.
――――― *Réquiem = Réquiem por un campesino español* [1953]. Buenos Aires 1966.
Serrano Poncela, *Unamuno* = Segundo Serrano Poncela, *El pensamiento de Unamuno*. México 1953.
Siglo XX = Siglo XX, Historia universal. Historia 16. 36 tomos. Madrid, 1983-1986.
Silva Valdés, *Cuentos* = Fernán Silva Valdés [*Urug*], *Cuentos del Uruguay* [1945]. Madrid 1966.
Sobejano, *Epíteto* = Gonzalo Sobejano, *El epíteto en la lírica española*. Madrid 1956.
Soler, *Muertos* = Bartolomé Soler, *Los muertos no se cuentan*. Barcelona 1960.
Solís, *Siglo* = Ramón Solís, *Un siglo llama a la puerta*. Madrid 1963.
Spaulding = Robert K. Spaulding, *Syntax of the Spanish Verb*. New York 1931.
Steel, *Americanismos* = Brian Steel, *Algunos apuntes para un nuevo diccionario de americanismos*. En M. Perl (ed.), *Estudios sobre el léxico del español en América*. Leipzig 1982.
――――― *Dicc. americanismos = Diccionario de americanismos. ABC of Latin American Spanish*. Madrid 1990.
Steenks, trad. Bram, *Lenguaje* = Joseph Bram, *Lenguaje y sociedad*. Trad. de Gerardo Steenks [*Argent*]. Buenos Aires 1961.
Storni, *Antología* = Alfonsina Storni [*Argent*], *Antología poética* [1916-38]. Buenos Aires 1949.
Suárez Solís, *Camino* = Sara Suárez Solís, *Camino con retorno*. Barcelona 1980.
Tamayo, *Panorama* = Juan Antonio Tamayo, *Panorama de historia de la literatura* [1922]. Madrid 1951.
Tarradell, *España antigua* = Miguel Tarradell, *España antigua* [1961]. En J. Vicens Vives (dir.), *Historia social y económica de España y América*, I. Barcelona 1972.
Tejera = María Josefina Tejera (dir.), *Diccionario de venezolanismos*. 3 tomos. Caracas 1983-1993.
Tele-Express = Tele-Express. Periód. Barcelona.
Telva = Telva. Periód. Madrid.
Tercera Crónica General = Tercera Crónica General de España [*p*1344]. En Florián de Ocampo, *Las cuatro partes enteras de la Crónica de España*. Zamora 1541.
Terreros = Esteban de Terreros y Pando, *Diccionario castellano con las voces de ciencias y artes*. 4 tomos. Madrid 1786-1793.
Tiempo = Tiempo. Periód. Madrid.
Tirso, *Vergonzoso* = Tirso de Molina, *El vergonzoso en Palacio* [1621]; *El burlador de Sevilla*. Ed. de Américo Castro. Madrid 1922.
Togeby, *Mode* = Knud Togeby, *Mode, aspect et temps en espagnol*. København 1953.
Torbado, *Peregrino* = Jesús Torbado, *El peregrino*. Barcelona 1993.
Toro, *Ortología* = Miguel de Toro y Gisbert, *Ortología castellana de nombres propios*. París [1914].
――――― *Tesoro = Tesoro de la lengua española*. París 1911.
Torre, *Rilke* = Guillermo de Torre, *Rainer Maria Rilke* [1941]. Prólogo a R. M. Rilke, *Los cuadernos de Malte Laurids Brigge*. Trad. de F. Ayala. Buenos Aires 1958.
Torrente, *Decano* = Gonzalo Torrente Ballester, *La muerte del decano* [1992]. Barcelona 1994.
――――― *Don Juan = Don Juan* [1963]. Barcelona 1972.
――――― *Literatura = Panorama de la literatura española contemporánea*. 2 tomos. 2.ª ed. Madrid 1961.
――――― *Nuevos cuadernos = Nuevos cuadernos de La Romana*. Barcelona, 1976.
――――― *Pascua = La Pascua triste* [1962]. Madrid 1972.
――――― *Saga = La saga/fuga de J. B.* [1972]. Barcelona 1973.
――――― *Señor = El señor llega* [1956]. Madrid 1971.
――――― *Sombras = Las sombras recobradas* [1979]. Barcelona 1984.

————— *Vuelta = Donde da la vuelta el aire* [1960]. Madrid 1972.

Torres Bodet, *Balzac* = Jaime Torres Bodet [*Méj*], *Balzac*. México 1959.

Tovar, *Mitología lengua vasca* = Antonio Tovar, *Mitología e ideología sobre la lengua vasca*. Madrid 1980.

Trad. Dicc. Bompiani = González Porto-Bompiani, *Diccionario literario de obras y personajes de todos los tiempos y de todos los países*. Revisores de la trad.: José M.ª Boix Selva, Juan Ramón Masoliver y Eduardo Valentí. 12 tomos. Barcelona 1959-1960.

Trad. Fitzmaurice-Kelly, *Literatura* = J. Fitzmaurice-Kelly, *Historia de la literatura española*. [Trad. anónima.] Madrid 1916.

Triunfo = Triunfo. Periód. Madrid.

Ulía, trad. Russell, *Antología* = Bertrand Russell, *Antología*. Introd. de Luis Villoro. Selección de Fernanda Navarro. [Trad. de Ramón Ulía [*Méj*] y otros.] Madrid 1972.

Umbral, *Memorias* = Francisco Umbral, *Memorias de un niño de derechas*. Barcelona 1972.

————— *Noche = La noche que llegué al Café Gijón*. Barcelona 1977.

————— *Tierno = Y Tierno Galván ascendió a los cielos*. Barcelona 1990.

Unamuno, *Andanzas* = Miguel de Unamuno, *Andanzas y visiones españolas* [1911]. Buenos Aires 1948.

————— *Casticismo = En torno al casticismo (cinco ensayos)* [1895]. En *Ensayos*, I. Madrid 1945.

————— *De mi país = De mi país* [1902]. En *Obras completas*, I. Ed. de M. García Blanco. Madrid 1959.

————— *Espejo = El espejo de la muerte* [1913]. Madrid 1957.

————— *Monodiálogos = Monodiálogos* [1915-36]. Madrid 1972.

————— *Poesías = Poesías* [1907]. Ed. de Manuel Alvar. Barcelona 1975.

————— *Raza = La raza y la lengua* [1884-1935]. En *Obras completas*, VI. Ed. de M. García Blanco. Madrid 1960.

————— *Recuerdos = Recuerdos de niñez y de mocedad* [1908]. Madrid 1958.

————— *Religión = Mi religión y otros ensayos breves* [1910]. En *Ensayos*, II. Madrid 1945.

————— *San Manuel = San Manuel Bueno, mártir* [1931]. Ed. de Joaquín Rubio Tovar. Madrid 1984.

————— *Sentimiento = Del sentimiento trágico de la vida* [1912]. En *Ensayos*, II. Madrid 1945.

————— *Vida = Vida de Don Quijote y Sancho* [1905]. En *Ensayos*, II. Madrid 1945.

————— *Visiones = Visiones y comentarios* [1930-35?]. Madrid 1957.

Urbina, *Carromato* = Pedro Antonio Urbina, *El carromato del circo*. Madrid 1968.

Uslar Pietri, *Lanzas* = Arturo Uslar Pietri [*Venez*], *Las lanzas coloradas* [1931]. Barcelona 1982.

Valbuena, *Literatura* = Ángel Valbuena Prat, *Historia de la literatura española* [1937-50]. 3 tomos. Barcelona 1950.

Valdés, *Diálogo* = Juan de Valdés, *Diálogo de la lengua* [1535-36]. Ed. de José F. Montesinos. Madrid 1976.

Valdés, *Mercurio* = Alfonso de Valdés, *Diálogo de Mercurio y Carón* [1529?]. Ed. de Rosa Navarro. Barcelona 1987.

Valera, *Correspondencia* = Juan Valera, *Correspondencia* [1859-1905]. Cartas inéditas publicadas por Cyrus C. DeCoster. Valencia 1956.

————— *Doctor Faustino = Las ilusiones del doctor Faustino* [1875]. Ed. de Cyrus C. DeCoster. Madrid 1970.

————— *Juanita = Juanita la Larga* [1895]. París (ed. Nelson) s. a.

————— *Pepita Jiménez = Pepita Jiménez* [1874]. Ed. de Manuel Azaña. Madrid 1935.

Valle-Inclán, *Claves* = Ramón del Valle-Inclán, *Claves líricas. Versos* [1907-20]. Madrid 1943.

————— *Luces = Luces de bohemia* [1924]. Madrid 1961.

————— *Reina = Farsa y licencia de la Reina castiza* [1922]. En *Tablado de marionetas para educación de príncipes*. Madrid 1961.

————— *Sonata de invierno = Sonata de invierno* [1905]. Madrid 1950.

————— *Tirano Banderas = Tirano Banderas* [1926]. Ed. de Alonso Zamora Vicente. Madrid 1993.

Vallejo, *Poemas* = César Vallejo [*Perú*], *Poemas humanos* [1939]. En *Poemas humanos; España, aparta de mí este cáliz*. Ed. de Francisco Martínez García. Madrid 1987.

Vanguardia = La Vanguardia. Periód. Barcelona.

Vaquero, *América* = María Vaquero de Ramírez, *El español de América*. 2 tomos. Madrid 1996.

Vargas Llosa, *Ciudad* = Mario Vargas Llosa [*Perú*], *La ciudad y los perros* [1963]. Barcelona 1973.

————— *Guerra = La guerra del fin del mundo* [1981]. Barcelona 1984.

―――― *Pantaleón = Pantaleón y las visitadoras.* Barcelona 1973.

Vázquez Montalbán, *Almuerzos* = Manuel Vázquez Montalbán, *Mis almuerzos con gente inquietante* [1984]. Barcelona 1985.

―――― *Balneario = El Balneario* [1986]. Barcelona 1992.

―――― *Delantero = El delantero centro fue asesinado al atardecer* [1988]. Barcelona 1991.

―――― *Kennedy = Yo maté a Kennedy* [1972]. Barcelona 1987.

―――― *Mares = Los mares del Sur* [1979]. Barcelona 1992.

―――― *Pájaros = Los pájaros de Bangkok* [1983]. Barcelona 1985.

Vega, *Circe* = Lope de Vega, *La Circe* [1624]. En *Obras poéticas.* Ed. de J. M. Blecua. 2.ª ed. Barcelona 1974.

―――― *Nuevo Mundo = El Nuevo Mundo descubierto por Cristóbal Colón* [1596-1603]. En *Obras,* XI. Madrid 1900.

―――― *Peribáñez = Peribáñez y el Comendador de Ocaña* [1612-13?]. Ed. de Felipe B. Pedraza. Madrid 1985.

―――― *Poesías = Poesías líricas* [1600-35]. Ed. de José F. Montesinos. 2 tomos. Madrid 1952-1960.

Vega, *Verbena* = Ricardo de la Vega, *La verbena de la Paloma* [1894]. En Antonio Valencia, *El género chico: antología de textos completos.* Madrid 1962.

Velarde, *Arquitectura* = Héctor Velarde [*Méj*], *Historia de la arquitectura.* México 1951.

Vicens, *Aproximación* = Jaime Vicens Vives, *Aproximación a la historia de España.* Barcelona 1960.

Victoria, *Cómico* = Marcos Victoria [*Argent*], *Ensayo preliminar sobre lo cómico* [1940]. Buenos Aires 1958.

Vida Nueva = Vida Nueva. Periód. Madrid.

Villalonga, *Bearn* = Lorenzo Villalonga, *Bearn o la sala de las muñecas* [1956]. Barcelona 1969.

Villegas, *Arte* = Manuel Villegas López, *Arte, cine y sociedad.* Madrid 1959.

Villoro, *Russell* = Bertrand Russell, *Antología.* Introd. de Luis Villoro [*Méj*] [1971]. Madrid 1972.

Vizcaíno, *Posguerra* = Fernando Vizcaíno Casas, *La España de la Posguerra 1939/1953.* Barcelona 1975.

Vox = Vox, Diccionario general ilustrado de la lengua española. 3.ª ed. corregida y ampliada. Revisión por Samuel Gili Gaya. Barcelona 1973. [Cuando no se indica fecha, las referencias son a esta edición; si corresponden a la 1.ª, 1945, o a la 2.ª, 1953, se especifica.]

Vox actual = Manuel Alvar Ezquerra (dir.), *Vox, diccionario actual de la lengua española.* Barcelona 1990.

Voz Galicia = La Voz de Galicia. Periód. La Coruña.

Wagner = Max Leopold Wagner, *Lingua e dialetti dell'America spagnola.* Firenze 1949.

Ya = Ya. Periód. Madrid.

Zamora, *Dialectología* = Alonso Zamora Vicente, *Dialectología española.* 2.ª ed. Madrid 1967.

―――― *Dicc. literatura* = Artículos [1949-53] en *Diccionario de literatura española* (→ DICC. LITERATURA).

―――― *Estampas = Estampas de la calle.* Madrid 1983.

―――― *Examen = Examen de ingreso.* Madrid 1991.

―――― *Mesa = Mesa, sobremesa.* Madrid 1980.

―――― *Penal* = Prólogo a Canellada, *Penal* (→ CANELLADA).

―――― *Presencia = Presencia de los clásicos.* Buenos Aires 1951.

―――― *Traque = A traque barraque.* Madrid 1972.

―――― *Valle-Inclán = Valle-Inclán, novelista por entregas.* Madrid 1973.

Zavala, trad. Rostand, *Hombre* = Jean Rostand, *El hombre y la vida. Pensamientos de un biólogo.* Trad. de María Eleazar López de Zavala [*Méj*] [1960]. México 1964.

Zorrilla, *Dos Rosas* = José Zorrilla, *Las dos Rosas* [1839]. En *Obras,* I. París 1852.

―――― *Poesías = Poesías* [1837-39]. En *Obras completas,* I. Ed. de Narciso Alonso Cortés. Valladolid 1943.

―――― *Tenorio = Don Juan Tenorio* [1844]. Ed. de Salvador García Castañeda. Barcelona 1975.

Zunzunegui, *Camino* = Juan Antonio de Zunzunegui, *El camino alegre.* Barcelona 1962.

―――― *Hijo = El hijo hecho a contrata.* Barcelona 1962.

―――― *Úlcera = La úlcera* [1948]. Buenos Aires 1950.

―――― *Vida = La vida como es* [1954]. Barcelona 1975.

2.   Otras obras consultadas

Alonso, Amado, *Castellano, español, idioma nacional. Historia espiritual de tres nombres.* 2.ª ed. Buenos Aires 1942.

Alonso, Martín, *Enciclopedia del idioma.* 3 tomos. Madrid 1958.

Alvar Ezquerra, Manuel (dir.), *Diccionario de voces de uso actual.* Madrid 1994.

Capdevila, Arturo, *Despeñaderos del habla.* Buenos Aires 1952.

Carnicer, Ramón, *Desidia y otras lacras en el lenguaje de hoy.* Barcelona 1983.

——— *Reflexiones sobre el lenguaje.* Madrid 1972.

——— *Sobre el lenguaje de hoy.* Madrid 1969.

——— *Tradición y evolución en el lenguaje actual.* Madrid 1977.

Casado, Manuel, *El castellano actual: usos y normas.* 5.ª ed. Pamplona 1996.

Castro, Américo, *La peculiaridad lingüística rioplatense y su sentido histórico.* 2.ª ed. muy renovada. Madrid 1961.

Coste, J., et Redondo, A., *Syntaxe de l'espagnol moderne (enseignement supérieur).* Paris 1965.

García-Pelayo, Ramón y Fernando, y Durand, Micheline, *Larousse de la conjugación.* París 1982.

García Yebra, Valentín, *Claudicación en el uso de preposiciones.* Madrid 1988.

——— *Teoría y práctica de la traducción.* 2 tomos. Madrid 1982.

Gómez Torrego, Leonardo, *Manual de español correcto.* 2 tomos. 5.ª ed. Madrid 1994.

Keniston, Hayward, *Spanish Syntax List.* New York 1937.

Malaret, Augusto, *Diccionario de americanismos.* Buenos Aires 1946.

Marsá, Francisco, *Diccionario normativo y guía práctica de la lengua española.* Barcelona 1986.

——— (dir.), *Diccionario Planeta de la lengua española usual.* Barcelona 1982.

Morales Pettorino, Félix, *Correcciones idiomáticas.* 3.ª ed. Valparaíso 1995.

Muñoz Cortés, Manuel, *El español vulgar.* Madrid 1959.

Polo, José, *Ortografía y ciencia del lenguaje.* Madrid 1974.

Pratt, Chris, *El anglicismo en el español peninsular contemporáneo.* Madrid 1980.

Quilis, Antonio, y Fernández, Joseph A., *Curso de fonética y fonología españolas para estudiantes angloamericanos.* 4.ª ed. Madrid 1969.

Seco, Rafael, *Manual de gramática española.* Revisado y ampliado por Manuel Seco. 10.ª ed. Madrid 1975.

Steel, Brian, *A Textbook of Colloquial Spanish.* Madrid 1985.

Stevenson, C. H., *The Spanish Language Today.* London 1970.